FABRIZIO POLITI

DIRITTO PUBBLICO

Settima edizione

Aggiornata ai provvedimenti adottati per l'emergenza Covid
ed al risultato del referendum del 20-21 settembre 2020

IUSTITIAM COLIMUS
G. Giappichelli Editore

VIA PO, 21 - TEL. 011-81.53.111 - FAX 011-81.25.100

http://www.giappichelli.it

ISBN/EAN 978-88-921-3674-8

Stampa: Stampatre s.r.l. - Torino

«Don Sebastiano non sarebbe sceso quella sera nella stanza ravvivata dal caminetto, e sarebbe andato a letto senza dare la buonanotte a nessuno. Aveva lavorato tutto il giorno, e sul tardi gli si erano presentati due sposi per stipulare un contratto nuziale. Venivano da un paese della Costera, e lui aveva passato da molto i settanta, lei era una ragazza di vent'anni. Era accompagnata dai genitori, molto più giovani dello sposo, i cui abiti lisi denunciavano la modesta condizione. Don Sebastiano aveva ascoltato la volontà delle parti, e aveva cominciato a scrivere. Come sempre. Ma sentiva la mano pesante, e la penna recalcitrava. Egli non era certo un sentimentale, e ne aveva visto di tutti i colori. A un certo punto si era alzato, aveva chiamato nella stanza vicina, che era la sua stanza da letto, i genitori, e gli aveva detto: "Sono pronto a rimetterci la carta bollata purché non vendiate questa vostra figliola". "Lei faccia il suo dovere" gli avevano risposto. "Dopo il bianco viene il nero".

Ed egli aveva fatto il suo dovere, come sempre lo faceva, come quella volta che gli era morto un disgraziato del quale aveva raccolto l'ultima volontà in favore di una povera donna che aveva tutta la vita convissuto con lui; gli era morto prima che finisse di leggere l'atto, ed egli non se l'era sentita di dichiarare un piccolo falso, che pure avrebbe salvato dalla miseria quella donna. Non era un uomo crudele, è la vita che è crudele, e il diritto esprime tutta la crudeltà della vita».

(SALVATORE SATTA, *Il giorno del giudizio*, Adelphi, Milano, 1979, 146-147)

«Feroce candore delle maggioranze di potere ... Ah! i difensori di una norma, quale che sia: norma culturale, norma familiare, norma aziendale, norma politica, norma religiosa, norma di clan, di club, di banda, di quartiere, norma di igiene, norma del muscolo o del cervello ... Come si ritraggono, i custodi della norma, appena sentono odore di incomprensibile, come si sentono perseguitati, allora, neanche fossero soli di fronte a un complotto universale! Questa paura di essere minacciati da ciò che non è fatto con lo stampino ... Ah, la ferocia del potente quando fa la vittima! Del ricco quando la povertà si accampa alla sua porta! Delle coppie autenticate con marca da bollo di fronte alla divorziata rovinafamiglie! Dell'autoctono che sente odor di profugo! Del credente che annusa il miscredente! Del laureato di fronte all'insondabile idiota! Dell'imbecille fiero di esser nato da qualche parte! E ciò vale anche per il capetto di periferia che vede il nemico sul marciapiede di fronte ... Come diventano pericolosi, quelli che hanno capito i codici, di fronte a quelli che non li posseggono!

Neanche i bambini si fidano».

(DANIEL PENNAC, *Diario di scuola*, Feltrinelli, Milano, 2008, 162)

INDICE-SOMMARIO

Capitolo Terzo

L'ORDINAMENTO GIURIDICO ITALIANO. LINEAMENTI DI STORIA COSTITUZIONALE ED I CARATTERI FONDAMENTALI DELLA COSTITUZIONE REPUBBLICANA

Capitolo Quarto

DA FARE.

L'ORDINAMENTO ITALIANO E L'UNIONE EUROPEA

Capitolo Quinto

LE FONTI DEL DIRITTO

Sezione Prima – CONCETTI GENERALI

Capitolo Settimo

IL PRESIDENTE DELLA REPUBBLICA

Capitolo Ottavo

IL GOVERNO

Capitolo Nono

LA PUBBLICA AMMINISTRAZIONE

Capitolo Decimo

L'ORDINAMENTO GIUDIZIARIO

Capitolo Undicesimo

LA CORTE COSTITUZIONALE

Capitolo Dodicesimo

LE REGIONI E LE AUTONOMIE LOCALI

Capitolo Tredicesimo

LIBERTÀ E DIRITTI COSTITUZIONALI

PREFAZIONE ALLA VII EDIZIONE

Nell'ultimo anno l'ordinamento costituzionale italiano è stato sottoposto a molteplici tensioni fra cui occupano posto preminente quelle discendenti dall'emergenza sorta in seguito alla pandemia da Covid-19 e quelle connesse alla recentissima revisione della Costituzione che ha determinato un'importante riduzione del numero dei parlamentari.

Le scelte concrete adottate dai poteri pubblici nella risposta all'emergenza Covid-19 hanno posto numerose questioni concernenti tutti gli àmbiti del diritto pubblico: dalle questioni connesse alle dinamiche relative alla forma di governo (dal ruolo del Presidente del Consiglio a quello dell'intero Governo nella gestione delle emergenze; dal rapporto fra esecutivo e parlamento – e dunque anche fra maggioranza e opposizione – nei momenti di emergenza ai rapporti fra vertici politici ed organismi tecnici), alle problematiche più direttamente concernenti il sistema delle fonti del diritto (ove peraltro la legge parlamentare da tempo ha smarrito la propria centralità a vantaggio degli atti normativi – di grado sia primario che secondario – del governo); dalle numerose domande relative ai limiti dei poteri pubblici nell'adozione di norme restrittive di libertà costituzionalmente garantite (e alle conseguenti forme di tutela del singolo nei confronti di indebite o sproporzionate restrizioni), a quelle connesse alla ripartizione del potere decisionale (e della relativa responsabilità) fra i diversi livelli territoriali di governo (in particolare con riguardo ai rapporti fra Stato, Regioni ed Enti locali) fino a quelle relative ai profili della comunicazione istituzionale.

Nell'aggiornamento delle varie parti del manuale, sono stati illustrati gli atti adottati per far fronte alla pandemia evidenziandone gli aspetti critici, il relativo dibattito, nonché le decisioni giudiziali eventualmente intervenute. Purtroppo la pandemia è ancora in atto e probabilmente per altri mesi sarà inevitabile continuare a doversi misurare con la necessità di provvedimenti emergenziali restrittivi di spazi di libertà e di autonomia. Si conferma così la centralità del diritto pubblico non solo quale "apparato di norme" volte a consentire l'individuazione degli organi titolari di poteri e quali centri di imputazione delle corrispondenti responsabilità, ma soprattutto quale imprescindibile strumento per la comprensione globale dell'esperienza giuridica (e, nello specifico, dell'esperienza giuridica dell'emergenza). Le peculiarità della dimensione dell'emergenza confermano la complessità del reale che non si lascia ingabbiare in dogmatici e formalistici schemi definitori ma spingono il giurista ad "andare più a fondo", ad interrogarsi (prima ancora che sui profili "tecnici", comunque importanti per la riflessione giuridica) sulla portata concreta delle singole questioni, sui valori ad esse sottesi e sulla corrispondenza fra le decisioni adottate e gli obiettivi perseguiti.

E questa constatazione vale anche con riferimento alla recente revisione costituzionale che ha determinato una significativa riduzione del numero dei parlamentari. La legge di revisione costituzionale (approvata nell'ultima deliberazione dalla quasi unanimità dei membri della Camera dei deputati e confermata dal referendum del 20-21 settembre 2020 cui ha preso parte quasi il 54% elettori e che ha visto la prevalenza del "Si" per quasi il 70%) ha ridotto (a decorrere dalla prossima legislatura) da 630 a 400 il numero dei deputati e da 315 a 200 il numero dei senatori (il cui numero minimo per regione diventa tre) e riducendo proporzionalmente anche il numero di deputati e senatori eletti nella "circoscrizione estero".

Nel dibattito che ha preceduto il referendum si sono confrontate (anche aspramente) diverse posizioni.

Fra le argomentazioni contrarie, sono state fatte valere in particolare quelle relative al rischio di una sottorappresentazione delle forze politiche minori e delle regioni più piccole; quelle relative ad un decremento del tasso di pluralismo all'interno sia del parlamento che dei singoli partiti (con conseguenziale crescita del peso dei vertici di partito); quelle relative alla successiva necessità di rivedere la legge elettorale ed i regolamenti di Camera e Senato con il rischio di ulteriori effetti negativi sulla rappresentatività e sulla funzionalità del Parlamento; quelle relative ad una riduzione eccessiva del numero dei parlamentari e non inserita in una più ampia "riforma organica" volta ad eliminare il bicameralismo perfetto e ad introdurre miglioramenti alla (funzionalità della) forma di governo.

I sostenitori della riforma hanno invece ricordato le numerose volte in cui tutte le forze politiche avevano riconosciuto l'opportunità (se non la necessità) di una riduzione – nel nostro Paese – del numero dei parlamentari (ritenuto di gran lunga superiore rispetto a quello di altri paesi democratici), sottolineando inoltre che tale riduzione spingerebbe verso un innalzamento della qualità dei parlamentari, con decremento – ad esempio – di fenomeni di trasformismo e del c.d. "transfughismo". In merito alla necessità di una riforma della legge elettorale è stato rilevato l'avvio in Parlamento di una procedura legislativa volta all'approvazione di un disegno di legge elettorale di stampo proporzionale ed anche con riguardo ai regolamenti parlamentari è stato replicato che ciascuna camera potrà provvedere alla non difficile operazione di revisione degli stessi.

In merito agli effetti di tale riforma costituzionale, non sembra si possa affermare che la riduzione del numero dei parlamentari incida automaticamente in maniera significativa sul funzionamento delle istituzioni, mentre più complesso appare il ragionamento con riguardo alle conseguenze sulle dinamiche interne ai partiti politici. Infatti, la riduzione del numero degli eletti se può comportare una crescita del peso dei vertici di partito (in ragione della riduzione del pluralismo interno), al tempo stesso può determinare anche l'effetto inverso (in ragione della riduzione del numero di "*peones*" o di "*responsabili*" sempre pronti a soccorrere una qualche "maggioranza"). Questa constatazione dimostra che sarà necessario attendere l'approvazione della nuova legge elettorale e l'avvio della prossima legislatura per poter iniziare ad avere contezza dei concreti effetti della riforma sul sistema costituzionale. Appare comunque facile evidenziare che gli effetti maggiormente "temuti" dai contrari alla riforma costituzionale (riduzione del ruolo del Parlamento, riduzione del tasso di pluralismo, peso dei vertici di partito) sono purtroppo da decenni tutti ampiamente già presenti nel nostro ordinamento (e denunciati fin dalla prima edizione di questo manuale) ed il precedente (maggior) numero dei parlamentari non è servito ad impedire il prodursi di tali fenomeni che discendono da ragioni (come detto all'inizio) "più profonde" legate alle dinamiche del sistema politico a loro volta conseguenti a significativi mutamenti sociali e valoriali che hanno coinvolto la società italiana.

L'ambizione del manuale è quella di continuare ad offrire ai giovani discenti uno strumento non solo di comprensione del contemporaneo ordinamento costituzionale italiano, ma anche di riflessione sulle garanzie costituzionali di tutela della persona, dei principi democratici e del pluralismo.

Sulmona, 23 settembre 2020

f.p.

PREFAZIONE ALLA VI EDIZIONE

Nell'anno del settantesimo anniversario dell'entrata in vigore della Costituzione repubblicana, l'assetto costituzionale dell'ordinamento italiano appare sottoposto a molteplici tensioni.

Dal punto di vista dei meccanismi di funzionamento della forma di governo, vanno innanzitutto menzionate le novità registrate nell'ultimo anno (e che spiegano la necessità dell'aggiornamento del presente manuale): dall'approvazione della nuova legge elettorale di Camera e Senato (legge n. 165 del 2017) alle importanti modifiche apportate al regolamento del Senato sul finire della XVII Legislatura; dal tortuoso e faticoso percorso che ha portato alla nascita del primo esecutivo della XVIII Legislatura alle peculiari modalità operative del nuovo governo ed ai conseguenti effetti sul rapporto fra il medesimo e il Parlamento, da una parte, ed il Presidente della Repubblica, dall'altra. Si assiste anche ad una preoccupante contrapposizione fra il governo e le istituzioni europee (innanzitutto, ma non solo, con riguardo al rispetto delle regole di bilancio) che fa sorgere il timore che si intenda così mettere in dubbio un dato costituzionalmente fondato, e consolidato, quale quello della partecipazione dell'Italia al processo di integrazione europea (e, in questa prospettiva, con il rischio di un allontanamento del Paese dalle tradizionali alleanze internazionali). Inoltre sono state annunciate, da parte dell'esecutivo, proposte di riforma costituzionale (da attuare mediante singole e separate proposte di legge) aventi come scopo precipuo il rafforzamento degli istituti di democrazia diretta da raggiungere mediante l'eliminazione del quorum strutturale del referendum abrogativo, il rafforzamento dell'iniziativa legislativa popolare e la riduzione del numero dei parlamentari.

Il risultato delle elezioni politiche di marzo 2018 ha aperto nel Paese una nuova stagione politica. Già le modalità con cui i partiti che hanno dato vita alla maggioranza di governo si sono rapportati fra loro (con la stesura del "contratto di governo") e con il Presidente della Repubblica sono indici di un cambiamento di orizzonte politico che proietta sulle istituzioni dinamiche nuove, non sempre consone con il dettato costituzionale e che comunque pongono questioni di non facile soluzione, anche alla luce delle tendenze e dei precedenti registrati negli ultimi decenni. All'avvento di una nuova classe politica si accompagnano peraltro comportamenti non dissimili rispetto a quelli avuti dalle ultime maggioranze di governo: dalla perdurante condizione di subalternità del Parlamento nei confronti dell'esecutivo alle pratiche sistematiche di *spoil system* attuate in ogni settore; dagli attacchi dei detentori delle massime cariche governative verso le istituzioni di garanzia ad episodi ricorrenti di insofferenza e di arroganza nei confronti del dissenso interno e verso l'opposizione.

Di fronte alla odierna Babele delle voci ed al rincorrersi delle più disparate argomentazioni, è proprio nella Costituzione repubblicana, nei principi e valori su cui la stessa si fonda, che è possibile rinvenire la bussola che deve guidarci di fronte alle sfide della contemporaneità: la tutela della dignità umana e dei diritti inviolabili della persona; la centralità dei doveri inderogabili di solidarietà ("politica, economica e sociale") quale espressione del principio di responsabilità ed imprescindibile fattore propulsivo dell'ordinamento giuridico; la tutela dei valori del pluralismo (declinato in tutte le sue forme: religioso, culturale, politico, istituzionale, ecc.); la fiducia nella rappresentanza politica quale indispensabile canale democratico nella consapevolezza della necessità di imprescindibili contrappesi istituzionali (dal ruolo di garanzia del Presidente della Repubblica a quello della Corte costituzionale; dal ruolo del potere giudiziario a quello delle autorità indipendenti e della pubblica amministrazione, ecc.) funzionali ad assicurare un'adeguata tutela delle minoranze e ad evitare forme di "dittatura della maggioranza".

Quest'anno ricorre anche il centenario della conclusione della prima guerra mondiale. La comparazione fra quanto avvenuto, nel nostro Paese, negli anni immediatamente successivi alla fine delle due guerre mondiali conferma la lungimiranza e l'avvedutezza della classe politica che ha edificato la Repubblica. L'Italia (al contrario dello sfacelo che una certa narrazione mira a prospettare) si presenta oggi come una democrazia consolidata, con numerosi contrappesi istituzionali e di garanzia che assicurano un elevato tasso di pluralismo ed ampie sfere di autonomia e di libertà. In questi sette decenni sono stati raggiunti apprezzabili e diffusi livelli di benessere economico ed è stato edificato uno Stato sociale che, nonostante le contraddizioni e i limiti (che ovviamente vanno riconosciuti e corretti), assicura a tutti prestazioni (dal sistema scolastico a quello universitario, dal sistema sanitario a quello assistenziale, dal sistema previdenziale a quello della sicurezza) che pongono il Paese ai primi posti delle graduatorie mondiali. Ed è agevole evidenziare che siffatti risultati (senz'altro da migliorare e completare, ma che non vanno dimenticati né sottovalutati) sono tutti il prodotto dell'attuazione di principi ed istituti previsti dalla Costituzione repubblicana.

Sulmona, 12 novembre 2018

f.p.

PREFAZIONE ALLA V EDIZIONE

La necessità di arricchire il capitolo dedicato alle libertà costituzionali, e più in generale di aggiornamento del manuale alla luce delle novità legislative e giurisprudenziali nel frattempo intervenute, ha consigliato di porre mano ad una rilettura dell'intero volume allo scopo di consegnare al lettore uno strumento didattico aggiornato sulle dinamiche istituzionali registrate nell'ultimo anno solare.

L'esito del referendum costituzionale tenutosi il 4 dicembre 2016, oltre a respingere la riforma costituzionale approvata dal Parlamento, ha riaperto innanzitutto la discussione sulla legge elettorale delle due Camere ma anche su alcune importanti leggi approvate nell'ultimo biennio (dalla riforma delle province alla riforma del mercato del lavoro, dalla riforma della pubblica amministrazione – oggetto della recente pronuncia della Corte costituzionale, sent. n. 251 del 2016 che ha dichiarato incostituzionale la relativa legge delega per lesione delle prerogative regionali – alla riforma della scuola). Nella lunga campagna referendaria si è registrata inoltre una grande attenzione, da parte dei più diversi settori del corpo elettorale, nei confronti dei temi delle garanzie costituzionali, della forma di governo e dell'assetto dei poteri pubblici.

Il referendum tenutosi in Gran Bretagna nel mese di giugno 2016, in cui il corpo elettorale di tale Paese si è espresso nel senso della fuoriuscita dall'Unione Europea (c.d. *Brexit*), ha inoltre aperto una grave crisi nel processo di integrazione europea.

Le tensioni contemporanee, registratesi anche in altri ordinamenti, fra le decisioni assunte dagli istituti della democrazia rappresentativa e gli esiti cui giungono i passaggi della democrazia diretta riportano all'attenzione non solo degli studiosi problemi centrali del diritto pubblico relativi alle modalità di strutturazione dell'assunzione delle decisioni negli ordinamenti democratici e, più in generale, all'essenza del principio democratico. E queste riflessioni assumono una consistenza del tutto peculiare all'interno del problematico quadro contemporaneo caratterizzato dalle questioni poste in particolare dalle migrazioni di massa e dalla perdurante crisi economica all'interno di un complesso quadro internazionale.

Sulmona, 3 gennaio 2017

f. p.

PREFAZIONE ALLA IV EDIZIONE

Le dinamiche istituzionali registrate nell'ultimo biennio (ed ancora in evoluzione), di cui sono espressione sia l'approvazione di importanti discipline legislative (la nuova legge elettorale della Camera dei deputati, ma anche la legge di riforma delle province, la legge sul finanziamento dei partiti politici, la legge delega di riforma della pubblica amministrazione) sia alcune decisive pronunce della Corte costituzionale, hanno imposto un aggiornamento del presente manuale che è stato sottoposto ad un'ampia rilettura e revisione.

Il sistema costituzionale italiano sembra incamminato (almeno secondo le esternazioni dei maggiori *leaders* politici) verso un periodo di grandi cambiamenti realizzati innanzitutto attraverso la riforma costituzionale *in itinere*, ma anche mediante alcune leggi delega già approvate (riforma p.a., riforma del mercato del lavoro, riforma del sistema tributario, riforma della scuola, ecc.). In particolare il disegno di legge costituzionale approvato di recente dal Senato (ma nell'impianto globale già approvato da entrambe le Camere) si caratterizza per la soppressione del bicameralismo perfetto che caratterizzava la Costituzione repubblicana in luogo di un bicameralismo imperfetto in cui il Senato della Repubblica viene a rivestire un ruolo nettamente inferiore rispetto alla Camera dei deputati. La perdurante condizione di debolezza del Parlamento viene così ad essere certificata dal conferimento di gran parte del potere legislativo alla sola Camera dei deputati a sua volta eletta con un sistema elettorale che, direttamente o tramite il ballottaggio, conferisce ad una sola forza politica la maggioranza assoluta dei seggi. È così impressa al sistema costituzionale una tendenza fortemente maggioritaria e personalista i cui concreti effetti saranno misurabili solo negli anni a venire. In questo quadro appare fondamentale riflettere sulla capacità di tenuta degli istituti di garanzia.

Il processo di integrazione europea, a sua volta, continua ad imprimere al nostro assetto istituzionale ulteriori tensioni (o "torsioni") che pongono al giuspubblicista molteplici interrogativi concernenti il fondamento stesso del diritto pubblico (dalla perdita di sovranità dell'ordinamento statuale al deficit democratico che caratterizza le istituzioni europee fino all'effettivo funzionamento dei meccanismi di tutela dei diritti).

Spero di essere riuscito a mostrare anche solo in piccola parte la ricchezza delle relative problematiche.

Sulmona, 31 ottobre 2015

f. p.

PREFAZIONE ALLA III EDIZIONE

La revisione costituzionale operata dalla legge costituzionale n. 1 del 2012 (che ha interamente riscritto l'art. 81 Cost. ed introdotto modifiche agli artt. 97, 117 e 119 Cost.), con la successiva approvazione dalla legge "rinforzata" n. 243 del 2012, ha introdotto un'importante modifica nel quadro costituzionale italiano con riguardo innanzitutto alla c.d. "manovra di bilancio" (e dunque alle connesse funzioni del Parlamento e del Governo), ma che ha effetti anche sui meccanismi di funzionamento della forma di governo, sulle fonti del diritto e sulla tutela dei diritti. Ma, oltre a tale rilevante modifica costituzionale, anche le novità legislative, giurisprudenziali e politico-istituzionali registrate negli ultimi anni hanno reso necessario quest'ulteriore aggiornamento del manuale, sottoposto ad un'ampia rilettura e revisione. Le recenti dinamiche della forma di governo, la crescita del ruolo del Presidente della Repubblica, la "debolezza" del Parlamento conseguente alle contraddizioni di un assetto politico-partitico che fatica a trovare stabilità, il perdurante dibattito sulle riforme istituzionali, la necessità di modifica di una legge elettorale che ha mostrato tutti i propri limiti ma che i partiti tardano a sostituire, incidono fortemente sull'assetto politico-istituzionale ed impongono, nello studio e nella didattica del diritto pubblico, la necessità di adeguate riflessioni. Senza mutare l'impostazione del volume, si è così proceduto anche ad un aggiornamento degli esiti della giurisprudenza in particolare di quella costituzionale che negli ultimi anni (soprattutto in sede di giudizio sui conflitti di attribuzione fra poteri dello Stato) ha fatto registrare importanti decisioni ed argomentazioni.

L'auspicio è che, anche (e soprattutto) in un momento così difficile per il nostro Paese, la riflessione sulle dinamiche istituzionali possa aiutare a comprendere le sottostanti opzioni valoriali e l'importanza della tutela dei diritti e della continua instaurazione e difesa di un ordinamento pluralistico, equo e solidale.

Sulmona, 6 ottobre 2013

f. p.

PREFAZIONE ALLA II EDIZIONE

I continui interventi legislativi, spesso inseriti anche in testi di contenuto eterogeneo, impongono l'aggiornamento dei testi giuridici ed in particolare di quelli destinati alla formazione. Alle innovazioni legislative si affiancano le novità scaturenti dalla giurisprudenza che fornisce allo studioso sempre nuove occasioni di riflessione. In questa edizione hanno trovato in particolare esplicito spazio i primi decreti legislativi di attuazione della legge sul federalismo fiscale, la nuova disciplina legislativa relativa alla finanza pubblica e alla legge di stabilità e la normativa relativa alla semplificazione del quadro normativo vigente e alla eliminazione di leggi e regolamenti "obsoleti". L'occasione è stata utile per svolgere anche una revisione globale del volume e per l'ampliamento o aggiornamento di alcuni esempi giurisprudenziali e delle note bibliografiche.

La scelta di confermare l'impianto originario del manuale è dipesa anche dai positivi giudizi pervenuti dagli studenti e dai colleghi che hanno ritenuto di adottarlo per i propri corsi.

A tutti va il mio sincero ringraziamento.

Sulmona, 1° febbraio 2011

f. p.

PREFAZIONE ALLA I EDIZIONE

Il diritto pubblico trova la sua ragione più profonda nella funzione di «limitazione del potere» e lo studio delle forme e dei principi di legittimazione del potere deve essere indirizzato alla costruzione di un reticolo di garanzie volte alla tutela delle libertà e dell'autonomia dei singoli. Le esigenze di garanzia e del pluralismo devono costituire infatti la base di ogni riflessione giuspubblicistica. E la collocazione del tema delle libertà e dei diritti fondamentali nel capitolo conclusivo del volume mira ad evidenziare come in tale argomento trovino infine compimento i tanti istituti del diritto pubblico trattati nei capitoli precedenti (da quelli relativi all'organizzazione a quelli concernenti le fonti del diritto).

La funzione didattica del manuale impone di (tentare di) perseguire la chiarezza nell'esposizione e se questa esigenza conduce verso qualche inevitabile semplificazione, si è parimenti cercato di mostrare la complessità del fenomeno giuridico sottolineandone la natura esperienziale. Secondo l'insegnamento di Capograssi, lo studio dell'esperienza giuridica deve avvenire immergendosi in essa, perché solo così è possibile coglierne l'intima essenza. E, nell'esperienza giuridica, ruolo centrale è rivestito dall'interpretazione che non può essere ridotta ad un'operazione aritmetica, volta a dedurre da disposizioni scritte il comando posto dal legislatore, ma che invece deve schiudere tutta la sua ricchezza e complessità di momento creativo e che pone sull'interprete una proporzionale responsabilità. La centralità del fenomeno interpretativo ha indotto ad assegnare a tale argomento due paragrafi: uno nel capitolo introduttivo (relativo ai concetti di base del fenomeno giuridico) ed uno nel capitolo riguardante le fonti del diritto, e, proprio con riguardo al concetto di «fonte del diritto», si è evidenziato il valore «relativo» dello stesso che non può essere «assolutizzato» al punto di credere che il diritto «sgorghi» solo da un comando eteroimposto.

Il diritto non è un fenomeno monodimensionale e per questa ragione bisogna rifuggire dalle definizioni e dalle spiegazioni unidimensionali. Le componenti storica e sociale del diritto impongono di non perdere mai di vista le ragioni concrete di determinati istituti ed i rapporti sociali sottostanti, ma al tempo stesso il giurista, che non può assegnarsi il ruolo di «tecnico» estraneo all'insieme di valori sottesi all'ordinamento giuridico di riferimento, non può nemmeno smarrire il *proprium* della disciplina giuridica e della sua stessa funzione. Emerge così la complessità dello studio del diritto che è riflesso della complessità del fenomeno giuridico.

In ogni visione del diritto (così come in ogni visione del mondo) è sempre ravvisabile (e sottointeso) un insieme o un nucleo di valori e principi nei quali il giurista si riconosce. I valori cui è ispirato questo manuale sono quelli della tutela dell'individuo, dei principi del pluralismo e dei valori democratici. Spero di essere riuscito anche in piccola parte a trasmetterne qualcuno.

La stesura di un manuale, per la scelta dei temi e dei profili da approfondire, con le conseguenziali opzioni legate all'esigenza di completezza e di equilibrio fra i vari argomenti, costituisce un'operazione scientifico-didattica particolare. E per questa ragione mi piace dedicare la «fatica» di questo manuale ai miei genitori, Assunta e Nicola, oltre che per l'amore con cui mi hanno cresciuto, per l'esempio quotidiano di costante impegno nel lavoro (anche quello «oscuro») e in tutte le piccole cose della vita, nonché di attaccamento ai valori della famiglia e al rispetto di sé e degli altri e con il rammarico che purtroppo papà non potrà leggere queste povere righe.

Sulmona, 25 febbraio 2010

f. p.

Capitolo Primo

DIRITTO, ORDINAMENTO GIURIDICO, NORMA GIURIDICA

1. Premessa: diritto, fenomeno giuridico, esperienza giuridica. L'oggetto del diritto pubblico

Il diritto, quale oggetto di studio del giurista (e del giuspubblicista in particolare) si presenta innanzitutto quale "fenomeno giuridico" e dunque quale "esperienza giuridica". Questa modalità di approccio allo studio del diritto rigetta l'impostazione che esaurisce il diritto nella norma giuridica (c.d. visione normativa del diritto) e che assegna allo studio del diritto la sostanza di una ricerca esclusivamente esegetica o interpretativa del testo scritto della disposizione normativa finendo così per smarrire quella «prospettiva critica» che deve sempre accompagnare lo studio del fenomeno giuridico pena lo schiacciamento dello stesso in una funzione «del tutto servente rispetto alla prassi politica e agli interessi economici prevalenti» (Cervati).

Il diritto mira a determinare e ordinare i comportamenti degli uomini in quanto membri di una *societas* (c.d. *funzione prescrittiva del diritto*), ma, al tempo stesso, bisogna ricordare che il diritto è il prodotto, storicamente condizionato, di quella stessa *societas* e dei molteplici rapporti esistenti fra i membri della medesima. Il diritto è dunque un prodotto storico e, come tale, è un fenomeno concreto e pertanto è "*esperienza giuridica*" (Capograssi) ed è «ordine di convivenza, immanente ai rapporti di un corpo sociale che si rispecchia nella coscienza sociale dei membri che lo compongono». L'ordinamento giuridico infatti è «un organismo in perenne movimento, in continua trasformazione, che segue e rispecchia ... il movimento delle trasformazioni della vita sociale» (Betti).

Nella didattica del fenomeno giuridico si tende ad operare innanzitutto una *summa divisio* fra diritto pubblico e diritto privato.

Il ***diritto pubblico*** ha ad oggetto lo studio dei principi relativi alla legittimazione del potere pubblico (e dunque anche alla limitazione dello stesso), ma anche all'assetto organizzativo e alle modalità di gestione di siffatto potere, nonché lo studio delle forme di responsabilità cui sono soggetti quanti svolgono funzioni che comportano la gestione di potere pubblico. Il *diritto privato* invece ha (o dovrebbe avere) ad oggetto lo studio dei rapporti fra soggetti privati nelle molteplici forme che tali rapporti possono assumere. Il diritto pubblico (che si articola nelle varie branche del diritto costituzionale, del diritto amministrativo, del diritto penale, del diritto tributario, ecc.) disciplina pertanto l'organizzazione e l'azione dello Stato e degli enti pubblici e regola i comportamenti cui i privati sono tenuti per il perseguimento delle finalità stabilite dalla legge come «pubbliche». La tradizionale distinzione fra diritto pubblico e diritto privato tende a separare le norme relative al potere pubblico (e alle modalità di rapporto dei singoli con tale potere) dalle norme che disciplinano l'autonomia lasciata ai soggetti privati. Questa distinzione, utile dal punto di vista didattico, si rivela però, ad un esame più approfondito, tutt'altro che chiara e non sempre rispondente alla realtà. Si pensi, ad esempio, alle varie forme di intervento dello Stato negli ambiti dell'economia o allo scopo di protezione del singolo che si trovi in una posizione di oggettiva debolezza (dalla tutela del consumatore alle diverse forme di tutela sociale). E proprio questa considerazione ci dimostra quanto siano «pericolose», nello studio del diritto, le definizioni. Queste infatti, se utili da un punto di vista didattico, si rivelano inutili e controproducenti se, tramite esse, si intenda ingabbiare la realtà (che è sempre più ricca della fantasia degli uomini).

Il diritto non è «forma» (o non è solo «forma») o «definizioni», ma realtà concreta ("esperienza giuridica", appunto) e pertanto, nello studio dei vari aspetti del fenomeno giuridico, bisogna sempre interrogarsi sulle problematiche concrete ad essi sottese e alle connesse dinamiche economiche e sociali. In questa opera la *dogmatica giuridica* (cioè la costruzione di definizioni e concetti giuridici) costituisce uno strumento che può rivelarsi estremamente utile (a volte anche necessario), ma che non deve condurre ad un distacco dalla realtà e dalle scelte valoriali sottostanti alle singole opzioni.

Molteplici sono gli esempi di istituti sulla cui natura giuridica a lungo vi è stata discussione. Può così ricordarsi la vicenda delle Ipab (Istituzioni di assistenza e di beneficenza), enti di natura privata, di vita secolare, enti morali che, sul finire del XIX secolo, con la c.d. legge Crispi, vengono sottoposti ad una disciplina di diritto pubblico, ma cui, in ragione di alcune pronunce della Corte costituzionale (negli anni ottanta del secolo scorso), viene riconosciuta sia la natura privata sia la tutela costituzionale di tale natura privata. La legge 17 luglio 1890, n. 6972 configurava le Ipab come enti autonomi, amministrati da propri organi di gestione, previsti e disciplinati dallo statuto e sottoposti a vigilanza e controllo dello Stato e (dall'avvio dell'ordinamento regionale) delle Regioni. Nella sent. n. 173 del 1981, la Corte costituzionale ha affermato che « *dopo l'entrata in vigore della Costituzione repubblicana, intraprendere una riforma del sistema, come è configurato dalla legge Crispi, comporta che si faccia debito conto dei precetti contenuti negli artt. 18, 19, 33 e 38 della Carta costituzionale e che sia affrontato, alla luce dell'art. 38, ultimo comma, Cost. il tema del pluralismo delle istituzioni in relazione alle possibilità di pluralismo nelle istituzioni*». La Corte costituzionale invita dunque il legislatore a tenere presenti, nell'adozione della legge di riforma delle Ipab, i principi introdotti dalla Costituzione repubblicana. E, proprio per il mancato rispetto di tali principi, la Corte costituzionale (con la sent. n. 396 del 1988) ha dichiarato incostituzionale l'art. 1 della legge n. 6972 del 1890 (c.d. legge Crispi) per contrasto con l'art. 38, ultimo comma, Cost. (che tutela la libertà dell'assistenza privata) giacché riconduce tutte le istituzioni di assistenza e beneficenza (Ipab) nell'ambito degli enti pubblici. Nella sent. n. 396 del 1988 la Corte costituzionale ricorda la «posizione ambivalente» delle Ipab (in tal senso la Corte costituzionale si era già espressa nella sent. n. 195 del 1987) in ragione della peculiarità del regime giuridico di tali enti caratterizzati dall'intrecciarsi «*di una disciplina pubblicistica in funzione di controllo, con una notevole permanenza di elementi privatistici, il che conferisce ad esse una impronta assai peculiare rispetto agli altri enti pubblici*». Secondo la Corte, sono venuti ormai meno i presupposti che avevano presieduto, all'epoca della legge Crispi, al generalizzato regime di pubblicizzazione, ritenuto oggi non più aderente al mutato quadro costituzionale. È pertanto costituzionalmente necessario affermare il diritto di «*quelle figure soggettive sorte nell'ambito della autonomia privata, di vedersi riconosciuta l'originaria natura*». Questa esigenza è infatti imposta dal principio pluralistico che ispira nel suo complesso la Costituzione repubblicana e che, nel campo dell'assistenza, è garantito, quanto alle iniziative private, dall'ultimo comma dell'art. 38, rispetto al quale è divenuto ormai incompatibile il monopolio pubblico delle istituzioni medesime. In provvisoria attuazione del disposto della sent. n. 396 del 1988, il D.p.c.m. 16 febbraio 1990 (*Direttiva alle regioni in materia di riconoscimento della personalità giuridica di diritto privato alle istituzioni pubbliche di assistenza e beneficenza a carattere regionale ed infraregionale*), individuava i criteri per la determinazione della natura dei vari enti e riconosceva natura privata a quelle istituzioni operanti nell'ambito dell'assistenza ed aventi carattere associativo oppure carattere di istituzione promossa ed amministrata da privati oppure avente ispirazione religiosa. Nella sent. n. 466 del 1990 la Corte costituzionale ha specificato che «*la privatizzazione delle Ipab costituisce una modificazione dello status della persona giuridica, che come tale non comporta apprezzamenti di natura discrezionale, essendo vincolata alla verifica della sussistenza di requisiti obiettivamente riscontrabili; contrariamente al riconoscimento giuridico, che ha carattere costitutivo, il provvedimento di privatizzazione ha una mera valenza dichiarativa, essendo rinvenibile in capo all'Ipab un vero e proprio diritto soggettivo alla qualificazione conforme alla propria effettiva natura*». Il d.lgs. n. 207 del 2001, dopo aver premesso (art. 1) di avere ad oggetto il riordino delle Ipab (Istituzioni pubbliche di assistenza e beneficenza, già disciplinate dalla legge n. 6972 del 1890) «*nel quadro della realizzazione del sistema integrato di interventi e servizi sociali*» previsto dall'art. 22 della legge n. 328 del 2000, dispone (art. 2) che tali istituzioni «*sono inserite nel sistema integrato di interventi e servizi sociali*» (previsto dall'art. 22 della legge n. 328 del 2000) «*nel rispetto delle loro finalità e specificità statutarie*». Gli artt. 16, 17, 18 del d.lgs. n. 207 del 2001 disciplinano la trasformazione delle IPAB in persone giuridiche di diritto privato. Più precisamente si prevede che le Ipab aventi le caratteristiche (o «l'ispirazione») di cui al D.p.c.m. 16 febbraio 1990 e quelle che non possono trasformarsi in a.p.s.p. (azienda pubblica di servizi alla persona) «*provvedono alla loro trasformazione in associazioni o fondazioni di diritto privato, disciplinate dal Codice civile e dalle disposizioni di attuazione del medesimo*» e che tale trasformazione «*si attua nel rispetto delle originarie finalità statutarie*». La disciplina della trasformazione delle Ipab (sia in a.p.s.p. che in soggetti di diritto privato) è rimessa alla disciplina legislativa regionale (v. inoltre Corte cost. sentt. nn. 363 del 1990, 75 del 1992, 500 del 1993). E così anche il Consiglio di Stato (sez. VI, sent. n. 5103 del 10 novembre 2015), in attuazione di quanto stabilito dalle Sezioni Unite della Cassazione con ordinanza n. 8051 del 7 aprile 2014, ha ribadito che le ex Ipab non sono organismi di diritto pubblico.

Ma può ricordarsi anche la vicenda – più recente – delle *fondazioni di origine bancaria*, sul cui patrimonio il governo intendeva allungare le mani ed anche in questo caso è stata la Corte costituzionale a bloccare tale operazione nel ribadire la natura privatistica delle stesse definite (sentt. nn. 300 e 301 del 2003) «*soggetti dell'organizzazione delle libertà sociali e non delle funzioni pubbliche*».

L'approfondimento della dicotomia fra diritto pubblico e diritto privato pone questioni molto complesse (che richiedono analisi approfondite dei singoli ordinamenti storicamente succedutisi, delle relative istituzioni e del coevo pensiero giuridico) ed articolate (perché anche all'interno dei singoli ordinamenti, in ciascuna epoca storica, si rinvengono in realtà molteplici posizioni), ma soprattutto è un tema che nasconde (in maniera più o meno esplicita) opzioni ideologiche e assiologiche e dunque – *lato sensu* – culturali. Da un rapido esame della riflessione giuridica delle varie epoche, emerge che quella fra diritto privato e diritto pubblico tende a porsi, all'interno della dottrina giuridica, come distinzione «preminente» rispetto a tutte le altre. Ma si deve anche sottolineare che, quando si rivolge lo sguardo al passato, si tende a proiettare (nel passato) una «attuale» distinzione concettuale. Non che in epoche anteriori (medioevo, antica Roma) non vi fosse una distinzione fra diritto pubblico e diritto privato, ma si trattava di una dicotomia differente da quella alla quale siamo abituati a pensare oggi. E proprio l'esame storico di tale dicotomia ci rivela la valenza ideologica della stessa nonché la «mutevolezza storica» della medesima in quanto cangiante non solo da un ordinamento all'altro, ma anche – nei diversi momenti storici – all'interno di un medesimo ordinamento.

La distinzione attuale fra diritto pubblico e diritto privato ruota all'interno dello Stato moderno (v. *infra*, cap. II), ed intorno al concetto di sovranità di cui lo Stato si proclama depositario e che giustifica l'autoassegnazione al medesimo del monopolio del potere (innanzitutto normativo ma non solo) e della forza. Nello Stato moderno il diritto pubblico viene a disciplinare le forme di esercizio del «potere pubblico» (e dunque di limitazione delle libertà dei privati), mentre al diritto privato spetta disciplinare le forme e le modalità con cui i singoli gestiscono (o possono gestire) i propri beni. Ma è importante notare che lo Stato moderno afferma la propria competenza anche ad individuare quali oggetti rientrino nel primo e quali nel secondo gruppo (e cioè quali oggetti siano di interesse pubblico e quali di interesse privato) e, prima ancora, quali àmbiti debbano essere ricompresi nella sfera del «giuridico». Emerge così un'ulteriore dicotomia (quella fra «pubblico» e «privato») e cioè fra quanto possa o debba essere oggetto di disciplina pubblica (la quale poi, a sua volta, può avere una connotazione giuspubblicistica o giusprivatistica) e quegli àmbiti che invece devono essere lasciati alla sfera (o all'autonomia) dei singoli, dicotomia (oggetto della riflessione sviluppatasi negli ultimi decenni intorno al *principio di sussidiarietà* quale principio giustificativo dell'intervento dei pubblici poteri) che è però differente da quella «diritto pubblico-diritto privato».

Lo Stato moderno, mediante il principio della superiorità del diritto scritto su quello non scritto e dell'onnipotenza della legge, pone le premesse di una visione meramente potestativa del diritto ed in cui lo Stato si autoassegna anche il ruolo di unico detentore del potere di delimitazione della linea di confine del «giuridico» (e dunque del potere della individuazione degli ambiti sottoponibili alla legislazione statale e, all'interno di quest'ultima categoria, di quali oggetti debbano ricomprendersi nella sfera del diritto pubblico e di quali nella sfera del diritto privato).L'assegnazione di un determinato àmbito al diritto privato non comporta affatto la sottrazione del medesimo alla disciplina legislativa statale (a differenza ad esempio di quanto avveniva nell'epoca medievale in ragione della prevalenza della norma consuetudinaria su quella scritta). Quest'ultimo aspetto, come detto, rientra nella più ampia distinzione fra «pubblico» e «privato» (che attiene all'individuazione delle ragioni giustificatrici dell'intervento del potere pubblico) e cioè fra materie rimesse all'autonomia dei singoli, ed in cui il soggetto pubblico non deve (o non dovrebbe) affatto intervenire, e materie in cui lo Stato può o deve porre la disciplina di settore.

La riflessione sulla distinzione fra diritto pubblico e diritto privato conduce anche ad interrogarsi sulla eventuale preminenza dell'uno o dell'altro e sulle opzioni che può sottendere la preminenza dell'uno o dell'altro termine. Ad esempio, secondo Norberto Bobbio, «la dicotomia classica fra diritto privato e diritto pubblico riflette la situazione di un gruppo sociale in cui è oramai avvenuta la differenziazione fra ciò che appartiene al gruppo in quanto tale, alla collettività, o più in generale, fra la società globale ed eventuali gruppi minori (come la famiglia), oppure ancora fra un potere centrale superiore e i poteri periferici inferiori che, rispetto ad essi godono di una relativa autonomia, quando non ne dipendono totalmente». Ma anche questa argomentazione presuppone, a sua volta, un'opzione ideologica che riconosce una prevalenza a chi eserciti un determinato potere rispetto a quanti a quel potere siano sottoposti. Ma questa citazione è utile per poter distinguere due differenti – se non contrapposte – concezioni del diritto pubblico: a) da una parte, una visione del diritto pubblico come insieme delle norme che fondano e regolano l'esercizio del potere; b) dall'altra parte un'idea del diritto pubblico che ponga le norme che fondano e che *limitano* il potere. E questa è l'impostazione classica del costituzionalismo moderno quale pensiero giuridico volto alla «limitazione del potere» (Ridola).

Bisogna dunque concludere sottolineando che nello studio del diritto pubblico l'analisi delle questioni relative alla legittimazione del potere e alle forme di esercizio del potere medesimo deve essere sempre svolta con peculiare attenzione al tema delle garanzie. Di fronte ad ogni forma di esercizio di un potere (ed in particolare di un potere "pubblico") bisogna sempre interrogarsi sul fondamento costituzionale e legislativo (e prima ancora sulle ragioni) di tale potere e sugli istituti posti a garanzia di quanti (singoli o associati) a tale potere vengano a trovarsi soggetti oltre che sugli istituti previsti dall'ordinamento per far valere la responsabilità di chi tale potere esercita (affinché appunto tale potere non sia "assoluto").

2. Norma giuridica e ordinamento giuridico

Nello studio del diritto i due concetti da cui pare opportuno prendere le mosse sono quelli di norma giuridica e di ordinamento giuridico. Tradizionalmente si afferma che la **norma giuridica** è la *regola generale e astratta volta a disciplinare una serie indeterminata di casi*.

La *generalità* e l'*astrattezza* consistono nell'attitudine della norma a regolare intere categorie di fatti o di comportamenti.

In merito ai caratteri della norma giuridica, questi vengono individuati nella:

– *imperatività*: la norma giuridica è un comando (è una *proposizione prescrittiva*) la cui trasgressione comporta l'applicazione di una sanzione o comunque la produzione di ulteriori effetti previsti dall'ordinamento;

– *coercibilità*: a lungo si è discusso se anche la *coercibilità* (la previsione di una sanzione irrogata a chi non obbedisca alla norma) sia un carattere proprio della norma giuridica. Nell'ordinamento è infatti frequente rinvenire norme sprovviste di sanzione. L'assenza di sanzione però non può giungere a negare la giuridicità delle relative norme giacché la coercibilità va riferita, più che alle singole norme, all'ordinamento giuridico, cioè al «sistema» costituito dalle norme medesime;

– *esteriorità*: la norma giuridica ha ad oggetto i comportamenti umani come si estrinsecano nel mondo esteriore; questo elemento serve a distinguere la norma giuridica (e dunque il diritto), fondato sulla esteriorità, dalla norma morale fondata invece sulla interiorità; a tal proposito si dice anche che la norma giuridica è una norma *eteronoma* e quella morale una norma *autonoma*;

– *generalità e astrattezza*: questi non sono requisiti essenziali, ma caratteri «naturali» delle norme giuridiche, giacché possono esistere (ed esistono) anche norme riguardanti casi individuali e concreti (si pensi alle c.d. leggi-provvedimento). La dottrina tradizionale prende le mosse dal riconoscimento dei caratteri di generalità e astrattezza della norma giuridica, come precetto avente ad oggetto un insieme di situazioni possibili e, per tale ragione, suscettibile di indefinita applicazione (generalità e astrattezza nel senso della «ripetibilità») (Crisafulli). In questa ricostruzione la generalità della norma viene a concretizzarsi nella impersonalità e l'astrattezza nella ripetibilità (Cerri).

In merito alla *distinzione delle norme giuridiche dalle altre norme sociali* (morali, religiose, di costume, di correttezza, economiche, ecc.), si afferma anche che le prime, a differenza delle seconde, determinano e specificano gli interessi per il cui soddisfacimento il gruppo è costituito e le procedure per la composizione degli interessi medesimi.

Le norme giuridiche sono inserite in un sistema (*ordinamento giuridico*) che ne garantisce l'osservanza mediante la previsione di apposite procedure dirette ad accertare il rispetto della norma o a dichiararne l'inosservanza applicando in quest'ultimo caso, nei confronti del soggetto della violazione, una misura punitiva (la sanzione). Secondo questa impostazione, la norma giuridica viene a comporsi di due elementi: il *precetto* e la *sanzione*. Il primo esprime il comportamento che deve essere tenuto dai destinatari della norma medesima e può essere positivo o negativo (obbligo di fare o di non fare); la seconda consiste invece nella reazione dell'ordinamento conseguente alla violazione del precetto e consiste nell'applicazione di una misura punitiva (che può essere di varia tipologia; civile, penale, disciplinare, ecc.) a carico del trasgressore.

In merito alla coattività e alla sanzionabilità della norma giuridica bisogna evidenziare che la sanzione prevista dalla norma giuridica è irrogata grazie alla forza di cui dispone il corpo sociale che le norme stesse organizzano. Emerge così il ruolo del corpo sociale «produttore» di quelle norme mediante le quali lo stesso corpo sociale si organizza. La norma giuridica presuppone l'esistenza di una società organizzata (*ubi societas ubi ius*) cioè l'esistenza di un sistema o «ordinamento giuridico».

Questa considerazione, se da un lato è utile ai fini dell'esame dei caratteri della norma giuridica, dall'altro è fondamentale ai fini dell'esame del fenomeno giuridico, giacché dimostra che ***la norma giuridica presuppone l'esistenza di un ordinamento giuridico*** e cioè di una società organizzata in base ad un «sistema» di norme. Nella massima «*Ubi societas ibi ius*» si rinviene lo stretto collegamento intercorrente fra il fenomeno giuridico e l'esistenza di un gruppo sociale, co-

stituito e ordinato, che persegue fini comuni. Un gruppo sociale così caratterizzato è una *istituzione* in quanto:
– *è* un ordinamento giuridico;
– *ha* un proprio ordinamento giuridico, cioè un insieme di regole e princìpi vòlti a disciplinare, in vista del raggiungimento dei fini comuni, i rapporti fra i membri della *societas* e fra questi e la *istituzione*.

Il fenomeno giuridico dunque non si esaurisce nelle norme, ma comprende anche la struttura della società: il diritto «prima di essere norma, è organizzazione, struttura, posizione della stessa società in cui si svolge e che esso costituisce come unità, come ente per se stante», cioè come istituzione (Santi Romano).

Alcuni criticano tale ricostruzione (ritenuta «ibrida»), in quanto contenente un complesso di elementi normativi e non normativi e perché la necessaria coesistenza di *societas* e *ius* non può giungere ad autorizzare una «confusione» fra gli stessi. Secondo quest'ultima impostazione, sarebbe la norma l'elemento specifico che caratterizza l'ordinamento: «quando si dice che il diritto è ordinamento giuridico, è la nota della normatività quella che realmente definisce, con l'ordinamento, il diritto stesso» (Mazziotti). E così l'ordinamento giuridico si risolverebbe in un sistema di norme.

Come si è potuto constatare da quanto finora affermato, il panorama – ampio e complesso – delle riflessioni scientifiche aventi ad oggetto il fenomeno giuridico può essere tendenzialmente suddiviso in tre orientamenti:

1. nel primo può essere ricompresa la c.d. *teoria normativista* secondo cui il diritto è innanzitutto norma giuridica; secondo questa concezione il carattere normativo non è solo un aspetto dell'ordinamento giuridico, ma costituisce l'elemento peculiare che distingue l'ordinamento giuridico dagli altri tipi di ordinamento e ne determina l'essenza (Kelsen). Il punto critico di tale orientamento è rappresentato dalla difficoltà di individuazione dell'elemento di differenziazione della norma giuridica da altri tipi di norma. Infatti, se è la norma a conferire giuridicità all'ordinamento, chi o cosa conferisce alla norma quella giuridicità che appunto distingue la norma giuridica dalle altre norme che giuridiche non sono? Inoltre la riduzione del diritto alla norma, ponendo l'accento sulla visione potestativa del diritto (il diritto come esercizio di un «potere» a disposizione di qualcuno: monarca, Parlamento, governo, ecc.), conduce alla sparizione della visione più profonda del diritto quale prodotto di una determinata epoca storica e dei sottostanti rapporti sociali (Paolo Grossi);

2. nel secondo va ricompresa la *teoria istituzionalista* (il diritto come istituzione), secondo cui: «Ogni ente sociale, cioè ogni istituzione nel senso in cui tale parola è sinonimo di ente sociale, … è un ordinamento giuridico» (Santi Romano). Al contrario di quanto sostenuto dalla concezione normativa del diritto (secondo la quale il diritto sarebbe un complesso o sistema di norme), la concezione istituzionalista (o istituzionalistica) del diritto afferma che ogni istituzione, in quanto ente avente una propria struttura e organizzazione, costituisce un «ordinamento giuridico», valendo anche la reciproca per cui ogni ordinamento giuridico è un'istituzione. Secondo questa impostazione, sia le singole norme che l'intero complesso delle norme giuridiche sono solo «estrinsecazioni» dell'ordinamento, che non può ritenersi risolto nelle sole norme giacché queste presup-

pongono l'istituzione «comprensivamente e unitariamente considerata» e di cui le norme sono appunto un aspetto ed una manifestazione. Naturalmente il diritto è anche norma, ma, «prima di essere norma, è organizzazione o corpo sociale ed è questo che alla norma comunica la natura giuridica, non viceversa». L'aspetto normativo del diritto è dunque logicamente posteriore all'aspetto istituzionale essendo quest'ultimo ad imprimere alle norme il carattere della giuridicità. Come ogni istituzione anche lo Stato è un ordinamento giuridico ed è «uno» dei numerosi ordinamenti giuridici esistenti (principio della pluralità degli ordinamenti giuridici e principio della possibile loro non esclusività), sì da determinare il fenomeno per cui i diversi ordinamenti giuridici possono essere in relazione di antitesi, di indifferenza o di «socievole coesistenza» (v. *infra*, par. 3);

3. il *diritto come relazione* o come insieme coordinato di rapporti (Kaufmann). Questa impostazione, che collega la normatività del diritto e l'inerenza dello stesso ai rapporti umani, e dunque la normatività e l'organizzazione sociale, coglie il senso profondo del fenomeno giuridico giacché (come insegnava Ermogeniano «*cum igitur hominum causa omne ius constitutum sit*») tutto il diritto è costituito in funzione dell'uomo (Capograssi, Cerri). Ogni concetto giuridico e lo stesso metodo del giurista devono essere sempre utilizzati per determinare i limiti e le dimensioni delle forme di tutela di interessi umani.

3. La pluralità degli ordinamenti giuridici

L'essere umano vive immerso in una **pluralità di ordinamenti giuridici** ciascuno dei quali, in via di principio, tende a porsi come «non esclusivo». La pluralità degli ordinamenti giuridici pone il problema della individuazione dei criteri in base ai quali i vari ordinamenti giuridici si rapportano fra di loro. I diversi ordinamenti possono infatti trovarsi vicendevolmente in una relazione di indifferenza, di coesistenza o di antitesi.

La pluralità degli ordinamenti giuridici determina anche una differenziazione fra gli stessi che possono suddividersi in molteplici categorie:
- originari (indipendenti) o derivati;
- sovrani o non sovrani;
- enti a fini generali (ordinamenti politici) o a fini determinati;
- enti territoriali e non.

Con l'espressione ordinamenti «originari» si fa riferimento a quegli ordinamenti indipendenti da altri nella loro origine e nel rispettivo funzionamento, mentre «derivati» sono quegli ordinamenti la cui nascita e funzione discende da un altro ordinamento.

Lo *Stato* è un ordinamento giuridico a fini generali, indipendente e originario, dotato di potere sovrano (*superiorem non recognoscens*) nell'ambito del proprio territorio. Rispetto allo Stato gli innumerevoli ordinamenti giuridici esistenti possono essere giuridicamente rilevanti (riconosciuti, vietati, consentiti, ecc.) o irrilevanti.

Con riguardo allo Stato italiano, deve aggiungersi che l'ispirazione pluralista della Costituzione repubblicana, oltre a riconoscere la «pluralità» degli ordinamenti, pone sostanziali limitazioni al diritto dello Stato (cfr. ad es. artt. 2, 7, 10, 11 e 18 Cost.) in ragione appunto della constatazione dell'impossibilità di riduzione del diritto alle sole norme di produzione statale.

La dottrina della pluralità degli ordinamenti giuridici riconosce l'esistenza di molteplici ordinamenti che vengono a trovarsi nei confronti dell'ordinamento statale in rapporti di varia natura:

– di separazione (quando fra i diversi ordinamenti non vi è alcuna forma di condizionamento);

– di coordinamento (quando vi è un coordinamento reciproco paritario; cfr., ad es., riguardo ad alcune materie, i rapporti fra Stati);

– di riconoscimento (quando l'ordinamento statale riconosce l'esistenza dell'altro ordinamento ed entro certi limiti attribuisce efficacia alle norme dello stesso);

– di opposizione (quando fra i diversi ordinamenti vi è una irriducibile contrapposizione sì che lo Stato vieta l'esistenza dell'altro ordinamento);

– di indifferenza (quando un determinato ordinamento sia del tutto indifferente per l'ordinamento statale); ed ancora di derivazione, di dipendenza, ecc.

Lo schema della pluralità degli ordinamenti giuridici trova numerose forme di applicazione: dai rapporti fra Stati ai rapporti fra Stato e confessioni religiose, dai rapporti fra l'ordinamento statale e gli ordinamenti sportivi alle vicende dei rapporti associativi concernenti profili riguardo ai quali lo Stato ritiene di non dover intervenire lasciando all'associazione medesima la competenza a decidere sulle questioni interne all'associazione.

Norberto Bobbio, ponendo l'accento sul ruolo dello Stato, ha proposto un'altra tipologia di classificazione: a) ordinamenti al di sopra dello Stato (es. ordinamento internazionale, Chiesa cattolica); b) ordinamenti al di sotto dello Stato (che lo Stato riconosce assorbendoli e limitandoli); c) ordinamenti contro lo Stato.

4. La pluralità degli ordinamenti giuridici nella giurisprudenza: il difetto di giurisdizione

Il principio della pluralità degli ordinamenti giuridici spiega anche perché, di fronte a determinate questioni, il potere giudiziario statale (cioè il giudice statale) dichiari la propria incompetenza a pronunciarsi nel merito: in tali casi il giudice dichiara il «*difetto di giurisdizione*», nel senso che il giudice dichiara che su quella determinata questione l'ordinamento statale non può intervenire giacché «estraneo» riguardo alla stessa.

Il giudice dichiara il difetto di giurisdizione quando si trova di fronte ad un ordine di interessi non tutelabili dall'ordinamento statale perché vi è uno spazio giuridicamente «bianco» o non garantito o perché dalla legge stessa (o dalla Costituzione) devoluto ad altra sfera di tutela. Bisogna però ricordare che lo Stato moderno, per definizione, si pone quale ente a fini generali per la totalità dei propri consociati. Inoltre, con riguardo all'ordinamento italiano, l'art. 24 Cost. dispone che tutti possono agire in giudizio per la tutela dei propri diritti e interessi legittimi. Lo Stato democratico deve dunque assicurare una effettiva e concreta tutela giurisdizionale dei diritti e, più in generale, delle situazioni soggettive di vantaggio di ogni individuo. Pertanto la dichiarazione di difetto di giurisdizione da parte del giudice statale pone il problema che il singolo individuo possa sentirsi privato di una garanzia di giudizio (e dunque di tutela) da parte dello Stato. Bisogna però ribadire che spesso tale fenomeno è conseguenza proprio della pluralità degli ordinamenti giuridici.

A titolo di esempio può citarsi la giurisprudenza in tema di rapporti fra ordinamento statale e ordinamento sportivo, ma anche quella relativa alle questioni legate alle vicende interne ai partiti politici (si pensi alle scissioni avvenute negli anni Novanta all'interno di vari partiti politici con notevoli strascichi giudiziari) e, più in generale, a tutte le questioni legate al fenomeno associazionistico. A questo proposito va sottolineato che è difficile rintracciare esempi di associazioni del tutto irrilevanti per il diritto statuale dovendosi sempre commisurare con un contratto associativo (che, in quanto "contratto", rientra nelle forme del diritto privato) ed in cui la distinzione fra profili giudicabili e profili non giudicabili discende dalla natura degli interessi in gioco. Riemerge dunque, ancora una volta, la questione legata alla definizione della natura degli interessi coinvolti al fine di determinare l'interesse o meno dello Stato ad occuparsi della questione.

A questo proposito può citarsi la pronuncia del Tar della Toscana (sez. I) del 12 luglio 1989, n. 572, in cui si afferma la sottrazione al sindacato di legittimità del giudice amministrativo degli atti emessi dal Comune di Siena nell'esercizio dei compiti di controllo dell'attività inerente l'organizzazione e lo svolgimento del celebre «Palio», giacché *«il rapporto fra Contrade e Comune, per quanto riguarda l'esercizio di compiti di controllo dell'attività paliesca, ha connotazione metagiuridica»*. Nel caso di specie il giudice amministrativo si trovava a dover giudicare della legittimità della delibera comunale di esclusione di una Contrada dalla partecipazione ad una edizione del Palio. Tale provvedimento, adottato quale sanzione nei confronti del comportamento violento di alcuni contradaioli, era stato impugnato dalla Contrada che riteneva tale provvedimento abnorme ed illegittimo. Il Tar, nella motivazione della sentenza, ricorda l'origine storica del Palio senese quale tradizionale festa popolare avente originariamente motivazioni politico-religiose ed attualmente consistente in una *«competizione ludica fra le Contrade ... secondo modalità rette da ordinamento tipico della comunità senese. Nell'ambito di questo operano con autonomia istituzionale i minori ordinamenti delle Contrade, quali formazioni sociali, ancor oggi rette da propri capitoli e statuti ... ed aventi chiaro riferimento territoriale e connotazione associativa nel quadro storico-pluralistico dell'organizzazione del comune civitatis»*. Il Tar ravvisa dunque nella struttura organizzativa del Palio l'esercizio, da parte del Comune di Siena, di poteri non assegnati dalla legge statale, bensì discendenti dall'esercizio di originarie prerogative delle Contrade e del *commune civitatis*. Pertanto, se il profilo della organizzazione (del Palio) a livello cittadino è di competenza dell'Amministrazione comunale, la gestione del «giuoco delle Contrade», ivi compresi i rapporti intercorrenti fra i soggetti che, a vario titolo, prendono parte alla celebrazione ludica del Palio (*«nell'ambito esclusivamente delle regole del giuoco e per i fini che la tradizione storica assegna al particolare suo ordinamento»*), è esercitata da una struttura organizzatoria che, *«pur avvalendosi degli ordinari organi comunali»*, esercita e conferisce agli organi comunali funzioni *«istituzionalmente diverse»* da quelle previste dalla legge comunale e provinciale. *«L'attribuzione dei poteri in oggetto ha esclusivo fondamento nel regolamento per il Palio, la cui emanazione ad opera del Consiglio comunale non è sottoposta alle modalità stabilite dalle disposizioni sulla produzione dei regolamenti comunali, ma è assoggettata da un proprio procedimento formativo, che coinvolge la partecipazione del magistrato delle Contrade, richiamando la rilevanza delle particolari strutture della comunità senese con riferimento a valori storici, come tali non denegati dall'ordinamento statale. L'ordinamento del Palio può considerarsi in altri termini (ed a prescindere dal riconoscimento della sua originarietà istituzionale) tipico ordinamento della comunità senese, la cui autonomia rispetto alla disciplina di diritto statale degli Enti locali deve essere circoscritta nell'ambito della funzione cui è preordinata e cioè al fine della regolamentazione della manifestazione ludica*». In sede conclusiva il Tar sottolinea che la propria decisione «*nella parte in cui collima con l'applicazione della regola ludica*» «*non lede ... il principio della indefettibilità della tutela giurisdizionale*», giacché si tratta di atti la cui efficacia «*si conclude nell'ambito della definizione di situazione soggettive estranee all'ordinamento dello Stato, in quanto indifferenti a fronte di interessi pubblici tutelati*». E proprio quest'ultima considerazione ci ricollega alla questione relativa al rischio di assenza di protezione giurisdizionale per posizioni giuridiche soggettive (tant'è che il Tar avverte l'esigenza di specificare "l'indifferenza" per lo Stato della situazione fatta valere dai ricorrenti) ma al tempo stesso conferma l'esistenza di rapporti cui l'ordinamento giuridico statale è completamente estraneo e che il fenomeno giuridico non si esaurisce nel diritto statale.

In merito ai **rapporti fra Stati** può citarsi il caso in cui una società chiedeva la convalida di sfratto dall'immobile di cui era proprietaria, immobile concesso in affitto al Consolato generale di uno Stato straniero che eccepiva appunto il difetto di giurisdizione del giudice italiano. In tale occasione la Cassazione (Cass., sez. un., 30 maggio 1990, n. 5092) distingue a seconda che lo Stato straniero agisca *iure privatorum* o piuttosto come «titolare di una potestà di imperio» (in quanto «soggetto di diritto internazionale»). Nel primo caso la giurisdizione dello Stato ospitante (lo Stato italiano) non può essere esclusa, sia perché lo Stato straniero svolge la propria attività come soggetto all'interno dell'ordinamento italiano, sia perché non ricorrono nel caso di specie quelle ragioni per cui lo Stato italiano debba astenersi dall'esercitare la propria giurisdizione. È nel secondo caso invece che, svolgendo lo Stato straniero attività di tipo pubblicistico, si afferma il principio della «estraneità» fra le due sfere ordinamentali, estraneità che impone al giudice dello Stato ospitante di dichiarare il proprio difetto di giurisdizione, giacché in tali casi lo Stato straniero si pone quale portatore del proprio ordinamento, sottraendosi pertanto all'apprezzamento delle norme giuridiche di uno Stato diverso e ad ogni valutazione concreta effettuata mediante i relativi atti giurisdizionali. La Cassazione precisa che tale ripartizione degli atti posti in essere da uno Stato straniero risponde ad «*una esigenza degli Stati di diritto, fondati su un ordinamento democratico, nei quali, così come si riduce, a favore della tutela dei cittadini, l'area di insindacabilità degli atti propri dello Stato, parimenti si restringe l'area di sottrazione a controllo degli atti riferibili a Stati esteri: e ciò anche in considerazione della sempre maggiore partecipazione dello Stato ad attività imprenditoriali, al fine di evitare che una troppo estesa immunità possa finire per scoraggiare i rapporti con i soggetti che ne beneficiano e per rendere meno agevoli i traffici e i rapporti in società aperte quali appunto quelle democratiche e industrializzate*». Il principio democratico, che restringe le sfere di azione statuali sottratte al controllo giudiziario, determina dunque una riduzione anche dell'ambito di azione «riservata» (in quanto sottratta ad ogni controllo giudiziale) allo Stato straniero. E a questa argomentazione la Cassazione aggiunge quella legata al «fine» di non arrecare danno all'esercizio delle «attività imprenditoriali» (e quindi al principio del libero mercato), creando (tramite il riconoscimento di una «troppo estesa immunità» a soggetti che, indipendentemente dalla loro natura, prendono parte ad attività economiche) figure o momenti di «irresponsabilità» e di indebito arricchimento. E così nel caso di specie lo Stato straniero, adottando uno strumento avente carattere privatistico (contratto di locazione), si è posto in una posizione giuridica identica a quella dei cittadini dello Stato ospitante, assoggettandosi alle norme e dunque alla giurisdizione dello stesso. Infatti non può dirsi che il contratto di locazione dei locali che ospitano la sede del consolato possa ritenersi sottratto al potere giurisdizionale dello Stato ospitante giacché esso non è inerente all'ordinamento dello Stato straniero. Ma la «originarietà» dello Stato ospitato riemerge in sede di esecuzione, giacché se la giurisdizione del giudice statale sussiste con riguardo alle azioni di cognizione o di condanna, resta invece preclusa la fase dell'esecuzione, in cui «*scatta il principio di immunità ... essendo evidente che la sottrazione materiale della sede alla sua funzione inciderebbe sulla possibilità stessa dello Stato straniero di svolgere le proprie istituzionali funzioni sul territorio dello Stato ospite*». La soluzione cui giunge la Cassazione sembra dunque assicurare il principio della tutela giurisdizionale dei diritti del singolo anche nei confronti di uno Stato straniero, che possono così ottenere un ristoro di carattere patrimoniale, salvando al tempo stesso il principio della intangibilità delle attività dello Stato straniero.

Ovviamente il giudice è chiamato ad interrogarsi in merito alla questione concreta che gli viene sottoposta. E così, ad esempio, è avvenuto nella vicenda sorta in seguito ad una segnalazione, da parte del consolato del Perù, che aveva portato al sequestro di manufatti di arte precolombiana acquistati da un gallerista milanese. Tali beni erano stati consegnati, con provvedimento cautelare, ai consolati di Cile e Perù di Milano. In seguito le accuse nei confronti del gallerista si erano rivelate infondate ma i due consolati si erano rifiutati di restituire i beni, invocando le prerogative garantite agli uffici consolari dal diritto internazionale ed eccependo il difetto di giurisdizione del giudice italiano (ex art. 43, comma 1 della Convenzione di Vienna sulle relazioni consolari), sostenendo di aver agito nella loro dimensione pubblicistica, diplomatica e consolare. La Cassazione, Sezioni Unite (ord. n. 19784 del 2015) ha ritenuto infondata la questione della giurisdizione poiché il consolato non ha agito in via pubblicistica dal momento che la vicenda non presentava alcun collegamento con l'esercizio tipico di potestà pubblicistiche di governo da parte dello Stato estero per il tramite della sua rappresentanza consolare. Per la Cassazione, nel caso di specie, il provvedimento di restituzione dei beni non interferisce con la funzione sovrana dello Stato giacché la questione attiene unicamente al diritto di proprietà e non all'esercizio di attività pubblicistiche (e pertanto la giurisdizione italiana deve ritenersi sussistente).

Riguardo ai **rapporti fra Stato e Chiesa** può ricordarsi la vicenda relativa alla natura del c.d. «diritto al banco in chiesa» (Cass., sez. un., 9 ottobre 1990, n. 9928). In tale occasione, alcuni fratelli contestavano al parroco della propria cittadina di aver rimosso il banco, sito nella locale Chiesa, utilizzato da oltre cento anni dalla loro famiglia che lo aveva acquistato tramite atto notarile. Secondo la Cassazione il tipo di rapporto intercorrente fra il titolare del diritto al banco e l'autorità ecclesiastica, discendendo da una concessione, meramente discrezionale, dell'autorità ecclesiastica, ben può da quest'ultima essere sempre revocato. E a nulla rileva che la concessione stessa (il cui effetto è appunto il diritto «di banco» o «al banco») sia stata affidata gratuitamente o connessa a benemerenze o anche a pagamento (ad esempio a seguito di una offerta). Infatti, indipendentemente dalla ragione che si trovi alla base della concessione, il titolare del diritto, nei rapporti con l'autorità ecclesiastica, non gode di alcuna possibilità di esperire una qualsiasi azione giurisdizionale, perché non sussiste alcun diritto soggettivo all'uso del banco da parte del fedele. L'uso del banco in Chiesa infatti «dipende dall'interesse pubblico corrispondente alla generale destinazione dell'edificio al culto» e l'autorità ecclesiastica gode di un potere discrezionale in ordine al culto e alle modalità dello stesso. In questi rapporti il fedele viene in considerazione come membro della *societas fidelium* e pertanto il parroco, in ragione del potere concessogli dalle norme canoniche, può sempre modificare o revocare la concessione.

La fenomenologia legata alla pluralità degli ordinamenti giuridici trova un'interessante casistica anche nelle vicende legate ai *rapporti associativi*.

A questo proposito peculiare interesse possono rivestire **i rapporti interni al partito politico** quale associazione non riconosciuta, disciplinata, per quanto concerne l'ordinamento interno, dagli accordi intercorsi fra gli stessi associati oltre che dagli artt. 36 ss. c.c. e, in quanto applicabili in via analogica, dalle norme sulle persone giuridiche private. Pertanto, in via di principio, non è escluso il potere del giudice di sindacare i rapporti scaturenti dal patto associativo, ma al tempo stesso si riconosce che il libero accordo degli associati, nel determinare l'organizzazione interna e l'amministrazione dell'associazione, può precludere l'intervento del giudice mediante la previsione di clausole compromissorie che devolvano ad organismi interni del partito la risoluzione delle controversie (sui partiti politici v. *infra*, cap. VI, par. 4).

La fenomenologia delle vicende legate allo svolgimento dei rapporti associativi può inoltre presentarsi intrecciata con quella legata ai rapporti fra Stati o fra Stato e Chiesa. In tal caso gli esempi di intersezione fra differenti ordinamenti giuridici si presentano ulteriormente complessi, come il caso del membro di un'associazione ecclesiastica, in cui il rapporto e il vincolo associativi assumono una peculiare connotazione in ragione della natura ecclesiastica dell'associazione stessa.

Nel caso deciso dalla Cassazione (sez. un., sent. 10 aprile 1997, n. 3127), il membro di una arciconfraternita contestava la legittimità del provvedimento di espulsione adottato dalla Curia arcivescovile, per comportamento di tale membro ritenuto gravemente lesivo del «padre spirituale». Secondo il soggetto espulso dalla confraternita, il provvedimento era illegittimo in quanto emesso da organo (Vescovo) estraneo all'associazione, che invece era munita di un proprio statuto, che prevedeva propri organi e rispettive procedure. Il ricorrente chiedeva dunque la dichiarazione di nullità del provvedimento in oggetto e che gli venisse riconosciuta a tutti gli effetti la qualità di socio dell'arciconfraternita, giacché tale espulsione causava forte discredito dello stesso nell'ambiente sociale in cui viveva. A questo proposito bisogna ricordare che l'esperienza delle arciconfraternite trova disciplina nelle leggi di attuazione del Concordato, che riconoscono la competenza esclusiva dell'autorità ecclesiastica riguardo all'attività di religione e di culto e gli organi statutari dell'ente, mentre per gli ulteriori aspetti le confraternite sono regolate dalle leggi civili. La Cassazione, nella motivazione della pronuncia, sottolinea l'importanza, per individuare il regime delle Confraternite, dell'evoluzione storica delle stesse e della relativa disciplina. In particolare viene sottolineato come le Confraternite siano sottratte ad ogni ingerenza dello Stato italiano, sia dal punto di vista amministrativo che giurisdizionale. Pertanto: «*l'esclusione dell'ingerenza statuale non è limitata ... alle attività di religione o di culto ed agli organi statutari ... La stessa si estende ... a tutta l'organizzazione e ad ogni questione attinente all'esistenza ed alle vicende del vincolo associativo che lega un associato alla confraternita, che si sottraggono alla giurisdizione del giudice italiano, e dal cui controllo lo Stato italiano si astiene per effetto della richiamata normativa, rimettendoli all'esclusiva competenza dell'autorità ecclesiastica*».

In merito ai *rapporti tra ordinamento statale e ordinamento sportivo*, bisogna ricordare la legge n. 280 del 2003 (legge di conversione, con modif. del d.l. 19 agosto 2003, n. 220, recante disposizioni urgenti in materia di giustizia sportiva), secondo la quale (art. 1) «*La Repubblica riconosce e favorisce l'autonomia dell'ordinamento sportivo nazionale, quale articolazione dell'ordinamento sportivo internazionale facente capo al Comitato Olimpico Internazionale*». Secondo questa legge i rapporti tra l'ordinamento sportivo e l'ordinamento statale sono regolati in base al *principio di autonomia*, salvi i casi di rilevanza per l'ordinamento giuridico della Repubblica di situazioni giuridiche soggettive connesse con l'ordinamento sportivo. La stessa legge specifica che è riservata all'ordinamento sportivo la disciplina delle questioni aventi ad oggetto: 1. l'osservanza e l'applicazione delle norme regolamentari, organizzative e statutarie dell'ordinamento sportivo nazionale e delle sue articolazioni al fine di garantire il corretto svolgimento delle attività sportive; 2. i comportamenti rilevanti sul piano disciplinare e l'irrogazione ed applicazione delle relative sanzioni disciplinari sportive. Con riguardo a tali questioni le società sportive e i singoli tesserati hanno l'onere di adire gli organi di giustizia dell'ordinamento sportivo. Esauriti i gradi della giustizia sportiva, le controversie non riservate agli organi di giustizia dell'ordinamento sportivo sono devolute alla giurisdizione esclusiva del giudice amministrativo (e la competenza di primo grado spetta in via esclusiva al Tribunale amministrativo regionale del Lazio).

Il d.l. n. 220 del 2003 (poi convertito nella legge n. 280 del 2003) venne emanato in seguito a (e in ragione delle) numerose pronunce adottate, in sede cautelare, da svariati tribunali amministrativi regionali che riammettevano nei diversi campionati di calcio (dalla serie A alla serie C) le squadre della rispettiva città, escluse invece dalla Federazione sportiva per diverse tipologie d'irregolarità. Negli anni successivi sono state le vicende di «Calciopoli» (relative a gravissime irregolarità fino alla corruzione arbitrale) ad aver posto all'attenzione del giudice amministrativo questioni legate alla comminazione di pesanti sanzioni da parte degli organi della giustizia sportiva nei confronti di tesserati e società accusati di comportamenti antisportivi.

A questo proposito può citarsi la sentenza del Tar Lazio, sez. III-*ter*, del 13 marzo 2008, che ha ritenuto sussistente la giurisdizione del giudice amministrativo nel giudizio proposto dall'*ex* Direttore sportivo di una squadra di calcio per l'annullamento dell'inibizione per cinque anni dai ranghi federali, inflitta allo stesso dalla Corte d'appello federale (organo di giustizia sportiva). In tale pronuncia il Tar dichiara che il criterio, secondo cui i rapporti tra l'ordinamento sportivo e quello statale sono regolati in base al principio di autonomia (con conseguente sottrazione al controllo giurisdizionale degli atti a contenuto tecnico-sportivo), trova una deroga nel caso di rilevanza per l'ordinamento giuridico statale di situazioni giuridiche soggettive connesse con l'ordinamento sportivo. Pertanto, qualora la controversia presenti una rilevanza per l'ordinamento generale (concernendo la violazione di diritti soggettivi o interessi legittimi), non può negarsi il diritto dell'interessato a rivolgersi alla giustizia statale in attuazione di quanto disposto dall'art. 24 Cost.

Il medesimo organo giudicante (Tar Lazio, sez. III-*ter*), con sent. 7 giugno 2007, si era pronunciato sul ricorso proposto da una società di calcio per l'annullamento della decisione della Corte federale della Figc (Federazione italiana giuoco calcio) con cui era stata inflitta alla medesima società la sanzione di sei punti di penalizzazione nella classifica del campionato di calcio (serie B) da scontare nella stagione sportiva 2006-2007. Secondo la società ricorrente, a base della sanzione vi era soltanto l'intercettazione di una telefonata intercorsa tra un guardalinee (designato per una partita in cui era impegnata la società *de qua*) ed un dirigente di altra società, nel corso della quale telefonata il guardalinee dichiarava di aver svolto irregolarmente le proprie funzioni nella partita predetta. La società ricorrente lamentava l'applicazione di una fattispecie di responsabilità presunta (*ex* art. 9, comma 3, del codice di giustizia sportiva) aggravata dal fatto che nessuna relazione esisteva fra i soggetti intercettati e la società medesima. Il Coni e la Figc sostenevano invece l'inammissibilità del ricorso per difetto di giurisdizione vertendosi al cospetto di una sanzione disciplinare sportiva. Il Tar Lazio ha rigettato l'eccezione di inammissibilità del ricorso per difetto di giurisdizione del giudice amministrativo giacché la sanzione inflitta assume rilevanza per l'ordinamento giuridico statuale per il coinvolgimento di situazioni giuridiche soggettive connesse con la penalizzazione irrogata dall'ordinamento sportivo. Nel merito, il Tar ha rigettato le questioni sollevate dalla società ricorrente, escludendo l'applicabilità agli organi di giustizia sportiva dei principi costituzionali relativi alle garanzie processuali giacché «*le decisioni degli organi di giustizia sportiva ... sono l'epilogo di procedimenti amministrativi (seppure in forma giustiziale), e non già giurisdizionali*». Alla giustizia sportiva si applicano, dunque, «*oltre che le regole sue proprie, previste dalla norma federale, per analogia, quelle dell'istruttoria procedimentale, ove vengono acquisiti fatti semplici e complessi, che possono anche investire la sfera giuridica dei soggetti terzi*». Per il Tar dunque sono «inapplicabili agli organi di giustizia sportiva le norme di rango costituzionale che concernono l'attività giurisdizionale e l'organizzazione dei plessi giudiziari». Particolare attenzione pone il Tar alla contestazione della prescrizione regolamentare che prevede la c.d. responsabilità presunta (in ragione dell'inesistenza di relazioni tra i soggetti intercettati e la società destinataria della sanzione, società gravata dunque di un onere di prova negativa e dunque impossibile), la quale «*pone (ben più della responsabilità oggettiva, comunque fondata sul rapporto di causalità) problemi di compatibilità con i principi che governano i procedimenti sanzionatori, e forse anche con i modelli di responsabilità conosciuti dall'ordinamento giuridico statale. Va però aggiunto come proprio tali ragioni, che attengono, in definitiva, all'enucleazione dei limiti di relazione sistemica tra ordinamento sportivo ed ordinamento statale, imponevano che della relativa questione fosse investito l'organo arbitrale, a tutela dell'autonomia dell'ordinamento sportivo e nel rispetto della clausola compromissoria accettata dai soggetti dell'ordinamento federale quale parte integrante del vincolo associativo*».

In senso simile il Consiglio di Stato (sez. VI, 11 luglio 2006-25 gennaio 2007, n. 268) che ha confermato la natura di «provvedimento» del lodo adottato a conclusione dell'arbitrato sportivo in quanto «*espressione ultima della volontà dell'ordinamento sportivo. Come tale il lodo, ove incidente su interessi legittimi, è soggetto al giudizio di legittimità del giudice amministrativo*». Per il Consiglio di Stato, il provvedimento di affiliazione delle società sportive alle federazioni rientra nell'ambito delle «ammissioni» amministrative «*in quanto determina l'acquisizione di uno stato, appunto quello di soggetto dell'ordinamento sportivo, che postula il potere delle federazioni di inserire i sodalizi sportivi nelle proprie organizzazioni; si tratta, quindi, di un provvedimento adottato dalla Federazione nell'esplicazione di un potere pubblicistico, da prendere all'esito di un procedimento con le garanzie partecipative generali e di fronte al quale sono configurabili interessi legittimi giurisdizionalmente tutelabili davanti al giudice amministrativo, per la loro incidenza sullo stato di associato e sulle facoltà a esso connesse; di tale natura amministrativa partecipa anche la revoca dell'affiliazione*».

Nella sent. n. 49 del 2011 la Corte costituzionale era chiamata a pronunciarsi sulla costituzionalità (in riferimento agli artt. 24, 103 e 113 Cost.) del d.l. n. 220 del 2003 (conv. con modif. con legge n. 280 del 2003), nella parte in cui riserva al solo giudice sportivo la competenza a decidere le controversie aventi ad oggetto sanzioni disciplinari, diverse da quelle tecniche, inflitte ad atleti, tesserati, associazioni e società sportive «*anche ove i loro effetti superino l'ambito dell'ordinamento sportivo, incidendo su diritti soggettivi ed interessi legittimi*». La Corte ricorda innanzitutto che l'ordinamento sportivo nazionale è «articolazione dell'ordinamento sportivo internazionale facente capo al Comitato Olimpico Internazionale» (a sua volta ordinamento autonomo avente una dimensione internazionale) e pertanto l'ordinamento sportivo nazionale risponde ad una struttura organizzativa extrastatale riconosciuta dall'ordinamento della Repubblica. Ma, anche a prescindere dalla dimensione internazionale del fenomeno, «*deve sottolinearsi che l'autonomia dell'ordinamento sportivo trova ampia tutela negli artt. 2 e 18 Cost.*» (v. *infra*, cap. XIII). La riserva all'ordinamento sportivo della disciplina delle questioni concernenti, oltre alle c.d. «regole tecniche», i comportamenti rilevanti sul piano disciplinare e l'irrogazione delle relative sanzioni fa sì che «*la giustizia sportiva costituisce lo strumento di tutela [definitivo] per le ipotesi in cui si discute dell'applicazione delle regole sportive*». Per la Cassazione (sez. un., sent. n. 4399 del 1989 e sent. n. 5775 del 2004) tali questioni «*non hanno rilevanza nell'ordinamento giuridico generale e le decisioni adottate in base alle regole promananti dall'associazionismo sportivo sono collocate in un'area di non rilevanza per l'ordinamento statale, senza che possano essere considerate come espressione di potestà pubbliche ed essere considerate alla stregua di decisioni amministrative. La generale irrilevanza per l'ordinamento statuale di tali norme e della loro violazione conduce all'assenza della tutela giurisdizionale statale*». La Corte costituzionale ribadisce che «*la possibilità, o meno, di essere affiliati ad una Federazione sportiva o tesserati presso di essa nonché la possibilità, o meno, di essere ammessi a svolgere attività agonistica disputando le gare ed i campionati … non è situazione che possa dirsi irrilevante per l'ordinamento giuridico generale e, come tale, non meritevole di tutela da parte di questo. Ciò in quanto è attraverso siffatta possibilità che trovano attuazione sia fondamentali diritti di libertà – fra tutti, sia quello di svolgimento della propria personalità, sia quello di associazione – che non meno significativi diritti connessi ai rapporti patrimoniali – ove si tenga conto della rilevanza economica che ha assunto il fenomeno sportivo, spesso praticato a livello professionistico ed organizzato su base imprenditoriale – tutti oggetto di considerazione anche a livello costituzionale*». E pertanto l'intervento del legislatore è coerente laddove precisa che «*l'autonomia dell'ordinamento sportivo recede allorché siano coinvolte situazioni giuridiche soggettive che, sebbene connesse con quello, siano rilevanti per l'ordinamento giuridico della Repubblica*». Pertanto la Corte costituzionale ritiene che la normativa vigente non precluda al giudice statale di conoscere questioni che riguardino diritti soggettivi o interessi legittimi giacché «*qualora la situazione soggettiva abbia consistenza tale da assumere nell'ordinamento statale la configurazione di diritto soggettivo o di interesse legittimo … e riconosciuta la tutela risarcitoria*». Per la Corte dunque «*In tali fattispecie deve … ritenersi che la esplicita esclusione della diretta giurisdizione sugli atti attraverso i quali sono state irrogate le sanzioni disciplinari – posta a tutela dell'autonomia dell'ordinamento sportivo – non consente che sia altresì esclusa la possibilità, per chi lamenti la lesione di una situazione soggettiva giuridicamente rilevante, di agire in giudizio per ottenere il conseguente risarcimento del danno. È sicuramente una forma di tutela, per equivalente, diversa rispetto a quella in via generale attribuita al giudice amministrativo … ma non può certo affermarsi che la mancanza di un giudizio di annullamento … venga a violare quanto previsto dall'art. 24 Cost.*».

5. L'interpretazione

Nell'esperienza giuridica un ruolo fondamentale è quello giocato dalla interpretazione.

Nello studio del fenomeno interpretativo può innanzitutto operarsi una *summa divisio* fra quanti configurano il processo interpretativo come recezione passiva di un dato pre-esistente e quanti invece ritengono l'interpretazione un «procedimento ricognitivo diretto a identificare e riprodurre negli apprezzamenti dell'interprete le valutazioni comparative degli interessi in conflitto che sono già contenute nelle norme giuridiche» (Betti). Secondo quest'ultima impostazione è l'interpretazione che fa vivere le leggi nella realtà storica. Il primo orientamento è invece figlio del positivismo legislativo per il quale l'interpretazione si esaurirebbe in una meccanica applicazione al caso concreto di quanto disposto dal legislatore. Alla base della predetta divaricazione si rinviene una differente concezione del fenomeno giuridico: quale mero sistema di regole autoritarie imposte dal legislatore oppure come fenomeno intimamente connesso con la realtà sociale e riguardo alla quale il diritto svolge la funzione di strumento di convivenza civile.

Le diverse ricostruzioni dottrinali che mirano a restringere la libertà dell'interprete riducono il problema interpretativo ad un procedimento di ricostruzione della volontà imperativa del legislatore. Secondo questa impostazione il testo legislativo conterrebbe «coagulato» il «comando» posto dal legislatore e l'interpretazione verrebbe ad essere un procedimento avente «aritmetica precisione». A questo fine viene utilizzato lo schema del c.d. «*sillogismo giudiziale*», quale percorso argomentativo-deduttivo in cui, confrontando quanto posto da una «premessa maggiore» (la norma di legge ritenuta violata; ad esempio l'art. 2043 c.c. dispone che: «*Qualunque fatto doloso o colposo che cagiona ad altri un danno ingiusto, obbliga colui che ha commesso il fatto a risarcire il danno*») con il fatto racchiuso nella «*premessa minore*» (Tizio arreca un danno all'autovettura di Caio), il giudice sarebbe chiamato nella sentenza a dedurre «l'inferenza» o «deduzione» (Tizio deve risarcire il danno arrecato all'autovettura di Caio). In questa concezione potestativa del diritto, il ruolo fondamentale dell'esperienza giuridica è giocato dal legislatore e dalla norma giuridica come da questi posta. Viene così a determinarsi una cesura netta fra produzione e applicazione del diritto e cioè fra il momento di «posizione della norma» (opera del legislatore) e il momento interpretativo-applicativo che riveste il ruolo di una semplice applicazione di quanto già deciso in precedenza, «fra un comando che si conchiude e si esaurisce in un testo e la vita che continua e diviene malgrado il testo e ben spesso oltre e contro il testo: è la strada che conduce a un formalismo talora esasperato nella sua astrattezza» (Kaufmann).

La contrapposta impostazione riconosce invece alla dimensione ermeneutica la qualità di «componente interna, essenziale, della positività della norma» (Paolo Grossi). All'interpretazione deve così riconoscersi sempre la qualità di fattore di creazione del diritto sia perché l'attività interpretativa contiene in sé una ineliminabile componente creativa, sia perché il diritto non può ritenersi monopolio del solo legislatore. Al tempo stesso, se il principio della certezza del diritto, quale principio volto a limitare l'autonomia dell'interprete, appare come una «mitologia giuridica» (in quanto «prodotto storico assolutizzato») (Paolo Grossi), è comunque spesso affermata l'esigenza di una garanzia di certezza, quale esigenza ineliminabile per la ordinata convivenza sociale. In secondo luogo, riconosciuto che l'attività interpretativa è creatrice di diritto, bisogna interrogarsi sul rapporto che intercorre fra legislazione e giurisdizione, sui limiti da riconoscersi all'attività interpretativa del giudice, sugli elementi di differenziazione esistenti fra il diritto posto tramite legge e quello posto tramite sentenza.

In merito alla funzione dell'interpretazione ed al ruolo che il giudice è chiamato a svolgere nell'epoca attuale, si è anche posto l'accento sulle dinamiche della contemporanea società, caratterizzata da un universo giuridico disomogeneo, molteplice, e dunque profondamente instabile, proprio perché caratterizzato dalla presenza di «valori» potenzialmente in contrasto. L'ordinamento giuridico contemporaneo sarebbe strutturalmente orientato nella prospettiva di un «*diritto mite*» dove gli esistenti contrasti non si risolvono con la mera e netta prevalenza di un valore sull'altro, bensì mediante complesse e «faticose» «non-esclusioni», e dunque coesistenze e integrazioni. E, di conseguenza, la ovvia creatività della giurisprudenza appare nella società contemporanea «più necessaria e più accentuata», in quanto «fattore di adattamento del diritto alle profonde trasformazioni della realtà sociale» (Zagrebelsky). E la ricostruzione dell'attività interpretativa del giudice all'interno di uno schema deduttivo «tecnicamente logico» risponde ad una «indifferenziata idea primitiva della certezza giuridica» che si pone in antitesi con «l'incertezza possibile in ogni giudizio» (Calogero).

Sferzanti, a tal proposito, sono le parole di Calogero, secondo cui, qualora l'opera del giudice si risolvesse veramente nell'opera richiesta dal c.d. sillogismo giudiziale, «Chi non saprebbe fare quello che il giudice dovrebbe fare? Non solo il più candido dei professori di logica scolastica ..., ma addirittura l'ultimo dei mortali, e magari una scimmia o un cane con cui si riuscisse ad intendersi (cioè a parlare, cioè a entrare in un qualsiasi rapporto semantico: e non è forse un perfetto sillogismo quello per cui l'asino, avendo appreso come verità generale o universale che dir si voglia, che a un certo movimento del braccio del padrone segue il dolore della frustata, affretta il passo appena si profila l'inizio di quel movimento?) saprebbe dire quale conclusione discende da quelle premesse». Invece – evidenzia Calogero – «la vera e grande opera del giudice» non è quella di dedurre «la conclusione» da etero-imposte premesse, bensì «proprio nel trovare e formulare le premesse». Infatti «il giudice è ben lontano dal possedere l'automatica tranquillità di una macchina calcolatrice. Talune sue decisioni sono facili, altre così angosciose che egli lungamente combatterà con sé medesimo e non sarà mai sicuro di averle prese secondo giustizia e verità. Le sue angosce sono le angosce stesse della vita: quelle di chiunque deve capire, studiare, interpretare, decidere, e per fare ciò adeguarsi il più possibile alle cose, vivere profondamente la sua esperienza, intendere quel che è e quel che deve essere, insomma lavorare e penare».

Non dissimile è la testimonianza di Benjamin Nathan Cardozo che così delinea la sua esperienza di giudice: «Nei miei primi anni di magistratura il mio spirito rimase molto turbato nel constatare come l'oceano sul quale ero imbarcato fosse privo di tracce sicure. Andavo in cerca della certezza. Ero afflitto e scorato quando mi accorgevo che ricercarla era inutile. Tentavo di toccar terra, la stabile terra delle regole ben consolidate, il paradiso di una giustizia che si sarebbe annunziata con segni più chiari ed imperiosi che non i suoi scialbi e baluginanti riflessi nell'incertezza della mia mente e della mia coscienza ... Col passare degli anni, ed avendo sempre più riflettuto sulla natura dell'attività giudiziale, *mi sono riconciliato con l'incertezza*, poiché sono giunto a considerarla inevitabile. Sono giunto a vedere che tale attività, nelle sue zone più elevate, non è una scoperta, ma una creazione; e che i dubbi e le apprensioni, le esperienze e i timori, sono parte del travaglio della mente, sono le angosce della morte e le doglie della nascita, tra le quali si estinguono i principi che hanno fatto il loro tempo e nascono nuovi principi».

Quest'ordine di considerazioni non deve condurre a ritenere inutile ogni riflessione sul ruolo dell'interprete, ma impone al giurista di andare più a fondo nello studio e nella riflessione, rifiutando ogni impostazione formalistica o ideologicamente orientata (Cervati). La negazione della struttura deduttiva-sillogistica non vuol dire neppure esclusione di ogni possibile tentativo di studio della struttura logica delle sentenze (Giuliani).

Per Calogero l'attività giurisdizionale si sostanzia in quel procedimento, designato col nome di «*sussunzione*», che deve essere «non formale ma reale: non infallibile giuoco di scuola, ma problematico senso di realtà», giacché «alla logica delle parole essa antepone la logica delle cose, ma non quella dell'entusiasmo». Alla possibile obiezione di una eccessivamente ampia attribuzione di discrezionalità all'interprete, Calogero replica evidenziando come sia proprio lo schema del sillogismo deduttivo a consentire invece un agevole occultamento di scelte *lato sensu* discrezionali assunte (appunto) dietro lo schermo di un giudizio «logico», in ragione del quale «non si può che concludere in un solo modo, e con fatale necessità». Viceversa, l'esplicito riconoscimento in capo all'interprete di un potere discrezionale, che questi può utilizzare secondo un'altissima graduazione d'opportunità, priva l'organo giudicante di ogni comodo alibi ed impone allo stesso di misurarsi con «la ricchezza dell'esperienza e il senso delle cose», giacché sono quest'ultimi a determinare «quanto debba inflettersi l'indice sull'ideale quadrante della graduazione». Pertanto la sussunzione del fatto sotto la norma non può mai essere «idealmente determinata da un paradigma di logica formale», ma consiste invece in una «*delicata operazione di riconoscimento*», nello svolgimento della quale il giudice deve dimostrare padronanza di molti aspetti, dalla «conoscenza delle cose» all'esperienza tecnico-giuridica, dalla capacità ermeneutica alla capacità di intendimento della volontà del legislatore.

Per Dicey, l'autonomia e la libertà interpretativa dei giudici costituiscono «un pregio» conforme alla logica e al buon senso, mentre l'aspetto negativo è rappresentato dalla tendenza dei giudici a non interrogarsi sullo «spirito» della legge. Dicey avverte che nemmeno l'iperproduzione legislativa parlamentare può mai giungere ad annullare le peculiarità del ruolo del giudice. La complessità e la ricchezza dei casi della vita finiscono per generare sempre nuove circostanze le quali pongono dinanzi agli organi giudicanti questioni nuove. Ed anche con riguardo alla legge parlamentare, l'interpretazione di questa darà sempre occasione ai giudici di esercitare il loro ingegno. L'attività interpretativa del giudice possiede dunque due coesistenti caratteri: è ineliminabile (nel senso che in ogni giudizio il giudice non può non svolgere un'attività interpretativa) ed ha sempre una componente di creatività. Questa conclusione conduce a riflettere sui rapporti fra legislazione e interpretazione. Per Dicey la linea di demarcazione fra le due attività non può essere tracciata con precisione e bisogna evitare di cadere in una sterile disputa relativa al significato del termine interpretazione. L'espressione «interpretazione» è notevolmente elastica ed i giudici agiscono sempre in qualità (non di «legislatori», bensì) di «interpreti del diritto» ed è facile che l'interpretazione di una norma «sconfini nell'estensione o nella fissazione *ex novo* della stessa, ossia di fatto nella legislazione». Il riconoscimento della «naturale» capacità dell'attività giurisdizionale di creare diritto, conduce Dicey ad interrogarsi sugli elementi che influenzano l'attività dei giudici, i quali non possono non essere soggetti alla «influenza delle credenze e dei sentimenti della loro epoca», e così «vengono guidati in misura notevole dalla corrente dominante dell'opinione pubblica». Tuttavia, l'inevitabile influenza delle credenze prevalenti nell'epoca in cui i giudici vivono, deve misurarsi con l'abito mentale (rappresentato dalle opinioni professionali e dai modi di pensare) tipico del giudice e che spesso è indipendente, se non contrapposto, rispetto all'atmosfera generale dell'opinione pubblica. Pertanto il diritto di produzione giudiziale si presenta tendenzialmente conservatore in ragione della ricorrenza di tre elementi che lo caratterizzano. Il diritto di produzione giudiziale infatti: 1. «mira a preservare la logica o la simmetria del sistema giuridico»; 2. è volto «più a garantire la certezza del diritto che a correggerne i difetti»; 3. ha «la tendenza a rispecchiare in ogni dato periodo le convinzioni di un'epoca precedente quella delle idee rappresentate dalla legislazione del Parlamento». L'abito mentale del giudice conduce questi ad una grande attenzione alla logica e alla coerenza delle proprie argomentazioni. Per questa via la dottrina può influenzare profondamente la giurisprudenza nella misura in cui riesce a fornire ai giudici «uno schema coerente di norme logicamente compatibili». Anche per questa ragione il giudice tende a rimanere legato agli esiti già raggiunti in precedenza piuttosto che a mutare orientamento, anche di fronte a limiti e contraddizioni. Alla critica per cui il rispetto del precedente finisce per giustificare («autoritativamente») anche le opinioni più inique, Dicey risponde che, basandosi il sistema di *common law* sulla regola dell'applicazione ai nuovi casi di regole giuridiche ricavate dai principi del diritto e dai precedenti giudiziari, le esigenze di «uniformità», di «coerenza» e di «certezza» conducono a ritenere doverosa l'applicazione di tali norme anche ai nuovi casi «a meno che non siano chiaramente irragionevoli e controproducenti». E questa conclusione corrisponde anche ad un criterio di ragionevolezza giacché non si può trattare allo stesso modo il diritto di produzione giudiziale e quello di produzione parlamentare, le cui modifiche avvengono tramite procedure pubbliche e con la pubblicità dei relativi esiti.

Riconoscere all'interprete una funzione creativa del diritto (e dunque l'inevitabilità di un diritto di produzione giudiziale) non significa affatto assimilare il potere giudiziario a quello legislativo, né fare del singolo giudice un legislatore. Il diritto di produzione giudiziale, proprio in ragione della sua origine, nasce con peculiari caratteri (anche storicamente determinati), che necessariamente lo differenziano dal diritto di produzione parlamentare. L'interpretazione giudiziale svolge un ruolo di fattore di «preservazione» nel tempo del sistema giuridico. Ed è proprio questa funzione di «preservazione nel tempo» a conferire all'interpretazione un carattere di conservazione (legato alle esigenze di continuità), ma anche un carattere di innovazione, legato agli inevitabili mutamenti che il tempo introduce. L'attività del giudice che, tramite l'interpretazione, mantiene viva la norma nell'ordinamento giuridico, deve sempre svolgersi nella ricerca di un equilibrio tra tali contrapposte esigenze.

Il problema è piuttosto quello relativo alla possibilità di determinazione di limiti alla libertà interpretativa del giudice. Legislazione e giurisdizione si influenzano vicendevolmente. L'aumento del numero delle leggi accresce la libertà interpretativa del giudice e così anche la cattiva redazione delle stesse. La patologia della legislazione si ripercuote inevitabilmente nel momento giurisdizionale.

Ed è per questa ragione che Alessandro Giuliani invita a porre l'attenzione, prima che sul giudice, sul legislatore. A tal proposito Giuliani contrappone la figura del legislatore «razionale» (che è il legislatore del positivismo codicistico) alla figura del legislatore «ragionevole», ritenuto invece «peculiare della tradizione italiana, dal *mos italicus* fino al vichismo giuridico». Il pensiero di Vico ha avuto un ruolo importante nella riflessione, oltre che di Giuliani, anche di Giuseppe Capograssi per il quale la riduzione del diritto alla legge «non è capace di comprendere in sé e dare ragione di tutta l'intera sfera dell'esperienza giuridica». E ritenere che il diritto sia solo quello posto dalla legge, vuol dire compiere «una restrizione arbitraria della totale sfera dell'esperienza giuridica». Il diritto non può essere ridotto ad una somma di precetti comandati: la funzione dell'interpretazione giuridica viene così ad essere «non tanto e non solo un mostrare quello che c'è nella norma interpretata, ma un mostrare che nella norma interpretata c'è di più di quello che appare; c'è insomma tutta l'unità dell'ordinamento da cui nasce essa e di cui essa non è che una parte» (Capograssi). Per Capograssi la funzione dell'interpretazione è quella di «"rendere efficiente" la norma, in quanto interpretare significa accostare la norma alla vita, rendere la norma assimilabile alla vita: la vita è ... il fine della norma». All'interpretazione è così assegnata la funzione di strumento di perenne sviluppo del diritto. L'interpretazione è l'attività volta «a riconoscere e a ricostruire» il significato da attribuire alla norma che è «fonte di valutazioni giuridiche» (Betti). Oggetto dell'attività interpretativa sono le dichiarazioni o i comportamenti (definiti «oggetto di valutazioni giuridiche») che si svolgono «nella cerchia sociale disciplinata dal diritto». Betti costruisce una generale teoria dell'interpretazione, al cui interno quella giuridica è definita «interpretazione in funzione normativa», la cui peculiarità è data dal fatto che l'interpretazione non ha la funzione di «tornare a conoscere una manifestazione di pensiero» (*id est*, quella del legislatore), ma di tornare a conoscerla «per integrarla e realizzarla nella vita di relazione» fornendo «la massima della decisione e dell'azione». Ed è la continua correlazione esistente fra il processo interpretativo e il «vigore dell'ordine giuridico» a consentire all'interpretazione di svolgere la funzione di conservare «in perenne efficienza» norme e precetti.

Il processo interpretativo non si esaurisce *uno actu* e non ha carattere di mera ricognizione di un pensiero altrui, ma di «concorrente complementarità» in quanto il «criterio della decisione» è ricavato da norme e precetti posti in vista di una possibile azione ma anche da valutazioni morali e da situazioni psicologiche. L'attività interpretativa presuppone e contiene, oltre al momento ricognitivo, anche un momento «rappresentativo». La «formula legislativa» costituisce solo la tappa iniziale da cui prende le mosse il processo interpretativo, ma con questa prima operazione l'interprete non termina il proprio compito essendo chiamato anche a «raffigurarsi» nelle ripercussioni pratiche l'esito dell'interpretazione sostenuta.

Nell'interpretazione giuridica si persegue sempre un esito pratico giacché il risultato intellettivo dell'attività interpretativa conduce a «prendere posizione» con riguardo a situazioni ipotizzate in anticipo. E questo «esito pratico» impone all'interpretazione giuridica di assegnare al precetto «il senso che si ricollega nell'ambiente sociale». La formulazione in termini generali e astratti della disposizione legislativa rende ancor più necessario che questa sia adattata e adeguata «alla vita e alla natura dei rapporti disciplinati». Senza l'apporto dell'interprete, la disposizione legislativa è «lettera morta»: è l'interpretazione a far sì che la disposizione «si mantenga viva e vigente nell'orbita dell'ordinamento giuridico». Il diritto non è un dato pre-statuito in via definitiva dal legislatore ed è erroneo credere di poter «immobilizzare il diritto» bloccandone le dinamiche mediante una etero-imposta «coazione al formalismo nell'applicazione della legge». Il processo interpretativo evita «l'isterilirsi della norma», giacché senza l'apporto specifico dell'interpretazione, la norma sarebbe priva di capacità di attuazione. La concreta applicazione della norma presuppone l'interpretazione della stessa e, per tale ragione, l'interpretazione giuridica è destinata ad avere una «funzione normativa» in conseguenza proprio della correlazione in cui l'interpretazione viene a trovarsi con l'applicazione della norma al caso concreto. Non si deve però sconfinare nell'assegnazione all'interprete del ruolo di legislatore dovendosi invece distinguere nettamente i due ruoli. La «funzione normativa» riconosciuta all'interpretazione giuridica discende dalla natura («normativa») dell'oggetto di tale (forma di) interpretazione, la quale ha una «destinazione normativa» che non va però confusa con l'efficacia vincolante che può spettare alle interpretazioni adottate da organi le cui decisioni sono dall'ordinamento rivestite di peculiare forza. La dogmatica giuridica, quale strumento che svolge, nel processo interpretativo, la funzione di coerente ricostruzione del sistema, è espressione della «fondamentale esigenza di sintesi e d'intelligibilità» dell'ordinamento, giacché è grazie alla dogmatica che è possibile dar vita a quei procedimenti «astrattivi e costruttivi di concetti necessari per qualunque disciplina legislativa». L'interpretazione non può fare a meno della dogmatica giacché gli strumenti di questa, quale procedimento di astrazione e costruzione dei concetti, ne costituiscono «parte integrante», ma parimenti non si deve cadere nell'errore di ritenere che la dogmatica possa esaurire il momento interpretativo «con vuoti e rigidi schemi inadatti alla realtà sociologica e refrattari alla dinamica storica del diritto» (Betti). La dogmatica è necessaria all'interpretazione, ma non si deve rimanere imprigionati negli schemi della dogmatica medesima. Betti critica il pensiero kelseniano alla base del quale rinviene una concezione del diritto quale «dettato impartito da un potere sovrano ad una massa di sudditi e funzionari tenuti, volenti o nolenti, a darvi esecuzione e quindi a considerare diritto tutto quello e soltanto quello che viene loro imposto». A questa visione potestativa del diritto, Betti contrappone una concezione del fenomeno giuridico quale «ordine di convivenza immanente ai rapporti di un corpo sociale» che si rispecchia nella coscienza sociale dei membri che lo compongono per cui l'ordine giuridico viene ad essere «un organismo in perenne movimento, in continua trasformazione, che segue e rispecchia da vicino il movimento delle trasformazioni della vita sociale».

Il compito interpretativo del giurista non è indirizzato alla ricognizione di un significato immutabile e «conchiuso» delle norme, bensì a rendere le stesse meglio rispondenti alle esigenze sociali. L'interpretazione svolge sempre «l'ufficio di *vivificare*» le norme da applicare, le quali sono oggetto di un continuo ripensamento in ragione del «moto perenne della vita sociale». A sua volta però l'interprete è vincolato ad un'oggettività preesistente, giacché non può prescindere dalle valutazioni immanenti nell'ordinamento giuridico e nel relativo ambiente storico e sociologico. Betti crede fermamente nell'efficienza evolutiva dell'interpretazione, ma pone anche limiti all'autonomia dell'interprete ed invita esplicitamente a «non esagerare» nell'attribuzione all'interpretazione di un ufficio evolutivo, giacché l'efficienza evolutiva, che l'interpretazione non può non avere, si esplica sempre «compatibilmente col senso che si può ricavare dal testo legale, tenuto conto della linea di coerenza che lega il testo con la totalità dell'ordinamento». Ed è in tale «linea di coerenza» che va individuato il punto di equilibrio fra il ruolo del legislatore e l'attività dell'interprete. Entrambi sono necessari protagonisti dell'esperienza giuridica: la norma posta dal legislatore «vive» nell'ordinamento giuridico grazie all'attività dell'interprete il quale nello svolgimento della sua indubbia opera normativa non può mai giungere a farsi legislatore. Compito dell'interprete è dunque, dopo aver ricostruito «l'idea originaria» della formula legislativa, di mettere d'accordo quell'idea con l'attualità, «infondendovi la vita di questa». Betti precisa che l'interpretazione non può essere scissa in due successive operazioni, sia pure logicamente connesse l'una con l'altra, di cui la prima consisterebbe nell'accertamento della norma legislativa esistente e nella categoria di interessi prodotti dalla norma, mentre la seconda operazione si concretizzerebbe nella ulteriore elaborazione della massima necessaria per la decisione del caso. La distinzione fra le due operazioni è inammissibile perché l'elemento valutativo è immanente alla norma stessa da interpretare e pertanto le due operazioni in concreto s'intrecciano e si fondono in un processo unitario. Il momento assiologico, se non appiattisce la funzione giurisdizionale al ruolo di mera esplicitazione della volontà del legislatore, neppure la conduce al livello della pura discrezionalità poiché l'apprezzamento dell'interprete è sempre subordinato alla linea di coerenza logica «immanente all'ordine giuridico considerato nella sua organica totalità» (Betti).

Cervati ha evidenziato come l'insegnamento bettiano, volto ad affermare l'esigenza di ricostruzione del sistema dei «valori» dell'ordinamento giuridico nella consapevolezza «degli interessi in gioco e della storicità dell'esperienza giuridica», abbia sviluppato in Italia con netto anticipo una «aperta polemica» contro gli indirizzi positivistici. La realtà sociale opera direttamente sul modo di costruzione dei concetti giuridici e pertanto questi non possono essere considerati come il solo prodotto di una logica deduttiva priva di componenti valutative. Per questa ragione le enunciazioni giuridiche (scelte normative e decisioni giurisprudenziali) sono sempre soggette ad un processo di continuo mutamento ed adeguamento. Nello studio dell'esperienza giuridica è necessario adottare una prospettiva dinamica e realistica, mentre bisogna rifuggire dalle prospettive unidimensionali. Queste considerazioni aprono la strada alle riflessioni sull'importanza della motivazione e dunque allo studio delle tecniche argomentative. A questo proposito la *nouvelle rhétorique*, muovendo dalla considerazione che l'argomentazione giuridica è costitutiva del ragionamento giudiziale, ha operato una forte critica delle correnti sia formalistiche che di quelle antiformalistiche. In questo quadro il compito della logica giuridica è quello di «offrire gli strumenti per il dialogo corretto e perenne tra legislatore e giudice». E, in questo «dialogo», la relativizzazione dei testi consente al giudice di addivenire a decisioni «eque» o «ragionevoli», ma il giudice non può sostituire la sua volontà e quella del legislatore: l'obbligo di subordinazione del giudice alla legge costituisce sempre un limite (quantunque elastico) alla libertà interpretativa del giudice medesimo. La risposta è dunque in un «equilibrio» fra legislazione e giurisdizione e la «intersoggettività delle valutazioni» rappresenta lo strumento mediante il quale è possibile superare il «soggettivismo di ciò che appare giusto ad un solo individuo» (Giuliani). Cervati ha messo in luce come il riconoscimento del carattere creativo dell'attività interpretativa abbia condotto Mortati ad interrogarsi sul ruolo politico dei giudici e ad affermare con forza la necessità di preservare i giudici «da ogni pericolo di interferenza da parte degli altri poteri» con la conseguente esigenza di individuazione di garanzie idonee ad assicurare l'indipendenza dei giudici.

Riconosciuta la funzione normativa dell'interpretazione giudiziale e chiarito che tale funzione normativa si differenzia da quella esercitata dal (e spettante al) legislatore, il tema del «vincolo alla legge» viene ad assumere una diversa connotazione. Nella ricostruzione positivistica, il principio della certezza del diritto e la subordinazione del giudice alla legge marciano insieme. Ma se il diritto non è solo quello posto dal legislatore e se il vincolo del giudice alla legge è configurato come rispetto delle valutazioni degli interessi operate dal legislatore, il tema assume ben altra dimensione. Infatti non si deve dimenticare che il problema della portata e dei limiti del vincolo del giudice alla legge è un problema che ha diverse valenze.

Ha innanzitutto una valenza politica. Il principio della certezza del diritto inizia ad affermarsi con la nascita dello Stato moderno, quando progressivamente il Principe conquista il ruolo di detentore (tendenzialmente esclusivo) del potere di produzione di norme autoritarie. Il giusnaturalismo cattolico del XVI e XVII sec. era funzionale alla definizione di limiti al potere statale ed il giuspositivismo illuministico trova nel giusnaturalismo cattolico il proprio referente dialettico. Il principio della certezza del diritto consegue storicamente all'affermazione del principio della superiorità ed indiscutibilità della legge (quale atto del Principe) che si pone quale fonte tendenzialmente unica e che mira a prendere il posto del complesso sistema di fonti dell'epoca medievale. Il principio della certezza del diritto è dunque conseguenza della contrazione del diritto nella legge. Ed è stato evidenziato come giusnaturalismo e positivismo giuridico non siano affatto così «fondamentalmente diversi» giacché, pur distinguendosi dal punto di vista della differente ragione della validità del diritto («natura dell'uomo» o «volontà del legislatore»), si equivalgono, dal punto di vista teorico-giuridico e metodologico, giacché entrambi (giusnaturalismo e positivismo) ritengono il diritto qualcosa di oggettivo, stabilito a priori ed in cui le singole decisioni giuridiche discendono in via deduttiva da norme sovraordinate, prescindendo dall'esperienza (Kaufmann).

Il principio della certezza del diritto, quale espressione di un «naturale immobilismo», è inadeguato a rappresentare la realtà, ed ha svolto un ruolo di «mito» necessario all'illuminismo politico-giuridico perché questi «ha bisogno di un assoluto a cui aggrapparsi» in ragione della «carenza di assoluto» prodottasi in conseguenza del rifiuto delle giustificazioni provenienti dalle metafisiche religiose (Paolo Grossi). Le riflessioni sulla certezza del diritto dimostrano il significato storicamente determinato che tale principio ha avuto e la collocazione a livello filosofico della relativa riflessione, se può rispondere ad un'esigenza etica di limitazione dell'arbitrio, perde il contatto con la storicità dell'esperienza giuridica intrisa, per sua natura, di limiti e contraddizioni che, a loro volta, sono il riflesso dei limiti e delle contraddizioni della concreta società che quel diritto produce.

Differente la posizione dell'**ermeneutica**, la quale, pur avendo anche funzioni metodologiche, mira innanzitutto ad esprimere «le condizioni della possibilità in assoluto della comprensione di significati». L'ermeneutica infatti, con riguardo al fenomeno della conoscenza, supera lo schema «soggetto-conoscente oggetto-conosciuto» (schema che raffigura la conoscenza come «riproduzione» dell'oggetto nella coscienza), giacché la comprensione è sempre, allo stesso tempo, oggettiva e soggettiva, in quanto «colui che comprende entra anch'egli nell'orizzonte del comprendere e non riproduce nella propria coscienza in modo meramente passivo ciò che si tratta di conoscere, ma lo costruisce». Non vi è dunque un semplice processo di sussunzione del caso sotto la legge, rispetto al quale l'interprete rimane del tutto estraneo: l'interprete svolge un ruolo «attivo-costruttivo». E per questa ragione risulta vano ogni tentativo di individuazione di una «giustizia oggettiva» del diritto «al di fuori del processo ermeneutico del comprendere» (Kaufmann). La determinazione del contenuto di una disposizione legislativa non è un processo puramente ricettivo, ma è innanzitutto «un autocomprendersi del soggetto che comprende». Questi infatti deve inserirsi «nell'orizzonte del comprendere e la sua conoscenza dipenderà sempre anche da quanto egli stesso è credibile». La personalità di chi comprende costituisce un elemento imprescindibile nell'analisi della comprensione di un significato linguistico. E questa considerazione non conduce ad un «soggettivismo senza limiti», giacché, al contrario, lo schema soggetto-oggetto conduce («necessariamente») ad una privazione di potere del soggetto. Viceversa è la completa negazione di ogni soggettività a condurre ad un oggettivismo ideologico. La peculiarità del pensiero ermeneutico è data proprio dal fatto che questi «vive dell'eredità della tradizione», quale «terreno comune del mondo delle relazioni pubbliche in cui ci troviamo», quale «consolidato patrimonio di consapevolezze collettive di cui viviamo». L'ermeneutica contrappone ad una «ambiziosa, ostentata oggettività» una «onesta intersoggettività». Il diritto è «relazionale» giacché «esiste nelle relazioni degli uomini tra loro e rispetto alle cose». Questa concezione relazionale (e non sostanziale) del diritto (che non è «nelle cose» giacché tutto il diritto ha carattere di rapporto) conduce a ritenere il diritto un «sistema aperto» caratterizzato dalla «intersoggettività» (Kaufmann).

Il riconoscimento del pluralismo viene così a dimostrare il suo ruolo, che non è di «impedimento» nella ricerca della verità, bensì di «presupposto» per poter giungere alla «verità» (ovviamente non una verità «oggettiva» bensì «una verità intersoggettiva»). In questo panorama, così intriso di pluralismo, bisogna rifuggire da ogni teoria «assolutizzante» o comunque fondata su visioni monotematiche o unilaterali dell'esperienza giuridica o che comunque riducano il diritto a norma (e al soggetto – legislatore o giudice – che quella norma produce).

Per l'ermeneutica non si può pervenire al diritto senza un punto di vista di valore. Pertanto anche una teoria procedurale della verità e della giustizia deve essere «materialmente fondata». Le teorie procedurali della verità non si formano solo «*attraverso* la procedura, anche se certamente *nella* procedura». La debolezza delle teorie procedurali «*pure*» consiste nella rinuncia ai contenuti ed all'esperienza. Il riconoscimento dell'importanza del procedimento, e della necessità di partecipazione allo stesso di una sempre più ampia gamma di soggetti, portatori delle rispettive istanze, non può giungere a far perdere di vista l'importanza dei contenuti. L'oggetto di ogni discorso di giustizia non può essere che l'uomo come persona, cioè come «complesso di rapporti, nei quali l'uomo sta in relazione ad altri uomini e alle cose». La storicità del diritto è la dimensione decisiva, che fa del diritto un «diritto umano». E tale pensiero «vive dell'eredità della tradizione e della cultura come terreno comune, sul quale si ritrova ogni comunità di un determinato tempo». Pertanto «la vera razionalità del diritto non può che essere basata sempre e solo sull'uomo nella sua interezza» ed il giurista (secondo l'insegnamento di Hans Jonas) deve «assumere responsabilità di fronte all'uomo e al suo mondo» (Kaufmann).

Seguendo l'insegnamento di B.N. Cardozo, dobbiamo «riconciliarci» con l'inevitabile incertezza discendente dalle peculiarità della dimensione umana. È la *societas* il referente della giuridicità. E la complessità della società si riflette nel momento giuridico che di quella società è espressione. E, di fronte alla complessità della realtà, l'apprezzamento per le ricostruzioni volte ad assegnare al giurista un ruolo di composizione dei diritti e interessi in conflitto deve unirsi all'esigenza di non trascurare gli elementi di conflittualità e di antagonismo presenti in ogni esperienza giuridica. Non si deve cadere infatti né in una visione di idealizzazione del conflitto e nemmeno in una concezione eccessivamente conciliativa dell'opera del giurista. Giudice e legislatore svolgono ruoli diversi nella dialettica giuridica, ruoli che variano nel tempo e non si lasciano definire a priori: se la visione solo normativa del diritto è frutto di una posizione ideologica, anche una ricostruzione dell'esperienza giuridica che escluda interamente il ruolo del legislatore finisce per essere – a sua volta – «un'astrazione», al pari di quella che neghi l'esistenza dei momenti di conflittualità e di antagonismo sociale «nel divenire del diritto» (Cervati). E questa constatazione aiuta a comprendere (o quanto meno apre la strada per la comprensione) delle contraddizioni o, se si preferisce, delle differenziazioni o diversità con le quali ci si trova a doversi misurare nell'analisi della dimensione giuridica degli eventi contemporanei. E, di fronte a tali avvenimenti, il compito del giurista è proprio quello di non trincerarsi dietro comodi schemi logici e apodittiche definizioni dogmatiche, bensì quello di interrogarsi sulle ragioni profonde dei mutamenti e delle sottostanti dinamiche sociali, economiche e culturali.

Nota bibliografica

A. Baldassarre, *Miseria del positivismo giuridico*, in *Studi in onore di G. Ferrara*, vol. I, Torino, 2005, 201 ss.; E. Betti, *Interpretazione della legge e degli atti giuridici*, Milano, 1949; Id., *Interpretazione della legge e sua efficienza evolutiva*, in *Ius*, 1959, 197 ss., oggi in Id., *Diritto Metodo Ermeneutica. Scritti scelti*, a cura di G. Crifò, Milano, 1991; N. Bobbio, *Teoria dell'ordinamento giuridico*, Torino, 1955; Id., *Teoria della norma giuridica*, Torino, 1958; Id., *Dalla struttura alla funzione. Nuovi studi di teoria del diritto*, Milano, 1977; G. Calogero, *La logica del giudice e il suo controllo in Cassazione* (1937), Padova, 1964; A.E. Cammarata, *Formalismo e sapere giuridico*, Milano, 1963; G. Capograssi, *Il problema della scienza del diritto* (1937), Milano, 1962; B.N. Cardozo, *Il giudice e il diritto* (1947), Firenze, 1961; A. Cerri, *Istituzioni di diritto pubblico*, Milano, 2002; F. Cerrone, *In margine ad un frammento di storia e teoria delle fonti: le norme sulle norme in tema di interpretazione*, in *Riv. Aic*, 2019, n. 2; A.A. Cervati, *Le garanzie costituzionali nel pensiero di Costantino Mortati*, in *Il pensiero giuridico di Costantino Mortati*, a cura di M. Galizia e P. Grossi, Milano, 1990, 417 ss.; Id., *In tema di interpretazione della Costituzione, nuove tecniche argomentative e «bilanciamento» tra valori costituzionali (a proposito di alcune riflessioni della dottrina austriaca e tedesca)*, in *Il principio di ragionevolezza nella giurisprudenza della Corte costituzionale. Riferimenti comparatistici*, Milano, 1994, 55 ss.; Id., *Studio del diritto costituzionale, cultura e impegno etico dei giuristi*, in *Studi in onore di G. Ferrara*, vol. I, Torino, 2005, 693 ss.; Id., *Disposizione e norma*, in *Dizionario di diritto pubblico*, a cura di S. Cassese, vol. III, Milano, 2006, 2014; Id., *Per uno studio comparativo del diritto costituzionale*, Torino, 2009; V. Crisafulli, *Lezioni di diritto costituzionale*, vol. I, Padova, 1970; A. De Nitto, *Diritto dei giudici e diritto dei legislatori*, Lecce, 2002; A.V. Dicey, *Diritto e opinione pubblica nell'Inghilterra dell'Ottocento* (1905), Bologna, 1997; M. Dogliani, *Interpretazione*, in *Dizionario di diritto pubblico*, a cura di S. Cassese, vol. III, Milano, 2006, 3179 ss.; A. Giuliani, *La nuova retorica e la logica del linguaggio normativo*, in *Riv. int. fil. dir.*, 1970, 376 ss.; Id., *Logica del diritto (teoria dell'argomentazione)*, in *Enc. dir.*, vol. XXV, Milano, 1975; Id., *Presentazione*, in Ch. Perelman, *Logica giuridica nuova retorica* (1976), Milano, 1979; Id., *Il modello di legislatore ragionevole*, in *Legislazione. Profili giuridici e politici*, a cura di M. Basciu, Milano, 1992; Id., *Le disposizioni sulla legge in generale. Articoli da 1 a 15*, in *Trattato di diritto privato*, diretto da P. Rescigno, Torino, 1999, 398 ss.; A. Giuliani-N. Picardi (a cura di), *L'educazione giuridica*, V, *Modelli di legislatore e scienza della legislazione*, Napoli, 1987-1988; Id., *La responsabilità del giudice*, Milano, 1995; P. Grossi, *Mitologie giuridiche della modernità*, Milano, 2005; Id., *Società, diritto, stato. Un recupero per il diritto*, Milano, 2006; V. Gueli, *Pluralità degli ordinamenti giuridici e condizioni della loro coesistenza*, Milano, 1949; P. Häberle, *Die offene Gesellschaft der Verfassungsinterpreten*, in *Juristenzeitung*, 1975; Id., *I diritti fondamentali nello Stato costituzionale*, a cura di P. Ridola, Roma, 1992; Id., *Stato costituzionale*, Roma, 2005; A. Kaufmann, *Ermeneutica e filosofia del diritto* (1996), in *Filosofia del diritto ed ermeneutica*, a cura di G. Marino, 2003, 5 ss.; H. Kelsen, *Teoria generale del diritto e dello Stato*, Milano, 1978; Id., *La democrazia*, Bologna, 1980; F. Marinelli, *Scienza e storia del diritto civile*, Bari-Roma, 2009; M. Mazziotti di Celso, *Lezioni di diritto costituzionale*, Milano, 1985; L. Mengoni, *Diritto e valori*, Bologna, 1985; Id., *Ermeneutica e dogmatica giuridica. Saggi*, Milano, 1996; F. Modugno, *Interpretazione giuridica*, Padova, 2015; C. Mortati, *Costituzione*, in *Enc. dir.*, vol. XI, Milano, 1962; Id., *Istituzioni di diritto pubblico*, Padova, 1978; A. Pace, *Metodi interpretativi e costituzionalismo*, in *Quad. cost.*, 2001, 35 ss.; Ch. Perelman-L. Olbrechts-Tyteca, *Trattato dell'argomentazione. La nuova retorica* (1958), a cura di C. Schick e M. Mayer, Torino, 2001; P. Piovani, *Giusnaturalismo ed etica moderna* (1961), a cura di F. Tessitore, Napoli, 2000, 145 ss.; F. Politi, *Studi sull'interpretazione giuridica*, Torjno, 2019; P. Ricoeur, *Il conflitto delle interpretazioni* (1969), Milano, 1977; Id., *Dal testo all'azione. Saggi di ermeneutica* (1996), Milano, 1989; Id., *Percorsi del riconoscimento* (2004), Milano, 2005; P. Ridola, *Diritti di libertà e costituzionalismo*, Torino, 1997, 39 ss.; Id., *I diritti fondamentali. Un'introduzione*, Torino, 2006; Id., *Introduzione*, a P. Häberle, *I diritti fondamentali nello stato costituzionale*, cit., 11 ss.; Id., *Il principio libertà nello Stato costituzionale. I diritti fondamentali in prospettiva storico-comparativa*, Torino, 2018; Id., *Esperienza Costituzioni Storia. Pagine di storia costituzionale*, Napoli, 2019; F. Rimoli, *Pluralismo e valori costituzionali*, Torino, 1999; S. Romano, *L'ordinamento giuridico*, II ed., Firenze, 1945; Id., *Principii di diritto costituzionale generale*, Milano, 1947; Id., *Frammenti di un dizionario giuridico*, Milano, 1955; C. Schmitt, *Dottrina della Costituzione* (1928), Milano, 1984; R. Smend, *Costituzione e diritto costituzionale* (1928), Milano, 1986; G. Tarello, *Storia della cultura giuridica moderna*, I, Bologna, 1976; G. Zagrebelsky, *Diritto mite*, Torino, 1992.

Capitolo Secondo

LO STATO

1. Gli elementi costitutivi dello Stato

Lo Stato è un *ordinamento giuridico a fini generali* che esercita, su un determinato territorio, un potere (definito *"sovrano"*) al quale i soggetti appartenenti a tale ordinamento sono necessariamente subordinati (Mortati).

Il perseguimento di «*fini generali*» distingue lo Stato dagli altri ordinamenti giuridici c.d. «particolari» (v. *supra*, cap. I). Infatti, mentre questi ultimi mirano alla soddisfazione di interessi ben determinati dei propri consociati, i quali partecipano all'ordinamento «particolare» proprio per il perseguimento di tali interessi (così, ad esempio, per gli ordinamenti sportivi, culturali, ecc.), gli enti a fini generali perseguono la soddisfazione di ogni tipo di interesse ritenuto (dall'ordinamento medesimo e dal gruppo sociale che lo compone) necessario o comunque utile al gruppo sociale. L'ordinamento a fini generali può dunque decidere di svolgere ogni tipo di compito in qualunque settore. Gli ordinamenti a fini generali, proprio per tale caratteristica, vengono definiti enti «politici» e, a loro volta, possono essere «originari» o «derivati» a seconda che siano essi stessi ad assegnarsi il carattere della politicità (i fini generali) o che tale carattere sia loro conferito da un ente superiore di cui fanno parte (ad esempio questo avviene per il Comune o la Regione).

Lo Stato costituisce dunque una particolare forma di organizzazione del potere politico, che detiene il monopolio della forza in un determinato territorio e si avvale di un apparato amministrativo per il perseguimento dei propri fini. Emergono così gli **elementi costitutivi dello Stato** e cioè il **popolo**, **un territorio** e la **sovranità**.

Lo Stato in quanto ordinamento giuridico richiede una *societas* e cioè un complesso di individui legati da un insieme di rapporti. Assolutamente da rigettare sono tutte quelle opinioni che (sia pure con accezioni diverse) fanno riferimento al concetto di «popolazione» intesa (non come le persone conviventi in un determinato territorio, ma) come «unità vivente unificata da uno spirito comune», che può risultare da vincoli di razza, di lingua, di religione *et similia*. Questa concezione è da rigettare perché si fonda su una erronea assimilazione della società ad un organismo vivente, assimilazione che può giungere facilmente a giustificare ogni teoria razzista e xenofoba e, non a caso, è questa l'impostazione teorica che troviamo a base della dottrina nazista (fondata sulla comunità del popolo la cui volontà collettiva è incarnata nel *Führer*) e di quella fascista. Con l'espressione «**popolo**», va dunque ricompreso l'insieme di individui legati fra loro e allo Stato dal **vincolo della cittadinanza**. Quest'ultima è lo *status* cui la Costituzione e la legge riconnettono un insieme di diritti (es. politici: elettorato attivo e passivo) e di doveri (di difendere la Patria, di concorrere alle spese pubbliche, ecc.). L'acquisto della cittadinanza può avvenire per il fatto di essere procreati da un cittadino (*iure sanguinis*) o in ragione del fatto di essere nato in un determinato territorio o di risiedervi da un determinato lasso di tempo (*iure soli*).

Secondo la legge vigente (legge n. 91 del 1992), i principali modi di acquisto della cittadinanza italiana sono:

a) *iure sanguinis*: è cittadino per nascita il figlio di padre o madre cittadini;

b) *iure soli*: è cittadino chi nasce nel territorio della Repubblica da genitori apolidi o ignoti (o qualora il figlio non segua la cittadinanza dei genitori secondo la legge dello Stato al quale questi appartengono);

c) per *iuris communicatio*: può acquistare la cittadinanza il coniuge, straniero o apolide, di cittadino italiano, purché ne faccia richiesta e in quanto risieda da almeno due anni in Italia, ovvero sia unito in matrimonio al cittadino italiano da almeno tre anni;

d) per *naturalizzazione*: la cittadinanza può essere concessa allo straniero, avente un genitore o un nonno già cittadino italiano, purché risieda in Italia per almeno tre anni, ovvero presti servizio militare per l'Italia o assuma pubblico impiego alle dipendenze dello Stato; oppure allo straniero che presti servizio, anche all'estero, alle dipendenze dello Stato per almeno cinque anni.

Con l'espressione «**territorio**», si indica il luogo sul quale lo Stato esercita la propria sovranità. Del territorio fanno parte la *terraferma*, il *mare territoriale* e il *territorio fluttuante*. La prima è la porzione di territorio delimitata da confini, naturali (es. montagne, fiumi, ecc.) o artificiali. Il secondo è quella fascia di mare costiero interamente sottoposta alla sovranità dello Stato (ed il cui limite è 12 miglia secondo la Convenzione di Montego Bay del 1982). Anche lo spazio sovrastante e quello sottostante (sottosuolo) la terraferma ed il mare territoriale sono soggetti alla sovranità dello Stato. Il territorio fluttuante, infine, è l'insieme delle navi e degli aeromobili, sia civili che militari, sui quali continua sempre a vigere la sovranità dello Stato.

La **sovranità** costituisce il supremo potere di comando in un determinato territorio, che non riconosce nessun altro potere al di sopra di sé (*superiorem non recognoscens*). Ci sono molti centri di potere all'interno dello Stato, ma nessuno è pari o superiore al potere dello Stato stesso. La sovranità consiste anche nell'indipendenza dello Stato rispetto a qualsiasi altro Stato. Secondo la Costituzione la sovranità spetta al popolo «che la esercita nelle forme e nei limiti da essa stabiliti». L'esercizio della sovranità avviene principalmente attraverso le forme della *democrazia rappresentativa*, ma anche mediante istituti di *democrazia diretta* (es.

referendum o iniziativa legislativa popolare). L'elezione costituisce un modo democratico di selezione dei rappresentanti da parte del corpo elettorale. Gli eletti infatti non rappresentano i rispettivi elettori (collegio elettorale o partito politico), ma l'intera collettività popolare, giacché ogni deputato (o senatore) «rappresenta la nazione» ed esercita le proprie funzioni senza vincolo di mandato (art. 67 Cost.; v. *infra*, cap. VI).

Il concetto di «sovranità» (per usare le parole di Santi Romano) «è uno dei più oscuri e controversi». La sovranità (*superiorem non recognoscens*) esprime la caratteristica del soggetto (singolo o istituzione) che non ha (o non riconosca) nessun altro soggetto (singolo o istituzione) a sé superiore. È proprio con la nascita dello Stato assoluto che il termine sovranità viene a costituire *summa in subditos ac legibus soluta potestas* (Bodin) cioè potere sommo nei confronti dei sudditi e svincolato dalle leggi, e dunque potere senza limiti. Tale concetto ha avuto molteplici declinazioni, ma bisogna sempre ricordare la valenza politica con cui nelle diverse epoche storiche lo stesso è stato richiamato ed utilizzato.

Con la sent. n. 365 del 2007 la Corte costituzionale ha dichiarato l'incostituzionalità della rubrica della legge della Regione Sardegna 23 maggio 2006, n. 7 ("*Istituzione, attribuzioni e disciplina della Consulta per il nuovo statuto di autonomia e sovranità del popolo sardo*"), limitatamente alle parole «e sovranità», nonché dell'art. 1, comma 1, e dell'art. 2, commi 2, lett. a), e comma 3, della predetta legge regionale (sempre limitatamente alle parole «e di sovranità», «e sovranità» e «elementi di sovranità»). Il governo aveva impugnato tale legge (che istitutiva un apposito organo competente ad elaborare un progetto di nuovo statuto per la Regione Sardegna) nella parte in cui prevedeva l'elaborazione di un «nuovo statuto di autonomia e sovranità del popolo sardo» ed in cui imponeva al progetto di enunciare i «*principi e caratteri della identità regionale; ragioni fondanti dell'autonomia e sovranità; conseguenti obblighi di Stato e Regione in relazione a tali caratteri, individuando idonee forme per promuovere i diritti dei cittadini sardi in relazione a condizioni connesse con la specificità dell'isola*» (art. 2, comma 2, lett. a), nonché indicare «*ogni altro argomento ritenuto rilevante al fine di definire autonomia e elementi di sovranità regionale*» (art. 2, comma 3). Per il governo l'uso del termine "sovranità" si poneva in contrasto con la logica dello statuto speciale di autonomia e, ancor prima, con la stessa Costituzione, che fa riferimento alle Regioni «*sempre e solo in termini di autonomia, mai in termini di sovranità*», essendo quest'ultima riferita esclusivamente al "popolo" inteso come intera comunità nazionale. Inoltre, per il governo, i soggetti dell'ordinamento statale sono tutti i cittadini (il cui insieme costituisce il "popolo" di cui all'art. 1 Cost.), mentre i soggetti dell'ordinamento regionale sono i residenti (il cui insieme costituisce la "popolazione" di cui agli artt. 132 e 133 Cost.) e per il principio di uguaglianza di cui all'art. 3 Cost. non possono «*attribuirsi tutele e posizioni differenziate in ragione delle diverse etnie*» e neppure il territorio regionale può configurarsi «come luogo della sovranità regionale, entro il quale sia esercitabile uno *ius excludendi alios*». La Regione Sardegna evidenziava la «*non immediata lesività delle disposizioni censurate*» o il «*carattere puramente enfatico, evocativo*» delle stesse che, per tale ragione avrebbero "valenza meramente politica e non giuridica". La Corte prende atto che oggetto di censura è «*parlare di sovranità del popolo sardo o di sovranità regionale*» nella possibile delimitazione della materia entro cui formulare da parte della Consulta la proposta di nuovo statuto regionale. Pertanto si rivela necessario chiarire il significato del termine "sovranità" ("stante la sua natura polisemantica"). La Corte ricorda che tale sostantivo «*assume significati profondamente diversi a seconda che esprima sinteticamente le caratteristiche proprie di un ordinamento statale indipendente rispetto agli altri soggetti dell'ordinamento internazionale, o che distingua la originaria natura di alcuni ordinamenti coinvolti nei processi di federalizzazione o nella formazione dei cosiddetti "Stati composti", o che indichi la posizione di vertice di un organo costituzionale all'interno di un ordinamento statale*». La legge regionale impugnata, concernendo la elaborazione di un «*nuovo statuto di autonomia e di sovranità del popolo sardo*», mira alla introduzione di nuovo speciale statuto che, in quanto fonte di rango costituzionale abilitata dal nostro ordinamento a definire lo speciale assetto istituzionale della Regione ed i suoi rapporti con lo Stato, «*diverrebbe una fonte attributiva di istituti tali da connotare, per natura, estensione e quantità, l'assetto regionale in termini accentuatamente federalistici piuttosto che di autonomia regionale*». La

Corte costituzionale ha dunque dichiarato incostituzionali le disposizioni censurate giacché le stesse, attraverso l'uso del termine "sovranità", miravano ad instaurare «*un ordinamento profondamente differenziato da quello attuale*».

2. Dalla nascita dello Stato moderno allo Stato costituzionale

Lo Stato moderno si afferma con il progressivo superamento delle strutture e delle forme feudali. Se il Medio Evo si caratterizza per la «incompiutezza del potere politico» (Paolo Grossi), lo Stato moderno (che nasce come Stato assoluto) costituisce lo strumento (politico e giuridico) mediante il quale il sovrano giustifica l'accentramento del potere (con l'eliminazione dei centri intermedi di autorità) ed il proprio diritto ad ogni decisione giustificata dalla «ragion di Stato». La prima forma dello Stato moderno è dunque quella dello «***Stato assoluto***», che si afferma in Europa a partire dal XV secolo, ed in cui la sovranità è assegnata al monarca che concentra la titolarità della funzione legislativa, di quella esecutiva e di quella giudiziaria (esercitata da giudici nominati dal re). In realtà l'assolutismo ha avuto diverse forme: le strutture feudali non sono affatto scomparse immediatamente, ma hanno continuato ad operare sia pure sotto forme diverse. Una distinzione importante riguarda la differenza esistente fra le esperienze dello Stato assoluto registratesi nell'Europa continentale e l'esperienza inglese dove i centri intermedi di autorità (di origine feudale) non vengono schiacciati dal monarca e che invece sopravvivono con la specifica funzione di bilanciamento e di limitazione del potere del sovrano.

Nella seconda metà del Settecento le monarchie illuminate dell'Austria e della Prussia danno vita ad una nuova forma di Stato (denominata «*Stato di polizia*») caratterizzata dall'affermazione del dovere del sovrano di perseguire il fine del benessere della collettività. Il monarca non legittima più ogni suo intervento su una apodittica «signoria assoluta» sui beni e sulle persone (fondata a sua volta su una autolegittimante concezione della sovranità), bensì sull'affermazione che lo stesso sovrano è «funzionario dello Stato» che deve perseguire il benessere della collettività. Questa concezione si riflette, dal punto di vista economico, nell'assunzione di fondamentali decisioni: dall'affrancamento della proprietà terriera da oneri e pesi all'affermazione del divieto (per lo stesso sovrano) di vendere i beni patrimoniali dello Stato; dal riconoscimento di una (sia pur limitata) tutela giurisdizionale dei cittadini nei confronti degli «atti di gestione» dello Stato (distinti da quelli «di imperio» che restano insindacabili) alla disciplina di attività economiche ed industriali sulla base della dottrina del mercantilismo.

La Rivoluzione francese assegna al (sia pure molto ristretto) suffragio elettorale la funzione di elemento legittimante del potere statale. L'ottocentesco ***Stato liberale*** si fonda infatti sulla legittimazione elettorale del potere statale (e di qui il ruolo del concetto di *rappresentanza politica*) e sul principio della libertà dei singoli. Il substrato sociale dello Stato liberale è rappresentato dalle borghesie nazionali che, da un lato, forniscono un'impronta nazionale agli Stati ottocenteschi e, dall'altro lato, finiscono per differenziare i vari Stati europei proprio in ragione delle diversità rintracciabili nelle molteplici esperienze della borghesia europea (da quella francese a quella inglese, da quella tedesca a quella italiana) (Allegretti). Lo Stato liberale è uno ***Stato di diritto*** in quanto fondato sul principio della supremazia della legge. Lo Stato di diritto si regge su due principi fondanti: il *principio di legalità* (secondo cui ogni potere pubblico deve trovare il proprio fondamento nella legge) ed il *principio di separazione dei poteri* (giacché nella rispettiva separazione i poteri svolgono una funzione di reciproco controllo e limitazione) (Montesquieu). In ragione del principio rappresentativo, ruolo centrale riveste, nello Stato di diritto liberale, il Parlamento, organo elettivo che fissa (mediante la legge) le norme dell'organizzazione e dell'azione statale nonché le norme che disciplinano le libertà fondamentali (e di qui l'importanza dell'istituto della riserva di legge, che appunto ha lo scopo di riservare alla legge parlamentare la disciplina di determinate materie; v. *infra*, cap. V).

Il progressivo ampliamento del suffragio elettorale conduce, da un lato, all'affermazione dei partiti politici di massa e, dall'altro lato, ad una sempre maggiore attenzione dello Stato nei confronti delle condizioni di tutti i cittadini ed in particolare di quelli meno abbienti (anche in conseguenza dell'evoluzione della società industriale). Allo Stato liberale succede così lo ***Stato sociale*** (*Welfare State*) che si caratterizza per un ampliamento dei compiti (e dei costi) delle istituzioni pubbliche, con crescita anche delle relative burocrazie, ed in cui lo Stato viene a svolgere un ruolo di governo dell'economia. Anche lo Stato sociale si concretizza, in Europa, in una pluralità di esperienze a volte anche molto differenti le une dalle altre.

Nel ventesimo secolo si assiste inoltre all'affermazione in Europa di forme di ***Stato totalitario*** (Stato fascista in Italia dal 1922 al 1943; Stato nazista in Germania dal 1932 al 1945) caratterizzato da un'organizzazione capillare (attraverso il partito unico) dell'intera vita di ogni individuo, cui viene negata ogni libertà e ogni forma di dissenso, ed in cui alto è l'intervento pubblico in economia ove gli interessi privati più forti (in ragione dell'assenza di sindacati e di possibilità di critica) svolgono una prevalente influenza.

Nel ventesimo secolo è sorto e finito anche lo *Stato sovietico*, regime a partito unico, fondato sull'ideologia marxista-leninista della proprietà collettiva dei mezzi di produzione, e che negava ogni forma di libertà ed in cui la gestione dell'economia – interamente in mano pubblica – ha prodotto uno smisurato apparato burocratico parassitario e oppressivo delle libertà dell'individuo.

Quello della ***continuità dello Stato*** è un problema intorno al quale spesso si è impegnata la dottrina. Riguardo all'origine dello Stato può affermarsi che «uno Stato sorge nel momento in cui si dà una Costituzione» (Mortati).

La sequenza temporale della vita di ogni singolo Stato (si pensi allo Stato italiano che nasce, come Regno d'Italia, nel 1861, e che passa attraverso il regime fascista per divenire Repubblica dal 1946) può essere esaminata sia dal punto di vista del diritto internazionale (che si preoccupa soprattutto della questione legata alla c.d. soggettività dello Stato e riguardo alla quale tende a prevalere il principio per cui il mutamento della «*forma*» del singolo Stato – ad es. un cambiamento da monarchia a repubblica – non determina comunque il cambiamento della cittadinanza dei membri di quello Stato), che da quello del diritto costituzionale. A questo proposito, carattere relativo assume il problema legato alla «legittimazione» del nuovo Stato, giacché i criteri di valutazione da applicare non possono essere tratti che dallo stesso ordinamento cui la valutazione si riferisce, dal momento che «lo Stato si legittima da sé, pel fatto e nel momento stesso del porsi di una struttura autoritaria dotata di positività» (Mortati).

Il formarsi di un nuovo Stato si distingue a seconda che il nuovo Stato sorga in un territorio in precedenza non appartenente ad alcuna altra autorità sovrana, oppure derivi dall'aggregazione o dallo smembramento di più Stati preesistenti, o ancora dalla trasformazione di uno o più elementi di uno specifico Stato. In questi ultimi casi sorge il problema relativo alla perdurante applicabilità degli atti normativi adottati dallo Stato preesistente. Una volta riconosciuto che l'elemento determinante è costituito dalla volontà dell'ordinamento sopravvenuto, bisogna aggiungere che non sempre siffatta volontà riesce ad apparire in maniera manifesta ed univoca. E, proprio per far fronte a questi casi, si determina l'esigenza di risalire a criteri idonei a giungere ad una soluzione circa la continuità o meno del nuovo ordinamento rispetto a quello precedente.

Una frattura fra il vecchio ed il nuovo ordinamento viene a determinarsi ogni qualvolta la relativa trasformazione concerni la costituzione «in senso materiale» dello Stato, in ragione di un mutamento del preesistente assetto sociale ed il venir meno delle forze che lo sostenevano (Mortati). Secondo altri, indipendentemente dalla quantità e qualità dei sopravvenuti mutamenti, deve riconoscersi la continuità dello Stato nella permanenza dell'elemento personale, da intendersi dunque quale criterio di identificazione di ogni Stato indipendentemente dalle trasformazioni dell'assetto istituzionale. Secondo questa impostazione, lo Stato viene ad identificarsi con il popolo che lo compone il quale, a sua volta, è qualificato dalla conseguita unità politica (Crisafulli). Secondo questa prospettiva, l'identità del popolo permane anche con il verificarsi di mutamenti quantitativi nella sua composizione venendo meno solo nel caso di un radicale mutamento dello stesso.

Il problema della continuità dello Stato riveste particolare interesse nello studio del diritto pubblico italiano proprio in considerazione degli eventi attraverso i quali è passato lo Stato italiano il quale è sorto come Regno d'Italia (legge 17 marzo 1861, n. 4761), mediante l'unione dei territori del Regno di Sardegna e dei diversi Stati preunitari, è passato attraverso la ventennale esperienza dello stato totalitario fascista, seguìto dal c.d. «periodo transitorio» fino a giungere all'epoca repubblicana che si apre con il referendum istituzionale del 2 giugno 1946 (v. *infra*, cap. III).

La dominante dottrina propende per la tesi della continuità dell'attuale Stato italiano rispetto a quello precedente in base alla considerazione della permanenza dello stesso elemento personale (Crisafulli) o su motivazioni desunte dalle forme seguite per giungere al regime repubblicano (Ferrara) o, ancora, sulla «constatazione che la forza di rottura, potenzialmente contenuta nel testo costituzionale, radicalmente innovatore rispetto non solo all'ideologia fascista ma anche a quella liberale, non ha trovato energie sufficienti a metterla in opera, sicché la Costituzione materiale, quale si è di fatto realizzata, ha privato di efficacia, non solo e non tanto singoli precetti costituzionali, quanto la sua più profonda essenza» (Mortati).

«*Continuità dello Stato*» significa anche perdurante vigenza di norme adottate da ordinamenti preesistenti. A questo proposito può citarsi la sentenza del Commissario per la liquidazione degli usi civici di Roma, del 9 marzo 1983, n. 5, in cui era in contestazione, fra il Comune di S. Felice Circeo ed alcune ditte private, la demanialità di alcuni terreni (siti in località «Quarto caldo»). Le ditte private negavano l'esistenza di usi civici (istituti ricchi di storia, su cui v. infra, cap. XIII). Il Comune di S. Felice Circeo, nell'immediato dopoguerra, aveva alienato (senza l'autorizzazione prescritta ex art. 12, legge 16 giugno 1927, n. 1766), a prezzi irrisori, parte del suo demanio. Il Commissario agli usi civici riconosce che: «*risulta … che i beni della zona "Quarto caldo" sono pervenuti al Comune a compenso e liquidazione di usi civici dalla Amministrazione del demanio dello Stato, succeduta alla rev. Camera apostolica nella proprietà dei beni già costituenti il c.d. feudo di San Felice Circeo sul quale la popolazione esercitava usi civici e che i diritti della popolazione sul territorio in discussione possono ritenersi derivati dalla non contestabile qualità feudale delle terre, per il noto principio* ubi feuda ibi demania *certamente applicabile anche ai "feudi abitati" – come quello di specie – dell'ex Stato pontificio*». Il giudice compie un importante *excursus* storico della origine e delle vicende del feudo di San Felice Circeo che: «*può farsi risalire al 1118, allorquando il Pontefice Pasquale II affidò la custodia della Rocca Circea al Cardinale Ugo D'Alatri. Successivamente nel 1145 Papa Lucio II affidò in custodia il feudo ai Frangipani che ne rimasero in possesso fino al 1238. Nel 1239 sotto il pontificato di Gregorio IX il territorio di San Felice passa in possesso dei Cavalieri templari che vi edificarono il borgo. Nel 1259 Papa Alessandro VI ordinò ai predetti Cavalieri di permutare il territorio di San Felice con la tenuta dell'Agro romano Poliocta (detta poi Cecchignola Priorato) … Il feudo passa poi agli Annibaldi, signori di Sermoneta che, con bolla del 28 gennaio 1302 di Papa Bonifacio VIII, vendettero San Felice a Pietro Gaetani, signore di Caserta, che, con i successori, detenne il territorio fino al 1713, epoca in cui San Felice fu venduta a Casa Ruspoli. Con chirografo dell'11 marzo 1718 Papa Clemente IX autorizzò il principe don Francesco Maria Ruspoli di cedere le terre di San Felice in dote a sua figlia che andava sposa a don Filippo Beraldo Orsini duca di Gravina, preservando però alla Camera apostolica lo* ius prelationis *nell'acquisto della terra suddetta, diritto da esercitarsi entro anni quattro dalla presa di possesso. Il 25 giugno 1720 la Camera apostolica riacquistava, infatti, dal principe Orsini per scudi 100.000 il feudo di San Felice e la Camera stessa, dal 1720 al 1803, cedette in affitto periodicamente il feudo di San Felice, con espressa menzione degli usi nei vari contratti. Gli usi dei cittadini, inoltre, ricevettero nel 1722 una formale ricognizione da parte della rev. Camera apostolica sotto il pontificato di Innocenzo XIII. Successivamente la Camera apostolica … il 13 febbraio 1808, vendette il feudo al principe polacco Stanislao Poniatowsky. Nel 1822 la Camera apostolica ricomprò il feudo dal detto principe e lo trattenne fino al 1870, anno in cui, cessato lo Stato pontificio, i beni del detto Stato furono incamerati dallo Stato italiano ed il feudo passò per legge al Demanio nazionale*». Da tale *excursus* storico il Commissario agli usi civici deduce che per i terreni in contestazione «*i diritti della popolazione sul territorio …derivano dalla incontestabile qualità feudale delle terre medesime e … pertanto, anche per queste terre vige la regola* ubi feuda ibi demania *la quale implica il duplice requisito – nella specie sussistente – dell'infeudazione e della preesistenza della popolazione. … dopo il passaggio del feudo del Circeo alla Camera apostolica e da questa, dopo il 1870, alla Amministrazione dei demani dello Stato italico, con atto del 18 luglio 1876, sottoscritto dal reggente l'Intendenza di Finanza di Roma … con l'intervento del cav. … quale rappresentante del Demanio nazionale e dai sigg. … quali Consiglieri comunali in rappresentanza del Comune di San Felice Circeo, detti rappresentanti delle parti, premesso che la popolazione vantava diritti civici sulla parte del territorio denominato il Quarto comunale (consistenti nel diritto di pascolo, legnatico, di raccogliere ghiande, ecc., sughero, erbe esuberanti – diritti contestati dal Demanio nella parte non comprovata da titoli –) addivennero ad una conciliazione con la quale la Amministrazione del demanio riconobbe alla popolazione i diritti: 1) di legnare esteso tanto alla legna da fuoco che a quella da fabbrica; 2) di pascolare senza distinzione di bestie e con ammissione anche del bestiame dell'affittuario della tenuta; 3) di raccogliere o usufruttare liberamente le erbe esuberanti. … È chiaro pertanto … che il demanio cedette al Comune, a compenso degli usi, oltre agli altri indicati cespiti, l'estensione della tenuta del Quarto caldo … Orbene sulla demanialità di uso civico ed il conseguente regime giuridico dei beni indicati ed in particolare … della tenuta di Quarto caldo … non possono sussistere dubbi posto che a nulla rileva … che nell'atto del 1876 risulti affermato che le terre venivano cedute al Comune in piena proprietà, considerato che la definizione dei beni civici come proprietà piena del Comune o dell'Università è consueta negli atti antichi e ciò è dato desumere dalle stesse sentenze rese dalla Commissione feudale che solitamente qualificano come "proprietà piena" dell'Università o del Comune i demani universali; espressione quest'ultima, peraltro, non adoperata nell'Italia centrale dove i demani civici sono sempre stati qualificati come "piene proprietà comunali". ... La qualità demaniale civica dei beni assegnati per la richiamata causa è deducibile, altresì, dall'art. 11 della legge 16 giugno 1927, n. 1766, che ha espressamente chiarito essere sottoposti al regime della detta legge tutti i terreni assegnati – come nella specie – ai Comuni (o Frazioni) a titolo di liquidazione di diritti civici anche in esecuzione di leggi precedenti, per cui non può dubitarsi che le terre ricevute da un Comune a compenso di usi civici siano certamente sottoposte al regime di indisponibilità di cui agli artt. 11 ss. della legge medesima*».

Il Commissario agli usi civici aggiunge inoltre una, ai nostri fini, interessante considerazione, secondo cui: «*i rappresentanti del Comune certamente non erano facultati nel secolo scorso, come attualmente, a compiere rinunce ai diritti delle popolazioni, ad esclusione degli atti liquidativi degli usi ed attributivi – come nella specie verificatosi – delle terre alle stesse popolazioni. Considerato pertanto, il regime di assoluta indisponibilità cui erano e sono sottoposti i beni tutti oggetto della presente controversia, non può revocarsi in dubbio che gli atti di vendita posti in essere dal Comune, senza il preventivo procedimento di sdemanializzazione ... sono da considerare e debbono essere dichiarati radicalmente nulli e che inefficaci debbono ritenersi, altresì, i sopravvenuti atti di trasferimento tra privati di detti beni fuori commercio*». Questa sentenza, che riconosce la pubblicità e la inalienabilità dei beni di proprietà collettiva, ritenendo comprese in questa sia le terre originarie delle popolazioni che quelle attribuite alle medesime quale compenso di liquidazione di usi, dimostra come il giudice non si ponga nei confronti delle discipline legislative di ordinamenti previgenti con atteggiamento di impossibilità di utilizzazione attuale delle stesse, bensì di attento confronto della compatibilità di esse con i principi del nuovo ordinamento, della loro o meno perdurante efficacia e del loro coordinamento con la successiva disciplina eventualmente intervenuta in materia.

In questa direzione appare utile citare anche la sentenza della Corte costituzionale n. 488 del 1995, in cui la Corte si trovava a giudicare della costituzionalità di una legge della Regione Toscana sulla disciplina degli agri marmiferi di proprietà dei Comuni di Massa e Carrara. Il Governo aveva impugnato tale legge, fra l'altro, perché lesiva dei diritti reali, a durata indeterminata e non revocabile se non per cause di decadenza tassativamente previste, spettanti ai concessionari in base ad una disciplina speciale risalente alla legislazione estense (Editto di Maria Teresa Cybo Malaspina del 1° febbraio 1751 e Notificazioni governatoriali del 14 luglio 1846 e del 3 dicembre del medesimo anno). Tale motivo di impugnazione si fondava su un orientamento della giurisprudenza della Cassazione secondo cui l'art. 64, ultimo comma, r.d. n. 1443 del 1927 avrebbe lasciato in vigore la legislazione speciale estense con il limite del coordinamento con il sistema della legge mineraria. La Corte costituzionale ritiene «insostenibile» tale interpretazione, in quanto «una parte della legislazione estense è incompatibile con i principi fissati dalla legge dello Stato, e perciò non coordinabile con quest'ultima». Secondo la Corte costituzionale, al principio della perpetuità della concessione, contenuto nella legislazione estense, si contrappone la regola della temporaneità della stessa prevista dall'art. 21 della legge mineraria. Inoltre la Corte sottolinea che «*i due sistemi si differenziano profondamente in ordine al perseguimento delle finalità di interesse pubblico. La legislazione estense è improntata a schemi privatistici, che assimilano il diritto del concessionario all'enfiteusi, con la differenza però della mancanza dell'obbligazione di migliorare il fondo (o del diritto di affrancazione) ... L'interesse generale della collettività fruisce di una tutela solo indiretta e mediata, ma ... attraverso norme ... inadeguate a soddisfare le esigenze del pubblico interesse connesse con la coltivazione delle cave. ... Al contrario, la disciplina delle cave nella legge mineraria del 1927 ... ha un'impronta schiettamente pubblicistica, direttamente ordinata a fini di utilità generale e comportante l'assoggettamento della coltivazione della cava alla vigilanza della pubblica amministrazione tendente a controllare che essa si svolga con modalità tecniche e con mezzi economici adeguati*». A questa contrapposizione di fondo la Corte aggiunge un'ulteriore considerazione relativa alla «*rilevanza crescente*» nel nuovo ordinamento costituzionale di «*un altro interesse generale, col quale la prosecuzione delle attività estrattive deve armonizzarsi, cioè l'interesse alla salvaguardia del territorio e dell'ambiente*». Poste tali premesse la Corte costituzionale così conclude: «*La diversa impostazione dei due sistemi e la reciproca inadattabilità dei nuclei fondamentali delle rispettive discipline escludono che l'art. 64, comma 3, r.d. n. 1443 del 1927 possa essere interpretato come norma recettizia dell'ordinamento delle leggi estensi*».

In entrambi i casi appena esaminati appare con evidenza come la valutazione degli atti adottati nella vigenza dell'ordinamento precedente non possa avvenire che secondo i criteri propri dell'ordinamento sopravvenuto, ma ciò non significa che la previgente disciplina venga automaticamente meno o sia senz'altro disattesa con l'avvento del nuovo regime. Le previgenti discipline normative tendono infatti a sopravvivere nel nuovo ordinamento per quanto compatibili con i principi dello stesso e spesso registrano piuttosto una «riconversione» secondo le regole del nuovo ordinamento.

3. Organi dello Stato e soggetti dell'ordinamento

È **soggetto dell'ordinamento** chi è dall'ordinamento medesimo ritenuto titolare, in via generale o solo per determinati aspetti, di situazioni soggettive.

Nell'ordinamento italiano la *capacità giuridica*, quale idoneità ad essere soggetto di diritti e di obblighi, è riconosciuta non solo alle persone fisiche ma anche a strutture organizzative (enti) cui l'ordinamento riconosce personalità giuridica (attitudine ad essere centro di imputazione di situazioni soggettive) e di cui l'ordinamento disciplina gli elementi essenziali (composizione, scopo, patrimonio, ecc.). Gli enti si distinguono innanzitutto in enti pubblici ed enti privati (società, associazioni, fondazioni), che possono anche essere sprovvisti di personalità giuridica (associazioni non riconosciute e comitati).

Gli Stati contemporanei si caratterizzano per la complessità dal punto di vista dell'organizzazione, in quanto articolati in molteplici istituzioni (o soggetti) in vario rapporto tra loro. L'esercizio dei pubblici poteri viene infatti ripartito mediante un quadro composito di organi (costituzionali e di rilevanza costituzionale), di enti pubblici (territoriali e non) e di numerosi altri organismi (variamente denominati).

Gli *organi costituzionali* sono quegli organi ritenuti essenziali dalla Costituzione (e dunque insopprimibili, pena il mutamento del regime costituzionale), caratterizzati dalla indipendenza ed autonomia loro conferita dalla stessa Costituzione ed incidenti direttamente sull'assetto e sul funzionamento della forma di governo (Lavagna). Sono tali, nel nostro ordinamento, il Parlamento, il Presidente della Repubblica, il Governo e la Corte costituzionale. *Organi costituzionalmente rilevanti* sono quegli organi che, previsti in Costituzione e dotati dei peculiari poteri e del ruolo che quest'ultima assegna loro, non caratterizzano direttamente la forma di governo e non godono dell'indipendenza assegnata agli organi costituzionali. Sono tali il Consiglio superiore della magistratura, il Consiglio nazionale dell'economia e del lavoro, il Consiglio di Stato, il Consiglio supremo di difesa, ecc.

Il riconoscimento della personalità giuridica allo Stato può condurre ad individuare in questi «l'ente pubblico per eccellenza», intorno al quale viene a ruotare tutta la pluralità degli enti pubblici aventi come scopo la realizzazione dei fini dello Stato ed intesi dunque quale manifestazione ulteriore dello Stato stesso. Ma se è vero che la problematica dell'ente pubblico verte in primo luogo sul profilo del rapporto con lo Stato, va parimenti sottolineato come lo Stato sia appunto «un ente unico nella sua specie» (Santi Romano).

Secondo la dottrina tradizionale, caratteri dell'ente pubblico sono l'*autono-*

mia (quale capacità di definire, nell'ambito predefinito dalla legge, le norme del proprio comportamento e di quello dei soggetti che con esso entrano in rapporto), l'*autarchia* (quale capacità di provvedere ai propri bisogni, imponendo unilateralmente le proprie decisioni) e l'*autotutela* (quale capacità di risolvere i conflitti che possono sorgere con altri soggetti). Questi caratteri sono propri dello Stato quando agisce come ente pubblico, nonché di tutti gli enti pubblici, anche se non tutti tali enti detengono sempre la totalità delle ricordate caratteristiche (sui caratteri dell'ente pubblico v. *infra*, cap. IX).

L'assenza di una normativa di carattere generale che definisca la nozione stessa di ente pubblico conduce ad affermare che l'individuazione dei caratteri dell'ente pubblico non possa avvenire che tramite un'analisi delle relative discipline legislative. Ed anche per la giurisprudenza amministrativa un ente può qualificarsi pubblico allorché la sua attività sia rivolta al perseguimento di fini propri dello Stato (sicché esso possa considerarsi come organismo ausiliario dello Stato medesimo per il raggiungimento di fini di interesse generali). Conseguenzialmente la natura pubblica di una persona giuridica dipende dall'inquadramento istituzionale della stessa nell'apparato organizzativo della pubblica amministrazione, cioè del rapporto in cui tale soggetto viene a trovarsi rispetto allo Stato in conseguenza dell'attività espletata. In questa definizione vengono ad intrecciarsi due elementi di diversa natura:

– l'inquadramento nell'apparato organizzativo della pubblica amministrazione; e

– il tipo di attività espletata.

Ma, pur essendo l'attività svolta funzionale all'inserimento dell'ente in un particolare rapporto con lo Stato, è sempre l'inquadramento nell'apparato organizzativo della pubblica amministrazione a rappresentare l'aspetto determinante.

Il riconoscimento della natura di ente pubblico ad una determinata struttura organizzativa implica rilevanti conseguenze: dal regime giuridico degli atti che l'ente adotta alla natura – privatistica o pubblicistica – del rapporto di lavoro che viene ad instaurarsi fra l'ente e i dipendenti dello stesso (nonostante "l'avvicinamento" fra i due regimi giuridici registrato negli ultimi decenni), dalle forme di controllo cui l'ente è sottoposto alle forme di responsabilità cui sono sottoposti i vertici dell'ente medesimo.

L'istituzione di un ente pubblico può avvenire con legge o con atto amministrativo (es. Consorzio di Comuni), con cui si attribuiscono all'ente le funzioni da esercitare ed i mezzi necessari per adempiere ai compiti assegnatigli, mentre la modifica o la soppressione può avvenire mediante atti della medesima natura o di grado superiore, con contestuale assegnazione – in caso di soppressione – delle funzioni ad altro ente pubblico con contestuale attribuzione dei mezzi residui e degli eventuali oneri e debiti contratti.

L'*ente territoriale* ha come specifico fine la cura della generalità degli interessi della collettività che risiede sul rispettivo territorio. La coesistenza di più enti a fini generali in relazione ad un identico territorio conduce a relativizzare la precedente affermazione non potendo l'ente territoriale (e la collettività di cui lo stesso è espressione) perseguire tutti i fini possibili in ragione appunto della compresenza di altri enti territoriali incidenti sugli identici soggetti. Quest'ultima considerazione ha condotto la dottrina a definire quello territoriale quale «*ente esponenziale*» di una determinata collettività.

In merito alle problematiche che possono sorgere nei rapporti fra i diversi livelli territoriali di governo, rinviando ogni specifico approfondimento al capitolo dedicato alle Regioni e agli enti locali (v. *infra*, cap. XII), può citarsi la sentenza della Corte costituzionale n. 364 del 2010 avente ad oggetto la costituzionalità degli artt. 2 e 4 della legge della Regione Basilicata n. 23 del 1992 ("*Soppressione del consorzio dei comuni non montani del materano – delega delle funzioni all'amministrazione provinciale di Matera*"), che prevedevano (art. 2) il trasferimento all'Amministrazione provinciale di Matera delle funzioni amministrative regionali già delegate al (soppresso) Consorzio dei Comuni non Montani del Materano, assegnando al Commissario liquidatore il compito di provvedere «*a trasferire all'Amministrazione provinciale di Matera ogni rapporto giuridico ed economico in atto*» presso il predetto Consorzio. La legge reg. Basilicata n. 23 del 1992 dispone (art. 1) che «*Il Presidente della Giunta Regionale è autorizzato a sopprimere, con proprio decreto, su conforme deliberazione della Giunta, il Consorzio dei Comuni non Montani del Materano*» ed «*è, altresì, autorizzato a nominare un apposito Commissario liquidatore*» (*al quale viene affidato il mero compito di trasferimento all'Amministrazione provinciale di Matera di* «*ogni rapporto giuridico ed economico in atto*»). L'art. 2, legge reg. n. 23 del 1992 dispone che «*Le funzioni amministrative regionali delegate al Consorzio dei Comuni non Montani del Materano ... nonché tutte le funzioni assegnate dalla Regione al Consorzio ... sono trasferite all'Amministrazione provinciale di Matera*» ed il successivo art. 3 specifica che «*Le funzioni delegate sono esercitate dall'Amministrazione provinciale di Matera nei modi e nelle forme previste dalle leggi regionali che disciplinano la gestione delle deleghe già assegnate al soppresso Consorzio dei Comuni non Montani del Materano*». Al Commissario liquidatore veniva dunque affidato il compito di provvedere a trasferire all'Amministrazione provinciale di Matera «*ogni rapporto giuridico ed economico in atto presso il Consorzio dei Comuni non Montani del Materano, entro il termine di novanta giorni dalla data di entrata in vigore della ... legge*» (art. 4).

La Corte d'appello di Potenza, con ordinanza del 2 dicembre 2009, ha sollevato questione di costituzionalità degli artt. 2 e 4 della legge reg. n. 23 del 1992 in riferimento agli artt. 3, 97, 119 e 128 (nella formulazione antecedente alla legge cost. n. 3 del 2001) Cost. per irragionevolezza ed arbitrarietà della disciplina nella parte in cui faceva gravare sull'Amministrazione provinciale di Matera ogni situazione debitoria già gravante sul cessato Consorzio (anche quelle riferibili a comportamenti illegittimi o irregolari degli amministratori del predetto Consorzio) e che si rivelava così lesiva anche del principio di buon andamento della pubblica amministrazione (giacché imponeva all'Amministrazione provinciale di Matera l'adempimento di obbligazioni assunte dal cessato Consorzio in assenza di riconoscimento di opportuni mezzi finanziari) e dell'autonomia finanziaria ed amministrativa dell'ente subentrante (il cui bilancio si trovava gravato di obbligazioni cui l'Amministrazione Provinciale era completamente estranea). Bisogna inoltre aggiungere che nel giudizio che si svolgeva dinanzi alla Corte d'appello l'Amministrazione provinciale di Matera chiedeva nei confronti della Regione Basilicata il riconoscimento del diritto alla restituzione della somma pagata all'Inps a titolo di sanzione per irregolarità contributive in cui era incorso il cessato Consorzio. L'Amministrazione provinciale faceva valere la propria estraneità alle ragioni che avevano determinato la nascita di tale obbligazione, ma la successione della stessa (*ope legis*) ad ogni rapporto giuridico ed economico in atto aveva fatto sì che la stessa non potesse sottrarsi al relativo pagamento.

Secondo la Corte costituzionale costituisce «*principio fondamentale della finanza pubblica quello secondo il quale, nella ipotesi in cui l'esercizio di funzioni e servizi resi dalla pubblica amministrazione all'utenza, o comunque diretti al perseguimento di pubblici interessi collettivi, venga trasferito o delegato da una ad altra amministrazione, l'autorità che dispone il trasferimento o la delega è, pur nell'ambito della sua discrezionalità, tenuta a disciplinare gli aspetti finanziari dei relativi rapporti attivi e passivi e dunque anche il finanziamento della spesa necessaria per l'estinzione delle passività pregresse*». Pertanto non può ritenersi conforme ai principi fondamentali della disciplina di tale settore la totale omissione, da parte del legislatore regionale, di ogni e qualsiasi disciplina a questo riguardo: «*Siffatta omissione, nella specie, nel rendere palesemente irragionevole la censurata disciplina della delega conferita all'amministrazione provinciale, comporta la violazione dei suddetti precetti costituzionali*». Infatti nel trasferimento di compiti da una articolazione ad altra del complessivo apparato della pubblica amministrazione, è necessario «*tenere indenne il soggetto subentrante dalle passività maturate nella gestione dell'ente sostituito o soppresso, le cui funzioni siano attribuite ad altro soggetto (sentt. n. 364 e n. 116 del 2007, n. 437 del 2005 e n. 89 del 2000)*». La Corte ricorda inoltre l'esigenza «*di attuare il principio fondamentale stabilito dal legislatore statale, secondo il quale le strutture pubbliche destinatarie di interventi di riforma ... devono iniziare ad operare completamente libere dai pesi delle passate gestioni (sent. n. 437 del 2005)*». E la Corte ribadisce l'esigenza del rispetto del «*principio del parallelismo tra responsabilità di disciplina e di controllo e responsabilità finanziaria*». Pertanto, nel caso di specie, «*la Regione avrebbe dovuto dettare una specifica disciplina attinente al finanziamento della spesa per l'esercizio della delega da parte dell'Amministrazione provinciale, con riferimento al periodo precedente al conferimento della delega stessa e con riguardo alla situazione attiva e passiva esistente a tale data, in modo da tenere indenne la Provincia dagli oneri derivanti dalla passata gestione del Consorzio, prima istituito e poi soppresso con determinazioni legislative della medesima Regione*». Per questa ragione la Corte (per violazione degli artt. 3 e 97 Cost.) dichiara l'incostituzionalità degli artt. 2 e 4 della legge della Regione Basilicata n. 23 del 1992, «*nella parte in cui non prevedono modalità di finanziamento della spesa per l'Amministrazione delegata (Provincia di Matera), perché quest'ultima potesse far fronte alle passività maturate prima della delega delle funzioni del soppresso Consorzio dei comuni non montani del Materano*».

L'esame della vicenda concreta posta all'attenzione della Corte d'appello di Potenza dimostra chiaramente l'irragionevolezza della disciplina legislativa dichiarata incostituzionale. La mancata previsione, da un lato, del compito del Commissario liquidatore di predisporre un completo quadro delle risorse a disposizione del cessato Consorzio nonché delle obbligazioni attive e passive allo stesso riferibili e, dall'altro lato, di una possibilità di scelta o di opzione da parte dell'Amministrazione provinciale di Matera (circa l'accettazione o meno – eventualmente anche con una sorta di beneficio di inventario – delle obbligazioni pregresse) aveva infatti determinato a carico dell'ente subentrante l'esposizione ad ogni forma di onere. Nel caso di specie, la scelta compiuta dal legislatore regionale (volta a far ricadere sull'Amministrazione provinciale i costi anche di comportamenti illegittimi posti in essere dal cessato Consorzio senza prevedere alcuna possibilità di opzione per l'ente subentrante né specifiche fonti di finanziamento) si rivela palesemente arbitraria ed irragionevole.

Inoltre la Corte costituzionale ritiene che l'art. 4 della legge reg. Basilicata n. 23 del 1992, nella parte in cui fa ricadere sull'Amministrazione provinciale di Matera ogni forma di obbligazione comunque riferibile al cessato Consorzio, si pone in contrasto anche con l'art. 97 Cost. appunto perché lesivo del principio del buon andamento della pubblica amministrazione giacché l'Amministrazione provinciale si è trovata a dover corrispondere cifre ingenti, di cui non aveva nessuna responsabilità, con conseguenziale danno per attività regolarmente programmate. L'autonomia della Provincia non è incisa dal fatto che, sulle funzioni delegate, la Regione possa operare opportunamente un intervento di rimodulazione, ma discende dalla circostanza che la generica ed onnicomprensiva formulazione dell'art. 4 cit. finisce per ricomprendere qualunque tipo di obbligazione assunta dal cessato Consorzio giungendo così a determinare un pesante *vulnus* all'autonomia finanziaria della Provincia. Viene così meno infatti la discrezionalità della Provincia nella scelta di destinazione delle risorse finanziarie rispetto all'esercizio della funzione amministrativa conferitale (cfr. sent. n. 128 del 2010). A questo proposito deve ricordarsi che la giurisprudenza costituzionale si è mostrata sempre attenta a dichiarare incostituzionale (e dunque ad eliminare) i provvedimenti legislativi lesivi dell'autonomia finanziaria di Regioni ed enti locali e capaci di incidere negativamente sulle competenze amministrative degli enti locali (v., *ex plurimis*, sent. n. 417 del 2005; sent. n. 36 del 2004); e così ad esempio la Corte costituzionale ha ritenuto costituzionalmente ammissibili leggi statali che impongono agli enti autonomi vincoli alle politiche di bilancio, ma solo, con «disciplina di principio», «*per ragioni di coordinamento finanziario connesse ad obiettivi nazionali, condizionati anche dagli obblighi comunitari*» (v. sentt. nn. 376 del 2003; 4 e 390 del 2004); parimenti la Corte costituzionale (sent. n. 36 del 2004) ha affermato che la legge statale può stabilire solo un «*limite complessivo, che lascia agli enti stessi ampia libertà di allocazione delle risorse fra i diversi ambiti e obiettivi di spesa*».

4. Forme di Stato e forme di governo

L'espressione *"forma di Stato"* mira a fornire un criterio di classificazione dei diversi ordinamenti statali a seconda della "forma" assunta dagli stessi.

Secondo l'insegnamento di Costantino Mortati, le diverse forme di Stato si distinguono a seconda del rapporto *che intercorre fra governanti e governati*. In precedenza (par. 2) si sono rapidamente ricordate le principali forme di Stato che si sono succedute, in Europa, negli ultimi secoli e classificate appunto secondo il rapporto storicamente realizzatosi fra governanti e governati (cioè fra gli organi detentori del potere statuale e la collettività a tale potere subordinata). Bisogna però aggiungere un'ulteriore classificazione delle forme di Stato che tende a distinguere gli Stati in ragione del criterio di distribuzione sul territorio degli apparati di governo e che distingue appunto lo *Stato unitario o centralistico* (in cui il potere pubblico è gestito, per l'intero territorio nazionale, da apparati centralizzati) dallo *Stato regionale* (in cui ad entità territoriali – denominate in vario modo – è riconosciuta un'autonomia – legislativa e amministrativa – costituzionalmente garantita nelle materie elencate in Costituzione) e dallo *Stato federale* (che è l'ordinamento statuale che attua al suo interno il maggior grado di decentramento giacché sono le unità – Stati federati – che compongono lo Stato federale a dar vita allo stesso e non viceversa).

L'espressione *"forma di governo"* mira invece ad individuare modelli fra loro distinti in base al rapporto intercorrente fra gli apparati "di governo", cioè fra gli organi costituzionali detentori dei poteri di guida dell'ordinamento statale. Tali modelli (ovviamente frutto di astrazioni) sono raccolti dalla dottrina secondo molteplici criteri.

La *forma di governo parlamentare* si caratterizza per l'esistenza di un *rapporto di fiducia* tra governo e parlamento, grazie al quale il governo è legittimato all'esercizio delle proprie funzioni ed in mancanza del quale il governo è costretto alle dimissioni. In questa forma di governo, il capo dello Stato (presidente della repubblica o monarca) si colloca all'esterno del circuito di indirizzo politico (che si svolge all'interno del rapporto fiduciario intercorrente fra parlamento e governo) e svolge un ruolo significativo nei momenti di crisi del sistema (crisi di governo), essendo tale figura competente a nominare il governo che subentra a quello dimissionario o a sciogliere la camera elettiva (o le camere elettive) del parlamento in caso di impossibilità di dar vita ad una maggioranza parlamentare. Nella forma di governo parlamentare il capo dello Stato tende a svolgere un ruolo di equilibrio del sistema e di garanzia. Bisogna però aggiungere che ogni forma di governo, ma in particolare quella parlamentare, opera in maniera diversa a seconda dell'*assetto partitico* sottostante. E così le diverse forme di governo parlamentare vengono ulteriormente distinte a seconda se caratterizzate da un multipartitismo estremo (che determina governi di coalizione tendenzialmente instabili) o da un multipartitismo moderato (o temperato, in cui il governo può anche essere di coalizione – ma di pochi partiti – e che dimostra una tendenziale stabilità) o da un bipartitismo (spesso sorretto dal sistema elettorale maggioritario che, oltre a sovrarappresentare i partiti maggiori a detrimento di quelli più piccoli, imprime alla competizione elettorale anche il significato di scelta del *leader* di governo) (Elia).

La *forma di governo presidenziale* (di cui è tipica espressione quella degli Stati Uniti d'America) è caratterizzata dalla presenza di due organi costituzionali indifettibili: il presidente, che è al tempo stesso capo dello Stato e vertice dell'esecutivo e il parlamento (che può essere mono o bicamerale). Entrambi questi organi sono eletti direttamente dal corpo elettorale e fra gli stessi vige un rigido principio di separazione, giacché il parlamento non può "sfiduciare" il presidente (salvo le forme estreme dell'*impeachment*, che attiene però alla commissione di reati) né il presidente può sciogliere il parlamento. In questo "modello" non esiste il governo quale organo costituzionale nel senso equivalente a quello esistente nella forma di governo parlamentare giacché il *Cabinet* presidenziale è interamente composto di funzionari scelti dal Presidente.

Negli U.S.A. il Presidente (che è eletto per un mandato di quattro anni rinnovabile una sola volta) è eletto attraverso una procedura che formalmente si presenta «a doppio grado», in quanto in ogni Stato vengono eletti gli «elettori presidenziali» (o "grandi elettori", eletti in numero variabile a seconda della consistenza numerica degli abitanti dello Stato medesimo), i quali successivamente sono riuniti in un collegio *ad hoc* (*Electoral College*) che procede alla elezione del Presidente e del Vice-Presidente. I due maggiori partiti (repubblicano e democratico) hanno in realtà già in precedenza individuato (mediante "elezioni primarie") il proprio candidato alla carica di Presidente: pertanto l'elettore, quando vota per l'«elettore presidenziale», è consapevole del fatto che quest'ultimo, al momento della successiva elezione nel collegio presidenziale, voterà per il candidato prescelto. L'elettore, nell'ambito di ciascuno Stato, se formalmente vota per l'«elettore presidenziale», in realtà esprime la propria preferenza per il candidato alla Presidenza. Il Presidente degli Stati Uniti, in quanto capo dell'esecutivo, ha alle sue dipendenze l'amministrazione federale e nomina i propri collaboratori, che non possono essere membri del Parlamento. Negli Stati Uniti non esiste un «organo» chiamato Governo: i ministri («segretari di Stato») quando sono riuniti formano il cosiddetto *Gabinetto* (*Cabinet*), privo di qualsiasi rapporto con il Parlamento. Tra le attribuzioni presidenziali assumono notevole rilievo quelle relative alla direzione della politica estera ed al comando delle forze armate. Nel sistema statunitense il Parlamento (*Congresso*) ha struttura bicamerale: il Senato, formato da due rappresentanti per ogni Stato membro, che vengono rinnovati parzialmente ogni due anni; e la Camera dei rappresentanti, che risulta formata, su base nazionale in modo proporzionale alla popolazione degli Stati, da deputati con mandato biennale. Il Congresso è titolare del potere legislativo, approva il bilancio annuale (necessario per ogni spesa dell'amministrazione) e può mettere in stato di accusa (*impeachment*) il Presidente (per tradimento, corruzione o altri gravi reati; in questi casi il giudizio finale spetta al Senato, presieduto dal Presidente della Corte Suprema). Presidente e Congresso sono reciprocamente indipendenti, anche se esistono meccanismi costituzionali di controllo reciproco. In particolare: il Presidente ha il potere di veto sospensivo delle leggi approvate dal Congresso, il quale può superare l'opposizione presidenziale solamente tramite un'ulteriore deliberazione approvata con la maggioranza dei due terzi; il Congresso ha il potere di approvare le nomine presidenziali ad alcune alte cariche pubbliche, come quella di giudice della Corte Suprema, e la facoltà di convocare funzionari dell'amministrazione, al fine di esercitare un controllo sulla politica del Presidente (*hearings*).

L'espressione «*forma di governo semipresidenziale*» è stata coniata con riguardo al modello francese ove, sull'esistente modello di forma di governo parlamentare, sono stati innestati elementi propri della forma di governo presidenziale quale l'elezione diretta del Presidente con l'assegnazione allo stesso di rilevanti poteri e il depotenziamento di parlamento e governo, con il risultato di un sistema improntato secondo una logica di tipo presidenziale (e con il rafforzamento dei poteri del governo nei confronti del parlamento).

La *forma di governo direttoriale*, adottata solamente dalla Confederazione svizzera, si caratterizza per la presenza, accanto al parlamento (*Assemblea Federale*), di un "Direttorio" (*Consiglio Federale*), formato da sette membri, eletto (per l'intera durata della legislatura) dell'Assemblea Federale e che svolge le funzioni di governo. Ciascuno dei componenti del Consiglio Federale ricopre, a turno, il ruolo di Capo dello Stato (ma con funzioni di mera rappresentanza). Questa forma di governo si spiega alla luce delle particolari caratteristiche (anche storiche) della Svizzera, che comprende una pluralità di comunità linguistiche e religiose, e dell'assetto delle forze politiche elvetiche fra le quali sono assenti forze di opposizione aventi dimensioni paragonabili a quelle presenti in altri paesi europei.

5. La rappresentanza politica

La rappresentanza politica è oggetto di studio da parte, oltre che degli studiosi di diritto pubblico, dei politologi, degli storici e dei filosofi del diritto. Tale nozione infatti, oltre ad essere analizzata da diverse discipline (ciascuna dal proprio punto di osservazione e con i rispettivi strumenti metodologici), presenta un contenuto ricco di molteplici implicazioni.

E così possono individuarsi vari significati di "**rappresentanza**":
- come conferimento di autorità;
- come responsabilità;
- come rappresentazione, cioè come riproduzione di una determinata realtà;
- come azione nell'interesse di un soggetto che non può o non vuole agire personalmente.

Partendo da quest'ultimo significato, può evidenziarsi che nel diritto privato la rappresentanza è legata a fenomeni o di volontà del rappresentato (che conferisce apposito mandato ad altri) o di incapacità giuridica (minori, infermi). A questo proposito può ricordarsi che è con la progressiva uscita dall'epoca medievale che il concetto di rappresentanza acquista significati giuspubblicistici e politici (il *mundium* era la protezione giuridica assicurata dalla signorìa locale). Sul piano politologico, la rappresentanza politica (a differenza di quella di diritto privato che raccoglie una volontà pre-esistente) si caratterizza invece per il fatto che è essa stessa (la rappresentanza politica) a creare una volontà unitaria in precedenza non esistente. In questa accezione il concetto di rappresentanza politica acquista una propria peculiarità politica e giuspubblicistica. A questo proposito può ricordarsi la citazione di Eric Voegelin secondo cui il rappresentante è colui che «ha il potere di agire per conto di una società in forza della posizione che occupa nella struttura della comunità, senza istruzioni specifiche, e i cui atti non possono essere disconosciuti dai membri della società» (e Voegelin distingue il rappresentante dall'agente, che è invece colui al quale il superiore conferisce il potere di trattare una determinata questione in base alle istruzioni ricevute).

La rappresentanza politica è l'istituto in base al quale gli eletti "rappresentano" gli elettori, ma tale "rappresentanza" avviene in virtù di un mandato non assimilabile a quello del diritto privato (in base al quale il rappresentato fornisce indicazioni vincolanti al rappresentante e può revocare in ogni momento il mandato conferito), bensì di natura diversa ("politica", appunto) avente durata prestabilita (la durata della legislatura), non revocabile e caratterizzata dalla "libertà" conferita al rappresentante in merito alle singole decisioni che lo stesso sarà chiamato ad assumere.

Il contrasto fra libero mandato parlamentare e mandato vincolato attraversa tutta la riflessione sul mandato parlamentare e, più in generale, sulla rappresentanza politica. Proprio durante la rivoluzione francese si registra a questo proposito un vivace dibattito. Alla teoria del *gouvernement représentatif*, basata sull'indipendenza e sull'irresponsabilità del singolo deputato e dell'assemblea parlamentare nel suo complesso, si contrappone la visione giacobina, favorevole al mandato imperativo con il principio della revocabilità dei rappresentanti da parte del corpo elettorale. Il pensiero giacobino era strettamente legato alle riflessioni di Rousseau, interamente fondate sulla logica dell'identità democratica e che escludono ogni commistione con elementi rappresentativi. Per Rousseau la sovranità del popolo (la volontà generale) non conosce rappresentanza: è essa stessa o è tutt'altro. I deputati non possono essere i rappresentanti del popolo, ma solo i commissari dello stesso ed il mandato imperativo costituisce il mezzo per evitare la corruzione ed assicurare il carattere democratico di una costituzione. La logica democratica esclude la possibilità di una "rappresentanza" del corpo elettorale ed esige invece l'identità fra governanti e governati.

Fra le ragioni a sostegno del libero mandato parlamentare viene evidenziato che il deputato, qualora privato di ogni potere decisionale autonomo, verrebbe a svolgere le mere funzioni di delegato (Leibholz). Ed inoltre viene ricordato che già nelle assemblee medievali la linea di demarcazione fra mandato imperativo e mandato libero non sempre si presenta in maniera netta, riscontrandosi casi in cui ai rappresentanti veniva riconosciuta una *plena potestas*. Queste considerazioni servono in particolare a superare quelle concezioni che tendono ad individuare nella rivoluzione francese un momento di netta rottura fra il passato, nel quale si sarebbero avute solo esperienze di mandato imperativo (in quanto ritenuto tipico dell'*ancien régime*), e l'epoca successiva caratterizzata invece da una nozione di rappresentanza politica in cui la legittimazione dei deputati, traendo origine dalla costituzione, giustifica l'assegnazione agli stessi di un libero mandato. Questa concezione risente della forte polemica, sviluppatasi proprio durante la rivoluzione francese, fra mandato imperativo e mandato libero e che ha influenzato anche il dibattito del secolo successivo.

Per quanto riguarda il Parlamento inglese, è stato evidenziato che i primi membri dello stesso (provenienti dalle contee e dai distretti) erano chiamati *attorneys* (e non rappresentanti) e ancora nel XVI secolo è il Parlamento in quanto tale a "rappresentare" tutto il regno. È solo nel secolo XVII che il termine "rappresentante" comincia ad essere conferito al singolo membro del Parlamento (e non a questo nella sua interezza). Si compie così il passaggio dalla nozione di rappresentanza come "*standing for*" alla rappresentanza intesa come "*acting for*".

La progressiva estensione del suffragio elettorale introduce nella riflessione relativa alla rappresentanza politica anche i temi legati ai sistemi elettorali, al principio di maggioranza ed al ruolo dei partiti politici nell'ordinamento. Nel novecento la c.d. "crisi del parlamentarismo" diventa lo specchio della crisi della rappresentanza politica, con la riaffermazione delle logiche neo-corporative ed il ruolo, costituzionalmente riconosciuto, dei partiti politici di massa. Da ultimo la rappresentanza politica deve fare i conti anche con il fenomeno della sempre minore partecipazione del corpo elettorale alle consultazioni elettorali (e, più in generale, alla vita politica), con la connessa riflessione sull'incidenza giocata dai mezzi di comunicazione di massa.

Il principio, posto fin dalla rivoluzione francese, secondo cui il deputato *"rappresenta la Nazione"*, se serviva a svincolare il deputato dal proprio collegio di riferimento, costituiva anche la premessa da cui desumere il conseguente divieto di mandato imperativo (*«ed esercita le sue funzioni senza vincolo di mandato»* così l'art. 67 Cost.): il deputato esercita le proprie funzioni senza vincolo di mandato proprio perché rappresenta l'intera nazione, mentre se fosse destinatario di un mandato vincolante da parte del collegio che lo ha eletto (o della forza politica all'interno della quale è candidato) rappresenterebbe solo quest'ultimo e non l'intera nazione (deve però registrarsi anche l'opinione diversa secondo cui – in merito ai due principi posti dall'art. 67 Cost. – non vi sarebbe un necessario nesso logico tra il principio della rappresentanza della Nazione e il divieto di mandato imperativo [Zanon]; sull'art. 67 Cost. v. *infra*, cap. VI).

6. L'ordinamento internazionale

I rapporti fra Stati sono disciplinati dal *diritto internazionale generale*, costituito da un insieme di princìpi condivisi, di origine consuetudinaria o ricavabili dalla *communis opinio* e, a volte, codificati in trattati plurilaterali. La Costituzione, fra i principi fondamentali, pone due articoli volti a disciplinare la posizione dell'Italia nell'ordinamento internazionale. L'art. 10 Cost., nel disporre che l'ordinamento giuridico italiano si conforma alle norme di diritto internazionale generalmente riconosciute, pone il *principio dell'adattamento automatico del diritto interno al diritto internazionale generale*. Inoltre l'art. 117 Cost., come modificato dalla legge cost. n. 3 del 2001, ha specificato che la potestà legislativa dello Stato e delle Regioni deve rispettare i vincoli dell'ordinamento europeo e dell'ordinamento internazionale. L'art. 11 Cost. limita le ipotesi di legittimo ricorso alla guerra, che non può mai essere strumento di offesa alla libertà degli altri popoli né mezzo di risoluzione delle controversie internazionali.

Nei rapporti internazionali la rappresentanza dello Stato italiano appartiene al Presidente della Repubblica, cui spetta la ratifica dei trattati salvo, per alcuni, la necessaria autorizzazione delle Camere. Tali poteri però sono solo formalmente presidenziali ma sostanzialmente governativi (v. *infra*, cap. VII), giacché la relativa attività (con la connessa responsabilità) è espletata dal ministro degli esteri (e dagli altri ministri secondo le rispettive competenze).

Singoli Stati, mediante trattati o accordi specifici (c.d. *diritto internazionale convenzionale*) possono instaurare *rapporti particolari*. Oltre ai rapporti generali e a quelli particolari vi è poi il fenomeno delle "unioni internazionali" nelle quali gli Stati che entrano a farvi parte danno vita ad enti nuovi, distinti dagli Stati che li compongono, ed aventi specifiche competenze. L'unione più importante è l'*Organizzazione delle Nazioni Unite* (Onu), creata a San Francisco (Usa) nel 1945 in sostituzione della precedente Società delle Nazioni (istituita a Parigi successivamente al primo conflitto mondiale) ed avente come scopo il mantenimento della pace e della sicurezza internazionale, nonché la cooperazione internazionale a livello politico, economico, sociale, culturale e sanitario. Gli organi più importanti dell'Onu sono l'Assemblea Generale (composta da tutti gli Stati membri), il Consiglio di Sicurezza (composto di 15 membri di cui 5 permanenti e con potere di veto) e la Corte Internazionale di Giustizia. L'Italia (che aveva presentato la relativa domanda già nel maggio 1947) è stata ammessa a far parte dell'Onu con deliberazione del 14 dicembre 1955. Attualmente sono membri dell'Onu quasi tutti gli Stati. L'elemento basilare dell'Onu è l'assegnazione dell'uso della forza al Consiglio di Sicurezza, non potendo gli Stati (in assenza di una esplicita autorizzazione del Consiglio di Sicurezza) usare la (o minacciare l'uso della) forza «contro l'integrità territoriale o l'indipendenza politica di un altro Stato». L'esigenza di un accordo fra le 5 grandi potenze (Cina, Stati Uniti, Russia, Francia e Regno Unito) presenti nel Consiglio di Sicurezza ha impedito, per lungo tempo, all'Onu di svolgere adeguatamente le proprie funzioni. Inoltre, non essendo stati conclusi gli accordi per la messa a disposizione di truppe, le forze dell'Onu (c.d. caschi blu) sono messe a disposizione da Stati membri per singole operazioni. Gli interventi dell'Onu hanno spesso carattere non coercitivo ed un ruolo secondario. Si deve dunque riconoscere che l'Onu, se ha svolto un ruolo limitato nello svolgimento delle funzioni di mantenimento della pace, ha avuto un ruolo importante nella promozione della decolonizzazione ed è riuscita a sviluppare altre funzioni mediante propri istituti specializzati quali la Fao, l'Oms, l'Unesco, la Banca Mondiale, il Fondo Monetario Internazionale.

Un'altra organizzazione internazionale degna di rilievo, anche se di carattere regionale, è il *Consiglio d'Europa*, istituito con il Trattato di Londra del 1949 e con sede a Strasburgo, cui partecipano attualmente quasi tutti i paesi europei. Il Consiglio d'Europa ha una vasta competenza, giacché promuove una politica generale unitaria degli Stati aderenti nelle «materie economiche, sociali, culturali, scientifiche e giuridiche ed il mantenimento e la promozione dei diritti dell'uomo e delle libertà fondamentali». Tre sono gli organi principali del Consiglio d'Europa: il Comitato dei ministri (composto da un delegato per ogni governo di ogni Stato membro), che adotta le decisioni (aventi per gli Stati membri valore di raccomandazione) relative alle azioni necessarie per il perseguimento dei fini propri del Consiglio; l'Assemblea consultiva, composta da rappresentanti scelti dal Parlamento di ogni Stato membro (in Italia, nove deputati e nove senatori, art. 3, legge n. 433 del 1949) e il Segretariato generale, organo burocratico con funzioni esecutive. Il Consiglio d'Europa adotta risoluzioni e progetti di convenzioni ("convenzioni europee") operanti nei confronti degli Stati che le accettano. Numerose sono le convenzioni europee sottoscritte dagli anni cinquanta ad oggi fra cui va in particolare menzionata la *Convenzione per la salvaguardia dei diritti dell'uomo e delle libertà fondamentali* (firmata a Roma il 4 aprile 1950 a cui è stata data esecuzione in Italia con legge n. 848 del 1955), in base alla quale sono state istituite la *Commissione europea dei diritti dell'uomo* (organo di conciliazione) e la *Corte europea dei diritti dell'uomo* (organo giurisdizionale) cui è possibile ricorrere per violazione dei diritti fondamentali. Varie volte è stata accertata la violazione da parte della Repubblica italiana di diritti fondamentali: dalla violazione del diritto al gratuito patrocinio alla violazione del diritto ad un'equa e pubblica udienza entro termini ragionevoli, alla violazione del diritto alla durata ragionevole del processo, alla violazione della libertà di manifestazione del pensiero (v. *infra*, cap. XIII).

Sull'Unione europea v. *infra* cap. IV.

7. I rapporti dello Stato con le confessioni religiose

Il fenomeno religioso riveste ruolo centrale nell'esistenza dell'uomo e lo Stato non può non porsi il problema della regolamentazione di tale fenomeno e del rapporto fra ordinamento statale e ordinamento delle associazioni religiose (v. già *supra*, cap. I). La storia mostra varie tipologie di rapporti fra Stato e comunità religiose:

– il *sistema teocratico* (o papale o curialistico), in cui l'ordinamento religioso (ad es. la Chiesa) occupa una posizione di preminenza rispetto allo Stato (come nello Stato Pontificio);

– il *sistema cesaro-papista* (o cesaropapismo), in cui le funzioni di capo dello Stato e di capo della Chiesa sono assegnate alla stessa persona; questo modello si fonda sulla "fusione" fra Stato e Chiesa che vengono così ad avere un unico identico vertice. Questo modello, già presente nell'antica Roma (ove l'imperatore era anche pontefice massimo), si affermò con l'avvento del cristianesimo e si è protratto nella Russia zarista fino al XX secolo;

– il *sistema giurisdizionalista*, in cui Stato e Chiesa sono giuridicamente distinti, ma in cui lo Stato si pone in posizione di superiorità rispetto alla Chiesa assegnandosi il potere sia di difendere la Chiesa che di difendersi dalla Chiesa; conseguenzialmente lo Stato si attribuisce una serie di poteri sull'organizzazione ecclesiastica. Questo modello si afferma in età moderna in Stati sia cattolici che protestanti ove una religione (la "religione di Stato", Stato confessionista) veniva a trovarsi in posizione privilegiata a discapito delle libertà degli appartenenti a religioni differenti;

– il *sistema concordatario*, si regge sul principio di parità fra Stato e Chiesa che dunque regolano i rispettivi rapporti in un apposito documento (concordato) volto a regolamentare le materie comuni. Bisogna peraltro aggiungere che lo strumento concordatario con la Chiesa cattolica venne spesso adottato anche dallo Stato confessionista e giurisdizionalista;

– il *sistema della separazione*: questo modello, teorizzato per sostenere sia la laicità dello Stato che l'indipendenza della Chiesa dal potere statale, è caratterizzato dall'assenza di rapporti istituzionali fra ordinamento statale e associazione religiosa in ragione dell'applicazione a quest'ultima delle norme previste per qualunque forma di associazione (es. Costituzione degli Stati Uniti d'America).

La storia europea mostra quanto i rapporti fra Stato e Chiesa abbiano influenzato lo sviluppo dei singoli Stati e, più in generale, dello stesso modello statuale.

Per quanto riguarda lo Stato italiano, lo Statuto albertino disponeva (art. 1) che «*La religione cattolica apostolica romana è la sola religione dello Stato, gli altri culti sono tollerati conformemente alle leggi*», ma la politica ecclesiastica effettivamente perseguita fu piuttosto ispirata all'ideale separatista (propugnato da Cavour nel celebre motto "libera Chiesa in libero Stato") ed attuato con le leggi sull'eversione dell'asse ecclesiastico, sullo scioglimento degli ordini religiosi e con la legge sulle guarentigie. La conquista di Roma e le citate leggi determinarono un radicale contrasto (la c.d. "*questione romana*") fra Stato italiano e Chiesa cattolica che si risolse con la firma dei *Patti Lateranensi* avvenuta a Roma nel 1929 (e resi esecutivi con legge n. 810 del 1929). I Patti comprendevano un Trattato, con il quale venne riconosciuto lo Stato Città del Vaticano, e un Concordato, che regolava le condizioni della religione cattolica in Italia (definita "religione di Stato") e che assegnava una posizione deteriore ai culti diversi da quello cattolico.

In Assemblea Costituente, prevalse la posizione che, pur riconoscendo in modo pieno la libertà religiosa, conservava alla Chiesa cattolica le condizioni contenute nei Patti Lateranensi. Questa soluzione compromissoria è quella appunto contenuta nell'art. 7 Cost. secondo cui «*Lo Stato e la Chiesa Cattolica sono, ciascuno nel proprio ordine, indipendenti e sovrani. I loro rapporti sono regolati dai Patti Lateranensi. Le modificazioni dei Patti, accettati dalle due parti, non richiedono procedimento di revisione costituzionale*».

Sull'interpretazione di questa disposizione costituzionale si è discusso molto in dottrina: secondo alcuni l'art. 7 Cost. avrebbe operato una "costituzionalizzazione" dei Patti Lateranensi, secondo altri invece sarebbe costituzionalizzato solo il "principio concordatario" o – secondo altri ancora – solo il "principio pattizio". La tesi della costituzionalizzazione dei Patti del 1929 è funzionale al riconoscimento agli stessi del rango di norme costituzionali speciali derogatrici delle altre norme poste dalla Costituzione. Ma questo esito non appare condivisibile sia perché lo stesso art. 7 Cost. consente la modifica dei Patti Lateranensi con legge ordinaria, sia perché l'intero impianto della Carta Repubblicana non consente di ritenere che la Costituzione abbia inteso assegnare ai Patti Lateranensi il valore di norme "super-costituzionali". Appare invece più corretto assegnare all'art. 7 Cost. il significato di "norma sulle fonti", in quanto destinata a tracciare i limiti di competenza del legislatore statale in caso di modificazione unilaterale delle norme introdotte nell'ordinamento italiano con la legge n. 810 del 1929. La Corte costituzionale (sentt. n. 30 del 1971 e n. 18 del 1982) ha affermato che il richiamo ai Patti Lateranensi contenuto nell'art. 7 Cost. assegna alla legge esecutiva degli stessi (legge n. 810 del 1929) una collocazione nella gerarchia delle fonti allo stesso livello della legge costituzionale, ma al tempo stesso – ha precisato la Corte – tale legge, così come tutte le leggi costituzionali o di revisione della Costituzione, non può porsi in contrasto con i principi supremi dell'ordinamento costituzionale (e, in applicazione di tale criterio, la Corte costituzionale, con la sent. n. 18 del 1982, ha dichiarato incostituzionali due norme relative al riconoscimento della giurisdizione ecclesiastica sul matrimonio concordatario in quanto in contrasto con il "diritto inviolabile" di difesa e con il "principio supremo" della sovranità dello Stato e della reciproca indipendenza dello Stato e della Chiesa).

Nel 1984, con l'*Accordo di modificazione del Concordato Lateranense*, seguito da un Protocollo addizionale e da un ulteriore Protocollo riguardante la disciplina degli enti e dei beni ecclesiastici (ratificati e resi esecutivi con le leggi nn. 121 e 206 del 1985), il Concordato del 1929 è stato oggetto di revisione. L'Accordo del 1984 muove dall'affermazione del principio secondo cui lo Stato e la Chiesa si impegnano al vicendevole rispetto dell'indipendenza e della sovranità e si obbligano «*alla reciproca collaborazione per la promozione dell'uomo e il bene del Paese*» (art. 1). La religione cattolica perde il ruolo di «sola religione di Stato» e vengono specificamente disciplinati, fra l'altro, il sistema di retribuzione del clero cattolico, il riconoscimento civile degli enti ecclesiastici, il regime delle scuole cattoliche e l'insegnamento della religione cattolica nelle scuole pubbliche.

Da vari anni (e non solo nel nostro Paese) è ampiamente dibattuta la questione relativa all'obbligo dell'***esposizione del crocifisso negli edifici pubblici*** (ed in particolare nelle aule scolastiche e nei tribunali). I Patti Lateranensi (stipulati nel 1929) nulla disponevano relativamente all'esposizione del crocifisso nelle scuole o nelle aule dei tribunali. Infatti la materia era già disciplinata dall'art. 118 del r.d. 30 aprile 1924, n. 965 e dall'allegato C del r.d. 26 aprile 1928, n. 1297, concernenti l'esposizione dell'immagine del crocifisso nelle scuole. Nel 1988 il Consiglio di Stato (con parere n. 63 del 1988, Sez. II, relativo a «*Insegnamento della religione cattolica ed esposizione dell'immagine del Crocifisso nelle aule scolastiche*»), ha ritenuto «*tuttora legittimamente operanti*» tali disposizioni. In tale parere il Consiglio di Stato, dopo aver evidenziato che «*il crocifisso o, più semplicemente, la croce, a parte il significato per i credenti, rappresenta il simbolo della civiltà e della cultura cristiana, nella sua radice storica, come valore universale, indipendente da specifica confessione religiosa*», ha rilevato che le due norme citate, di natura regolamentare, «*sono preesistenti ai Patti Lateranensi e non si sono mai poste in contrasto con questi ultimi. Conseguentemente, le modificazioni apportate al Concordato Lateranense, con ... la legge n. 121 del 1985 non possono influenzare, né condizionare la vigenza delle norme regolamentari di cui trattasi*». E per il Consiglio di Stato anche la Carta Repubblicana «*pur assicurando pari libertà a tutte le confessioni religiose non prescrive alcun divieto alla esposizione nei pubblici uffici di un simbolo che, come quello del crocifisso, per i principi che evoca ..., fa parte del patrimonio storico*» del Paese, né la presenza del crocifisso nelle aule scolastiche costituisce «*motivo di costrizione della libertà individuale a manifestare le proprie convinzioni in materia religiosa*».

Nel 2003, in seguito a un ricorso presentato da genitore (cittadino italiano) di religione musulmana che chiedeva la rimozione del crocifisso dalle aule della scuola statale elementare frequentata dai figli minori (ricorso nel quale si sosteneva che l'affissione del solo crocifisso costituirebbe lesione delle libertà di religione e di uguaglianza, costituzionalmente tutelati, ponendosi peraltro in contrasto con il principio di laicità della Repubblica italiana), il Tribunale dell'Aquila (con ord. 22 ottobre 2003) ha ritenuto non più legittima la presenza del crocifisso dalle aule scolastiche. In tale ordinanza si ricordava che le norme che dispongono l'esposizione del crocifisso nelle aule delle scuole pubbliche (art. 118 del r.d. n. 965 del 1924 per le scuole medie, l'art. 119 del r.d. n. 1297 del 1928 per le scuole elementari) oltre ad avere natura regolamentare «*partono dalla logica della confessione cattolica come istituzione religiosa privilegiata. ... Si tratta, quindi, di una normativa regolamentare di esecuzione di una legge che ... appartiene comunque ad un sistema costituzionale, quale quello disegnato dallo Statuto albertino, che all'art. 1 sanciva che la religione cattolica era la sola religione dello Stato*». Pertanto, concludeva il Tribunale dell'Aquila, «*L'esplicita abrogazione del principio della religione cattolica come religione di Stato ... ha sicuramente introdotto un nuovo assetto normativo che si pone in contrasto insanabile con la disciplina (scolastica e non) che impone l'esposizione del crocifisso*». Secondo tale impostazione, l'accordo di revisione del 1984, pur non contenendo alcun riferimento esplicito all'affissione del crocifisso, avrebbe implicitamente derogato le norme in questione in quanto intimamente legate al principio della religione di Stato. L'ordinanza specificava che «*le giustificazioni addotte per ritenere non in contrasto con libertà di religione l'esposizione del crocifisso nelle scuole (e negli uffici pubblici) così come di ogni altra forma di confessionalismo statale, sono divenute ormai giuridicamente inconsistenti, storicamente e socialmente ana-*

cronistiche, addirittura contrapposte alla trasformazione culturale dell'Italia e, soprattutto, ai principi costituzionali che impongono il rispetto per le convinzioni degli altri e la neutralità delle strutture pubbliche di fronte ai contenuti ideologici». Inoltre «*ritenere che il crocifisso sia solo un "simbolo passivo", oltre a svilire la forte valenza religiosa per la fede cristiana di tale simbolo, costituisce una forzatura. Il crocifisso assume, infatti, nella sua sinteticità evocativa una particolarmente complessa polivalenza significante: se ogni simbolo è costituito da una realtà conoscitiva, intuitiva, emozionale, molto più ampia di quella contenuta nella sua immediata evidenza, per il crocifisso ciò si esalta, comprende una realtà complessa, che intrinsecamente non si può esprimere per tutti nello stesso modo univoco*». E nell'ambito scolastico «*la presenza del simbolo della croce induce nell'alunno ad una comprensione profondamente scorretta della dimensione culturale della espressione di fede, perché manifesta l'inequivoca volontà dello Stato, trattandosi di scuola pubblica, di porre il culto cattolico al centro dell'universo, come verità assoluta, senza il minimo rispetto per il ruolo svolto dalle altre esperienze religiose e sociali nel processo storico dello sviluppo umano, trascurando completamente le loro inevitabili relazioni e i loro reciproci condizionamenti*». La presenza del crocifisso nelle aule scolastiche finisce così per connotare in maniera confessionale la struttura pubblica "scuola" ridimensionandone fortemente l'immagine pluralista. «*E ciò facendo si pone in contrasto con quanto ha stabilito la Corte costituzionale al riguardo, rilevando come il principio di pluralità debba intendersi quale salvaguardia del pluralismo religioso e culturale (cfr.* Corte cost. *12 aprile 1989, n. 203 e 14 gennaio 1991, n. 13), che può realizzarsi solo se l'istituzione scolastica rimane imparziale di fronte al fenomeno religioso*». L'ordinanza aggiungeva che «*parimenti lesiva della libertà di religione sarebbe l'esposizione nelle aule scolastiche di simboli di altre religioni. L'imparzialità dell'istituzione scolastica pubblica di fronte al fenomeno religioso deve realizzarsi attraverso la mancata esposizione di simboli religiosi piuttosto che attraverso l'affissione di una pluralità, che peraltro non potrebbe in concreto essere tendenzialmente esaustiva e comunque finirebbe per ledere la libertà religiosa negativa di coloro che non hanno alcun credo*».

Tale ordinanza, in sede di reclamo al presidente del Tribunale (ordinanza del 19 novembre 2003), veniva annullata per difetto di giurisdizione ritenuta di spettanza del giudice amministrativo.

Della questione veniva investita nel 2004 la Corte costituzionale la quale però (ord. n. 389 del 2004) dichiarava inammissibile la questione di costituzionalità in quanto vertente su norme che, in quanto regolamentari, sono prive di forza di legge e sulle quali dunque non può essere invocato un sindacato di legittimità costituzionale.

Il Tar del Veneto (adìto da cittadini italiani aderenti ad associazione atea e che aveva sollevato la questione di costituzionalità ritenuta inammissibile dalla Corte costituzionale), con sent. n. 1110 del 2005, ritiene ancora operanti e conformi a Costituzione i due citati regi decreti del 1924 e del 1928 giacché «*le due disposizioni in questione non sono state abrogate, né espressamente, né implicitamente, da successive norme di grado costituzionale, legislativo ovvero regolamentare*». Per il Tar tali fonti non contrastano con le disposizioni contenute nei Patti Lateranensi (giacché in questi «*nulla viene stabilito relativamente all'esposizione del crocifisso nelle scuole, come in qualsiasi ufficio pubblico*») e non confliggono affatto con il testo unico n. 297 del 1994 (che disciplina l'ordinamento scolastico) e restano dunque in vigore. Il Tar si contrappone alle argomentazioni sviluppate dal giudice dell'Aquila: «*il riferimento alla natura del regime che governava il Paese all'epoca dell'emanazione delle citate norme regolamentari e al loro utilizzo talvolta strumentale, non può affatto comportare la loro abrogazione, sia perché si tratta di considerazioni giuridicamente irrilevanti, sia perché ... le norme sull'esposizione del crocifisso nelle aule scolastiche risalgono addirittura al 1859, tra l'altro in un contesto storico di vivace contrapposizione tra Papato e Stato unitario ... Evidentemente l'esposizione del simbolo cristiano era considerata all'epoca, accanto alla collocazione del ritratto del re e della bandiera, come richiamo ai valori unificanti della nazione*». Per il Tar la tesi che sostiene l'abrogazione delle citate norme «*ignora il quadro storico e normativo e per di più dà per dimostrato un significato univoco del simbolo della croce nel contesto scolastico, che risulta invece dubbio e controverso*». Per il Tar il crocifisso «*non può essere considerato semplicemente come un arredo, ma è un simbolo*» e pertanto la questione si sposta «*su quale sia il significato o i significati che tale particolare simbolo evoca, per verificare, alla luce delle norme vigenti, principalmente di rango costituzionale, se essi siano o meno compatibili con la sua esposizione in una scuola pubblica*». E siccome il linguaggio dei simboli costituisce un sistema comunicativo caratterizzato da un elevato grado di vaghezza e da una forte "carica emotiva" (e dove svolgono un ruolo rilevante sia la precomprensione dell'interprete che la contestualizzazione del simbolo esaminato), il simbolo della croce finisce per assumere «*per sua stessa natura un contenuto polisemico, anche nello stesso momento storico, oltre che subire modifiche sia nel corso del tempo sia in relazione al contesto in cui si colloca*». Il giudice amministrativo dichiara che il valore costituzionale cui fare riferimento è quello della laicità dello Stato, ma «*laicità o aconfessionalità non significa affatto l'opposto di religione o religiosità, ma più semplicemente che lo Stato democratico riconosce una valenza autonoma alla sfera religiosa come estranea alla sua volontà di determinazione, in sostanza si proclama neutro rispetto alle diverse religioni a cui il cittadino può liberamente aderire ovvero anche non aderire, per convinzioni atee o semplice indifferenza rispetto al fatto religioso. Stato laico vuol dire quindi il riconoscimento di una sfera autonomia lasciata in campo religioso alla libera determinazione del singolo; … Stato laico significa altresì che nella scuola pubblica in cui si devono formare i giovani anche ai valori di libertà, democrazia e laicità dello Stato, non è lecito imporre alcun tipo di credo religioso e anzi risulta doverosa un'educazione improntata alla massima libertà e al rispetto reciproco in tale campo*».

Dopo tali premesse il Tar afferma che «*il crocifisso costituisce anche un simbolo storico-culturale, e di conseguenza dotato di una valenza identitaria*» del popolo italiano giacché rappresenta «*il percorso storico e culturale caratteristico del nostro Paese e in genere dell'Europa intera e ne costituisce un'efficace sintesi. Difficilmente si può negare che la nostra tormentata storia sia impregnata – nel bene e nel male – di cristianesimo, né il mutare delle analisi storiche, né la stessa indiscutibile laicità dello Stato possono modificare il passato; anche se siamo chiamati a convivere con la nostra tradizione in maniera non certo passiva, ma dialettica, considerandola come sempre aperta ed in evoluzione, essa certo non risulta eliminabile con un atto di volontà sovrana o tramite una sentenza*». I principi cristiani «*fanno parte del patrimonio storico del popolo italiano*» e pertanto «*se volessimo e potessimo considerare il crocifisso unicamente come simbolo storico-culturale, sarebbe agevole risolvere la questione giuridica che ne occupa, pervenendo ad un rigetto del ricorso, in quanto a tutta evidenza un segno che in qualche modo riassume alcuni rilevanti aspetti della nostra civiltà, della nostra cultura umanistica nonché della nostra coscienza popolare non lederebbe in alcun modo la laicità dello Stato e le finalità dell'insegnamento nella scuola pubblica e di conseguenza la sfera di libertà di ogni cittadino*». Al tempo stesso il Tar riconosce che il crocifisso «*sia per la valenza plurima che tale simbolo contiene, sia per un elementare rispetto della verità … non può, oggi, essere considerato come un mero simbolo storico e culturale, nemmeno nel contesto scolastico, ma deve essere valutato anche come un simbolo religioso. Peraltro, come sarebbe riduttivo e semplicistico considerare … la croce quale mero segno storico e culturale, altrettanto riduttivo sarebbe correlare automaticamente e acriticamente la qualificazione di tale simbolo quale religioso con il divieto di collocarlo in un'aula di una scuola pubblica, almeno senza prima approfondire la sua particolare incidenza sul concetto di laicità, giuridicamente e costituzionalmente garantito, che si intende preservare e difendere*».

E la croce deve essere intesa quale simbolo del cristianesimo e non già semplicemente del cattolicesimo e pertanto riassume in sé «*oltre al cattolicesimo stesso anche i valori delle altre confessioni cristiane presenti nel nostro Paese, da quella valdese a quelle scaturite dalla riforma, da quelle ortodosse a quelle di più recente diffusione*». La croce è dunque «*un simbolo in cui si possono identificare numerose (anche se probabilmente non tutte le) confessioni religiose che si rifanno alla figura del Cristo*». E se la croce rappresenta il *signum* distintivo delle confessioni cristiane bisogna indagare «*come il cristianesimo si ponga rispetto ad alcuni valori giuridicamente sanciti dalla costituzione repubblicana, per valutare la compatibilità della collocazione di un simbolo cristiano in una scuola pubblica*». E il cristianesimo, avendo posto «*la tolleranza dell'altro e la difesa della dignità dell'uomo, al centro della propria fede*» e «*con la sua forte accentuazione del precetto dell'amore per il prossimo e ancor più con l'esplicita prevalenza data alla carità sulla stessa fede, contiene in nuce quelle idee di tolleranza, eguaglianza e libertà che sono alla base dello Stato laico moderno e di quello italiano in particolare*».

Il Tar individua dunque «un filo che collega tra di loro la rivoluzione cristiana di duemila anni fa, l'affermarsi in Europa del "*habeas corpus*", gli stessi elementi cardine dell'illuminismo (che pure storicamente si pose in vivace contrasto con la religione), cioè la libertà e la dignità di ogni uomo, la dichiarazione dei diritti dell'uomo e infine la stessa laicità dello Stato moderno; tutti i fenomeni storici indicati si fondano in modo significativo – anche se certamente non in via esclusiva – sulla concezione cristiana del mondo. … In sostanza, non appare azzardato affermare che, attraverso i tortuosi e accidentati percorsi della storia europea, la laicità dello Stato moderno sia stata faticosamente conquistata anche (certamente non solo) in riferimento più o meno consapevole ai valori fondanti del cristianesimo». Ed anche «*nella redazione della Costituzione repubblicana e nella fissazione dei principi di laicità dello Stato, ha avuto parte decisiva l'elemento culturale di ispirazione cristiana*» e pertanto «*la secolare contrapposizione tra Stato e Chiesa, oggi finalmente superata, ha condotto a un principio comune e benefico per entrambe, la laicità dello Stato, espressione in un settore particolare del precetto di tolleranza contenuto nel* kerygma *della fede cristiana. Libera Chiesa in libero Stato è divenuto oggi un valore condiviso e sancito giuridicamente, anche se il faticoso cammino compiuto per incardinarlo nei vari ordinamenti risulta diverso nelle varie nazioni d'Europa. Specificatamente, per quanto riguarda l'Italia, l'affermazione dell'indipendenza e sovranità reciproca dello Stato e delle chiese, ciascuno nel proprio ordine, risulta sancita per la chiesa cattolica dall'art.* 7 *della* Costituzione … *e per le altre confessioni dal successivo art. 8*».

Nella ricostruzione proposta dal Tar Veneto «*il legame tra cristianesimo e libertà implica una consequenzialità storica non immediatamente percepibile*», ma «*a saper mirare la storia … si individua una percepibile affinità (non identità) tra il "nocciolo duro" del cristianesimo, che, privilegiando la carità su ogni altro aspetto, fede inclusa, pone l'accento sull'accettazione del diverso, e il "nocciolo duro" della Costituzione repubblicana, che consiste nella valorizzazione solidale della libertà di ciascuno e quindi nella garanzia giuridica del rispetto dell'altro. La sintonia permane anche se attorno ai due nuclei, entrambi focalizzati sulla dignità dell'uomo, si sono nel tempo sedimentate molte incrostazioni*». E «*la consonanza tra le due sfere armoniche non riguarda affatto aspetti secondari, ma il fulcro rispettivamente della religione cristiana e dello Stato. Per il cristianesimo infatti il metodo, cioè la carità, prevale sui presupposti, cioè sulla fede, e sulle finalità, cioè sulla speranza, il che costituisce un unicum tra le religioni. Parallelamente, nelle democrazie mature, il metodo democratico prevale sui fini, per definizione mutevoli, e sui presupposti, ormai acquisiti al patrimonio dei consociati*». *Per il giudice amministrativo dunque il crocifisso, nell'attuale realtà sociale, deve essere considerato* «*non solo come simbolo di un'evoluzione storica e culturale, e quindi dell'identità del nostro popolo, ma quale simbolo altresì di un sistema di valori di libertà, eguaglianza, dignità umana e tolleranza religiosa e quindi anche della laicità dello Stato, principi questi che innervano la nostra Carta costituzionale. In altri termini, i principi costituzionali di libertà hanno molte radici, e una di queste indubbiamente è il cristianesimo, nella sua stessa essenza. Sarebbe quindi sottilmente paradossale escludere un segno cristiano da una struttura pubblica in nome di una laicità, che ha sicuramente una delle sue fonti lontane proprio nella religione cristiana*». E «*in virtù della stessa laicità dello Stato, va ribadita la necessità che nell'istruzione pubblica, che include la cosiddetta educazione civica, ci si richiami non solo alla storia ma anche ai valori democratici e laici della costituzione vigente e vivente … In sostanza, nel momento attuale, il crocifisso in classe presenta una valenza formativa e può e deve essere inteso, sia come il simbolo della nostra storia e cultura e conseguentemente della nostra stessa identità, sia quale simbolo dei principi di libertà, eguaglianza e tolleranza e infine della stessa laicità dello Stato, fondanti la nostra convivenza e ormai acquisiti al patrimonio giuridico, sociale e culturale d'Italia. Il segno della croce quindi va considerato – nella sua collocazione scolastica – anche come simbolo religioso del cristianesimo, non certo inteso nella sua totalità e quindi con tutte le sue implicazioni e sovrastrutture, ma nella misura in cui i suoi valori fondanti di accettazione e rispetto del prossimo – che ne costituiscono … le fondamenta e l'architrave – sono stati trasfusi nei principi costituzionali di libertà dello Stato, sancendo quindi visivamente e in un'ottica educativa la condivisione di alcuni principi fondamentali della Repubblica con il patrimonio cristiano*». Pertanto «*il simbolo del crocifisso, così inteso, assume oggi, con il richiamo ai valori di tolleranza, una valenza particolare nella considerazione che la scuola pubblica italiana risulta attualmente frequentata da numerosi allievi extracomunitari, ai quali risulta piuttosto importante trasmettere quei principi di apertura alla diversità e di rifiuto di ogni integralismo – religioso o laico che sia – che impregnano di sé il nostro ordinamento. Viviamo in un momento di tumultuoso incontro con altre culture, e, per evitare che esso si trasformi in scontro, è indispensabile riaffermare anche simbolicamente la nostra identità, tanto più che essa si caratterizza proprio per i valori di rispetto per la dignità di ogni essere umano e di universalismo solidale*». Per il Tar la croce costituisce «*il segno universale dell'accettazione e del rispetto per ogni essere umano in quanto tale, indipendentemente da ogni sua credenza, religiosa o meno*» e la croce in classe «*non esclude alcuno e ovviamente non impone e non prescrive nulla a nessuno, ma implica soltanto … una riflessione … sulla storia italiana e sui valori condivisi della nostra società come giuridicamente recepiti nella Costituzione, tra cui* in primis *la laicità dello Stato*». Pertanto «*il crocifisso inteso come simbolo di una particolare storia, cul-*

tura e identità nazionale – elemento questo immediatamente percepibile – oltre che espressione di alcuni principi laici della comunità – il che richiede invece un ragionevole sforzo interpretativo – può essere legittimamente collocato nelle aule della scuola pubblica, in quanto non solo non contrastante ma addirittura affermativo e confermativo del principio della laicità dello Stato repubblicano».

La sentenza del Tar è stata appellata dinanzi al Consiglio di Stato (sez. VI) che (sent. n. 556 del 2006) ha confermato l'*iter* argomentativo del giudice di primo grado sia in merito alla perdurante vigenza delle disposizioni del 1924 e del 1928 sia con riguardo al significato da assegnare al principio di laicità (quale principio supremo del nostro ordinamento costituzionale che si trae dagli artt. 2, 3, 7, 8, 19 e 20 Cost.). Secondo il Consiglio di Stato tale principio è difficilmente utilizzabile in sede giuridica se non si pone attenzione sulle "condizioni di uso" dello stesso e che vanno determinate con riferimento alla tradizione culturale di ciascun popolo «*in quanto tale tradizione e tali costumi si siano riversati nei loro ordinamenti giuridici*». Nell'ordinamento italiano, il **principio di laicità** indica «*la reciproca autonomia esistente fra ordine temporale e ordine spirituale e conseguente interdizione per lo Stato di entrare nelle faccende interne delle confessioni religiose (artt. 7* e *8 Cost.); tutela dei diritti fondamentali della persona (art. 2), indipendentemente da quanto disposto dalla religione di appartenenza; uguaglianza giuridica fra tutti i cittadini, irrilevante essendo a tal fine la loro diversa fede religiosa (art. 3); rispetto della libertà delle confessioni di organizzarsi autonomamente secondo i propri statuti purché non contrastino con l'ordinamento giuridico italiano (art. 8, comma 2), e per tutti, e non solo per i cittadini, tutela della libertà in materia religiosa, e cioè di credere, non credere, di manifestare in pubblico o in privato la loro fede, di esercitarne il culto (art. 19); divieto, infine, di discriminare gli enti confessionali a motivo della loro ecclesiasticità e del fine di religione o di culto perseguito (art. 20)*». La Costituzione ha dunque un atteggiamento di favore nei confronti del fenomeno religioso e pertanto «*la laicità, benché presupponga* e *richieda ovunque la distinzione fra la dimensione temporale e la dimensione spirituale …, non si realizza in termini costanti nel tempo e uniformi nei diversi Paesi, ma è relativa alla specifica organizzazione istituzionale di ciascuno Stato, e quindi essenzialmente storica*». Pertanto il problema della legittimità della esposizione del crocifisso nelle aule scolastiche va affrontato esaminando se tale imposizione «*sia lesiva dei contenuti delle norme fondamentali del nostro ordinamento costituzionale, che danno forma e sostanza al principio di "laicità" che connota oggi lo Stato italiano*» giacché il crocifisso «*è esso stesso un simbolo che può assumere diversi significati e servire per intenti diversi; innanzitutto per il luogo ove è posto. In un luogo di culto il crocifisso è propriamente ed esclusivamente un "simbolo religioso", in quanto mira a sollecitare l'adesione riverente verso il fondatore della religione cristiana. In una sede non religiosa, come la scuola, destinata all'educazione dei giovani, il crocifisso potrà ancora rivestire per i credenti i suaccennati valori religiosi, ma per credenti e non credenti la sua esposizione sarà giustificata e assumerà un significato non discriminatorio sotto il profilo religioso, se esso è in grado di rappresentare e di richiamare in forma sintetica immediatamente percepibile e intuibile (al pari di ogni simbolo) valori civilmente rilevanti, e segnatamente quei valori che … ispirano il nostro ordine costituzionale, fondamento del nostro convivere civile. In tal senso il crocifisso potrà svolgere, anche in un orizzonte "laico", diverso da quello religioso che gli è proprio, una funzione simbolica altamente educativa, a prescindere dalla religione professata dagli alunni*». Ed in Italia il crocifisso esprime «*l'origine religiosa dei valori di tolleranza, di rispetto reciproco, di valorizzazione della persona, di affermazione dei suoi diritti, di riguardo alla sua libertà, di autonomia della coscienza morale nei confronti dell'autorità, di solidarietà umana, di rifiuto di ogni discriminazione, che connotano la civiltà italiana*». E tali valori emergono dalle norme fondamentali della Carta costituzionale «*e, specificamente, da quelle … delineanti la laicità propria dello Stato italiano. Il richiamo, attraverso il crocifisso, dell'origine religiosa di tali valori e della loro piena e radicale consonanza con gli insegnamenti cristiani, serve dunque a porre in evidenza la loro trascendente fondazione, senza mettere in discussione, anzi ribadendo, l'autonomia (non la contrapposizione, sottesa a una interpretazione ideologica della laicità che non trova riscontro alcuno nella nostra Carta fondamentale) dell'ordine temporale rispetto all'ordine spirituale, e senza sminuire la loro specifica "laicità", confacente al contesto culturale fatto proprio e manifestato dall'ordinamento fondamentale dello Stato italiano. Pertanto «la pretesa che lo Stato si astenga dal presentare e propugnare in un luogo educativo, attraverso un simbolo (il crocifisso), reputato idoneo allo scopo, i valori certamente laici, quantunque di origine religiosa, di cui è pervasa la società italiana e che connotano la sua Carta fondamentale, può semmai essere sostenuta nelle sedi (politiche, culturali) giudicate più appropriate, ma non in quella giurisdizionale*».

La questione è in seguito giunta dinanzi alla Corte Europea dei Diritti dell'Uomo (seconda sezione), che (*Lautsi c. Italia*, r. n. 30814/06 del 3 novembre 2009) si è espressa contro la presenza del crocifisso nelle aule scolastiche. Nella pronuncia (peraltro caratterizzata da una rapida motivazione) si afferma che la scuola, quale luogo di incontro di diverse religioni e convinzioni filosofiche, non può essere la scena di proselitismo e lo Stato deve garantire che lo svolgimento delle funzioni in materia di istruzione avvenga in modo obiettivo, critico e pluralista. Ed il pluralismo, in tale ambito, è garantito dalla neutralità dello Stato sul quale ricade l'obbligo di astenersi da imporre, direttamente o indirettamente, un credo in luoghi dove le persone siano a suo carico o in luoghi in cui gli stessi siano particolarmente vulnerabili (come ad esempio in una scuola). La Corte rigetta la tesi del governo italiano secondo cui l'obbligo di esposizione del crocifisso, in quanto collegato al positivo messaggio morale della fede cristiana, finisce per essere espressione di valori laici. Secondo la Corte europea, il simbolo del crocifisso ha una pluralità di significati tra cui è però sempre predominante quello religioso. Pertanto la presenza del crocifisso in aula può essere facilmente interpretata dagli studenti di tutte le età come un simbolo religioso, sicché tali studenti si sentiranno educati in un ambiente scolastico caratterizzato da una particolare religione. La Corte non vede come l'esposizione nelle aule delle scuole pubbliche di un simbolo che può essere ragionevolmente associato con il cattolicesimo (la religione maggioritaria in Italia) potrebbe servire al pluralismo educativo. Invece l'esposizione obbligatoria di un simbolo di una fede, in particolare nelle aule, limita il diritto dei genitori ad educare i figli secondo le rispettive convinzioni e il diritto degli scolari di credere o non credere. Ed in tal modo lo Stato italiano non rispetta il principio di neutralità nell'esercizio della pubblica istruzione ed anzi assegna alla religione cattolica una posizione privilegiata e così pone in essere una forma di discriminazione verso i non-cattolici ed interferisce nella libertà di pensiero, di coscienza e di religione dei non-cattolici che vengono lesi anche nel diritto di educare i figli secondo le proprie convinzioni morali e religiose.

Tale decisione è stata appellata dal governo italiano dinanzi alla *Grande Chambre* della Corte EDU la quale, con sentenza del 18 marzo 2011, ha affermato che l'obbligo di esposizione del crocefisso non comporta di per sé violazione del diritto all'istruzione essendo «*legittima la scelta dello Stato di riservare maggiore visibilità alla religione maggioritaria del Paese attraverso la semplice esposizione di un simbolo religioso (quale il crocifisso) negli ambienti di scuola, sempre che tale scelta non conduca al vero e proprio indottrinamento. La sola affissione del crocifisso nelle aule scolastiche, non accompagnata da insegnamenti obbligatori del cristianesimo né da forme di intolleranza verso gli alunni di religione diversa, non viola il diritto dei genitori di orientare i propri figli verso un'educazione conforme alle proprie convinzioni religiose*». La Corte EDU conferma la valenza di «simbolo eminentemente religioso» del crocefisso (respingendo così i rilievi del Governo italiano) ma aggiunge che la previsione dell'affissione del medesimo nelle aule scolastiche, dando così «*una visibilità privilegiata alla religione maggioritaria nel Paese*», è «*frutto della volontà di perpetuare una tradizione*» e, a fronte di un panorama europeo assai composito e vario, dal punto di vista sia storico sia culturale, e, preso atto che sulla materia non è ancora maturato un vasto consenso internazionale, la Corte ritiene che simile scelta rientri nel margine di discrezionalità di ciascuno Stato contraente («*sempre che si tratti della sola presenza del crocifisso nelle aule, non accompagnata da insegnamenti obbligatori del cristianesimo né da forme di intolleranza verso gli alunni appartenenti ad altre religioni*»). La mera presenza del crocifisso («quale situazione essenzialmente passiva») non è ritenuta idonea a influenzare direttamente la formazione degli alunni giacché «*la semplice affissione di un simbolo religioso negli ambienti scolastici non ha potenzialità di coazione sulle persone e non viola il diritto del genitore di garantire ai propri figli un'educazione ed un orientamento conforme alle proprie convinzioni religiose e filosofiche*».

È agevole evidenziare le differenze argomentative riscontrabili fra le motivazioni del giudice amministrativo italiano (che fa leva sul significato che la religione cristiana – e dunque il crocifisso – avrebbe assunto nella storia italiana) e quelle della Corte EDU (che invece ha ribadito la valenza religiosa del simbolo, ma di cui ha escluso la capacità di "coazione" in quanto l'apposizione nelle aule scolastiche si risolve in una "situazione essenzialmente passiva" e dunque rimessa alla discrezionalità dello Stato).

L'art. 8, comma 1, Cost. è la norma costituzionale che riguarda tutte le confessioni religiose. Infatti, affermando che «*Tutte le confessioni religiose sono egualmente libere davanti alla legge*», tale disposizione pone un principio fondamentale dell'ordinamento costituzionale repubblicano. Per alcuni l'eguaglianza riconosciuta dalla Costituzione è «nella libertà», ma non nel trattamento giuridico, sicché le differenze fra le varie confessioni religiose (per numero di aderenti, per ragioni storiche, ecc.) potrebbero anche giustificare diversità di trattamento. A queste considerazioni si è replicato che l'eguaglianza di libertà religiosa finirebbe per essere intaccata da differenze di trattamento giuridico che di fatto rendono, per alcune confessioni, più oneroso il godimento della relativa libertà.

I commi 2 e 3 dell'art. 8 Cost. (secondo cui «*Le confessioni religiose diverse dalla cattolica hanno diritto di organizzarsi secondo i propri statuti, in quanto non contrastino con l'ordinamento giuridico italiano. I loro rapporti con lo Stato sono regolati per legge sulla base di intese con le relative rappresentanze*») disciplinano i rapporti fra lo Stato e le confessioni religiose c.d. «di minoranza». La previsione della necessaria «intesa» (fra lo Stato e la rappresentanza della confessione religiosa), che deve precedere la legge che disciplina i relativi rapporti, sembra creare un parallelismo con la disciplina (*ex* art. 7 Cost.) che concerne i rapporti dello Stato con la Chiesa cattolica. Secondo alcuni però tale «parallelismo» sarebbe solo apparente perché, mentre l'art. 7 Cost. espressamente riconosce alla Chiesa cattolica la qualifica di «ordinamento originario», le ulteriori confessioni religiose non avrebbero dalla Costituzione tale riconoscimento e dunque sarebbero ordinamenti subordinati allo Stato. Questa tesi non appare però in linea con il principio costituzionale della pluralità degli ordinamenti giuridici e, in merito all'interpretazione letterale degli artt. 7 e 8 Cost., può evidenziarsi che se è vero che l'art. 7 Cost. riconosce esplicitamente alla Chiesa cattolica la qualifica di «ordinamento originario», l'art. 8 Cost. non esclude affatto tale qualifica per le ulteriori confessioni religiose. Invece proprio il parallelismo fra l'art. 7 e l'art. 8 Cost. conduce a ritenere che la Costituzione (pur avendo voluto dedicare – per le note ragioni storiche e per l'incidenza della religione cattolica nel Paese – un intero articolo alla Chiesa cattolica) non abbia per questo inteso negare anche alle altre confessioni religiose il riconoscimento di ordinamento originario. E la conferma si trae proprio dalla previsione della necessaria «intesa» che deve intercorrere fra lo Stato e la confessione religiosa: l'intesa non è atto del solo ordinamento statuale né del solo ordinamento religioso, ma è un atto comune discendente dal reciproco riconoscimento e consenso su determinate questioni.

Lo Stato italiano ha stipulato intese con la Tavola valdese (legge n. 449 del 1984, modif. con legge n. 409 del 1993), con l'Unione delle Chiese cristiane Avventiste del 7° giorno (l. n. 516 del 1988, modif. con l. n. 637 del 1996 e l. n. 67 del 2009), con le Assemblee di Dio in Italia (legge n. 517 del 1988), con l'Unione Comunità ebraiche in Italia (legge n. 101 del 1989, modif. con legge n. 638 del 1996), con l'Unione Cristiana Evangelica Battista d'Italia (legge n. 116 del 1995, modif. con legge n. 34 del 2012), con la Chiesa Evangelica Luterana in Italia (legge n. 520 del 1995), con la Sacra Arcidiocesi ortodossa d'Italia ed Esarcato per l'Europa meridionale (legge n. 126 del 2012), con la Chiesa di Gesù Cristo dei Santi degli ultimi giorni (legge n. 127 del 2012), con la Chiesa Apostolica in Italia (legge n. 128 del 2012), con l'Unione Buddista Italiana (legge n. 245 del 2012), con l'Unione Induista Italiana (legge n. 246 del 2012), con l'Istituto Buddista Italiano Soka Gakkai (legge n. 130 del 2016). È stata firmata il 30 luglio 2019 un'intesa con l'Associazione "Chiesa d'Inghilterra", che però non è stata ancora approvata.

Con riguardo al *diritto delle confessioni religiose di apertura di trattative con lo Stato per la stipula di un'intesa*, si è espressa la Corte costituzionale (sent. n. 52 del 2016) la quale ha affermato che spetta al Governo valutare l'opportunità di avviare le trattative.

Oggetto del giudizio della Corte (in sede di conflitto fra poteri) era la decisione della Cassazione, Sezioni Unite, sent. 28 giugno 2013, n. 16305, chiamata a pronunciarsi sulla natura giuridica dell'atto con cui il governo aveva rigettato l'istanza avanzata dall'UAAR (Unione degli Atei e degli Agnostici Razionalisti) di apertura delle trattative per la stipula dell'intesa ai sensi dell'art. 8, comma 3, Cost. Il Governo (atto del 27 novembre 2003) aveva negato la natura confessionale dell'UAAR dovendo intendersi per confessione religiosa «*un fatto di fede rivolto al divino e vissuto in comune tra più persone*».

Il Tar Lazio (sent. 31 dicembre 2008) aveva dichiarato il difetto assoluto di giurisdizione in ragione della natura di atto politico di tale provvedimento (nel frattempo impugnato dall'UAAR), mentre (in sede di gravame) il Consiglio di Stato (sent. 11 novembre 2011, n. 6083) aveva annullato la sentenza di primo grado.

Contro tale decisione il governo ha fatto ricorso dinanzi alle Sezioni Unite della Cassazione sostenendo il difetto assoluto di giurisdizione e lamentando violazione e/o falsa applicazione dell'art. 31, r.d. n. 1054 del 1924 (ora art. 7, comma 1, d.lgs. n. 104 del 2010) secondo cui «*Non sono impugnabili gli atti o provvedimenti emanati dal Governo nell'esercizio del potere politico*». Secondo il governo, l'intesa non sarebbe un «*negozio*» valutabile «*sotto il profilo della conformità a preesistenti regole giuridiche*» e pertanto la confessione religiosa che miri ad un'intesa sarebbe portatrice di un'aspirazione di mero fatto, rifiutabile con atto estraneo alla funzione amministrativa, ma espressione della funzione di indirizzo politico riconosciuto al governo in materia religiosa. Le Sezioni unite riconoscono che «*Il nucleo della controversia è costituito dalla qualificazione come atto politico del provvedimento che nega l'inizio della trattativa, a cagione della non qualificabilità dell'associazione istante come confessione religiosa*». Riguardo alla nozione di atto politico, si ricorda che essa «*viene attualmente interpretata in senso molto restrittivo*» giacché (secondo l'orientamento seguito anche dalla Corte costituzionale) l'esistenza di aree sottratte al sindacato giurisdizionale, pur essendo innegabile, va confinata entro limiti rigorosi poiché «*gli spazi della discrezionalità politica trovano i loro confini nei principi di natura giuridica posti dall'ordinamento, tanto a livello costituzionale quanto a livello legislativo; e quando il legislatore predetermina canoni di legalità, ad essi la politica deve attenersi, in ossequio ai fondamentali principi dello Stato di diritto. Nella misura in cui l'ambito di estensione del potere discrezionale, anche quello amplissimo che connota un'azione di governo, è circoscritto da vincoli posti da norme giuridiche che ne segnano i confini o ne indirizzano l'esercizio, il rispetto di tali vincoli costituisce un requisito di legittimità e di validità dell'atto, sindacabile nelle sedi appropriate (Corte cost. 5 aprile 2012, n. 81)*».

A sua volta anche il Consiglio di Stato (nn. 4502 del 2011 e 2718 del 2011) ha distinto gli atti politici («*quale espressione della libertà – politica – riconosciuta dalla Costituzione ai supremi organi decisionali dello Stato per la soddisfazione di esigenze unitarie ed indivisibili ad esso inerenti e quindi liberi nella scelta dei fini*»), dagli atti di alta amministrazione che, quantunque espressione di ampia discrezionalità, sono comunque soggetti, ex art. 113 Cost., al sindacato giurisdizionale.

Ed anche la giurisprudenza delle stesse Sezioni unite (nn. 11263 del 2006, 1170 del 2000; 21581 del 2011) ha confinato in margini esigui l'area degli atti sottratti a controllo giurisdizionale. Per la Cassazione «*la materia religiosa … è tra quelle in cui più sensibile è la tensione … che induce a consentire l'accesso alla tutela giurisdizionale in funzione antidiscriminatoria*» e la Corte Edu «*riconosce ad ogni confessione un interesse giuridicamente qualificato per l'accesso agli status promozionali, anche su base pattizia; impone alle autorità nazionali di predisporre criteri di accesso non discriminatori e di adottare congrue motivazioni d'esercizio: ammette il sindacato giurisdizionale sulla ragionevolezza dei criteri predisposti e sull'idoneità delle motivazioni adottate, in funzione di tutela della posizione soggettiva incisa*» (CEDU, 31 luglio 2008, n. 40825/98; 6 novembre 2008, n, 58911/00). Il tema è dunque quello dei rimedi giuridici contro il diniego di intesa con le confessioni religiose. La provenienza dell'atto impugnato dal Governo non implica che esso sia da iscrivere tra gli atti politici insindacabili, poiché «*occorre indispensabilmente indagare il requisito oggettivo dell'atto politico, cioè, specularmente, la (non) sussistenza in capo al richiedente l'intesa di un interesse protetto giustiziabile*».

Secondo le Sezioni unite è corretta la soluzione prescelta dal Consiglio di Stato nella sent. n. 6083 del 2011, giacché il principio di laicità dello Stato (che costituisce «*uno dei profili della forma di Stato delineata nella Carta costituzionale*», Corte cost. n. 203 del 1989) implica che «*in un regime di pluralismo confessionale e culturale sia assicurata l'eguale libertà delle confessioni religiose. Al tempo stesso i rapporti tra Stato e confessione religiosa sono regolati secondo un principio pattizio, con la stipula delle intese. Anche se l'assenza di una intesa con lo Stato non impedisce di professare liberamente il credo religioso, è in funzione dell'attuazione della eguale libertà religiosa che la Costituzione prevede che normalmente laicità e plurali-*

smo siano realizzati e contemperati anche tramite il sistema delle intese stipulate con le rappresentanze delle confessioni religiose. Si devono garantire contemporaneamente, di regola tramite le intese: l'indipendenza delle confessioni nel loro ambito ... [ed] il loro diritto di essere ugualmente libere davanti alla legge; il diritto di diversificarsi l'una dall'altra; ma anche la garanzia per lo Stato ... che l'esercizio dei diritti di libertà religiosa non entri in collisione ... con le sfere in cui si manifesta l'esercizio dei diritti civili e del principio solidaristico cui ogni cittadino è tenuto». In questa ottica è basilare stabilire la qualificazione di «*confessione religiosa*». In assenza di una legislazione che definisca puntualmente i criteri legali che definiscono le «*confessioni religiose*» è necessario fare riferimento ai «*diversi criteri ... che nell'esperienza giuridica vengono utilizzati per distinguere le confessioni religiose da altre organizzazioni sociali*». Secondo la Cassazione il procedimento ex art. 8 Cost. «*è in funzione della difesa delle confessioni religiose dalla lesione discriminatoria che si potrebbe consumare con una immotivata e incontrollata selezione degli interlocutori confessionali*». Pertanto «*L'attitudine di un culto a stipulare le intese con lo Stato non può ... essere rimessa alla assoluta discrezionalità del potere dell'esecutivo, che è incompatibile con la garanzia di eguale libertà di cui all'art. 8, comma 1, Cost. Né lo Stato può trincerarsi dietro la difficoltà di elaborazione della definizione di religione. Se dalla nozione convenzionale di religione discendono conseguenze giuridiche, è inevitabile e doveroso che gli organi deputati se ne facciano carico, restando altrimenti affidato al loro arbitrio il riconoscimento di diritti e facoltà connesse alla qualificazione*».

La Corte (sent. n. 52 del 2016, ma su tale pronuncia v. *infra*, cap. XIII, par. 8) ha infine escluso la sussistenza in capo ad una associazione religiosa del diritto all'avvio delle trattative ex art. 8 Cost.

Nota bibliografica

B. Accarino, *Rappresentanza*, Bologna, 1986; U. Allegretti, *Profilo di storia costituzionale italiana*, Bologna, 1989; G. Amato, *Forme di Stato e forme di governo*, in G. Amato-A. Barbera, *Manuale di diritto pubblico*, Bologna, 1994, 37 ss.; A. Baldassarre, *Il costituzionalismo e lo stato costituzionale*, Modena, 2020; G. Bognetti, *Teorie della costituzione e diritti giurisprudenziali. Note per una trattazione metodologicamente adeguata della problematica*, in *Annuario 2002. Diritto costituzionale e diritto giurisprudenziale, Atti del Convegno Annuale della Associazione italiana dei costituzionalisti, Milano 11-12 ottobre 2002*, Padova, 2004; G. Capograssi, *Saggio sullo Stato*, Torino, 1918, ora in *Opere*, vol. I, Milano, 1959, 1 ss.; A. Cassese, *Art. 10*, in *Comm. Cost.*, a cura di G. Branca, Bologna-Roma, 1975; E. Cheli, *Lo Stato costituzionale: radici e prospettive*, Napoli, 2006; A. Di Martino, *Il territorio: dallo Stato-nazione alla globalizzazione. Sfide e prospettive dello Stato costituzionale aperto*, Milano, 2010; L. Elia, *Governo (forme di)*, in *Enc. dir.*, vol. XIX, Milano, 1970; H. Felikel Pitkin, *The concept of Representation*, Berkeley, 1967; F. Finocchiaro, *Artt. 7 e 8*, in *Comm. Cost.*, a cura di G. Branca, Bologna-Roma, 1975; M. Galizia, *La teoria della sovranità dal Medio Evo alla Rivoluzione francese*, Milano, 1952; P. Grossi, *L'Europa del diritto*, Roma-Bari, 2008; H. Heller, *Dottrina dello Stato* (1934), Napoli, 1988; F.A. Hermens, *La democrazia rappresentativa*, Firenze, 1968; H. Hofmann, *Rappresentanza – Rappresentazione* (2003), Milano, 2007; A.C. Jemolo, *Stato e Chiesa negli ultimi cento anni*, Torino, 1948; H. Kelsen, *Dottrina pura del diritto* (1934), Torino, 1954; A. La Pergola, *Costituzione e adattamento del diritto interno al diritto internazionale*, Milano, 1961; C. Lavagna, *Istituzioni di diritto pubblico*, Torino, 1985; J.A. Maravall, *Stato moderno e mentalità sociale*, Bologna, 1991; F. Marinelli, *Scienza e storia del diritto civile*, Bari-Roma, 2009; T. Martines, *Governo parlamentare e ordinamento democratico*, Milano, 1967; N. Matteucci, *Organizzazione del potere e libertà. Storia del costituzionalismo moderno*, Torino, 1976; O. Mayr, *La bilancia e l'orologio*, Bologna, 1988; C. Mortati, *Forme di governo*, Padova,

1973; Id., *La costituzione in senso materiale* (1939), Milano, 1998, ristampa inalterata con *Prefazione* di G. Zagrebelsky; D. Nocilla-L. Ciaurro, *Rappresentanza politica*, in *Enc. dir.*, vol. XXXVIII, Milano, 1987; L. Paladin, *Diritto costituzionale*, Padova, 1991; G. Poggi, *Le vicende dello Stato moderno*, Bologna, 1978; D. Quaglioni, *La sovranità*, Bari-Roma, 2004; P. Ridola, *Democrazia pluralistica e libertà associative*, Milano, 1987; Id., *Diritti di libertà e costituzionalismo*, Torino, 1997; Id., *Diritto comparato e diritto costituzionale europeo*, Torino, 2010; Id., *Il principio libertà nello Stato costituzionale*, Torino, 2018; Id., *Esperienza Costituzioni Storia. Pagine di storia costituzionale*, Napoli, 2019; F. Rimoli, *Pluralismo e valori costituzionali*, Torino, 1999; Id., *Democrazia Pluralismo Laicità*, Napoli, 2013; S. Rossi, *La rappresentanza nello Stato costituzionale*, Torino, 2002; C. Schmitt, *Dottrina della costituzione*, Milano, 1984; R. Smend, *Costituzione e diritto costituzionale* (1928), Milano, 1988; E. Voegelin, *La nuova scienza politica* (1952), Torino, 1968; G. Zagrebelsky, *Storia e costituzione*, in *Il futuro della costituzione*, a cura di G. Zagrebelsky, P.P. Portinaro, J. Luther, Torino, 1996; Id., *Relazione*, in *Annuario 2002. Diritto costituzionale e diritto giurisprudenziale, Atti del Convegno Annuale della Associazione italiana dei costituzionalisti, Milano 11-12 ottobre 2002*, Padova, 2004, 80 ss.; N. Zanon, *Il libero mandato parlamentare*, Milano, 1991.

Capitolo Terzo

L'ORDINAMENTO GIURIDICO ITALIANO. LINEAMENTI DI STORIA COSTITUZIONALE ED I CARATTERI FONDAMENTALI DELLA COSTITUZIONE REPUBBLICANA

1. L'epoca statutaria

Il Regno d'Italia è proclamato con la legge 17 marzo 1861, n. 4761. La fonte principale dell'ordinamento del neonato Stato italiano (che, facendo proprio l'intero ordinamento del preesistente Stato sardo-piemontese, in realtà ne costituisce la prosecuzione) viene ad essere lo *Statuto* (redatto e pubblicato in lingua italiana e francese) concesso da Carlo Alberto il 4 marzo 1848 quale «legge fondamentale, perpetua ed irrevocabile della Monarchia».

Lo ***Statuto albertino*** si presenta formalmente come una costituzione ottriata, cioè concessa dal monarca, ma in realtà si pone al termine di un processo politico (sviluppatosi all'interno del Regno di Sardegna) quale risultato compromissorio fra monarchia (e forze conservatrici) e correnti innovatrici della borghesia. Ed infatti lo Statuto si ricollega alle carte costituzionali proprie del costituzionalismo francese della restaurazione (la costituzione spagnola del 1812, quella francese del 1830 e quella belga del 1831). Lo Statuto è inoltre una costituzione «flessibile» in quanto non sono previste procedure aggravate (rispetto al normale procedimento legislativo) per la modifica dello stesso, né è prevista alcuna forma di controllo del rispetto delle norme statutarie da parte della legge.

Nello Statuto al principio monarchico (secondo cui le funzioni di Capo dello Stato sono assegnate in base ad un principio di successione dinastica maschile nell'ambito della Casa Savoia) si affiancava il principio democratico-rappresentativo che trovava attuazione nella previsione di una Camera dei deputati elettiva.

Dal punto di vista della struttura costituzionale dello Stato, lo Statuto accoglie il principio della divisione dei poteri: il potere legislativo è assegnato al

Parlamento (composto, oltre che dalla Camera dei deputati, dal Senato costituito dai Prìncipi reali e da membri di nomina regia) e al Re (titolare del potere di sanzione della legge); il potere esecutivo spetta al monarca il quale nomina i ministri che insieme formano il «Gabinetto» (o Governo del Re); il potere giudiziario è affidato ai tribunali ordinari che, pur agenti in nome del Re, sono formalmente indipendenti dagli altri poteri. Dal punto di vista della forma di governo, lo Statuto non prevedeva la fiducia parlamentare per il governo (di nomina regia), ma fin dalle prime applicazioni dello Statuto si ritenne necessaria la fiducia parlamentare in ragione di due principi statutari: il principio della irresponsabilità regia ed il principio della responsabilità dei ministri verso il Parlamento. E così viene progressivamente ad acquistare uno specifico ruolo il Presidente del Consiglio dei ministri (dotato di proprie funzioni nell'ambito dell'esecutivo).

Nel periodo intercorrente fra la proclamazione del Regno d'Italia e l'avvento del fascismo, lo Stato italiano, se si presenta con i caratteri propri di uno Stato liberale ottocentesco con una forma di governo di tipo parlamentare, è al tempo stesso attraversato da un continuo travaglio discendente dalla persistenza di elementi autoritari che più volte hanno mortificato le istanze democratiche e liberali. In quest'ultimo senso operavano i rilevanti poteri a disposizione del monarca (le c.d. *prerogative regie*: dal potere di designazione dei titolari dei dicasteri militari e di quello degli affari esteri al potere di adozione di atti di direzione della politica nazionale in momenti di rilevante crisi politica), nonché la frequente prassi di svolgimento delle attività di governo per vari mesi in assenza di convocazione delle Camere così impossibilitate a svolgere la propria funzione di controllo politico.

Il Parlamento inoltre faticava a svolgere il proprio ruolo in ragione dell'affermarsi del fenomeno del «trasformismo», in base al quale i singoli parlamentari, anziché restare fedeli al proprio schieramento politico, passavano da uno schieramento all'altro determinando la nascita di maggioranze mutevoli e con la prassi del governo di «andarsi a cercare», volta per volta, una maggioranza in Parlamento, impedendo così l'affermazione di una dinamica corretta della forma di governo parlamentare secondo la quale il governo dovrebbe essere espressione di una predefinita maggioranza parlamentare.

Il progressivo allargamento dell'elettorato attivo (ancora nel 1900 godeva del diritto di voto solo il 6,9% dei cittadini residenti nel Regno; tale percentuale sale al 7,5% nelle elezioni del 1904 e al 23,2% nelle elezioni del 1912 disciplinate dalla legge 30 giugno 1912, n. 665, che riconosce l'elettorato attivo a tutti i cittadini di maggiore età di sesso maschile) consente l'ingresso in Parlamento di nuove classi sociali, rappresentate da partiti politici di massa ideologicamente orientati (partito socialista, partito popolare), con la progressiva riduzione del predominio dei vecchi notabili e della vecchia classe politica. Le vicende legate alla prima guerra mondiale accelerano questo fenomeno sicché le elezioni del 1919 fanno registrare il crollo dei liberali e l'affermazione di un quadro politico in cui le forze presenti in Parlamento si rivelano incapaci di far fronte alla crisi economico-sociale successiva alla guerra ed alla connessa crisi istituzionale (fra il 1919 ed il 1922 si succedono ben cinque governi). Questa situazione conduce all'avvento del fascismo.

2. Il regime fascista

Il passaggio dallo Stato liberale al regime fascista avviene in tappe successive. In una prima fase (c.d. *fase pseudo-parlamentare*, 1922-1924) le istituzioni liberali vengono progressivamente limitate, ma non del tutto soppresse. E così i governi in carica ottengono sempre la fiducia dalle Camere, anche se in questa epoca si registrano atti normativi di tipo autoritario: dal r.d. 14 gennaio 1923, n. 31 (che trasforma le squadre di azione del partito fascista – che già da anni avevano fatto scendere la lotta politica all'interno di un pesante clima di intimidazione – in «Milizia nazionale per la sicurezza nazionale») al d.l. n. 3288 (fortemente restrittivo della libertà di stampa), alla legge 18 novembre 1923, n. 2444, che introduce una riforma elettorale in senso maggioritario a vantaggio proprio del partito fascista.

A partire dal 1925 si registra una definitiva svolta in senso autoritario: la legge 24 dicembre 1925, n. 2263, assegna al «Capo del governo» una supremazia gerarchica nei confronti degli altri ministri (nominati e revocati dal monarca su proposta del Capo del governo), elimina il voto di sfiducia (prevedendo la responsabilità del governo solo nei confronti del Re) e conferisce al Capo del governo il potere di fissare l'ordine del giorno (e dunque l'attività) delle Camere; la legge 31 gennaio 1926, n. 100, assegna al governo un'ampia potestà normativa a tutto discapito del Parlamento; la legge 17 maggio 1928, n. 1019, disciplina l'elezione della Camera dei deputati (che con la legge 19 gennaio 1939, n. 129, sarà trasformata in Camera dei Fasci e delle Corporazioni, con componenti non più elettivi bensì designati dal governo o da altre istituzioni) mediante lista nazionale unica approvata dal Gran Consiglio del Fascismo che, con legge 3 dicembre 1928, n. 2693, assume la veste di «organo costituzionale dello Stato».

L'evoluzione del regime fascista, con la connessa trasformazione dello Stato in senso autoritario, avviene inoltre mediante numerose altre leggi limitative di ogni forma di libertà. È così introdotto un ordinamento corporativo (a partire dalla legge 3 aprile 1926, n. 523) che, negando la libertà di associazione sindacale e vietando penalmente lo sciopero, raggruppa lavoratori ed imprenditori in «corporazioni» aventi il compito di individuare soluzioni «conciliative» dei conflitti collettivi di lavoro.

Caratteri essenziali del regime fascista erano dunque l'autoritarismo (giacché i poteri di indirizzo politico erano concentrati nelle mani del "Capo del Governo", duce del fascismo), il totalitarismo (giacché il partito unico, mediante le sue ramificazioni, mira a disciplinare l'intera vita dei cittadini), il corporativismo (meccanismo di integrazione forzata del proletariato) e la negazione di ogni libertà di dissenso (cui consegue la legittimazione dell'uso della violenza, fisica e verbale, nei confronti di qualunque forma di opposizione o anche solo di critica). Strumento fondamentale del regime fascista è la propaganda capillare che – in assenza di libere forme di critica e di manifestazione del pensiero – orienta e condiziona la collettività.

3. Il «periodo transitorio»

Nella notte tra il 24 e il 25 luglio 1943 il Gran consiglio del fascismo (organo costituzionale del Regno, composto dai vertici del regime fascista quale «*organo supremo che coordina ed integra tutte le attività del regime*» – legge n. 2693 del 1928 – e che non si riuniva dal 7 dicembre 1939, quando era stata approvata la «*non belligeranza*» dell'Italia) vota una mozione (c.d. «*ordine del giorno Grandi*») che costringe Mussolini alle dimissioni da Capo del Governo. Tale ordine del giorno (approvato con 18 sì, 7 no, un astenuto ed un voto per un altro ordine del giorno), che mise in minoranza Mussolini, richiamando il Risorgimento e lo Statuto albertino, invitava il Re ad assumere «*l'effettivo comando delle Forze Armate*». Il Re (che subito dopo ordina l'arresto di Mussolini) nomina Capo del Governo il Maresciallo Badoglio. Nei giorni successivi, mediante vari decreti legge, vengono abolite le istituzioni fasciste (la Camera dei Fasci e delle Corporazioni, il Gran Consiglio del Fascismo, il Partito Nazionale Fascista, il Tribunale speciale per la difesa dello Stato). Si apre così il c.d. «**periodo transitorio**» (o «ordinamento provvisorio») che copre il periodo che intercorre dal 25 luglio 1943 alla data di entrata in vigore della Costituzione Repubblicana (1° gennaio 1948), che segna appunto l'inizio dell'epoca repubblicana.

Il **periodo transitorio** viene suddiviso in varie fasi:

1. *dalla caduta del fascismo all'armistizio dell'8 settembre 1943* (primo governo Badoglio): in questo arco temporale si fuoriesce dal regime fascista e si instaura una contingente *dittatura monarchico-militare* (Lavagna);

2. *dall'armistizio alla luogotenenza* (*periodo della c.d. crisi istituzionale*, dal settembre 1943 all'aprile 1944): con la proclamazione (avvenuta l'8 settembre 1943) dell'armistizio con le forze anglo-americane, il Re ed il governo (nel frattempo trasferitisi in Puglia) danno vita al «*Governo del Sud*», mentre il Centro Nord è sotto il controllo delle truppe tedesche contro le quali si sviluppa la guerra partigiana (la "*Resistenza*") organizzata dai Comitati di Liberazione Nazionale (CLN). Nella parte d'Italia soggetta all'occupazione tedesca viene proclamata la "*Repubblica sociale italiana*", con a capo Mussolini (nel frattempo liberato dai tedeschi), ma in realtà succube della volontà nazista. In seguito il d.lgs.lgt. 5 ottobre 1944, n. 249, pur considerando illegittimo il governo della Repubblica Sociale, riconosce la validità o possibilità di convalida di alcune categorie di atti (specialmente amministrativi o giurisdizionali) della Repubblica Sociale in quanto emessi da un «governo di fatto». Il Governo del Sud, con sede prima a Brindisi e poi a Salerno, composto da pochissimi ministri non vede la partecipazione di partiti politici antifascisti (presenti nel CLN) che si rifiutano di collaborare con la monarchia, di cui chiedevano l'abolizione in ragione del coinvolgimento della stessa nel regime fascista;

3. *dalla luogotenenza ai comizi elettorali* (*periodo della c.d. tregua istituzionale*): con il cosiddetto «*Patto di Salerno*», nell'aprile del 1944 i partiti politici del CLN accettano di partecipare al governo ed il Re si impegna a trasferire le attribuzioni regie al figlio Umberto con il conferimento a quest'ultimo della qualifica di «Luogotenente del Regno» (il che avverrà con il r.d. 5 giugno 1944, n. 140). Il 22 aprile 1944 viene così formato il terzo governo Badoglio (che rimane in carica fino al 18 giugno 1944, quando è nominato il governo diretto da Ivanoe Bo-

nomi, cui succede nel giugno 1945 Ferruccio Parri e nel successivo mese di dicembre Alcide De Gasperi) con la partecipazione dei leader dei sei partiti del CLN (partito comunista, socialista, democristiano, d'azione, democratico del lavoro e liberale). Con il patto di Salerno i partiti del CLN e la Corona convengono di sospendere la «questione istituzionale» (monarchia o repubblica) la cui soluzione viene rimessa alla decisione del corpo elettorale che sarà chiamato a pronunciarsi una volta cessate le ostilità belliche;

4. *periodo della Costituzione provvisoria repubblicana* (periodo della costituente: dal 2 giugno 1946 alla fine del 1947): l'art. 1 del d.l. 25 giugno 1944, n. 15, stabiliva che «Dopo la liberazione del territorio nazionale, le forme istituzionali saranno scelte dal popolo italiano che a tal fine eleggerà a suffragio universale, diretto e segreto un'Assemblea Costituente, per deliberare la nuova Costituzione dello Stato». Questa disposizione venne in parte modificata dal d.lgs. 16 marzo 1946, n. 98, che rimetteva a specifico referendum, da svolgersi unitamente all'elezione dei deputati della Costituente, il compito della scelta sulla questione istituzionale. Con d.lgs.lgt. 16 marzo 1946, n. 99, i comizi elettorali vengono convocati il 2 giugno 1946 e, per la prima volta in Italia, si vota con suffragio universale maschile e femminile, con sistema elettorale proporzionale. Nel referendum istituzionale la Repubblica (con 12.717.923 voti) prevale sulla Monarchia (che ebbe 10.719.284 voti) e, con la proclamazione dei risultati (avvenuta il 18 giugno 1946), inizia l'ordinamento provvisorio repubblicano. Il Re abbandona il territorio italiano e le funzioni di Capo dello Stato vengono temporaneamente assunte dal Presidente del Consiglio (De Gasperi). Il 28 giugno 1946 De Nicola è eletto dall'Assemblea Costituente Capo Provvisorio dello Stato. Il 13 luglio 1946 è nominato il secondo governo De Gasperi, cui continuano a prendere parte tutte le forze politiche presenti nel CLN. Con il quarto governo De Gasperi (che prende l'avvio il 31 maggio 1947) comunisti e socialisti escono dall'esecutivo. L'Assemblea Costituente, composta di 556 membri elettivi, ha provveduto in maniera del tutto autonoma alla elaborazione e approvazione della Carta costituzionale avvenuta il 22 dicembre 1947 (con 453 voti favorevoli e 62 contrari su 515 presenti). La Costituzione è stata promulgata dal Capo dello Stato il 27 dicembre 1947 ed è entrata in vigore il 1° gennaio 1948.

4. I lavori dell'Assemblea Costituente e i caratteri fondamentali della Costituzione repubblicana

L'analisi della composizione dell'Assemblea costituente evidenzia l'elevato livello culturale degli eletti, di cui alcuni con specifica preparazione scientifica sul campo del diritto e del diritto costituzionale. Le influenze culturali presenti in Assemblea Costituente appartenevano alle punte più colte e progredite della borghesia antifascista.

L'Assemblea Costituente si pose subito il problema di come affrontare le difficoltà tecniche di preparazione del testo. Bisognava superare la macchinosità di una elaborazione affidata ad un elevato numero di deputati, ma al tempo stesso garantire la presenza, nel processo costituente, della totalità delle varie forze politiche. L'Assemblea Costituente, posta davanti a questo problema, ha operato con spirito pragmatico nel senso del progressivo ricorso, nella elaborazione della Carta, ad un sistema di delega politica. Infatti l'Assemblea decise di affidare ad un proprio organo, interno e ristretto, denominato *"Commissione per la Costituzione"*, formata da 75 deputati (e per questo chiamata anche *"Commissione dei 75"*), il compito di elaborare un "Progetto di Costituzione". Ma l'Assemblea, nell'affidare questo compito, non definiva minimamente i principi o i criteri di fondo cui dovesse attenersi la Commissione nella redazione del progetto. Quindi un'ampia delega politica che mette in risalto il ruolo della Commissione medesima e dei deputati chiamati a farne parte.

Riguardo alle ragioni che portarono l'Assemblea Costituente (o comunque i *leaders* dei maggiori partiti) verso la scelta della Commissione dei 75, va evidenziata l'esigenza di non impegnare da subito l'Assemblea medesima in un dibattito sulle linee fondamentali della futura Costituzione, dibattito che avrebbe finito per occupare molto tempo e per far cristallizzare le posizioni di contrasto anziché favorire un percorso di avvicinamento fra le diverse forze politiche. Inoltre va ricordato che i vari partiti politici si erano presentati all'appuntamento del 2 giugno 1946 con posizioni abbastanza fluide. La campagna elettorale e il dibattito referendario si erano infatti concentrati, quasi esclusivamente, sullo scontro istituzionale (Monarchia o Repubblica), mentre gli ulteriori temi (della forma di governo, dell'organizzazione dello Stato, ecc.), erano rimasti in secondo piano.

Solo il Partito di Azione si era presentato con un organico programma di riforma costituzionale, imperniato sulla forma di governo presidenziale (con il potere del presidente di nominare e revocare i ministri), con una rigida separazione dei poteri (fra cui il divieto di delega di potere legislativo all'esecutivo), con la previsione di uno sviluppato sistema di autonomie territoriali e di una Corte costituzionale. Paolo Petta ha sottolineato che «*alle spalle di questo programma, c'è molta cultura giuridica … e c'è anche una sostanziale, dottrinaria svalutazione della realtà italiana*». Queste considerazioni di Petta sono importanti perché segnano i due poli dialettici che riemergono – sotto varie forme – in tutti i dibattiti dell'Assemblea Costituente e che vedono da un lato i sostenitori di formule e disposizioni contenenti scelte nette, coerenti da un punto di vista logico-giuridico e, dall'altro, lato, i sostenitori di formule di compromesso, definite «ambigue» dai detrattori, ma giustificate – da chi le propone – dalle condizioni proprie della realtà italiana e viste come «programmi» per la crescita futura del Paese.

La scelta di dar vita ad una Commissione (quella dei 75), cui veniva affidato il compito di elaborare il Progetto di Costituzione, rispondeva dunque alla decisione dei maggiori partiti di trasferire in seno alla ristretta sede della Commissione il dibattito e la soluzione delle singole questioni. Indicativo a tal proposito è il fatto che la nomina dei membri della Commissione avvenne ad opera del Presidente su designazione dei gruppi e non per votazione della stessa Assemblea. La nomina della Commissione dei 75 e l'affidamento alla stessa del compito di redigere il progetto di Costituzione hanno comportato una esautorazione dell'Assemblea che dal giugno 1946 al marzo 1947 ha sostanzialmente atteso gli esiti dei lavori della Commissione. Questa, a sua volta, fin dalla prima riunione, affrontando il problema dell'ordine dei lavori, ha anch'essa rinunciato ad una discussione generale sul testo ed ha invece optato per la formazione di *tre sottocommissioni* (anche qui senza fornire criteri-guida) rispettivamente competenti:

– (la prima) sui diritti e doveri dei cittadini;
– (la seconda) sull'organizzazione dello Stato;
– (la terza) sui rapporti economici.

Continua così quella «delega progressiva» a commissioni sempre più ristrette di cui rimane volutamente indefinita la natura tecnica o politica. Pertanto anche l'inevitabile sovrapposizione di argomenti che si determina fra la prima e la terza sottocommissione viene affrontata e risolta pragmaticamente (cioè si lascia lavorare le sottocommissioni, cercando le soluzioni man mano che i relativi problemi si pongono).

Il *Comitato di Redazione* (o *Comitato dei 18*), composto dai membri dell'Ufficio di Presidenza e da 11 delegati della Commissione, scelti in ragione proporzionale alla consistenza numerica dei gruppi, aveva un completo mandato politico, quello di stilare il progetto di Costituzione, riprendendo il lavoro delle sottocommissioni ed esautorando la Commissione per la Costituzione (quella dei 75) chiamata ad esaminare solo le parti in cui il Comitato non avesse trovato l'accordo. Il Comitato di Redazione viene così a svolgere:

– un ruolo iniziale nell'allestimento del Progetto di Costituzione;
– un ruolo *in itinere* in Assemblea, quale rappresentanza della Commissione dei 75;
– il ruolo di ulteriore sede di elaborazione e valutazione delle modifiche al Progetto.

Illuminante è l'itinerario che ha portato all'approvazione dell'art. 2 Cost. che riveste un valore decisivo per l'interpretazione dell'intero testo costituzionale e per la corretta attuazione del nostro sistema democratico (Ridola). L'originaria contrapposizione tra la parte cattolica e la sinistra si risolse (grazie alla mediazione svolta da Togliatti e Dossetti) nell'approvazione dell'ordine del giorno, presentato da Dossetti, in cui si legge che «la Sottocommissione, esaminate le possibili impostazioni sistematiche di una dichiarazione dei diritti dell'uomo; esclusa quella che si ispira ad una visione soltanto individualistica; esclusa quella che si ispira ad una visione totalitaria, la quale faccia risalire allo Stato l'attribuzione dei diritti dei singoli e delle comunità fondamentali; ritiene che la sola impostazione veramente conforme alle esigenze storiche, cui il nuovo statuto dell'Italia democratica deve soddisfare, è quella che: **a)** riconosce la precedenza sostanziale della persona umana (intesa nella completezza dei suoi valori e dei suoi bisogni non solo materiali, ma anche spirituali) rispetto allo Stato e la destinazione di questo a servizio di quella; **b)** riconosce ad un tempo la necessaria socialità di tutte le persone, le quali sono destinate a completarsi e perfezionarsi a vicenda mediante una reciproca solidarietà economica e spirituale: anzitutto in varie comunità intermedie disposte secondo una naturale gradualità (comunità familiari, territoriali, professionali, religiose, ecc.) e quindi, per tutto ciò in cui quelle comunità non bastino, nello Stato; **c)** che perciò affermi l'esistenza sia dei diritti fondamentali delle persone, sia dei diritti delle comunità anteriormente ad ogni concessione da parte dello Stato».

Nella seduta del 19 marzo 1947, in Assemblea Costituente, durante la discussione generale del progetto di Costituzione, Aldo Moro, parlando dei primi 3 articoli della Costituzione, afferma che tali articoli concorrono da punti di vista diversi a «*caratterizzare il volto storico dello Stato italiano*» e ne individua il contenuto fondamentale nella nozione di «*democrazia in senso politico, in senso sociale ed in un senso che potremmo chiamare largamente umano*». Tali principi costituiscono «la chiave di volta della nostra Costituzione, il criterio fondamentale di interpretazione di essa».

L'intero dibattito svoltosi in Assemblea costituente si caratterizza per l'elevato livello culturale, che si rispecchia nel testo della Carta repubblicana. Ma, soprattutto, lo «*spirito costituente*» fu rappresentato dallo sforzo di ciascuna forza politica e sociale di aprirsi al dialogo con le altre forze politiche e sociali.

Questa «*apertura al dialogo*» veniva definita negativamente da parte dei detrattori del progetto, mentre era utilizzata secondo un'accezione positiva dalla parte opposta. A questo proposito merita di essere ricordato l'intervento di Togliatti nella seduta dell'11 marzo 1947: «*Che cos'è un compromesso? Gli onorevoli colleghi che si sono serviti di questa espressione, probabilmente l'hanno fatto dando ad essa un senso deteriore. Questa parola non ha però in sé un senso deteriore, Ma se voi attribuite ad essa questo senso, ebbene scartiamola pure. In realtà, noi non abbiamo cercato un compromesso con mezzi deteriori … Meglio sarebbe dire che abbiamo cercato di arrivare ad una unità, cioè di individuare quale poteva essere il terreno comune sul quale potevano confluire correnti ideologiche e politiche diverse, ma un terreno comune che fosse abbastanza solido perché si potesse costruire sopra di esso una costituzione, cioè un regime nuovo, uno Stato nuovo e abbastanza ampio per andare al di là anche di quelli che possono essere gli accordi politici contingenti dei singoli partiti che costituiscono, o possono costituire, una maggioranza parlamentare*». E, in merito alla «*confluenza*» fra solidarismo cristiano e solidarismo marxista: «*se questa confluenza di due diverse concezioni su un terreno ad esse comune volete qualificarla come "compromesso" fatelo pure. Per me si tratta, invece, di qualcosa di molto più nobile ed elevato, della ricerca di quella unità che è necessaria per poter fare la costituzione non dell'uno o dell'altro partito, non dell'una o dell'altra ideologia, ma la costituzione di tutti i lavoratori italiani, di tutta la Nazione*». E Ruini, nella seduta del 12 marzo 1947 aggiunge: «*compromesso vuol dire nel suo etimo che parecchi fanno promesse insieme, assumono un impegno, stipulano un patto; e non c'è nulla di male, ed è necessità elementare di vita. Vi è bensì un senso deteriore … ed è il baratto, il mercato, la combinazione oscura di interessi, non di idee*».

La Costituzione nasce sulla base di una larga intesa fra le maggiori forze politiche presenti in Assemblea costituente, intesa discendente dal forte e generalizzato sentimento di difesa dell'unità nazionale. E a tale elemento bisogna aggiungere l'esplicito carattere antifascista della Costituzione. E per questa ragione la proposta dell'on. Lucifero, che, in nome della riconciliazione nazionale, chiedeva che la costituzione fosse definita «afascista», viene nettamente rigettata: la costituzione deve essere «antifascista».

Secondo Cheli l'intesa costituzionale è formalmente «tripartita» (ideologia cattolica, marxista-socialista e liberale), ma sostanzialmente bilaterale, giacché di fatto interviene tra area marxista e area cattolica. Nella confluenza di posizioni che orienta il processo costituente è completamente assente la destra e marginale è anche il ruolo giocato dalle forze ad orientamento liberaldemocratico il cui apporto all'elaborazione del testo costituzionale avviene quasi esclusivamente attraverso contributi di natura personale (Ruini, Einaudi, Calamandrei). Importante è il peso «oggettivo» dell'ideologia liberale nella determinazione dei contenuti normativi espressi dalla Carta in ragione della forte influenza della tradizione risorgimentale (cui i costituenti costantemente si appellano) e del fatto che molti istituti del pensiero liberale (ad es. in tema di diritti civili o di autonomie) vengono obiettivamente a situarsi come punti di mediazione tra pensiero marxista e pensiero cattolico.

Il «*compromesso costituzionale*» si fonda su un'ampia apertura al dialogo delle maggiori forze politiche, le quali convengono che tale «dialogo» si fonda sui valori condivisi dell'antifascismo e di difesa dell'unità nazionale. In tale quadro la definizione di «compromesso» ben si adatta alla Carta Repubblicana perché tale espressione ha una pluralità di significati:

– quale «consenso immediato» su determinati valori e/o principi;

– quale «programma comune» che viene elaborato o che deve essere ulteriormente elaborato in comune, con l'impegno reciproco ad isolare e neutralizzare le aree – anche interne – di dissenso;

– quale insieme di «reciproche garanzie» volte a consentire future possibilità di incontro pur all'interno di una dialettica che naturalmente andrà a durare oltre la fase costituente.

Il compromesso costituzionale è dunque, insieme, unanimità di veduta, programma comune e quadro di reciproche garanzie (Cerri).

La Costituzione italiana del 1948 si colloca all'interno del costituzionalismo del secondo dopoguerra, espressione di quella cultura democratica europea che, dopo l'esperienza autoritaria e totalitaria del nazifascismo, riafferma la validità dei principi democratici con la consapevolezza della necessità di «proteggere» il sistema democratico. Di qui la previsione di un'articolata serie di «garanzie costituzionali» e la considerazione che la democrazia non si esaurisce nel diritto di voto, riconosciuto a tutti, ma richiede anche una eguaglianza di *chances* ed una «pari dignità sociale» di tutti i cittadini.

La Costituzione è strutturata in due Parti (la Prima intitolata «Diritti e doveri dei cittadini» e la seconda «Ordinamento della Repubblica»), anticipate dal titolo relativo ai «Principi fondamentali» contenente i primi dodici articoli del testo costituzionale (e preferito all'idea di un «Preambolo» proprio nell'intento di eliminare ogni dubbio sull'efficacia e vincolatività di tali principi).

La Parte prima si suddivide in quattro titoli (relativi rispettivamente ai «Rapporti civili», ai «Rapporti etico-sociali», ai «Rapporti economici» e ai «Rapporti politici»); la seconda Parte comprende sei titoli (relativi al Parlamento, al Presidente della Repubblica, al Governo, alla Magistratura, all'ordinamento regionale e delle autonomie locali, e alle garanzie costituzionali). Infine vi sono le disposizioni transitorie e finali.

Questa impostazione della Carta costituzionale fu proposta, in una riunione del Comitato di Redazione, da Aldo Moro che auspicava una Costituzione avente il profilo di una «piramide rovesciata» secondo il «criterio della socialità progressiva». In base a tale criterio la Costituzione (nella prima parte) disciplina gli aspetti fondamentali della vita del cittadino inteso:

– nella sua individualità pur nel quadro della società di cui fa parte (Titolo I);

– nei rapporti basilari con la comunità (Titolo II);

– nella sfera più ampia del mondo economico (Titolo III) e del mondo politico (Titolo IV).

Nella Seconda Parte, la Costituzione disciplina l'organizzazione statale della società, muovendo proprio dal Parlamento quale diretta espressione della sovranità popolare.

Un'impostazione dunque fondata sulla difesa della persona e del pluralismo sociale.

I *principi fondamentali* della Costituzione godono di una «efficacia potenziata», di «superlegalità costituzionale», in quanto sono a base di tutte le altre norme della Costituzione e dispongono di una «diretta ed immediata efficacia normativa» nei confronti sia del legislatore che di ogni altro soggetto dell'ordinamento (Mortati). L'attributo «fondamentali» esprime la funzione, assegnata a tali principi, di porre le linee direttive del disegno costituzionale come svolto nelle successive parti della Costituzione. Pertanto i principi fondamentali costituiscono anche criteri generali di interpretazione del testo costituzionale e segnano i limiti invalicabili di ogni mutamento costituzionale.

E così l'art. 1 Cost. (*"L'Italia è una Repubblica democratica fondata sul lavoro"*) esplicita, «*in una sintesi generalissima*», i «*caratteri coessenziali*» della forma di Stato, caratteri che sono in «*inscindibile correlazione*» e legati da uno stretto nesso di interdipendenza e tutti non sottoponibili a revisione. L'art. 1 Cost., quale depositario dello «*spirito informatore*» di tutte le disposizioni della Costituzione, è anche criterio ermeneutico per l'interpretazione di ogni disposizione costituzionale e si pone come logico fondamento dell'ordine democratico. Tale disposizione esprime «*l'idea-forza*» che è alla base dell'intera Costituzione e dalla quale vanno ricavati gli elementi essenziali sia della forma di Stato che della forma di governo. Il **principio democratico** (sancito dall'art. 1 Cost.) mira a realizzare «un regime di identità fra governanti e governati» o comunque una «emersione dell'autorità dalla libertà».

Per Mortati il principio democratico trova fondamento e giustificazione nell'etica cristiana che, mentre attribuisce valore assoluto alla persona umana e così riconosce ad ognuno una pari dignità, impone al singolo di considerare gli altri simili a sé, ed a tutti di prodigarsi in una reciproca, operosa gara di affratellamento. La concezione dell'uomo che è alla base del sistema democratico ha dunque una radice cristiana che comporta una visione sia ottimistica che pessimistica dell'uomo in quanto, da un lato, collegata alla razionalità umana, ritenuta capace di rivolgersi al bene comune, ma anche dall'altro, legata al riconoscimento dell'immanenza del male nel mondo terreno e delle tendenze dell'individuo al predominio.

Il fondamento relativistico della democrazia esclude che singoli o gruppi possano essere detentori di una verità assoluta, essendo possibili solo verità relative, suscettibili, nel rispetto del principio di tolleranza, di raggiungere soluzioni compromissorie fra le opinioni in contrasto. Il fondamento di tale relativismo è però l'assolutezza del valore da riconoscere ad ogni essere umano. È il principio dell'inviolabilità della dignità dell'uomo il fondamento sostanziale della democrazia. Pertanto il principio democratico, quale elemento costitutivo della forma di Stato, permea di sé tutte le strutture dell'ordinamento e ciascuna delle disposizioni costituzionali ha la funzione di «svolgere» e di «integrare» il principio democratico. Ma la democrazia si regge anche sui doveri civici, inderogabili in misura corrispondente alla inviolabilità dei diritti dell'uomo, giacché solo grazie ad un saldo e diffuso spirito civico, che alimenti la coscienza dei singoli e ne ispiri i comportamenti, il sistema democratico può mostrarsi vivo e vitale (Mortati).

La dottrina si è più volte interrogata sul significato del richiamo al lavoro come «fondamento della Repubblica».

Per Mortati, nel richiamo al lavoro si realizza la sintesi fra il principio personalista, che esprime la richiesta del singolo all'esercizio di un'attività lavorativa, e quello solidarista che invece conferisce carattere di doverosità allo svolgimento di un lavoro. E a Giannini, secondo cui il dettato dell'art. 1 Cost. nella parte in cui pone il lavoro a base della Repubblica sarebbe solo «espressione di retorica costituzionale», Mortati replica ribadendo la portata normativa del principio, ponendolo in correlazione con l'obbligo posto dall'art. 3, comma 2, Cost. (principio di eguaglianza in senso sostanziale) che, a sua volta, non si risolve in una pura enunciazione ma trova svolgimento in una vasta e ben articolata serie di disposizioni attributive di diritti e di corrispondenti doveri. Lo stretto rapporto che intercorre tra l'art. 1 e l'art. 3, comma 2, Cost. conduce a riconoscere che il lavoro, quale «*fondamento dello Stato*», costituisce l'elemento basilare da cui prendere le mosse per individuare l'esatto significato delle disposizioni costituzionali relative al complesso dei rapporti etico-sociali ed economici. E se per Esposito le ultime parole del comma 1 dell'art. 1 Cost. («fondata sul lavoro») non hanno lo stesso valore del periodo precedente («l'Italia è una Repubblica democratica»), giacché l'espressione «fondata sul lavoro» non ha valore omogeneo rispetto alle altre, per Mortati invece porre il lavoro quale fondamento della «Repubblica democratica» vuol dire assegnare a tale elemento il ruolo di generale criterio di regolazione dell'intero sistema dei rapporti dei cittadini fra loro e con lo Stato e dunque quale principio di determinazione del posto del cittadino nello Stato ed i fini assegnati all'azione statale.

Il ruolo riconosciuto al **diritto al lavoro** assegna posizione centrale, nel sistema delle norme costituzionali, all'art. 4 Cost. secondo cui «*La Repubblica riconosce a tutti i cittadini il diritto al lavoro e promuove le condizioni che rendano effettivo questo diritto*». Ed il comma 2 aggiunge: «*Ogni cittadino ha il dovere di svolgere, secondo le proprie possibilità e la propria scelta, un'attività o una funzione che concorra al progresso materiale o spirituale della società*». L'insieme delle garanzie predisposte dalle diverse disposizioni costituzionali infatti può essere operante solo nella misura in cui venga adempiuto l'obbligo di promozione delle condizioni necessarie a rendere effettivo il diritto al lavoro quale motore della mobilità sociale. L'art. 4 Cost. è dunque diretta applicazione dell'art. 1 Cost. e del diritto al lavoro (e del connesso ***principio lavorista***) sono espressione gli ulteriori articoli costituzionali che tutelano specificamente i «Rapporti economici» (artt. 35 ss. Cost.). E l'inclusione dell'art. 4 Cost. fra i principi fondamentali attesta la preminenza del lavoro rispetto agli altri fattori della produzione, in quanto mezzo necessario all'esplicarsi della personalità dell'individuo. Il principio del diritto al lavoro viene così a rivestire anche il ruolo di «supremo criterio interpretativo» degli articoli da 41 a 45 Cost. che disciplinano l'iniziativa economica e il diritto di proprietà e che concernono dunque i congegni mediante i quali il diritto al lavoro è reso effettivo (v. *infra*, cap. XIII). Il lavoro è strumento di realizzazione della personalità, giacché solo mediante il lavoro è possibile, affrancandosi dalla necessità, godere appieno delle libertà civili e partecipare (come recita l'art. 3 Cost.) «*all'organizzazione politica, economica e sociale del Paese*». La giurisprudenza costituzionale ha più volte affermato che dall'art. 4 Cost. si ricava che il diritto al lavoro, riconosciuto ad ogni cittadino, è un fondamentale diritto di libertà della persona umana, che si estrinseca nella scelta e nel modo di esercizio dell'attività lavorativa. Incombe dunque sullo Stato non solo il divieto di introdurre nell'ordinamento norme che anche indirettamente neghino tale diritto o pongano limiti discriminatori all'esercizio dello stesso (va aggiunto che, secondo l'art. 35 Cost., «*la Repubblica tutela il lavoro in tutte le sue forme ed applicazioni*»), ma anche l'obbligo di indirizzare l'attività di tutti i pubblici poteri, e dello stesso legislatore, alla creazione di condizioni che consentano l'impiego di tutti i cittadini idonei al lavoro.

Anche la Cassazione ha riconosciuto che «*il lavoro è dal legislatore costituente considerato non soltanto come fondamento dello Stato (art. 1, comma 1), ma anche come diritto soggettivo dei singoli (art. 4, comma 1), tale da essere mezzo di sviluppo della persona e ne è stata pertanto sancita una protezione privilegiata*» (Cass. 12 ottobre 1978, n. 4577, che aggiunge: «*Da ciò consegue la legittimità costituzionale di ogni intervento che il legislatore operi sull'autonomia negoziale per far sì che il diritto al lavoro sia reso effettivo e che le modalità del suo svolgimento e la sua remunerazione siano adeguatamente tutelate»*). Anche la dottrina giuslavoristica, ribadendo la centralità del diritto al lavoro per tutti i cittadini, definisce il diritto al lavoro come «*diritto della persona ad accedere ad un posto di lavoro in una posizione di eguaglianza rispetto al lavoro disponibile*», con il conseguenziale obbligo per lo Stato di apprestare una struttura amministrativa in grado di agevolare l'incontro fra domanda e offerta di lavoro (D'Antona). Ricade dunque sulla pubblica amministrazione l'obbligo di predisporre tutta quell'attività strumentale (formazione, informazione ed orientamento) necessaria alla proficua ricerca di un posto di lavoro.

L'attuazione dell'art. 4 Cost. è compito della politica dell'occupazione ed è dunque dovere del legislatore (artt. 41-44 Cost.), ma si pone anche a carico delle categorie economiche (artt. 39-40 Cost.). La soddisfazione dei bisogni inerenti «la persona» ha condotto il costituente all'adozione di un complesso di norme che, muovendo dalla constatazione della condizione di inferiorità in cui versano determinate categorie di soggetti, pongono a vantaggio delle stesse una serie di diritti (la c.d. legislazione sociale, artt. 36, 37, 38, 41 Cost.) che sono diretta espressione del principio di cui all'art. 4 Cost. (v. *infra*, cap. XIII).

L'art. 2 Cost. (secondo cui «*la Repubblica riconosce e garantisce i diritti inviolabili dell'uomo, sia come singolo sia nelle formazioni sociali ove si svolge la sua personalità, e richiede l'adempimento dei doveri inderogabili di solidarietà politica, economica e sociale*») alla riaffermazione dei diritti inviolabili dell'uomo unisce il riconoscimento alle formazioni sociali degli stessi diritti e garanzie accordate al singolo ed una correlazione fra il godimento dei diritti e l'adempimento dei doveri inderogabili necessari a realizzare la solidarietà nel campo dei rapporti politici, economici e sociali. Questa disposizione costituzionale afferma il **principio personalista** (che esprime una priorità di valore della persona rispetto allo Stato e pone un limite invalicabile all'intervento di qualunque soggetto – pubblico o privato – nei confronti dell'individuo) e pone anche il **principio solidarista** (ulteriormente rafforzato dall'art. 3 Cost. che afferma la necessità dell'intervento dei poteri pubblici per consentire il pieno sviluppo della persona umana con la rimozione dei relativi ostacoli economici e sociali).

Il **principio pluralista** si fonda sul riconoscimento della concezione non individualistica dell'organizzazione sociale ed ha una molteplicità di manifestazioni, sia come diritti *delle* formazioni sociali che come diritti del singolo *nelle* formazioni sociali (assetto dinamico del pluralismo). Il pluralismo, quale principio fondamentale della Costituzione repubblicana, si pone quale «valore fondante di un nucleo di regole di una società aperta e comunicativa» e si contrappone a concezioni ontologiche della sovranità giacché l'apporto «peculiare» del principio pluralistico va individuato nella valorizzazione della libertà dei gruppi e delle articolazioni della società come «luogo privilegiato di processi di comunicazione pubblica» onde favorire la formazione di democratici «contropoteri» in democrazia, secondo la tradizione del costituzionalismo moderno che è quella della limitazione del potere (Ridola).

Fra i principi fondamentali della Carta costituzionale vi è anche il **principio di eguaglianza** ritenuto «principio generale che condiziona tutto l'ordinamento nella sua obiettiva struttura» (così Corte cost. sent. n. 25 del 1966). Il riconoscimento a tutti gli individui della ***pari dignità sociale*** (ritenuto da Mortati quale condizione basilare dello stesso principio di eguaglianza) ha avuto spiegazioni varie: a chi sostiene che tale principio porrebbe soltanto il divieto del riconoscimento dei titoli nobiliari si contrappone chi ravvisa in tale principio la necessaria tutela dell'onore di ogni individuo e il limite dei diritti privati e dei pubblici poteri (Pace). Carlo Esposito ha messo in rilievo come l'affermazione della "pari dignità sociale" di tutti gli individui impedisca a chiunque di esprimere giudizi lesivi delle qualità morali di un individuo o di considerare alcuni «indegni del trattamento sociale riservato alla generalità degli altri». Parimenti il principio della pari dignità sociale esplica i propri effetti anche nell'ambito dei rapporti fra privati non potendosi ritenere costituzionalmente ammissibili differenze di trattamento fondate sulla negazione di una pari dignità sociale di un individuo (o di una determinata categoria di persone). Il comma 1 dell'art. 3 Cost. (secondo cui «*Tutti i cittadini hanno pari dignità sociale e sono eguali davanti alla legge senza distinzione di sesso, di razza, di lingua, di religione, di opinioni politiche, di condizioni personali e sociali*») è indirizzato innanzitutto al legislatore sul quale ricade il dovere di rispettare tale principio quale «*generale canone di coerenza dell'ordinamento normativo*» (Corte cost. sent. n. 204 del 1982). Più complessa è la questione relativa alla immediata soggezione al principio di eguaglianza anche dell'attività amministrativa e di quella giurisdizionale. La dottrina evidenzia che nelle disposizioni costituzionali di riferimento (art. 97 Cost. per la pubblica amministrazione e art. 101 Cost. per l'attività giudiziaria) è specificamente rinvenibile il richiamo all'imparzialità (della p.a. o del giudice in quanto soggetto solo alla legge) e pertanto tali disposizioni possono ritenersi, *in parte qua*, corollari dell'art. 3 Cost. o anche portatori di un significato autonomo ma comunque correlato con il generale principio di eguaglianza.

Numerose sono le riflessioni dottrinali registratesi sulla portata di tale principio. Se per Esposito l'art. 3, comma 1, Cost. dispone che la legge deve avere «pari efficacia formale» per tutti i cittadini, per Paladin il principio di eguaglianza, ponendo il divieto di classificazioni fondate sulle condizioni "personali", impone la necessaria astrattezza della norma giuridica ed il divieto di leggi personali, consentendo norme derogatorie solo qualora rispondenti ad un «imperativo di giustificatezza delle leggi speciali e di eccezione». Il *principio di eguaglianza formale*, oltre a vietare al legislatore di operare differenziazioni basate sul sesso, sulla razza e sugli altri criteri indicati espressamente dalla disposizione costituzionale, pone l'obbligo per il legislatore di trattare in maniera identica situazioni tra loro simili ed in maniera differente situazioni tra loro diverse, rivelandosi dunque incostituzionale sia la legge che disciplini in maniera diversa situazioni identiche sia quella che disciplini in maniera identica situazioni tra loro differenti.

Il controllo della Corte costituzionale sulle valutazioni compiute dal legislatore ha condotto la giurisprudenza costituzionale ad affermare l'esistenza di un **principio di ragionevolezza**, secondo il quale la legge deve disciplinare in maniera "razionalmente" (o *"ragionevolmente"*) diversa le situazioni fra loro differenti ed in maniera eguale le situazioni eguali. Il giudizio sulla ragionevolezza delle scelte compiute dal legislatore ha assegnato alla Corte costituzionale un ampio potere che secondo alcuni sfiora il controllo delle scelte politiche o di merito. In realtà la Corte costituzionale ha sempre affermato che il giudizio di costituzionalità non può essere utilizzato per esercitare scelte di esclusiva spettanza del legislatore o per operare interventi che invadano la discrezionalità propria del potere legislativo, giacché il giudizio di ragionevolezza ha la funzione di «*ri-*

condurre le deroghe ingiustificate e le arbitrarie eccezioni alle regole già stabilite dalla legge ovvero ai principi generali univocamente desumibili dalla legge» (sent. n. 314 del 1983; sui limiti del giudizio di costituzionalità v. *infra*, cap. XI). E così la Corte costituzionale, pur ritenendo in assoluto non vietata dalla Costituzione la legge retroattiva in materia non penale (giacché in materia penale l'art. 25 Cost. pone esplicitamente il divieto di legge retroattiva), ha affermato che la legge retroattiva deve comunque rispettare il giudicato (per il rispetto del principio della separazione dei poteri) e il principio di eguaglianza.

In merito al contenuto del comma 2 dell'art. 3 Cost. (secondo cui «*È compito della Repubblica rimuovere gli ostacoli di ordine economico e sociale, che, limitando di fatto la libertà e l'eguaglianza dei cittadini, impediscono il pieno sviluppo della persona umana e l'effettiva partecipazione di tutti i lavoratori all'organizzazione politica, economica e sociale del Paese*»), la dottrina si è divisa fra quanti assegnano a tale disposizione il carattere di norma meramente programmatica (e dunque priva di immediata efficacia normativa in assenza del necessario intervento del legislatore ordinario; in tal senso Esposito, Mazziotti, Rossano) e quanti invece ravvisano comunque un'efficacia normativa di tale disposizione dal punto di vista interpretativo (Crisafulli, Mortati), ma anche dotata di un'immediata cogenza per il legislatore. Infatti la collocazione della disposizione fra i principi fondamentali della Costituzione assegna a tale norma il compito di tracciare i criteri essenziali dei rapporti intercorrenti fra strutture organizzative dello Stato e gli altri elementi dell'ordinamento (Mortati). L'art. 3, comma 2, Cost., ponendo il *principio di eguaglianza sostanziale*, assicura un fondamento costituzionale ai diritti sociali, quali espressione del principio di eguaglianza di *chances* per tutti i cittadini (v. *infra*, cap. XIII, par. 12).

La Costituzione non si presenta dunque né disorganica né incoerente ed il riconoscimento che la Costituzione si fonda su tre principi ispiratori (cristiano, liberale e marxista-socialista) non deve condurre a ritenere disarmonica la Carta Repubblicana in quanto fondata sulla esigenza (riconosciuta da ognuno dei principi sopra richiamati) della tutela della persona intesa come «persona sociale» in cui persona e società sono collegati fra loro come due aspetti di una stessa realtà. Il complesso intreccio dei principi contenuti nella prima parte della Costituzione tende infatti a ricomporre le istanze dell'individualismo e del solidarismo. E, a conferma di tale impostazione, debbono citarsi proprio i diritti sociali, che non sono «provvidenze di carattere meramente assistenziale», ma hanno un «fondamento più saldo» in quanto garantiscono a ciascun individuo una partecipazione ai vari settori della vita associata, in condizioni di libertà, di consapevolezza e di responsabilità (Mortati). La Costituzione muove dalla consapevolezza che le condizioni preliminari di un sistema democratico non possono ritenersi soddisfatte solo dalla garanzia delle libertà individuali e della dialettica parlamentare, ma anche dalla necessaria «garanzia minima a carattere sociale» giacché «nessuno potrebbe mai "ragionevolmente" accettare il "libero giuoco" delle maggioranze e delle minoranze ove la sua medesima sussistenza dignitosa ne risultasse minacciata» (Cerri).

I costituenti muovevano inoltre dalla consapevolezza che l'assetto istituzionale non è neutro riguardo alla tutela delle libertà e dei principi fondamentali. Pertanto la forma di governo parlamentare delineata in Costituzione, con l'assegnazione al Presidente della Repubblica di un ruolo di garanzia (ruolo di garanzia rafforzato dalla estraneità del Presidente al circuito dell'indirizzo politico), conferisce volutamente un ruolo centrale al Parlamento quale espressione diretta della sovranità popolare. Ma la Costituzione pone princìpi di disciplina anche della pubblica amministrazione e della magistratura a garanzia di quel principio pluralista affermato nei primi articoli della Carta. La previsione – assolutamente nuova per il nostro Paese – di un controllo di costituzionalità delle fonti di grado primario si pone infine come corollario della rigidità della Costituzione e della tutela dei principi costituzionali.

In Assemblea costituente si è discusso dell'opportunità di introduzione di una forma di governo di tipo presidenziale, ma tale opzione venne respinta proprio in ragione del timore di forme di cesarismo o di bonapartismo o di un ritorno ad un sistema autoritario. La ripartizione del potere avviene in Costituzione non secondo un rigido criterio di separazione dei poteri, ma piuttosto secondo il criterio dei *checks and balances*, dei pesi e contrappesi che si limitano vicendevolmente. L'assetto istituzionale prescelto è dunque funzionale alla tutela del pluralismo che forme di governo sbilanciate in senso plebiscitario non sembrano in grado di proteggere adeguatamente. In tal senso depongono inoltre: la scelta del costituente di distinguere il governo dalla pubblica amministrazione, la cui azione deve esprimersi nelle forme previste dalla legge ed in modo imparziale; il ruolo assegnato al Presidente della Repubblica; il riconoscimento formale dei partiti politici, quali necessari canali di comunicazione fra base sociale e organizzazione dello Stato; il principio del divieto di mandato imperativo (art. 67 Cost.), che ha la funzione di salvaguardare la libertà dei titolari di cariche elettive consentendo loro di sottrarsi alla disciplina di partito; l'indipendenza della magistratura ed il sistema delle garanzie costituzionali che si concretizzano nella rigidità della costituzione, nella previsione di limiti alla revisione costituzionale e nella instaurazione del controllo di costituzionalità delle leggi.

5. Sette decenni di Repubblica

Nei primi decenni della vita repubblicana la storia costituzionale italiana è caratterizzata dalla contrapposizione fra i due maggiori partiti politici (Democrazia Cristiana e Partito Comunista Italiano) contrapposizione resa aspra anche dalle vicende internazionali (la c.d. "guerra fredda").

Se nella fase costituente queste forze politiche sono riuscite ad individuare momenti (o argomenti) di incontro e a cedere vicendevolmente da determinate posizioni ideologiche, nel 1948 si registra una netta rottura del clima di "accordo costituzionale" e pertanto anche l'attuazione della Costituzione registra una completa stasi. Indicativa a tale proposito la nota posizione di Calamandrei che nel 1953 denuncia "l'ostruzionismo di maggioranza" che determina il "congelamento" della Costituzione.

Con l'entrata in vigore della Carta uno dei primi problemi che si sono posti è stato proprio quello relativo all'efficacia da riconoscere alle nuove disposizioni costituzionali. E così, già nel 1948, Cassazione e Consiglio di Stato elaborarono la distinzione, all'interno delle norme della Costituzione, fra norme costituzionali "programmatiche" (indirizzate al legislatore e dunque non immediatamente applicabili richiedendo necessariamente una attuazione legislativa) e norme costituzionali "precettive" (norme immediatamente applicabili, ma, a loro volta, suddivise in norme precettive ad efficacia immediata e a norme precettive ad applicazione differita). Questa suddivisione conduceva all'affermazione della non immediata applicabilità delle disposizioni costituzionali programmatiche in quanto ritenute indirizzate solo al legislatore e pertanto non utilizzabili dal giudice fino all'adozione delle relative norme legislative di attuazione.

Altro aspetto legato all'efficacia della Costituzione è quello relativo al rapporto intercorrente fra la stessa e le leggi anteriori con essa contrastanti e più esattamente se il relativo rapporto dovesse ritenersi risolto secondo il criterio cronologico (e dunque con un effetto abrogativo da parte della Costituzione in quanto norma successiva) o applicando il criterio gerarchico (e dunque con una dichiarazione di incostituzionalità della norma anteriore). La neonata Repubblica ereditava infatti l'imponente quadro legislativo dell'epoca fascista (si pensi in particolare – ma non solo – al codice penale e di procedura penale, ma anche al testo unico delle leggi di pubblica sicurezza, ecc.) e pertanto l'applicazione dell'uno o dell'altro criterio si rivelava tutt'altro che indifferente. L'abrogazione svolge effetti solo *pro futuro*, mentre la dichiarazione di incostituzionalità comporta l'inapplicabilità della norma incostituzionale anche per i rapporti sorti anteriormente all'entrata in vigore della Costituzione (v. *infra*, cap. V). Inoltre la scelta in un senso o nell'altro si ripercuote nell'individuazione degli organi giurisdizionali coinvolti nell'applicazione giudiziaria della Costituzione oscillando fra il pieno coinvolgimento dei giudici comuni (nel caso dell'effetto abrogativo) e l'accentramento nelle sole mani della Corte costituzionale del potere di sindacato delle leggi anche anteriori alla Costituzione.

Un ulteriore aspetto connesso alla questione della normatività della Costituzione è quello legato alla efficacia da riconoscere alla dichiarazione di incostituzionalità. La limitazione temporale solo *pro futuro* della dichiarazione di incostituzionalità implica infatti una consistente limitazione della norma costituzionale violata, la cui efficacia verrebbe ad essere subordinata, fino alla sentenza della Corte, alla vigenza della legge incostituzionale. La Corte costituzionale e la Cassazione fin dal 1957 affermano però che la norma dichiarata incostituzionale non può trovare più applicazione (ai sensi dell'art. 136 Cost.) anche con riguardo ai rapporti sorti anteriormente alla sentenza della Corte purché non ancora esauriti (cioè non chiusi in maniera irretrattabile: sentenza passata in giudicato, prescrizione, decadenza, ecc.; al riguardo v. *infra*, cap. XI).

La VII disp. trans. e fin. Cost. attribuiva, in attesa dell'entrata in funzione della Corte costituzionale, ai giudici comuni la competenza a risolvere le controversie indicate nell'art. 134 Cost., «*nelle forme e nei limiti delle norme preesistenti all'entrata in vigore della Costituzione*». Nel periodo compreso fra il 1948 e il 1956 è dunque toccato ai giudici comuni decidere sulla incostituzionalità della leggi, ma questa esperienza ha dato risultati insoddisfacenti dal punto di vista dell'affermazione dei valori costituzionali, giacché poche e marginali furono le leggi ritenute in contrasto con la Costituzione. A questo esito si giunse proprio grazie alla distinzione (delle norme costituzionali) fra norme programmatiche e norme precettive (Cass., sez. un., 7 febbraio 1948), distinzione che servì appunto ad assegnare a gran parte delle disposizioni costituzionali la qualifica di norme di non immediata applicabilità e a consentire in tal modo la sopravvivenza nel nuovo ordinamento costituzionale di gran parte del vecchio ordinamento (non solo liberale, ma anche) fascista.

Dopo l'esperienza di Enrico De Nicola (Capo provvisorio dello Stato dal 1946 al 1948), il primo Presidente della Repubblica (1948-1955) è Luigi Einaudi che, svolgendo un'esperienza pionieristica (Baldassarre), imprime una forte impronta al ruolo presidenziale (in particolare con riguardo agli atti presidenziali da allora ritenuti «atti propri», quali la nomina dei senatori a vita e quella dei giudici costituzionali di nomina presidenziale). Nella I legislatura (1948-1953) si registrano tre governi tutti presieduti da Alcide De Gasperi; la II legislatura si apre con l'insuccesso della legge elettorale (legge n. 148 del 1953, c.d. «legge truffa»), approvata poco prima delle elezioni e caratterizzata dalla assegnazione di un premio di maggioranza al partito o alla coalizione che avesse ottenuto la metà più uno dei voti espressi. La Democrazia cristiana era fiduciosa di potersi assicurare un'ampia maggioranza parlamentare. Per poche migliaia di voti il meccanismo di assegnazione del premio di maggioranza non riuscì ad operare e questo esito determinò l'instaurazione di una fase politica nuova (diversa dal lustro precedente, caratterizzato dalla «formula centrista») nella quale si cercano equilibri nuovi sia fra le forze politiche che negli assetti istituzionali.

La seconda legislatura (1953-1958) si apre con la nomina del (l'ottavo) governo De Gasperi (nominato il 16 luglio 1953 ed interamente formato da esponenti della DC) che però alla Camera non ottiene la fiducia (primo governo repubblicano a vedersi respinta la fiducia dal parlamento: ottenne il voto favorevole della sola DC; si astennero liberali, socialdemocratici e repubblicani; votarono contro comunisti, socialisti, monarchici e missini) e che (dopo aver presentato le dimissioni il 28 luglio) resterà in carica fino al 17 agosto 1953. Nella II legislatura di registreranno ben ulteriori 5 governi (fra cui il primo governo Fanfani che non ottiene la fiducia e resta in carica per soli 22 giorni, governo più breve della storia repubblicana) retti dal voto della DC e dei partiti di centro (PLI, PSDI). Durante questa legislatura si registra anche l'elezione del Presidente Gronchi, che avviene secondo una logica di tipo assembleare, con il coinvolgimento delle maggiori forze di opposizione, a riprova dell'avvio di una fase politica in cui, almeno nelle decisioni più significative, si tende ad instaurare un clima di collaborazione fra le maggiori forze politiche. La Presidenza Gronchi (1955-1962) si caratterizza, fin dal messaggio di insediamento, per una forte spinta verso l'attuazione della Costituzione (e, non a caso, durante questo settennato vedono la luce, fra l'altro, la Corte costituzionale e il Consiglio Superiore della Magistratura), anche se non si è mancato di evidenziare che tale Presidente, nei rapporti fra gli organi costituzionali, ha finito per accentuare il peso del Capo dello Stato. In tali anni si registra comunque quel «disgelo costituzionale» (Elia) che conduce alla progressiva attuazione di alcuni istituti fondamentali della Costituzione e a quel processo politico che porterà, agli inizi degli anni sessanta, al formarsi di governi di centro-sinistra (cioè con la partecipazione al governo del Partito socialista italiano).

E, in merito alla questione relativa alla vigenza delle norme costituzionali, la Corte costituzionale nella sua primissima pronuncia (sent. n. 1 del 1956) afferma la prevalenza della Costituzione anche sulle norme ad essa anteriori, rigetta la distinzione fra norme precettive e norme programmatiche (dichiarando che tale distinzione «non è decisiva nei giudizi di legittimità costituzionale, potendo l'illegittimità costituzionale di una legge derivare, in determinati casi, anche dalla sua incompatibilità con norme che si dicono programmatiche») e precisa che abrogazione e incostituzionalità operano «su piani diversi, con effetti diversi e con competenze diverse».

Nella sent. n. 1 del 1956 la Corte costituzionale era chiamata a pronunciarsi sulla conformità all'art. 21 della Costituzione (secondo cui «*Tutti hanno il diritto di di manifestare liberamente il proprio pensiero con la parola, lo scritto e ogni altro mezzo di diffusione*») dell'art. 113 t.u. p.s. che prescriveva (con pena di sanzione penale) l'obbligo di preventiva autorizzazione dell'autorità di pubblica sicurezza per qualunque distribuzione nella pubblica strada di avvisi, stampati, manifesti o giornali o l'uso di altoparlanti in pubblico. Ma prima ancora dello specifico oggetto (su cui ci si soffermerà più avanti, v. *infra*, cap. XIII, par. 9), nella sent. n. 1 del 1956 erano in giuoco, da un lato, la diretta ed immediata applicabilità delle norme costituzionali e, dall'altro lato, il ruolo dei giudici ordinari nell'applicazione della Costituzione. La prima decisione della Corte costituzionale, oltre a rafforzare la posizione dello stesso giudice costituzionale, muoveva anche da una «diffidenza» nei confronti dei giudici ordinari che si erano mostrati poco sensibili nei confronti dei valori della Costituzione repubblicana e che avrebbero anche potuto restringere notevolmente le stesse possibilità intervento della Corte costituzionale contenendo il numero delle rimessioni alla Corte di questioni di costituzionalità. In quel periodo infatti la suprema magistratura ordinaria si era mostrata poco propensa ad investire la Corte costituzionale di questioni di costituzionalità, mettendo così in discussione la piena effettività della Costituzione (Bartole). Si deve dunque ribadire l'importanza della sent. n. 1 del 1956 che costituisce un importante passaggio della storia costituzionale della Repubblica con riguardo sia alla effettività dei principi costituzionali che agli sviluppi ulteriori assicurati dai principi espressi in tale pronuncia.

Nella terza legislatura (1958-1963) si hanno 5 governi (fra cui tre guidati da Fanfani) di cui l'ultimo (il Fanfani IV) particolarmente significativo perché retto con l'appoggio esterno dei PSI (che nella successiva legislatura entrerà a pieno titolo nell'esecutivo con la formula c.d. del "centro-sinistra"). Nella III legislatura si registra però anche il governo guidato da Tambroni (dal 26 marzo al 27 luglio 1960) che si reggeva grazie ai voti del MSI. Più precisamente avvenne che il Presidente della Repubblica Gronchi, dopo l'infruttuoso tentativo di Antonio Segni (che aveva presieduto il governo uscente) di formare un nuovo governo, il 21 marzo incarica Fernando Tambroni il quale, senza consultazioni con i partiti, propone un monocolore DC che ottiene la fiducia alla Camera con il voto determinante del MSI. Contrariati dall'appoggio del MSI, diversi ministri si dimettono (o annunciano la volontà di farlo) ed il direttivo dei deputati della DC chiede le dimissioni del governo e l'11 aprile Tambroni si dimette. Il presidente Gronchi conferisce l'incarico a Fanfani che lavora all'ipotesi di un governo sostenuto da DC, PSDI e PRI con l'astensione del PSI, ma le forti divisioni interne alla DC portarono alla rinuncia di Fanfani il 22 aprile. Allora Gronchi decide di respingere le dimissioni di Tambroni il quale, avendo già ottenuto la fiducia della Camera, viene invitato dal Presidente della Repubblica a presentarsi al Senato per concludere l'iter parlamentare sulla fiducia che è concessa il 29 aprile. L'estate del 1960 sarà caratterizzata da molte manifestazioni in tutta Italia contro l'apertura della DC all'appoggio del MSI al governo, con scontri con la polizia e morti (particolarmente significative le manifestazioni di Genova, Reggio Emilia, Roma e Sicilia) che condurranno alle dimissioni di Tambroni.

Negli anni sessanta (con l'avvento della formula del centro-sinistra, e cioè con la partecipazione a pieno titolo del PSI al governo) si registra l'approvazione di leggi importanti quali quelle relative alla scuola dell'obbligo (e alla riforma della scuola media), alla nazionalizzazione delle imprese di produzione dell'energia elettrica e all'ammissione delle donne ai pubblici impieghi (ma solo in seguito a pronuncia della Corte costituzionale). Bisogna però attendere l'inizio degli anni settanta per vedere l'istituzione delle Regioni a statuto ordinario e l'approvazione della legge (n. 352 del 1970) che disciplina l'istituto referendario (in tali anni vengono approvate anche la legge sullo statuto dei lavoratori – legge n. 300 del 1970 – e quella sul divorzio).

Gli anni settanta si aprono anche con l'approvazione (nel 1971) dei nuovi regolamenti parlamentari (sia della Camera che del Senato) che codificano il ruolo «centrale» del Parlamento nella forma di governo e che consacrano il metodo della co-determinazione fra maggioranza e opposizione come principio di organizzazione e svolgimento dei lavori parlamentari. La «centralità» del Parlamento discende, a sua volta, dal ruolo giocato dai partiti politici che si pongono quali esclusivi canali di comunicazione fra società civile e istituzioni. Gli anni settanta sono attraversati dalle istanze che prendono l'avvio con i moti giovanili del sessantotto e che, in frange estremiste, conducono al fenomeno del terrorismo (i c.d. "anni di piombo") e dello stragismo e che toccano il rispettivo drammatico apice nel sequestro e nell'uccisione di Aldo Moro (1978) e nella strage della stazione di Bologna (1980). Dal punto di vista politico-partitico, la prima parte di tale decennio è caratterizzata dal c.d. «compromesso costituzionale» (o «compromesso storico») cioè dal progressivo avvicinamento fra Democrazia cristiana e Partito comunista che avrebbe dovuto condurre alla fine della c.d. *conventio ad excludendum*, cioè del principio non scritto secondo cui il Partito comunista non avrebbe mai potuto governare il Paese. Negli anni 1978-1979 si registra l'esperienza dei governi di solidarietà nazionale sostenuti anche dal Partito comunista (che assicurava un sostegno «esterno» ma non entrava ancora a far parte dell'esecutivo), esperienza che termina nel 1979.

Con l'avvento di Bettino Craxi alla segreteria del Partito socialista (dal 1976 al 1993) si apre una nuova fase nella quale il tema (non più dell'attuazione della Costituzione, ma) della riforma costituzionale, finalizzata ad assicurare la c.d. «governabilità», conquista la centralità del dibattito politico. Se, a partire dai governi di centro-sinistra si era progressivamente assistito ad una crescita del ruolo del Parlamento, che tocca il culmine nella seconda metà degli anni settanta (c.d. "centralismo parlamentare"), negli anni ottanta si assiste invece progressivamente ad una perdita di centralità del ruolo del Parlamento (testimoniano, tra l'altro, tale evoluzione le modifiche introdotte ai regolamenti parlamentari negli anni ottanta, l'abuso del decreto legge, l'approvazione della legge n. 400 del 1988) e ad una crescita del ruolo dell'esecutivo (v. *infra*, cap. VIII). A questo esito contribuisce anche l'evoluzione dell'ordinamento comunitario che, nella seconda metà degli anni ottanta, registra importanti risultati che trovano consacrazione nell'Atto unico europeo (1986) e nel Trattato di Maastricht (1992; v. *infra*, cap. IV).

Gli anni novanta si aprono con l'esplosione di una grave crisi istituzionale conseguente ad indagini giudiziarie che hanno visto indagata per commissione di gravi reati (corruzione, finanziamento illecito dei partiti politici, ecc.) gran parte dei vertici dei partiti dell'epoca. I referendum elettorali (in particolare del 1993) segnano inoltre il passaggio da un sistema elettorale di tipo proporzionale ad uno di tipo maggioritario. Con le elezioni del 1994 (che danno vita alla XII legislatura che dura solo due anni) si apre una nuova fase della vita repubblicana (giornalisticamente definita «seconda Repubblica» per differenziarla dalla fase precedente in ragione del profondo mutamento dell'assetto partitico) caratterizzata dalla contrapposizione fra partiti di centrosinistra e partiti di centrodestra, questi ultimi guidati dal maggiore imprenditore privato del settore delle comunicazioni. A partire dal 1994 si assiste ad una ulteriore crescita del ruolo del governo, con speculare perdita di significato del ruolo del Parlamento, la cui agenda è dettata dall'esecutivo che impone temi e tempi. In questi anni si è inoltre posto con evidenza il problema del conflitto di interessi in ragione del fatto che il maggiore *leader* politico è anche proprietario di importanti imprese operanti nei settori della comunicazione e dell'editoria. La fine dei partiti politici di massa ideologicamente orientati (e che tanto hanno caratterizzato i primi decenni della vita repubblicana) pone la questione dell'assetto interno delle nuove forme di partito politico, guidate da oligarchie che non sembrano assicurare né dibattito interno né un adeguato ricambio politico. Le indagini giudiziarie, che purtroppo continuano a vedere coinvolti soggetti che ricoprono cariche politiche, hanno inoltre prodotto un forte contrasto tra politica e magistratura che determina tensione e instabilità del sistema istituzionale e che ha comportato anche una crescita del ruolo del Presidente della Repubblica.

La situazione è ulteriormente peggiorata nell'ultimo decennio in cui, di fronte alla grave crisi economico-finanziaria (2010-2011) che ha colpito l'Europa (ed in particolare i Paesi – come il nostro – con alto debito pubblico), è nettamente emersa l'incapacità delle forze politiche di elaborare adeguate soluzioni. La crisi economica ha messo a nudo l'inadeguatezza di una classe politica oligarchica e autoreferenziale facilmente permeabile da parte degli interessi economici e corporativi. Il sistema elettorale maggioritario, sbandierato come panacea dei mali della c.d. «prima Repubblica», ha invece ridotto le capacità di ricambio del sistema politico ed accentuato le tendenze oligarchiche e personalistiche-plebiscitarie. Questo insieme di fattori ha dato vita ad una instabilità di fondo del sistema politico che ha portato alla fine anticipata (in ragione dell'implosione della coalizione di centrosinistra) della XV legislatura (2006-2008) e ad un andamento molto critico anche della XVI legislatura, inizialmente caratterizzata da un'ampia vittoria del centrodestra da cui però sono progressivamente fuoriusciti deputati e senatori sino a rendere in dubbio (estate/autunno 2010) l'esistenza stessa di una maggioranza. La mozione di sfiducia presentata nel novembre 2010 sarà – su richiesta anche del Presidente della Repubblica in ragione della contemporanea votazione della manovra di bilancio – votata solo a metà del dicembre successivo, consentendo così al governo di rinsaldare le fila e ottenere una risicata maggioranza (3 voti in più rispetto all'opposizione) recuperando voti sia di deputati del centrodestra sia di deputati eletti nella coalizione di centrosinistra. La perdurante situazione di crisi (politica ed economica) trova il proprio acme nell'estate del 2011 quando i titoli pubblici italiani accusano, nei mercati finanziari, una vistosa perdita di fiducia (con innalzamento dei costi per interessi del nostro elevato debito pubblico) e che porta (nel novembre 2011) alla nascita di un «governo tecnico» (per un approfondimento v. *infra*, cap. VIII) inizialmente sostenuto da quasi tutte le forze politiche parlamentari, ma che sostanzialmente si reggerà su un accordo fra i due maggiori partiti di centrodestra e di centrosinistra e che guiderà il paese fino ad aprile 2013.

Le elezioni politiche del febbraio 2013 (in ragione delle peculiarità della vigente legge elettorale) assegnano al centrosinistra, che prevale di poco sul centrodestra e sul «Movimento 5 Stelle», la maggioranza dei seggi alla Camera dei deputati mentre al Senato la divisione fra le forze politiche non consente di dar vita ad una maggioranza. Di fronte a questa situazione il Presidente della Repubblica conferisce (marzo 2013) al leader del centrosinistra un «pre-incarico» volto ad individuare la sussistenza delle condizioni per dar vita ad un governo dallo stesso presieduto. Il fallimento di tale tentativo si riflette nell'elezione del Presidente della Repubblica ove la profonda spaccatura che si crea nella coalizione di centrosinistra conduce (per la prima volta nella storia repubblicana) al rinnovo (dallo stesso definito «legittimo ma eccezionale») del mandato al Presidente uscente (eletto sia dal centrodestra che dal centrosinistra) il quale sosterrà con vigore la nascita di un governo di «grande coalizione» (fra centrodestra e centrosinistra), incaricato di fronteggiare la crisi economica e di avviare un piano di riforme istituzionali (ivi compresa la modifica della legge elettorale). La situazione politica continua però ad essere caratterizzata da una profonda instabilità (accresciuta con la condanna definitiva in sede penale – agosto 2013 – per frode fiscale del leader del centrodestra).

E così nell'autunno del 2013, dopo aspre polemiche, il Senato vota la decadenza di Silvio Berlusconi da senatore per il venir meno dei requisiti di eleggibilità. Questa vicenda conduce ad una scissione all'interno di Forza Italia con la nascita di una nuova forza politica (Nuovo Centro Democratico) che, staccandosi da Forza Italia, continua a far parte della coalizione di governo (da cui invece Forza Italia fuoriesce). Nel frattempo all'interno del partito di maggioranza relativa (Partito Democratico) mutano gli equilibri di potere con la nomina a segretario del partito di Matteo Renzi, il quale, all'inizio 2014, sostituisce Enrico Letta alla Presidenza del Consiglio dando vita a un nuovo esecutivo. Già nel discorso di presentazione del programma di governo alle Camere, Renzi manifesta la volontà di aprire una stagione di "grandi riforme": dall'assetto istituzionale alla nuova legge elettorale, dalla pubblica amministrazione alla scuola fino all'assetto territoriale della Repubblica. Per attuare tali riforme Renzi stipula un accordo (c.d. "Patto del Nazareno") con il leader del centro-destra Silvio Berlusconi. In ragione di tale Patto prende l'avvio il percorso sia del progetto di revisione costituzionale, sia dei disegni di legge sulla riforma delle province (legge n. 56 del 2014) e sul sistema elettorale della Camera dei deputati (legge n. 52 del 2015). Il "Patto del Nazareno" è venuto meno (a fine gennaio 2015) in conseguenza della decisione del leader del Partito Democratico di sostenere alla Presidenza della Repubblica Sergio Mattarella senza il consenso (o quanto meno il coinvolgimento) di Forza Italia. Nel frattempo sono approvate anche altre leggi (quasi sempre leggi delega) su temi su cui in passato non si era riusciti a trovare un accordo politico (dalla legge sulla depenalizzazione alla riforma del sistema sanzionatorio tributario, dalla riforma del mercato del lavoro alla riforma della pubblica amministrazione, dalla legge sulla responsabilità dei magistrati alla riforma della scuola). Anche il progetto di revisione costituzionale (ma al riguardo vedi *infra*, par. 6) è approvato dal Parlamento nell'aprile del 2016 (ma sarà bocciato dal referendum del dicembre 2016).

Le elezioni politiche del 2018 segnano la fine della contrapposizione (centrodestra/centrosinistra) che aveva caratterizzato i decenni precedenti e l'avvio di una nuova fase in cui un partito politico (Movimento 5 Stelle) fondato nel 2008 (ed a sua volta erede di un movimento attivo dal 2005) diventa il partito di maggioranza relativa ed in cui le vecchie coalizioni (centrodestra e centrosinistra) non riescono a riscuotere nell'elettorato il consenso goduto in precedenza. Il quadro politico affermatosi in seguito alle elezioni del 2018 ha così impresso nuove dinamiche all'assetto istituzionale a partire dalla formazione del governo (sul punto v. *infra*, cap. VIII) ed ha dato vita (giugno 2018) ad un governo di coalizione (M5S-Lega) che nel luglio 2019 entra in crisi e che è sostituito da un governo retto da una coalizione differente (M5S-PD) pur guidato dallo stesso Presidente del Consiglio (Giuseppe Conte). L'elemento di maggiore differenza fra i due esecutivi retti da Conte appare l'atteggiamento nei confronti dell'ordinamento europeo (giacché la Lega – al contrario del PD – è indirizzata in senso palesemente anti-europeo) ma vanno sottolineate anche le differenze in materia di attenzione al debito pubblico ed alla gestione dell'immigrazione.

Dal punto di vista istituzionale, il secondo governo Conte nasce con l'impegno di portare a termine la riforma costituzionale volta a ridurre il numero dei parlamentari e di attuare il c.d. "regionalismo differenziato" (al riguardo v. *infra*, cap. XII). Il disegno di legge di revisione costituzionale contenente la riduzione del numero di deputati e senatori era già stata approvata (in prima e in seconda deliberazione) dal Senato e, nell'estate 2019, mancava solo la seconda deliberazione della Camera dei deputati (poi avvenuta nell'ottobre 2019). In seguito alla richiesta, da parte di un quinto dei senatori, di referendum approvativo, la revisione costituzionale è stata approvata dal corpo elettorale nel referendum tenutosi il 20 e 21 settembre 2020 (v. *infra*, par. 6). Ma sarà soprattutto l'emergenza Covid a sottoporre l'esecutivo all'assunzione di decisioni non facili e di grande rilevanza dal punto di vista del diritto pubblico.

6. Le modifiche apportate alla Costituzione ed i ricorrenti tentativi di «grande» riforma costituzionale

Molto si è discusso in dottrina circa i limiti alla revisione della Costituzione. L'art. 139 Cost. prevede un limite esplicito alla revisione (la «forma repubbli-

IN PIÙ CI SONO

cana» non è sottoponibile a revisione) e la dottrina ha sempre affermato l'esistenza di limiti taciti alla revisione della Costituzione (cfr. Corte cost. nn. 1146 del 1988; 366 del 1993; sent. n. 170 del 1984) (v. *infra*, cap. V, par. 6).

A partire dagli anni Settanta si apre in dottrina e in vasti settori politici un ampio dibattito concernente l'opportunità di un'ampia revisione della Costituzione volta a modificare in particolare l'assetto relativo alla forma di governo. Vanno ricordati, oltre a diversi contributi dottrinali, il messaggio inviato alle Camere dal Presidente Leone (nel 1975), e l'idea della «grande riforma costituzionale», lanciata nel 1979 dall'allora segretario del Psi (Craxi), volta a favorire la formazione di governi di legislatura (la c.d. «governabilità») mediante modifiche del sistema elettorale, del bicameralismo e dell'ordinamento del governo. Da allora il tema della «riforma istituzionale» diventa una costante che attraversa tutti i decenni successivi. Nel 1983 venne istituita la prima Commissione bicamerale per le riforme istituzionali (c.d. Commissione Bozzi dal nome del presidente) la quale approva un progetto che ritoccava in varie parti la Costituzione repubblicana senza alterarne però l'impianto generale. Nel 1991 è il Presidente della Repubblica Cossiga ad inviare al Parlamento un messaggio sulle riforme costituzionali.

Con la legge cost. n. 1 del 1993 (che istituisce la c.d. Bicamerale Iotti-De Mita) viene creato *una tantum* un procedimento di revisione della Costituzione in deroga al procedimento *ex* art. 138 Cost. e tale scelta viene ripetuta dalla legge cost. n. 1 del 1997 (che istituisce la c.d. Bicamerale D'Alema). Quest'ultima Bicamerale elabora un progetto di revisione della seconda parte della Costituzione molto articolato e che, per quanto riguarda l'esecutivo, delinea una forma di governo di tipo semipresidenziale. La Bicamerale D'Alema fallisce perché l'allora opposizione di centro-destra decide (nel maggio 1999) di abbandonarne i lavori, ma alcuni contenuti del progetto vengono ripresi ed approvati seguendo la strada dell'art. 138 Cost. E così vengono approvate la legge cost. n. 1 del 1999 (che modifica il potere statutario delle Regioni) e la legge cost. n. 3 del 2001, relativa all'ordinamento di Regioni, Province e Comuni, e che costituisce la maggiore modifica finora subita dalla Costituzione (essendo stati modificati o abrogati quindici articoli della stessa). A questo proposito bisogna ricordare che l'approvazione definitiva di tale legge di revisione costituzionale è avvenuta, negli ultimissimi giorni della legislatura, con una risicata maggioranza assoluta. E se è vero che il centrodestra aveva comunque approvato tale legge in sede di prima deliberazione, non può tacersi che al centrosinistra rimane la responsabilità storica di avere per la prima volta operato una revisione della Costituzione senza cercare quelle «larghe intese» che fino ad allora avevano sempre caratterizzato ogni intervento sulla Carta costituzionale. La legge di riforma costituzionale è approvata dal corpo elettorale nel referendum che si svolge nel mese di ottobre 2001.

Nell'ottobre 2005 viene approvata dalla maggioranza di centrodestra una riforma costituzionale molto articolata, composta di quasi 60 articoli ed in cui oltre 50 articoli della Costituzione vigente erano fatti oggetto di modifiche anche rilevanti. Tale progetto modificava il sistema bicamerale, riduceva i poteri del Presidente della Repubblica rafforzando il ruolo e i poteri del Primo ministro. Inoltre veniva assegnata alla potestà legislativa esclusiva delle Regioni l'assistenza e l'organizzazione sanitaria, l'organizzazione scolastica, i programmi scolastici, e la polizia amministrativa regionale e locale; veniva modificata la disciplina relativa alle modalità di composizione della Corte costituzionale e veniva modificato il procedimento di revisione costituzionale. Questa riforma costituzionale è bocciata dal corpo elettorale nel referendum svoltosi nel giugno 2006.

Nella XV legislatura (2006-2008) viene portato avanti un progetto *bipartisan* di revisione costituzionale che però naufraga con lo scioglimento delle Camere. Durante il governo tecnico Monti (novembre 2011-aprile 2013) le forze politiche subordinano la revisione della legge elettorale all'approvazione di un progetto di revisione costituzionale volto a modificare la forma di governo (c.d. «progetto ABC» presentato nel 2012 e destinato anch'esso a fallire). Nell'aprile 2012 viene invece rapidamente approvata – quasi senza dibattito – la legge cost. 20 aprile 2012, n. 1 (intitolata «*Introduzione del principio del pareggio di bilancio nella Carta costituzionale*») e che opera un'importante revisione costituzionale, modificando interamente l'art. 81 Cost. (v. *infra*, cap. VI) e parzialmente gli artt. 97 e 117 Cost.

Nell'aprile 2012, quasi in contemporanea con l'approvazione della legge cost. n. 1 del 2012 (che ha introdotto il principio del pareggio di bilancio nella Carta costituzionale, v. *infra*, cap. VI), avvenuta rapidamente e con poca risonanza sui media, è stato presentato in commissione affari costituzionali al Senato un disegno di legge costituzionale inizialmente intitolato («Testo unificato») e poi ridenominato «Riforma del Parlamento e forma di Governo» (ribattezzato nel dibattito politico «testo costituzionale ABC») nel quale si introduceva (oltre alla riduzione del numero dei deputati e dei senatori) una modifica al principio del bicameralismo perfetto che sarebbe divenuto «eventuale» giacché si operava innanzitutto una divisione di competenze fra le due camere assegnando al Senato solo i disegni di legge sulle materie di legislazione concorrente (e spettando alla Camera dei deputati tutti gli altri disegni di legge). Dopo l'approvazione della prima camera, la seconda camera ha 15 giorni per emendare o bocciare il singolo d.d.l. (trascorsi inutilmente i quali si prevede una sorta di silenzio-assenso), ma è la camera competente ad avere l'ultima parola. Era inoltre istituita una corsia preferenziale per i provvedimenti proposti dal Governo che poteva chiedere lo svolgimento della relativa votazione entro un termine determinato. Con riguardo alla forma di governo, si prevedeva che il rapporto fiduciario era instaurato con il solo Presidente del Consiglio (e non con l'intero Governo), veniva introdotta la c.d. mozione di sfiducia costruttiva (secondo cui la mozione di sfiducia deve contenere l'indicazione del nuovo Presidente del Consiglio) da approvare dal Parlamento in seduta comune a maggioranza assoluta dei componenti di ciascuna delle due Camere. Nonostante l'iniziale dichiarazione favorevole delle maggiori forze politiche, tale progetto è naufragato in Senato nel giugno 2012. Nella XVII legislatura è lo stesso Presidente della Repubblica che, nel messaggio letto dinanzi al Parlamento in seduta comune subito dopo la propria rielezione (aprile 2013), sollecita le forze parlamentari a («sia pur limitate e mirate») riforme della seconda parte della Costituzione.

A fine marzo 2013 il Presidente della Repubblica aveva nominato un «Gruppo ristretto di esperti sulle riforme istituzionali» che il successivo 13 aprile ha consegnato una relazione che invitava a riformare la legge elettorale (introducendo un sistema misto proporzionale-maggioritario, con sbarramento e un «ragionevole premio di governabilità»), ad introdurre una forma di governo «parlamentare razionalizzata» (rispetto al regime semipresidenziale), a superare l'attuale modello di bicameralismo paritario (con la sostituzione del Senato con una Camera rappresentativa delle autonomie regionali ed assegnando solo alla Camera il potere di voto della fiducia nonché l'approvazione definitiva dei disegni di legge) e con riduzione del numero dei deputati. La relazione propone inoltre il mantenimento del finanziamento pubblico delle attività politiche («*in forma adeguata e con verificabilità delle singole spese*») quale «*attore ineliminabile per la correttezza della competizione democratica e per evitare che le ricchezze private possano condizionare impropriamente l'attività politica*». Viene inoltre ricordata la necessità di una nuova legge sul conflitto di interessi e sono inoltre proposte: la modifica dell'art. 66 Cost. (al fine di attribuire «ad un giudice indipendente e imparziale» la decisione su legittimità dell'elezione, ineleggibilità e incompatibilità, togliendolo al Parlamento allo scopo di evitare il rischio «del prevalere di logiche politiche»); la creazione di una «*Commissione per la riforma della Costituzione*» (costituita da parlamentari e da non parlamentari) il cui lavoro conclusivo dovrebbe essere formalizzato in una legge costituzionale poi sottoposta alla votazione del Parlamento (ed infine con approvazione del corpo elettorale); istituzione (presso le camere elettive) di un «*albo dei portatori di interessi*»; l'introduzione di sistemi alternativi di risoluzione delle controversie (anche con forme obbligatorie di mediazione) con incentivi per le parti; modifica della normativa del giudizio disciplinare sui magistrati (svolta dal Csm in primo grado ed in secondo grado da una Corte *ad hoc* composta per un terzo da magistrati, per un terzo da componenti eletti dal Parlamento e per un terzo da componenti nominati dal Presidente della Repubblica); modifica dell'art. 117 Cost. (trasferendo allo Stato la competenza in materia di grandi reti di trasporto e navigazione, porti e aeroporti civili di interesse nazionale, le telecomunicazioni e sfoltendo l'elenco delle materie in competenza concorrente), approvazione di una legge che disciplini la partecipazione dei cittadini a decisioni aventi rilevante impatto ambientale (ad es. grandi interventi infrastrutturali).

Raccogliendo anche l'invito del Capo dello Stato, il Governo nel giugno 2013 ha nominato una Commissione per le riforme costituzionali (composta di 35 saggi oltre a 7 membri del Comitato per la redazione del rapporto finale) che nel successivo mese di settembre ha presentato una «Relazione finale» articolata in sei capitoli (bicameralismo; procedimento legislativo; regioni ed enti locali; forma di governo; sistema elettorale; istituti di partecipazione popolare) ed in cui vengono individuati i seguenti «punti principali»: «*rafforzamento del Parlamento attraverso la riduzione del numero dei parlamentari, il superamento del bicameralismo paritario, una più completa regolazione dei processi di produzione normativa e in particolare una più rigorosa disciplina della decretazione di urgenza; rafforzamento delle prerogative del Governo in Parlamento attraverso la fiducia monocamerale, la semplificazione del processo decisionale e l'introduzione del voto a data fissa di disegni di legge; riforma del sistema costituzionale delle Regioni e delle autonomie locali che riduca significativamente le sovrapposizioni delle competenze e si fondi su una maggiore collaborazione e una minore conflittualità; riforma del sistema di governo, che viene prospettata in tre possibili diverse opzioni: a) la razionalizzazione della forma di governo parlamentare; b) il semipresidenzialismo sul modello francese; c) una forma di governo che cerca di farsi carico delle esigenze sottese alle prime due soluzioni, che conduca al governo parlamentare del Primo Ministro*».

Nei primi mesi del 2016 il Parlamento aveva approvato (a maggioranza assoluta e dunque con quorum inferiore ai due terzi) il disegno di legge costituzionale (intitolato «*Disposizioni per il superamento del bicameralismo paritario, la riduzione del numero dei parlamentari, il contenimento dei costi di funzionamento delle istituzioni, la soppressione del CNEL e la revisione del titolo V della parte II della Costituzione*»), d'iniziativa del Governo (presentato dal presidente del Consiglio dei ministri e dal Ministro per le riforme costituzionali), già approvato, in sede di prima deliberazione, dal Senato nell'agosto 2014 e poi (con modificazioni) dalla Camera dei deputati il 10 marzo 2015. Il testo definitivo conteneva diverse modificazioni rispetto alle precedenti approvazioni parlamentari (avendo il Senato deciso di esaminarlo – nell'ottobre 2015 – nuovamente in sede di prima deliberazione).

Tale d.d.l. costituzionale (che modificava quasi cinquanta articoli della Costituzione) concerneva diverse parti della Costituzione: dalla composizione e dai poteri del Senato (con incidenza inevitabile sul procedimento di formazione della legge) alla soppressione del CNEL, dalla riscrittura dell'elenco delle materie di competenza della potestà legislativa regionale alla modifica della disciplina del referendum abrogativo, dall'assegnazione al governo di una "corsia privilegiata" nella approvazione della legge alla riscrittura dell'art. 119 Cost.

Pur continuando ad affermare che il Parlamento "si compone della Camera dei deputati e del Senato della Repubblica", il testo distingueva nettamente le funzioni della Camera dei deputati (ritenuta "titolare del rapporto di fiducia con il Governo" e depositaria de "la funzione di indirizzo politico, la funzione legislativa e quella di controllo dell'operato del Governo") da quelle del Senato (che avrebbe rappresentato "le istituzioni territoriali" esercitando "funzioni di raccordo tra lo Stato e gli altri enti costitutivi della Repubblica") chiamato a "concorrere" all'esercizio della funzione legislativa "nei casi e secondo le modalità stabiliti dalla Costituzione, nonché all'esercizio delle funzioni di raccordo tra lo Stato, gli altri enti costitutivi della Repubblica e l'Unione europea". Nella nuova configurazione il Senato avrebbe "partecipato" alle decisioni dirette alla formazione e all'attuazione degli atti normativi e delle politiche dell'Unione europea e alla "valutazione" delle politiche pubbliche e dell'attività delle pubbliche amministrazioni e "verificato" l'impatto delle politiche dell'Unione europea sui territori; inoltre il Senato avrebbe "concorso" ad esprimere pareri sulle nomine di competenza del Governo ("nei casi previsti dalla legge") e "a verificare l'attuazione delle leggi dello Stato".

La composizione del Senato mutava completamente in quanto formato da novantacinque senatori "rappresentativi delle istituzioni territoriali" (ed eletti dalle Regioni) e da cinque senatori (cittadini che hanno illustrato la Patria per altissimi meriti nel campo sociale, scientifico, artistico e letterario) nominati (per sette anni senza possibilità di rinnovo) dal Presidente della Repubblica. I Consigli regionali (ed i Consigli delle Province autonome di Trento e di Bolzano) erano chiamati ad eleggere, con metodo proporzionale, i senatori tra i propri componenti e, nella misura di uno per ciascuno, tra i sindaci dei Comuni dei rispettivi territori. La durata del mandato dei senatori coincideva con quella degli organi delle istituzioni dai quali sono stati eletti ("in conformità alle scelte espresse dagli elettori").

Mutava profondamente il procedimento di formazione della legge: a tipologie di leggi da approvare da parte di entrambe le Camere (leggi necessariamente bicamerali: leggi di revisione della Costituzione e le altre leggi costituzionali, leggi di attuazione delle disposizioni costituzionali concernenti la tutela delle minoranze linguistiche, i referendum popolari, le altre forme di consultazione ex art. 71 Cost., leggi relative a Comuni e Città metropolitane, legge disciplinante la partecipazione dell'Italia alla formazione e all'attuazione della normativa e delle politiche dell'Unione europea, casi di ineleggibilità e di incompatibilità con l'ufficio di senatore) si affiancava la gran parte delle leggi per le quali era richiesta l'approvazione della Camera dei deputati, con un intervento meramente eventuale del Senato. Questo infatti poteva decidere di esaminare il testo già approvato dalla Camera, entro dieci giorni dalla trasmissione del medesimo, qualora lo richiedessero almeno di un terzo dei componenti: in questo caso il Senato, nei trenta giorni successivi, avrebbe dovuto deliberare "proposte di modificazione" del testo, sulle quali la Camera dei deputati si pronunciava in via definitiva.

Si prevedeva inoltre la sottoposizione al controllo di costituzionalità preventivo delle leggi elettorali di Camera e Senato, prima della loro promulgazione, su ricorso motivato presentato da almeno un quarto dei componenti della Camera o da almeno un terzo dei componenti del Senato entro dieci giorni dall'approvazione della legge.

Era inoltre prevista la possibilità per il Governo di chiedere alla Camera di deliberare che un disegno di legge, indicato come essenziale per l'attuazione del programma di governo, fosse iscritto con priorità all'ordine del giorno e sottoposto alla pronuncia in via definitiva della Camera entro settanta giorni dalla deliberazione.

Era oggetto di modifica anche la disciplina del referendum abrogativo, con la previsione di due differenti ipotesi: se il referendum fosse stato richiesto da un numero di elettori superiore a ottocentomila il quorum necessario per la validità del referendum si sarebbe abbassato alla "maggioranza dei votanti alle ultime elezioni della Camera", mentre il quorum di validità della metà più uno degli aventi diritto continuava ad operare qualora il referendum fosse richiesto da almeno cinquecentomila elettori.

Erano ritoccate (per gli scrutini successivi al terzo) le maggioranze richieste per l'elezione del Presidente della Repubblica prevedendosi che dal quarto scrutinio fosse necessaria la maggioranza dei tre quinti dell'assemblea, mentre dal settimo scrutinio la maggioranza dei tre quinti dei votanti.

Con riguardo alla ripartizione della potestà legislativa fra Stato e Regioni, era profondamente modificato l'art. 117 Cost., essendo notevolmente ampliato l'elenco di materie riservate alla potestà legislativa esclusiva dello Stato e ridotto invece il numero di materie assegnate alla potestà legislativa delle Regioni.

Era inoltre previsto che "su proposta del Governo", la legge statale potesse intervenire in materie non riservate alla legislazione esclusiva statale «*quando lo richieda la tutela dell'unità giuridica o economica della Repubblica, ovvero la tutela dell'interesse nazionale*».

Cambiava anche la disciplina relativa all'elezione dei giudici costituzionali (tre eletti dalla Camera dei deputati e due dal Senato) ed era disposta l'abrogazione del Consiglio Nazionale dell'Economia e del Lavoro.

L'approvazione parlamentare del testo della riforma costituzionale era stata non semplice (ma neppure particolarmente complessa, fatti salvi alcuni passaggi politicamente significativi), ma è stato nel passaggio referendario che il dibattito politico si è fatto particolarmente acceso. Infatti nel maggio 2016 il Presidente del Consiglio ha legato la sua permanenza al governo all'esito positivo del referendum, avviando così una lunghissima campagna referendaria caratterizzata da toni molto aspri ed in cui le forze politiche si sono confrontate, oltre che sul testo della riforma, sulle scelte politiche del governo Renzi e sulla legge elettorale. La sonora sconfitta registrata nel referendum del 4 dicembre 2016 ha indotto Matteo Renzi a dimettersi da Presidente del Consiglio.

L'esame delle numerose proposte di revisione costituzionale succedutesi in questi decenni (e dei coevi dibattiti politici) conduce ad affermare che se la peculiarità dello spirito costituente del 1946-47 e stata rappresentata dall'apertura al dialogo e dall'elevato livello, anche culturale, del dibattito e delle scelte operate, oggi purtroppo dobbiamo registrare un indubbio arretramento su entrambi i fronti.

Inoltre, se nel confronto fra la Costituzione repubblicana e tutti i progetti di modifica succedutesi nel tempo questi ultimi appaiono sempre approssimativi, contraddittori, pasticciati, la conclusione da trarre è l'indubbio valore della Carta del 1948 che, nonostante le ricorrenti operazioni di delegittimazione, ha sostanzialmente «tenuto» e ha mostrato validità e vitalità anche grazie all'operato della Corte costituzionale. Inoltre è agevole evidenziare che la ricorrente affermazione della necessità della riforma costituzionale ha rappresentato soprattutto un alibi che la classe politica porta avanti da qualche decennio per giustificare le proprie incapacità ed inadempienze (e che cerca di giustificare appunto «scaricando» sulla Costituzione la relativa responsabilità). E alla tendenza dei soggetti politici contemporanei, di connessione delle scelte legate all'indirizzo politico contingente con le opzioni di revisione della Costituzione, deve replicarsi che essa conduce ad una *deminutio* del significato della Costituzione, la quale rappresenta un «arco di valori in grado di mettere in moto profonde trasformazioni della legislazione e della giurisprudenza, come un punto di partenza per una più incisiva considerazione della dignità umana, del libero sviluppo della persona e del riconoscimento di alcune esigenze essenziali» (Cervati). Pertanto anche i processi di innovazione costituzionale non possono prescindere da un'analisi delle «dinamiche delle società pluralistiche contemporanee, nelle quali, *foundations, transformations* e *interpretation* delle costituzioni formano un circuito comprensivo e comunicativo». Le diverse opzioni devono infatti essere valutate «in un'ottica non formalistica ma sostanzialistica, attenta a verificare anzitutto che i processi di innovazione costituzionale siano capaci di attivare un'arena comunicativa aperta ad una molteplicità di voci del tessuto pluralistico e di garantire il mantenimento di strumenti «oppositivi» idonei a contrastare sempre ricorrenti derive plebiscitarie» e a tutelare l'esistenza di uno «spazio pubblico» necessario alla sopravvivenza della democrazia pluralistica (Ridola).

Nella XVIII legislatura (quella apertasi con le elezioni del 2018) si registra da parte del partito politico di maggioranza relativa (M5S) la presentazione (non di un unico progetto, bensì) di diversi progetti di revisione costituzionale concernenti differenti parti della Costituzione (dal numero dei parlamentari alla disciplina dei referendum, alla modifica dell'art. 66 Cost.). Nell'ottobre 2019 la Camera dei deputati approva, in quarta lettura la riforma costituzionale che, modificando gli artt. 56, 57 e 59 Cost., riduce il numero dei deputati (da 630 a 400) e dei senatori (da 315 a 200), nonché dei parlamentari eletti nella Circoscrizione estero (da 18 a 12) ed il numero massimo di senatori a vita di nomina presidenziale viene fissato a 5. Tale revisione costituzionale è stata definitivamente approvata dal referendum del 20 e 21 settembre 2020.

La ultimissima revisione costituzionale ha dunque determinato la riduzione del numero dei parlamentari. Tale legge di revisione costituzionale (approvata nell'ultima deliberazione dalla quasi unanimità dei membri della Camera dei deputati e confermata dal referendum del 20-21 settembre 2020) ha ridotto (a decorrere dalla prossima legislatura) da 630 a 400 il numero dei deputati e da 315 a 200 il numero dei senatori (il cui numero minimo per regione diventa tre) e riducendo proporzionalmente anche il numero di deputati e senatori eletti nella "circoscrizione estero".

In dottrina si è registrata una forte contrapposizione in merito alla portata di tale revisione costituzionale.

Da un lato, infatti, è stato sostenuto che la riduzione del numero dei parlamentari comporta automaticamente una sottorappresentazione delle forze politiche minori (e, con riguardo al Senato, delle regioni di più piccole dimensioni), con conseguente decremento del tasso di pluralismo sia all'interno del Parlamento (e dunque del panorama politico) che all'interno dei singoli partiti (con conseguenziale crescita del peso dei vertici di partito). Altri hanno inoltre sottolineato come tale riduzione del numero dei parlamentari ponga la necessità di rivedere la legge elettorale ed i regolamenti di Camera e Senato con il rischio di ulteriori effetti negativi sulla rappresentatività e sulla funzionalità del Parlamento. Altri ancora hanno contestato, perché eccessiva, la prevista riduzione peraltro neppure inserita in una "riforma organica" volta ad eliminare il bicameralismo perfetto e ad introdurre miglioramenti alla forma di governo.

Dall'altro lato, si è replicato che, dall'esame del panorama comparato, il numero dei parlamentari nel nostro Paese è particolarmente elevato tant'è che in passato tutte le forze politiche avevano riconosciuto l'opportunità (se non la necessità) di una riduzione del numero degli stessi. Inoltre è stato affermato che tale riduzione spingerebbe verso un innalzamento della qualità dei parlamentari con decremento, ad esempio, di fenomeni di trasformismo e del c.d. "transfughismo". Parimenti sono state ritenute non decisive le obiezioni relative alla necessità di una riforma della legge elettorale (tant'è che è stato già avviato in Parlamento una procedura legislativa volta all'approvazione di un disegno di legge elettorale di stampo proporzionale) e dei regolamenti parlamentari, giacché anche a quest'ultimo proposito ciascuna camera potrà provvedere alla non difficile operazione di revisione degli stessi.

Con riguardo agli effetti di tale riforma costituzionale, ogni giudizio è ovviamente prematuro. Di per sé la sola riduzione del numero dei parlamentari, se da un lato determina senz'altro una riduzione del tasso di pluralismo, dall'altro lato non sembra che da sola possa incidere in maniera significativa sul funzionamento delle istituzioni. Più complesso si presenta invece la riflessione relativa alle conseguenze di tale riduzione sulle dinamiche interne ai partiti politici. Infatti, la riduzione del numero degli eletti se può comportare una crescita del peso dei vertici di partito (in ragione della riduzione del pluralismo interno), al tempo stesso può determinare anche l'effetto inverso (in ragione della riduzione del numero di "peones" o di "responsabili" sempre pronti a soccorrere una qualche "maggioranza"). Questa constatazione dimostra che sarà necessario attendere l'approvazione della nuova legge elettorale e l'avvio della prossima legislatura per poter iniziare ad avere contezza dei concreti effetti della riforma sul sistema costituzionale. Appare comunque facile evidenziare che gli effetti maggiormente "temuti" dai contrari alla riforma costituzionale (riduzione del ruolo del Parlamento, riduzione del tasso di pluralismo, peso dei vertici di partito) sono purtroppo da decenni tutti ampiamente già presenti nel nostro ordinamento ed il precedente (maggior) numero dei parlamentari non è servito ad impedire il prodursi di tali fenomeni.

Nota bibliografica

U. Allegretti, *Profilo di storia costituzionale italiana*, Bologna, 1989; V. Arangio Ruiz, *Storia costituzionale del Regno d'Italia*, Napoli, 1985 (rist.); V. Baldini (a cura di), *La Costituzione e la sua revisione*, Pisa, 2015; S. Bartole, *Interpretazioni e trasformazioni della Costituzione repubblicana*, Bologna, 2004; B. Caravita, *Oltre l'eguaglianza formale*, Padova, 1984; A. Cerri, *L'eguaglianza nella giurisprudenza della Corte costituzionale*, Milano, 1976; Id., *Concezioni proceduralistiche e procedura sostanzialistiche della Costituzione nel prisma della giurisprudenza costituzionale*, in *Annuario 2002. Diritto costituzionale e diritto giurisprudenziale*, Milano, 2003; A.A. Cervati, *A proposito dello studio del diritto costituzionale in una prospettiva storica e della comparazione tra ordinamenti giuridici*, in *Diritto romano attuale*, n. 2, 1999; Id., *In tema di percorsi per il riconoscimento del diritto costituzionale*, in *Scritti in memoria di Livio Paladin*, Napoli, 2004; A.A. Cervati-S.P. Panunzio-P. Ridola, *Studi sulla riforma costituzionale*, Torino, 2001; Id., *Per uno studio comparativo del diritto costituzionale*, Torino, 2009; E. Cheli, *Costituzione e sviluppo delle istituzioni in Italia*, Bologna, 1978; Id., *La riforma mancata: tradizione e innovazione nella Costituzione italiana*, Bologna, 2000; Id., *Il problema storico della Costituente*, Napoli, 2008; V. Crisafulli, *La Costi-*

tuzione e le sue disposizioni di principio, Milano, 1952; ID., *Stato, popolo, governo*, Milano, 1985; M. D'ANTONA, *Il diritto al lavoro nella Costituzione e nell'ordinamento comunitario*, in *Riv. gius. lav.*, 1999; M. DOGLIANI, *Interpretazioni della Costituzione*, Milano, 1982; C. ESPOSITO, *Commento all'art. 1 Cost.*, in *La Costituzione italiana. Saggi*, Padova, 1954; M. FIORILLO, *La nascita della Repubblica italiana e i problemi giuridici della continuità*, Milano, 2000; M.S. GIANNINI, *Rilevanza costituzionale del lavoro*, in *Riv. giur. lav.*, 1948; G. MARANINI, *Le origini dello Statuto albertino*, Firenze, 1926; ID., *Storia del potere in Italia 1848-1967*, Firenze, 1967; C. MORTATI, *Costituzione dello Stato*, in *Enc. dir.*, vol. XI, Milano, 1962; ID., *Art. 1*, in *Comm. cost.*, a cura di G. Branca, vol. I, Bologna, 1975; R. NANIA, *Il valore della Costituzione*, Milano, 1986; L. PALADIN, *Per una storia costituzionale dell'Italia repubblicana*, Bologna, 2004; ID., *Saggi di storia costituzionale*, Bologna, 2008; S.P. PANUNZIO (a cura di), *I costituzionalisti e le riforme*, Milano, 1998; A. PIZZORUSSO, *La costituzione ferita*, Roma-Bari, 1999; F. POLITI, *Diritti sociali e dignità umana nella Costituzione repubblicana*, II ed., Torino, 2018; P. RIDOLA, *Democrazia pluralistica e libertà associativa*, Milano, 1987; ID., *Diritti di libertà e costituzionalismo*, Torino, 1997; ID., *Diritti fondamentali. Un'introduzione*, Torino, 2006; ID., *Esperienza Costituzioni Storia. Pagine di storia costituzionale*, Napoli, 2019; F. RIMOLI, *Pluralismo e valori costituzionali*, Torino, 1999; C. ROSSANO, *L'eguaglianza giuridica nell'ordinamento costituzionale*, Napoli, 1966.

Capitolo Quarto

L'ORDINAMENTO ITALIANO E L'UNIONE EUROPEA

1. Dalle Comunità europee all'Unione europea

L'odierno assetto dell'Unione europea è il risultato di un lungo cammino, caratterizzato da grandi spinte ideali che, in contrasto con interessi nazionali e settoriali, hanno generato, fra vari momenti di crisi, il raggiungimento di importanti risultati e di soluzioni eterogenee. Da ultimo, con l'entrata in vigore (avvenuta sul finire del 2009) del Trattato di Lisbona (firmato nel 2007), l'Unione europea, istituita già con il Trattato di Maastricht del 1992, «sostituisce e succede alle Comunità europee». Nel processo di integrazione europea è individuabile la persistenza di fattori che (sia pure fra luci ed ombre) sono riusciti a produrre risultati positivi sia dal punto di vista di tutela dei diritti del singolo che da quello del raggiungimento di un assetto istituzionale progressivamente più rispondente ai principi di democraticità e di tutela dei diritti fondamentali. Dell'Unione europea (sorta nel 1992 con il Trattato di Maastricht, e che inizialmente si affianca alle tre preesistenti Comunità europee, Ceca Cee e Ceea, sorte negli anni Cinquanta, v. *infra*) fanno attualmente parte 27 Stati (28 fino al 31 gennaio 2020, data in cui il Regno Unito ha cessato di farne parte a seguito dell'esito del referendum svoltosi in tale Paese nel giugno 2016 e che ha visto la vittoria dei favorevoli all'uscita dall'UE, c.d. *Brexit*), in ragione dei successivi allargamenti delle originarie Comunità europee (Comunità europea del carbone e dell'acciaio, Ceca; Comunità economica europea, Cee; Comunità europea dell'energia atomica, Ceea o Euratom), tutte sorte negli anni cinquanta (la Ceca con il Trattato di Parigi del 1951 e le altre due con il Trattato di Roma del 1957) con sei Paesi fondatori (Italia, Germania, Francia, Belgio, Olanda e Lussemburgo) cui si affiancano progressivamente Danimarca, Irlanda e Regno Unito (1973); Grecia (1981); Spagna e Portogallo (1986); Austria, Finlandia e Svezia (1995); Cipro, Estonia, Lettonia, Lituania, Malta, Polonia, Repubblica Ceca, Slovacchia, Slovenia e Ungheria (2004); Romania e Bulgaria (2007); Croazia (2013).

I Trattati istitutivi delle Comunità europee sono stati nel tempo oggetto di numerose modifiche anche con riguardo all'assetto istituzionale. Il processo di integrazione europea prende le mosse dalla c.d. "dichiarazione di Schuman" consistente nell'intesa franco-tedesca, aperta a tutti i paesi europei, da cui germina l'integrazione europea. Infatti il 9 maggio 1950 Robert Schuman (allora ministro degli esteri francese) pronunciava il discorso (c.d. "Dichiarazione Schuman") con cui esponeva l'idea di creazione di una organizzazione «aperta alla partecipazione degli altri Paesi europei» destinata a risolvere le questioni legate alle risorse carbosiderurgiche della Ruhr e della Saar (e dunque concernenti i rapporti tra Francia e Germania) e finalizzata a fondare le basi di una «unificazione economica» volta a «realizzare i primi concreti strumenti di una federazione europea indispensabili per la salvaguardia della pace». In tale Dichiarazione, che contiene l'appello alla costruzione europea e che ne traccia le linee di sviluppo, si afferma che «*L'Europa non potrà farsi in una sola volta, né sarà costruita tutta insieme, essa sorgerà da realizzazioni concrete che creino innanzitutto la solidarietà di fatto*». In tale Dichiarazione viene individuato il «primo passo» del cammino che porta alla redazione e alla firma dei Trattati istitutivi delle Comunità europee tant'è che proprio la data di tale discorso (9 maggio) è stata individuata quale giorno della «Festa dell'Europa». Il 18 aprile 1951 viene firmato, a Parigi, il Trattato istitutivo della Comunità europea del carbone e dell'acciaio (Ceca), che entra in vigore il 23 luglio 1952. Il 25 marzo 1957 a Roma avviene la firma dei Trattati istitutivi della Comunità europea per l'Energia Atomica (Ceea, detta anche Euratom) e della Comunità economica europea (Cee), trattati che entrano in vigore il 1° luglio 1958. Le due nuove Comunità si affiancano alla Ceca mantenendo ciascuna una propria veste giuridica ed un proprio ambito di operatività. Il Trattato che istituisce la Cee fissa gli obiettivi della «instaurazione del mercato comune» e del «graduale ravvicinamento delle politiche economiche degli Stati membri», obiettivi da raggiungere «alle condizioni e secondo il ritmo previsti dal trattato» (art. 3 Tratt. Cee). L'art. 2 Tratt. Cee pone alla Comunità il compito di promuovere:

– uno sviluppo armonioso delle attività economiche nell'insieme della Comunità;
– un'espansione continua ed equilibrata;
– una stabilità accresciuta;
– un miglioramento sempre più rapido del tenore di vita;
– più strette relazioni fra gli Stati membri della Comunità.

Tali risultati vanno perseguiti attraverso l'instaurazione di un mercato comune ed il graduale ravvicinamento delle politiche economiche degli Stati membri.

Per raggiungere i predetti obiettivi l'azione della Comunità importa:

– l'abolizione fra gli Stati membri dei dazi doganali e delle restrizioni quantitative all'entrata e all'uscita delle merci, nonché di ogni altra misura di effetto equivalente;

– l'istituzione di una tariffa doganale comune e di una politica commerciale comune nei confronti degli Stati terzi;

– l'eliminazione fra gli Stati membri di ogni ostacolo alla libera circolazione delle persone, dei servizi e dei capitali;

– l'instaurazione di una politica comune nei settori dell'agricoltura e dei trasporti;

– la creazione di un regime inteso a garantire che la concorrenza non sia falsata nel mercato comune;

– l'applicazione di procedure volte a coordinare le politiche economiche degli Stati membri e di ovviare agli squilibri nelle loro bilance dei pagamenti;

– il ravvicinamento delle legislazioni nazionali necessario al funzionamento del mercato comune;

– la creazione di un Fondo sociale europeo avente lo scopo di migliorare le possibilità di occupazione dei lavoratori e il tenore di vita degli stessi;

– l'istituzione di una Banca europea per gli Investimenti destinata a facilitare l'espansione economica della Comunità mediante la creazione di nuove risorse.

«Mercato comune» vuol dire piena liberalizzazione della circolazione delle merci e dei servizi, ma anche delle persone e dei capitali. A tale scopo il Trattato Cee prevede la nascita di una unione doganale la quale si estende al complesso degli scambi di merci e importa il divieto, fra gli Stati membri, dei dazi doganali all'importazione e all'esportazione e di qualsiasi tassa di effetto equivalente, come pure l'adozione di una tariffa doganale comune nei loro rapporti con i paesi terzi con riguardo alla progressiva introduzione di politiche comuni, e la prima ad essere attuata e finanziata è la politica agricola comune (Pac).

Dal punto di vista istituzionale i Trattati di Roma (che, a differenza di quello di Parigi, non hanno termine di scadenza né prevedono alcun meccanismo di «uscita» dalle Comunità) prevedono un assetto simile per le due Comunità (Cee e Ceea) e composto da:

– il *Consiglio* (composto da un rappresentante di ciascuno Stato membro a livello ministeriale «abilitato ad impegnare il governo» e che «provvede al coordinamento delle politiche economiche generali degli Stati membri»), avente poteri legislativi vincolanti e sovraordinati rispetto al diritto degli Stati membri;

– la *Commissione*, che è chiamata a vigilare sul rispetto delle norme del trattato e di quelle adottate dalle istituzioni comunitarie (c.d. diritto derivato) e che, sia pur dotata di non rilevanti poteri decisionali, gode di potere di iniziativa e di gestione;

– l'*Assemblea* (formata di delegati che i parlamenti nazionali sono richiesti di designare fra i propri membri), che esamina la «Relazione generale annuale sull'attività della Comunità» redatta dalla Commissione potendo giungere a votare una mozione di censura nei confronti di quest'ultima.

Per tutte e tre le Comunità è prevista una sola Assemblea (composta di 142 «delegati» scelti dai Parlamenti nazionali, denominata «Assemblea comune» e che si autodenominerà, nella sua seduta inaugurale del 19-21 marzo 1958, «Assemblea Parlamentare europea» e, con deliberazione del 30 marzo 1962, «Parlamento europeo») ed una sola Corte di giustizia (Corte di giustizia delle Comunità europee).

Restano invece distinti i rispettivi Consigli e le Commissioni (e l'Alta Autorità per la Ceca). L'unificazione riguardo a Commissione e Consiglio si ha con il Trattato di Bruxelles dell'8 aprile 1965 (che entra in vigore il 1° luglio 1967) che prevede un'unica Commissione ed un unico Consiglio per tutte e tre le Comunità. L'unificazione degli esecutivi conduce ad unità il quadro istituzionale comunitario: un unico Consiglio ed un'unica Commissione che si affiancano ai già unici Parlamento europeo e Corte di giustizia. Non si giunge però ad una unificazione delle tre Comunità (che restano distinte) ed infatti continuano a rimanere distinte le funzioni delle due istituzioni (Consiglio e Commissione) a seconda che operino per l'una o l'altra Comunità.

La Cee, conformemente a quanto previsto nel Trattato istitutivo, rivolge il proprio impegno alla instaurazione del mercato comune da realizzarsi al termine del periodo transitorio (12 anni a decorrere dal 1958), ma sul finire degli anni Sessanta sarà completamente realizzata solo l'unione tariffaria (completatasi il 1° luglio 1968) ma non quella doganale né il mercato comune.

Nel 1978 viene istituito il Sistema monetario europeo (Sme), che entra in funzione il 1° marzo 1979 per tutti i paesi comunitari fatta eccezione per il Regno Unito, e che è fondato sull'Ecu (*European Currency Unit*). Tale sistema è costituito da un paniere contenente le monete dei diversi paesi comunitari. Ogni moneta del sistema ha un tasso centrale espresso in Ecu e sulla base di tale tasso centrale è determinata una griglia di parità bilaterali (cioè di ciascuna moneta nei confronti di ognuna delle altre) con una possibilità di oscillazione (in più e in meno) del 2,25% (ma con possibilità anche di oscillazioni maggiori). L'esperienza dello Sme (che attraversa una grave crisi negli anni 1992-1993 con l'uscita di alcune monete fra cui la lira italiana che vi rientra nel 1996) termina nel 1999 con l'adozione dell'Euro.

La creazione di un mercato unico è il principale scopo perseguito dalla Commissione guidata da Jacques Delors che già nel «Libro bianco» (presentato al Consiglio europeo di Milano del 28-29 giugno 1985) individua per l'apertura del mercato unico una data precisa (il 1° gennaio 1993) innescando su tutti i soggetti coinvolti (dalle istituzioni comunitarie agli Stati membri, dalle imprese ai singoli cittadini) un'esigenza (se non un obbligo) di intervento riguardo a tutte le misure da adottare nel periodo intermedio allo scopo appunto di raggiungere un livello minimo di armonizzazione. Il mercato unico va oltre il mercato comune con eliminazione delle barriere fisiche, fiscali e tecniche che si frappongano alla libera circolazione delle merci, dei servizi, delle persone e dei capitali. Si avvia così il processo che porterà, nel 1986, alla firma dell'Atto unico europeo, che ricomprende sia disposizioni di modifica dei Trattati comunitari (con ampliamento delle competenze comunitarie e con modifiche dell'assetto istituzionale), sia norme che disciplinano la cooperazione europea in materia di politica estera. È con l'Atto Unico che inizia a determinarsi il fenomeno per cui le istituzioni comunitarie vengono ad essere anche istituzioni dell'Unione europea.

L'obiettivo principale dell'Atto unico europeo è la realizzazione del mercato unico, ma la creazione di uno spazio senza frontiere non può non spingere all'adozione di decisioni anche in campo economico e sociale. Il capitolo sociale, già contenuto nel Trattato di Roma, acquista così nuova rilevanza. Nel 1989 si ha l'adozione della Carta comunitaria dei diritti sociali fondamentali dei lavoratori che rappresenta il tassello cui si collegheranno il Protocollo sociale firmato a Maastricht e il Capo sulla solidarietà della Carta dei diritti fondamentali proclamata a Nizza nel 2001. Con l'Atto unico europeo emergono dunque tre nuove politiche comunitarie:

- la politica di coesione economica e sociale;
- la politica di ricerca e sviluppo tecnologico;
- l'ambiente.

Il Consiglio europeo di Bruxelles del febbraio 1988 dà il via libera al c.d. «*Pacchetto Delors*» caratterizzato da una programmazione pluriennale del bilancio comunitario con aumento di risorse sia per la politica di coesione che per le altre politiche della Comunità e con il nuovo regime dei fondi strutturali. Il 17 aprile 1989 è reso pubblico il rapporto Delors sul Dossier relativo all'Unione economica e monetaria, la cui realizzazione è progettata in tre fasi: una fase preparatoria caratterizzata dalla convergenza delle politiche economiche degli Stati membri e volta a consentire il completamento del mercato interno sostenuto dall'azione delle risorse strutturali e dal pieno funzionamento delle regole di concorrenza e dalla liberalizzazione dei movimenti di capitale; una fase intermedia di attivazione del mercato interno sostenuto dall'azione dei fondi strutturali e dalla politica di ricerca e sviluppo, con un rafforzamento delle procedure di controllo delle politiche macroeconomiche e con la creazione di un sistema di banche centrali; la fase finale in cui al Consiglio è assegnato il potere di adottare decisioni vincolanti per i bilanci nazionali e, con la fissazione irrevocabile della parità tra le monete nazionali, si apre la strada al definitivo trasferimento alle istituzioni comunitarie della politica monetaria e dunque alla moneta unica.

Il *Trattato sull'Unione europea*, firmato a Maastricht il 7 febbraio 1992, ed entrato in vigore il 1° novembre 1993, si fonda su (ma non sostituisce) le preesistenti Comunità (c.d. primo pilastro) cui aggiunge due «pilastri», quello della Pesc (politica estera e di sicurezza comune) e quello della Gai (giustizia e affari interni), retti dalle forme della cooperazione intergovernativa. Riguardo ai pilastri intergovernativi va sottolineata l'unicità del quadro istituzionale con l'assegnazione del potere di impulso e di definizione degli orientamenti politici al Consiglio europeo. Ma è il pilastro comunitario quello che registra le maggiori novità in ragione dell'ampliamento delle relative competenze. Viene rivisto l'assetto istituzionale (con la crescita dei poteri del Parlamento europeo), con modifiche alle procedure decisionali e con l'affermazione della cittadinanza europea e del principio di sussidiarietà quale meccanismo di ripartizione delle sfere di azione fra Stati e ordinamento europeo e principio di legittimazione di intervento di quest'ultimo. È inoltre posta la disciplina relativa all'Unione economica e monetaria.

Il Trattato di Maastricht è modificato dal Trattato di Amsterdam (1997) che introduce significative disposizioni in tema di diritti dei cittadini e in tema di semplificazione e di estensione della procedura di codecisione, oltre alla possibilità di una cooperazione rafforzata tra una pluralità di Stati membri. Con il Trattato di Amsterdam si ha inoltre una versione consolidata dei trattati e si accentua l'attenzione verso il sociale giacché si pone tra gli obiettivi della Comunità il perseguimento di un elevato livello di occupazione e di protezione sociale ed uno sviluppo sostenibile, rispettoso dell'ambiente e delle risorse naturali. Inoltre viene operata una riorganizzazione della cooperazione in materia di giustizia e affari interni che muta denominazione in cooperazione di polizia e giudiziaria in materia penale e viene istituito uno spazio di libertà, sicurezza e giustizia.

Il Trattato di Nizza (firmato nel 2001 ed entrato in vigore il 1° febbraio 2003) introduce ulteriori modifiche ai precedenti trattati, ampliando il numero di casi di ricorso al principio di maggioranza nell'assunzione delle decisioni da parte delle istituzioni comunitarie. In occasione del Consiglio europeo di Nizza (dicembre 2000) si ha la proclamazione della Carta dei diritti fondamentali dell'Unione europea; una Dichiarazione sull'avvenire dell'Europa; e l'approvazione della Agenda sociale europea.

La Dichiarazione di Laeken su «Il futuro dell'Unione europea» del 15 dicembre 2001 segna la nascita della «Convenzione sull'avvenire dell'Europa» avente il compito di elaborare un progetto di «*un traité constitutif pour l'Europe*». Il 18 luglio 2003 il Presidente della Convenzione europea Valéry Giscard d'Estaing consegna al Presidente del Consiglio europeo il testo definitivo del «Progetto di Trattato che istituisce una Costituzione per l'Europa» che è approvato con alcune modifiche dal Consiglio europeo tenutosi nel giugno 2004 e poi firmato a Roma il 28 ottobre 2004. La bocciatura del Trattato in alcuni Paesi europei segna un momento di crisi del processo di integrazione europea che troverà un esito con l'approvazione del Trattato di Lisbona del dicembre 2007.

Il Trattato di Lisbona (sottoscritto il 13 dicembre 2007, ratificato dall'Italia con legge n. 130 del 2008 ed entrato in vigore sul finire del 2009) ha introdotto modifiche sia al Trattato dell'Unione europea che a quello della Comunità europea (che viene ridenominato Trattato sul funzionamento dell'Unione europea) volte ad assicurare maggiore democrazia e trasparenza nelle istituzioni europee (modifiche nella struttura del Consiglio europeo, della Commissione e del Parlamento europeo, di cui vengono aumentati i poteri; riordino delle istituzioni europee e delle rispettive competenze; ampliamento delle materie decise a maggioranza qualificata; assegnazione ai cittadini europei di una diretta iniziativa nel processo di formazione delle norme europee) e viene attribuita efficacia giuridica vincolante alla «Carta dei diritti fondamentali».

Alla data di entrata in vigore del Trattato di Lisbona l'ordinamento europeo si presentava basato su tre trattati ciascuno dei quali fondante un diverso soggetto giuridico: la Comunità europea (già Comunità economica europea), la Ceea e l'Unione europea (la Ceca aveva terminato la propria esistenza il 23 luglio 2002 allo scadere dei 50 anni dalla sua creazione, ai sensi dell'art. 97 Trattato Ceca e le relative competenze erano state ricomprese nella Comunità europea). L'Unione europea infatti, pur ricomprendendo le preesistenti comunità (c.d. primo pilastro), si affiancava alle stesse (delle quali utilizzava lo stesso quadro istituzionale) ed aveva come competenza specifica la cooperazione fra gli Stati membri nei due settori (secondo e terzo pilastro) della politica estera e di sicurezza comune e in quello della cooperazione giudiziaria in materia penale e di polizia. Ma era riconosciuta l'unitarietà del sistema giuridico risultante dai trattati ed in tal senso si era espressa anche la Corte di giustizia che aveva individuato «una coerenza sistematica dei Trattati».

In questo sistema unitario, il pilastro comunitario (e cioè la Comunità europea) e gli altri due pilastri venivano ad essere parti (non distinte, ma) integranti di un unico ente (l'Unione europea) all'interno della quale le Comunità ed i due settori (1) della cooperazione in materia di politica estera e di sicurezza e (2) della cooperazione giudiziaria in materia penale e di polizia delimitavano diversi ambiti materiali di attività «nei quali l'azione dell'Unione si svolge per mezzo delle stesse istituzioni, ma secondo regole e criteri di funzionamento differenti, riassuntivamente identificati sotto la denominazione rispettiva di metodo comunitario e metodo intergovernativo» (Adam-Tizzano). L'Unione e le Comunità operavano dunque mediante un unico quadro istituzionale, i cui organismi agivano per conto sia dell'una che per ciascuna delle altre a seconda della competenza esercitata.

Attualmente l'art. 1, comma 3, del Trattato Ue (come modificato dal Trattato di Lisbona) dispone che «*L'Unione sostituisce e succede alle Comunità europee*» (anche se continua a restare in vigore il trattato Euratom). Giunge così a compimento quel processo iniziato con il Trattato di Maastricht, che aveva fondato l'Unione europea, ma che non era riuscito a far subentrare immediatamente l'Unione alle preesistenti Comunità. Il Trattato di Lisbona aggiunge inoltre al Tue l'art. 1-*bis*, secondo cui l'Unione «*si fonda sui valori del rispetto della dignità umana, della libertà, della democrazia, dell'uguaglianza, dello Stato di diritto e del rispetto dei diritti umani, compresi i diritti delle persone appartenenti a minoranze. Questi valori sono comuni agli Stati membri in una società caratterizzata dal pluralismo, dalla non discriminazione, dalla tolleranza, dalla giustizia, dalla solidarietà e dalla parità tra donne e uomini*».

In tale direzione opera anche l'inserimento nel Tratt. Ue della esplicita affermazione secondo cui «L'Unione riconosce i diritti, le libertà e i principi sanciti nella Carta dei diritti fondamentali» cui viene riconosciuto «lo stesso valore giuridico dei trattati» (art. 6 Tue). E, sempre con riguardo alla tutela delle libertà, si riconosce che l'Unione europea aderisce alla Convenzione europea per la salvaguardia dei diritti dell'uomo e delle libertà fondamentali e che i diritti fondamentali garantiti dalla Convenzione e risultanti dalle tradizioni costituzionali comuni agli Stati membri «fanno parte del diritto dell'Unione in quanto principi generali».

2. L'assetto istituzionale dell'Unione europea

Il Trattato di Lisbona precisa che l'Unione «*dispone di un quadro istituzionale che mira a promuoverne i valori, perseguirne gli obiettivi, servire i suoi interessi, quelli dei suoi cittadini e quelli degli Stati membri, garantire la coerenza, l'efficacia e la continuità delle sue politiche e delle sue azioni*». Le **istituzioni dell'Unione**, che devono attuare tra loro una leale cooperazione, sono: il Parlamento europeo, il Consiglio europeo, il Consiglio, la Commissione europea, la Corte di giustizia dell'Unione europea, la Banca centrale europea, la Corte dei conti. Il Comitato economico e sociale ed il Comitato delle Regioni esercitano funzioni consultive nei confronti del Parlamento europeo, del Consiglio e della Commissione.

Al ***Consiglio europeo*** (che costituisce la più importante struttura decisionale a livello politico e che è composto dai capi di Stato o di governo degli Stati membri, dal presidente del Consiglio europeo e dal Presidente della Commissione) spetta il compito di dare all'Unione l'impulso necessario al proprio sviluppo e ne definisce gli orientamenti e le priorità politiche generali. Precedentemente all'entrata in vigore del Trattato di Lisbona il *Consiglio europeo*, che si riuniva almeno due volte l'anno, era composto dai capi di Stato o di governo degli Stati membri e dal Presidente della Commissione (assistiti dai rispettivi ministri per gli affari esteri e da un membro della Commissione). Il Consiglio europeo era presieduto dal capo di Stato o di governo che esercitava la presidenza del Consiglio. Il Trattato di Lisbona ribadisce che il Consiglio europeo conferisce all'Unione gli impulsi necessari per lo sviluppo della stessa (definendone gli orientamenti e le priorità politiche generali) ed afferma che esso non esercita funzioni legislative. Attualmente il Consiglio europeo è composto dai capi di Stato o di governo degli Stati membri, dal suo presidente e dal presidente della Commissione; partecipa ai lavori del Consiglio europeo anche l'Alto rappresentante dell'Unione per gli affari esteri e la politica di sicurezza. Vi è dunque la nuova figura del *presidente del Consiglio europeo*, eletto a maggioranza qualificata per un mandato di due anni e mezzo, rinnovabile una volta. In caso di impedimento o colpa grave, il Consiglio europeo può porre fine al mandato del presidente secondo la medesima procedura seguita per l'elezione. Il Consiglio europeo si riunisce due volte a semestre su convocazione del presidente. Se l'ordine del giorno lo richiede, ciascun membro del Consiglio europeo può decidere di farsi assistere da un ministro e il presidente della Commissione da un membro della stessa. Qualora la situazione lo richieda, il presidente può convocare una riunione straordinaria del Consiglio europeo. Il presidente del Consiglio europeo, la cui carica è incompatibile con qualunque mandato nazionale, presiede e dirige i lavori del Consiglio europeo e si adopera per facilitare la coesione e il consenso in seno a tale collegio; assicura la rappresentanza esterna dell'Unione per le materie relative alla politica estera e di sicurezza comune (fatte salve le attribuzioni dell'Alto rappresentante per gli affari esteri e la politica di sicurezza) e, dopo ogni riunione del Consiglio europeo, presenta una relazione al Parlamento europeo. Il Consiglio europeo presenta al Parlamento europeo una relazione dopo ciascuna delle sue riunioni, nonché una relazione scritta annuale sui progressi compiuti dall'Unione. Il Consiglio europeo esercita un ruolo di indirizzo politico dell'Unione, giacché definisce gli orientamenti politici generali, i principi e gli orientamenti generali della politica estera e di sicurezza comune e gli indirizzi di massima delle politiche economiche degli Stati membri e dell'Unione.

Il *Consiglio* è formato da un rappresentante di ciascuno Stato membro a livello ministeriale ed è l'organo decisionale centrale e con poteri normativi di carattere primario e compiti esecutivi. Il ruolo centrale del Consiglio si riflette sul peso dei governi nazionali in ragione dell'assetto intergovernativo di tale istituzione. L'ampliamento, quasi generalizzato, dei settori su cui l'ordinamento europeo ha esteso la propria influenza ha determinato una conseguenziale estensione degli ambiti di intervento del Consiglio. Va però registrata l'esistenza di un duplice fronte di erosione delle competenze del Consiglio: il primo discendente dalla crescita del potere co-legislativo del Parlamento europeo; il secondo rappresentato dal ruolo svolto dal Consiglio europeo che ha assunto sempre maggiori responsabilità decisionali. I lavori del Consiglio sono di regola caratterizzati dal principio di segretezza, ma quando il Consiglio delibera in qualità di legislatore, i risultati delle votazioni, le dichiarazioni di voto e le dichiarazioni a verbale sono resi pubblici. Il Trattato di Lisbona specifica che il Consiglio esercita, congiuntamente al Parlamento europeo, la funzione legislativa, la funzione di bilancio ed esercita funzioni di definizione delle politiche e di coordinamento. Il Consiglio è composto da un rappresentante (di livello ministeriale) del governo di ogni Stato membro, abilitato ad impegnare il proprio Stato. Il Consiglio, salvo che non sia disposto diversamente, delibera a maggioranza qualificata. Per maggioranza qualificata si intende almeno il 55% dei membri del Consiglio, con un minimo di 15 rappresentanti di Stati che totalizzino almeno il 65% della popolazione dell'Unione. La minoranza di blocco deve comprendere almeno quattro membri del Consiglio; in caso contrario la maggioranza qualificata si considera raggiunta. Il Consiglio si riunisce in varie formazioni (a seconda degli argomenti trattati) e ruolo centrale gioca la formazione Consiglio «affari generali» che assicura la coerenza dei lavori delle varie formazioni del Consiglio e che è competente a preparare le riunioni del Consiglio europeo.

La *Commissione* ha funzioni di iniziativa, istruttorie, esecutive e di controllo, nonché poteri legislativi su delega del Consiglio. I membri della Commissione «vengono scelti in base alla loro competenza generale e devono offrire ogni garanzia di indipendenza» ed «esercitano le loro funzioni in piena indipendenza nell'interesse generale dell'Unione europea». Per questa ragione i commissari non sollecitano né accettano istruzioni da alcun governo, istituzione o organismo, e devono astenersi da ogni atto incompatibile con le loro funzioni o con l'esecuzione dei loro compiti. La Commissione è composta da un cittadino di ciascuno Stato membro, compreso il presidente e l'alto rappresentante dell'Unione per gli affari esteri e la politica di sicurezza. La Commissione promuove l'interesse generale dell'Unione, vigila (sotto il controllo della Corte di giustizia) sull'applicazione dei trattati e del diritto dell'Unione; dà esecuzione al bilancio ed esercita funzioni di coordinamento, di esecuzione e di gestione; assicura la rappresentanza esterna dell'Unione fatta eccezione per la politica estera e di sicurezza comune; avvia il processo di programmazione annuale e pluriennale dell'Unione per giungere ad accordi interistituzionali. Un atto legislativo dell'Unione può essere adottato solo su proposta della Commissione, salvo che i trattati non dispongano diversamente; gli altri atti sono adottati su proposta della Commissione.

La durata del mandato dei membri è di 5 anni (che corrispondono alla durata della legislatura del Parlamento europeo). La procedura di nomina è così strutturata: il presidente della Commissione è proposto dal Consiglio europeo, che decide a maggioranza qualificata tenuto conto dei risultati delle elezioni europee. Il candidato deve poi essere eletto dal Parlamento europeo a maggioranza assoluta. Se il candidato non ottiene l'elezione, il Consiglio europeo, entro un mese, deve presentare un altro candidato. Indi il Consiglio europeo, di comune accordo con il presidente eletto, adotta (sulla base delle nomine proposte da ognuno degli Stati membri) l'elenco dei nominativi dei restanti membri della Commissione. Infine l'intero elenco di tutti i membri della Commissione deve essere approvato dal Parlamento europeo (che ha anche facoltà di porre in essere audizioni per vagliare le candidature dei singoli commissari), per poi essere definitivamente nominata dal Consiglio europeo (che delibera a maggioranza qualificata).

Il *presidente della Commissione*:

a) definisce gli orientamenti nel cui quadro la Commissione esercita i suoi compiti;

b) decide l'organizzazione interna della Commissione per assicurare la coerenza, l'efficacia e la collegialità della sua azione;

c) nomina i vicepresidenti, fatta eccezione per l'alto rappresentante dell'Unione per gli affari esteri e la politica di sicurezza, tra i membri della Commissione.

La Commissione è responsabile collettivamente dinanzi al Parlamento europeo. Il Parlamento europeo può votare una mozione di censura della Commissione, nel qual caso i membri della Commissione si dimettono collettivamente dalle loro funzioni e l'alto rappresentante dell'Unione per gli affari esteri e la politica di sicurezza si dimette dalle funzioni che esercita in seno alla Commissione.

Il Consiglio europeo, deliberando a maggioranza qualificata con l'accordo del presidente della Commissione, nomina l'*Alto rappresentante dell'Unione per gli affari esteri e la politica di sicurezza*. Il Consiglio europeo può porre fine al mandato di questi mediante la medesima procedura.

L'Alto rappresentante guida la politica estera e di sicurezza comune dell'Unione. Contribuisce con le sue proposte all'elaborazione di detta politica e la attua in qualità di mandatario del Consiglio. Presiede il Consiglio «Affari esteri» ed è uno dei vicepresidenti della Commissione. Vigila sulla coerenza dell'azione esterna dell'Unione. In seno alla Commissione, è incaricato delle responsabilità che incombono a tale istituzione nel settore delle relazioni esterne e del coordinamento degli altri aspetti dell'azione esterna dell'Unione.

Con il Trattato di Lisbona continua la crescita del ruolo del ***Parlamento europeo*** che esercita, congiuntamente al Consiglio, la funzione legislativa e la funzione di bilancio, oltre a funzioni di controllo politico e consultive. Il Parlamento europeo è composto di 705 deputati rappresentanti dei cittadini dell'Unione. La rappresentanza dei cittadini è garantita con una soglia minima di sei membri per Stato membro. A nessuno Stato membro sono assegnati più di novantasei seggi. I membri del Parlamento europeo sono eletti a suffragio universale diretto, libero e segreto, per un mandato di cinque anni.

Il Parlamento europeo ha diversi poteri di controllo nei confronti della Commissione: dal voto di approvazione della Commissione alla mozione di censura della stessa, dall'esame della Relazione annuale (che la Commissione è tenuta a presentare al Parlamento europeo) alla possibilità di istituire commissioni di inchiesta volte ad esaminare denunce di infrazione o di cattiva amministrazione nell'applicazione del diritto europeo, dall'approvazione del bilancio (riguardo al quale il Parlamento europeo gode di importanti poteri: di modifica, di emendamenti e di «respingere l'intero bilancio e chiedere che gli venga presentato un nuovo progetto») all'esame dei conti e del rendiconto finanziario, dalla nomina del Mediatore europeo alla presentazione di interrogazioni nei confronti della Commissione e del Consiglio.

La «debolezza» del Parlamento europeo nei confronti delle altre istituzioni politiche europee (e che da sempre viene ritenuta ragione del deficit democratico dell'UE) discende dall'origine stessa delle Comunità e dalla persistente volontà dei governi degli Stati membri di privilegiare la componente intergovernativa, con conseguenziale «sofferenza» delle componenti comunitarie. La previsione di un Parlamento eletto a suffragio universale rappresenta un carattere originale dell'ordinamento giuridico europeo sia dal punto di vista del diritto internazionale, sia dal punto di vista degli ordinamenti interni. L'elezione diretta assegna al Parlamento europeo un'indiscutibile carica di rappresentanza e di rappresentatività politica, che nella logica democratica dovrebbe farne il (o un) protagonista dell'evoluzione dell'ordinamento europeo. E quest'ordine di considerazioni porta a dover riflettere sul ruolo dei partiti politici a livello europeo e sul problema della organizzazione degli stessi. Di queste considerazioni sembra aver tenuto conto il Trattato di Lisbona laddove afferma che il funzionamento dell'Unione si fonda sulla democrazia rappresentativa e che i cittadini sono direttamente rappresentati, a livello dell'Unione, nel Parlamento europeo, mentre gli Stati membri sono rappresentati nel Consiglio europeo dai rispettivi capi di Stato o di governo e nel Consiglio dai rispettivi governi, a loro volta democraticamente responsabili dinanzi ai parlamenti nazionali o dinanzi ai loro cittadini. Tocca ai partiti politici – afferma il Trattato di Lisbona – a livello europeo contribuire a formare una coscienza politica europea e ad esprimere la volontà dei cittadini dell'Unione.

Nel Trattato di Lisbona si afferma inoltre che le istituzioni danno ai cittadini e alle associazioni rappresentative, attraverso gli opportuni canali, la possibilità di far conoscere e di scambiare pubblicamente le loro opinioni in tutti i settori di azione dell'Unione. A questo fine le istituzioni devono mantenere un dialogo aperto, trasparente e regolare con le associazioni rappresentative e la società civile. È così prevista la possibilità per i cittadini dell'Unione, in numero di almeno un milione, che abbiano la cittadinanza di un numero significativo di Stati membri, di poter prendere l'iniziativa d'invitare la Commissione europea, nell'ambito delle sue attribuzioni, a presentare una proposta appropriata su materie in merito alle quali tali cittadini ritengono necessario un atto giuridico dell'Unione ai fini dell'attuazione dei trattati.

La ***Corte di giustizia dell'Unione europea*** comprende la Corte di giustizia, il Tribunale e i Tribunali specializzati. La denominazione di "*Corte di giustizia dell'Unione europea*" indica dunque il complesso delle istituzioni giudiziarie dell'Unione che si articola negli organi sopra elencati. Il Tue afferma che la "Corte di giustizia dell'Unione europea" (quindi tutte le diverse articolazioni dell'ordinamento giudiziario europeo) si pronuncia ("conformemente ai trattati"):

a) sui ricorsi presentati da uno Stato membro, da un'istituzione o da una persona fisica o giuridica;

b) in via pregiudiziale, su richiesta delle giurisdizioni nazionali, sull'interpretazione del diritto dell'Unione o sulla validità degli atti adottati dalle istituzioni;

c) negli altri casi previsti dai trattati.

Questa disposizione delimita gli ambiti di intervento della giurisdizione europea, ma lascia aperta la necessità di una delimitazione di competenze fra i vari giudici europei. E bisogna aggiungere che la ripartizione di competenze fra Corte di giustizia e Tribunale non è sempre costruita secondo una chiara linearità.

Il *Tribunale* è competente a conoscere in primo grado dei ricorsi elencati nel Tfue, ad eccezione di quelli attribuiti a un tribunale specializzato (ove istituito) e di quelli riservati alla Corte di giustizia. Le decisioni emesse dal Tribunale possono essere oggetto di impugnazione dinanzi alla Corte di giustizia per i soli motivi di diritto e alle condizioni ed entro i limiti previsti dallo statuto. Può essere anche lo stesso Tribunale, ove ritenga che la causa richieda una decisione di principio che potrebbe compromettere l'unità o la coerenza del diritto dell'Unione, a rinviare la causa dinanzi alla Corte di giustizia.

Il *Tribunale* è competente a decidere in primo grado sui ricorsi relativi alla invalidità di atti dell'Unione (art. 263 Tfue), ricorsi in carenza (art. 265 Tfue), sulle controversie relative all'obbligo di risarcimento dei danni provocati dall'Unione e dai suoi agenti (art. 268 Tfue), ai rapporti di lavoro fra l'Unione ed i suoi agenti di (art. 270 Tfue), nonché a contratti di cui sia parte l'unione (art. 272 Tfue). Le decisioni emesse dal Tribunale possono essere oggetto di impugnazione dinanzi alla Corte di giustizia per i soli motivi di diritto (art. 256, par. 1, comma 2, Tfue).

La *Corte di giustizia* ha una competenza esclusiva a decidere sui ricorsi per infrazione contro uno Stato membro, disciplinati dagli artt. 258 e 259 Tfue, e sui rinvii pregiudiziali (disciplinati dall'art. 267 Tfue) relativi alla interpretazione e alla validità del diritto dell'Unione (con l'eccezione di particolari categorie di rinvii potranno essere attribuiti al Tribunale dallo Statuto della Corte di giustizia dell'Unione). L'art. 51 dello Statuto riserva alla Corte di giustizia la competenza sui ricorsi proposti da uno Stato membro contro un atto del Parlamento europeo, del Consiglio (fatta eccezione per gli atti in materia di aiuti di Stato, di *dumping* e di competenze di esecuzione) o di entrambe tali due istituzioni (quando operano congiuntamente) o sui ricorsi presentati da una istituzione dell'Unione contro un atto di un'altra istituzione.

Ai giudici europei è assegnato il compito di assicurare «*il rispetto del diritto nell'interpretazione e nell'applicazione dei trattati*», mentre ciascuno Stato membro è chiamato a stabilire i rimedi giurisdizionali necessari per assicurare una tutela giurisdizionale effettiva in ogni settore disciplinato dal diritto dell'Unione.

Una peculiarità dell'ordinamento europeo è rappresentata dalla presenza di *avvocati generali*. L'avvocato generale ha il compito di presentare pubblicamente, con imparzialità e indipendenza, conclusioni motivate sulle cause che, conformemente allo statuto della Corte di giustizia dell'Unione europea, richiedono il suo intervento. La Corte di giustizia è assistita da otto avvocati generali. Tale numero può essere aumentato con decisione del Consiglio, su richiesta della Corte di giustizia, con deliberazione assunta all'unanimità.

La Corte di giustizia è composta da un giudice per Stato membro, mentre il

Tribunale è composto da almeno un giudice per Stato membro. Tutti (giudici e avvocati generali) sono nominati ("di comune accordo") dai governi degli Stati membri (previa consultazione di un apposito "Comitato", composto da sette personalità scelte dal Consiglio tra ex membri della Corte di giustizia e del Tribunale, membri dei massimi organi giurisdizionali nazionali e giuristi di notoria competenza, uno dei quali proposto dal Parlamento europeo, ed avente l'incarico di formulare appunto parere in merito all'adeguatezza dei candidati all'esercizio delle funzioni di giudice e di avvocato generale prima che i governi degli Stati membri procedano alle nomine) per sei anni rinnovabili e devono essere scelti tra personalità che assicurino piene garanzie di indipendenza ed in possesso delle condizioni richieste per l'esercizio, nei rispettivi paesi, delle più alte funzioni giurisdizionali, oppure esperti di diritto di notoria competenza. Ogni tre anni si procede a un rinnovo parziale dei giudici e degli avvocati generali.

La disciplina fondamentale in materia è posta dallo *"Statuto della Corte di giustizia dell'Unione europea"*. Le disposizioni dei trattati relative alla Corte di giustizia sono applicabili al Tribunale, a meno che non sia diversamente disposto dallo Statuto. Lo Statuto pone anche le regole relative alle modalità di riunione (in sezioni, in grande sezione o in seduta plenaria) della Corte di giustizia. Il Parlamento europeo e il Consiglio (su richiesta della Corte di giustizia e previa consultazione della Commissione o su proposta della Commissione e previa consultazione della Corte di giustizia), deliberando secondo la procedura legislativa ordinaria, possono modificare le disposizioni dello Statuto.

Il Parlamento europeo e il Consiglio, deliberando secondo la procedura legislativa ordinaria, possono istituire *tribunali specializzati* che possono venire ad affiancare il Tribunale, e che possono essere incaricati di conoscere in primo grado di talune categorie di ricorsi proposti in materie specifiche. Il regolamento che istituisce un tribunale specializzato pone anche le regole relative alla composizione dello stesso alle competenze ad esso conferite. Le decisioni dei tribunali specializzati possono essere oggetto di impugnazione dinanzi al Tribunale per i soli motivi di diritto o anche per motivi di fatto qualora previsto dal regolamento istitutivo. I membri dei tribunali specializzati sono scelti tra persone che offrano piene garanzie di indipendenza e possiedano la capacità per l'esercizio di funzioni giurisdizionali. Essi sono nominati dal Consiglio, che delibera all'unanimità. I tribunali specializzati stabiliscono il proprio regolamento di procedura (sottoposto all'approvazione del Consiglio) di concerto con la Corte di giustizia. Le disposizioni dei trattati relative alla Corte di giustizia dell'Unione europea e le disposizioni dello statuto della Corte di giustizia dell'Unione europea si applicano anche ai tribunali specializzati salvo che non sia diversamente disposto dal relativo regolamento istitutivo.

Il 25 dicembre 2015 è entrato in vigore il reg. (UE, Euratom) n. 2015/2422 del Parlamento europeo e del Consiglio, del 16 dicembre 2015, che, introducendo modifiche al Protocollo n. 3 sullo Statuto della Corte di giustizia dell'Unione europea (già oggetto di revisione, da ultimo, da parte del reg. n. 741 del 2012), ha portato al raddoppio del numero dei giudici del Tribunale. L'ampliamento del numero dei giudici del Tribunale è stato giustificato dallo scopo «di ridurre rapidamente l'arretrato di cause pendenti» e "bilanciato" dalla contemporanea soppressione del Tribunale della funzione pubblica, con contestuale trasferimento al Tribunale delle relative competenze.

Secondo il Trattato, l'architettura giudiziaria dell'Unione europea (art. 19, par. 1, Tue) prevede dunque tre organi giurisdizionali (che insieme danno vita alla istituzione "Corte di giustizia dell'Unione Europea"):

1. la "Corte di giustizia" (entrata in funzione dal 1952 come Corte CECA e dal 1958 come Corte unica delle allora tre Comunità europee), composta da 28 giudici, che costituisce l'organo giurisdizionale supremo cui spetta la funzione di assicurare l'uniforme interpretazione del diritto, a garanzia dell'unità dell'ordinamento giuridico dell'Unione (c.d. funzione nomofilattica);

2. il "Tribunale" (inizialmente denominato Tribunale di primo grado) fino al 2015 composto di 28 giudici (oggi 56, tutti nominati secondo la medesima procedura), in funzione dal 1989 e previsto con la finalità di alleggerire il carico di lavoro della Corte di giustizia, ma anche di introdurre nell'ordinamento europeo il principio del doppio grado di giudizio;

3. i "Tribunali specializzati": il Trattato di Nizza aveva previsto la possibilità di creare "tribunali specializzati" ed il Consiglio, nel 2004, aveva istituito il "Tribunale della funzione pubblica", competente a decidere sulle controversie tra l'Unione europea e i suoi agenti. Dal 2016 il Tribunale della funzione pubblica è stato sciolto e le relative competenze sono state assegnate al Tribunale.

Il *Tribunale della funzione pubblica* era competente a pronunciarsi in prima istanza sul contenzioso della funzione pubblica europea. Le cause trattate dal Tribunale della funzione pubblica riguardavano non solo le questioni concernenti i rapporti di lavoro propriamente detti (retribuzione, evoluzione della carriera, assunzione, provvedimenti disciplinari, ecc.), ma altresì il regime di previdenza sociale (malattia, vecchiaia, invalidità, infortuni sul lavoro, assegni familiari, ecc.). Esso era altresì competente per le controversie relative a gruppi specifici di personale, in particolare il personale di Eurojust, Europol, della Banca centrale europea, dell'Ufficio dell'Unione europea per la proprietà intellettuale (Euipo) e del Servizio europeo per l'azione esterna. Le decisioni emanate dal Tribunale della funzione pubblica potevano essere oggetto di impugnazione dinanzi al Tribunale limitatamente alle questioni di diritto. Le decisioni del Tribunale rese in sede di impugnazione potevano a loro volta essere oggetto di un riesame dinanzi alla Corte di giustizia a particolari condizioni. Il Tribunale della funzione pubblica era composto di sette giudici designati dal Consiglio, per un periodo rinnovabile di sei anni. I giudici del Tribunale della funzione pubblica designavano tra loro il proprio presidente, per un periodo rinnovabile di tre anni. Il Tribunale della funzione pubblica si riuniva in sezioni composte di tre giudici o, qualora ciò fosse giustificato dalla difficoltà o dall'importanza delle questioni di diritto, in seduta plenaria.

Dal punto di vista delle ***forme procedurali***, diverse sono le tipologie previste dall'ordinamento europeo.

Innanzitutto va ricordato il *ricorso per infrazione* (o per inadempimento) che può essere proposto dalla Commissione o da un altro Stato membro nei confronti di uno Stato membro per violazione di obblighi discendenti da norme europee. Qualora la Corte di giustizia accerti la violazione, lo Stato membro «*è tenuto a prendere i provvedimenti che l'esecuzione della sentenza ... comporta*» (fin dalla sent. 13 luglio 1972, *Commissione c. Italia*, causa 48/71, la Corte di giustizia ha affermato che la propria sentenza determina «per le autorità competenti l'assoluto divieto di applicare una disposizione nazionale dichiarata incompatibile col Trattato e, se del caso, l'obbligo di adottare tutti i provvedimenti necessari per agevolare la piena efficacia del diritto comunitario») e, in caso di ulteriore inadempienza al termine ulteriore fissato dalla Commissione, questa può adire la Corte di giustizia precisando l'importo della somma forfettaria o della penalità che lo Stato deve versare (ritenuta dalla Commissione "adeguata alle circostanze"). La Corte di giustizia ha affermato che «*i criteri fondamentali da prendere in considerazione per garantire la natura coercitiva della penalità al fine dell'applicazione uniforme ed efficace del diritto comunitario sono costituiti in linea di principio dalla durata dell'infrazione, dal grado di gravità e dalla capacità finanziaria dello Stato membro di cui è causa. Per l'applicazione di tali criteri occorre tener conto in particolare delle conseguenze della omessa esecuzione sugli interessi privati e pubblici e dell'urgenza di indurre lo Stato membro interessato a conformarsi ai suoi obblighi*» (Corte di giustizia, 4 luglio 2000, *Commissione c. Grecia*, n. C-387/97). Nel relativo "Memorandum" la Commissione ha individuato i criteri fondamentali da utilizzare per determinare la menzionata somma (gravità della violazione, durata della violazione, necessità che la pena costituisca un sufficiente deterrente contro ulteriori future violazioni). La Corte ha sempre escluso la possibilità per gli Stati membri "di farsi giustizia da sé" nei confronti di violazioni di norme europee operate da altri Stati membri in quanto è necessario "rispondere" a tali violazioni utilizzando le procedure e gli strumenti previsti dai Trattati (cfr. Corte di giustizia, 25 settembre 1979, *Commissione c. Francia*, n. 232/78). La Commissione, quando reputi che uno Stato membro abbia mancato a uno degli obblighi previsti dai trattati, emette un parere motivato al riguardo, dopo aver posto lo Stato in condizioni di presentare le sue osservazioni. Qualora lo Stato in causa non si conformi a tale parere nel termine fissato dalla Commissione, questa può adire la Corte di giustizia. Anche ogni Stato membro può adire la Corte di giustizia quando reputi che un altro Stato abbia mancato ad uno degli obblighi a lui incombenti in virtù dei trattati, ma, prima di proporre ricorso, deve rivolgersi alla Commissione, la quale emette un parere motivato dopo che gli Stati interessati siano posti in condizione di presentare in contraddittorio le rispettive osservazioni. Qualora la Commissione non abbia formulato il parere nel termine di tre mesi dalla domanda, la mancanza del parere non osta alla facoltà di ricorso alla Corte. La Corte, qualora riconosca che lo Stato membro non si è conformato alla sentenza pronunciata, può comminargli il pagamento di una somma forfettaria o di una penalità.

Il *ricorso di impugnazione* (o di annullamento) è relativo alla legittimità degli atti del Consiglio, della Commissione e della Banca Centrale Europea ("che non siano raccomandazioni o pareri"), del Parlamento europeo ("destinati a produrre effetti giuridici nei confronti dei terzi"), nonché degli atti adottati congiuntamente dal Parlamento europeo e dal Consiglio. Il ricorso può essere presentato da qualunque persona fisica o giuridica ("contro decisioni ... che la riguardano direttamente ed individualmente"), da Stati membri (contro qualsiasi atto) o da istituzioni comunitarie (Consiglio, Commissione e Parlamento europeo possono impugnare qualsiasi atto; Corte dei conti e Banca Centrale Europea solo "per salvaguardare le proprie prerogative"; così già Corte di giustizia, 22 maggio 1990, *Parlamento c. Consiglio*, n. 70/88). La Corte di giustizia esercita un controllo di legittimità sugli atti legislativi, sugli atti del Consiglio, della Commissione e della Banca centrale europea che non siano raccomandazioni o pareri, nonché sugli atti del Parlamento europeo e del Consiglio europeo destinati a produrre effetti giuridici nei confronti di terzi. Esercita inoltre un controllo di legittimità sugli atti degli organi o organismi dell'Unione destinati a produrre effetti giuridici nei confronti di terzi. A tal fine, la Corte è competente a pronunciarsi sui ricorsi per incompetenza, violazione delle forme sostanziali, violazione dei trattati o di qualsiasi regola di diritto relativa alla loro applicazione, ovvero per sviamento di potere, proposti da uno Stato membro, dal Parlamento europeo, dal Consiglio o dalla Commissione. La Corte è competente, alle stesse condizioni, a pronunciarsi sui ricorsi che la Corte dei conti, la Banca centrale europea ed il Comitato delle regioni propongono per salvaguardare le proprie prerogative. Qualsiasi persona fisica o giuridica può proporre un ricorso contro gli atti adottati nei suoi confronti o che la riguardano direttamente e individualmente, e contro gli atti regolamentari che la riguardano direttamente e che non comportano alcuna misura d'esecuzione.

Il *ricorso per carenza* è esperibile (da parte di persone fisiche o giuridiche, di Stati membri o delle istituzioni europee) per ovviare ad omissioni del Parlamento europeo, del Consiglio, della Commissione o della Bce. Qualora, in violazione dei trattati, il Parlamento europeo, il Consiglio europeo, il Consiglio, la Commissione o la Banca centrale europea (o altri organi e organismi dell'Unione) si astengano dal pronunciarsi, gli Stati membri e le altre istituzioni dell'Unione possono adire la Corte di giustizia per far constatare tale violazione. Il ricorso è ricevibile soltanto quando l'istituzione, l'organo o l'organismo in causa siano stati preventivamente richiesti di agire. Se, allo scadere di un termine di due mesi da tale richiesta, l'istituzione, l'organo o l'organismo non hanno preso posizione, il ricorso può essere proposto entro un nuovo termine di due mesi. Ogni persona fisica o giuridica può adire la Corte per contestare ad una istituzione, organo o organismo dell'Unione di avere omesso di emanare nei suoi confronti un atto che non sia una raccomandazione o un parere. L'istituzione, l'organo o l'organismo da cui emana l'atto annullato o la cui astensione sia stata dichiarata contraria ai trattati sono tenuti a prendere i provvedimenti che l'esecuzione della sentenza della Corte di giustizia dell'Unione europea comporta. La Corte di giustizia è competente a pronunciarsi sulla legittimità di un atto adottato dal Consiglio europeo o dal Consiglio a norma dell'art. 7 del Trattato sull'Unione europea unicamente su domanda dello Stato membro oggetto di una constatazione del Consiglio europeo o del Consiglio e per quanto concerne il rispetto delle sole prescrizioni di carattere procedurale previste dal suddetto articolo. La domanda deve essere formulata entro il termine di un mese a decorrere da detta constatazione. La Corte statuisce entro il termine di un mese a decorrere dalla data della domanda.

La Corte di giustizia dell'Unione europea è competente a conoscere delle controversie in materia di:

a) esecuzione degli obblighi degli Stati membri derivanti dallo statuto della Banca europea per gli investimenti;

b) deliberazioni del consiglio dei governatori della Banca europea per gli investimenti;

c) deliberazioni del consiglio di amministrazione della Banca europea per gli investimenti;

d) esecuzione, da parte delle banche centrali nazionali, degli obblighi derivanti dai trattati e dallo statuto del Sebc e della Bce. Il consiglio direttivo della Banca centrale europea dispone al riguardo, nei confronti delle banche centrali nazionali, dei poteri riconosciuti alla Commissione dall'art. 258 Tfue nei confronti degli Stati membri. Quando la Corte riconosca che una banca centrale nazionale ha mancato ad uno degli obblighi ad essa incombenti in virtù dei trattati, essa è tenuta a prendere i provvedimenti che l'esecuzione della sentenza della Corte comporta.

Il *ricorso per risarcimento danni* è esperibile per far valere la responsabilità extracontrattuale della Comunità.

La Corte di giustizia dell'Unione europea è competente a giudicare in virtù di una clausola compromissoria contenuta in un contratto di diritto pubblico o di diritto privato stipulato dall'Unione o per conto di questa.

La Corte di giustizia è competente a conoscere di qualsiasi controversia tra Stati membri in connessione con l'oggetto dei trattati, quando tale controversia le venga sottoposta in virtù di un compromesso.

La Corte di giustizia dell'Unione europea non è competente per quanto riguarda le disposizioni relative alla politica estera e di sicurezza comune, e non è competente a esaminare la validità o la proporzionalità di operazioni condotte dalla polizia o da altri servizi incaricati dell'applicazione della legge di uno Stato membro o l'esercizio delle responsabilità incombenti agli Stati membri per il mantenimento dell'ordine pubblico e la salvaguardia della sicurezza interna.

Il *rinvio pregiudiziale* consente (e impone) ai giudici nazionali di chiedere alla Corte di giustizia di pronunciarsi ("in via pregiudiziale") sull'interpretazione di disposizioni del Trattato e sulla validità e interpretazione di atti delle istituzioni europee e della Bce. La Corte di giustizia è competente a pronunciarsi, in via pregiudiziale:

a) sull'interpretazione dei trattati;

b) sulla validità e l'interpretazione degli atti compiuti dalle istituzioni, dagli organi o dagli organismi dell'Unione.

Quando una questione del genere è sollevata dinanzi ad un organo giurisdizionale di uno degli Stati membri, tale organo giurisdizionale può, qualora reputi necessaria per emanare la sua sentenza una decisione su questo punto, domandare alla Corte di pronunciarsi sulla questione.

La ***Corte dei conti*** svolge una funzione di controllo sui conti dell'Unione. La Corte dei conti controlla la regolarità delle entrate e delle spese delle istituzioni e degli organi europei ed accerta la sana gestione finanziaria attestando l'affidabilità dei conti e la legittimità e la regolarità delle relative operazioni in una «Dichiarazione» presentata al Parlamento europeo e al Consiglio. Al termine di ciascun esercizio presenta inoltre a ciascuna istituzione europea una «Relazione annuale» in cui esprime il proprio giudizio e tale Relazione costituisce uno degli strumenti con cui il Parlamento europeo dà atto alla Commissione della esecuzione del bilancio.

La ***Banca centrale europea (Bce)*** svolge le funzioni di governo della moneta e costituisce il nucleo centrale del *Sistema europeo di banche centrali* (Sebc) avente il compito di garantire la stabilità dei pezzi e di sostenere le politiche economiche generali dell'Unione. La Bce dirige il Sebc (di cui fanno parte le banche centrali nazionali degli Stati membri che aderiscono alla moneta unica) cui è assegnato il compito di sostenere le politiche economiche generali dell'Unione e garantire la stabilità dei prezzi. La Banca centrale europea (Bce), nata come organismo operante nel settore monetario, ha assunto, con il Trattato di Lisbona, la veste formale di "istituzione dell'Unione". La Bce dispone di ampia autonomia, prevedendo l'art. 130 Tfue che la Bce (ed ogni suo membro), nell'esercizio dei suoi poteri e nell'assolvimento dei doveri attribuitile dai trattati, "non possono sollecitare o accettare istruzioni dalle istituzioni, dagli organi o organismi dell'Unione, dai governi degli Stati membri e da qualsiasi altro organismo". E viceversa si prevede che ognuno dei soggetti appena elencati si impegna "a rispettare questo principio e a non cercare di influenzare i membri degli organi decisionali della Bce". L'autonomia della Bce (che dispone di risorse e bilancio propri) non sottrae quest'ultima al rispetto delle norme e dei principi disciplinanti il sistema istituzionale dell'Unione europea e al controllo della Corte di giustizia (artt. 263, 265, 267, 268, 271, lett. *d*), 277 e 340 Tfue).

All'interno Bce della vanno individuati:

– il *Consiglio direttivo*, cui spetta la definizione degli indirizzi generali del Sebc e della politica monetaria dell'euro, nonché l'esercizio delle funzioni consultive assegnate alla Bce, e che è composto dai membri del Comitato esecutivo e dai governatori delle banche centrali degli Stati aderenti all'euro;

– il *Comitato esecutivo*, che è un organo permanente, cui spetta l'attuazione degli indirizzi di politica monetaria definiti dal Consiglio direttivo è composto da un presidente (che presiede anche la Bce ed il Consiglio direttivo), da un vice presidente e da altri quattro membri tutti nominati (per otto anni non rinnovabili) dal Consiglio europeo, che delibera a maggioranza qualificata su raccomandazione del Consiglio e previa consultazione del Parlamento europeo e del Consiglio direttivo della Bce (art. 283 Tfue).

La Bce svolge le funzioni di emissione (proprie di una banca centrale), ma è dotata anche di poteri normativi (art. 132, par. 1, Tfue), di controllo (art. 282, par. 5, Tfue), sanzionatori (art. 123, par. 3, Tfue) e di vigilanza.

3. Le fonti normative dell'ordinamento europeo

La dottrina distingue tradizionalmente le fonti normative dell'ordinamento europeo in *fonti primarie* (o fonti di diritto primario) rappresentate dai trattati e dalle relative modifiche, e *fonti derivate* (o fonti di diritto derivato), in cui vanno ricompresi i regolamenti europei (già regolamenti comunitari) e le direttive europee (già direttive comunitarie).

Il **regolamento europeo** ha portata generale, è obbligatorio in tutti i suoi elementi ed è direttamente applicabile in ciascuno degli Stati membri. La **direttiva europea**, invece, vincola lo Stato membro cui è indirizzata per quanto concerne l'obiettivo da raggiungere, ferma restando la competenza dei rispettivi organi nazionali in merito alle forme e ai mezzi. L'immediata applicabilità, all'interno di ogni Stato membro, delle norme contenute nel regolamento europeo pone il problema del rapporto fra fonte statale e fonte europea. La necessità dell'intervento statale per l'attuazione ed il recepimento delle direttive europee pone, invece, il problema degli effetti conseguenti all'eventuale inadempimento del singolo Stato all'obbligo di recepimento della direttiva medesima.

In entrambi i casi il problema di fondo (per quanto riguarda il diritto pubblico italiano) è rappresentato dal tipo di *rapporto intercorrente fra ordinamento europeo ed ordinamento italiano*. Inizialmente la Corte costituzionale (sent. n. 14 del 1964) ha affermato che, in virtù della legge di esecuzione del trattato, i regolamenti comunitari producono effetti immediati nell'ordinamento interno nei confronti di precedenti leggi e norme statali, riconoscendo però anche la possibilità per le norme legislative statali posteriori di introdurre norme contrarie a quanto disposto da un precedente regolamento comunitario. Questo orientamento venne sconfessato dalla Corte di giustizia, la quale (sent. 15 luglio 1964, n. 6/64, *Costa c. Enel*), affermando il ***principio del primato del diritto comunitario sul diritto interno***, ha escluso in ogni caso la possibilità per la norma statale (sia anteriore, che posteriore) di derogare a quanto stabilito dalla norma comunitaria. In seguito la Corte costituzionale (sent. n. 183 del 1973) ha riconosciuto la prevalenza della norma comunitaria sulla norma statale, ma distinguendo a seconda se la norma comunitaria fosse anteriore o posteriore rispetto a quella interna. In quest'ultimo caso infatti, la prevalenza della norma comunitaria avviene in base al criterio cronologico (*lex posterior derogat priori*); nel caso invece, in cui la norma legislativa statale sia successiva rispetto a quella comunitaria, la norma interna viene ad essere incostituzionale per violazione dell'art. 11 Cost. Questa disposizione costituzionale, infatti, laddove dispone che l'Italia acconsente, a condizione di reciprocità, a limitazioni di sovranità volte a favorire la partecipazione dell'Italia ad organismi sopranazionali che assicurino la pace e la giustizia fra le Nazioni, è ritenuta la base costituzionale che giustifica la partecipazione del nostro Paese alle Comunità europee e all'Unione europea (oggi è anche l'art. 117, comma 1, Cost., come modificato dalla legge cost. n. 3 del 2001, a prevedere la subordinazione alle norme comunitarie del potere legislativo dello Stato e delle Regioni). Secondo tale ricostruzione, la norma legislativa statale, quando si pone il contrasto con una precedente norma comunitaria, è viziata di incostituzionalità. In questo caso però, in ragione del sistema accentrato di costituzionalità vigente in Italia (v. *infra*, cap. XI), il giudice comune – secondo la Corte costituzionale – non poteva direttamente applicare la norma comunitaria (facendola prevalere su quella statale successiva), ma doveva sollevare una questione di costituzionalità della norma statale, giacché questa, disponendo in contrasto con la precedente norma comunitaria, concretizza una violazione dell'art. 11 Cost.

Questo nuovo esito della giurisprudenza costituzionale lasciava comunque aperto il contrasto con la Corte di giustizia che continuava ad affermare il primato della norma comunitaria sia posteriore che anteriore rispetto a quella statale senza dover passare per il giudizio di costituzionalità (v. sent. 9 marzo 1978, n. 106/77, *Simmenthal*). Il contrasto si risolve con la sent. n. 170 del 1984 con cui la Corte costituzionale, riconoscendo che *l'ordinamento comunitario e quello statale «sono configurati come autonomi e distinti, ancorché coordinati, secondo la ripartizione di competenza stabilita e garantita dal trattato»*, dichiara che le antinomie scaturenti dal contrasto fra norme statali e antecedenti norme comunitarie vanno risolte mediante la «disapplicazione» del diritto interno contrastante con quello comunitario. Pertanto, ogni giudice (ma anche ogni operatore giuridico), in caso di contrasto fra norma statale e norma comunitaria (oggi europea), deve applicare quest'ultima e non applicare la norma interna.

La Corte costituzionale, che già nella sent. n. 183 del 1973 aveva affermato il carattere inderogabile dei principi fondamentali dell'ordinamento costituzionale italiano e dei diritti inalienabili della persona umana (delineando così la ***dottrina dei «controlimiti»***, indicandosi con tale espressione i principi basilari dell'ordinamento italiano che non possono essere oggetto di quelle «limitazioni di sovranità» giustificate dall'art. 11 Cost.), nella pronuncia del 1984 ribadisce tale limite inderogabile ed afferma la propria competenza ad intervenire nel caso di lesione di tali limiti (ed oggetto della relativa pronuncia costituzionale sarà la legge di ratifica del trattato nella parte in cui consente l'ingresso nel nostro ordinamento della norma lesiva dei principi fondamentali della Costituzione).

La **direttiva europea** necessita, per produrre effetti all'interno dello Stato membro, di un atto di recepimento da parte dello Stato da adottare entro il termine previsto dalla stessa direttiva. Le specifiche modalità di attuazione sono rimesse alla disciplina interna di ogni singolo Stato. Fino agli anni Ottanta del secolo scorso l'Italia ha detenuto il deplorevole primato di Stato maggiormente inadempiente nel recepimento delle direttive comunitarie. Con la legge n. 86 del 1989 (c.d. legge «La Pergola», dal nome del ministro promotore) è stato istituito un procedimento annuale che prende l'avvio con la presentazione, da parte del governo, alle Camere di un disegno di legge destinato ad adeguare la normativa italiana all'ordinamento comunitario (e dunque non solo recepimento delle direttive, ma anche attuazione delle pronunce della Corte di giustizia, ecc.). La legge approvata prendeva il nome di «*legge comunitaria*» proprio per il fine cui era indirizzata, costituito appunto dall'adempimento dei vincoli comunitari. La legge n. 86 del 1989 è stata abrogata ed interamente riscritta dalla legge n. 11 del 2005 che, pur ribadendo l'impianto della legge n. 86 del 1989, aveva in particolare disciplinato l'intervento delle Regioni nella determinazione delle posizioni che lo Stato assume a livello comunitario. Le regioni possono dare applicazione o attuazione diretta agli atti dell'Unione europea (art. 117, comma 5, Cost.), ma lo Stato può sostituirsi alle regioni inadempienti per l'attuazione di vincoli comunitari (art. 120, comma 2, Cost.). Da ultimo la materia è disciplinata dalla legge n. 234 del 2012 (v. *infra*).

La Corte di giustizia ha riconosciuto che, in caso di inadempienza da parte del singolo Stato nel recepimento di una direttiva comunitaria, questa possa produrre i propri effetti quando la stessa contenga disposizioni sufficientemente dettagliate e non ponga meri obiettivi (c.d. direttive *self-executing* o auto-applicative), quale garanzia minima a vantaggio dei cittadini.

La Corte di giustizia (con sentenza del 19 novembre 1991, n. cause riunite C-6/90 e C-9/90) ha affermato che la mancata attuazione di direttive comunitarie determina la responsabilità civile dello Stato inadempiente per danni arrecati a singoli.

Nel caso di specie due Pretori (di Vicenza e di Bassano del Grappa) avevano proposto questioni pregiudiziali sull'interpretazione della direttiva 80/987/Cee, concernente il ravvicinamento delle legislazioni degli Stati membri relative alla tutela dei lavoratori subordinati in caso di insolvenza del datore di lavoro. La direttiva 80/987 era diretta a garantire ai lavoratori dipendenti un minimo di tutela in caso di insolvenza del datore di lavoro, stabilendo garanzie specifiche per il pagamento di loro crediti non pagati relativi alla retribuzione. In base alla direttiva, gli Stati membri erano tenuti a emanare le disposizioni entro il termine del 23 ottobre 1983. L'inadempimento della Repubblica italiana (sent. 2 febbraio 1989, Commissione/Italia, causa 22/87) era già stato accertato dalla Corte di giustizia. Nei processi pendenti dinanzi ai due pretori si discuteva: a) in un caso il dipendente di un'impresa, che aveva ricevuto solo acconti sporadici sulla propria retribuzione, aveva proposto ricorso dinanzi al Pretore che aveva condannato l'impresa al pagamento di una somma di circa 6 milioni di lire, ma nel corso del processo di esecuzione, l'ufficiale giudiziario aveva redatto un verbale di pignoramento infruttuoso e pertanto il dipendente aveva fatto valere il diritto di ottenere dallo Stato italiano le garanzie previste dalla direttiva 80/987 o, in via subordinata, un indennizzo; b) nell'altro caso 34 lavoratrici dipendenti di una società dichiarata fallita erano creditrici di una somma di oltre 253 milioni di lire. Oltre cinque anni dopo il fallimento, nulla era stato loro corrisposto e il curatore del fallimento aveva fatto loro sapere che una ripartizione, anche parziale, in loro favore era assolutamente improbabile. Di conseguenza, le ricorrenti hanno adìto il giudice chiedendo che la Repubblica italiana, alla luce dell'obbligo ad essa incombente di applicare la direttiva 80/987, fosse condannata a corrispondere loro gli importi ad esse spettanti a titolo di retribuzioni arretrate o, in mancanza, a versare loro un indennizzo. I pretori hanno dunque sottoposto alla Corte di giustizia le seguenti questioni pregiudiziali: «*In forza del sistema di diritto comunitario vigente può il privato che sia stato leso dalla mancata attuazione da parte dello Stato della direttiva 80/987 … pretendere l'adempimento da parte dello Stato delle disposizioni in essa contenute che siano sufficientemente precise ed incondizionate invocando direttamente, nei confronti dello Stato membro inadempiente, la normativa comunitaria per ottenere le garanzie che lo Stato stesso doveva assicurare e comunque rivendicare il risarcimento dei danni subiti relativamente alle disposizioni che non godono di tale prerogativa?*». Ed inoltre «*stabilisca la Corte qual è la garanzia minima che lo Stato deve assicurare ai sensi della direttiva 80/987 al lavoratore … in modo che la quota di retribuzione a quest'ultimo dovuta possa considerarsi attuazione della direttiva stessa*».

In merito all'efficacia diretta delle disposizioni della direttiva che definiscono i diritti dei lavoratori, la Corte di giustizia ricorda che «*in tutti i casi in cui le disposizioni di una direttiva appaiono … incondizionate e sufficientemente precise, tali disposizioni possono essere richiamate, in mancanza di provvedimenti d'attuazione adottati entro i termini, per opporsi a qualsiasi disposizione di diritto interno non conforme alla direttiva, ovvero in quanto siano atte a definire diritti che i singoli possono far valere nei confronti dello Stato*». In merito alle disposizioni della direttiva 80/987, la Corte ritiene che le stesse, nel definire i diritti dei lavoratori, sono incondizionate e sufficientemente precise per quanto riguarda la determinazione dei beneficiari (lavoratori subordinati), ma non in merito al contenuto di tale garanzia e al soggetto tenuto alla garanzia giacché, secondo la direttiva, «*Gli Stati fissano le modalità di organizzazione di finanziamento e di funzionamento degli organismi di garanzia nel rispetto, in particolare, dei seguenti principî: a) il patrimonio degli organismi dev'essere indipendente dal capitale di esercizio dei datori di lavoro …; b) i datori di lavoro devono contribuire al finanziamento, a meno che quest'ultimo non sia integralmente assicurato dai pubblici poteri*». Per la Corte il risultato che la direttiva prescrive è la garanzia del pagamento ai lavoratori dei crediti non pagati in caso di insolvenza del datore di lavoro. Però lo Stato membro dispone di un'ampia discrezionalità quanto all'organizzazione, al funzionamento e al finanziamento degli organismi di garanzia. Ma il fatto che la direttiva conceda agli Stati membri una certa discrezionalità per quanto concerne i metodi di fissazione di questa garanzia non pregiudica il carattere preciso e incondizionato del risultato prescritto. Pertanto lo Stato è tenuto alla garanzia per non aver adottato, entro il termine prescritto, i necessari provvedimenti di attuazione. Quindi, «*anche se le disposizioni controverse della direttiva sono sufficientemente precise e incondizionate per quanto riguarda la determinazione dei beneficiari della garanzia e il contenuto della garanzia stessa, questi elementi non sono suffi-*

cienti perché i singoli possano far valere tali disposizioni dinanzi ai giudici nazionali. Infatti, da un lato, queste disposizioni non precisano l'identità di chi è tenuto alla garanzia, e, dall'altro, lo Stato non può essere considerato debitore per il solo fatto di non aver adottato entro i termini i provvedimenti di attuazione». E dunque gli interessati non possono far valere i relativi diritti di credito nei confronti dello Stato «in mancanza di provvedimenti di attuazione adottati entro i termini».

Il punto centrale (ed innovativo) di tale pronuncia è rappresentato dal problema della responsabilità dello Stato per danni derivanti dalla violazione degli obblighi ad esso incombenti in forza del diritto comunitario.

La Corte di giustizia era infatti chiamata a stabilire se uno Stato membro sia tenuto a risarcire i danni derivanti ai singoli dalla mancata attuazione di una direttiva. La Corte riconosce che si «*pone così il problema dell'esistenza e della portata di una responsabilità dello Stato per danni derivanti dalla violazione degli obblighi che ad esso incombono in forza del diritto comunitario*». E questo problema «dev'essere esaminato alla luce del sistema generale del trattato e dei suoi princìpi fondamentali». Sul principio della responsabilità dello Stato, il trattato Cee «*ha istituito un ordinamento giuridico proprio, integrato negli ordinamenti giuridici degli Stati membri e che si impone ai loro giudici, i cui soggetti sono non soltanto gli Stati membri, ma anche i loro cittadini e che, nello stesso modo in cui impone ai singoli degli obblighi, il diritto comunitario attribuisce loro dei diritti che entrano a far parte del loro patrimonio giuridico; questi diritti insorgono non solo nei casi in cui il trattato espressamente li menziona, ma anche in relazione agli obblighi che il trattato impone ai singoli, agli Stati membri o alle istituzioni comunitarie (v. sentt. 5 febbraio 1963, Van Gend en Loos, causa 26/62; 15 luglio 1964, Costa, causa 6/64)*». Inoltre è costante la giurisprudenza comunitaria nel riconoscere che «*è compito dei giudici nazionali incaricati di applicare ... le norme del diritto comunitario, garantire la piena efficacia di tali norme e tutelare i diritti da esse attribuiti ai singoli (v. in particolare sent. 9 marzo 1978,* Simmenthal, *punto 14 della motivazione, causa 106/77; sent. 19 giugno 1990,* Factortame, *punto 19 della motivazione, causa C-213/89)*». Infatti «*sarebbe messa a repentaglio la piena efficacia delle norme comunitarie e sarebbe infirmata la tutela dei diritti da esse riconosciuti se i singoli non avessero la possibilità di ottenere un risarcimento ove i loro diritti siano lesi da una violazione del diritto comunitario imputabile ad uno Stato membro*».

La Corte specifica che la possibilità di risarcimento a carico dello Stato membro «*è particolarmente indispensabile qualora ... la piena efficacia delle norme comunitarie sia subordinata alla condizione di un'azione da parte dello Stato e, di conseguenza, i singoli, in mancanza di tale azione, non possono far valere dinanzi ai giudici nazionali i diritti loro riconosciuti dal diritto comunitario*». **È dunque inerente al sistema comunitario il principio della responsabilità dello Stato per danni causati ai singoli da violazioni del diritto comunitario e ad esso imputabili** e le condizioni in cui la responsabilità dello Stato fa sorgere un diritto a risarcimento «*dipendono dalla natura della violazione del diritto comunitario che è all'origine del danno provocato*».

E qualora uno Stato membro violi l'obbligo di adottare tutti i provvedimenti necessari a conseguire il risultato prescritto da una direttiva, «*la piena efficacia di questa norma di diritto comunitario esige che sia riconosciuto il diritto al risarcimento ove ricorrano tre condizioni*»:

1. il risultato prescritto dalla direttiva deve implicare l'attribuzione di diritti a favore dei singoli;
2. il contenuto di tali diritti deve poter essere individuato sulla base delle disposizioni della direttiva;
3. l'esistenza di un nesso di causalità tra la violazione dell'obbligo a carico dello Stato e il danno subìto dai soggetti lesi.

«*Tali condizioni* – afferma la Corte – *sono sufficienti per far sorgere a vantaggio dei singoli un diritto ad ottenere un risarcimento, che trova direttamente il suo fondamento nel diritto comunitario*». Ed «*è nell'ambito delle norme del diritto nazionale relative alla responsabilità che lo Stato è tenuto a riparare le conseguenze del danno provocato. Infatti, in mancanza di una disciplina comunitaria, spetta all'ordinamento giuridico interno di ciascuno Stato membro designare il giudice competente a stabilire le modalità procedurali dei ricorsi giurisdizionali intesi a garantire la tutela dei diritti spettanti ai singoli in forza del diritto comunitario (v. sentt. 22 gennaio 1976, Russo, causa 60/75; 16 febbraio 1976, Rewe, causa 33/76; 7 luglio 1981, Rewe, causa 158/80)*».

Nel caso di specie, accertata la violazione del diritto comunitario da parte di uno Stato membro a seguito della mancata attuazione entro i termini della direttiva 80/987, riscontrato che il risultato prescritto da tale direttiva comporta l'attribuzione ai lavoratori subordinati del diritto ad una garanzia per il pagamento di loro crediti non pagati relativi alla retribuzione, la Corte di giustizia dichiara che «*spetta al giudice nazionale garantire, nell'ambito delle norme di diritto interno relative alla responsabilità, il diritto dei lavoratori ad ottenere il risarcimento dei danni che siano stati loro provocati a seguito della mancata attuazione della direttiva*». La questione va pertanto risolta nel senso che «*1. Le disposizioni della direttiva del consiglio 20 ottobre 1980, n. 80/987/Cee devono essere interpretate nel senso che gli interessati non possono far valere tali diritti nei confronti dello Stato dinanzi ai giudici nazionali in mancanza di provvedimenti di attuazione adottati entro i termini.* ***Uno Stato membro è tenuto a risarcire i danni derivanti ai singoli della mancata attuazione della direttiva 80/987/Cee***».

Con questa sentenza la Corte di giustizia ha statuito il principio per il quale gli Stati membri sono tenuti a risarcire i danni causati ai singoli dalle violazioni del diritto comunitario ad essi imputabili. Pertanto ciascuno Stato membro è tenuto a risarcire i danni derivanti dalla mancata attuazione delle direttive ed in tal modo il singolo cittadino, al quale la direttiva non recepita assegni precisi diritti, può chiedere al giudice nazionale il risarcimento del danno subito. In precedenza, allo scopo di assicurare «l'efficacia» delle direttive comunitarie, era stata riconosciuta la capacità delle disposizioni della direttiva non attuata di essere immediatamente operanti anche in assenza di un atto formale di ricezione da parte degli Stati nazionali (c.d. *applicazione diretta delle direttive*). La Corte di giustizia riteneva però tale possibilità subordinata al possesso, da parte delle disposizioni comunitarie in questione, delle caratteristiche di sufficiente precisione e di mancanza di formali condizioni alla loro recezione (Corte giust. 22 febbraio 1990, causa 221/88; Corte giust. 11 luglio 1991, *Verholen e altri*, causa C-87-89/90). Nel caso di specie la Corte di giustizia ritiene che le disposizioni della direttiva non potessero fondare una garanzia diretta dei diritti soggettivi degli interessati assegnando la direttiva ai singoli Stati un ampio margine di discrezionalità in merito all'organizzazione, funzionamento e finanziamento dell'istituzione chiamata ad assicurare tutela ai lavoratori delle imprese fallite. In merito al diritto al risarcimento nei confronti dello Stato inadempiente, i giudici comunitari avevano già riconosciuto episodicamente l'esistenza ("eventuale") del diritto a chiedere il risarcimento dei danni causati dalla violazione degli impegni comunitari. Nella sentenza *Francovich* la Corte di giustizia (rifacendosi ai principi utilizzati in altre "storiche" pronunzie: *Van Gend en Loos* e *Costa/Enel*) dichiara che è compito del giudice nazionale assicurare la piena efficacia del diritto comunitario e proteggere le posizioni giuridiche soggettive dei singoli (v. già sentt. 9 marzo 1978, causa 106/77 *Simmenthal*, e 19 giugno 1990, causa C-213/89 *Factortame*). La Corte afferma così esplicitamente il principio innovativo per cui lo Stato membro deve risarcire i danni causati ai singoli dalle violazioni del diritto comunitario imputabili allo Stato medesimo. È però necessario che la direttiva inattuata attribuisca ai singoli cittadini diritti il cui contenuto sia chiaramente posto dalla direttiva medesima e deve sussistere un nesso di causalità tra l'inadempimento dello Stato (mancata attuazione della direttiva), e il danno subìto dal soggetto leso. Inoltre, nello "schema" creato dalla Corte di giustizia, l'esercizio dell'azione di responsabilità avviene secondo le regole (e dunque a livello) del singolo diritto nazionale benché il diritto al risarcimento del danno subito trovi fondamento nel diritto comunitario.

Sull'incidenza delle norme europee sul riparto costituzionale delle competenze va ricordata la sent., Corte cost. n. 126 del 1996. Nel caso di specie le Province autonome di Trento e Bolzano avevano impugnato, in sede di controllo di costituzionalità, il d.lgs. 17 marzo 1995, n. 220 ("*Attuazione degli artt. 8 e 9 del reg. Cee n. 209 del 1991 in materia di produzione agricola ed agro-alimentare con metodo biologico*"), adottato in base ad una delega contenuta nella legge comunitaria 1993, in quanto invasivo, sotto molteplici aspetti, della competenze ad esse attribuite dai relativi Statuti, in materia di agricoltura e di commercio. Secondo la Corte costituzionale: «*Che la normativa statale non tanto interferisca con l'esercizio delle competenze costituzionalmente assegnate alle Province ricorrenti, ma addirittura ne sottragga loro una porzione, non è ... dubitabile. Ma il giudizio sulla legittimità di tale normativa non può esaurirsi nella predetta constatazione, dovendosi allargare all'esame delle conseguenze che, sui rapporti di competenza tra lo Stato e le Province autonome e, più in generale, le Regioni, discendono dall'esistenza di una normativa comunitaria che – come quella in questione – richiede la predisposizione di strutture, procedure e competenze decisorie attuative, nell'ambito di ciascuno Stato membro*». Riconosciuta la validità del principio per cui la partecipazione al processo di integrazione europea obbliga il nostro Paese a coordinare con l'ordinamento comunitario la propria struttura costituzionale fondamentale (*«della quale fa parte integrante la struttura regionale dello Stato»*), la Corte individua in tale «necessario coordinamento» un «equilibrio» così sintetizzato: *«L'attuazione negli Stati membri delle norme comunitarie deve tener conto della struttura (accentrata, decentrata, federale) di ciascuno di essi, cosicché l'Italia è abilitata, oltre che tenuta dal suo stesso diritto costituzionale, a rispettare il suo fondamentale impianto regionale. Pertanto, ove l'attuazione o l'esecuzione di una norma comunitaria metta in questione una competenza legislativa o amministrativa spettante a un soggetto titolare di autonomia costituzionale, non si può dubitare che (come affermato dalla giurisprudenza di questa Corte, fin dalla sent. n. 304 del 1987), normalmente, ad esso spetti agire in attuazione o in esecuzione, naturalmente entro l'ambito dei consueti rapporti con lo Stato e dei limiti costituzionalmente previsti nelle diverse materie di competenza regionale (e provinciale): rapporti e limiti nei quali lo Stato è abilitato all'uso di tutti gli strumenti consentitigli, a seconda della natura della competenza regionale (e provinciale), per far valere gli interessi unitari di cui esso è portatore»*. E giacché è lo Stato ad essere responsabile *«dell'attuazione del diritto comunitario nell'ordinamento interno»*, allo Stato deve riconoscersi *«una competenza "di seconda istanza", volta a consentire ad esso di non trovarsi impotente di fronte a violazioni del diritto comunitario determinate da attività positive o omissive dei soggetti dotati di autonomia costituzionale. Gli strumenti consistono non in avocazioni di competenze a favore dello Stato, ma in interventi repressivi o sostitutivi e suppletivi ... rispetto a violazioni o carenze nell'attuazione o nell'esecuzione di norme comunitarie»*. Pertanto, *«in deroga a quanto detto circa il rispetto del quadro costituzionale interno delle competenze, le norme comunitarie possono legittimamente prevedere ... forme attuative di sé medesime e quindi normative statali derogatrici di tale quadro della normale distribuzione costituzionale delle competenze interne, salvo il rispetto dei principi costituzionali fondamentali e inderogabili»*.

Con riguardo alle ***procedure legislative***, l'art. 289 Tfue distingue la *procedura legislativa ordinaria* (consistente nella "adozione congiunta di un regolamento, di una direttiva o di una decisione da parte del Parlamento europeo e del Consiglio su proposta della Commissione" secondo la procedura definita dall'art. 294 Tfue) dalla *procedura legislativa speciale* (utilizzabile nei casi specifici previsti dai Trattati, ed in cui l'adozione di un regolamento, di una direttiva o di una decisione avviene da parte del Consiglio con la partecipazione del Parlamento europeo).

L'*iniziativa legislativa* (sia per la procedura ordinaria che per quelle speciali) spetta sempre alla Commissione europea, anche se in alcuni casi specifici (previsti dai Trattati) l'iniziativa può provenire da un gruppo di Stati membri o dal Parlamento europeo, su raccomandazione della Banca centrale europea o su richiesta della Corte di giustizia o della Banca europea per gli investimenti.

Nella ***procedura legislativa ordinaria*** (chiamata anche di "*codecisione*") il Consiglio decide insieme al Parlamento europeo. Tale procedura è utilizzata per la gran parte delle politiche europee concernendo i settori in cui l'Unione ha competenza esclusiva o concorrente con gli Stati membri. La procedura legislativa ordinaria si apre con la trasmissione, da parte della Commissione, della proposta sia al Consiglio che al Parlamento europeo. Il testo deve essere infatti esaminato contemporaneamente dal Consiglio e dal Parlamento europeo e la posizione finale del Consiglio non può essere adottata finché il Parlamento non abbia espresso il proprio parere "in prima lettura" (l'esame del testo è infatti definito "lettura" e si possono avere fino a tre letture prima che il Consiglio e il Parlamento approvino o respingano una proposta legislativa). In attesa della posizione in prima lettura del Parlamento, il Consiglio può adottare un "orientamento generale" (che è accordo politico) che spesso ha la funzione di accelerare la procedura legislativa (facilitando un accordo tra Consiglio e Parlamento perché fornisce a quest'ultimo un'indicazione sulla posizione del Consiglio).

Le ***procedure legislative speciali*** (che possono essere utilizzate dal Consiglio solo in determinati settori) si distinguono in *"procedura di approvazione"* (in cui il Parlamento europeo ha il potere di accettare o respingere una proposta legislativa con votazione a maggioranza assoluta, ma non la può modificare) e in *"procedura di consultazione"* (in cui il Parlamento europeo può approvare o respingere una proposta legislativa, o proporre emendamenti). Se nella procedura di approvazione al Parlamento europeo residua solo un potere di veto, nella procedura di consultazione il Consiglio è tenuto solo ad acquisire il parere del Parlamento europeo (potendo anche distaccarsi dal relativo contenuto) prima dell'adozione dell'atto legislativo. In questa procedura (che si applica in vari settori fra cui quello relativo al mercato interno e alle norme in materia di concorrenza) il Parlamento adotta un parere (che può essere di approvazione o di bocciatura di una proposta legislativa o anche di proposta di emendamenti) che il Consiglio non è giuridicamente obbligato a seguire, ricadendo sullo stesso solo il dovere di acquisizione di tale parere prima dell'adozione dell'atto legislativo. Deve riscontrarsi che in entrambe le procedure speciali il ruolo del Parlamento europeo è limitato ed il Consiglio viene a svolgere, di fatto, il ruolo di legislatore, giacché il Parlamento europeo viene chiamato semplicemente a dare la propria approvazione o ad essere consultato in merito ad una proposta legislativa elaborata e discussa dal Consiglio. Nei casi previsti dai trattati, gli atti legislativi possono essere adottati su iniziativa di un gruppo di Stati membri o del Parlamento europeo, su raccomandazione della Banca centrale europea o su richiesta della Corte di giustizia o della Banca europea per gli investimenti.

Un atto legislativo può delegare alla Commissione il potere di adottare atti non legislativi di portata generale che integrano o modificano determinati elementi non essenziali dell'atto legislativo. Gli atti legislativi delimitano esplicitamente gli obiettivi, il contenuto, la portata e la durata della delega di potere. L'atto legislativo delegante deve comunque disciplinare gli elementi essenziali dell'ambito oggetto di delega, i quali dunque non possono essere oggetto di delega di potere. Gli atti legislativi fissano esplicitamente le condizioni cui è soggetta la delega, che possono essere le seguenti: a) il Parlamento europeo o il Consiglio possono decidere di revocare la delega; b) l'atto delegato può entrare in vigore soltanto se, entro il termine fissato dall'atto legislativo, il Parlamento europeo o il Consiglio non sollevano obiezioni.

L'art. 288 Tfue, oltre a i regolamenti e alle direttive, pone anche la «*decisione*» tra le fonti vincolanti del diritto europeo, definendola «*obbligatoria in tutti i suoi elementi*» e precisando che qualora la decisione designi i destinatari, la stessa «*è obbligatoria solo nei confronti di questi*». La decisione si connota quale *atto di natura provvedimentale, a portata individuale (indirizzata a soggetti privati o a Stati membri), mediante il quale le istituzioni europee applicano al caso concreto le disposizioni normative dell'ordinamento europeo*. Se la direttiva si rivolge solo agli Stati membri, la decisione può indirizzarsi ad ogni categoria di soggetti giuridici dell'Unione e (sempre a differenza della direttiva) la decisione è direttamente applicabile all'interno di ogni ordinamento nazionale. La Corte di giustizia ha specificato che la decisione «*si impone a tutti gli organi dello Stato destinatario*» e pertanto «*le giurisdizioni nazionali devono astenersi dall'applicare ogni disposizione interna … la cui attuazione sarebbe suscettibile di ostacolare l'esecuzione di una decisione*» (sent. 21 maggio 1987, n. 249/85). Infatti le disposizioni di una decisione «*hanno efficacia immediata nei rapporti tra gli Stati membri e dei singoli, in quanto esse producono nei confronti di questi ultimi diritti che i giudici nazionali hanno il dovere di tutelare, allorché dette disposizioni impongono agli Stati membri un obbligo assoluto e sufficientemente chiaro e preciso*» (Corte giust., sent. 12 dicembre 1990, C-100/89 e C-101/89; 10 novembre 1992, C-156/91).

Un utilizzo della decisione quale atto normativo (indirizzato a tutti gli Stati membri) si è avuto soprattutto per l'introduzione di disposizioni di dettaglio (o di norme esecutive di regolamenti o direttive) o di norme procedurali o organizzative riguardanti organismi dell'Unione europea (Mediatore, tribunali specializzati) o accordi internazionali, ecc. I nuovi trattati assegnano alla decisione la funzione di strumento normativo generale, nei previsti ambiti, delle istituzioni europee.

4. L'adeguamento dell'ordinamento italiano all'ordinamento europeo

In merito al recepimento nell'ordinamento italiano delle norme e dei vincoli europei, dopo aver ribadito (v. *supra*, par. 3) la diretta applicabilità delle norme dei regolamenti europei (e, a determinate condizioni, anche di alcune norme poste da direttive e per questo definite *self executing*), va ricordato che sul finire degli anni Ottanta del secolo scorso, per far fronte al ritardo cronico che il nostro Paese accusava nel recepimento delle direttive comunitarie, venne approvata la legge n. 86 del 1989, la quale istituiva un procedimento annuale (di iniziativa governativa) volto all'approvazione di una legge (c.d. *legge comunitaria*) avente la funzione di adeguare annualmente l'ordinamento italiano ai vincoli provenienti dall'ordinamento europeo (allora comunitario): dal recepimento di direttive all'esecuzione di pronunce della Corte di giustizia o di decisioni della Commissione. Tale recepimento avveniva mediante: a) attuazione diretta (in tali casi era la stessa legge comunitaria ad introdurre la nuova normativa o a modificare o abrogare le norme interne preesistenti in contrasto con la normativa comunitaria); b) attuazione mediante delega legislativa (con riguardo alla maggior parte – se non alla totalità – delle direttive da recepire, la legge comunitaria conferiva a tal fine al governo il potere di adottare decreti legislativi delegati; v. *infra*, cap. V); c) attuazione con atti regolamentari (era prevista la possibilità di recepire norme comunitarie mediante regolamenti governativi in virtù del meccanismo della delegificazione; v. *infra*, cap. V).

La legge n. 86 del 1989 è stata abrogata dalla legge n. 11 del 2005 che ha mantenuto l'impianto della legge n. 86 del 1989 (riproducendone numerose norme) adeguandola alle modifiche costituzionali introdotte dalla legge cost. n. 3 del 2001 con riguardo alla suddivisione di competenze fra Stato e Regioni.

In seguito anche la legge n. 11 del 2005 è stata abrogata dalla legge 24 dicembre 2012, n. 234 (“*Norme generali sulla partecipazione dell'Italia alla forma-*

zione e all'attuazione della normativa e delle politiche dell'Unione europea"), la quale ha introdotto una riforma organica (tale legge si compone di ben 61 articoli) della disciplina sia della c.d. «*fase ascendente*» (e cioè delle norme che regolano la partecipazione dell'Italia alle decisioni che portano alla formazione della normativa europea), sia della c.d. «*fase discendente*» (e cioè delle norme che regolano l'attuazione in Italia delle normative europee). Questo secondo aspetto (e cioè il recepimento delle normative europee) è disciplinato dagli artt. 29-41 concernenti gli adempimenti degli obblighi derivanti dall'appartenenza dell'Italia all'Unione europea. La legge n. 234 del 2012 ha fatto venir meno la «legge comunitaria» che è sostituita da due distinte tipologie di provvedimenti:

– la **legge di delegazione europea**, che contiene le disposizioni di delega necessarie per il recepimento delle direttive e che il governo presenta alle Camere entro il 28 febbraio di ogni anno;

– la **legge europea**, che contiene le disposizioni che adeguano l'ordinamento interno a quello europeo e per la quale non è previsto un termine specifico di presentazione, essendo la stessa eventuale e non necessaria.

Lo strumento principale volto ad assicurare l'adeguamento dell'ordinamento nazionale a quello dell'Unione europea è dunque rappresentato dalla *legge di delegazione europea* la quale, a questo fine, conferisce le deleghe necessarie per il recepimento delle direttive europee. La legge n. 234 del 2012 precisa che la delega conferita con la legge di delegazione europea è volta unicamente all'attuazione degli atti da recepire, e pertanto deve ritenersi non ammissibile l'inserimento nella legge di delegazione europea di ogni ulteriore delega non direttamente riconducibile al recepimento degli atti legislativi europei (fatta salva la modifica o abrogazione di disposizioni vigenti limitatamente a quanto necessario per garantire la conformità dell'ordinamento ai pareri motivati o alle sentenze di condanna della Corte di giustizia). La *legge europea* invece contiene: le disposizioni modificative o abrogative di norme interne oggetto di procedure di infrazione o di sentenze della Corte di giustizia; quelle necessarie per dare attuazione agli atti dell'Unione europea ed ai Trattati internazionali conclusi dall'UE; le norme emanate nell'ambito del potere sostitutivo.

Con riguardo alla «fase ascendente», la legge n. 234 del 2012 prevede il consolidamento del raccordo tra Parlamento e Governo nella formazione della posizione italiana nei processi decisionali dell'UE, con la previsione sia di obblighi di informazione del Governo alle Camere, sia dell'obbligo del Governo di assicurare la coerenza delle posizioni assunte in sede europea con gli atti di indirizzo delle Camere. È inoltre previsto: a) l'intervento parlamentare per l'attivazione del c.d. "meccanismo del freno d'emergenza" (la normativa europea prevede che ogni Stato membro, in seno al Consiglio, su decisioni in materia di libera circolazione dei lavoratori, di politica estera e di sicurezza comune, di riconoscimento reciproco delle sentenze, possa chiedere che le stesse siano rimesse al Consiglio europeo) ove entrambe le Camere adottino un atto di indirizzo in tal senso, il rappresentante dell'Italia nel Consiglio è tenuto ad attivare il c.d. «freno di emergenza»; b) l'istituzione in ciascun Ministero di nuclei di valutazione degli atti dell'Unione europea, deputati a coordinare all'interno di ciascuna amministrazione la politica europea, la riforma della figura degli esperti nazionali distaccati ed il contestuale potenziamento della partecipazione delle regioni, delle province autonome e delle autonomie locali al processo di formazione degli atti dell'UE; c) la ridefinizione delle disposizioni in materia di contenzioso, con una disciplina dei ricorsi alla Corte di Giustizia e del diritto di rivalsa dello Stato nei confronti delle regioni e degli altri enti pubblici responsabili di violazioni; d) la sistematizzazione organica della materia degli aiuti di Stato.

5. La cittadinanza europea

Il Trattato di Maastricht ha istituito la **cittadinanza europea** (cittadinanza dell'Unione), quale *status* comune a tutti i cittadini degli Stati membri, che si affianca alla cittadinanza nazionale e che si concretizza in specifici diritti e doveri previsti nei trattati. I cittadini europei hanno, tra l'altro:

a) il diritto di circolare e di soggiornare liberamente nel territorio degli Stati membri;

b) il diritto di voto e di eleggibilità alle elezioni del Parlamento europeo e alle elezioni comunali nello Stato membro in cui risiedono, alle stesse condizioni dei cittadini dello Stato ospitante;

c) il diritto di godere, nel territorio di un paese terzo nel quale lo Stato membro di cui hanno la cittadinanza non è rappresentato, della tutela delle autorità diplomatiche e consolari di qualsiasi Stato membro, alle stesse condizioni dei cittadini di detto Stato;

d) il diritto di presentare petizioni al Parlamento europeo, di ricorrere al Mediatore europeo, di rivolgersi alle istituzioni e agli organi consultivi dell'Unione in una delle lingue dei trattati e di ricevere una risposta nella stessa lingua.

Alla formula iniziale utilizzata dal Trattato sull'Unione europea (secondo cui «È cittadino dell'Unione chiunque abbia la cittadinanza di uno Stato membro»), il Trattato di Amsterdam ha aggiunto che «*la cittadinanza dell'Unione costituisce un completamento della cittadinanza nazionale e non sostituisce quest'ultima*». La cittadinanza europea, dunque, presuppone la titolarità della cittadinanza nazionale essendo attribuita ai soggetti già cittadini di uno Stato membro. Tra queste due condizioni giuridiche, inoltre, è stabilito un rapporto di complementarità, mettendo così in discussione il carattere della esclusività tradizionalmente attribuito alla cittadinanza nazionale (espressione a sua volta della esclusività della sovranità degli Stati).

La cittadinanza europea è stata oggetto di diverse riflessioni dottrinali anche molto distanti fra loro. E così a chi nega carattere di novità della cittadinanza dell'Unione, in quanto «istituzione in realtà vuota», perché priva di concreto significato e poverissima di contenuti giuridici, si contrappongono quanti invece ritengono che ci si trovi di fronte ad un'importante conquista nel processo di integrazione europea, anche per la valenza simbolica ad essa ascrivibile. Il disegno di una cittadinanza europea è connesso al progetto di una integrazione tra gli Stati membri che, al di là della integrazione economica ed amministrativa, produca una identità politica. La vicenda dell'istituzione della cittadinanza europea rappresenta pertanto un progetto di integrazione politica, di costruzione di una identità europea nella coscienza politica dei cittadini dei Paesi dell'Unione (Pelagatti). È stato così evidenziato che l'istituzione della cittadinanza europea presenta caratteri di originalità rispetto all'esperienza storica nella quale la cittadinanza presuppone l'instaurazione di una comunità politica. L'istituzione della cittadinanza europea percorre invece un itinerario inverso giacché alla definizione di uno *status* di cittadino europeo corrisponde una realtà istituzionale in evoluzione. Ma la comparazione dell'istituto della cittadinanza europea con il tradizionale concetto giuridico di cittadinanza, come realizzatosi nell'esperienza dello Stato moderno, fa emergere delle basilari differenze che conducono ad interrogarsi se possa parlarsi di «vera cittadinanza», nel significato che tale formula ha assunto nell'esperienza storica. La cittadinanza viene infatti rappresentata come «vincolo di appartenenza» del singolo all'ordinamento statale, in base al quale lo Stato riconosce l'appartenenza ad esso delle persone fisiche attraverso appunto l'attribuzione alle stesse della qualità di cittadino. La cittadinanza dunque è uno *status* (cioè insieme di diritti e di doveri) conseguente alla relazione intercorrente tra il soggetto e la relativa comunità politica. Se questo è lo schema storicamente determinato del concetto di cittadinanza, deve riscontrarsi la difficoltà di utilizzazione di tale schema nei confronti della cittadinanza europea, la quale non sostituisce le cittadinanze nazionali, ma le presuppone e ne costituisce completamento. Pertanto la cittadinanza europea, presupponendo il possesso della cittadinanza nazionale, è conferita dagli Stati membri (c.d. carattere derivato della cittadinanza europea che confermerebbe la persistente dipendenza dell'ordinamento europeo da quello degli Stati membri). Si è anche parlato di un «sistema di cittadinanza duale», all'interno del quale la cittadinanza europea – che è cittadinanza di secondo grado – ha valore di completamento della cittadinanza nazionale. Infine si è affermato che l'introduzione della cittadinanza europea avrebbe carattere profondamente innovativo, giacché pone in discussione l'esclusività della cittadinanza nazionale (e conseguenzialmente si dovrebbe dedurre la riduzione ulteriore della sovranità degli Stati membri).

I diritti del cittadino europeo sono disciplinati nel Capo V della Carta dei diritti fondamentali dell'Unione europea al centro dei quali si colloca la **libertà di circolazione** e **soggiorno**, rispetto alla quale gli altri istituti possono essere raffigurati come ulteriori sviluppi. Ed effettivamente il diritto di circolare e di soggiornare liberamente nel territorio degli Stati membri rappresenta il presupposto per l'esercizio degli altri diritti che compongono la cittadinanza europea. Bisogna però ricordare che la libera circolazione delle persone all'interno degli Stati membri costituiva già nel Trattato di Roma una delle «quattro libertà» sul cui esercizio veniva basata l'edificazione di un mercato comune. E, in questo ambito, il diritto di libera circolazione si esplicava nella garanzia di ulteriori diritti: il diritto di uscire dal proprio Stato e di entrare e soggiornare in un altro Stato della Comunità per motivi di lavoro, l'esercizio del diritto di stabilimento, il diritto a non incontrare ostacoli burocratici alle frontiere, il diritto a non essere discriminati nell'esercizio delle libere professioni, e così via. Originariamente, dunque, la libertà in questione era concepita quale strumento per la realizzazione di finalità economiche da parte del singolo. Con l'istituzione dell'Unione europea – e, dunque, con l'affermazione di un progetto di integrazione politica europea – viene attribuito indistintamente un diritto di circolazione e soggiorno a tutti i cittadini europei, a prescindere dalla considerazione delle attività economiche. Ogni cittadino dell'Unione gode dunque del diritto di circolare e di soggiornare liberamente nel territorio degli Stati membri e questo diritto può essere accordato anche ai cittadini dei Paesi terzi che risiedono legalmente nel territorio di uno Stato membro.

Al cittadino europeo è inoltre attribuito il diritto di voto e di eleggibilità nello Stato in cui risiede con riguardo sia alle elezioni del Parlamento europeo che alle elezioni municipali. È questa un'importante estensione dei diritti politici dei cittadini europei, che registra e rafforza la mobilità dei cittadini fra i Paesi membri.

Il possesso della cittadinanza europea comporta una tutela diplomatica e consolare per cui ogni cittadino dell'Unione gode, nel territorio di un Paese terzo nel quale lo Stato membro di cui ha la cittadinanza non è rappresentato, della tutela delle autorità diplomatiche e consolari di qualsiasi Stato membro, alle stesse condizioni dei cittadini di tale Stato. Queste norme istituiscono una forma di protezione diplomatica reciproca fra gli Stati membri a tutela del cittadino europeo ed opera a livello dei Paesi extracomunitari.

L'ordinamento europeo assegna ai propri cittadini una serie di diritti quali:

– il diritto di presentare una petizione al Parlamento europeo;

– il diritto di rivolgersi al Mediatore dell'Unione, per casi di cattiva amministrazione nell'azione delle istituzioni o degli organi europei (salvo gli organi che esercitano funzioni giurisdizionali).

Il diritto di presentare petizioni può essere esercitato sia singolarmente, che in forma associata. Con la petizione, il Parlamento europeo è invitato a discutere sulla concreta applicazione di una determinata normativa, alla preparazione di pareri, ad esercitare pressioni su Stati membri, o a stimolare l'attività della Commissione. L'esito maggiore che una petizione può raggiungere è rappresentato dalla adozione di una risoluzione.

Il ***Mediatore dell'Unione*** riceve ricorsi per casi di cattiva amministrazione, ma può anche, di propria iniziativa, esperire indagini, nel rispetto dell'attività della Corte di giustizia. Il Mediatore, nell'ipotesi in cui rilevi casi di cattiva amministrazione, denuncia i medesimi all'autorità interessata, la quale ha a disposizione tre mesi per presentare il suo parere. L'attività di indagine del Mediatore non può essere condizionata da limitazioni poste all'accesso a fonti documentali. Dei casi oggetto di indagine, il Mediatore trasmette relazione al Parlamento europeo, nonché all'istituzione interessata al ricorso (il Mediatore dunque non adotta provvedimenti riguardo alle infrazioni denunciate con il ricorso).

Con l'introduzione della cittadinanza europea, gli individui sono assunti ad oggetto di considerazione da parte dell'ordinamento europeo e proprio la successiva adozione della Carta dei diritti fondamentali dell'Unione europea dimostra la «nuova dimensione» (oltre al valore simbolico) dell'ordinamento europeo. Infine non appare del tutto corretto concentrare l'analisi della cittadinanza europea nel confronto con i significati storicamente registrati dalla cittadinanza nazionale. Il procedimento storico di affermazione dell'Unione europea (unitamente ai caratteri della stessa) si pone in termini ben diversi da quelli degli ordinamenti statuali e pertanto anche i relativi confronti non appaiono utili. Bisogna invece muovere dalla considerazione che la comprensione delle dinamiche di sviluppo dell'Unione non può avvenire utilizzando gli schemi ed i concetti elaborati per l'affermazione dei modelli statuali.

A completamento del riconoscimento della cittadinanza europea si pone la ***Carta dei diritti fondamentali*** che con il Trattato di Lisbona acquista valore giuridico identico a quello dei trattati. Il Preambolo della Carta dei diritti fondamentali afferma che la dignità umana, insieme alla libertà, all'uguaglianza e alla solidarietà, costituisce uno dei valori «indivisibili ed universali» su cui si fonda l'Unione europea. Tali valori sono dichiarati «*comuni agli Stati membri in una società fondata sul pluralismo, sulla tolleranza, sulla giustizia, sulla solidarietà e sulla non discriminazione*». La Carta dei diritti fondamentali dell'Unione dispone, fra l'altro, l'inviolabilità della dignità umana, il diritto alla vita, il diritto alla integrità della persona, la proibizione della tortura e delle pene o trattamenti inumani o degradanti e la proibizione della schiavitù e del lavoro forzato.

La Carta dei diritti fondamentali, solennemente proclamata da Parlamento europeo, Consiglio e Commissione il 7 dicembre 2000 a Nizza, è rimasta per vari anni priva di una chiara veste giuridica (non essendo contenuta in alcun atto formale comunitario), finché il Trattato di Lisbona non ha previsto che la Carta ha lo stesso valore giuridico dei Trattati. L'art. 1 della Carta afferma che «*La dignità umana è inviolabile*» e che essa «*deve essere rispettata e tutelata*». Prima ancora, il Preambolo della Carta dichiara che l'Unione («*consapevole del suo patrimonio spirituale e morale*») trova il proprio fondamento nei «*valori indivisibili e universali di dignità umana, di libertà, di uguaglianza e di solidarietà*» (che rappresentano poi i primi quattro Capi della Carta, cui seguono quelli dedicati alla cittadinanza, alla giustizia e quello relativo alle disposizioni generali). Sempre nel Preambolo della Carta si esplicita che tale documento «riafferma» i diritti derivanti dalle «*tradizioni costituzionali*» dagli «*obblighi internazionali comuni agli Stati membri*», dalla Convenzione europea per la salvaguardia dei diritti dell'uomo e delle libertà fondamentali, dalle Carte sociali adottate dalla Comunità e dal Consiglio d'Europa, nonché «*i diritti riconosciuti dalla giurisprudenza*» sia della Corte di giustizia che della Corte europea dei diritti dell'uomo.

Il principio del rispetto della dignità umana è considerato un «valore centrale» in base al quale costruire l'intero quadro dei diritti e delle libertà costituzionalmente riconosciuti e garantiti Proprio con riferimento alle formulazioni di principio contenute nella Carta dei diritti fondamentali, si è affermato che esse («a cominciare dalla proclamazione dell'inviolabilità della dignità umana») sono così «dense di potenzialità» che è presumibile produrranno «un lungo itinerario di sviluppo», ma fin da ora può sostenersi che l'intero quadro della Carta spinge «a promuovere un'interpretazione dei diritti economici contenuti nei trattati, di per sé orientati al libero mercato, più equilibrata, in funzione di interessi generali riflessi nelle proclamazioni dei diritti sociali» (Zagrebelsky).

I Trattati istitutivi delle Comunità europee non facevano alcun riferimento alla «dignità umana» o ai diritti fondamentali, ma l'affermazione del principio della prevalenza del diritto comunitario su quello dei singoli Stati non poteva non comportare una riflessione volta ad individuare anche all'interno dell'ordinamento europeo solide garanzie di tutela dei diritti fondamentali. L'esplicita affermazione del principio del necessario rispetto dei diritti dell'uomo si è registrata compiutamente nell'ordinamento europeo solo con il Trattato di Amsterdam, ma in realtà tale esito è il risultato di un lungo processo che muove dalle tradizioni costituzionali degli Stati membri recepite nell'operato delle istituzioni comunitarie (fra cui va ricordata in particolare la giurisprudenza comunitaria). Anche alla luce di tali considerazioni si è sostenuto il «ruolo primario» della dignità umana nel processo di costituzionalizzazione europeo e «nel sistema dei diritti fondamentali».

L'art. 6, comma 1 del Tue dispone che l'Unione europea «*si fonda sui principi di libertà, democrazia, rispetto dei diritti dell'uomo e delle libertà fondamentali e dello stato di diritto*». Questo comma è stato introdotto con il Trattato di Amsterdam all'interno di un più ampio quadro di rafforzamento dei diritti fondamentali, fra cui va ricordato il potere del Consiglio (riunito nella composizione dei Capi di governo e deliberando all'unanimità – escluso lo Stato interessato – su proposta di un terzo degli Stati membri o della Commissione e previo parere conforme del Parlamento europeo e dopo aver invitato lo Stato membro a presentare osservazioni) di «*constatare l'esistenza di una violazione grave e persistente da parte di uno Stato membro dei principi di cui all'art. 6 par. 1*» e conseguentemente il Consiglio (a maggioranza qualificata) può decidere di sospendere alcuni dei diritti dello Stato membro. Pertanto il Trattato sull'Unione europea non si limita a porre una (sia pur solenne) affermazione di riconoscimento dei principi fondanti dell'Unione (libertà, democrazia, stato di diritto, rispetto dei diritti dell'uomo e delle libertà fondamentali), ma prevede anche appositi meccanismi di intervento nel caso in cui un singolo Stato ponga in essere una violazione «*grave e persistente*» dei medesimi o – ancor prima – quando vi sia una «*evidente rischio di violazione grave*» (c.d. procedura d'allarme). Inoltre il Trattato pone quale requisito per l'ingresso nell'Unione il rispetto dei principi sanciti nel par. 1 dell'art. 6 Tue.

Il comma 2 dell'art. 6 Tue dispone che l'Unione «*rispetta i diritti fondamentali quali sono garantiti dalla Convenzione europea per la salvaguardia dei diritti dell'uomo e delle libertà fondamentali firmata a Roma il 4 novembre 1950 e quali risultano dalle tradizioni costituzionali comuni degli Stati membri, in quanto principi generali del diritto comunitario*». Nei Trattati istitutivi delle Comunità europee non erano rintracciabili disposizioni volte esplicitamente alla tutela dei diritti fondamentali giacché anche le norme relative alla libera circolazione dei lavoratori o al divieto di discriminazione in base al sesso erano funzionali alla realizzazione del mercato comune, e solo in un secondo momento la Corte di giustizia, affermando che i diritti fondamentali, quali risultano dalle tradizioni costituzionali degli Stati membri e dalla Convenzione europea dei diritti dell'uomo, costituiscono «principi generali» dell'ordinamento comunitario, ha dichiarato la propria competenza a garantirne l'osservanza da parte di atti sia delle istituzioni comunitarie che degli Stati membri. Al riguardo la Corte di giustizia ha riconosciuto: il rispetto alla vita privata, alla vita familiare, il diritto ad una tutela giurisdizionale piena ed effettiva. Secondo la Corte il rispetto dei diritti dell'uomo costituisce una condizione di legalità degli atti comunitari.

L'art. 51 della Carta traccia l'ambito di applicazione della stessa ed il comma 2 di tale articolo dispone che la Carta «*non introduce competenze nuove o compiti nuovi per la Comunità e per l'Unione, né modifica le competenze e i compiti definiti dai trattati*». Di tale norma, dichiarativa della funzione ricognitiva della Carta è stato chiaramente evidenziato l'effetto «solo apparentemente tranquillizzante» in ragione della inevitabilità di un'applicazione delle disposizioni della Carta anche con riguardo a fattispecie e a diritti che trovano fondamento nelle costituzioni dei singoli Stati (Mangiameli).

La Carta pone infine norme di determinazione del «*livello di protezione*» garantita (giacché nessuna disposizione della Carta può essere interpretata «*come limitativa o lesiva dei diritti dell'uomo e delle libertà fondamentali*» ed in particolare di quelli riconosciuti dalla Conv. europea dei diritti dell'uomo) e di «*divieto dell'abuso di diritto*» (giacché nessuna disposizione della Carta può essere interpretata «*nel senso di comportare il diritto di esercitare un'attività o compiere un atto che miri alla distruzione dei diritti o delle libertà riconosciuti nella presente Carta o di imporre a tali diritti e libertà limitazioni più ampie di quelle previste*» dalla Carta stessa).

L'art. 1 della Carta dei diritti fondamentali esordisce con l'affermazione della inviolabilità della dignità umana che deve essere «*rispettata*» e «*tutelata*». L'inviolabilità della dignità umana comporta inoltre che in nessun caso il godimento di un diritto (benché sancito nella Carta) possa giustificare un pregiudizio alla dignità altrui in quanto «*la dignità della persona umana fa parte della sostanza stessa dei diritti sanciti nella Carta*». L'art. 2 della Carta dispone che «*Ogni individuo ha diritto alla vita*» e che «*Nessuno può esse-*

re condannato alla pena di morte, né giustiziato». L'art. 3 della Carta, relativo al diritto della persona alla propria integrità fisica e psichica, fa riferimento alla nuova frontiera di protezione della dignità umana in relazione ai c.d. «nuovi diritti» (o «di terza generazione») e ricomprende all'interno del diritto all'integrità della persona («*nell'ambito della medicina e della biologia*»):

a) il consenso libero e informato della persona interessata («*secondo le modalità definite dalla legge*»);

b) il divieto delle pratiche eugenetiche ed in particolare di quelle aventi come scopo la selezione delle persone;

c) il divieto di fare del corpo umano e delle sue parti in quanto tali una fonte di lucro;

d) il divieto della clonazione riproduttiva degli esseri umani.

In merito alla tutela dell'integrità fisica, la Corte di giustizia ha ritenuto che i prelievi di sangue costituiscano un pregiudizio all'integrità fisica dell'individuo e che pertanto possano essere eseguiti solo con l'esplicito consenso dell'interessato. A questo proposito la Corte di giustizia, nel riconoscere il diritto di una persona a tenere segreto il suo stato di salute, ha affermato che tale diritto è ricompreso nel più ampio diritto alla tutela della sfera privata che costituisce uno dei diritti fondamentali tutelati dall'ordinamento giuridico comunitario e derivante dalle tradizioni costituzionali comuni degli Stati membri.

L'art. 4 della Carta dispone che «*Nessuno può essere sottoposto a tortura, né a pene o trattamenti inumani o degradanti*». Tale disposizione ha portata identica a quello di cui all'art. 3 Conv. eur. dir. uomo, riguardo al quale la Corte europea dei diritti dell'uomo ha esplicitamente dichiarato che tale norma vieta la tortura e le pene o trattamenti inumani o degradanti «*in termini assoluti*» e quindi anche indipendentemente dal comportamento della vittima e non ammette nessuna deroga neanche in caso di pericolo pubblico che minacci la vita della nazione.

L'art. 5 della Carta (*"Proibizione della schiavitù e del lavoro forzato"*) dispone che «*Nessuno può essere tenuto in condizioni di schiavitù o di servitù*» e che «*Nessuno può essere costretto a compiere un lavoro forzato o obbligatorio*». *Il terzo (ed ultimo) paragrafo afferma che* «*è proibita la tratta degli esseri umani*».

Il richiamo alla dignità umana si rinviene spesso nella giurisprudenza della Corte di giustizia con riferimento alla tutela della libertà di circolazione dei lavoratori, riguardo alla quale la Corte ha più volte affermato la necessità che sia garantita a tutti i lavoratori una «*situazione obiettiva di libertà e dignità*» (ad es. con riguardo al diritto del lavoratore di farsi raggiungere dalla famiglia e che questa disponga di «*condizioni ottimali di integrazione*»). Spesso nella giurisprudenza della Corte vengono ritenute lesive della dignità umana le norme ed i provvedimenti ritenuti lesivi del principio di non discriminazione in base al sesso, alla razza, alla nazionalità o a opinioni politiche o religiose (al riguardo v. *infra*, cap. XIII).

6. L'integrazione monetaria e la difesa della stabilità dell'Euro

Fin dagli anni Sessanta si afferma la consapevolezza che l'integrazione delle politiche economiche degli Stati membri richiede l'avvicinamento anche della politica monetaria. Si cominciano così a registrare progetti volti al coordinamento delle politiche monetarie.

In questa prospettiva, il Consiglio europeo di Copenaghen (7-8 aprile 1978) adotta la decisione di creare il *Sistema Monetario Europeo* (Sme) le cui linee direttrici (dagli accordi di cambio al potenziamento del sostegno creditizio e finanziario fino alle misure di rafforzamento delle economie meno prospere) vengono fissate nel successivo Consiglio europeo di Brema. Con la Risoluzione del Consiglio europeo di Bruxelles del 5 dicembre 1978, viene istituito lo Sme la cui entrata in funzione si realizza il 1° marzo 1979 per tutti i paesi comunitari fatta eccezione per il Regno Unito.

Il Sistema Monetario Europeo (Sme) era fondato sull'Ecu (*European Currency Unit*) che era costituito da un paniere contenente le monete dei diversi paesi comunitari. Ogni moneta del sistema aveva un tasso centrale espresso in Ecu e sulla base di tale tasso centrale era determinata una griglia di parità bilaterali (cioè di ciascuna moneta nei confronti di ciascuna delle altre) con un possibilità di oscillazione del 2,25% (ma con possibilità anche di oscillazioni maggiori). L'esperienza dello Sme (che attraverserà una grave crisi negli anni 1992-1993 con l'uscita dal Sistema di alcune monete fra cui la lira italiana che vi rientrerà nel 1996) terminerà nel 1999 con l'adozione della moneta unica.

Con riguardo alla nascita dell'euro, va ricordato anche il *"Dossier sull'Unione economica e monetaria"*, presentato nel 1989 dalla Commissione Delors, in cui la realizzazione dell'Unione economica e monetaria è progettata in tre fasi: una fase preparatoria (a partire dal 1990) caratterizzata dalla convergenza delle politiche economiche degli Stati membri e finalizzata al completamento del mercato interno con il pieno funzionamento delle regole di concorrenza e con la piena liberalizzazione dei movimenti di capitale; una fase intermedia (a decorrere dal 1994) di attivazione del mercato interno e con un rafforzamento delle procedure di controllo delle politiche macroeconomiche e con la creazione di un sistema di banche centrali; in questo periodo si registra la nascita dell'Ime (Istituto Monetario Europeo) che fungerà da elemento di congiunzione con il Sistema europeo delle Banche centrali (Sebc) e con la Banca centrale europea (Bce, la cui nascita è del 1° gennaio 1999); la fase finale (dal 1° gennaio 1999) in cui al Consiglio è assegnato il potere di adottare decisioni vincolanti per i bilanci nazionali ed in cui, con la fissazione irrevocabile della parità tra le monete nazionali, si apre la strada al definitivo trasferimento alle istituzioni comunitarie della politica monetaria e dunque alla moneta unica.

Il Trattato di Maastricht, nel quale si ribadiscono, in relazione all'Unione economica e monetaria, le tre fasi appena ricordate, pone le condizioni per la partecipazione alla moneta unica:

– tasso di inflazione non superiore dell'1,5% di quello dei tre Paesi membri che detengono il più basso tasso di inflazione;

– debito pubblico non superiore al 60% del prodotto interno lordo (Pil);

– disavanzo di bilancio non superiore al 3% del Pil;

– tasso di interesse a lungo termine non superiore del 2% a quello medio dei tre Paesi con minor tasso di inflazione;

– rispetto da almeno due anni dei normali margini di fluttuazione previsti nei meccanismi di cambio dello Sme.

Il Consiglio europeo di Amsterdam del 16-17 giugno 1997 approva una piattaforma di intesa sul *Patto di stabilità e crescita* (poi recepito nei reg. 7 luglio 1997, nn. 1466 e 1467) in cui sono contenute misure preventive, destinate a porre "in allarme" uno Stato qualora questi si discosti dai criteri di convergenza fissati nel Trattato di Maastricht, e misure dissuasive consistenti in sanzioni (depositi infruttiferi) da infliggere agli Stati il cui deficit di bilancio superi il 3% (salvo che tale situazione non dipenda da circostanze eccezionali o per grave recessione economica).

L'**euro** è entrato in vigore 1° gennaio 1999 in undici degli (allora quindici) Stati membri dell'Unione cui si aggiunse la Grecia a partire dal 1° gennaio 2001. In questi primi dodici stati l'euro è entrato in circolazione il 1° gennaio 2002.

Negli anni successivi (a partire dal 2006) sono entrati a far parte della zona Euro anche la Slovenia, Malta, Cipro, Slovacchia, Estonia, Lettonia e Lituania. Le questioni connesse strettamente all'unione economica e monetaria vengono discusse da un organismo apposito (*Eurogruppo*, a cui partecipano solo i ministri delle finanze degli Stati membri dell'eurozona), che si riunisce informalmente prima delle riunioni dell'Ecofin.

La crisi finanziaria originatasi (2007-2008) nei mercati finanziari statunitensi, ma subito diffusasi in tutto il pianeta, ha coinvolto anche il debito pubblico dei Paesi dell'Unione Europea maggiormente esposti, con conseguenziali riflessi sulla tenuta della moneta unica.

Per far fronte a tale situazione vengono approvati:

1. il c.d. *Six Pack*: sei atti legislativi volti a rafforzare il Patto di stabilità e crescita e la sorveglianza in materia di squilibri macroeconomici: il reg. (UE) n. 1173 del 2011 del Parlamento europeo e del Consiglio, del 16 novembre 2011, relativo all'effettiva esecuzione della sorveglianza di bilancio nella zona euro; il reg. (UE) n. 1174 del 2011 del Parlamento europeo e del Consiglio, del 16 novembre 2011, sulle misure esecutive per la correzione degli squilibri macroeconomici eccessivi nella zona euro; reg. (UE) n. 1175 del 2011 del Parlamento europeo e del Consiglio, del 16 novembre 2011, che modifica il reg. (CE) n. 1466 del 1997 del Consiglio per il rafforzamento della sorveglianza delle posizioni di bilancio nonché della sorveglianza e del coordinamento delle politiche economiche; il reg. (UE) n. 1176 del 2011 del Parlamento europeo e del Consiglio, del 16 novembre 2011, sulla prevenzione e la correzione degli squilibri macroeconomici; il reg. (UE) n. 1177 del 2011 del Consiglio, dell'8 novembre 2011, che modifica il reg. (CE) n. 1467 del 1997 per l'accelerazione e il chiarimento delle modalità di attuazione della procedura per i disavanzi eccessivi; la direttiva 2011/85/UE del Consiglio, dell'8 novembre 2011, relativa ai requisiti per i quadri di bilancio degli Stati membri;

2. il *Patto "Europlus"*, approvato dal Capi di governo della zona euro nella riunione dell'11 marzo 2011, che impegna gli Stati membri dell'area euro a porre in essere interventi in materia di politica economica volti ad aumentare la produttività, mediante l'apertura dei servizi professionali e del commercio al dettaglio, il miglioramento dei sistemi di istruzione e la promozione della ricerca e dello sviluppo, l'innovazione e le infrastrutture, l'eliminazione degli oneri amministrativi e il miglioramento del quadro normativo per le Pmi; riforma del mercato del lavoro; sostenibilità del sistema pensionistico; coordinamento delle politiche fiscali.

In questi ultimi anni sono stati stipulati (in area UE ma non facenti parte dell'ordinamento europeo) il Trattato che istituisce il Meccanismo Europeo di Stabilità (volto alla istituzione di un "*meccanismo permanente di stabilità*" Mes o Esm, *European Stability Mechanism*, dell'area euro) ed il "Trattato sulla stabilità, il coordinamento e la *governance* nell'unione economica e monetaria" (c.d. *Fiscal Compact*).

Con riguardo al primo di tali Trattati, va innanzitutto ricordata la modifica all'art. 136 Tfue. A tale disposizione, contenente norme volte a rafforzare il coordinamento delle politiche di bilancio e delle politiche economiche degli Stati membri dell'area euro, è stato aggiunto (con decisione assunta dal Consiglio europeo del 24-25 marzo 2011, secondo la procedura semplificata di revisione dei trattati) il seguente paragrafo: «*Gli Stati membri la cui moneta è l'euro possono istituire un meccanismo di stabilità da attivare ove indispensabile per salvaguardare la stabilità della zona euro nel suo insieme. La concessione di qualsiasi assistenza finanziaria necessaria nell'ambito del meccanismo sarà soggetta a una rigorosa condizionalità*». Viene così introdotta, a livello di disciplina dei Trattati, una copertura al meccanismo di stabilità che opera su base interamente intergovernativa senza alcun intervento (né decisionale né consultivo) della Commissione europea o del Parlamento europeo e non è previsto alcun intervento diretto del bilancio dell'Unione (giacché la relativa assistenza finanziaria è assicurata dai contributi degli Stati partecipanti al Mes). Il Mes viene ad essere uno dei pilastri del nuovo sistema di *governance* economica europea.

Una prima versione del trattato istitutivo del Mes è stata firmata (dagli Stati membri della zona euro) l'11 luglio 2011, ma, in ragione del contenuto del *Fiscal Compact* (v. *infra*) e dell'esigenza di rafforzare il meccanismo in ragione delle tensioni sui mercati finanziari, il 2 febbraio 2012 è stato firmato un nuovo Trattato. Il **Mes** è una *organizzazione finanziaria internazionale*, con sede in Lussemburgo, che opera nel quadro del diritto pubblico internazionale e che ha l'obiettivo di «*mobilizzare risorse finanziarie e fornire un sostegno alla stabilità*». A questo fine il Mes ha il potere di raccogliere fondi mediante l'emissione di strumenti finanziari o la conclusione di intese o accordi finanziari con i propri membri, istituzioni finanziarie o terzi. Il Mes è guidato dal *Consiglio dei governatori* (composto da un componente per ciascuno Stato e, in qualità di osservatori, dal Commissario europeo agli affari economici, dal Presidente dell'Eurogruppo e dal Presidente della Bce) ed opera mediante il consiglio di amministrazione (che svolge i compiti specifici delegati dal Consiglio dei governatori) ed un Direttore generale (nominato per cinque anni, rinnovabili una sola volta) che presiede le riunioni del consiglio di amministrazione e partecipa alle riunioni del Consiglio dei governatori.

Il *"Trattato sulla stabilità, il coordinamento e la governance nell'unione economica e monetaria"* (c.d. ***Fiscal Compact***), firmato a margine del Consiglio europeo dell'1-2 marzo 2012 (il cui contenuto in gran parte riproduce o specifica obiettivi o vincoli già posti dal c.d. *Six Pack*, e dal Patto *Europlus*), è un trattato negoziato e stipulato al di fuori del quadro istituzionale dell'Unione europea, nel quale gli Stati contraenti concordano un "patto di bilancio" (*Fiscal Compact*) allo scopo di rafforzare il coordinamento delle politiche economiche e di promuovere la *governance* economica dell'eurozona, in modo da supportare gli obiettivi della crescita sostenibile, dell'occupazione, della competitività e della coesione sociale. Le disposizioni del *Fiscal Compact* si applicano e si interpretano «*in conformità con i Trattati dell'UE*», in particolare con il principio di leale cooperazione.

Gli Stati contraenti si impegnano ad introdurre con norme vincolanti e a carattere permanente («*preferibilmente di tipo costituzionale*») le seguenti regole: a) il bilancio dello Stato in pareggio o in attivo; b) il disavanzo strutturale dello Stato deve essere pari all'obiettivo a medio termine specifico per Paese come stabilito dal Patto di stabilità con un deficit che non ecceda lo 0,5% del Pil; c) gli Stati contraenti possono temporaneamente deviare dall'obiettivo a medio termine o dal percorso di aggiustamento solo nel caso di circostanze eccezionali e che abbiano rilevanti ripercussioni sulla situazione finanziaria della pubblica amministrazione, oppure in periodi di grave recessione («*a patto che tale disavanzo non infici la sostenibilità di bilancio a medio termine*»); d) qualora il rapporto debito pubblico/Pil risulti significativamente inferiore alla soglia del 60%, il deficit può essere superiore allo 0,5%, ma non può eccedere il limite dell'1% del Pil; e) nel caso di deviazioni significative dal valore di riferimento (o dal percorso di aggiustamento), lo Stato deve attivare un "meccanismo di correzione automatica", che preveda l'obbligo di attuazione, entro un termine temporale, delle misure volte a correggere la deviazione; f) qualora il rapporto debito pubblico/Pil superi la soglia del 60%, lo Stato si impegna a ridurlo mediamente di 1/20 all'anno.

L'esistenza di un disavanzo eccessivo dovuto alla inosservanza del criterio del debito viene attestata mediante le procedure previste dall'art. 126 Tfue. Lo Stato sottoposto ad una procedura per disavanzo eccessivo deve concordare con la Commissione europea e con il Consiglio un programma di partenariato economico e di bilancio (comprendente una dettagliata descrizione delle riforme strutturali che si intendono attuare per sanare la situazione di deficit eccessivo) sottoposto all'approvazione della Commissione europea e del Consiglio, chiamati anche a monitorare l'attuazione di tale programma nell'ambito delle procedure di sorveglianza previste dal Patto di stabilità.

Nel marzo 2020, in ragione dell'emergenza Covid-19, la Commissione europea ha deciso di attivare la clausola (c.d. *General Crisis Clause*) che sospende l'operatività dei parametri del Fiscal compact. Nel luglio 2020 il Consiglio europeo, in ragione sempre della «*natura eccezionale della situazione economica e sociale dovuta alla crisi COVID-19*» ha adottato «*misure eccezionali a sostegno della ripresa e della resilienza delle economie degli Stati membri*». Muovendo dal "pacchetto" presentato dalla Commissione a fine maggio, il Consiglio europeo ha affermato che il *Quadro finanziario pluriennale 2021-2027* (QFP 2021-2027), rafforzato da *Next Generation EU*, sarà il principale strumento europeo per la realizzazione del "*Piano per la ripresa europea*", per l'attuazione del quale la Commissione è autorizzata a contrarre prestiti sui mercati dei capitali «*fino a 750 miliardi di euro*» (e tale attività di assunzione di prestiti deve cessare al più tardi alla fine del 2026) «*al solo scopo di far fronte alle conseguenze della crisi COVID-19*». Tale importo potrà essere usato per erogare prestiti, fino a 360 miliardi di euro, e per spese, fino a 390 miliardi. Il calendario dei rimborsi è fissato («*secondo il principio della sana gestione finanziaria*») fino al 31 dicembre 2058 (con rimborsi del capitale non superiori al 7,5% dell'importo massimo di 390 miliardi di euro per spese). Il 70% delle sovvenzioni erogate deve essere impegnato negli anni 2021 e 2022 ed il restante 30% entro la fine del 2023. Il volume massimo dei prestiti per ciascuno Stato membro non supererà il 6,8% del suo Reddito Nazionale Lordo. Ogni Stato membro è chiamato a preparare il proprio "*Piano Nazionale per la ripresa e la resilienza*" in cui definisce il programma di riforme e investimenti per il periodo 2021-2023. Ogni Piano nazionale è sottoposto alla valutazione della Commissione (che valuta la coerenza con le raccomandazioni specifiche per Paese, nonché il rafforzamento del potenziale di crescita, la creazione di posti di lavoro, la resilienza sociale ed economica dello Stato membro, il contributo alla transizione verde e digitale) per poi essere approvata dal Consiglio («*a maggioranza qualificata su proposta della Commissione*»). La valutazione positiva delle richieste di pagamento è infine subordinata al soddisfacente conseguimento degli obiettivi intermedi e finali.

Nota bibliografica

AA.VV., *Annuario 1999*, a cura dell'AIC, Padova, 1999; AA.VV., *La Costituzione europea*, Padova, 2000; AA.VV., *L'ordinamento europeo*, a cura di S. Mangiameli, voll. I e II, Milano, 2005-2006; R. ADAM-A. TIZZANO, *Lineamenti di diritto dell'Unione europea*, Torino, 2008; C. AMIRANTE, *Unioni sovranazionali e riorganizzazione costituzionale dello Stato*, Torino, 2001; V. ANGIOLINI, *Carta dei diritti dell'Unione europea e diritto costituzionale: incertezze apparenti e problemi veri*, in *Dir. pubbl.*, 2001, 934 s.; G. BERTI, *Democrazia, pluralismo e sistema economico (le costituzioni e l'Unione europea)*, in *Jus*, 1997, 101 ss.; F. CERRONE, *La cittadinanza europea: integrazione economica e identità*, in *Pol. dir.*, 2000, 4 ss.; C. CURTI GIALDINO, *Tribunale della funzione pubblica dell'Unione europea*, in *Enc. giur. Treccani, Agg.*, vol. XVI, Roma, 2009; ID., *Corte di giustizia dell'Unione europea*, in *Enciclopedia giuridica Treccani, Aggiornamento*, vol. XVIII, Roma, 2010; F.G. FERRARI, *Diritti fondamentali dopo la Carta di Nizza. Il costituzionalismo dei diritti*, Milano, 2001; G.G. FLORIDIA, «*Nell'intenzione dell'artista, a gli occhi degli abitanti*» *(osservazioni sulla «Dichiarazione dei diritti» di Nizza)*, in *Dir. pubbl. comp. ed eur.*, 2001, 168 s.; P. HÄBERLE, *Cultura dei diritti e diritti della cultura nello spazio costituzionale europeo*, Milano, 2003; V. LIPPOLIS, *La cittadinanza europea*, Bologna, 1994; ID., *La cittadinanza europea dopo il Trattato di Amsterdam*, in *Rass. parl.*, 1999, 2 ss.; M. LUCIANI, *Riflessioni minime sulla Carta europea dei diritti fondamentali*, in *Dir. pubbl.*, 2001, 173 s.; G. MAMMARELLA-P. CACACE, *Storia dell'integrazione europea*, Roma-Bari, 2005; G.F. MANCINI, *Democrazia e costituzionalismo nell'Unione europea*, Bologna, 2004; S. MANGIAMELI, *La Carta dei diritti fondamentali dell'Unione europea*, in *Riv. it. dir. pubbl. comm.*, 2001, 176 s.; S. PANUNZIO (a cura di), *I diritti fondamentali e le Corti in Europa*, Napoli, 2005; S.P. PANUNZIO-E. SCISO (a cura di), *Le riforme istituzionali e la partecipazione dell'Italia all'Unione europea*, Milano, 2002, 83 ss.; G. PELAGATTI, *La cittadinanza europea*, in F. POLITI, *Temi di diritto dell'Unione europea*, Torino, 2005; A. PIZZORUSSO, *Il patrimonio costituzionale europeo*, Bologna, 2002; F. POLITI, *Temi di diritto dell'Unione europea*, IV ed., Torino, 2019; ID., *Diritto costituzionale dell'Unione Europea*, Torino, 2018; P. RIDOLA, *Diritti di libertà e costituzionalismo*, Torino, 1997; ID., *La Carta dei diritti fondamentali dell'Unione europea e le tradizioni costituzionali comuni degli Stati membri*, in *Le riforme istituzionali e la partecipazione dell'Italia all'Unione europea*, a cura di S.P. Panunzio, E. Sciso, Milano, 2002, 83 ss.; ID., *La Carta dei diritti fondamentali dell'Unione europea e lo sviluppo storico del costituzionalismo europeo*, in AA.VV., *La Carta europea dei diritti*, a cura di P. Costanzo, Genova, 2002; ID., *Die kulturgeschichtlichen Grundlagen der gemeineuropäischen Verfassungsüberlieferungen*, in *Verfassung im Diskurs der Welt. Liber amicorum für Peter Häberle zum siebzigsten Geburtstag*, 2003; ID., *I diritti di cittadinanza, il pluralismo ed il «tempo» dell'ordine costituzionale europeo. Le tradizioni costituzionali comuni e l'identità culturale europea in una prospettiva storica*, in *Diritto romano attuale*, n. 9, 2003, 130; ID., *Diritto comparato e diritto costituzio-*

nale europeo, Torino, 2010; M. SICLARI (a cura di), *Contributi allo studio della Carta dei diritti fondamentali dell'Unione europea*, Torino, 2003; A. TIZZANO (a cura di), *Trattati dell'Unione europea*, Milano, 2014; J.H.H. WEILER, *La costituzione dell'Europa*, Bologna, 2003; G. ZAGREBELSKY (a cura di), *Diritti e Costituzione nell'Unione europea*, Bari-Roma, 2003; J. ZILLER, *Il nuovo Trattato europeo*, Bologna, 2007.

Capitolo Quinto

LE FONTI DEL DIRITTO

Sezione Prima – CONCETTI GENERALI. 1. Fonti di produzione e fonti di cognizione. Le norme di riconoscimento. – 2. I criteri di risoluzione delle antinomie. L'abrogazione. – 3. L'interpretazione. – 4. Principio di legalità e riserva di legge.
Sezione Seconda – FONTI DI GRADO COSTITUZIONALE. 5. La Costituzione. – 6. Legge costituzionale e legge di revisione della Costituzione. – 7. Gli Statuti delle Regioni ad autonomia speciale.
Sezione Terza – FONTI DI GRADO PRIMARIO. 8. La legge ordinaria. – 9. La delega legislativa. – 10. Il decreto-legge. – 11. Le leggi di amnistia e indulto. – 12. Il referendum abrogativo. – 13. I regolamenti parlamentari. – 14. Lo statuto regionale. – 15. La legge regionale.
Sezione Quarta – FONTI EUROPEE. 16. Il sistema delle fonti europee. Rapporti fra norme europee e norme statali.
Sezione Quinta – FONTI DI GRADO SECONDARIO. 17. La potestà regolamentare. Il ruolo del principio di legalità. – 18. Il potere regolamentare del governo. La delegificazione. – 19. Il potere normativo degli enti locali. – 20. La potestà normativa della pubblica amministrazione. I regolamenti delle autorità amministrative indipendenti.
Sezione Sesta – GLI USI. 21. La consuetudine. – *Nota bibliografica*.

Sezione Prima – CONCETTI GENERALI

1. Fonti di produzione e fonti di cognizione. Le norme di riconoscimento

Con l'espressione «**fonti del diritto**» si indicano tutti quegli *atti* o *fatti a cui un determinato ordinamento riconosce la capacità di produrre norme giuridiche*. Da questa definizione è agevole dedurre innanzitutto la *relatività del concetto di fonte del diritto*: è tale solo quel fatto o atto cui l'ordinamento stesso riconosce la capacità di produrre norme valide per l'intero ordinamento. Si sta parlando delle c.d. *fonti di produzione*, cioè di quei fatti e atti abilitati dall'ordinamento a creare «diritto oggettivo», e perciò «normativi», nel senso di produzione e modificazione di norme costitutive del diritto positivo (Crisafulli). Con l'espressione «*fonti di cognizione*» si fa invece riferimento a quegli atti scritti aventi lo scopo di assicurare la conoscibilità del diritto vigente. **Le fonti di cognizione** costituiscono dunque gli strumenti mediante i quali è possibile venire a conoscenza delle fonti di produzione. La *Gazzetta Ufficiale della Repubblica italiana* è la più importante delle fonti di cognizione ufficiali del nostro ordinamento.

Riguardo alla **pubblicazione degli atti normativi**, il d.p.r. n. 1092 del 1985 (*"Testo unico delle disposizioni sulla promulgazione delle leggi, sulla emanazione dei decreti del Presidente della Repubblica e sulle pubblicazioni ufficiali della Repubblica italiana"*) prevede che debbano essere pubblicati sulla *Gazzetta Ufficiale della Repubblica italiana* le leggi costituzionali, le leggi ordinarie, i decreti aventi forza di legge, i decreti (del Presidente della Repubblica, del Presidente del Consiglio dei Ministri, ministeriali, dei comitati interministeriali) «strettamente necessari per l'applicazione di atti aventi forza di legge e che abbiano contenuto normativo», gli accordi internazionali, le sentenze di accoglimento della Corte costituzionale. Gli atti normativi statali, dopo essere stati controfirmati, sono trasmessi al ministro della giustizia il quale appone il proprio «visto» ed il sigillo dello Stato. Il ministro può sottrarsi a tale compito se «incontra qualche difficoltà riguardo alla forma esteriore della legge ovvero al tenore del decreto, della delibera o dell'altro atto» normativo. In questo caso il ministro comunica tale «difficoltà» al Presidente del Consiglio nel caso di una legge, o al ministro competente per gli altri tipi di atti. La pubblicazione legale degli atti normativi statali è dunque quella che avviene sulla *Gazzetta Ufficiale*, mentre l'inserimento dell'atto normativo nella *Raccolta ufficiale degli atti normativi della Repubblica* costituisce una ripubblicazione degli stessi.

Le ***fonti sulla produzione*** sono quelle fonti che determinano gli organi deputati nel nostro ordinamento a produrre norme e le procedure di formazione delle stesse. Con riguardo alle fonti di grado costituzionale e di grado primario (v. *infra*, par. 2), le "fonti sulla produzione" sono contenute nella Costituzione (es. art. 70 ss. Cost.).

Dalla distinzione fra «atti» e «fatti» (entrambi ricomprensibili nel più ampio *genus* dei "fatti giuridici in senso lato", quali fatti produttivi di effetti giuridici) discende la divisione delle fonti in ***"fonti-atto"*** (*atti normativi posti in essere da soggetti determinati nell'esplicazione di uno specifico potere normativo loro assegnato*) e ***"fonti-fatto"*** (*fatti normativi, fatti che producono norme che vengono assunte dall'ordinamento nella loro oggettività*).

La formula «*fonti del diritto*» è espressa, nel nostro diritto positivo, nell'art. 1 disp. prel. cod. civ., la cui elencazione (leggi, regolamenti e usi) non può ritenersi esaustiva sia perché contenuta in una fonte di grado primario (e quindi non costituzionale), sia perché già gli articoli immediatamente successivi (artt. 2 e 3 disp. prel. cod. civ.) introducono un'ulteriore tipologia di fonti consistente nelle «leggi di carattere costituzionale». Con questa espressione il codice civile (che è del 1942) fa riferimento a quella categoria di leggi («legge costituzionale»), introdotta nell'ordinamento italiano con la riforma del 1928, per l'approvazione delle quali era richiesto il parere del Gran Consiglio del Fascismo (v. *supra*, cap. III). Nell'ordinamento repubblicano «legge costituzionale» è invece l'atto approvato secondo il procedimento previsto e disciplinato dall'art. 138 Cost. (v. *infra*, par. 6). È La Costituzione il documento fondamentale da cui deve muovere ogni ricostruzione del quadro delle fonti del diritto nel nostro ordinamento. Ed è dunque dalla Costituzione che bisogna trarre l'assetto fondamentale del sistema delle fonti, giacché la Costituzione, oltre ad essere essa stessa una fonte (*rectius*, la fonte posta al vertice del sistema costituzionale), disciplina tutte le fonti di grado primario, i rapporti intercorrenti fra le stesse e la possibilità di ingresso nell'ordinamento di fonti di tipo diverso.

Da più parti viene evidenziata la necessità di un nuovo e diverso approccio al sistema delle fonti e, prima ancora, al concetto stesso di *"fonte del diritto"* la cui nozione, come trasmessa dalla dogmatica tradizionale, finisce per essere mera espressione di una visione potestativa del diritto e che tende ad identificare quest'ultimo quasi esclusivamente nella legge. Il pluralismo istituzionale, l'incidenza dell'ordinamento europeo e la crisi dell'istituzione parlamentare costituiscono solo alcune delle numerose ragioni che inducono a ritenere in crisi il tradizionale concetto di «fonte del diritto», giacché gli strumenti concettuali elaborati dalla dogmatica tradizionale si mostrano poco utili per comprendere la realtà. E, proprio nell'analisi delle fonti del diritto, deve ribadirsi la necessità di un approccio non formalistico caratterizzato invece da una «apertura» nei confronti dei vari percorsi che conducono alla «identificazione del diritto da applicare in concreto», rifuggendo dai dogmatismi e ponendo specifica attenzione alle argomentazioni addotte, ai criteri di interpretazione seguiti, ai criteri di riconoscimento applicati (Cervati). Ed è proprio in questa impostazione che è stata elaborata ed avanzata la proposta di utilizzazione dell'espressione (diffusa nella letteratura angloamericana) di ***«norme di riconoscimento»*** (Giuliani) con riferimento appunto alle *regole di individuazione del diritto vigente*, cioè del diritto applicato ai singoli casi e che assume significati diversi nel tempo.

Alessandro Giuliani ha messo in luce come sia stato il positivismo codicistico a far radicare non solo il principio secondo cui la volontà del legislatore costituirebbe l'unica norma di riconoscimento per il giudice, ma anche il dogma secondo cui i principi regolanti il sistema delle fonti (e che mirano ad assicurare la «certezza del comando») discenderebbero da «canoni di una logica invariabile» (quale, ad esempio, il valore del principio della prevalenza della *lex posterior*). L'analisi storica dimostra invece che le codificazioni civili del XIX secolo hanno raccolto tali principi dalla dottrina dei *principia iuris* (o *leges legum*) elaborata dalla teologia giuridica del XVI secolo in antitesi alla opposta tradizione delle *regulae iuris* propria del nostro diritto comune. Quest'ultimo era caratterizzato dall'assenza di una «coerente dottrina delle fonti» e dalla precarietà della gerarchia normativa. Le norme di riconoscimento venivano individuate dalla dottrina e dalla giurisprudenza come tutte le norme (sostanziali e processuali) finalizzate al momento dell'applicazione. Si deve invece all'elaborazione teologico-giuridica del XVI secolo la determinazione dei concetti che saranno secolarizzati dal positivismo codicistico e trasmessi come principi immutabili relativi alla nascita, alla modificazione, estinzione ed applicazione delle norme giuridiche. La contrapposizione è dunque fra le «norme di riconoscimento» del diritto comune (in cui centrale è il ruolo del giudice nella individuazione e determinazione della norma da applicare) e l'impostazione di tipo illuministico che vede nel titolo preliminare al codice civile la sede ove fissare in maniera definitiva norme (anch'esse di riconoscimento, ma) aventi valore assoluto, meccanico ed automatico ed in cui il ruolo del giudice è declassato a quello di mero funzionario chiamato ad applicare senza margine alcuno di discrezionalità quanto stabilito dal legislatore.

Da queste considerazioni emerge l'importanza del ritorno all'uso del concetto di «**norma di riconoscimento**», categoria da utilizzare volutamente in senso ampio (secondo l'insegnamento di Giuliani) per indicare la problematicità del rapporto esistente tra conoscenza e diritto, problematica «oscurata ma non risolta da una concezione imperativistica, secondo cui la volontà del legislatore è l'unica norma di riconoscimento» (Giuliani; v. *supra*, par. 4, cap. I).

2. I criteri di risoluzione delle antinomie. L'abrogazione

La molteplicità delle fonti esistenti nell'ordinamento impone la necessità della individuazione di criteri volti a risolvere le **antinomie** (cioè, *i contrasti fra norme*) che inevitabilmente si producono in ragione della continua capacità delle fonti di produrre norme. È compito dell'interprete risolvere le antinomie, individuando la norma da applicare al caso concreto. L'ordinamento giuridico, quale sistema coerente ed unitario di norme, richiede **criteri** volti appunto alla **risoluzione delle antinomie**. Nel nostro ordinamento operano i seguenti criteri: gerarchico, cronologico e della competenza.

Secondo il **criterio gerarchico**, *la norma prodotta da una fonte di grado superiore prevale sulla norma prodotta da una fonte di grado inferiore*. Questo criterio presuppone l'esistenza di una scala gerarchica fra le diverse fonti del diritto. Nel nostro ordinamento la piramide gerarchica vede al vertice la Costituzione e le leggi di grado costituzionale (*fonti di grado costituzionale*); al livello immediatamente inferiore si rinvengono la legge e gli atti aventi forza e valore di legge (*fonti di grado primario*); al livello ulteriormente inferiore vi sono le *fonti di grado secondario* (che, al proprio interno, possono avere ulteriori graduazioni); infine al livello più basso vi è la consuetudine. Il rapporto che intercorre fra norma di grado superiore e norma di grado inferiore è un rapporto di validità/invalidità e pertanto la norma di grado inferiore contrastante con altra di grado superiore è invalida e l'effetto che ne consegue è quello dell'annullamento della norma di grado inferiore invalida. Differenti possono essere gli organi competenti a dichiarare l'invalidità (e dunque l'annullamento) della norma di grado inferiore: spetta alla Corte costituzionale pronunciarsi sulla incostituzionalità della legge e degli atti aventi forza di legge (contrasto fra fonti di grado primario e fonti di grado costituzionale; v. *infra*, cap. XI), mentre spetta al giudice amministrativo annullare l'atto normativo di grado secondario in contrasto con una norma di grado primario (v. *infra*, cap. IX, par. 6).

In caso di contrasto fra *norme di pari grado* è necessario far ricorso al **criterio cronologico** (*lex posterior derogat priori*) in base al quale *la norma successiva abroga la precedente* e l'**abrogazione** (che costituisce l'effetto proprio di tale criterio) è l'istituto giuridico che regola la successione nel tempo delle norme di pari grado. L'abrogazione non determina l'invalidità o l'annullamento della norma abrogata e nemmeno la scomparsa della stessa dall'ordinamento. Infatti l'abrogazione non determina l'eliminazione della norma abrogata, la quale continua ad essere presente nell'ordinamento quale regola delle situazioni sorte durante il tempo in cui la stessa era vigente. *L'abrogazione non estingue la norma,* *ma ne delimita la sfera materiale di efficacia, e quindi l'applicabilità, ai fatti verificatisi sino ad un certo momento del tempo*. L'abrogazione incide sulla legge abrogata giacché la rende da fonte originariamente riferibile ad una serie indefinita di fatti futuri a fonte di una norma riferibile solo ad una serie definita di fatti passati. Evidente è pertanto la profonda differenza che intercorre fra l'abrogazione e l'annullamento di una norma, giacché quest'ultimo presuppone un vizio di validità della norma annullata e consegue ad una pronuncia di un organo dotato di apposita competenza; inoltre l'effetto abrogativo (come detto) opera *pro futuro* mentre l'annullamento produce sempre un effetto retroattivo (sia pure con forme e modalità differenti).

L'abrogazione della norma preesistente opera *ex nunc* (da ora), cioè dal momento di entrata in vigore della norma successiva. L'art. 11 delle disp. prel. cod. civ. dispone che «*La legge non dispone che per l'avvenire: essa non ha effetto retroattivo*». Il principio per cui ogni nuova norma non operi che *pro futuro* risponde ad un principio di giustizia e di civiltà giuridica dal momento che ognuno determina il proprio comportamento in base alla norma vigente (conosciuta e conoscibile) nel momento di realizzazione del comportamento medesimo. E l'introduzione di una norma in un momento successivo rispetto alla realizzazione dei relativi comportamenti cozza con il generale sentimento di giustizia giacché in questo modo chi pone la norma conosce già *ex ante* i soggetti che va a premiare (o a sanzionare). Bisogna inoltre aggiungere che l'espressione «*legge*» (contenuta nell'art. 11 disp. prel. cod. civ.) deve essere intesa come riferita a qualsiasi atto normativo.

L'esperienza quotidiana ci dimostra però l'esistenza di **leggi retroattive** chiamate a disciplinare e a porre nuove regole per fatti già realizzatisi. La Costituzione pone espressamente il ***divieto di leggi retroattive in materia penale*** (art. 25 Cost. «*nessuno può essere punito se non in forza di una legge entrata in vigore prima del fatto commesso*»), mentre nelle altre materie la Corte costituzionale (cercando di limitare l'arbitrio del legislatore) ha affermato che la Costituzione non ha posto un divieto assoluto di retroattività della legge (non penale), ma la norma retroattiva non può porsi in contrasto con il principio di eguaglianza e con il principio di separazione dei poteri (per quanto riguarda le fonti di grado secondario, il principio posto dall'art. 11 disp. prel. cod. civ. rappresenta invece un limite invalicabile pena l'illegittimità della norma medesima). Pertanto deve riconoscersi che è la stessa fonte a disporre della data della propria entrata in vigore, data che può essere successiva alla (data di) pubblicazione dell'atto normativo, può coincidere con tale data o essere addirittura anteriore (caso della legge retroattiva); naturalmente solo le fonti di grado primario possono essere retroattive, non potendo le fonti secondarie derogare a quanto disposto dall'art. 11 disp. prel. cod. civ.

Con riguardo alle ***leggi retroattive***, nonché alle ***leggi di interpretazione autentica*** (leggi cioè in cui è lo stesso legislatore ad indicare la portata di una determinata disposizione legislativa, leggi sotto la quale veste spesso si ammantano leggi retroattive – giacché il legislatore assegna ex post un determinato significato alla disposizione in questione – o che si rivelano necessariamente dotate di retroattività), la Corte costituzionale riconosce che «*il legislatore può conferire efficacia retroattiva alle sue disposizioni, salvo che non superi i limiti derivanti dal divieto posto dall'art. 25 Cost. per la materia penale o da altri specifici disposti costituzionali, quali, per esempio, quello dell'art. 3 Cost.*». Di conseguenza, ove tali limiti siano rispettati, «*è indifferente che il legislatore disponga l'operatività di una legge anche per il passato, anziché mediante un'apposita norma, mediante un diverso strumento, quale è, come nella specie, l'autodefinizione di interpretazione autentica*» (sent. n. 36 del 1985). La legge di interpretazione autentica infatti non si distingue dalla legge innovativa con efficacia retroattiva, essendo anch'essa innovativa (v. sent. n. 118 del 1957) e naturalmente retroattiva, e non interferisce, di per sé, con la sfera riservata al potere giudiziario (Corte cost., sent. n. 123 del 1988). La Corte ha inoltre ripetutamente negato l'illegittimità della legge tributaria retroattiva se la capacità contributiva permanga al momento dell'imposizione del prelievo (v. sentt. nn. 44 del 1966, 75 del 1969, 143 del 1982). Già nella sent. n. 118 del 1957 la Corte ha affermato che «*Né è esatto che la vigente Costituzione escluda la possibilità di leggi interpretative, e in quanto tali retroattive. Manca nella Carta costituzionale qualsiasi limitazione di ordine generale al riguardo. Si tratta, del resto, di un istituto comunemente ammesso da altri ordinamenti statali, che posseggono i caratteri di Stato di diritto e di Stato democratico. Né è esatto che l'emanazione di leggi interpretative incida necessariamente sul principio della divisione dei poteri, interferendo necessariamente nella sfera del potere giudiziario. Non diversamente dalle altre leggi, anche la legge interpretativa innova all'ordine legislativo preesistente: il* quid novi *che essa introduce in tale ordine consiste nell'attribuire a certe norme anteriori un significato obbligatorio per tutti (con conseguente esclusione di ogni altra possibile interpretazione). Altra è la funzione del potere giudiziario: la quale consiste nella adozione di decisioni vincolate all'ordinamento normativo. Il fatto della emanazione di una legge interpretativa non rappresenta dunque, di per sé sola, una interferenza nella sfera del potere giudiziario. È certo comunque che non può esser considerata lesiva di tale sfera una legge interpretativa che rispetti i giudicati ... e non appaia mossa dall'intento di interferire nei giudizi in corso*». Secondo la Corte «*Il principio generale della irretroattività delle leggi* – attualmente enunciato nell'art. 11 disp. prel. cod. civ. – *rappresenta un'antica conquista della nostra civiltà giuridica. Esso però non è mai assurto nel nostro ordinamento alla dignità di norma costituzionale; né vi è stato elevato dalla vigente Costituzione, se non per la materia penale ... Per le materie diverse da quella penale, l'osservanza del tradizionale principio è dunque rimessa – così come in passato – alla prudente valutazione del legislatore, il quale peraltro – salvo estrema necessità – dovrebbe a esso attenersi, essendo, sia nel diritto pubblico che in quello privato, la certezza dei rapporti preferiti (anche se non definiti in via di giudicato, transazione, ecc.) uno dei cardini della tranquillità sociale e del vivere civile. Con ciò non si vuole escludere che in singole materie, anche fuori di quella penale, l'emanazione di una legge retroattiva possa rivelarsi in contrasto con qualche specifico precetto costituzionale. Si vuole semplicemente affermare il concetto che nel nostro ordinamento il principio della irretroattività della legge non assurge, nella sua assolutezza, a precetto costituzionale. E si vuole in particolare escludere che sia ricavabile dagli artt. 23, 24* e *25 Cost. ... un precetto costituzionale che escluda la possibilità di leggi retroattive destinate comunque a incidere nella sfera degli interessi privati, sacrificandoli, o nella sfera dell'autonomia privata, comprimendola. Come pure si vuole escludere che possa essere considerato lesivo della sfera del potere giudiziario (e in particolare degli artt. 101, 102* e *104 Cost.) il fatto che da una legge retroattiva derivi ai giudici l'obbligo di applicarla in relazione a rapporti sorti nel passato, e magari conclusi (ma non definiti), tanto più quando la legge non appaia mossa dall'intento di influire sui giudizi in corso*». E con riguardo alla inevitabile differenza di trattamento nel tempo di identiche situazioni, la Corte costituzionale ha affermato che «*non contrasta col principio di eguaglianza un differenziato trattamento applicato alla stessa categoria di soggetti in momenti diversi del tempo* » (Corte cost., 13 maggio 1987, n. 159).

Deve inoltre ricordarsi la pronuncia della Corte europea diritti dell'uomo del 21 settembre 2007, secondo cui «Lo Stato non può intervenire in materia civile con una legge retroattiva per porre rimedio alle iniziative giudiziarie intraprese con successo nei suoi confronti per l'accertamento di un diritto di natura patrimoniale in quanto le ragioni imperative di interesse generale, che solo possono giustificare l'adozione di una legge retroattiva, non sono mai riconducibili alle ragioni di natura finanziaria, connesse al rischio derivante dalla soccombenza nei giudizi avviati nei confronti dello Stato-amministrazione»; e «*il principio della parità delle armi nel processo, incluso tra i principi dell'equo processo dettati dall'art. 6 della Convenzione europea, impedisce un'ingerenza del potere legislativo volto ad ottenere una determinata soluzione delle controversie in corso in favore dello Stato*».

Secondo l'art. 15 disp. prel. cod. civ., «*Le leggi non sono abrogate che da leggi posteriori per dichiarazione espressa del legislatore e per incompatibilità tra le nuove disposizioni e le precedenti o poiché la nuova legge regola l'intera materia già regolata dalla legge anteriore*». L'**abrogazione** può essere dunque «**espressa**» (quando è lo stesso atto normativo abrogante a dichiarare esplicitamente l'abrogazione delle norma previgente) o «**tacita**», quando – pur in assenza di una espressa previsione del legislatore in tal senso – l'abrogazione si deduce dalla incompatibilità tra la nuova disposizione e quella precedente (si pensi ad una nuova norma che introduce la velocità massima consentita agli autoveicoli in autostrada: essa inevitabilmente si pone in irriducibile contrasto con la norma previgente che prevedeva una differente velocità massima), oppure quando la nuova normativa abbia ridisciplinato integralmente la materia in questione (in quest'ultimo caso si parla anche di abrogazione «**implicita**»). L'abrogazione tacita e quella implicita sono dunque frutto di un'operazione interpretativa.

Il **criterio della competenza** presuppone una separazione fra fonti diverse a ciascuna delle quali viene assegnata la competenza a disciplinare specifiche materie. Il criterio della competenza è funzionale alla individuazione della fonte competente a disciplinare una determinata materia cosicché le norme prodotte da tale fonte (in quanto «competenti» a regolare la rispettiva materia) prevalgono sulle norme prodotte da fonti ulteriori. La Costituzione pone vari esempi di *materie riservate a determinate tipologie di fonti* (regolamenti parlamentari, legge regionale, ecc.) e tale criterio trova applicazione anche con riguardo ai rapporti fra fonti statali e fonti europee (v. *infra*).

3. L'interpretazione

L'art. 12 disp. prel. c.c. dispone che «*Nell'applicare la legge non si può ad essa attribuire altro senso che quello fatto palese dal significato proprio delle parole secondo la connessione di esse, e dalla intenzione del legislatore*».

Molto si è scritto (e si scrive) sulla portata di tale disposizione che, con riguardo all'interpretazione della legge (e delle fonti scritte) intende porre un limite all'autonomia dell'interprete ancorandolo alla *littera legis*. E, di fronte a diverse possibili interpretazioni di un'identica disposizione, l'ordinamento giuridico assegna al potere giudiziario il compito di individuare la norma «vera» e, all'interno del potere giudiziario, spetta alla Cassazione il compito di assicurare «*l'esatta osservazione e l'uniforme interpretazione della legge, l'unità del diritto oggettivo nazionale*» (art. 65 ord. giur., r.d. 30 gennaio 1941, n. 12). Ma anche la stessa Cassazione può dar vita ad orientamenti contrastanti. Questa constatazione conduce a riconoscere che «*il postulato della norma "vera", positivamente accolto, è suscettibile di realizzarsi in modo soltanto tendenziale, rappresentando comunque – e soprattutto – un valore politico fondamentale e un'esigenza ideale*» (Crisafulli).

A questo proposito, deve ribadirsi quanto affermato in precedenza (v. *supra*, cap. I, par. 5) in merito alla **ineliminabile creatività del fenomeno interpretativo.** È erroneo ricostruire l'interpretazione come recezione passiva di un dato pre-esistente. *L'interpretazione è un procedimento ricognitivo diretto a identificare* e *riprodurre negli apprezzamenti dell'interprete le valutazioni comparative degli interessi in conflitto già contenute nella disposizione legislativa* (Betti). Il problema interpretativo non può pertanto essere ridotto ad un procedimento di ricostruzione della volontà imperativa del legislatore. La dimensione ermeneutica riveste la qualità di «componente interna, essenziale, della positività della norma». L'interpretazione svolge infatti il ruolo di fattore di creazione del diritto. E non bisogna «temere» di infrangere il principio della certezza del diritto, sia perché questo principio appare sempre più come una «mitologia giuridica» (in quanto «prodotto storico assolutizzato») (Paolo Grossi), sia perché l'esigenza di una garanzia di certezza (quale esigenza ineliminabile per la ordinata convivenza sociale) non viene comunque assicurata dall'approccio positivistico. Infatti la ricostruzione dell'attività interpretativa all'interno di uno schema deduttivo «tecnicamente logico» risponde ad una «indifferenziata idea primitiva della certezza giuridica» che si pone in antitesi con «l'incertezza possibile in ogni giudizio» (Calogero).

Riconoscere all'interprete una funzione creativa del diritto non significa affatto fare del singolo interprete un legislatore. Anzi, l'interpretazione (e soprattutto quella giudiziale) svolge un ruolo di fattore di «preservazione» nel tempo del sistema giuridico. Ed è proprio questa funzione di «preservazione nel tempo» a conferire all'interpretazione un carattere di conservazione (legato alle esigenze di continuità), ma anche un carattere di innovazione, legato agli inevitabili mutamenti che il tempo introduce. L'attività del giudice che, tramite l'interpretazione, mantiene viva la norma nell'ordinamento giuridico, deve sempre svolgersi nella ricerca di un equilibrio tra tali contrapposte esigenze. A questo proposito deve ribadirsi l'erroneità di quanti riducono il diritto alla legge, la quale invece «non è capace di comprendere in sé e dare ragione di tutta intera la sfera dell'esperienza giuridica». *E ritenere che il diritto sia solo quello posto dalla legge, vuol dire compiere «una restrizione arbitraria della totale sfera dell'esperienza giuridica»*. Il diritto non può essere ridotto ad una somma di precetti comandati: la funzione dell'interpretazione giuridica è «non tanto e non solo un mostrare quello che c'è nella norma interpretata, ma un mostrare che nella norma interpretata c'è di più di quello che appare; c'è insomma tutta l'unità dell'ordinamento da cui nasce essa e di cui essa non è che una parte» (Capograssi).

L'attività interpretativa presuppone e contiene, oltre al momento ricognitivo, anche un momento «rappresentativo». La «*formula legislativa*» costituisce solo la tappa iniziale da cui prende le mosse il processo interpretativo, ma con questa prima operazione l'interprete non termina il proprio compito essendo chiamato anche a «raffigurarsi» nelle ripercussioni pratiche l'esito dell'interpretazione sostenuta. Nell'interpretazione giuridica si persegue sempre un esito pratico giacché il risultato intellettivo dell'attività interpretativa conduce a «prendere posizione» con riguardo a situazioni ipotizzate in anticipo. E questo «esito pratico» impone all'interpretazione giuridica di assegnare al precetto «il senso che si ricollega nell'ambiente sociale». La formulazione in termini generali e astratti del precetto rende ancor più necessario che il precetto medesimo sia «rielaborato e rinnovato, adattato e adeguato alla vita e alla natura dei rapporti disciplinati». *La disposizione normativa approvata dal legislatore, senza l'apporto dell'interprete, è mera* «*lettera morta*»: è l'interpretazione giuridica a far sì che la disposizione viva nell'ordinamento giuridico. Il diritto non è un dato pre-statuito in via definitiva dal legislatore. Senza l'apporto specifico dell'interpretazione, la norma sarebbe priva di capacità di attuazione.

La distinzione fra le due operazioni (individuazione della norma e interpretazione della stessa) è inammissibile perché l'elemento valutativo è immanente alla norma stessa da interpretare e pertanto le due operazioni in concreto s'intrecciano e si fondono in un processo unitario. Il momento assiologico, se non appiattisce la funzione giurisdizionale al ruolo di mera esplicitazione della volontà del legislatore, neppure la conduce al livello della pura discrezionalità poiché l'apprezzamento dell'interprete è sempre subordinato alla linea di coerenza logica «immanente all'ordine giuridico considerato nella sua organica totalità» (Betti). L'interprete deve muovere dall'esigenza di ricostruzione del sistema dei «valori» dell'ordinamento nella consapevolezza degli interessi in gioco e della storicità dell'esperienza giuridica. Le enunciazioni giuridiche (scelte normative e decisioni giurisprudenziali) sono soggette ad un processo di continuo mutamento in ragione del mutare delle valutazioni sociali che sono alla base delle stesse. È la *societas* il referente della giuridicità. E la complessità della società si riflette nel momento giuridico che di quella società è espressione. Ed anche le ricostruzioni che assegnano al giurista un ruolo di composizione degli interessi in conflitto non devono dimenticare l'esigenza di «mantenere realisticamente lo sguardo sugli elementi di conflittualità, di antagonismo presenti in ogni esperienza giuridica, senza perdere di vista i rischi connessi ad una idealizzazione del conflitto, nonché a quelli discendenti da una visione eccessivamente conciliativa dell'opera del giurista». Giudice e legislatore svolgono ruoli diversi nella dialettica giuridica, ruoli che variano nel tempo e non si lasciano definire a priori: se la visione solo normativa del diritto è frutto di una posizione ideologica, anche una ricostruzione dell'esperienza giuridica che escluda interamente il ruolo del legislatore finisce per essere – a sua volta – «un'astrazione» (Cervati).

4. Principio di legalità e riserva di legge

Il *principio di legalità* postula la necessità che ogni potere pubblico trovi il proprio fondamento nella legge. Si distingue fra un'accezione *in senso formale* di tale principio (per cui è sufficiente un mero conferimento di potere da parte della legge) ed un'accezione *in senso sostanziale* (secondo cui è necessario che la legge ponga anche la disciplina fondamentale della materia, affinché il soggetto cui è conferito il relativo potere non sia titolare di un potere «in bianco», ma trovi nella legge anche i relativi limiti).

Un'esplicita formulazione di tale principio nella Costituzione repubblicana non appare ravvisabile: alla tesi che ne esclude in ogni caso la presenza si è replicato, da alcuni, che esso sarebbe previsto nell'art. 23 Cost. (secondo cui «*ogni prestazione personale o patrimoniale non può essere imposta se non per legge*») o, secondo altri, nell'art. 97 Cost. (secondo cui alla legge è rimessa l'organizzazione dei pubblici uffici) o nell'art. 113 Cost. (secondo cui contro gli atti della pubblica amministrazione è sempre ammessa la tutela giurisdizionale dei diritti e degli interessi legittimi, senza alcuna esclusione o limitazione a particolare mezzi di impugnazione o a determinate categorie di atti).

La riflessione sul principio di legalità nel nostro ordinamento deve muovere dalla considerazione dell'assetto pluralistico dell'ordinamento costituzionale repubblicano. Infatti la tesi secondo cui il principio di legalità richieda semplicemente la presenza di una legge (che operi un mero conferimento di potere) finisce per svuotare di contenuto tale principio, di cui va invece sottolineato il ruolo di espressione di un'esigenza di garanzia. La Costituzione dunque, pur non codificando espressamente il principio di legalità, ha avvertito chiaramente tale esigenza di garanzia, ponendo al servizio della stessa più di uno strumento e, *in primis*, la consacrazione del ***principio di legalità costituzionale*** con la previsione di una costituzione rigida garantita da un controllo di costituzionalità. Deve inoltre ricordarsi che il principio di legalità si afferma storicamente come strumento di garanzia volto a limitare l'arbitrio del monarca (e dei funzionari regi), riconoscendo legittimo l'esercizio del potere pubblico solo quando si svolga all'interno del quadro normativo predeterminato dalla legge (v. *infra*, par. 17). Il principio di legalità (che insieme al principio della separazione dei poteri costituisce un principio fondante dello Stato di diritto) mostra così il suo significato storico-politico di garanzia del singolo nei confronti degli abusi del potere pubblico. E questa *esigenza di garanzia* conduce storicamente anche all'affermazione dell'istituto della riserva di legge (v. *infra*). Oltre a quello di garanzia, deve essere evidenziato anche il profilo più strettamente politico-istituzionale del principio di legalità, dall'esame del quale emerge come gli istituti del principio di legalità e della riserva di legge operino come meccanismi di limitazione del potere del monarca a vantaggio della camera elettiva e di giustificazione di spostamento del potere normativo dal monarca al Parlamento.

Si ha ***riserva di legge*** quando la Costituzione «riserva» alla legge la disciplina di una determinata materia. L'istituto della riserva di legge si afferma storicamente come mezzo di sottrazione della disciplina di determinate materie (*in primis*, quelle relative alla libertà del singolo e al potere di imposizione di tributi) dal potere del sovrano (e quindi dell'esecutivo) a vantaggio del Parlamento.

La riserva di legge nasce storicamente come *riserva di «legge parlamentare»*, ma nella prassi si è riconosciuto a tutte le fonti di grado primario, e dunque anche agli atti del governo aventi forza di legge (decreto-legge e decreto legislativo), il potere di intervenire nelle relative materie. Questo esito è stato giustificato, secondo un approccio di tipo formale, in ragione della pari «forza» di tali atti o del loro identico regime giuridico (controllo di costituzionalità da parte della Corte costituzionale) o ancora del necessario intervento del Parlamento sia nel procedimento della delega legislativa che in quello della decretazione d'urgenza. Non può non evidenziarsi che in tal modo viene a smarrirsi il significato più profondo dell'istituto della riserva di legge, rappresentato appunto dall'assegnazione al solo Parlamento del potere di disciplinare determinate materie. L'equiparazione della riserva di legge alla *riserva di fonte di grado primario* (che consente che la disciplina delle materie sia posta anche da atti governativi aventi forza di legge) conduce a ritenere soddisfatta la riserva di legge anche quando la disciplina sia introdotta dall'esecutivo, ma questo esito è in contrasto con quanto perseguito dalla *ratio* storica dell'istituto che mira appunto a riservare in via esclusiva alla legge parlamentare (e dunque al dibattito parlamentare) la disciplina della materia.

La riserva di legge viene definita «*rinforzata*» quando la Costituzione, oltre a prevedere la necessità di un atto legislativo, pone ulteriori vincoli o limitazioni (sostanziali o procedurali), o un principio di disciplina che il legislatore deve rispettare. Fra i numerosi esempi possono citarsi l'art. 13, comma 3, Cost. (per cui la pubblica sicurezza può adottare provvedimenti di limitazione della libertà personale del singolo «*in casi eccezionali di necessità ed urgenza, indicati tassativamente dalla legge*»: in questi casi la legge – sempre necessaria – deve indicare «*tassativamente*» i casi eccezionali di necessità ed urgenza), l'art. 16 Cost. (secondo il quale le limitazioni che la legge può porre alla libertà di circolazione e soggiorno devono essere poste «*in via generale, per motivi di sanità o sicurezza*») o l'art. 97 Cost. (secondo cui la legge deve assicurare l'imparzialità e il buon andamento della pubblica amministrazione).

La riserva di legge si distingue in «*assoluta*» e «*relativa*» a seconda della possibilità riconosciuta alla fonte secondaria di intervenire nella disciplina della materia: la riserva è «*assoluta*», quando l'intera disciplina della materia deve essere posta dalla fonte di grado primario, residuando al regolamento governativo spazio solo eventualmente per una disciplina di mera esecuzione delle norme di legge (regolamento di esecuzione); è «*relativa*» quando è sufficiente – ma comunque necessario – che la legge ponga la disciplina di principio della materia e autorizzi il regolamento governativo ad introdurre la disciplina di dettaglio. La *riserva di legge relativa* non esclude dunque la possibilità che alla disciplina della materia concorra anche la fonte di grado secondario, ma richiede che la legge (che autorizza la fonte secondaria a porre l'ulteriore disciplina della materia) ponga innanzitutto i principi a cui il regolamento deve attenersi. Più complessa è la determinazione in concreto di quando ci si trovi di fronte ad una riserva assoluta o relativa. Un criterio proposto è quello che fa leva sulla formulazione letterale utilizzata dai singoli articoli della Costituzione: così le espressioni «*nei casi e modi previsti dalla legge*» o «*per legge*» sarebbero più stringenti di quelle del tipo «*in base alla legge*» o «*secondo disposizioni di legge*». Ma questo criterio è messo in crisi da un'attenta lettura delle numerose disposizioni costituzionali interessate e in particolare da quelle aventi un *incipit* del tipo: «*la legge promuove*», «*la legge provvede*», «*la legge dispone*». Altri hanno proposto di fondare la distinzione fra riserva assoluta e riserva relativa a seconda della materia sulla quale la stessa sia prevista, ritenendo assolute quelle poste in materia di libertà e di sanzioni penali; altri ancora hanno sostenuto la necessità di distinguere fra la materia, su cui cade la riserva, dall'oggetto proprio della riserva stessa.

In realtà ognuno dei criteri proposti si rivela insoddisfacente perché è la stessa distinzione fra riserva assoluta e riserva relativa ad avere un carattere fittizio, essendo il frutto di un'operazione dottrinale volta a ridurre gli spazi che la Costituzione vorrebbe interamente riservati alla legge. Infatti l'assegnazione della qualifica di "relativa" ad una determinata riserva di legge giustifica l'intervento, nella materia in questione, di fonti secondarie benché la Costituzione abbia riservato alla legge la materia stessa. *La distinzione fra riserva assoluta e riserva relativa* (accolta dalla giurisprudenza costituzionale ed utilizzata anche dal legislatore ordinario) *indebolisce la portata garantistica della riserva* giacché è funzionale all'ingresso di fonti secondarie nella disciplina di materie che la Costituzione vorrebbe sottratte all'ingerenza dell'esecutivo ed oggetto invece di disciplina solo di origine parlamentare.

Nella giurisprudenza costituzionale è possibile rintracciare il tentativo di precisare, sia pure con qualche incongruenza, la nozione di riserva relativa, laddove (con riferimento all'art. 23 Cost.) la Corte ha affermato che il principio costituzionale «*deve ritenersi rispettato quando la legge che prevede l'imposizione, pur non fissandone il massimo, determina criteri, condizioni, limiti e controlli idonei a contenere la discrezionalità dell'ente impositore nell'esercizio del potere attribuitogli e ad evitare così che possa trasmodare in arbitrio*» (sent. n. 51 del 1960).

Nella sent. n. 383 del 1998 la Corte era chiamata a giudicare della costituzionalità dell'art. 9, comma 4, legge n. 341 del 1990 (Riforma degli ordinamenti didattici universitari), come modificato dall'art. 17, comma 116, legge n. 127 del 1997, secondo cui il ministro per l'università «definisce, su conforme parere del Cun, i criteri generali per la regolamentazione dell'accesso alle scuole di specializzazione e ai corsi universitari». I giudici remittenti dubitavano della costituzionalità di tale disposizione (per violazione degli artt. 33 e 34 Cost.) nella parte in cui assegna al ministro un libero potere nella determinazione delle scuole e dei corsi universitari ad accesso limitato. La Corte costituzionale riconosce che, secondo quanto disposto dagli artt. 33 e 34 Cost., l'accesso ai corsi universitari è materia di legge. Tali disposizioni infatti prevedono che spetta al legislatore statale la predisposizione di limiti legislativi all'autonomia universitaria sia riguardo all'organizzazione in senso stretto, quanto al diritto di accedere all'istruzione universitaria. Pertanto «*i criteri di accesso all'università, e dunque anche la previsione del numerus clausus non possono legittimamente risalire ad altre fonti, diverse da quella legislativa*». Ma, puntualizza la Corte, «ai fini della risoluzione della presente questione di costituzionalità, non è sufficiente il riferimento a una "riserva" di normazione primaria in materia di accesso all'istruzione universitaria. Occorre infatti precisarne la portata, prendendo in considerazione la possibilità di una normazione non legislativa ulteriore, quale svolgimento e completamento di quella riservata al legislatore». E la Corte precisa che: «*La "riserva di legge" assicura il monopolio del legislatore nella determinazione delle scelte qualificanti nelle materie indicate dalla Costituzione, sia escludendo la concorrenza di autorità normative "secondarie", sia imponendo all'autorità normativa "primaria" di non sottrarsi al compito che solo a essa è affidato. Tale valenza è generale e comune a tutte le "riserve". Dipende invece dalle specifiche norme costituzionali che le prevedono, secondo la loro interpretazione testuale, sistematica e storica, il carattere di ciascuna riserva, carattere chiuso o aperto alla possibilità che la legge stessa demandi ad atti subordinati le valutazioni necessarie per la messa in atto concreta delle scelte qualificanti la materia ch'essa stessa ha operato*». Riguardo all'accesso ai corsi universitari, la Corte, ricordando che la disciplina legislativa deve valere solo come «limite» all'autonomia universitaria (sì da non poterla comprimere al punto che le università diventino «meri ricettori passivi di decisioni assunte al centro»), precisa che: «*sotto l'aspetto dei rapporti tra potestà legislativa e potestà normativa del governo, nulla nella Costituzione esclude l'eventualità che un'attività normativa secondaria possa legittimamente essere chiamata dalla legge stessa a integrarne e svolgerne in concreto i contenuti sostanziali, quando – come nella specie – si versi in aspetti della materia che richiedono determinazioni bensì unitarie, e quindi non rientranti nelle autonome responsabilità dei singoli atenei, ma anche tali da dover essere conformate a circostanze e possibilità materiali varie e variabili, e quindi non facilmente regolabili in concreto secondo generali e stabili previsioni legislative. In sintesi, la riserva di legge in questione è tale da comportare, da un lato, la necessità di non comprimere l'autonomia delle università, per quanto riguarda gli aspetti della disciplina che ineriscono a tale autonomia; dall'altro, la possibilità che la legge, ove non disponga essa stessa direttamente ed esaustivamente, preveda l'intervento normativo dell'esecutivo, per la specificazione concreta della disciplina legislativa, quando la sua attuazione, richiedendo valutazioni d'insieme, non è attribuibile all'autonomia dell'università».* La Corte termina con una sentenza interpretativa di rigetto, sostenendo che la formulazione della disposizione impugnata può interpretarsi nel senso che la previsione del potere del ministro di limitazione dell'accesso ai corsi universitari «*è fatta più sotto forma di riconoscimento della sua esistenza che non attraverso la sua previsione ex novo per mezzo di una compiuta disciplina*». Dunque «*è possibile dare alla disposizione censurata una interpretazione adeguata alle esigenze della riserva di legge esistente in materia: interpretazione secondo la quale il potere che la legge riconosce al ministro può essere esercitato solo se e nei limiti in cui da altre disposizioni legislative risultino predeterminati criteri per l'individuazione in concreto delle scuole e dei corsi universitari rispetto ai quali valgono esigenze particolari di contenimento del sovraffollamento e si giustifichi quindi la previsione ... delle limitazioni nelle iscrizioni*» (invece «*se dalla disposizione censurata dovesse necessariamente trarsi ... la volontà del legislatore di istituire un potere ministeriale, svincolato da adeguati criteri di esercizio, di determinare le scuole e i corsi universitari a iscrizioni limitate, la violazione della riserva di legge prevista dalla Costituzione risulterebbe palese*»).

Sezione Seconda – FONTI DI GRADO COSTITUZIONALE

5. La Costituzione

Il termine «*costituzione*» si presenta caratterizzato da una ricchezza di significati. Nei sec. XVIII e XIX tale sostantivo ha innanzitutto il significato di "documento politico" contenente principi di limitazione del potere del monarca. Nel novecento il richiamo alla "costituzione" acquista anche il carattere di norma giuridica (e di qui anche il problema della specificità dell'interpretazione costituzionale); e, non a caso, la riflessione relativa al concetto di costituzione attraversa tutto il ventesimo secolo (registrando numerose posizioni, anche fra loro antitetiche, e che animano il dibattito non solo giuridico).

Hans Kelsen ritiene che la costituzione, quale *Grundnorm* – norma fondamentale dell'ordinamento – rappresenti il fondamento di validità del diritto positivo e che la stessa abbia un contenuto essenzialmente procedurale; al contrario, per Carl Schmitt la costituzione rappresenta la decisione politica fondamentale di un popolo sul proprio assetto istituzionale.

Rudolf Smend, il padre della *Integrationslehre* (dottrina dell'integrazione), ritiene l'integrazione un processo fondamentale della vita dello Stato e la costituzione rappresenta l'ordinamento giuridico del processo di integrazione dello Stato. Per Smend, la costituzione, come diritto positivo, «non è soltanto norma», ma anche realtà «persistente e quotidiana». Ma questa realtà non è prodotta dalla costituzione intesa come «il momento statico e persistente della vita statale», ma viene costantemente riprodotta dalla vita costituzionale «in continuo rinnovamento». La costituzione e il diritto costituzionale vengono così ad avere un significato di integrazione che conduce a rifiutare ogni teoria che veda nella costituzione un apparato tecnico, oggettivato in modo meccanicistico ed indirizzato a scopi determinati.

Herman Heller cerca di superare la contrapposizione tra diritto e potere affermando che nel potere costituente «esistenzialità e normatività ... non sono in opposizione ma si condizionano reciprocamente». Il potere costituente non può non essere legato, mediante principi giuridici comuni, agli strati sociali decisivi per la struttura del potere. In caso contrario tale potere non avrebbe neppure esistenza. La costituzione dello Stato viene così ad essere «forma di attività: essa è una forma aperta, dentro cui passa la vita: vita in forma e forma dalla vita». Nel mutamento dei tempi e dei partecipanti, la costituzione viene a trovare la sua continuità nella probabilità del futuro ripetersi di un comportamento umano a essa conforme. In ogni costituzione statale possono distinguersi diverse parti: una parte non regolata da norme ed una regolata da norme; quest'ultima, a sua volta, può ulteriormente suddividersi fra una parte regolata da norme extragiuridiche ed una regolata da norme giuridiche. Per Heller dunque «nel concetto di costituzione non vanno mai separati del tutto né dinamica e statica, né normalità e normatività, né essere e dover essere: ogni costituzione politica può venire concepita solo come una realtà strutturata da norme. Come condizione politica dell'esistenza, come forma ed ordinamento concreto, la costituzione è possibile solo allorché coloro che vi partecipano determinano l'essere-in-ordine e l'essere-informa che essa ad un certo stadio raggiunge, come una realtà normativa da rinnovare o da trasformare».

In Italia una delle maggiori riflessioni sul concetto di costituzione si deve a Costantino Mortati. Nel volume «*La costituzione in senso materiale*» (del 1939) Mortati si interroga sulla possibilità di individuazione giuridica del principio primo dell'organizzazione statale, cioè del «contenuto della costituzione, che sia indipendente dalle particolarità delle singole figure storiche di Stato», un contenuto dunque «assoluto, tipico», che deve essere determinato attraverso la ricerca della costante funzione che la costituzione adempie in ogni tipo di Stato. Al termine di tale ricerca Mortati afferma che la costituzione «è data dal valore o dal complesso dei valori, di cui sono portatori una data classe sociale e il partito, che ne è l'espressione attiva, e intorno ai quali sono coordinate le varie istituzioni statali». Nella voce «*Costituzione dello Stato*» (del 1962) Mortati aggiunge: «Sono i gruppi prevalenti in virtù del potere di fatto esercitato, che ricercano nella costituzione lo strumento idoneo alla tutela degli interessi di cui sono portatori, al consolidarsi dei principi di vita associativa che meglio giovano alla stabilizzazione ed al più ordinato svolgimento del potere stesso». Riguardo alla Costituzione italiana, Mortati sottolinea il significato di «superlegalità costituzionale» svolto dai principi fondamentali, basati sulla «idea-forza» che li ispira e che tutti li riassume e rappresentata dall'art. 1 Cost. per cui l'Italia è una repubblica democratica fondata sul lavoro (v. *supra*, cap. III, par. 4).

La concezione mortatiana della Costituzione italiana, come «progetto» da attuare, è criticata da Bognetti, secondo il quale la costituzione è da intendere come «un quadro di principi» delimitante l'azione del legislatore e in cui il compito della Corte costituzionale è quello di intervenire a tutela del rispetto di tali principi. Per Bognetti la teoria della costituzione rappresenta un «insieme di principi che marcano confini per le attività (autonome nel loro campo) degli altri poteri dello Stato; in contrapposizione sia alla teoria della costituzione come preciso soggetto di società giusta sia alla teoria della Costituzione come generale imperativo di "ragionevolezza"». Secondo questa impostazione ai poteri politici spetta «una grande libertà di movimento per la gestione indipendente di interessi della comunità anche importantissimi e fondamentali», mentre l'intervento della Corte costituzionale deve essere molto limitato.

Per Zagrebelsky la Costituzione italiana è al tempo stesso «comando costituente» e «ricognizione obbligante dei valori politici in campo». Zagrebelsky distingue la «costituzione come imposizione» dalla costituzione come «reciproco riconoscimento e coinvolgimento» e dunque «atto di forze amiche, o concorrenti ma non ostili» e dunque «ricognizione obbligante dei valori politici in campo». I valori riconosciuti nella Costituzione italiana tendono a porsi, più che come «comandi costituenti», piuttosto come il vicendevole riconoscimento di una situazione pluralistica. Il pluralismo costituzionale ha dunque il significato non di somma di *enclaves* particolari, ma ricognizione accettata di valori politici e patto di comune soggezione ad essi («la costituzione pluralistica non è né un comando né un contratto»). In tale quadro l'interpretazione della costituzione pluralistica non può essere parificata all'interpretazione della legge o del contratto in ragione proprio delle irrimediabili differenze che intercorrono tra queste diverse tipologie di atti. E la scienza costituzionale, nell'interpretazione della Costituzione, non può ridurre il proprio compito ad una mera ricostruzione di significati testuali, quali espressioni di volontà normativa (unilaterale o contrattuale plurilaterale), ma deve svolgere un «ruolo autonomamente costruttivo».

Per Baldassarre (che collega strettamente la nozione di costituzione al "costituzionalismo" statunitense) la costituzione «*rappresenta l'autocoscienza giuridico-politica della comunità sociale, la quale, nel pensarsi come unità, dà a se stessa una certa forma politica e di governo (autorità)*».

Il concetto di costituzione – e dunque la funzione della stessa – pur continuando a rivestire un ruolo centrale sia del sistema giuridico che di quello politico, viene a caratterizzarsi sempre più per la propria non univocità.

E così per Luhmann, nel termine «costituzione» si condensa «un orizzonte di senso», la costituzione diventa «il risultato di uno sviluppo evolutivo, un'acquisizione evolutiva che nessuna intenzione può cogliere con precisione». Secondo questa impostazione è la netta differenza esistente fra sistema giuridico e sistema politico (sistemi che pur essendo reciprocamente competenti seguono codici differenti – e precisamente il codice diritto-non diritto da un lato e il codice potere-non potere dall'altro – e svolgono funzioni diverse) a determinare la peculiare ambivalenza del concetto di costituzione, anche se la funzione della costituzione nel sistema politico è del tutto analoga a quella svolta nel sistema giuridico, giacché in entrambi i sistemi la necessità della costituzione viene giustificata in relazione al problema della sovranità. Ma i problemi decisionali che la politica ed il diritto sono chiamati ad affrontare nell'epoca contemporanea non possono più essere risolti con il mero richiamo alla sovranità, ma devono essere ricondotti (per Luhmann) alle condizioni esterne della comunicazione sociale. Ed anche il diritto è esposto a questa pressione e non può essere concepito semplicemente come regolamentazione di conflitti, ma impiegato per la produzione di comportamenti specifici.

Dal punto di vista della teoria delle fonti del diritto dell'ordinamento italiano (la Costituzione quale fonte del diritto italiano) si fa riferimento al documento formale approvato dall'Assemblea Costituente nel dicembre 1947 ed entrato in vigore il 1° gennaio 1948 (v. *supra*, cap. III, par. 4). Tale atto si inserisce nel sistema delle fonti dell'ordinamento giuridico italiano quale massima fonte del diritto che condiziona e conferisce validità a tutte le altre fonti, strutturando l'intero sistema delle fonti. La Costituzione è il fondamento di validità dell'intero ordinamento giuridico ed in particolare delle fonti primarie di cui detta la disciplina.

La *rigidità della Costituzione* si riflette sull'intero ordinamento ed è nella Costituzione che devono rinvenirsi i principi fondamentali del sistema delle fonti: dai criteri di risoluzione delle antinomie all'affermazione del principio di legalità e della riserva di legge, dai limiti che le diverse tipologie di fonti incontrano ai controlli cui le stesse sono sottoposte.

6. Legge costituzionale e legge di revisione della Costituzione

La Costituzione (all'art. 138 Cost.) disciplina il procedimento da seguire per l'approvazione sia di leggi volte a modificare parti della medesima (***leggi di revisione costituzionale***) sia delle ***leggi costituzionali*** (cioè fonti di grado costituzionale non destinate a mutare il testo della Carta repubblicana). L'art. 138 Cost. disciplina infatti il procedimento di approvazione delle leggi di revisione della Costituzione e delle «*altre leggi costituzionali*».

Queste fonti di grado costituzionale (legge costituzionale e legge di revisione della Costituzione) sono adottate da ciascuna Camera con due successive deliberazioni adottate a distanza non minore di tre mesi. Nella prima deliberazione (in ciascuna Camera) si segue l'ordinario *iter legis* (v. *infra*, cap. VI, par. 6); nella seconda deliberazione è richiesta almeno la maggioranza assoluta. Se nella seconda deliberazione si raggiunge, in entrambe le Camere, la maggioranza dei due terzi dei membri, il Presidente della Repubblica promulga la legge costituzionale (o di revisione della Costituzione) che viene dunque pubblicata secondo le regole proprie di tutti gli atti normativi della Repubblica. Qualora invece si raggiunga sì la maggioranza assoluta, ma non quella dei due terzi dei membri, il Presidente della Repubblica non può procedere subito alla promulgazione, ma provvede alla pubblicazione sulla *Gazzetta Ufficiale* (c.d. pubblicazione anomala) del testo approvato. Dalla data di tale pubblicazione decorre il termine di tre mesi entro il quale cinquecentomila elettori oppure cinque consigli regionali oppure un quinto dei membri dell'una o dell'altra Camera può chiedere che si svolga un referendum di approvazione del testo votato dalle Camere. Se il predetto termine di tre mesi trascorre senza che nessuno dei soggetti titolati abbia richiesto il referendum, il Presidente del Repubblica è tenuto a promulgare la legge costituzionale (o di revisione costituzionale); in caso contrario il Presidente indice il richiesto referendum che si svolge secondo la disciplina di cui alla legge n. 352 del 1970. Il referendum (per la validità del quale – a differenza di quanto previsto dall'art. 75 Cost. per il referendum abrogativo – non è previsto alcun *quorum* di partecipazione) si presenta formalmente come un referendum «approvativo» (giacché il corpo elettorale è chiamato ad approvare o meno quanto deliberato dalle Camere), ma è di fatto un referendum «oppositivo» giacché è lo strumento concesso a chi sia contrario alla revisione costituzionale per tentare di «bloccare» quanto deciso dal Parlamento.

Tornando all'*iter* procedurale, sono da evidenziare le differenze che intercorrono fra le due deliberazioni di ciascuna Camera: nella prima deliberazione si segue l'ordinario *iter legis* (v. *infra*, cap. VI), mentre nella seconda deliberazione non possono più essere presentati emendamenti e si procede solo alla votazione e – come detto – solo in questa seconda deliberazione è richiesta la prescritta maggioranza qualificata.

L'esplicita previsione in Costituzione di uno speciale procedimento di approvazione delle norme di modifica del testo costituzionale, aggravato rispetto al normale *iter legis*, conferma la *rigidità della Costituzione* medesima. Ulteriore corollario di tale rigidità è rappresentato dal controllo di costituzionalità: non a caso sotto il titolo «Garanzie costituzionali» la Costituzione disciplina appunto i due istituti della Corte costituzionale (e delle relative competenze) e del procedimento di revisione costituzionale.

L'*incipit* dell'art. 138 Cost. distingue le due categorie: «*leggi di revisione della costituzione*» (e cioè le leggi volte a modificare il testo della Carta costituzionale) e le «*leggi costituzionali*» (leggi formalmente costituzionali richieste dalla stessa Costituzione – v., ad esempio, artt. 71 e 137 Cost. – oppure leggi che il Parlamento abbia inteso adottare con la veste della legge costituzionale). La prassi e la giurisprudenza costituzionale tendono ad assimilare queste (diverse) tipologie di fonti di grado costituzionale accomunandole in ragione dell'identità di procedimento costituzionalmente prescritto. In dottrina invece, è stata spesso evidenziata, proprio ai fini di garanzia costituzionale, l'importanza della differenziazione fra le due tipologie proprio con riguardo al contenuto di ciascuna (Cervati). La Costituzione infatti traccia una chiara separazione di competenze fra la fonte «legge di revisione costituzionale» e la fonte «legge costituzionale», separazione purtroppo tutt'altro che rispettata nella prassi repubblicana.

Basti citare l'esempio della legge cost. n. 1 del 1997 che ha introdotto, *una tantum*, un procedimento di revisione della seconda parte della Costituzione in deroga al procedimento ex art. 138 Cost. oppure l'esempio della legge cost. n. 1 del 2002 il cui art. 1 stabilisce che «I commi 1 e 2 della XIII disp. trans. e fin. Cost. esauriscono i loro effetti a decorrere dalla data di entrata in vigore della presente legge costituzionale». I primi due commi della XIII disp. trans. e fin. Cost. – di cui la legge cost. n. 1 del 2002 dichiara «l'esaurimento» degli effetti – dispongono, *rectius* disponevano, il divieto per i discendenti di Casa Savoia di ricoprire cariche pubbliche oltre alla mancanza dell'elettorato sia attivo che passivo, nonché il divieto per i discendenti maschi di ingresso e di soggiorno nel territorio nazionale. In entrambi i casi sopra citati appare evidente il risultato (perseguito e, nel secondo caso, raggiunto) di modifica sostanziale della Costituzione ottenuto non mediante una legge di revisione costituzionale (fonte deputata a questo scopo dalla Costituzione), bensì mediante una «semplice» legge costituzionale.

La distinzione fra «legge di revisione costituzionale» (quale atto normativo di grado costituzionale destinato a modificare il testo della Costituzione) e «legge costituzionale» (quale atto normativo, anch'esso di grado costituzionale, che pone una disciplina di tale livello ma che non modifica il testo della Carta Repubblicana) è posta dalla stessa Costituzione in quanto destinata proprio a differenziare, all'interno delle fonti di grado costituzionale, tali diverse tipologie con l'evidente intenzione di assegnare alla fonte «legge di revisione costituzionale» una specifica «visibilità» proprio in ragione della peculiare funzione (modifica del testo costituzionale) a tale fonte assegnata. E nell'esempio rappresentato dalla legge cost. n. 1 del 2002 appare evidente come si sia inteso raggiungere l'obiettivo di modifica del testo costituzionale tramite (non legge di revisione costituzionale, bensì) legge costituzionale. Ancor più grave la scelta operata con la legge cost. n. 1 del 1997 volta ad instaurare (in deroga al procedimento costituzionalmente previsto, cioè quello *ex* art. 138 Cost.) un procedimento *ad hoc* di revisione di tutta la seconda parte della Costituzione. Di fronte a questa constatazione deve ricordarsi proprio la tesi di Carlo Esposito che (facendo leva sull'incipit dell'art. 138 Cost.) sosteneva la necessità (costituzionalmente imposta) che le fonti di grado costituzionale incidenti sulla Carta Repubblicana avessero l'esplicita intestazione di «legge di revisione costituzionale» (revisione esplicita). Gli esempi sopra citati ci hanno dimostrato la funzione di garanzia che la (purtroppo inascoltata) tesi di Esposito mirava a perseguire.

L'art. 139 Cost., disponendo che «*La forma repubblicana non può essere oggetto di revisione costituzionale*», pone un **limite esplicito alla revisione della Costituzione**.

In occasione dell'approvazione, in Assemblea Costituente, dell'art. 139 Cost., di fronte alle proteste dei membri del partito monarchico (secondo i quali la preclusione di una possibile revisione costituzionale volta a reintrodurre la forma monarchica rappresentava un vincolo posto alle generazioni future che ben avrebbero potuto decidere diversamente rispetto a quanto affermato nel referendum del 2 giugno 1946), si replicò che tale disposizione da un lato era «necessitata» (giacché l'opzione tra la monarchia e la Repubblica era stata operata direttamente dal corpo elettorale e non poteva ritenersi ammissibile che il Parlamento potesse in futuro rovesciare tale scelta) e, dall'altro lato, che l'art. 139 Cost. non porrebbe un divieto assoluto di reintroduzione della monarchia, ma introdurrebbe solo un «doppio vincolo procedurale» nel senso che un'eventuale proposta di reintroduzione della monarchia mediante lo strumento della revisione costituzionale (*ex* art. 138 Cost.) non sarebbe preclusa *a priori* dalla Costituzione, ma dovrebbe passare dapprima attraverso l'abrogazione dell'art. 139 Cost. (e quindi con l'approvazione di una prima legge di revisione costituzionale volta all'eliminazione di tale limite esplicito) ed indi attraverso l'approvazione di una seconda legge di revisione costituzionale che introduce la monarchia.

Proprio queste considerazioni (così strettamente formalistiche) devono invece condurci a riflettere sul contenuto «sostanziale» dell'art. 139 Cost., quale disposizione volta a ribadire il *valore democratico della Carta Repubblicana*, la quale non può accettare che il procedimento di revisione costituzionale venga utilizzato per giungere ad esiti negativi dal punto di vista della tutela dei valori democratici. Secondo l'insegnamento di Costantino Mortati, l'art. 139 Cost. costituisce diretta espressione dell'art. 1 Cost. (secondo cui «*L'Italia è una Repubblica democratica fondata sul lavoro*»), giacché la «*forma repubblicana*» che non può essere oggetto di revisione è quella «*Repubblica democratica*» sancita nel primissimo articolo della Carta. La Costituzione dispone dunque *l'intangibilità dell'assetto democratico dello Stato*. Deve pertanto ritenersi in contrasto con l'impianto repubblicano ogni proposta mirante a restringere gli spazi del pluralismo, della rappresentanza e della partecipazione democratica alla gestione del potere pubblico.

La dottrina e la giurisprudenza costituzionale ritengono che la Costituzione, oltre al limite esplicito formulato dell'art. 139 Cost., contenga anche ***limiti impliciti*** *(non espressi)* ***alla revisione costituzionale***, concernenti scelte e principi fondamentali della Costituzione (tutela della dignità dell'uomo con conseguente tutela dei diritti e delle libertà fondamentali; principio della sovranità popolare, di eguaglianza, di indefettibilità della tutela giurisdizionale, ecc.) la cui modificazione condurrebbe alla instaurazione di un ordinamento diverso da quello fondato sulla Costituzione del 1948.

Il riconoscimento dell'esistenza di limiti alla revisione costituzionale introduce l'ulteriore argomento relativo alla determinazione dell'organo competente a giudicare sul superamento di tali limiti. La Corte costituzionale (sent. n. 1146 del 1988) ha affermato, sia pure in un *obiter dictum*, la propria competenza in merito.

Nella sent. n. 1146 del 1988 la Corte costituzionale afferma che «La Costituzione italiana contiene alcuni principi supremi che non possono essere sovvertiti o modificati nel loro contenuto essenziale neppure da leggi di revisione costituzionale o da altre leggi costituzionali. Tali sono tanto i principi che la stessa Costituzione esplicitamente prevede come limiti assoluti al potere di revisione costituzionale, quale la forma repubblicana (art. 139 Cost.), quanto i principi che, pur non essendo espressamente menzionati fra quelli non assoggettabili al procedimento di revisione costituzionale, appartengono all'essenza dei valori supremi sui quali si fonda la Costituzione italiana». Alla luce di tale premessa deve riconoscersi la competenza della Corte a giudicare sulla conformità delle leggi di revisione costituzionale e delle altre leggi costituzionali anche nei confronti dei principi supremi dell'ordinamento costituzionale.

Nei confronti della revisione costituzionale *in itinere* volta alla riduzione del numero dei parlamentari, il mancato raggiungimento in entrambe le Camere del quorum dei due terzi aveva lasciato aperta la possibilità di svolgimento del referendum ex art. 138, richiesto da un quinto dei senatori nel gennaio 2020. Il relativo referendum si sarebbe dovuto svolgere nel mese di marzo 2020 poi rinviato in ragione dell'emergenza Covid-19. Con d.p.r. del 17 luglio 2020, in attuazione di quanto disposto dal decreto-legge 20 aprile 2020, n. 26 (Disposizioni urgenti in materia di consultazioni elettorali per l'anno 2020), conv., con modif., nella legge 19 giugno 2020, n. 59, è stato disposto l'abbinamento, nelle date del 20 e 21 settembre 2020, della votazione per il referendum costituzionale a quella per le elezioni suppletive, regionali e amministrative. Nei confronti di tali atti sono stati sollevati quattro conflitti di attribuzione, tutti dichiarati inammissibili dalla Corte costituzionale (ordd. nn. 195, 196, 197 e 198 del 2020).

Nella ordinanza n. 195, il Comitato promotore del referendum aveva sollevato conflitto nei confronti della Camera dei deputati, del Senato, del Presidente della Repubblica e del Governo, sostenendo che l'accorpamento del voto referendario con quello per le elezioni politiche e amministrative comporterebbe, oltre al "rischio di una contaminazione dell'istituto di democrazia diretta con le consultazioni elettorali finalizzate, invece, all'esercizio della democrazia rappresentativa", diversi effetti negativi: la compromissione della "genuinità" e "compiutezza del voto popolare, espressione di democrazia diretta", giacché la sovrapposizione della campagna referendaria con quella relativa alle elezioni amministrative e regionali determinerebbe una valutazione politico-partitica anche rispetto al referendum sicché il relativo voto (che invece "dovrebbe essere libero da condizionamenti partitici" al fine di consentire la formazione di "schieramenti trasversali alle coalizioni politiche"); un'incidenza negativa sulla diffusione territoriale del voto che per il referendum ex art. 138 Cost. concerne il popolo nella sua unità ("in un unico collegio di voto"), mentre lo svolgimento contestuale in alcune Regioni e Comuni delle elezioni politiche e amministrative influirebbe sulla partecipazione degli elettori e sul relativo orientamento; ed anche l'informazione sul referendum costituzionale sarebbe penalizzata rispetto a quella partitica con pregiudizio per la libera formazione della volontà dell'elettore. La Corte costituzionale, pur dichiarando inammissibile il conflitto per difetto di legittimazione attiva del Comitato promotore (giacché "la Costituzione non attribuisce al Comitato promotore ... una funzione di generale tutela del miglior esercizio del diritto di voto da parte dell'intero corpo elettorale"), non manca di spendere alcune riflessioni sui motivi fatti valere nel ricorso. La Corte rileva che la scelta governativa è avvenuta "tra le molteplici, legittime opzioni, ... all'interno del periodo prestabilito" e "nel caso di specie, ... a fronte della situazione eccezionale legata all'epidemia che ha portato all'accorpamento", il Comitato non adduce "circostanze, che dovrebbero risultare esse stesse eccezionali, in ragione delle quali l'accorpamento inciderebbe sul diritto all'effettuazione del voto referendario e sul suo esercizio". La Corte inoltre rileva che "sempre le forze politiche hanno dato indicazioni agli elettori anche sui referendum costituzionali" e che "la logica referendaria è intrecciata a quella della democrazia rappresentativa, non separata da essa" e la contestualità tra differenti campagne elettorali non comporta ("di per sé") "una penalizzazione degli spazi d'informazione dedicati alla campagna referendaria", né l'eventuale maggiore affluenza alle urne in lacune Regioni pregiudica lo svolgimento del referendum.

Nell'*ordinanza n. 196 del 2020*, il partito politico «+Europa» aveva sollevato conflitto di attribuzione nei confronti della Camera dei deputati e del Senato (in relazione all'art. 1-*bis*, comma 5 del d.l. 20 aprile 2020, n. 26, conv., con modif., nella legge 19 giugno 2020, n. 59), secondo cui «*[i]n considerazione della situazione epidemiologica derivante dalla diffusione del COVID-19 ..., il numero minimo di sottoscrizioni richiesto per la presentazione delle liste e delle candidature è ridotto a un terzo*»), lamentando la lesione conseguente alla estrema difficoltà ("a causa della pandemia in atto") a svolgere la raccolta delle firme necessarie per presentare le liste alle elezioni regionali. Per la ricorrente il Parlamento, volendo introdurre disposizioni di favore in materia elettorale legate all'attuale situazione emergenziale, "ha legiferato in maniera irragionevole, non avendo espressamente imposto, a livello nazionale, l'esonero dall'obbligo di raccolta delle firme per tutti i partiti già presenti in seno al Parlamento nazionale, finendo in tal modo per ingenerare ... un'irragionevole disparità di trattamento tra partiti nell'ambito delle differenti Regioni chiamate al voto". La Corte costituzionale dichiara il conflitto inammissibile sotto il profilo soggettivo giacché «*i partiti politici vanno considerati come organizzazioni proprie della società civile, alle quali sono attribuite dalle leggi ordinarie talune funzioni pubbliche, e non come poteri dello Stato ai fini dell'art. 134 Cost.*».

Nella *ordinanza n. 197 del 2020*, un senatore aveva sollevato conflitto di attribuzione tra poteri dello Stato nei confronti del Senato, nei confronti del decreto-legge 20 aprile 2020 n. 26 ("*Disposizioni urgenti in materia di consultazioni elettorali per l'anno 2020*"), conv., con modif., nella legge 19 giugno 2020, n. 59, nonché degli atti conseguenti (ed in particolare del d.p.r. 17 luglio 2020 di indizione del referendum costituzionale per i giorni 20 e 21 settembre 2020), facendo valere diversi motivi: l'approvazione della legge n. 59 del 2020 con voto di fiducia e con un emendamento in materia estranea al contenuto originario del d.l. n. 26 del 2020; violazione dell'art. 72 Cost. da parte del d.l. n. 26 del 2020 in quanto contenente norme in materia costituzionale ed elettorale.

La Corte costituzionale (dopo aver rilevato "la scarsa chiarezza e coerenza del percorso argomentativo seguito dal ricorso, contraddistinto da salti logici e da passaggi privi di conseguenzialità") rileva che il ricorso espone ("in modo non ordinato"), "critiche alla legge elettorale, alla riforma costituzionale, all'accorpamento delle consultazioni, all'utilizzo dei decreti-legge e, infine, al procedimento di conversione in legge degli stessi, sovrapponendo non solo argomenti giuridico-costituzionali tra loro ben distinti, ma altresì avanzando valutazioni politiche in questa sede non conferenti". Per la Corte "coerenza di contenuti e chiarezza di forma costituiscono requisiti di ogni atto introduttivo di un giudizio, e non possono non valere per il ricorso introduttivo di un giudizio per conflitto di attribuzioni tra poteri dello Stato che aspiri a superare il vaglio preliminare di ammissibilità" mentre "il ricorso non individua né l'atto lesivo (o gli atti lesivi), né le attribuzioni del ricorrente che sarebbero state lese" ed in particolare "il ricorso non contiene alcuno specifico riferimento alle prerogative del singolo parlamentare, asseritamente violate durante l'iter di conversione in legge del d.l. n. 26 del 2020" ed "il ricorrente omette qualsiasi riferimento ai lavori parlamentari svoltisi presso il Senato della Repubblica, da cui risulti l'evidenza delle numerose lesioni lamentate". Al contrario la Corte rileva che "durante tali lavori, l'applicazione del principio della concentrazione delle scadenze elettorali (cosiddetto election day) anche al referendum costituzionale è stata oggetto di ampia discussione e di regolare votazione. Pertanto "non risulta prospettata alcuna specifica lesione delle attribuzioni costituzionali del singolo parlamentare nell'ambito del procedimento di conversione". Per tali ragioni il ricorso è dichiarato inammissibile.

Nell'*ordinanza n. 198 del 2020* la Regione Basilicata aveva sollevato conflitto di attribuzione nei confronti del Consiglio dei ministri, della Camera dei deputati, del Senato, della Regione autonoma Trentino Alto-Adige e delle Province autonome di Trento e di Bolzano, in riferimento alla legge costituzionale recante riduzione del numero dei parlamentari (ed al conseguente d.p.r. di indizione del referendum costituzionale) lamentando la violazione di numerosi articoli della Costituzione (artt. 3, 6, 48, 51, 57, commi primo e terzo, 72, 77, 114, 131, 138 e 139 Cost.) e la «compressione e invasione dei poteri di rappresentatività parlamentare attribuiti dalla Costituzione alla Regione Basilicata», giacché la riduzione del numero dei senatori sarà realizzata agendo anche sul numero minimo dei seggi garantiti, portandolo da sette a tre, lasciando ferma la previsione secondo cui «il Molise ne ha due, la Valle d'Aosta uno» e inserendo tra i soggetti beneficiari del numero minimo di tre senatori anche le Province autonome, con conseguenziale "disparità di trattamento tra le Regioni", giacché "raffrontando in termini percentuali l'incidenza della riduzione del numero dei parlamentari in rapporto alle singole Regioni ..., emerge ... che la percentuale media della riduzione, che è pari al 36,5 per cento riguarda solo alcune Regioni, mentre per altre il sacrificio risulta, a seconda dei casi, più gravoso o più lieve". In particolare, "portando da sette a tre il numero minimo dei senatori e includendo le Province autonome tra i soggetti garantiti, si ha che le Regioni che beneficiavano del numero minimo finiscono per subire una elevata diminuzione" ed in particolare la Regione Basilicata, "passando da sette a tre senatori finisce per subire una diminuzione della rappresentatività pari al 57,13 per cento" con conseguente lesione del "principio di eguaglianza di tutti i cittadini in punto di partecipazione alla vita politica di cui all'art. 51 Cost.". La Corte costituzionale dichiara inammissibile il ricorso giacché la Regione Basilicata ha presentato ricorso per conflitto tra poteri dello Stato, ma «né la Regione né singoli organi di essa possono essere considerati "poteri dello Stato"».

7. Gli Statuti delle Regioni ad autonomia speciale

Il Friuli Venezia Giulia, la Sardegna, la Sicilia, il Trentino Alto Adige/Südtirol e la Valle D'Aosta/Vallée d'Aoste dispongono di forme e condizioni particolari di autonomia, secondo i rispettivi **statuti speciali** adottati con legge costituzionale (art. 116 Cost.).

Il comma 2 dell'art. 116 Cost. specifica che la Regione Trentino-Alto Adige/Südtirol «*è costituita dalle Province autonome di Trento e Bolzano*».

Le predette Regioni e Province autonome godono dunque di un'autonomia speciale (che le differenzia dalle restanti Regioni a statuto «ordinario»), costituzionalmente garantita e che concerne, fra l'altro l'ampiezza della potestà legislativa ed amministrativa loro conferita, ma anche la consistenza dell'autonomia finanziaria loro riconosciuta, nonché riflessi sulla loro organizzazione politica e sulla disciplina degli enti locali presenti in quelle regioni.

L'ordinamento delle Regioni a statuto speciale (e delle Province autonome di Trento e di Bolzano) è disciplinato dai rispettivi statuti – che stabiliscono i confini dell'autonomia di ciascuno dei predetti enti – statuti che sono stati adottati con legge costituzionale.

Gli statuti speciali, in quanto leggi costituzionali, possono essere modificati secondo la procedura di cui all'art. 138 Cost., fatta eccezione per il ricorso al referendum nazionale (che in questi casi non è applicabile). Con la legge cost. n. 2 del 2001 («*Disposizioni concernenti l'elezione diretta dei presidenti delle regioni a statuto speciale e delle province autonome di Trento e di Bolzano*») sono state introdotte alcune peculiarità volte a garantire la partecipazione degli organi delle singole regioni autonome nel relativo procedimento.

E così lo *Statuto della Regione siciliana* (approvato con regio decreto legislativo 15 maggio 1946, n. 455, poi convertito dalla legge cost. 26 febbraio 1948, n. 2, e successive modificazioni) prevede che per le modificazioni di tale Statuto (art. 41-*ter* Statuto reg. sic.) «*si applica il procedimento stabilito dalla Costituzione per le leggi costituzionali*» (fatta eccezione per l'applicazione del referendum nazionale), ma si prevede anche un ruolo dell'Assemblea regionale, che detiene non solo un potere di iniziativa in merito, ma anche un potere consultivo sui "Progetti di modificazione dello Statuto" di iniziativa governativa o parlamentare.

Con riguardo alla *Sardegna* (il cui Statuto speciale è stato approvato con legge cost. 26 febbraio 1948, n. 3, e successive modificazioni), il relativo Statuto assegna il potere di iniziativa anche al Consiglio regionale o ad almeno ventimila elettori.

Con riguardo alla *Valle d'Aosta* (il cui Statuto speciale è stato approvato con legge cost.. 26 febbraio 1948, n. 4, e successive modificazioni), si prevede che i progetti di modifica dello Statuto («*di iniziativa governativa o parlamentare*») siano comunicati dal Governo al Consiglio regionale, affinché questo possa esprimere il proprio parere entro due mesi.

Con riguardo al *Trentino-Alto Adige*, il d.p.r. 31 agosto 1972, n. 670 (*Testo unico delle leggi costi-*

tuzionali concernenti lo statuto speciale per il Trentino-Alto Adige), raccoglie e coordina le disposizioni della legge cost. 26 febbraio 1948, n. 5 (Statuto speciale per il Trentino-Alto Adige), della legge 31 dicembre 1962, n. 1777, della legge cost. 10 novembre 1971, n. 1 (*"Modificazioni e integrazioni dello statuto speciale per il Trentino-Alto Adige"*) e della legge cost. 23 febbraio 1972, n. 1. Lo Statuto all'art. 3 dispone che «*Alle province di Trento e di Bolzano sono attribuite forme e condizioni particolari di autonomia*» (distinguendo poi le funzioni della Regione dalle funzioni delle due Province autonome).

Lo statuto della regione *Friuli-Venezia Giulia* è stato approvato con legge cost. n. 1 del 1963.

Gli statuti speciali affidano a decreti del Presidente della Repubblica (atti formalmente presidenziali ma sostanzialmente governativi, v. *infra*, cap. VII) il potere di emanare **norme di attuazione degli statuti** stessi. La giurisprudenza costituzionale e la dottrina riconoscono a tali decreti legislativi la qualità di fonti di grado primario ed il relativo potere è espressione di una potestà legislativa (costituzionalmente affidata) a carattere permanente. Discusso è il rapporto intercorrente tra tali decreti e la legge ordinaria che sembrerebbe regolato dal principio di competenza (Lavagna) (v. *infra*, cap. XII). Per ciascuna delle regioni a statuto speciale, infatti le norme di attuazione degli statuti speciali sono emanate dal Governo con decreto legislativo (in precedenza con decreto del Presidente della Repubblica) e secondo una procedura che ne prevede l'istruttoria ed il parere, o l'intesa, da parte di commissioni paritetiche, i cui membri sono designati dal Governo e dalla rispettiva regione.

Sezione Terza – FONTI DI GRADO PRIMARIO

8. La legge ordinaria

La legge ordinaria è l'atto normativo approvato nell'identico testo da entrambe le Camere e promulgato dal Presidente della Repubblica (sul procedimento di approvazione della legge v. *infra*, cap. VI, par. 6).

Secondo l'art. 70 Cost., la funzione legislativa è esercitata collettivamente dalle due Camere: l'espressione «funzione legislativa» (assegnata al Parlamento) indica il necessario contenuto normativo della legge ordinaria. Ma la stessa Costituzione prevede ipotesi di *leggi in senso meramente formale*, di atti cioè che hanno la «forma» della legge (in quanto approvati con il procedimento costituzionalmente prescritto per la legge), ma non aventi alcun contenuto normativo: dalla legge di autorizzazione a ratificare i trattati internazionali (art. 80 Cost.) alla legge di approvazione del rendiconto consuntivo (art. 81, comma 1, Cost.). Nella gran parte dei casi, la legge in senso meramente formale costituisce un'ipotesi in cui la legge rappresenta lo strumento mediante il quale il Parlamento esercita il proprio potere di controllo e indirizzo politico (costituzionalmente previsto) nei confronti del governo.

Con l'espressione «*legge provvedimento*» si fa riferimento a quelle leggi che, anziché porre una disciplina generale ed astratta, dispongono direttamente in merito ad una determinata situazione. La dottrina si è interrogata sulla ammissibilità di leggi con cui il Parlamento riveste con tale «forma» atti non aventi carattere normativo. In particolare, riguardo alle c.d. leggi-provvedimento, si è sottolineato che esse, derogando al diritto oggettivo per ipotesi concrete puntualmente determinate, possono finire per sottrarre al cittadino la possibilità di utilizzare quegli strumenti di garanzia costituzionalmente previsti che invece il cittadino avrebbe potuto utilizzare nei confronti di un atto amministrativo: «la ratio di garanzia delle libertà individuali che sta a fondamento della riserva di giurisdizione si estende pienamente ai rapporti tra legislazione e amministrazione: vivremmo tutti sotto il segno dell'incertezza e sarebbe aperto l'adito all'arbitrio delle mutevoli maggioranze, se il Parlamento potesse indifferentemente porre norme ed applicarle, regolare in astratto situazioni e rapporti della vita associata ed intervenire concretamente a provvedere nei singoli casi, ogni volta che così gli piaccia» (Crisafulli).

Questo magistrale insegnamento indica il «cuore» del problema posto dalle leggi-provvedimento e rappresentato appunto dal rischio di soluzioni arbitrarie adottate, dalla contingente maggioranza parlamentare, nei confronti di singoli (o ben determinati gruppi di) individui. E così le leggi-provvedimento ben possono venire a rappresentare «privilegi» concessi a (o strappati da) *lobbies* capaci di orientare la maggioranza parlamentare oppure soluzioni peggiorative per singoli individui ai quali viene ad essere preclusa la strada della tutela giudiziale (possibile se il relativo provvedimento è contenuto in un atto amministrativo) e rimanendo aperta solo quella (più lunga e complessa) del giudizio di costituzionalità. E la Corte costituzionale si è mostrata ben consapevole di tale difficoltà per il singolo laddove, di fronte alla realtà di numerosi casi in cui il Parlamento interviene con le c.d. «leggine», destinate a disciplinare casi concreti e ben individuati, ha riconosciuto che le leggi-provvedimento, pur non precluse in via di principio, costituiscono comunque ipotesi eccezionali la cui giustificazione deve essere sottoposta ad uno scrutinio particolarmente rigoroso sotto il punto di vista del rispetto del principio di eguaglianza, del principio di ragionevolezza delle scelte effettuate dal legislatore e del principio della separazione dei poteri.

A titolo di esempio può citarsi il caso concluso con la sent. n. 14 del 1999 con cui la Corte costituzionale ha adottato una sentenza di incostituzionalità dell'art. 15, comma 1, legge n. 665 del 1996 per violazione dell'art. 97 Cost. La legge n. 665 del 1996 introduceva la disciplina normativa di trasformazione dell'Azienda autonoma di assistenza al volo per il traffico aereo (Aaavtag), prefiggendosi il legislatore la privatizzazione di tale Azienda. La trasformazione di questa in ente di diritto pubblico era già stata introdotta con una serie di decreti-legge (dd.ll. nn. 497 del 1995; 29, 153, 284, 387 e 490 del 1996), tutti non convertiti ma reiterati con pressoché identico contenuto, fatta eccezione per i due ultimi. Nel d.l. n. 387 del 1996 veniva infatti introdotta la disposizione che prevedeva la convalida di tutti gli effetti delle posizioni giuridiche ed economiche attribuite al personale dell'Aaavtag col primo inquadramento operato nel 1983 e in seguito in forza degli accordi applicativi del contratto collettivo nazionale di lavoro. Nel successivo d.l. n. 490 del 1996 a tale previsione si aggiungeva la convalida delle posizioni giuridiche ed economiche attribuite al personale dirigenziale ai sensi dell'art. 107, comma 2, del regolamento del personale dell'Aaavtag (approvato con d.p.r. n. 279 del 1983). La legge n. 665 del 1996 ha disposto, con l'art. 15, comma 1, la validità degli atti e dei provvedimenti adottati nonché la salvezza degli effetti prodottisi e dei rapporti giuridici sorti sulla base della pregressa decretazione d'urgenza. In precedenza il

Tar Lazio aveva annullato, su ricorso di concorrenti pretermessi, alcune delibere di nomina di dirigenti adottate dal consiglio di amministrazione dell'Aaavtag nel 1993. In sede di appello il Consiglio di Stato, trovandosi di fronte alla citata normativa di grado primario, riconosce che quanto disposto dall'art. 15, comma 1, legge n. 665 del 1996, determinando la convalida delle posizioni giuridiche ed economiche attribuite al personale dirigenziale dell'ente, esplica i suoi effetti anche sulla procedura concorsuale già annullata dal Tar: la norma impugnata determina dunque il consolidamento ex *tunc*, in corso di causa, dell'atto impugnato divenuto ormai inattaccabile sul piano amministrativo e intangibile su quello giurisdizionale benché incida sfavorevolmente su diritti soggettivi o interessi legittimi di terzi. Tale sanatoria si pone dunque in contrasto – secondo il Consiglio di Stato – con il principio di buon andamento della pubblica amministrazione (in ragione degli «*effetti ingiustificatamente premiali che dalla normativa in esame derivano in favore dei beneficiari di provvedimenti già dichiarati giurisdizionalmente illegittimi in primo grado*») e con gli artt. 24 e 113 Cost., in ragione del «*conseguente effetto di totale compromissione del diritto dei ricorrenti a domandare la tutela degli interessi legittimi che essi ritengano lesi da quegli atti della pubblica amministrazione che il legislatore ha ritenuto di convalidare, così realizzandosi una violazione del diritto di agire, nel contesto di una sostanziale vanificazione della via giurisdizionale, intesa quale mezzo al fine dell'attuazione di una preesistente posizione giuridica legalmente tutelata*». La Corte costituzionale, nella motivazione della pronuncia, ricorda i lavori parlamentari in cui, alle «*numerose e puntuali critiche provenienti da tutti gli schieramenti politici, oltre che dallo stesso relatore, sull'opportunità di una sanatoria*», *il governo aveva contrapposto* «*soltanto la dichiarazione dell'intento di evitare – in ossequio ad un asserito criterio generale, secondo cui si fanno sempre salvi gli effetti di un decreto-legge non convertito – che persone le quali avessero ottenuto qualcosa in base alla decretazione d'urgenza dovessero successivamente perderla*». A tale obiezione la Corte costituzionale replica: «*Trattasi, all'evidenza, di una motivazione cui rimane completamente estranea la ricerca della realizzazione d'un interesse generale correlato ad imprescindibili esigenze organizzative non altrimenti fronteggiabili del neoistituito ente, o comunque connesso al raggiungimento degli obiettivi di funzionalità e di efficienza. La sola ratio rinvenibile nella normativa appare quella della sanatoria per se stessa, concretantesi nella stabilizzazione di situazioni già accertate come illegittime in via giurisdizionale, al di fuori di ogni rapporto strumentale con la struttura e le finalità dell'ente … Essa si connota, dunque, unicamente come legittimazione di quanto attribuito in modo illegittimo a determinati soggetti, con effetti premiali palesemente non giustificati: rimanendo, così, compromesso in radice lo stesso scrutinio di cui si è detto, poiché la constatata negazione di una razionale e coerente attività di amministrazione, oltre a costituire un esempio di "diseducazione civile" (sent. n. 16 del 1992), non può rappresentare un termine di bilanciamento e comparazione con gli altri valori che essa coinvolge ai fini della verifica del rispetto del principio di buon andamento*». Pertanto la Corte dichiara l'incostituzionalità dell'art. 15, comma 1, legge n. 665 del 1996 «*nella parte in cui dispone che restano validi gli atti ed i provvedimenti adottati e sono fatti salvi gli effetti prodottisi ed i rapporti sorti sulla base del d.l. 20 settembre 1996, n. 490, limitatamente alla convalida – ivi prevista – delle posizioni giuridiche ed economiche attribuite ai sensi dell'art. 107, comma 2, del regolamento del personale dell'Aaavtag, approvato con d.p.r. 7 aprile 1983, n. 279*».

Oltre alle motivazioni già ricordate, nella giurisprudenza costituzionale sono rinvenibili quali limiti alle leggi-provvedimento, il principio di uguaglianza e quello della ragionevolezza delle scelte compiute dal legislatore. Inoltre la giurisprudenza costituzionale, al riconoscimento della non contrarietà a Costituzione in via di principio delle leggi-provvedimento (quale dato forse insopprimibile dello Stato contemporaneo) (Paladin), aggiunge però l'affermazione della necessità di un controllo caso per caso, «di rigoroso scrutinio», di valutazione della ragionevolezza delle disposizioni legislative.

Con l'espressione *leggi «rinforzate»* si fa riferimento a leggi il cui procedimento di formazione è reso più complesso (ad es. attraverso l'intesa, l'accordo, la consultazione di enti, ecc.) in ragione della necessità dell'intervento di ulteriori adempimenti (anteriori al momento dell'approvazione della legge) che ne aggravano l'*iter* di formazione. Tali modalità influenzano il procedimento parlamentare giacché la fase dell'approvazione della legge non può compiersi senza il rispetto degli accordi e delle intese che rappresentano il presupposto dell'iniziativa (e così il Parlamento non può procedere unilateralmente ad emendare il testo proposto dal governo, ma solo invitarlo a «rinegoziare» le norme che si vogliono emendare e solo in seguito procedere all'approvazione dell'emendamento giacché – ad es. – l'art. 7 Cost. prevede che i rapporti tra Stato e Chiesa cattolica possono essere modificati solo previo accordo tra le due parti). Sotto il profilo della loro posizione nel sistema delle fonti, le leggi rinforzate si distinguono dalle leggi comuni sia per *forza attiva* (possono abrogare solo le leggi che hanno quello specifico contenuto) che per *forza passiva* (possono essere abrogate soltanto da leggi formate con quello specifico procedimento). Le *leggi rinforzate* sono pertanto una forma di *fonti atipiche*.

Le *leggi atipiche* sono quelle leggi che, pur avendo la stessa «forma» della legge ordinaria, hanno una peculiare «forza» (dal lato attivo o dal lato passivo) che le distingue da una legge ordinaria. E così, ad esempio, hanno una forza passiva potenziata le leggi non sottoponibili a referendum abrogativo, ed ancora sono «atipiche» le c.d. **leggi meramente formali** (ad es. la legge di approvazione del rendiconto consuntivo), cioè quegli atti aventi la forma della legge, ma che non introducono norme capaci di produrre effetti giuridici generali nell'ordinamento. Appare utile ricordare l'insegnamento di Crisafulli secondo cui «la distinzione tra fonti atipiche e fonti rinforzate è semplicemente convenzionale, per non dire nominalistica: anche le fonti rinforzate sono atipiche, rispetto ai tipi più generali in cui rientrano; ma lo sono formalmente, oltre che per la maggiore o minore efficacia ad esse propria».

Con la legge cost. n. 1 del 2012 (di modifica dell'art. 81 Cost., v. *infra*, cap. VI) è stata introdotta nel nostro ordinamento un'ulteriore fattispecie di legge rinforzata: il comma 6 dell'art. 81 Cost. prevede infatti che «*Il contenuto della legge di bilancio, le norme fondamentali e i criteri ... sono stabiliti con legge approvata a maggioranza assoluta dei componenti di ciascuna Camera*». In attuazione di tale disposizione costituzionale è stata approvata (con la richiesta maggioranza) la legge n. 243 del 2012 («Disposizioni per l'attuazione del principio del pareggio di bilancio ai sensi dell'art. 81, comma 6, Cost.»), la quale prevede (art. 1, comma 2) che la stessa «*può essere abrogata, modificata o derogata solo in modo espresso da una legge successiva*» (anch'essa approvata ai sensi dell'art. 81, comma 6, Cost.). Già l'art. 79 Cost. (in seguito alla legge cost. n. 1 del 1992) disponeva che la concessione dell'amnistia e dell'indulto deve essere disposta con «*legge deliberata a maggioranza dei due terzi dei componenti di ciascuna Camera, in ogni suo articolo e nella votazione finale*». Deve dunque riconoscersi che nel nostro ordinamento l'atto «legge parlamentare» si presenta oggi articolato al proprio interno in una molteplicità di procedimenti che si differenziano per la necessità o di maggioranze più ampie o dell'adozione di atti presupposti.

Parimenti nominalistica finisce per diventare anche la distinzione fra «forza di legge» e «valore di legge». Tradizionalmente l'espressione «*forza di legge*» indica la *vis* normativa, cioè la capacità dell'atto di innovare l'ordinamento giuridico con la stessa «forza» della legge; l'espressione «*valore di legge*» sta invece ad indicare il regime giuridico dell'atto (simile appunto a quello della legge). La Costituzione però utilizza indifferentemente le due espressioni e la dottrina riconosce che gli atti legislativi (dotati di forza e valore di legge) del nostro ordinamento costituiscono una categoria chiusa e costituzionalmente definita. Nell'ordinamento italiano il «valore di legge» (quale regime giuridico dell'atto) si risolve nella sottoposizione dell'atto al controllo di costituzionalità (unico controllo cui è sottoposta la legge formale), mentre la «forza di legge» (quale *vis normativa* dell'atto) può distinguersi fra «forza attiva» (o «forza dal lato attivo»), quale capacità dell'atto di innovare l'ordinamento giuridico abrogando norme poste da fonti precedenti di pari grado o di grado inferiore, e «forza passiva» (o «forza dal lato passivo»), quale capacità della norma posta da tale atto di resistere alle modifiche introdotte da fonti di grado inferiore. La distinzione fra «lato attivo» e «lato passivo» è operata dalla dottrina perché in Costituzione si riscontrano esempi di leggi rinforzate dal lato attivo o da quello passivo (v. *supra*).

9. La delega legislativa

Secondo l'art. 76 Cost., «*L'esercizio della funzione legislativa non può essere delegato al governo se non con determinazione di principi e criteri direttivi e soltanto per tempo limitato e per oggetti definiti*». L'ultimo comma dell'art. 72 Cost. conferma che l'atto con il quale il Parlamento delega al governo l'esercizio della funzione legislativa è una legge (c.d. legge-delega o legge di delegazione legislativa), la quale deve prevedere (c.d. *contenuto necessario della legge-delega*):

– l'*oggetto* su cui il governo può adottare decreti legislativi;

– il *termine temporale*, al di là del quale il potere legislativo delegato svanisce;

– i *principi e criteri direttivi* cui il governo deve adeguarsi nella formulazione del decreto legislativo delegato.

Al problema se la legge di delegazione sia legge in senso meramente formale può senz'altro darsi risposta negativa perché l'intero suo contenuto (ed in particolare i «principi» che contengono norme giuridiche già applicabili, anche se ad efficacia differita) entra a far parte integrante della disciplina dell'oggetto delegato.

Un'attenta lettura dell'art. 76 Cost. mostra inoltre che delegato è solo «l'esercizio» della funzione legislativa, permanendo dunque la titolarità della funzione legislativa al Parlamento che può riappropriarsene in ogni momento (c.d. *revocabilità esplicita, ma anche implicita della delega* da parte del Parlamento).

L'espressione «***oggetti definiti***» mira chiaramente a restringere l'ambito della delega legislativa, escludendo che possa essere delegata una intera «materia» (rispetto alla quale «l'oggetto» è senz'altro più ristretto). L'ambito del potere delegato pertanto deve essere esattamente "definito" dalla legge di delegazione.

Riguardo al ***termine temporale*** per l'esercizio della delega, che deve essere certo nell'*an* e nel *quando*, la Corte costituzionale ha ritenuto ammissibile l'incertezza discendente dalla non precisa determinazione del *dies a quo* conseguente alla incertezza della data di pubblicazione della legge-delega; tale termine si calcola secondo i consueti criteri indicati nel codice civile. Per motivi di correttezza costituzionale, il termine non supera in genere la durata della legislatura.

Riguardo al limite dei ***principi e criteri direttivi***, alla tesi secondo cui tale espressione rappresenti un'endiadi, si è contrapposto un orientamento volto ad individuare un concetto proprio di ciascuno dei due termini: il «*principio*» si pone come norma già capace di regolare la materia; il «*criterio direttivo*» si pone invece come vincolo al legislatore delegato. I criteri possono assumere le forme più diverse: dalla indicazione di scopi ed obiettivi da raggiungere alla posizione di norme procedurali, dalla introduzione di norme direttive alla indicazione di condizioni, ecc. La giurisprudenza costituzionale ha ritenuto che i principi non debbono essere necessariamente precisati, giacché nel caso in cui la legge-delega non ponga espressamente alcun principio deve farsi ricorso ai principi desumibili dalla legislazione esistente.

Il Parlamento può inserire nella legge di delegazione (oltre a quelli espressamente richiesti dall'art. 76 Cost.) *limiti «ulteriori»*, come ad esempio l'obbligo per il governo di sentire il parere di una commissione parlamentare. Questo vincolo è spesso utilizzato dal legislatore delegante e l'art 14, ultimo comma, legge n. 400 del 1988 ha stabilito che qualora il termine previsto per l'esercizio della delega ecceda i due anni, il governo è tenuto a richiedere, sugli schemi di decreti delegati, il parere delle commissioni parlamentari competenti per materia. La previsione di un obbligatorio parere di una commissione parlamentare sullo schema di decreto legislativo costituisce lo strumento mediante il quale il Parlamento interviene nella fase (propria del governo) di redazione del decreto legislativo delegato, cercando di indirizzare (mediante il previsto parere) le scelte del governo. Se alcuni vedono con favore tale intervento del Parlamento (che è il soggetto delegante e che resta sempre titolare della funzione legislativa), altri ritengono che questa opzione finisca per determinare una commistione fra Parlamento e governo, con opacità anche dal punto di vista delle rispettive responsabilità. Bisogna peraltro aggiungere che, nelle concrete dinamiche politiche, il parere della commissione parlamentare o si è di fatto prestato alla instaurazione di una ulteriore sede di «contrattazione» fra le varie istanze interessate alla disciplina in questione o si è concretamente rivelato uno strumento «debole» in quanto ignorato dal governo. Questo esito è possibile anche perché la Corte costituzionale ha ritenuto che il mancato adeguamento da parte del governo alle osservazioni della commissione parlamentare non configuri un vizio del decreto legislativo sindacabile in sede di controllo di costituzionalità in quanto parere obbligatorio e non vincolante. Questa situazione ha determinato nella prassi che il governo, non sentendosi affatto vincolato dalle osservazioni della commissione parlamentare, spesso comunica a quest'ultima uno schema di decreto legislativo non definitivo.

E se i limiti alla delegazione legislativa espressamente previsti dall'art. 76 Cost. (oggetto definito, termine temporale, principi e criteri direttivi) sono chiaramente indirizzati ad evitare che il Parlamento ceda *in toto* al governo la funzione legislativa, bisogna inoltre ritenere *non delegabili tutte quelle materie sulle quali la Costituzione pone una riserva di legge parlamentare quale «atto proprio del Parlamento»*, inteso quale organo distinto dal (se non contrapposto al) governo. In tali casi il Parlamento si presenta quale organo che svolge una funzione di controllo e di indirizzo nei confronti dell'esecutivo: ad es., legge di bilancio, legge di autorizzazione a ratificare trattati internazionali, legge di conversione del decreto-legge, legge di conferimento di delega legislativa, ecc. A questo proposito la legge n. 400 del 1988 ha previsto altresì l'obbligo per il governo di informare «periodicamente le Camere sui criteri che segue nell'organizzazione dell'esercizio della delega» (art. 14, comma 3, legge n. 400 del 1988).

Fin dagli anni Cinquanta si è discusso in merito alla possibilità di un ***uso frazionato della delega*** e cioè se il governo debba adottare un unico decreto legislativo (adottato il quale il potere conferitogli con la delega debba ritenersi definitivamente esaurito) o se invece il governo possa – sempre nel limite temporale fissato dalla delega – adottare più decreti legislativi. In questo secondo caso bisogna ulteriormente distinguere fra il caso in cui la pluralità di decreti legislativi si ponga in rapporto di complementarietà ed il caso in cui invece quelli successivi modifichino i precedenti. La formulazione dell'art. 76 Cost. sembra condurre ad una visione della delega da attuare con un solo atto, ma la Corte costituzionale ha ritenuto ammissibile l'esercizio frazionato della delega attraverso una serie di decreti fra loro complementari anche in mancanza di una – esplicita o implicita – autorizzazione della legge-delegante. L'art. 14, comma 3, legge n. 400 del 1988 ha precisato, con riferimento alle deleghe relative ad una pluralità di oggetti, qualora «suscettibili di separata disciplina», che il governo può esercitarle «mediante più atti successivi per uno o più degli oggetti» su cui ha appunto ricevuto il potere di adottare decreti legislativi. Ed anche a voler ritenere ammissibile un limitato potere correttivo del governo sui decreti emanati (purché espressamente previsto nella legge-delega), bisogna precisare che delegare al governo il costante aggiornamento di una determinata disciplina (come purtroppo avviene negli ultimi anni) elude sia il limite degli «oggetti definiti» sia, più in generale, l'impianto costituzionale che vede nella delega legislativa un'eccezione all'attribuzione costituzionale delle competenze. Pertanto la previsione (contenuta in numerose leggi di delegazione degli ultimi anni) dei cc.dd. *decreti legislativi "correttivi" o "integrativi"*, e che estendono ulteriormente, sia dal punto di vista temporale che da quello contenutistico, il potere legislativo del governo, si rivela un deciso stravolgimento del modello costituzionale.

Riguardo al ***rapporto intercorrente tra legge-delega e disciplina delegata***, la Corte costituzionale ha riconosciuto la necessità che la prima, pur potendo già contenere norme di dettaglio, non esaurisca l'intera disciplina, in ragione del principio della fisiologica «*attività di riempimento*» che lega i due livelli normativi della delega e del successivo decreto legislativo delegato. Infatti, secondo la Corte, «*la determinazione dei "principi e criteri direttivi" richiesti dall'art. 76 Cost. per una valida delegazione legislativa non può eliminare ogni margine di scelta nell'esercizio della delega. I principi ed i criteri direttivi servono, infatti, da un lato a circoscrivere il campo della delega sì da evitare che essa venga esercitata in modo divergente dalle finalità che l'hanno determinata ma, dall'altro, devono consentire al potere delegato la possibilità di valutare le particolari situazioni giuridiche da regolamentare nella fisiologica attività di "riempimento" che lega i due livelli normativi*» (sent. n. 198 del 1998).

Nel caso di specie il giudice *a quo* aveva sollevato questione di costituzionalità dell'art. 17, comma 5, del d.lgs. n. 504 del 1992 «*nella parte in cui stabilisce che l'esclusione dall'imposta locale sui redditi ivi indicati ha effetto – per i soggetti gravati dall'imposta sul reddito delle persone giuridiche il cui periodo di imposta non coincide con l'anno solare – sui redditi prodotti dal primo periodo di imposta successivo al 1° gennaio 1993*», per violazione del criterio direttivo fissato dalla relativa legge-delega la quale, istituendo l'imposta comunale sugli immobili (Ici), aveva fissato, quale criterio direttivo per il governo, la «*esclusione dei redditi dominicali delle aree fabbricabili, dei redditi dei terreni agricoli e dei redditi dei fabbricati dall'ambito di applicazione dell'imposta locale sui redditi (Ilor)*». La disposizione denunciata, stabilendo che l'esclusione dall'Ilor ha effetto (per i soggetti all'Irpeg il cui periodo di imposta non coincide con l'anno solare) sui redditi prodotti dal primo periodo di imposta successivo al 1° gennaio 1993, si sarebbe dunque posta in contraddizione con quanto previsto dal citato criterio direttivo, comportando (sia pure per un limitato periodo di tempo) una duplicazione di imposta per effetto della coesistenza (espressamente esclusa dalla delega legislativa) dell'Ici e dell'Ilor sugli stessi redditi. Nel giudizio *a quo*, che si svolgeva davanti ad una Commissione tributaria di primo grado, si discuteva del rimborso di una somma di denaro versata da una società a titolo di Ilor. La Corte esclude che vi sia violazione della legge-delega in quanto (in virtù del principio «del riempimento» sopra richiamato) la delega nello stabilire, in sede di istituzione dell'Ici, l'esclusione dei citati redditi «*non ha fissato … il termine dal quale tale esclusione deve avere effetto. Il legislatore delegato, pertanto, nell'attività di riempimento allo stesso riferibile, ha fissato quale data di decorrenza dell'esclusione dall'Ilor dei redditi sopra specificati il periodo di imposta successivo a quello in corso all'entrata in vigore del decreto legislativo. Determinazione che, in quanto rimessa alla discrezionalità del potere delegato, si sottrae alla censura di costituzionalità che il rimettente prospetta sotto l'esclusivo parametro dell'art. 76 Cost.*». Se, con quest'ultima affermazione, la Corte sembra «suggerire» al giudice *a quo* la necessità di una prospettazione sotto ulteriori, e diversi, parametri della questione di costituzionalità, il merito della motivazione della pronuncia non appare condivisibile. L'esclusione posta dal criterio direttivo della legge-delega non può che essere assoluta; dunque la deroga temporale introdotta dalla disciplina delegata è senz'altro con essa contrastante. Ma, ai fini della nostra trattazione, è importante segnalare come questo approccio della giurisprudenza costituzionale, con riguardo al rapporto intercorrente fra legge-delega e disciplina delegata, finisca, oltre che ad assicurare a quest'ultima un sostanziale spazio di intervento, anche la possibilità di eccezioni (sia pure solo temporali) rispetto a quanto previsto dalla legge di delegazione (mentre il disposto costituzionale sembra porre garanzie al delegante più che al soggetto delegato).

Con la sent. n. 132 del 2018 la Corte costituzionale ha dichiarato incostituzionale l'art. 44, comma 3, del d.lgs. n. 104 del 2010 (codice del processo amministrativo) «*nella parte in cui, nel prevedere che la costituzione degli intimati sana la nullità della notificazione del ricorso, fa "salvi i diritti acquisiti anteriormente alla comparizione"*». Il giudice *a quo* (Tar Veneto) muoveva «*dal duplice presupposto interpretativo che la norma censurata preveda una sanatoria con effetti* ex nunc *e che tra i diritti quesiti vada ricompreso anche quello a fare valere l'inoppugnabilità del provvedimento amministrativo per decorso del termine decadenziale di impugnazione*». In ragione di tale contenuto (sanatoria con effetti *ex nunc*, anziché *ex tunc*) la disposizione in esame si pone in contrasto con l'art. 76 Cost., giacché tra i criteri direttivi della legge delega «*figuravano quelli di adeguare le norme vigenti alla giurisprudenza della Corte costituzionale e delle giurisdizioni superiori, di coordinarle con quelle del codice di procedura civile, in quanto espressione di princìpi generali, e di assicurare l'effettività della tutela*». E la Corte costituzionale conferma la violazione del parametro di cui all'art. 76 Cost. giacché «*l'art. 44 della legge n. 69 del 2009 contiene una delega per il riordino normativo del processo amministrativo che, in quanto tale, concede al legislatore delegato un limitato margine di discrezionalità per l'introduzione di soluzioni innovative, le quali devono comunque attenersi strettamente ai princìpi e ai criteri direttivi enunciati dal legislatore delegante*» (*ex multis*, sentt. nn. 94, 73 e 5 del 2014, nn. 162 e 80 del 2012, nn. 293 e 230 del 2010). Per quanto qui rileva, in particolare, l'art. 44, comma 1, prevede che «*[i]l Governo è delegato ad adottare … uno o più decreti legislativi per il riassetto del processo avanti ai tribunali amministrativi regionali e al Consiglio di Stato, al fine di adeguare le norme vigenti alla giurisprudenza della Corte costituzionale e delle giurisdizioni superiori*», e «*di coordinarle con le norme del codice di procedura civile in quanto espressione di princìpi generali*». Per la Corte la disposizione «*viola entrambi i citati criteri direttivi fissati dal legislatore delegante*» giacché si pone «*in aperto contrasto con l'art. 156, comma 3, c.p.c., che … prevede la sanatoria* ex tunc *della nullità degli atti processuali per raggiungimento dello scopo, principio, questo, indubbiamente di carattere generale; in secondo luogo, non è in linea con la giurisprudenza della Corte di cassazione formatasi con riferimento alla notificazione degli atti processuali civili e con la stessa giurisprudenza del Consiglio di Stato, antecedente all'entrata in vigore del codice, relativa proprio alla nullità della notificazione del ricorso*». Inoltre la disposizione impugnata si pone in contrasto anche con la giurisprudenza costituzionale: «*La sentenza n. 97 del 1967 ha dichiarato l'illegittimità costituzionale, per violazione dell'art. 3 Cost., dell'art. 11, terzo comma, del regio decreto 30 ottobre 1933, n. 1611 (Approvazione del testo unico delle leggi e delle norme giuridiche sulla rappresentanza e difesa in giudizio* dello Stato e sull'ordinamento dell'Avvocatura dello Stato), nei limiti in cui escludeva la sanatoria, con effetti *ex tunc*, della nullità della notificazione degli atti introduttivi (di tutti i giudizi), nonostante la costituzione in giudizio dell'amministrazione statale a mezzo dell'Avvocatura dello Stato. In quell'occasione si affermò, infatti, che la sanatoria per raggiungimento dello scopo e la sua applicabilità alla notificazione degli atti introduttivi sono «*princìpi introdotti nel sistema degli atti processuali attraverso ampia elaborazione che ha posto in evidenza la funzione dell'atto ai fini dello svolgimento e giusta definizione del processo, e cioè sono princìpi generali immanenti alla ratio degli atti processuali. ... la sanatoria con effetti ex tunc prevista dall'art. 156 c.p.c. è espressione di un principio generale e la giurisprudenza del Consiglio di Stato era granitica nell'affermare la sua applicabilità alla nullità della notificazione del ricorso, in caso di costituzione della parte intimata*». La Corte dichiara dunque l'incostituzionalità dell'art. 44, comma 3, c.p.a., «*limitatamente alle parole "salvi i diritti acquisiti anteriormente alla comparizione", per violazione dei princìpi e dei criteri direttivi della legge delega che imponevano al legislatore delegato di adeguare le norme vigenti alla giurisprudenza della Corte costituzionale e delle giurisdizioni superiori, e di coordinarle con le disposizioni del codice di procedura civile, in quanto espressive di princìpi generali*».

È soprattutto a partire dalla seconda metà degli anni novanta che si è assistito (e si continua ad assistere) ad un *ricorso massiccio allo strumento della delega legislativa*. Questo esito è stato possibile anche in ragione della attuale debolezza del Parlamento la cui agenda è dettata dalle leadership politiche presenti nell'esecutivo. E così si registrano leggi contenenti numerose deleghe e spesso prive di una precisa definizione dei principi e criteri direttivi o addirittura dello stesso oggetto della delega. Si assiste dunque non solo ad un sistematico ed ininterrotto ricorso alla delega legislativa per ampie e svariate «materie», ma soprattutto al conferimento al governo, spesso con una sola identica legge, di numerose deleghe legislative su molteplici, e fra loro eterogenei, oggetti, e con una definizione del tutto generica dei principi e criteri direttivi spesso anche in non totale coincidenza fra loro, sì da ampliare a dismisura la discrezionalità del legislatore delegato.

Inoltre deve evidenziarsi la prassi, purtroppo consolidata, di porre numerose deleghe all'interno della legge (o comunque della manovra) finanziaria. Tale prassi determina un doppio aggiramento dell'impianto costituzionale, dal momento che viola sia l'art. 76 Cost. (che richiede un'apposita legge di delegazione, oggetto di specifico approfondimento nel dibattito parlamentare) sia la *ratio* stessa della manovra di bilancio che costituisce un fondamentale momento di indirizzo del Parlamento sull'operato del governo ed il cui significato viene svuotato se il relativo contenuto è sostituito da una delega. Viene così attribuito al governo un indefinito potere di legiferare, che si pone in forte contrasto con il principio della divisione dei poteri e con l'impianto costituzionale. Nella prassi attuale la legislazione delegata costituisce lo strumento «quotidiano» dell'esecutivo, e con il quale il governo disciplina sia questioni contingenti che materie fondamentali della vita democratica, sottraendole al dibattito parlamentare e alla connessa «visibilità».

Nelle ultime legislature si assiste dunque non solo ad un sempre maggiore ricorso allo strumento della delega legislativa, ma anche ad una progressiva erosione di tutti i limiti costituzionalmente imposti per l'utilizzo della medesima (con riguardo cioè alla indeterminatezza sia dell'oggetto della delega, sia dei principi e criteri direttivi, sia della determinazione temporale di cessazione della delega). Questo esito può ritenersi conseguenza ed espressione dell'attuale assetto politico-istituzionale caratterizzato da una situazione di sofferenza dell'istituto parlamentare.

La crescita dei poteri normativi del governo si registra a partire già dagli anni ottanta: in tal senso depongono il frequente ricorso al decreto-legge (v. *infra*, par. 10), la disciplina legislativa della delegificazione (v. *infra*, par. 18) e le prime manifestazioni di un utilizzo «ampio» della delega legislativa (si pensi alla legge n. 86 del 1989 che, istituendo la legge comunitaria, prefigura un utilizzo sistematico della delega come meccanismo di trasferimento «continuo» di potestà normativa al governo). Nel 1992 il governo Amato, nell'esplicitato progetto di risanamento economico e di riequilibrio della politica di bilancio, si rivolge al Parlamento per chiedere un'indeterminata assegnazione di potestà legislativa delegata. Le c.d. «deleghe Amato» costituiscono un salto qualitativo rispetto al passato in quanto implicano un riconosciuto uso della delega non conforme al quadro costituzionale, tant'è che Amato (nella presentazione al Parlamento del relativo disegno di legge) richiamò espressamente, a giustificazione, l'eccezionalità delle esigenze del momento. Ma è nella XIII legislatura che si assiste al compimento del fenomeno: lo strumento della delega è utilizzato per le più diverse e ampie materie. La legislazione delegata viene a costituire lo strumento «quotidiano» con cui l'esecutivo disciplina sia questioni contingenti che materie fondamentali della vita democratica, sottraendole al dibattito parlamentare e alla connessa visibilità e pubblicità. Le c.d. «leggi Bassanini» (leggi nn. 59 e 127 del 1997 e n. 191 del 1998) rappresentano non solo gli esempi maggiori dell'abuso della delega legislativa, ma anche l'instaurazione di uno stabile passaggio di potere legislativo dal Parlamento al governo mediante l'istituzionalizzazione della c.d. «legge annuale di semplificazione» (prevista dall'art. 20, legge n. 59 del 1997 e secondo cui ogni anno il governo presenta al Parlamento un disegno di legge «per la delegificazione di norme concernenti procedimenti amministrativi» ma anche «di delega ovvero di delegificazione» per la compilazione di «testi unici legislativi o regolamentari»).

La delega legislativa si è rivelata inoltre utile mezzo di attuazione della c.d. «*concertazione*» (consistente in quel particolare procedimento di determinazione delle politiche pubbliche che vede il coinvolgimento, da parte del governo, dei sindacati e delle associazioni di categoria), confermando il significato della delega quale meccanismo volto a svuotare di senso il ruolo del Parlamento. Infatti, proprio nel metodo della concertazione il Parlamento finisce per essere il luogo di mera ratifica di decisioni assunte altrove, da soggetti diversi dal Parlamento medesimo e nei confronti di un procedimento in cui il Parlamento non ha giocato alcun ruolo. Questa «trasformazione» della delega legislativa si inquadra nel più ampio fenomeno dello spostamento di potere legislativo dal Parlamento verso l'esecutivo e dunque, da un lato, nelle dinamiche della forma di governo e, dall'altro lato, nell'inevitabilmente connesso processo di mutamento del sistema delle fonti.

Di fronte a questo fenomeno la dottrina si è divisa fra chi ne ha evidenziato il carattere «emergenziale», chi lo ha apprezzato ritenendolo conforme alle evoluzioni della forma di governo e dispiegante le molteplici potenzialità della delega legislativa e chi ha invece fortemente criticato lo spostamento di potere legislativo a vantaggio dell'esecutivo.

Nell'impianto della Costituzione repubblicana l'istituto della delega legislativa è ammesso all'interno di rigidi vincoli relativi alla temporaneità del conferimento del potere legislativo, all'oggetto («definito») e alla qualità del conferimento medesimo (vincolato dalla necessaria previsione di «principi e criteri direttivi», che vieta la possibilità di deleghe «in bianco»).

Nelle ultime legislature ciascuno di questi limiti ha subìto un netto e sostanziale indebolimento.

Così, si registra una fortissima dilatazione (quasi una «rarefazione») dell'*oggetto* della delega che oramai concerne amplissimi e indeterminati settori. Questo orientamento del legislatore delegante non è censurato dalla Corte costituzionale che, nella sent. n. 125 del 2003 (ma v. già sent. n. 408 del 1998), avente ad oggetto gli artt. 1, 2 e 3 della legge n. 59 del 1997 ritenuti in contrasto con l'art. 76

Cost. per il «troppo ampio, indifferenziato e generico» oggetto della delega, specifica che nella legge n. 59 del 1997 il legislatore delegante ha seguìto, nella individuazione delle funzioni da delegare, un criterio innovativo, in quanto «*anziché individuare* nominatim *gli ambiti materiali cui attengono le funzioni da conferire, si procede ... alla elencazione delle materie e dei compiti esclusi*» (sent. n. 408 del 1998). Secondo la Corte non si può dire che in questo modo l'oggetto della delega resti indeterminato, poiché esso viene delimitato «sia in negativo, attraverso la identificazione delle materie escluse e dei compiti da eccettuare dal decentramento, sia in positivo, attraverso i criteri del riferimento agli interessi e alla promozione dello sviluppo delle comunità regionali e locali». Con questa argomentazione la Corte, pur dichiarando di trovarsi di fronte ad una modalità assolutamente nuova di delimitazione dell'oggetto della delega, giustifica l'operato del legislatore delegante.

In merito al requisito della «*delimitazione temporale*», diventa prassi stabile quella di consentire al governo l'emanazione di decreti legislativi correttivi e integrativi entro un certo periodo dall'entrata in vigore dei primi decreti legislativi. Ma, aldilà della (comunque importante) considerazione che in questo modo si assegna allo stesso governo il potere di fissare il *dies ad quem* di scadenza definitiva della delega, giacché l'entrata in vigore dei primi decreti legislativi è fissata dai decreti medesimi (e non dalla legge di delega), deve sottolinearsi come si finisca in tal modo per assegnare all'esecutivo la possibilità di «tornare a disciplinare» materie anche in situazioni oramai mutate (e la prassi dimostra che il governo utilizza in maniera ampia tale potere). Secondo la giurisprudenza costituzionale (v. già sentt. nn. 172 e 422 del 1994) la previsione dei decreti correttivi è pienamente «concepibile nell'ambito della delegazione legislativa», anzi opportuno per le deleghe relative ad ambiti complessi senza dover «far ricorso ad un nuovo procedimento legislativo parlamentare, quale si renderebbe necessario se la delega fosse ormai completamente esaurita e il relativo termine scaduto» (sent. n. 206 del 2001). L'indeterminatezza dell'oggetto finisce così per giustificare anche la dilatazione temporale del conferimento di potestà legislativa delegata. Se la delega legislativa costituisce l'attuale mezzo di attuazione dell'indirizzo politico, la previsione di decreti correttivi e integrativi su indefiniti ambiti materiali comporta una permanente assegnazione al governo di un (anche dal punto di vista temporale) indeterminato potere legislativo.

Infine, anche in merito al limite dei «*principi e criteri direttivi*» (limite già in passato inteso in maniera elastica dal Parlamento secondo una prassi accettata dalla Corte costituzionale) si registra l'utilizzazione di espressioni generiche e vaghe. Ma se la fissazione di più o meno stringenti principi e criteri direttivi si pone in stretta correlazione con il «patto» concluso in Parlamento, bisogna concludere che nell'attuale utilizzo della delega tale «patto» non esiste affatto dovendo rinvenirsi solo un conferimento in bianco di potere legislativo. E nella giurisprudenza costituzionale non si rinvengono sforzi argomentativi volti a definire i «requisiti minimi» del limite dei principi e criteri direttivi, ma solo affermazioni apodittiche nel senso della sufficienza delle leggi impugnate.

Molto lontane si rivelano dunque le «classiche» riflessioni della dottrina in merito ai limiti imposti alla delega legislativa dall'art. 76 Cost.: non può infatti non registrarsi la siderale distanza che intercorre fra la delega legislativa utilizzata in quegli anni e il fenomeno contemporaneo. Né può dirsi che questa sia una scoperta delle potenzialità dell'istituto della delega giacché la potestà normativa del governo (e soprattutto quella di grado primario) in Costituzione non è affatto «elastica» essendo invece circondata da una serie molto rigida di limiti. E non appare convincente neppure la tesi secondo cui la legge parlamentare sarebbe divenuta prevalentemente una legislazione per principi, che affida ad altri centri (governo, autonomie regionali e locali, autorità indipendenti) l'ulteriore disciplina degli interventi. Questa ricostruzione è smentita dall'analisi del contenuto sia delle leggi parlamentari approvate in questi anni che degli atti legislativi adottati dal governo. Alla riduzione del numero di leggi approvate dal Parlamento non corrisponde affatto un miglioramento della "qualità" delle medesime sia dal punto di vista della tecnica legislativa che da quello della legislazione per principi. Il Parlamento c.d. «maggioritario» si limita sempre più a recepire le decisioni governative contenute o in decreti legge (quale forma di iniziativa legislativa governativa privilegiata) o in disegni di legge di iniziativa governativa che conferiscono allo stesso governo ampie deleghe.

L'utilizzo della delega legislativa può ben essere inteso come un elemento di riscontro dell'attuale assetto politico-istituzionale. L'abuso della delega è chiaro sintomo della condizione di subordinazione e di sofferenza del Parlamento spogliato (a vantaggio dell'esecutivo) di potere legislativo. Scompare la centralità dell'istituto parlamentare che si spoglia *ex ante* della potestà legislativa a vantaggio del governo senza alcuna possibilità di controllo in ragione anche della inefficacia dei pareri resi dalle commissioni parlamentari.

In Costituzione palese è l'attenzione ad evitare l'accentramento di eccessivi poteri normativi nelle mani del governo. L'attuale tendenza ad una personalizzazione della politica, con la crisi dei meccanismi della rappresentanza politica, deve mettere in guardia dall'accettazione di semplicistiche soluzioni basate sulla riduzione delle sfere di pluralismo, di pubblicità, di trasparenza nonché del principio di responsabilità. Nell'impianto costituzionale il potere legislativo governativo è *extra ordinem* ed è sempre temporaneo: il ricorso massiccio e sistematico alla delega legislativa non solo determina un netto spostamento di potere legislativo dal Parlamento al governo, ma mette in crisi l'equilibrio istituzionale della forma di governo parlamentare come delineata in Costituzione.

Anche in passato la delega è stata utilizzata per introdurre norme di alto significato politico (riforma fondiaria, riforma tributaria), ma ciò che caratterizza oggi l'uso della delega è l'aspetto quantitativo unito alla indefinita ampiezza dell'oggetto e dei principi e criteri direttivi e dove l'ulteriore estensione temporale, conferita con il ricorso ai decreti legislativi correttivi e integrativi, non solo sposta in avanti (con incertezza sul *quando*) la data di cessazione della delega medesima, ma – sommandosi alla indeterminatezza dell'oggetto e dei principi e criteri direttivi – amplia ulteriormente il potere legislativo assegnato al governo. L'accentramento di potere legislativo (e, più in generale, normativo) nelle mani dell'esecutivo impedisce che possa parlarsi di «legislazione contrattata» o di Parlamento che legifera per principi, ma bisogna invece riconoscere che ci si trova di fronte ad una riduzione del ruolo legislativo del Parlamento. Ed anche negli ultimi anni la delega costituisce lo strumento utilizzato dall'esecutivo per introdurre le riforme anche politicamente più significative (Jobs Act, Buona Scuola, riforma P.A., riforma del sistema tributario, ecc.).

Né può dirsi che l'utilizzo della delega abbia assicurato la realizzazione di riforme organiche con tempi predefiniti di attuazione: si è invece registrato un susseguirsi di decreti legislativi, a volte di non felice redazione, con notevoli incertezze sul versante dell'applicazione giudiziaria. La delega legislativa si rivela lo strumento preferito, se non esclusivo, per l'adozione delle riforme, con negazione dello stesso dibattito parlamentare in base all'affermazione che la necessità di riforma giustifica la scelta di «lasciare le mani libere» al governo. La realtà dimostra però che i decreti governativi non assicurano affatto quella «efficacia» di cui la legge parlamentare è ritenuta priva e ancor meno assicurano visibilità ai processi negoziali. Viviamo dunque in una fase di «centralità normativa» dell'esecutivo che però, anche dal punto di vista del criterio dell'efficienza, ha aumentato (e non risolto) il problema della inflazione legislativa che si somma alla «oscurità» o «opacità» dei reali processi decisionali e degli attori dei medesimi. Alla inflazione di decreti legislativi di scarsa qualità, adottati con procedimenti poco trasparenti, corrisponde infine una «irresponsabilità» governativa la cui «disinvoltura» difficilmente trova sanzione sul piano politico.

Da vari anni si discute nel nostro Paese di una semplificazione del quadro normativo anche mediante una riduzione del numero di leggi vigenti accumulatesi negli anni. Già la legge n. 50 del 1999 (*"Delegificazione e testi unici di norme concernenti procedimenti amministrativi – Legge di semplificazione 1998"*) all'art. 7 prevedeva la redazione da parte del governo di un «*programma di riordino delle norme legislative e regolamentari*» mediante l'emanazione di testi unici riguardanti materie e settori omogenei, comprendenti, in un unico contesto, le disposizioni legislative e regolamentari. Tali testi unici erano fondati sul meccanismo della delegificazione delle norme di legge concernenti gli aspetti organizzativi e procedimentali, della puntuale individuazione del testo vigente delle norme e con esplicita indicazione delle norme abrogate, anche implicitamente, da successive disposizioni; era inoltre richiesto il coordinamento formale del testo delle disposizioni vigenti, l'esplicita indicazione delle disposizioni, non inserite nel testo unico, che restano comunque in vigore e l'esplicita abrogazione di tutte le rimanenti disposizioni, non richiamate, regolanti la materia oggetto di delegificazione con espressa indicazione delle stesse in apposito allegato al testo unico.

Successivamente l'art. 14 (commi 14 ss.) della legge n. 246 del 2005 (*"Semplificazione della legislazione"*) disponeva l'assegnazione al governo di una delega legislativa ad adottare decreti legislativi «*che individuano le disposizioni legislative statali, pubblicate anteriormente al 1° gennaio 1970, anche se modificate con provvedimenti successivi, delle quali si ritiene indispensabile la permanenza in vigore, nel rispetto … dei seguenti princìpi e criteri direttivi: a) esclusione delle disposizioni oggetto di abrogazione tacita o implicita; b) esclusione delle disposizioni che abbiano esaurito o siano prive di effettivo contenuto normativo o siano comunque obsolete; c) identificazione delle disposizioni la cui abrogazione comporterebbe lesione dei diritti costituzionali dei cittadini; d) identificazione delle disposizioni indispensabili per la regolamentazione di ciascun settore …; e) organizzazione delle disposizioni da mantenere in vigore per settori omogenei o per materie, secondo il contenuto precettivo di ciascuna di esse; f) garanzia della coerenza giuridica, logica e sistematica della normativa; g) identificazione delle disposizioni la cui abrogazione comporterebbe effetti anche indiretti sulla finanza pubblica*». Tale disposizione prevedeva inoltre (comma 16) che, decorso il termine della delega, «*tutte le disposizioni legislative statali pubblicate anteriormente al 1° gennaio 1970, anche se modificate con provvedimenti successivi, sono abrogate*» rimanendo in vigore: a) le disposizioni contenute nel codice civile, nel codice penale, nel codice di procedura civile, nel codice di procedura penale, nel codice della navigazione, comprese le disposizioni preliminari e di attuazione, e in ogni altro testo normativo che rechi nell'epigrafe l'indicazione codice ovvero testo unico; b) le disposizioni che disciplinano l'ordinamento degli organi costituzionali e degli organi aventi rilevanza costituzionale, nonché le disposizioni relative all'ordinamento delle magistrature e dell'avvocatura dello Stato e al riparto della giurisdizione; c) le disposizioni contenute nei decreti ricognitivi aventi per oggetto i princìpi fondamentali della legislazione dello Stato nelle materie di competenza della potestà legislativa regionale ripartita o concorrente; d) le disposizioni che costituiscono adempimento di obblighi imposti dalla normativa comunitaria e le leggi di autorizzazione a ratificare trattati internazionali; e) le disposizioni tributarie e di bilancio e quelle concernenti le reti di acquisizione del gettito, anche derivante dal gioco; f) le disposizioni in materia previdenziale e assistenziale.

La legge n. 246 del 2005 istituiva anche una Commissione parlamentare (*"Commissione parlamentare per la semplificazione"*) competente ad esprimere parere sugli schemi dei decreti legislativi e a verificare periodicamente lo stato di attuazione del procedimento per l'abrogazione generalizzata di norme.

In seguito, l'art. 24 del d.l. n. 112 del 2008, conv. in legge n. 133 del 2008 (rubricato *"Taglia-leggi"*) ha disposto («*salva l'applicazione dei commi 14 e 15 dell'art. 14 della legge 28 novembre 2005, n. 246*») che dal centottantesimo giorno successivo alla data di entrata in vigore del decreto medesimo «*sono o restano abrogate le disposizioni elencate nell'Allegato A*», aggiungendo anche che «*Il Governo individua, con atto ricognitivo, le disposizioni di rango regolamentare implicitamente abrogate in quanto connesse esclusivamente alla vigenza degli atti legislativi inseriti nell'Allegato A*». Tale allegato conteneva un nutrito elenco di atti legislativi (di cui alcuni anche molto importanti) tant'è che con il d.l. n. 200 del 2008 (conv. in legge n. 9 del 2009) da tale elenco sono state eliminate numerose disposizioni (che dunque, abrogate dal d.l. n. 112 del 2008, sono state reinserite nell'ordinamento dal d.l. n. 200 del 2008).

Anche l'art. 14 della legge n. 246 del 2005 è stato fatto oggetto di modifiche (in particolare dalla legge n. 69 del 2009) che hanno rinnovato (per un ulteriore biennio) la delega al governo ad adottare «*decreti legislativi che individuano le disposizioni legislative statali, pubblicate anteriormente al 1° gennaio 1970, anche se modificate con provvedimenti successivi, delle quali si ritiene indispensabile la permanenza in vigore*», nel rispetto dei seguenti principi e criteri direttivi: a) esclusione delle disposizioni oggetto di abrogazione tacita o implicita; b) esclusione delle disposizioni che abbiano esaurito o siano prive di effettivo contenuto normativo o siano comunque obsolete; c) identificazione delle disposizioni la cui abrogazione comporterebbe lesione dei diritti costituzionali; d) identificazione delle disposizioni indispensabili per la regolamentazione di ciascun settore; e) organizzazione delle disposizioni da mantenere in vigore per settori omogenei o per materie; f) garanzia della coerenza giuridica, logica e sistematica della normativa; g) identificazione delle disposizioni la cui abrogazione comporterebbe effetti anche indiretti sulla finanza pubblica; h) identificazione delle disposizioni contenute nei decreti ricognitivi aventi per oggetto i princìpi fondamentali della legislazione dello Stato nelle materie rientranti nella potestà legislativa regionale ripartita o concorrente. Si dispone inoltre che «*Decorso un anno dalla scadenza della delega, tutte le disposizioni legislative statali non comprese nei predetti decreti legislativi sono abrogate*». In attuazione di tale disposizione è stato adottato il d.lgs. n. 179 del 2009 (*"Disposizioni legislative statali anteriori al 1° gennaio 1970, di cui si ritiene indispensabile la permanenza in vigore, a norma dell'art. 14 della legge 28 novembre 2005, n. 246"* c.d. decreto salva-leggi), che ha individuato le disposizioni legislative statali, pubblicate anteriormente al 1° gennaio 1970, anche se modificate con provvedimenti successivi, «*delle quali è indispensabile la permanenza in vigore*».

Il governo è stato altresì delegato ad adottare decreti legislativi recanti l'abrogazione espressa di disposizioni legislative statali oppure oggetto di abrogazione tacita o implicita o che abbiano esaurito o siano privi di effettivo contenuto normativo o siano comunque obsolete, anche se pubblicate successivamente al 1° gennaio 1970. I predetti decreti legislativi «*provvedono altresì alla semplificazione o al riassetto della materia che ne è oggetto ... anche al fine di armonizzare le disposizioni mantenute in vigore con quelle pubblicate successivamente alla data del 1° gennaio 1970*». Rimangono in vigore: a) le disposizioni contenute nel codice civile, nel codice penale, nel codice di procedura civile, nel codice di procedura penale, nel codice della navigazione, comprese le disposizioni preliminari e di attuazione, e in ogni altro testo normativo che rechi nell'epigrafe l'indicazione codice ovvero testo unico; b) le disposizioni che disciplinano l'ordinamento degli organi costituzionali e degli organi aventi rilevanza costituzionale, nonché le disposizioni relative all'ordinamento delle magistrature e dell'avvocatura dello Stato e al riparto della giurisdizione; c) le disposizioni tributarie e di bilancio e quelle concernenti le reti di acquisizione del gettito, anche derivante dal gioco; d) le disposizioni che costituiscono adempimento di obblighi imposti dalla normativa comunitaria e quelle occorrenti per la ratifica e l'esecuzione di trattati internazionali; e) le disposizioni in materia previdenziale e assistenziale.

La legge n. 9 del 2009 (di conversione del d.l. n. 200 del 2008) prevede l'abrogazione «*a decorrere dal 16 dicembre 2009*» delle disposizioni elencate nell'Allegato 1. Tale legge assegna inoltre al ministro per la semplificazione normativa il compito di trasmettere alle Camere una relazione motivata concernente l'impatto delle abrogazioni previste sull'ordinamento vigente, con riferimento ai diversi settori di competenza dei singoli ministeri. Conseguenzialmente il governo individua, con atto ricognitivo, le disposizioni di rango regolamentare implicitamente abrogate in quanto connesse esclusivamente alla vigenza degli atti legislativi inseriti nell'Allegato 1.

In attuazione dell'art. 14, legge n. 246 del 2005 (come modif. dalla legge n. 69 del 2009) il governo ha adottato il d.lgs. n. 179 del 2009 (*"Disposizioni legislative statali anteriori al 1° gennaio 1970, di cui si ritiene indispensabile la permanenza in vigore"* c.d. Salva-leggi), che ha individuato le disposizioni legislative statali, pubblicate anteriormente al 1970, anche se modificate con provvedimenti successivi, «*delle quali è indispensabile la permanenza in vigore*». La semplificazione normativa disponeva l'abrogazione dal 16 dicembre 2010 di tutte le leggi anteriori al 1970, non considerate indispensabili a fini dell'ordinamento e non espressamente salvate, con appositi decreti legislativi. L'ultimo dei decreti salva-leggi è del dicembre 2010 (mediante il quale il Consiglio dei ministri ha «salvato» circa 10 mila provvedimenti). Il 16 dicembre 2010 la «ghigliottina» è scattata per 168.505 atti normativi di grado primario e secondario che sono andati ad aggiungersi ad altre 35 mila leggi soppresse nel 2008 (con i dd.ll. n. 112 e n. 200). Il governo ha così comunicato di avere «cancellato dall'ordinamento» oltre 411 mila atti ormai obsoleti e inutili. Sempre secondo il governo, attualmente le leggi in vigore sarebbero circa diecimila. I decreti legge (d.l. n. 112 del 2008 e d.l. n. 200 del 2008) e codici approvati nel 2008 e nel 2009 hanno comportato la soppressione di oltre 35.000 atti legislativi, mentre, per effetto dei decreti approvati dal Consiglio dei Ministri nel dicembre 2010 e della c.d. «ghigliottina» di cui all'art. 14, comma 14-*ter* della legge n. 246 del 2005 (scattata il 16 dicembre 2010), sono stati abrogati circa 170.000 atti normativi primari e secondari (per un totale complessivo di leggi e regolamenti abrogati superiore ai 205.000). A questa somma bisogna aggiungere l'ulteriore cifra di altri 205.000 provvedimenti non aventi natura normativa, che vanno quindi automaticamente espunti dal *corpus* normativo senza necessità di un'abrogazione espressa, per una sommatoria finale di eliminazione dal corpo normativo di oltre 410.000 atti normativi.

10. Il decreto-legge

L'articolata formulazione dell'art. 77 Cost. muove dalla negazione, in via di principio, del potere del governo di adottare (in assenza di delega del Parlamento) atti aventi forza di legge. Il comma 1 di tale articolo pone infatti il divieto per il governo di adozione, senza previa delegazione delle Camere, di decreti aventi «forza di legge». Il comma 2 dell'art. 77 Cost. riconosce al governo il potere di decretazione solo in «*casi straordinari di necessità e d'urgenza*», in presenza dei quali il governo può appunto adottare «*provvedimenti provvisori con forza di legge*», ma ha il dovere di presentarli («*il giorno stesso*») alle Camere per la conversione in legge. L'ultimo comma dell'art. 77 Cost. puntualizza che tali decreti «*perdono di efficacia sin dall'inizio se non sono convertiti in legge entro sessanta giorni dalla loro pubblicazione*», rimanendo alle Camere il compito di regolare con legge i rapporti giuridici sorti sulla base dei decreti non convertiti. La formulazione dell'art. 77 Cost. conduceva Carlo Esposito a sostenere che tale atto governativo nasce in sé illegittimo e legittimabile solo mediante la legge di conversione.

La Costituzione dunque ha ristretto entro ambiti chiaramente delimitati il potere di decretazione d'urgenza del governo. Il decreto-legge infatti:

a) può essere adottato dal governo solo in presenza di casi straordinari di necessità e urgenza;

b) deve essere presentato immediatamente alle Camere per la conversione in legge;

c) ha un'efficacia temporale limitata di 60 giorni;

d) trascorso il termine di 60 giorni, qualora non sia intervenuta la conversione in legge, perde efficacia dal momento dell'adozione (*ex tunc*, da allora).

Pertanto l'assegnazione al governo del potere di decretazione d'urgenza è in Costituzione accompagnata da una stringente serie di limiti che confermano la straordinarietà di tale potere e la preminenza del Parlamento nella titolarità e nell'esercizio della funzione legislativa.

Il decreto-legge è adottato dal Consiglio dei ministri ed emanato dal Presidente della Repubblica che dunque svolge (nell'esercizio della funzione costituzionalmente assegnatagli) una primissima fase di controllo dell'operato dell'esecutivo.

Discussa in dottrina è l'ampiezza del potere del Presidente della Repubblica nel sindacare (prima ancora che il contenuto del decreto-legge) la sussistenza della necessità e urgenza del provvedere (e dunque dei presupposti costituzionalmente previsti e che giustificano il potere di decretazione d'urgenza del governo). Il dettato costituzionale incentra nel rapporto Parlamento-governo la soluzione di tale questione: è il governo (sotto la sua responsabilità) che viene incaricato dalla Costituzione di valutare la sussistenza della necessità e urgenza del provvedere e spetta al Parlamento (in sede di conversione del decreto-legge) condividere o bocciare le valutazioni (e le decisioni) del governo. Appare dunque preferibile restringere in spazi estremamente ristretti l'esistenza di un potere del Presidente della Repubblica di diretto ed immediato controllo del decreto-legge in merito alla sussistenza dei requisiti di necessità ed urgenza. Infatti, oltre all'esplicito disposto della Costituzione (che dichiara che il governo adotta il decreto-legge «sotto la sua responsabilità»), bisogna evidenziare che la valutazione sulla ricorrenza della necessità e urgenza del provvedere contiene una valutazione di merito in cui il Presidente della Repubblica sarebbe chiamato a sovrapporre il proprio giudizio a quello del governo, con una conseguenziale ingerenza del Presidente su determinazioni di carattere politico rispetto alle quali la Costituzione preferisce che il Capo dello Stato si mantenga estraneo. Pertanto deve ritenersi che un eventuale diniego di emanazione del decreto-legge da parte del Presidente della Repubblica possa avvenire solo quando il Presidente ravvisi nel decreto-legge norme palesemente incostituzionali (ad es. reiterazione di norme già dichiarate incostituzionali) o perché il decreto contenga norma che incidano gravemente sul riparto di competenze fissato dalla Costituzione.

La prassi ha mostrato pochi (ma significativi) casi in cui il Presidente della Repubblica si è rifiutato di emanare un decreto-legge: nel 1980 il Presidente Pertini ha ritenuto di non poter emanare un decreto-legge di modifica del sistema di raccolta delle firme per la richiesta di referendum abrogativo, mentre nei primi anni novanta il Presidente Scalfaro non emanò un decreto-legge sul finanziamento dei partiti politici. Nei primi mesi del 2009 il Presidente Napolitano ha anticipatamente manifestato al governo la propria contrarietà all'emanazione di un disegno di decreto-legge contenente norme sul c.d. testamento biologico dirette ad impedire l'efficacia di una sentenza passata in giudicato.

Questo è il testo della lettera (del 6 febbraio 2009) inviata dal Presidente della Repubblica al Presidente del Consiglio:

«Signor Presidente,

lei certamente comprenderà come io condivida le ansietà sue e del Governo rispetto ad una vicenda dolorosissima sul piano umano e quanto mai delicata sul piano istituzionale.

Io non posso peraltro, nell'esercizio delle mie funzioni, farmi guidare da altro che da un esame obiettivo della rispondenza o meno di un provvedimento legislativo di urgenza alle condizioni specifiche prescritte dalla Costituzione e ai principi da essa sanciti.

I temi della disciplina della fine della vita, del testamento biologico e dei trattamenti di alimentazione e di idratazione meccanica sono da tempo all'attenzione dell'opinione pubblica, delle forze politiche e del Parlamento, specialmente da quando sono stati resi particolarmente acuti dal progresso delle tecniche mediche.

Non è un caso se in ragione della loro complessità, dell'incidenza su diritti fondamentali della persona costituzionalmente garantiti e della diversità di posizioni che si sono manifestate, trasversalmente rispetto agli schieramenti politici, non si sia finora pervenuti a decisioni legislative integrative dell'ordinamento giuridico vigente.

Già sotto questo profilo il ricorso al decreto-legge – piuttosto che un rinnovato impegno del Parlamento ad adottare con legge ordinaria una disciplina organica – appare soluzione inappropriata. Devo inoltre rilevare che rispetto allo sviluppo della discussione parlamentare non è intervenuto nessun fatto nuovo che possa configurarsi come caso straordinario di necessità ed urgenza ai sensi dell'art. 77 della Costituzione se non l'impulso pur comprensibilmente suscitato dalla pubblicità e drammaticità di un singolo caso. Ma il fondamentale principio della distinzione e del reciproco rispetto tra poteri e organi dello Stato non consente di disattendere la soluzione che per esso è stata individuata da una decisione giudiziaria definitiva sulla base dei principi, anche costituzionali, desumibili dall'ordinamento giuridico vigente.

Decisione definitiva, sotto il profilo dei presupposti di diritto, deve infatti considerarsi, anche un decreto emesso nel corso di un procedimento di volontaria giurisdizione, non ulteriormente impugnabile, che ha avuto ad oggetto contrapposte posizioni di diritto soggettivo e in relazione al quale la Corte di cassazione ha ritenuto ammissibile pronunciarsi a norma dell'art. 111 Cost.: decreto che ha dato applicazione al principio di diritto fissato da una sentenza della Corte di cassazione e che, al pari di questa, non è stato ritenuto invasivo da parte della Corte costituzionale della sfera di competenza del potere legislativo.

Desta inoltre gravi perplessità l'adozione di una disciplina dichiaratamente provvisoria e a tempo indeterminato, delle modalità di tutela di diritti della persona costituzionalmente garantiti dal combinato disposto degli artt. 3, 13 e 32 Cost.: disciplina altresì circoscritta alle persone che non siano più in grado di manifestare la propria volontà in ordine ad atti costrittivi di disposizione del loro corpo.

Ricordo infine che il potere del Presidente della Repubblica di rifiutare la sottoscrizione di provvedimenti di urgenza manifestamente privi dei requisiti di straordinaria necessità e urgenza previsti dall'art. 77 della Costituzione o per altro verso manifestamente lesivi di norme e principi costituzionali discende dalla natura della funzione di garanzia istituzionale che la Costituzione assegna al Capo dello Stato ed è confermata da più precedenti consistenti sia in formali dinieghi di emanazione di decreti legge sia in espresse dichiarazioni di principio di miei predecessori (si indicano nel poscritto i più significativi esempi in tal senso).

Confido che una pacata considerazione delle ragioni da me indicate in questa lettera valga ad evitare un contrasto formale in materia di decretazione di urgenza che finora ci siamo congiuntamente adoperati per evitare.

Poscritto

Con una lettera del 24 giugno 1980, il Presidente Pertini rifiutò l'emanazione di un decreto-legge a lui sottoposto per la firma in materia di verifica delle sottoscrizioni delle richieste di referendum abrogativo;

il 3 giugno 1981, sempre il Presidente Pertini, chiamato a sottoscrivere un provvedimento di urgenza, richiese al Presidente del Consiglio di riconsiderare la congruità dell'emanazione per decreto-legge di norme per la disciplina delle prestazioni di cura erogate dal Servizio Sanitario Nazionale. Nel caso specifico, uno degli argomenti addotti dal Capo dello Stato consisteva nel rilievo della contraddizione tra la disciplina del decreto-legge emanando e "un indirizzo giurisprudenziale in via di definizione";

con lettera 10 luglio 1989 al Presidente del Consiglio De Mita, il Presidente Cossiga manifestò la sua riserva in ordine alla presenza dei presupposti costituzionali di necessità e urgenza ai fini dell'emanazione di un decreto-legge in materia di profili professionali del personale dell'Anas e affermò: «Ritengo, pertanto, che, allo stato, sia opportuno soprassedere all'emanazione del provvedimento, in attesa della conclusione del dibattito parlamentare sull'analogo decreto relativo al personale del Ministero dell'interno»;

in quella stessa lettera e successivamente nella lettera al Presidente del Consiglio Andreotti del 6 febbraio 1990, il Presidente Cossiga richiamò all'osservanza delle specifiche condizioni di urgenza e necessità che giustificano il ricorso alla decretazione di urgenza, ritenendo legittimo da parte sua – in caso di non soddisfacente e convincente motivazione del provvedimento – il puro e semplice rifiuto di emanazione del decreto-legge;

con comunicato del 7 marzo 1993, il Presidente Scalfaro, in rapporto all'emanazione di un decreto-legge in materia di finanziamento dei partiti politici invitò il Governo a riconsiderare l'intera questione, ritenendo più appropriata la presentazione alle Camere di un provvedimento in forma diversa da quella del decreto-legge».

Il Consiglio dei ministri non ritenne però di seguire l'invito del Capo dello Stato ed ha approvato comunque il relativo decreto-legge ritenendo sussistenti i presupposti di necessità e urgenza e ribadendo che fosse compito del solo Parlamento giudicare sulla sussistenza degli stessi. Nell'occasione il presidente del Consiglio, dopo aver criticato l'atteggiamento del Presidente della Repubblica ritenuto invasivo delle prerogative del Consiglio dei ministri, anticipava che, in caso di rifiuto del Presidente di emanare il decreto, il governo avrebbe invitato il Parlamento a riunirsi per approvare rapidamente la legge. Il Presidente Napolitano, in coerenza con quanto dichiarato, non ha firmato il decreto-legge ed ha emesso un comunicato nel quale, prendendo atto «*con rammarico*», della deliberazione da parte del Consiglio dei ministri del decreto-legge, dichiarava di non poter procedere alla emanazione del decreto «*avendo verificato che il testo approvato non supera le obiezioni di incostituzionalità tempestivamente rappresentate e motivate*».

La vicenda appena ricordata conferma il potere del Presidente di non emanare il decreto-legge, ma anche la ristrettezza degli spazi di utilizzo di tale potere (ben messi in luce dalla lettera del Presidente Napolitano) e la problematicità che tale scelta finisce sempre per comportare.

In merito alle conseguenze di un ***decreto-legge adottato in assenza dei requisiti di necessità ed urgenza***, la giurisprudenza costituzionale aveva sempre affermato la propria competenza a pronunciarsi nei confronti dei decreti non ancora convertiti (sentt. nn. 29 e 161 del 1995), ma aveva parimenti affermato che la legge di conversione "sana" tale vizio del decreto-legge. In seguito la Corte costituzionale (sentt. nn. 171 del 2007 e 128 del 2008) ha mutato orientamento ed ha dichiarato incostituzionale non solo il decreto-legge adottato in assenza dei requisiti di necessità e urgenza, ma anche la successiva legge di conversione, affermando che il vizio del decreto-legge (relativo alla mancanza dei requisiti di necessità ed urgenza) non solo non è sanato dalla legge di conversione, ma finisce per inficiare anche la validità della legge di conversione.

Nella sent. n. 171 la Corte precisa che «*il difetto dei presupposti di legittimità della decretazione d'urgenza, in sede di scrutinio di costituzionalità*» deve «*risultare evidente*», e tale difetto di presupposti, «*una volta intervenuta la conversione, si traduce in un vizio* in procedendo *della relativa legge*» con l'esclusione della possibilità di riconoscere un'eventuale efficacia sanante della legge di conversione, dal momento che «*affermare che tale legge di conversione sana in ogni caso i vizi del decreto, significherebbe attribuire in concreto al legislatore ordinario il potere di alterare il riparto costituzionale delle competenze del Parlamento e del Governo quanto alla produzione delle fonti primarie*».

Nella sent. n. 128 del 2008 la Corte, esaminando il contenuto del decreto-legge, ravvisa che «nessun collegamento è ravvisabile» tra le premesse poste nel preambolo del decreto-legge (l'epigrafe del decreto reca l'intestazione "*Disposizioni urgenti in materia tributaria e finanziaria*" ed il preambolo è così testualmente formulato: «*Ritenuta la straordinaria necessità ed urgenza di interventi di carattere finanziario per il riequilibrio dei conti pubblici, nonché di misure per il riordino di settori della pubblica amministrazione*») e la norma oggetto del giudizio (norma che prevede l'esproprio del teatro Petruzzelli di Bari, la quale è appena enunciata nella relazione di accompagnamento alla legge di conversione, al pari dello spostamento all'anno 2010 dell'applicazione delle norme generali sulle fondazioni lirico-sinfoniche alla Fondazione del Petruzzelli di Bari, come previsto nella legge istitutiva, per consentire alla Fondazione stessa di organizzare la produzione in maniera più efficiente, e dell'attribuzione di un contributo straordinario per il completamento dei lavori di restauro). La Corte sottolinea che «*il collegamento formale dell'esproprio alle tematiche della finanza pubblica non solo non è individuabile, ma neppure è, in un modo o nell'altro, indicato*» e (con riguardo alla finalità indicata dalla stessa norma: «*di garantire la celere ripresa delle attività culturali di pubblico interesse presso il teatro Petruzzelli di Bari*») aggiunge che «*la riorganizzazione dell'attività di una fondazione lirica, che intervenga anche sul regime della titolarità degli immobili adibiti a teatro, non presenta di per sé il carattere della straordinaria necessità ed urgenza, risolvendosi invece in una ordinaria modificazione degli assetti stabiliti per la gestione delle attività culturali in ambito locale; e la ripresa dell'attività culturale non appare collegata, quanto meno secondo un rapporto di immediatezza qualificabile in termini di urgenza, sia pure relativa, alla titolarità di beni immobili utilizzati per lo svolgimento delle attività teatrali, e quindi alla esigenza di convertire in proprietà pubblica quella dei privati*». La Corte aggiunge poi che «*nei lavori preparatori della legge di conversione, la giustificazione in generale della eterogeneità delle norme inserite nel decreto-legge è basata sulla affermazione che tutte le disposizioni concorrono alla manovra di finanza pubblica, in quanto intervengono in materia fiscale e finanziaria a fini di riequilibrio di bilancio: esigenza cui non attiene in alcun modo la disposizione relativa al teatro Petruzzelli. Quando si è tentato di giustificare in modo specifico la norma che dispone l'esproprio del teatro, si è dovuto riconoscere, che la stessa è stata introdotta per risolvere una "annosa vicenda" e tutelare l'interesse ad una "migliore fruizione del bene da parte della collettività", così ammettendo non solo il difetto di collegamento con la manovra di bilancio, ma anche l'assenza di ogni carattere di indispensabilità ed urgenza con riguardo alla finalità pubblica dichiarata*». La Corte conclude dichiarando incostituzionale la norma in questione ed assegna ai principi enunciati dalla sent. n. 171 del 2007 il valore di linee guida della propria giurisprudenza.

Il giorno stesso dell'adozione del decreto-legge il governo deve presentare alle Camere un disegno di legge di conversione in legge del decreto-legge.

I regolamenti di Camera e Senato prevedevano una preliminare verifica dei presupposti di necessità ed urgenza per i decreti-legge. Con la riforma del 1997 (alla Camera dei deputati) e del 2017 (al Senato) tale controllo è diventato eventuale, giacché:

– alla Camera dei deputati (art. 96-*bis* reg. Cam. Dep.) si prevede che «*Nella relazione del Governo, che accompagna il disegno di legge di conversione, è dato conto dei presupposti di necessità e urgenza per l'adozione del decreto-legge*» e che il disegno di legge di conversione è assegnato, in sede referente, alla commissione permanente competente per materia, la quale può chiedere al Governo di integrare gli elementi forniti nella relazione ("anche con riferimento a singole disposizioni del decreto-legge"); tale commissione è inoltre destinataria di un parere adottato ("nel termine di cinque giorni") dal Comitato per la legislazione ("anche proponendo la soppressione delle disposizioni del decreto-legge che contrastino con le regole sulla specificità e omogeneità e sui limiti di contenuto dei decreti-legge"); è inoltre prevista la possibilità per un presidente di gruppo parlamentare o per almeno venti deputati di presentare (entro cinque giorni dall'annuncio in Assemblea) una questione pregiudiziale sui contenuti e sui presupposti sul decreto-legge e su tale questione si pronuncia l'assemblea;

– al Senato il disegno di legge di conversione del decreto-legge è assegnato alla commissione competente per materia, ma la valutazione sulla sussistenza o meno dei requisiti di necessità ed urgenza è attribuita all'assemblea, presso la quale, entro cinque giorni dall'annuncio di presentazione o di trasmissione al Senato del disegno di legge di conversione, un presidente di gruppo o dieci senatori possono presentare una proposta di questione pregiudiziale nonché una questione sospensiva.

Emerge così chiaramente che il controllo svolto da ciascuna Camera sulla sussistenza dei requisiti di necessità ed urgenza è eminentemente di tipo politico, ma tale strumento va comunque visto con favore sia perché occasione di controllo (o di possibile controllo) dell'operato dell'esecutivo da parte delle Camere, sia perché strumento a disposizione dell'opposizione da far valere nei confronti della maggioranza di turno.

In sede di conversione *il Parlamento può introdurre emendamenti al decreto-legge*. Periodicamente riemerge la tesi che vorrebbe negare al Parlamento la possibilità di emendare il decreto-legge, costringendo le Camere ad una votazione «secca» di approvazione o di rigetto del decreto-legge nella sua interezza, negando la possibilità che le Camere introducano emendamenti (soppressivi, aggiuntivi o modificativi) al testo del decreto-legge. Questa tesi si fonda sull'assunto che l'introduzione di emendamenti, mutando il contenuto del decreto-legge, darebbe vita ad un atto normativo «nuovo» e diverso rispetto a quello approvato dal governo con conseguenziale commistione delle responsabilità tra Parlamento e governo. A questa tesi è agevole replicare che la responsabilità del governo (dettata dall'art. 77 Cost.) è riferibile all'atto «decreto-legge» (e dunque all'adozione dello stesso e al contenuto del medesimo), mentre con la conversione in legge il Parlamento fa proprio (e «legittima» per usare l'espressione di Carlo Esposito) il contenuto del decreto-legge. Inoltre, precludere al Parlamento la possibilità di emendare il decreto-legge significherebbe «ingabbiare» il Parlamento nella relativa alternativa con una lesione fortissima dell'autonomia di ciascuna Camera, ma anche prevedere un divieto (per le Camere) in una determinata fase (approvazione della legge di conversione del decreto-legge) facilmente superabile con un disegno di legge immediatamente successivo (o addirittura contemporaneo) che introduca quegli emendamenti che non è stato possibile presentare in sede di conversione del decreto-legge. Appare dunque evidente come la tesi dell'inemendabilità del decreto-legge da parte del Parlamento si riveli, in via di principio, gravemente lesiva dell'autonomia e indipendenza del Parlamento e, da un punto di vista concreto, facilmente aggirabile (con il solo prezzo di un aggravio procedurale). In realtà bisogna evidenziare come alla base di tale proposta vi sia chiaramente una visione del ruolo del Parlamento subordinato al governo competente a dettare alle Camere l'atto normativo nei confronti del quale a queste ultime resta solo l'estrema *ratio* della bocciatura *in toto*.

Bisogna però prendere atto che la Corte costituzionale, con sent. n. 22 del 2012, ha ritenuto in contrasto con l'art. 77, comma 2, Cost. l'introduzione nel decreto-legge di emendamenti approvati in sede di conversione, estranei rispetto all'oggetto e alle finalità del decreto-legge. La Corte dunque non esclude, in assoluto, la possibilità per il Parlamento di introduzione di emendamenti al decreto-legge ritenendo però inammissibili solo quelli "del tutto estranei" all'oggetto e alle finalità del testo originario, in ragione del "nesso di interrelazione funzionale" esistente fra decreto-legge e relativa legge di conversione. Secondo la Corte i principi posti con le sentt. n. 171 del 2007 e 128 del 2008 (v. *supra*) collegano «*il riconoscimento dell'esistenza dei presupposti fattuali, di cui all'art. 77, comma 2, Cost., ad una intrinseca coerenza delle norme contenute in un decreto-legge, o dal punto di vista oggettivo e materiale, o dal punto di vista funzionale e finalistico*». Pertanto «*la semplice immissione di una disposizione nel corpo di un decreto-legge oggettivamente o teleologicamente unitario non vale a trasmettere, per ciò solo, alla stessa il carattere di urgenza proprio delle altre disposizioni, legate tra loro dalla comunanza di oggetto o di finalità*», mentre i presupposti per l'adozione del decreto-legge riguardano l'intero decreto-legge «*inteso come insieme di disposizioni omogenee per la materia o per lo scopo. L'inserimento di norme eterogenee all'oggetto o alla finalità del decreto spezza il legame logico-giuridico tra la valutazione fatta dal Governo dell'urgenza del provvedere ed "i provvedimenti provvisori con forza di legge", di cui alla norma costituzionale citata. Il presupposto del "caso" straordinario di necessità e urgenza inerisce sempre e soltanto al provvedimento inteso come un tutto unitario, atto normativo fornito di intrinseca coerenza, anche se articolato e differenziato al suo interno*». Per la Corte, la necessaria omogeneità del decreto-legge («*la cui interna coerenza va valutata in relazione all'apprezzamento politico, operato dal Governo e controllato dal Parlamento, del singolo caso di necessità e urgenza*») deve essere osservata anche dalla legge di conversione. A questo fine la Corte (oltre all'art. 96-*bis*, comma 7, del regolamento della Camera dei deputati) ricorda la lettera inviata il 7 marzo 2011 dal Presidente del Senato ai Presidenti delle Commissioni parlamentari (in cui si esprime l'indirizzo «*di interpretare in modo particolarmente rigoroso, in sede di conversione di un decreto-legge, la norma dell'art. 97, comma 1, del regolamento, sulla improponibilità di emendamenti estranei all'oggetto della discussione*»), ma soprattutto il messaggio del 29 marzo 2002 (con il quale il Presidente della Repubblica ha rinviato alle Camere il disegno di legge di conversione del decreto-legge 25 gennaio 2002, n. 4) e la lettera del 22 febbraio 2011, inviata dal Capo dello Stato ai Presidenti delle Camere ed al Presidente del Consiglio nel corso del procedimento di conversione proprio del decreto-legge poi oggetto del giudizio della Corte costituzionale. La Corte precisa che «*l'esclusione della possibilità di inserire nella legge di conversione di un decreto-legge emendamenti del tutto estranei all'oggetto e alle finalità del testo originario non risponda soltanto ad esigenze di buona tecnica normativa, ma sia imposta dallo stesso art. 77, comma 2, Cost., che istituisce un nesso di interrelazione funzionale tra decreto-legge, formato dal Governo ed emanato dal Presidente della Repubblica, e legge di conversione, caratterizzata da un procedimento di approvazione peculiare rispetto a quello ordinario*». La Corte non esclude che le Camere possano apportare emendamenti al testo del decreto-legge, ma «*esorbita … dalla sequenza tipica profilata dall'art. 77, comma 2, Cost., … l'alterazione dell'omogeneità di fondo della normativa urgente, quale risulta dal testo originario*». Se può dunque riconoscersi «l'innesto» nell'iter di conversione dell'ordinaria funzione legislativa, non può spezzarsi «*il legame essenziale tra decretazione d'urgenza e potere di conversione. Se tale legame viene interrotto, la violazione dell'art. 77, comma 2, Cost., non deriva dalla mancanza dei presupposti di necessità e urgenza per le norme eterogenee aggiunte, che, proprio per essere estranee e inserite successivamente, non possono collegarsi a tali condizioni preliminari (sent. n. 355 del 2010), ma per l'uso improprio, da parte del Parlamento, di un potere che la Costituzione gli attribuisce, con speciali modalità di procedura, allo scopo tipico di convertire, o non, in legge un decreto-legge*». A questo proposito la Corte svolge anche considerazioni relative al significato dei diversi procedimenti legislativi costituzionalmente previsti e aggiunge che alla Corte spetta la «*competenza di controllare se il processo formativo di una legge si è compiuto in conformità alle norme con le quali la Costituzione direttamente regola tale procedimento*» (v. già sent. n. 9 del 1959). Per la Corte dunque sono costituzionalmente illegittime (per violazione dell'art. 77, comma 2, Cost.) le norme estranee alla materia e alle finalità del decreto-legge, inserite nel corso del procedimento di conversione.

Con la sent. n. 237 del 2013 (relativa a delega conferita con norma inserita nella legge di conversione di un decreto-legge), la Corte (pur ribadendo i principi posti nella sua precedente giurisprudenza) ha fatto un passo indietro proprio con riguardo al rispetto dei procedimenti legislativi costituzionalmente previsti (giacché in tale caso si registra un indubbio intreccio fra procedimenti differenti). Ed infatti la Corte richiama la propria anteriore giurisprudenza (sent. n. 63 del 1998) in cui, di fronte a disposizioni di delega inserite nella legge di conversione di un decreto-legge, la Corte riteneva che gli articoli contenenti la delega legislativa «*sono disposizioni del tutto autonome rispetto al decreto-legge e alla sua conversione, essendo stati introdotti, come norma aggiuntiva, alla legge di conversione nel corso dell'esame dello stesso disegno di legge; né poteva essere altrimenti, posto che l'atto di conferimento al Governo di delega legislativa può avvenire solo con legge*» la quale «*in realtà, ... ha un duplice contenuto con diversa natura ed autonomia: l'uno ... di conversione del decreto-legge "con le modificazioni riportate in allegato alla legge", adottato in base alla previsione dell'art. 77, comma 3, Cost.; l'altro ..., di legge di delega ai sensi dell'art. 76 Cost.*». Per la Corte «*il Parlamento, nell'approvare la legge di conversione di un decreto-legge, può esercitare la propria potestà legislativa anche introducendo, con disposizioni aggiuntive, contenuti normativi ulteriori, peraltro con il limite – precisato dalla giurisprudenza successiva – dell'omogeneità complessiva dell'atto normativo rispetto all'oggetto o allo scopo*» (sent. n. 22 del 2012).

Si evidenzia in tal modo il diverso connotarsi della legge, quale ordinaria fonte di conversione del decreto-legge, da un lato, e, dall'altro, quale autonomo fondamento di disposizioni assunte dal Parlamento, distinte da quelle dell'originario decreto-legge anche quanto all'efficacia temporale. Dunque, la delega introdotta nell'ordinamento con la legge di conversione, costituendo una statuizione distinta dal decreto-legge, deve essere ricondotta direttamente alla potestà legislativa del Parlamento. Per la Corte la norma aggiunta non deve rispondere ai requisiti della necessità e urgenza, mentre con riguardo alla omogeneità del decreto-legge con la norma delegante, si ritiene che quest'ultima «*non altera l'omogeneità del decreto-legge oggetto di conversione*» (giacché, essendo la delega diretta a realizzare risparmi di spesa e incremento di efficienza, non può ritenersi disomogenea rispetto al contenuto del decreto-legge).

In occasione della promulgazione della legge n. 120 del 2020 (di conversione del decreto-legge n. 76 del 2020, recante "Misure urgenti per la semplificazione e l'innovazione digitale", c.d. "*Decreto semplificazioni*"), il Presidente della Repubblica ha inviato ai Presidenti della Camera dei deputati e del Senato e al Presidente del Consiglio una lettera nella quale rileva l'ampliamento non solo quantitativo (ad opera del Parlamento) del testo normativo («Il provvedimento, originariamente composto da 65 articoli, per un totale di 305 commi, all'esito dell'esame parlamentare risulta composto da 109 articoli, per complessivi 472 commi»), ma soprattutto l'inserimento – in sede parlamentare – di modifiche non riconducibili alle finalità del decreto-legge e che «non attengono a materia originariamente disciplinata dal provvedimento». A questo proposito, il Presidente ricorda che il decreto-legge «intende corrispondere alla duplice esigenza di agevolare gli investimenti e la realizzazione delle infrastrutture attraverso una serie di semplificazioni procedurali, nonché di introdurre una serie di misure di semplificazione in materia di amministrazione digitale, responsabilità del personale delle amministrazioni, attività imprenditoriale, ambiente ed economia verde, al fine di fronteggiare le ricadute economiche conseguenti all'emergenza epidemiologica da Covid-19». Ma fra le modifiche apportate in sede parlamentare vi è anche «la modifica di quindici articoli del Codice della strada, che non risultano riconducibili alle predette finalità». A questo proposito, il Presidente Matterella ricorda il contenuto della legge n. 400 del 1988 («legge ordinaria di natura ordinamentale volta anche all'attuazione dell'articolo 77 della Costituzione»), che «annovera tra i requisiti dei decreti legge l'omogeneità di contenuto», nonché la giurisprudenza della Corte costituzionale che in più occasioni ha richiamato al rispetto di tale requisito. Il Presidente cita a questo proposito la sentenza n. 247 del 2019, secondo cui «*La legge di conversione è fonte funzionalizzata alla stabilizzazione di un provvedimento avente forza di legge ed è caratterizzata da un procedimento di approvazione peculiare e semplificato rispetto a quello ordinario. Essa non può quindi aprirsi a qualsiasi contenuto, come del resto prescrive, in particolare, l'art. 96-bis del regolamento della Camera dei deputati. A pena di essere utilizzate per scopi estranei a quelli che giustificano l'atto con forza di legge, le disposizioni introdotte in sede di conversione devono potersi collegare al contenuto già disciplinato dal decreto-legge, ovvero, in caso di provvedimenti governativi a contenuto plurimo, alla ratio dominante del provvedimento originario considerato nel suo complesso*» (*v. già sent. n. 32 del 2014*). Con riguardo al caso concreto, il Presidente della Repubblica rileva che «*attraverso un solo emendamento approvato dalla Commissione di merito al Senato in prima lettura, si è intervenuti in modo rilevante su una disciplina, la circolazione stradale, che, tra l'altro, ha immediati riflessi sulla vita quotidiana delle persone. L'emendamento è stato quindi trasfuso nel più ampio emendamento interamente sostitutivo dell'articolo unico del provvedimento, testo sul quale il Governo, sia al Senato che alla Camera, ha posto la questione di fiducia*». Indi il Capo dello Stato comunica di aver proceduto alla promulgazione «*in considerazione della rilevanza del provvedimento nella difficile congiuntura economica e sociale»*, ma, da un lato invita l'esecutivo «*a vigilare affinché nel corso dell'esame parlamentare dei decreti legge non vengano inserite norme palesemente eterogenee rispetto all'oggetto e alle finalità dei provvedimenti d'urgenza*» e, dall'altro lato, rappresenta al Parlamento «*l'esigenza di operare in modo che l'attività emendativa si svolga in piena coerenza con i limiti di contenuto derivanti dal dettato costituzionale*».

L'introduzione di emendamenti al decreto-legge pone il problema della data di entrata in vigore degli stessi. L'art. 15, comma 5, legge n. 400 del 1988 dispone che gli emendamenti entrano in vigore dal giorno successivo all'entrata in vigore della legge di conversione, salvo che quest'ultima non disponga diversamente. A stretto rigore bisogna però distinguere fra le varie tipologie di emendamenti:

– *emendamento soppressivo* (che elimina una parte – articolo o comma – del decreto-legge): in questo caso la parte eliminata (in quanto parte del decreto-legge non convertito) perde la sua efficacia *ex tunc* (come se non fosse mai stata adottata) a meno che la stessa legge di conversione non faccia salvi gli effetti fino alla data di entrata in vigore della legge di conversione medesima;

– *emendamento aggiuntivo* (che introduce ulteriori articoli o commi non presenti nel decreto-legge): in questo caso è ovvio che l'emendamento entri in vigore con la legge di conversione (e dunque con efficacia *ex nunc*, a meno che quest'ultima non assegni efficacia retroattiva all'emendamento medesimo);

– *emendamento modificativo o sostitutivo* (che modifica uno o più articoli del decreto-legge): premesso che ogni emendamento modificativo è parzialmente soppressivo e parzialmente aggiuntivo (e, viceversa, che ogni emendamento soppressivo o aggiuntivo è anche modificativo), deve riconoscersi che la norma «nuova» entra in vigore con la legge di conversione mentre la parte del decreto-legge oggetto di modifica decade *ex tunc* (in quanto non convertita).

Come detto l'art. 15 della legge n. 400 del 1988 ha posto una regola generale assegnando a tutti gli emendamenti efficacia *ex nunc*, anche se tale disposizione deve correlarsi con la normativa costituzionale che prevede la cessazione di efficacia *ex tunc* del decreto-legge non convertito (e dunque le parti del decreto-legge oggetto di emendamenti meramente soppressivi perdono comunque efficacia *ex tunc*).

La legge n. 400 del 1988 ha cercato di completare la disciplina del decreto-legge, introducendo per tutti gli atti normativi del governo l'obbligo di autoqualificazione e prevedendo espressamente ulteriori limiti. Ed infatti (art. 15 cit.):

– ha imposto l'indicazione, nel preambolo del decreto-legge, delle circostanze straordinarie di necessità e di urgenza che ne giustificano l'adozione;

– ha specificato che il decreto-legge deve contenere «misure di immediata applicazione» e che il contenuto dello stesso deve essere «specifico, omogeneo e corrispondente al titolo»;

– ha sottratto alla decretazione d'urgenza una serie di oggetti, disponendo che non si può, mediante decreto-legge:

a) conferire deleghe legislative ai sensi dell'art. 76 Cost.;

b) provvedere nelle materie indicate nell'art. 72, comma 4, Cost.;

c) rinnovare le disposizioni di decreti-legge dei quali sia stata negata la conversione in legge con il voto anche di una sola delle due Camere;

d) regolare i rapporti giuridici sorti sulla base dei decreti non convertiti;

e) ripristinare l'efficacia di disposizioni dichiarate illegittime dalla Corte costituzionale per vizi non attinenti al procedimento.

Tutti i limiti posti da tale articolo sono stati sistematicamente oltrepassati, giacché il governo, con decreto-legge, ha inciso su deleghe legislative, su materia elettorale e referendaria, ha rinnovato disposizioni di decreti-legge espressamente respinti da una delle due camere, ha regolato i rapporti sorti sulla base di decreti-legge non convertiti ed ha aggirato il divieto di reintrodurre norme dichiarate incostituzionali.

La prassi ha dunque confermato l'oggettiva difficoltà (da subito segnalata dalla dottrina) per un atto di grado primario (la legge n. 400 del 1988) di operare da limite e da vincolo per una fonte di pari grado (il decreto-legge) che, in ragione del principio cronologico, ben può operare in senso completamente diverso da quanto disposto dalla legge n. 400 del 1988. Proprio per assicurare a questa legge una capacità di cogenza nei confronti del governo (e dei decreti-legge da questi adottati), Franco Modugno ha sostenuto la necessità di assegnare alla legge n. 400 del 1988 la qualità di fonte integrativa della disciplina costituzionale. Secondo questa ricostruzione il decreto-legge in contrasto con quanto dettato dalla legge n. 400 del 1988 sarebbe incostituzionale giacché tale legge integra il parametro costituzionale. Questa tesi però non è stata mai accolta dalla giurisprudenza costituzionale.

Bisogna pertanto riconoscere che se la formulazione dell'art. 77 Cost. non sembrava concedere molto spazio di intervento al governo, il ricorso al decreto-legge, soprattutto nell'ultimo trentennio, è avvenuto sempre più al di fuori dei «casi straordinari di eccezionalità ed urgenza» e dunque in dispregio del disposto costituzionale. Infatti già negli anni settanta (ma ancor più negli anni ottanta) si registra il fenomeno del ricorso alla decretazione d'urgenza quale strumento di accelerazione del procedimento di approvazione della legge ed in cui il decreto-legge viene utilizzato dall'esecutivo come una sorta di disegno di legge "rinforzato" in quanto capace di produrre immediatamente effetti legislativi e perché tramite esso il governo rovescia sul Parlamento l'onere di concludere il relativo procedimento entro un predeterminato e ristretto termine "scaricando" anche politicamente sul Parlamento le relative responsabilità.

L'***abuso della decretazione d'urgenza*** ha determinato un'ulteriore degenerazione consistente nella ***reiterazione del decreto-legge***, consistente nell'adozione, da parte del governo, nell'imminenza della scadenza di un decreto-legge non convertito, di un nuovo decreto-legge, identico al precedente, con l'ulteriore clausola di salvezza degli effetti del decreto-legge precedente. Questo fenomeno (che ha dato vita a «catene» di decreti-legge che hanno prolungato la vita di una disciplina anche per tre anni), oltre ad essere palesemente in contrasto con il dettato costituzionale, si rifletteva anche sulla «qualità» delle discipline introdotte, che risultavano vieppiù disordinate e dalla formulazione caotica e sciatta.

Inoltre si viene così a creare un circolo vizioso giacché:

a) l'alto numero di decreti-legge adottati dal governo rende difficile al Parlamento adempiere al compito della conversione;

b) il ritardo del Parlamento contribuisce al fenomeno della reiterazione del decreto-legge;

c) la reiterazione del decreto-legge comporta un'ulteriore crescita del numero dei decreti-legge da convertire con ulteriore appesantimento dei lavori del Parlamento.

La Corte costituzionale, dopo alcuni ripetuti segnali (sentt. nn. 302 del 1988; 29 e 161 del 1995; 84 del 1996), con la sent. n. 360 del 1996 ha dichiarato incostituzionale la reiterazione del decreto-legge (consentita solamente nel caso in cui continuino a persistere – o si presentino delle nuove – straordinarie situazioni di necessità e urgenza), interrompendo il fenomeno della reiterazione e determinando una drastica riduzione, più in generale, dello stesso ricorso al decreto-legge che aveva raggiunto cifre ragguardevoli (nel 1996 il governo ha adottato ben 361 decreti-legge: e così dai 4 decreti-legge adottati nel 1948 si è passati ai 6 del 1958, ai 17 del 1968, ai 58 del 1979, ai 100 del 1989, ai 139 del 1992, ai 259 del 1993, 327 del 1994, 296 del 1995, 44 nel 1997, 29 nel 1998, 42 nel 1999, 36 nel 2000, 50 nel 2001, 45 nel 2002, 48 nel 2003, 42 nel 2004, 37 nel 2005, 33 nel 2006, 19 nel 2007, 40 nel 2008, 17 nel 2009, 22 nel 2010, 16 nel 2011, 32 nel 2012, 26 nel 2013, 27 nel 2014, 21 nel 2015, 14 nel 2016, 13 nel 2017, nel 2018 4 dal governo Gentiloni, 26 dal governo Conte I – giugno 2018-luglio 2019 – e 30 dal governo Conte II da agosto 2019 ad agosto 2020, con notevole incidenza dell'emergenza COVID-19, v. *infra*).

Nella sent. n. 360 del 1996 la Corte riconosce che la disciplina posta dall'art. 77 Cost., «*nella sua limpida formulazione, non offre alternative al carattere necessariamente provvisorio alla decretazione d'urgenza: o le Camere convertono il decreto-legge entro sessanta giorni o il decreto perde retroattivamente la propria efficacia, senza che il governo abbia la possibilità di invocare proroghe o il Parlamento di provvedere ad una conversione tardiva. La disciplina costituzionale viene pertanto a qualificare il termine dei sessanta giorni fissato per la vigenza della decretazione d'urgenza come un limite insuperabile che – proprio ai fini del rispetto del criterio di attribuzione della competenza legislativa ordinaria alle Camere – non può essere né violato né indirettamente aggirato. Ora, il decreto-legge iterato o reiterato … lede la previsione costituzionale sotto più profili: perché altera la natura provvisoria della decretazione d'urgenza procrastinando, di fatto, il termine invalicabile previsto dalla Costituzione per la conversione in legge; perché toglie valore al carattere "straordinario" dei requisiti della necessità e dell'urgenza, dal momento che la reiterazione viene a stabilizzare e a prolungare nel tempo il richiamo ai motivi già posti a fondamento del primo decreto; perché attenua la sanzione della perdita retroattiva di efficacia del decreto non convertito, venendo il ricorso ripetuto alla reiterazione a suscitare nell'ordinamento un'aspettativa circa la possibilità di consolidare gli effetti determinati dalla decretazione d'urgenza mediante la sanatoria finale della disciplina reiterata. Su di un piano più generale, la prassi della reiterazione … viene … a incidere negli equilibri istituzionali (v. sent. n. 302 del 1988), alterando i caratteri della stessa forma di governo e l'attribuzione della funzione legislativa ordinaria al Parlamento (art. 70 Cost.)*».

Negli ultimi anni si assiste ad un aumento del numero dei decreti-legge, pur non essendosi più registrati fenomeni di reiterazione di decreti-legge non convertiti. Ed anche questo fenomeno (unitamente a quello dell'eccesso di ricorso allo strumento della delega legislativa o della questione di fiducia) costituisce espressione dell'attuale situazione di sofferenza dell'istituto parlamentare di cui si deve purtroppo registrare una (non formale, ma sostanziale) subordinazione rispetto all'esecutivo.

L'***emergenza COVID-19*** ha definitivamente confermato questa situazione.

Le emergenze (di qualsiasi tipologia) accrescono inevitabilmente il ruolo ed i poteri dell'esecutivo ed a questo proposito si conferma la bontà della scelta operata dal costituente che, nell'art. 77 Cost., assegna al governo il potere (ed il dovere) di intervenire (con atto avente forza di legge) per fronteggiare le situazioni "straordinarie" di "necessità e urgenza", ma sottopone l'esercizio di tale potere (oltre che ad un preliminare esame da parte del Capo dello Stato, soprattutto) all'esame e all'approvazione del Parlamento, confermando così la centralità di quest'ultimo anche con riguardo alle emergenze.

Bisogna inoltre aggiungere che, con riguardo alla gestione delle emergenze, il d.lgs. n. 1 del 2018 ("*Codice della Protezione Civile*"), che in gran parte riproduce la legge n. 225 del 1992 (che istituiva appunto, per la prima volta nel nostro Paese, l'apparato della protezione civile), pone la disciplina del "Servizio nazionale della protezione civile" nonché della "gestione delle emergenze di rilievo nazionale". A questo proposito l'art. L'art. 7 del d.lgs. n. 1 del 2018 definisce "emergenze di rilievo nazionale" quelle «connesse con eventi calamitosi di origine naturale o derivanti dall'attività dell'uomo che in ragione della loro intensità o estensione debbono, con immediatezza d'intervento, essere fronteggiate con mezzi e poteri straordinari da impiegare durante limitati e predefiniti periodi di tempo» ed il successivo art. 24 ("*Deliberazione dello stato di emergenza di rilievo nazionale*") specifica che al verificarsi di tale eventi, «*il Consiglio dei ministri, su proposta del Presidente del Consiglio dei ministri, ... delibera lo stato d'emergenza di rilievo nazionale, fissandone la durata e determinandone l'estensione territoriale con riferimento alla natura e alla qualità degli eventi e autorizza l'emanazione delle ordinanze di protezione civile*». La durata dello stato di emergenza di rilievo nazionale «*non può superare i 12 mesi, ed è prorogabile per non più di ulteriori 12 mesi*».

Durante lo stato di emergenza di rilievo nazionale, per l'attuazione degli interventi da effettuare si provvede (art. 25 cit.) mediante «*ordinanze di protezione civile*», «*da adottarsi in deroga ad ogni disposizione vigente, nei limiti e con le modalità indicati nella deliberazione dello stato di emergenza e nel rispetto dei principi generali dell'ordinamento giuridico e delle norme dell'Unione europea*». Con le ordinanze di protezione civile si dispone in ordine: a) all'organizzazione ed all'effettuazione degli interventi di soccorso e assistenza alla popolazione interessata; b) al ripristino della funzionalità dei servizi pubblici e delle infrastrutture di reti strategiche, alle attività di gestione dei rifiuti, delle macerie, del materiale vegetale o alluvionale o delle terre e rocce da scavo prodotti dagli eventi e alle misure volte a garantire la continuità amministrativa nei comuni e territori interessati, anche mediante interventi di natura temporanea; c) all'attivazione di prime misure economiche di immediato sostegno al tessuto economico e sociale nei confronti della popolazione e delle attività economiche e produttive direttamente interessate dall'evento, per fronteggiare le più urgenti necessità; d) alla realizzazione di interventi, anche strutturali, per la riduzione del rischio residuo nelle aree colpite dagli eventi calamitosi, strettamente connesso all'evento e finalizzati prioritariamente alla tutela della pubblica e privata incolumità; e) alla ricognizione dei fabbisogni per il ripristino delle strutture e delle infrastrutture, pubbliche e private, danneggiate, nonché dei danni subiti dalle attività economiche e produttive, dai beni culturali e paesaggistici e dal patrimonio edilizio; f) all'avvio dell'attuazione delle prime misure per far fronte alle esigenze urgenti.

In attuazione di tale disciplina legislativa il 31 gennaio 2020, in seguito alla dichiarazione dello stato di emergenza internazionale da parte dell'Organizzazione Mondiale della Sanità (OMS), il Consiglio dei ministri ha deliberato lo stato d'emergenza, per la durata di sei mesi (cioè fino al 31 luglio 2020, poi prorogato al 15 ottobre 2020).

E si è poi registrata l'adozione di numerosi provvedimenti normativi (decreti-legge, decreti del Presidente del Consiglio, ordinanze ministeriali, ecc.) adottati come risposta all'evolvere del contagio.

Il 3 febbraio 2020, il Capo Dipartimento della Protezione Civile adotta l'ordinanza che disciplina i primi interventi urgenti relativi «*al rischio sanitario connesso all'insorgenza di patologie derivanti da agenti virali trasmissibili*» e che affida al Capo Dipartimento della Protezione Civile il coordinamento degli interventi necessari a fronteggiare l'emergenza sul territorio nazionale e la realizzazione degli interventi di soccorso alla popolazione interessata.

Il 21 febbraio 2020 il Ministero della Salute adotta ordinanza che prevede misure di isolamento obbligatorio per i contatti stretti con un caso risultato positivo, con permanenza domiciliare per chi fosse stato nelle aree a rischio negli ultimi 14 giorni, con obbligo di segnalazione alle autorità sanitarie locali.

Il 23 febbraio 2020, in seguito ai focolai registratisi in Lombardia e Veneto, il Consiglio dei Ministri ha approvato il *decreto-legge n. 6 del 2020* (*Misure urgenti in materia di contenimento e gestione dell'emergenza epidemiologica da COVID-19*), convertito, con modificazioni, dalla legge 5 marzo 2020, n. 13, che, allo scopo di contrastare la trasmissione del virus, introduce misure in materia di contenimento dell'emergenza epidemiologica ed in particolare attribuisce al Presidente del Consiglio il potere di adottare, con uno o più decreti, «le misure urgenti» (art. 3, comma 1). L'art. 1 di tale d.l. disponeva che «*Allo scopo di evitare il diffondersi del COVID-19, nei comuni o nelle aree nei quali risulta positiva almeno una persona per la quale non si conosce la fonte di trasmissione o comunque nei quali vi è un caso non riconducibile ad una persona proveniente da un'area già interessata dal contagio del menzionato virus, le autorità competenti sono tenute ad adottare ogni misura di contenimento e gestione adeguata e proporzionata all'evolversi della situazione epidemiologica*». Il successivo comma 2 dispone che tra tali "misure", possono essere adottate anche le seguenti:

«*a) divieto di allontanamento dal comune o dall'area interessata da parte di tutti gli individui comunque presenti nel comune o nell'area;*

b) divieto di accesso al comune o all'area interessata;

c) sospensione di manifestazioni o iniziative di qualsiasi natura, di eventi e di ogni forma di riunione in luogo pubblico o privato, anche di carattere culturale, ludico, sportivo e religioso, anche se svolti in luoghi chiusi aperti al pubblico;

d) sospensione dei servizi educativi dell'infanzia e delle scuole di ogni ordine e grado, nonché della frequenza delle attività scolastiche e di formazione superiore, compresa quella universitaria, salvo le attività formative svolte a distanza;

e) sospensione dei servizi di apertura al pubblico dei musei e degli altri istituti e luoghi della cultura ..., nonché dell'efficacia delle disposizioni regolamentari sull'accesso libero o gratuito a tali istituti e luoghi;

f) sospensione dei viaggi d'istruzione organizzati dalle istituzioni scolastiche del sistema nazionale d'istruzione, sia sul territorio nazionale sia all'estero, ...;

g) sospensione delle procedure concorsuali per l'assunzione di personale;

h) applicazione della misura della quarantena con sorveglianza attiva agli individui che hanno avuto contatti stretti con casi confermati di malattia infettiva diffusiva;

i) previsione dell'obbligo da parte degli individui che hanno fatto ingresso in Italia da zone a rischio epidemiologico, come identificate dall'Organizzazione mondiale della sanità, di comunicare tale circostanza al Dipartimento di prevenzione dell'azienda sanitaria competente per territorio, che provvede a comunicarlo all'autorità sanitaria competente per l'adozione della misura di permanenza domiciliare fiduciaria con sorveglianza attiva;

j) chiusura di tutte le attività commerciali, esclusi gli esercizi commerciali per l'acquisto dei beni di prima necessità;

k) chiusura o limitazione dell'attività degli uffici pubblici, degli esercenti attività di pubblica utilità e servizi pubblici essenziali ..., specificamente individuati;

l) previsione che l'accesso ai servizi pubblici essenziali e agli esercizi commerciali per l'acquisto di beni di prima necessità sia condizionato all'utilizzo di dispositivi di protezione individuale o all'adozione di particolari misure di cautela individuate dall'autorità competente;

m) limitazione all'accesso o sospensione dei servizi del trasporto di merci e di persone terrestre, aereo, ferroviario, marittimo e nelle acque interne, su rete nazionale, nonché di trasporto pubblico locale, anche non di linea, salvo specifiche deroghe ...;

n) sospensione delle attività lavorative per le imprese, a esclusione di quelle che erogano servizi essenziali e di pubblica utilità e di quelle che possono essere svolte in modalità domiciliare;

o) sospensione o limitazione dello svolgimento delle attività lavorative nel comune o nell'area interessata nonché delle attività lavorative degli abitanti di detti comuni o aree svolte al di fuori del comune o dall'area indicata, salvo specifiche deroghe, anche in ordine ai presupposti, ai limiti e alle modalità di svolgimento del lavoro agile, ...».

L'art. 2 di tale decreto-legge disponeva che «*Le autorità competenti possono adottare ulteriori misure di contenimento e gestione dell'emergenza, al fine di prevenire la diffusione dell'epidemia da COVID-19 anche fuori dai casi di cui all'articolo 1, comma 1*». E (art. 3, comma 4) «*il mancato rispetto delle misure di contenimento ... è punito ai sensi dell'art. 650 del codice penale*».

Con il D.p.c.m. 23 febbraio 2020 sono adottate misure di contenimento del contagio da coronavirus con riguardo ad alcuni Comuni della Lombardia e del Veneto.

Il D.p.c.m. 25 febbraio 2020 introduce ulteriori misure (in materia di svolgimento delle manifestazioni sportive, delle attività scolastiche e della formazione superiore, di prevenzione sanitaria presso gli Istituti penitenziari, di organizzazione delle attività culturali e per il turismo) volte al contrasto alla diffusione del virus.

Il D.p.c.m. 1° marzo 2020 introduce ulteriori misure per il contenimento dell'emergenza epidemiologica da Covid-19 (con questo D.p.c.m., cessa la vigenza di quelli precedenti adottati in attuazione del d.l. n. 6 del 2020).

Con il d.l. 2 marzo 2020, n. 9, sono adottate misure economiche di sostegno per famiglie, lavoratori e imprese connesse all'emergenza epidemiologica da COVID-19.

Il D.p.c.m. 4 marzo 2020 introduce ulteriori misure per il contenimento del virus COVID-19 e dispone la sospensione in tutta Italia delle attività didattiche negli istituti scolastici e nelle università dal 5 al 15 marzo.

Il d.l. 8 marzo 2020, n. 11, introduce ulteriori misure straordinarie di contrasto all'emergenza epidemiologica da COVID-19, in particolare con riguardo allo svolgimento dell'attività giudiziaria e per il potenziamento del Servizio sanitario nazionale.

Il D.p.c.m. 8 marzo 2020 introduce ulteriori misure per il contenimento e la gestione dell'emergenza epidemiologica da COVID-19 su tutto il territorio nazionale. Tale D.p.c.m. (che dispone la cessazione di efficacia dei D.p.c.m. 1° marzo e 4 marzo 2020) istituiva (art. 1) un'area (comprendente la Regione Lombardia, cinque province dell'Emilia-Romagna, cinque del Piemonte, tre del Veneto e una delle Marche) nell'ambito della quale era prevista l'applicazione di misure rafforzate di contenimento dell'infezione e rideterminava (art. 2) le misure di contrasto dell'epidemia da applicare sul resto del territorio nazionale. In attuazione di tale D.p.c.m. il Ministro dell'Interno ha adottato la direttiva ai prefetti per l'attuazione dei controlli nelle "aree a contenimento rafforzato".

Il D.p.c.m. 9 marzo 2020 estende le misure di cui all'art. 1 del D.p.c.m. 8 marzo 2020 a tutto il territorio nazionale (con conseguente divieto – inizialmente fino al 3 aprile 2020 – per tutta l'Italia della circolazione e soggiorno, salvo che per comprovate esigenze lavorative, per situazioni di necessità, motivi di salute o rientro presso il proprio domicilio, abitazione o residenza) e vieta ogni forma di assembramento in luoghi pubblici o aperti al pubblico.

Con d.l. 9 marzo 2020, n. 14, sono adottate ulteriori disposizioni per il potenziamento del Servizio sanitario nazionale.

Con il D.p.c.m. 11 marzo 2020 "sono sospese" (inizialmente fino al 25 marzo) le attività commerciali al dettaglio (ad eccezione dei negozi di generi alimentari, di prima necessità, le edicole, i tabaccai, delle farmacie e delle parafarmacie), le attività dei servizi di ristorazione e le attività inerenti servizi alla persona.

Il d.l. 17 marzo 2020, n. 18 (*c.d. decreto Cura Italia*, poi conv. con modif. dalla legge 24 aprile 2020, n. 27), introduce, oltre a misure di potenziamento del Servizio sanitario nazionale, misure economiche a sostegno di famiglie, lavoratori e imprese per contrastare gli effetti dell'emergenza coronavirus sull'economia.

Il 20 marzo 2020 un'*ordinanza del Ministro della Salute* vieta (fino al 25 marzo) l'accesso ai parchi, alle aree gioco e ai giardini pubblici; vieta lo svolgimento di attività ludica o ricreativa all'aperto (l'attività motoria è consentita solo in prossimità della propria abitazione) ed impone la chiusura degli esercizi di somministrazione di alimenti e bevande nelle stazioni ferroviarie, nelle aree di servizio e rifornimento carburante (ad esclusione di quelli situati lungo le autostrade, che possono vendere solo prodotti da asporto da consumarsi al di fuori dei locali); nei giorni festivi e prefestivi e nei giorni immediatamente precedenti o successivi, è vietato ogni spostamento verso abitazioni diverse da quella principale, comprese le "seconde case".

Il D.p.c.m. 22 marzo 2020 aggiunge nuove restrizioni (fino al 3 aprile 2020) per il contenimento del contagio sul territorio nazionale, prevedendo la chiusura di attività produttive non essenziali o strategiche (restano aperti alimentari, farmacie, negozi di generi di prima necessità e i servizi essenziali). Sono sospese le attività produttive non essenziali ed è vietato a tutte le persone fisiche di trasferirsi, con mezzi di trasporto pubblici o privati, in un Comune diverso rispetto a quello di residenza, salvo che per comprovate esigenze lavorative, di assoluta urgenza ovvero per motivi di salute. È escluso anche il rientro presso il proprio domicilio, abitazione o residenza se fuori dal Comune.

Il d.l. 25 marzo 2020, n. 19 (*"Misure urgenti per fronteggiare l'emergenza epidemiologica da COVID-19"*), conv. con modif. dalla legge 22 maggio 2020, n. 35, oltre ad introdurre ulteriori misure per fronteggiare l'emergenza epidemiologica da COVID-19, abroga (art. 5) il d.l. n. 6 del 2020 (già conv., con modif., dalla legge n. 13 del 2020) e "rinnova" l'attribuzione al Presidente del Consiglio del potere di adottare decreti emergenziali, «*secondo principi di adeguatezza e proporzionalità al rischio effettivamente presente su specifiche parti del territorio nazionale ovvero sulla totalità di esso*». Più precisamente il d.l. dispone che, al fine di contrastare il diffondersi del contagio, possono essere adottate, su specifiche parti del territorio nazionale o sulla totalità di esso, per periodi predeterminati, ciascuno di durata non superiore a trenta giorni, reiterabili e modificabili fino al termine dello stato di emergenza (inizialmente fissato al 31 luglio e in seguito posposto al 15 ottobre 2020), una o più tra le misure previste dal decreto stesso, la cui applicazione va modulata secondo l'andamento epidemiologico del virus, «*secondo principi di adeguatezza proporzionalità al rischio effettivamente presente su specifiche parti del territorio nazionale ovvero sulla totalità di esso*». Le misure previste sono:

a) limitazione della circolazione delle persone, anche prevedendo limitazioni alla possibilità di allontanarsi dalla propria residenza, domicilio o dimora se non per spostamenti individuali limitati nel tempo e nello spazio o motivati da esigenze lavorative, da situazioni di necessità o urgenza, da motivi di salute o da altre specifiche ragioni;

b) chiusura al pubblico di strade urbane, parchi, aree da gioco, ville e giardini pubblici o altri spazi pubblici;

c) limitazioni o divieto di allontanamento e di ingresso in territori comunali, provinciali o regionali, nonché rispetto al territorio nazionale;

d) applicazione della misura della quarantena precauzionale ai soggetti che hanno avuto contatti stretti con casi confermati di malattia infettiva diffusiva o che entrano nel territorio nazionale da aree ubicate al di fuori del territorio italiano;

e) divieto assoluto di allontanarsi dalla propria abitazione o dimora per le persone sottoposte alla misura della quarantena, applicata dal sindaco quale autorità sanitaria locale, perché risultate positive al virus;

f) limitazione o divieto delle riunioni o degli assembramenti in luoghi pubblici o aperti al pubblico (disposizione poi soppressa dalla legge n. 35 del 2020);

g) limitazione o sospensione di manifestazioni o iniziative di qualsiasi natura, di eventi e di ogni altra forma di riunione o di assembramento in luogo pubblico o privato, anche di carattere culturale, ludico, sportivo, ricreativo e religioso;

h) sospensione delle cerimonie civili e religiose, limitazione dell'ingresso nei luoghi destinati al culto;

h-bis) adozione di protocolli sanitari, d'intesa con la Chiesa cattolica e con le confessioni religiose diverse dalla cattolica, per la definizione delle misure necessarie ai fini dello svolgimento delle funzioni religiose;

i) chiusura di cinema, teatri, sale da concerto, sale da ballo, discoteche, sale giochi, sale scommesse e sale bingo, centri culturali, centri sociali e centri ricreativi o altri analoghi luoghi di aggregazione;

l) sospensione dei congressi, di ogni tipo di evento sociale e di ogni altra attività convegnistica o congressuale, salva la possibilità di svolgimento a distanza;

m) limitazione o sospensione di eventi e competizioni sportive, ivi compresa la possibilità di disporre la chiusura temporanea di palestre, centri termali, centri sportivi, piscine, centri natatori e impianti sportivi, nonché di disciplinare le modalità di svolgimento degli allenamenti sportivi all'interno degli stessi luoghi;

n) limitazione o sospensione delle attività ludiche, ricreative, sportive e motorie svolte all'aperto o in luoghi aperti al pubblico, garantendo la possibilità di svolgere individualmente, ovvero con un accompagnatore per i minori o le persone non completamente autosufficienti, attività sportiva o attività motoria, nel rispetto della distanza di sicurezza interpersonale di almeno due metri per l'attività sportiva e di almeno un metro per le attività motorie, ludiche e ricreative;

o) possibilità di disporre o di demandare alle competenti autorità statali e regionali la limitazione, la riduzione o la sospensione di servizi di trasporto di persone e di merci, automobilistico, ferroviario, aereo, marittimo, nelle acque interne, nonché di trasporto pubblico locale; la prosecuzione del servizio di trasporto delle persone è consentita solo se il gestore predispone le condizioni per garantire il rispetto di una distanza di sicurezza interpersonale predeterminata e adeguata a prevenire o ridurre il rischio di contagio;

p) sospensione dei servizi educativi per l'infanzia e delle attività didattiche delle scuole di ogni ordine e grado, nonché delle istituzioni di formazione superiore, comprese le università e le istituzioni di alta formazione artistica, musicale e coreutica, di corsi professionali, master, corsi per le professioni sanitarie e università per anziani, nonché dei corsi professionali e delle attività formative svolti da altri enti pubblici, anche territoriali e locali, e da soggetti privati, o di altri analoghi corsi, attività formative o prove di esame, ferma la possibilità del loro svolgimento di attività in modalità a distanza;

q) sospensione dei viaggi d'istruzione, delle iniziative di scambio o gemellaggio, delle visite guidate e delle uscite didattiche comunque denominate, programmate dalle istituzioni scolastiche di ogni ordine e grado sia sul territorio nazionale sia all'estero;

r) limitazione o sospensione dei servizi di apertura al pubblico o chiusura dei musei e degli altri istituti e luoghi della cultura, nonché dell'efficacia delle disposizioni regolamentari sull'accesso libero o gratuito a tali luoghi;

s) limitazione della presenza fisica dei dipendenti negli uffici delle amministrazioni pubbliche, fatte salve le attività indifferibili e l'erogazione dei servizi essenziali prioritariamente mediante il ricorso a modalità di lavoro agile;

t) limitazione o sospensione delle procedure concorsuali e selettive, ad esclusione dei concorsi per il personale sanitario e socio-sanitario, con possibilità di esclusione dei casi in cui la valutazione dei candidati è effettuata esclusivamente su basi curriculari ovvero con modalità a distanza;

u) limitazione o sospensione delle attività commerciali di vendita al dettaglio o all'ingrosso, a eccezione di quelle necessarie per assicurare la reperibilità dei generi agricoli, alimentari e di prima necessità da espletare con modalità idonee ad evitare assembramenti di persone, con obbligo a carico del gestore di predisporre le condizioni per garantire il rispetto di una distanza di sicurezza interpersonale predeterminata e adeguata a prevenire o ridurre il rischio di contagio;

v) limitazione o sospensione delle attività di somministrazione al pubblico di bevande e alimenti, nonché di consumo sul posto di alimenti e bevande, compresi bar e ristoranti, ad esclusione delle mense e del catering continuativo su base contrattuale, a condizione che sia garantita la distanza di sicurezza interpersonale di almeno un metro, e della ristorazione con consegna a domicilio ovvero con asporto, nel rispetto delle norme igienico-sanitarie previste per le attività sia di confezionamento che di trasporto, con l'obbligo di rispettare la distanza di sicurezza interpersonale di almeno un metro, con il divieto di consumare i prodotti all'interno dei locali e con il divieto di sostare nelle immediate vicinanze degli stessi;

z) limitazione o sospensione di altre attività d'impresa o professionali, anche ove comportanti l'esercizio di pubbliche funzioni, nonché di lavoro autonomo, con possibilità di esclusione dei servizi di pubblica necessità previa assunzione di protocolli di sicurezza anti-contagio e, laddove non sia possibile rispettare la distanza di sicurezza interpersonale predeterminata e adeguata a prevenire o ridurre il rischio di contagio come principale misura di contenimento, con adozione di adeguati strumenti di protezione individuale;

aa) limitazione o sospensione di fiere e mercati, a eccezione di quelli necessari per assicurare la reperibilità dei generi agricoli, alimentari e di prima necessità;

bb) divieti o limitazioni per gli accompagnatori dei pazienti nelle sale di attesa dei dipartimenti di emergenza-urgenza e accettazione e dei reparti di pronto soccorso;

cc) divieto o limitazione dell'accesso di parenti e visitatori in strutture di ospitalità e lungodegenza, residenze sanitarie assistite (RSA), hospice, strutture riabilitative, strutture residenziali per persone con disabilità o per anziani, autosufficienti e no, nonché istituti penitenziari e istituti penitenziari per minori; sospensione dei servizi nelle strutture semiresidenziali e residenziali per minori e per persone con disabilità o non autosufficienti, per persone con disturbi mentali e per persone con dipendenza patologica;

dd) obblighi di comunicazione al servizio sanitario nazionale di coloro che sono transitati e hanno sostato in zone a rischio epidemiologico;

ee) adozione di misure di informazione e di prevenzione rispetto al rischio epidemiologico;

ff) predisposizione di modalità di lavoro agile;

gg) previsione che le attività consentite si svolgano previa assunzione da parte del titolare o del gestore di misure idonee a evitare assembramenti di persone, con obbligo di predisporre le condizioni per garantire il rispetto della distanza di sicurezza interpersonale adeguata a prevenire o ridurre il rischio di contagio.

Il d.l. (art. 2) dispone che tali misure «*sono adottate con uno o più decreti del Presidente del Consiglio dei ministri, su proposta del Ministro della salute, sentiti il Ministro dell'interno, il Ministro della difesa, il Ministro dell'economia e delle finanze e gli altri ministri competenti per materia, nonché i presidenti delle regioni interessate, nel caso in cui riguardino esclusivamente una regione o alcune specifiche regioni, ovvero il Presidente della Conferenza delle regioni e delle province autonome, nel caso in cui riguardino l'intero territorio nazionale*». Tali decreti «*possono essere altresì adottati su proposta dei presidenti delle regioni interessate, nel caso in cui riguardino esclusivamente una regione o alcune specifiche regioni, ovvero del Presidente della Conferenza delle regioni e delle province autonome, nel caso in cui riguardino l'intero territorio nazionale, sentiti il Ministro della salute, il Ministro dell'interno, il Ministro della difesa, il Ministro dell'economia e delle finanze e gli altri ministri competenti per materia*». In sede di conversione del decreto-legge è stato previsto che «*Il Presidente del Consiglio dei ministri o un Ministro da lui delegato illustra preventivamente alle Camere il contenuto dei provvedimenti da adottare ..., al fine di tenere conto degli eventuali indirizzi dalle stesse formulati; ove ciò non sia possibile, per ragioni di urgenza connesse alla natura delle misure da adottare, riferisce alle Camere*» entro 15 giorni. Si prevede infatti che il Presidente del Consiglio (o un Ministro da lui delegato) «*riferisce ogni quindici giorni alle Camere sulle misure adottate*».

Successivamente, con d.l. 16 maggio 2020, n. 33, è stato disposto (con l'art. 1, comma 1) che a decorrere dal 18 maggio 2020 cessano di avere effetto tutte le misure limitative della circolazione all'interno del territorio regionale di cui agli artt. 2 e 3 del d.l. n. 19 del 2020 e che «*tali misure possono essere adottate o reiterate ... solo con riferimento a specifiche aree del territorio medesimo interessate da particolare aggravamento della situazione epidemiologica*».

Il d.l. n. 19 del 2020 (art. 3) prevede che le regioni («*in relazione a specifiche situazioni sopravvenute di aggravamento del rischio sanitario verificatesi nel loro territorio o in una parte di esso*») «*possono introdurre misure ulteriormente restrittive rispetto a quelle attualmente vigenti, ... esclusivamente nell'ambito delle attività di loro competenza e senza incisione delle attività produttive e di quelle di rilevanza strategica per l'economia nazionale*».

Quindi il d.l. n. 19 del 2020 (a differenza del d.l. n. 6 del 2020) stabilisce che le misure siano adottate per periodi di tempo predeterminati (non superiore a 30 giorni), non prevede la possibilità di adottare misure ulteriori rispetto a quelle espressamente elencate e pone indicazioni con riguardo ai poteri degli enti territoriali.

Con D.p.c.m. 1° aprile 2020 sono prorogate al 13 aprile 2020 le misure adottate per il contenimento del contagio epidemiologico da Covid-19.

Il d.l. 8 aprile 2020, n. 22 ("*Misure urgenti sulla regolare conclusione e l'ordinato avvio dell'anno scolastico e sullo svolgimento degli esami di Stato nonché in materia di procedure concorsuali e di abilitazione e per la continuità della gestione accademica*"), conv. con modif. dalla legge 6 giugno 2020, n. 41, introduce misure per la conclusione dell'anno scolastico 2019/2020 e l'avvio dell'anno scolastico 2020/2021 e sullo svolgimento degli esami di Stato per l'esercizio delle professioni.

Il d.l. 8 aprile 2020, n. 23 ("*Misure urgenti in materia di accesso al credito e di adempimenti fiscali per le imprese, di poteri speciali nei settori strategici, nonché interventi in materia di salute e lavoro, di proroga di termini amministrativi e processuali*"), conv. con modif. dalla legge 5 giugno 2020, n. 40, introduce misure urgenti in materia di accesso al credito e rinvio di adempimenti fiscali e contabili per le imprese, nonché di poteri speciali nei settori di rilevanza strategica e di giustizia.

Il D.p.c.m. 10 aprile 2020 proroga fino al 3 maggio le misure restrittive già adottate per il contenimento dell'emergenza epidemiologica da COVID-19 e consente, a partire dal 14 aprile, la riapertura delle cartolerie, delle librerie e dei negozi di vestiti per bambini e neonati e la ripresa delle attività produttive relative alla silvicoltura e all'industria del legno. È istituito un comitato di esperti in materia economica e sociale con il compito di elaborare proposte per fronteggiare l'emergenza epidemiologica COVID-19 e per la ripresa graduale nei diversi settori delle attività sociali, economiche e produttive.

Il d.l. 20 aprile 2020, n. 26 ("*Disposizioni urgenti in materia di consultazioni elettorali per l'anno 2020*"), conv. con modif. dalla legge 19 giugno 2020, n. 59, introduce disposizioni in materia di consultazioni elettorali per l'anno 2020, fissando in via eccezionale termini speciali per le consultazioni elettorali per l'indizione delle elezioni suppletive per i seggi vacanti della Camera dei deputati e del Senato della Repubblica e prevedendo che «*limitatamente all'anno 2020, le elezioni dei consigli comunali e circoscrizionali previste per il turno annuale ordinario si tengono in una domenica e nel lunedì successivo compresi tra il 15 settembre e il 15 dicembre 2020*». Con riguardo agli organi elettivi delle regioni a statuto ordinario il cui rinnovo è previsto entro il 2 agosto 2020, si stabilisce che gli stessi "durano in carica cinque anni e tre mesi" e che «*le relative elezioni si svolgono esclusivamente tra il quindicesimo e il sessantesimo giorno successivo al termine della nuova scadenza del mandato o nella domenica e nel lunedì successivo compresi nei sei giorni ulteriori*». Con riguardo alle elezioni dei presidenti delle province e dei consigli provinciali si prevede che le stesse, «*limitatamente all'anno 2020*», «*si svolgono entro novanta giorni dalle elezioni dei consigli comunali*» (e fino al rinnovo degli organi è prorogata la durata del mandato di quelli in carica). Si prevede inoltre che le consultazioni elettorali e referendarie del 2020 (riguardo alle quali si applica il "principio di concentrazione delle scadenze elettorali", c.d. *election day*, con riguardo anche al referendum confermativo del testo di legge costituzionale recante: "*Modifiche agli articoli 56, 57 e 59 della Costituzione in materia di riduzione del numero dei parlamentari*") si svolgono "nella giornata di domenica, dalle ore 7 alle ore 23, e nella giornata di lunedì, dalle ore 7 alle ore 15".

La legge 24 aprile 2020, n. 27, ha disposto (con l'art. 1, comma 2) che «*I decreti-legge 2 marzo 2020, n. 9, 8 marzo 2020, n. 11, e 9 marzo 2020, n. 14, sono abrogati. Restano validi gli atti ed i provvedimenti adottati e sono fatti salvi gli effetti prodottisi e i rapporti giuridici sorti sulla base dei medesimi*».

Il D.p.c.m. 26 aprile 2020 introduce le misure per il contenimento dell'emergenza COVID-19 nella c.d. "fase due" in ragione della riapertura (programmata dal 4 maggio) di alcune attività lavorative, delle visite ai "congiunti" e della ripresa dell'attività motoria e sportiva.

Il d.l. 30 aprile 2020, n. 28 ("*Misure urgenti per la funzionalità dei sistemi di intercettazioni di conversazioni e comunicazioni, ulteriori misure urgenti in materia di ordinamento penitenziario, nonché disposizioni integrative e di coordinamento in materia di giustizia civile, amministrativa e contabile e misure urgenti per l'introduzione del sistema di allerta COVID-19*"), conv. con modif. dalla legge 25 giugno 2020, n. 70, introduce misure in materia di intercettazioni, di ordinamento penitenziario, di giustizia civile, amministrativa e contabile, ed in materia di tutela dei dati personali nel tracciamento dei contatti e dei contagi da COVID-19.

Il 7 maggio 2020 è siglato il *Protocollo tra Conferenza episcopale italiana (Cei) e governo* per la ripresa (dal 18 maggio) delle celebrazioni con il popolo in condizioni di sicurezza per la comunità ecclesiale.

Il d.l. 10 maggio 2020, n. 30 ("*Misure urgenti in materia di studi epidemiologici e statistiche sul SARS-COV-2*"), conv. con modif. dalla legge 2 luglio 2020, n. 72, introduce misure per la realizzazione di un'indagine di sieroprevalenza sul SARS-COV-2.

Il d.l. 16 maggio 2020, n. 33 ("*Ulteriori misure urgenti per fronteggiare l'emergenza epidemiologica da COVID-19*"), conv. con modif. dalla legge 14 luglio 2020, n. 74, introduce ulteriori misure per fronteggiare l'emergenza epidemiologica e delinea il quadro normativo nazionale all'interno del quale, dal 18 maggio al 31 luglio 2020, con appositi decreti od ordinanze (statali, regionali o comunali) possono essere disciplinati gli spostamenti delle persone fisiche e le modalità di svolgimento delle attività economiche, produttive e sociali.

Il D.p.c.m. 17 maggio 2020 specifica le modalità di riapertura delle attività e gli spostamenti nel corso dei mesi di maggio e giugno, anche secondo protocolli nazionali e regionali.

Il d.l. 19 maggio 2020, n. 34 ("*Misure urgenti in materia di salute, sostegno al lavoro e all'economia, nonché di politiche sociali connesse all'emergenza epidemiologica da COVID-19*", c.d. "Decreto Rilancio"), conv. con modif. dalla legge 17 luglio 2020, n. 77, introduce le misure di sostegno alla ripresa dell'economia.

Il D.p.c.m. 11 giugno 2020 autorizza la ripresa di ulteriori attività a partire dal 15 giugno (centri estivi per i bambini, sale giochi, sale scommesse, sale bingo, centri benessere, centri termali, culturali e centri sociali, spettacoli aperti al pubblico, le sale teatrali, sale da concerto, sale cinematografiche). A partire dal 12 giugno, riprendono gli eventi e le competizioni sportive a porte chiuse ovvero all'aperto senza la presenza del pubblico nel rispetto dei protocolli di sicurezza emanati dalle rispettive Federazioni sportive. Dal 25 giugno 2020 è consentito lo svolgimento anche degli sport di contatto nelle Regioni e Province Autonome che, d'intesa con il Ministero della Salute e dell'Autorità di Governo delegata in materia di sport, abbiano accertato la compatibilità delle relative attività con l'andamento della situazione epidemiologica nei rispettivi territori.

Il D.p.c.m. 14 luglio 2020 proroga al 31 luglio 2020 le misure del D.p.c.m. 11 giugno 2020.

Il d.l. 30 luglio 2020, n. 83 ("*Misure urgenti connesse con la scadenza della dichiarazione di emergenza epidemiologica da COVID-19 deliberata il 31 gennaio 2020*") proroga al 15 ottobre 2020 la scadenza della dichiarazione di emergenza e dunque anche l'operatività delle disposizioni di cui ai d.l. nn. 19 e 33 del 2020 che consentono di adottare specifiche misure di contenimento dell'epidemia.

Il D.p.c.m. 7 agosto 2020 proroga fino al 7 settembre 2020, le misure precauzionali volte a contrastare il diffondersi del virus COVID-19.

Il d.l. 14 agosto 2020, n. 103 ("*Modalità operative, precauzionali e di sicurezza per la raccolta del voto nelle consultazioni elettorali e referendarie dell'anno 2020*") introduce specifiche disposizioni in merito alla consultazione elettorale e referendaria prevista per settembre 2020.

Il d.l. 14 agosto 2020, n. 104 ("*Misure urgenti per il sostegno e il rilancio dell'economia*") c.d. "*Decreto agosto*", introduce misure per il rilancio dell'economia.

Bisogna inoltre aggiungere che, oltre agli atti della Presidenza del Consiglio e del Governo, si sono registrati (a livello statale) provvedimenti dei singoli Ministri (si pensi in particolare alle numerose ordinanze del Ministro della salute), del Capo Dipartimento della Protezione civile e del Commissario Covid.

A livello locale poi, i Presidenti delle Regioni ed i Sindaci, per lo più facendo leva sull'art. 32, comma 3 della legge n. 833 del 1978 (che assegna, in materia di igiene e sanità pubblica, al presidente della giunta regionale o al sindaco il potere di emettere «ordinanze di carattere contingibile ed urgente, con efficacia estesa rispettivamente alla regione o a parte del suo territorio comprendente più comuni e al territorio comunale»), hanno adottato un elevato numero di ordinanze sia regionali che comunali, con l'introduzione di regole molto differenziate fra i vari territori (e con la difficoltà per i cittadini di conoscere esattamente i comportamenti vietati) e con l'insorgere di contrasti fra livello statale e livello locale (sia regionale che comunale).

A quest'ultimo proposito può ricordarsi l'ordinanza emanata il 5 aprile 2020 dal Sindaco di Messina che imponeva l'obbligo per «*chiunque intende fare ingresso in Sicilia attraverso il Porto di Messina*», di registrarsi, almeno 48 ore prima della partenza, sulla pagina istituzionale del Comune di Messina. Il Governo ha attivato il procedimento per l'annullamento straordinario (ex art. 138 d.lgs. 18 agosto 2000, n. 267) di tale ordinanza e il Consiglio di Stato (parere del 7 aprile 2020, n. 260) ha sottolineato che «*In presenza di emergenze di carattere nazionale, ... pur nel rispetto delle autonomie costituzionalmente tutelate, vi deve essere una gestione unitaria della crisi per evitare che interventi regionali o locali possano vanificare la strategia complessiva di gestione dell'emergenza, soprattutto in casi in cui non si tratta solo di erogare aiuti ... ma anche di limitare le libertà costituzionali*».

In tendenza esattamente opposta l'ordinanza del Presidente della Regione Calabria del 29 aprile 2020, n. 37, che consentiva, nel territorio della Regione, la ripresa dell'attività di ristorazione, non solo con consegna a domicilio e con asporto, ma anche mediante servizio al tavolo, purché all'aperto e nel rispetto di determinate precauzioni. Con sentenza 9 maggio 2020, n. 841, il Tar Calabria ha annullato tale ordinanza, affermando la limitazione delle attività di somministrazione al pubblico di bevande e alimenti rientra nella competenza dello Stato, giacché l'art. 117, comma 2, lett. q) Cost., assegna alla competenza esclusiva statale la materia della «*profilassi internazionale*» e il comma 3 di tale articolo assegna allo Stato la definizione di principi fondamentali nelle materie della «*tutela della salute*» e «*protezione civile*». Per il Tar, è «*il principio di precauzione, che deve guidare l'operato dei poteri pubblici in un contesto di emergenza sanitaria quale quello in atto, dovuta alla circolazione di un virus, sul cui comportamento non esistono certezze nella stessa comunità scientifica*».

Si è così registrata l'adozione di numerose norme che hanno introdotto significative limitazioni a molti diritti costituzionalmente tutelati (dalla libertà personale alla libertà di circolazione e soggiorno, dalla libertà di riunione alla libertà religiosa, dal diritto al lavoro alla libertà di iniziativa economica, dal diritto all'istruzione al diritto all'accesso alla giustizia, ecc.) e si è sviluppato un ampio dibattito sulla conformità a Costituzione dell'operato del governo.

Con riguardo al tema di queste pagine (*utilizzo del decreto-legge*), va rilevato che il primissimo d.l. adottato (n. 6 del 2020) assegnava un indefinito potere di normazione alle "autorità competenti" senza specificazione dei limiti all'interno dei quali tale potere doveva esplicarsi (a questo proposito v. le considerazioni sopra riportate in tema di principio di legalità e di riserva di legge). Ed infatti con il successivo d.l. n. 19 del 2020 si è provveduto a specificare che il potere del Presidente del Consiglio di adottare decreti emergenziali deve rispondere a «principi di adeguatezza e proporzionalità al rischio effettivamente presente su specifiche parti del territorio nazionale ovvero sulla totalità di esso» e che i provvedimenti sono adottati "per periodi predeterminati" e "di durata non superiore a trenta giorni" (quantunque reiterabili). Si prevede inoltre l'onere per il Presidente del Consiglio di dare comunicazione e di riferire periodicamente in Parlamento circa le misure adottate.

Bisogna inoltre aggiungere che con i citati decreti-legge il governo, al fine di rafforzare il sostegno al sistema sanitario e al rilancio dell'economia ha deliberato ulteriori ricorsi all'indebitamento (tutti peraltro approvati dal Parlamento).

A questo proposito va rilevato che nel Documento di economia e finanza (DEF) 2020 e nella Relazione al Parlamento redatta ai sensi dell'articolo 6 della legge 24 dicembre 2012, n. 243, ai fini dell'autorizzazione dell'aggiornamento del piano di rientro verso l'Obiettivo di medio termine (OMT), il Governo ha chiesto l'autorizzazione al Parlamento al ricorso all'indebitamento per l'anno 2020 di 55 miliardi di euro, 24,85 miliardi di euro nel 2021, 32,75 miliardi di euro nel 2022, 33,05 miliardi nel 2023, 33,15 miliardi di euro nel 2024, 33,25 miliardi di euro dal 2025 al 2031 e 29,2 miliardi di euro dal 2032. In ambito europeo, il 20 marzo 2020 la Commissione europea ha disposto l'applicazione della c.d. *general escape clause* per l'anno 2020, al fine di assicurare agli Stati membri il necessario spazio di manovra, nell'ambito del proprio bilancio, per il sostenimento delle spese sanitarie necessarie ad affrontare l'emergenza epidemiologica e per contrastare gli effetti economici recessivi della diffusione del COVID-19. L'applicazione della clausola consente agli Stati membri di deviare temporaneamente dal percorso di aggiustamento verso l'OMT, a condizione che non venga compromessa la sostenibilità fiscale nel medio periodo.

Altri profili sono quelli che hanno animato il dibattito circa la giustificazione della limitazione di diritti costituzionalmente garantiti perché ritenuti recessivi nel bilanciamento con la tutela del diritto alla vita, del diritto alla salute ed all'integrità fisica (v. *infra*, cap. XIII, par. 5).

11. Le leggi di amnistia e indulto

L'amnistia estingue il reato, mentre l'indulto estingue (o riduce) solo la pena.

L'art. 79 Cost. (come modificato dalla legge cost. n. 1 del 1992) dispone che l'amnistia e l'indulto «*sono concessi con legge deliberata a maggioranza dei due terzi dei componenti di ciascuna Camera, in ogni suo articolo e nella votazione finale*».

Nella versione originaria l'art. 79 Cost. assegnava al Presidente della Repubblica la concessione dell'amnistia e dell'indulto «su legge di delegazione delle Camere». Nel periodo antecedente la revisione costituzionale del 1992, il Parlamento faceva ricorso periodicamente all'istituto dell'amnistia soprattutto sotto la spinta dell'esigenza determinata dal sovraffollamento degli istituti di reclusione. E proprio in occasione dell'ennesima amnistia si concordò fra le forze politiche presenti in Parlamento la soluzione volta a rendere più difficile il ricorso a tale strumento, dando così vita ad una legge a procedimento complesso, per l'approvazione della quale è infatti richiesta una particolare maggioranza qualificata (i due terzi dei membri) da raggiungere sia nella votazione articolo per articolo che in quella finale. Questo scopo (rendere più ardua l'approvazione dell'amnistia) è stato senz'altro raggiunto, come dimostra il fatto che, successivamente al 1992, è stata approvata (nel 2006) una sola legge di indulto (ed anche in questo caso con il dichiarato intento di far fronte al problema del sovraffollamento degli istituti penitenziari).

12. Il referendum abrogativo

Il referendum è un istituto di democrazia diretta introdotto per la prima volta in Italia dalla Costituzione repubblicana, che prevede varie forme di referendum: dal referendum abrogativo (totale o parziale) di legge statale o di un atto statale avente valore di legge (previsto e disciplinato dall'art. 75 Cost.) al referendum regionale su leggi e provvedimenti amministrativi della Regione (la cui disciplina è, dall'art. 123 Cost., rimessa allo statuto regionale), dal referendum (eventuale) che può inserirsi nel procedimento di revisione costituzionale o di approvazione di legge costituzionale (*ex* art. 138 Cost.) o nel procedimento di approvazione dello statuto regionale (art. 123 Cost.) al referendum da sottoporre alla popolazione interessata in caso di fusione di Regioni o di creazione di nuova Regione (art. 132, comma 1, Cost.) o in caso di passaggio di Comuni o Province da una Regione ad un'altra (art. 132, comma 2, Cost.) o in caso di mutamento delle circoscrizioni provinciali o l'istituzione di nuove Province nell'ambito della Regione (art. 133, comma 1, Cost.) o in caso di istituzione di nuovi Comuni o di modifica delle relative circoscrizioni o denominazioni (art. 133, comma 2, Cost.).

Non tutte le predette tipologie referendarie possono essere incluse fra le fonti del diritto, ma sicuramente rientra in tale novero il referendum abrogativo di legge (statale o regionale) o di atto avente valore di legge. Si è discusso in passato sulla correttezza dell'inserimento del referendum abrogativo fra le fonti del diritto in ragione della funzione meramente abrogativa di tale istituto. Ma, come autorevolmente insegnato, il referendum abrogativo deve essere inserito fra le fonti giacché «anche in sede di logica astratta, eliminare alcunché equivale ad immettere una corrispondente entità negativa [algebricamente, A – B = A + (–B)]. Sul terreno giuridico, d'altronde, il modificare una norma, partecipa, ad un tempo del togliersi e dell'aggiungervi qualcosa, confermandosi che si versa sempre in un medesimo ordine di fenomeno» (Crisafulli). Ed anche la Corte costituzionale (sent. n. 29 del 1987) ha sancito che il referendum abrogativo ha lo stesso rango della legge ordinaria. Infatti anche la mera abrogazione di una norma innova l'ordinamento giuridico. E l'esperienza referendaria, a partire dagli anni settanta, ha dimostrato quanto il referendum «innovi» l'ordinamento giuridico.

Fino all'approvazione della legge n. 352 del 1970 (che disciplina tale istituto) il referendum abrogativo non era utilizzabile in ragione dell'assenza della relativa disciplina legislativa. L'art. 75 Cost., che rimette alla legge la disciplina della modalità di attuazione del referendum, si limita a prevedere:

– i soggetti competenti a chiedere l'indizione del referendum: 500.000 elettori o cinque Consigli Regionali;

– gli atti sottoponibili a referendum: legge statale o atto statale avente valore di legge;

– l'effetto del referendum: l'abrogazione totale o parziale dell'atto legislativo (qualora si esprima in tal senso la maggioranza dei voti validamente espressi);

– un elenco di leggi non sottoponibili a referendum: leggi tributarie e di bilancio, di amnistia e di indulto, di autorizzazione e ratificare i trattati internazionali;

– il diritto di partecipazione al referendum dei cittadini aventi la maggiore età;

– il *quorum* necessario di partecipazione per la validità del referendum, dovendo recarsi alle urne la maggioranza degli aventi diritto.

Con la legge cost. n. 1 del 1953 (art. 2) è stata assegnata alla Corte costituzionale la competenza a giudicare sull'ammissibilità delle richieste di referendum abrogativo, rimettendo ad una successiva legge ordinaria il compito di disciplinare sia le modalità del giudizio di ammissibilità, sia lo svolgimento del referendum.

La legge n. 352 del 1970 pone una disciplina per alcuni versi restrittiva riguardo all'uso dello strumento referendario, giacché introduce ulteriori vincoli procedurali e limiti temporali unitamente alla previsione di un nuovo organo (l'Ufficio centrale per il referendum, istituito presso la cancelleria della Corte di Cassazione, composto dai tre presidenti di sezione più anziani e dai tre consiglieri più anziani di ciascuna sezione) competente a ricevere la richiesta referendaria, a giudicare sulla legittimità di tale richiesta e a procedere alla dichiarazione dell'esito del referendum.

La richiesta referendaria deve essere presentata all'*Ufficio centrale per il referendum* dal comitato promotore del referendum (composto da almeno 10 elettori) con l'indicazione del quesito che si intende sottoporre alla votazione popolare e la legge (o l'atto legislativo) di cui si richiede l'abrogazione (totale o parziale). Dalla data di presentazione del quesito il comitato promotore dispone di tre mesi per raccogliere le firme e depositarle presso la cancelleria della Cassazione. Le richieste di referendum (con le firme raccolte) devono essere depositate nel periodo compreso fra il 1° gennaio e il 30 settembre, ma non può essere depositata alcuna richiesta referendaria nell'anno anteriore alla scadenza della legislatura e nei sei mesi successivi alla data di convocazione dei comizi elettorali per l'elezione della Camera. L'Ufficio centrale procede dunque ad esaminare le richieste depositate allo scopo di accertare che esse siano conformi alle norme di legge ed entro il 15 dicembre decide sulla legittimità delle richieste depositate (mentre il relativo giudizio di ammissibilità è riservato alla Corte costituzionale).

Entro il 31 ottobre l'Ufficio centrale può rilevare le eventuali irregolarità (che possono essere sanate) e può anche proporre la concentrazione dei quesiti che risultino analoghi. Questa fase deve chiudersi entro il 15 dicembre, con una decisione definitiva dell'Ufficio centrale relativa alla legittimità dei quesiti. I quesiti dichiarati legittimi vengono trasmessi alla Corte costituzionale per il ***giudizio di ammissibilità del referendum***. Il parametro di giudizio della Corte costituzionale non è la legge ordinaria (come avviene per l'Ufficio centrale), bensì la Costituzione. L'art. 75, comma 2, Cost. prevede infatti che alcune materie (leggi tributarie e di bilancio, leggi di amnistia e indulto, leggi di autorizzazione alla ratifica dei trattati internazionali) non siano sottoponibili a referendum. La giurisprudenza costituzionale ha ritenuto non tassativo tale elenco ed ha ampliato notevolmente l'elenco di leggi escluse dalla sottoponibilità a referendum (v. *infra*, cap. XI, par. 10). La decisione della Corte costituzionale deve essere pubblicata entro il 10 febbraio dell'anno successivo. Se il referendum è dichiarato ammissibile, il Presidente della Repubblica, previa deliberazione del Consiglio dei ministri, fissa con decreto (atto formalmente presidenziale, ma sostanzialmente governativo) il giorno della consultazione referendaria che deve svolgersi in una domenica compresa tra il 15 aprile e il 15 giugno. Nel caso di anticipato scioglimento delle Camere, il referendum già indetto è rinviato all'anno successivo.

Se la legge oggetto del referendum è abrogata prima della data di svolgimento del referendum, l'Ufficio centrale per il referendum dichiara che le relative operazioni «non hanno più corso». La Corte costituzionale, con sent. n. 68 del 1978, ha dichiarato che nel caso in cui l'abrogazione della legge sottoposta a referendum venga accompagnata da altra disciplina della stessa materia che non modifichi i principi ispiratori della legge preesistente, né i contenuti normativi essenziali, il referendum debba svolgersi sulle nuove disposizioni legislative (e spetta all'Ufficio centrale porre in essere la relativa operazione).

Una volta espletato il referendum, spetta all'Ufficio centrale accertare che alla votazione abbia preso parte la maggioranza degli aventi diritto al voto (giacché in caso contrario il referendum è invalido) e, accertata la somma dei voti validi favorevoli e la somma dei voti validi contrari, proclamare il risultato del referendum. Se il referendum è respinto, nel senso che il risultato referendario è contrario all'abrogazione, ne è data notizia e lo stesso quesito non può essere riproposto prima che siano trascorsi almeno cinque anni. Se invece il risultato è favorevole all'abrogazione, il Presidente della Repubblica, con proprio decreto (pubblicato immediatamente nella *Gazzetta Ufficiale*) «dichiara» l'avvenuta abrogazione della legge (o dell'atto avente forza di legge). L'abrogazione ha effetto dal giorno successivo alla data di pubblicazione; tuttavia il Presidente della Repubblica, previa deliberazione del Consiglio dei ministri, nel decreto stesso può far ritardare l'entrata in vigore dell'abrogazione per un termine non superiore a 60 giorni dalla data di pubblicazione del decreto medesimo.

13. I regolamenti parlamentari

Gli artt. 64 e 72 Cost., oltre a prevedere la fonte «regolamento di ciascuna Camera», assegnano a tale atto normativo specifiche competenze (organizzazione e funzionamento di ciascuna Camera, disciplina dell'*iter legis*) che sono dunque costituzionalmente riservate a questa tipologia di fonte del diritto.

L'art. 64, comma 1, Cost. richiede che per l'approvazione del rispettivo regolamento si raggiunga, in ciascuna Camera, quanto meno la maggioranza assoluta dei componenti. La dottrina ottocentesca tendeva a ricondurre tali regolamenti nel novero degli *interna corporis acta*, intendendoli come atti interni all'organo e pertanto ritenuti non capaci di produrre norme per l'ordinamento statale. Questa ricostruzione, che era funzionale all'affermazione dell'insindacabilità delle decisioni parlamentari, viene riproposta anche negli anni immediatamente successivi l'entrata in vigore della Carta repubblicana, ma la migliore dottrina e la Corte costituzionale hanno dimostrato l'inaccettabilità nel vigente ordinamento costituzionale della dottrina degli *interna corporis*. La Costituzione infatti prevede e disciplina espressamente il regolamento parlamentare che è dunque una fonte del diritto dell'ordinamento italiano ed è una fonte di grado primario in quanto trova direttamente in Costituzione il proprio fondamento.

Riconosciuta la qualità di fonte di grado primario del regolamento parlamentare, più complesso si rivela il passo successivo volto a riconoscere allo stesso la qualità di atto avente forza e valore di legge (proprio perché fonte di grado primario). È stata la Corte costituzionale (sent. n. 154 del 1985 nella quale la Corte ha escluso la sindacabilità dei regolamenti parlamentari in sede di controllo di costituzionalità della legge) a riconoscere ai regolamenti parlamentari la qualità di fonti di grado primario escludendone però la collocabilità fra gli atti aventi forza e valore di legge (al fine della sottoponibilità appunto al giudizio di costituzionalità). Secondo la Corte, la Costituzione «*ha collocato il Parlamento al centro del sistema, facendone l'istituto caratterizzante l'ordinamento. È nella logica di tale sistema che alle Camere spetti – e vada perciò riconosciuta – una indipendenza guarentigiata nei confronti di qualsiasi altro potere cui, pertanto, deve ritenersi precluso ogni sindacato degli atti di autonomia normativa ex art. 64, comma 1, Cost. … Il Parlamento, insomma, in quanto espressione immediata della sovranità popolare, è diretto partecipe di tale sovranità, ed i regolamenti, in quanto svolgimento diretto della Costituzione, hanno una "peculiarità e dimensione" (sent. n. 78 del 1984), che ne impedisce la sindacabilità, se non si vuole negare che la riserva costituzionale di competenza regolamentare rientra fra le guarentigie disposte dalla Costituzione per assicurare l'indipendenza dell'organo sovrano da ogni potere»*. La Corte costituzionale esclude dunque la sindacabilità (in sede di giudizio di costituzionalità) dei regolamenti parlamentari (di cui riconosce le qualità di fonte primaria in quanto «svolgimento diretto della Costituzione»), in ragione della collocazione della potestà regolamentare di ciascuna Camera fra gli istituti di garanzia (guarentigie) propri del Parlamento. La Corte costituzionale esclude la sindacabilità del regolamento parlamentare proprio perché tale controllo comporterebbe un'ingerenza, costituzionalmente inaccettabile della Corte medesima su un'attività delle Camere ritenuta di massima espressione dell'autonomia e indipendenza delle stesse (controllo che la Corte costituzionale ritiene ammissibile in sede di conflitto fra poteri dello Stato, v. *infra*, cap. VI, par. 5).

Altro, distinto problema è quello relativo alla c.d. ***parametricità dei regolamenti parlamentari*** (su cui v. *infra*, cap. XI, par. 6).

Nella sent. n. 120 del 2014 la Corte era chiamata a giudicare sulla questione di costituzionalità sollevata dalle sezioni unite della Cassazione che dubitavano, in riferimento agli artt. 3, 24, 102, comma 2, 111, comma 1, 2 e 7, e 113, comma 1, Cost., della costituzionalità dell'art. 12 del regolamento del Senato (approvato il 17 febbraio 1971, e successive modifiche), "nella parte in cui attribuisce al Senato il potere di giudicare in via esclusiva e definitiva i ricorsi avverso gli atti e i provvedimenti adottati dall'amministrazione di quel ramo del Parlamento nei confronti dei propri dipendenti". Nel giudizio *a quo* la Cassazione era chiamata a decidere in ordine al ricorso proposto da un dipendente del Senato avverso la decisione resa – in grado di appello – dal Consiglio di garanzia del Senato, nell'ambito di un giudizio di ottemperanza relativo ad una causa di lavoro. L'art. 12 reg. Senato (*"Attribuzioni del Consiglio di Presidenza – Proroga dei poteri"*) dispone che «*Il Consiglio di Presidenza, presieduto dal Presidente del Senato, ... approva i Regolamenti interni dell'Amministrazione del Senato e adotta i provvedimenti relativi al personale stesso nei casi ivi previsti; esamina tutte le altre questioni che ad esso siano deferite dal Presidente*». La questione di costituzionalità concerneva tale disposizione nella parte in cui («*secondo un'antica tradizione interpretativa*») attribuisce al Senato l'***autodichia*** sui propri dipendenti («*ossia il potere di giudicare in via esclusiva e definitiva i ricorsi avverso gli atti e i provvedimenti adottati dall'amministrazione di quel ramo del Parlamento nei confronti degli stessi dipendenti, con conseguente esclusione del sindacato di qualsiasi giudice esterno in ordine alle controversie che attengono allo stato ed alla carriera giuridica ed economica dei dipendenti*»). La Corte si interroga innanzitutto sulla «*sindacabilità dei regolamenti parlamentari*, adottati ai sensi dell'art. 64, *comma 1, Cost.*». Per la Corte costituzionale i regolamenti parlamentari «*non rientrano espressamente tra le fonti-atto indicate nell'art. 134, primo alinea, Cost. ... che possono costituire oggetto del sindacato di costituzionalità*». Infatti, nel sistema delle fonti delineato dalla Costituzione, «*il regolamento parlamentare è espressamente previsto dall'art. 64 come fonte dotata di una sfera di competenza riservata e distinta rispetto a quella della legge ordinaria e nella quale, pertanto, neppure questa è abilitata ad intervenire. L'art. 134 Cost., indicando come sindacabili la legge e gli atti che, in quanto ad essa equiparati, possono regolare ciò che rientra nella competenza della stessa legge, non consente di includere tra gli stessi i regolamenti parlamentari. Risiede dunque in ciò, e non in motivazioni storiche o in risalenti tradizioni interpretative, la ragion d'essere attuale e di diritto positivo dell'insindacabilità degli stessi regolamenti in sede di giudizio di legittimità costituzionale*» (v. Corte cost. sent. n. 154 del 1985 e ordd. n. 444 e n. 445 del 1993). La Corte riconosce ai regolamenti parlamentari la qualità di «*fonti dell'ordinamento generale della Repubblica, produttive di norme sottoposte agli ordinari canoni interpretativi, alla luce dei principi e delle disposizioni costituzionali, che ne delimitano la sfera di competenza*», ma al tempo stesso il tema della legittimità dell'autodichia va posto (ex artt. 64 e 72 Cost.) all'interno dello «*statuto di garanzia delle Assemblee parlamentari*» (sent. n. 379 del 1996) ed è «*all'interno di questo statuto di garanzia che viene stabilito l'ambito di competenza riservato ai regolamenti parlamentari, avente ad oggetto l'organizzazione interna e, rispettivamente, la disciplina* *del procedimento legislativo per la parte non direttamente regolata dalla Costituzione»*. Pertanto «*le vicende e i rapporti che ineriscono alle funzioni primarie delle Camere sicuramente ricadono nella competenza dei regolamenti e l'interpretazione delle relative norme regolamentari e sub-regolamentari non può che essere affidata in via esclusiva alle Camere stesse (sent. n. 78 del 1984). Né la protezione dell'area di indipendenza e libertà parlamentare attiene soltanto all'autonomia normativa, ma si estende al momento applicativo delle stesse norme regolamentari "e comporta, di necessità, la sottrazione a qualsiasi giurisdizione degli strumenti intesi a garantire il rispetto del diritto parlamentare" (sentenze n. 379 del 1996 e n. 129 del 1981)*». Con riguardo specifico ai rapporti di lavoro dei dipendenti ed ai rapporti con i terzi, la Corte dichiara che ("in linea di principio") tali questioni possono «*dar luogo ad un conflitto fra i poteri; infatti, anche norme non sindacabili potrebbero essere fonti di atti lesivi di diritti costituzionalmente inviolabili e, d'altra parte, deve ritenersi sempre soggetto a verifica il fondamento costituzionale di un potere decisorio che limiti quello conferito dalla Costituzione ad altre autorità. L'indipendenza delle Camere non può infatti compromettere diritti fondamentali, né pregiudicare l'attuazione di principi inderogabili"*. Pertanto, davanti a ciò che «*esuli dalla capacità classificatoria del regolamento parlamentare e non sia per intero sussumibile sotto la disciplina di questo (perché coinvolga beni personali di altri membri delle Camere o beni che comunque appartengano a terzi), deve prevalere la "grande regola" dello Stato di diritto ed il conseguente regime giurisdizionale al quale sono normalmente sottoposti, nel nostro sistema costituzionale, tutti i beni giuridici e tutti i diritti (artt. 24, 112 e 113 della Costituzione)*» (sent. n. 379 del 1996). Ma la "sede naturale" "in cui trovano soluzione le questioni relative alla delimitazione degli ambiti di competenza riservati è quella del conflitto fra i poteri dello Stato: «*Il confine tra i due distinti valori (autonomia delle Camere, da un lato, e legalità-giurisdizione, dall'altro) è posto sotto la tutela di questa Corte, che può essere investita, in sede di conflitto di attribuzione, dal potere che si ritenga leso o menomato dall'attività dell'altro*» (sent. n. 379 del 1996). E «*In tale sede la Corte può ristabilire il confine – ove questo sia violato – tra i poteri legittimamente esercitati dalle Camere nella loro sfera di competenza e quelli che competono ad altri, così assicurando il rispetto dei limiti delle prerogative e del principio di legalità, che è alla base dello Stato di diritto*».

14. Lo statuto regionale

Le fonti regionali di grado primario (statuto regionale e leggi regionali) costituiscono un'importante novità introdotta con la Costituzione del 1948 e che, per le Regioni a statuto ordinario, soltanto nel 1970 ha iniziato ad avere concreta attuazione. L'ordinamento delle Regioni, ma anche degli Enti locali, ha subìto importanti modifiche, a livello legislativo, nella seconda metà degli anni novanta, e, a livello costituzionale, in seguito alle modifiche costituzionali del 1999 e del 2001. Rinviando al capitolo dedicato all'ordinamento regionale (*infra*, cap. XII) l'illustrazione delle specifiche norme, in questa sede si esaminano gli atti normativi regionali di grado primario dal punto di vista del sistema delle fonti del diritto.

Con riguardo alla potestà statutaria delle Regioni va innanzitutto evidenziato l'ampliamento che ha registrato tale potestà in conseguenza della modifica costituzionale dell'art. 123 Cost. introdotta con la legge cost. n. 1 del 1999.

L'autonomia statutaria regionale è infatti cresciuta sia dal punto di vista del contenuto che da quello del procedimento. La previsione originaria dell'art. 123 Cost. disponeva che lo statuto regionale fosse «deliberato», a maggioranza assoluta, dal Consiglio regionale ed indi «approvato con legge della Repubblica». Questa ambigua formulazione aveva diviso la dottrina fra i sostenitori della natura di atto statale dello statuto (configurandosi la deliberazione regionale come mera proposta) ed i sostenitori della tesi (prevalente) per cui lo statuto era ritenuto atto regionale a formazione complessa in cui la legge statale svolge una funzione di controllo. Attualmente non vi è nessuna difficoltà per la dottrina nel riconoscere allo statuto la natura di atto regionale giacché lo Stato non ha più alcun potere di intervento nel relativo procedimento di formazione residuando al Governo la sola possibilità di sollevare, dinanzi alla Corte costituzionale, una questione di legittimità costituzionale sullo statuto regionale, entro trenta giorni dalla pubblicazione dello stesso. Nuovo è anche il procedimento di formazione dello statuto. L'art. 123, comma 2, Cost. dispone infatti che lo statuto è approvato e modificato dal Consiglio regionale a maggioranza assoluta dei membri, con due deliberazioni successive adottate ad intervallo non minore di due mesi. È prevista inoltre la possibilità di un passaggio referendario, giacché lo statuto è sottoposto a referendum qualora, entro tre mesi dalla pubblicazione dello stesso, ne facciano richiesta un cinquantesimo degli elettori della Regione o un quinto dei componenti il Consiglio regionale. E lo statuto è promulgato qualora venga approvato dalla maggioranza dei votanti.

Dal punto di vista del contenuto, lo statuto regionale determina («*in armonia con la Costituzione*») la forma di governo e i principi fondamentali di organizzazione e di funzionamento della Regione. Lo statuto inoltre disciplina: a) l'esercizio del diritto di iniziativa e del referendum su leggi e provvedimenti amministrativi della Regione; b) la pubblicazione delle leggi e dei regolamenti regionali; c) il Consiglio delle autonomie locali, quale organo di consultazione fra le Regioni e gli Enti locali.

La Costituzione pone, dunque, un **contenuto necessario** dello statuto regionale e a questo riservato, su cui nessun'altra fonte di grado primario può intervenire. Inoltre lo statuto si pone in particolare rapporto nei confronti della legge regionale giacché, pur essendo entrambi ricompresi nel novero delle fonti di grado primario, appare evidente sia l'impossibilità per la legge regionale di disciplinare le materie riservate allo statuto, sia il dovere della legge regionale di rispettare il dettato dello statuto (per ulteriori approfondimenti v. *infra*, cap. XII).

15. La legge regionale

Secondo l'attuale formulazione del comma 1 dell'art. 117 Cost., «*la potestà legislativa è esercitata dallo Stato e dalle Regioni nel rispetto della Costituzione, nonché dei vincoli derivanti dall'ordinamento comunitario e degli obblighi internazionali*».

Questa disposizione sembra porre in posizione di parità la potestà legislativa statale e quella regionale ed è, dunque, di non facile coordinamento con l'art. 70 Cost. (secondo cui la funzione legislativa spetta al Parlamento) e con le numerose riserve di legge contenute in Costituzione. Bisogna aggiungere però che i commi successivi dell'art. 117 Cost. (e cioè l'elenco delle materie riservate alla potestà legislativa esclusiva dello Stato e l'elenco di quelle assegnate alla potestà legislativa regionale ripartita o concorrente) tendono concretamente a ridurre la portata dell'affermazione contenuta nel comma 1 (su tale problematica v. *infra*, cap. XII).

La legge regionale è una fonte di grado primario competente ad intervenire sulle materie ad essa assegnate. I rapporti intercorrenti tra la legge regionale e quella statale sono approfonditi nel cap. XII (cui si rinvia).

Sezione Quarta – FONTI EUROPEE

16. Il sistema delle fonti europee. Rapporti fra norme europee e norme statali

All'interno delle fonti dell'ordinamento europeo si distingue tra il **diritto primario (o originario o convenzionale)** e il **diritto derivato.**

Le *fonti del diritto convenzionale* consistono nei trattati istitutivi delle Comunità europee e dell'Unione Europea. Nei trattati sono disciplinati gli organi dell'Unione ed i rispettivi poteri normativi che si esprimono attraverso atti normativi che costituiscono il diritto derivato (v. *supra*, cap. IV).

Le *fonti del diritto derivato* si distinguono anzitutto in atti vincolanti e non vincolanti. Fra quest'ultimi ricordiamo le *raccomandazioni* (inviti rivolti agli Stati a conformarsi ad un certo comportamento) e i *pareri* (che esprimono il punto di vista di un organo su un determinato oggetto), che possono essere emanati da varie istituzioni comunitarie.

Le *fonti vincolanti* si distinguono in tre tipologie:

1. *regolamenti*: hanno portata generale e pongono norme generali e astratte; sono obbligatori in tutti i loro elementi e sono «direttamente applicabili» all'interno di ciascuno Stato membro, nel senso che non è necessario (e neppure consentito) un atto dello Stato che ne ordini l'esecuzione nell'ordinamento nazionale, perché il regolamento s'impone per forza propria, e la sua applicazione è obbligatoria per tutti i soggetti dello Stato membro;

2. *direttive*: sono atti normativi aventi come destinatario lo Stato membro che è vincolato «per quanto riguarda il risultato da raggiungere, salva restando la competenza degli organi nazionali in merito alla forma e ai mezzi». Lo Stato ha quindi un *obbligo di risultato*, che deve essere raggiunto entro il termine fissato dalla direttiva medesima. L'atto statale di recepimento della direttiva varia a seconda dei vincoli del singolo ordinamento statale (legge, regolamento, ecc.);

3. *decisioni*: sono obbligatorie in tutti i loro elementi «per i destinatari da essa designati», sono direttamente applicabili, ma hanno portata particolare, si rivolgono cioè a soggetti specifici. Le istituzioni europee tendono ad utilizzare le «decisioni» per applicare a casi concreti norme generali o principi contenuti nei trattati o in altri atti europei (si pensi ad una decisione concernente l'applicazione del principio di tutela della concorrenza e che può essere indirizzata a tutte le imprese o anche agli Stati membri). La decisione può dunque apparire

espressione di attività amministrativa, ma, potendo essa indirizzarsi ad intere categorie di soggetti del diritto europeo ed essendo le stessa dotata di immediata efficacia (in quanto vincolante per i destinatari della stessa), le si deve riconoscere la qualità di atto normativo. Ed anche la Corte di giustizia ha affermato che la decisione «si impone a tutti gli organi dello Stato destinatario» e pertanto le giurisdizioni nazionali devono non solo astenersi dall'applicare ogni disposizione interna la cui attuazione sarebbe suscettibile di ostacolare l'esecuzione di una decisione, ma anche tutelare i diritti discendenti dalla stessa.

Le norme europee appartengono all'ordinamento giuridico (non statale, bensì) europeo, ma producono effetti all'interno dell'ordinamento statale in ragione del «coordinamento» esistente fra tali ordinamenti in base a quanto previsto dall'art. 11 Cost. e dai trattati europei. In tal senso si è espressa la Corte costituzionale (sent. n. 170 del 1984) secondo cui «*l'ordinamento della Comunità e quello dello Stato ... per quanto coordinati, sono distinti e reciprocamente autonomi, sicché le norme comunitarie rimangono estranee al sistema delle fonti interne*». Pertanto gli atti normativi dell'ordinamento europeo assumono, nell'ordinamento italiano, la veste di «fatti» produttivi di diritto, giacché l'ordinamento statale ne riconosce gli effetti (Capotosti).

L'efficacia immediata che gli atti normativi europei esplicano nell'ordinamento statale discende dall'ordine di esecuzione dei trattati europei contenuto nella legge che ha autorizzato la ratifica dei trattati medesimi. Ma il valore primario delle fonti europee pone il problema dell'individuazione del ***fondamento costituzionale di tali fonti*** (e, più in generale, della partecipazione dell'Italia all'Unione europea) che è stato rinvenuto nell'art. 11 Cost., secondo cui la Repubblica consente, in condizioni di parità con gli altri Stati, alle limitazioni di sovranità necessarie ad un ordinamento che assicuri la pace e la giustizia fra le nazioni. Questa disposizione costituzionale aveva lo scopo di consentire l'ingresso dell'Italia nell'Onu, ma la stessa Corte costituzionale ha sottolineato che tale norma fa riferimento «a principi programmatici di valore generale, di cui la Comunità europea e le altre organizzazioni regionali europee costituiscono concreta attuazione». E pertanto la «*limitazione di sovranità*» consentita dall'art. 11 Cost. (e che giustifica la «cessione di sovranità» operata dallo Stato italiano entrando a far parte delle Comunità europee, oggi dell'Unione europea) conduce a giustificare l'immediata applicabilità all'interno dell'ordinamento italiano degli atti normativi europei che si impongono «per forza propria». Di conseguenza ogni giudice (ed ogni operatore giuridico) deve dare immediata applicazione al diritto europeo (ivi ricomprendendo anche le sentenze del giudice europeo) disapplicando l'eventuale (contrastante) norma statale.

In merito al problema delle garanzie costituzionali, la Corte costituzionale ha affermato la propria competenza a giudicare, in sede di controllo di costituzionalità, delle leggi di esecuzione dei trattati nella parte in cui possano consentire nell'ordinamento italiano l'efficacia di norme in contrasto con «i principi fondamentali del nostro ordinamento costituzionale» e con «i diritti inviolabili della persona umana» (c.d. *dottrina dei controlimiti*; v. Corte cost., sentt. nn. 183 del 1973 e 170 del 1984; ord. n. 24 del 2017, sent. n. 115 del 2018) (per gli specifici approfondimenti, v. *supra*, cap. IV).

Sezione Quinta – FONTI DI GRADO SECONDARIO

17. La potestà regolamentare. Il ruolo del principio di legalità

Le fonti di grado secondario vengono generalmente ricomprese sotto la denominazione di «*atti regolamentari*» e si basano sul *principio di legalità* nel senso che il potere di adozione di tali atti deve trovare fondamento in una legge. Se le fonti di grado primario trovano il proprio fondamento in Costituzione (o in una fonte di grado costituzionale), le fonti di grado secondario trovano nella legge (o in una fonte di grado primario) il rispettivo fondamento. Con l'espressione «*regolamento*» generalmente si indicano molteplici fonti di grado secondario (ma, come visto, a volte la denominazione «regolamento» può indicare anche fonti di grado primario come i regolamenti parlamentari). L'aggettivo che accompagna il sostantivo «regolamento» indica, in genere, l'organo o l'ente che adotta l'atto normativo secondario (regolamenti governativi, ministeriali, regionali, provinciali, comunali, ecc.).

L'**atto regolamentare**, in quanto fonte del diritto, **è un atto normativo** (cioè capace di produrre norme giuridiche) **di grado secondario** (e, in quanto tale, oltre a dover avere un fondamento legislativo, non può porsi in contrasto con fonti di grado primario). La Costituzione, salvo qualche piccolo accenno, non disciplina la potestà regolamentare, ma questa constatazione è conseguenziale al riconoscimento del fatto che la Costituzione pone la disciplina delle fonti primarie, mentre è compito della legge disciplinare le fonti di grado secondario.

Relativamente al problema dell'*individuazione dell'atto regolamentare*, «regolamento» è denominato ogni atto normativo distinto dalla legge e (fatte salve alcune eccezioni) a questa subordinato. Riguardo all'identificazione dell'atto regolamentare, fra i vari proposti dalla dottrina, criterio sufficientemente preciso sembra rivelarsi quello relativo alla «capacità» dell'atto (regolamentare appunto) di porre precetti *erga omnes*, riguardo ai quali, in altri termini, non esistono «terzi», sicché la «generalità» dell'atto normativo viene a concretizzarsi nella «capacità» dello stesso di rivolgersi a tutti i soggetti dell'ordinamento, per cui siffatta «capacità innovativa» viene a costituire «l'elemento di identificazione» del potere di introdurre norme generali (Cerri).

Dal punto di vista dei controlli, il giudizio sulla conformità alla legge delle fonti di grado secondario è rimessa al giudice amministrativo (potendo il giudice ordinario solo disapplicare nel caso di specie la norma secondaria illegittima, v. *infra*, cap. X).

Lo studio del potere regolamentare comporta dunque la necessità di affrontare diverse problematiche fra cui spicca quella dei rapporti del regolamento stesso con la fonte di grado primario.

Il **principio di legalità** esige che il potere regolamentare trovi esplicitamente il proprio fondamento in una fonte di grado primario, ma sulla «profondità» del fondamento legislativo della potestà regolamentare (e cioè se sia sufficiente una generica e preventiva legittimazione – c.d. *principio di legalità in senso formale* – o se invece sia di volta in volta necessaria una specifica base legislativa, c.d. *principio di legalità in senso sostanziale*), la dottrina è tutt'altro che concorde. E se, da un punto di vista strettamente formale, il fondamento legislativo può risolversi in un «mero conferimento» del potere regolamentare, sembra costituzionalmente corretto ritenere che, oltre al trasferimento di poteri in favore della fonte subordinata, la legge debba porre, quale «limite invalicabile», anche una normativa di principio (Cerri).

La questione del fondamento del potere regolamentare tocca sia la problematica concernente il rapporto (o, meglio, l'esigenza di individuazione di un ragionevole punto di equilibrio) fra principio democratico ed esigenze di efficienza (e quindi di competenza tecnica), sia il tema dei rapporti tra ordinamento generale e ordinamenti particolari e, dunque, dello stesso concetto di «supremazia speciale» quale «potere pubblico esercitabile al di fuori del generale circuito di responsabilità democratica e delle garanzie costituzionali» (Cerri).

La dottrina si è spesso interrogata sulla portata e sul significato del principio di legalità e, in particolare, sul ruolo di tale principio in un ordinamento democratico. Inoltre si è continuata a registrare la tendenza degli esecutivi ad affermare (e ad ampliare) una propria potestà regolamentare, nonché dottrine volte a giustificare l'esistenza (se non la necessità) di una potestà normativa dell'esecutivo e che hanno spesso svuotato di contenuto il principio di legalità. Questo principio si afferma, nei sistemi giuridici continentali, come riflesso sul piano del sistema delle fonti della superiorità dell'organo parlamentare nei confronti dell'esecutivo. Le varie riflessioni registrate sul rapporto fra legge e regolamento devono essere collocate nel momento storico nel quale le stesse sono state elaborate, giacché col mutare degli assetti economico-sociali, nonché delle strutture di potere, anche i diversi principi vengono ad assumere valenze e significati differenti.

A tal proposito illuminante è proprio la riflessione sul fondamento del potere regolamentare registratasi in Italia a partire dagli anni successivi all'instaurazione dello Stato unitario. In epoca di monarchia limitata la contrapposizione, fra la tesi che riteneva necessario l'intervento dell'atto legislativo e la tesi che invece ravvisava il fondamento del potere regolamentare nella discrezionalità di cui gode l'esecutivo, rispecchiava la competizione per la primazia nel potere fra Parlamento e monarchia. Schematicamente potrebbe dirsi che nel periodo statutario alla tesi secondo cui la potestà regolamentare della pubblica amministrazione è espressione del potere discrezionale di cui l'amministrazione dispone nella sua attività si contrapponeva l'opinione della necessarietà di una espressa attribuzione di competenza da parte della legge al potere esecutivo. All'inizio del XX secolo, con l'allargamento del suffragio elettorale, anche il tema del fondamento del potere regolamentare viene ad assumere sfumature diverse ed ulteriori. Inoltre, sulla base della teoria della pluralità degli ordinamenti giuridici, (v. *supra*, cap. I), il potere regolamentare viene ad atteggiarsi in maniera differente anche a seconda dei rapporti fra ordinamento particolare e ordinamento generale. Così Santi Romano ritiene di poter fondare la potestà regolamentare della pubblica amministrazione sul principio di autonomia di quest'ultima, pur ritenendo sempre necessaria una legge affinché tali regolamenti possano esplicare i propri effetti anche nell'ordinamento generale.

I riflessi di tale dibattito teorico si riproducono anche in epoca repubblicana: il riconoscimento ad opera della Costituzione del principio pluralistico, se può essere ritenuto un importante tassello per l'elaborazione di una teoria che ritenga il potere regolamentare espressione diretta di una sfera di autonomia costituzionalmente fondata, parimenti non sembra da solo sufficiente a sostenere la non-necessarietà di un fondamento legislativo, soprattutto qualora si consideri il peculiare «trattamento» riservato al potere regolamentare in generale dalla Costituzione repubblicana. Questa infatti, se spende solo pochi cenni per il potere regolamentare dell'esecutivo, fornisce però ricchi spunti alla generale problematica del potere regolamentare: dalla esplicita posizione di supremazia del Parlamento al ruolo della legge nel sistema delle fonti, dal riconoscimento delle autonomie (art. 5 Cost.) all'affermazione esplicita di poteri regolamentari (comuni, enti locali, ecc.), dall'affermazione della prevalenza del generale circuito di responsabilità democratica alla previsione di chiare garanzie costituzionali, dall'assenza di una esplicita affermazione del principio di legalità ad una delineazione del sistema delle fonti del diritto non strutturato esclusivamente secondo il principio gerarchico ma con una suddivisione anche secondo il principio di competenza.

Nella Costituzione del 1948 il ruolo della legge viene delimitato mediante numerose ed eterogenee previsioni: opera in tal senso la stessa adozione di una Costituzione rigida e la sottoposizione della legge alle fonti di grado costituzionale (e conseguente controllo di costituzionalità), ma anche la previsione di materie riservate alla legge (in particolare nei casi di riserva rinforzata, che pongono obblighi «in positivo» per il legislatore), la previsione di rapporti di competenza fra la legge parlamentare e altre tipologie di fonti (regolamenti parlamentari, legge regionale, ecc.), il ruolo istituzionale riconosciuto alla pubblica amministrazione, ecc. Tutti questi elementi concorrono a far ritenere che nel nostro ordinamento la legge si colloca all'interno di un sistema delle fonti composito e variegato, quadro non ricostruibile in via esclusiva secondo un principio gerarchico, ma piuttosto secondo una logica di tipo pluralistico, in cui particolare risalto deve essere assegnato al principio di competenza quale regola di ripartizione fra le diverse fonti dell'ordinamento.

Nelle riflessioni sul potere regolamentare (in particolare quello governativo, ma anche degli enti locali, della pubblica amministrazione, della Corte costituzionale, delle Camere, ecc.) il rapporto fra il principio che postula il necessario fondamento legislativo del potere regolamentare e l'affermazione della rilevanza della collocazione istituzionale dell'organo si presenta in veste altamente differenziata. La tesi che fa leva sul ruolo istituzionale dell'organo è naturalmente inaccettabile quando giunge a negare, oltre alla necessità del fondamento legislativo, la stessa subordinazione del potere regolamentare a quello legislativo. Parimenti siffatta tesi appare non disprezzabile quando, riconoscendo la necessità di una previa legge che *attivi* il relativo potere, assegna peculiare e specifico valore alla posizione istituzionale dell'organo titolare del rispettivo potere regolamentare. Si rivela così l'importanza centrale di un aspetto – quello della collocazione istituzionale del soggetto titolare del potere regolamentare – che, nello studio del potere normativo, riveste un ruolo decisivo. L'assegnazione di uno specifico peso al ruolo istituzionale dell'organo induce a riflettere sulla inevitabile diversità che intercorre a seconda del soggetto ritenuto titolare di potere regolamentare. L'intervento legislativo, sempre necessario, muta di significato perché la legge non viene più a configurarsi quale arbitro incontrastato delle diverse materie, dovendo essa lasciare al potere regolamentare lo spazio costituzionalmente spettante. Conseguenzialmente il rapporto legge-regolamento viene ad atteggiarsi in maniera differente proprio in ragione del rapporto intercorrente fra Parlamento e soggetto dotato di potestà regolamentare.

Bisogna dunque muovere dal duplice riconoscimento dell'importanza sia del necessario fondamento legislativo di siffatto potere che del ruolo costituzionale del relativo organo. In questa ricostruzione la legge, sempre necessaria, viene a trovarsi «limitata», non potendo giungere a disciplinare capillarmente la materia (dovendo lasciare spazio alla fonte regolamentare) e dovendo piuttosto rispettare e «valorizzare» il ruolo istituzionale dell'organo, ruolo che dunque opera come limite alle potenzialità della (pur sempre necessaria) legge (che quindi deve essere legge di principio). L'accento posto sul ruolo istituzionale dell'organo titolare del potere regolamentare non opera quale ragione giustificatrice dell'assenza di un fondamento legislativo (e dunque quale limite – o negazione – dello stesso principio di legalità), ma piuttosto quale elemento di limitazione dell'arbitrio del legislatore e in funzione di imposizione di un vincolo in positivo per il legislatore medesimo. Pertanto il principio di legalità se opera in maniera diversa fra potere regolamentare e provvedimenti amministrativi, opera diversamente anche con riguardo alle differenti potestà regolamentari (a seconda cioè della natura e della collocazione istituzionale di ciascun organo titolare di potestà regolamentare).

Il riconoscimento del duplice fondamento (costituzionale e legislativo) del potere regolamentare viene ad assegnare alla (necessaria) legge un significato diverso giacché l'intervento del legislatore è «necessario» in un duplice senso: come fondamento e limite del potere regolamentare, ma anche quale vincolo in positivo per il legislatore che non può giungere a comprimere del tutto il relativo potere regolamentare. La discrezionalità del legislatore, nell'instaurare la fonte regolamentare, non è dunque illimitata, giacché la legge deve necessariamente rispettare i principi e limiti posti dalla Costituzione.

Quest'ultimo ordine di considerazioni spinge a distinguere a seconda del soggetto titolare della potestà regolamentare e, in particolare, a distinguere fra regolamenti dell'esecutivo (o governativi), potestà regolamentare della pubblica amministrazione, potere normativo degli enti locali e potestà regolamentare delle autorità indipendenti. Infatti la base pluralistica del sistema democratico comporta che anche la pubblica amministrazione (o meglio, le pubbliche amministrazioni) non possa più essere intesa in senso unitario e compatto, ma vada piuttosto vista come una pluralità di amministrazioni diverse, fra loro variamente coordinate, e dotate di molteplici e differenti forme di autonomia. Ed in siffatto pluralismo istituzionale e politico-amministrativo il governo viene a ricoprire il ruolo non di vertice di una piramide monolitica, bensì soltanto di «una componente nel quadro di un sistema» (Sandulli). In questa prospettiva, se appare condivisibile l'opinione che colloca i regolamenti governativi e le altre fonti normative di emanazione amministrativa secondo un ordine di ripartizione di competenze fissato dalla legge, si ritiene necessario aggiungere che tali sfere di autonomia trovano direttamente in Costituzione il proprio fondamento e riconoscimento, sicché la legge non può essere ritenuta «padrona assoluta» della menzionata «ripartizione di competenze», spettando alla stessa il compito di porre la disciplina giuridica di principio della materia (Cervati).

Viene così a configurarsi un quadro composito nel quale, alla riaffermazione dell'indiscutibile collocazione della legge in un grado di superiorità, si affianca parimenti il riconoscimento di una «ripartizione di aree tra potere legislativo e potere governativo e potere amministrativo» in cui le autonomie normative delle singole autorità (governative e amministrative) vengono a trovarsi delimitate in un sistema pluriarticolato contenente, da un lato, le leggi e le fonti a questa equiparate e, dall'altro lato, gli atti normativi che sono espressione di differenziata autonomia.

18. Il potere regolamentare del governo. La delegificazione

La potestà regolamentare del governo, in quanto espressione di un'autonomia costituzionalmente non garantita ma neppure vietata, è rimessa alla legge ordinaria (o ad una fonte a questa equiparata) nella quale l'atto normativo secondario deve necessariamente trovare sia il fondamento che la delimitazione del proprio ambito di efficacia.

La Costituzione afferma soltanto che il Presidente della Repubblica emana i *regolamenti governativi*. La legge n. 400 del 1988, all'art. 17, prevede vari tipi di regolamenti:

– *di esecuzione* (o esecutivi) di norme di legge e di decreti legislativi;

– *di attuazione e integrazione* (o attuativi e integrativi) di disposizioni di legge e di decreti legislativi recanti norme di principio;

– *indipendenti*, in quanto disciplinanti materie prive di disciplina di grado legislativo e non coperte da riserva di legge (è dunque necessaria la coesistenza di entrambi i requisiti: la materia non deve essere coperta da riserva di legge e non è disciplinata da alcuna fonte di grado primario);

– *di organizzazione* (o organizzativi), disciplinanti l'organizzazione e il funzionamento delle amministrazioni pubbliche secondo le disposizioni dettate dalla legge. L'art. 97 Cost. pone infatti una riserva di legge in materia di organizzazione dei pubblici uffici, ma giurisprudenza e dottrina ritengono che tale riserva sia relativa e pertanto è sufficiente che la legge ponga la disciplina di principio della materia, ben potendo gli ulteriori aspetti di dettaglio essere disciplinati dalla fonte di grado secondario. La legge n. 59 del 1997 (art. 13) ha infine aggiunto all'art. 17 della legge n. 400 del 1988 il comma 4-*bis*, secondo cui l'organizzazione e la disciplina «*degli uffici dei ministeri*» sono determinate con regolamenti di delegificazione (v. *infra*) «*nel rispetto dei principi posti dal d.lgs. n. 29 del 1993, e successive modificazioni*» (e di una serie di criteri indicati dalla disposizione medesima).

Le categorie dei regolamenti indipendenti e di organizzazione devono essere coordinate, la prima, con il principio di legalità (giacché la disciplina regolamentare comunque sarebbe «primaria», in quanto non subordinata ad alcuna altra disciplina, e perché sarebbe aggirato il principio per cui la potestà regolamentare deve avere un fondamento legislativo, dal momento che la copertura dell'art. 17 della legge n. 400 del 1988 sarebbe meramente formale) e, la seconda, con il principio della riserva di legge *ex* art. 97 Cost. (e proprio l'esempio dell'art. 97 Cost. conferma come la distinzione fra riserva assoluta e riserva relativa sia sostanzialmente servita a svuotare la portata garantista della riserva di legge; v. *supra*, par. 4).

Il comma 2 dell'art. 17 della legge n. 400 del 1988 disciplina l'istituto della ***delegificazione***. In base a questa disposizione, il regolamento governativo, previa «autorizzazione» da parte di una legge che ponga «le norme generali regolatrici della materia» e che disponga l'abrogazione delle norme vigenti (abrogazione che però non opera immediatamente, ma a partire dall'entrata in vigore delle future norme regolamentari), può disciplinare materie già disciplinate con fonti di grado primario purché non coperte da riserva assoluta di legge. Quindi, su una materia già disciplinata da fonte di grado primario e a questa non riservata in via assoluta dalla Costituzione, la legge ordinaria (c.d. *legge di delegificazione o autorizzante*) può consentire che la futura disciplina della materia sia posta dal regolamento governativo, ma tale legge (autorizzante) deve porre le norme generali della materia (che il futuro regolamento governativo dovrà rispettare) ed è sempre tale legge ad abrogare la normativa (di grado primario) già esistente, ma l'effetto abrogativo si produce solo con l'entrata in vigore del futuro regolamento governativo (giacché, se si producesse immediatamente, si produrrebbe un vuoto normativo dal momento che si avrebbe l'abrogazione della normativa preesistente ma non si avrebbe ancora la nuova normativa introdotta dal regolamento governativo che ovviamente non è ancora intervenuto; c.d. *abrogazione differita*).

La formulazione del comma 2 dell'art. 17 della legge n. 400 del 1988 sembra assicurare il rispetto del principio gerarchico, giacché è sempre la legge ad abrogare le norme primarie previgenti (pur differendo l'effetto abrogativo al momento di entrata in vigore del regolamento governativo), ma la «finzione» che essa nasconde è stata svelata dalla quasi totalità delle leggi di delegificazione che, non contenendo l'elencazione espressa delle norme abrogate, rimettono al regolamento governativo l'individuazione (e dunque l'abrogazione) delle norme di grado primario previgenti (Cervati). A questo proposito si è distinto (Dickmann) fra «*delegificazione abrogativa propria*» (riconducibile direttamente alla previsione dell'art. 17, comma 2, legge n. 400 del 1988), che presuppone nella legge autorizzante l'elencazione espressa e tassativa delle disposizioni legislative abrogate con effetto dall'entrata in vigore del regolamento, e «*delegificazione abrogativa impropria*», che si ha quando la legge autorizzante pone una clausola generale di abrogazione delle disposizioni legislative vigenti incompatibili con la emananda disciplina regolamentare (e spesso con la puntualizzazione che spetterà al futuro regolamento governativo individuare le disposizioni da intendersi abrogate con l'entrata in vigore dello stesso). Riguardo a questa distinzione, appare agevole evidenziare come la seconda ipotesi sia qualitativamente diversa dalla prima, giacché in tale ultimo caso è lo stesso regolamento governativo ad individuare le norme abrogate (rimanendo quindi alla legge il solo effetto di autorizzazione). Questo esito non appare giustificabile secondo la ricostruzione dottrinale (Crisafulli) alla quale l'impianto della disposizione di cui all'art. 17, comma 2, legge n. 400 del 1988 sembra fare diretto riferimento.

L'ABROGAZIONE AVVIENE CON L'ENTRATA IN VIGORE DEL REGOLAMENTO GOVERNATIVO. SE AVVENISSE PRIMA SI CREEREBBE IL COSIDDETTO VUOTO NORMATIVO

L'orientamento dottrinale volto a distinguere diverse tipologie di delegificazione è conseguenza dell'atteggiamento del legislatore che ha creato differenti definizioni di tale istituto, a partire già dal 1989 prevedendo, con una formulazione evidentemente ancora meno stringente di quella dell'art. 17 della legge n. 400 del 1988, la c.d. *delegificazione comunitaria* (art. 4, comma 1, legge n. 86 del 1989, secondo cui «*Nelle materie già disciplinate con legge, ma non riservate alla legge, le direttive possono essere attuate mediante regolamento, se così dispone la legge comunitaria*»). Altre tipologie di delegificazione possono rinvenirsi in ulteriori atti legislativi (v. ad es. art. 32, comma 3, legge n. 36 del 1994, nell'art. 10, comma 3, legge n. 25 del 1997, ecc.). Infine va ricordato l'art. 20 legge n. 59 del 1997 ("*Delega al governo per il conferimento di funzioni e compiti alle Regioni e Enti locali, per la riforma della pubblica amministrazione e per la semplificazione amministrativa*"; c.d. legge Bassanini) che ha previsto un meccanismo periodico di ricorso sistematico alla delegificazione, consistente nella c.d. legge annuale di semplificazione dei procedimenti amministrativi.

A giustificazione dell'istituto della delegificazione si afferma, da parte di alcuni, che si tratterebbe di uno strumento di semplificazione del quadro normativo e di risposta all'eccesso di disciplina legislativa esistente nel nostro ordinamento. Ma è agevole evidenziare che la delegificazione non "semplifica" affatto il quadro normativo giacché sostituisce soltanto discipline di grado legislativo con discipline di grado secondario e dunque non vi è alcuna riduzione del numero degli atti normativi, ma soltanto un abbassamento di livello gerarchico degli stessi. L'unico vero effetto determinato dalla delegificazione è lo spostamento di potere normativo dal Parlamento al governo che si trova a disporre di un ampio potere normativo su intere materie praticamente senza, o con pochissimi, vincoli.

Queste considerazioni conducono pertanto a ribadire quanto già affermato (v. *supra*, par. 4) in merito alla progressiva crescita dei poteri normativi del governo con svuotamento del potere legislativo del Parlamento e con aggiramento delle garanzie costituzionalmente previste.

19. Il potere normativo degli enti locali

La Costituzione (già nel testo approvato nel 1947: ~~artt. 5,~~ 114 e 128 Cost.) riconosce autonomia a province e comuni. La modifica costituzionale del 2001, confermando l'orientamento già inaugurato dalle norme contenute nel testo unico degli enti locali (Tuel approvato con d.lgs. n. 267 del 2000), riscrivendo gli artt. 114 e seguenti della Costituzione, riconosce a comuni, province e città metropolitane (oltre che alle Regioni) la qualifica di «*enti autonomi*» con propri statuti, poteri e funzioni secondo i principi fissati dalla Costituzione. E l'art. 117, comma 6, Cost. aggiunge che comuni, province e città metropolitane hanno potestà regolamentare in ordine alla disciplina dell'organizzazione e dello svolgimento delle funzioni loro attribuite. La Costituzione dunque riconosce espressamente potestà normativa agli enti locali e tale potestà normativa si suddivide nella potestà statutaria e in quella regolamentare.

Lo ***statuto dell'ente locale*** stabilisce le norme fondamentali di organizzazione dell'ente ed in particolare le attribuzioni degli organi, le forme di garanzia e di partecipazione delle minoranze, le forme della collaborazione tra comuni e province, della partecipazione popolare, del decentramento, dell'accesso dei cittadini alle informazioni e ai procedimenti amministrativi (art. 6 Tuel). Lo statuto (e le sue eventuali modifiche) è approvato da maggioranze qualificate (voto favorevole dei due terzi dei membri del consiglio; qualora tale maggioranza non sia raggiunta è sufficiente la maggioranza assoluta in due successive sedute da tenersi entro trenta giorni). Le norme dello statuto devono rispettare i principi generali del Tuel e le norme di legge che disciplinano organi e funzioni degli enti locali, ma la legge ordinaria non può comprimere la potestà statutaria fino ad annullarla pena la negazione dell'autonomia (statutaria) costituzionalmente prevista.

Parimenti i ***regolamenti degli enti locali***, che devono rispettare le norme statutarie e che sono volti a disciplinare l'organizzazione e lo svolgimento delle funzioni amministrative conferite all'ente locale, devono rispettare i principi posti dal Tuel e, più in generale, dalle fonti di grado primario, le quali però non possono restringere oltre misura tale potestà regolamentare.

Il problema di fondo degli *atti normativi degli enti locali* (statuto e regolamenti) è dato dalla individuazione del significato del fondamento costituzionale di tale potestà normativa e del rapporto intercorrente tra tali atti normativi e le fonti di grado primario (*in primis*, la legge). A questo proposito deve riconoscersi che l'autonomia regolamentare degli enti locali non può essere assimilata, senza alcuna distinzione, alla potestà regolamentare di altri soggetti (ad es. il governo) in ragione dell'esplicito fondamento costituzionale di tale autonomia e dei valori di cui l'autonomia locale è espressione. I regolamenti governativi infatti non sono atti di autonomia, ma di esecuzione della legge, mentre gli atti normativi degli enti locali sono "atti di esecuzione costituzionale" (Fenucci). L'autonomia degli enti locali è espressione di una esigenza di "democrazia sostanziale" che si realizza appunto attraverso la maggiore coincidenza possibile fra governanti e governati. E pertanto la pratica del governo locale, con la creazione di centri politicamente autonomi, vicini e sensibili ai bisogni locali, è funzionale all'affermazione del principio democratico. E se gli enti locali godono, nei limiti costituzionalmente fissati, di autonomia politica, la potestà normativa agli stessi riconosciuta è anch'essa espressione di tale autonomia politica e pertanto anche gli atti normativi degli enti locali, in quanto espressione di un'autonomia costituzionalmente garantita, vengono a trovarsi svincolati da un rigido principio gerarchico nei confronti della legge statale. Questa infatti, in un sistema pluralista come quello vigente, non detiene affatto un ruolo centrale e monopolista (come quello riconosciuto dalla dottrina positivistica ottocentesca). L'autonomia è strettamente connessa con il fenomeno della pluralità degli ordinamenti giuridici e pone il problema dei rapporti fra gli stessi. Pertanto il rapporto fra norma statale e norma degli enti locali non può ritenersi risolto solo con la mera affermazione del principio gerarchico, dovendosi invece ritenere operante anche il principio di competenza. Gli atti normativi degli enti locali infatti, pur restando sempre fonti di grado secondario (e questa considerazione è importante dal punto di vista degli strumenti di impugnazione di tali atti, sempre sottoponibili, ad es., al controllo del giudice amministrativo), si pongono, in riferimento ad alcuni contenuti (ad esempio quelli relativi all'organizzazione dell'ente locale), in rapporto di competenza con la legge statale la quale non può giungere ad annullare la sfera di autonomia costituzionalmente garantita all'ente locale (sugli enti locali v. *infra*, cap. XII).

20. La potestà normativa della pubblica amministrazione. I regolamenti delle autorità amministrative indipendenti

La *potestà normativa delle pubbliche amministrazioni* si differenzia per specifiche peculiarità dalla potestà regolamentare del governo in ragione del pluralismo politico-istituzionale e del ruolo – costituzionalmente riconosciuto – della pubblica amministrazione (*rectius*, delle pubbliche amministrazioni).

Deve infatti riconoscersi che *rientrano nel novero delle fonti del diritto tutti quegli atti con cui la pubblica amministrazione, dettando norme nel campo d'azione affidato alle sue cure, comunque innova l'ordinamento giuridico* (Sandulli). Quindi la pubblica amministrazione esercita potestà normativa non solo adottando atti aventi la specifica denominazione di «regolamenti», ma anche quando adotta atti amministrativi caratterizzati dalla «generalità» dei destinatari e da un contenuto normativo. A questo proposito si utilizza l'espressione «*atti amministrativi generali*» all'interno dei quali però la dottrina ha dimostrato la possibilità di distinzione fra gli atti amministrativi generali a contenuto normativo dagli atti amministrativi generali a contenuto non normativo.

La pluralità delle pubbliche amministrazioni e la separazione fra le stesse determina una espansione anche del fenomeno dell'attività normativa dalle medesime svolte. Ed anche la giurisprudenza amministrativa ha affermato la necessità che ciascuna pubblica amministrazione, nell'esercizio dei poteri discrezionali affidatile dalla legge, debba prefissare i criteri e i principi che devono regolare la successiva azione amministrativa e l'adozione dei singoli provvedimenti.

All'interno dell'ampio *genus* della potestà normativa delle pubbliche amministrazioni particolare ruolo riveste la ***potestà regolamentare delle autorità amministrative indipendenti***.

La potestà regolamentare assegnata a tali autorità discende dall'obbligo giuridico sulle stesse ricadenti di adozione di norme, destinate a regolare i settori loro affidati, il cui contenuto trova nella legge attributiva di competenza non solo il proprio fondamento, ma anche l'obbligo in positivo (la «funzione», appunto) di disciplinare la materia *de qua*. In questa prospettiva il ***potere normativo delle autorità amministrative indipendenti*** viene a configurarsi (piuttosto che come espressione di un ampliamento dei poteri delle stesse) quale esercizio di una funzione che trova nella legge e nella Costituzione fondamento e vincolo.

Le amministrazioni indipendenti presenti nel nostro ordinamento (v. *infra*, cap. IX, par. 5) si distinguono per l'attribuzione di diverse «tipologie» di potestà normativa (di auto-organizzazione, di attuazione, di esecuzione e/o di integrazione di norme di grado primario, di disciplina di ambiti delegificati, di potestà regolamentare indipendente in quanto operante in ambiti non disciplinati da alcuna norma di grado legislativo) concretizzantisi in atti eterogenei che si differenziano tra loro per una pluralità di ragioni.

Il primo elemento di differenziazione è rappresentato dall'ambito normativo sul quale siffatti regolamenti possono incidere. A tal proposito le autorità dotate soltanto di un potere regolamentare di auto-organizzazione (v., ad esempio, Autorità antitrust e Commissione di garanzia sullo sciopero) vanno tenute distinte da quelle aventi potere di normazione sui settori cui le stesse sono preposte. Siffatta eterogeneità si riflette anche nella collocazione dei relativi regolamenti all'interno del sistema delle fonti. Un approccio tendente all'individuazione di una definizione valida per tutti i regolamenti delle autorità indipendenti non appare infatti corretto, dovendosi invece distinguere, all'interno dell'indistinta categoria «regolamenti delle autorità amministrative indipendenti», i regolamenti i cui rapporti con la legge (in quanto da questa previsti e ad essa subordinati) sono facilmente ricostruibili secondo il principio gerarchico, da quegli altri regolamenti il cui rapporto con la fonte di grado primario appare caratterizzato da una maggiore «indipendenza» e riguardo ai quali la legge, una volta tracciate le rispettive sfere di competenza, lascia al regolamento dell'autorità indipendente la disciplina del relativo settore.

Sulla potestà normativa delle singole autorità amministrative indipendenti, può citarsi, a titolo di esempio, la potestà regolamentare esercitata dalla *Consob* che svolge funzione di regolamentazione del mercato mobiliare e che si caratterizza spesso per la natura di tipo indipendente (se non quasi-legislativo) di tale potere regolamentare.

Il t.u. per l'intermediazione finanziaria (d.lgs. n. 58 del 1998) attribuisce alla Consob potere regolamentare da esercitarsi spesso in collaborazione con la Banca d'Italia, in numerosi ambiti del mercato mobiliare (dalla disciplina degli intermediari alla disciplina dei mercati, dalla regolamentazione del comportamento degli emittenti al comportamento di chi opera in borsa, ecc.). Riguardo alla disciplina degli intermediari, è compito della Consob assicurare la trasparenza dell'operato degli intermediari, disciplinando i flussi di informazione che i soggetti abilitati devono assicurare al mercato, nonché gli strumenti che questi possono utilizzare, vigilando sul rispetto delle leggi e dei regolamenti in materia di informazione e di strumenti utilizzati (spettando alla Banca d'Italia vigilare sulla solvibilità degli intermediari). Ad esempio, la Consob detta con regolamento, sentita la Banca d'Italia, «*le procedure, anche di controllo interno, relative ai servizi prestati e la tenuta delle evidenze degli ordini e delle operazioni effettuate …; il comportamento da osservare nei rapporti con gli investitori …; gli obblighi informativi nella prestazione dei servizi; i flussi informativi tra i diversi settori dell'organizzazione aziendale …*» (art. 6, comma 2, Tuif). Alla potestà regolamentare della Consob spetta inoltre: a) l'istituzione e il funzionamento di commissioni per l'albo dei promotori finanziari e la determinazione dei compiti e degli obblighi di tali commissioni; b) le modalità di formazione dell'albo unico nazionale dei promotori finanziari e le relative forme di pubblicità; c) la previsione delle attività incompatibili con l'esercizio dell'attività di promotore finanziario; d) le regole di presentazione e di comportamento che i promotori finanziari devono osservare nei rapporti con la clientela; e) le modalità di tenuta della documentazione concernente l'attività svolta.

Riguardo alla disciplina dei mercati e della gestione di strumenti finanziari alla Consob spetta potere regolamentare in materia di gestione dei momenti di crisi dei mercati oltre che nel campo della gestione accentrata di strumenti finanziari. Il t.u. di interm. fin. assegna alla Consob potere regolamentare sia nell'ambito dei mercati regolamentati che dei mercati non regolamentati. Riguardo ai mercati regolamentati (in ragione del ruolo chiave svolto dalle c.d. società di gestione), ai regolamenti della Consob spetta determinare (art. 61, comma 2, Tuif): il capitale minimo delle società di gestione; le attività connesse e strumentali a quelle di organizzazione e gestione dei mercati che possono essere svolte dalle società di gestione. Il potere della Consob è così indirizzato a fissare i requisiti necessari per svolgere l'attività di gestione, lasciando alla autoregolamentazione dei mercati il compito di individuare le modalità di esercizio dell'attività medesima (riguardo ai mercati non regolamentati v. art. 65, comma 1, Tuif). In materia di gestione accentrata di strumenti finanziari, il Tuif, oltre ad attribuire alla Consob il potere di vigilanza sulle società di gestione, assegna ai regolamenti della Consob («*d'intesa con la Banca d'Italia*») la competenza a determinare «*il capitale minimo delle società e le attività connesse e strumentali*» (art. 80, comma 3, Tuif). Il successivo art. 81 Tuif prevede che la Consob («*d'intesa con la Banca d'Italia*»), stabilisce con regolamento: le categorie di soggetti e gli strumenti finanziari ammessi alla gestione accentrata; i modelli e le modalità di rilascio delle certificazioni; le forme e le modalità che devono essere osservate per le registrazioni e per la tenuta dei conti relativi alla gestione accentrata; le altre disposizioni «*dirette ad assicurare la trasparenza del sistema e l'ordinata prestazione del servizio*».

Nell'esercizio, da parte della Consob, di tale potestà normativa appaiono individuabili disposizioni meramente attuative, di esecuzione, di integrazione, ma anche disposizioni indipendenti e di delegificazione (v. art. 100 Tuif).

La riflessione sui regolamenti delle autorità amministrative indipendenti deve misurarsi con la problematica concernente il fondamento e i limiti del potere normativo della pubblica amministrazione e, dall'altra parte, con quella relativa al ruolo e ai poteri delle autorità amministrative indipendenti. Lo studio del potere normativo delle autorità indipendenti impone infatti di esaminare sia gli effetti che il menzionato potere determina a livello di sistema delle fonti, sia l'incidenza del potere medesimo nella individuazione del ruolo delle autorità amministrative indipendenti nel sistema costituzionale. Infatti, se il contemporaneo pluralismo normativo rende impossibile riordinare l'intero sistema delle fonti secondo un ordine esclusivamente piramidale, il pluralismo istituzionale (di cui appare espressione il fenomeno delle autorità amministrative indipendenti) non consente semplicistiche soluzioni del fenomeno delle autorità indipendenti, né assegnando ad esse un indefinito ruolo para-giurisdizionale, né collocandole acriticamente all'interno del complesso governo-pubblica amministrazione e neppure rifiutandole *a priori* in quanto incostituzionali.

Nell'esercizio dei relativi poteri normativi le autorità amministrative indipendenti si trovano a disporre in concreto di un'ampia autonomia.

Negli Stati Uniti, con l'*Administrative Procedure Act* (del 1946) fu introdotto un quadro di regole procedimentali fondate sul principio della partecipazione al procedimento dei soggetti destinatari del provvedimento finale e sul principio del rispetto del contraddittorio (procedura di «*notice and comment*», caratterizzata dalla preliminare pubblicazione della «proposta di atto» sulla quale tutti i soggetti interessati possono far pervenire le proprie osservazioni, di cui l'autorità procedente deve tenere conto in sede di adozione dell'atto di regolazione). Il «*procedimento partecipativo*» (quale «*strumento della partecipazione dei soggetti interessati, sostitutivo della dialettica propria delle strutture rappresentative*») è oggi invocato quale uno dei principi giustificativi del ruolo e dei poteri delle autorità indipendenti le quali, ponendosi «*al di fuori della tradizionale tripartizione di poteri … trovano in questo modo una legittimazione dal basso, proprio attraverso le garanzie del giusto procedimento e poi mediante il controllo in sede giurisdizionale*». Garanzia del giusto procedimento e controllo giurisdizionale sono dunque principi sostanziali dell'attività delle medesime. La previsione di garanzie procedimentali e il principio del contraddittorio (con garanzia della partecipazione dei privati al procedimento di formazione degli atti normativi delle autorità indipendenti) assegnano alle autorità una «legittimazione democratica dal basso» giacché «la caduta del valore della legalità sostanziale viene … almeno in parte compensata dalla legalità procedurale. Si instaura una correlazione inversa tra legalità sostanziale e legalità procedurale» (Chieppa). L'ampia potestà normativa conferita alle autorità indipendenti è giustificata dalla garanzia di partecipazione «attiva» al relativo procedimento dei soggetti interessati. E la «legalità procedurale» (intesa come predisposizione di forme procedurali volte a garantire la partecipazione al procedimento degli interessati in posizione «attiva» e con il rispetto del principio del contraddittorio) «compensa» il difetto di legalità sostanziale del potere normativo delle amministrazioni indipendenti, ma anche il deficit di legittimazione democratica delle medesime.

L'art. 23 della legge n. 262 del 2005, in merito ai "*Procedimenti per l'adozione di atti regolamentari e generali*", ha previsto che gli atti «*aventi natura regolamentare o di contenuto generale*» della Banca d'Italia, della Consob, dell'Isvap e della Covip «*devono essere motivati con riferimento alle scelte di regolazione e di vigilanza del settore ovvero della materia su cui vertono*» e tali atti devono essere «*accompagnati da una relazione*» volta ad illustrarne le «*conseguenze*» su: a) la regolamentazione in generale; b) sull'attività delle imprese e degli operatori; c) sugli interessi degli investitori e dei risparmiatori. I regolamenti delle singole autorità devono disciplinare le modalità di applicazione dei principi elencati nel medesimo art. 23, legge n. 262 del 2005 (motivazione, relazione illustrativa, principio di proporzionalità, ecc.) indicando «*i casi di necessità e di urgenza o le ragioni di riservatezza*» che possono giustificare la deroga ai principi medesimi L'importanza delle regole procedimentali quale «*correttivo*» alla perdita di legalità sostanziale e al *deficit* di legittimazione democratica delle autorità amministrative indipendenti era stata inizialmente sottolineata dalla giurisprudenza del Consiglio di Stato (Cons. Stato, sez. VI, n. 5105 del 2002; Cons. Stato, sez. Consultiva per gli atti normativi, n. 11603 del 2004; Cons. Stato, sez. VI, 11 aprile 2006, n. 2007; Cons. Stato, sez. VI, sent. 27 dicembre 2006, n. 7296) che riconosce la possibilità di una «*compensazione della caduta della legalità sostanziale*» per effetto di un «*rafforzamento della legalità procedurale sotto forma di garanzie del contraddittorio*».

Nel parere sul "*Codice dei contratti pubblici di lavori, servizi e forniture*", il Consiglio di Stato (sez. norm., parere n. 355/06 del 6 febbraio 2006) ha ribadito che i poteri normativi delle amministrazioni indipendenti trovano giustificazione anche nella previsione di un procedimento partecipativo «*inteso come strumento della partecipazione dei soggetti interessati sostitutivo della dialettica propria delle strutture rappresentative. Il rischio di una caduta del valore della legalità sostanziale deve essere compensato, almeno in parte, con un rafforzamento della legalità procedurale, sotto forma di garanzie del contraddittorio*». L'autorità deve prevedere «*idonee garanzie partecipative in sede di approvazione dei propri regolamenti*» nonché «*dotarsi di sistemi di consultazione preventiva, volta a raccogliere il contributo informativo e valutativo dei soggetti vigilati*».

Sezione Sesta – GLI USI

21. La consuetudine

La *consuetudine* è una fonte-fatto e, in quanto tale, è una fonte del diritto assunta dall'ordinamento nella sua oggettività, senza alcun riferimento a circostanze soggettive o volontaristiche. La **consuetudine** (o *usi*) è una fonte non scritta e consiste nella *ripetizione costante ed uniforme di una determinata condotta con la convinzione che tale condotta sia giuridicamente doverosa*. La consuetudine si compone dunque di due elementi: l'elemento materiale o oggettivo (*diuturnitas*), consistente nella condotta ripetuta in maniera costante, e l'elemento spirituale o soggettivo (*opinio iuris seu necessitatis*), consistente nella convinzione della doverosità giuridica del comportamento medesimo.

L'art. 1 disp. prel. c.c. pone gli usi fra le fonti del diritto (anche se all'ultimo posto) e il successivo art. 8 dispone che «*nelle materie regolate dalle leggi e dai regolamenti gli usi hanno efficacia solo in quanto sono da essi richiamati*». Quest'ultima disposizione, oltre a confermare la collocazione della consuetudine nel grado più basso della gerarchia delle fonti (e dunque l'inammissibilità di consuetudini *contra legem*, cioè di consuetudini contrarie a quanto disposto da una fonte-atto), fonda la legittimità della consuetudine *secundum legem* (appunto nel caso in cui sia la fonte scritta a lasciare uno spazio normativo alla consuetudine medesima) o *praeter legem* (in ambiti cioè non disciplinati da alcuna fonte scritta).

Le ***consuetudini costituzionali*** sono quelle che disciplinano i rapporti tra gli organi costituzionali. In questo caso si tratta di comportamenti posti in essere da un numero ristretto di soggetti e che possono essere limitati anche a pochi casi soltanto. Per tale ragione risulta molto difficile distinguere la consuetudine costituzionale dalle norme di correttezza costituzionale e dalle ***convenzioni costituzionali***, tipiche degli ordinamenti di *common law* e che consistono in accordi di comportamento fra organi costituzionali.

Le ***norme consuetudinarie internazionali*** sono le norme che non hanno origine nei trattati (fonte volontaria del diritto internazionale) ma in regole non scritte né poste da alcun soggetto determinato, e tuttavia considerate obbligatorie dalla generalità degli Stati. L'adeguamento dell'ordinamento italiano alle consuetudini internazionali è automatico in ragione di quanto disposto dall'art. 10, comma 1, Cost. secondo cui «*l'ordinamento italiano si conforma alle norme del diritto internazionale generalmente riconosciute*». Pertanto queste norme occupano nella gerarchia delle fonti una posizione superiore alla legge. Questo meccanismo di rinvio automatico dell'ordinamento italiano alle norme prodotte da altri ordinamenti si chiama «*rinvio mobile*».

Il *rinvio fisso* (detto anche rinvio materiale o recettizio) è il meccanismo mediante il quale una disposizione dell'ordinamento statale richiama un determinato atto in vigore in altro ordinamento. Il rinvio si dice «fisso» perché recepisce uno specifico e singolo atto, per cui le eventuali modifiche apportate a tale atto nell'ordinamento di riferimento sono di regola indifferenti per il nostro ordinamento: cioè, se l'atto recepito subisce modifiche, queste non producono effetti nel nostro ordinamento senza un altro apposito atto di recepimento.

Il *rinvio mobile* (detto anche rinvio formale o non-recettizio) è invece il meccanismo con cui una disposizione dell'ordinamento statale richiama non uno specifico atto di un altro ordinamento bensì una fonte dello stesso. Con il rinvio mobile l'ordinamento statale si adegua automaticamente a tutte le modifiche che nell'altro ordinamento vengano apportate alla normativa posta dalla fonte richiamata. Tipici esempi di rinvio «mobile» sono le disposizioni del diritto internazionale privato e il richiamo alle norme consuetudinarie internazionali contenuto nell'art. 10, comma 1, Cost.

Tutte le fonti di altri ordinamenti che producono norme che, in virtù di rinvio, producono effetti nel nostro ordinamento, ma che non sono prodotte da organi del nostro ordinamento, sono fonti-fatto.

Nota bibliografica

G. AMATO, *Rapporti fra norme primarie e norme secondarie*, Padova, 1962; A. BALDASSARRE, *Il costituzionalismo e lo stato costituzionale*, Modena, 2020; E. BETTI, *Interpretazione della legge e degli atti giuridici*, Milano, 1949; F. BILANCIA, *La crisi dell'ordinamento giuridico dello stato rappresentativo*, Padova, 2000; N. BOBBIO, *La consuetudine come fatto normativo*, Padova, 1942; ID., *Fatto normativo*, in *Enc. dir.*, vol. XVI, Milano, 1967; G. CAPOGRASSI, *Il problema della scienza del diritto*, ora in *Opere*, vol. II, Milano, 1962, 377 ss.; P.A. CAPOTOSTI, *Questioni interpretative dell'attuale giurisprudenza costituzionale sui rapporti tra diritto interno e diritto comunitario*, in *Giur. cost.*, 1987, I, 3810 ss.; L. CARLASSARE, *Regolamenti dell'esecutivo e principio di legalità*, Padova, 1966; A. CELOTTO, *L'abuso del decreto-legge. 1. Profili teorici, evoluzione storica e analisi morfologica*, Padova, 1997; ID., *Fonti del diritto e antinomie*, Torino, 2019; ID., *Necessitas non habet legem?*, Modena, 2020; A. CERRI, *Regolamento*, in *Enc. giur. Treccani*, Roma, 1991; ID., *Delega legislativa*, in *Enc. giur. Treccani*, Roma, 1992; ID., *Prolegomeni ad un corso sulle fonti del diritto*, Torino, 1997; ID., *Disposizione e norma*, in *Dizionario di diritto pubblico*, a cura di S. Cassese, vol. III, Milano, 2006, 2014 ss.; A.A. CERVATI, *La delega legislativa*, Milano, 1972; ID., *Art. 70*, in *La formazione delle leggi*, in *Comm. Cost.*, a cura di G. Branca, Bologna-Roma, 1975; ID., *Delegificazione*, in *Enc. giur. Treccani*, Roma, 1997; ID., *In tema di percorsi per il riconoscimento del diritto costituzionale*, in *Scritti in memoria di L. Paladin*, Napoli, 2004; ID., *Disposizione e norma*, in *Dizionario di diritto pubblico*, a cura di S. Cassese, vol. III, Milano, 2006, 2014 ss.; A.A. CERVATI-S.P. PANUNZIO-P. RIDOLA, *Studi sulla revisione della Costituzione*, Torino, 1999; V. COCUZZA-S. STAIANO (a cura di), *I rapporti tra Parlamento e Governo attraverso le fonti del diritto. La prospettiva della giurisprudenza costituzionale*, Torino, 2001; G. COLAVITTI, *Decretazione d'urgenza e forma di governo*, in *Dir. soc.*, 1999, 344 ss.; ID., *Concorrenza, trasparenza e autonomie. Regolazione dei mercati e nuove forme di governo pubblico dell'economia*, Bari, 2018; V. CRISAFULLI, *Lezioni di diritto costituzionale*, II, 1, *Le fonti*, Padova, 1984; C. DE FIORES, *Trasformazioni della delega legislativa e crisi delle categorie normative*, Padova, 2001; A. DE NITTO, *Diritto dei giudici e diritto dei legislatori. Ricerche in tema di teoria delle "fonti"*, Lecce, 2002; R. DICKMANN, *Procedimento legislativo e coordinamento delle fonti*, Padova, 1997; C. ESPOSITO, *La Costituzione italiana. Saggi*, Padova, 1954; ID., *Consuetudine (diritto costituzionale)*, in *Enc. dir.*, vol. IX, Milano, 1961; ID., *La validità delle leggi* (1934), Milano, 1964; G.G. FLORIDIA, *Il regolamento parlamentare nel sistema delle fonti*, Milano, 1986, 289 ss.; S. FOIS, *La riserva di legge*, Milano, 1963; ID., *Legalità (principio di)*, in *Enc. dir.*, vol. XXIII, Milano, 1973; A. GIULIANI, *Le disposizioni sulla legge in generale*, in *Trattato di diritto privato*, diretto da P. Rescigno, vol. I, II ed., Torino, 1999; P. GROSSI, *Mitologie giuridiche della modernità*, Milano, 2005; ID., *Società, diritto, stato. Un recupero per il diritto*, Milano, 2006; P. HÄBERLE, *Lo Stato costituzionale*, Roma, 2005; C. LAVAGNA, *Ricerche sul sistema normativo*, Milano, 1984; N. LONGOBARDI, *Il sistema politico amministrativo e la riforma mancata*, Torino, 1999; ID., *Autorità amministrative indipendenti e sistema giuridico-istituzionale*, Torino, 2009; N. LUPO, *Deleghe e decreti legislativi "correttivi": esperienze, problemi, prospettive*, Milano, 1996; N. MACCABIANI, *La legge-delegata. Vincoli costituzionali e discrezionalità del governo*, Milano, 2005; E. MALFATTI, *Rapporti tra deleghe e delegificazioni*, Torino, 1999; F. MARINELLI, *Scienza e storia del diritto civile*, Bari-Roma, 2009; F. MODUGNO, *L'invalidità della legge*, voll. I e II, Milano, 1970; ID., *Scritti sulle fonti del diritto e sull'interpretazione*, Milano, 1972; ID., *Atti normativi*, in *Enc. giur.*

Treccani, Roma, 1988; ID., *Trasformazioni della funzione legislativa*, II, *Crisi della legge e sistema delle fonti*, Milano, 2000; A. MORRONE, *Fonti normative. Concetti generali, problemi, casi*, Bologna, 2018; C. MORTATI, *Le leggi provvedimento*, Milano, 1968; ID., *Istituzioni di diritto pubblico*, I, Padova, 1974; L. PALADIN, *Le fonti del diritto italiano*, Bologna, 1996; S. PANUNZIO, *I regolamenti della Corte costituzionale*, Milano, 1973; A. PIZZORUSSO, *Delle fonti del diritto*, in *Commentario del Codice civile*, a cura di A. Scialoja e G. Branca, *Disposizioni sulla legge in generale (Artt. 1-9)*, Bologna-Roma, 1977; F. POLITI, *Regolamenti delle autorità amministrative indipendenti*, in *Enc. giur. Treccani*, Roma, 2002; ID., *Argomenti di diritto pubblico*, Torino, 2005; ID., *Delega legislativa (postilla)*, in *Enc. giur. Treccani*, vol. IX, Roma, 2006; ID., *Le fonti del diritto dell'ordinamento italiano*, Torino, 2020; G.U. RESCIGNO, *L'atto normativo*, Bologna, 1998; P. RIDOLA, *Diritti di libertà e costituzionalismo*, Torino, 1997; A.M. SANDULLI, *Legge, forza di legge e valore di legge*, in *Riv. trim. dir. pubbl.*, 1957, 299 ss.; ID., *L'attività normativa della pubblica amministrazione*, Milano, 1970; R. TITOMANLIO, *Potestà normativa e funzione di regolazione*, Torino, 2012; G. ZAGREBELSKY, *Sulla consuetudine costituzionale nella teoria delle fonti del diritto*, Torino, 1970; ID., *Il sistema costituzionale delle fonti del diritto*, Torino, 1984.

Capitolo Sesto

IL PARLAMENTO

1. Cenni storici

Nel medioevo il termine *parlamentum* (o *parliamentum* o – alla francese – *parlement*), insieme a quelli di *curia*, *consilium* o *colloquium*, indicava inizialmente le riunioni solenni di Corti o Consigli regi allargate alla partecipazione dei signori feudali e dignitari ecclesiastici e laici. Il termine era riferito alla riunione (e non ad un corpo organizzato) che aveva carattere politico-giudiziario ove il monarca (in Francia) rendeva giustizia ai sudditi e (in Inghilterra) adottava anche decisioni in accordo con i baroni del Regno: «*Parlamento*» era la riunione stessa e il modo di svolgimento di tali grandi riunioni, nelle quali si esaminavano le petizioni, ed eventualmente anche altri argomenti, e si adottavano le conseguenti decisioni in d'accordo tra il monarca ed i feudatari (Marongiu). È solo più avanti nel tempo, e progressivamente, che la parola «Parlamento» viene ad indicare un organo collegiale che svolge funzioni pubbliche consultive e deliberative e – ancor dopo – avente anche funzione rappresentativa.

Quella parlamentare è dunque un'istituzione antica, presente in diversi paesi europei con caratteri e funzioni molto differenti nelle diverse epoche storiche.

Oggi con l'espressione «***Parlamento***» si indica *l'istituzione rappresentativa per eccellenza ed avente funzione legislativa*. È condivisa l'idea che questa nozione dell'istituto parlamentare sia un risultato della progressiva affermazione del principio democratico-rappresentativo. In tal senso si è espressa anche la Corte costituzionale affermando che «*solo il Parlamento è sede della rappresentanza politica nazionale (art. 67 Cost.), la quale imprime alle sue funzioni una caratterizzazione tipica ed infungibile. In tal senso il nomen Parlamento non ha un valore puramente lessicale, ma possiede anche una valenza qualificativa, connotando, con l'organo, la posizione esclusiva che esso occupa nell'organizzazione costituzionale.*

Ed è proprio la peculiare forza connotativa della parola ad impedire ogni sua declinazione intesa a circoscrivere in ambiti territorialmente più ristretti quella funzione di rappresentanza nazionale che solo il Parlamento può esprimere e che è ineluttabilmente evocata dall'impiego del relativo nomen» (sent. n. 106 del 2002).

In Inghilterra, nel Cinquecento, con la dissoluzione del sistema medievale ed in connessione con le coeve lotte religiose, la Camera dei Comuni acquista il ruolo di organo legislativo per eccellenza e (in ragione della continua difesa della libertà di manifestazione del pensiero) di corpo politico di grande autorità e prestigio; questo ruolo cresce nel Seicento e culmina nell'esecuzione del re Carlo I (1649) su condanna inflitta da giudici di nomina parlamentare, e (nel 1689 con l'approvazione del *Bill of rights*) con l'affermazione definitiva delle prerogative parlamentari presentate come diritti dei sudditi. Nel Settecento (che si apre con il celebre *Act of Settlement* del 1701, che assegna al Parlamento il potere di rifiutare dinastie regnanti straniere) si afferma, unitamente al ruolo del *premier* e dunque alla forma di governo del premierato, il principio della pluralità e della separazione dei poteri.

Negli Stati Uniti d'America, nella seconda metà del Settecento, si registrano (4 luglio 1776) la *Dichiarazione d'indipendenza degli Stati Uniti* (ove si afferma, fra l'altro, il principio dell'autonomia delle assemblee rappresentative) e l'approvazione della *Costituzione degli Stati Uniti* (1787), che instaura una forma di governo presidenziale in cui il Congresso bicamerale è titolare del potere legislativo, dispone del bilancio dello Stato e svolge una funzione di controllo sul Presidente, che può essere messo in stato di accusa ed eventualmente venir destituito per alto tradimento, concussione o gravi colpe.

In Francia, centrale è la posizione assegnata dalla rivoluzione francese all'istituto parlamentare (l'*Assemblea nazionale* così auto-denominatasi nel 1789 dagli Stati generali convocati dal monarca). Nelle costituzioni approvate dal 1791 al 1795 (ed in particolare in quella repubblicana del 1793) è assegnato all'Assemblea il ruolo di detentore della sovranità con l'affermazione del principio del divieto del mandato imperativo. Le costituzioni francesi posteriori (sia del regime napoleonico che quelle della riaffermazione del potere monarchico) confermano sempre il ruolo dell'istituzione rappresentativa.

Per quanto riguarda il nostro Paese, lo *Statuto albertino* («Statuto del Regno» concesso da Carlo Alberto il 4 marzo 1848) assegnava il potere legislativo («collettivamente») al re e alle due Camere. Il Senato, di nomina regia, era composto di un numero illimitato di membri, mentre la Camera dei deputati era la camera elettiva di durata quinquennale; ad entrambe le Camere venivano riconosciute le prerogative dell'autonomia regolamentare, dell'insindacabilità e dell'immunità parlamentare, della verifica dei poteri ed il principio del divieto del mandato imperativo. L'art. 2 dello Statuto («Lo Stato è retto da un governo monarchico rappresentativo») venne fin dall'inizio interpretato nel senso che i ministri dovessero godere della fiducia delle Camere. Il regime parlamentare si interrompe con l'avvento del fascismo (1922) che, con la legge 19 gennaio 1938, n. 129 (approvata per acclamazione), sostituisce la Camera dei deputati con una «Camera dei fasci e delle corporazioni», composta di membri non elettivi.

L'analisi storica e il diritto comparato ci mostrano che il Parlamento può presentarsi in forme diverse (bicamerale o monocamerale), con rapporti differenti fra le due camere (bicameralismo perfetto o imperfetto) e fra le Camere e gli altri poteri dello Stato in ragione della forma di governo prescelta e del diverso assetto – centralizzato, regionale o federale – dello Stato.

2. Il Parlamento nella Costituzione repubblicana

La posizione prevalente che l'istituzione parlamentare riveste nell'ordinamento repubblicano, il cui fondamento è nel principio della sovranità popolare, trova espressione nelle funzioni costituzionalmente assegnate al Parlamento: dalla funzione legislativa e di revisione della Costituzione, alla funzione di controllo dallo stesso svolta fino al ruolo giocato dal Parlamento nella formazione di altri organi costituzionali. Secondo la prevalente dottrina, il Parlamento repubblicano è prosecuzione del Parlamento del Regno d'Italia, a sua volta prosecuzione di quello subalpino, e questi hanno come modello (come tutti i parlamenti degli Stati moderni) il Parlamento inglese come trapiantato in Europa attraverso l'esperienza francese.

Nell'ordinamento repubblicano il Parlamento occupa, in ragione di quanto disposto dagli artt. 1, 49, 55 ss. Cost., una posizione centrale, densa di significati dal punto di vista democratico. Simbolica è la stessa collocazione che il costituente ha inteso assegnare al Parlamento nella Carta repubblicana. Il titolo primo della parte seconda della Costituzione («Parlamento») dedica infatti a tale istituzione la posizione di primo organo costituzionale disciplinato in Costituzione. L'espressione «Parlamento» indica congiuntamente le due Camere o la riunione in una sola assemblea dei loro membri.

L'art. 55 Cost. afferma infatti che il Parlamento «si compone» della Camera dei deputati e del Senato della Repubblica; ed il comma 2 aggiunge che «Il Parlamento si riunisce in seduta comune dei membri delle due Camere nei soli casi stabiliti dalla Costituzione». Nel nostro ordinamento esistono dunque *tre organi costituzionali fra loro distinti* e indipendenti: la Camera dei deputati, il Senato della Repubblica e il Parlamento in seduta comune.

Ogni Camera costituisce un'istituzione complessa, composta di vari organi, di cui alcuni previsti in Costituzione (Assemblea, Presidente, commissioni), altri previsti e disciplinati solo dai regolamenti parlamentari (giunte, ufficio di presidenza, ecc.). La ripartizione delle competenze fra gli organi di ciascuna Camera avviene in base al principio secondo cui le competenze spettano all'Assemblea salvo che non sia diversamente disposto.

La Costituzione prevede un ***bicameralismo paritario e «perfetto»*** in cui le due Camere sono in posizione di parità (il voto dell'una non può prevalere sul voto contrario dell'altra), hanno parità di poteri ed una formazione quasi eguale. Le differenze previste in Costituzione concernono:

– l'elettorato attivo, giacché la Costituzione assegna il diritto di voto per il Senato (art. 58 Cost.) agli elettori che abbiano superato il venticinquesimo anno di età, mentre per la Camera dei deputati (art. 56 Cost.) a chi abbia raggiunto la maggiore età (che nella legislazione vigente è raggiunta al compimento del 18° anno di vita);

– passivo: 25 anni per la Camera dei deputati e 40 anni per il Senato;

– il sistema di elezione: la Costituzione non opta per un preciso sistema elettorale, ma, per quanto riguarda il Senato, specifica che esso è eletto «a base regionale» e che nessuna Regione può avere un numero di senatori inferiore a sette (eccetto il Molise che ne ha due e la Valle d'Aosta uno), mentre la ripartizione dei restanti seggi si effettua «in proporzione alla popolazione delle Regioni» (art. 57 Cost.); con riguardo alla Camera, la Costituzione specifica che la ripartizione dei seggi tra le circoscrizioni si effettua dividendo per 630 il numero degli abitanti della Repubblica e distribuendo i seggi in proporzione alla popolazione di ogni circoscrizione «sulla base dei quozienti interi e dei più alti resti» (art. 56, comma 4, Cost.);

– la composizione: 630 (dalla prossima legislatura, 400) deputati, tutti elettivi, alla Camera e 315 (dalla prossima legislatura, 200) membri al Senato ove è prevista (*ex* art. 59 Cost.) la figura dei *senatori a vita* essendo tale di diritto chi è stato Presidente della Repubblica ed essendo inoltre prevista la possibilità per il Presidente della Repubblica di nominare senatori a vita cinque cittadini che abbiano reso lustro alla Patria «per altissimi meriti nel campo sociale, scientifico, artistico e letterario». Riguardo a quest'ultimo aspetto, se in passato si era sempre affermato che la previsione di membri non elettivi in Senato, in ragione del ridotto numero, era così evanescente da essere in pratica trascurabile, la vicenda della XV legislatura (in cui la maggioranza di governo si è retta sui voti dei senatori a vita) ha posto la questione della validità di tale istituto.

Fin dai primi anni di entrata in vigore della Costituzione il potere presidenziale di nomina dei senatori a vita è stato inteso come potere presidenziale in senso stretto (v. *infra*, cap. VII). Fino alla presidenza Pertini l'art. 59 Cost. era stato inteso nel senso che cinque dovesse essere il numero massimo di senatori di nomina presidenziale; nel 1984 Pertini ai (già presenti) 5 senatori di nomina presidenziale ne aggiunge ulteriori due sostenendo che la locuzione «Il Presidente della Repubblica può nominare» vada intesa nel senso che ciascun Presidente della Repubblica possa nominare fino a cinque senatori a vita (tale prassi è stata seguita dai Presidenti Cossiga e Scalfaro). La soluzione corretta appare però quella che assegna tale potere al Presidente della Repubblica in quanto ufficio (e non quale persona) anche in ragione della collocazione di tale disposizione fra le norme relative (non ai poteri del Presidente, ma) alla composizione del Senato e dove appunto si prevedono senatori elettivi oltre ai 5 di nomina presidenziale (oltre agli *ex* Presidenti della Repubblica).

Inizialmente la Costituzione prevedeva una differente durata per le due Camere (5 anni per la Camera e sei per il Senato, poi ridotto a cinque dalla legge cost. n. 2 del 1963). La Costituzione vieta la *proroga* della durata della legislatura se non per legge e soltanto dopo che sia stato deliberato (dalle Camere) e dichiarato (dal Presidente della Repubblica) lo «stato di guerra» ai sensi degli artt. 78 e 87 Cost.

Diversa dalla proroga (che consente il prolungamento della normale esistenza di una Camera) è la *prorogatio* delle Camere (che costituisce applicazione di un istituto generale del diritto pubblico) e che risponde ad un'esigenza di continuità nel funzionamento degli organi rappresentativi e riguardo alla quale l'art. 61 Cost. dispone che i poteri delle Camere sciolte sono prorogati finché non siano riunite le nuove Camere. Le Camere sono dunque organi permanenti. In regime di *prorogatio* si assiste solo alla temporanea sopravvivenza dei poteri. La Costituzione detta alcune disposizioni relative alle Camere in regime di *prorogatio*: in caso di adozione (da parte del governo) di un decreto-legge, le Camere, se sciolte, sono convocate e si riuniscono entro cinque giorni; inoltre si prevede che l'elezione del Presidente della Repubblica avvenga, quando le Camere sono sciolte (o manchi meno di tre mesi alla loro cessazione), entro quindici giorni dalla riunione delle nuove Camere. Proprio il confronto fra queste due previsioni costituzionali indica che il principio da utilizzare nella determinazione in concreto dei poteri delle Camere durante tale periodo è quello secondo cui le Camere in regime di *prorogatio* devono astenersi dal compiere atti di direzione politica (giacché la maggioranza presente è «depotenziata»), mentre – e proprio per questo esiste la *prorogatio* – esse possono compiere gli atti urgenti e indifferibili (conversione in legge del decreto-legge, approvazione del bilancio o regime provvisorio, leggi di adempimento di vincoli internazionali in scadenza, ecc.).

Ulteriori differenze rintracciabili nel testo costituzionale concernono i poteri dei presidenti delle due Camere giacché al Presidente della Camera spetta il ruolo di presidenza del Parlamento in seduta comune, mentre al Presidente del Senato è assegnato il ruolo di supplente del Capo dello Stato.

Ma, aldilà delle citate disposizioni, la Costituzione non pone grandi differenze fra i poteri delle due Camere e le maggiori diversità esistenti fra le medesime, e che riguardano soprattutto l'organizzazione e il procedimento, discendono non dalla Costituzione bensì da norme dei rispettivi regolamenti.

L'autonomia e l'indipendenza di ogni Camera sono confermate dal fatto che ciascuna di esse ha una propria organizzazione, un proprio bilancio ed un proprio regolamento, oltre che dalla possibilità di scioglimento anche di una sola di esse o di conflitti fra le due Camere. Inoltre, se per l'approvazione della legge è richiesta la volontà concorde di entrambe le Camere, la Costituzione assegna a ciascuna Camera rilevanti poteri (dalla mozione di sfiducia alla possibilità di commissioni di inchiesta monocamerali, ecc.).

Il bicameralismo italiano se, da un lato, è strettamente connesso alle vicende storiche che hanno preceduto l'epoca repubblicana, oggi risponde al principio di una vicendevole limitazione fra le due Camere e assicura una maggiore ponderazione delle decisioni ed anche (la possibilità di) una migliore tecnica legislativa.

3. Il sistema elettorale

La Costituzione (come visto *supra*, par. 2) differenzia le due Camere riguardo all'elettorato attivo e passivo.

In merito al **sistema elettorale**, in Costituzione è possibile rinvenire alcuni princìpi quale la distribuzione dei seggi «in proporzione alla popolazione di ogni circoscrizione» (per la Camera) o «in proporzione alla popolazione delle Regioni» per il Senato. In dottrina si sono registrate opinioni volte a ritenere che dal principio di democraticità (facilmente desumibile dagli artt. 1, 48, 49 e 56 Cost.) (Esposito, Lavagna) debba trarsi il principio di «proiettività» secondo cui la composizione degli organi rappresentativi dovrebbe avvenire secondo il sistema proporzionale al fine di riflettere i diversi orientamenti presenti nel corpo elettorale. La Costituzione non prevede però esplicitamente l'adozione di un sistema proporzionale anche se l'Assemblea costituente approvò un ordine del giorno – proposto da Giolitti – per cui l'elezione dei membri della Camera dei deputati dovesse avvenire secondo il sistema proporzionale. Fra le due opposte teorie sembra preferibile quella secondo cui l'ordinamento costituzionale, pur non vietando un sistema maggioritario, proibisce l'adozione di sistemi elettorali (non solo maggioritari) che impediscano la rappresentanza di consistenti minoranze e che finiscano per sovra-rappresentare eccessivamente alcune forze politiche. Questo dibattito ha attraversato tutti gli anni della vita repubblicana, ma è dagli inizi degli anni Novanta che esso si pone al centro dell'attenzione soprattutto del dibattito politico.

Nell'iniziale formulazione l'art. 56 Cost. (poi modificato dalla legge cost. n. 2 del 1963) non determinava *a priori* il numero dei deputati, ma prevedeva un deputato ogni ottantamila elettori (o frazione superiore a 40.000 elettori) sicché il numero dei membri della Camera era variabile.

La legislazione elettorale dal 1948 al 1993 prevedeva, per la Camera, un sistema proporzionale a scrutinio di lista, mentre per il Senato era vigente un sistema elettorale misto con collegi uninominali ove venivano eletti i candidati che avessero ottenuto un numero di voti validi non inferiore al 65% dei votanti nel collegio; i rimanenti seggi erano assegnati, nell'ambito di ogni Regione, con il sistema proporzionale fra le liste concorrenti composte dai candidati dichiaratisi «collegati» e, all'interno di ogni raggruppamento di candidati «collegati», prevalevano quelli che avevano ottenuto la maggiore «cifra individuale relativa». Il sistema elettorale per il Senato, in ragione dell'elevato *quorum* richiesto per l'assegnazione del seggio (65%), finiva dunque per funzionare secondo una logica proporzionale.

Negli anni ottanta del secolo scorso comincia a crescere un orientamento politico che vede nel sistema elettorale proporzionale (applicato in Italia non solo per l'elezione delle Camere, ma anche per le Regioni, i comuni e le province) un ostacolo all'evoluzione dell'ordinamento verso obiettivi di maggiore efficienza e responsabilità politica. Si apre così la stagione dei «*referendum elettorali*», cioè di referendum in cui si mira a modificare (abrogandola parzialmente) la legge elettorale vigente. Nel 1991 è la legge elettorale della Camera ad essere oggetto di referendum nella parte in cui consentiva preferenze plurime e l'abrogazione referendaria portò al sistema della preferenza unica. Nel 1993 è la legge elettorale per il Senato ad essere oggetto di referendum nella parte in cui prevedeva che per l'assegnazione del collegio fosse necessario raggiungere il 65% dei voti espressi. L'abrogazione referendaria di tale *quorum* determina, da un lato, la deduzione nelle forze politiche della scelta da parte del corpo elettorale di un sistema elettorale maggioritario (anche in ragione del dibattito politico sorto durante la relativa campagna referendaria) e, dall'altro lato, la necessità di rivedere l'intera legge elettorale che, dopo l'abrogazione della parte oggetto di referendum, richiedeva appunto di essere rivista.

Veniva così approvata la nuova legge elettorale per Camera e Senato (leggi n. 276 e n. 277 del 1993 e decreti legislativi n. 533 e n. 534 del 1993) basata, sia per la Camera che per il Senato, su un sistema misto prevalentemente maggioritario (giacché il 75% dei seggi viene assegnato in collegi uninominali al candidato avente il maggior numero di voti indipendentemente dalla percentuale raggiunta) ma con correzione proporzionale giacché il restante 25% dei seggi viene assegnato con metodo proporzionale e sottraendo (c.d. scorporo) al partito vincitore del seggio nel collegio uninominale i voti necessari per l'assegnazione del seggio medesimo (e cioè i voti ottenuti dal primo dei non eletti più uno).

Con la legge 21 dicembre 2005, n. 270 (approvata rapidamente dall'allora maggioranza di centrodestra a pochi mesi dalle imminenti elezioni), si è passati ad un sistema elettorale, con lista bloccata (cioè senza possibilità di preferenze) con collegi circoscrizionali nei quali la ripartizione dei seggi avveniva con il sistema proporzionale, ma con premio di maggioranza per la lista (o coalizione di liste) che avesse ottenuto il maggior numero di voti validi e con la previsione di una soglia di sbarramento variabile (4% e 2%, a seconda se la singola lista partecipi o meno ad una coalizione). La legge n. 270 del 2005, in base alla quale si sono svolte le elezioni del 2006, del 2008 e del 2013, è stata dichiarata incostituzionale dalla Corte costituzionale con la sent. n. 1 del 2014 (v. *infra*).

Il sistema elettorale previsto dalla legge n. 270 del 2005 era diverso fra Camera e Senato. Per quanto riguarda la prima, il territorio nazionale era diviso in 26 circoscrizioni (le Regioni più popolose – Piemonte, Veneto, Lazio, Campania e Sicilia – avevano due circoscrizioni, ad eccezione della Lombardia che ne aveva tre; per tutte le altre Regioni la circoscrizione coincideva con la Regione medesima) ed a ciascuna circoscrizione era assegnato un numero di seggi (variabile dall'unico seggio assegnato alla Valle d'Aosta ai 44 seggi assegnati alla Puglia) in base alla popolazione residente. Alle circoscrizioni regionali si aggiungeva la circoscrizione estero (suddivisa in 4 ripartizioni) avente 12 seggi. I seggi erano così assegnati: il seggio della Valle d'Aosta era assegnato al candidato avente il maggior numero di voti; i seggi della circoscrizione estero erano assegnati secondo la formula proporzionale pura senza soglia di sbarramento né premio di maggioranza; i restanti 617 seggi erano ripartiti secondo la formula proporzionale del quoziente naturale e dei più alti resti, con clausola di sbarramento e premio di maggioranza. Innanzitutto l'Ufficio centrale nazionale determinava per ciascuna lista (o coalizione) la *cifra elettorale nazionale* (cioè la somma totale dei voti ottenuti sul territorio nazionale) ed escludeva dalla ripartizione dei seggi le liste che non avessero raggiunto (a livello nazionale) almeno il 4% dei voti espressi (il 2% se la lista è in una coalizione); indi si divideva per 617 la cifra elettorale nazionale di tutte le liste ammesse al riparto ottenendo così il *quoziente elettorale nazionale*; ad ogni lista era assegnato il numero di seggi pari al quoziente intero risultante dalla divisione della cifra elettorale nazionale di ciascuna lista per il quoziente elettorale nazionale. Al termine di queste operazioni: se una lista (o coalizione) avesse conseguito almeno 340 seggi (cioè il 54% dei seggi), il riparto dei seggi fra tutte le liste avveniva con metodo proporzionale; qualora invece non fosse stata raggiunta tale maggioranza, alla lista (o coalizione) che avesse conseguito il maggior numero di voti veniva assegnato un premio (in numero di seggi) pari alla differenza intercorrente tra i seggi acquisiti e 340 seggi (che consentono il raggiungimento del predetto 54%); in questo secondo caso i 277 seggi rimanenti erano assegnati alle restanti liste sulla base dei voti ottenuti a livello nazionale (ed assegnati circoscrizione per circoscrizione).

Al Senato i 315 seggi elettivi erano così ripartiti: 6 alla circoscrizione estero (assegnati con formula proporzionale); uno alla Valle d'Aosta (assegnato al candidato con maggior numero di voti); 7 al Trentino-Alto Adige (di cui 6 assegnati in collegi uninominali con il sistema maggioritario; ed uno con metodo proporzionale); 301 alle restanti 18 Regioni (ciascuna delle quali era una circoscrizione) con suddivisione dei seggi fra le stesse proporzionalmente alla popolazione residente. L'assegnazione dei seggi avveniva con metodo proporzionale secondo la tecnica dei quozienti interi e dei più alti resti (e cioè secondo la procedura utilizzata per la Camera), ma le relative operazioni erano compiute a livello regionale (e la soglia di sbarramento era pari all'8%; 3% per le liste in coalizione). L'assegnazione del premio di maggioranza al Senato avveniva dunque su base regionale e pertanto il sistema non garantiva che la lista (o coalizione) con il maggior numero di voti a livello nazionale avesse anche la maggioranza dei seggi.

Di tale disciplina elettorale l'aspetto che appariva particolarmente in contrasto con i valori costituzionali era l'esito che si produceva in ragione della possibilità di pluricandidature in più circoscrizioni. Infatti il principio delle «liste bloccate» (secondo cui l'elettore vota solo per la lista non potendo disporre di alcuna preferenza fra i nominativi il cui ordine è determinato dalle segreterie dei partiti politici), unitamente alla prassi seguita da tutti i partiti politici per cui i *leaders* delle segreterie erano candidati contemporaneamente in più circoscrizioni, faceva sì che, successivamente al momento elettorale, fossero i *leaders* (o le segreterie) dei partiti che, optando per l'una o l'altra circoscrizione, decidessero (a voto avvenuto) i nominativi degli altri eletti, «deviando» se non annullando la volontà degli elettori e con grave ingerenza sull'indipendenza dei prescelti.

La Cassazione (I sez. civ.), con ord. 17 maggio 2013, n. 12060 ha sollevato questione di costituzionalità della legge n. 270 del 2005 con riguardo all'attribuzione del premio di maggioranza e l'esclusione del voto di preferenza, perché manifestamente irragionevoli, lesive dei principi di uguaglianza del voto e di rappresentanza democratica, nonché del diritto alla scelta del corpo legislativo, garantito anche dall'art. 3 del Protocollo 1 Cedu. In particolare, con riguardo all'attribuzione del premio di maggioranza, la Cassazione ritiene in contrasto con la Costituzione l'assegnazione del premio di maggioranza a prescindere dal raggiungimento di un numero minimo di voti sì da determinare una «*oggettiva* e *grave alterazione della rappresentanza democratica*». La Corte costituzionale aveva già invitato a considerare «con attenzione gli aspetti problematici di una legislazione che non subordina l'attribuzione del premio di maggioranza al raggiungimento di una soglia minima di voti» (sentt. nn. 15 e 16 del 2008; n. 13 del 2012). Per la Cassazione, la legge n. 270 del 2005 è «*manifestamente irragionevole (art. 3 Cost.), nonché lesiva dei principi di uguaglianza del voto (art. 48, comma 2, Cost.) e della rappresentanza democratica (art. 1, comma 2, art. 67 Cost.)*», giacché il premio di maggioranza è «*il risultato di un meccanismo … irrazionale perché normativamente programmato per tale esito*». Con riguardo al Senato poi, l'attribuzione del premio di maggioranza a livello regionale aumenta il tasso di «*irrazionalità intrinseco in un meccanismo che di fatto contraddice lo scopo che dichiara di voler perseguire*» (quello di assicurare la governabilità), giacché «essendo il premio diverso per ogni regione, il risultato è una sommatoria casuale dei premi regionali».

Problematici apparivano i profili di ammissibilità di tale giudizio con riferimento sia alla rilevanza delle questioni di costituzionalità (in ragione del nesso di pregiudizialità che deve intercorrere fra la questione di costituzionalità ed il *petitum* del giudizio principale), sia alla natura della legge elettorale quale legge "costituzionalmente necessaria". Nella sent. n. 1 del 2014 la Corte ha superato lo scoglio dell'ammissibilità con un raffinato percorso argomentativo riscontrando che dinanzi al giudice *a quo* è stata proposta un'azione di accertamento finalizzata ad accertare la portata del diritto di voto quale "diritto fondamentale tutelato dalla Costituzione" e che le questioni relative alla legge elettorale, ponendo questa le regole relative alla composizione del Parlamento (organo essenziale per il funzionamento di un sistema democratico-rappresentativo), non possono essere escluse dal sindacato di costituzionalità.

La Corte (che già aveva rivolto "moniti" al legislatore) sottopone dunque (nella motivazione della sent. n. 1 del 2014) le impugnate disposizioni ad uno scrutinio "di proporzionalità e di ragionevolezza". Per la Corte infatti l'obiettivo di assicurare la stabilità dell'esecutivo, se costituzionalmente legittimo, non può essere perseguito mediante un meccanismo premiale che non si limita ad introdurre un correttivo al sistema di trasformazione dei voti in seggi, ma che finisce per rovesciare la *ratio* stessa della formula elettorale (proporzionale) prescelta dalla legge del 2005 (e che deve essere volta ad "assicurare la rappresentatività dell'assemblea parlamentare"). L'assegnazione di un premio di maggioranza indipendentemente dai voti ottenuti finisce per dar vita ad una "eccessiva divaricazione" tra la composizione del Parlamento («*organo della rappresentanza politica, che è al centro del sistema di democrazia rappresentativa e della forma di governo parlamentare prefigurati dalla Costituzione*») e la volontà dei cittadini (quale "principale strumento di manifestazione della sovranità popolare") con conseguente alterazione del circuito democratico. La mancata previsione di una soglia minima di voti alla lista (o coalizione) di maggioranza relativa, consente una «*"illimitata compressione" della rappresentatività dell'assemblea parlamentare, incompatibile con i principi costituzionali che vedono il Parlamento sede esclusiva della rappresentanza politica nazionale*» (art. 67 Cost.) e cui sono affidate fondamentali funzioni costituzionali. Queste argomentazioni crescono di consistenza con riguardo alle disposizioni relative al Senato ove l'attribuzione del premio di maggioranza su scala regionale produce l'effetto di un "risultato casuale di una somma di premi regionali". Con riguardo alla preferenza, per la Corte la lesione del diritto di voto (e del principio democratico) risiede nella sottrazione all'elettore, con riguardo alla "totalità dei parlamentari eletti", di ogni facoltà di incidere sull'elezione dei propri rappresentanti, ferendo la logica della rappresentanza e coartando la libertà di scelta degli elettori.

Con la sent. n. 1 del 2014 la Corte dichiara incostituzionale la legge n. 270 del 2005 con riguardo al conferimento del premio di maggioranza indipendentemente dalla percentuale dei voti ottenuti e alla assoluta mancanza per gli elettori di una possibilità di scelta fra i vari candidati delle singole liste. Tale dichiarazione di incostituzionalità non determina la caducazione dell'intera legge elettorale la quale (depurata dalle norme dichiarate incostituzionali) non solo resta in vigore, ma continua "a garantire il rinnovo" dell'organo parlamentare giacché l'eliminazione del premio di maggioranza lascia operante il meccanismo di trasformazione proporzionale dei voti in seggi (per l'attribuzione di tutti i seggi), in relazione a circoscrizioni elettorali che rimangono immutate. Inoltre (secondo la Corte) la dichiarazione di incostituzionalità ha l'effetto anche di consentire un voto di preferenza. A questo proposito la Corte dichiara che "eventuali apparenti inconvenienti" nel riconoscimento all'elettore di un voto di preferenza, «non incidono sull'operatività del sistema elettorale» e possono essere risolti mediante l'interpretazione delle norme vigenti alla luce di quanto dichiarato nella sent. n. 1 del 2014 o mediante interventi normativi secondari ("meramente tecnici ed applicativi" della pronuncia della Corte).

Molto si è discusso (in dottrina e nel dibattito politico) circa una "delegittimazione" del Parlamento eletto nel 2013 in conseguenza della dichiarazione di incostituzionalità contenuta nella sent. n. 1 del

2014, ma è stata la stessa Corte ad assegnare effetti solo *pro futuro* alla propria sentenza, precisando che la stessa "produrrà i suoi effetti esclusivamente in occasione di una nuova consultazione elettorale, consultazione che si dovrà effettuare o secondo le regole contenute nella normativa che resta in vigore a seguito della presente decisione, ovvero secondo la nuova normativa elettorale eventualmente adottata dalle Camere". Per la Corte, la dichiarazione di incostituzionalità non incide sugli atti posti in essere durante il vigore delle norme annullate (dagli esiti delle elezioni già svolte agli atti adottati dal Parlamento) in quanto "fatto concluso", né può ritenersi "ridotta" l'operatività del Parlamento fino alle prossime consultazioni elettorali in ragione del "principio fondamentale della continuità dello Stato" essendo le Camere organi costituzionalmente necessari ed indefettibili di cui non è pensabile la cessazione di esistenza o la perdita della capacità di deliberare.

In conseguenza della dichiarazione di incostituzionalità contenuta nella sent. n. 1 del 2014, il Parlamento ha approvato la legge 6 maggio 2015, n. 52 ("*Disposizioni in materia di elezione della Camera dei deputati*"), che poneva una nuova disciplina elettorale solo per la Camera giacché nella riforma costituzionale (allora) *in itinere* era prevista la non – o una diversa forma di – elettività dei membri del Senato. La legge n. 52 del 2015 si poneva in stretta connessione con il (ed infatti era stata ideata unitamente al) progetto di revisione costituzionale che mirava a superare il bicameralismo perfetto previsto dalla Costituzione.

La legge n. 52/2015 si componeva di quattro articoli. L'art. 1 ("*Elezione della Camera dei deputati*") costituiva una sorta di "disposizione-manifesto" che indicava riassuntivamente i principali contenuti della nuova disciplina fra cui anche la data di entrata in vigore (1° luglio 2016). L'art. 2 ("*Modifiche al sistema di elezione della Camera dei deputati*"), composto di 38 commi, introduceva numerose modifiche al "*Testo unico delle leggi recanti norme per la elezione della Camera dei deputati*" (d.p.r. 30 marzo 1957, n. 361 e succ. modif.), ma anche alla legge n. 459 del 2001 ("*Norme per l'esercizio del diritto di voto dei cittadini italiani residenti all'estero*"), e poneva la gran parte della nuova disciplina elettorale. Infine, gli ultimi due articoli della legge n. 52 del 2015 concernevano (l'art. 3, composto di un solo comma) l'introduzione di ulteriori modifiche al predetto t.u. (d.p.r. n. 361 del 1957) e (l'art. 4) il conferimento al Governo di una delega legislativa per la determinazione dei collegi elettorali (delega esercitata con il d.l. 7 agosto 2015, n. 122).

I caratteri fondamentali della disciplina posta dalla legge n. 52 del 2015 erano i seguenti:

a) suddivisione del territorio della Repubblica in 20 circoscrizioni elettorali a loro volta ripartite in 100 collegi plurinominali (fatti salvi i collegi uninominali nelle circoscrizioni Valle d'Aosta e Trentino Alto Adige, per le quali era prevista una disciplina particolare);

b) clausola di sbarramento, per l'accesso alla ripartizione dei seggi, per le liste che non avessero ottenuto, su base nazionale, almeno il 3 per cento dei voti validi (salvo quanto stabilito per le circoscrizioni della Valle d'Aosta e del Trentino Alto Adige; v. *infra*);

c) attribuzione di 340 seggi alla lista che otteneva, su base nazionale, almeno il 40 per cento dei voti validi o, in mancanza, a quella che prevalesse in un turno di ballottaggio tra le due liste che avevano ottenuto il maggior numero di voti, con l'esplicita esclusione di ogni forma di collegamento tra liste o di apparentamento tra i due turni di votazione;

d) attribuzione dei seggi su base nazionale con il metodo dei quozienti interi e dei più alti resti;

e) possibilità per l'elettore di esprimere, all'interno della medesima lista, fino a due preferenze, per candidati di sesso diverso tra quelli non capolista; la parità di genere era garantita, oltre che dalla doppia preferenza di genere, anche dalla previsione che in ogni lista i candidati dovessero essere presentati in ordine alternato per sesso e che nella circoscrizione il numero globale dei candidati di ciascun sesso non potesse superare il 50% e che i capolista dello stesso sesso non potessero eccedere a livello di circoscrizione il 60% del totale;

f) precedenza, nella proclamazione degli eletti (con riguardo ai seggi spettanti a ciascuna lista) innanzitutto ai capolista, che, oltre ad essere esclusi dalla competizione interna alla singola lista, godevano anche della possibilità di pluricandidatura (fino a dieci collegi), e poi ai candidati che avessero ottenuto il maggior numero di preferenze.

L'impianto strutturale della legge n. 52 del 2015 ripeteva quello della legge n. 270 del 2005 di cui si limitava a correggere gli aspetti dichiarati incostituzionali dalla sent. n. 1 del 2014 (e rappresentati dalla assegnazione del premio di maggioranza indipendentemente dal raggiungimento di una soglia minima e dall'assenza di preferenze) introducendo appunto una soglia minima (40%) per il conferimento del premio di maggioranza con previsione del ballottaggio nazionale qualora nessuna lista avesse raggiunto tale quota ed introduzione delle preferenze (ma non per i capolista che, oltre a godere di una precedenza nell'assegnazione dei seggi, potevano essere contemporaneamente candidati fino a dieci collegi).

La legge n. 52 del 2015 prevedeva tre differenti ipotesi:

1. raggiungimento da parte della lista maggioritaria di almeno 340 seggi: in questa ipotesi si applicava una formula elettorale di tipo proporzionale che assegna i seggi mediante la divisione della cifra elettorale di lista (totale dei voti della lista) per il quoziente elettorale (ottenuto dividendo il totale dei voti validi per il numero dei seggi da attribuire);

2. raggiungimento da parte di una lista almeno del 40% dei voti ma non del 55% dei seggi: in questo caso alla lista maggioritaria venivano comunque assegnati n. 340 seggi suddivisi fra le varie circoscrizioni in base al *quoziente elettorale di maggioranza* (totale dei voti ottenuti dalla lista diviso per il numero dei seggi da attribuire), mentre le liste minoritarie si suddividevano i restanti 278 seggi (12 sono già assegnati alle circoscrizioni estero) dividendo per ogni lista la relativa cifra elettorale per il *quoziente elettorale di minoranza* (totale dei voti delle liste minoritarie diviso per il numero dei seggi restanti) ed ottenendo così il numero dei seggi attribuiti ad ogni lista;

3. nessuna lista raggiungeva il 40% dei voti: si procedeva al ballottaggio nazionale fra le due liste aventi il maggior numero di voti per individuare la lista assegnataria dei 340 seggi (sempre suddivisi in base al quoziente elettorale di maggioranza) mentre tutte le altre liste si sarebbero suddivise i 278 seggi in base al quoziente elettorale di minoranza (come *sub* 2).

L'elemento di maggiore innovazione introdotto dalla legge n. 52 del 2015 era rappresentato dalla previsione del ballottaggio a livello nazionale fra le due maggiori liste (da tenersi nella seconda domenica successiva a quella del voto e con esclusione di ogni forma di collegamento tra liste o apparentamento tra i due turni di votazione), ballottaggio conseguente al mancato raggiungimento da parte di alcuna lista della quota del 40% dei voti validamente espressi. Questa conseguenza, a ben riflettere, non era logicamente necessitata giacché di per sé il mancato raggiungimento del 40% dovrebbe semplicemente produrre la mancata assegnazione del "premio".

La previsione del ballottaggio a livello nazionale innestava nel modello elettorale instaurato dalla legge n. 270 del 2005 l'istituto tipico (ex legge n. 81 del 1993) della elezione dei sindaci. Ma grave appariva la confusione fra due differenti tipologie elettorali (quella politica volta alla elezione dei membri della Camera dei deputati con quella amministrativa volta alla scelta del sindaco) e con la (nemmeno troppo nascosta) operazione di introduzione dell'elezione diretta del Presidente del Consiglio (alla cui elezione finiva per essere subordinata la stessa elezione dei parlamentari) con incidenza sui meccanismi di funzionamento della forma di governo e sulle dinamiche dei rapporti fra Parlamento e Governo come delineati in Costituzione (oltre che con riduzione delle prerogative del Presidente della Repubblica).

Inoltre la semplicistica risposta alle esigenze di stabilità rappresentata dall'assegnazione di un ampio premio di maggioranza alla lista avente più voti non assicura affatto l'auspicata "governabilità". A conferma può citarsi proprio il fallimentare esito della legge n. 270 del 2005 che in tutte le elezioni in cui è stata applicata (2006, 2008 e 2013) non ha dato positivi risultati nemmeno quando (elezioni del 2008) si è registrata un'ampia vittoria elettorale (in entrambe le Camere) di una delle coalizioni: nei successivi cinque anni non si è avuta stabilità ed estremamente negativi (sotto molteplici punti di vista) sono stati gli esiti di tale legislatura.

La legge n. 52 del 2015 incideva fortemente sui meccanismi della forma di governo come delineata nella Costituzione repubblicana. Infatti la legge stessa, nel prevedere che nella indicazione del "capo della forza politica che si candida a governare" debbono comunque essere "fatte salve le prerogative del Presidente della Repubblica", finiva per compiere poco più di un mero esercizio verbale, giacché sarebbe stato inevitabile che il Presidente della Repubblica non potesse fare altro che prendere atto dell'esito elettorale come veicolato dal meccanismo della legge volto, sempre ed inevitabilmente, alla instaurazione di una maggioranza.

I primi commenti della legge n. 52 del 2015 potevano essere suddivisi fra quelli aventi un giudizio positivo della nuova disciplina (giacché volta a favorire stabilità e pluralismo facendo incamminare il sistema italiano sulla strada dei modelli di democrazia maggioritaria, con l'esplicito apprezzamento della previsione di un meccanismo di elezione diretta del capo del governo) e quelli che esprimevano un giudizio negativo (per una pluralità di ragioni: mancato superamento delle obiezioni di incostituzionalità poste dalla sent. n. 1 del 2014 della Corte costituzionale; riduzione del tasso di pluralismo del sistema democratico; incidenza sulla forma di governo delineata in Costituzione, ecc.). L'esperienza insegna che non si assicura affatto la governabilità assegnando una artefatta maggioranza ad una forza politica comunque minoritaria nel Paese e che bisogna guardare con timore il rischio di una eccessiva concentrazione di potere nelle mani del Presidente del Consiglio, con svuotamento del ruolo del Presidente della Repubblica. Il venir meno di ogni forma di coalizione finisce per sovrarappresentare il partito di maggioranza relativa ed il ballottaggio viene a costituire lo strumento di legittimazione della minoranza in maggioranza. Da questo punto di vista, era stato subito evidenziato il mancato rispetto del principio posto dalla sent. n. 1 del 2014 giacché la necessità del ballottaggio senza apparentamenti finiva sempre per consegnare necessariamente la maggioranza dei seggi ad una forza minoritaria.

La dottrina aveva evidenziato (già in sede di prima analisi della nuova disciplina elettorale) che la domanda da porsi era quella relativa alla capacità della l. n. 52 del 2015 di superare le obiezioni di incostituzionalità delineate dalla Corte cost. sent. n. 1 del 2014, in cui la Corte aveva riconosciuto che la Costituzione non ha imposto un "modello di sistema elettorale" ma ha lasciato alla discrezionalità del legislatore la scelta del sistema ritenuto più idoneo ed efficace in considerazione del contesto storico, precisando che il meccanismo premiale non può essere foriero di una eccessiva sovra-rappresentazione della lista di maggioranza relativa con grave distorsione fra voti espressi ed attribuzione di seggi in misura tale da compromettere il rispetto del principio di eguaglianza del voto.

Con la sent. n. 35 del 2017 la Corte costituzionale ha dichiarato incostituzionali le disposizioni della legge n. 52 del 2015 concernenti la previsione del ballottaggio fra le due liste più votate (qualora nessuna avesse superato il 40% dei voti) e la libertà di opzione per il capolista eletto in più collegi.

Se il ballottaggio è stato dichiarato incostituzionale *tout court*, con riguardo alla possibilità di opzione fra i vari collegi la Corte ha dichiarato incostituzionale tale previsione nella parte in cui lascia piena libertà al capolista plurieletto anziché rimettere ad un sorteggio la relativa scelta. Nella sent. n. 35 del 2017 la Corte, da un lato, riconosce "non manifestamente irragionevole" la soglia minima di voti richiesti per l'attribuzione del premio (pari al 40% dei voti validi) e, dall'altro lato, dichiara incostituzionale il ballottaggio poiché «*non è costruito come una nuova votazione rispetto a quella svoltasi al primo turno, ma come la sua prosecuzione*», in ragione dell'impossibilità, tra i due turni, di forme di collegamento o di apparentamento fra liste. E, dopo aver rigettato la questione di costituzionalità delle disposizioni che consentono al candidato capolista di essere eletto in via prioritaria rispetto agli altri candidati presenti in lista (che invece sono eletti in base alle preferenze ricevute), la Corte dichiara incostituzionale l'assegnazione al capolista eletto in più collegi della libertà di scelta del collegio, potendo prescindere completamente dall'esito elettorale. In tal modo viene affidato ("irragionevolmente") al capolista la decisione sul "destino del voto di preferenza espresso dall'elettore nel collegio prescelto, determinando una distorsione del suo esito in uscita". Per la Corte («*nella stessa disposizione*») residua «*quale criterio*» quello del sorteggio (che «*non è dunque introdotto* ex novo, *in funzione sostitutiva dell'opzione arbitraria caducata*»).

La dichiarazione di incostituzionalità dei punti salienti della legge n. 52 del 2015 ha imposto alle forze politiche, nell'ultimo anno della legislatura, di addivenire ad un accordo per l'introduzione di una nuova legge elettorale, giacché, in conseguenza delle dichiarazioni di incostituzionalità contenute nelle sentt. n. 1 del 2014 e n. 35 del 2017, rimanevano in vigore due leggi elettorali differenti fra Camera dei deputati (legge n. 52 del 2015 come risultante in seguito alla sent. n. 35 del 2017) e Senato della Repubblica (legge n. 270 del 2005 come risultante dopo la sent. n. 1 del 2014). Ed infatti la stessa Corte costituzionale nella sentenza n. 35 del 2017 concludeva la propria motivazione indicando la necessità di un intervento legislativo sulle discipline elettorali di Camera e Senato, volto appunto a «*non ... ostacolare la formazione di maggioranze omogenee*».

La ***nuova legge elettorale*** (legge 3 novembre 2017, n. 165) introduce, sia per la Camera dei deputati che per il Senato della Repubblica, un peculiare sistema che possiamo definire "misto" e che incrocia e mescola caratteri tra loro eterogenei ed in genere presentati come differenti se non proprio antitetici (collegio uninominale e collegio plurinominale, formula maggioritaria e formula proporzionale, ecc.). In via estremamente sintetica, le principali caratteristiche della nuova legge possono essere così raggruppate:

1) assegnazione dei seggi (sia alla Camera che al Senato) per circa un terzo mediante collegi uninominali con formula maggioritaria (seggio assegnato al candidato che ottiene il maggior numero di voti) e per i restanti due terzi secondo metodo proporzionale mediante collegi plurinominali (ottenuti unendo collegi uninominali contigui);

2) possibilità per i partiti politici di partecipare alle elezioni o con singole liste o in coalizioni di liste;

3) non possibilità di voto disgiunto per l'elettore fra collegio uninominale e collegio plurinominale;

4) previsione di soglie di sbarramento di livello nazionale (3% per le liste e 10% per le coalizioni; per il Senato, il 20% a livello regionale);

5) possibilità di pluricandidature (senza possibilità di opzione per il candidato plurieletto, prevedendo la legge il relativo criterio di scelta); in caso di pluricandidature è previsto che il deputato eletto in più collegi plurinominali è proclamato nel collegio nel quale la lista cui appartiene ha ottenuto la minore cifra elettorale percentuale di collegio plurinominale, mentre il deputato eletto in un collegio uninominale e in uno o più collegi plurinominali si intende eletto nel collegio uninominale;

6) norme peculiari per il Trentino-Alto Adige, per la Val d'Aosta e per la circoscrizione estero.

La legge n. 165 del 2017 si caratterizza per la singolare commistione cui essa dà vita fra elementi tendenzialmente contrapposti (formula elettorale maggioritaria e formula elettorale proporzionale; collegio uninominale e collegio plurinominale) la bontà dei cui esiti sarà tutta da misurare in base alle "prestazioni" che tale legge saprà assicurare ed alla capacità di durata della medesima. Infatti la legge n. 165 del 2017 introduce un *sistema misto* che prevede l'assegnazione di circa un terzo dei seggi mediante collegi uninominali con l'assegnazione del seggio alla lista o alla coalizione che abbia raggiunto il maggior numero di voti, e l'assegnazione con sistema proporzionale dei restanti due terzi dei seggi mediante collegi plurinominali, composti mediante l'unione di più collegi uninominali contermini, mediante liste bloccate. Ed il sistema è "misto" (potrebbe dirsi "intrecciato") perché, non solo basato sulla contemporanea esistenza di un metodo maggioritario e di un metodo proporzionale, ma perché, sia dal punto di vista della assegnazione del voto da parte dell'elettore (non essendo prevista la possibilità di voto disgiunto), sia dal punto di vista della "costruzione" dei collegi uninominali e plurinominali (essendo questi formati mediante l'unione di collegi uninominali contigui), si registra appunto un profondo intreccio fra strumenti e concetti tendenzialmente giustapposti. A questo quadro, già complesso, bisogna aggiungere che, per l'assegnazione dei seggi nei collegi plurinominali, il calcolo dei voti avviene dapprima a livello nazionale per poi essere "riproiettato" a livello locale. Bisogna inoltre ricordare che la nuova legge elettorale (che introduce anche una specifica clausola sulla rappresentanza di genere) contiene specifiche norme relative alla Val d'Aosta, al Trentino-Alto Adige e alla circoscrizione estero.

Con riguardo al *sistema di elezione della Camera dei deputati*, l'art. 1 della legge n. 165 del 2017 suddivide il territorio nazionale in 231 collegi uninominali ripartiti in ciascuna circoscrizione sulla base della popolazione. Se la delimitazione dei collegi è assegnata ad un successivo d.lgs. (n. 189 del 2018), l'art. 1 afferma che la circoscrizione del Trentino Alto Adige è ripartita in sei collegi uninominali e quella del Molise in due collegi uninominali. Per l'assegnazione degli altri seggi, ciascuna circoscrizione è ripartita in collegi plurinominali costituiti dall'aggregazione di collegi uninominali contigui "in modo che a ciascuno di essi sia assegnato, di norma, un numero di seggi non inferiore a tre e non superiore a otto". La legge prevede che ciascuna lista è tenuta a presentare candidati in tutti i collegi uninominali del collegio plurinominale, a pena di inammissibilità. Al Senato in ogni collegio plurinominale ciascuna lista, all'atto della presentazione, è composta da un elenco di candidati presentati secondo ordine numerico e il numero dei candidati non può essere inferiore alla metà, con arrotondamento all'unità superiore, dei seggi assegnati al collegio plurinominale e non può essere superiore al limite massimo di seggi assegnato al collegio uninominale; in ogni caso, il numero dei candidati non può essere inferiore a due né superiore a quattro.

Affermato il principio che nessun candidato può presentarsi con diversi contrassegni nei collegi plurinominali o uninominali ("a pena di nullità") e non si può essere candidati contemporaneamente alla Camera deputati e al Senato della Repubblica, si riconosce la possibilità di pluricandidature fino a un massimo di cinque collegi plurinominali (mentre nessuno può essere candidato in più collegi uninominali, ma il candidato in un collegio uninominale può essere candidato con il medesimo contrassegno in altri collegi plurinominali fino a un massimo di cinque). Il candidato nella circoscrizione estera non può essere candidato in alcun collegio uninominale o plurinominale del territorio nazionale.

Con riguardo alle modalità di trasformazione dei voti in seggi, la legge dispone che l'Ufficio centrale circoscrizionale, dopo aver determinato la cifra elettorale individuale (*id est*, la somma dei voti validi conseguiti) di ciascun candidato nel collegio uninominale, proclama eletto in ciascun collegio uninominale il candidato che ha ottenuto il maggior numero di voti validi (in caso di parità è eletto il candidato più giovane di età). Indi l'Ufficio centrale circoscrizionale determina per ciascuna lista:

a) la cifra elettorale di collegio plurinominale (somma delle cifre elettorali di collegio uninominale di ciascuna lista). La *cifra elettorale di collegio uninominale* è data dalla somma dei voti validi conseguiti dalla lista nel collegio uninominale. A questo proposito va evidenziato che qualora il candidato nel collegio uninominale sia collegato ad una coalizione di liste, l'elettore può apporre la propria preferenza su una delle liste della coalizione. Nel caso in cui però l'elettore esprima il proprio voto solo con riguardo al candidato nel collegio uninominale, tale voto (oltre ad essere computato per l'assegnazione del seggio nel collegio uninominale) è computato anche a livello del collegio plurinominale (ove l'assegnazione dei seggi avviene fra le varie liste in misura proporzionale ai voti ricevuti); nel caso in cui il voto sia espresso solo a favore del candidato, lo stesso è diviso fra tutte le liste della coalizione in proporzione alla rispettiva consistenza. Più precisamente l'Ufficio circoscrizionale divide il totale dei voti validi conseguiti da tutte le liste della coalizione nel collegio uninominale per il numero dei voti espressi a favore dei soli candidati nei collegi uninominali, ottenendo così il *quoziente di ripartizione* e divide poi il totale dei voti validi conseguiti da ciascuna lista per tale quoziente. La parte intera del quoziente così ottenuto rappresenta il numero dei voti da assegnare a ciascuna lista; i voti che rimangono ancora da attribuire sono rispettivamente assegnati alle liste per le quali queste ultime divisioni abbiano dato i maggiori resti, secondo l'ordine decrescente dei resti medesimi. La cifra elettorale di collegio uninominale di ciascuna lista è dunque data dalla somma dei voti ottenuti da ciascuna lista e dei voti (calcolati nel modo sopra illustrato) espressi a favore dei soli candidati nei collegi uninominali collegati a liste in coalizione);

b) la cifra elettorale percentuale di collegio plurinominale (quoziente risultante dalla divisione della cifra elettorale di collegio plurinominale di ciascuna lista per il totale dei voti validi del rispettivo collegio plurinominale, moltiplicato percento);

c) la cifra elettorale circoscrizionale (somma delle cifre elettorali di collegio plurinominale della lista stessa).

Indi l'Ufficio centrale circoscrizionale comunica all'Ufficio centrale nazionale la cifra elettorale circoscrizionale di ciascuna lista nonché il totale dei voti validi della circoscrizione (ottenuto dalla somma delle cifre elettorali circoscrizionali di tutte le liste).

L'Ufficio centrale nazionale, ricevuti da tutti gli Uffici circoscrizionali i relativi dati, compie una serie di operazioni aritmetiche volte a determinare la consistenza delle singole liste. L'Ufficio centrale nazionale infatti determina:

a) la cifra elettorale nazionale di ciascuna lista (somma delle cifre elettorali circoscrizionali);

b) il totale nazionale dei voti validi (somma delle cifre elettorali circoscrizionali di tutte le liste);

c) la cifra elettorale nazionale di ciascuna coalizione (somma delle cifre elettorali nazionali delle liste collegate in coalizione); non concorrono alla determinazione della cifra elettorale nazionale di coalizione i voti espressi a favore delle liste collegate che abbiano conseguito sul piano nazionale un numero di voti validi inferiore all'1% del totale (fatta salva la disciplina speciale prevista per le liste rappresentative di minoranze linguistiche riconosciute);

d) la cifra elettorale circoscrizionale di ciascuna coalizione (somma delle cifre elettorali circoscrizionali delle liste collegate in coalizione).

Indi l'Ufficio centrale nazionale individua le liste e le coalizioni che abbiano superato le soglie di sbarramento e, precisamente, che abbiano raggiunto sul piano nazionale almeno il 10% dei voti validi espressi e che comprendano almeno una lista che abbia conseguito sul piano nazionale almeno il 3% dei voti validi espressi, e, per quanto riguarda le singole liste (non collegate o collegate in coalizioni che non abbiano raggiunto le percentuale del 10%), quelle che abbiano conseguito sul piano nazionale almeno il 3% dei voti validi espressi. Successivamente l'Ufficio centrale nazionale procede al riparto dei 386 seggi da assegnare secondo metodo proporzionale tra le coalizioni o le liste che abbiano superato la soglia di sbarramento "in base alla cifra elettorale nazionale di ciascuna di esse".

L'operazione aritmetica posta in essere è la seguente: la cifra elettorale nazionale di ciascuna coalizione o singola lista è divisa per il *"quoziente elettorale nazionale"* (ottenuto dividendo il totale delle cifre elettorali nazionali delle coalizioni e delle singole liste che abbiano superato la soglia di sbarramento per il numero dei seggi da attribuire): la parte intera del quoziente così ottenuto rappresenta il numero dei seggi da assegnare a ciascuna coalizione o singola lista. Poi, con riguardo al riparto dei seggi, all'interno di ciascuna coalizione, fra le liste collegate che abbiano superato a livello nazionale la soglia di sbarramento del 3%, si divide la cifra elettorale nazionale di ciascuna lista ammessa al riparto per il quoziente ottenuto dividendo la somma delle cifre elettorali delle liste ammesse al riparto per il numero dei seggi spettante alla coalizione; la parte intera del quoziente così ottenuto rappresenta il numero dei seggi da assegnare a ciascuna lista.

Infine l'Ufficio centrale nazionale provvede alla distribuzione, nelle singole circoscrizioni, dei seggi assegnati alle coalizioni o alle singole liste. A questo fine divide la cifra elettorale circoscrizionale di ciascuna coalizione o singola lista per il *"quoziente elettorale circoscrizionale"* (ottenuto dividendo la somma delle cifre elettorali circoscrizionali delle coalizioni e delle liste ammesse al riparto per il numero di seggi da attribuire nella circoscrizione), ottenendo così il *"quoziente di attribuzione"*, la cui parte intera rappresenta il numero dei seggi da assegnare a ciascuna coalizione o singola lista. Infine l'Ufficio centrale nazionale provvede all'attribuzione nelle singole circoscrizioni dei seggi spettanti alle liste di ciascuna coalizione.

L'Ufficio centrale nazionale provvede dunque a comunicare il numero dei seggi assegnati a ciascuna lista ai singoli Uffici centrali circoscrizionali e questi, a loro volta, procedono all'attribuzione nei singoli collegi plurinominali dei seggi spettanti alle liste. A questo fine l'Ufficio centrale circoscrizionale divide la cifra elettorale di collegio di ciascuna lista per il *"quoziente di collegio"* (ottenuto dividendo la somma delle cifre elettorali del collegio di tutte le liste per il numero dei seggi da attribuire nel collegio stesso): la parte intera del quoziente così ottenuto rappresenta il numero dei seggi da assegnare a ciascuna lista.

Al termine di tali operazioni l'Ufficio centrale circoscrizionale proclama eletti in ciascun collegio plurinominale, nei limiti dei seggi ai quali ciascuna lista ha diritto, i candidati compresi nella lista, secondo l'ordine di presentazione.

Con riguardo alla disciplina elettorale del Senato, si applica (salvo alcune eccezioni) l'identico schema previsto per la Camera dei deputati.

In particolare, con riguardo al meccanismo di trasformazione dei voti in seggi, si prevede una suddivisione di compiti fra gli Uffici elettorali regionali e l'Ufficio elettorale centrale nazionale. Ai primi spetta il compito di proclamare eletto in ciascun collegio uninominale il candidato che abbia ottenuto il maggior numero di voti e di determinare la cifra elettorale individuale di ciascun candidato (somma dei voti conseguiti da ogni candidato nei collegi uninominali) e la cifra elettorale di collegio uninominale di ciascuna lista (somma dei voti conseguiti dalla lista nel collegio uninominale e dei voti espressi a favore dei soli candidati nei collegi uninominali collegati a più liste in coalizione e che vengono attribuiti alle singole liste in proporzione ai voti ottenuti dalle singole liste in coalizione), nonché la cifra elettorale di collegio plurinominale di ciascuna lista (somma delle cifre elettorali di collegio uninominale di ciascuna lista), la cifra elettorale percentuale di collegio plurinominale di ciascuna lista (quoziente risultante dalla divisione della cifra elettorale di collegio plurinominale di ciascuna lista per il totale dei voti validi del rispettivo collegio plurinominale, moltiplicato per cento), la cifra elettorale regionale di ciascuna lista (somma delle cifre elettorali di collegio plurinominale della lista), la cifra elettorale percentuale di ciascun candidato del collegio uninominale (quoziente risultante dalla divisione della cifra elettorale individuale di ciascun candidato per il totale dei voti validi del rispettivo collegio uninominale, moltiplicato per cento) e determina, per ciascuna lista, la graduatoria dei candidati nei collegi uninominali della regione non proclamati eletti (disponendoli nell'ordine delle rispettive cifre elettorali individuali percentuali). Infine l'Ufficio elettorale regionale determina il totale dei voti validi della regione (somma delle cifre elettorali regionali di tutte le liste).

Dopo aver compiuto tali operazioni, l'Ufficio elettorale regionale comunica la cifra elettorale regionale di ciascuna lista nonché il totale dei voti validi della regione all'Ufficio elettorale centrale nazionale che, in base ai dati trasmessi da tutti gli Uffici elettorali regionali, compie, a sua volta, diverse operazioni aritmetiche aventi lo scopo di accertare il numero globale dei voti ottenuti da ciascuna lista (individuando le liste che abbiano superato la soglia di sbarramento) e di assegnare ad ogni lista il numero di seggi alla medesima spettante a livello nazionale e di ripartirli fra le regioni (in base ai voti ricevuti a livello regionale). Più precisamente, l'Ufficio elettorale centrale nazionale determina la cifra elettorale nazionale di ciascuna lista (somma delle cifre elettorali regionali conseguite dalle singole liste), il totale nazionale dei voti validi (somma delle cifre elettorali regionali di tutte le liste), la cifra elettorale nazionale di ciascuna coalizione (somma delle cifre elettorali nazionali delle liste collegate in coalizione) e la cifra elettorale regionale di ciascuna coalizione (somma delle cifre elettorali regionali delle liste collegate in coalizione).

Dopo aver effettuato le predette operazioni, l'Ufficio elettorale centrale nazionale individua le coalizioni e le liste che abbiano superato le relative soglie di sbarramento (rispettivamente il 10% ed il 3% dei voti validi espressi, a livello nazionale, oppure il venti per cento a livello regionale) e comunica agli Uffici elettorali regionali l'elenco delle liste e delle coalizioni ammesse al riparto dei seggi. L'assegnazione dei seggi alle liste e alle coalizioni, nei collegi plurinominali della regione, spetta all'Ufficio elettorale regionale che procede a tale compito dividendo la cifra elettorale regionale di ciascuna coalizione o singola lista per il quoziente elettorale regionale (ottenuto dividendo il totale delle cifre elettorali regionali di ciascuna coalizione e delle singole liste ammesse al riparto – *id est*, che abbiano superato le soglie di sbarramento legislativamente prevista – per il numero di seggi da attribuire nei collegi plurinominali della regione): la parte intera del quoziente così ottenuto rappresenta il numero dei seggi da assegnare a ciascuna coalizione o lista.

Con riguardo a ciascuna coalizione, l'Ufficio elettorale regionale procede al riparto dei seggi fra le liste collegate (ed ammesse al riparto) dividendo la somma delle cifre elettorali delle liste ammesse al riparto per il numero di seggi spettante alla coalizione per poi dividere per il quoziente così ottenuto la cifra elettorale regionale di ciascuna lista ammessa al riparto: la parte intera del quoziente così ottenuta rappresenta il numero dei seggi da assegnare a ciascuna lista.

Nelle regioni che comprendono più collegi plurinominali, l'Ufficio elettorale regionale procede alla distribuzione nei singoli collegi plurinominali dei seggi assegnati alle liste dividendo (per ciascun collegio plurinominale) la somma delle cifre elettorali di collegio delle liste alle quali devono essere assegnati seggi per il numero di seggi da attribuire nel collegio medesimo ottenendo così il quoziente elettorale di collegio; divide poi la cifra elettorale di collegio di ciascuna lista per il quoziente elettorale di collegio, ottenendo così il quoziente di attribuzione, la cui parte intera rappresenta il numero dei seggi da assegnare a ciascuna lista.

Al termine di queste operazioni l'Ufficio elettorale regionale verificata che ad ogni lista sia attribuito il numero dei seggi alla medesima assegnato. Ed è in questa fase che può determinarsi l'ipotesi di assegnazione di seggi "eccedentari", spettando dunque all'Ufficio elettorale regionale sottrarre tali seggi per assegnarli alla lista "deficitaria".

Al termine delle predette operazioni l'Ufficio elettorale regionale proclama eletti in ciascun collegio plurinominale, nei limiti dei seggi ai quali ciascuna lista ha diritto, i candidati compresi nella lista del collegio, secondo l'ordine di presentazione.

La disciplina elettorale introdotta con la legge n. 165 del 2017, se è il frutto di un compromesso (raggiunto in quel particolare momento storico-politico dell'autunno 2017) tra le forze politiche, è anche il risultato degli avvenimenti registrati negli ultimi tre decenni e della conformazione che il sistema politico italiano ha assunto in questi anni. E così è agevole constatare che il meccanismo delle pluricandidature costituisce una sorta di "privilegio" che i vertici di partito si sono autoassegnati e che opera sempre come un rafforzamento delle oligarchie di partito. Al tempo stesso va evidenziato che le coalizioni create in occasione della competizione elettorale possono tranquillamente disfarsi anche il giorno successivo alle elezioni (ma bisogna aggiungere che tale situazione sussisteva anche nelle leggi elettorali del 1994 e del 2005).

A questo proposito la dottrina ricorda che le dinamiche della forma di governo parlamentare sono regolate da fonti giuridiche diverse (Costituzione, legge elettorale, regolamenti parlamentari, convenzioni tra i partiti politici) e che in questo quadro va sottolineata l'importanza del sistema politico il cui funzionamento risponde a norme aventi un carattere "proprio", discendente dai relativi processi storici e da una specifica dimensione valoriale. Bisogna dunque interrogarsi sulle peculiarità del sistema attuale dei partiti politici che appare caratterizzato da una "frattura territoriale" (fra livello nazionale e livello locale) a sua volta conseguente ad un assetto oligarchico e verticistico degli attuali partiti politici. Questa condizione (definita anche propria dei sistemi post-democratici) è chiaramente riscontrabile nella legge n. 165 del 2017 che appare funzionale a tali tendenze.

Con riguardo al funzionamento della forma di governo parlamentare, bisogna interrogarsi se la legge elettorale favorisca la governabilità e se consenta l'espressione di un indirizzo politico coerente o se invece finisca per prestare il fianco a governi a maggioranza variabile (e dunque a fenomeni di trasformismo).

Con riguardo al sistema dei partiti politici, si deve prendere atto della attuale multi-polarità del sistema politico e ricordare che "l'ansia della governabilità" ha portato all'adozione di una normativa (la legge n. 270 del 2005) che, prima ancora di essere dichiarata incostituzionale dalla Corte nella sent. n. 1 del 2014, aveva dimostrato (vedi, ad esempio, la dissoluzione della ampia maggioranza di centro-destra vincente nella XVI legislatura) che ampie ed artefatte coalizioni politiche o elevati premi di maggioranza non sono da soli sufficienti ad assicurare stabilità (mentre il successo dei movimenti di protesta dimostra che la compressione elettorale delle forze di dissenso finisce per alimentare i partiti anti-sistema).

Inoltre vanno ricordate anche le modalità con cui le forze politiche hanno concretamente "fatto funzionare" le discipline elettorali succedutesi in quest'ultimo quarto di secolo. E così, con riguardo al *Mattarellum*, dalle coalizioni "variabili" effettuate da Forza Italia nel 1994 (con il Movimento sociale al centro-sud e con la Lega al nord), all'accordo di "desistenza" fra centro-sinistra e il partito della Rifondazione comunista nel 1996, fino all'utilizzo (e all'abuso) delle c.d. "liste civetta" per ridurre gli effetti dello scorporo. E, con riguardo alla legge n. 270 del 2005, basti ricordare le antitetiche modalità utilizzate (da entrambi i maggiori schieramenti) fra il 2006 (in cui si sono fronteggiate due amplissime ed eterogenee coalizioni) ed il 2008 (in cui i due maggiori partiti delle due contrapposte coalizioni hanno deciso di non allearsi con le forze più estreme che si sono così trovate a non avere alcuna rappresentanza parlamentare). E così anche con riguardo alla legge n. 165 del 2017 bisogna interrogarsi sulle modalità con cui i partiti politici applicheranno la relativa disciplina (ad esempio dando vita a più o meno ampie coalizioni per cercare di "conquistare" il maggior numero possibile di collegi uninominali, con conseguente effetto anche sui collegi plurinominali).

Il tema della riforma elettorale è da circa tre decenni all'attenzione del dibattito politico del Paese quale sintomo di un assetto politico-partitico che non riesce a trovare nuovi equilibri e che è, a sua volta, conseguenza di una profonda crisi della rappresentanza politica. Non a caso la sent. n. 35 del 2017 ruota intorno al principio della libertà di voto, ma anche al ruolo dei partiti politici nell'ordinamento democratico e, più specificamente, alle peculiarità della forma di governo parlamentare delineata in Costituzione. Altamente significativo appare il passaggio della sent. n. 35 in cui la Corte sottolinea che l'obiettivo della stabilità dell'esecutivo ("di sicuro interesse costituzionale") non può giungere a giustificare "un eccessivo sacrificio dei due principi costituzionali" di rappresentatività e di uguaglianza del voto ("trasformando artificialmente una lista che vanta un consenso limitato, ed in ipotesi anche esiguo, in maggioranza assoluta"). Il "*carattere rappresentativo*" dell'Assemblea elettiva si pone dunque quale vincolo ed indirizzo per la relativa legge elettorale – e per il sottostante dibattito politico-costituzionale – che invece sono sempre stati mossi (almeno negli ultimi decenni) dall'ansia della "governabilità" (a sua volta concretizzatasi dapprima nella creazione – più o meno artefatta – di una stabile maggioranza e in seguito nella "elezione" del Presidente del Consiglio, con evidente torsione – o "deriva" – plebiscitaria e con personalizzazione della politica e smarrimento del ruolo dei partiti politici che diventano meri cartelli elettorali al servizio del leader di turno).

Inoltre la Corte ritiene in contrasto con la Costituzione la "*radicale riduzione dell'offerta politica*" su cui si basano le "stringenti condizioni di accesso al turno di ballottaggio". Ed è proprio su questa constatazione ("radicale riduzione dell'offerta politica") che è necessario riflettere come "costo" che "l'ansia" della governabilità fa apparire sempre accettabile e che invece costituisce una riduzione del tasso di democraticità del sistema. Per la Corte, il ballottaggio previsto dalla legge n. 52 del 2015 "trasforma in radice la logica e lo scopo della competizione elettorale" giacché alla previsione di un singolo voto "per decidere a quale forza politica spetti ... sostenere il governo del Paese" osta la "complessiva funzione che spetta ad un'assemblea elettiva nel contesto di un regime parlamentare". È dunque la peculiarità della forma di governo parlamentare a non consentire un siffatto meccanismo elettorale in quanto non corrispondente alla "specifica funzione e posizione costituzionale" del Parlamento ("organo fondamentale nell'assetto democratico dell'intero ordinamento"). Nella forma di governo parlamentare infatti il sistema elettorale, "se pure deve favorire la formazione di un governo stabile, *non può che esser primariamente destinato ad assicurare il valore costituzionale della rappresentatività*". Né può ritenersi valido il parallelo con il sistema elettorale comunale, sia perché questo è volto alla elezione di una carica monocratica (il sindaco), ma soprattutto perché riferito ad un sistema differente (potere esecutivo locale) "ben diverso dalla forma di governo parlamentare prevista dalla Costituzione a livello nazionale".

L'accento posto dalla Corte costituzionale sulla "rappresentatività" del Parlamento e sulla necessità di non incidere sulla riduzione dell'offerta politica (a fronte di decenni in cui si è invocata la "semplificazione" del quadro politico e con una visione aziendalistica della politica) costituisce un importante segnale in controtendenza rispetto agli orientamenti (anche culturali) prevalenti in questi anni e che hanno condotto a tre decenni di "maggioritario coatto" e che può aiutare a recuperare un tasso di pluralismo nell'ordinamento. La vera sfida del presente passa attraverso l'individuazione di forme idonee a svolgere la funzione di «canali di comunicazione» continui e permanenti fra le articolazioni del corpo elettorale ed il Parlamento e destinate a rafforzare i meccanismi di responsabilità e di «responsività» della classe politica. E nei confronti dell'esecutivo il ruolo del Parlamento non può essere solo quello (prefigurato nelle ultime leggi elettorali) di "grande elettore" del governo (e del leader del partito di maggioranza), dovendo invece caratterizzarsi (conformemente alla storia dell'istituzione parlamentare) per lo svolgimento di una funzione di contropotere, volta a consentire la «visibilità» ed il controllo del potere e che assicuri un'intima connessione fra principio pluralistico, legittimazione e rappresentanza democratica e predisposizione di meccanismi idonei all'effettività del principio di responsabilità. Le tendenze neo-corporative, i fenomeni di rappresentanza degli interessi e l'indebolimento delle tradizionali istituzioni "intermedie" (in primis i sindacati) conducono al risultato di una debolezza intrinseca della sfera del "politico" rispetto a quella degli interessi economici e finanziari. In questa prospettiva la crisi della rappresentanza politica (di cui le difficoltà della legge elettorale costituiscono un epifenomeno) viene a presentarsi come diretta conseguenza di un indebolimento delle strutture democratiche, indebolimento prodotto dal (e che lascia spazio al) peso di istanze di natura diversa. In questo quadro (come segnalato anche nella sent. n. 35 del 2017) va ribadita la rilevanza del ruolo dei partiti, "quali associazioni che consentono ai cittadini di concorrere con metodo democratico a determinare, anche attraverso la partecipazione alle elezioni, la politica nazionale" (e così si riafferma prepotentemente la necessità di un'adeguata disciplina dell'assetto e della vita dei partiti politici).

4. I partiti politici

Secondo l'art. 49 Cost., «*Tutti i cittadini hanno diritto di associarsi liberamente in partiti per concorrere con metodo democratico a determinare la politica nazionale*».

In Costituzione si rinvengono poche altre disposizioni in materia di partiti: l'art. 98, comma 3, prevede la possibilità di stabilire con legge limitazioni al diritto di iscriversi ai partiti politici per determinate categorie di pubblici funzionari, mentre la XII disp. trans. e fin. Cost. vieta la riorganizzazione del partito fascista. Già i primi commentatori sottolinearono che con l'art. 49 Cost. si era avuta la legittimazione di quei «poteri di fatto» (Esposito) conquistati dai partiti raccolti nel CLN in quanto «protagonisti» dell'ordinamento costituzionale provvisorio ed «autentici "padri della Costituzione"» (Crisafulli). E all'opinione secondo cui i partiti avrebbero «occupato» l'intero ambito della «politica» fin dalla nascita della Repubblica, esaurendo il pluralismo (previsto in Costituzione) nel solo pluralismo partitico (Ridola), si contrappone una ricostruzione secondo cui anche nell'approvazione della Costituzione il tasso di pluralismo sarebbe stato assicurato dalla partecipazione alle dinamiche politiche di ulteriori soggetti (dalla Chiesa cattolica alle organizzazioni sindacali) oltre che dalle «incrinature» interne ai partiti (Merlini). Di certo il «sistema dei partiti» diventa il «perno» della nuova costituzione materiale (Mortati) e sarà all'interno dei (singoli) partiti che gli ulteriori momenti di aggregazione (dai sindacati ai movimenti cattolici) cercheranno di veicolare le proprie aspettative e *Weltanschauungen*.

L'esigenza dei partiti di non vedersi condizionati da una disciplina *ad hoc* (e dai relativi controlli) porta ad una formulazione dell'art. 49 Cost. che pone l'accento sul principio di libertà di associazione in partiti ed ove «il "concorso" dei cittadini *attraverso* i partiti» viene ad essere «completamente assorbito nel "concorso *dei* partiti"», con una conseguente «torsione complessiva nella lettura dei principi costituzionali della libertà e dell'eguaglianza nella partecipazione politica» (Ridola). Funzionale a tale quadro è stata la configurazione meramente privatistica dei partiti i quali, nei decenni di vita repubblicana, hanno preferito non elaborare una organica disciplina dei partiti (ed infatti oggi è possibile rinvenire norme sui partiti politici solo in discipline settoriali quali la legislazione elettorale, quella sul finanziamento dei partiti e nella disciplina dei mezzi di comunicazione di massa). Ma l'impostazione esclusivamente «privatistica» dei partiti politici (quali associazioni non riconosciute *ex* artt. 36 ss. cod. civ.) ha da tempo mostrato i propri limiti soprattutto (ma non solo) con riguardo alla disciplina interna dei partiti, alle norme vigenti relative al finanziamento (pubblico e privato) e alla regolamentazione della comunicazione politica.

La crisi della finanza pubblica (con le conseguenti decisioni di inasprimento del carico fiscale e di tagli alla spesa pubblica), unitamente ad una montante critica dell'opinione pubblica, ha reso necessario per le forze politiche affrontare la ***questione del finanziamento pubblico dei partiti*** che aveva raggiunto dimensioni considerevoli. Le principali fonti di finanziamento dei partiti sono rappresentate dai contributi pubblici (fra i quali bisogna annoverare anche quelli corrisposti agli organi ufficiali di informazione – giornali e radio – dei partiti), oltre a specifiche agevolazioni fiscali (dalla possibilità di detrazione d'imposta per le erogazioni di privati all'esenzione delle imposte per i trasferimenti ai partiti e per la registrazione degli statuti), e dai finanziamenti dei privati (anch'essi disciplinati dalla legge). Il contributo pubblico è stato introdotto dalla legge n. 195 del 1974 che prevedeva un contributo statale per il funzionamento ordinario dei partiti (abrogato dal referendum del 1993) ed un contributo a titolo di rimborso per le spese elettorali (elezioni politiche, europee e regionali).

Con la legge n. 157 del 1999 è stata operata una riforma del sistema di finanziamento dei partiti, a sua volta oggetto di varie modifiche fino alla legge 6 luglio 2012, n. 96 («*Norme in materia di riduzione dei contributi pubblici in favore dei partiti e dei movimenti politici, nonché misure per garantire la trasparenza e i controlli dei rendiconti dei medesimi. Delega al Governo per l'adozione di un testo unico delle leggi concernenti il finanziamento dei partiti e dei movimenti politici e per l'armonizzazione del regime relativo alle detrazioni fiscali*»), la quale, oltre a ridurre di circa il 50% l'ammontare dei contributi (fissandolo a 91.000.000 euro annui), ha modificato il sistema di contribuzione prevedendo che il 70% degli stanziamenti a favore dei partiti venisse erogato come rimborso per le spese elettorali e quale «contributo per l'attività politica», mentre il restante 30% distribuito (a titolo di cofinanziamento) in misura proporzionale ai finanziamenti privati raccolti (ivi comprese le quote associative). La determinazione in misura fissa dell'ammontare di fondi è stata introdotta dalla legge n. 96 del 2012: in precedenza l'ammontare era determinato dalla moltiplicazione dell'importo di 1 euro per il numero degli iscritti nelle liste elettorali per le elezioni della Camera. La legge prevede inoltre una forma di rimborso per le campagne referendarie. L'ammontare dei rimborsi elettorali era già stato ridotto negli anni precedenti e tali riduzioni, che avrebbero dovuto applicarsi a partire dalla XVII legislatura, sono state assorbite dal dimezzamento operato dalla legge n. 96 del 2012, che ha trovato immediata applicazione. La legge n. 96 del 2012 ha inoltre ampliato le agevolazioni fiscali per le erogazioni liberali dei privati in favore dei partiti ed ha introdotto un obbligo di trasparenza (pubblicazione dei bilanci sul sito *internet* del partito e su quello della Camera). Il bilancio è sottoposto al giudizio di una società di revisione ed il successivo controllo è affidato alla «*Commissione per la trasparenza e il controllo dei rendiconti dei partiti e dei movimenti politici*», composta da cinque magistrati designati dai vertici delle supreme magistrature e nominati dai presidenti delle Camere. Per accedere ai contributi i partiti devono dotarsi di un atto costitutivo e di uno statuto, conforme ai principi di democrazia interna (con particolare riguardo alla scelta dei candidati, al rispetto delle minoranze e ai diritti degli iscritti) e che indichi l'organo competente ad approvare il rendiconto di esercizio e l'organo responsabile per la gestione economico-finanziaria, da trasmettere ai Presidenti delle Camere (pena la decadenza dal diritto ai rimborsi per le spese elettorali e alla quota di cofinanziamento).

La necessità di una disciplina che assicuri una democraticità interna dei partiti politici è stata chiaramente dimostrata in Assemblea Costituente da Piero Calamandrei che sottolineò che «una democrazia non può essere tale se non sono democratici anche i partiti in cui si formano i programmi ed in cui si scelgono gli uomini che poi vengono esteriormente eletti coi sistemi democratici. L'organizzazione democratica dei partiti è un presupposto indispensabile perché si abbia anche fuori di essi vera democrazia». Anche la giurisprudenza costituzionale ha riconosciuto il ruolo e l'autonomia dei partiti politici quali «*organizzazioni proprie della società civile, alle quali sono attribuite ... funzioni pubbliche*» (Corte cost., ord. n. 79 del 2006. V. anche sent. n. 256 del 2010, ord. n. 407 del 1999, sent. n. 15 del 2008; sent. n. 203 del 1975). Di fronte alla formalistica contrapposizione fra natura pubblica o privata del partito politico è dunque necessario ricordare lo stretto legame funzionale esistente «tra uno spazio pubblico intermedio fra stato e privati e l'attuazione dei contenuti assiologici della costituzione» e che conduce a ritenere necessari «adeguati congegni di responsabilità e trasparenza» dell'operato dei partiti (Ridola). Deve invece riscontrarsi che negli ultimi decenni si è ulteriormente ridotto anche il pluralismo partitico in antitesi con il principio *ex* art. 49 Cost. che costituzionalizza la regola del «correre insieme» e che dunque postula il principio (del pluralismo e) della *Chancengleichheit* rispetto al procedimento elettorale e alla vita politica (Ridola). La resistenza dei partiti all'introduzione di una disciplina organica sull'assetto e sull'azione dei medesimi è confermata dalla scelta (contenuta nei regolamenti di camera e senato) di non porre alcun vincolo normativo nemmeno ai gruppi parlamentari (cioè a soggetti istituzionali) che vengono invece ad essere subordinati alle singole decisioni politiche degli organi direttivi del partito. E con particolare riguardo alla legislazione sul finanziamento pubblico dei partiti, deve evidenziarsi che la stessa non ha rappresentato un «fattore propulsivo» di dinamiche pluralistiche e non ha assicurato né trasparenza né democraticità interna ai partiti, ma ha invece operato nel senso di un rafforzamento delle oligarchie interne e nella stabilizzazione dei rapporti di forza fra i partiti.

A fine dicembre 2013, il governo Letta decide («*Ritenuta la straordinaria necessità ed urgenza di adottare misure atte a riformare il sistema di finanziamento dei partiti in tempi rapidi e certi*») di adottare un decreto-legge (n. 149, «*Abolizione del finanziamento pubblico diretto, disposizioni per la trasparenza e la democraticità dei partiti e disciplina della contribuzione volontaria e della contribuzione indiretta in loro favore*», conv. in legge n. 13 del 2014) in materia di finanziamento dei partiti politici, giacché (preambolo del decreto-legge) «*la grave situazione economica del Paese impone con urgenza l'adozione di misure che intervengano sulla spesa pubblica, in linea con le aspettative dei cittadini di superamento del sistema del finanziamento pubblico dei partiti ed in coerenza con la linea di austerità e di rigore della politica di bilancio adottata in questi ultimi anni*» e «*Considerato che la volontà espressa dal corpo elettorale nelle consultazioni referendarie in materia si è sempre mantenuta costante nel senso del superamento di tale sistema e che, da ultimo, sono emerse situazioni di disagio sociale che impongono un immediato segnale di austerità del sistema politico*» affermandosi così «*l'ineludibile esigenza di assicurare il passaggio ad un sistema fondato sulle libere scelte dei contribuenti, che attribuisca ai cittadini un ruolo centrale sul finanziamento dei partiti, attesa la loro natura di associazioni costituite per concorrere con metodo democratico a determinare le politiche nazionali, ai sensi dell'articolo 49 della Costituzione*».

Il d.l. n. 149 del 2013, conv. in legge n. 13 del 2014, dispone l'abolizione del finanziamento pubblico ai partiti (con abolizione sia del rimborso delle spese per le consultazioni elettorali che dei contributi pubblici erogati per l'attività politica e a titolo di cofinanziamento) e prevede che ciascun contribuente possa destinare il due per mille della propria imposta sul reddito delle persone fisiche a favore di un partito politico ed introduce detrazioni fiscali (26% per importi compresi tra 30 e 30.000 euro annui) per le erogazioni liberali in denaro in favore dei partiti iscritti in apposito registro. Sulla scìa di quanto già posto dalla legge n. 96 del 2012, vengono introdotte previsioni relative alla democrazia interna dei partiti, al rispetto di misure di trasparenza e di controllo, al rispetto delle quali previsioni è subordinata per i partiti politici la possibilità di godere dei benefici ivi contemplati.

L'art. 1 del d.l. n. 149/2013 esplicitamente dispone l'abolizione del finanziamento pubblico («*Il rimborso delle spese per le consultazioni elettorali e i con-*

tributi pubblici erogati per l'attività politica e a titolo di cofinanziamento sono aboliti») e dichiara che la nuova disciplina è volta a regolare «*le modalità per l'accesso a forme di contribuzione volontaria fiscalmente agevolata e di contribuzione indiretta fondate sulle scelte espresse dai cittadini in favore dei partiti politici che rispettano i requisiti di trasparenza e democraticità da essa stabiliti*». L'art. 2 definisce i partiti politici quali «*libere associazioni attraverso le quali i cittadini concorrono, con metodo democratico, a determinare la politica nazionale*» aggiungendo che il rispetto delle disposizioni poste dal d.l. n. 149 del 2013 è funzionale anche «*all'osservanza del metodo democratico*» *ex* art. 49 Cost.

I partiti politici che intendono avvalersi dei benefici previsti dalla nuova normativa devono dotarsi di uno statuto (redatto nella forma dell'atto pubblico), che descriva simbolo e denominazione del partito (che insieme costituiscono "elemento essenziale di riconoscimento del partito politico" e che devono essere chiaramente distinguibili da quelli di qualsiasi altro partito politico esistente).

È previsto un **"contenuto necessario" dello statuto**, che deve indicare: sede legale (nel territorio dello Stato); numero, composizione e attribuzioni degli organi deliberativi, esecutivi e di controllo, modalità della elezione degli stessi, durata dei relativi incarichi, ed indicazione dell'organo o del soggetto investito della rappresentanza legale; la cadenza delle assemblee congressuali nazionali o generali; le procedure richieste per l'approvazione degli atti che impegnano il partito; i diritti e i doveri degli iscritti e i relativi organi di garanzia; le modalità di partecipazione degli iscritti all'attività del partito; i criteri con i quali è promossa la presenza delle minoranze negli organi collegiali non esecutivi; le modalità di promozione, attraverso azioni positive, della parità tra i sessi negli organismi collegiali e per le cariche elettive (in attuazione dell'art. 51 Cost.); le procedure relative ai casi di scioglimento, chiusura, sospensione e commissariamento delle eventuali articolazioni territoriali del partito; i criteri con i quali sono assicurate le risorse alle eventuali articolazioni territoriali; le misure disciplinari che possono essere adottate nei confronti degli iscritti, gli organi competenti ad assumerle e le procedure di ricorso previste, assicurando il diritto alla difesa e il rispetto del principio del contraddittorio; le modalità di selezione delle candidature per le elezioni dei membri del Parlamento europeo, del Parlamento nazionale, dei consigli regionali (e delle province autonome di Trento e di Bolzano) dei consigli comunali, nonché per le cariche di sindaco e di presidente di regione e di provincia autonoma; le procedure per modificare lo statuto, il simbolo e la denominazione del partito; l'organo responsabile della gestione economico-finanziaria e patrimoniale e della fissazione dei relativi criteri; l'organo competente ad approvare il rendiconto di esercizio; le regole che assicurano la trasparenza, con particolare riferimento alla gestione economico-finanziaria. Lo statuto può inoltre contenere disposizioni per la composizione extragiudiziale delle controversie insorgenti nell'applicazione delle norme statutarie, attraverso organismi probivirali definiti dallo statuto medesimo, nonché procedure conciliative e arbitrali. Il d.l. n. 149 del 2013 ribadisce che per ogni ulteriore aspetto «*si applicano ai partiti politici le disposizioni del codice civile*».

Per poter accedere ai benefici previsti, il partito politico deve trasmettere lo statuto alla «*Commissione di garanzia degli statuti e per la trasparenza e il controllo dei rendiconti dei partiti politici*», la quale, verificato che lo statuto contenga gli elementi richiesti, procede all'iscrizione del partito nel "*Registro nazionale dei partiti politici riconosciuti*" (tenuto dalla Commissione medesima). I partiti politici devono assicurare la trasparenza e l'accesso alle informazioni relative al proprio assetto statutario, agli organi associativi, al funzionamento interno e ai bilanci (compresi i rendiconti).

Tale disciplina (anche nella parte relativa alla trasparenza e alla pubblicità degli statuti e dei bilanci) è estesa anche alle fondazioni e alle associazioni la composizione dei cui organi direttivi sia determinata in tutto o in parte da deliberazioni di partiti o movimenti politici, nonché alle fondazioni e alle associazioni che eroghino somme a titolo di liberalità o contribuiscano al finanziamento di iniziative o servizi a titolo gratuito in favore di partiti, movimenti politici o loro articolazioni interne o di parlamentari o consiglieri regionali, in misura superiore al 10 per cento dei propri proventi di esercizio. È inoltre previsto il consolidamento dei bilanci dei partiti e movimenti politici, giacché (a decorrere dall'esercizio 2014) si dispone che al bilancio dei partiti e movimenti politici siano allegati i bilanci delle sedi regionali e quelli delle fondazioni e associazioni la composizione dei cui organi direttivi sia determinata in tutto o in parte da deliberazioni dei medesimi partiti o movimenti politici.

Alla Commissione competono i controlli sulla regolarità e sulla conformità alla legge del rendiconto e dei relativi allegati, nonché sull'ottemperanza agli obblighi di trasparenza e pubblicità. La Commissione può invitare i partiti a sanare eventuali irregolarità o inottemperanze. In caso di persistenza alla inottemperanza, la Commissione dispone la cancellazione del partito politico dal registro. In caso di mancato rispetto di altri obblighi di trasparenza, la Commissione applica, a titolo di sanzione amministrativa, la decurtazione di un terzo delle somme spettanti al partito.

Se il partito politico, nel rendiconto di esercizio, abbia omesso dati o abbia dichiarato dati difformi rispetto alle scritture e ai documenti contabili, la Commissione applica la sanzione amministrativa pecuniaria pari all'importo non dichiarato o difforme dal vero, consistente nella decurtazione delle somme ad esso spettanti, nel limite di un terzo dell'importo medesimo. Ove una o più voci del rendiconto del partito non siano rappresentate in conformità a quanto previsto, la Commissione applica la sanzione amministrativa pecuniaria fino a un ventesimo delle somme ad esso spettanti. Se il partito nella relazione sulla gestione e nella nota integrativa abbia omesso di indicare, in tutto o in parte, le informazioni richieste o non le abbia rappresentate in forma corretta o veritiera, la Commissione applica, per ogni informazione omessa, non correttamente rappresentata o riportante dati non corrispondenti al vero, la sanzione amministrativa pecuniaria fino a un ventesimo delle somme ad esso spettanti, nel limite di un terzo dell'importo medesimo.

I partiti politici iscritti nel "Registro" possono essere ammessi: a) al finanziamento privato in regime fiscale agevolato, qualora abbiano conseguito nell'ultima consultazione elettorale almeno un candidato eletto sotto il proprio simbolo, alle elezioni per il rinnovo del Senato della Repubblica, della Camera dei deputati, dei membri del Parlamento europeo spettanti all'Italia o in uno dei consigli regionali o delle province autonome di Trento e di Bolzano, ovvero abbiano presentato nella medesima consultazione elettorale candidati in almeno tre circoscrizioni per le elezioni per il rinnovo della Camera dei deputati o in almeno tre regioni per il rinnovo del Senato della Repubblica, o in un consiglio regionale o delle province autonome, o in almeno una circoscrizione per l'elezione dei membri del Parlamento europeo spettanti all'Italia; b) alla ripartizione annuale delle risorse di cui al 2 per mille, qualora abbiano conseguito nell'ultima consultazione elettorale almeno un candidato eletto sotto il proprio simbolo alle elezioni per il rinnovo del Senato della Repubblica, della Camera dei deputati o dei membri del Parlamento europeo spettanti all'Italia.

Può essere ammesso a tali benefici anche il partito iscritto nel "Registro" cui dichiari di fare riferimento un gruppo parlamentare costituito in almeno una delle Camere (o una singola componente interna al Gruppo misto) o che abbia depositato il contrassegno elettorale e partecipato in forma aggregata a una competizione elettorale mediante la presentazione di una lista di candidati per il rinnovo del Senato, della Camera o del Parlamento europeo, riportando almeno un candidato eletto. I soggetti diversi dalle persone fisiche non possono effettuare erogazioni liberali in denaro o comunque corrispondere contributi in beni o servizi, sotto qualsiasi forma e in qualsiasi modo erogati, in favore dei partiti politici per un valore superiore in ciascun anno a euro 100.000.

Tali benefici hanno un costo sulle casse pubbliche quantificate in 15,65 milioni di euro a decorrere dall'anno 2016. Con riguardo alla destinazione del due per mille dell'Irpef, è prevista una spesa massima di 45,1 milioni di euro a decorrere dal 2017. La tutela giudiziaria in materia è assegnata alla giurisdizione esclusiva del giudice amministrativo (fatta salva la giurisdizione del giudice ordinario in materia di sanzioni amministrative) con applicazione del rito abbreviato.

Nel nostro Paese lo scenario dei partiti politici si presenta caratterizzato da una persistente difficoltà di «ridefinizione delle identità» (Ridola) che rende instabile l'intero quadro politico determinando tensioni sulla forma di governo e sul sistema elettorale e che mette in discussione anche alcuni principi costituzionali (di qui la persistente affermazione della necessità di una revisione costituzionale). Questa situazione ha favorito la tendenza alla personalizzazione della politica ma ha prodotto anche un'ampia sfiducia nella politica e nei partiti.

La vicenda del finanziamento pubblico dei partiti costituisce l'emblema di una classe politica attenta più a trarre dal bilancio pubblico risorse per il proprio sostentamento che a preoccuparsi dell'effettivo perseguimento del bene comune. Alla pervasiva occupazione delle istituzioni (e di ambiti del sistema economico e finanziario) i partiti uniscono un'incapacità decisionale e di elaborazione di politiche inclusive. La necessità dell'introduzione di discipline dell'assetto organizzativo e dell'azione dei partiti è confermata dalla constatazione che i partiti si presentano quali meri contenitori e pertanto facilmente permeabili da parte di *lobbies* economiche (cui bisogna aggiungere – peculiarità del nostro paese – una opaca ingerenza della «alta burocrazia» di Stato). Il paradosso attuale è rappresentato dal fatto che, nonostante un'evidente crisi di legittimazione ed una palese incapacità (o quanto meno difficoltà) di elaborazione di risposte decisionali, i partiti continuano a svolgere un ruolo decisivo nel processo politico. Questa constatazione conferma la necessità di una disciplina legislativa che àncori i partiti a standard minimi di democrazia con riguardo ai processi di selezione delle candidature elettorali e alla trasparenza dei processi decisionali e delle fonti di finanziamento.

Deve però aggiungersi che la crisi dei partiti politici è riflesso della crisi del rapporto fra stato e società e dell'incapacità dell'odierno assetto politico-partitico di elaborare soluzioni idonee alle sfide della democrazia pluralistica (deficit di classe dirigente a sua volta conseguenza di una crisi – prima ancora che economica – culturale e valoriale). Per avviare un circolo tendenzialmente virtuoso è pertanto necessario adeguare la «forma-partito ... ad irrinunciabili istanze costituzionali di libertà, pubblicità e trasparenza del processo politico» (Ridola) così come è necessario riflettere sulla combinazione nelle democrazie pluralistiche di componenti rappresentative e componenti plebiscitarie (Fraenkel). Negli ultimi anni nel nostro Paese si è registrata una apparente «dinamicità» del sistema partitico (nascita di nuovi grandi partiti, esclusione dalla rappresentanza parlamentare di forze politiche in precedenza sempre presenti, mutamenti di denominazione, fusione e/o scomparsa di partiti preesistenti, ecc.) cui si contrappone la constatazione di una evidente «sclerotizzazione» (almeno con riguardo ai gruppi dirigenti) dei vari partiti e di una incapacità degli stessi di far fronte alle concrete domande provenienti dal corpo sociale nel quale cresce una evidente disaffezione per la politica. I partiti politici, «canali permanenti della partecipazione politica» e «fattori di organizzazione del pluralismo sociale», sono «coessenziali» allo stato democratico in quanto strumenti di filtro della volontà popolare, ma anche di «organizzazione pluralistica» dell'elettorato. Bisogna pertanto interrogarsi sulla «capacità» dell'assetto politico-partitico non solo di elaborazione di risposte adeguate alle sfide del pluralismo democratico, ma ancor prima di assicurare un adeguato tasso di pluralismo (e dunque di democraticità) del sistema. Pertanto, anche con riguardo all'assetto attuale della forma di governo italiana, la riflessione sui partiti si rivela centrale e dimostra l'errore di prospettiva delle opinioni che tendono a sopravvalutare l'efficacia dei meri congegni elettorali ritenuti in sé capaci di assicurare stabilità ed efficienza del sistema politico.

5. L'assetto organizzativo di ciascuna Camera

Ciascuna Camera ha un proprio assetto organizzativo disciplinato dai rispettivi regolamenti. **Organi delle Camere** sono, oltre all'assemblea (che raccoglie il *plenum* dei deputati e senatori), il presidente con relativo ufficio di presidenza, i gruppi parlamentari, le commissioni parlamentari (permanenti e non), le giunte. Alcuni di questi organi hanno un rilievo costituzionale, mentre altri trovano il proprio fondamento solo nel rispettivo regolamento.

Il ***presidente*** rientra nel primo gruppo: la Costituzione prevede espressamente tale carica cui assegna specifici poteri (dalla convocazione dell'assemblea all'emissione del parere obbligatorio al Presidente della Repubblica qualora questi decida di sciogliere anticipatamente le Camere). Nella prima seduta della legislatura le funzioni di presidente sono svolte: alla Camera, dal più anziano per elezione tra i vicepresidenti della legislatura precedente; se nessuno di questi è presente si risale ai vicepresidenti delle legislature anteriori; in mancanza, dal decano per età (anche per i quattro segretari provvisori, si applica il predetto criterio; in mancanza si scelgono i deputati più giovani); al Senato, dal più anziano di età mentre i sei più giovani svolgono le funzioni di segretari.

Dopo gli adempimenti legati alla proclamazione e alla verifica dei poteri (v. *infra*, par. 5), ciascuna Camera procede (a scrutinio segreto) all'elezione del proprio presidente, ma con procedure differenti. Alla Camera è richiesta la maggioranza dei due terzi dei membri (al primo scrutinio) e dei voti (nel secondo e nel terzo scrutinio); dopo il terzo scrutinio è sufficiente la maggioranza assoluta dei voti. Al Senato nei primi due scrutini è richiesta la maggioranza assoluta dei membri; nel terzo scrutinio è sufficiente la maggioranza assoluta dei voti espressi (computando tra i voti anche le schede bianche); nel caso in cui nessuno abbia ottenuto la maggioranza richiesta, si procede al ballottaggio fra i due candidati che nell'ultimo scrutinio abbiano riportato il maggior numero di voti. A parità di voti è eletto (o entra in ballottaggio) il più anziano di età.

A quelle costituzionalmente assegnate la prassi ha aggiunto ulteriori competenze che vengono ritenute avere fondamento costituzionale (come la consultazione dei presidenti delle Camere da parte del Capo dello Stato per la formazione del nuovo governo). Inoltre diverse leggi assegnano ulteriori competenze ai presidenti delle Camere (ad esempio nomina di membri di autorità indipendenti, ecc.).

Il presidente rappresenta la Camera (o il Senato), esterna la volontà della stessa e regola l'attività di tutti i suoi organi, facendone osservare il regolamento. Al presidente spetta il compito di direzione dei lavori, di dirigere le discussioni, mantenere l'ordine, giudicare della ricevibilità dei testi, stabilire l'ordine delle votazioni e proclamare i risultati. I numerosi poteri del presidente vengono raggruppati nelle seguenti categorie:

a) di rappresentanza;
b) di nomina;
c) di attivazione;
d) di organizzazione e di direzione dei lavori;
e) di vigilanza sull'attività degli organi;
f) di esternazione.

In merito al ruolo svolto dal presidente, si assegna a tale figura il significato di garante dell'applicazione del regolamento e di tutore dei diritti delle minoranze. Secondo Gianni Ferrara, sul presidente grava anche la responsabilità di garantire le condizioni di base affinché la maggioranza possa realizzare le finalità del programma di governo. Questa configurazione del ruolo del presidente si è in effetti registrata nei primi decenni dell'epoca statutaria. Solo a partire dalla presidenza Crispi (1877), il presidente, benché presieda l'assemblea, non figura nell'elenco dei deputati presenti e votanti. In epoca repubblicana si è affermato un ruolo *super partes* del presidente d'assemblea e, fino alla XII legislatura (1994), le presidenze di Camera e Senato venivano assegnate l'una ad un candidato appartenente alla maggioranza e l'altra ad un candidato dell'opposizione. A partire dalla XII legislatura (con il passaggio al sistema elettorale maggioritario) la coalizione di maggioranza si è sempre assegnata entrambe le presidenze. Secondo Manzella i presidenti delle camere svolgono un ruolo pretorio nell'esercizio della loro funzione di interpretazione del regolamento anche se è frequente la prassi del presidente di consultare la giunta per il regolamento.

Eletto il presidente, si procede (con voto limitato, allo scopo di assicurare la rappresentanza delle minoranze) all'elezione degli altri membri dell'*ufficio di presidenza* (quattro vicepresidenti, tre questori e otto segretari in ciascuna Camera). Indi si procede alla costituzione dei ***gruppi parlamentari***. Tutti i deputati e senatori devono infatti appartenere ad un **gruppo parlamentare**: entro tre giorni dalla prima seduta (o entro tre giorni dalla proclamazione o dalla nomina per chi entri nel corso della legislatura) ogni deputato o senatore è tenuto ad indicare alla presidenza il gruppo del quale intenda far parte (in mancanza si viene inseriti nel gruppo misto). Il numero minimo per la costituzione di un gruppo è di dieci senatori o di venti deputati. La costituzione di gruppi con numero inferiore può essere autorizzata (dal consiglio di presidenza al Senato e dall'ufficio di presidenza alla Camera) purché questi rappresentino partiti organizzati nel Paese che abbiano presentato propri candidati, con il medesimo contrassegno:

– alla Camera, in almeno 20 collegi e abbiano ottenuto almeno un quoziente in un collegio ed una cifra elettorale nazionale di almeno 300.000 voti di lista validi;

– al Senato, con la riforma del 2017 (v. *infra*) è stata introdotta la regola per cui ciascun gruppo (con minimo 10 senatori) deve rappresentare un partito o movimento politico «che abbia presentato alle elezioni del Senato propri candidati con lo stesso contrassegno».

Ciascun gruppo nomina il proprio presidente, uno o più vicepresidenti e un comitato direttivo. Ai gruppi è assicurata la disponibilità di locali, attrezzature e di contributi a carico del bilancio delle Camere.

I regolamenti parlamentari prevedono *commissioni parlamentari perma-*

nenti, di cui disciplinano il numero (14 sia alla Camera che al Senato) e le competenze, ed i cui membri sono designati dai gruppi all'inizio della legislatura. Le commissioni permanenti sono composte nel rispetto del principio di proporzionalità dei gruppi e secondo un principio di distribuzione di tutti i deputati (e senatori) nelle diverse commissioni. Sono rinnovate dopo il primo biennio della legislatura (al Senato; alla Camera sono rinnovate ogni biennio) ed i membri possono essere confermati. Ogni parlamentare può partecipare (fatta eccezione per i casi espressamente vietati dal regolamento), senza diritto di voto, alle sedute di commissioni diverse da quella di appartenenza (c.d. partecipazione a titolo consultivo, non valida nemmeno ai fini della determinazione del numero legale). Ogni membro della commissione può essere sostituito da altro parlamentare del proprio gruppo (ad opera del gruppo medesimo) con comunicazione trasmessa al presidente dell'assemblea e della commissione. In questo caso il sostituto sostituisce *pleno iure* il sostituito.

Ogni commissione nella prima riunione elegge il proprio presidente. I gruppi di minoranza più volte hanno manifestato il proprio dissenso in merito all'atteggiamento della maggioranza di incamerare tutte le presidenze delle commissioni. Oggi la presidenza solo di alcune commissioni o giunte (ritenute di controllo) sono assegnate all'opposizione.

Le commissioni parlamentari partecipano:

– al procedimento legislativo, svolgendo funzione referente, deliberante (o legislativa) o redigente, o esprimendo pareri (funzione consultiva);

– alle funzioni conoscitiva, di iniziativa, di controllo, di indirizzo e ispettiva.

Inoltre possono essere costituite *commissioni speciali* per determinate materie e funzioni.

La commissione può ascoltare membri del governo, membri delle pubbliche amministrazioni, rappresentanti di enti territoriali, di organismi privati, di associazioni di categoria ed altre persone esperte nella materia in esame. La pubblicità dei lavori delle commissioni (espressamente richiesta dalla Costituzione con riguardo alla sede deliberante) viene assicurata mediante la pubblicazione di un riassunto dei lavori pubblicato nel «Bollettino delle giunte e delle commissioni parlamentari»; nei casi previsti dal regolamento viene pubblicato anche il resoconto stenografico. In Assemblea costituente si deve a Mortati la presentazione dell'emendamento volto a rendere pubblici i resoconti dei lavori delle commissioni quando operano in sede legislativa. All'on. Clerici, che richiedeva la pubblicità delle sedute, Mortati replicò: «*Un ultimo limite mi sembra infine necessario: quello della pubblicità dei lavori della commissione. L'on. Clerici proponeva che la pubblicità si estendesse alle sedute, ma ciò incontra un ostacolo anche di carattere pratico, non essendo facile consentire l'accesso del pubblico nelle sale delle commissioni. L'esigenza assai importante si potrebbe soddisfare imponendo che siano resi pubblici i resoconti delle sedute*» (Atti Assemblea Costituente, seduta del 14 ottobre 1947, pomeridiana). Al proprio interno la commissione può istituire sottocommissioni, comitati permanenti o speciali aventi specifici compiti di studio o di proposta. Differente il ruolo del comitato dei nove e della sottocommissione dei sette che invece è destinato ad assicurare il carattere collegiale della commissione anche durante la discussione in assemblea del disegno di legge.

Le commissioni permanenti possono svolgere anche attività non legislative che terminano con l'approvazione di documenti conclusivi (alla Camera: procedure d'esame delle sentenze della Corte costituzionale; degli atti normativi dell'Ue; delle relazioni della Corte dei conti) o di relazioni o proposte o di pareri.

Le commissioni possono disporre, nelle materie di rispettiva competenza, previo consenso del presidente, *indagini conoscitive* tese ad acquisire notizie, informazioni e documentazioni; nelle relative sedute possono essere invitati ministri, funzionari ministeriali e amministratori di enti pubblici, di enti territoriali, rappresentanti di organismi privati, di associazioni di categoria ed esperti della materia. A conclusione dell'indagine, la commissione può approvare un documento. L'indagine ha una finalità meramente conoscitiva, pertanto durante lo svolgimento della stessa la commissione non dispone dei poteri della commissione d'inchiesta né ha facoltà di esercitare sindacato politico, di emanare direttive o di imputare responsabilità.

Le commissioni hanno facoltà di chiedere a ciascun ministro o al governo (che possono intervenire alle sedute delle commissioni per farvi comunicazioni) informazioni su questioni anche politiche in relazione alle materie di rispettiva competenza (*commissioni in sede politica*). Il dibattito in commissione in sede politica può precedere quello che si svolge in assemblea, può essere «occasione» del dibattito assembleare o può anche sostituirlo. L'attività politica delle commissioni può essere intesa come attività di mera conoscenza, funzionale al controllo svolto dall'assemblea (e così la commissione svolge un ruolo da «organo interno» dell'assemblea) oppure come funzione di controllo autonoma e distinta da quella dell'assemblea (e così commissione e assemblea si presentano come organi, e con ruoli, distinti). Preferibile appare la lettura che sottolinea il ruolo della commissione in sede politica volte a potenziare, e non a sostituire, l'attività politica dell'assemblea.

La *giunta* è un particolare tipo di commissione i cui membri sono nominati dal presidente e che svolge competenze particolari relative al funzionamento dell'assemblea.

La *giunta per il regolamento* (sia alla Camera che al Senato) è presieduta dal presidente dell'assemblea ed è composta di 10 membri nominati dal presidente medesimo non appena costituiti i gruppi parlamentari. Questa giunta, cui spetta l'iniziativa e l'esame di ogni proposta di modifica del regolamento, è competente a esprimere pareri su questioni (sottoposte dal presidente) di interpretazione del regolamento.

Al Senato la *giunta delle elezioni e delle immunità parlamentari*, composta di ventuno senatori (che, al proprio interno, eleggono il presidente della giunta medesima) svolge attività istruttoria in materia di verifica dei poteri e di esame delle domande di autorizzazione a procedere. La giunta procede alla verifica dei titoli di ammissione dei senatori e delle cause sopraggiunte di ineleggibilità e di incompatibilità. Qualora richiesta, la giunta riferisce all'assemblea sulle irregolarità delle operazioni elettorali che abbia eventualmente riscontrato. Al Senato, a differenza della Camera dove le autorizzazioni a procedere sono affidate ad un'apposita giunta, si è ritenuto preferibile – in ragione del numero dei senatori, inferiore a quello dei deputati – cumulare nella giunta delle elezioni anche le competenze in tema di immunità, ritenendole tutte connesse allo *status* del parlamentare.

Alla Camera dei deputati si trovano sia la *giunta delle elezioni* che la *giunta per le autorizzazioni a procedere*. La prima è composta di trenta deputati, nominati dal presidente non appena costituiti i gruppi parlamentari e svolge attività istruttoria in materia di verifica dei poteri e che riferisce all'assemblea, non oltre

18 mesi dalle elezioni, sulla regolarità delle operazioni elettorali, sui titoli di ammissione dei deputati e sulle cause di ineleggibilità e di incompatibilità, formulando le relative proposte di convalida, annullamento o decadenza. La giunta per le autorizzazioni a procedere è composta di ventuno deputati (che nella prima riunione eleggono fra i membri il proprio presidente) nominati dal presidente dell'assemblea non appena costituiti i gruppi parlamentari. La giunta, entro trenta giorni dalla trasmissione della richiesta, deve riferire all'assemblea sulle richieste che le sono state sottoposte.

Alla Camera è previsto il ***comitato per la legislazione***, composto da dieci deputati scelti dal Presidente in modo da garantire la rappresentanza paritaria della maggioranza e delle opposizioni e presieduto a turno da ciascuno dei componenti per un periodo di sei mesi. Il comitato esprime pareri alle commissioni – qualora ne sia fatta richiesta da almeno un quinto dei componenti – sui progetti di legge da queste esaminati sulla «qualità» dei testi legislativi «con riguardo alla loro omogeneità, alla semplicità, chiarezza e proprietà della loro formulazione, nonché all'efficacia di essi per la semplificazione e il riordinamento della legislazione vigente».

I regolamenti parlamentari prevedono che un deputato (o senatore), qualora nel corso di una discussione sia stato accusato di fatti che ledano la sua onorabilità, possa chiedere al presidente la nomina di una commissione (*Commissione d'indagine sulla onorabilità dei deputati e senatori*, c.d. *giurì d'onore*) che giudichi la fondatezza dell'accusa e che, entro un termine prefissato, presenti le proprie conclusioni all'assemblea che ne prende atto senza dibattito né votazione. Aperta è la questione relativa ai poteri d'indagine di tale commissione sia nel senso se gravi sul deputato accusante un onere della prova delle proprie affermazioni, sia in merito ai poteri concreti assegnati alla commissione.

6. Le prerogative parlamentari

Con l'espressione «*prerogative parlamentari*» si fa tradizionalmente riferimento ad un insieme di istituti che mirano ad assicurare e garantire l'indipendenza del Parlamento. A questo fine ciascuna Camera gode di un'*autonomia regolamentare* (consistente nel potere di adottare il proprio regolamento, cioè l'atto normativo che disciplina l'organizzazione e il funzionamento di ciascuna Camera, v. *supra*, cap. V, par. 13), di *autonomia finanziaria* e *amministrativa*.

Inoltre le Camere dispongono della c.d. ***autodichia*** (o ***giurisdizione domestica***) cioè del potere di giudicare delle controversie con i propri dipendenti, nonché del potere di giudicare dei titoli di ammissione dei propri membri e delle cause sopravvenute di ineleggibilità e incompatibilità (c.d. ***verifica dei poteri***, art. 66 Cost.).

La prerogativa del Parlamento si riflette anche sullo *status* del singolo deputato o senatore caratterizzato dalla c.d. *immunità parlamentare* (art. 68 Cost.), dal principio del *libero mandato parlamentare* (art. 67 Cost.) e dal diritto ad una *indennità* stabilita per legge (art. 69 Cost.).

Ciascuna Camera adotta il proprio regolamento a maggioranza assoluta dei suoi componenti (art. 64, comma 1, Cost.). La ***potestà regolamentare delle Camere*** è espressione dell'autonomia e dell'indipendenza delle stesse e pertanto ciascuna Camera determina, nel rispetto della Costituzione, la propria organizzazione interna e le regole del proprio funzionamento. I **regolamenti parlamentari** (espressione mediante la quale si indicano i regolamenti di ciascuna Camera, ma anche i regolamenti di giunte, delle commissioni di inchiesta, di commissioni speciali) trovano il proprio fondamento nella Costituzione e nella costituzionalmente riconosciuta autonomia e indipendenza delle Camere. La Costituzione pone una «riserva di regolamento parlamentare» per quanto attiene all'organizzazione e al funzionamento delle Camere, la cui disciplina è rimessa, nel rispetto di quanto fissato dalla Carta costituzionale, esclusivamente a tale fonte (v. *supra*, cap. V, par. 13). I regolamenti parlamentari approvati nel 1971 rispecchiavano il principio della c.d. «centralità» del Parlamento, fortemente legato alla c.d. democrazia consociativa. Le modifiche introdotte a tali regolamenti a partire dagli anni Ottanta, fino a quelle apportate al regolamento della Camera (nel corso della XIII legislatura) e del Senato (al termine della XVII legislatura), ne hanno notevolmente cambiato il funzionamento. La riforma approvata concerne tre ambiti di disciplina: i gruppi parlamentari, le commissioni permanenti; la semplificazione e razionalizzazione dei lavori.

La riforma ha introdotto numerose modifiche indirizzate ad evitare fenomeni di "frammentazione" e di "trasformismo" (e di "*transfughismo parlamentare*") e a rafforzare la stabilità governativa.

Per arginare il fenomeno del transfughismo (nonché la costituzione di gruppi parlamentari privi di un'effettiva presenza politica sul territorio) è stata introdotta la regola per cui ciascun gruppo (che deve sempre avere la consistenza minima di dieci senatori), deve tuttavia «rappresentare un partito o movimento politico, anche risultante dall'aggregazione di più partiti o movimenti politici, che abbia presentato alle elezioni del Senato propri candidati con lo stesso contrassegno». Pertanto è possibile la costituzione di un unico gruppo parlamentare da parte delle formazioni che abbiano presentato congiuntamente alle elezioni liste di candidati oppure la formazione di gruppi autonomi (salva sempre la soglia minima di dieci componenti), purché corrispondenti a singoli partiti o movimenti politici che si siano presentati alle elezioni uniti o collegati. In corso di legislatura, la costituzione di nuovi gruppi è ammessa solamente in caso di gruppi derivanti dalla fusione di altri già esistenti oppure in caso di scissione di formazioni presentatesi congiuntamente alle elezioni.

Con riguardo al requisito minimo di dieci senatori, è stata eliminata la possibilità in precedenza concessa al Consiglio di Presidenza di autorizzare gruppi "in deroga" (cioè con numero inferiore), ma è consentita la costituzione di un gruppo di almeno cinque senatori qualora appartenenti a minoranze linguistiche riconosciute dalla legge, eletti nelle regioni di insediamento di tali minoranze oppure eletti nelle regioni a statuto speciale in cui lo statuto preveda la tutela di minoranze linguistiche.

È stata infine introdotta la possibilità per i senatori a vita (sia di diritto che di nomina presidenziale) di non appartenere ad alcun gruppo parlamentare (mentre è ribadito l'obbligo di appartenenza ad un gruppo parlamentare per ogni senatore eletto).

Per limitare il fenomeno del "transfughismo parlamentare", è stata introdotta la decadenza dalla carica per i vicepresidenti e i segretari (nonché da tutte le cariche dell'ufficio di presidenza delle commissioni permanenti, ma non di presidente di assemblea o di questore) che entrino a far parte di un gruppo diverso da quello al quale appartenevano al momento dell'elezione. La decadenza non opera se la cessazione sia stata deliberata dal gruppo di provenienza, oppure in caso di scioglimento o fusione con altri gruppi parlamentari (in questi casi infatti il mutamento non dipende dalla volontà del parlamentare).

Per la giunta per il regolamento è stato affermato il principio "per quanto possibile" del rispetto della proporzione tra tutti i gruppi parlamentari (giacché la dimensione della giunta, composta di soli dieci senatori, può rendere difficile il rispetto di tale principio): Inoltre è stata introdotta la regola per cui il presidente della giunta delle elezioni e delle immunità parlamentari deve essere scelto tra i senatori appartenenti ai gruppi di opposizione. È stata assegnata ad un terzo dei senatori (anche rappresentati da uno o più presidenti di gruppo che raggiungano complessivamente tale consistenza numerica) la facoltà di sottoporre una questione di interpretazione regolamentare alla giunta da parte della presidenza (in precedenza solo il presidente del Senato poteva richiedere un parere su questioni di interpretazione del regolamento).

Con riguardo alle commissioni permanenti, nella formazione delle stesse il presidente del Senato deve assicurare ("per quanto possibile"), oltre alla proporzione tra tutti i gruppi parlamentari (già prevista in Costituzione), anche "il rapporto tra maggioranza e opposizione" (essendosi registrate in passato ipotesi in cui coalizioni composte da numerosi gruppi di piccole dimensioni siano state avvantaggiate rispetto a coalizioni quantunque maggioritarie ma formate da un minor numero di gruppi con la conseguenza di una "sovrarappresentazione" dell'opposizione).

In merito all'attività delle commissioni permanenti sono state introdotte due significative novità:

1) il principio della riserva di tempi di lavoro: in sede di programmazione dei lavori, alle commissioni devono essere «riservate due settimane ogni mese non coincidenti con i lavori dell'assemblea»; viene così introdotto il principio della non coincidenza dei lavori delle commissioni e dell'assemblea, con il duplice scopo, da un lato, di consentire lo svolgimento di un'istruttoria più approfondita e, dall'altro lato, di consentire a tutti i senatori di poter prendere parte alla discussione in Aula;

2) il principio della assegnazione preferenziale dei disegni di legge in sede deliberante e redigente: il presidente del Senato, in sede di assegnazione dei disegni di legge, deve preferire, «di norma», le sedi deliberante o redigente (esclusi ovviamente i disegni di legge per i quali la Costituzione o lo stesso regolamento del Senato prevedano una "riserva di assemblea").

Il ruolo centrale dell'Assemblea continua ad essere tutelato dalla garanzia costituzionale dell'istituto della rimessione in aula (richiesta da parte del governo, di un decimo dei componenti del Senato o di un quinto dei componenti della commissione, *ex* art. 72, comma 3, Cost.), ma indubbiamente lo scopo della riforma è quello di riservare la discussione in Aula ai soli casi delle leggi "riservate all'assemblea" o ai disegni di legge aventi maggiore significato "politico" (o perché più controversi o perché di evidente di interesse generale).

Il procedimento in sede redigente è stato, a sua volta, oggetto di modifiche al fine di "armonizzarlo" con quello previsto dal regolamento della Camera. Infatti in Senato, nella sede redigente, la commissione era chiamata a predisporre il testo e ad approvare i singoli articoli del disegno di legge, mentre all'assemblea spettava la sola deliberazione finale; viceversa alla Camera era (ed è) previsto che l'assegnazione in sede redigente comporta per la commissione la «formulazione, entro un termine determinato, degli articoli di un progetto di legge» mentre spetta all'assemblea «l'approvazione senza dichiarazioni di voto dei singoli articoli nonché l'approvazione finale del progetto di legge con dichiarazioni di voto». Con la riforma, il regolamento del Senato viene ad uniformarsi alla disciplina vigente per la Camera: oggi l'art. 28 reg. Sen. prevede che le commissioni in sede redigente provvedono a «l'esame dei disegni di legge da sottoporre all'assemblea per la sola votazione degli articoli e la votazione finale», rimanendo alla commissione il compito di esaminare gli emendamenti e di redigere il testo dell'articolato (che pertanto non sarà più modificabile dall'assemblea).

Con riguardo all'attività di indirizzo e di controllo si prevede (art. 46 reg. Sen.) che le informative del governo e dei ministri (fatta eccezione per i casi di urgenza stabiliti dalla conferenza dei capigruppo) vengano svolte di regola in commissione (e solo per le informative del presidente del consiglio è riservata l'assemblea). E, con riguardo ai poteri di controllo delle commissioni permanenti nei confronti delle nomine di iniziativa governativa, l'art. 47, comma 1-*bis*, reg. Sen. (introdotto dalla riforma) dispone che «in relazione ai pareri sulle nomine governative ad esse assegnati, le commissioni possono procedere all'audizione del candidato proposto dal governo» e che tale audizione può avere luogo anche in sede congiunta dei due rami del Parlamento (prassi già sperimentata in occasione delle procedure informative).

In tema di pubblicità dei lavori delle commissioni permanenti, la riforma del 2017 (al fine di soddisfare esigenze di trasparenza) ha introdotto la possibilità che «il presidente del Senato, su domanda della commissione, può disporre che la stampa o anche il pubblico siano ammessi a seguire lo svolgimento delle sedute in separati locali attraverso impianti audiovisivi». In precedenza si disponeva che «le sedute delle Commissioni in sede referente e consultiva non sono pubbliche» e la conoscibilità esterna dei lavori era garantita dalla pubblicazione di un riassunto dei lavori. La modifica, pur non introducendo il principio della piena pubblicità di tutte le sedi di lavoro della commissione (essendo la stessa rimessa ad un "doppio filtro": la necessaria richiesta deliberata dalla commissione – e dunque dalla maggioranza parlamentare – e poi l'autorizzazione della presidenza), amplia comunque la conoscibilità dei lavori delle commissioni.

La *commissione politiche dell'Unione europea* (la XIV commissione), istituita nel 1988 con la denominazione di «giunta per gli affari delle comunità europee» e trasformata in commissione permanente nel 2003, acquisisce a pieno titolo la qualifica di "commissione permanente" (in precedenza infatti tale commissione non era configurata come tale, giacché i senatori designati a farne parte erano componenti anche di altra commissione permanente) ed infatti il nuovo comma 1 dell'art. 21 reg. Sen. dispone che i gruppi designano i propri rappresentanti nelle singole commissioni permanenti in ragione di «uno ogni quattordici iscritti». Tale commissione ha visto ampliate le proprie competenze essendo stata estesa la possibilità di esaminare in sede referente anche «sugli altri disegni di legge ... recanti disposizioni urgenti per l'attuazione di obblighi derivanti dall'appartenenza all'Unione europea e per l'esecuzione di sentenze della Corte di giustizia dell'Unione europea» (in precedenza la competenza in sede referente della commissione politiche dell'Unione europea era limitata ai soli «disegni di legge comunitaria», oggi disegni di legge europea e di delegazione europea). La XIV commissione si è vista inoltre assegnare dalla riforma, con riguardo all'attività consultiva e di raccordo con l'attività legislativa dell'Unione europea, una competenza esclusiva nella valutazione della verifica del rispetto dei principi di sussidiarietà e proporzionalità degli atti legislativi dell'Unione europea. La riforma del 2017 infatti, ha nettamente distinto l'esame dell'atto legislativo dell'Unione dal punto di vista del merito e dal punto di vista del rispetto dei principi di sussidiarietà e proporzionalità (che, ai sensi dell'art. 5 Tue, devono sempre delimitare l'esercizio delle competenze dell'Unione europea). Ed infatti se i progetti di atti legislativi dell'Unione europea sono deferiti alle commissioni nelle materie di loro competenza (e qualora la commissione di merito riscontri possibili violazioni del principio di sussidiarietà, deve rimettere tale aspetto all'esame della commissione politiche dell'Unione europea), spetta a quest'ultima la verifica del rispetto dei principi di sussidiarietà e proporzionalità, in conformità ai Trattati (e nel caso in cui la XIV commissione riscontri la violazione del principio di sussidiarietà da parte di un atto legislativo dell'Unione europea la questione potrà essere esaminata dall'assemblea su richiesta del governo o di un quinto dei componenti della commissione).

A tutela delle opposizioni opera il rafforzamento di alcuni istituti quale l'inserimento "di diritto" nel programma dei lavori dei disegni di legge e degli atti di indirizzo e di sindacato ispettivo (in ragione di uno ogni tre mesi), sottoscritti da almeno un terzo dei senatori. È inoltre previsto che l'assemblea si riunisce di regola una sola volta per ogni giorno di seduta previsto dal calendario (accrescendo così l'efficienza discendente dal non dover procedere alla lettura e alla votazione, con eventuale dibattito, sul processo verbale, e prevedendo una semplice sospensione dei lavori; e con riguardo al processo verbale, è stabilito che in caso di votazione su di esso non possa più essere richiesta la verifica del numero legale) e le modifiche al calendario dei lavori possono essere proposte solo da un senatore per gruppo. Con riguardo all'esame dei disegni di legge di iniziativa popolare (per i quali in precedenza era previsto solo un termine per l'inizio dei lavori in commissione, non superiore ad un mese dal deferimento) si prevede che l'esame in commissione debba essere concluso entro tre mesi dall'assegnazione, decorsi i quali il disegno di legge viene iscritto d'ufficio nel calendario dei lavori dell'assemblea.

La *dichiarazione d'urgenza* (procedura che si era mostrata priva di effetti concreti perché operava solo sul dimezzamento dei termini) può essere richiesta (in relazione ad un disegno di legge o ad un affare che debba essere discusso in assemblea) da parte di un decimo dei componenti dell'assemblea (in precedenza l'attivazione della procedura era concessa al proponente di un disegno di legge o di un documento, al presidente della commissione competente o ad otto senatori) e la richiesta di urgenza deve prevedere la fissazione di un termine per l'inizio dell'esame in aula e se approvata determina l'iscrizione di diritto nel programma dei lavori «in modo da assicurare il rispetto del termine fissato».

La riforma del 2017 è intervenuta anche sulla disciplina relativa alla verifica dei presupposti di necessità ed urgenza per i decreti-legge (inizialmente previsto anche dall'art. 96-*bis* reg. Cam., e poi soppresso con la riforma del 1997), che è stata interamente rivista giacché la valutazione sulla sussistenza o meno dei requisiti di necessità ed urgenza è attribuita all'assemblea, presso la quale, entro cinque giorni dall'annuncio di presentazione o di trasmissione al Senato del disegno di legge di conversione, un presidente di gruppo o dieci senatori possono presentare una proposta di questione pregiudiziale nonché una questione sospensiva. Le questioni pregiudiziali e sospensive "di costituzionalità" possono essere presentate nel limite di una per gruppo ed in ogni caso l'esame delle questioni incidentali ha valore conclusivo (sicché nell'ulteriore corso della discussione dei disegni di legge di conversione è preclusa la presentazione di ulteriori questioni pregiudiziali o sospensive). Con riguardo alle questioni incidentali e alla proposta di non passaggio all'esame degli articoli (si ricorda che la questione pregiudiziale può essere presentata e discussa prima che abbia inizio la discussione generale, a meno che non sia giustificata da fatti sopravvenuti, mentre la proposta di non passaggio all'esame degli articoli può essere esaminata solo dopo che la discussione generale sia stata chiusa), le innovazioni introdotte dalla riforma limitano ad un senatore per gruppo la possibilità di presentare proposte di questione pregiudiziale e sospensiva, nonché proposte di non passare all'esame degli articoli e, con riguardo alle modalità di votazione, le questioni incidentali sono oggi poste in votazione con scrutinio nominale simultaneo (in precedenza le questioni pregiudiziali e sospensive venivano poste in votazione necessariamente per alzata di mano ed anche la proposta di non passaggio agli articoli era votata per alzata di mano, salvo che 15 senatori ne chiedessero il voto nominale a scrutinio elettronico, o 20 senatori, ricorrendone i presupposti, richiedessero lo scrutinio segreto).

Per accelerare lo svolgimento della discussione sono stati diminuiti: i tempi attribuiti per gli interventi dei senatori (dimezzamento dei venti minuti precedentemente previsti, sia in Assemblea che in Commissione per la discussione generale e le repliche); i tempi (ridotti a cinque minuti) per i richiami strettamente procedurali (richiami al regolamento, richiami all'ordine del giorno, all'ordine delle discussioni o delle votazioni), e (a tre minuti) per la richiesta di votazione per parti separate; il tempo (da dieci a tre minuti) per intervenire qualora sia stata proposta la chiusura anticipata della discussione generale.

Con riguardo alla presentazione degli emendamenti, questi debbono essere presentati per iscritto dal proponente nel termine stabilito dalla presidenza o dalla conferenza dei presidenti dei gruppi. È inoltre previsto che su tutti gli emendamenti presentati ad uno stesso articolo si svolga un'unica discussione (che ha inizio con l'illustrazione da parte di uno solo dei presentatori, il quale può intervenire una sola volta per non oltre cinque minuti; questo termine può essere ampliato fino a dieci minuti ove l'intervento costituisca l'unico intervento del gruppo; dopo l'illustrazione è ammesso l'intervento di un senatore per gruppo, per dieci minuti).

In merito agli effetti del parere contrario della V commissione permanente (commissione bilancio), qualora un disegno di legge contenga disposizioni sulle quali la V commissione abbia espresso parere contrario ai sensi dell'art. 81, comma 3, Cost. o parere favorevole condizionatamente a modificazioni specificamente formulate, nel caso in cui la commissione di merito non si sia adeguata a tale parere, le contrarietà *tout court* e le condizioni espresse dalla commissione bilancio vanno a formare dei corrispondenti emendamenti (soppressivi o modificativi) che risulteranno presentati a nome della V commissione e posti in votazione.

La (forse più significativa) modifica introdotta con la riforma del 2017 attiene al *computo degli astenuti* (che, a sua volta, costituiva la principale differenza tra i regolamenti delle due Camere). Come visto, il comma 3 dell'art. 64 Cost. prevede che «le deliberazioni di ciascuna Camera e del Parlamento in seduta comune non sono valide se non è presente la maggioranza dei loro componenti», precisando altresì che esse «sono adottate a maggioranza dei presenti». Ma con riferimento agli astenuti, i regolamenti dei due rami del Parlamento hanno optato per lungo tempo per una diversa interpretazione in ordine concetto di «presenti» di cui all'art. 64 Cost. Il Regolamento della Camera (art. 46, comma 3) computa gli astenuti come presenti al fine della determinazione del numero legale ma non li considera presenti nella determinazione della maggioranza deliberativa; il comma 1 dell'art. 107 reg. Sen. disponeva invece che «ogni deliberazione del Senato è presa a maggioranza dei senatori che partecipano alla votazione», considerando gli astenuti presenti sia nel computo del numero legale, sia nella deliberazione in quanto partecipanti al voto (e la Corte Costituzionale, con la sent. n. 78 del 1984 ha ritenuto ammissibili le diverse interpretazioni sul computo della maggioranza in virtù dell'autonomia regolamentare di ciascuna Camera garantita dall'art. 64 Cost.). Allo scopo di rendere omogenee le due discipline, l'attuale formulazione dell'art. 107 reg. Sen. stabilisce che *ogni deliberazione è presa a maggioranza dei senatori presenti*, salvi i casi per i quali sia richiesta una maggioranza speciale. *Sono considerati presenti coloro che esprimono voto favorevole o contrario*. Ed il nuovo comma 2-*bis* dispone che *ai fini della verifica del numero legale sono considerati presenti anche i senatori che esprimono un voto di astensione*, nonché i richiedenti una votazione qualificata ovvero la verifica del numero legale.

Con riguardo ai modi di votazione (ferma restando l'enunciazione di principio secondo cui i voti in assemblea sono espressi per alzata di mano, per votazione nominale o a scrutinio segreto), la riforma non ha modificato l'impostazione basata sulla regola generale della votazione per alzata di mano, ma ha aggiunto che le votazioni per alzata di mano sono "di regola" effettuate mediante procedimento elettronico senza registrazione dei nomi. Inoltre è previsto che la votazione nominale possa essere richiesta anche oralmente, da quindici senatori o da uno o più capigruppo che rappresentino separatamente o congiuntamente gruppi di pari consistenza numerica (e la richiesta effettuata ad inizio seduta produce effetto per tutte le votazioni). Resta ferma la possibilità di richiedere il voto segreto da parte di venti senatori i quali possono essere anche rappresentati da uno o più presidenti di gruppi che, separatamente o congiuntamente, risultino di almeno pari consistenza numerica. È possibile richiedere votazioni a scrutinio segreto per le deliberazioni "che incidono" sui rapporti civili ed etico-sociali.

Oggetto di disciplina è stata anche la *questione di fiducia*, con specifico riguardo al caso in cui questa venga posta sull'approvazione di un emendamento o su un maxiemendamento. In un parere del 1984 della giunta per il regolamento si precisava che da essa «*deriva la priorità della votazione dell'oggetto sul quale la fiducia è stata posta, con la consequenziale automatica esclusione di qualsiasi emendamento, stralcio, divisione o aggiunta. La questione di fiducia non instaura un dibattito a sé stante, ma diventa la cornice della discussione sull'oggetto di voto in ordine al quale è stata posta, in quanto con essa il Governo condiziona in modo espresso la propria sopravvivenza all'approvazione di un testo*». La riforma (recependo i principi del predetto parere del 1984) ha esplicitato che la posizione della questione di fiducia sull'approvazione di un articolo, dell'articolo unico del disegno di legge di conversione di un decreto-legge o sull'approvazione o reiezione di emendamenti, determina la priorità della votazione dell'oggetto sul quale la fiducia è stata posta, con conseguente preclusione, in caso di approvazione, di «*tutti i restanti emendamenti, ordini del giorno* e *proposte di stralcio*». Lo stesso effetto, sia in termini di priorità della votazione, sia di conseguente preclusione in caso di approvazione, è previsto per la posizione della questione di fiducia su un atto di indirizzo. Inoltre (allo scopo di porre fine alla prassi delle questioni di fiducia su maxiemendamenti di iniziativa governativa e che ponevano la presidenza nella concreta impossibilità di esercitare in modo adeguato un controllo di ricevibilità e ammissibilità dei testi da porre in votazione) si specifica che il governo sottopone alla presidenza i testi sui quali intende porre la questione di fiducia, ai fini dell'esame ai sensi degli artt. 8 (attribuzioni del Presidente), 97 (improponibilità e inammissibilità) e 102-*bis* (effetti del parere contrario della Commissione bilancio) reg. Sen. Il comma 3-*quater* dell'art. 161 stabilisce infine che nel caso in cui la questione di fiducia sia posta sull'approvazione di un emendamento di iniziativa governativa, prima della discussione il Governo può «precisarne» il contenuto esclusivamente per ragioni di copertura finanziaria o di coordinamento formale del testo.

L'istituto delle *interrogazioni a risposta immediata* (c.d. *question time*) è disciplinato dall'art. 151-*bis* reg. Sen. Alla Camera (art. 135-*bis* reg. Cam.) viene riservata una seduta dell'assemblea (di norma il mercoledì) allo svolgimento di interrogazioni orali urgenti presentate da un deputato per ciascun gruppo, tramite il suo presidente. Tali interrogazioni consistono in una sola domanda, formulata in modo chiaro e conciso su un argomento di rilevanza generale, connotato da urgenza o particolare attualità politica. Quando sia previsto che la risposta venga resa dal presidente o dal vicepresidente del Consiglio, l'argomento delle interrogazioni presentate deve rientrare nella competenza propria del presidente del Consiglio, come definita dall'art. 95, comma 1, Cost. Il presentatore di ciascuna interrogazione può illustrarla per un minuto e il governo risponde per non più di tre minuti; successivamente, è prevista una replica per un massimo di due minuti. Il regolamento del Senato, nel testo previgente, prevedeva il ricorso a tale procedura almeno una volta al mese, dedicando parte di una seduta destinata alla discussione di disegni di legge, per "materie specificamente individuate" dalla conferenza dei capigruppo. Ove lo richiedesse, il rappresentante del governo aveva per primo la parola, per non più di dieci minuti e l'interrogazione veniva definita come una "pura e semplice domanda al Governo, senza alcun commento». Il nuovo testo dell'art. 151-*bis* riproduce la formulazione del Regolamento della Camera: il presentatore di ciascuna interrogazione ha facoltà d'illustrarla per non più di tre minuti. A ciascuna delle interrogazioni presentate risponde il rappresentante del governo per non più di tre minuti e l'interrogante o altro senatore del medesimo gruppo ha diritto di replicare per non più di due minuti (è inoltre possibile svolgere tali interrogazioni anche in commissione).

Riguardo alla *natura giuridica dei regolamenti parlamentari*, la dottrina è divisa fra quanti assegnano ai medesimi la qualità di atti meramente interni a ciascuna Camera (c.d. *interna corporis*), e dunque non sindacabili e senza rilevanza esterna, e quanti invece ritengono che i regolamenti parlamentari siano fonti primarie aventi un ambito materiale di competenza costituzionalmente riservato. In questo dibattito si innesta l'ulteriore riflessione avente ad oggetto, da un lato, la *sindacabilità dei regolamenti parlamentari* (quali atti sottoponibili al giudizio di costituzionalità) e, dall'altro lato, *la «parametricità» dei regolamenti* medesimi (quali atti che possano integrare il parametro del giudizio di costituzionalità).

Ad entrambe le questioni la Corte costituzionale ha risposto negativamente. La Corte infatti ha rigettato la dottrina degli *interna corporis* (secondo cui i regolamenti parlamentari sarebbero norme meramente interne dell'organo parlamentare), dottrina che in passato era stata funzionale all'affermazione di sfere di autonomia e di indipendenza del Parlamento in quanto tramite essa si giustifica la sottrazione al controllo giurisdizionale degli atti parlamentari, dei procedimenti parlamentari e delle decisioni parlamentari. Fin dalla sent. n. 9 del 1959 la Corte costituzionale ha rigettato la dottrina degli *interna corporis* affermando che la posizione costituzionale di indipendenza delle Camere non può giungere a far affermare l'assoluta insindacabilità del procedimento con cui gli atti delle Camere vengono deliberati. Al tempo stesso la Corte ha escluso la parametricità delle norme di regolamento parlamentare in quanto la determinazione «del senso e della portata» delle disposizioni contenute nei regolamenti parlamentari deve essere riservata alla Camera (o al Senato), in quanto nella discussione sull'interpretazione di una disposizione posta dalla Camera nel proprio regolamento (nell'esercizio di facoltà attribuita dalla Costituzione), è da ritenersi decisivo l'apprezzamento della Camera medesima.

L'autonomia normativa di entrambi i rami del Parlamento e «la peculiarità e dimensione di tale autonomia» sono ribaditi dalla Corte nella sent. n. 78 del 1984 (relativa al computo degli astenuti), nella quale si riconosce che i regolamenti parlamentari, in quanto svolgimento diretto della Costituzione, assegnano a ciascuna Camera un margine ampio nella «*interpretazione e attuazione del pensiero del costituente in materia*». Ma è nella sent. n. 154 del 1985 che la Corte esclude a chiare lettere la sindacabilità dei regolamenti parlamentari (in quanto non ricompresi fra gli atti aventi forza di legge sottoponibili al controllo di costituzionalità) ed in ragione del fatto che le Camere dispongono di «*una indipendenza guarentigiata nei confronti di qualsiasi altro potere, cui pertanto deve ritenersi precluso ogni sindacato sugli atti di autonomia normativa* ex *art. 64 Cost.*» e tale indipendenza è conseguenza del ruolo «centrale» che la Costituzione ha assegnato al Parlamento collocandolo «*al centro del sistema, facendone l'istituto caratterizzante l'ordinamento*».

La Costituzione (art. 66) assegna a ciascuna Camera il «*potere di giudicare sui titoli di ammissione dei suoi membri, sulle cause sopraggiunte di ineleggibilità e di incompatibilità e sulla regolarità delle operazioni elettorali*» (l'art. 65, comma 1, Cost. riserva alla legge la determinazione dei casi di ineleggibilità e di incompatibilità con l'ufficio di deputato o di senatore). Questa funzione, tradizionalmente definita come «***verifica dei poteri***», concerne il potere di ciascuna Camera di giudicare sulla legittimità dei titoli dei rispettivi membri a farne parte. Questa prerogativa, già presente in epoca statutaria, appartiene ad una tradizione risalente, la cui *ratio* risiedeva nella tutela del parlamentare da arbìtri del potere regio. In epoca contemporanea, se la verifica dei poteri viene ritenuta garanzia ed espressione della autonomia ed indipendenza di ciascuna Camera, permane il timore di un uso «politico» di tale potere, sia nel senso di un uso strumentale dello stesso da parte della maggioranza ai danni della minoranza, sia in un senso «partitocratico», di autoprotezione degli eletti nei confronti dei non eletti e di ogni altro organo esterno. Se la disciplina relativa alle cause di ineleggibilità e di incompatibilità deve essere posta dalla legge, gli organi competenti per l'adozione delle singole decisioni sono, per ciascuna Camera, la giunta delle elezioni (che svolge funzioni istruttorie e referenti) e l'assemblea.

L'elezione di ogni parlamentare è sottoposta ad un giudizio sul possesso dei titoli di ammissione (c.d. *sospetto di invalidità*) e tale *giudizio di convalida* (avente ad oggetto la regolarità delle operazioni elettorali e l'esistenza dei requisiti di eleggibilità) si articola in una prima fase (c.d. di delibazione), generalizzata e necessaria, che si svolge dinanzi alla giunta delle elezioni (alla Camera; mentre al Senato dinanzi alla giunta delle elezioni e delle immunità parlamentari) ed in cui si esaminano i documenti elettorali e gli eventuali ricorsi. La giunta, qualora non ravvisi alcuna irregolarità, delibera la convalida c.d. «pura e semplice» che è poi comunicata (senza alcun dibattito né votazione) dal presidente dell'assemblea all'assemblea medesima; qualora invece la giunta accerti l'esistenza di elementi che possano far dubitare della legittimità dell'elezione, si apre la fase c.d. «di contestazione» in cui i parlamentari interessati sono ascoltati in udienza pubblica dalla giunta che, successivamente, si riunisce in camera di consiglio per decidere se proporre all'assemblea la convalida o l'annullamento dell'elezione.

La prerogativa costituzionale della *verifica dei poteri* concerne anche il potere di giudicare sulle cause di decadenza (incompatibilità sopravvenuta, ineleggibilità sopravvenuta, incandidabilità sopravvenuta, dimissioni o morte) con riguardo alle quali si segue la procedura di contestazione che si apre con l'avvio in giunta del procedimento per la dichiarazione di decadenza e che si fonda sul principio del contraddittorio e che si esplica nella previsione di un'udienza pubblica, nella c.d. concentrazione processuale e nella motivazione pubblica della decisione. La decisione adottata dalla giunta è letta immediatamente dal presidente della giunta in seduta pubblica, mentre la motivazione è inserita nella relazione trasmessa all'assemblea. Al Senato le proposte della giunta sono oggetto di discussione, ma, se non vengono presentati ordini del giorno in difformità (sottoscritti da almeno 20 senatori), non si procede ad alcuna votazione (intendendosi per approvate le conclusioni della giunta); in caso di presentazione di ordini del giorno si procede con votazione a scrutinio segreto (trattandosi di questioni riguardanti persone), mentre alla Camera la votazione avviene a scrutinio palese. Secondo la dottrina, nella verifica dei poteri ciascuna Camera agisce secondo i principi dell'attività giurisdizionale (Lippolis). Questo orientamento è volto non ad assegnare natura giurisdizionale alle singole Camere, che restano organi politici, ma a limitarne la discrezionalità al fine di circoscrivere le modalità di utilizzo di tale potere evitandone un uso «politico-partitico» (cioè come mezzo di prevaricazione della maggioranza sulle minoranze o come strumento partitocratico mediante il quale la classe politica tenda a sottrarsi a specifiche forme di responsabilità).

Il d.lgs. n. 235 del 2012 (*"Testo unico in materia di incandidabilità e di divieto di ricoprire cariche elettive e di Governo conseguenti a sentenze definitive di condanna per delitti non colposi"*), in attuazione della legge delega n. 190 del 2012 (*"Disposizioni per la prevenzione e la repressione della corruzione e dell'illegalità nella p.a."*), prevede l'incandidabilità alle elezioni politiche per quanti abbiano riportato condanne definitive a determinati reati e comunque a pene superiori a due anni di reclusione conferendo l'accertamento della incandidabilità alle giunte elettorali (con cancellazione dalla lista dei candidati) e, in caso di incandidabilità sopravvenuta nel corso del mandato parlamentare, l'immediata comunicazione (da parte del p.m. competente) alla Camera di appartenenza per la mancata convalida o la decadenza dalla carica di parlamentare. Tale disciplina ha trovato immediata applicazione portando alla dichiarazione di decadenza di numerosi consiglieri regionali, provinciali e comunali. In seguito alla condanna definitiva (Cass. pen., sez. feriale, sent. 1 agosto 2013, n. 35729, depositata il 29 agosto 2013) del sen. Berlusconi a quattro anni di reclusione per frode fiscale (di cui tre condonati con l'indulto), si è aperto presso la

Giunta delle elezioni e delle immunità parlamentari del Senato il procedimento volto alla decadenza del medesimo. All'interno di tale procedimento sono state prospettate molteplici questioni fra cui innanzitutto quella relativa all'applicabilità del d.lgs. n. 235 del 2012 solo per condanne relative a fatti posti in essere dopo l'entrata in vigore del medesimo (in applicazione del principio posto dall'art. 25 Cost. secondo cui «*Nessuno può essere punito se non in forza di una legge entrata in vigore prima del fatto commesso*»). Ma, secondo la consolidata giurisprudenza e la prevalente dottrina, la disposizione in esame non introduce una sanzione accessoria, ma pone l'assenza di una sentenza di condanna quale requisito di candidabilità. Diventa pertanto ininfluente il momento di commissione del reato giacché il d.lgs. n. 235 del 2012 disciplina il diverso profilo della «*indegnità morale*» (art. 48 Cost.) a ricoprire cariche elettive (Siclari). Anche il Consiglio di Stato (sez. V, sent. n. 695 del 2013) ha affermato che l'applicazione di tale disciplina «*non dà la stura ad una situazione di retroattività, ma costituisce applicazione del principio generale* tempus regit actum *che impone ... l'applicazione della disciplina sostanziale vigente al momento dell'esercizio del potere amministrativo*». Ed anche la Corte costituzionale riconosce la natura «*non sanzionatoria*» dell'incandidabilità non costituendo la stessa «*un aspetto del trattamento sanzionatorio penale derivante dalla commissione del reato, e nemmeno una autonoma sanzione collegata al reato medesimo, ma ... l'espressione del venir meno di un requisito soggettivo per l'accesso alle cariche considerate*» (cfr. già sentt. nn. 118 e 295 del 1994). Per le cariche elettive negli enti locali tale requisito dell'incandidabilità per condanne penali è infatti operante fin dall'inizio degli anni novanta e sia la giurisprudenza costituzionale sia quella amministrativa si sono sempre espresse nel senso sopra indicato. Ed in tal senso è anche la giurisprudenza della Corte europea dei diritti dell'uomo, la quale, nella decisione *Pierre-Bloch c. Francia, 21 ottobre 1997*, con riguardo alla pronuncia del *Conseil constitutionnel* che aveva comminato la sanzione dell'ineleggibilità di un candidato alle elezioni per l'*Assemblée Nationale*, ha ritenuto non penale la qualificazione *ex lege* della ineleggibilità (in senso simile anche Cedu, *Masson c. Francia, 12 febbraio 2008*). Nel procedimento riguardante il sen. Berlusconi, il 4 ottobre 2013 la Giunta ha deliberato a maggioranza per la decadenza. La questione della decadenza da senatore di Silvio Berlusconi (con i suoi rilevanti risvolti politici) si caratterizza per i numerosi profili problematici: dalla natura giurisdizionale o meno della Giunta (questione funzionale a ravvisare nella Giunta un possibile giudice *a quo* per un giudizio di costituzionalità o per un rinvio pregiudiziale alla Corte europea dei diritti dell'uomo) alla questione della natura delle norme imposte dal (e dunque della retroattività o meno del) d.lgs. n. 235 del 2012; dalla distinzione fra incandidabilità e ineleggibilità a quella fra incandidabilità originaria e incandidabilità sopravvenuta. Tali questioni si pongono all'interno dell'esercizio di una prerogativa costituzionale (quella della verifica dei poteri) riconosciuta al Parlamento in quanto depositario della sovranità popolare, ma riguardo alla quale è ricorrente la proposta di soppressione con trasferimento all'autorità giudiziaria della relativa competenza. Ma proprio tale vicenda, ove una consistente parte politica continua a contestare la legittimità dell'operato della magistratura, dimostra che l'eventuale assegnazione al potere giudiziario della dichiarazione di decadenza da parlamentare avrebbe riproposto una radicale contestazione della relativa decisione.

Secondo la dottrina tradizionale, la riserva di legge per i motivi di ineleggibilità ed incompatibilità, la c.d. verifica dei poteri, l'insindacabilità e l'immunità parlamentare, e l'indennità parlamentare si collegano tutti al ***principio del divieto di mandato imperativo*** e rappresentano specificazioni e forme di tutela del principio della indipendenza dei parlamentari. Si parla infatti di *ius commune* dei titolari degli organi costituzionali, in quanto norme dettate nell'interesse non dei loro destinatari, bensì degli organi di cui fanno parte (e da questa constatazione può comprendersi perché tali prerogative siano irrinunciabili da parte del singolo deputato o senatore).

Il ***divieto di mandato imperativo*** (o *libero mandato parlamentare*) trova la sua formulazione iniziale nelle costituzioni della rivoluzione francese (per poi passare nelle costituzioni ottocentesche) come reazione ai modelli dell'*ancién régime*. Il divieto del mandato imperativo è funzionale all'affermazione dell'indipendenza di ogni parlamentare. Il principio posto dall'art. 67 Cost., secondo cui «*Ogni membro del Parlamento rappresenta la nazione ed esercita le sue funzioni senza vincolo di mandato*», costituisce un principio tradizionale delle moderne democrazie rappresentative e dei regimi liberaldemocratici. Nei *Blackstone's Commentaries* (Londra, 1856, 123) si legge: «*Ogni membro del Parlamento sebbene scelto da un determinato collegio, quando è eletto e proclamato, svolge le sue funzioni per tutto il Regno. Perché egli è chiamato a far parte della Camera per un fine non particolare, ma generale; non per recare vantaggio ai suoi elettori, ma a tutta la comunità*». L'affermazione dei partiti politici di massa impone la necessità di un mutamento di approccio nella riflessione su tale argomento. La soggezione dei parlamentari ai vincoli di partito indebolisce l'indipendenza degli stessi, ma parimenti si afferma che l'elezione all'interno di un determinato partito politico (e dunque con l'identificazione con una determinata ideologia) imporrebbe all'eletto una fedeltà verso gli elettori del partito medesimo. Bisogna però riconoscere che il divieto del mandato imperativo continua a svolgere un'utile funzione anche nei rapporti fra parlamentari e partiti politici, giacché l'attuale funzione del principio (Corte cost., sent. n. 14 del 1964) consiste proprio nel consentire ai parlamentari di votare contro le direttive di partito, togliendo valore giuridico ad ogni vincolo contrario, almeno per quanto concerne la validità degli atti di funzione compiuti nell'esercizio del mandato (Mazziotti).

Nell'odierna restrizione degli spazi di democraticità all'interno dei partiti politici, ove le logiche personalistiche, verticistiche e oligarchiche tendono purtroppo sempre più ad accentuarsi, la garanzia di uno spazio di libertà al singolo deputato (anche se a volte tale libertà si presta a fenomeni degenerativi, come ad es. il c.d. transfughismo parlamentare), è da ritenere comunque preferibile alla soluzione opposta. Bisogna invece impegnarsi ad individuare meccanismi di responsabilità del singolo politico, unitamente a forme e procedimenti di «*responsività*» della classe politica (Ridola). La sottrazione degli eletti ad un controllo immediato e diretto da parte degli elettori non va ritenuto di per sé elemento negativo qualora si ponga l'attenzione sulla libertà di determinazione dell'assemblea parlamentare. Il mandato imperativo, irrigidendo le rispettive posizioni, finirebbe infatti per rendere inutile ogni confronto parlamentare, mentre è solo nella assenza di vincoli e di mandati che risiede la possibilità del Parlamento di determinarsi nel libero confronto fra maggioranza e minoranze. In tale prospettiva il divieto di mandato imperativo rafforza il ruolo centrale del Parlamento nell'assetto istituzionale.

Il principio dell'indipendenza del Parlamento, che postula l'indipendenza di ogni singolo parlamentare, costituisce il fondamento della tradizionale prerogativa della ***insindacabilità parlamentare***, secondo cui «*i membri del Parlamento non possono essere perseguiti per le opinioni espresse e i voti dati nell'esercizio delle loro funzioni*» (art. 68 Cost.). Questa insindacabilità opera nel campo civile, penale ed amministrativo. L'***immunità parlamentare*** consiste invece nel *divieto di sottoposizione del parlamentare, senza autorizzazione della Camera di appartenenza, a perquisizione personale o domiciliare né ad arresto o a detenzione o a forme di privazione della libertà personale*, salvo che in esecuzione di una sentenza irrevocabile di condanna, o qualora il parlamentare sia colto nell'atto di commettere un delitto per il quale è previsto l'arresto obbligatorio in flagranza (art. 68, comma 2, Cost.). Parimenti, senza autorizzazione della Camera di appartenenza, nessun membro del Parlamento può essere sottoposto ad intercettazioni, in qualsiasi forma, di conversazioni o comunicazioni o a sequestro di corrispondenza (art. 68, comma 3, Cost.). La versione originaria dell'art. 68, comma 2, Cost. (poi eliminata con legge cost. n. 3 del 1993) richiedeva l'autorizzazione a procedere anche per la sottoposizione a procedimento penale. Ci si trova dunque di fronte a due istituti: quello della *irresponsabilità* (*ex* art. 68, comma 1, Cost.), che tutela in via permanente il deputato, e quello della *inviolabilità* della persona del parlamentare, che opera solo durante il mandato.

La legge n. 140 del 2003 ("*Disposizioni per l'attuazione dell'art. 68 Cost. nonché in materia di processi penali nei confronti di alte cariche dello Stato*") disciplina le modalità processuali relative all'applicazione dell'art. 68 Cost.

L'art. 1 di tale legge (secondo cui il Presidente della Repubblica, i presidenti delle due camere ed il presidente del Consiglio «non possono essere sottoposti a processo penale, per qualsiasi reato anche riguardante fatti antecedenti l'assunzione della carica o della funzione, fino alla cessazione delle medesime») introduceva per i soli presidenti delle Camere (oltre che per il Presidente della Repubblica ed il presidente del Consiglio e per il presidente della Corte costituzionale) un'ulteriore prerogativa, rappresentata dalla impossibilità di essere sottoposti a processo penale durante lo svolgimento della carica. Tale articolo è stato dichiarato incostituzionale (sent. n. 24 del 2004) perché, prevedendo una automatica e necessaria sospensione del processo penale, incideva (secondo la Corte costituzionale) sia «*sul diritto di difesa dell'imputato, al quale è posta l'alternativa tra continuare a svolgere l'alto incarico sotto il peso di un'imputazione che, in ipotesi, può concernere anche reati gravi e particolarmente infamanti, oppure dimettersi dalla carica ricoperta al fine di ottenere, con la continuazione del processo, l'accertamento giudiziale che egli può ritenere a sé favorevole, rinunciando al godimento di un diritto costituzionalmente garantito (art. 51 Cost.)*», ma anche sul diritto della parte civile. Inoltre la Corte, pur ritenendo «*interesse apprezzabile*» l'esigenza di tutelare le più alte cariche dello Stato («*in armonia con i principi fondamentali dello Stato di diritto, rispetto al cui migliore assetto la protezione è strumentale*»), evidenzia che «*all'effettività dell'esercizio della giurisdizione non sono indifferenti i tempi del processo*» e pertanto il principio della ragionevole durata del processo non consente una stasi del processo per un tempo indefinito e indeterminabile che così vulneri il diritto di azione e di difesa. Infine la Corte sottolinea che la legge n. 140 del 2003 «*accomuna in unica disciplina cariche diverse non soltanto per le fonti di investitura, ma anche per la natura delle funzioni e distingue, per la prima volta sotto il profilo della parità riguardo ai principi fondamentali della giurisdizione, i Presidenti delle Camere, del Consiglio dei ministri e della Corte costituzionale rispetto agli altri componenti degli organi da loro presieduti*». *Questa differenziazione conduce la Corte a riscontrare nella norma impugnata «anche gravi elementi di intrinseca irragionevolezza».*

La legge n. 124 del 2008 che aveva reintrodotto tale prerogativa (rendendola facoltativa) di sospensione dei processi penali per le quattro più alte cariche dello Stato (non più per il presidente della Corte costituzionale), è stata dichiarata incostituzionale con la sent. n. 262 del 2009 per violazione dell'art. 138 Cost. Secondo la Corte infatti le prerogative dirette a salvaguardare il regolare funzionamento di alcuni organi costituzionali devono avere «*copertura costituzionale*» giacché «*le prerogative costituzionali (o immunità in senso lato, come sono spesso denominate) si inquadrano nel* genus *degli istituti diretti a tutelare lo svolgimento delle funzioni degli organi costituzionali attraverso la protezione dei titolari delle cariche ad essi connesse. Esse si sostanziano … in una specifica protezione delle persone munite di status costituzionali, tale da sottrarle all'applicazione delle regole ordinarie. Le indicate prerogative possono assumere, in concreto, varie forme e denominazioni … e possono riguardare sia gli atti propri della funzione (cosiddetti atti funzionali) sia gli atti ad essa estranei (cosiddetti atti extrafunzionali), ma in ogni caso presentano la duplice caratteristica di essere dirette a garantire l'esercizio della funzione di organi costituzionali e di derogare al regime giurisdizionale comune. Si tratta, dunque, di istituti che configurano parti-*

colari status protettivi dei componenti degli organi; istituti che sono, al tempo stesso, fisiologici al funzionamento dello Stato e derogatori rispetto al principio di uguaglianza tra cittadini». La Corte aggiunge che «*Il problema dell'individuazione dei limiti quantitativi e qualitativi delle prerogative assume una particolare importanza nello Stato di diritto, perché, da un lato, ... alle origini della formazione dello Stato di diritto sta il principio della parità di trattamento rispetto alla giurisdizione*» (sent. n. 24 del 2004) e, dall'altro, «*gli indicati istituti di protezione non solo implicano necessariamente una deroga al suddetto principio, ma sono anche diretti a realizzare un delicato ed essenziale equilibrio tra i diversi poteri dello Stato ... Questa complessiva architettura istituzionale, ispirata ai princípi della divisione dei poteri e del loro equilibrio, esige che la disciplina delle prerogative contenuta nel testo della Costituzione debba essere intesa come uno specifico sistema normativo, frutto di un particolare bilanciamento e assetto di interessi costituzionali; sistema che non è consentito al legislatore ordinario alterare né in peius né in melius*». E tale conclusione «*non deriva dal riconoscimento di una espressa riserva di legge costituzionale in materia, ma dal fatto che le suddette prerogative sono sistematicamente regolate da norme di rango costituzionale*». Il legislatore ordinario, in tema di prerogative può intervenire solo per attuare, sul piano procedimentale, il dettato costituzionale, essendogli preclusa ogni eventuale integrazione o estensione di tale dettato.

In merito alla determinazione degli **ambiti coperti dalla insindacabilità** («*l'esercizio delle funzioni*», *ex* art. 68 Cost.) la dottrina, sottolineando che il costituente ha utilizzato un criterio (non spaziale, ma) funzionale, ritiene che la prerogativa in oggetto vada riconosciuta in ogni luogo nel quale il deputato compia attività che siano estrinsecazione delle funzioni d'ufficio. Contrastata è pero la concreta determinazione di tale sfera, oscillandosi fra quanti ritengono che l'insindacabilità copra ogni attività «politica» del parlamentare e chi cerca di limitare l'estensione della medesima. Di fronte al persistente orientamento delle Camere di diniego delle autorizzazioni a procedere, la Corte costituzionale a partire dal 1988 (sent. n. 1150 del 1988) in sede (non di controllo di costituzionalità, bensì) di conflitto fra poteri dello Stato (magistratura, da un lato, e Camera di appartenenza dall'altro) ha affermato che il potere delle Camere di concedere o negare l'autorizzazione a procedere non è un potere senza limiti ma che deve svolgersi secondo le procedure e le garanzie costituzionalmente previste. La Corte ha dunque affermato la propria competenza a sindacare l'utilizzo «concreto» del relativo potere da parte del Parlamento (ad esempio, per vizi del procedimento oppure per omessa o erronea valutazione dei presupposti di volta in volta richiesti per il valido esercizio di esso). Inoltre la Corte costituzionale ha evidenziato che, di fronte alle prerogative parlamentari si pone anche l'esigenza di tutela dei diritti inviolabili dell'uomo (tra cui il diritto all'onore e alla reputazione).

La Corte costituzionale (in tal senso sent. n. 379 del 1996, relativa al fenomeno dei c.d. «pianisti», deputati che votano per conto di altri assenti) ha evidenziato che il Parlamento deve rifuggire dalla tentazione di un utilizzo arbitrario delle proprie prerogative giacché «*nello Stato costituzionale ... la congruità delle procedure di controllo, l'adeguatezza delle sanzioni regolamentari, e la loro pronta applicazione nei casi più gravi di violazione del diritto parlamentare si impongono al Parlamento come problema, se non di legalità, certamente di conservazione della legittimazione degli istituti di autonomia che presidiano le sue libertà*».

La Corte costituzionale ha dunque affermato la propria competenza a verificare in concreto la *sussistenza del c.d. «nesso funzionale» fra l'opinione espressa dal deputato e l'esercizio delle funzioni parlamentari* ed ha precisato che solo per le opinioni espresse nell'esercizio di attività disciplinate dai regolamenti parlamentari (e per questo definibili «attività parlamentare») può senz'altro ritenersi operante la garanzia prevista dal comma 1 dell'art. 68 Cost., mentre per le ulteriori attività il «nesso funzionale» tra l'opinione espressa e l'attività parlamentare può essere ritenuto sussistente solo nel caso della contestuale presenza di un «legame temporale» tra l'attività parlamentare e l'attività esterna (per cui questa seconda risponde ad una «finalità divulgativa» di quanto già dichiarato dal parlamentare nell'esercizio di una funzione «tipica») e di una «sostanziale corrispondenza di significato» tra le dichiarazioni espresse nell'esercizio di funzioni parlamentari e le dichiarazioni esterne (v., ad es., sentt. n. 302 del 2007, 135 e 410 del 2008).

La previsione in Costituzione di un'***indennità*** («stabilita dalla legge») ai membri del Parlamento mira ad assicurare l'indipendenza del parlamentare da pressioni economiche assicurando così l'indipendenza, anche da questo punto di vista, del Parlamento medesimo. Lo Statuto albertino vietava ogni «retribuzione o indennità». È con la legge n. 365 del 1912 che viene riconosciuto ai deputati un rimborso forfetario annuale per spese di corrispondenza ed un compenso aggiuntivo a quanti non godevano di altre forme di retribuzione o di pensione a carico del bilancio dello Stato. La materia è oggi disciplinata dalla legge n. 1261 del 1965 che ripartisce l'indennità in due distinte voci: una quota mensile fissa (l'*indennità*, in misura non superiore al dodicesimo del trattamento complessivo massimo annuo lordo dei magistrati con funzioni di presidente di sezione della Corte di cassazione) ed una *diaria* (assegnata in ragione dei giorni di seduta). Con deliberazione degli uffici interni di ciascuna Camera sono state introdotte numerose altre provvidenze e utilità a vantaggio dei parlamentari con un delicato problema di mancato rispetto dell'art. 69 Cost. (che pone in materia una riserva di legge) e con possibilità di trattamenti differenziati fra le due Camere.

7. Le funzioni del Parlamento

Le varie **funzioni del Parlamento** sono tradizionalmente raccolte in tre categorie:

1. la *funzione legislativa e di revisione costituzionale*;
2. la *funzione di indirizzo e di controllo politico*;
3. la *funzione ispettiva*.

7.1. *La funzione legislativa e di revisione costituzionale*

Nello Stato moderno, con la progressiva affermazione della sovranità popolare, quella legislativa è la funzione storicamente propria del Parlamento quale assemblea rappresentativa del popolo. La Costituzione afferma che la funzione legislativa è esercitata collettivamente dalle due Camere (art. 70 Cost.).

La legge parlamentare va intesa come fonte che pone statuizioni giuridiche generali e astratte (concetto materiale di legge) (Cervati). Pertanto la Costituzione si oppone in via di principio alla c.d. «amministrativizzazione della legge» (che pone anche il problema della tutela dei cittadini contro gli atti espressione della funzione amministrativa con aggiramento della tutela di cui all'art. 113 Cost.). La generalità e l'astrattezza della legge (in ragione dell'eguaglianza giuridica che postulano) richiedono che la stessa sia applicata da organi diversi dal legislativo (Mazziotti), giacché altrimenti i singoli cittadini sarebbero in balìa degli ordini e delle «ingiunzioni» legislative, invece che alla disciplina oggettiva e impersonale del diritto (Carlo Esposito, Crisafulli).

Il **procedimento di approvazione della legge** (*iter legis*) si articola in diverse fasi:

1. *fase dell'iniziativa*;
2. *fase istruttoria*;
3. *fase deliberante (o costitutiva)*;
4. *fase di integrazione dell'efficacia*.

In merito alla ***fase dell'iniziativa***, la Costituzione assegna ad una pluralità di soggetti il potere di presentare disegni di legge:

– al *governo* previo decreto di autorizzazione del Presidente della Repubblica (art. 87, comma 4, Cost.);

La dottrina è divisa in merito al ruolo da assegnare al Capo dello Stato nella concessione del relativo decreto. Mortati ritiene che l'autorizzazione sia un atto dovuto perché l'iniziativa legislativa appartiene al governo, giacché sarebbe difficile immaginare il senso di una opposizione – in questa fase – del Presidente della Repubblica. Al massimo il Presidente potrebbe invitare il governo a riesaminare il progetto, dovendo però cedere di fronte all'insistenza governativa. Di opinione diversa Mazziotti secondo cui il decreto di autorizzazione alla presentazione dei disegni di legge sono atti del Presidente che dunque può rifiutarsi di emetterlo «in tutti quei casi in cui si ammette che possa non accogliere una proposta ministeriale; e fra questi, oltre che gravissime ragioni di merito, riteniamo compresa l'ipotesi in cui la proposta abbia per oggetto la partecipazione del Presidente a un'iniziativa manifestamente incostituzionale».

– a *ciascun parlamentare* (che può presentare il disegno di legge nella Camera di appartenenza);

– al *corpo elettorale* (il relativo progetto di legge, redatto in articoli, deve essere sottoscritto da almeno 50.000 elettori);

– ai *consigli regionali* (l'art. 121, comma 2, Cost. assegna ad ogni consiglio regionale il potere di presentare proposte di legge alle Camere);

– al *Consiglio nazionale dell'economia e del lavoro* (Cnel, cui l'art. 99 Cost. assegna il potere di iniziativa legislativa e di «contribuire alla elaborazione della legislazione economica e sociale secondo i princìpi ed i limiti stabiliti dalla legge»);

– ai *comuni* per il mutamento delle circoscrizioni provinciali e l'istituzione di nuove province (art. 133 Cost.).

L'art. 71 Cost. prevede la possibilità di un ampliamento del numero dei soggetti titolari di potestà di iniziativa legislativa, potendo la legge costituzionale assegnare tale potere anche ad ulteriori organi o enti.

L'*iniziativa governativa* è quella destinata ad avere le maggiori possibilità di successo giacché il governo presenta i propri disegni di legge alla maggioranza che lo sostiene. Inoltre bisogna ricordare che per alcune leggi l'iniziativa è riservata al governo (legge di bilancio, legge europea, legge di ratifica dei trattati internazionali, legge di conversione di decreto-legge).

L'iniziativa legislativa non obbliga la Camera (o il Senato) a prendere in esame il disegno di legge (d.d.l.), né a deliberare in merito. Il disegno di legge viene presentato al Presidente della Camera (o del Senato, in virtù del principio del bicameralismo perfetto accolto dalla Costituzione) che lo assegna alla commissione competente per materia, stabilendo anche in quale «sede» – referente, deliberante o redigente (v. *infra*) – la commissione esamini il disegno di legge. Ovviamente i d.d.l. privi di una maggioranza che li sostenga sono destinati a rimanere fermi presso la commissione cui sono stati assegnati e decadono con la fine della legislatura.

Anche la ***fase istruttoria***, che si svolge presso la commissione competente per materia, è prevista in Costituzione: l'attività delle commissioni è necessaria e la stessa si conclude con una relazione in cui si propone di accettare o respingere il disegno di legge. La commissione, nell'esame del disegno di legge, dispone di un ampio potere emendativo, potendo rielaborare il testo, abbinare più disegni di legge o redigere un testo unificato. Alcune commissioni svolgono inoltre una funzione consultiva, che può essere obbligatoria (quando i regolamenti parlamentari ritengono necessario il relativo parere: ad es. il parere della commissione bilancio per i disegni di legge che introducono nuove o maggiori spese) o eventuale.

Quando la commissione svolge nell'*iter legis* solo funzioni istruttorie, si dice che agisce *in sede referente*. In questa sede la commissione provvede ad acquisire gli elementi di conoscenza necessari per verificare la qualità ed efficacia delle disposizioni contenute nel disegno di legge (dall'esame sulla necessità dell'intervento legislativo al giudizio sulla conformità a Costituzione della disciplina proposta, all'esame degli oneri conseguenti per la pubblica amministrazione, per i cittadini e le imprese, ecc.). La discussione in sede referente è introdotta dal presidente della commissione o da un relatore da lui incaricato. La commissione può nominare un *comitato ristretto*, composto in modo da garantire la partecipazione proporzionale delle minoranze, al quale affida l'ulteriore svolgimento dell'istruttoria e la formulazione delle proposte relative al testo degli articoli. Al termine della discussione la commissione nomina un *relatore*, al quale conferisce il mandato di riferire in assemblea sul tema da essa predisposto; nomina inoltre un *comitato di nove* membri (sette al Senato), composto in modo da garantire la partecipazione proporzionale delle minoranze, per la discussione davanti all'assemblea e per esprimere il proprio parere sugli emendamenti presentati in assemblea; i gruppi di opposizione possono presentare relazioni di minoranza, dotate di un proprio testo, anche alternativo a quello della commissione, nonché designare, anche congiuntamente, relatori di minoranza.

La ***fase deliberante*** del procedimento legislativo (che può svolgersi in assemblea o in commissione, fatta eccezione per le leggi per cui è prevista una "riserva di assemblea"; v. *infra*) si articola nella: discussione (e votazione) generale sul progetto (in tale fase possono essere proposte questioni pregiudiziali o sospensive o la richiesta di non passaggio agli articoli); discussione (e votazione) articolo per articolo (in questa fase ciascun deputato o senatore, il governo o la commissione possono presentare emendamenti al testo proposto); discussione (e votazione) finale.

Per le deliberazioni dell'assemblea è la stessa Costituzione a richiedere la necessaria presenza della metà più uno dei membri, ma i regolamenti parlamentari prevedono che il numero legale si presume, sicché è necessario che vi sia un'esplicita richiesta di verifica del numero legale. Per l'attività delle commissioni in sede diversa da quella deliberante (nel qual caso si applica la regola sopra citata) è sufficiente la presenza di un quarto (alla Camera) o di un terzo (al Senato) dei componenti e le deliberazioni sono adottate a maggioranza dei presenti.

Con l'espressione «*procedimento abbreviato*» si fa riferimento o a procedimenti particolari (ad es. testi già approvati nella precedente legislatura; o già approvati e parzialmente modificati dall'altra camera) o all'abbreviazione dei termini normali previsti dai regolamenti parlamentari per lo svolgimento delle singole fasi dell'*iter legis* (es. dichiarazione di urgenza che comporta la riduzione dei termini alla metà).

Diverso è il *procedimento decentrato*, che è quello che si svolge interamente in commissione (*commissione in sede deliberante*) ed in cui la commissione esamina il disegno di legge in via istruttoria e poi, anziché rimetterlo per l'approvazione all'assemblea, procede essa stessa alle «*tre letture*» (approvazione in via generale, articolo per articolo e della legge nella sua interezza). È il presidente della Camera (o del Senato) che, nel momento dell'assegnazione del disegno di legge alla commissione competente per materia, stabilisce in quale sede (referente, deliberante o redigente) la commissione è chiamata a svolgere il proprio operato. L'art. 72, comma 4, Cost. elenca le leggi che devono essere approvate in assemblea (sulle quali è dunque prevista una *riserva d'assemblea*) e per le quali pertanto non può essere utilizzato il procedimento decentrato. Esse sono le leggi in materia costituzionale ed elettorale, di delegazione legislativa, di autorizzazione a ratificare i trattati internazionali, di approvazione di bilanci e consuntivi. I regolamenti parlamentari escludono il procedimento decentrato (e dunque la possibilità della commissione in sede deliberante) per ulteriori tipologie di leggi (tributarie, leggi oggetto di rinvio presidenziale). La Costituzione prevede anche la possibilità della «*rimessione in aula*»: fino al momento dell'approvazione del progetto, il disegno di legge già assegnato alla commissione in sede deliberante può essere rimesso all'attenzione dell'assemblea (e dunque la commissione da deliberante diventa referente) qualora lo richieda un decimo dei membri dell'assemblea oppure un quinto dei membri della commissione o il governo.

Il c.d. «*procedimento misto*» è quello che vede la *commissione in sede redigente*. Questo procedimento – parzialmente differente fra Camera e Senato – è una creazione dei regolamenti parlamentari del 1971 e consiste nella ripartizione della fase di approvazione della legge fra commissione e assemblea, alla quale resta comunque la competenza per l'approvazione definitiva. Tale procedimento, per il quale si applicano le stesse garanzie previste per la commissione in sede deliberante (rimessione in aula e riserva d'assemblea), è poco utilizzato in quanto macchinoso e non celere.

Una volta che una camera abbia approvato un disegno di legge, il presidente di questa lo trasmette, con un proprio messaggio, al presidente dell'altra camera, la quale (oltre a non avere alcun obbligo di esaminarlo) può esaminarlo utilizzando – secondo la propria discrezionalità – il procedimento ordinario, decentrato o misto (giacché il procedimento seguito in una camera non influenza affatto la decisione dell'altra camera sul procedimento da seguire all'interno della stessa). Qualora quest'ultima introduca emendamenti al disegno di legge, il testo (emendato) viene ritrasmesso alla prima camera, la quale esamina solo la parte fatta oggetto di emendamenti. Quando finalmente entrambe le camere hanno approvato l'identico testo, il presidente della camera che approva per ultima invia la delibera legislativa al Presidente della Repubblica per la *promulgazione* (in merito ai poteri del Presidente della Repubblica in sede di promulgazione della legge v. *infra*, cap. VII).

In caso di *rinvio della legge alle Camere da parte del Capo dello Stato* la riapprovazione, da parte di ciascuna camera è riservata all'assemblea (riserva d'assemblea sulle leggi rinviate dal Presidente della Repubblica) e le camere discutono solo delle parti della legge oggetto del messaggio presidenziale, salva la votazione articolo per articolo e la votazione finale.

Con riguardo alla sindacabilità della legge per mancato rispetto di norme attinenti il procedimento legislativo, nella sent. n. 9 del 1959 la Corte costituzionale ha affermato che «*La posizione costituzionale di indipendenza delle Camere non implica ... l'assoluta insindacabilità, da parte di qualsiasi altro organo dello Stato, del procedimento con cui gli atti delle Camere vengono deliberati, ed in particolare l'insindacabilità da parte della Corte costituzionale del procedimento di formazione di una legge*», anche se in successive pronunce ha specificato che l'interpretazione delle norme dei regolamenti parlamentari è prerogativa della Camera medesima. Su questa problematica la Corte è tornata con l'ord. n. 149 del 2016, adottata in un giudizio per conflitto di attribuzione tra poteri dello Stato sollevato (nei confronti del Presidente del Senato della Repubblica, della Conferenza dei Presidenti dei Gruppi parlamentari del Senato e del Vice Presidente della Commissione giustizia del Senato) da alcuni senatori che avevano impugnato il provvedimento con cui il Vice Presidente della Commissione giustizia del Senato aveva disposto l'abbinamento del disegno di legge n. 2081 (recante "*Regolamentazione delle unioni civili tra persone dello stesso sesso e disciplina delle convivenze*") ad altri disegni di legge (nn. 2069 e 2084) in materia di unioni civili già all'esame dell'Assemblea, nonché il provvedimento con cui la Conferenza dei Presidenti dei Gruppi parlamentari aveva inserito l'esame del d.d.l. n. 2081 nel calendario dei lavori dell'Assemblea e quello con cui il Presidente del Senato aveva sottoposto il medesimo disegno di legge all'esame e al voto dell'Assemblea. I ricorrenti lamentavano la violazione di norme regolamentari relative all'iter di formazione della legge (artt. 31, 43, 44 e 51 Reg. Senato) e, per il loro tramite, dell'art. 72, primo e quarto comma, Cost., con conseguente menomazione dell'esercizio delle prerogative spettanti a ciascun parlamentare (con violazione degli artt. 1, secondo comma, 67, 71, 72, primo e quarto comma, Cost.). La Corte costituzionale ha dichiarato inammissibile il conflitto ritenendo non sussistente la «*materia di un conflitto la cui risoluzione spetti alla sua competenza*» dal momento che i senatori ricorrenti (pur invocando gli artt. 1, secondo comma, 67, 71 e 72, primo e quarto comma, della Costituzione) in realtà censurano "violazioni dei regolamenti e della prassi parlamentare dovute a uno scorretto andamento dei lavori parlamentari relativi al disegno di legge n. 2081". Per la Corte «*la menomazione lamentata dai ricorrenti inerisce tutta alle modalità di svolgimento dei lavori parlamentari come disciplinati da norme e prassi regolamentari, che scandiscono e regolano i "momenti" del procedimento di formazione delle leggi, quali sono sia l'abbinamento dei disegni di legge attinenti a materie identiche o strettamente connesse, sia la "calendarizzazione" dei lavori in Assemblea, con conseguente discussione, esame, modifica e votazione dei disegni di legge in tale sede*». Ma, con riguardo agli aspetti non direttamente disciplinati dalla Costituzione, vige il principio per cui la disciplina dell'*iter legis* è riservata a ciascuna Camera tramite il proprio Regolamento (sent. n. 78 del 1984) ed entro questi limiti, le vicende e i rapporti attinenti alla disciplina del procedimento legislativo «*ineriscono alle funzioni primarie delle Camere*» (sent. n. 120 del 2014) e quindi rientrano nell'autonomia che a queste compete. Per la Corte dunque il conflitto «*non attinge al livello del conflitto tra poteri dello Stato*», inerendo le argomentazioni addotte nel ricorso esclusivamente alla lesione di norme del Regolamento del Senato e della prassi parlamentare («*senza che sia validamente dimostrata l'idoneità di queste ultime a integrare i parametri costituzionali invocati*»). E «*le eventuali violazioni di mere norme regolamentari e della prassi parlamentare lamentate dai ricorrenti debbono trovare all'interno delle stesse Camere gli strumenti intesi a garantire il corretto svolgimento dei lavori, nonché il rispetto del diritto parlamentare, dei diritti delle minoranze e dei singoli componenti (sent. n. 379 del 1996)*».

La Corte dichiara dunque assorbito l'esame di ogni altro profilo, anche di quello soggettivo, inerente cioè la legittimazione del singolo parlamentare a sollevare conflitto. Per i ricorrenti tale legittimazione deriverebbe dal fatto che il parlamentare è titolare di specifici poteri riconosciutigli direttamente dalla Costituzione, quale rappresentante della Nazione (art. 67 Cost.) e partecipe della funzione legislativa delle Camere (art. 71 Cost.) e corollario di tali prerogative sarebbe la sussistenza, in capo al singolo parlamentare, del «*diritto di esigere che i Regolamenti (in quanto esplicitamente richiamati dall'art. 72, comma 1, Cost.) siano formulati ed applicati conformemente a Costituzione*».

Con l'ord. n. 17 del 2019 la Corte costituzionale ha dichiarato inammissibile il conflitto di attribuzione fra poteri dello Stato sollevato da numerosi senatori nei confronti dell'iter di approvazione della legge "*Bilancio di previsione dello Stato per l'anno finanziario 2019 e bilancio pluriennale per il triennio 2019-2021*" che lamentavano le modalità con cui il Senato aveva approvato tale legge, nella notte tra il 22 e il 23 dicembre del 2018. I ricorrenti lamentavano la grave compressione dei tempi di discussione determinatasi a seguito della presentazione da parte del Governo di un emendamento "interamente sostitutivo del disegno di legge originario" (c.d. "maxi-emendamento"), che avrebbe vanificato l'esame in commissione e reso impossibile la conoscibilità del testo. La Corte riconosce che «*la Costituzione individua una sfera di prerogative che spettano al singolo parlamentare, diverse e distinte da quelle che gli spettano in quanto componente dell'assemblea, che invece è compito di ciascuna Camera tutelare (sentenza n. 379 del 1996). Si tratta in generale della facoltà, necessaria all'esercizio del libero mandato parlamentare (art. 67 Cost.), di partecipare alle discussioni e alle deliberazioni esprimendo "opinioni" e "voti" (ai quali si riferisce l'art. 68 Cost., sia pure al diverso fine di individuare l'area della insindacabilità); segnatamente, nell'ambito della funzione legislativa ..., le prerogative del singolo rappresentante si esplicitano anche nel potere di iniziativa, testualmente attribuito "a ciascun membro delle Camere" dall'art. 71, primo comma, Cost., comprensivo del potere di proporre emendamenti, esercitabile tanto in commissione che in assemblea (art. 72 Cost.)*». Pertanto lo status costituzionale del parlamentare comprende «*un complesso di attribuzioni inerenti al diritto di parola, di proposta e di voto, che gli spettano come singolo rappresentante della Nazione, individualmente considerato, da esercitare in modo autonomo e indipendente, non rimuovibili né modificabili a iniziativa di altro organo parlamentare*». La Corte riconosce dunque la legittimazione attiva del singolo parlamentare, quantunque «*rigorosamente circoscritta alle menomazioni censurabili in sede di conflitto*». E così «*non possono trovare ingresso nei giudizi per conflitto di attribuzioni fra poteri dello Stato le censure che riguardano esclusivamente violazioni o scorrette applicazioni dei regolamenti parlamentari e delle prassi di ciascuna Camera ... Quando derivano dal diritto parlamentare la loro esaustiva qualificazione, le prerogative rivendicate dai membri delle Camere trovano all'interno delle Camere stesse le loro forme di tutela*». Infatti alle Camere deve essere riconosciuto «*un ampio margine di apprezzamento nell'applicazione delle regole parlamentari*» ed il dovuto rispetto all'autonomia del Parlamento esige che il sindacato della Corte sia «*rigorosamente circoscritto ai vizi che determinano violazioni manifeste delle prerogative costituzionali dei parlamentari*». Pertanto è necessario che il singolo parlamentare «*alleghi e comprovi una sostanziale negazione o un'evidente menomazione della funzione costituzionalmente attribuita*». La Corte riconosce che nel caso concreto siano state poste in essere "forzature procedurali" che inducono la Corte «a richiamare l'attenzione sulla necessità che il ruolo riservato dalla Costituzione al Parlamento nel procedimento di formazione delle leggi sia non solo osservato nominalmente, ma rispettato nel suo significato sostanziale». Per la Corte è necessario «*consentire a tutte le forze politiche, sia di maggioranza sia di minoranza, e ai singoli parlamentari che le compongono, di collaborare cognita causa alla formazione del testo, specie nella fase in commissione, attraverso la discussione, la proposta di testi alternativi e di emendamenti. Gli snodi procedimentali tracciati dall'art. 72 Cost. scandiscono alcuni momenti essenziali dell'iter legis che la Costituzione stessa esige che siano sempre rispettati a tutela del Parlamento inteso come luogo di confronto e di discussione tra le diverse forze politiche, oltre che di votazione dei singoli atti legislativi, e a garanzia dell'ordinamento nel suo insieme, che si regge sul presupposto che vi sia un'ampia possibilità di contribuire, per tutti i rappresentanti, alla formazione della volontà legislativa*». E queste considerazioni valgono «*in particolare in riferimento all'approvazione della legge di bilancio annuale, in cui si concentrano le fondamentali scelte di indirizzo politico e in cui si decide della contribuzione dei cittadini alle entrate dello Stato e dell'allocazione delle risorse pubbliche: decisioni che costituiscono il nucleo storico delle funzioni affidate alla rappresentanza politica sin dall'istituzione dei primi parlamenti e che occorre massimamente preservare*». La Corte riconosce che vi è stata «*una compressione dell'esame parlamentare*», ma evidenzia parimenti la necessità di tener conto di «*elementi procedimentali e di contesto*» che mostrano l'esistenza di «*un quadro più complesso e sfumato*». La "estremizzazione" della prassi dei maxi-emendamenti approvati attraverso il voto della questione di fiducia determina una "forzatura procedimentale" che "vanifica l'esame in commissione" e pregiudica la "possibilità per i parlamentari di conoscere il testo ed esprimere un voto consapevole". Al tempo stesso la Corte rileva che con riguardo alle leggi di natura finanziaria era stata individuata una «*forma di compensazione nel coinvolgimento della Commissione Bilancio nella definizione del testo su cui il Governo poneva la fiducia, tenendo conto delle proposte emendative in quella sede discusse e approvate*». A questo proposito la Corte rileva che «*Una perdurante usanza costituisce un fattore non privo di significato all'interno del diritto parlamentare, contrassegnato da un elevato tasso di flessibilità e di consensualità. Ciò non può giustificare, però, qualunque prassi si affermi nelle aule parlamentari, anche* contra Constitutionem. *Anzi, occorre arginare gli usi che conducono a un progressivo scostamento dai principi costituzionali, per prevenire una graduale ma inesorabile violazione delle forme dell'esercizio del potere legislativo, il cui rispetto appare essenziale affinché la legge parlamentare non smarrisca il ruolo di momento di conciliazione, in forma pubblica e democratica, dei diversi principi e interessi in gioco*». Al tempo stesso però «*la prassi fin qui consolidatasi non può essere ignorata*». L'approvazione in Senato della legge di bilancio dello Stato per il 2019 si caratterizza per il fatto che il testo finale contenuto nel maxi-emendamento ha modificato in larga misura il testo su cui le Camere avevano fino ad allora lavorato e senza che su tale contenuto la Commissione Bilancio avesse avuto modo di svolgere alcun esame. La Corte ricorda però «*la lunga interlocuzione con le istituzioni dell'Unione europea*» che ha portato a una rideterminazione dei saldi complessivi della manovra economica e dunque ad «*un'ampia modificazione del disegno di legge iniziale, confluita nel maxi-emendamento*». La Corte richiama anche le riforme apportate al regolamento del Senato (capaci di «*gettare una diversa luce su taluni passaggi procedimentali*»), giacché il nuovo testo dell'art. 161, comma 3-*ter*, reg. Senato richiede che i testi sui quali il governo intende porre la questione di fiducia siano sottoposti alla Presidenza per le valutazioni di ammissibilità ed il successivo art. 161, comma 3-*quater*, consente al governo, prima della discussione di un emendamento su cui sia posta la questione di fiducia, di precisarne il contenuto esclusivamente per ragioni di copertura finanziaria o di coordinamento formale del testo e di formulare ulteriori precisazioni per adeguare il testo alle condizioni indicate nel parere della Commissione Bilancio: «*È in applicazione di tali disposizioni che la Commissione Bilancio è stata convocata solo per esprimere un parere sui profili finanziari e che il Governo ha presentato ulteriori precisazioni durante l'esame in Commissione. La breve durata dell'esame e la modifica dei testi in corso d'opera, lamentate dai ricorrenti, potrebbero essere state favorite dalle nuove regole procedurali, verosimilmente dettate allo scopo di rafforzare le garanzie della copertura finanziaria delle leggi, ma foriere di effetti problematici, in casi come quello di specie, che dovrebbero essere oggetto di attenzione da parte dei competenti organi parlamentari ed eventualmente rimossi o corretti*». Al tempo stesso la Corte costituzionale rileva che «*le modalità di svolgimento dei lavori parlamentari sul disegno di legge di bilancio dello Stato per il 2019 hanno aggravato gli aspetti problematici della prassi dei maxi-emendamenti approvati con voto di fiducia*», ma rileva anche che «*i lavori sono avvenuti sotto la pressione del tempo dovuta alla lunga interlocuzione con le istituzioni europee, in applicazione di norme previste dal regolamento del Senato e senza che fosse stata del tutto preclusa una effettiva discussione nelle fasi precedenti su testi confluiti almeno in parte nella versione finale*». Alla luce di tali considerazioni «*non emerge un abuso del procedimento legislativo tale da determinare quelle violazioni manifeste delle prerogative costituzionali dei parlamentari che assurgono a requisiti di ammissibilità nella situazione attuale. ... Nondimeno, in altre situazioni una simile compressione della funzione costituzionale dei parlamentari potrebbe portare a esiti differenti*».

7.1.1. *La manovra di bilancio*

Nella funzione legislativa parlamentare si colloca anche la funzione di indirizzo politico-economico che si svolge mediante l'approvazione della c.d. «manovra finanziaria».

La legge n. 196 del 2009 "*Legge di contabilità e finanza pubblica*" (successivamente modificata) ha abrogato la previgente disciplina che basava la manovra finanziaria sui seguenti atti di competenza del governo e sottoposti all'approvazione parlamentare: a) il Dpef (*Documento di programmazione economico-finanziaria*), da presentare entro il 30 giugno, chiamato a stabilire i vincoli quantitativi e qualitativi cui attenersi e ad indicare i progetti di legge collegati; nel Dpef si delineavano gli scopi perseguiti con il bilancio pluriennale e l'ambito entro cui si intendeva impostare il bilancio annuale; b) il *bilancio annuale* e *pluriennale a legislazione vigente* e la *legge finanziaria* (da presentare entrambi al Parlamento, da parte del governo, entro il 30 settembre) che prevedeva il saldo netto da finanziare, il ricorso al mercato ed apportava alle leggi di entrata e di spesa le modifiche necessarie per indirizzare i conti verso gli obiettivi desiderati. La legge finanziaria introduceva dunque le modifiche alla normativa vigente necessarie al perseguimento degli obiettivi della programmazione economica e di politica fiscale. I *Documenti di programmazione finanziaria* erano: il Dpef (Documento di Programmazione Economica e Finanziaria); la Relazione previsionale e programmatica (da presentarsi entro il 30 settembre di ogni anno, era lo strumento di programmazione degli interventi pubblici previsti nel Bilancio pluriennale dello Stato); la Relazione generale sulla situazione economica del Paese, da presentarsi entro il 31 marzo e riferita all'anno precedente. Il *Rendiconto generale dello Stato* è il bilancio consuntivo che illustra i risultati di gestione del precedente anno finanziario da approvarsi dal Parlamento entro il 30 giugno dell'anno successivo.

La disciplina costituzionale è posta dall'art 81 Cost., profondamente modificato dalla legge cost. n. 1 del 2012 la quale (art. 1), recependo i vincoli della normativa europea (v. *infra*) ha introdotto (a decorrere dall'esercizio finanziario 2014) il ***principio di equilibrio del bilancio***. Il comma 1 dell'art. 81 Cost. dispone infatti che «*Lo Stato assicura l'equilibrio tra le entrate e le spese del proprio bilancio, tenendo conto delle fasi avverse e delle fasi favorevoli del ciclo economico*» ed il successivo comma prevede che il «*ricorso all'indebitamento è consentito solo al fine di considerare gli effetti del ciclo economico e, previa autorizzazione delle Camere adottata a maggioranza assoluta dei rispettivi componenti, al verificarsi di eventi eccezionali*». L'introduzione della necessità di una maggioranza qualificata a tutela del principio di equilibrio del bilancio è confermata dall'ultimo comma dell'art. 81 Cost. (anch'esso introdotto con la legge cost. n. 1 del 2012) che dispone che «*Il contenuto della legge di bilancio, le norme fondamentali e i criteri volti ad assicurare l'equilibrio tra le entrate e le spese dei bilanci e la sostenibilità del debito del complesso delle pubbliche amministrazioni sono stabiliti con legge approvata a maggioranza assoluta dei componenti di ciascuna Camera, nel rispetto dei principi definiti con legge costituzionale*». I restanti commi, salvo qualche lieve modifica, confermano la disciplina previgente: il comma 3 (prevedendo che «*Ogni legge che importi nuovi o maggiori oneri provvede ai mezzi per farvi fronte*») pone il principio della necessaria copertura finanziaria delle leggi; il comma 4 («*Le Camere approvano ogni anno con legge il bilancio e il rendiconto consuntivo presentati dal Governo*») dispone l'obbligo per il Parlamento di approvare «*ogni anno*» i bilanci ed il rendiconto consuntivo presentati dal governo. Il comma 5 (relativo all'esercizio provvisorio) dispone che «*L'esercizio provvisorio del bilancio non può essere concesso se non per legge e per periodi non superiori* *complessivamente a quattro mesi*». La legge cost. n. 1 del 2012 ha inoltre apportato modifiche all'art. 97 Cost. (prevedendo «*Le pubbliche amministrazioni, in coerenza con l'ordinamento dell'Unione europea, assicurano l'equilibrio dei bilanci e la sostenibilità del debito pubblico*»), all'art. 117 Cost. (assegnando la materia «armonizzazione dei bilanci pubblici» alla potestà legislativa esclusiva statale e sottraendola a quella legislativa regionale concorrente) e all'art. 119 Cost. (v. *infra*, cap. XII).

L'art. 5, legge cost. n. 1 del 2012 precisa inoltre che la legge «rinforzata» prevista dall'ultimo comma dell'art. 81 Cost. disciplina («per il complesso delle pubbliche amministrazioni»):

a) le verifiche, preventive e consuntive, sugli andamenti di finanza pubblica; l'accertamento delle cause degli scostamenti; il limite massimo degli scostamenti negativi; la definizione delle gravi recessioni economiche, delle crisi finanziarie e delle gravi calamità naturali quali eventi eccezionali al verificarsi dei quali è consentito il ricorso all'indebitamento; l'introduzione di regole sulla spesa finalizzate a salvaguardare gli equilibri di bilancio; l'istituzione presso le Camere di un organismo indipendente al quale attribuire compiti di verifica degli andamenti di finanza pubblica; le modalità attraverso le quali lo Stato concorre ad assicurare il finanziamento dei livelli essenziali delle prestazioni inerenti ai diritti civili e sociali;

b) il contenuto della legge di bilancio dello Stato;

c) le modalità con cui regioni ed enti locali concorrono alla sostenibilità del debito del complesso delle pubbliche amministrazioni e la facoltà dei medesimi di ricorrere all'indebitamento (nel rispetto della disciplina posta dall'art. 119 Cost.; v. *infra*, cap. XII).

In attuazione di tale disposizione costituzionale è stata approvata (a maggioranza assoluta dai componenti di ciascuna Camera) la legge 24 dicembre 2012, n. 243 ("*Disposizioni per l'attuazione del principio del pareggio di bilancio ai sensi dell'articolo 81, comma 6, della Costituzione*"), la quale ha dettato le norme fondamentali volte ad assicurare l'equilibrio dei bilanci (dello Stato, delle regioni e degli enti locali), la sostenibilità del debito delle pubbliche amministrazioni, il funzionamento del c.d. «meccanismo di correzione» (da porre in essere in caso di scostamenti negativi).

In particolare, con riguardo al bilancio dello Stato, si prevede (art. 15) che il disegno di **legge di bilancio** sia articolato in due sezioni: la prima contenente il saldo netto da finanziare, il livello massimo del ricorso al mercato finanziario nonché le disposizioni in materia di entrata e di spesa aventi effetti finanziari nel triennio considerato dal bilancio; la seconda sezione contiene le previsioni di entrata e di spesa (espresse in termini di cassa e di competenza) formate sulla base della legislazione vigente (distinte anche per ministeri oltre al quadro generale riassuntivo con riferimento al triennio).

È inoltre specificato (art. 14) che «*l'equilibrio del bilancio dello Stato corrisponde ad un valore del saldo netto da finanziare o da impiegare coerentemente con gli obiettivi programmatici*». È inoltre disciplinata l'istituzione dell'Organismo indipendente per l'analisi e la verifica degli andamenti di finanza pubblica e per la valutazione dell'osservanza delle regole di bilancio, che assume il nome di «*Ufficio parlamentare di bilancio*», avente sede presso le Camere e che opera in piena autonomia e indipendenza, costituito da un Consiglio di tre membri (di cui uno con funzioni di presidente) nominati d'intesa dai presidenti del Senato e della Camera e scelti da un elenco di dieci indicati (a maggioranza dei due terzi dei componenti) dalle commissioni parlamentari competenti in materia di finanza pubblica. I membri del Consiglio (nominati per sei anni non rinnovabili) sono scelti tra persone di riconosciuta indipendenza e comprovata esperienza, a livello nazionale ed internazionale, in materia di economia e finanza pubblica.

L'adozione della legge cost. n. 1 del 2012 (modificativa dell'art. 81 Cost.) è avvenuta in attuazione del vincolo assunto dal nostro Paese con la sottoscrizione del *Trattato sulla stabilità, coordinamento e governance nell'Unione economica e monetaria* (comunemente citato come «*Fiscal compact*»), sottoscritto il 2 marzo 2012 (da tutti gli Stati membri dell'UE ad eccezione del Regno Unito e della Repubblica Ceca) ed avente ad oggetto l'adozione di regole per il rafforzamento della disciplina di bilancio volta a conseguire gli obiettivi di crescita sostenibile, occupazione, competitività e coesione sociale propri dell'Unione economica e monetaria (e, a tal fine, sono poste le c.d. «regole auree» per il principio di equilibrio del bilancio dello Stato; v. *supra*, cap. IV). L'ulteriore disciplina del settore (nel rispetto dei principi posti dall'art. 81 Cost. e dalla legge n. 243 del 2012) è posta dalla legge n. 196 del 2009 («*Legge di contabilità e finanza pubblica*» a sua volta oggetto già di diverse modifiche, in particolare ad opera della legge n. 39 del 2011), le cui disposizioni costituiscono princìpi fondamentali del coordinamento della finanza pubblica e che pone come base dell'impostazione delle previsioni di entrata e di spesa dei bilanci delle amministrazioni pubbliche il ***metodo della programmazione***. Gli strumenti della programmazione sono:

a) il *Documento di economia e finanza* (DEF), da presentare alle Camere entro il 10 aprile di ogni anno, per le conseguenti deliberazioni parlamentari;

b) la *Nota di aggiornamento* del DEF, da presentare alle Camere entro il 20 settembre di ogni anno, per le conseguenti deliberazioni parlamentari;

c) la *legge del bilancio dello Stato* (che il governo presenta, entrambe alle Camere, entro il 15 ottobre di ogni anno);

d) la *legge di assestamento* (che il governo presenta alle Camere entro il 30 giugno);

e) i *disegni di legge collegati alla manovra di finanza pubblica* (da presentare alle Camere entro il mese di gennaio, i quali non costituiscono strumenti di programmazione pur facendo parte del relativo ciclo);

f) gli *specifici strumenti di programmazione* delle amministrazioni pubbliche diverse dallo Stato.

Il ***Documento di Economia e Finanza (DEF)*** è composto da tre sezioni: la *prima sezione* reca lo schema del Programma di stabilità (informazioni richieste dai regolamenti dell'Unione europea e dal Codice di condotta sull'attuazione del patto di stabilità e crescita, aggiornamento delle previsioni per l'anno in corso, indicazione dell'evoluzione economico-finanziaria internazionale, le previsioni per i principali aggregati del conto economico delle amministrazioni pubbliche, gli obiettivi programmatici, le previsioni di finanza pubblica di lungo periodo e gli interventi che si intende adottare per garantirne la sostenibilità, le ipotesi di evoluzione dell'indebitamento netto e del debito); la *seconda sezione* contiene l'analisi del conto economico e del conto di cassa delle amministrazioni pubbliche nell'anno precedente (e degli eventuali scostamenti rispetto agli obiettivi programmatici) e le previsioni tendenziali a legislazione vigente; la *terza sezione* reca lo schema del Programma nazionale di riforma, contenente gli elementi e le informazioni previsti dalla normativa europea (lo stato di avanzamento delle riforme, gli squilibri macroeconomici nazionali e i fattori di natura macroeconomica che incidono sulla competitività, le priorità del Paese e le principali riforme da attuare, i tempi previsti per la loro attuazione e la compatibilità con gli obiettivi programmatici, i prevedibili effetti delle riforme in termini di crescita dell'economia, di rafforzamento della competitività del sistema economico e di aumento dell'occupazione).

La ***legge di bilancio di previsione dello Stato annuale e pluriennale (per il triennio successivo)*** che dispone annualmente il quadro di riferimento finanziario per il periodo compreso nel bilancio pluriennale e provvede, per il medesimo periodo, alla regolazione annuale delle grandezze previste dalla legislazione vigente al fine di adeguarne gli effetti finanziari agli obiettivi. In merito al **bilancio dello Stato** la legge n. 196 del 2009 specifica che la gestione finanziaria dello Stato si svolge in base al bilancio annuale di previsione redatto in termini di competenza e cassa e che l'unità temporale della gestione è l'anno finanziario che comincia il 1° gennaio e termina il 31 dicembre dello stesso anno. Il *disegno di legge del bilancio annuale di previsione* è formato sulla base della legislazione vigente, tenuto conto dei parametri indicati nel DEF. Il **bilancio di previsione** è costituito dallo stato di previsione dell'entrata, dagli stati di previsione della spesa distinti per ministeri, con le allegate appendici dei bilanci delle amministrazioni autonome, e dal quadro generale riassuntivo con riferimento al triennio. Il ***bilancio pluriennale di previsione*** è elaborato dal ministro dell'economia e delle finanze, in coerenza con gli obiettivi indicati nel DEF e copre un periodo di tre anni. Il bilancio pluriennale, redatto in base alla legislazione vigente per missioni e programmi, in termini di competenza e di cassa, espone separatamente: a) l'andamento delle entrate e delle spese in base alla legislazione vigente (*bilancio pluriennale a legislazione vigente*); b) le previsioni sull'andamento delle entrate e delle spese tenendo conto degli effetti degli interventi programmati nella Decisione di finanza pubblica (*bilancio pluriennale programmatico*).

In merito al *procedimento di formazione del bilancio*, la legge n. 196 del 2009 prescrive che i ministri indichino al ministro dell'economia e delle finanze gli obiettivi di ciascun dicastero quantificando le risorse necessarie per il raggiungimento degli stessi (le proposte devono essere formulate sulla base della legislazione vigente, con divieto di previsioni basate sul mero calcolo della spesa storica incrementale). Al ministro dell'economia e delle finanze spetta valutare la congruità e la coerenza tra gli obiettivi perseguiti da ciascun ministero e le risorse richieste per la realizzazione degli stessi, tenendo anche conto dello stato di attuazione dei programmi in corso e dei risultati conseguiti negli anni precedenti in termini di efficacia e di efficienza della spesa.

La legge n. 196 del 2009 afferma esplicitamente che i *criteri dell'integrità* (secondo cui tutte le entrate devono essere iscritte in bilancio al lordo delle spese di riscossione e di altre eventuali spese ad esse connesse; parimenti, tutte le spese devono essere iscritte in bilancio integralmente, senza alcuna riduzione delle correlative entrate), *dell'universalità e dell'unità* (secondo cui è vietato gestire fondi al di fuori del bilancio, ad eccezione dei casi consentiti ed è vietata altresì l'assegnazione di qualsiasi provento per spese o erogazioni speciali, salvo i proventi e le quote di proventi riscossi per conto di enti, le oblazioni e simili, fatte a scopo determinato) *del bilancio dello Stato* costituiscono profili attuativi dell'art. 81 Cost.

Le *entrate dello Stato* sono ripartite in: a) titoli (a seconda che siano di natura tributaria, extratributaria o che provengano dall'alienazione e dall'ammortamento di beni patrimoniali, dalla riscossione di crediti o dall'accensione di prestiti); b) ricorrenti e non ricorrenti (a seconda che si riferiscano a proventi la cui acquisizione sia prevista a regime ovvero limitata ad uno o più esercizi); c) tipologie (ai fini dell'approvazione parlamentare e dell'accertamento dei cespiti); d) categorie (secondo la natura dei cespiti); e) capitoli (eventualmente suddivisi in articoli secondo il rispettivo oggetto, ai fini della rendicontazione). Le *spese dello Stato* sono ripartite in: a) missioni; b) programmi (a loro volta suddivisi in macroaggregati per spese di funzionamento, per interventi, per trattamenti di quiescenza e altri trattamenti integrativi o sostitutivi, per oneri del debito pubblico, per oneri comuni di parte corrente, per investimenti e per oneri comuni in conto capitale); c) capitoli (secondo l'oggetto della spesa). I capitoli, classificati secondo il contenuto economico e funzionale, costituiscono le unità elementari ai fini della gestione e della rendicontazione e possono essere ripartiti in articoli.

Entro il mese di giugno di ciascun anno, il ministro dell'economia presenta un *disegno di legge ai fini dell'assestamento delle previsioni di bilancio*. Il ministro dell'economia è autorizzato a provvedere alle variazioni di bilancio occorrenti per l'applicazione dei provvedimenti legislativi pubblicati successivamente alla presentazione del bilancio di previsione indicando, per ciascun capitolo, le dotazioni sia di competenza sia di cassa. Con il disegno di legge di assestamento possono essere proposte, limitatamente all'esercizio in corso, variazioni compensative tra le dotazioni finanziarie relative a programmi di una stessa missione e nel rispetto dell'invarianza dei saldi di finanza pubblica, con decreto del ministro dell'economia e delle finanze possono essere adottate variazioni compensative tra le dotazioni finanziarie interne a ciascun programma, relativamente alle spese per adeguamento al fabbisogno nell'ambito delle spese rimodulabili, su proposta dei Ministri competenti. Resta precluso l'utilizzo degli stanziamenti di spesa in conto capitale per finanziare spese correnti.

L'*esercizio provvisorio del bilancio* non può essere concesso se non per legge e per periodi non superiori complessivamente a quattro mesi. Durante l'esercizio provvisorio, la gestione del bilancio è consentita per tanti dodicesimi della spesa prevista da ciascun capitolo quanti sono i mesi dell'esercizio provvisorio, ovvero nei limiti della maggiore spesa necessaria, qualora si tratti di spesa obbligatoria e non suscettibile di impegni o di pagamenti frazionati in dodicesimi.

Il ministro dell'economia presenta alle Camere, entro il mese di giugno, il *rendiconto generale* dell'esercizio scaduto il 31 dicembre dell'anno precedente, articolato per missioni e programmi. Il relativo disegno di legge è corredato di apposita nota preliminare e ad esso è allegata per ciascuna amministrazione una nota integrativa, articolata per missioni e programmi.

La *nota integrativa al rendiconto* si compone di due sezioni: a) la prima sezione contiene il rapporto sui risultati ed espone l'analisi e la valutazione del grado di realizzazione degli obiettivi indicati nella nota integrativa al bilancio di previsione; b) la seconda sezione illustra, con riferimento ai programmi, i risultati finanziari ed espone i principali fatti della gestione, motivando gli eventuali scostamenti tra le previsioni iniziali di spesa e quelle finali indicate nel rendiconto generale. I risultati della gestione dell'anno finanziario sono riassunti e dimostrati nel rendiconto generale dello Stato costituito da due distinte parti: a) conto del bilancio; b) conto generale del patrimonio.

Al termine dell'anno finanziario ciascun ministero compila il conto del bilancio ed il conto del patrimonio relativi alla propria amministrazione e tali conti sono trasmessi al ministero dell'economia (Dipartimento della Ragioneria generale dello Stato) e, entro il 30 aprile successivo al termine dell'anno finanziario, il ministro dell'economia (per cura del Ragioniere generale dello Stato) trasmette alla Corte dei conti il rendiconto generale dell'esercizio scaduto. La Corte dei conti, parificato il rendiconto generale, lo trasmette al ministro dell'economia per la successiva presentazione alle Camere.

7.1.2. *La funzione di revisione costituzionale*

L'art. 138 Cost. disciplina il **procedimento di formazione delle leggi costituzionali e di revisione della costituzione.** Il procedimento di revisione costituzionale viene tradizionalmente definito «*aggravato*» perché si innesta sull'ordinario *iter legis*, prevedendo un procedimento più complesso con una doppia deliberazione da parte di ciascuna camera e con la necessità di una maggioranza qualificata oltre una eventuale fase referendaria.

L'art. 138 Cost. prevede che la legge di revisione costituzionale (o la legge costituzionale) debba essere approvata con doppia deliberazione da parte di ciascuna camera con un intervallo temporale (*dilatorio*) di almeno tre mesi fra le due deliberazioni. Nella prima deliberazione si segue l'ordinario *iter legis*: il potere di iniziativa spetta a tutti i soggetti cui la Costituzione assegna potere di iniziativa legislativa; si segue il procedimento ordinario in ragione della riserva d'assemblea prevista (per le leggi in materia costituzionale) dall'art. 72, ultimo comma, Cost.; nella prima deliberazione è necessaria e sufficiente (così come richiesto per l'ordinario *iter legis*) la maggioranza relativa. Trascorso il termine di tre mesi può passarsi alla seconda deliberazione, nella quale la commissione competente riesamina il progetto nel suo complesso e ne riferisce all'assemblea, davanti alla quale, dopo la discussione generale, si passa direttamente alla votazione finale (non sono ammesse questioni pregiudiziali o sospensive, né emendamenti, né ordini del giorno, né richieste di stralcio, ma solo dichiarazioni di voto) ed è richiesta la maggioranza assoluta (la metà più uno degli aventi diritto). Qualora in tale deliberazione si raggiunga in ciascuna Camera la maggioranza dei due terzi dei membri, il Presidente della Repubblica può procedere alla promulgazione; qualora invece si raggiunga sì la maggioranza assoluta ma non quella dei due terzi dei membri, il Presidente della Repubblica non può procedere immediatamente alla promulgazione dovendo invece porre in essere la c.d. «*pubblicazione anomala*», cioè pubblicare sulla *Gazzetta Ufficiale* la delibera parlamentare e, da tale pubblicazione, decorre il termine di tre mesi entro il quale un quinto dei membri di ciascuna camera o 500.000 elettori o cinque consigli regionali possono chiedere lo svolgimento di un referendum.

Il Presidente della Repubblica promulga la legge se, trascorso il predetto termine, i soggetti sopra indicati non hanno richiesto referendum o, avendolo richiesto, la legge ha ottenuto il voto favorevole della maggioranza dei votanti (per la validità di tale referendum non è richiesto alcun *quorum* di partecipazione).

In merito alle modalità di successione delle due deliberazioni (in ciascuna camera) si sono registrati nella prassi sia il c.d. *metodo consecutivo* (che si concretizza con lo svolgimento delle due deliberazioni dapprima in una camera e poi delle ulteriori due deliberazioni nell'altra camera), sia il c.d. *metodo alternativo*, secondo il quale fra le due deliberazioni della prima camera (comunque intervallate dal periodo costituzionalmente previsto) interviene la prima deliberazione dell'altra camera (la cui seconda deliberazione interviene sempre trascorso il termine di almeno tre mesi da tale prima deliberazione). Entrambi i procedimenti appaiono rispettosi del dettato costituzionale e se inizialmente era stato seguito il «metodo consecutivo», dal 1958 è stato adottato, soprattutto per ragioni di decorrenza dei tempi e di celerità, il «metodo alternativo» che consente inoltre di passare alla seconda deliberazione di ciascuna camera (deliberazione nella quale è richiesta quanto meno la maggioranza assoluta) quando entrambe le camere abbiano approvato il testo almeno una prima volta (nel metodo consecutivo invece, dopo che la prima camera ha già approvato il testo anche nella seconda deliberazione – e dunque con la prescritta maggioranza qualificata – anche un solo emendamento introdotto dall'altra camera impone che la prima camera debba ricominciare da capo il relativo *iter*!).

7.2. *La funzione di indirizzo e controllo politico*

In merito alla ***funzione di indirizzo e di controllo politico*** del Parlamento, deve ricordarsi che nella forma di governo parlamentare, come delineata in Costituzione, il governo deve avere la **fiducia** di entrambe le Camere. Il rapporto di fiducia si instaura con l'approvazione da parte di ciascuna Camera della mozione di fiducia e si interrompe con l'approvazione, anche da parte di una sola Camera, di una mozione di sfiducia (presentata da almeno un decimo dei componenti della Camera e discussa non prima di tre giorni dalla presentazione, art. 94 Cost., v. *infra*, cap. VIII).

Anche la ***mozione*** ha sempre più acquistato la funzione di atto di indirizzo politico ed infatti i regolamenti parlamentari definiscono la mozione come *atto diretto a promuovere una deliberazione dell'assemblea su un argomento determinato*. Il procedimento per l'approvazione delle mozioni è analogo al procedimento legislativo.

Altri strumenti di indirizzo politico sono le risoluzioni e gli ordini del giorno. La ***risoluzione*** può essere approvata da ciascuna commissione per gli affari di competenza allo scopo di manifestare orientamenti e di definire indirizzi su specifici argomenti. La risoluzione d'assemblea non ha limitazioni di contenuto, può essere presentata anche da un singolo parlamentare, presuppone che sia in corso un dibattito sulle comunicazioni del governo (o anche su una mozione) ed è votata al termine della discussione. L'***ordine del giorno*** serve da «istruzione» al governo in relazione alla legge in esame.

7.3. *La funzione ispettiva*

La *funzione ispettiva* del Parlamento si esplica attraverso istituti tradizionali come l'interrogazione, l'interpellanza, l'inchiesta e le indagini conoscitive. Questi istituti sono volti sia all'acquisizione di informazioni che ad una valutazione delle informazioni acquisite. Quelli ispettivi sono dunque strumenti di cui il Parlamento dispone per poter svolgere adeguatamente le proprie funzioni di controllo, di indirizzo politico, ma anche legislativa.

L'*interrogazione* è la domanda scritta con cui ciascun parlamentare chiede al Governo se un fatto sia vero, se un'informazione sia giunta al governo, se il governo intenda comunicare alla Camera documenti o notizie o stia per prendere un provvedimento su un oggetto determinato; il governo è tenuto a rispondere e l'interrogante può dichiarare se sia rimasto soddisfatto della risposta del governo. L'interrogazione a risposta immediata (c.d. *question time*) costituisce una forma di interrogazione rivolta direttamente in aula dal singolo deputato (o senatore) a un ministro ed è caratterizzata da un celere susseguirsi di domanda e risposta, essendo assegnati all'interrogante un minuto per illustrare l'interrogazione e due minuti per la replica e al ministro massimo tre minuti per rispondere.

L'*interpellanza* consiste nella domanda scritta concernente i motivi o gli intendimenti della condotta del governo in questioni che riguardino determinati aspetti della sua politica o su questioni di particolare rilievo o di carattere generale. Alla Camera l'interpellante non soddisfatto della risposta del governo può presentare una mozione sulle dichiarazioni del governo.

L'*indagine conoscitiva* è diretta all'acquisizione di informazioni o documenti «utili all'attività della Camera» e, nel corso dell'indagine, le commissioni possono invitare qualsiasi persona in grado di fornire elementi utili ai fini dell'indagine.

L'art. 82 Cost. dispone che ciascuna Camera può istituire *commissioni di inchiesta* su materie di pubblico interesse. La **commissione d'inchiesta** (che può essere monocamerale o bicamerale, anche se quest'ultima è la soluzione usata più di frequente) è composta proporzionalmente alle dimensioni dei vari gruppi e agisce con gli stessi poteri e limiti dell'autorità giudiziaria. Se la funzione di controllo e di indirizzo attiene più strettamente al rapporto fiduciario che lega Parlamento e governo, l'inchiesta parlamentare appare piuttosto espressione dell'attività ispettiva differenziandosi dagli altri strumenti ispettivi per il fondamento costituzionale e per l'ampiezza costituzionalmente riconosciuta all'inchiesta parlamentare con riguardo sia all'oggetto dell'inchiesta che ai poteri della commissione.

In merito al momento istitutivo, la lettera dell'art. 82 Cost. consente l'istituzione anche con atto monocamerale o bicamerale non legislativo, ma nella prassi si utilizza soprattutto lo strumento della legge. Riguardo ai rapporti della commissione d'inchiesta con l'autorità giudiziaria, la Corte costituzionale ha sottolineato la diversità di funzioni svolta, rispetto all'autorità giudiziaria, dalla commissione di inchiesta la cui funzione non è quella di «giudicare», bensì di raccogliere notizie e dati necessari per l'esercizio delle funzioni delle camere (sent. n. 231 del 1975). L'attività di inchiesta rientra dunque nella funzione ispettiva e di controllo del Parlamento, e pertanto rientra nel ruolo «politico» del Parlamento che non è chiamato affatto, tramite la commissione d'inchiesta, ad esercitare funzioni giurisdizionali.

La commissione di inchiesta termina la propria attività con l'approvazione di una relazione (può essere presentata anche una relazione di minoranza) che viene presentata all'assemblea, dinanzi alla quale viene infine discussa.

8. Il funzionamento delle Camere

Le nuove Camere, la cui elezione deve svolgersi entro settanta giorni dallo scioglimento delle precedenti, devono riunirsi non oltre il ventesimo giorno dalle elezioni e la legislatura ha inizio con la prima riunione delle nuove Camere.

Le Camere organizzano i propri lavori secondo il ***metodo della programmazione***. Il ***programma dei lavori*** (valido per due mesi al Senato e per tre mesi alla Camera) è approvato dalla conferenza dei capigruppo (composta dai presidenti dei gruppi parlamentari), convocata dal presidente, e a cui partecipa anche un rappresentante del governo. In caso di mancato accordo sul programma, il presidente comunica all'assemblea uno schema dei lavori per il periodo di una settimana (al Senato) o l'ordine del giorno e l'ora delle sedute dei due giorni successivi di lavoro (alla Camera). Sulla base del concordato programma dei lavori, il Presidente propone alla conferenza dei presidenti dei gruppi un progetto di calendario delle successive due settimane. La conferenza dei capigruppo interviene sull'organizzazione della discussione di singoli argomenti iscritti nel calendario, determinando anche il numero massimo degli interventi e il tempo complessivo da assegnare a ciascun gruppo.

In merito al ***numero legale*** necessario per il corretto funzionamento di ciascuna Camera (c.d. *quorum strutturale*), le decisioni di ciascuna Camera (e del Parlamento in seduta comune) non sono valide se non è presente la maggioranza (cioè la metà più uno) dei componenti; vanno esclusi dal computo i parlamentari assenti per ufficio o incarico ricevuto dalla Camera, i membri del governo e i senatori in congedo. Il numero legale si presume e la verifica dello stesso deve essere richiesta da almeno 20 deputati (o 12 senatori). Le deliberazioni devono essere adottate dalla maggioranza dei presenti, salvo che la Costituzione prescriva una maggioranza speciale. La Costituzione richiede maggioranze speciali nei seguenti casi:

– per l'approvazione dei regolamenti parlamentari (art. 64, comma 1, Cost.);

– per l'elezione del Presidente della Repubblica (art. 83 Cost.);

– per la messa in stato d'accusa del Presidente della Repubblica (art. 90 Cost.);

– per l'approvazione di leggi costituzionali e di revisione della Costituzione (art. 138 Cost.);

– per l'approvazione di leggi di amnistia e di indulto (art. 79 Cost.);

– l'art. 3, legge cost. n. 2 del 1967 prevede una maggioranza qualificata per l'elezione dei giudici costituzionali da parte del Parlamento in seduta comune;

– l'art. 22, legge n. 195 del 1958 prevede una maggioranza qualificata per l'elezione dei membri «laici» del C.s.m. da parte del Parlamento in seduta comune.

In merito alle modalità di **computo degli astenuti**, Camera e Senato, nei rispettivi regolamenti, avevano adottato soluzioni differenti. Alla Camera infatti sono considerati presenti coloro che esprimono voto favorevole o contrario e dunque gli astenuti non vengono computati ai fini della determinazione del *quorum* deliberativo; al Senato invece ogni deliberazione (fino alla XVII legislatura compresa) era assunta a maggioranza dei senatori che «partecipano alla votazione», sicché gli astenuti erano ritenuti comunque partecipi della votazione e pertanto l'astenuto operava di fatto come voto contrario. In ragione della riforma del regolamento del Senato, entrata in vigore con la XVIII legislatura (*id est*, quella corrente), anche al Senato gli astenuti sono computati solo ai fini del numero legale, ma non sono computati ai fini del *quorum* deliberativo.

In dottrina più volte è stato affermato il problema della conciliabilità con l'art. 64 Cost. della prassi della Camera ritenuta da alcuni incostituzionale (Tosi); mentre per altri si tratta di una prassi ragionevole che potrebbe trovare un appiglio anche nell'art. 75, comma 4, Cost. (Manzella). Secondo Mazziotti il principio della funzionalità delle Camere («*Il Parlamento non può corrispondere alla sua posizione cardine nell'ordinamento, se non è in grado di esercitare prontamente ed efficacemente i poteri di cui è investito*»), unito alla larga potestà di interpretazione e di integrazione che compete ai regolamenti parlamentari, giustifica le scelte dei regolamenti parlamentari e nessuna norma costituzionale può ritenersi di ostacolo a tali scelte. Con la riforma del regolamento del Senato del 2017 la modalità di computo degli astenuti prevista per la Camera è stata estesa anche al Senato (v. *supra*).

L'art. 64 Cost. prescrive che le Camere deliberano a maggioranza dei presenti (c.d. ***maggioranza semplice*** – *majority system, maior pars totius collegi* –, che si distingue dalla c.d. ***maggioranza relativa*** – *plurality system, maior pars respectu partium minorum* – che invece fa prevalere l'opzione che ottenga il maggior numero di voti rispetto alle altre in discussione indipendentemente dalla consistenza percentuale raggiunta). Con l'espressione «***maggioranza qualificata***» si indicano, infine, tutte quelle ipotesi in cui è richiesto un *quorum* superiore rispetto alla maggioranza semplice: dalla *maggioranza assoluta* (metà più uno dei membri di un organo) alla maggioranza dei due terzi o dei tre quarti (dei componenti o dei votanti, a seconda delle diverse ipotesi).

La decisione a favore di una determinata tipologia di maggioranza non è indifferente: la maggioranza c.d. "relativa", se consente una maggiore rapidità decisionale, può determinare maggioranze mutevoli compromettendo così la coerenza delle scelte all'interno di una pluralità di opzioni; la maggioranza semplice, se può implicare un leggero vantaggio per la conservazione dello *status quo*, costituisce il «requisito minimo» per garantire la coerenza fra scelte molteplici e consente il funzionamento meno costoso e più rapido del sistema (Cerri). La previsione di maggioranze qualificate risponde, invece, all'esigenza di tutela delle minoranze che sono chiamate in varia misura a condividere la relativa decisione. Al limite estremo si rinviene il *principio di unanimità* secondo cui la decisione deve essere approvata da tutti i membri di un collegio, e che attribuisce però un potere di veto ad ogni componente con il rischio di una paralisi decisionale o della inevitabilità di decisioni ampiamente compromissorie.

La riflessione sulla maggioranza richiesta per l'adozione di singole decisioni conduce al tema del c.d. ***ostruzionismo parlamentare***. Questa espressione sta ad indicare l'attività della minoranza volta a rallentare, se non ostacolare, i lavori del Parlamento allo scopo di impedire alla maggioranza di assumere una determinata decisione o di farla desistere in proposito. I regolamenti parlamentari del 1971 (basati sul principio di un'ampia condivisione delle scelte) consentivano forme varie di ostruzionismo parlamentare. Dopo le riforme apportate ai regolamenti parlamentari a partire dagli anni ottanta (ed in particolare quelle apportate al regolamento della Camera nella XIII legislatura, con l'introduzione del contingentamento dei tempi), all'opposizione (soprattutto alla Camera) sono rimasti pochi strumenti ostruzionistici quali ad esempio la presentazione di un alto numero di emendamenti o la continua richiesta di verifica del numero legale (destinati comunque ad avere poco successo).

Ma, proprio con riguardo agli strumenti a disposizione della stessa, bisogna interrogarsi sul *ruolo dell'opposizione parlamentare*. Questa infatti deve svolgere una funzione di controllo e di pungolo nei confronti della maggioranza, ma le esigenze di un sistema democratico richiedono sia alla maggioranza che all'opposizione la capacità di «riconoscere» le forze politiche avverse e di confrontarsi con esse. Gli atteggiamenti di vicendevole chiusura mal si conciliano con le logiche del parlamentarismo democratico.

9. Il Parlamento in seduta comune

Il ***Parlamento in seduta comune*** (composto dai membri di entrambe le Camere) si riunisce solo nei casi espressamente previsti dalla Costituzione. Il Parlamento in seduta comune è un organo costituzionale, distinto dalle due Camere, avente funzioni elettive ed accusatorie (oggi del solo Presidente della Repubblica) e non partecipa a funzioni di immediata direzione politica dello Stato. Infatti il Parlamento in seduta comune:

– elegge, integrato dai delegati dei consigli regionali, il Presidente della Repubblica (art. 83 Cost.);

– assiste al giuramento del Presidente della Repubblica (art. 91 Cost.);

– mette in stato d'accusa il Presidente della Repubblica (art. 90 Cost.);

– elegge cinque giudici della Corte costituzionale, nonché i 45 nominativi che formano l'elenco da cui vengono estratti a sorte i 16 giudici aggregati della Corte costituzionale nel caso di giudizio sulla messa in stato di accusa del Presidente della Repubblica (art. 135, ultimo comma, Cost.);

– elegge un terzo dei membri del Csm (art. 104 Cost., art. 22, legge n. 151 del 1958). 3 votazioni 2/3 ultima 3/5

La *convocazione* del Parlamento in seduta comune spetta al Presidente della Camera, che lo presiede. La dottrina ritiene applicabili i principi posti dall'art. 64 Cost. in merito al *quorum* strutturale e funzionale (è utile ricordare che nella seduta del 23 dicembre 1971, durante l'elezione del Presidente della Repubblica, il Presidente dichiarò che il *quorum* da quel giorno era diminuito di un'unità a causa del decesso di un senatore, accogliendo così la tesi secondo cui la maggioranza vada calcolata non sul numero teorico dei membri ma sul numero reale degli stessi).

Discussa in dottrina è la questione relativa alla possibilità per il Parlamento in seduta comune, quando esercita funzioni elettive, di aprire una discussione prima di passare alle votazioni (naturalmente tale questione attiene solo alle funzioni elettive, non potendosi ritenere ammissibile una messa in stato di accusa senza previa discussione). La prassi si è orientata nel senso di escludere tale possibilità, giacché il presidente (del Parlamento in seduta comune), avocando a sé la competenza a decidere in merito (compresi le sospensioni e i rinvii), ha escluso ogni discussione o deliberazione. È necessario però aggiungere che le decisioni presidenziali sono quasi sempre avvenute sulla base di accordi intervenuti fra la presidenza e i gruppi parlamentari. Inoltre la decisione di non aprire dibattiti è legata alla considerazione dei numerosi scrutini che a volte si sono dovuti svolgere per l'elezione, oltre che del Presidente della Repubblica, soprattutto di giudici costituzionali e di membri del Consiglio superiore della magistratura. Dal punto di vista teorico è difficile trovare argomentazioni convincenti per l'esclusione del potere del Parlamento in seduta comune di aprire un dibattito prima di passare alla votazione. Anzi, l'autonomia regolamentare, la possibilità di riunirsi in seduta segreta, cui vanno aggiunti il diritto di discutere sulla legittimità e tempestività della convocazione e la competenza in materia di verifica dei poteri conducono a ritenere che il Parlamento in seduta comune ben possa discutere prima di votare (c.d. *collegio perfetto*, cioè padrone del proprio ordine del giorno). Di rilievo è soprattutto l'argomentazione pratica (di opportunità politica e di funzionalità) che spinge ad evitare l'apertura di comizi elettorali, di dibattiti e di affermazioni (che potrebbero anche essere sgradevoli) rivolte nei confronti di future cariche istituzionali. Ed infatti anche chi ritiene che il Parlamento in seduta comune sia un collegio perfetto aggiunge poi l'esclusione, per «evidenti ragioni di opportunità politica e di funzionalità», di più ampie facoltà di dibattito, in cui ad esempio si discuta del merito dei candidati o degli accordi eventualmente intercorsi fra le forze politiche» (Mazziotti).

Il Parlamento in seduta comune svolge anche una funzione accusatoria essendo competente sulla ***messa in stato d'accusa del Presidente della Repubblica***.

L'istituto della ***giustizia politica*** ha origini risalenti. In Inghilterra la Camera dei comuni, mediante la procedura di *impeachment* metteva in stato di accusa i ministri del Re dinanzi alla Camera dei *Lords*; tale strumento, inizialmente previsto per la commissione di reati, diventa il mezzo mediante il quale la Camera dei comuni ottiene un controllo anche politico sull'esecutivo. Nello Statuto Albertino il Senato, costituito in Alta Corte di giustizia, era competente a giudicare dei crimini di alto tradimento e di attentato alla sicurezza dello Stato commessi dai ministri messi in stato di accusa da parte della Camera dei deputati.

Differente il sistema instaurato dalla Costituzione repubblicana che assegna alla Corte costituzionale, in composizione integrata (v. *infra*, cap. XI), la competenza a giudicare dei reati presidenziali dopo la messa in stato d'accusa da parte del Parlamento in seduta comune. La versione originaria del testo costituzionale prevedeva la competenza della Corte costituzionale anche con riguardo ai *reati c.d. ministeriali*. L'art. 96 Cost. (nella sua versione originaria) disponeva infatti che per i reati commessi nell'esercizio delle loro funzioni, il Presidente del Consiglio e i ministri fossero posti in stato d'accusa dal Parlamento in seduta comune e giudicati dalla Corte costituzionale in composizione integrata. Con legge cost. n. 1 del 1989 la competenza a giudicare dei reati ministeriali è stata assegnata alla giurisdizione ordinaria.

L'art. 12 della legge cost. n. 1 del 1953 (come modificato dalla legge cost. n. 1 del 1989) dispone che la deliberazione sulla messa in stato di accusa del Presidente della Repubblica è adottata dal Parlamento in seduta comune su relazione di un comitato formato dai componenti delle giunte per le autorizzazioni a procedere di Senato e Camera dei deputati. In attuazione di tale disposizione Camera e Senato hanno approvato il *Regolamento parlamentare per i procedimenti di accusa*, istituendo il ***Comitato parlamentare per i procedimenti di accusa***, i cui componenti non possono essere ricusati ma che hanno la facoltà di astenersi quando sussistano gravi ragioni di convenienza o nei casi in cui il codice di procedura penale ammetta la ricusazione del giudice. Il Comitato inizia il procedimento in seguito a denuncia o ad indagini promosse d'ufficio. Il Comitato, al termine delle indagini, può:

– con ordinanza dichiarare la propria incompetenza (perché il reato è diverso da quelli previsti dall'art. 90 Cost.) o deliberare l'archiviazione degli atti del procedimento; tale ordinanza è, entro sessanta giorni, trasmessa ai presidenti delle Camere che ne danno comunicazione alle rispettive assemblee; entro dieci giorni da tale comunicazione, un quarto dei membri del Parlamento in seduta comune può chiedere che il comitato presenti la relazione al Parlamento medesimo (e la relazione deve essere presentata entro un mese dalla comunicazione della richiesta); qualora tale richiesta non venga presentata, i presidenti delle due camere comunicano alle rispettive assemblee l'intervenuta definitività della dichiarazione di incompetenza e di archiviazione;

– presentare una relazione (che può essere accompagnata anche da relazioni di minoranza) che deve contenere l'enunciazione del fatto, l'indicazione delle indagini esperite e le conclusioni; se la relazione propone la messa in stato di accusa, le conclusioni devono riportare l'indicazione degli addebiti con le relative ipotesi di reato e degli elementi su cui la proposta è basata; il comitato propone uno o più relatori per sostenere la discussione dinanzi al Parlamento in seduta comune; questi deve essere convocato entro trenta giorni dalla presentazione della relazione per discutere sulla stessa. Se invece nella relazione il comitato proponga l'archiviazione o il non doversi procedere e non venga presentato alcun ordine del giorno, il Parlamento prende atto delle conclusioni del comitato; almeno 40 membri del Parlamento possono presentare ordini del giorno volti a formulare proposte in difformità alle conclusioni presentate dal comitato: su tali ordini del giorno e sulle conclusioni del comitato non è consentita la presentazione di emendamenti; il Parlamento in seduta comune può deliberare anche il compimento di un supplemento di indagini al termine del quale il comitato presenta una relazione suppletiva.

Ove siano formulate proposte di messa in stato di accusa, queste sono messe in votazione per ultime e la loro reiezione si intende come deliberazione di non doversi procedere. Le votazioni hanno luogo a scrutinio segreto.

Deliberata la messa in stato di accusa, il Parlamento determina il numero dei commissari di accusa (che esercitano davanti alla Corte costituzionale le funzioni di pubblico ministero ed hanno la facoltà di assistere a tutti gli atti istruttori) e provvede alla loro elezione con votazione a scrutinio segreto. Indi il presidente della Camera (quale Presidente del Parlamento in seduta comune) trasmette (entro due giorni) l'atto di accusa al presidente della Corte costituzionale, unitamente alla relazione del comitato (e alle eventuali relazioni di minoranza) e agli atti e documenti del procedimento, nonché il nominativo dei commissari di accusa e del presidente del collegio di accusa (eletto dai commissari al proprio interno quando in numero superiore a due).

10. Il ruolo del Parlamento nell'ordinamento pluralistico

La diretta correlazione esistente fra sovranità popolare e Parlamento ha condotto parte della dottrina a configurare tale istituzione come «*organo del popolo*»

(Manzella). Secondo questa dottrina, il Parlamento sarebbe organo del popolo in quanto strumento attraverso cui il popolo esercita la sovranità. Questa visione dell'organo parlamentare muove da un'impostazione critica (risalente a Rousseau) del concetto di rappresentanza politica e del principio del divieto di mandato imperativo quale strumento mediante il quale il popolo è ridotto al mero ruolo di legittimazione e di investitura, mentre la concreta gestione politica viene a svolgersi in maniera incontrollata sino alle successive elezioni. Secondo questa impostazione, bisogna superare la tesi della rappresentanza politica, giacché essa perpetuerebbe una «concezione dualistica di separazione e di diversità» che nello Stato a suffragio censitario operava a vantaggio delle *élite* parlamentari, mentre oggi assicura uno spazio di irresponsabilità alle dirigenze dei partiti politici. Invece, riconoscendo al Parlamento la titolarità di poteri spettanti al popolo, e di cui il Parlamento sarebbe "organo", si evita quella separazione che il concetto di rappresentanza politica produce. Il procedimento elettorale verrebbe così a svolgere la funzione di un procedimento di predisposizione «immediatamente formativo di organi statali» (secondo l'insegnamento di Costantino Mortati), ma non di conferimento di mandato rappresentativo.

L'impostazione dottrinale appena ricordata conduce a negare la stessa ragione di esistenza del principio del divieto di mandato imperativo (riconosciuto dall'art. 67 Cost.). Ma è proprio l'intero impianto costituzionale, oltre a specifiche disposizioni della Carta repubblicana, a dimostrare che ***il Parlamento è organo*** (non del popolo, bensì) ***dello Stato-apparato*** e che gli atti del Parlamento sono atti (non del popolo, ma) dello Stato-apparato, ai quali il corpo elettorale può anche opporsi (ad es. con il referendum). Inoltre l'attribuzione al Parlamento del carattere della rappresentatività non significa affatto il monopolio parlamentare della sfera del «politico». Il rapporto esistente fra Parlamento e corpo elettorale è dunque una relazione complessa, nella quale l'affermazione dell'indipendenza del Parlamento corrisponde a esigenze di tutela del Parlamento stesso da ogni forma di ingerenza esterna, ma in cui bisogna sottolineare la *funzione di integrazione*, cioè di costante realizzazione dell'unità politica della collettività (Smend), che l'organo rappresentativo svolge, ed in cui fondamentale è il collegamento fra eletti ed elettori. E infatti il Parlamento è (nel senso che *deve essere*) il luogo del confronto delle opinioni; l'affermazione del libero mandato parlamentare è funzionale al riconoscimento della utilità e necessità del dibattito parlamentare al termine del quale, nel confronto fra le diverse opinioni, la maggioranza assume la decisione ritenuta conforme all'interesse generale e che non è disgiunta dalla volontà del corpo elettorale, ma si è formata nel confronto fra le varie opinioni in esso presenti. La, pur esistente, separazione-diversità fra rappresentante e rappresentato non può ritenersi che giunga a «spezzare» il legame che giustifica e legittima il rappresentante medesimo. Bisogna invece individuare forme e procedure idonee a svolgere la funzione di «canali di comunicazione» (tendenzialmente continui e permanenti) fra rappresentato (corpo elettorale) e rappresentante (Parlamento) e destinate (nel senso ascendente) a trasmettere al rappresentante le esigenze e le istanze del rappresentato e (nel senso discendente) a rafforzare i meccanismi di responsabilità e di «responsività» (Ridola) del rappresentante nei confronti del rappresentato.

Nelle moderne democrazie occidentali il ruolo del Parlamento appare sempre più caratterizzato da una ***funzione di contropotere***, volta a consentire la «visibilità» ed il controllo del potere e che assicuri un'intima connessione fra principio pluralistico, legittimazione democratica, rappresentanza democratica e predisposizione di meccanismi idonei all'effettività del principio di responsabilità. Il Parlamento oggi è in crisi perché non riesce a svolgere pienamente tale ruolo.

Nota bibliografica

AA.VV., *Il Parlamento*, a cura dell'Associazione italiana costituzionalisti, Padova, 2001; L. Balbo-N. Bobbio-P. Ingrao-G. Pasquino-P. Ridola, *Democrazia e rappresentanza*, a cura di G. Pasquino, Roma-Bari, 1988; F. Bertolini, *Rappresentanza parlamentare e attività di Governo*, Napoli, 1997; N. Bobbio, *Democrazia, maggioranza, minoranza*, Bologna, 1981; G. Capano-M. Giuliani (a cura di), *Parlamento e processo legislativo in Italia: continuità e mutamento*, Bologna, 2001; A. Carboni-M. Magalotti, *Prime osservazioni sulla riforma organica del Regolamento del Senato*, in *federalismi.it*, n. 1/2018; A.A. Cervati, *Il controllo di costituzionalità sui vizi del procedimento legislativo parlamentare in alcune recenti pronunce della Corte costituzionale*, in *Giur. cost.*, 1985, 1445 ss.; A. Ciancio, *I gruppi parlamentari: studio intorno a una manifestazione del pluralismo politico*, Milano, 2008; V. Crisafulli, *Aspetti problematici del sistema parlamentare vigente in Italia*, in *Jus*, 1958, 151 ss.; Id., *Partiti e rappresentanza politica nella Costituzione italiana*, in *Amm. civ.*, 1958, fasc. 3, 23 ss.; Id., *Stato, popolo, governo*, Milano, 1985; E. Cuccodoro, *La presidenza d'assemblea politica*, Firenze, 1980; V. Di Ciolo, *Parlamento (organizzazione)*, in *Enc. dir.*, XXXI, Milano, 1981, 820 ss.; V. Di Ciolo-L. Ciaurro, *Il diritto parlamentare nella teoria e nella pratica*, Milano, 2013; R. Dickmann-S. Staiano (a cura di), *Funzioni parlamentari non legislative e forma di governo: l'esperienza dell'Italia*, Milano, 2008; E. Di Gianfrancesco-N. Lupo (a cura di), *Regole del diritto parlamentare nella dialettica tra maggioranza e opposizione*, Roma, 2007; L. Elia, *Le commissioni parlamentari italiane nel procedimento legislativo*, in *Arch. giur.*, 1961, XXIX, 42 ss.; G. Ferrara, *Il presidente di assemblea parlamentare*, Milano, 1965; Id., *Regolamenti parlamentari e indirizzo politico*, in *Scritti degli allievi offerti ad Alfonso Tesauro nel quarantesimo anno dell'insegnamento*, I, Milano, 1968, 346 ss.; G.G. Floridia-F. Sorrentino, *Regolamenti parlamentari*, in *Enc. dir.*, vol. XXXIX, Milano, 1988; M. Galizia, *Studi sui rapporti fra Parlamento e governo*, Milano, 1972; L. Gianniti-N. Lupo, *Corso di diritto parlamentare*, Bologna, 2008; T.F. Giupponi, *La nuova disciplina dei gruppi parlamentari, tra autonomia contabile e autodichia*, in A. Ruggeri (a cura di) *Scritti in onore di Gaetano Silvestri*, vol. 1, Torino, 2016, 1120 ss.; R. Ibrido, *L'interpretazione del diritto parlamentare. Politica e diritto nel "processo" di risoluzione dei casi regolamentari*, Milano, 2015; H. Kelsen, *I fondamenti della democrazia*, Bologna, 1981; Id., *Il primato del Parlamento*, Milano, 1982; F. Lanchester, *L'incidenza dei sistemi e dei modi di votazione nelle assemblee parlamentari*, in *Riv. trim. dir. pubbl.*, 1980, n. 4, 1235 ss.; V. Lippolis, *Art. 66 Cost.*, in *Comm. Cost.*, a cura di G. Branca, Bologna-Roma, 1986, 115 ss.; M. Manetti, *Regolamenti parlamentari*, in *Enc. dir.*, vol. XXXIX, Milano, 1988, 656 ss.; A. Manzella, *Art. 64*, in *Comm. Cost.*, a cura di G. Branca, *Le Camere (Artt. 64-69)*, tomo II, Bologna-Roma, 1986; A. Manzella, *Il Parlamento*, III ed., Bologna, 2003; A. Manzella (a cura di), *I regolamenti parlamentari a quarant'anni dal 1971*, Bologna, 2012; A. MARONGIU, *Parlamento (storia)*, in *Enc. dir.*, vol. XXXI, Milano, 1981, 724 ss.; T. MARTINES, *La natura giuridica dei regolamenti parlamentari*, Pavia, 1952; ID., *Governo parlamentare e ordinamento democratico*, Milano, 1967; ID., *Regolamenti parlamentari e attuazione della Costituzione*, in *Studi parl. e di pol. cost.*, 1971, fasc. 3, 5 ss.; T. MARTINES-G. SILVESTRI, *Diritto parlamentare*, Milano, 2011; M. MAZZIOTTI DI CELSO, *Parlamento (funzioni)*, in *Enc. dir.*, vol. XXXI, Milano, 1981, 757 ss.; M. MIDIRI, *Commissioni parlamentari e processo di decisione politica: la prassi recente*, in *Riv. trim. dir. pubbl.*, 2007, 1035 ss.; F. MODUGNO, *In tema di regolamenti parlamentari e di controllo sugli* "interna corporis acta" *delle Camere*, in *Scritti in onore di Gaspare Ambrosini*, II, Milano, 1970, 1381 s.; D. NOCILLA-L.G. CIAURRO, *Rappresentanza politica*, in *Enc. dir.*, vol. XXXVIII, Milano, 1987, 543 ss.; M. OLIVETTI, *La questione di fiducia nel sistema parlamentare italiano*, Milano, 1996; A. PACE, *Il potere parlamentare di inchiesta*, in *Comm. cost.*, a cura di Branca, Bologna-Roma, 1979; L. PALADIN, *Sulla natura del Parlamento in seduta comune*, in *Riv. trim. dir. pubbl.*, 1960, 388 ss.; F. POLITI, *Parlamento*, in *Il diritto*, Milano, 2008; G.U. RESCIGNO, *Gruppi parlamentari*, in *Enc. dir.*, vol. XIX, 779 ss.; P. RIDOLA, *Partiti politici*, in *Enc. dir.*, vol. XXXII, Milano, 1982, 76 ss.; ID., *Divieto del mandato imperativo e pluralismo politico*, in *Scritti in onore di V. Crisafulli*, vol. II, Padova, 1985, 679 ss.; ID., *La rappresentanza parlamentare fra unità politica e pluralismo*, in *Studi in onore di M. Mazziotti di Celso*, II, Padova, 1995, 459 ss.; ID., *Diritti di libertà e costituzionalismo*, Torino, 1997; ID., *Esperienza, Costituzioni, Storia. Pagine di storia costituzionale*, Napoli, 2019; G. RIVOSECCHI, *Fiducia parlamentare*, in *Dig. disc. pubbl.*, III agg., I tomo, Torino, 2008, 385 ss.; E. ROSSI, *Maggioranza e opposizioni nelle procedure parlamentari*, Padova, 2004; ID. (a cura di), *Studi pisani sul Parlamento*, Pisa, 2007; ID., *Studi pisani sul Parlamento*, II, Pisa, 2008; ID., *Studi pisani sul Parlamento*, III, Pisa, 2009; E. RUFFINI, *Il principio maggioritario*, Bologna, 1977; A. SAITTA, *L'oscillazione del pendolo: maggioranza e opposizioni nella democrazia costituzionale italiana*, Milano, 2004; A.M. SANDULLI, *Spunti problematici in tema di autonomia degli organi costituzionali e di giustizia domestica nei confronti del loro personale*, in *Giur. it.*, 1977, 1831 ss.; S. SICARDI, *Maggioranza, minoranze e opposizione nel sistema costituzionale italiano*, Milano, 1984; ID., *Controllo e indirizzo parlamentare*, in *Dig. disc. pubbl.*, IV, Torino, 1989, 118 ss.; G. TARLI BARBIERI, *Le leggi in commissione nella prima esperienza repubblicana: la sede deliberante tra quadro costituzionale e prassi applicativa*, in *Scritti in onore di Gaetano Silvestri*, 2016, III, 2363 ss.; S. TRAVERSA, *Il Parlamento nella Costituzione e nella prassi*, Milano, 1989; G. ZAGREBELSKY, *Le immunità parlamentari*, Torino, 1979; N. ZANON, *Il libero mandato parlamentare*, Milano, 1991; N. ZANON-F. BIONDI (a cura di), *Percorsi e vicende attuali della rappresentanza e della responsabilità politica*, Milano, 2001.

Capitolo Settimo

IL PRESIDENTE DELLA REPUBBLICA

1. Capo dello Stato e forma di governo

Nella storia molteplici sono stati i criteri di determinazione del Capo dello Stato. Negli ultimi secoli si è progressivamente registrata l'affermazione del ***principio repubblicano***, secondo cui il potere politico trova legittimazione nel principio della sovranità popolare e pertanto, oltre a rispondere ad un principio di elettività, non può non avere una durata limitata e deve rispondere ad esplicite forme di responsabilità. Tale principio ha sostituito il previgente ***principio monarchico***, secondo cui il potere politico trova una legittimazione di tipo trascendente («per volontà di Dio»), con durata a vita della carica e con successione dinastica. L'esperienza contemporanea continua a mostrare l'esistenza di forme di Stato democratico con a capo un monarca (Gran Bretagna, Spagna, Svezia, Olanda), ma la presenza di un monarca quale Capo dello Stato non significa automaticamente affermazione del principio monarchico. In molti paesi la progressiva affermazione della sovranità popolare e dei principi liberal-democratici ha infatti lasciato in vita (per contingenti ragioni storiche) «forme aristocratiche» di potere (Häberle) che comunque non intaccano l'essenza democratica dello Stato stesso.

L'affermazione del principio repubblicano può trovare invece molteplici declinazioni connesse alla forma di governo prescelta e, a questo proposito, ruolo non indifferente gioca la scelta relativa alle modalità di elezione del presidente della repubblica. La forma di governo presidenziale (v. *supra*, cap. II) si caratterizza, oltre che per l'assenza di un rapporto di fiducia tra Parlamento e governo, per il ruolo di direzione politica svolto dal presidente che è, al tempo stesso, capo dello Stato e capo del governo (nonché, spesso, *leader* del partito di maggioranza). In questo quadro, l'elezione diretta del presidente da parte del corpo elettorale costituisce un elemento importante (in quanto è sulla diretta legittimazione democratica che il presidente fonda i propri poteri nonché la capacità di contrapporsi al Parlamento), ma di per sé non decisivo, riscontrandosi nel diritto comparato esempi di forme di governo parlamentare in cui il presidente della repubblica è eletto direttamente dal corpo elettorale (ad es. l'Austria).

Al tempo stesso deve riconoscersi che l'elezione diretta del presidente della repubblica introduce comunque elementi tipici della forma di governo presidenziale (ancor più se combinato a specifici assetti del sistema partitico) e questa considerazione era ben chiara ai costituenti che, dopo aver espressamente rigettato la forma di governo presidenziale ed aver optato per quella parlamentare, hanno ritenuto conseguenziale la scelta dell'elezione del Presidente della Repubblica da parte del Parlamento in seduta comune (sia pure integrato con i rappresentanti delle Regioni), in quanto scelta coerente con la decisione di assegnare al Parlamento il ruolo di organo centrale della forma di governo e del sistema dei poteri pubblici. Come apparirà più chiaramente dall'analisi dei poteri del Presidente della Repubblica, questi è chiamato a svolgere nel nostro ordinamento costituzionale un ruolo di garanzia. ***Il Presidente è estraneo al circuito dell'indirizzo politico*** (che si svolge – in ragione del rapporto di fiducia – tra Parlamento e governo) ed i poteri affidatigli sono funzionali al rispetto delle norme costituzionali e non alla sovrapposizione di un indirizzo politico presidenziale a quello governativo-parlamentare.

La Costituzione assegna al Presidente molteplici poteri, catalogati dalla dottrina secondo diverse ricostruzioni (poteri di controllo, di garanzia, di influenza, di intermediazione politica), ricostruzioni che differiscono proprio in ragione del diverso ruolo riconosciuto al Presidente nelle dinamiche della forma di governo. E così sono state proposte ricostruzioni volte ad assegnare un ruolo «attivo» del Presidente, ruolo fondato in particolare sulla necessità di una piena attuazione della Costituzione. E così Paolo Barile ha visto nel Presidente della Repubblica il titolare di un «*indirizzo politico costituzionale*» con poteri di intervento per correggere l'indirizzo politico di maggioranza (governativo e parlamentare) qualora quest'ultimo si discosti dal dettato costituzionale. Diversa è la posizione di Mortati che invece colloca il Presidente tra gli organi che cooperano all'indirizzo politico sia pure con una «funzione peculiare: di influenza indiretta, di garanzia del rispetto delle condizioni che ne rendono possibile la regolarità e continuità di svolgimento». Altri orientamenti, ponendo l'accento sulla posizione di imparzialità del Presidente, ritengono invece limitata la sfera di intervento presidenziale ad oggetti e casi specifici giacché la funzione propria del presidente sarebbe quella di controllo *super partes*. Carlo Esposito, muovendo dal riconoscimento che il Presidente è una carica politica dello Stato, critica la tesi dell'imparzialità ed evidenzia che il particolare ruolo svolto dal Presidente discende dall'assenza in capo al medesimo di poteri decisori nella direzione dello Stato. Sandulli ha definito quello presidenziale «*potere neutro*», estraneo ai tre tradizionali poteri statali.

L'art. 87, comma 1, Cost. afferma che il Presidente è il Capo dello Stato e che egli «*rappresenta l'unità nazionale*». La qualifica di «*Capo dello Stato*», assegnata al Presidente, conferisce a questi uno *status* giuridico particolare e specifico (Carlo Esposito) che lo pone al di fuori dei tre tradizionali poteri statali e che invece gli assegna la titolarità di una *funzione autonoma* (definita «potere neutro», secondo la teoria di B. Constant), esercitata *super partes* con compiti di controllo, di influenza e di coordinamento. Barile invece ha sostenuto che il Presidente della Repubblica sia titolare di un «*indirizzo politico costituzionale*» (consistente appunto nel rispetto e nell'attuazione delle direttive fissate dalla Costituzione) che legittima ogni intervento del Presidente (di freno o di sprono) volto ad adeguare o correggere l'indirizzo politico di maggioranza (o governativo) quando quest'ultimo si discosti dai principi e dai programmi contenuti nella Carta costituzionale. Quest'ultima ricostruzione non ha avuto molto seguito in dottrina anche in ragione della critica mossa da Mortati che, da un lato ha ritenuto indefinito il concetto di «indirizzo politico costituzionale» e, dall'altro, ha dichiarato fuorviante l'utilizzo del concetto di «indirizzo politico» per ricostruire il ruolo del Presidente della Repubblica. Prevalente è comunque in dottrina l'opinione che vede nel Presidente una *funzione di garanzia costituzionale* ed è alla luce di tale funzione che è necessario ricostruire l'intero quadro dei poteri presidenziali.

In merito alla qualifica di «*rappresentante dell'unità nazionale*», alcuni hanno ritenuto «ridondante» tale formula, in quanto già ricompresa nella qualifica di capo dello Stato (Esposito, Rescigno), mentre per altri (Crisafulli, Sandulli) è proprio tale formula a fornire la chiave con cui ricostruire l'intera disciplina costituzionale relativa al Presidente della Repubblica. Altri ancora (Baldassarre, Mezzanotte) hanno affermato che la *funzione «unificante»* svolta dal Presidente (quale tendenziale «punto di assorbimento dell'istanza di unità nazionale») si svolge proprio con riferimento ai valori costituzionali.

In conclusione deve ribadirsi che il ruolo di garanzia svolto dal Presidente della Repubblica non rende questi «il» custode della Costituzione, bensì «uno» dei vari istituti previsti dalla Costituzione a tutela della stessa. La Costituzione infatti, in ragione dell'ispirazione pluralistica che la caratterizza, ha instaurato un ampio e complesso reticolo di garanzie costituzionali fra cui va dunque collocato, con le sue specifiche competenze e prerogative, anche il Presidente della Repubblica. Inoltre, dal punto di vista delle dinamiche della forma di governo, è opinione diffusa che la Carta repubblicana sia fondata, più che sul principio della separazione dei poteri, sul principio dei *checks and balances*, dei pesi e contrappesi vicendevolmente limitantisi. Ed è appunto nel quadro articolato di tali contrappesi che vanno collocati i poteri del Presidente della Repubblica.

2. L'elezione del Presidente della Repubblica

Il Presidente della Repubblica, il cui ufficio è incompatibile con qualsiasi altra carica, è eletto a scrutinio segreto dal Parlamento in seduta comune integrato con la partecipazione di tre delegati per ogni Regione (eccetto la Valle d'Aosta che ha un solo delegato), eletti dai rispettivi consigli regionali in modo che sia assicurata la rappresentanza delle minoranze. Nei primi tre scrutini è richiesta la maggioranza qualificata dei due terzi dell'assemblea; a partire dal quarto scrutinio è sufficiente la maggioranza assoluta.

Il presidente della Camera, quale presidente del Parlamento in seduta comune, convoca, trenta giorni prima della scadenza del Presidente della Repubblica in carica, il Parlamento in seduta comune e i delegati regionali per l'elezione del nuovo Presidente. Se in quest'arco temporale le Camere sono sciolte o mancano meno di tre mesi alla cessazione anche di una sola di esse, l'elezione del Presidente è posticipata all'elezione delle nuove Camere. In ogni caso l'elezione deve svolgersi entro quindici giorni dalla riunione delle nuove Camere. Questa scelta del costituente è fondata sulla considerazione che le Camere, giunte al termine della legislatura, si caratterizzerebbero per una legittimazione politica «depotenziata», per cui appare preferibile far decidere, in merito a una scelta così importante e destinata a durare per i sette anni successivi, le nuove Camere (anche se questa scelta significa prorogare per breve tempo i poteri del Capo dello Stato uscente). Identico percorso argomentativo il costituente ha seguito anche con riguardo al potere di scioglimento delle Camere, potere spettante al Presidente della Repubblica ma al quale è precluso nell'ultimo semestre del mandato (c.d. *semestre bianco*) salvo che esso coincida in tutto o in parte con gli ultimi sei mesi della legislatura.

Può essere eletto Presidente della Repubblica ogni cittadino che abbia compiuto cinquant'anni di età e goda dei diritti civili e politici. La durata della carica è di sette anni e non sono previsti limiti ad una possibile rielezione, anche se questa eventualità non si era mai realizzata nell'esperienza repubblicana fino al 2013 quando è stato rieletto Giorgio Napolitano, che aveva già ricoperto la carica di Presidente della Repubblica nel settennato precedente (su tale rielezione v. *infra*). La durata della carica (sette anni: periodo maggiore di quello di una legislatura) ed il *quorum* richiesto per l'elezione confermano che la scelta dei costituenti era indirizzata a svincolare il Presidente della Repubblica dalla maggioranza politica contingente per assicurargli, fin dall'elezione, quella funzione di «rappresentante dell'unità nazionale» che l'art. 87, comma 1, Cost. assegna al Presidente unitamente a quella di Capo dello Stato. Infatti la maggioranza richiesta per l'elezione del Presidente conferisce allo stesso una legittimazione politica maggiore rispetto a quella goduta da una maggioranza governativa (per la quale la Costituzione – v. *infra*, cap. VIII – ritiene sufficiente in Parlamento la maggioranza semplice).

Una volta eletto, il Presidente, prima di assumere le funzioni, deve prestare *giuramento* (di fedeltà alla Repubblica e di osservanza della Costituzione) di fronte al Parlamento in seduta comune (privo dunque dei delegati regionali). La formula del giuramento è la seguente: «*Giuro di essere fedele alla Repubblica e di osservarne lealmente la Costituzione*». Subito dopo il neo Presidente, per prassi, pronuncia un messaggio al Parlamento.

L'elezione del Presidente della Repubblica si è spesso rivelata un esame particolare (e, a volte, particolarmente difficile) per le forze politiche in ragione dell'inevitabile emersione, in tale passaggio, delle divisioni interne alle singole compagini politiche. E così Giuseppe Saragat (nel 1964) fu eletto Presidente al ventunesimo scrutinio, Giovanni Leone (1971) al ventitreesimo, Sandro Pertini (1978) ed Oscar Luigi Scalfaro (nel 1992) al sedicesimo. Da questa prospettiva tendono invece a distinguersi le elezioni (per rimanere negli ultimi decenni) di Cossiga e Ciampi (entrambi al primo scrutinio rispettivamente nel 1985 e nel 1999). Giorgio Napolitano, in occasione della prima elezione (2006) è eletto al quarto scrutinio con i voti del solo centrosinistra (mentre la rielezione nel 2013 avviene, al sesto scrutinio, con i voti di un ampio schieramento di centrodestra e di centrosinistra). L'esperienza dei decenni precedenti avrebbe dunque dovuto far presagire le difficoltà dell'elezione del Presidente della Repubblica (nel 2013) in cui le forze politiche si presentavano in forte contrapposizione, secondo uno schema trilaterale (centrodestra, centrosinistra e Movimento5Stelle) e con forte frazionamento interno del partito di maggioranza relativa (PD). Si è così assistito all'eliminazione (nelle prime due votazioni) di altrettanti autorevoli nominativi del centrosinistra con la conseguenza che lo stesso segretario del PD (e leader della coalizione di centrosinistra nelle elezioni del febbraio 2013) ha presentato le proprie dimissioni da tale carica. Di fronte al frazionamento delle forze politiche e alla necessità di eleggere rapidamente il Capo dello Stato in ragione della peculiare situazione politica nel frattempo determinatasi (governo Monti dimissionario dal dicembre 2012; risultato elettorale con assenza di una maggioranza in Senato; fallimento del tentativo di Bersani di formare un governo; impossibilità per le Camere di funzionare in assenza di un esecutivo; impossibilità per il Presidente della Repubblica, in quanto nel c.d. «semestre bianco», di sciogliere anticipatamente le Camere) e della crisi economica che attanagliava il Paese, un ampio schieramento ha sostenuto la rielezione di Napolitano (che in precedenza aveva sempre declinato tale invito) con l'accordo (e l'impegno) di dar vita ad un governo «di larghe intese» (v. *infra*, cap. VIII). Lo stesso Napolitano, nel messaggio al Parlamento (22 aprile 2013) nel giorno del giuramento, ha dichiarato che «*La rielezione, per un secondo mandato, del Presidente uscente, non si era mai verificata nella storia della Repubblica, pur non essendo esclusa dal dettato costituzionale … Ci siamo dunque ritrovati insieme in una scelta pienamente legittima, ma eccezionale. Perché senza precedenti è … la condizione di acuta difficoltà e perfino di emergenza che l'Italia sta vivendo in un contesto europeo e internazionale assai critico e per noi sempre più stringente*».

Anche il secondo mandato del Presidente Napolitano si è caratterizzato per una forte presenza del Capo dello Stato nell'assunzione di molte decisioni istituzionali assunte in situazioni di emergenza. Sul finire dell'anno 2014 Napolitano ha anticipato la presentazione delle proprie dimissioni (per ragioni di età) poi presentate nel gennaio 2015. Il 31 gennaio 2015 (al quarto scrutinio) è stato eletto Presidente della Repubblica Sergio Mattarella.

Nel "*Messaggio al Parlamento*" letto nel giorno del giuramento (3 febbraio 2015) il Presidente Mattarella ha affermato «*L'esigenza di confermare il patto costituzionale che mantiene unito il Paese e che riconosce a tutti i cittadini i diritti fondamentali e pari dignità sociale e impegna la Repubblica a rimuovere gli ostacoli che limitano la libertà e l'eguaglianza*». Ed anche «*L'urgenza di riforme istituzionali, economiche e sociali" discende «dal dovere di dare risposte efficaci alla nostra comunità*» ed «*adeguate alle sfide che abbiamo di fronte*» per «*ridare al Paese un orizzonte di speranza*». E la «*strada maestra di un Paese unito è quella che indica la nostra Costituzione, quando sottolinea il ruolo delle formazioni sociali, corollario di una piena partecipazione alla vita pubblica*». Ed anche la riforma della Costituzione deve avvenire «*per rafforzare il processo democratico*». E ricordando che il Presidente della Repubblica è garante della Costituzione, Mattarella aggiunge che «*La garanzia più forte della nostra Costituzione consiste … nel viverla giorno per giorno. Garantire la Costituzione significa garantire il diritto allo studio dei nostri ragazzi in una scuola moderna in ambienti sicuri, garantire il loro diritto al futuro. Significa riconoscere e rendere effettivo il diritto al lavoro. Significa promuovere la cultura diffusa e la ricerca di eccellenza … Significa amare i nostri tesori ambientali e artistici. Significa ripudiare la guerra e promuovere la pace. Significa garantire i diritti dei malati. Significa che ciascuno concorra, con lealtà, alle spese della comunità nazionale. Significa che si possa ottenere giustizia in tempi rapidi. Significa fare in modo che le donne non debbano avere paura di violenze e discriminazioni. Significa rimuovere ogni barriera che limiti i diritti delle persone con disabilità. Significa sostenere la famiglia … Significa garantire l'autonomia ed il pluralismo dell'informazione, presidio di democrazia. Significa ricordare la Resistenza … Significa libertà. Libertà come pieno sviluppo dei diritti civili, nella sfera sociale come in quella economica, nella sfera personale e affettiva. Garantire la Costituzione significa affermare e diffondere un senso forte della legalità*».

3. I poteri del Presidente della Repubblica e il significato della controfirma ministeriale

Gli artt. 87 e 88 Cost. contengono un'elencazione dei ***poteri del Presidente della Repubblica***. Ma, prima di analizzare il contenuto di tali disposizioni, appare utile esaminare quanto disposto dall'art. 89 Cost., secondo cui «*nessun atto del Presidente è valido se non è controfirmato dal ministro proponente che ne assume la responsabilità*».

L'istituto della ***controfirma ministeriale*** ha origini risalenti. Nella monarchia assoluta essa rispondeva a una funzione sia di attestazione della provenienza dell'atto dal monarca, sia di impegno del funzionario controfirmante all'esecuzione dell'atto medesimo. In Inghilterra la crescita di ruolo della Camera dei Comuni e della Camera dei Lords, da un lato, e la persistente affermazione, dall'altro lato, del principio dell'irresponsabilità regia condussero ad assegnare a tale istituto il significato di assunzione di responsabilità, da parte del ministro controfirmante, dell'adozione e dell'esecuzione dell'atto. Con il passaggio dalla monarchia assoluta alla monarchia limitata di stampo parlamentare si è progressivamente registrata l'ulteriore trasformazione di significato dell'istituto che continua a rappresentare l'assunzione di responsabilità da parte del ministro controfirmante, in ragione del fatto che è proprio quest'ultimo ad essere l'autore materiale dell'atto, mentre l'imputazione dell'atto al Capo dello Stato riveste solo carattere formale.

L'art. 89 Cost., che si ricollega alla tradizione parlamentare inglese (ma anche agli artt. 4 e 67 dello Statuto Albertino che prescrivevano l'irresponsabilità del monarca e la necessità della firma ministeriale, con conseguente assunzione di responsabilità degli atti di governo), è strettamente collegato con il successivo art. 90 Cost. che disciplina la responsabilità del Presidente della Repubblica. Ed è proprio in ragione del ***principio della irresponsabilità del Presidente*** che l'art. 89 Cost. afferma la necessità che tutti gli atti del Presidente siano controfirmati dal ministro «proponente». La dottrina prevalente ritiene che la formulazione «ministro proponente» sia conseguenza di una «svista» del costituente (Barile) ritenendo più corretta l'espressione «ministro competente».

La controfirma ministeriale è sicuramente un requisito, oltre che di validità, di efficacia (Carlo Esposito) dell'atto presidenziale (mentre per altri l'assenza della controfirma determinerebbe l'assoluta inesistenza dell'atto). Secondo la prevalente dottrina, la controfirma ministeriale viene a svolgere una «funzione» diversa a seconda del ruolo rivestito dal Capo dello Stato nelle differenti tipologie di atti presidenziali. A questo proposito si distinguono *tre categorie di atti presidenziali*.

1. – ***Atti formalmente presidenziali, ma sostanzialmente governativi*** (c.d. *atti solo formalmente presidenziali*): il contenuto di questi atti è interamente determinato dal governo – o dal ministro – ed il Presidente della Repubblica svolge una funzione (oltre che di esternazione dell'atto) di controllo della regolarità dell'atto medesimo. In questo caso, aldilà dell'imputazione formale dell'atto al Presidente della Repubblica, la controfirma del ministro competente indica il soggetto che ha voluto e determinato il contenuto dell'atto medesimo, riducendosi il ruolo del Presidente ad una funzione di controllo. La responsabilità del contenuto di questi atti ricade interamente sul governo, mentre il Presidente risponde solo – nei limiti di cui all'art. 90 Cost. – della sua attività di controllo.

Questa categoria ricomprende la gran parte degli atti presidenziali (atti dunque adottati con decreto del Presidente della Repubblica), la cui iniziativa ed il cui contenuto è rimesso al governo o al ministro proponente. In questi atti la controfirma del ministro indica l'organo giuridicamente responsabile dell'atto, spettando al Presidente della Repubblica un controllo sulla mera regolarità formale dell'atto. Non può negarsi che il Presidente possa anche svolgere un controllo sull'opportunità politico-costituzionale dell'atto, ma deve aggiungersi che il Presidente deve utilizzare con particolare *self-restraint* tale potere e, soprattutto, sempre nel quadro del ruolo di garanzia costituzionale allo stesso assegnato dalla Costituzione.

Rientrano in tale categoria:

– il decreto presidenziale di *indizione dell'elezione delle nuove Camere* e la *fissazione della prima riunione* delle stesse: l'elezione delle Camere, secondo la Costituzione, deve avvenire non prima di 45 giorni e non oltre il settantesimo giorno dallo scioglimento delle Camere precedenti. L'individuazione della data delle elezioni è questione di opportunità tecnica rimessa alla valutazione del governo, spettando al Presidente della Repubblica un controllo formale sul rispetto delle norme (costituzionali e legislative) vigenti, quale espressione del ruolo di garanzia costituzionale allo stesso assegnato;

– il decreto presidenziale di *autorizzazione alla presentazione alle camere dei disegni di legge di iniziativa governativa*: il disegno di legge è appunto «governativo» ed il pur necessario decreto presidenziale (di autorizzazione) non muta la natura dell'atto (che resta governativo) e l'intervento del Presidente deve ritenersi circoscritto ad un controllo esterno sulla eventuale esistenza di difetti formali dell'atto. Sarebbe inoltre difficile giustificare un intervento del Presidente che, oltre a bloccare un disegno di legge governativo, potrebbe essere interpretato anche come impedimento di un dibattito parlamentare (impedimento peraltro facilmente aggirabile mediante la presentazione di un disegno di legge identico da parte di un qualunque deputato o senatore); a questo proposito può citarsi l'episodio del rinvio (da parte del Presidente Ciampi) al governo di un disegno di legge (con l'invito ad una rivalutazione del contenuto dell'atto) ritenuto in contrasto con norme europee;

– la *promulgazione delle leggi* e l'*emanazione dei decreti aventi valore di legge e dei regolamenti*: se il rinvio della legge alle Camere costituisce atto tipicamente presidenziale, la promulgazione della legge è invece atto dovuto (ed infatti la Costituzione pone un termine – trenta giorni – entro il quale il Presidente deve adempiere). Anche l'emanazione degli atti normativi del governo (decreto legge, decreto legislativo e regolamenti governativi) costituisce un potere formalmente presidenziale, giacché si tratta di atti di competenza del governo e riguardo ai quali al Presidente della Repubblica spetta un controllo sulla regolarità formale dell'atto, non potendosi peraltro escludere che il Presidente possa invitare il governo a riesaminare l'atto normativo quando palesemente incostituzionale o (nel caso di regolamenti) palesemente illegittimo. Deve però evidenziarsi, anche a questo proposito, che l'intervento del Presidente della Repubblica va ritenuto limitato ai casi di palese contrasto con la Costituzione, giacché da un lato il governo è chiamato politicamente a rispondere del proprio operato dinanzi al Parlamento (e, con riguardo al decreto legge, proprio questo sarà sottoposto all'approvazione delle Camere) e perché, dall'altro lato, spetta alla Corte costituzionale, con le procedure previste, pronunciarsi sulla costituzionalità degli atti governativi aventi forza di legge e al giudice amministrativo in merito alla legittimità dei regolamenti governativi;

– l'*indizione del referendum* nei casi previsti dalla Costituzione: questo potere del Presidente della Repubblica è da assimilare al potere presidenziale di indizione delle elezioni per il rinnovo delle camere. Anche in questo caso è il Consiglio dei ministri a determinare in concreto la data di svolgimento del referendum residuando al Presidente (per il quale l'indizione del referendum è un atto dovuto) un mero controllo di regolarità formale di quanto deciso dal governo. Può invece ipotizzarsi un intervento «attivo» del Capo dello Stato in caso di inerzia da parte del governo, quale ad esempio un invito formale rivolto al governo a voler sottoporre il relativo decreto alla firma del Presidente della Repubblica;

La giurisprudenza amministrativa (da ultimo Tar Lazio, sent. n. 10445 del 2016), con riguardo alle deliberazioni del Consiglio dei Ministri adottate per lo svolgimento di referendum e al conseguente d.p.r. (di indizione del referendum), ha escluso "la qualificazione di natura legislativa a tutti gli atti del relativo procedimento" affermando la sindacabilità di tali atti «*con riferimento ai profili lesivi della libertà e della segretezza delle scelte degli elettori*» e, più specificamente, nell'ipotesi in cui gli atti di cui si discute siano configurabili come «*atti applicativi della legislazione primaria*» e, quindi, risultino soggetti a precisi vincoli giuridici (ord. Tar Lazio, Roma, n. 1302 del 2011, confermata dal Cons. Stato, sez. V, ord. n. 1736 del 2011 che qualifica gli atti impugnati come di alta amministrazione non riconducibili all'esercizio del potere politico). Inoltre il giudice amministrativo, «*in ossequio al generale principio costituzionale di tutela delle posizioni giuridiche soggettive di cui agli artt. 24 e 113 Cost.*», afferma la impugnabilità dell'atto (v. anche sent. n. 81 del 2012 della Corte Costituzionale secondo cui «*gli spazi della discrezionalità politica trovano i loro confini nei principi di natura giuridica posti dall'ordinamento, tanto a livello costituzionale quanto a livello legislativo; e quando il legislatore predetermina canoni di legalità, ad essi la politica deve attenersi, in ossequio ai fondamentali principi dello Stato di diritto*»). Per il Tar i decreti del Presidente della Repubblica di indizione del referendum «*non sono insindacabili in termini assoluti, ma ... sono sottratti al sindacato giurisdizionale esclusivamente nei limiti in cui il relativo contenuto costituisca esercizio di poteri non riconducibili a quelli amministrativi e "politici" non liberi nei fini nel senso dianzi illustrato, ma siano piuttosto riconducibili all'esplicazione di poteri neutrali di garanzia e controllo, di rilievo costituzionale*». Con riguardo al merito del ricorso, il giudice amministrativo riscontra che le censure formulate pongono in discussione la legittimità del decreto del Presidente della Repubblica nella parte in cui richiama e, quindi, sostanzialmente recepisce il contenuto delle ordinanze dell'Ufficio Centrale per il Referendum costituito presso la Corte di Cassazione («ossia il giudizio positivamente reso da quest'ultimo circa la legittimità e l'ammissibilità delle "richieste di referendum popolare, ai sensi dell'art. 138, secondo comma, della Costituzione"» e circa la legittimità del quesito referendario «*Approvate il testo della legge costituzionale concernente "Disposizioni per il superamento del bicameralismo paritario, la riduzione del numero dei parlamentari, il contenimento dei costi di funzionamento delle istituzioni la soppressione del CNEL e la revisione del titolo V della parte II della Costituzione", approvata dal Parlamento e pubblicata nella G.U. n. 88 del 15 aprile 2016*», espressamente riconosciuto, nella parte motiva dei provvedimenti di cui si discute, conforme a quanto stabilito, tra l'altro, "dall'art. 16 della legge n. 352 del 1970"). Il Tar afferma dunque l'insindacabilità del d.p.r. «*in relazione al profilo inerente al quesito referendario, tenuto conto che la formulazione dello stesso proviene dalle ordinanze dell'Ufficio Centrale per il Referendum e che è stato meramente recepito nel conclusivo decreto presidenziale*» e «*a tale conclusione si addiviene in ragione della insindacabilità, da parte del giudice amministrativo delle ordinanze adottate, in materia, dall'Ufficio Centrale del Referendum istituito presso la Corte di Cassazione, stante la natura di organo rigorosamente neutrale dello stesso, essenzialmente titolare di funzioni di controllo esterno espletate in posizione di terzietà ed indipendenza nell'ambito del procedimento referendario costituzionale, con la connessa impossibilità di qualificare gli atti dallo stesso adottati in materia di referendum come atti oggettivamente e soggettivamente amministrativi (in senso analogo, ex multis, Cons. Stato, sez. IV, 26 novembre 2015, n. 5369, di conferma della sentenza di questa Sezione n. 4059 del 2015; sez.*

IV, 4 maggio 2010, n. 2552; 16 giugno 2009, n. 3834; 2 aprile 1997, n. 333)». Pertanto «*le determinazioni assunte dall'Ufficio Centrale per il Referendum sono emanate da un organo rigorosamente neutrale, e non nell'esplicazione di un potere amministrativo ... per concreti scopi particolari di pubblico interesse, ma nella prospettiva della tutela dell'ordinamento generale dello Stato e nell'esercizio di funzioni pubbliche neutrali affidate ad un organo che, per composizione e struttura, si colloca in posizione di terzietà e di indipendenza, in quanto indifferente rispetto agli interessi in gioco e non chiamato a dirimere conflitti, ma a svolgere un'attività diretta alla soddisfazione di interessi generali garantendo l'osservanza della legge, collocandosi su di un piano diverso rispetto all'esercizio di funzioni amministrative*».

– la *nomina dei funzionari dello Stato nei casi indicati dalla legge*: la nomina presidenziale per i funzionari statali è riservata ai gradi più elevati dell'amministrazione ed essi sono scelti dall'esecutivo, su proposta del ministro competente, in base a criteri altamente discrezionali. L'atto presidenziale di nomina esprime dunque una scelta politica governativa, residuando sul Presidente della Repubblica il compito di vigilare solo sull'esistenza dei presupposti previsti dalla legge. A questo proposito, la tesi che esclude ogni possibilità di intervento del Capo dello Stato è da preferire proprio in ragione della esclusione – costituzionalmente voluta – del Presidente della Repubblica dalle attività amministrative del Governo (che è dunque unico responsabile delle relative scelte);

– l'*accreditamento e ricevimento dei rappresentanti diplomatici*: il Presidente della Repubblica, quale Capo dello Stato, svolge la funzione di rappresentante dello Stato nell'ambito dei rapporti internazionali. Al Presidente spetta, oltre all'accreditamento dei rappresentanti degli Stati esteri, anche il potere di investire un soggetto della qualifica di agente diplomatico del nostro Stato presso Stati esteri. Anche quest'ultima funzione è sostanzialmente governativa giacché le nomine degli ambasciatori e dei ministri plenipotenziari sono previamente deliberate dal Consiglio dei ministri, mentre il gradimento degli agenti diplomatici stranieri è di competenza del ministro per gli affari esteri. Anche in questo caso dunque, al Presidente della Repubblica spetta un controllo meramente formale sulla regolarità dell'atto, potendosi al massimo ipotizzare una richiesta di riesame rivolta al governo da parte del Capo dello Stato;

– la *ratifica dei trattati internazionali* previa, quando occorra, l'autorizzazione delle Camere: l'art. 80 Cost. ritiene necessaria la previa legge per la ratifica dei trattati internazionali di natura politica o che prevedano arbitrati o regolamenti giudiziari o che importino variazioni del territorio od oneri alle finanze o modificazioni di leggi. Anche con riguardo a questo potere la prevalente dottrina ritiene che ci si trovi di fronte ad un potere formalmente presidenziale, giacché, se la ratifica è stata autorizzata con legge, con la promulgazione della stessa il Capo dello Stato ha già riconosciuto di trovarsi di fronte ad un atto dovuto, mentre se si ricade in ipotesi in cui non sia necessaria l'autorizzazione del Parlamento, l'atto rimane sostanzialmente governativo spettando al Presidente un controllo solo sulla sussistenza dei necessari requisiti formali dell'atto ed eventualmente solo la possibilità di chiedere all'esecutivo un riesame dell'atto;

– il *comando delle Forze armate*: questo potere è assegnato dalla Costituzione al Presidente come funzione di controllo e di garanzia allo scopo di assicurare l'imparzialità e l'apoliticità delle Forze armate. Il Presidente non è dunque chiamato a svolgere competenze sostanziali di carattere tecnico-militare, rivestendo tale carica carattere solo formale (Giannini afferma che il Presidente non ha «grado militare visibile») ed infatti il regolamento di disciplina militare prevede la subordinazione gerarchica dei militari nei confronti del ministro della difesa e dei relativi sottosegretari ma non nei confronti del Capo dello Stato. Ed infatti la scelta dei comandanti militari di grado più elevato è di competenza del governo che se ne assume la relativa responsabilità (sulla presidenza del Consiglio Supremo di Difesa v. *infra*, par. 4);

– la *dichiarazione dello stato di guerra*: questo potere presidenziale è strettamente vincolato, potendo il Presidente della Repubblica esercitarlo solo previa deliberazione da parte del Parlamento dello stato di guerra (deliberazione con cui le Camere conferiscono al governo i poteri «necessari», art. 78 Cost.). Si discute in dottrina se il Presidente possa rifiutarsi (di fronte alla relativa deliberazione delle Camere) di dichiarare lo stato di guerra, nel caso in cui lo stesso sia stato deliberato in contrasto con principi costituzionali (ad es. in violazione dell'art. 11 Cost., secondo cui l'Italia ripudia la guerra come mezzo di risoluzione delle controversie internazionali): secondo alcuni (Scudiero) il Presidente non ha il potere di bloccare la decisione del Parlamento in quanto è quest'ultimo ad essere depositario delle decisioni politiche fondamentali, in ragione della diretta legittimazione democratica che lo contraddistingue; invece secondo altri (Cassese, Mortati) il Presidente, posto di fronte al contrasto fra volontà parlamentare e Costituzione, ha il dovere di riaffermare la supremazia di quest'ultima e dunque di richiamare il Parlamento al rispetto delle norme costituzionali, fino a giungere alle proprie dimissioni nel caso in cui il Parlamento insista sulla propria posizione. A questo proposito deve evidenziarsi che la Costituzione, se assegna al Parlamento il ruolo principale in merito alle decisioni politiche fondamentali, al tempo stesso conferisce proprio al Presidente della Repubblica un ruolo di garanzia costituzionale non giurisdizionale (Mortati) che impone al Presidente un onere di intervento anche contro le decisioni parlamentari in contrasto con la Costituzione;

– il *conferimento delle onorificenze della Repubblica*: si tratta di un potere solo formalmente presidenziale giacché il Presidente esercita un controllo meramente formale sulle singole proposte governative.

2. – ***Atti formalmente e sostanzialmente presidenziali*** (c.d. *atti presidenziali in senso stretto* o *atti «propri» del Presidente della Repubblica*). In questa tipologia di atti è il Presidente della Repubblica a determinare il contenuto dell'atto, mentre il ministro controfirmante svolge una funzione di controllo della regolarità dell'atto medesimo. Con riguardo a questi atti, il governo – o il ministro controfirmante – è chiamato a rispondere non del contenuto dell'atto, che è fissato dal Capo dello Stato, ma solo del controllo esercitato. Gli atti presidenziali in senso stretto sono ritenuti un *numerus clausus*, definito da fonti di grado costituzionale.

L'assegnazione al Presidente della Repubblica del potere di determinazione del contenuto di tali atti discende dalla stretta correlazione esistente tra il contenuto dei medesimi e la funzione di garanzia assegnata al Presidente della Repubblica. Infatti l'eventuale collocazione di tali atti nella categoria degli atti solo formalmente presidenziali implicherebbe il conferimento del relativo potere decisionale nelle mani del governo (e dunque della maggioranza politica contingente) mentre la Costituzione esige che il contenuto di tali atti sia determinato secondo una logica di garanzia e di terzietà rispetto all'indirizzo politico di maggioranza. Deve pertanto riconoscersi che il relativo potere deve essere assegnato al Presidente della Repubblica proprio in ragione della estraneità del medesimo dal circuito dell'indirizzo politico.

Rientrano in tale categoria:

– ***Il potere di messaggio alle Camere***. Il messaggio che il Presidente invia alle Camere è un atto formale con cui il Capo dello Stato si rivolge al Parlamento ponendo all'attenzione di questi determinate questioni. La Costituzione distingue il «*messaggio motivato*» (art. 74 Cost.) con cui il Presidente invita le Camere ad una nuova deliberazione su una legge già approvata (e che dunque costituisce lo strumento che il Presidente deve utilizzare quando ritenga di non poter promulgare la legge) dal «*messaggio*» (art. 87 Cost.) che in ogni momento il Presidente può inviare alle Camere. Il «messaggio motivato» previsto dall'art. 74 Cost. sembra dunque rientrare nel più ampio *genus* dei «messaggi formali» previsti dall'art. 87 Cost.

In dottrina alcuni ritengono che il messaggio rientri nella più ampia categoria del ***potere di esternazione del Presidente della Repubblica***, potere che ricomprende sia i messaggi formali che quelli informali, cioè esternazioni in forma libera che il Presidente rivolge (non alle Camere, bensì) alla pubblica opinione o a qualsiasi altro destinatario diverso dal Parlamento. Altri autori invece tendono a differenziare nettamente il «*messaggio*» *presidenziale* (costituzionalmente previsto e disciplinato) dalle «*esternazioni*» *presidenziali*, che ricomprendono i discorsi pubblici, le letture ufficiali, le interviste, le conferenze stampa, i c.d. «messaggi alla nazione», ed ogni altro mezzo con cui il Presidente manifesta il proprio pensiero. In questi ultimi casi infatti, il Presidente non adotta atti formali espressione di una propria competenza istituzionale, ma pone solo in essere comportamenti e atti secondo le circostanze e la propria sensibilità.

Il *messaggio alle Camere* è un atto sostanzialmente presidenziale, controfirmato in genere dal Presidente del Consiglio o dal ministro della giustizia. Il messaggio ha forma scritta, è inviato a entrambe le Camere le quali possono decidere di aprire una discussione sul contenuto del messaggio (così nel caso del messaggio sulle riforme istituzionali inviato dal Presidente Cossiga nel 1991), ma anche di non discuterlo affatto (così avvenne nel 1975 in occasione del messaggio inviato del Presidente Leone).

Infine bisogna ricordare che il Presidente, all'atto dell'insediamento, pronuncia di fronte al Parlamento in seduta comune un «*messaggio di insediamento*».

Di particolare significato il messaggio di Napolitano al Parlamento nel giorno del giuramento (22 aprile 2013) in cui il Presidente, dopo aver ribadito con forza la necessità di una riforma elettorale e costituzionale e ricordato la «*sordità di forze politiche che pure mi hanno ora chiamato ad assumere un ulteriore carico di responsabilità per far uscire le istituzioni da uno stallo fatale*» ha dichiarato che «*se mi troverò di nuovo dinanzi a sordità come quelle contro cui ho cozzato nel passato, non esiterò a trarne le conseguenze dinanzi al paese. Non si può più, in nessun campo, sottrarsi al dovere della proposta, alla ricerca della soluzione praticabile, alla decisione netta e tempestiva per le riforme di cui hanno bisogno improrogabile per sopravvivere e progredire la democrazia e la società italiana*». E così il Presidente «*sollecita tutti a parlare il linguaggio della verità … per introdurre il discorso su un insieme di obbiettivi in materia di riforme istituzionali e di proposte per l'avvio di un nuovo sviluppo economico, più equo e sostenibile*». In questo quadro viene evidenziata «*la necessità che al perseguimento di obbiettivi essenziali di riforma dei canali di partecipazione democratica e dei partiti politici, e di riforma delle istituzioni rappresentative, dei rapporti tra Parlamento e governo, tra Stato e Regioni, si associ una forte attenzione per il rafforzamento e rinnovamento degli organi e dei poteri dello Stato».* Napolitano invita dunque le forze parlamentari a «*dare ora – nella fase cruciale che l'Italia e l'Europa attraversano – il loro apporto alle decisioni da prendere per il rinnovamento del paese. Senza temere di convergere su delle soluzioni … non come esponenti di una fazione ma come depositari della volontà popolare. C'è da lavorare concretamente, con pazienza e spirito costruttivo*». Ed infine, riguardo alla formazione di governi di coalizione o comunque a forme di accordo fra le forze politiche il Presidente dichiara che «*Il fatto che in Italia si sia diffusa una sorta di orrore per ogni ipotesi di intese, alleanze, mediazioni, convergenze tra forze politiche diverse, è segno di una regressione, di un diffondersi dell'idea che si possa fare politica senza conoscere o riconoscere le complesse problematiche del governare la cosa pubblica e le implicazioni che ne discendono in termini, appunto, di mediazioni, intese, alleanze politiche. O forse tutto questo è più concretamente il riflesso di un paio di decenni di contrapposizione – fino allo smarrimento dell'idea stessa di convivenza civile – come non mai faziosa e aggressiva, di totale incomunicabilità tra schieramenti politici concorrenti*».

– ***La nomina dei 5 giudici costituzionali***. L'art. 135 Cost. dispone che i 15 giudici della Corte costituzionale sono nominati «per un terzo dal Presidente della Repubblica, per un terzo dal Parlamento in seduta comune e per un terzo dalle supreme magistrature ordinaria e amministrativa». In occasione della prima nomina dei componenti della Corte costituzionale vi fu il tentativo dell'esecutivo di ricomprendere tale potere presidenziale fra gli atti solo formalmente presidenziali (ma sostanzialmente governativi) al fine appunto di assegnare al governo (e dunque alla sola contingente maggioranza politica) la scelta dei nominativi dei cinque giudici costituzionali. Proprio il ruolo di garanzia costituzionale riconosciuto al Presidente della Repubblica conduce a ritenere necessario che la nomina presidenziale dei cinque giudici costituzionali sia un potere sostanzialmente presidenziale, giacché nell'esercizio di tale potere il Presidente agisce svincolato da ogni ingerenza politico-partitica. Viceversa, l'assegnazione al governo di tale potere avrebbe comportato un'eccessiva ingerenza della maggioranza politica parlamentare nella nomina dei componenti della Corte costituzionale anche in considerazione del fatto che il Parlamento (in seduta comune) già elegge un terzo dei componenti della Corte.

Nella prassi i Presidenti della Repubblica hanno sempre utilizzato tale potere nominando personalità indipendenti, sia pure caratterizzate da una appartenenza (non politica, bensì) culturale in modo da rappresentare, con criteri tendenzialmente proporzionali, tutto l'arco costituzionale.

– ***La nomina dei cinque senatori a vita***. Sull'interpretazione da assegnare all'art. 59, comma 2, Cost. ci si è già soffermati in precedenza (e cioè se ogni Presidente abbia il potere di nominare cinque senatori a vita o se cinque sia il numero massimo di senatori a vita di nomina presidenziale ammissibile in Senato; v. *supra*, cap. VI). La scelta dei nominativi è atto tipicamente presidenziale che non può essere influenzata da una proposta del governo (espressione della maggioranza politica contingente), anche per segnare un distacco con il regime statutario in cui la nomina regia dei senatori richiedeva una previa deliberazione obbligatoria del Consiglio dei ministri (ed in cui si è registrato più volte il fenomeno delle c.d. «infornate» con la nomina, in determinati momenti cruciali, di numeri consistenti di senatori per sostenere il governo).

L'atto presidenziale di nomina del senatore a vita è controfirmato dal Presidente del Consiglio. Anche in questo caso, come in tutti gli altri atti presidenziali in senso stretto, la controfirma ministeriale svolge la funzione di attestazione di mera regolarità formale dell'atto. Questo potere del Presidente non costituisce contenuto di un dovere e dunque non grava sul Presidente l'obbligo di procedere alla copertura dei seggi rimasti vacanti. Inoltre tale potere può essere esercitato dal Presidente in ogni momento (anche durante crisi di governo o dopo lo scioglimento di una o di entrambe le camere).

– ***Rinvio della legge alle Camere***. Il Presidente della Repubblica, prima di promulgare la legge, può, con messaggio motivato, chiedere alle Camere una nuova deliberazione. Alcuni autori ricomprendono tale potere all'interno del potere presidenziale di inviare messaggi al Parlamento, ma sembra preferibile tenere distinti i due poteri giacché nel caso in esame il potere concesso dalla Costituzione al Presidente consiste appunto nella possibilità di invitare le Camere a tornare a deliberare su una legge già approvata, mentre il potere di messaggio (previsto dall'art. 87 Cost.) prescinde dall'approvazione di una legge. E «il messaggio motivato» necessariamente richiesto nel caso di rinvio presidenziale della legge al Parlamento, costituisce l'onere che il Presidente della Repubblica deve assolvere non potendosi limitare a rinviare *sic et sempliciter* la legge alle Camere con un mero ed apodittico rifiuto di promulgazione. Appare dunque opportuno mantenere distinti i due (diversi) poteri presidenziali.

La Costituzione non indica per quali motivi il Presidente possa esercitare il potere di rinvio, ma naturalmente anche questo potere deve essere inquadrato nel più ampio ruolo svolto dal Presidente della Repubblica. La dottrina è divisa fra quanti ritengono che il potere di rinvio non possa essere esercitato per motivi attinenti al «merito» della legge (giacché in tale caso il Presidente farebbe prevalere la propria volontà su quella del Parlamento, detentore della funzione legislativa) (Lavagna) e quanti invece sostengono che la Costituzione consente il rinvio presidenziale per motivi sia di legittimità che di merito e dunque per contrasto della legge sia con una norma costituzionale che per motivi di «opportunità» (Mortati, Sandulli).

Con riguardo al contrasto della legge con norma costituzionale, bisogna evidenziare che il Presidente, pur nella sua funzione di garanzia costituzionale, giammai può sostituirsi alla Corte costituzionale (unico organo dell'ordinamento competente a giudicare della costituzionalità delle leggi e degli atti aventi forza di legge). Presidente della Repubblica e Corte costituzionale operano infatti su piani diversi, nell'esercizio di funzioni e poteri fra loro profondamente differenti. A questo proposito è stato evidenziato che, mentre la Corte costituzionale svolge un ruolo di garante «giudiziario» della costituzionalità delle leggi, *il Presidente della Repubblica riveste invece il ruolo di «garante politico» della Costituzione*, dal momento che il Capo dello Stato deve tener conto non solo dell'esigenza di rispetto della Costituzione, ma «anche e soprattutto dei riflessi che il fatto di esercitare o non esercitare il potere in questione potrebbe produrre sul complessivo funzionamento delle istituzioni», giacché è proprio questo il «vero oggetto» della garanzia affidata al Presidente (Paladin).

Nella prassi i Presidenti hanno spesso rinviato alle Camere leggi per violazione dell'art. 81, ultimo comma, Cost. (secondo cui ogni legge che importi nuove maggiori spese deve indicare i mezzi per farvi fronte) per mancata copertura finanziaria della (nuova o maggiore) spesa introdotta dalla legge (per questo rinviata al Parlamento) o perché rintroducevano norme già dichiarate incostituzionali dalla Corte costituzionale. Anche l'atto di rinvio, come ogni atto presidenziale (anche di quelli in senso stretto), richiede la controfirma ministeriale che svolge (anche in questo caso) una funzione di controllo (svolta dal ministro) della mera regolarità formale dell'atto non potendosi condividere la tesi che finisce per riconoscere una «collaborazione» fra Presidente e ministro o che richiede in capo a quest'ultimo una condivisione della scelta presidenziale.

Negli ultimi anni si assiste al ricorso, da parte del Presidente della Repubblica alla prassi di far «accompagnare» la promulgazione di una legge (il cui contenuto è stato oggetto di particolare contrasto politico-costituzionale) con una «Nota» (indirizzata al governo, ma anche al Parlamento) nella quale il Presidente evidenzia aspetti problematici della legge (da quelli relativi alla tecnica legislativa utilizzata a quelli relativi a specifici contenuti) i quali, pur non giungendo alla palese incostituzionalità della legge – che avrebbe comportato il rinvio della legge medesima al Parlamento – inducono il Capo dello Stato a sollecitare – mediante la «Nota» – governo e Parlamento, ciascuno per quanto di competenza, a prendere in considerazione i profili e le questioni evidenziate e ad indicare a Parlamento e governo esigenze di livello costituzionale da tenere in considerazione nel successivo operato.

In tal senso possono ricordarsi la lettera indirizzata al governo dal Presidente Ciampi in occasione della promulgazione della legge (legge n. 112 del 2002) istitutiva della Società «Patrimonio Italia s.p.a.» (poi sciolta con d.l. n. 98 del 2011), in cui il Capo dello Stato tracciava una linea netta in merito alla privatizzazione dei beni culturali e la Nota inviata dal Presidente Napolitano nell'estate 2009 al governo e al Parlamento in occasione della promulgazione della legge contenente il c.d. «pacchetto sicurezza».

Degna di menzione è anche la lettera indirizzata (30 dicembre 2010) dal Presidente della Repubblica al Presidente del Consiglio contestualmente alla promulgazione della legge di riforma del sistema universitario (legge n. 240 del 2010, *Norme in materia di organizzazione delle università, di personale accademico e reclutamento, nonché delega al Governo per incentivare la qualità e l'efficienza del sistema universitario*) in cui il Capo dello Stato dichiara di promulgare tale legge «*non avendo ravvisato nel testo motivi evidenti e gravi per chiedere una nuova deliberazione alle Camere, correttiva della legge approvata a conclusione di un lungo e faticoso iter parlamentare*», ma al tempo stesso evidenzia che «*L'attuazione della legge è … demandata a un elevato numero di provvedimenti, a mezzo di delega legislativa, di regolamenti governativi e di decreti ministeriali; quel che sta per avviarsi è dunque un processo di riforma, nel corso del quale saranno concretamente definiti gli indirizzi indicati nel testo legislativo e potranno essere anche affrontate talune criticità, riscontrabili in particolare negli artt. 4, 23 e 26*». E dopo avere indicato singolarmente le criticità delle singole disposizioni, aggiunge che «*resta importante l'iniziativa che spetta al governo in esecuzione degli ordini del giorno … accolti nella seduta del 21 dicembre in Senato, contenenti precise indicazioni anche integrative – sul piano dei contenuti e delle risorse – delle scelte compiute con la legge successivamente approvata dall'Assemblea. Auspico infine che su tutti gli impegni assunti con l'accoglimento degli ordini del giorno e sugli sviluppi della complessa fase attuativa del provvedimento, il governo ricerchi un costruttivo confronto con tutte le parti interessate*». Purtroppo non sempre tali impegni (e l'invito del Presidente) sono stati rispettati nell'attuazione della legge n. 240 del 2010.

Da citare è anche la Nota (del 25 luglio 2018) inviata dal Presidente della Repubblica Mattarella al Presidente del Consiglio in occasione della promulgazione della legge di conversione del decreto-legge n. 55 del 2018 (c.d. decreto terremoto) in cui il Presidente Mattarella segnala "aspetti di criticità" di alcune disposizioni legislative (introdotte in sede di conversione e relative a "inedita sospensione della punibilità" o alla "inefficacia" di provvedimenti dell'autorità giudiziaria) "che, pur non costituendo una palese violazione della legittimità costituzionale, suscitano forti perplessità", sì da condurre il Presidente della Repubblica (in sede di promulgazione) ad invitare il governo alla "individuazione dei modi e delle forme di un intervento normativo idoneo a ricondurre a maggiore efficacia, in tempi necessariamente brevi, la disciplina in questione". In questo caso il Presidente della Repubblica svolge di fatto un controllo di "razionalità" del testo normativo.

Da ultimo il Presidente della Repubblica Mattarella, in occasione della promulgazione della legge n. 120 del 2020 (di conversione del decreto-legge n. 76 del 2020, recante "Misure urgenti per la semplificazione e l'innovazione digitale", c.d. *"Decreto semplificazioni"*), con "Lettera" inviata ai Presidenti delle due Camere e al Presidente del Consiglio, ha criticato l'inserimento – in sede parlamentare – di numerose modifiche (fra cui anche «la modifica di quindici articoli del Codice della strada ») non riconducibili alle finalità del decreto-legge e che «non attengono a materia originariamente disciplinata dal provvedimento». Dopo aver ricordato il disposto della legge n. 400 del 1988 («legge ordinaria di natura ordinamentale volta anche all'attuazione dell'articolo 77 della Costituzione») e la giurisprudenza della Corte costituzionale in tema di emendabilità del decreto-legge in sede parlamentare, il Capo dello Stato comunica di avere provveduto alla promulgazione della legge «in considerazione della rilevanza del provvedimento nella difficile congiuntura economica e sociale», ma lancia un monito, da un lato, all'esecutivo «a vigilare affinché nel corso dell'esame parlamentare dei decreti legge non vengano inserite norme palesemente eterogenee rispetto all'oggetto e alle finalità dei provvedimenti d'urgenza» e, dall'altro lato, al Parlamento invitandolo ad «operare in modo che l'attività emendativa si svolga in piena coerenza con i limiti di contenuto derivanti dal dettato costituzionale».

– ***Convocazione straordinaria delle Camere***. L'art. 62, comma 2, Cost. assegna al Presidente della Repubblica (unitamente al Presidente della Camera interessata o a un terzo dei membri della Camera stessa), l'iniziativa per la convocazione in via straordinaria di ciascuna Camera. La dottrina è divisa se ricomprendere tale potere presidenziale fra gli atti solo formalmente presidenziali, assegnando dunque al governo il potere di sollecitare la convocazione del Parlamento (ad esempio, per l'attuazione del proprio programma) o fra gli atti presidenziali in senso stretto. La prima tesi non appare convincente sia perché il governo può ottenere anche per altra strada la convocazione delle Camere, sia perché si adombra in tal modo un utilizzo di un potere presidenziale come «strumento» di attuazione del programma politico governativo cosicché il Presidente della Repubblica, che la Costituzione provvede a tenere ben estraneo al circuito dell'indirizzo politico, verrebbe addirittura a svolgere una funzione di «strumento» del governo. Preferibile appare dunque, la tesi che ricomprende anche questo potere fra gli atti presidenziali in senso stretto. Ed il Presidente deve far ricorso a questo potere, ad esempio, in caso di inerzia del Parlamento di fronte ad obblighi costituzionali che richiedano la convocazione delle Camere (ad esempio la conversione di decreti-legge).

– ***Concessione della grazia e commutazione delle pene***. Questi provvedimenti sono misure di carattere individuale ed hanno l'effetto di eliminare o ridurre una pena definitiva. Questo potere presidenziale si ricollega all'antica prerogativa del monarca e di cui sarebbe «autentico residuo» (Barile). Discussa in dottrina è la collocazione da assegnare a questo potere presidenziale: la Corte costituzionale con sent. n. 200 del 2006 ha affermato che si tratta di un atto presidenziale in senso stretto.

Nel 2005 il Presidente della Repubblica aveva sollevato conflitto di attribuzione nei confronti del ministro della giustizia «*in relazione al rifiuto, da questi opposto, di dare corso alla determinazione, da parte del Presidente della Repubblica, di concedere la grazia ad Ovidio Bompressi*». Secondo il Capo dello Stato il potere di grazia è riservato dall'art. 87 Cost. «*espressamente* e *in via esclusiva*» al Presidente della Repubblica e tale potere «*verrebbe posto nel nulla dalla mancata formulazione della proposta da parte dello stesso ministro*», proposta non richiesta né dalla Costituzione né dalla legge. Il rifiuto del ministro «*di formulare la proposta di grazia*», ritenendo tale proposta «*presupposto indispensabile del decreto di concessione*», si sostanzierebbe *de facto* nella rivendicazione del «*potere di interdire con la sua decisione (o addirittura con la sua inerzia) l'esercizio del potere presidenziale di concessione della grazia*», e quindi nell'attribuzione «*di un sostanziale potere di codecisione che è, viceversa, assente nell'ordinamento costituzionale*». Secondo il Presidente della Repubblica la *ratio* dell'istituto della grazia è quella di «*attenuare l'applicazione della legge penale in tutte quelle ipotesi nelle quali essa viene a confliggere con il più alto sentimento della giustizia sostanziale*». La grazia mira a soddisfare un'esigenza «*correttivo-equitativa*» dei rigori della legge (oppure a fungere da «*strumento di risocializzazione*» del condannato) ed infatti la concessione della stessa esula «*da valutazioni di natura politica*» e pertanto l'esercizio di tale potere deve essere riservato in via esclusiva al Capo dello Stato, quale organo rappresentante dell'unità della Nazione, nonché garante *super partes* della Costituzione. In questo quadro il ministro della giustizia, quale ministro competente, collabora con il Capo dello Stato nelle varie fasi del procedimento, contribuendo (con compiti istruttori, valutativi ed esecutivi) alla formazione della volontà presidenziale. E il «*ruolo prevalentemente ed essenzialmente istruttorio*» del Guardasigilli impone che, in mancanza di accordo fra Presidente e ministro, sia la volontà del primo (quale titolare del potere di grazia) a dover prevalere.

Nella prassi seguita fino al 2003 il ministro, nel caso in cui ritenesse insussistenti i presupposti per la concessione del provvedimento di clemenza, archiviava la pratica, senza neppure informare il Capo dello Stato. Dal 2003 invece il Presidente della Repubblica è informato, ai fini delle sue decisioni, della conclusione di tutte le istruttorie relative ad istanze di grazia.

Nella motivazione della sent. n. 200 del 2006, la Corte costituzionale precisa che la questione concerne «*non già la titolarità del potere di grazia, espressamente attribuita dalla Costituzione … al Presidente della Repubblica, bensì le concrete modalità del suo esercizio*». Per la Corte è necessario innanzitutto stabilire il tipo di relazione che intercorre tra il Capo dello Stato, titolare del potere di grazia, ed il Ministro della giustizia, il quale, responsabile dell'attività istruttoria e quindi a tale titolo partecipe del procedimento complesso in cui si snoda l'esercizio del potere in esame, è chiamato a predisporre il decreto che dà forma al provvedimento di clemenza, nonché a controfirmarlo e, successivamente, a curarne l'esecuzione.

Le diverse ricostruzioni dottrinali del potere di grazia hanno oscillato fra la tesi della prerogativa presidenziale e quella dell'atto complesso (alla cui formazione dovrebbero concorrere paritariamente le due volontà del Presidente della Repubblica e del Ministro). Secondo la Corte «*l'esercizio del potere di grazia risponde a finalità essenzialmente umanitarie, da apprezzare in rapporto ad una serie di circostanze (non sempre astrattamente tipizzabili), inerenti alla persona del condannato o comunque involgenti apprezzamenti di carattere equitativo, idonee a giustificare l'adozione di un atto di clemenza individuale, il quale incide pur sempre sull'esecuzione di una pena validamente e definitivamente inflitta da un organo imparziale, il giudice, con le garanzie formali e sostanziali offerte dall'ordinamento del processo penale. La funzione della grazia è, dunque, in definitiva, quella di attuare i valori costituzionali, consacrati nel comma 3 dell'art. 27 Cost., garantendo soprattutto il "senso di umanità", cui devono ispirarsi tutte le pene, e ciò anche nella prospettiva di assicurare il pieno rispetto del principio desumibile dall'art. 2 Cost., non senza trascurare il profilo di "rieducazione" proprio della pena*».

L'atto di clemenza, svolgendo la funzione di mitigare il trattamento sanzionatorio per eccezionali ragioni umanitarie, deve spettare alla potestà decisionale del Capo dello Stato «*quale organo* super partes, *rappresentante dell'unità nazionale, estraneo al "circuito" dell'indirizzo politico-governativo. E proprio in ragione di tale imparzialità il Presidente è chiamato ad apprezzare la sussistenza in concreto dei presupposti umanitari che giustificano l'adozione del provvedimento di clemenza*». Questa conclusione consente «*di evitare che nella valutazione dei presupposti per l'adozione di un provvedimento avente efficacia "ablativa" di un giudicato penale possano assumere rilievo le determinazioni di organi appartenenti al potere esecutivo*». Per la giurisprudenza costituzionale (sentt. n. 274 del 1990, n. 114 del 1979, n. 192 del 1976, n. 204 e n. 110 del 1974) è da ritenersi consolidato l'orientamento che «*con implicito riferimento al principio di separazione dei poteri, esclude ogni coinvolgimento di esponenti del governo nella fase dell'esecuzione delle sentenze penali di condanna, in ragione della giurisdizionalizzazione della stessa*». Il decreto di grazia è il risultato di un procedimento «che si snoda attraverso una pluralità di atti e di fasi». L'iniziativa può essere assunta dal condannato, o da un suo prossimo congiunto, che sottoscrive la «domanda» di grazia, «diretta al Presidente della Repubblica» e «presentata» al ministro della giustizia. Ma la grazia può essere concessa anche in assenza di domanda o proposta. L'iniziativa può essere assunta direttamente dal Presidente della Repubblica. A conclusione della istruttoria il Ministro decide se formulare motivatamente la "proposta" di grazia al Presidente della Repubblica ovvero se adottare un provvedimento di archiviazione (dandone notizia al Capo dello Stato).

La Corte costituzionale ricorda inoltre come, negli atti presidenziali, la controfirma ministeriale, sempre necessaria, «*assuma un diverso valore a seconda del tipo di atto di cui rappresenta il completamento o, più esattamente, un requisito di validità. È chiaro, infatti, che alla controfirma va attribuito carattere sostanziale quando l'atto sottoposto alla firma del Capo dello Stato sia di tipo governativo e, dunque, espressione delle potestà che sono proprie dell'Esecutivo, mentre ad essa deve essere riconosciuto valore soltanto formale quando l'atto sia espressione di poteri propri del Presidente della Repubblica, quali – ad esempio – quelli di inviare messaggi alle Camere, di nomina di senatori a vita o dei giudici costituzionali. A tali atti deve essere equiparato quello di concessione della grazia, che solo al Capo dello Stato è riconosciuto dall'art. 87 Cost.*». Pertanto, qualora il ministro ritenga non sussistenti i necessari requisiti per la concessione della grazia, «*l'esito della procedura può conoscere talune varianti, dipendenti dalle peculiarità delle circostanze concrete*». Infatti, se il Presidente, a seguito della conoscenza della decisione di archiviazione, solleciti comunque il compimento dell'attività istruttoria, «*il Ministro non ha il potere di impedire la prosecuzione del procedimento*» giacché «*un eventuale rifiuto da parte del ministro precluderebbe, sostanzialmente, l'esercizio del potere di grazia, con conseguente menomazione di un'attribuzione che la Costituzione conferisce – quanto alla determinazione finale – al Capo dello Stato*». Riconoscere al ministro il potere di rifiutarsi di compiere l'istruttoria o di tenere un comportamento inerte «equivarrebbe ad affermare che egli disponga di un inammissibile potere inibitorio, una sorta di potere di veto, in ordine alla conclusione del procedimento volto all'adozione del decreto di concessione della grazia voluto dal Capo dello Stato». Dall'altro lato la Corte riconosce che ricade sul Presidente della Repubblica, nel caso in cui il ministro esprima motivate valutazioni contrarie all'adozione dell'atto di clemenza, l'onere di indicare nel decreto concessorio le ragioni per le quali ritiene di dovere concedere ugualmente la grazia, malgrado il dissenso espresso dal ministro. In questo caso la controfirma costituisce l'atto con il quale il ministro si limita ad attestare la completezza e la regolarità dell'istruttoria e del procedimento seguito.

Il 31 maggio 2006, pochi giorni dopo il deposito della sent. n. 200 del 2006 della Corte costituzionale, avendo il ministro della giustizia trasmesso il decreto di grazia in favore di Ovidio Bompressi senza alcuna dichiarazione di dissenso, Napolitano ha adottato il decreto di grazia senza esternare nell'atto alcuna motivazione (giusta l'indicazione della Corte costituzionale secondo cui la motivazione è richiesta solo in caso di dissenso espresso dal ministro) ed emanando tale comunicato «*Il decreto di grazia per Bompressi è stato predisposto dal Ministro di Giustizia. La questione è stata ripresa dal punto in cui era stata interrotta l'8 novembre del 2004 con la lettera del Presidente Ciampi. La vicenda ha portato al conflitto dinanzi alla Corte costituzionale, perché il Presidente della Repubblica aveva chiesto al Ministro di Giustizia di predisporre il decreto di grazia per Bompressi. Adesso è stato fatto, ed io l'ho immediatamente firmato*». Il giorno successivo il Presidente ha comunicato di aver avuto una cordiale conversazione telefonica con la Signora Gemma Calabresi (moglie del commissario Calabresi per il cui omicidio Bompressi era stato condannato), ragguagliandola sulla decisione presa.

Il 5 aprile 2013 Napolitano ha concesso la grazia al colonnello statunitense Joseph L. Romano III, condannato alla pena della reclusione (e a pene accessorie) inflitta dalla Corte d'Appello di Milano. Con riguardo a tale grazia il Capo dello Stato ha dichiarato di «*avere tenuto conto del fatto che il Presidente degli Stati Uniti … ha posto fine a un approccio alle sfide della sicurezza nazionale, legato ad un preciso e tragico momento storico e concretatosi in pratiche ritenute dall'Italia e dalla Unione Europea non compatibili con i principi fondamentali di uno Stato di diritto*». E della peculiarità del momento storico dà conto la stessa sentenza della Cassazione che ha ricordato «*il dramma dell'abbattimento delle Torri Gemelle a New York e il clima di paura e preoccupazione che rapidamente si diffuse in tutto il mondo*»; e ha evidenziato «*la consapevolezza che ben presto maturò di reagire energicamente a quanto accaduto e di individuare gli strumenti più idonei per debellare il terrorismo internazionale e quello di matrice islamica in particolare*», consapevolezza alla quale conseguì l'adozione da parte degli Stati Uniti di «*drastici provvedimenti*». Inoltre Napolitano ha dichiarato che con tale provvedimento («*nel rispetto delle pronunce della Autorità giudiziaria*») «*ha inteso dare soluzione a una vicenda considerata dagli Stati Uniti senza precedenti per l'aspetto della condanna di un militare statunitense della NATO per fatti commessi sul territorio italiano, ritenuti legittimi in base ai provvedimenti adottati dopo gli attentati alle Torri Gemelle»* Tale atto di clemenza «*ha così ovviato a una situazione di evidente delicatezza sotto il profilo delle relazioni bilaterali con un Paese amico, con il quale intercorrono rapporti di alleanza e dunque di stretta cooperazione in funzione dei comuni obiettivi di promozione della democrazia e di tutela della sicurezza*».

3. – ***Atti complessi.*** Questi atti si fondano sul consenso di entrambi gli organi (Capo dello Stato e ministro) il cui potere decisionale partecipa alla determinazione dell'atto medesimo. La dottrina ricomprende in tale categoria la nomina del Presidente del Consiglio dei ministri e lo scioglimento anticipato delle Camere. In tali atti la volontà del Presidente concorre con quella del ministro controfirmante.

Rientrano fra tali atti:

– ***Nomina del Presidente del Consiglio.*** La decisione con cui il Capo dello Stato nomina il Presidente del Consiglio è vincolata dalla necessità – costituzionalmente imposta – dell'individuazione di un soggetto in grado di dar vita ad un governo capace di ottenere la fiducia parlamentare. Il Presidente della Repubblica è dunque vincolato, nella relativa scelta, dalla volontà della maggioranza parlamentare sicché la concreta decisione finisce per rivelarsi «semplice» (o «scontata» nel caso di presenza di una chiara maggioranza parlamentare) o più complessa laddove il Presidente sia chiamato (anche) a cercare di far avvicinare le (o almeno alcune delle) forze politiche. In questo caso le scelte decisionali del Capo dello Stato possono avere effetti rilevanti sul panorama politico. A questo proposito possono citarsi i vari «*governi tecnici*» (v. *infra*, cap. VIII) dai governi Ciampi (1993-1994) e Dini (1995-1996), nominati dal Presidente Scalfaro, al governo Monti (2011-2013) nominato da Napolitano che ha giocato un ruolo decisivo anche nella nascita del governo Letta. Particolarmente complesso è stato il compito svolto dal Presidente Mattarella in occasione della formazione del primo governo Conte, in ragione dei risultati delle elezioni politiche del marzo 2018 in cui nessun partito o coalizione ha raggiunto la maggioranza dei seggi e con la conseguenziale necessità di dar vita ad un governo di coalizione (o ad un governo c.d. "di minoranza" chiamato a reggersi sull'astensione – o sull'appoggio esterno – di altre forze politiche).

– ***Nomina dei ministri.*** L'art. 92, comma 2, Cost. afferma che il Presidente della Repubblica "*nomina il Presidente del Consiglio dei ministri e, su proposta di questo, i ministri*". La Costituzione prevede un procedimento di nomina dei ministri che non è posto interamente nelle mani né del Capo dello Stato (dovendo questi necessariamente attendere la "proposta" del Presidente del Consiglio), né del Presidente del Consiglio (che appunto dispone solo di un potere di "proposta" che, in quanto tale, può essere accolta ma anche respinta). Ed è agevole evidenziare che se il costituente avesse voluto assegnare il potere di nomina dei ministri nelle mani del Presidente del Consiglio non avrebbe parlato di "proposta". L'art. 92, comma 2, Cost. richiede necessariamente l'intervento del Capo dello Stato e tale scelta è funzionale anche ad assicurare ai singoli ministri una indipendenza nei confronti del Presidente del Consiglio. Ed anche nell'esercizio di tale potere del Presidente della Repubblica vanno ribadite le peculiarità del ruolo di garanzia costituzionale svolto dal Capo dello Stato.

Nella formazione del primo governo Conte (maggio 2018) si è registrato un momento di forte tensione (se non proprio di crisi) istituzionale in ragione della contrapposizione fra Presidente della Repubblica e Presidente del Consiglio incaricato (e delle forze politiche che sostenevano quest'ultimo) in merito alla scelta del ministro del tesoro, in ragione del rifiuto del Presidente Mattarella di accogliere il nominativo proposto dalla coalizione di governo. Inizialmente il rifiuto del Presidente Mattarella ha determinato la rinuncia all'incarico da parte del designato Presidente del Consiglio, ma la crisi è poi rientrata con la scelta di altro nominativo quale ministro del tesoro.

– ***Scioglimento delle Camere.*** Bisogna innanzitutto distinguere fra lo scioglimento che interviene al termine della legislatura e lo scioglimento «anticipato», cui il Presidente deve ricorrere solo allorquando ravvisi l'impossibilità delle Camere di esprimere una maggioranza capace di sostenere un governo. Allo ***scioglimento anticipato*** non può riconoscersi la natura di atto solo formalmente presidenziale giacché si verrebbe ad assegnare un ruolo eccessivo al governo nei confronti delle Camere, mentre il dettato costituzionale pone il governo in posizione subordinata rispetto al Parlamento. Parimenti non convincente si rivela anche la collocazione di tale atto fra quelli presidenziali in senso stretto, giacché si finirebbe per assegnare al Presidente un potere forte nei confronti del Parlamento che presupporrebbe la legittimità costituzionale di un «indirizzo presidenziale» prevalente su un contrapposto «indirizzo parlamentare». Per tali ragioni appare preferibile la tesi che colloca il potere di scioglimento delle Camere fra gli atti «complessi», nei quali è dunque necessario il contributo paritario sia del Presidente della Repubblica che del governo (Mortati, Martines) che prendono atto dell'impossibilità di individuazione di una maggioranza parlamentare (e che rende necessario il ricorso a nuove elezioni). Inoltre, proprio con riferimento a questo potere, la Costituzione prevede l'obbligo per il Presidente della Repubblica di acquisire previamente il parere dei presidenti delle Camere, chiamati a riferire al Capo dello Stato sugli orientamenti politici prevalenti all'interno di ciascuna Camera. Il necessario intervento dei presidenti delle Camere, i quali sono ovviamente chiamati a riferire al Presidente sulla esistenza (o possibilità di esistenza) di una maggioranza parlamentare, conferma che nell'adozione del relativo atto il Presidente della Repubblica non possa prescindere dalla capacità delle Camere di dar vita ad una maggioranza (e solo in caso di esito negativo il Capo dello Stato può procedere allo scioglimento anticipato delle Camere).

La Costituzione esclude il potere del Presidente della Repubblica di sciogliere le Camere nell'ultimo semestre del mandato (c.d. *semestre bianco*). Questa previsione costituzionale trova giustificazione nel «depotenziamento» che caratterizza le funzioni del Presidente al termine del settennato e che dunque affievolisce non tutti i poteri presidenziali, ma solo quello relativo allo scioglimento delle Camere in ragione del particolare significato di tale potere ed anche per evitare che il Capo dello Stato possa utilizzare tale potere per favorire la propria rielezione (sciogliendo un Parlamento la cui maggioranza ad esempio è, più o meno, palesemente contraria alla rielezione del Presidente, il quale invece potrebbe sperare che dalle successive elezioni parlamentari possa prevalere una maggioranza a lui più favorevole). Inoltre il divieto di scioglimento delle Camere nel semestre bianco si collega direttamente con la norma posta dall'art. 85, ultimo comma, Cost., secondo cui il Parlamento non può negli ultimi tre mesi della legislatura procedere all'elezione del Capo dello Stato (funzione che è assegnata alle nuove camere entro 15 giorni dopo la rielezione delle stesse e fino a tale momento sono prorogati i poteri del Presidente in carica).

Con legge cost. n. 1 del 1991, il comma 2 dell'art. 88 Cost. (che prevede appunto il c.d. semestre bianco) è stato modificato aggiungendo l'inciso «*salvo che essi – cioè gli ultimi sei mesi del mandato presidenziale – coincidano in tutto o in parte con gli ultimi sei mesi della legislatura*». Questa modifica è stata ritenuta necessaria per il timore del prodursi di una «paralisi istituzionale». E questo è quanto avvenuto nel dicembre 2012 quando il Presidente della Repubblica, pur essendo nel semestre bianco, ha sciolto le Camere in quanto giunte al termine del quinquennio della legislatura.

4. La Presidenza del CSM e del Consiglio Supremo di Difesa

Il Presidente della Repubblica riveste anche il ruolo di presidente del Consiglio superiore della magistratura e del Consiglio supremo di difesa.

In merito alla ***Presidenza del Consiglio Supremo di Difesa***, deve ricordarsi che il *Consiglio supremo di difesa* (disciplinato dalla legge n. 624 del 1950, oggi abrogata, ma ricompresa identica nel d.lgs. n. 66 del 2010) è composto (oltre che dal Capo dello Stato che lo presiede) da membri di diritto (il Presidente del Consiglio, che svolge le funzioni di Vice-Presidente, cinque ministri ed il Capo di stato maggiore della difesa) e da altri componenti invitati dal Presidente (ministri, sottosegretari o alti commissari). Il Presidente può anche invitare (ma in questo caso senza diritto di voto) anche i capi di stato maggiore delle tre armi o altre personalità esperte in campo scientifico, industriale, economico e militare. Il Consiglio supremo di difesa è organo di rilevanza costituzionale (previsto dall'art. 87 Cost.) esamina i problemi generali, politici e tecnici attinenti alla difesa nazionale e determina i criteri e fissa le direttive per l'organizzazione e il coordinamento delle attività che comunque lo riguardino.

Diverse sono in dottrina le ricostruzioni proposte in merito al ruolo del Consiglio supremo di difesa: secondo alcuni tale organo svolgerebbe, nel settore cui è preposto, una funzione di indirizzo politico, venendo dunque a prevalere sullo stesso governo, che sarebbe vincolato da quanto deciso dal Consiglio supremo di difesa; altri criticano tale ricostruzione in quanto in contrasto con il dettato costituzionale (secondo cui l'esecutivo, in ragione del rapporto fiduciario intercorrente con il Parlamento, non può essere subordinato ad un organismo tecnico-politico privo della fiducia parlamentare e di qualunque altra legittimazione democratica) ed assegnano al Consiglio supremo di difesa il ruolo di organo consultivo del governo (Valentini) oppure gli riconoscono poteri di indirizzo solo con riguardo all'organizzazione e al coordinamento delle attività difensive nel rispetto delle direttive politiche e tecniche di carattere generale elaborate dal governo (Predieri). Per Mortati, il Consiglio supremo di difesa costituisce organo di collegamento tra la direzione politica generale e quella del settore militare.

Le ricostruzioni che accrescono, rispetto al governo, il ruolo del Consiglio supremo di difesa, finiscono per assegnare un ruolo politicamente più incisivo anche al Presidente della Repubblica, giacché gli atti da questi adottati, nella funzione di Presidente di tale Consiglio, non necessitano di controfirma (così come tutti gli atti che il Presidente della Repubblica adotta come presidente di un determinato collegio).

Nel luglio 2013 il Consiglio Supremo di Difesa, durante un vivace dibattito politico sull'acquisto dei cacciabombardieri F35 (e sui relativi costi) e subito dopo l'approvazione alla Camera di una mozione che impegna il governo a dare impulso a concrete iniziative, anche in sede Ue, per la crescita della dimensione della difesa comune europea in una logica di «condivisa razionalizzazione delle spese» e a non procedere a nessuna fase di «ulteriore» acquisizione sul programma sugli aerei F35 senza che il Parlamento si sia espresso in merito, ha adottato una nota in cui, dopo aver dichiarato che «*la progressiva integrazione europea … e la realizzazione di capacità congiunte costituiscono presupposti fondamentali per l'approntamento di forze in grado di far fronte efficacemente alle esigenze di sicurezza e di salvaguardia della pace*», afferma che «*A parere del Consiglio Supremo, tale visione è conforme allo spirito ed al disposto della legge 244, anche per quanto attiene alle necessità conoscitive e di eventuale sindacato delle Commissioni Difesa sui programmi di ammodernamento delle Forze Armate, fermo restando che, nel quadro di un rapporto fiduciario che non può che essere fondato sul riconoscimento dei rispettivi distinti ruoli, tale facoltà del Parlamento non può tradursi in un diritto di veto su decisioni operative e provvedimenti tecnici che, per loro natura, rientrano tra le responsabilità costituzionali dell'Esecutivo*». Questa affermazione si presenta altamente problematica con riguardo al ruolo centrale, nel nostro ordinamento costituzionale, del Parlamento depositario di una diretta legittimazione democratica e di cui il governo deve avere la fiducia.

In merito alla ***Presidenza del Consiglio Superiore della Magistratura*** deve affermarsi che questa presidenza, come quella esaminata in precedenza, svolge la funzione di unificare nel Presidente della Repubblica tutti i poteri dello Stato (Mortati). Gli atti che il Presidente pone in essere all'interno del CSM (e che dunque vengono imputati a quest'ultimo) non necessitano di controfirma, che invece è necessaria per i decreti presidenziali adottati in conseguenza ed in attuazione delle delibere consiliari, nonché per quelli di scioglimento del CSM. Discusso è in dottrina il significato da assegnare a tale carica anche in ragione di contrastanti prassi da parte dei diversi Presidenti (v. *infra*, cap. X).

5. L'irresponsabilità del Presidente della Repubblica

Il Presidente della Repubblica non è responsabile degli atti compiuti nell'esercizio delle sue funzioni tranne che per alto tradimento o per attentato alla Costituzione (sui reati presidenziali v. *infra*, par. 5). L'art. 90 Cost. si collega direttamente con il precedente art. 89 Cost. che assegna al ministro controfirmante le responsabilità dell'atto presidenziale. L'***irresponsabilità presidenziale*** copre gli atti compiuti dal Presidente «*nell'esercizio delle sue funzioni*», dovendosi dunque dedurre che tale principio non copre gli atti compiuti dal Presidente al di fuori dell'esercizio delle funzioni.

Si è dibattuto in dottrina in merito alla responsabilità del Presidente per eventuali reati commessi al di fuori dell'esercizio delle funzioni. La dottrina ha sempre ritenuto, con riguardo a tale fattispecie, la perseguibilità del Presidente anche durante il settennato e senza passaggio parlamentare (a questo proposito sono da ricordare le osservazioni di Crisafulli che lamenta l'eccessivo peso così assegnato all'iniziativa dell'azione penale di una qualsiasi procura della Repubblica).

Con la sent. n. 1 del 2013 la Corte costituzionale si è pronunciata in merito al conflitto di attribuzione sollevato dal Presidente della Repubblica nei confronti del Procuratore della Repubblica presso il Tribunale di Palermo, in relazione all'attività di intercettazione telefonica svolta riguardo ad utenze di persona diversa nel corso della quale sono state captate conversazioni intrattenute dal Presidente della Repubblica. Le intercettazioni erano state effettuate su utenze in uso a Nicola Mancino, sottoposto ad indagini, insieme ad altre persone, nell'ambito del procedimento penale concernente la cosiddetta «trattativa» tra Stato e mafia negli anni tra il 1992 e il 1994. Erano dunque state intercettate quattro telefonate del Presidente della Repubblica (della complessiva durata di diciotto minuti). La Presidenza della Repubblica, dopo aver appreso da organi di stampa l'esistenza delle intercettazioni e l'intenzione della Procura palermitana di distruggere le stesse mediante l'instaurazione di apposito procedimento davanti al Gip, ha chiesto (con nota del 27 giugno 2012) «una conferma o una smentita» in merito al Procuratore della Repubblica di Palermo il quale (con nota del 6 luglio 2012) comunicava che la Procura, «*avendo già valutato come irrilevante ai fini del procedimento qualsivoglia eventuale comunicazione telefonica in atti diretta al Capo dello Stato, non ne prevede[va] alcuna utilizzazione ..., ma esclusivamente la distruzione da effettuare con l'osservanza delle formalità di legge*». Successivamente il Procuratore ha affermato che «*nell'ordinamento attuale nessuna norma prescrive ... l'immediata cessazione dell'ascolto e della registrazione, quando, nel corso di una intercettazione telefonica legittimamente autorizzata, venga casualmente ascoltata una conversazione fra il soggetto sottoposto ad intercettazione ed altra persona nei cui confronti non poteva essere disposta alcuna intercettazione*» e, «*in tali casi, alla successiva distruzione della conversazione legittimamente ascoltata e registrata si procede esclusivamente, previa valutazione della irrilevanza della conversazione stessa ai fini del procedimento e con la autorizzazione del Giudice per le indagini preliminari, sentite le parti*». Secondo il Presidente della Repubblica invece le intercettazioni, anche casuali, di conversazioni del Capo dello Stato devono ritenersi vietate. Tale divieto sarebbe insito nella garanzia dell'irresponsabilità per gli atti compiuti nell'esercizio delle funzioni ex art. 90 Cost. Ed infatti l'art. 7, comma 3, legge n. 219 del 1989 vieta di disporre intercettazioni telefoniche nei confronti del Presidente della Repubblica e tale preclusione deve ritenersi estesa anche alle intercettazioni «casuali» in quanto egualmente idonee a ledere la sfera di immunità del Capo dello Stato. Conseguenzialmente deve ritenersi inammissibile l'utilizzazione di conversazioni del Capo dello Stato occasionalmente intercettate e le relative registrazioni non potrebbero essere in alcun modo valutate, utilizzate o trascritte, e se ne dovrebbe chiedere al giudice l'immediata distruzione ai sensi dell'art. 271 c.p.p., in quanto eseguite «*fuori dei casi consentiti dalla legge*».

Per risolvere il conflitto di attribuzione, la Corte costituzionale ritiene necessario far riferimento «*all'insieme dei principi costituzionali, da cui emergono la figura ed il ruolo del Presidente della Repubblica nel sistema costituzionale italiano*», nella consapevolezza che la Costituzione «*è fatta soprattutto di principi e questi ultimi sono in stretto collegamento tra loro, bilanciandosi vicendevolmente, di modo che la valutazione di conformità alla Costituzione stessa deve essere operata con riferimento al sistema, e non a singole norme, isolatamente considerate*». In tale quadro, il complesso delle attribuzioni assegnate al Presidente della Repubblica nel sistema costituzionale italiano evidenzia che lo stesso «*è stato collocato dalla Costituzione al di fuori dei tradizionali poteri dello Stato e, naturalmente, al di sopra di tutte le parti politiche. Egli dispone ... di competenze che incidono su ognuno dei citati poteri, allo scopo di salvaguardare ... sia la loro separazione che il loro equilibrio. Tale singolare caratteristica della posizione del Presidente si riflette sulla natura delle sue attribuzioni, che non implicano il potere di adottare decisioni nel merito di specifiche materie, ma danno allo stesso gli strumenti per indurre gli altri poteri costituzionali a svolgere correttamente le proprie funzioni, da cui devono scaturire le relative decisioni di merito*». Il Presidente «*rappresenta l'unità nazionale non soltanto nel senso dell'unità territoriale dello Stato, ma anche, e soprattutto, nel senso della coesione e dell'armonico funzionamento dei poteri, politici e di garanzia, che compongono l'assetto costituzionale della Repubblica. Si tratta di organo di moderazione e di stimolo nei confronti di altri poteri ... Tutti i poteri del Presidente della Repubblica hanno dunque lo scopo di consentire allo stesso di indirizzare gli appropriati impulsi ai titolari degli organi che devono assumere decisioni di merito, senza mai sostituirsi a questi, ma avviando e assecondando il loro funzionamento, oppure, in ipotesi di stasi o di blocco, adottando provvedimenti intesi a riavviare il normale ciclo di svolgimento delle funzioni costituzionali*». Ed allora «*Per svolgere efficacemente il proprio ruolo di garante dell'equilibrio costi-*

tuzionale e di "magistratura di influenza", il Presidente deve tessere costantemente una rete di raccordi allo scopo di armonizzare eventuali posizioni in conflitto ed asprezze polemiche, indicare ai vari titolari di organi costituzionali i principi in base ai quali possono e devono essere ricercate soluzioni il più possibile condivise dei diversi problemi che via via si pongono. È indispensabile, in questo quadro, che il Presidente affianchi continuamente ai propri poteri formali, che si estrinsecano nell'emanazione di atti determinati e puntuali, espressamente previsti dalla Costituzione, un uso discreto di quello che è stato definito il "potere di persuasione", essenzialmente composto di attività informali, che possono precedere o seguire l'adozione, da parte propria o di altri organi costituzionali, di specifici provvedimenti, sia per valutare, in via preventiva, la loro opportunità istituzionale, sia per saggiarne, in via successiva, l'impatto sul sistema delle relazioni tra i poteri dello Stato. Le attività informali sono pertanto inestricabilmente connesse a quelle formali. Le suddette attività informali, fatte di incontri, comunicazioni e raffronti dialettici, implicano necessariamente considerazioni e giudizi parziali e provvisori da parte del Presidente e dei suoi interlocutori. Le attività di raccordo e di influenza possono e devono essere valutate e giudicate, positivamente o negativamente, in base ai loro risultati, non già in modo frammentario ed episodico, a seguito di estrapolazioni parziali ed indebite. L'efficacia, e la stessa praticabilità, delle funzioni di raccordo e di persuasione, sarebbero inevitabilmente compromesse dalla indiscriminata e casuale pubblicizzazione dei contenuti dei singoli atti comunicativi. Non occorrono molte parole per dimostrare che un'attività informale di stimolo, moderazione e persuasione – che costituisce il cuore del ruolo presidenziale nella forma di governo italiana – sarebbe destinata a sicuro fallimento, se si dovesse esercitare mediante dichiarazioni pubbliche. La discrezione, e quindi la riservatezza, delle comunicazioni del Presidente della Repubblica sono pertanto coessenziali al suo ruolo nell'ordinamento costituzionale. Non solo le stesse non si pongono in contrasto con la generale eguaglianza dei cittadini di fronte alla legge, ma costituiscono modalità imprescindibili di esercizio della funzione di equilibrio costituzionale – derivanti direttamente dalla Costituzione … – dal cui mantenimento dipende la concreta possibilità di tutelare gli stessi diritti fondamentali, che in quell'equilibrio trovano la loro garanzia generale e preliminare». Da tali considerazioni «*consegue che il Presidente della Repubblica deve poter contare sulla riservatezza assoluta delle proprie comunicazioni, non in rapporto ad una specifica funzione, ma per l'efficace esercizio di tutte. Anche le funzioni che implicano decisioni molto incisive … presuppongono che il Presidente intrattenga, nel periodo che precede l'assunzione della decisione, intensi contatti con le forze politiche rappresentate in Parlamento e con altri soggetti, esponenti della società civile e delle istituzioni, allo scopo di valutare tutte le alternative costituzionalmente possibili … La propalazione del contenuto di tali colloqui, nel corso dei quali ciascuno degli interlocutori può esprimere apprezzamenti non definitivi e valutazioni di parte su persone e formazioni politiche, sarebbe estremamente dannosa non solo per la figura e per le funzioni del Capo dello Stato, ma anche, e soprattutto, per il sistema costituzionale complessivo, che dovrebbe sopportare le conseguenze dell'acuirsi delle contrapposizioni e degli scontri*». Per la Corte «*il silenzio della Costituzione sul punto [è] espressivo della inderogabilità – in linea di principio … – della riservatezza della sfera delle comunicazioni presidenziali. Tale inderogabilità discende dalla posizione e dal ruolo del Capo dello Stato nel sistema costituzionale italiano e non può essere riferita ad una norma specifica ed esplicita, poiché non … si tratta … di una lacuna, ma, al contrario, della presupposizione logica, di natura giuridico-costituzionale, dell'intangibilità della sfera di comunicazioni del supremo garante dell'equilibrio tra i poteri dello Stato*». L'art. 90 Cost. pone una immunità «onnicomprensiva» (che copre cioè i settori penale, civile, amministrativo e politico) del Capo dello Stato perseguibile solo per i delitti di alto tradimento e di attentato alla Costituzione: solo in questi casi possono essere utilizzati anche mezzi di ricerca della prova particolarmente invasivi, come le intercettazioni telefoniche. Ma a questo proposito l'art. 7, commi 2 e 3, legge n. 219 del 1989 «*attribuisce al Comitato parlamentare … il potere di deliberare i provvedimenti che dispongono intercettazioni telefoniche nei confronti del Presidente della Repubblica, sempre dopo che la Corte costituzionale abbia sospeso lo stesso dalla carica*». La Corte afferma inoltre che «*al fine di determinare l'ampiezza della tutela della riservatezza delle comunicazioni del Presidente della Repubblica, non assume alcuna rilevanza la distinzione tra reati funzionali ed extrafunzionali, giacché l'interesse costituzionalmente protetto non è la salvaguardia della persona del titolare della carica, ma l'efficace svolgimento delle funzioni di equilibrio e raccordo tipiche del ruolo del Presidente della Repubblica … fondato sulla separazione e sull'integrazione dei poteri dello Stato*». La Corte ribadisce che «*il Presidente, per eventuali reati commessi al di fuori dell'esercizio delle sue funzioni, è assoggettato alla mede-*

sima responsabilità penale che grava su tutti i cittadini. Ciò che invece non è ammissibile è l'utilizzazione di strumenti invasivi di ricerca della prova, quali sono le intercettazioni telefoniche, che finirebbero per coinvolgere, in modo inevitabile e indistinto, non solo le private conversazioni del Presidente, ma tutte le comunicazioni, comprese quelle necessarie per lo svolgimento delle sue essenziali funzioni istituzionali, per le quali ... si determina un intreccio continuo tra aspetti personali e funzionali, non preventivabile, e quindi non calcolabile ex ante *da parte delle autorità che compiono le indagini. In tali frangenti, la ricerca della prova riguardo ad eventuali reati extrafunzionali deve avvenire con mezzi diversi (documenti, testimonianze ed altro), tali da non arrecare una lesione alla sfera di comunicazione costituzionalmente protetta del Presidente. ... si deve procedere tenendo conto del necessario bilanciamento tra le esigenze di giustizia e gli interessi supremi delle istituzioni, senza giungere al sacrificio né delle prime né dei secondi*». Pertanto deve affermarsi «*l'obbligo per l'autorità giudiziaria procedente di distruggere, nel più breve tempo, le registrazioni casualmente effettuate di conversazioni telefoniche del Presidente della Repubblica*». Tali intercettazioni «*devono essere distrutte, in ogni caso, sotto il controllo del giudice, non essendo ammissibile ... che alla distruzione proceda unilateralmente il pubblico ministero. Tale controllo è garanzia di legalità con riguardo anzitutto alla effettiva riferibilità delle conversazioni intercettate al Capo dello Stato, e quindi, più in generale, quanto alla loro inutilizzabilità, in forza delle norme costituzionali ed ordinarie*».

Inoltre deve ricordarsi la vicenda processuale che ha visto l'ex Presidente Cossiga chiamato in giudizio a rispondere di dichiarazioni rilasciate durante la presidenza.

Agli inizi degli anni novanta due senatori (Onorato e Flamigni) avviano due distinte azioni giudiziarie civili chiedendo la condanna di Francesco Cossiga (in quanto normale cittadino e non quale Presidente della Repubblica) al risarcimento dei danni morali subiti in ragione di dichiarazioni da questi rilasciate quando ricopriva la carica di Presidente della Repubblica e ritenute diffamatorie e ingiuriose. I due giudizi vengono instaurati quando ancora era in corso il mandato presidenziale, ma proseguono e giungono a conclusione dopo la scadenza dello stesso. In giudizio, Cossiga eccepisce preliminarmente l'improponibilità o l'inammissibilità delle domande in base all'art. 90 Cost., sostenendo che le dichiarazioni per cui era giudizio erano coperte dalla immunità sancita per gli atti presidenziali compiuti nell'esercizio delle funzioni.

Questa tesi viene respinta dai giudici di primo grado (tribunale di Roma) che con due pronunce (del 1993 e del 1994) dichiarano che «Il Presidente della Repubblica è responsabile per gli atti commessi non nell'esercizio delle sue funzioni alla stessa stregua di qualunque cittadino, senza che per lui sia previsto, dal testo costituzionale o da altra fonte, alcun trattamento di privilegio o di esenzione»; in base a tale premessa il tribunale civile, avendo ritenuto che il Presidente aveva pronunciato espressioni ingiuriose e diffamatorie, ha riconosciuto alla magistratura ordinaria il potere di accertare le responsabilità dello stesso e sottoporlo alle sanzioni previste dalla legge.

Nella motivazione il tribunale individua due funzioni del Presidente della Repubblica: la funzione di «tutore della Costituzione» nell'adempimento della quale il Presidente, unitamente alla Corte costituzionale, vigila sull'osservanza delle norme della Costituzione sia da parte del governo che da parte del Parlamento; la funzione di «arbitro fra i partiti», nel senso che il Presidente viene a costituire «*il punto di unione di tutte le forze politiche nazionali, dovendo quindi porsi al di sopra dei partiti, per potere funzionare quando le circostanze lo esigano, da arbitro imparziale ed indiscusso, nella precipua veste di rappresentante dell'unità nazionale*». Allo scopo di garantire lo svolgimento di queste funzioni la Costituzione assegna al Presidente «*una posizione di assoluta indipendenza, essendo le sue funzioni eminentemente rappresentative e prive di poteri di governo e comunque di indirizzo politico*». È in tale esigenza che il tribunale di Roma individua la *ratio* dell'art. 89 Cost. che pone il principio dell'irresponsabilità presidenziale e l'assunzione della responsabilità degli atti compiuti dal Presidente da parte dei ministri competenti mediante la controfirma. Secondo il tribunale di Roma dunque, la non responsabilità (penale, civile e amministrativa) del Presidente concerne gli atti compiuti nell'esercizio delle funzioni, riguardo alle quali la relativa responsabilità è assunta dal ministro controfirmante. Il tribunale evidenzia come, nell'ampia tipologia degli atti presidenziali, la controfirma abbia significati diversi. Ma quando l'atto posto in essere dal Presidente ha carattere privato, personale, lo stesso non necessita di controfirma. In questi casi il Presidente, «qualora il comportamento configuri ipotesi di illecito civile penale o amministrativo, ne risponde secondo i principî generali innanzi al giudice competente».

In merito al significato da assegnare alle «esternazioni» presidenziali (e cioè se esse rientrino, e fino a quale misura, nell'esercizio delle funzioni presidenziali), il tribunale afferma che «*La dinamica moderna dell'attività presidenziale ha consentito l'introduzione di consuetudini secondo cui il presidente può esternare in modo informale (senza utilizzare la forma del decreto) – in occasione di discorsi pubblici, di interviste alla stampa, mediante lettere, telegrammi resi noti pubblicamente – il suo pensiero, le sue determinazioni: in tal caso, qualora le manifestazioni siano comunque connesse con i compiti d'istituto del capo dello Stato o con la sua posizione di rappresentante dell'unità nazionale, si tratta pur sempre di atti configuranti l'esercizio delle funzioni, con la necessità della controfirma ministeriale, al fine di far risalire parimenti sui ministri competenti la relativa responsabilità. All'uopo, si palesa ipotizzabile l'intervento di una controfirma tacita, implicita configurabile nella preventiva informazione del governo ed adesione di questo circa le opinioni da esprimersi pubblicamente dal presidente, ovvero, individuabile nel fatto che, nel caso di conoscenza successiva dell'atto da parte del gabinetto, questo non abbia rassegnato le dimissioni oppure abbia dato esecuzione all'atto. Per contro, appare certamente al di fuori dell'esercizio delle funzioni presidenziali la digressione attuata dal presidente innanzi a dei giornalisti, per esempio, su questioni di carattere strettamente personale, su argomenti di attualità generale, su temi in senso lato politici ma non istituzionali, sul comportamento valutato in modo più o meno positivo tenuto da esponenti politici*». Il tribunale distingue dunque le esternazioni a seconda se siano connesse allo svolgimento di funzioni presidenziali.

Con riguardo all'individuazione dell'autorità competente a dichiarare se l'atto posto in essere dal Presidente della Repubblica rientri o meno nelle funzioni presidenziali, se per i deputati (e senatori) spetta alla Camera di appartenenza pronunciarsi in merito (fatta salva la possibilità per la possibilità di controllo della Corte costituzionale in sede di conflitto di attribuzioni fra poteri dello Stato), il tribunale non ha dubbi: «*appare parimenti conforme ai principî del nostro ordinamento giuridico che sia il giudice ordinario ad avere la competenza di valutare se il comportamento del capo dello Stato rientri o meno nelle sue funzioni istituzionali*». E pertanto il tribunale conclude riconoscendo che «*nella fattispecie, deve escludersi che Francesco Cossiga, allorché ha profferito le frasi di cui si duole l'attore Sergio Flamigni, stesse compiendo un atto delle sue funzioni; infatti, egli si trovava semplicemente in aereo assieme ai giornalisti tornando a Roma dopo la conclusione della visita ufficiale effettuata a Piacenza, ed in tale frangente ha ritenuto di rispondere ad alcune domande che gli venivano rivolte*».

Contro tali pronunce, il sen. Cossiga propone appello e la Corte d'appello di Roma (con due sentenze del 1998) rovescia l'impostazione seguita dal tribunale.

La Corte d'appello riconosce l'offensività ingiuriosa delle frasi proferite, ma ritiene che le stesse siano riconducibili alla sfera funzionale della carica, al momento ricoperta ed oggetto dell'immunità di cui all'art. 90, comma 1, Cost. Secondo la Corte d'appello, «*il problema investe, in via generale, la libertà di opinione dei titolari degli organi monocratici dello Stato-apparato i quali individualmente esauriscono il potere che l'ordinamento giuridico loro attribuisce*» e il carattere «politico» della funzione esercitata da tali organi non consentirebbe «*di distinguere il* munus *dalla persona fisica*», giacché «*il carattere permanente della funzione pubblica non ha il significato di un continuo esercizio in concreto di essa, bensì il fatto che coloro che ne sono investiti la possono esplicare in qualsiasi momento ove il caso lo richieda e nelle forme ritenute più acconce*». La Corte d'appello dunque, ritenendo connesse le frasi proferite («obiettivamente offensive») con la funzione presidenziale in quel momento ricoperta, riforma la sentenza di primo grado in ragione della improponibilità della domanda risarcitoria.

La vicenda giunge dunque in Cassazione (Cass., sez. III, n. 8733 e n. 8734), la quale conferma che «la soluzione della questione» passa attraverso due problematiche: quella relativa ai limiti dell'immunità del Presidente della Repubblica e quella concernente il potere di "esternazione" dello stesso.

Quanto alla prima questione, l'art. 90 Cost. (secondo cui «*Il Presidente della Repubblica non è responsabile degli atti compiuti nell'esercizio delle sue funzioni, tranne che per alto tradimento ed attentato alla Costituzione*»), ponendo il principio dell'irresponsabilità del Capo dello Stato (istituto tipico delle forme di governo parlamentari), colloca l'organo in questione al di fuori della funzione di governo. L'immunità viene così a porsi a garanzia dell'indipendenza della funzione del Presidente della Repubblica. L'irresponsabilità del Capo dello Stato costituisce dunque «il logico corollario della particolare posizione che la Costituzione assegna allo stesso, avulsa da qualsiasi coinvolgimento in attività di indirizzo politico-amministrativo». La Costituzione delinea una figura di Presidente della Repubblica quale custode e garante della costituzione medesima, posto al di fuori delle funzioni di governo e pertanto «Il principio, affermato dall'art. 90, comma 1, Cost., è che l'immunità del Presidente della Repubblica copra solo gli atti compiuti nell'esercizio delle sue funzioni, rimanendone, invece, fuori gli atti estranei a dette funzioni», per i quali vi è piena responsabilità del Presidente. E «*in sede costituente si ritenne pacifica detta responsabilità per fatti commessi fuori dall'esercizio delle funzioni, anche se essa non venne disciplinata solo per ragioni di opportunità e di convenienza*» ed è confermato dal diritto positivo (v. legge 25 gennaio 1962, n. 20; legge 10 maggio 1978, n. 170 e legge 5 giugno 1989, n. 219). «*Nessun dubbio, quindi, vi è che possano esistere reati, commessi dal Presidente, di competenza dell'Autorità giudiziaria e che siano quelli commessi fuori dall'esercizio delle funzioni presidenziali*».

Il problema però è quello di «stabilire quando un atto rientri nelle funzioni del Presidente della Repubblica e quando ne sia fuori». Ad un orientamento restrittivo, secondo cui l'area immune sarebbe solo quella degli atti ufficiali controfirmati, si contrappone l'orientamento maggioritario, per cui l'irresponsabilità coprirebbe tutti gli atti del Presidente della Repubblica, purché compiuti nell'esercizio delle proprie funzioni (salva l'ipotesi di attentato alla Costituzione o di alto tradimento). Pertanto l'irresponsabilità del Presidente viene riferita, oltre che agli atti ufficiali controfirmati, ad ogni atto, dichiarazione o comportamento che trovi la sua causa nella funzione o in un fine ad essa inerente. La Cassazione dichiara di condividere questo orientamento giacché l'art. 90, comma 1 «*non limita l'irresponsabilità presidenziale ai soli atti controfirmati, ma a quelli "compiuti nell'esercizio delle funzioni" presidenziali. Peraltro, che degli atti controfirmati fosse responsabile il ministro proponente è già esplicitato nell'art. 89, comma 1, Cost., per cui la lettura riduttiva dell'art. 90, comma 1 (gli atti ivi indicati sono solo quelli di cui all'art. 89) avrebbe un'impostazione tautologica*».

In merito al c.d. potere di esternazione o di messaggi liberi (distinti dai messaggi formali) del Presidente, riscontrata l'estrema varietà delle forme con cui la stessa si esplica, si deve parlare più di facoltà che di potere di esternazione del Presidente, giacché essa si colloca ad un livello non decisionale e che fa leva sulla qualifica di rappresentante dell'unità nazionale. Inoltre, sempre in merito al potere di esternazione, la Cassazione evidenzia che «*non è esso stesso una "funzione", ma è solo un mezzo, cioè, uno dei possibili strumenti con cui il Presidente provvede all'esercizio di alcune funzioni presidenziali. Non esiste, cioè, un potere di esternazione del Presidente della Repubblica, che sia l'equivalente del diritto di libertà di manifestazione del pensiero per il singolo cittadino a norma dell'art. 21 Cost. ... Questo articolo riguarda la libertà di manifestazione del pensiero delle persone private, non dei pubblici funzionari, in quanto tali. Sotto questo profilo la posizione del Presidente della Repubblica non è diversa da quella propria di qualunque altro soggetto investito di cariche pubbliche. In tanto è ammissibile un potere (o una facoltà) di esternazione del Presidente della Repubblica, in quanto esso sia strumentalmente diretto alla realizzazione di un compito presidenziale, pur nell'ampia accezione suddetta. In quest'ottica si inquadrano anche le cosiddette "esternazioni accessorie". L'ipotesi più ovvia è costituita dalle pubbliche dichiarazioni rivolte a chiarire il significato e le ragioni dei propri atti*». Pertanto il solo fatto che l'esternazione provenga dal Presidente della Repubblica non è di per sé sufficiente a farla ritenere coperta dall'immunità presidenziale, in assenza di una specifica funzione presidenziale, cui detta esternazione sia finalizzata, giacché «*non si può estendere l'immunità oltre la funzione*». L'immunità può e deve coprire «*tutti e soltanto gli atti o comportamenti ... che si inseriscano nell'esercizio delle funzioni di ufficio, nel senso cioè che ne costituiscono un'estrinsecazione modale*». L'irresponsabilità del Presidente è strettamente congiunta allo svolgimento della sua attività e deve essere funzionale alla stessa.

Per queste ragioni la Cassazione ritiene «errata» la sentenza della Corte d'appello, secondo la quale invece il carattere politico della funzione del Presidente non renderebbe possibile distinguere la persona fisica dal «*munus*». La Cassazione afferma invece che «*Non è vero che la persona fisica si dissolva nell'organo che rappresenta. Essa è e rimane centro di imputazione di differenti situazioni giuridiche (diritti, doveri, responsabilità, ecc.) che, poiché non si trasferiscono all'organo, e contemporaneamente non scompaiono nel nulla, né vanno in "quiescenza" durante il settennato, evidentemente rimangono in capo alla persona fisica, che continua come tale ad esistere anche giuridicamente*». E se spetta innanzitutto al Presidente valutare se in concreto ricorrano le circostanze per l'esercizio delle funzioni, il Presidente non può decidere liberamente quali siano le sue funzioni, giacché queste «*sono inevitabilmente ed esclusivamente quelle previste dalle norme costituzionali, sia pure integrate dalle prassi applicative, che, allorché sono in armonia con il sistema costituzionale, contribuiscono ad integrare le norme costituzionali scritte ed a definire la posizione degli organi costituzionali alla stregua di principi e regole non scritti, manifestatisi e consolidatisi attraverso la ripetizione costante di comportamenti uniformi, vale a dire nella forma di vere e proprie consuetudini costituzionali*».

La Cassazione pone infine i seguenti principi di diritto:

«*a) Ai sensi dell'art. 90, comma 1, Cost., l'immunità del Presidente della Repubblica (che attiene sia alla responsabilità penale che civile o amministrativa), copre solo gli atti compiuti nell'esercizio delle sue funzioni (nelle quali rientrano, oltre quelle previste dall'art. 89 Cost., anche quelle di cui all'art. 87 Cost., tra cui la stessa rappresentanza dell'unità nazionale) e non quelli "extrafunzionali"; né la continuità del "munus" comporta che l'immunità riguardi ogni atto compiuto dalla persona che ha la titolarità dell'organo, per quanto monocratico.*

b) Tra le funzioni del Presidente della Repubblica, coperte dall'immunità, può annoverarsi anche l'"autodifesa" dell'organo costituzionale, ma solo allorché l'ordinamento non assegni detta difesa alle funzioni di altri organi ovvero nei casi in cui oggettive circostanze concrete impongano l'immediatezza dell'autodifesa.

c) L'autorità giudiziaria ha il potere di accertare se l'atto compiuto sia funzionale o extrafunzionale, salva la facoltà per il Presidente della Repubblica di sollevare il conflitto di attribuzione per menomazione.

d) Pur non essendo il Presidente della Repubblica vincolato ad esprimersi solo con messaggi formali (controfirmati a norma dell'art. 89 Cost.), il suo c.d. "potere di esternazione", che non è equiparabile alla libera manifestazione del pensiero di cui all'art. 21 Cost., non integra di per sé una funzione, per cui è necessario che l'esternazione sia strumentale o accessoria ad una funzione presidenziale, perché possa beneficiare dell'immunità.

e) Le ingiurie o le diffamazioni commesse nel corso di un'esternazione presidenziale beneficiano dell'immunità solo se commesse "a causa" della funzione, e cioè come estrinsecazione modale della stessa, non essendo sufficiente la mera contestualità cronologica, che dà luogo solo ad atto arbitrario concomitante.

f) Il legittimo esercizio della critica politica, riconosciuto ad ogni cittadino, pur potendo sopportare toni aspri e di disapprovazione, non può trasmodare nell'attacco personale e nella pura contumelia, con lesione del diritto di altri all'integrità morale».

Le due sentenze della Cassazione (che annullano con rinvio le due pronunce della Corte d'appello di Roma che avevano dichiarato improponibili le domande giudiziali dei sen. Flamigni e Onorato) stabiliscono gli illustrati punti di diritto che si sostanziano nell'affermazione che l'immunità ex art. 90 Cost. copre solo gli atti «funzionali» del Presidente, comprendendosi fra questi quelli compiuti nell'esercizio della funzione di rappresentanza dell'unità nazionale ex art. 87 Cost., nonché gli atti di «autodifesa» dell'organo costituzionale quando l'ordinamento non assegni detta difesa alle funzioni di altri organi; che le «esternazioni» presidenziali non sono equiparabili a libere manifestazioni di pensiero ex art. 21 Cost. e sono coperte da immunità solo quando strumentali o accessorie ad una funzione presidenziale e pertanto le ingiurie o le diffamazioni commesse nel corso di una esternazione presidenziale sono coperte da immunità solo se commesse come «estrinsecazione modale» della funzione; che spetta all'autorità giudiziaria accertare se l'atto compiuto sia o meno funzionale all'esercizio di poteri presidenziali.

Nei confronti di tali pronunce della Cassazione Francesco Cossiga, in qualità di ex Presidente della Repubblica, propone davanti alla Corte costituzionale ricorso per conflitto di attribuzione fra poteri dello Stato sostenendo che le impugnate sentenze costituiscono «eccedenze» del potere giudiziario giacché le «esternazioni» sono da ricollegare alla funzione presidenziale e dunque non ammettono che possa derivarne una qualche responsabilità. Secondo Cossiga, il potere di tracciare la distinzione fra atti coperti e atti non coperti dalla prerogativa di irresponsabilità di cui all'art. 90 Cost. spetterebbe solo alla Corte costituzionale e non all'autorità giudiziaria e pertanto quest'ultima non potrebbe giudicare se gli atti compiuti dal Presidente abbiano natura funzionale o extrafunzionale. Inoltre, ad avviso di Cossiga, nell'ambito delle esternazioni comunque riferibili o genericamente connesse alla carica rappresentativa, non sarebbe possibile distinguere fra manifestazioni di pensiero compiute *uti singulus* ed enunciazioni riconducibili all'esercizio della carica. Pertanto le dichiarazioni alle quali si riferiscono le domande giudiziali del sen. Flamigni e del sen. Onorato sarebbero da ritenersi ricomprese nella sfera della irresponsabilità presidenziale, in quanto espressione di legittima reazione di natura politica e di autodifesa da attacchi portati alla istituzione presidenziale, in relazione a posizioni espresse dagli attori con riguardo a vicende di straordinaria valenza istituzionale (rapimento e uccisione dell'on. Moro, posizione italiana nella «guerra del Golfo», vicenda «Gladio», richieste di messa in stato d'accusa del Presidente della Repubblica), e in quanto strumentali al ruolo «pubblico, politico ed istituzionale» del Presidente e di «indubbia valenza politica».

La Corte costituzionale, nella sent. n. 154 del 2004, rigetta la tesi secondo cui l'autorità giudiziaria ordinaria difetterebbe radicalmente di competenza giurisdizionale in ordine alla qualificazione degli atti del Presidente, giacché è proprio alla «*autorità giudiziaria che spetta, in prima istanza, decidere circa l'applicabilità in concreto, in rapporto alle circostanze del fatto, della clausola eccezionale di esclusione della responsabilità. Se nel decidere in proposito l'autorità giudiziaria venisse ad apprezzare erroneamente la portata della clausola* ... *con conseguente lesione della prerogativa e dunque dell'attribuzione presidenziale, oltre ai normali rimedi apprestati dagli istituti che consentono il controllo sulle decisioni giudiziarie ad opera di altre istanze pure giudiziarie, varrà il rimedio del conflitto di attribuzioni davanti a questa Corte. Ma non può essere negata la competenza dell'autorità giudiziaria a pronunciarsi, nell'esercizio della sua generale funzione di applicazione delle norme, ivi comprese quelle della Costituzione*».

Parimenti la Corte costituzionale rigetta la tesi secondo cui anche gli atti extrafunzionali del Presidente della Repubblica dovrebbero ritenersi coperti da irresponsabilità, a garanzia della completa indipendenza dell'alto ufficio da interferenze di altri poteri, o in forza della impossibilità di distinguere, in relazione alle esternazioni, il *munus* dalla persona fisica. La Corte ricorda che «*L'art. 90 Cost. sancisce l'irresponsabilità del presidente – salve le ipotesi estreme dell'alto tradimento e dell'attentato alla Costituzione – solo per gli "atti compiuti nell'esercizio delle sue funzioni". È dunque necessario tenere ferma la distinzione fra atti e dichiarazioni inerenti all'esercizio delle funzioni, e atti e dichiarazioni che, per non essere esplicazione di tali funzioni, restano addebitabili, ove forieri di responsabilità, alla persona fisica del titolare della carica, che conserva la sua soggettività e la sua sfera di rapporti giuridici, senza confondersi con l'organo che pro tempore impersona. Certamente operare la distinzione, nell'ambito delle "esternazioni", fra quelle riconducibili all'esercizio delle funzioni presidenziali e quelle ad esse estranee può risultare, in fatto, più difficile di quanto non sia distinguere nel campo dei comportamenti o degli atti materiali, o anche di quanto non sia distinguere fra opinioni "funzionali" ed "extrafunzionali" espresse dai membri di un'assemblea rappresentativa, che si differenzia dagli individui che ne fanno parte, laddove nel caso del presidente l'organo è impersonato dallo stesso individuo: ma l'eventuale maggiore difficoltà della distinzione non toglie che essa sia necessaria. Quando dunque la Corte di cassazione, nelle pronunce impugnate, stabilisce i principî di diritto secondo cui l'immunità del presidente della repubblica riguarda solo gli atti che costituiscono esercizio delle funzioni presidenziali e le dichiarazioni strumentali o accessorie rispetto a tale esercizio, coglie correttamente la portata dell'art. 90 Cost. e non reca lesione alle prerogative del presidente*».

La Corte costituzionale (sent. n. 154 del 2004) dichiara che spetta all'autorità giudiziaria accertare se le dichiarazioni rese dal Presidente della Repubblica costituiscano esercizio delle funzioni, o siano strumentali ed accessorie ad una funzione presidenziale, e solo in caso di accertamento positivo ritenerle coperte dalla immunità di cui all'art. 90 Cost.

Nel 2005 Cossiga, sempre nella qualità di ex Presidente della Repubblica, propone nuovo conflitto di attribuzione fra poteri dello Stato in relazione alla sentenza del 23 settembre 2004, n. 4024, pronunciata dalla Corte d'appello di Roma, in sede di rinvio, nel giudizio civile contro di lui promosso dal sen. P. Onorato, e che ha riconosciuto la responsabilità del senatore Cossiga, sul presupposto che egli non avesse agito nell'esercizio delle funzioni presidenziali, sia tipiche (ai sensi dell'art. 89 Cost.) che atipiche (in sede di esercizio del c.d. potere di esternazione). In particolare Cossiga chiede l'annullamento della sentenza giacché questa, avendo negato che le dichiarazioni in esame fossero espressione del potere di esternazione del Presidente, e come tali coperte da irresponsabilità, avrebbe violato i principî di diritto enunciati dalla Cassazione nella sentenza di rinvio e ritenuti dalla Corte costituzionale espressione di corretto esercizio del potere di valutazione spettante all'autorità giudiziaria. Secondo Cossiga, la Corte d'appello di Roma avrebbe fatto propria un'interpretazione dell'art. 90 Cost., sul regime di responsabilità del Presidente della Repubblica e sul rapporto di strumentalità tra esternazioni di quest'ultimo e funzioni presidenziali, «*del tutto insoddisfacente e contrastante*» con i principî fissati dalla Cassazione ... e ritenuti corretti dalla Corte costituzionale nella sent. n. 154 del 2004, giacché avrebbe apparentemente assunto come valido, ma in realtà non avrebbe applicato, il principio di diritto enunciato dalla Cassazione secondo cui l'immunità del Presidente copre solo gli atti compiuti nell'esercizio delle sue funzioni e non quelli extrafunzionali, determinando così la menomazione di un'attribuzione presidenziale (avendo escluso che le dichiarazioni del Presidente nei confronti del sen. Onorato potessero godere del regime d'irresponsabilità spettante alle esternazioni presidenziali connesse ad una funzione del Capo dello Stato, non potendo essere negata la valenza politico-istituzionale dello scontro tra il presidente Cossiga ed il sen. Onorato sul tema della guerra del Golfo).

La Corte costituzionale, con sent. n. 290 del 2007 dichiara il conflitto inammissibile giacché «*Ciò che si imputa alla decisione della Corte d'appello non è tanto la menomazione della guarentigia presidenziale (che pur sarebbe in astratto configurabile), quanto il mancato rispetto dei principî di diritto stabiliti dalla Corte di cassazione, che avrebbero dovuto orientare la decisione della Corte d'appello in sede di rinvio, con la conseguenza che questa sarebbe incorsa in un errore di giudizio. Ma la Corte ha più volte precisato che i conflitti intersoggettivi aventi ad oggetto atti di natura giurisdizionale non possono risolversi in mezzi impropri di censura del modo di esercizio della funzione giurisdizionale*». In questo caso la prospettazione del conflitto richiede alla Corte costituzionale di sostituirsi al giudice di legittimità nel controllo della corretta applicazione dei principî di diritto enunciati dalla Cassazione e pertanto il ricorso è dichiarato inammissibile.

6. La messa in stato d'accusa e il giudizio della Corte costituzionale

Con riguardo agli atti compiuti nell'esercizio delle funzioni, il Presidente della Repubblica può essere chiamato a rispondere solo per i ***reati di alto tradimento e di attentato alla Costituzione***, per i quali è messo in stato di accusa dal Parlamento in seduta comune e giudicato dalla Corte costituzionale in composizione integrata.

Innanzitutto bisogna soffermarsi sulle difficoltà di definizione dei c.d. ***reati presidenziali***. Infatti la Costituzione, se prevede il *nomen iuris* (alto tradimento e attentato alla Costituzione) degli stessi, non indica quali comportamenti del Presidente vadano a integrare tali reati. Indubbiamente si tratta di «*reati*» (cioè di comportamenti o omissioni posti in essere con dolo), ma non di «reati comuni» (cioè che possano essere compiuti da qualsiasi cittadino), bensì di reati «*propri*» del Presidente della Repubblica (e cioè che possono essere compiuti solo da quest'ultimo). Pertanto si ritengono non applicabili al Presidente della Repubblica le norme previste dal codice penale che disciplinano il reato di attentato alla costituzione dello Stato o del codice penale militare di pace laddove disciplina il reato di alto tradimento, giacché tali disposizioni concernono reati che possono essere commessi da qualsiasi cittadino o militare. Una tipizzazione rigorosa di tali fattispecie si rivela dunque molto ardua e un «grado di elasticità» nella individuazione degli stessi non può escludersi. Pertanto le garanzie necessarie vanno individuate soprattutto nelle norme che disciplinano il relativo procedimento, che è regolato (oltre che dall'art. 90, comma 2, Cost.) dalla legge cost. n. 1 del 1989 (art. 3), dalla legge n. 219 del 1989 (artt. 5-12) e dal Regolamento parlamentare per i procedimenti di accusa.

Il ***procedimento*** si articola in due fasi: la prima si svolge davanti al Parlamento in seduta comune, mentre la seconda (che si ha solo quando la prima si conclude con la deliberazione, a maggioranza assoluta dei membri, della messa in stato di accusa del Presidente da parte del Parlamento in seduta comune) si svolge davanti alla Corte costituzionale in composizione integrata.

La prima fase si avvia ogni qualvolta il presidente di una Camera riceva una denuncia o una *notitia criminis* (proveniente da chiunque) concernente un reato presidenziale. In questo caso il presidente della Camera (o del Senato) pone tale notizia all'attenzione del competente «*Comitato bicamerale*» (formato dai componenti delle Giunte per le autorizzazioni a procedere del Senato e della Camera), il quale svolge, nelle forme previste dal codice di procedura penale e con gli stessi poteri del pubblico ministero, le indagini necessarie che devono concludersi entro cinque mesi (questo termine è prorogabile una sola volta e per non più di tre mesi).

Al termine di tale attività il Comitato:

– qualora ritenga la *notitia criminis* manifestamente infondata, dispone l'archiviazione del procedimento con un'ordinanza che viene comunicata a tutti i componenti delle Camere. Entro dieci giorni da tale comunicazione, un quarto dei membri del Parlamento può chiedere che il Comitato presenti comunque (entro un mese) una relazione al Parlamento in seduta comune; inoltre, su richiesta di almeno quaranta parlamentari, il Comitato può essere incaricato di un supplemento di indagini da svolgersi per un periodo non superiore a tre mesi;

– qualora ritenga che la *notitia criminis* concerna un reato diverso da un reato presidenziale, dichiara con ordinanza la propria incompetenza e trasmette tutti gli atti all'autorità giudiziaria penale affinché proceda secondo le norme ordinarie. Anche in questo caso l'ordinanza è trasmessa a tutti i parlamentari ed è possibile richiedere al Comitato un supplemento di indagini (da parte di almeno quaranta parlamentari) oppure (da parte di un quarto dei parlamentari) la presentazione di una relazione al Parlamento in seduta comune;

– in ogni altro caso diverso dalle ipotesi esaminate in precedenza, il Comitato deve presentare al Parlamento in seduta comune una «Relazione sulla messa in stato di accusa» contenente le conclusioni del Comitato che possono essere favorevoli o contrarie all'accusa. Qualora le conclusioni del Comitato siano contrarie alla messa in stato d'accusa e nessun parlamentare presenti ordini del giorno nel senso dell'accusa, il procedimento si conclude con il Parlamento in seduta comune che prende atto di tali conclusioni. Se invece il Comitato propone la messa in stato di accusa, questa deve essere messa in votazione e, come richiesto esplicitamente dall'art. 90 Cost., è necessario il voto favorevole della maggioranza assoluta dei componenti. Nel caso in cui quest'ultima ipotesi si realizzi, il Parlamento elegge uno o più commissari, che hanno il compito di sostenere l'accusa dinanzi alla Corte costituzionale. Nel caso di messa in stato di accusa, il Presidente della Repubblica può, con delibera della Corte costituzionale, essere sospeso dalla carica in via cautelativa (e sostituito dal presidente del Senato, v. *infra*, par. 7).

Se il Parlamento in seduta comune vota la messa in stato di accusa del Presidente della Repubblica, ***è alla Corte costituzionale che spetta la competenza a giudicare sulla colpevolezza del Capo dello Stato***. Nell'esercizio di questa competenza la Corte costituzionale, normalmente composta da 15 giudici, viene integrata con ulteriori sedici giudici estratti a sorte da un elenco di 45 cittadini (aventi i requisiti per l'elezione a senatore) compilato dal Parlamento in seduta comune, ogni nove anni, mediante un'elezione che segue le stesse modalità stabilite per l'elezione dei singoli giudici costituzionali. La funzione svolta dalla Corte costituzionale ha natura giurisdizionale e si distingue dall'attività svolta dal Parlamento in seduta comune che inevitabilmente si caratterizza per un'intrinseca politicità. Il giudizio davanti alla Corte costituzionale si articola in una fase istruttoria e nel dibattimento al termine del quale la Corte adotta una sentenza definitiva, inappellabile. In caso di colpevolezza del Presidente, questi è condannato, oltre che alla rimozione definitiva dalla carica, a pene detentive che possono raggiungere la misura massima della pena prevista dalla legislazione vigente (oltre che alle conseguenti sanzioni civili e amministrative).

7. La supplenza delle funzioni presidenziali

Le funzioni del Presidente della Repubblica, nel caso in cui questi non possa adempierle, sono esercitate dal presidente del Senato. L'impedimento del Capo dello Stato può essere temporaneo (malattia, fatto di forza maggiore, viaggi all'estero ecc.) o permanente (morte, dimissioni, decadenza o destituzione).

Aperta è la questione relativa ai poteri del supplente: all'affermazione secondo cui i poteri del supplente dovrebbero sempre avere una «potenzialità» minore rispetto a quella del titolare, può replicarsi che ben possono ipotizzarsi casi in cui il supplente è destinato a esercitare importanti poteri presidenziali (si pensi ad esempio alla nomina del presidente del consiglio). Può comunque ritenersi preclusa al supplente l'adozione di alcuni atti strettamente presidenziali (nomina dei giudici costituzionali, messaggi alle camere ecc.) a meno che non si ponga una necessità costituzionale di adozione di uno specifico atto.

Bisogna infine evidenziare che, in assenza di una puntuale disciplina (costituzionale o legislativa), la prassi ha fatto registrare diversi modelli di comportamento a conferma anche della difficoltà di disciplinare dettagliatamente *ex ante* le relative vicende costituzionali.

Nota bibliografica

AA.VV., *Il «caso Cossiga». Capo dello Stato che esterna o privato cittadino che offende?*, a cura di R. Bin, G. Brunelli, A. Pugiotto e P. Veronesi, Torino, 2003; P. ARMAROLI, *L'elezione del Presidente della Repubblica in Italia*, Padova, 1977; A. BALDASSARRE-C. MEZZANOTTE, *Gli uomini del Quirinale*, Roma-Bari, 1985; P. BARILE, *I poteri del Presidente della Repubblica*, in *Riv. trim. dir. pubbl.*, 1958; ID., *Magistratura e Capo dello Stato, in Studi in memoria di C. Esposito*, vol. I, Padova, 1972; P. BISCARETTI DI RUFFÌA, *Le attribuzioni del Presidente della Repubblica*, in *Riv. trim. dir. pubbl.*, 1963; A. BURATTI, *"Preferirei di no" – Rinvii, dinieghi e osservazioni presidenziali nelle carte dell'archivio storico del Quirinale*, in *Dir. Soc.*, 2014, n. 2, 187 ss.; P. CALAMANDREI, *Viva vox constitutionis*, in *Il Ponte*, 1955, 87 ss.; L. CARLASSARE-E. CHELI, *Il Presidente della Repubblica*, in *Comm. Cost.*, a cura di G. Branca, Bologna, 1983; V. CRISAFULLI, *Aspetti problematici del sistema parlamentare vigente in Italia*, in *Studi in onore di E. Crosa*, Milano, 1960, 595 ss.; L. EINAUDI, *Lo scrittoio del Presidente*, Torino, 1956; L. ELIA, *Osservazioni sui poteri del Presidente della Repubblica e sul loro esercizio*, in *Giur. cost.*, 1960, 442 ss.; Id., *Governo (forme di)*, in *Enc. dir.*, vol. XIX, Milano, 1970, 661 ss.; Id., *I ruoli del Presidente della Repubblica*, in *Giustizia e Costituzione*, 1972; C. Esposito, *Capo dello Stato*, in *Enc. dir.*, vol. VI, Milano, 1960; Id., *Controfirma ministeriale*, in *Enc. dir.*, vol. X, Milano, 1962, 285 ss.; G. Filippetta, *Le esternazioni del capo dello Stato tra controfirma ministeriale e «sindacato» parlamentare*, in *Giur. cost.*, 1992, 3218 ss.; M. Fiorillo, *Il Capo dello Stato*, Roma-Bari, 2002; S. Galeotti, *Il Presidente della Repubblica garante della Costituzione*, Milano, 1992; S. Galeotti-B. Pezzini, *Presidente della Repubblica nella Costituzione italiana*, in *Dig. disc. pubbl.*, vol. XI, Torino, 1996; M. Galizia, *Studi sui rapporti fra Parlamento e Governo*, Milano, 1972; F. Giupponi, *L'immunità presidenziale e gli atti «extrafunzionali»*, in *Quad. cost.*, 2002, 269 ss.; M.C. Grisolia, *Potere di messaggio e esternazioni presidenziali*, Milano, 1986; Id., *Il rinvio presidenziale delle leggi*, in *Quad cost.*, 1992, 215 ss.; S. Labriola, *Il Presidente della Repubblica*, Padova, 1986; V. Lippolis-G.M. Salerno, *La repubblica del Presidente*, Bologna, 2013; A. Lucarelli, *Teorie del presidenzialismo*, Padova, 2000; M. Luciani-M. Volpi (a cura di), *Il Presidente della Repubblica*, Bologna, 1997; S. Mangiameli, *La forma di governo parlamentare*, Torino, 1998; M. Midiri, *La controfirma ministeriale*, Padova, 1988; G. Motzo, *Messaggio*, in *Enc. dir.*, vol. XXVI, Milano, 1976, 148 ss.; N. Occhiocupo, *Il Segretariato generale della Presidenza della Repubblica*, Milano, 1973; V. Onida, *L'ultimo Cossiga: recenti novità nella prassi della presidenza della Repubblica*, in *Quad. cost.*, 1992, 165 ss.; A. Pace, *Esternazioni presidenziali e forma di governo. Considerazioni critiche*, in *Quad. cost.*, 1992, 191 ss.; L. Paladin, *Presidente della Repubblica*, in *Enc. dir.*, vol. XXXV, Milano, 1986, 222 ss.; G. Pitruzzella, *L'ambiguo ruolo del Presidente della Repubblica*, in *Dir. pubbl.*, 1997, 723 ss.; G.U. Rescigno-G. De Vergottini-S. Cassese, *Il Presidente della Repubblica*, in *Comm. Cost.*, a cura di G. Branca, Bologna-Roma, 1978; C. Rossano, *Presidente della Repubblica*, in *Enc. giur. Treccani*, vol. XXIV, Roma, 2002; G.M. Salerno, *Artt. 83-89 Cost.*, in *Comm. breve Cost.*, a cura di V. Crisafulli, L. Paladin, Padova, 1990; G. Scaccia, *Il Presidente della Repubblica fra evoluzione e trasformazione*, Modena, 2015; G. Silvestri (a cura di), *La figura e il ruolo del Presidente della Repubblica nel sistema costituzionale italiano*, Milano, 1985; P. Stancati, *I regolamenti della Presidenza della Repubblica*, Milano, 1990; A. Valentini, *Gli atti del Presidente della Repubblica*, Milano, 1965; P. Veronesi, *Responsabilità penale costituzionale del Presidente della Repubblica (giudizio sulla)*, in *Dig. pubbl.*, XIII, Torino, 1997, 273 ss.; G. Zagrebelsky, *Amnistia, indulto, grazia*, Milano, 1974; Id., *Il potere di esternazione del Presidente della Repubblica*, in *Corr. giur.*, 1991, 709 ss.

Capitolo Ottavo

IL GOVERNO

1. La forma di governo italiana. – 2. Il procedimento di formazione del governo. – 3. La composizione del governo. – 4. Le funzioni del governo. – *Nota bibliografica*.

1. La forma di governo italiana

La forma di governo delineata in Costituzione risponde, per esplicita volontà dei costituenti, alla *forma di governo parlamentare*, basata sul rapporto di fiducia intercorrente fra Parlamento e governo. In Assemblea costituente emerse la necessità di individuazione di strumenti di «razionalizzazione» di tale forma di governo, caratterizzata da una tendenziale instabilità (soprattutto in un sistema pluripartitico in cui sia difficile per un solo partito guadagnare la maggioranza parlamentare), ma le proposte volte ad introdurre concreti meccanismi stabilizzanti non ebbero successo. Le poche disposizioni contenute in Costituzione si rivelano dunque sostanzialmente «deboli»: da un lato la «procedimentalizzazione» della mozione di sfiducia (che deve essere sottoscritta da almeno un decimo dei membri della Camera e che non può essere messa in discussione prima di tre giorni dalla sua presentazione) e, dall'altro lato, la previsione che il voto contrario di una o di entrambe le Camere ad una proposta del governo non importa per quest'ultimo obbligo di dimissioni. In Assemblea costituente prevalse dunque un orientamento volto a lasciare una «*fluidità istituzionale*» (Amato-Bruno) nella quale sarebbe toccato ai partiti politici individuare le soluzioni concrete. Ed infatti è l'assetto politico-partitico a vivificare il modellino della forma di governo (Elia) e, secondo questo insegnamento, quella italiana è stata (almeno fino al 1996) una forma di governo parlamentare a multipartitismo estremo, caratterizzata da governi di coalizione, di breve durata.

A partire dalla XIII legislatura (1996-2001), in ragione del mutamento del sistema politico e della legge elettorale (con il passaggio da un sistema elettorale proporzionale ad un sistema maggioritario con «correzione» proporzionale), pur rimanendo invariata la forma di governo parlamentare, si assiste ad un mutamento del sistema politico-partitico il quale, pur continuando ad essere caratterizzato da una pluralità di partiti politici, tende, almeno nel momento elettorale, verso una «semplificazione» (sia pure «forzata» dalla legge elettorale). Questa semplificazione (c.d. bipolarismo) che spinge le varie forze politiche ad aggregarsi nel momento elettorale, non giunge però a far superare la frammentazione comunque presente nei due schieramenti contrapposti (centro-destra e centro-sinistra). Ed infatti la XII legislatura (1994-1996), in cui trovò prima applicazione la nuova legge elettorale, ha avuto breve durata in ragione della instabilità dell'assetto partitico (ed anche la XIII legislatura ha registrato ben quattro governi). Bisogna inoltre evidenziare che fino alla XVI legislatura il raggruppamento di centro-destra, in ragione di una forte *leadership* unanimemente riconosciuta dai partiti appartenenti a tale coalizione, è sempre riuscito a trovare una maggiore unità rispetto alla coalizione di centro-sinistra. Nella XVI legislatura (2008-2013) anche il centro-destra ha accusato diverse frammentazioni che hanno determinato il venir meno dell'ampia maggioranza prodotta dal successo elettorale del 2008 e che hanno infine portato alla nascita del «governo tecnico» guidato da Mario Monti (2011-2013) retto da un accordo fra centrodestra e centrosinistra.

La XVII legislatura (2013-2018) si è aperta con la novità rappresentata dall'affermazione di una nuova formazione politica (Movimento 5 Stelle, attestatasi intorno al 26%, mentre il centrodestra si è fermato al 29,1% ed il centro-sinistra al 29,5% dei voti espressi) che dichiaratamente si poneva come "antisistema" e comunque in netta antitesi nei confronti sia del centrodestra che del centrosinistra. La disciplina posta dalla legge n. 270 del 2005, se ha consentito (in virtù del conferimento di un elevato premio di maggioranza) l'assegnazione al centro-sinistra della maggioranza dei seggi alla Camera, in Senato non ha consentito identico risultato sì da rendere necessario un accordo di coalizione. La frammentazione politico-partitica (accentuata dalle tensioni interne a ciascuna coalizione, ma anche ai singoli partiti) si è riverberata sia nella fase di elezione del Presidente la Repubblica (ove l'incapacità delle forze politiche di addivenire all'individuazione di un candidato capace di raccogliere consensi in più schieramenti ha fatto sì che si riuscisse a raggiungere un ampio accordo fra centro-destra e centro-sinistra solo sul nominativo di Giorgio Napolitano e solo dopo diversi scrutini), sia nella fase di formazione del nuovo governo. E così nell'aprile 2014 (a due mesi dalla consultazione elettorale) si è giunti alla formazione di un nuovo esecutivo (fondato sull'accordo fra centro-destra e centro-sinistra) presieduto da Enrico Letta (esponente del partito democratico) con ministri anche del centrodestra. Le dimensioni di questa *Grosse Koalition* si sono ridotte, nell'autunno del 2013, in ragione della decisione adottata dal partito di Forza Italia di uscire dall'esecutivo in conseguenza delle polemiche sorte in occasione del voto di decadenza di Silvio Berlusconi da senatore successivamente alla condanna definitiva dello stesso per frode fiscale. Questa decisione dei vertici di Forza Italia ha portato alla scissione del partito da cui si è staccato il Nuovo Centro Democratico che ha preso parte alla coalizione che è stata alla base anche degli altri governi della XVII legislatura (governo Renzi e governo Gentiloni).

Le elezioni del 4 marzo 2018 (che hanno dato vita alla XVIII legislatura), svoltesi con una nuova legge elettorale (la legge n. 165 del 2017, su cui v. *supra* cap. VI), hanno visto primeggiare la coalizione di centro-destra (con circa il 36% dei voti, di cui il 18% alla Lega, il 15% a Forza Italia ed il 3% a Fratelli d'Italia), mentre il Movimento 5 Stelle si qualifica primo partito (con circa il 33% dei voti) e con una sonora sconfitta della coalizione di centro-sinistra (che supera di poco il 22%, con il PD intorno al 18%). Questo esito ha imposto la nascita di un governo di coalizione che si è concretizzato nel "contratto di governo" sottoscritto dai *leaders* del Movimento 5 Stelle e della Lega e nella nascita del primo governo Conte (a quasi tre mesi dalle elezioni). Nell'estate 2019, per volontà del *leader* della Lega, si apre una crisi di governo che si chiude con la formazione di un nuovo governo Conte sostenuto da una coalizione M5S, PD (da cui si staccherà poche settimane dopo una nuova forza politica "Italia Viva") e Leu.

Tutti gli ultimi decenni (a partire dagli anni ottanta del secolo scorso) sono stati attraversati dal «*dibattito sulle riforme istituzionali*», dibattito indirizzato in particolare ad individuare strumenti volti ad assicurare la stabilità governativa (c.d. governabilità) e (in maniera più o meno esplicita) a limitare il ruolo del Parlamento. Ed infatti a partire dagli anni ottanta si assiste ad un progressivo indebolimento di quella «centralità» del Parlamento che aveva caratterizzato gli anni settanta (testimoniano questa tendenza, fra l'altro, le riforme dei regolamenti parlamentari, la legge n. 400 del 1988 sul potere normativo del governo, il fenomeno della reiterazione dei decreti-legge). In seguito alla stagione dei referendum elettorali dei primi anni novanta si giunge all'approvazione di un nuovo *sistema elettorale* (sia per la Camera che per il Senato) di tipo misto in cui il 75% dei seggi veniva assegnato con il sistema maggioritario in collegi uninominali ed il restante 25% veniva assegnato con un sistema di tipo proporzionale. Questo sistema elettorale, da un lato, tendeva ad accrescere il peso dei partiti maggiori (giacché il sistema maggioritario tende a sovrarappresentare le maggioranze), ma dall'altro lato l'assegnazione proporzionale del restante 25% dei seggi (che avveniva detraendo – c.d. scorporo – i voti che erano serviti al partito vincente per l'assegnazione del collegio uninominale) finiva per assicurare ai partiti minori una (sia pur minoritaria) posizione di rendita. Il risultato finale era nel senso che, in sede di competizione elettorale, i partiti erano spinti ad aggregarsi nella competizione per i seggi assegnati con metodo maggioritario (che era di tipo relativo, nel senso che il seggio veniva assegnato al candidato che otteneva il maggior numero di voti indipendentemente dalla percentuale degli stessi), ma erano parimenti indotti, in sede di competizione per i seggi assegnati con metodo proporzionale, a mantenersi differenziati. Questo esito determinava il formarsi di coalizioni eterogenee che, pur vincendo le relative elezioni, non sempre riuscivano ad assicurare stabilità governativa. Al tempo stesso la presenza nell'esecutivo dei *leaders* dei partiti di maggioranza conduce verso un rovesciamento dei rapporti fra Parlamento e governo, giacché è quest'ultimo che sempre più detta l'agenda dei lavori parlamentari. E con la legge elettorale del 2005 (legge n. 270 del 2005, poi dichiarata incostituzionale dalla sent. n. 1 del 2014, ma utilizzata per tre legislature: 2006, 2008 e 2013), che in concreto operava secondo una logica spiccatamente maggioritaria, si accentua la posizione di prevalenza dell'esecutivo sul Parlamento.

Alle considerazioni relative ai meccanismi elettorali bisogna aggiungere quelle concernenti le *dinamiche interne ai partiti politici*. Negli anni ottanta i tradizionali partiti di massa hanno progressivamente smarrito la loro funzione tradizionale di «canali di comunicazione» fra la società civile e le istituzioni, avendo accentuato tendenze oligarchiche che il sistema maggioritario ha ulteriormente premiato. E la previsione (nella legge elettorale del 2005) di liste «bloccate» (in cui l'elettore non disponeva di alcun voto di preferenza) accresceva ulteriormente il peso delle segreterie nazionali dei partiti, sempre più caratterizzati dall'assenza di dibattiti interni. Ma anche la nuova legge elettorale (legge n. 165 del 2017) non prevede alcun meccanismo di preferenza (v. *supra*, cap. VI).

Emerge così chiaramente come il *problema della «stabilità governativa»* sia in realtà un falso problema giacché la stabilità (e dunque l'efficacia e l'efficienza) deve riguardare non solo il governo, ma l'intero sistema. A questo proposito è agevole ricordare che nei primi quattro decenni della vita repubblicana ad una instabilità governativa abbia sempre fatto da contrappeso una forte stabilità politica (con un identico partito – quello di maggioranza relativa – sempre al governo). La sfida attuale è dunque quella della individuazione di strumenti che assicurino pluralismo nelle istituzioni (*in primis*, in quella parlamentare, ma non solo) e che conducano ad un riequilibrio fra Parlamento e governo. Le tendenze alla personalizzazione della politica e alla riduzione della democrazia al solo momento elettorale operano purtroppo in direzione opposta.

Le considerazioni appena esposte hanno lo scopo di mostrare come l'attuale funzionamento della forma di governo italiana si caratterizzi in concreto per una (non formale, ma) sostanziale posizione di prevalenza dell'esecutivo rispetto al Parlamento (ed anche l'emergenza Covid, registrata nel 2020 ha confermato tale conclusione!). Al Parlamento rimane sempre «l'ultima carta» di sfiduciare il governo (con il rischio di determinare il suo stesso scioglimento), mentre è sempre più difficile per lo stesso influenzare concretamente le scelte dell'esecutivo che tende (per le ragioni sopra esposte) a fondare la giustificazione delle proprie decisioni sulla diretta legittimazione democratica ottenuta con la vittoria elettorale, ponendo così in secondo piano quanto previsto dalla disciplina costituzionale che invece fonda la legittimazione del governo sulla fiducia concessa dal Parlamento.

La **relazione fiduciaria (c.d. *rapporto di fiducia*)**, che deve intercorrere fra Parlamento e governo, si instaura con l'approvazione, da parte di ciascuna Camera, della *mozione di fiducia al governo* nominato dal Presidente della Repubblica (v. *infra*, par. 2). Il rapporto di fiducia può cessare in diversi modi: con l'approvazione, da parte anche di una sola Camera, di una mozione di sfiducia; con il voto contrario, anche di una sola Camera, ad un disegno di legge su cui il governo abbia posto una «questione di fiducia» (v. *infra*); con le dimissioni del governo.

Il **rapporto di fiducia** che lega le Camere al governo è necessario affinché quest'ultimo possa svolgere la propria attività di indirizzo politico. Il governo, entro 10 gg. dalla sua formazione (cioè dal giuramento nelle mani del Presidente della Repubblica), deve presentarsi alle Camere per ottenere la fiducia, la cui mozione deve essere motivata (giacché il Parlamento non può limitarsi a fornire al governo un generico sostegno, ma deve impegnarsi a realizzare il programma politico presentato dal governo) e votata per appello nominale (votazione a scrutinio palese) giacché ogni parlamentare è chiamato ad esprimere il proprio voto con una chiara assunzione di responsabilità politica.

La Costituzione disciplina anche la *mozione di sfiducia*, che è l'atto con cui anche una sola Camera può interrompere il rapporto di fiducia con il governo, obbligandolo alle dimissioni. La mozione di sfiducia deve essere motivata e sottoscritta da almeno un decimo dei componenti della Camera (o del Senato). Non può essere messa in discussione prima di tre giorni dalla sua presentazione: questo termine dilatorio, se può essere utile ad evitare che l'opposizione possa approfittare di momentanee assenze nelle fila della maggioranza per presentare e far subito votare una mozione di sfiducia, opera soprattutto nel senso di imporre alle forze politiche un momento di riflessione onde evitare di assumere decisioni improvvisate e non adeguatamente ponderate. La Costituzione richiede che la relativa votazione avvenga per appello nominale in conseguenza dell'affermazione del principio della diretta assunzione di responsabilità, da parte di ciascun parlamentare, del voto dato (nel sostenere o meno un governo) nei confronti sia dell'elettorato, sia del partito politico di appartenenza che dell'intera opinione pubblica (Galizia).

La Costituzione prevede che il conferimento della fiducia e l'approvazione della mozione di sfiducia siano indirizzati al governo nel suo complesso. Si era discusso in dottrina circa l'ammissibilità di una ***sfiducia individuale al singolo ministro*** volta a far valere una responsabilità politica solo di quest'ultimo senza intaccare la fiducia parlamentare all'intero governo. Negli anni ottanta il regolamento della Camera dei deputati (art. 115) ha espressamente previsto la possibilità di presentazione di una mozione di sfiducia individuale nei confronti di un singolo ministro (caratterizzata dagli stessi elementi costituzionalmente previsti per la sfiducia all'intero governo: mozione motivata; sottoscrizione di almeno un decimo dei componenti della Camera; discussione non prima di tre giorni dalla presentazione; votazione per appello nominale). Ma anche successivamente a tali modifiche del regolamento parlamentare la dottrina si era continuata ad interrogare sulla conformità a Costituzione di tale strumento e sulla concreta utilizzabilità dello stesso. Infine la Corte costituzionale (sent. n. 7 del 1996) ha dichiarato che spetta a ciascuna Camera approvare una mozione di sfiducia anche nei confronti di un singolo ministro, giacché l'art. 95, comma 2, Cost. si riferisce alla responsabilità non solo collegiale, ma anche individuale dei ministri per gli atti dei loro dicasteri. Conseguenzialmente, in caso di approvazione da parte anche di una sola Camera di una mozione di sfiducia nei confronti di un singolo ministro, questi ha il dovere di dimettersi.

La pronuncia della Corte è stata emanata, in sede di conflitto di attribuzioni fra poteri dello Stato, in seguito alla proposizione di due ricorsi, depositati entrambi (nell'ottobre 1995) da Filippo Mancuso, nella qualità di ministro di grazia e giustizia *pro tempore*: a) nei confronti del Senato, in relazione alla mozione con la quale il Senato «*esprimeva sfiducia*» nei confronti del ministro Mancuso, «*ai sensi dell'art. 95 Cost., quale responsabile individuale degli atti del proprio dicastero*»; b) nei confronti del Senato, del presidente del Consiglio dei ministri e del Presidente della Repubblica per l'annullamento dei seguenti atti «*in quanto invasivi della sfera di attribuzioni conferita al ministro di grazia e giustizia sia dall'art. 95, che … dagli art. 107 e 110 Cost.*» della mozione messa a votazione nella seduta del 19 ottobre 1995, della proposta del presidente del consiglio dei ministri per il conferimento, a se medesimo, dell'incarico di ministro di grazia e giustizia ad interim e del decreto del Presidente della Repubblica, con il quale è stato conferito l'incarico di ministro di grazia e giustizia ad interim al presidente del Consiglio dei ministri.

Il conflitto ruotava intorno al problema dell'ammissibilità nel nostro ordinamento costituzionale dell'istituto della mozione di sfiducia nei confronti di un singolo ministro quale conseguenza della responsabilità politica dello stesso.

Il ministro Mancuso sosteneva l'inammissibilità della personalizzazione dell'istituto della mozione parlamentare di sfiducia e l'inesistenza di una responsabilità politica (e di qualsiasi ulteriore responsabilità) del ministro da sfiduciare giacché «*il rapporto fiduciario Camere-governo nel suo complesso non sarebbe suscettibile di essere parzializzato, e parzialmente revocato*», a scapito della unitarietà e della collegialità delle funzioni del governo.

La Corte costituzionale evidenzia che «*La logica del governo parlamentare, proprio perché volta a privilegiare l'unità di indirizzo, fa sì che l'individualità dei singoli ministri resti di norma assorbita nella collegialità dell'organo di cui essi fanno parte. Pertanto, il contrasto che eventualmente insorga fra un potere dello Stato ed il singolo ministro si profila come conflitto che interessa e coinvolge l'intero governo*». Però la questione si presenta in maniera diversa «*quando la posizione del singolo ministro sia messa in discussione da una mozione di sfiducia individuale che, investendone l'operato, lo distingua e lo isoli dalla responsabilità correlata all'azione politica del governo nella sua collegialità, dando luogo non solo ad una sua specifica legittimazione sul piano del conflitto con le camere, ma comportando anche peculiari implicazioni … sul piano della responsabilità individuale*».

Secondo la Corte «*il fatto che l'istituto della sfiducia individuale non sia stato tradotto in una espressa previsione non porta a farlo ritenere fuori dal quadro costituzionale. Non avendo l'Assemblea costituente preso esplicita posizione sul tema, è da ritenere che essa non abbia inteso pregiudicare le modalità attuative che la forma di governo, così come definita, avrebbe consentito. Nella interpretazione della Costituzione, occorre privilegiare l'argomento logico-sistematico: si tratta, allora, di accertare se la sfiducia individuale, benché non contemplata espressamente, possa, tuttavia, reputarsi elemento intrinseco al disegno tracciato negli artt. 92, 94 e 95 Cost., suscettibile di essere esplicitato in relazione alle esigenze poste dallo sviluppo storico del governo parlamentare*». E l'art. 95, comma 2, Cost., prevedendo sia la responsabilità collegiale che la responsabilità individuale «*conferisce sostanza alla responsabilità politica dei ministri, nella duplice veste di componenti della compagine governativa da un canto e di vertici dei rispettivi dicasteri dall'altro*». La Corte precisa che «*L'attività collegiale del governo e l'attività individuale del singolo ministro – svolgendosi in armonica correlazione – si raccordano all'unitario obiettivo della realizzazione dell'indirizzo politico a determinare il quale concorrono Parlamento e governo. Al venir meno di tale raccordo, l'ordinamento prevede strumenti di risoluzione politica del conflitto a disposizione tanto dell'esecutivo, attraverso le dimissioni dell'intero governo ovvero del singolo ministro; quanto del Parlamento, attraverso la sfiducia, atta ad investire, a seconda dei casi, il governo nella sua collegialità ovvero il singolo ministro, per la responsabilità politica che deriva dall'esercizio dei poteri spettantegli*». La Corte costituzionale esclude l'esistenza di un rapporto di simmetria fra mozione di fiducia e mozione di sfiducia, giacché «*la fiducia è la necessaria valutazione globale sulla composizione e sul programma politico del governo al momento della sua presentazione alle camere (art. 94), mentre la sfiducia è giudizio eventuale e successivo su comportamenti e, quindi, è valutazione non necessariamente rivolta al governo nella sua collegialità, bensì suscettibile di essere indirizzata anche al singolo ministro*».

La Corte costituzionale sottolinea inoltre la funzione svolta dalle fonti «*integrative del testo costituzionale*», regolamenti parlamentari e prassi applicative, che «*rappresentano l'inveramento storico di principî contenuti nello schema definito degli artt. 92, 94 e 95 Cost.*». E così la Corte richiama la modifica apportata, nel 1986, al regolamento della Camera (art. 115), con la quale si è disposto che «*alle mozioni con le quali si richiedono le dimissioni di un ministro*», si applica la stessa disciplina della mozione di sfiducia al governo (al fine appunto di assicurare alla sfiducia individuale le stesse garanzie procedimentali previste dalla Costituzione in via generale per la mozione di sfiducia). Al Senato, pur non rinvenendosi analoga disposizione nel relativo regolamento, dagli atti parlamentari è possibile dedurre l'esistenza nella prassi del ricorso al medesimo istituto («*con il supporto di conformi pareri della giunta per il regolamento*»).

A quest'ultimo proposito è opportuno ricordare che il 26 luglio 1995 (in seguito alla presentazione della mozione di sfiducia individuale nei confronti del ministro Mancuso), la giunta per il regolamento del Senato era stata chiamata a fornire un parere sui seguenti quesiti: a) se siano ammissibili mozioni di sfiducia individuali; b) quali siano gli effetti conseguenti alla eventuale approvazione di una mozione di tal genere. E la giunta si era espressa positivamente sulla prima questione, richiamando il proprio precedente del 24 ottobre 1984 nonché la disciplina contenuta nell'art. 115 del regolamento della Camera (che prevede espressamente la sfiducia individuale), ritenendo «*inopportuno che in materia di tanta delicatezza (che ha rilevanti riflessi politici e dunque non si risolve soltanto in una disciplina procedurale) vi fosse una disparità di trattamento tra le due camere*». Sul secondo quesito, la giunta ha affermato che l'eventuale approvazione di una mozione di sfiducia individuale debba comportare l'obbligo di dimissioni per il singolo ministro sfiduciato e non per l'intera compagine governativa. Nel caso in cui il ministro non intenda dimettersi volontariamente, essa si è espressa a favore della possibile revoca dello stesso da parte del Presidente della Repubblica, sottolineando che «*il rifiuto di un ministro di sottostare alla volontà espressa dal Parlamento comporterebbe un tale strappo della legalità e un tale attentato al corretto ed equilibrato assetto dei poteri, da rendere indispensabile l'adozione di misure dirette a ripristinare la legalità con estrema fermezza ed anche con la necessaria rapidità».*

La *questione di fiducia* costituisce lo strumento con cui l'esecutivo verifica la persistenza della fiducia di una camera nei confronti dell'esecutivo stesso. In occasione dell'approvazione di un disegno di legge (ma anche su ordini del giorno, mozioni e risoluzioni), se il Presidente del Consiglio pone la questione di fiducia, l'eventuale voto contrario della camera comporta le dimissioni del governo. La questione di fiducia è dunque lo strumento con cui il governo pone all'attenzione delle camere l'importanza del provvedimento sottoposto all'approvazione delle stesse ai fini dell'attuazione del proprio programma, per cui, in caso di voto sfavorevole, il governo deduce il venir meno del rapporto fiduciario (rapporto fiduciario che si era instaurato con l'approvazione della mozione di fiducia concernente proprio quel programma di cui il provvedimento in questione costituisce – secondo il governo – momento saliente di attuazione). La questione di fiducia costituisce di fatto uno strumento di pressione dell'esecutivo nei confronti della propria maggioranza parlamentare la quale si viene a trovare di fronte all'alternativa o di approvare il provvedimento come proposto dal governo o di sfiduciare lo stesso, venendo così privato del potere di modificare o emendare il provvedimento senza dover per questo giungere a sfiduciare il governo.

La questione di fiducia viene posta dal governo anche per ragioni di celerità quando vi sia la necessità di approvare in breve tempo un determinato disegno di legge (ad esempio conversione di un decreto-legge nell'imminenza dello scadere dei sessanta giorni) o per superare l'ostruzionismo parlamentare, ad esempio quando l'opposizione presenti, nel corso di approvazione di una legge, un alto numero di emendamenti. I regolamenti parlamentari dispongono infatti che la presentazione della questione di fiducia determina che si voti direttamente il testo proposto dal governo senza dover prima votare tutti gli emendamenti.

La questione di fiducia non è prevista in Costituzione e risale alla prassi dell'epoca statutaria. In dottrina erano emerse opinioni dubitative della legittimità costituzionale di tale istituto, ma è prevalsa la tesi che, muovendo dalla considerazione per cui il rapporto fiduciario fra camere e governo si muove su un piano paritario, non può escludersi che la relativa iniziativa possa provenire sia dall'uno che dall'altro soggetto (Galizia). Il regolamento della Camera dei deputati del 1971 ha espressamente previsto e disciplinato la questione di fiducia, riprendendo le regole procedurali dettate dalla Costituzione per la mozione di sfiducia.

In caso di approvazione, anche da parte di una sola Camera, di una mozione di sfiducia o di voto negativo su una questione di fiducia, il governo ha l'obbligo di dimettersi. Il governo invece non deve dimettersi nel caso di un voto contrario di una camera su un singolo progetto (o proposta) del governo, giacché l'opinione contraria delle Camere su una singola questione non significa affatto l'interruzione del rapporto fiduciario (che si regge sull'approvazione dell'intero programma del governo). Una «bocciatura» in Parlamento del governo non equivale dunque a presunzione della perdita della fiducia. Con questa previsione, il costituente ha sancito da un lato l'indipendenza delle camere nei confronti dell'esecutivo e, dall'altro lato, ha previsto e garantito una dialettica Parlamento-governo volta a consentire la possibilità per il Parlamento di intervenire (anche per migliorarli) sui progetti governativi.

Naturalmente resta nella discrezionalità politica del governo la libertà di dimissioni spontanee che questi può presentare ogni qualvolta ritenga che la difformità di vedute fra Camere ed esecutivo non sia contingente, ma riguardi l'indirizzo politico da perseguire o addirittura qualora il governo ritenga non più sussistente o non gradita la maggioranza che lo ha fino ad allora sostenuto.

Con le dimissioni dell'esecutivo si apre la ***crisi di governo*** conseguente alla rottura del rapporto di fiducia tra il governo e la maggioranza parlamentare. Si distingue tra *crisi parlamentare* e *crisi extraparlamentare*. La prima è determinata da un esplicito voto anche di una sola Camera (mozione di sfiducia o voto contrario su una questione di fiducia). In questo caso il governo è obbligato a presentare le proprie dimissioni al Capo dello Stato. La crisi è extraparlamentare quando l'esecutivo presenta le dimissioni in assenza di un voto parlamentare, ma in ragione di una crisi politica interna alla maggioranza. In alcune occasioni il Presidente della Repubblica ha tentato la c.d. *parlamentarizzazione* della crisi, invitando il governo dimissionario a presentarsi in una Camera per esporre i motivi della crisi allo scopo di aprire un dibattito parlamentare. Le forze politiche in genere preferiscono però non «parlamentarizzare» la crisi allo scopo di evitare «cristallizzazioni» delle diverse posizioni politiche o anche esplicite «bocciature» dell'esecutivo in carica, anche perché un voto contrario del Parlamento potrebbe precludere eventuali sviluppi futuri. Non a caso nell'esperienza repubblicana le crisi di governo sono state tutte extraparlamentari con l'eccezione della caduta dei due governi Prodi (1998 e 2008) entrambi caduti su una questione di fiducia (bisogna però aggiungere che mentre nel primo caso la sconfitta non era del tutto preventivata, nel 2008 il risultato era scontato tant'è che alcuni osservatori hanno sostenuto che la volontà di Prodi fosse proprio quella di incidere, con tale voto parlamentare, anche sugli esiti successivi alla crisi).

La *dinamica dei rapporti fra Parlamento ed esecutivo*, che può dar vita ad un ampio ventaglio di ipotesi ampiamente diversificate, ricomprende sia le relazioni intercorrenti fra il governo e la maggioranza che lo sostiene, sia la dialettica fra maggioranza e opposizione. Quest'ultima svolge infatti nei regimi democratici un ruolo essenziale non solo perché prospetta un indirizzo politico alternativo a quello della maggioranza, ma perché ha la possibilità di incidere sulla decisione finale. La forma di governo delineata in Costituzione è modellata «sulla centralità della intermediazione partitica nella formazione dell'indirizzo politico» (Ridola) e la stabilità dell'esecutivo è rimessa all'esistenza di una altrettanto stabile maggioranza parlamentare. Al rischio della tendenziale instabilità della forma di governo parlamentare i costituenti risposero con l'approvazione dell'ordine del giorno Perassi, che prevedeva l'introduzione di «dispositivi costituzionali idonei a tutelare le esigenze di stabilità dell'azione di governo e a evitare le degenerazioni del parlamentarismo» (e delle regole costituzionali volte alla razionalizzazione del parlamentarismo, va sottolineata la previsione del principio maggioritario per l'instaurazione del rapporto fiduciario, ai sensi dell'art. 94 Cost.).

All'interno dell'arco temporale ricompreso fra la concessione della fiducia e le dimissioni del governo (previa o meno approvazione di una mozione di sfiducia o di una questione di fiducia), il rapporto tra governo e Parlamento si sviluppa attraverso una molteplicità di atti. A livello legislativo, oltre al potere di iniziativa legislativa, va ricordata la dialettica che si instaura fra Parlamento e governo in occasione dell'esercizio della delega legislativa e della decretazione d'urgenza. Con riguardo alla decretazione d'urgenza, va segnalato soprattutto l'utilizzo qualitativamente significativo di tale strumento, in ragione dell'adozione ricorrente di decreti legge di notevoli dimensioni, disciplinanti ampi settori estremamente significativi dell'azione statale e con decisivi riflessi sul bilancio statale. In tali casi l'esecutivo comprime i tempi di elaborazione delle relative decisioni (e dunque anche del dibattito parlamentare), utilizzando il decreto-legge come un'iniziativa legislativa rafforzata che pone a carico del Parlamento ristretti vincoli temporali. Ed il fenomeno di «sofferenza» del Parlamento si accresce di fronte all'ulteriore prassi governativa di presentare, nel corso del procedimento di conversione, un «maxi-emendamento» (che spesso riscrive gran parte del decreto-legge) sul quale il governo pone anche la questione di fiducia spazzando così via il lavoro parlamentare nel frattempo svolto sul testo originario ed impedendo al Parlamento di esaminare e discutere i singoli aspetti del nuovo testo che invece la maggioranza è chiamata ad approvare nella sua interezza. Questa prassi è stata criticata anche dal Presidente della Repubblica che, con note indirizzate al presidente del consiglio e ai presidenti delle camere (ad es. nel febbraio 2011), ha evidenziato che in tal modo «*si realizza una pesante compressione del ruolo del Parlamento*» sicché «*si impone un richiamo al senso di responsabilità del governo e del Parlamento, e in particolare dei gruppi di maggioranza, affinché non si alterino gli equilibri costituzionali*» al fine «*di realizzare un migliore equilibrio tra i poteri spettanti al governo, alle camere e al presidente della Repubblica nell'ambito del procedimento legislativo*».

Se nel primo decennio di vita repubblicana gli equilibri interni del partito di maggioranza relativa avevano assicurato una stabilità governativa, nei decenni successivi si assiste all'affermazione di governi di coalizione di breve durata ed il Parlamento accresce il proprio ruolo di «luogo» di elaborazione e di assunzione delle decisioni politiche anche di governo (c.d. «centralismo parlamentare») (Manzella). Negli anni ottanta, il richiamo alla «stabilità» diventa il fondamento della richiesta di «riforme istituzionali», ma anche di giustificazione di prassi governative notevolmente difformi da quelle seguite nei decenni precedenti (ad es. abuso del decreto-legge) e di introduzione di modifiche ai regolamenti parlamentari volte a rafforzare i poteri della maggioranza e a ridurre gli strumenti a disposizione delle minoranze. La riforma elettorale del 1994 (conseguenza del referendum del 1993), unitamente alla deflagrazione del preesistente assetto politico-partitico, accresce la prevalenza dell'esecutivo nei rapporti con il Parlamento. Secondo alcuni, il passaggio al sistema maggioritario avrebbe comportato un «cambiamento di un principio di regime» (Lippolis), ma (aldilà della difficoltà di individuazione della decisione costituzionale che avrebbe determinato tale «cambiamento») deve replicarsi che nel nostro ordinamento costituzionale si trovano espressi principi e valori – quali quelli del pluralismo, della sovranità popolare, dell'equilibrio dei poteri e, più in generale, della limitazione e del controllo del potere politico – che non possono ritenersi tramontati con il passaggio al sistema elettorale maggioritario e che non possono sacrificarsi nella ricerca di una «efficienza» che finisce per tradursi in un «premierato assoluto» (Elia), caratterizzato da un accentramento del potere (legislativo ed esecutivo) nel presidente del consiglio che fonderebbe tutti i suoi poteri sulla diretta legittimazione popolare.

Criticabile è anche la tesi secondo cui il modello maggioritario porterebbe ad «esaltare il valore della pronuncia del corpo elettorale ed a svalutare l'intermediazione parlamentare» (Lippolis), giacché se è vero che è il sistema dei partiti a vivificare il modellino della forma di governo (Elia), questa affermazione ha un contenuto ben più ricco e complesso della predetta visione che finisce per esaurire il sistema democratico nel momento elettorale, smarrendo il complesso ruolo del Parlamento come luogo di mediazione fra i diversi valori presenti nella società. Secondo i sostenitori del sistema elettorale maggioritario con l'introduzione di tale sistema i partiti politici, riorganizzatosi intorno ad un assetto bipolare, sarebbero divenuti virtuosi ed efficienti. Non essendosi ottenuto tale risultato, anziché riflettere sulla inesattezza della premessa iniziale, si imputano le responsabilità sulla «incompletezza» della riforma anche dopo le modifiche dei regolamenti parlamentari che oggi assegnano alla maggioranza ampi poteri (a partire dal contingentamento dei tempi). E si invocano modifiche costituzionali volte ad assegnare maggiori poteri al presidente del consiglio (anche nei confronti del governo e della propria maggioranza) e non ci si interroga adeguatamente sulle reali ragioni dell'*impasse* della situazione politica e sulle cause dello scadimento della classe dirigente (assenza di ricambio, oligarchie ferme da decenni, sterilizzazione dei dibattiti interni ai singoli partiti privi di ogni democraticità ed ove prevalgono addirittura criteri familistici).

2. Il procedimento di formazione del governo

Il governo è nominato dal Presidente della Repubblica. La Costituzione individua due distinti momenti: *il capo dello Stato infatti nomina innanzitutto il Presidente del Consiglio e successivamente, su proposta di quest'ultimo, nomina i ministri* (sulla composizione del governo v. *infra*, par. 3). Ma, oltre a questa essenziale norma, la Costituzione non dispone null'altro in merito al procedimento di formazione dell'esecutivo, che è così rimesso a regole convenzionali e consuetudinarie. Ed infatti proprio le ***consultazioni presidenziali***, che costituiscono l'avvio del procedimento di formazione di un nuovo governo (conseguenza di una crisi di governo), non sono disciplinate né dalla Costituzione né da alcuna altra fonte scritta, ma sono interamente rimesse a prassi e a consuetudini costituzionali. Le consultazioni che il Capo dello Stato pone in essere devono tendere alla individuazione della personalità idonea ed in grado di ottenere la fiducia delle Camere. Per questa ragione le consultazioni devono avvenire con personalità istituzionali appartenenti al Parlamento (Presidenti delle Camere, ex Presidenti della Repubblica) o rappresentanti dei gruppi presenti in Parlamento (presidenti dei gruppi parlamentari integrati dai presidenti e segretari dei partiti politici). L'attività presidenziale deve essere indirizzata ad individuare l'esistenza di una maggioranza parlamentare in grado di esprimere un governo. Solo qualora il Presidente accerti l'inesistenza di una maggioranza parlamentare, si potrà procedere allo scioglimento anticipato delle Camere. Al termine delle consultazioni il Capo dello Stato conferisce l'incarico di Presidente del Consiglio alla personalità che, dalle consultazioni con le varie forze politiche, è emersa come quella indicata dalle forze politiche di maggioranza come futuro Presidente del Consiglio.

Qualora, al termine delle consultazioni, il quadro politico non sia ancora ben definito, il Presidente della Repubblica può affidare un ***mandato esplorativo*** ad una figura istituzionale (presidente della Camera o del Senato) avente appunto l'incarico di «esplorare» ulteriormente all'interno delle forze politiche in merito alla praticabilità di determinate soluzioni. In questi casi il Presidente della Repubblica non svolge egli stesso le ulteriori esplorazioni giacché si ritiene preferibile che il Capo dello Stato non si addentri eccessivamente nella praticabilità di soluzioni politico-partitiche, giacché un elevato coinvolgimento del Presidente potrebbe indebolire la posizione di terzietà che questi deve sempre rivestire. Svolte le «esplorazioni», la carica istituzionale destinataria del mandato esplorativo riferisce al Presidente della Repubblica sugli esiti del proprio lavoro.

Il Capo dello Stato, sempre al termine delle consultazioni, può anche conferire un «*pre-incarico*» (o *missione esplorativa*) al soggetto probabile candidato all'incarico cui viene appunto assegnato il compito di verificare la sussistenza delle condizioni per il conferimento di un incarico pieno.

Questi due esiti delle consultazioni (mandato esplorativo e pre-incarico) costituiscono entrambi momenti interlocutori con cui il Capo dello Stato opta anche per un effetto dilatorio (di «allungamento dei tempi») sperando in un'evoluzione del quadro politico che appare bloccato o incapace di addivenire in breve tempo ad una positiva soluzione.

Alla fase delle consultazioni segue la fase dell'*incarico* che viene conferito oralmente (fino al 1958 era formalizzato in un decreto). Il Presidente del Consiglio incaricato (che in genere accetta l'incarico «con riserva», che viene sciolta successivamente agli incontri che lo stesso svolge con le forze politiche che parteciperanno all'esecutivo) svolge, a sua volta, un'attività strumentale alla nomina: predisposizione del programma, accordi con le forze politiche che partecipano alla coalizione e composizione del governo. In questa fase l'incaricato dispone di ampia autonomia non essendo ammissibile in questa fase (politicamente così significativa) un intervento del capo dello Stato (relativo ad esempio a scelte da operare) che diminuirebbe il ruolo di garanzia e di estraneità al circuito dell'indirizzo politico proprio del Presidente della Repubblica.

Si perviene così alla *nomina*, con distinti decreti presidenziali, *del Presidente del Consiglio e dei ministri*. La nomina di questi ultimi (da parte del Presidente della Repubblica) avviene «*su proposta*» del Presidente del Consiglio, al quale dunque spetta la scelta dei ministri (a sua volta discendente dalle designazioni emerse in sede politico-partitica). *I decreti di nomina sono controfirmati dal Presidente del Consiglio entrante che controfirma anche il decreto di accettazione delle dimissioni del precedente governo*. A questa controfirma è assegnata la funzione di affermare la responsabilità politica della nomina (Mortati), nonché il valore di accettazione della nomina stessa (Zagrebelsky). Tutti i componenti del governo, immediatamente dopo la nomina, devono, per assumere le relative funzioni, prestare *giuramento* nelle mani del Presidente della Repubblica con la seguente formula: «*Giuro di essere fedele alla Repubblica, di osservarne lealmente la Costituzione e le leggi e di esercitare le mie funzioni nell'interesse esclusivo della Nazione*». Questo giuramento è definito «costituzionale» (o «politico») in ragione della natura e del ruolo dei soggetti che lo prestano e per il peculiare vincolo di fedeltà ai valori costituzionali che esso implica (P.F. Grossi, Lombardi). L'atto del giuramento viene così a costituire espressione dell'accettazione della nomina e dichiarazione di fedeltà ai valori repubblicani. Il giuramento costituisce la fase finale del processo formativo del governo non potendosi ritenere (stante il chiaro disposto costituzionale) che i singoli ministri siano immessi nelle rispettive funzioni con il solo atto di nomina presidenziale (Galizia).

Con il giuramento il governo è formato e si esaurisce l'*iter* dinanzi al Presidente della Repubblica. A partire da questo momento decorre il termine di dieci giorni (previsto dalla Costituzione) entro il quale il governo deve presentarsi alle Camere per avere la fiducia. Nell'arco di tempo intercorrente fra la nomina (da parte del capo dello Stato) del governo e la concessione allo stesso governo della fiducia da parte delle Camere, ci si trova di fronte al «*governo in attesa di fiducia*».

Si è discusso in dottrina in merito ai poteri spettanti al **governo in attesa di fiducia**. A questo proposito non appare utile la distinzione fra atti ordinari e atti straordinari (di cui solo i primi potrebbero essere compiuti dal governo in attesa di fiducia). Ad un'attenta analisi è infatti agevole dimostrare che gli «atti ordinari» per un governo sono appunto quegli atti nei quali trova esplicazione la funzione governativa (per l'esercizio della quale l'esecutivo deve però ancora ricevere la fiducia dalle Camere), mentre è probabile immaginare che, nelle more della concessione della fiducia, il governo si possa trovare nella necessità di affrontare una situazione imprevista che richieda un atto «straordinario». Per queste ragioni appare preferibile, nel tentativo di individuare il raggio di azione del governo in attesa di fiducia, concentrare la riflessione sul *significato della fiducia*, che comporta appunto la condivisione da parte del Parlamento del programma proposto dal governo. Pertanto deve concludersi che il governo in attesa di fiducia non possa porre in essere tutti quegli atti significativi dal punto di vista dell'attuazione del rispettivo programma proprio perché su questo deve ancora ricevere la fiducia. La riflessione sui poteri del governo in attesa di fiducia conduce a confrontare la posizione di quest'ultimo con quella del *governo dimissionario* che resta in carica fino al subentro del nuovo governo «per gli affari correnti».

Problematica particolare è infine quella relativa al c.d. *governo elettorale*, che si ha quando il Presidente della Repubblica nomina un nuovo governo nella consapevolezza che lo stesso non avrà la fiducia in Parlamento ma che sarà chiamato a gestire la delicata fase del periodo elettorale. A questo proposito, salvo casi particolari, appare preferibile che, di fronte alla constatazione dell'impossibilità delle Camere di esprimere una maggioranza (con conseguente scioglimento delle stesse), il Presidente della Repubblica non nomini un nuovo governo (che non avrà mai la fiducia del Parlamento), ma assegni il compito di gestire la fase elettorale al governo uscente (che un voto di fiducia in passato almeno l'ha conseguito).

Con l'espressione «***governo tecnico***» si intende far riferimento ad un governo «non politico», distaccato dai partiti e chiamato ad adottare decisioni «tecniche» per far fronte a situazioni di emergenza. L'espressione «governo tecnico» (o «governo dei tecnici») è tornata di attualità nel dibattito politico-istituzionale italiano nell'estate 2011 quando, di fronte alla crisi dei mercati finanziari, il governo in carica (politicamente già indebolito da precedenti defezioni parlamentari) non si è dimostrato in grado di fornire risposte adeguate, determinando l'avvio dell'*iter* che ha portato nel novembre successivo alla formazione dell'esecutivo presieduto da Monti. Quella di «governo tecnico» è un'espressione non giuridica ove l'aggettivo intende indicare la qualità dei membri del governo, prescelti in ragione del possesso di specifiche competenze («tecniche» appunto) e caratterizzati anche dalla non appartenenza diretta a schieramenti politici. Il ricorso ai «tecnici», da parte delle forze politiche, è giustificato dalla peculiare situazione venutasi a creare (impossibilità di realizzare una maggioranza «politica» in Parlamento e contemporanea necessità di affrontare situazioni di particolare difficoltà o emergenza che sconsigliano il ricorso alle urne). Il governo tecnico viene così a prospettarsi come governo «separato» dai partiti, avente compiti determinati e temporalmente delimitati e composto da personalità non riferibili direttamente ai partiti. L'espressione «governo tecnico» è dunque utilizzata in contrapposizione a quella di «governo politico» (o «governo» *tout court*) sicché le due espressioni sembrano presupporre contenuti antitetici. La nozione di «governo tecnico» tende infatti a contrapporsi a quella di «governo politico» ed a svolgere una funzione di dissimulazione della «politicità» di un esecutivo che invece, in quanto tale, è sempre portatore di determinate opzioni valoriali.

L'aggettivo «tecnico» era già stato riferito al governo guidato da Carlo Azeglio Ciampi (allora Governatore della Banca d'Italia), composto da personalità di elevato livello professionale, sostenuto da un ampio schieramento politico e nominato nel 1993 dal Presidente della Repubblica in seguito alla grave crisi istituzionale conseguente alla delegittimazione dell'intera classe politica, coinvolta in vicende di corruzione e di finanziamento illecito ai partiti politici (c.d. tangentopoli). In quell'occasione si registrava la necessità di un esecutivo chiamato a guidare il paese attraverso una grave crisi economico-finanziaria e a fronteggiare attacchi della mafia aventi modalità stragistiche. La maggioranza vincitrice delle successive elezioni politiche (primavera 1994) già a fine anno si sfalda e nella conseguente crisi di governo (la prima dopo il passaggio al sistema elettorale maggioritario) si inizia da vari settori a sostenere la tesi (riaffermata negli anni successivi) secondo cui, a differenza che nel previgente sistema proporzionale, i partiti non potrebbero dar vita a coalizioni politiche diverse da quelle presentatesi in occasione delle elezioni (pena il fenomeno del c.d. «ribaltone»). Il Presidente della Repubblica, una volta riscontrata la sussistenza di una maggioranza parlamentare capace di sostenere un esecutivo, ritenne invece di conferire l'incarico di formare il nuovo governo a Lamberto Dini (anch'egli proveniente dai vertici della Banca d'Italia e che nell'esecutivo precedente aveva rivestito la carica di ministro del tesoro) allo scopo di dar vita ad un esecutivo «gradito» (o «vicino») al centro-destra che però decise di non sostenere tale governo e che infatti si reggerà (dal 1995 al 1996) sui voti del centro-sinistra e della Lega Nord.

La nascita del governo Monti (novembre 2011) costituisce il precipitato di un insieme di avvenimenti di livello internazionale e nazionale: dall'aggravarsi della crisi economica mondiale all'instabilità dei mercati finanziari determinata dall'alto debito pubblico di alcuni paesi aderenti all'area Euro (fra cui anche l'Italia), dalla progressiva riduzione del sostegno parlamentare del governo di centrodestra (colpito da una crisi interna che già nell'anno precedente aveva assottigliato l'ampia maggioranza parlamentare uscita vittoriosa dalle elezioni del 2008, la quale, dopo aver smarrito l'originaria unità, aveva anche dovuto far ricorso al sostegno di deputati eletti nelle liste dell'opposizione) alla peculiare figura del presidente del consiglio uscente (che ha caratterizzato la vita – e non solo politico-costituzionale – del Paese negli ultimi tre decenni). In questo quadro, pregnante si è rivelato il ruolo giocato dal Presidente della Repubblica Napolitano che, di fronte all'instabilità politica interna, si è adoperato affinché i due maggiori partiti accettassero l'opzione di un esecutivo composto da figure «tecniche» e non direttamente riferibili a nessuno degli esistenti schieramenti politici ed incaricato di adottare le (scomode) decisioni di politica economica necessarie per evitare il fallimento economico-finanziario del Paese. L'esperienza storica e di diritto comparato dimostra che episodi di «grande coalizione» (o di «unità nazionale») sono tutt'altro che infrequenti anche in altri ordinamenti giuridici, ma è mancata nel nostro Paese una pubblica assunzione di impegni (e dunque di responsabilità) da parte delle singole forze politiche, nonché un'esplicitazione dei termini dell'accordo politico posto alla base della nascita del governo Monti. L'opzione prescelta (in cui le forze politiche hanno semplicemente manifestato un generico sostegno al nuovo governo) si è invece rivelata funzionale a lasciare ai partiti e allo stesso esecutivo le «mani libere» sui singoli problemi o provvedimenti, ma determinando anche un elevato tasso di irresponsabilità delle forze politiche nonché di opacità dei processi decisionali e degli attori dei medesimi. Sicuramente ha pesato nel comportamento delle maggiori forze politiche l'astiosa delegittimazione che i due schieramenti hanno sempre rivolto l'uno all'altro, ma evidente è anche l'intenzione dei medesimi di tenersi in qualche modo «distaccati» dalle decisioni impopolari che il governo Monti era chiamato ad assumere. Il procedimento di formazione del governo Monti si rivela molto rapido: il Presidente della Repubblica riceve le dimissioni del presidente del consiglio uscente nella serata del 12 novembre, il giorno successivo si svolgono le consultazioni e già nel tardo pomeriggio del 13 novembre è conferito l'incarico di formare il nuovo governo a Monti che il 16 novembre scioglierà la riserva e, sempre in tale giorno, il Capo dello Stato nomina il nuovo governo che il giorno successivo esporrà al Senato le «dichiarazioni programmatiche» sulle quali otterrà un'ampia fiducia parlamentare (solo la Lega Nord inizialmente vota contro). Se apparentemente il governo Monti si presenta in Parlamento senza una «propria» maggioranza parlamentare, e chiedendo invece il sostegno di quanti ritenevano condivisibile il programma esposto (nel quale Monti definisce il proprio governo «di impegno nazionale» e che si articola in «Rigore e risanamento dei conti pubblici» e in «Politiche per la crescita»), l'esperienza dei mesi successivi, che ha visto la riduzione dell'ampio sostegno parlamentare registrato inizialmente, ha reso chiaro quali siano state le forze politiche sostenitrici del governo Monti ed in base a quali accordi (ad es. con riguardo sia alle materie possibili oggetto di intervento del governo che a quelle destinate a rimanere escluse dall'azione dell'esecutivo: conflitto di interessi, settore radiotelevisivo, ecc., e fra cui anche l'impegno a non rimettere in discussione scelte della maggioranza uscente che, pur osteggiate dall'allora opposizione, non vengono minimamente «riaperte» e di cui anzi si accelera l'attuazione: dalla delega relativa alla c.d. geografia giudiziaria, alla riforma delle province, fino ai provvedimenti attuativi della riforma dell'università). Risulta dunque confermata la non completa trasparenza dell'operato dei partiti politici che tendono a mantenersi «distaccati» dal governo tecnico, che appare «svincolato» dai partiti ai quali invece è sempre legato con riguardo sia alla composizione che al programma. E se costituisce una condizione «ovvia» per l'esistenza di ogni governo la presenza in Parlamento di una maggioranza che lo sostenga, l'aspetto di mistificazione implicito nella definizione di «governo tecnico» viene ad essere rappresentato dall'idea presupposta di una «separatezza» dell'esecutivo dalle forze che lo sostengono. Ed infatti anche dal punto di vista dei rapporti con il Parlamento, il governo Monti non si discosta dal solco tracciato dagli esecutivi che l'hanno preceduto: alto è il ricorso alla decretazione d'urgenza, alla presentazione di maxiemendamenti e alla questione di fiducia.

Nella instaurazione di un «governo tecnico» sempre centrale è il ruolo giocato dal Presidente della Repubblica sia nella fase di formazione di tale esecutivo che nei mesi successivi di attività dello stesso. La Costituzione assegna al Capo dello Stato (quale «garante dell'unità nazionale») la funzione di intervento nei momenti di crisi a tutela dei valori costituzionali. Pertanto, di fronte all'*impasse* del Parlamento, non può non spettare al Presidente della Repubblica l'onere di intervenire, ma in tali casi il ruolo del Presidente vede aumentare il tasso di politicità dello stesso sicché il perdurante coinvolgimento del medesimo nelle dinamiche politiche può finire per incrinare proprio quel ruolo *super partes* assegnatogli dalla Costituzione e che ne garantisce l'autonomia e indipendenza. L'esperienza del governo tecnico conferma l'elasticità della forma di governo parlamentare delineata dalla Costituzione, una elasticità che si riflette anche sul ruolo del Capo dello Stato. Tale elasticità è da preservare e valorizzare, ma meno apprezzabile è ogni tentativo delle forze politiche di riduzione della trasparenza del proprio operato al fine di sfuggire dalle proprie responsabilità. La riaffermazione dei principi di trasparenza e di responsabilità dovrebbe invece passare attraverso il recupero di un ruolo «forte» del Parlamento.

Alcuni hanno posto il problema della legittimazione democratica del governo tecnico in quanto privo di una diretta legittimazione elettorale: posto in questi termini il problema è insussistente giacché nell'ordinamento costituzionale repubblicano il governo non deve affatto avere una diretta legittimazione democratica. Se il Parlamento (democraticamente eletto) conferisce la fiducia ad un governo nominato dal Presidente della Repubblica non appare rinvenibile alcuna violazione costituzionale giacché l'esecutivo nell'ordinamento italiano trova la propria legittimazione nel conferimento della fiducia da parte del Parlamento. L'obiezione da porre al fenomeno del «governo tecnico» è invece da esplicare ad un livello diverso e riguarda l'effettivo rispetto di altri principi costituzionali, quali il principio di responsabilità e il principio di trasparenza. Con riguardo al primo, le decisioni assunte vengono ammantate da una «neutralità tecnica» per cui né l'esecutivo né le forze politiche che lo sostengono si sentono chiamate a risponderne direttamente. Con riguardo al principio di trasparenza, l'asserita «tecnicità» del governo rende opaco il quadro all'interno del quale vengono elaborate ed assunte le singole decisioni con crescita di peso dei gabinetti ministeriali (o di «centri studi» o «fondazioni»), in assenza di un aperto dibattito pubblico sui concreti progetti. Deve infine aggiungersi che la crescita del ruolo dell'esecutivo è dipesa anche dall'influenza dell'ordinamento europeo (in ragione della centralità dell'esecutivo nei rapporti con l'UE) e, a questo proposito, va ricordato che la scelta della figura di Monti è avvenuta come elemento di «riqualificazione» (se non di «rilegittimazione») del nostro Paese nei rapporti internazionali ed europei in particolare.

3. La composizione del governo

Il governo è composto dal Presidente del Consiglio e dai ministri, che costituiscono insieme il Consiglio dei ministri. Questi tre ***organi del governo*** (Presidente del Consiglio, singoli ministri e Consiglio dei ministri) sono dunque *organi governativi necessari* giacché la Costituzione impone l'esistenza di ciascuno degli stessi.

Il ***Presidente del Consiglio dei ministri*** dirige la politica generale del governo e ne è responsabile. Mantiene l'unità di indirizzo politico ed amministrativo del governo e, a questo fine, promuove e coordina l'attività dei ministri in ordine agli atti che riguardano la politica generale del governo. Nell'esercizio del potere di coordinamento delle attività dei ministri il Presidente del Consiglio adotta le direttive politiche ed amministrative relative alla politica generale del governo nonché atti attuativi di deliberazioni del Consiglio dei ministri. Nei confronti dei singoli ministri il Presidente del Consiglio non dispone dunque di una superiorità gerarchica e l'eventuale contrasto con un singolo ministro deve essere risolto nel momento collegiale del Consiglio dei ministri. E così, ad esempio, il Presidente del Consiglio non può annullare un atto di un ministro, ma può sospenderne l'adozione sottoponendo la relativa questione al Consiglio dei ministri.

In merito alle attribuzioni del Presidente del Consiglio, può citarsi la giurisprudenza costituzionale in materia di «legittimo impedimento». La Corte costituzionale con la sent. n. 168 del 2013 si è pronunciata sul conflitto di attribuzioni tra poteri dello Stato proposto dal Presidente del Consiglio nei confronti del Tribunale di Milano, in relazione all'ordinanza con la quale tale Tribunale aveva rigettato la richiesta di rinvio di un'udienza, formulata dalla difesa dell'imputato, allora Presidente del Consiglio, per legittimo impedimento di quest'ultimo, in quanto impegnato, nella medesima data, nella presidenza della riunione del Consiglio dei ministri. In tale occasione il Tribunale di Milano aveva ritenuto che non costituisse impedimento assoluto alla partecipazione alle udienze penali (e perciò causa di giustificazione della sua assenza) il diritto-dovere del Presidente del Consiglio a presiedere una riunione del Consiglio dei ministri, «anche nell'ipotesi in cui la predetta riunione, già fissata in una precedente data non coincidente con un giorno di udienza dibattimentale, venga differita ad altra data coincidente con un giorno di udienza».

La Corte costituzionale con la sent. n. 23 del 2011 aveva già affermato che il giudice, quando «*valuta in concreto, in base alle ordinarie regole del processo, l'impedimento consistente nell'esercizio di funzioni governative, si mantiene entro i confini della funzione giurisdizionale e non esercita un sindacato di merito sull'attività del potere esecutivo, né ... invade la sfera di competenza di altro potere dello Sta-*

to». Il principio della separazione dei poteri, cioè, «*non è violato dalla previsione del potere del giudice di valutare in concreto l'impedimento, ma, eventualmente, soltanto dal suo cattivo esercizio*». Il Presidente del Consiglio lamentava un «cattivo esercizio» del potere da parte dell'autorità giudiziaria che aveva rigettato la richiesta di rinvio dell'udienza dibattimentale sull'assunto che: «*la deduzione di un impedimento per un'udienza già concordata non p[uò] prescindere quantomeno dalla allegazione della specifica inderogabile necessità della sovrapposizione dei due impegni perché, altrimenti, la funzione giudiziaria verrebbe ad essere svilita, con la conseguenza che il contemperamento tra gli opposti interessi di rilievo costituzionale allo svolgimento in tempi ragionevolmente rapidi del processo e all'esercizio delle funzioni parlamentari o governative verrebbe ad essere risolto nel dare esclusiva rilevanza al secondo di tali interessi*».

La Corte costituzionale era dunque chiamata ad affermare se il Tribunale di Milano, nell'esercizio del potere di valutare in concreto l'impedimento dedotto dall'imputato titolare di cariche governative, avesse leso le prerogative costituzionali del Presidente del Consiglio per aver applicato la regola sull'onere di «allegazione» relativa al legittimo impedimento, «senza tenere in debito conto il diritto-dovere» dell'imputato di esercitare la funzione di governo, così violando il principio di leale collaborazione tra i poteri dello Stato. Il Tribunale aveva posto a fondamento della propria decisione (di rigetto della richiesta di rinvio dell'udienza) l'asserita mancanza di «allegazione della specifica inderogabile necessità» della concomitanza dell'impegno istituzionale sopravvenuto con il giorno di udienza precedentemente concordato.

La Corte costituzionale, svolgendo un esame della relativa documentazione, evidenzia che «*il 1° marzo 2010 era stato preventivamente indicato, nell'udienza del 25 gennaio 2010, come "unica data disponibile" per la partecipazione dell'imputato; nella medesima udienza del 25 gennaio, a fronte della richiesta di rinvio per legittimo impedimento presentata per il 1° febbraio 2010, il Tribunale aveva "soppresso" tre udienze già calendarizzate per il mese di febbraio; l'imputato non ha fornito al Tribunale "allegazioni" circa la necessità di fissare la riunione del Consiglio dei ministri, già convocata per il 26 febbraio 2010, in una data coincidente con l'unico giorno d'udienza precedentemente comunicato come utile per la sua partecipazione, ossia il 1° marzo 2010*». La Corte ricorda inoltre che, con riguardo al legittimo impedimento per concomitante esercizio di funzioni parlamentari e/o governative, per la giurisprudenza costituzionale non vi possono essere «*regole derogatorie, ma il diritto comune deve applicarsi secondo il principio di leale collaborazione fra i poteri dello Stato*» (sentt. n. 23 del 2011, n. 262 del 2009, n. 451 del 2005, n. 284 del 2004, n. 263 del 2003 e n. 225 del 2001). Per la Corte costituzionale «*spetta al giudice valutare, caso per caso, se lo specifico impegno addotto dall'imputato Presidente del Consiglio, pur quando riconducibile "ad attribuzioni coessenziali alle funzioni di governo ... dia in concreto luogo ad impossibilità assoluta (anche alla luce del necessario bilanciamento con l'interesse costituzionalmente rilevante a celebrare il processo) di comparire in giudizio, in quanto oggettivamente indifferibile e necessariamente concomitante con l'udienza di cui è chiesto il rinvio"*» (sent. n. 23 del 2011). La Corte aggiunge che «*il principio della leale collaborazione, cui deve "rispondere" il potere del giudice di valutare in concreto il carattere assoluto dell'impedimento per concomitante esercizio di funzioni governative, ha natura "bidirezionale" e deve "esplicarsi mediante soluzioni procedimentali, ispirate al coordinamento dei rispettivi calendari": da un lato, il giudice deve definire il calendario delle udienze "tenendo conto degli impegni del Presidente del Consiglio riconducibili ad attribuzioni coessenziali alla funzione di governo e in concreto assolutamente indifferibili"; dall'altro lato, il Presidente del Consiglio deve programmare i propri impegni "tenendo conto, nel rispetto della funzione giurisdizionale, dell'interesse alla speditezza del processo che lo riguarda e riservando a tale scopo spazio adeguato nella propria agenda"*» (sent. n. 23 del 2011).

Nel caso di specie la Corte ritiene necessario considerare tre aspetti: «*il tipo di impegno di governo dedotto dall'imputato quale legittimo impedimento; le indicazioni fornite dall'imputato circa la necessaria concomitanza dell'impegno con un giorno di udienza da lui precedentemente comunicato come utile per la sua partecipazione; la possibilità di valutare in concreto il carattere assoluto di tale impedimento*». E, nella valutazione di tali aspetti, «*la Corte non deve decidere se, nel caso di specie, l'impegno dedotto determinasse in concreto impossibilità assoluta a comparire in udienza, perché non è compito proprio, "ma dei competenti organi della giurisdizione, stabilire i corretti criteri interpretativi e applicativi delle regole processuali"*» (sent. n. 225 del 2001). Occorre invece verificare, alla luce del principio di leale collaborazione tra i poteri dello Stato, se «*l'autorità giudiziaria abbia leso le prerogative costituzionali dell'organo esecutivo con un "cattivo esercizio" del proprio potere di valutare in concreto il carattere dell'impedimento*».

La Corte accerta dunque che il tipo di impegno dedotto dall'imputato (partecipazione a una riunione del Consiglio dei ministri) può indubbiamente costituire una ipotesi di legittimo impedimento, ma non può trascurarsi che spetta allo stesso Presidente il potere di convocazione del Consiglio (di qui lo specifico ruolo del principio della leale collaborazione e, quindi, dei concreti comportamenti tenuti dalle parti). Il Tribunale di Milano aveva fondato la propria decisione sulla mancata allegazione da parte dell'imputato «*della specifica inderogabile necessità della sovrapposizione dei due impegni*» e la Corte costituzionale accerta che dall'esame dei documenti acquisiti «*all'udienza del 1° marzo 2010, la difesa dell'imputato non ha dato alcuna indicazione circa la non rinviabilità dell'impegno dedotto, né circa la sua necessaria concomitanza con l'udienza di cui chiedeva il rinvio*». La Corte evidenzia inoltre che in altre due occasioni il Tribunale aveva riconosciuto l'impedimento dedotto dall'imputato e, nel rispetto del principio di leale collaborazione, aveva accolto le richieste e ridefinito il calendario delle udienze, rinviando il processo alle date indicate dall'imputato medesimo. Nel caso oggetto di conflitto (terza richiesta di rinvio presentata in prossimità dell'udienza del 1° marzo 2010, senza «allegazioni» circa la non rinviabilità e la necessaria concomitanza dell'impegno e senza aver fornito una data alternativa) il Tribunale non ha riconosciuto il carattere assoluto dell'impedimento dedotto che, a differenza delle precedenti occasioni, risultava determinato da un atto dello stesso imputato. La Corte riconosce dunque il rispetto del principio di leale collaborazione da parte del Tribunale mentre «*analoga osservanza del principio di leale collaborazione non è stata mostrata dal Presidente del Consiglio con riguardo all'udienza del 1° marzo 2010. In questa circostanza, l'imputato, dopo aver egli stesso comunicato al Tribunale tale data, ha dedotto l'impedimento e, diversamente da quanto aveva fatto nelle precedenti occasioni, non si è attivato per la definizione di un nuovo calendario; né egli ha fornito alcuna indicazione circa la necessità di presiedere la riunione del Consiglio dei ministri senza ricorrere alla supplenza del vicepresidente del Consiglio*». E la mancanza di documentazione volta a giustificare la sovrapposizione tra l'impegno dedotto e il giorno di udienza «*ha determinato l'impossibilità per il giudice di valutare il carattere assoluto dell'impedimento "in quanto oggettivamente indifferibile e necessariamente concomitante con l'udienza di cui è chiesto il rinvio" … Il Tribunale, nel rispetto delle attribuzioni dell'organo esecutivo, non ha sindacato le ragioni della riunione del Consiglio dei ministri, ma si è limitato a osservare che l'imputato avrebbe dovuto fornire "quantomeno" una "allegazione", la quale costituisce presupposto per l'applicazione delle norme processuali*». È dipeso dall'imputato non aver permesso all'autorità giudiziaria «*sia di operare un bilanciamento tra i diversi interessi costituzionalmente rilevanti (tra cui quello della sollecita celebrazione del processo), fornendo allegazioni circa la "sovrapposizione" dei due impegni, sia di valutare il carattere assoluto dell'impedimento rappresentato dalla partecipazione dell'imputato alla riunione del Consiglio dei ministri*». Pertanto «*la mancanza di "allegazioni", da parte dell'imputato, circa la necessità di partecipare a una riunione del Consiglio dei ministri concomitante con un giorno di udienza precedentemente concordato non ha consentito al Tribunale di considerare assoluta l'impossibilità a comparire determinata dall'impegno dedotto quale impedimento. Ne discende che il ricorso va rigettato, perché l'autorità giudiziaria ha esercitato il potere ad essa spettante ai sensi della disciplina del legittimo impedimento nel rispetto del principio di leale collaborazione, senza ledere prerogative costituzionali dell'organo di governo*».

L'emergenza Covid ha dato ulteriore risalto alla figura del Presidente del Consiglio anche in ragione delle modalità di gestione della comunicazione da questi effettuata (conferenze stampa, dirette *facebook*, ecc.) e ad un particolare categoria di "Decreti" da questi adottati (D.p.c.m.: Decreti del Presidente del consiglio dei ministri).

Con riguardo al primo profilo, molto si è discusso sulla ***gestione della comunicazione pubblica*** da parte del governo in generale e del Presidente del Consiglio in particolare. Indubbiamente si è registrata un'elevata esposizione mediatica del Presidente del Consiglio (fenomeno peraltro inevitabile in una situazione di emergenza) che spesso ha fatto ricorso a "dirette televisive" o a "dirette Facebook" (a volte anche utilizzando la propria pagina personale e non quella istituzionale), creando, secondo alcuni, una "comunicazione emozionale a reti unificate", monodirezionale, al posto di conferenze stampa (che avrebbero garantito maggiore completezza informativa e pluralismo informativo). Aldilà dello specifico momento emergenziale vissuto nel primo semestre del 2020, va senz'altro ribadita l'importanza di una ***comunicazione istituzionale*** che, oltre a garantire tempestività e completezza informativa, non confonda il piano istituzionale con quello personale e si svolga secondo canoni di rispetto degli altri organi costituzionali.

Con riguardo al ruolo dei D.p.c.m., durante l'emergenza Covid-19, v. *supra*, cap. V, par. 10.

Ciascun ***ministro*** è, di regola, preposto ad un dicastero o ministero, che costituisce uno dei grandi rami dell'amministrazione statale, ma si possono anche avere ministri c.d. «senza portafoglio», ai quali vengono delegate specifiche funzioni, ma che non hanno la responsabilità di un ministero, disponendo solo di strutture amministrative. Il numero dei ministeri è determinato dalla legge ed è attualmente di tredici (legge n. 172 del 2009) ed il numero totale dei componenti del governo, a qualsiasi titolo, ivi compresi ministri senza portafoglio, viceministri e sottosegretari, non può essere superiore a sessantatre.

L'organizzazione dei **ministeri** è basata sul *principio della separazione tra politica e amministrazione*: agli organi di governo spetta l'esercizio dell'attività di indirizzo politico e amministrativo (determinazione degli obiettivi e dei programmi da attuare, e la verifica della rispondenza dei risultati raggiunti dall'attività amministrativa agli indirizzi impartiti), mentre ai *dirigenti* spetta l'adozione degli atti e dei provvedimenti amministrativi che impegnano l'amministrazione verso l'esterno, nonché la gestione finanziaria, tecnica e amministrativa, di organizzazione del personale e dei mezzi strumentali di cui l'amministrazione deve servirsi. I ministri sono responsabili collegialmente degli atti del Consiglio dei ministri ed individualmente degli atti dei rispettivi dicasteri.

Il Presidente del Consiglio ed i ministri formano il ***Consiglio dei Ministri***, organo collegiale che determina la politica generale del governo e l'indirizzo generale dell'azione amministrativa.

Il Consiglio dei ministri delibera inoltre su ogni questione relativa all'indirizzo politico fissato dal rapporto fiduciario con le Camere e dirime i conflitti di attribuzione fra i ministri. Il Consiglio dei ministri esprime l'assenso all'iniziativa del Presidente del Consiglio di porre la questione di fiducia e debbono inoltre essere sottoposti all'approvazione del Consiglio dei ministri:

a) le dichiarazioni relative all'indirizzo politico, agli impegni programmatici ed alle questioni su cui il governo chiede la fiducia al Parlamento;

b) i disegni di legge e le proposte di ritiro dei disegni di legge già presentati al Parlamento;

c) i decreti-legge, i decreti legislativi e i regolamenti governativi;

d) le proposte di sollevare conflitti di attribuzione o di resistere nei confronti degli altri poteri dello Stato, delle Regioni e delle Province autonome;

e) le linee di indirizzo in tema di politica internazionale e comunitaria e i progetti dei trattati e degli accordi internazionali di natura politica o militare;

f) gli atti concernenti i rapporti fra lo Stato e le confessioni religiose;

g) i provvedimenti da emanare con decreto del Presidente della Repubblica, previo parere del Consiglio di Stato, se il ministro competente non intenda conformarsi a tale parere.

Il Consiglio dei ministri è convocato dal Presidente del Consiglio che ne fissa l'ordine del giorno. Il *sottosegretario alla Presidenza del Consiglio* svolge le funzioni di segretario del Consiglio dei ministri e cura la verbalizzazione delle riunioni del Consiglio dei ministri, nonché la conservazione del registro delle deliberazioni.

Il *regolamento del Consiglio dei Ministri* (emanato con decreto del Presidente del Consiglio dei ministri previa deliberazione del Consiglio dei ministri) è il regolamento "interno" del Consiglio dei ministri e disciplina gli adempimenti necessari per l'iscrizione all'ordine del giorno del Consiglio delle proposte legislative e di quelle relative all'attività normativa del governo, nonché i modi di comunicazione dell'ordine del giorno e della relativa documentazione, i modi di verbalizzazione, conservazione e conoscenza delle deliberazioni adottate.

Sono ***organi non necessari del governo***:

– il ***vicepresidente del Consiglio***, che sostituisce il Presidente in caso di assenza o impedimento e che è nominato, tra i ministri, dal Consiglio dei ministri su proposta del Presidente del Consiglio;

– i ***Comitati interministeriali***, che sono comitati di ministri, istituiti per legge, che ne fissa composizione e competenze, ed aventi la funzione di deliberare in via definitiva su determinati oggetti. Vanno ricordati in particole il Cipe (*Comitato interministeriale per la programmazione economica*), cui la legislazione attribuisce competenze in materia di politica economica (fissazione di indirizzi generali e ripartizione di risorse finanziarie in alcuni settori), ed il Cicr (*Comitato interministeriale per il credito ed il risparmio*), con competenze, ormai limitate, nel settore del credito;

– i ***ministri senza portafoglio***, che sono ministri, e dunque partecipano al Consiglio dei ministri e sono posti a capo non di ministeri, ma solo di settori dell'amministrazione centrale, che fanno capo, di regola, a dipartimenti istituiti presso la Presidenza del Consiglio (es. funzione pubblica, turismo, rapporti con il Parlamento); essi fanno parte del Consiglio dei ministri e partecipano all'attività di direzione politica del governo. Le loro funzioni sono delegate dal Presidente del Consiglio, sentito il Consiglio dei ministri;

– i ***viceministri***: tale qualifica può essere conferita a sottosegretari (non più di 10) cui vengono assegnate deleghe relative all'intera area di competenza di una o più strutture dipartimentali o di più direzioni generali. Possono essere invitati dal Presidente del Consiglio, d'intesa col ministro competente, a partecipare (senza diritto di voto) alle sedute del Consiglio dei ministri, per riferire su argomenti e questioni attinenti alle materie loro delegate;

– i ***sottosegretari***, coadiuvano il rispettivo ministro ed esercitano i compiti ad essi delegati; non fanno parte del Consiglio dei ministri e non partecipano alla formazione della politica generale del governo. Vengono nominati con decreto del Presidente della Repubblica su proposta del Presidente del Consiglio, di concerto col ministro che il sottosegretario è chiamato a coadiuvare, sentito il Consiglio dei ministri. Ruolo particolare riveste il *sottosegretario alla Presidenza del Consiglio* (v. *supra*).

4. Le funzioni del governo

Il governo dispone di molteplici poteri e svolge varie funzioni.

Il governo dispone di *potestà normativa* di grado primario (decreto legislativo e decreto-legge) e di grado secondario (regolamenti governativi) (v. *supra*, cap. V).

La Costituzione non disciplina i **regolamenti governativi** che sono menzionati indirettamente dall'art. 87, comma 5, Cost., secondo cui il Presidente della Repubblica emana i regolamenti governativi. L'art. 117, comma 6, Cost. (come modificato dalla legge cost. n. 3 del 2001) ha limitato la potestà regolamentare statale alle sole materie nelle quali lo Stato dispone di *potestà legislativa esclusiva* (materie elencate dal comma 2 dell'art. 117 Cost.) e riservando alle Regioni il potere regolamentare in tutte le restanti materie. Come detto (v. *supra*, cap. V), i regolamenti trovano fondamento e validità nella legge ordinaria e da questa sono modellati (**principio di legalità**).

Gli artt. 3 e 4 disp. prel. cod. civ. e l'art. 17 della legge n. 400 del 1988 sanciscono la distinzione tra i regolamenti governativi e i regolamenti di altre autorità dell'esecutivo (regolamenti ministeriali, interministeriali, ecc.), stabilendo anche una graduazione gerarchica interna ai regolamenti dell'esecutivo giacché i regolamenti ministeriali «*non possono dettare norme contrarie a quelle dei regolamenti emanati dal governo*».

Riguardo al ***procedimento di formazione***, i regolamenti governativi sono deliberati, su proposta di uno o più ministri, dal Consiglio dei ministri, previo parere del Consiglio di Stato. Si tratta di un parere *obbligatorio*, ma non *vincolante* per cui il governo può discostarsene ma con onere di specifica motivazione. Il regolamento governativo deve essere sottoposto al controllo di legittimità della Corte dei conti, la quale provvede al *visto* e alla *registrazione*. Il regolamento è emanato con decreto del Presidente della Repubblica ed è pubblicato sulla *Gazzetta Ufficiale*. La legge n. 400 del 1988 prescrive che tutti regolamenti rechino nel titolo la denominazione di «regolamento» che concorre a tipizzare la fonte regolamentare, distinguendola dai numerosi decreti presidenziali e ministeriali emanati in *Gazzetta Ufficiale* aventi contenuti eterogenei.

Si discute se debba parlarsi di *funzione* o di *attività* di indirizzo politico. L'***indirizzo politico*** consiste nella determinazione degli obiettivi verso cui tende l'azione statale, nella scelta dei mezzi per raggiungere tali obiettivi e nell'utilizzo concreto dei mezzi prescelti (Martines). Le linee generali dell'indirizzo politico e amministrativo del governo sono espresse nel programma di governo, predisposto dal Presidente del Consiglio ed approvato dal Consiglio dei ministri e sul quale il governo riceve la fiducia delle Camere. Per attuare il proprio indirizzo politico, il governo ha a disposizione una molteplicità di strumenti giuridici e di poteri normativi ed amministrativi (*in primis* la direzione dell'amministrazione statale) e di poteri che incidono sull'attività delle Camere e di ulteriori poteri riconosciuti dalla Costituzione o dalla legge.

In ragione dei *principali settori di attività dell'esecutivo*, ferma rimanendo la collegialità delle decisioni del Consiglio dei ministri, l'elaborazione dell'indirizzo politico e amministrativo del governo è opera in particolare del Presidente del Consiglio e dei ministri dell'economia e delle finanze, degli interni, della difesa e di quello degli esteri. Questi ministri sono infatti preposti rispettivamente alla:

– ***politica di bilancio e finanziaria***: al governo spetta l'elaborazione dei diversi documenti che definiscono il quadro economico-finanziario di riferimento dell'attività dello Stato: dal documento di programmazione economico-finanziaria ai disegni di legge di bilancio e finanziaria. Successivamente all'approvazione del bilancio, il ministro dell'economia e delle finanze esercita importanti poteri di controllo della spesa pubblica, controllando la spesa delle amministrazioni statali e verificando il complessivo andamento della spesa pubblica ai fini del rispetto dei vincoli comunitari;

– la ***politica estera***: che concerne la cura dei rapporti con gli altri Stati, anche con riguardo alle decisioni da sostenere nell'ambito delle organizzazioni internazionali cui l'Italia partecipa, la stipula dei trattati internazionali e lo svolgimento delle relative attività preparatorie;

– la ***politica europea***: concerne i rapporti con le istituzioni europee. Il governo partecipa alle decisioni europee più importanti in sede di Consiglio dell'Unione e di Coreper (comitato dei rappresentanti permanenti); la struttura amministrativa preposta in tale settore è rappresentata da un apposito dipartimento della Presidenza del Consiglio (cui è preposto un ministro senza portafoglio);

– la ***politica militare***: la Costituzione assegna alle Camere il potere di deliberare lo stato di guerra e di conferire al governo i «poteri necessari», mentre la dichiarazione dello stato di guerra è di competenza del Presidente della Repubblica; e se la Costituzione assegna al Capo dello Stato il comando delle forze armate e la presidenza del Consiglio supremo di difesa, la direzione politica e tecnico-militare delle forze armate rientra nell'indirizzo politico e amministrativo del governo (v. *supra*, cap. VII);

– la ***politica informativa e di sicurezza***: l'alta direzione, la responsabilità della politica generale ed il coordinamento della politica informativa e di sicurezza sono assegnati al Presidente del Consiglio che emana apposite direttive ed ogni disposizione necessaria per l'organizzazione delle relative attività. Il presidente del Consiglio può apporre il segreto di Stato su atti, documenti, notizie e attività la cui diffusione sia idonea a recare danno all'integrità dello Stato. L'apposizione del segreto di Stato può essere ricollegata alla vigenza di accordi internazionali, alla difesa delle istituzioni costituzionali, alla garanzia del libero esercizio delle funzioni degli organi costituzionali, all'indipendenza dello Stato e alla sua difesa militare. In nessun caso possono essere oggetto di segreto di Stato fatti eversivi dell'ordine costituzionale (art. 39, legge n. 124 del 2007).

La legge n. 215 del 2004 (*Norme in materia di risoluzione dei conflitti di interesse*) dispone che i titolari di cariche governative (presidente del Consiglio, ministri, viceministri, sottosegretari e commissari straordinari del governo), nell'esercizio delle loro funzioni, si dedicano esclusivamente alla cura degli interessi pubblici e si astengono dal porre in essere atti e dal partecipare a deliberazioni collegiali in situazioni di conflitto di interessi. In particolare le predette cariche non possono:

a) ricoprire cariche o uffici pubblici diversi dal mandato parlamentare e di amministratore di enti locali;

b) ricoprire cariche o uffici o svolgere altre funzioni in enti di diritto pubblico;

c) ricoprire cariche o uffici o esercitare compiti di gestione in società aventi fini di lucro o in attività di rilievo imprenditoriale;

d) esercitare attività professionali o di lavoro autonomo in materie connesse con la carica di governo, di qualunque natura, anche se gratuite, a favore di soggetti pubblici o privati, né ricoprire cariche o uffici o compiere atti di gestione in associazioni o società tra professionisti;

e) esercitare qualsiasi tipo di impiego o lavoro pubblico o privato.

La legge precisa che sussiste situazione di ***conflitto di interessi*** quando il titolare di una carica di governo, che si trovi in una delle situazioni d'incompatibilità sopra descritte, partecipi all'adozione di un atto (anche solo formulando la proposta) o ometta un atto dovuto oppure quando l'atto o l'omissione abbia un'incidenza «specifica e preferenziale» sul patrimonio del titolare, del coniuge o dei parenti entro il secondo grado o delle imprese o società da essi controllate. L'organo competente a vigilare in materia è l'Autorità garante della concorrenza e del mercato alla quale (entro 30 giorni dall'assunzione della carica di governo) il titolare deve comunicare le situazioni di incompatibilità e l'Autorità, nei casi di inosservanza delle predette incompatibilità, promuove la rimozione delle stesse e, nel caso in cui riscontri che l'impresa facente capo al titolare di una carica di governo ponga in essere comportamenti diretti a trarre vantaggio da atti adottati in conflitto di interessi, diffida l'impresa ad astenersi da qualsiasi comportamento diretto ad avvalersi dell'atto medesimo. In caso di inottemperanza, l'Autorità infligge all'impresa una sanzione correlata alla gravità del comportamento e commisurata nel massimo al vantaggio patrimoniale conseguito dall'impresa stessa.

È agevole evidenziare come la disciplina in questione non ponga affatto sanzioni sul titolare della carica di governo che agisce in conflitto di interessi, ma solo sull'impresa destinataria del vantaggio; ed anche nel caso in cui l'Autorità ravvisi una situazione di incompatibilità, la conseguenza non è la decadenza dalla carica di governo, ma la sospensione dall'impiego o dalla professione ritenuti incompatibili.

Nota bibliografica

AA.VV., *Annuario 2001, Il Governo*, a cura dell'AIC, Padova, 2002; P. ARMAROLI, *L'introvabile governabilità. Le strategie istituzionali dei partiti dalla Costituente alla Commissione Bozzi*, Padova, 1986; R. BALDUZZI, *Principio di legalità e spirito democratico nell'ordinamento delle Forze armate*, Milano, 1988; C. BARBIERI, *Il capo del governo in Italia*, Milano, 2001; F. BERTOLINI, *Rappresentanza parlamentare e attività di governo*, Napoli, 1997; P. CALANDRA, *I governi della Repubblica. Vicende, formule, regole*, Bologna, 1996; ID., *Il governo della Repubblica*, Bologna, 2002; P.A. CAPOTOSTI, *Accordi di governo e presidente del consiglio dei ministri*, Milano, 1975; ID., *Presidenza del consiglio*, in *Enc. dir.*, vol. XXXV, Milano, 1986; ID., *Governo*, in *Enc. giur. Treccani*, Roma, 1988; L. CARLASSARE, *Ministri (dir. cost.)*, in *Enc. dir.*, vol. XXV, Milano, 1975; E. CHELI, *Atto politico e funzione di indirizzo politico*, Milano, 1968; C. CHIMENTI, *Un parlamentarismo agli sgoccioli*, Torino, 1992; C. CHIOLA, *Uno strappo alla Costituzione: la sfiducia al singolo ministro*, in *Giur. cost.*, 1986, I, 810 ss.; P. CIARLO, *Art. 95*, in *Comm. Cost.*, a cura di G. Branca, Roma-Bologna, 1984; G. De Vergottini, *Guerra e Costituzione*, Bologna 2004; M. Dogliani, *Indirizzo politico*, Napoli, 1985; F. Donati, *La responsabilità politica dei ministri nella forma di governo italiana*, Torino, 1997; L. Elia, *Governo (forme di)*, in *Enc dir.*, vol. XIX, Milano, 1970; G. Ferrara, *Il governo di coalizione*, Milano, 1972; M. Galizia, *Studi sui rapporti fra Parlamento e governo*, Milano, 1972; P. Giocoli Nacci, *Il rapporto Parlamento-Governo nella consuetudine e nella prassi*, Padova, 1995; F. Lanchester, *Sistemi elettorali e forme di governo*, Bologna, 1981; V. Lippolis, *Partiti, maggioranza, opposizione*, Napoli, 2007; M. Luciani, *Il voto e la democrazia*, Roma, 1991; S. Mangiameli, *La forma di governo parlamentare*, Torino, 1998; A. Mannino, *Indirizzo politico e fiducia nei rapporti fra Governo e Parlamento*, Milano, 1973; T. Martines, *Governo parlamentare e ordinamento democratico*, Milano, 1967; Id., *Indirizzo politico*, in *Enc. dir.*, vol., XXI, Milano, 1971; 134 ss.; C. Mortati, *Le forme di governo*, Padova, 1973; M. Olivetti, *La questione di fiducia nel sistema parlamentare italiano*, Padova, 1996; L. Paladin, *Governo italiano*, in *Enc. dir.*, vol. XIX, Milano, 1970; Id., *Per una storia costituzionale dell'Italia repubblicana*, Bologna, 2004; G. Pitruzzella, *Il Presidente del consiglio dei ministri e l'organizzazione del governo*, Padova, 1986; G.U. Rescigno, *La responsabilità politica del singolo ministro*, in *Studi parl. e di pol. cost.*, 1980; P. Ridola, *Diritti di libertà e costituzionalismo*, Torino, 1997; Id., *Democrazia rappresentativa e parlamentarismo*, Torino, 2011; Id., *Esperienza, Costituzioni, Storia. Pagine di storia costituzionale*, Napoli, 2019; A. Ruggeri, *Il Consiglio dei ministri nella Costituzione italiana*, Milano, 1981; Id., *La crisi di governo tra ridefinizione delle regole e rifondazione della politica*, Milano, 1990; P. Scoppola, *La Repubblica dei partiti*, Bologna, 1992; S. Sicardi, *Maggioranza, minoranze e opposizione nel sistema costituzionale italiano*, Milano, 1984; E. Spagna Musso (a cura di), *Costituzione e struttura del governo*, Padova, 1979; G. Tarli Barbieri, *Il governo parlamentare in Italia*, Torino, 2011; L. Ventura (a cura di), *Le crisi di governo nell'ordinamento e nell'esperienza costituzionale*, Torino, 2003.

Capitolo Nono

LA PUBBLICA AMMINISTRAZIONE

1. I principi costituzionali in materia di pubblica amministrazione

La Costituzione pone importanti principi in merito all'organizzazione e all'azione della pubblica amministrazione ma, prima ancora, muove dalla consapevolezza del **problema della** ***separazione fra politica e amministrazione***, cioè fra governo e p.a., e della necessità di tutela della p.a. nei confronti dell'invadenza della politica. A questo proposito deve ricordarsi che il significato più profondo del diritto pubblico (e, più in generale, del diritto) è la limitazione del potere a tutela della libertà degli individui. Ed anche la problematica (centrale nello studio del diritto amministrativo e ben presente ai costituenti) legata alla separazione fra politica e amministrazione risponde all'esigenza di tutela della libertà del singolo assicurando che la stessa non venga compressa né dall'amministrazione (che deve agire nel rispetto della legge e secondo il principio di responsabilità) né dalla politica (mediante l'invasione, da parte degli organi politici, degli ambiti riservati all'amministrazione).

La distinzione tradizionale tra l'*attività di governo* (quale attività libera nei fini) e l'*attività amministrativa* (quale attività vincolata nelle forme e nei contenuti in quanto destinata al raggiungimento dei fini prefissati dalla legge) dimostra i propri limiti dal punto di vista sia concettuale che concreto. Proprio l'esame della realtà infatti conferma che la divisione fra attività politica (la cui peculiarità è nella posizione e invenzione dei fini) e attività amministrativa non possa intendersi come netta e radicale in ragione della continuità che lega l'attività di posizione del fine con l'attività di scelta dei mezzi per il raggiungimento del fine prescelto. La conferma di tale continuità è data dalla necessità della dottrina di individuare gli *atti c.d. di alta amministrazione*, ricomprendendo in tale categoria (discussa in dottrina sia con riguardo alla sua definibilità, sia se debba ricomprendersi fra l'attività politica o l'attività amministrativa) gli atti rientranti nell'attività amministrativa di livello maggiore, e dunque quella che costituisce la prima attuazione delle scelte di livello politico. La dottrina più attenta ha sempre ricompreso anche tali atti nell'attività amministrativa allo scopo di sottoporre gli stessi ai limiti propri dell'attività amministrativa (impugnabilità, giustiziabilità, ecc.), pur riconoscendo che in questi casi il governo gode di un'ampia discrezionalità (ma non di libertà).

Magistrali a questo proposito le parole di Nigro: «*L'alta amministrazione è attività di indirizzo, come spesso si dice? Lo è e non lo è. Certo, ci sono direttive amministrative alle quali si può appiccicare questa etichetta ma almeno nel suo nucleo centrale l'attività di alta amministrazione non impartisce indirizzi (si pensi alle nomine degli alti funzionari), ma la rivela in quanto la attua. Essa è precipuamente attuazione di indirizzi politico-amministrativi, attività di inveramento di un disegno politico che sta a monte di essa. Si vede allora come e perché l'alta amministrazione si distingue dall'attività di indirizzo politico-amministrativo con la quale è spesso confusa. Quest'ultima, anche rivolta verso un settore dell'amministrazione, resta sempre attività politica, ha cioè requisiti di novità e libertà che mancano all'alta amministrazione la quale è, almeno tendenzialmente, funzione applicativa*».

L'insegnamento di Nigro invita innanzitutto a non concentrare l'attenzione sul problema della definizione (l'etichetta da "appiccicare"), ma a guardare la realtà, la quale dimostra l'inevitabile esistenza di una persistente «politicità» nel funzionamento dei pubblici poteri. A questo proposito debbono ricordarsi le considerazioni già esposte (*supra*, cap. I) relative alla ineliminabile componente creativa dell'interpretazione che assegna ad ogni «interprete» (e dunque anche alla p.a. nello svolgimento delle proprie funzioni) uno spazio «normativo-creativo». Pertanto non è rispondente alla realtà né l'immagine del giudice *bouche de la loi*, né quella di una p.a. priva di spazi di scelta (e che pone in essere decisioni interamente predefinite dalla legge). Inoltre, la progressiva affermazione dei princìpi del pluralismo democratico e della partecipazione democratica influenzano ulteriormente il rapporto fra politica e amministrazione. Pertanto, se la distinzione fra attività politica e attività amministrativa non deve essere sopravvalutata e bisogna prestarle un «valore tendenziale», deve ribadirsi *l'esigenza garantistica che mira a soddisfare il principio di separazione tra politica e amministrazione* a tutela del quale operano le numerose norme della Costituzione concernenti la p.a.: esigenza antica che affonda le sue radici nella garanzia dei diritti individuali e che oggi, nello Stato di diritto democratico-sociale, investe anche le questioni relative al rapporto intercorrente fra il principio della dipendenza politica dell'amministrazione e quello di auto-responsabilità di quest'ultima in merito alle scelte compiute.

A questo proposito Giannini ha evidenziato che la Carta repubblicana «*ha introdotto per la prima volta in modo consapevole, nella nostra storia giuridica, il problema della separazione dell'amministrazione dal governo e della tutela di essa contro l'azione del governo, quale organo politico*». In Costituzione è possibile rinvenire (secondo l'insegnamento di Nigro) tre modelli (che devono coesistere) di amministrazione:

a) quale «*apparato servente*» del governo (art. 95 Cost.);

b) quale «*apparato a sé*» regolato direttamente dalla legge (artt. 97 e 98 Cost.);

c) quale «*amministrazione autonomistica e comunitaria*» (artt. 5 e 114 ss. Cost.).

Al tempo stesso è stato evidenziato che la Costituzione indica piuttosto «le esigenze da soddisfare» e da queste bisogna prendere le mosse per la definizione della modellistica istituzionale riguardo alla quale il silenzio della Costituzione è da giudicare positivamente (Longobardi).

Questa dottrina (seguendo l'insegnamento di Esposito) invita ad una lettura dei principi costituzionali in materia di p.a. collocata all'interno dell'intera Costituzione, mediante la quale i principi di «buon andamento» e di «imparzialità» di cui all'art. 97 Cost. acquisiscono «nuovi significati». E così il buon andamento non può più venire assorbito nel solo principio di legalità (risolvendosi dunque nella formalistica aderenza alla norma) e l'imparzialità non può essere ridotta soltanto a una regola di azione che vieti arbitrarie discriminazioni nell'esercizio di poteri discrezionali. L'art. 97, comma 2, Cost. «colloca in prevalenza la legge del Parlamento e conseguentemente il principio di legalità nell'ambito della definizione dei modelli organizzativi e dei modelli generali di azione dell'amministrazione, vincolandola doppiamente a porre discipline efficienti e funzionali ("buon andamento") e che "assicurino" l'imparzialità dell'amministrazione» (Longobardi). La previsione costituzionale, secondo cui la legge parlamentare è unica competente a porre le regole organizzative-procedurali della p.a., risponde all'esigenza di subordinare la p.a. al diritto e di tutelare l'autonomia della p.a. dal governo; ed entrambe le esigenze hanno lo scopo di assicurare la difesa dei diritti fondamentali dei cittadini ed è nella tutela di tali diritti che deve rinvenirsi il fondamento della separazione fra politica e amministrazione.

Il principio del pluralismo istituzionale o politico-amministrativo, posto dall'art. 5 Cost. (quale svolgimento del principio democratico) determina che l'ordinamento repubblicano si fondi sulla necessaria esistenza di una pluralità di centri di governo e di amministrazione autonomi anche politicamente (e la formulazione dell'art. 114 Cost. successiva alla riforma costituzionale del 2001 ha ulteriormente rafforzato tale principio). Pertanto la p.a. non può essere intesa soltanto come amministrazione dello Stato-persona, giacché l'attività amministrativa e la funzione amministrativa devono invece essere distribuite fra una pluralità di pubbliche amministrazioni (territoriali e non).

L'art. 97 Cost. (secondo cui «*I pubblici uffici sono organizzati secondo disposizioni di legge in modo che siano assicurati il buon andamento e l'imparzialità dell'amministrazione*») fonda la distinzione (costituzionalmente rilevante) fra attività di governo e attività amministrativa, con le conseguenziali (necessarie) distinzioni anche a livello organizzativo. Ribadendo le riflessioni sopra esposte, in via di approssimazione, può dirsi che secondo il **principio della separazione tra politica e amministrazione** (art. 97 Cost.), gli organi politici di governo hanno il compito di determinare obiettivi e programmi mentre agli organi burocratici amministrativi spetta la titolarità dei poteri di gestione amministrativa.

Il principio della separazione fra politica ed amministrazione trova esplicazione in altri principi costituzionali ed innanzitutto nel ***principio di legalità*** che postula la sottoposizione dell'amministrazione alla legge, potendo l'amministrazione compiere solo gli atti ed i comportamenti previsti dalla legge e nel modo da questa indicato. È la legge dunque che predetermina le modalità di azione della pubblica amministrazione. Appare evidente come il principio di legalità operi nel duplice senso sopra descritto di tutelare dall'invadenza degli organi politici la pubblica amministrazione, ma anche di tutelare il singolo nei confronti della p.a. (che, per soddisfare tale esigenza, può compiere solo gli atti previsti dalla legge).

Il ***principio di imparzialità della pubblica amministrazione*** mira ad affermare che la p.a., nello svolgimento della propria azione, deve perseguire esclusivamente gli scopi prefissati nella legge, mediante la valutazione ponderata degli interessi (individuali e collettivi, privati e pubblici) coinvolti. Tale principio pone il divieto per la pubblica amministrazione di agire secondo criteri di arbitrarietà. L'amministrazione opera infatti per il perseguimento degli obiettivi fissati dalla legge e nel perseguire tali obiettivi essa operare una valutazione dei diversi interessi coinvolti dalle proprie decisioni secondo il criterio di imparzialità rispetto a tutti gli interessi coinvolti.

Il ***principio di buon andamento*** **della pubblica amministrazione** richiede che l'attività amministrativa debba svolgersi secondo criteri di *efficienza* (il miglior rapporto tra mezzi impiegati e risultati conseguiti) e di *efficacia* (raggiungimento degli obiettivi prefissati).

Per quanto concerne la disciplina dell'**organizzazione dei pubblici uffici**, la Costituzione pone una *riserva di legge* (unanimemente ritenuta) *relativa*. Da ultimo si è assistito ad una sempre maggiore riduzione degli spazi di intervento della legge, cui, in materia di organizzazione amministrativa, viene assegnato il compito di determinare i sottostanti principi organizzativi di base.

A questo proposito è stato evidenziato (Longobardi) il *nesso intercorrente fra le norme relative alle funzioni e quelle disciplinanti l'organizzazione*, essendo erroneo svalutare quest'ultima perdendone così il significato garantistico. La distinzione, posta dalla Costituzione, fra attività di governo (quale attività politica di determinazione delle scelte politiche) e attività amministrativa, risponde alle esigenze di garanzia sopra illustrate e naturalmente si deve rifuggire da una lettura «rigida» di tale schema che conduca ad affermare una assenza di politicità nell'agire amministrativo. Proprio la consapevolezza di una inevitabile componente «politica» dell'agire amministrativo conduce a riconoscere alla p.a. una sfera di autonomia organizzativa e di azione di cui la stessa p.a. è chiamata a rispondere.

Deve inoltre ribadirsi l'importanza dell'art. 5 Cost. che pone:

– il *principio del pluralismo istituzionale* (o della autonomia locale) come regola di distribuzione del potere politico-amministrativo fra molteplici istituzioni politicamente autonome;

– il *principio del decentramento amministrativo*, secondo cui una competenza è distribuita dal vertice di una struttura alle componenti periferiche della stessa, qual regola organizzativa interna alla stessa istituzione e presuppone la distinzione fra strutture di governo e strutture di amministrazione. Questo principio trova ulteriore esplicazione nel comma 3 dell'art. 97 Cost. laddove si afferma che «*nell'ordinamento degli uffici sono determinate le sfere di competenza, le attribuzioni e le responsabilità proprie dei funzionari*» (c.d. *decentramento funzionale*, quale devoluzione di competenze decisionali ai dirigenti).

La riserva di legge posta dall'art. 97 Cost. risponde dunque ad un'esigenza garantistica nei rapporti sia fra politica e amministrazione, che fra amministrazione e cittadino.

Bisogna inoltre ricordare ulteriori principi costituzionali densi di contenuti (artt. 97, comma 4, 98, 28, 51 e 54 Cost.) concernenti:

– l'*accesso al pubblico impiego mediante concorso*: l'accesso al rapporto di lavoro con le pubbliche amministrazioni (salvo i casi stabiliti dalla legge) infatti deve avvenire mediante concorso (*principio del concorso pubblico*). Questo principio costituisce specificazione di quelli di imparzialità e di buon andamento, giacché il criterio di selezione del pubblico impiegato deve dipendere dal possesso di specifiche capacità;

– l'*esclusività del servizio prestato dal pubblico dipendente* a favore della collettività (e non di partiti politici o *lobbies*): in tal senso opera il *dovere di fedeltà* consistente nel dovere di adempiere le pubbliche funzioni con disciplina e onore, prestando giuramento nei casi previsti dalla legge. Secondo la Costituzione i pubblici impiegati sono al servizio esclusivo della Nazione;

– la legittimità dell'eventuale divieto di iscrizione a partiti politici per determinate categorie di funzionari. La Costituzione attribuisce alla legge la competenza ad introdurre limiti al diritto di iscrizione ai partiti politici per i magistrati, i militari di carriera in servizio attivo, i funzionari ed agenti di polizia, i rappresentanti diplomatici e consolari all'estero;

– la diretta responsabilità del pubblico dipendente (penale, civile ed amministrativa) per atti commessi in violazione di diritti: la *responsabilità personale dei pubblici dipendenti* per gli atti da essi compiuti in violazione dei diritti (art. 28 Cost. che prevede che la responsabilità civile si estende allo Stato o all'ente pubblico da cui il funzionario dipende).

Bisogna infine aggiungere che la legge cost. n. 1 del 2012 ha, fra l'altro, modificato l'art. 97 Cost. introducendo un (nuovo) comma 1 secondo il quale «*Le pubbliche amministrazioni, in coerenza con l'ordinamento dell'Unione europea, assicurano l'equilibrio dei bilanci e la sostenibilità del debito pubblico*» (al riguardo v. *supra*, cap. VI, par. 6).

Con la legge n. 124 del 2015 ("*Deleghe al Governo in materia di riorganizzazione delle amministrazioni pubbliche*") è stato avviato un percorso destinato a portare ad un'ampia riforma della pubblica amministrazione. Tale legge ha assegnato al governo numerose deleghe legislative in molti settori della pubblica amministrazione (dalla riforma della dirigenza pubblica alla riorganizzazione dell'amministrazione statale centrale e periferica, dalla digitalizzazione della pubblica amministrazione alla semplificazione dei procedimenti amministrativi, dalla razionalizzazione delle società partecipate alla disciplina della trasparenza), introducendo anche disposizioni di immediata applicazione (dal silenzio assenso tra amministrazioni all'autotutela amministrativa, dagli incarichi direttivi nell'Avvocatura dello Stato a disposizioni relative al personale delle forze armate e alla violenza di genere).

La legge n. 124 del 2015 è essenzialmente una legge delega di riforma della pubblica amministrazione. Le deleghe legislative concernono in particolare i seguenti ambiti:

– *amministrazione digitale*: accessibilità on line ai documenti delle amministrazioni pubbliche, ai pagamenti e all'erogazione dei servizi, con potenziamento della connettività a banda larga e ultralarga e dell'accesso alla rete internet presso gli uffici pubblici; partecipazione con modalità telematiche ai processi decisionali pubblici; armonizzazione della disciplina del *Sistema pubblico per la gestione dell'iden-*

tità digitale, Spid, volto ad assicurare l'utilizzo del Pin unico; promozione del domicilio digitale; adeguamento alle norme europee in materia di identificazione elettronica e servizi fiduciari per le transazioni elettroniche; diffusione dei pagamenti digitali; razionalizzazione delle strutture di *governance* della digitalizzazione all'interno delle pubbliche amministrazioni; digitalizzazione del processo di misurazione e valutazione della performance;

– *conferenza di servizi*: riduzione dei casi di convocazione obbligatoria e semplificazione dei tempi, meccanismi di silenzio assenso e di superamento del dissenso; introduzione di modelli di istruttoria pubblica di garanzia della partecipazione degli interessati al procedimento ed introduzione di strumenti di composizione degli interessi pubblici in caso di partecipazione di amministrazioni preposte alla tutela dell'ambiente, del paesaggio, del patrimonio storico-artistico, della salute o della pubblica incolumità;

– *segnalazione certificata di inizio attività* (Scia): ricognizione dei procedimenti oggetto di Scia, di silenzio assenso, di autorizzazione espressa dell'amministrazione, e di comunicazione preventiva del privato ed introduzione di una disciplina generale delle attività non soggette ad autorizzazione preventiva espressa;

– *trasparenza delle pubbliche amministrazioni*: oltre a disposizioni sulla trasparenza ed accessibilità degli atti delle pubbliche amministrazioni, viene prevista, con riguardo alla prevenzione della corruzione nelle pubbliche amministrazioni, l'introduzione di disposizioni integrative e correttive del d.lgs. n. 33 del 2013 (emanato in attuazione della legge n. 190 del 2012 c.d. legge anticorruzione) relativo alla trasparenza degli atti e delle informazioni delle pubbliche amministrazioni, con precisazione dei contenuti e del procedimento di adozione dei Piani nazionali anticorruzione; definizione del diritto di accesso dei parlamentari ai documenti amministrativi in relazione allo svolgimento dei loro compiti istituzionali; riconoscimento della libertà di informazione attraverso il diritto di accesso di chiunque ai dati e documenti delle pubbliche amministrazioni (c.d. *Freedom of information Act*) e razionalizzazione delle spese per intercettazioni;

– *riorganizzazione dell'amministrazione statale*: rafforzamento del ruolo di indirizzo e coordinamento del Presidente del Consiglio nei confronti dell'attività dei ministri – con esame da parte del Consiglio dei ministri delle designazioni e delle nomine di competenza ministeriale – e nella vigilanza sulle agenzie governative nazionali; maggiore flessibilità nella disciplina dell'organizzazione dei ministeri; riduzione di uffici e di personale destinati ad attività strumentali con preferenza per modelli di gestione unitaria dei servizi strumentali; riordino o soppressione degli uffici e organismi che presentano disfunzioni organizzative o funzionali; razionalizzazione della rete delle Prefetture-Ufficio Territoriale del Governo, mediante riduzione del numero delle stesse e trasformazione in "Ufficio territoriale dello Stato" nel quale (come unico punto di contatto tra amministrazione periferica dello Stato e cittadini) confluiscono tutti gli uffici periferici delle amministrazioni civili dello Stato; riorganizzazione del Corpo forestale dello Stato (anche mediante assorbimento in altra forza di polizia) e riordino delle funzioni di polizia di tutela dell'ambiente, del territorio e del mare e nel campo della sicurezza agroalimentare; razionalizzazione delle funzioni di polizia e riordino dei corpi di polizia provinciale – in coerenza con la riforma delle province (disposta dalla legge n. 56 del 2014) – e delle forze operanti in mare; riordino del Corpo dei vigili del fuoco, del Comitato italiano paralimpico, del Pubblico registro automobilistico (p.r.a.) e delle autorità portuali; semplificazione delle attività degli enti pubblici di ricerca (con invarianza di risorse umane, finanziarie e strumentali); riordino delle camere di commercio;

– *riforma della dirigenza pubblica*: istituzione del sistema della dirigenza pubblica, articolato in ruoli unificati e coordinati, con requisiti omogenei di accesso e procedure analoghe di reclutamento (i dirigenti, salvo alcune specifiche categorie, saranno ricompresi in tre ruoli unici: dei dirigenti dello Stato, delle regioni e degli enti locali, in cui confluiscono altresì le attuali figure dei segretari comunali); semplificazione della mobilità della dirigenza tra amministrazioni pubbliche e tra queste ed il settore privato; gli incarichi dirigenziali avranno durata quadriennale (con facoltà di rinnovo per ulteriori due anni senza procedura pubblica purché motivata e a fronte di una valutazione positiva) e saranno rinnovabili previa partecipazione ad una procedura di avviso pubblico; obblighi formativi per i dirigenti e specifica valutazione dell'attività degli stessi ai fini del conferimento degli incarichi; riordino delle norme relative alle responsabilità dei dirigenti (anche attraverso l'esclusiva imputabilità agli stessi della responsabilità amministrativo-contabile per l'attività gestionale) e alla disciplina della retribuzione degli stessi;

– *lavoro alle dipendenze delle pubbliche amministrazioni*: riorganizzazione nell'ottica di una maggiore efficienza, accentramento dei concorsi per tutte le amministrazioni pubbliche, inserimento nei concorsi pubblici di meccanismi di valutazione per valorizzare l'esperienza professionale acquisita da soggetti titolari di rapporti di lavoro flessibile con le amministrazioni pubbliche; progressivo superamento della dotazione organica come limite alle assunzioni, con facilitazione dei processi di mobilità; semplificazione delle norme relative alla valutazione dei dipendenti pubblici ed introduzione di norme in materia di responsabilità disciplinare degli stessi; individuazione di forme di lavoro flessibile; riorganizzazione delle funzioni in materia di accertamento medico-legale sulle assenze dal servizio per malattia; facoltà, per le amministrazioni pubbliche, di promuovere il ricambio generazionale mediante la riduzione su base volontaria dell'orario di lavoro (e della retribuzione) del personale in procinto di essere collocato a riposo; nomina (nelle p.a. con più di 200 dipendenti) di un responsabile dei processi di inserimento negli ambienti di lavoro dei lavoratori con disabilità; conciliazione dei tempi di vita e di lavoro (meccanismi di flessibilità dell'orario di lavoro; telelavoro; forme di *co-working* e *smart-working*);

– *riordino della disciplina delle partecipazioni societarie delle amministrazioni pubbliche*: differenziazione delle tipologie societarie; ridefinizione delle regole per la costituzione di società o per l'assunzione o il mantenimento di partecipazioni societarie da parte di amministrazioni pubbliche; disciplina delle responsabilità degli amministratori e del personale delle società; criteri di nomina degli organi; rafforzamento dei criteri pubblicistici per gli acquisti e il reclutamento del personale e le politiche retributive (specifici criteri sono previsti per le società partecipate dagli enti locali);

– *servizi pubblici locali*: regolazione e organizzazione dei servizi in base ai princìpi di concorrenza, adeguatezza, sussidiarietà e proporzionalità; meccanismi di premialità per l'aggregazione delle attività e delle gestioni; criteri per la definizione dei regimi tariffari; modalità di tutela degli utenti; distinzione tra le funzioni di regolazione e le funzioni di gestione dei servizi; revisione della disciplina dei regimi di proprietà e gestione delle reti; attribuzione dei poteri di regolazione e controllo tra i diversi livelli di governo e le autorità indipendenti;

– *giudizi innanzi alla Corte dei conti*: riforma della disciplina processuale del contenzioso davanti alla Corte dei conti con concentrazione delle tutele spettanti alla cognizione della giurisdizione contabile; interruzione del termine di prescrizione di 5 anni delle azioni esperibili dal pubblico ministero; introduzione di un rito abbreviato; riordino della fase istruttoria; disciplina dell'obbligo di denuncia del danno erariale; ridefinizione della disciplina delle impugnazioni e dell'esecuzione delle decisioni definitive di condanna al risarcimento del danno;

– *istituzione del numero unico europeo* (112) su tutto il territorio nazionale;

– *semplificazione normativa*: elaborazione di testi unici in varie materie.

In attuazione della legge delega n. 124 del 2015 sono stati adottati i seguenti decreti legislativi:

– d.lgs. n. 97 del 2016 (sull'accesso agli atti amministrativi e sulla trasparenza);
– d.lgs. n. 116 del 2016 (sul procedimento disciplinare dei pubblici dipendenti);
– d.lgs. n. 126 e n. 222 del 2016 (relativi ai procedimenti oggetto di autorizzazione);
– d.lgs. n. 127 del 2016 (sulla conferenza dei servizi);
– d.lgs. n. 169 del 2016 (di riforma delle Autorità portuali);
– d.lgs. n. 171 del 2016 (in materia di dirigenza sanitaria);
– d.lgs. n. 174 del 2016 (codice di giustizia contabile);
– d.lgs. n. 175 del 2016 (sulle società partecipate);
– d.lgs. n. 177 del 2016 (sulla razionalizzazione delle funzioni di polizia e assorbimento del Corpo forestale dello Stato);
– d.lgs. n. 179 del 2016 (riforma del Codice dell'Amministrazione digitale);
– d.lgs. n. 218 del 2016 (relativo agli enti di ricerca);
– d.lgs. n. 219 del 2016 (riforma delle Camere di commercio);

ed è stato adottato anche il regolamento sull'accelerazione dei procedimenti amministrativi d.p.r. n. 194 del 2016 (c.d. "sblocca procedimenti").

Con la sent. n. 251 del 2016 la Corte costituzionale ha dichiarato incostituzionali diverse disposizioni della legge delega n. 124 del 2015 in quanto incidenti su materie caratterizzate da un "intreccio" di competenze ("inestricabilmente connesse") sia statali che regionali. Per la Corte, nelle materie della dirigenza pubblica e delle società partecipate è "palese il concorso di competenze, inestricabilmente connesse, nessuna delle quali si rivela prevalente, ma ciascuna delle quali concorre alla realizzazione dell'ampio disegno di riforma" di cui alla legge delega. «*Pertanto, non è costituzionalmente illegittimo l'intervento del legislatore statale, se necessario a garantire l'esigenza di unitarietà sottesa alla riforma. Tuttavia, esso deve muoversi nel rispetto del principio di leale collaborazione, indispensabile anche in questo caso a guidare i rapporti tra lo Stato e il sistema delle autonomie* (ex plurimis, *sentt. nn. 1 e 26 del 2016, n. 140 del 2015, n. 44 del 2014, n. 237 del 2009, nn. 50 e 168 del 2008). Poiché le disposizioni impugnate toccano sfere di competenza esclusivamente statali e regionali, il luogo idoneo di espressione della leale collaborazione deve essere individuato nella Conferenza Stato-Regioni*». Al contrario «*La dettagliata enunciazione di principi e criteri direttivi nella legge di delegazione, pur riconducibile a apprezzabili esigenze di unitarietà, incide profondamente sulle competenze regionali e postula, per questo motivo, l'avvio di procedure collaborative nella fase di attuazione della delega*». Per la Corte, ai principi e criteri direttivi il Governo deve dare attuazione solo dopo aver svolto idonee trattative con Regioni e enti locali nella sede della Conferenza unificata, essendo questa sede quella «*più idonea a consentire l'integrazione dei diversi punti di vista e delle diverse esigenze degli enti territoriali coinvolti, tutte le volte in cui siano in discussione temi comuni a tutto il sistema delle autonomie, inclusi gli enti locali*».

2. L'organizzazione amministrativa

Per quanto riguarda l'organizzazione della p.a., si è già detto che la Costituzione non detta una disciplina dettagliata sui concreti assetti organizzativi, prevedendo tre modelli (o – per usare le parole di Nigro – «uno che consta di tre parti disomogenee») di amministrazione: il modello di amministrazione autonomistica (che trova fondamento nell'art. 5 Cost. ed oggi anche negli artt. 114 e 118 Cost.); quello dell'amministrazione come apparato distinto dal governo e regolato dalla legge (e questo è il modello cui fanno riferimento gli artt. 97 e 98 Cost.); e quello dell'amministrazione come apparato servente del governo (tratteggiato dall'art. 95 Cost.). Ma anche riguardo al *modello ministeriale* (il cui concetto è presupposto dal Costituente che recepisce il modello proprio dello Stato liberale ottocentesco ed espressione di un sistema amministrativo unitario e compatto), la Costituzione pone garanzie a tutela dell'amministrazione innanzitutto perché prevede una riserva di legge in materia di attribuzioni e di organizzazione dell'amministrazione ministeriale; in secondo luogo perché le norme poste dagli artt. 97 e 98 Cost. (principi di buon andamento e di imparzialità della p.a.; del concorso pubblico; principio secondo cui il pubblico impiegato è al servizio esclusivo della Nazione) delineano un modello di amministrazione (anche ministeriale) non sovrapponibile al modello ottocentesco o a certe interpretazioni dottrinali che continuano a vedere nel ministero uno «strumento» nelle mani dell'esecutivo, anche se l'organizzazione ministeriale (strutturata secondo un forte principio gerarchico che vede al vertice il ministro che cumulava le due caratteristiche di organo politico ed organo amministrativo) muta relativamente poco nel corso dei decenni (fatta eccezione per la crescita del numero dei ministeri e delle dimensioni dei relativi apparati).

Già agli inizi del XX secolo, con la crescita e la diversificazione delle funzioni amministrative (conseguenti all'ampliamento del campo di azione dell'intervento pubblico), si iniziano ad affermare modelli di organizzazione amministrativa diversi da quello ministeriale. Si registra innanzitutto il fenomeno delle *aziende autonome*, le quali (anche se ancora incardinate nei ministeri) sono dotate di un'ampia autonomia di gestione. La prima azienda ad essere istituita è quella delle Ferrovie dello Stato (legge n. 137 del 1905), cui fanno seguito, fra l'altro, la Cassa Depositi e Prestiti (1913), l'Amministrazione delle Poste e delle Telecomunicazioni, l'Azienda per i servizi telefonici, l'Amministrazione dei monopoli di Stato e l'Azienda autonoma delle strade (Anas). Subito dopo inizia ad affermarsi il modello dell'*ente pubblico* che genera una nuova forma di gestione del potere pubblico (l'amministrazione per enti) in cui il potere pubblico risulta appunto assegnato ad enti esterni all'amministrazione statale ed aventi propria personalità. Inizialmente il ricorso al modello dell'ente pubblico viene giustificato in ragione delle «funzioni nuove» (rispetto a quelle ministeriali) svolte dall'ente ed anche in ragione del perseguimento dell'efficienza e della qualificazione tecnica dell'azione amministrativa (scopo che le rigide regole proprie dell'amministrazione statale sembravano rendere arduo raggiungere).

Dopo la seconda guerra mondiale cresce a dismisura l'istituzione di nuovi enti pubblici cui vengono affidate anche funzioni tradizionali dell'amministrazione statale. La classe politica utilizza infatti questo strumento per attuare una politica di tipo clientelare con riguardo sia al momento dell'assunzione che a quello del trattamento (di privilegio) dei dipendenti. Con la legge n. 70 del 1975 si cerca di arginare il fenomeno prevedendo sia la soppressione degli «enti inutili» (ma realizzata solo in piccola parte), sia l'unificazione di disciplina degli enti che, pur continuando ad avere modelli organizzativi diversi, si uniformano con riguardo all'ordinamento del personale, alla nomina degli amministratori, alla gestione finanziaria e contabile e al sistema dei controlli.

Sotto la denominazione di «ente pubblico» si ricomprendono dunque realtà molto diverse ed è toccato alla dottrina e alla giurisprudenza elaborare «indici di riconoscimento» rivelatori della natura pubblica dell'ente.

Secondo la dottrina tradizionale **caratteri dell'ente pubblico** sono:

– l'*autonomia*, quale capacità di definire, nell'ambito predefinito dalla legge, le norme del proprio comportamento e di quello dei soggetti che con esso entrano in rapporto;

– l'*autarchia*, quale capacità di provvedere ai propri bisogni, imponendo unilateralmente le proprie decisioni;

– l'*autotutela*, quale capacità di risolvere i confitti che possono sorgere con altri soggetti.

Negli ultimi anni la normativa comunitaria, nella definizione di ente (o organismo) pubblico, ha privilegiato come criterio di individuazione dell'ente pubblico quello relativo al finanziamento dell'attività dell'ente: è pubblico se riceve denaro pubblico. In tal caso il bilancio dell'ente viene ad essere sottoposto alla normativa pubblicistica (con controllo della Corte dei conti) ed i relativi contratti devono essere ad evidenza pubblica. L'individuazione dei caratteri dell'ente pubblico deve avvenire tramite un'analisi delle relative discipline legislative. In assenza infatti di una normativa di carattere generale che definisca la nozione stessa di ente pubblico è dalle singole leggi che debbono inevitabilmente trarsi i ricercati elementi. La legge 20 marzo 1975, n. 70, oltre a disporre (art. 4) che «*nessun nuovo ente pubblico può essere istituito o riconosciuto se non per legge*», forniva al governo il potere di adottare decreti legislativi contenenti l'elenco degli enti pubblici ritenuti necessari. Ed in giurisprudenza è possibile rinvenire pronunce che escludono la natura pubblicistica ad enti in quanto non ricompresi nei decreti adottati dal governo in base alla menzionata delega.

A tal riguardo v., ad es., la sent., Tar Lazio, sez. I, 19 febbraio 1986, n. 226, che ha riconosciuto natura privatistica all'Istituto nazionale ciechi di guerra. Di tale Istituto il d.p.r. 21 marzo 1984 aveva disposto, ai sensi dell'art. 27 c.c., l'estinzione per impossibilità del raggiungimento dello scopo istituzionale dell'Ente. Il Tribunale amministrativo regionale esclude la natura pubblicistica dell'Istituto nazionale per i ciechi di guerra in base a due ragioni entrambe di natura formale: il riconoscimento della natura privatistica dell'Istituto da parte dell'art. 16 del proprio statuto (approvato con d.p.r. 27 gennaio 1981, n. 51, che assoggettava l'ente stesso al controllo ed alla vigilanza dell'autorità governativa ai sensi dell'art. 25 c.c.) e l'assenza di tale Istituto nei decreti emanati in virtù di quanto disposto dalla legge n. 70 del 1975. A tali ragioni il Consiglio di Stato (sez. VI, 20 dicembre 1989, n. 1664), in sede di appello, ribadendo la natura privatistica dell'istituto, aggiunge un'argomentazione di carattere sostanziale: «*un ente può qualificarsi pubblico allorché la sua attività sia rivolta al perseguimento di fini propri dello Stato, sicché esso possa considerarsi come organismo ausiliario dello Stato medesimo per il raggiungimento di fini di interesse generale*». Questa argomentazione viene a collegarsi strettamente con la giustificazione (di carattere formale) relativa alla previsione dell'ente in questione negli appositi elenchi: «*La natura pubblica di una persona giuridica dipende esclusivamente dall'inquadramento istituzionale della stessa nell'apparato organizzativo della pubblica amministrazione, cioè del rapporto in cui tale soggetto di diritto viene a trovarsi rispetto allo Stato in conseguenza dell'attività espletata*». Vengono così ad intrecciarsi due elementi di diversa natura: l'inquadramento nell'apparato organizzativo della pubblica amministrazione e il tipo di attività espletata. In realtà, pur essendo l'attività espletata funzionale all'inserimento dell'ente in un particolare rapporto con lo Stato, è sempre l'inquadramento nell'apparato organizzativo della pubblica amministrazione a rappresentare l'aspetto determinante.

Il *patrimonio dell'ente pubblico* trova, nella disciplina legislativa una peculiare tutela. Basti ricordare, in tal senso, le norme che prevedono l'indisponibilità del patrimonio degli stessi (artt. 828, comma 2, e 830 c.c.), la sottrazione alle procedure di fallimento (art. 2221 c.c.; v. anche artt. 2458 e 2459 c.c.; al riguardo v. anche l'inalienabilità di atti e documenti pubblici *ex* artt. 9 e 12, legge n. 2006 del 1939).

Diverse sono le *forme di sottordinazione dell'ente pubblico*: dal controllo della Corte dei conti al controllo parlamentare *ex* legge n. 14 del 1978 fino al potere del governo di annullare gli atti illegittimi (potere che, secondo la giurisprudenza, deve essere inteso quale forma di controllo di stretta legalità). Il governo ha anche un potere di scioglimento degli organi e nomina di commissari straordinari, ma i relativi provvedimenti devono avere adeguata motivazione e devono essere adottati previa contestazione degli addebiti e determinazione della durata della gestione commissariale.

Varie sono le *tipologie di ente pubblico*. Alla distinzione degli enti pubblici in *territoriali* e «*funzionali*» (in quanto «titolari di funzioni pubbliche non afferenti a gruppi territoriali») (Giannini, Benvenuti) sono state affiancate in dottrina ulteriori classificazioni. Proprio la ricchezza delle classificazioni avanzate ha mostrato come la distinzione fra le diverse tipologie di ente pubblico non possa avvenire che in relazione ad un determinato aspetto degli stessi. E così, ad esempio, in relazione al rapporto intercorrente con l'ente territoriale di riferimento si distingue fra enti autonomi ed enti strumentali a seconda della (maggiore o minore) autonomia (istituzionale o anche solo funzionale) garantita agli stessi (svolgendo gli enti strumentali un'attività di esclusivo interesse dell'ente territoriale che non richiede un'accentuata autonomia operativa).

Parimenti, si distinguono gli enti pubblici (i cui atti hanno natura provvedimentale ed il cui rapporto di lavoro è di diritto pubblico) dagli *enti pubblici economici*, i quali svolgono attività economica in regime di diritto privato ed il cui rapporto di impiego ha natura privata (e la giurisprudenza ha dedotto il carattere privatistico dei relativi atti sia nei confronti di terzi che riguardo all'organizzazione interna dell'ente), ma sottratti alla disciplina propria dell'impresa.

L'*ente pubblico territoriale* è caratterizzato dalla generalità dei fini in relazione alla collettività che risiede sul relativo territorio. La coesistenza di più enti a fini generali su un identico territorio (es. comune, provincia, regione) conduce a relativizzare la precedente affermazione non potendo l'ente territoriale (e la collettività di cui lo stesso è espressione) perseguire tutti i fini possibili in ragione della compresenza di altri enti territoriali incidenti sugli identici soggetti (v. *infra*, cap. XI).

3. Il pubblico impiego

Il rapporto di lavoro presso le pubbliche amministrazioni può essere di diritto pubblico o di diritto privato. Le differenze tra i due regimi si sono oggi molto ridotte rispetto al passato quando garanzie presenti nell'uno erano assenti nell'altro (e così se nell'impiego pubblico il lavoratore poteva godere della stabilità del rapporto di lavoro, del trattamento pensionistico e di garanzie giustiziali, solo in quello privato era prevista la contrattazione collettiva, la tutela sindacale e l'indennità di liquidazione), ma soprattutto nel pubblico impiego era la peculiare posizione della p.a. a caratterizzare l'intero rapporto di lavoro giacché la p.a. agiva (anche nei confronti del proprio dipendente) nell'esercizio di un pubblico potere (e dunque autoritativamente, cioè mediante atti amministrativi). L'impiego pubblico si distingue quindi per la natura pubblicistica del rapporto di lavoro. E, a partire dagli anni settanta, si diffonde l'orientamento favorevole ad una estensione delle caratteristiche del modello di lavoro privato anche al lavoro presso pubbliche amministrazioni, orientamento che porta innanzitutto all'approvazione della legge n. 93 del 1983 (legge quadro sul pubblico impiego) che estende l'applicazione al pubblico impiego di gran parte dello statuto dei lavoratori (legge n. 300 del 1970) e che disciplina unitariamente la contrattazione collettiva (che si era progressivamente affermata, per singoli comparti, a partire dagli anni sessanta).

Il d.lgs. n. 29 del 1993 ha profondamente innovato la materia, prevedendo (fatta eccezione per alcune categorie di dipendenti pubblici) che il rapporto di lavoro dei pubblici impiegati sia disciplinato a norma del codice civile, dei contratti collettivi e dei contratti individuali di lavoro. Restano riservate alla disciplina unilaterale della legge o degli atti regolamentari delle singole amministrazioni le materie relative all'organizzazione della struttura (organi, uffici, modalità di conferimento della titolarità dei medesimi, i principi fondamentali di organizzazione degli uffici, ruoli e dotazioni organiche), il reclutamento, le responsabilità, le incompatibilità, il divieto di cumulo di incarichi e di impieghi pubblici. Anche la giurisdizione sulle controversie relative al rapporto di lavoro è devoluta al giudice ordinario come giudice del lavoro (mentre in precedenza, in ragione dell'esercizio da parte della p.a. di poteri pubblici, il dipendente poteva solo impugnare l'atto dinanzi al giudice amministrativo).

Per la stipula dei contratti collettivi nazionali è stata istituita l'*Agenzia per la rappresentanza negoziale delle pubbliche amministrazioni* (Aran), organo tecnico dotato di personalità giuridica e sottoposto alla vigilanza della Presidenza del Consiglio (Dipartimento della funzione pubblica).

Da ultimo il rapporto di lavoro alle dipendenze di una pubblica amministrazione trova la propria disciplina nel d.lgs. n. 165 del 2001 (e succ. modif.).

La Corte costituzionale nella sent. n. 309 del 1997, in merito al dubbio del giudice *a quo* (Tar Lazio), secondo cui la trasformazione del rapporto di lavoro dei pubblici dipendenti risulterebbe lesiva dell'art. 97 Cost. per l'incompatibilità tra il pubblico impiego «*in quanto volto al perseguimento di finalità di interesse generale, ed il modulo strutturale del lavoro subordinato privato, improntato a logiche di mercato*» ed inoltre per violazione dell'art. 39 Cost. «*in quanto i contratti collettivi previsti da tali norme sarebbero efficaci* erga omnes *in assenza delle condizioni imposte dal precetto costituzionale ai sindacati stipulanti perché di tale efficacia siano dotati i contratti da essi sottoscritti*», ha rigettato i dubbi di incostituzionalità: in merito all'art. 97 Cost. giacché «*attraverso il nuovo assetto delle fonti che regolano tale rapporto [il rapporto d'impiego dei pubblici dipendenti], il legislatore ha inteso garantire, senza pregiudizio dell'imparzialità, anche il valore dell'efficienza contenuto nel precetto costituzionale, grazie a strumenti gestionali che consentano, meglio che in passato, di assicurare il contenuto delle prestazioni lavorative in termini di produttività ovvero di una più flessibile utilizzazione delle stesse*»; in merito alla violazione dell'art. 39 Cost. «*in quanto l'applicazione del contratto collettivo deriva, per la parte pubblica, non già da una generalizzata previsione di obbligatorietà dello stesso, bensì dal dovere gravante sulle pubbliche amministrazioni di osservare gli impegni assunti, dovere costituente la premessa per realizzare la garanzia della parità di trattamento contrattuale affermata dall'art. 49, comma 2, d.lgs. n. 29 del 1993. Parallelamente, per la parte privata, l'applicazione del contratto collettivo deriva dall'avere il singolo dipendente accettato, attraverso espressa clausola di rinvio, contenuta nel contratto individuale, che il rapporto di lavoro si instauri (o prosegua) secondo regole definite, almeno in parte, nella sede della contrattazione collettiva*» (v. già Corte cost., sent. n. 313 del 1996).

Con il d.p.r. n. 62 del 2013 è stato approvato il "*Codice di comportamento dei dipendenti pubblici*", che detta i principi generali e le norme relative al comportamento in servizio e ai rapporti con il pubblico, ai rapporti con i dirigenti, ai contratti e alle sanzioni previste per i casi di mancato rispetto delle norme del Codice medesimo.

Con sent. n. 167 del 2013 la Corte costituzionale ha dichiarato incostituzionale una legge della Regione Lombardia (n. 12 del 2012, n. 12), che, disponendo il trasferimento delle funzioni di due società *in house* della regione Lombardia a strutture organizzative regionali, prevedeva l'inquadramento del personale in servizio a tempo indeterminato delle due società partecipate in altrettanti ruoli speciali ad esaurimento presso due articolazioni della Regione stessa. Secondo il governo (che aveva impugnato la legge regionale) si verrebbe così a determinare «*l'assunzione a tempo indeterminato da parte della Regione di tutto il personale precedentemente in servizio presso le società controllate, in mancanza di una procedura selettiva aperta al pubblico e, dunque, in violazione dei canoni di ragionevolezza e del principio del pubblico concorso, di cui agli artt. 3 e 97 Cost.*». La Regione difendeva le disposizioni censurate sottolineando che la deroga al principio del pubblico concorso sarebbe giustificata dall'interesse pubblico ad assicurare la continuità dell'attività svolta dalle predette società ed evidenziando che il personale già in servizio presso le società controllate con contratto di lavoro a tempo indeterminato era stato selezionato con procedure simili a quelle previste per l'impiego pubblico. La Corte costituzionale ricorda che «un interesse pubblico per la deroga al principio del pubblico concorso, al fine di valorizzare pregresse esperienze professionali dei lavoratori assunti, può ricorrere solo in determinate circostanze: è necessario, infatti, che la legge stabilisca preventivamente le condizioni per l'esercizio del potere di assunzione, subordini la costituzione del rapporto a tempo indeterminato all'accertamento di specifiche necessità funzionali dell'amministrazione e preveda procedure di verifica dell'attività svolta; il che presuppone che i soggetti da assumere abbiano maturato tale esperienza all'interno della p.a. e non alle dipendenze di datori di lavoro esterni (sent. n. 215 del 2009). Inoltre, la deroga al predetto principio deve essere contenuta entro determinati limiti percentuali, per non precludere in modo assoluto la possibilità di accesso della generalità dei cittadini a detti posti pubblici (sent. n. 108 del 2011)». E la giurisprudenza costituzionale ha sempre affermato che «*un generale ed automatico transito del personale di una persona giuridica di diritto privato nell'organico di un soggetto pubblico regionale, senza il previo espletamento di alcuna procedura selettiva di tipo concorsuale … non trova alcuna ragione giustificatrice*», e «*si risolve in un privilegio indebito per i soggetti che possono beneficiare della norma impugnata, in violazione dell'art. 97 Cost. (sent. n. 62 del 2012)*».

Con riguardo alla valenza delle disposizioni contenute nei Ccnl, per la Cassazione (da ultimo v. Cass., sez. lav., sent. 15 luglio 2013, n. 17322, ma v. già Cass., sez. un., n. 21744 del 2009), «*deve escludersi … il potere del datore di lavoro pubblico di introdurre deroghe, anche a favore dei dipendenti, all'assetto definito in sede di contrattazione collettiva, trattandosi di uno dei principi cardine della riforma consistita nella cosiddetta "contrattualizzazione" del rapporto di lavoro pubblico, espresso in numerose disposizioni del d.lgs. n. 165 del 2001 (secondo cui i rapporti di lavoro sono regolati esclusivamente dai contratti collettivi e dalle leggi sul rapporto di lavoro privato; i contratti individuali possono incidere sui trattamenti economici definiti in sede collettiva solo se specificamente abilitati dalla legge; persino il potere legislativo – salvo che non introduca esplicitamente una clausola di salvaguardia – deve cedere di fronte alle disposizioni dei contratti collettivi in ambito normativo ed economico; sul trattamento economico, interamente definito dai contratti collettivi, non può incidere il datore di lavoro in violazione del principio di parità di trattamento contrattuale). Per conseguenza l'atto di deroga, anche* in melius, *alle disposizioni del contratto collettivo sarebbe affetto in ogni caso da nullità … Tali principi trovano applicazione, nell'ambito della disciplina del lavoro pubblico privatizzato, anche con riferimento alle regioni e province a statuto speciale*».

4. L'azione amministrativa

La riflessione sull'azione della p.a. può scindersi fra l'analisi del procedimento amministrativo (cioè dei momenti che concretizzano il formarsi dell'azione amministrativa) e lo studio del contenuto dell'atto adottato dalla pubblica amministrazione. A quest'ultimo riguardo va evidenziato che la p.a. può adottare atti di diritto privato (e quindi sottoposti al regime del diritto civile) o atti amministrativi (cioè sottoposti al regime del diritto amministrativo). In entrambi i casi però *la fase procedimentale* (cioè della formazione della volontà della p.a.) *attiene sempre al diritto pubblico* e soggiace innanzitutto ai principi costituzionali dell'azione amministrativa, rappresentati dal principio di legalità, di buon andamento e di imparzialità.

Il ***principio di legalità***, quale soggezione dell'azione degli organi amministrativi alla legge, comporta che ogni soggetto pubblico può disporre solo delle potestà pubbliche ad esso espressamente conferite dalla legge (da qui discendono la tipicità e l'autoritarietà del provvedimento amministrativo; v. *infra*); il principio di buon andamento dell'amministrazione (o ***principio di buona ammi-***

nistrazione) esige che l'attività amministrativa si svolga secondo regole che assicurino la semplicità, la speditezza, l'economicità e l'efficienza dell'azione amministrativa, ma anche l'esigenza di un'adeguata istruttoria (nonché il principio della revocabilità e modificabilità degli atti amministrativi inopportuni); il ***principio di imparzialità*** impone alla p.a. di compiere, nella realizzazione dei compiti assegnatile, una ponderazione di tutti gli interessi coinvolti dall'azione amministrativa; da tale principio discende l'esigenza della partecipazione degli interessati al procedimento amministrativo (*principio del contraddittorio*) e la necessità che ai servizi gestiti da soggetti pubblici possano accedere tutti i soggetti che ne abbiano titolo, ma anche gli istituti dell'astensione (obbligo per i titolari di pubblici uffici di astenersi dal partecipare ad atti ai quali siano interessati essi stessi o prossimi congiunti oppure in cui, per ragioni oggettive, gli stessi possano non trovarsi in posizione di assoluta serenità rispetto alla decisione da adottare) e della ricusazione (mediante la quale i soggetti destinatari del provvedimento possono «ricusare» il pubblico funzionario che, pur avendo l'obbligo di astenersi, abbia omesso di farlo).

Dal punto di vista del contenuto, l'*attività amministrativa* è tradizionalmente distinta in *amministrazione attiva* (che si ha quando la p.a. agisce operativamente per il raggiungimento degli obiettivi fissati dalla legge e che si distingue in *attività deliberativa*, in quanto esercizio di poteri decisionali, e in *attività esecutiva*, quale attuazione di precedenti decisioni), *amministrazione consultiva* (che si ha quando la p.a. emana pareri che possono essere facoltativi o obbligatori – a seconda dell'obbligatorietà o meno per il soggetto decidente di acquisire il parere – e vincolanti o non vincolanti – a seconda dell'obbligo per il soggetto destinatario del parere di conformarsi allo stesso) e in *amministrazione di controllo* (in quanto volta a sindacare l'operato degli enti che svolgono amministrazione attiva). Oltre a queste tre, esistono numerose altre tipologie di attività amministrative quali l'attività di certificazione, di registrazione, di documentazione, di notificazione, pubblicazione, ecc. (oltre alle forme di attività istruttoria, di iniziativa e di proposta).

La legge n. 241 del 1990 (oggetto di svariati interventi legislativi successivi), in attuazione di quanto disposto dalla Costituzione, afferma che l'attività amministrativa deve conformarsi, oltre che al principio di legalità, ai principi di economicità (o di efficienza, relativo al rapporto tra i mezzi impiegati ed i fini perseguiti), di efficacia (grado di realizzazione degli obiettivi prefissati), di semplificazione (che, in sintonia con il principio di efficienza, richiede la massima snellezza operativa, la conclusione in tempi certi e rapidi, e la riduzione degli oneri imposti ai privati) e di pubblicità.

Il ***procedimento amministrativo*** (che deve concludersi in tempi certi) consta di una sequenza di fasi volte all'adozione del provvedimento finale. Le fasi del procedimento amministrativo sono:

– la *fase dell'iniziativa*, che può aprirsi d'ufficio (cioè per iniziativa della stessa amministrazione) o su istanza del soggetto interessato ad ottenere il provvedimento finale;

– la *fase istruttoria*, in cui vengono acquisiti gli elementi, di fatto e di diritto, su cui sarà basata la decisione dell'amministrazione. In questa fase intervengono i pareri espressi dagli organi e dalle strutture aventi compiti consultivi, nonché eventuali atti di consenso espressi da altre amministrazioni;

– la *fase costitutiva*, che è quella di adozione del provvedimento amministrativo;

– la *fase di integrazione dell'efficacia*, consistente negli ulteriori adempimenti (come la sottoposizione ad un determinato regime di pubblicità) necessari perché il provvedimento possa produrre effetti giuridici.

Il *provvedimento amministrativo deve essere motivato*, con l'eccezione degli atti normativi e di quelli a contenuto generale. Il principio della necessaria ***motivazione*** mira a soddisfare l'esigenza di visibilità delle valutazioni compiute dall'amministrazione procedente e delle attività svolte nelle diverse fasi del procedimento. Ed ovviamente la motivazione del provvedimento costituisce uno dei punti su cui maggiormente si soffermerà l'attenzione del giudice chiamato a sindacare la legittimità dell'atto.

L'amministrazione procedente deve consentire la ***partecipazione al procedimento*** di tutti i soggetti interessati. A questo fine la pubblica amministrazione procedente deve comunicare **l'avvio del procedimento** ai destinatari del provvedimento finale ed agli altri soggetti interessati dal provvedimento. Anche altri soggetti pubblici o privati, nonché le associazioni o i comitati costituiti per la tutela di «interessi diffusi» (es. relativi alla tutela ambientale) possono intervenire nel procedimento. La partecipazione al procedimento si realizza attraverso la presentazione di memorie scritte e documenti, che l'amministrazione ha l'obbligo di valutare prima di adottare il provvedimento (*principio del contraddittorio*). Nella comunicazione di avvio del procedimento deve essere indicato il nominativo del funzionario responsabile (***responsabile del procedimento***), il quale segue il procedimento dall'inizio alla sua conclusione, compiendo gli atti istruttori, curando le comunicazioni e le notificazioni necessarie, richiedendo i pareri e completando l'attività istruttoria.

La legge n. 241 del 1990 ha anche previsto un'ampia garanzia **del *diritto di accesso*** *ai documenti amministrativi*. Questo diritto viene riconosciuto a «chiunque vi abbia interesse per la tutela di situazioni giuridicamente rilevanti». È escluso per i documenti coperti da segreto di Stato o da altro segreto o divieto di divulgazione (per ragioni di difesa nazionale, politica monetaria e valutaria, sicurezza, ordine pubblico, o per tutelare la riservatezza di terzi, persone, gruppi di interesse).

Il provvedimento amministrativo costituisce una categoria importante (ma non l'unica) degli atti amministrativi. L'***atto amministrativo*** è *l'atto unilaterale ed avente rilevanza esterna adottato da una p.a. nell'esercizio di una funzione amministrativa* (Sandulli). Perché si abbia «atto amministrativo» è dunque necessaria la coesistenza di entrambi i predetti elementi: la provenienza dell'atto da una p.a. e l'esercizio da parte di questa di una funzione amministrativa. Nel caso in cui manchi questo secondo elemento, la p.a. non viene a distinguersi dagli altri soggetti dell'ordinamento e dunque adotta atti di diritto privato. L'atto amministrativo soggiace al principio di legalità giacché la p.a. può esercitare solo i poteri ad essa attribuiti dalla legge.

La categoria dell'atto amministrativo ricomprende al proprio interno numerose tipologie, giacché possono assumere tale veste sia *atti normativi* (quali i regolamenti), sia *atti di programmazione, direttive amministrative, provvedimenti amministrativi* o anche *meri atti amministrativi* (ad es. atti endoprocedimentali). Ponendo l'attenzione sul provvedimento amministrativo, la dottrina distingue gli atti amministrativi in due categorie: quella del provvedimento amministrativo (atto autoritativo, tipico e nominato, preordinato alla realizzazione di interessi specifici affidati alle cure dell'amministrazione) e quella (residuale) degli «altri atti amministrativi» aventi funzioni strumentali, accessorie o secondarie. Il **provvedimento amministrativo** ha rilevanza esterna e influisce sulla situazione giuridica dei soggetti cui è destinato.

Il provvedimento amministrativo può ampliare la sfera giuridica del privato (ad es. *autorizzazione* o *concessione*), ma vi sono anche provvedimenti che incidono negativamente sulla sfera giuridica del privato (es. *provvedimenti ablatori, ordini* o *divieti* o i provvedimenti di espropriazione o di requisizione di beni o quali le sanzioni amministrative).

Il provvedimento amministrativo è caratterizzato dalla:

– ***autoritarietà***: possibilità per l'autorità amministrativa di incidere unilateralmente e autoritariamente nella sfera giuridica di altri soggetti (in ragione della prevalenza dell'interesse pubblico perseguito e tutelato dalla legge);

– ***tipicità***: la pubblica amministrazione può esercitare solo i poteri alla stessa attribuiti dalla legge, la quale indica il tipo di provvedimento che la pubblica amministrazione può emanare (c.d. **principio di nominatività**), gli effetti che lo stesso può produrre, l'interesse pubblico posto a base di tale potere, nonché i presupposti ed il procedimento da seguire per l'adozione dello stesso (questo carattere del provvedimento amministrativo discende direttamente dai principi costituzionali di legalità, di imparzialità e di buon andamento dell'azione amministrativa);

– ***esecutività***: è l'idoneità del provvedimento amministrativo a produrre automaticamente l'effetto che la legge vi ricollega; l'*esecutorietà* consiste invece nella capacità che la legge riconosce talvolta alla pubblica amministrazione di portare direttamente in esecuzione coattiva determinati provvedimenti;

– ***inoppugnabilità***: l'autoritarietà del provvedimento amministrativo comporta l'idoneità dello stesso a diventare non più impugnabile qualora sia trascorso il termine legislativamente previsto per l'impugnazione.

L'atto amministrativo, qualora carente dei requisiti prescritti dalla legge, è affetto da vizi (c.d. ***vizi dell'atto amministrativo***) che ne determinano la nullità o l'annullabilità.

Si ha la ***nullità*** quando mancano o sono viziati elementi essenziali dell'atto: a) perché emesso da un soggetto sprovvisto di autorità amministrativa o da un'autorità assolutamente incompetente (*incompetenza assoluta*); b) perché l'*oggetto* dell'atto è indeterminato o inidoneo, o il *contenuto* è illecito; c) perché la *volontà* del soggetto agente è viziata da violenza fisica; d) perché l'atto manca di una *forma essenziale* (quando una determinata forma è prescritta dalla legge a pena di nullità). L'atto nullo non spiega nessun effetto e la nullità non è sanabile.

L'***annullabilità*** non impedisce all'atto di spiegare i propri effetti, ma può essere annullato con un atto successivo o una decisione del giudice (con effetto *ex tunc*). I vizi di legittimità che determinano l'annullabilità dell'atto sono:

– l'*incompetenza*: sussiste quando il provvedimento è emanato da un'autorità amministrativa esorbitando dalla propria competenza (c.d. *incompetenza relativa*, da tenere distinta dalla incompetenza assoluta che produce la nullità dell'atto);

– l'*eccesso di potere*: si ha quando l'atto amministrativo risulti viziato nel suo aspetto funzionale e cioè vi è una deviazione dell'atto dalle sue finalità istituzionali; la nozione di eccesso di potere è frutto della elaborazione giurisprudenziale, la quale ha individuato molteplici *figure sintomatiche* dell'eccesso di potere (dalla motivazione insufficiente, incongrua o contraddittoria alla illogicità dei criteri di valutazione adottati, dall'assenza di adeguata istruttoria alla grave o manifesta disparità di trattamento, ecc.);

– la *violazione di legge*: è una nozione avente carattere residuale, essendo in essa ricompresi tutti i casi di contrasto del provvedimento con una norma vigente non ricadenti nei vizi già esaminati.

Oltre che da vizi di legittimità, l'atto amministrativo può essere affetto da un **vizio di merito** o di opportunità.

La pubblica amministrazione che abbia emanato un atto viziato può adottare provvedimenti successivi per «sanare» i vizi del primo provvedimento. Operano in questo senso la *ratifica* (es., se l'atto, viziato per incompetenza, viene sanato se lo ratifica l'organo competente) o la *convalida* (ad es. nel caso di adozione *ex post* di un atto del procedimento in precedenza mancante). Nei confronti dell'atto inopportuno può adottarsi la *revoca*.

Quando i vizi non sono sanabili la pubblica amministrazione può in **autotutela**, adottare un ulteriore provvedimento con cui dispone l'annullamento d'ufficio del provvedimento viziato adottato in precedenza.

5. Le autorità amministrative indipendenti

A partire dagli anni ottanta si è affermato nel nostro ordinamento un nuovo modello di amministrazione: le c.d. ***autorità amministrative indipendenti***. In dottrina si sono registrate ricostruzioni molto distanti in merito al ruolo di tali *autorità*. In via estremamente sommaria può affermarsi che alla tesi che ha ravvisato in tali autorità l'adempimento di principi costituzionali (quali l'art. 97 Cost. o l'art. 3, comma 2, Cost.) o la tutela di valori costituzionalmente protetti (ad es. l'art. 41 Cost.), si sono contrapposte ricostruzioni molto critiche, sostenitrici della incostituzionalità di siffatte autorità; alcuni hanno sostenuto la natura «quasi-giurisdizionale», altri la natura amministrativa, altri ancora la natura costituzionale delle autorità indipendenti. Inoltre, la dottrina si è posta diversi quesiti legati, da un lato, all'esatta delimitazione delle funzioni, dei poteri e delle caratteristiche di tali autorità e, dall'altro lato, alla compatibilità di tale nuova figura organizzatoria con l'impianto dettato dalla Costituzione e, più in particolare, con i principi costituzionali in materia di pubblica amministrazione.

Come visto in precedenza (v. *supra*, par. 1), la dialettica determinata dalla contemporanea vigenza dei principi di subordinazione e di separazione dell'amministrazione dal potere politico, conferisce al nostro sistema amministrativo un alto grado di elasticità che consente l'esistenza di strutture pubbliche in posizione di relativa indipendenza dall'autorità politica e, in particolare, sottratte alla diretta dipendenza dall'indirizzo governativo. Le autorità amministrative indipendenti dunque si presentano, da un lato, come un'importante manifestazione del principio e dell'esigenza di separazione tra la pubblica amministrazione e gli organi politici e, dall'altro lato, come la dimostrazione dell'inadeguatezza ed insufficienza delle tradizionali formule organizzative ad assicurare effettività al principio di separazione-distinzione tra politica ed amministrazione (Longobardi).

Le autorità amministrative indipendenti vengono infatti a configurarsi quali istanze caratterizzate da un alto grado di elasticità, capaci di instaurare, con «neutralità tecnica e politica» e alto tasso di imparzialità, momenti di dialogo fra differenti soggetti dell'ordinamento allo scopo di far scaturire le relative decisioni da una reciproca interazione fra gli interessi pubblici e privati. Secondo la classica concezione sandulliana, il carattere della neutralità presuppone due fondamentali requisiti: 1. la posizione di indipendenza dell'organo; 2. l'assoluta estraneità ed indifferenza dell'attività dell'organo agli interessi alla cui regolazione la sua attività è diretta.

Nell'ordinamento italiano l'espansione del fenomeno delle autorità amministrative indipendenti è avvenuta secondo due differenti linee di sviluppo: da un lato vi è stato un ampliamento del numero dei settori sottoposti al controllo di siffatte autorità (dalla borsa alle assicurazioni, dall'esercizio del diritto di sciopero alla concorrenza, dal trattamento dei dati personali al settore delle comunicazioni, dai servizi di pubblica utilità agli appalti pubblici, ecc.), dall'altro le diverse autorità hanno progressivamente rivendicato, attraverso un utilizzo «ampio» dei rispettivi poteri, una sempre maggiore «autonomia».

L'esame del diritto positivo consente di poter affermare l'estrema difficoltà di individuazione di un «modello» di autorità amministrativa indipendente, riscontrandosi dietro siffatta espressione numerose figure tra loro eterogenee. Ma il riconoscimento della eterogeneità dei soggetti ricompresi sotto la denominazione di «autorità amministrative indipendenti» non costituisce una «debolezza» del modello, giacché si pone in sintonia con «la spiegazione più profonda del fenomeno delle autorità amministrative indipendenti» e cioè «il mutamento della concezione delle funzioni amministrative e dei modi del loro esercizio» (Longobardi). L'elemento peculiare delle autorità amministrative indipendenti è dunque quello dell'indipendenza, la cui garanzia discende proprio dal tipo di funzione da esse svolto (di regolamentazione e di protezione di interessi collettivi in settori socialmente rilevanti), nell'adempimento del quale è necessario che l'autorità agisca (appunto in maniera «indipendente», e cioè) senza alcun condizionamento ad opera né del potere politico, né di gruppi privati.

La dottrina si è impegnata ad individuare una definizione di «autorità amministrativa indipendente», ma si è dovuta fermare a definizioni generiche, di «approssimazione» o ha dovuto ricorrere a teoriche distinzioni fra autorità di vigilanza e autorità di regolazione (o altre ancora).

L'esame delle diverse discipline legislative dimostra l'eterogeneità delle figure che vengono ricomprese nel novero delle autorità amministrative indipendenti. Proprio questo ordine di considerazioni consiglia di non soffermarsi troppo sul problema della definizione e di riconoscere che l'individuazione della nozione di autorità amministrativa indipendente (e dunque del ruolo di tale figura all'interno dell'ordinamento) non possa non essere strettamente connessa con il ruolo e le funzioni assegnate alla pubblica amministrazione all'interno dell'ordinamento. E proprio ponendosi in tale prospettiva appare preferibile quella ricostruzione che individua l'essenza del fenomeno delle autorità amministrative indipendenti nella garanzia e nell'espletamento delle funzioni di *administrative regulation* quale espressione di una moderna e democratica visione della amministrazione, non più «braccio operativo» delle scelte compiute dalla maggioranza politica, manifestazioni invece di una amministrazione e di un diritto dell'amministrazione che «costituiscono una formula in linea con la Costituzione» ed «antesignane di una emergente, nuova concezione dell'amministrazione, ancorata alla società e al rispetto dei diritti individuali ... Una concezione in grado di realizzare finalmente nella sostanza i valori costituzionali» (Longobardi).

In tale ricostruzione si rinvengono sia il fondamento costituzionale delle autorità amministrative indipendenti che gli stessi limiti di legittimità del loro operato, sia i criteri di regolazione del rapporto fra le autorità amministrative indipendenti (e più in generale della pubblica amministrazione) con l'esecutivo (e più in generale con gli altri poteri dello Stato) sia i rapporti con i singoli cittadini.

L'*indipendenza* di tali organi, quale capacità di determinare la propria azione nell'esercizio dei poteri attribuiti dalla legge, si presenta quale sottrazione, sia sul piano organizzativo che su quello funzionale, di tali autorità ad ogni ingerenza dell'esecutivo. Il riconoscimento alla figura delle autorità amministrative indipendenti di un fondamento costituzionale (in particolare degli artt. 97 e 98 Cost., ma non manca chi cita anche gli artt. 41 e 3, comma 2, Cost.) dischiude interessanti scenari per una concezione della pubblica amministrazione indipendente e imparziale, ancorata al principio democratico e orientata alla effettiva partecipazione dei cittadini alla vita economica e sociale del Paese. E così il riconoscimento del potere regolamentare discende dall'attribuzione alle autorità amministrative indipendenti di poteri riconducibili alla funzione di *regolazione* e di *controllo*, intendendo il concetto di *regolazione amministrativa*, come funzione svolta da una autorità amministrativa, agente in posizione di terzietà e di neutralità e per la cura di interessi collettivi, e diretta a disciplinare l'attività dei soggetti privati.

Le autorità amministrative indipendenti più significative presenti nel nostro ordinamento sono le seguenti.

– La *Commissione nazionale per le società e la Borsa (Consob)* è stata istituita con la legge 7 giugno 1974, n. 216, che ha convertito in legge con modificazioni il d.l. 8 aprile 1974, n. 95. Il legislatore del 1974 affidò alla Consob due compiti principali: il controllo della trasparenza delle società e dell'informazione fornita al pubblico; la vigilanza sul corretto funzionamento delle borse valori. Il d.lgs. n. 58 del 1998 ("*Testo unico delle disposizioni in materia di intermediazione finanziaria*") ha assegnato alla Consob il ruolo di tutela degli investitori in quanto garante della correttezza e trasparenza dei comportamenti degli intermediari, della trasparenza dei mercati e dell'ordinato svolgimento delle negoziazioni, dell'efficienza e trasparenza del mercato dei capitali e del mercato di controllo societario e della correttezza contabile dei bilanci societari.

– L'*Autorità garante della concorrenza e del mercato* (*Antitrust*) è stata istituita dalla legge n. 287 del 1990 che le assegna il compito di vigilare sul rispetto della concorrenza. Svolge funzioni conoscitive e consultive per tutto ciò che riguarda la regolamentazione della concorrenza e del mercato, nonché funzioni sanzionatorie e di tipo autorizzatorio con riguardo ai fenomeni di concentrazioni pregiudizievoli della libera concorrenza, di intese restrittive e di abuso.

– L'*Istituto per la vigilanza sulle assicurazioni* (*Ivass*) è un organo di controllo delle imprese di assicurazione ed è succeduto all'Isvap istituito dalla legge 12 agosto 1982, n. 576, che assegnava a tale Istituto funzioni istruttorie e conoscitivo-consultive del Ministro dell'Industria. Il d.lgs. n. 209 del 2005 (*Codice delle assicurazioni private*) ha posto un'organica disciplina della materia e assegna all'Ivass le funzioni di vigilanza sul settore assicurativo mediante l'esercizio di poteri di natura autorizzativa, prescrittiva, accertativa, cautelare e repressiva. La vigilanza posta in essere dall'Ivass ha per scopo la sana e prudente gestione delle imprese di assicurazione e di riassicurazione e la trasparenza e la correttezza dei comportamenti delle imprese, degli intermediari e degli altri operatori del settore assicurativo, avendo riguardo alla stabilità, all'efficienza, alla competitività ed al buon funzionamento del sistema assicurativo, alla tutela degli assicurati e degli altri aventi diritto a prestazioni assicurative, all'informazione ed alla protezione dei consumatori.

– L'*Autorità per le garanzie nelle comunicazioni*. Il settore dei mezzi di comunicazione di massa che è stato caratterizzato dalla successione di ben tre organismi di garanzia: 1. il Garante dell'editoria (istituito con la legge 5 agosto 1981, n. 416); 2. il Garante per la radiodiffusione e l'editoria (istituito dalla legge 6 agosto 1990, n. 223, che ha soppresso il precedente); 3. l'Autorità per le garanzie nelle comunicazioni (istituito dalla legge 31 luglio 1997, n. 249 e che, a sua volta, ha preso il posto dell'ultimo Garante). Il Garante dell'editoria rappresentava un organo di garanzia istituito «per consentire la continuità dell'azione di vigilanza del Parlamento sull'attuazione della stessa legge» (art. 8, comma 1, legge n. 416 del 1981). I successivi Garanti vengono finalizzati all'attuazione di valori costituzionali e all'esigenza di assicurare il godimento di libertà fondamentali soprattutto in seguito alla c.d. «liberalizzazione» dei settori dell'editoria (prima), della radiotelevisione (poi) e (infine) di quello delle telecomunicazioni. Secondo la legge n. 249 del 1997, fanno parte del settore delle «comunicazioni», quello delle telecomunicazioni, quello della radiotelevisione, quello dell'editoria e quello della multimedialità. L'Autorità per le garanzie nelle comunicazioni gode di rilevanti poteri di regolazione e di controllo, sanzionatori e para-giurisdizionali, consultivi e di proposta. Inoltre la legge n. 249 del 1997 assegna all'Autorità poteri normativi in tema di accesso ai mezzi e alle infrastrutture di comunicazione, al rilascio delle autorizzazioni, delle licenze, delle concessioni televisive, ecc.

– Il *Garante per la protezione dei dati personali*. Con la legge n. 675 del 1996 il legislatore italiano, in adempimento di obblighi comunitari, ha dettato una disciplina generale relativa al trattamento dei dati personali, istituendo una autorità amministrativa indipendente incaricata di controllare il rispetto delle norme vigenti. Il Garante per la protezione dei dati personali svolge funzioni di vigilanza e di controllo del rispetto delle norme poste a tutela dei dati sensibili, con potere di adottare anche provvedimenti repressivi e sanzionatori. Il Garante svolge i seguenti compiti: a) istituzione e tenuta del registro generale dei trattamenti sulla base delle notificazioni ricevute; b) controllo del legittimo trattamento dei dati personali; c) segnalazione a titolari e responsabili delle modifiche da apportare nella elaborazione dei dati; d) ricezione delle segnalazioni e dei richiami degli interessati; e) vigilanza sulle cessazioni dei trattamenti dei dati; f) promozione della sottoscrizione di codici deontologici per alcuni settori di operatori particolarmente impegnati nel trattamento delle informazioni; g) denuncia di fatti configurabili come reati perseguibili d'ufficio; h) pubblicizzazione delle norme che regolano la materia; i) segnalazione al governo dell'opportunità di nuovi interventi normativi in materia; l) divieto di utilizzo del trattamento dei dati; m) relazione annuale al Parlamento sull'attività svolta e sullo stato di attuazione della legge n. 675 del 1996; n) assistenza alla protezione dei soggetti rispetto al trattamento automatizzato di dati personali; o) adozione dei provvedimenti previsti dalla normativa sulla *privacy*.

– L'*Autorità di regolazione per Energia Reti e Ambiente* (*Arera*) che ha preso il posto della preesistente *Autorità per l'energia elettrica e il gas*, istituita dalla legge 14 novembre 1995, n. 481 ("*Norme per la concorrenza e la regolazione dei servizi di pubblica utilità. Istituzione delle Autorità di regolazione dei servizi di pubblica utilità*"), e preposta alla regolazione e al controllo del settore di propria competenza ed opera in piena autonomia e con indipendenza di giudizio e di valutazione. L'Autorità, fra l'altro, ha la funzione di garantire la concorrenza e l'efficienza nel settore dei servizi di pubblica utilità, assicurandone la fruibilità e la diffusione in modo omogeneo sull'intero territorio nazionale, «*definendo un sistema tariffario certo, trasparente e basato su criteri predefiniti, promuovendo la tutela degli interessi di utenti e consumatori*». Dispone del potere di formulare osservazioni e proposte da trasmettere al Governo e al Parlamento; di potere regolamentare; determina le tariffe del gas e dell'energia elettrica; assicura la pubblicità e la trasparenza delle condizioni di servizio; definisce adeguati livelli di qualità dei servizi; predispone sistemi tariffari certi, trasparenti e basati su criteri predefiniti; promuove la tutela degli interessi di utenti e consumatori; assicura condizioni di eguaglianza nell'accesso alle reti energetiche; ha poteri di controllo di qualità e di vigilanza nei confronti dei fornitori dei servizi; valuta reclami, istanze e segnalazioni presentate dagli utenti o dai consumatori.

– La *Commissione di garanzia per l'attuazione della legge sull'esercizio del diritto di sciopero*. Istituita dalla legge n. 146 del 1990 (ampiamente modificata dalla legge n. 83 del 2000) ha il compito di valutare l'idoneità delle misure destinate ad assicurare il contemperamento dell'esercizio del diritto di sciopero con il godimento dei diritti della persona costituzionalmente tutelati. Fra le competenze della Commissione rilevano: il potere di adottare, in caso di mancato accordo fra le parti interessate, la provvisoria regolamentazione delle prestazioni indispensabili, delle procedure di raffreddamento e di conciliazione e delle altre misure di contemperamento; la promozione dell'adozione da parte delle associazioni di categoria o degli organismi di rappresentanza di codici di autoregolamentazione.

– L'*Autorità nazionale anticorruzione* (*Anac*), che ha preso il posto di due preesistenti autorità: la *Commissione indipendente per la valutazione, la trasparenza e l'integrità delle amministrazioni pubbliche* (*Civit*), istituita nel 2009 ed avente appunto la funzione di valutazione della produttività delle pubbliche amministrazioni e di garanzia della efficienza e della trasparenza delle stesse; e l'*Autorità per la vigilanza sui contratti pubblici di lavoro, servizi e forniture* (*Avcp*), istituita nel 2006 (ma che, a sua volta, aveva preso il posto della preesistente *Autorità per la vigilanza sui lavori pubblici*, istituita nel 1994) e chiamata a «vigilare» sulla economicità di esecuzione dei lavori pubblici, sull'osservanza della disciplina legislativa e regolamentare, sul sistema di qualificazione e, più in generale, sull'intero settore degli appalti e delle concessioni. L'Anac è istituita con il decreto-legge n. 90 del 2014, conv. in legge n. 114 del 2014, che, oltre a sopprimere le preesistenti autorità, assegna all'Anac la funzione di prevenzione della corruzione nell'ambito della pubblica amministrazione (e delle società partecipate e controllate), mediante un'attività di vigilanza nell'ambito dei contratti pubblici e di attuazione della trasparenza. L'Autorità è composta di 5 membri (di cui uno è il presidente), che restano in carica per sei anni, nominati con decreto del Presidente della Repubblica, previa delibera del Consiglio dei ministri, su proposta del ministro per la funzione pubblica, ed acquisito il parere favorevole delle competenti commissioni parlamentari.

6. La tutela giurisdizionale e non giurisdizionale nei confronti degli atti della pubblica amministrazione

Il singolo che intenda far valere l'illegittimità di un atto (o di un comportamento) della pubblica amministrazione dispone di strumenti giurisdizionali e non giurisdizionali. Questi ultimi sono rappresentati dai *ricorsi amministrativi*, per mezzo dei quali il soggetto interessato si rivolge sempre alla pubblica amministrazione (ma in genere ad un'autorità diversa da quella che ha adottato l'atto impugnato) per chiedere l'annullamento o la revoca di un provvedimento in quanto illegittimo o per motivi di merito.

Varie sono le tipologie di ricorso amministrativo:

– il *ricorso gerarchico*: è un rimedio di carattere generale, attraverso il quale il privato può chiedere all'organo sovraordinato a quello che ha emanato l'atto di annullare, revocare o riformare l'atto amministrativo invocando sia motivi di legittimità che di merito. Il ricorso va presentato entro 30 giorni dal giorno in cui l'atto è stato notificato (o conosciuto) ed è considerato respinto se entro 90 giorni la pubblica amministrazione non risponde;

– il *ricorso gerarchico improprio*: è un rimedio di carattere *eccezionale* (nel senso che è proponibile solo quando previsto dalla legge) e consiste nell'istanza rivolta ad un organo diverso da quello che ha adottato l'atto (e quindi non avente veste di superiore gerarchico rispetto a quest'ultimo);

– il *ricorso in opposizione*: è un rimedio di carattere *eccezionale* (nel senso che è esperibile solo quando espressamente previsto dalla legge) e va rivolto allo stesso organo che ha emanato l'atto. Anche in questo caso l'organo amministrativo adito ha l'obbligo di rispondere (con l'applicazione del principio del silenzio-rigetto);

– il ***ricorso straordinario al Capo dello Stato***: è un rimedio di carattere generale in cui l'espressione «straordinario» sta ad indicare l'utilizzabilità dello stesso contro atti nei confronti dei quali, in ragione della definitività degli stessi, non vi è possibilità di rimedi amministrativi all'interno dell'ordinamento della p.a. che ha adottato l'atto medesimo. Esso può essere proposto solo se non ci sono altri ricorsi amministrativi disponibili (o sono già stati respinti), ed è alternativo al ricorso giurisdizionale (*electa una via non datur recursus ad alteram*). Può essere proposto solo per motivi di legittimità. È proponibile entro 120 giorni dalla notificazione o conoscenza dell'atto. Il ricorso deve essere notificato all'autorità che ha emanato l'atto, agli eventuali controinteressati e poi presentato al ministero competente per materia (o presso l'autorità che ha adottato l'atto impugnato). Decorso il termine di 60 giorni dalla notifica, il ministro procede all'istruttoria del ricorso e trasmette (non oltre 120 giorni) gli atti al Consiglio di Stato perché esprima il proprio parere sulla fondatezza del ricorso. Tale parere è obbligatorio, ma non vincolante, ma per discostarsene è necessaria una motivata deliberazione del Consiglio dei ministri. La decisione del ricorso è solo formalmente imputabile al Presidente della Repubblica (controfirmato dal ministro competente per materia), ma è in larga parte determinata dal parere che obbligatoriamente il Consiglio di Stato è chiamato ad esprimere (ed infatti la decisione deve contenere espressa menzione del parere del Consiglio di Stato e della eventuale deliberazione motivata di dissenso del Consiglio dei ministri). Salvo casi eccezionali, la presentazione del ricorso non sospende l'esecuzione dell'atto impugnato.

L'esperienza dei ricorsi amministrativi ha dato nel nostro Paese scarsi risultati giacché tradizionalmente la pubblica amministrazione non mostra la capacità di auto-correggersi e di prestare il dovuto ascolto alle argomentazioni del singolo. Questa circostanza determina dunque uno scarso utilizzo dello strumento dei ricorsi amministrativi ed un sovraffollamento del canale del giudizio amministrativo.

Fino alla legge istitutiva dei Tar (1970), per poter adire gli organi giurisdizionali della giustizia amministrativa era necessario il previo esaurimento dei ricorsi amministrativi ordinari. A partire da tale legge (art. 20), si afferma invece l'impugnabilità degli atti amministrativi in sede giurisdizionale in alternativa alla sede amministrativa (la scelta per quest'ultima non preclude la successiva possibilità di adire la prima). La **tutela giurisdizionale** nei confronti della pubblica amministrazione può avvenire o davanti al giudice ordinario (per la tutela di diritti soggettivi) o davanti al giudice amministrativo (per la tutela di interessi legittimi). Il giudice ordinario non può annullare l'atto amministrativo, ma può solo disapplicarlo qualora lo ritenga illegittimo. È solo dinanzi al giudice amministrativo che è possibile chiedere l'annullamento di un provvedimento amministrativo ritenuto illegittimo.

L'art. 113 Cost. stabilisce che «*contro gli atti della pubblica amministrazione, è sempre ammessa la tutela giurisdizionale dei diritti e degli interessi legittimi dinanzi agli organi di giurisdizione ordinaria e amministrativa*» e aggiunge che «*tale tutela giurisdizionale non può essere esclusa o limitata a particolari mezzi di impugnazione o per determinate categorie di atti*».

Gli ***organi della giustizia amministrativa*** sono il Tribunale amministrativo regionale (Tar), in primo grado, ed il Consiglio di Stato in secondo grado.

Il ***diritto soggettivo*** è la posizione giuridica del singolo riconosciuta e garantita dall'ordinamento giuridico che si concretizza nel potere di agire per il soddisfacimento di un proprio interesse riconosciuto e tutelato in via immediata e diretta dall'ordinamento giuridico.

Anche l'***interesse legittimo*** è una posizione giuridica soggettiva del singolo riconosciuta e garantita dall'ordinamento giuridico che si sostanzia nell'interesse del singolo alla legittimità dell'azione amministrativa (cioè alla conformità alla legge degli atti adottati dalla pubblica amministrazione). Di fronte ad un potere autoritativo della pubblica amministrazione (ad es. provvedimento di esproprio), il soggetto interessato non può opporre la lesione del proprio diritto soggettivo (il diritto di proprietà), giacché in questo caso è proprio la legge a prevedere che il diritto soggettivo del singolo ceda di fronte al potere autoritativo della pubblica amministrazione, ma può rivolgersi al giudice lamentando il mancato rispetto, da parte dell'amministrazione procedente, delle norme di legge che disciplinano l'esercizio di tale potere. La pubblica amministrazione ha dunque il potere di comprimere, limitare o addirittura sopprimere il diritto soggettivo del singolo qualora contrasti con l'interesse pubblico, ma l'ordinamento giuridico tutela – alcuni dicono «in via indiretta» – l'interesse privato potendo il singolo agire davanti al giudice amministrativo contro la pubblica amministrazione facendo valere la non conformità dell'atto alla legge ed il giudice può annullare l'atto illegittimo. L'ordinamento giuridico garantisce dunque al singolo, quando questi subisce una compressione del proprio diritto soggettivo (compressione giustificata dalla legge in ragione della prevalenza dell'interesse pubblico perseguito dalla pubblica amministrazione procedente), l'interesse alla legittimità dell'azione amministrativa. Questa situazione soggettiva prende appunto il nome di **interesse legittimo**, che è dunque la posizione giuridica sostanziale (e non meramente processuale), che il singolo detiene nei confronti del potere della pubblica amministrazione (in tal senso artt. 24, 103 e 113 Cost.).

Si ha giurisdizione del giudice ordinario, per la tutela di un diritto soggettivo, quando la pubblica amministrazione abbia agito priva di autorità, mentre si ha giurisdizione del giudice amministrativo (per la tutela dell'interesse legittimo) quando la pubblica amministrazione ha agito con autorità, ma l'interessato ritenga che l'atto amministrativo presenti vizi di legittimità che ne determinano l'annullamento (sul riparto di giurisdizione fra giudice ordinario e giudice amministrativo v. *infra*, cap. X).

Cass., sez. un., 22 luglio 1999, n. 500, ha affrontato la questione della **risarcibilità degli interessi legittimi**, o meglio il problema della configurabilità della responsabilità civile, ai sensi dell'art. 2043 c.c., della pubblica amministrazione per il risarcimento dei danni derivanti ai soggetti privati dalla emanazione di atti o di provvedimenti amministrativi illegittimi, lesivi di situazioni di interesse legittimo. La Cassazione, dopo avere ricordato il forte dissenso mosso dalla dottrina alla propria precedente giurisprudenza, volta a negare ogni possibilità di risarcibilità di lesione di interessi legittimi (criticato anche dalla Corte cost., sent. n. 35 del 1980 e ord. n. 165 del 1998), ritiene (nella sent. n. 500 del 1999) di dover mutare orientamento in ragione del «*progressivo formarsi di una giurisprudenza di legittimità volta ad ampliare l'area della risarcibilità ex art. 2043 c.c., sia nei rapporti tra privati, incrementando il novero delle posizioni tutelabili, che nei rapporti tra privati e pubblica amministrazione, valorizzando il nesso tra interesse legittimo ed interesse materiale sottostante (elevato ad interesse direttamente tutelato)*» e degli «*interventi legislativi di segno opposto alla irrisarcibilità, culminati nel d.lgs. n. 80 del 1998*». In merito alla propria precedente giurisprudenza, la Cassazione ricorda che «*il principio della irrisarcibilità degli interessi legittimi si è formato e consolidato con il concorso di due elementi, l'uno di carattere formale (o meglio processuale), l'altro di carattere sostanziale: a) il peculiare assetto del sistema di riparto della giurisdizione nei confronti degli atti della pubblica amministrazione tra giudice ordinario e giudice amministrativo, incentrato sulla dicotomia diritto soggettivo – interesse legittimo e caratterizzato dall'attribuzione ai due giudici di diverse tecniche di tutela (il giudice amministrativo, che conosce degli interessi legittimi, può soltanto annullare l'atto lesivo dell'interesse legittimo, ma non può pronunciare condanna al risarcimento in relazione alle eventuali conseguenze patrimoniali dannose dell'esercizio illegittimo della funzione pubblica, mentre il giudice ordinario, che pur dispone del potere di pronunciare sentenze di condanna al risarcimento dei danni, non può conoscere degli interessi legittimi); b) la tradizionale interpretazione dell'art. 2043 c.c., nel senso che costituisce "danno ingiusto" soltanto la lesione di un diritto soggettivo, sul rilievo che l'ingiustizia del danno, che l'art. 2043 c.c. assume quale componente essenziale della fattispecie della responsabilità civile, va intesa nella duplice accezione di danno prodotto* non iure *e* contra ius*;* non iure*, nel senso che il fatto produttivo del danno non debba essere altrimenti giustificato dall'ordinamento giuridico;* contra ius*, nel senso che il fatto debba ledere una situazione soggettiva riconosciuta e garantita dall'ordinamento medesimo nella forma del diritto soggettivo perfetto*». Secondo la Cassazione dunque «*l'ostacolo insormontabile*» sarebbe rappresentato dalla tradizionale lettura dell'art. 2043 c.c., che identifica il «*danno ingiusto*» con la lesione di un diritto soggettivo e da ciò «*deriva una notevole limitazione della responsabilità della pubblica amministrazione nel caso di esercizio illegittimo della funzione pubblica che abbia determinato diminuzioni o pregiudizi alla sfera patrimoniale del privato*». Questo esito appare ormai per la Cassazione una «*isola di immunità e di privilegio*» in contrasto con le più elementari esigenze di giustizia. Pertanto le Sezioni Unite ritengono di dover riconsiderare la tradizionale interpretazione dell'art. 2043 c.c., che identifica il «*danno ingiusto*» con la lesione di un diritto soggettivo. La Cassazione riconosce che in realtà l'interpretazione dell'art. 2043 c.c. si è da tempo orientata nel senso di un notevole ampliamento dell'area della risarcibilità dei danni soprattutto nei rapporti tra privati (risarcibilità dei diritti relativi, del diritto all'integrità del patrimonio o alla libera determinazione negoziale, del danno da perdita di chance; risarcibilità della lesione di legittime aspettative di natura patrimoniale nei rapporti familiari, ecc.), ma anche nei confronti della pubblica amministrazione (ad es. in relazione ai comportamenti materiali della pubblica amministrazione, omissione di vigilanza, ecc.). E la Cassazione si interroga anche sulla nozione stessa di interesse legittimo, che «*non rileva come situazione meramente processuale, quale titolo di legittimazione per la proposizione del ricorso al giudice amministrativo … ma ha anche natura sostanziale, nel senso che si correla ad un interesse materiale del titolare ad un bene della vita: ciò che caratterizza l'interesse legittimo e lo distingue dal diritto soggettivo è soltanto il modo o la misura con cui l'interesse sostanziale ottiene protezione. L'interesse legittimo va quindi inteso … come la posizione di vantaggio riservata ad un soggetto in relazione ad un bene della vita oggetto di un provvedimento amministrativo e consistente nell'attribuzione a tale soggetto di poteri idonei ad influire sul corretto esercizio del potere, in modo da rendere possibile la realizzazione dell'interesse al bene. In altri termini, l'interesse legittimo emerge nel momento in cui l'interesse del privato ad ottenere o a conservare un bene della vita viene a confronto con il potere amministrativo, e cioè con il potere della pubblica amministrazione di soddisfare l'interesse (con provvedimenti ampliativi della sfera giuridica dell'istante) o di sacrificarlo (con provvedimenti ablatori)*». Con tale pronuncia la Cassazione riconosce dunque la risarcibilità della lesione, oltre che degli interessi legittimi oppositivi, anche di quelli «*pretensivi*».

Nota bibliografica

AA.VV., *Lo stato delle istituzioni italiane*, Milano, 1994; AA.VV., *La pubblica amministrazione nella Costituzione*, Milano, 1995; U. ALLEGRETTI, *L'imparzialità amministrativa*, Padova, 1965; ID., *Amministrazione pubblica e Costituzione*, Padova, 1996; V. BACHELET, *Evoluzione del ruolo e delle strutture della pubblica amministrazione*, in *Scritti in onore di C. Mortati*, vol. II, Milano, 1977 (ora anche in ID., *L'amministrazione in cammino*, Milano, 1984); F. BENVENUTI, *L'ordinamento repubblicano*, Venezia, 1979; ID., *Il nuovo cittadino*, Venezia, 1994; G. BERTI, *Art. 5*, in *Comm. Cost.*, a cura di G. Branca, Bologna-Roma, 1975; ID., *Amministrazione e Costituzione*, in *Dir. amm.*, 1993, 461 ss.; S. CASSESE, *Le basi del diritto amministrativo*, Torino, 1991; S. CASSESE-C. FRANCHINI, *L'amministrazione pubblica italiana. Un profilo*, Bologna, 1994; A. CERRI, *Imparzialità e indirizzo politico nella pubblica amministrazione*, Padova, 1973; V. CERULLI IRELLI, *Corso di diritto amministrativo*, Torino, 2001; G. CORSO, *Manuale di diritto amministrativo*, Torino, 2002; M. D'ALBERTI, *La dirigenza pubblica*, Bologna, 1990; ID., *Autorità indipendenti (dir. amm.)*, in *Enc. giur. Treccani*, vol. IV, Roma, 1996; G. DI GASPARE, *Il potere nel diritto pubblico*, Padova, 1992; ID., *Organizzazione amministrativa*, in *Dig. pubbl.*, 1995, 3 ss.; ID., *Diritto dell'economia e dinamiche istituzionali*, Padova, 2003; L. ELIA, *Profili costituzionali dell'amministrazione centrale*, Milano, 1966; M.S. GIANNINI, *Il pubblico potere*, Bologna, 1989; ID., *Diritto amministrativo*, I, Milano, 1993; G. GUARINO, *Quale amministrazione*, Milano, 1985; F. LEDDA, *Scritti giuridici*, Padova, 2002; N. LONGOBARDI, *Il sistema politico-amministrativo e la riforma mancata*, Torino, 1999; ID., *Autorità amministrative indipendenti e sistema giuridico-istituzionale*, Torino, 2009; M. MANETTI, *Poteri neutrali e Costituzione*, Milano, 1994; ID., *Autorità indipendenti (dir. cost.)*, in *Enc. giur. Treccani*, vol. IV, Roma, 1996; L. MANNORI, *Diritto amministrativo dal medioevo al XIX secolo*, in *Dig. pubbl.*, vol. V, Torino, 1990; L. MANNORI-B. SORDI, *Storia del diritto amministrativo*, Bari-Roma, 2006; G. MELIS, *Storia dell'amministrazione italiana 1861-1993*, Bologna, 1996; F. MERUSI, *Sentieri interrotti della legalità*, Bologna, 2007; M. NIGRO, *Giustizia amministrativa*, Bologna, 1984; ID., *La pubblica amministrazione fra costituzione materiale e costituzione formale*, in *Riv. trim. dir. proc. civ.*, 1985, 162 ss.; ID., *Amministrazione pubblica (organizzazione giuridica dell')*, in *Enc. giur. Treccani*, vol. II, Roma, 1988; A. PREDIERI, *L'erompere delle autorità amministrative indipendenti*, Firenze, 1998; A. PUBUSA, *Diritti dei cittadini e pubblica amministrazione*, Torino, 1998; E. ROTELLI, *Costituzione e amministrazione dell'Italia unita*, Bologna, 1981; A.M. SANDULLI, *Governo e amministrazione*, in *Riv. trim. dir. pubbl.*, 1966, 759 ss.; ID., *Manuale di diritto amministrativo*, Napoli, 1982; F.G. SCOCA (a cura di), *Giustizia amministrativa*, Torino, 2010; B. SORDI, *Giustizia e amministrazione nell'Italia liberale. La formazione della nozione di interesse legittimo*, Milano, 1985; R. TITOMANLIO, *Autonomia e indipendenza delle Authorities: profili organizzativi*, Milano, 2000; ID., *Funzione di regolazione e potestà sanzionatoria*, Milano, 2007; ID., *Potestà normativa e funzione di regolazione*, Torino, 2012.

Capitolo Decimo

L'ORDINAMENTO GIUDIZIARIO

1. I principi costituzionali sull'ordinamento giurisdizionale

Il sistema giudiziario italiano, alla data di entrata in vigore dell'ordinamento repubblicano, era disciplinato fondamentalmente dal r.d. 30 gennaio 1941, n. 12 (c.d. «decreto Grandi», ancora in vigore anche se oggetto di vari interventi legislativi successivi) che disciplinava la composizione e le funzioni degli organi giudiziari in materia civile e penale nonché lo status giuridico dei magistrati, le cui garanzie di indipendenza, abolite dal fascismo, erano state ripristinate con il r.d.l. n. 511 del 1946 (c.d. «legge sulle guarentigie della magistratura»).

In Assemblea costituente, se prevalse l'orientamento volto a configurare l'assetto costituzionale della magistratura secondo i principi rinvenibili in Costituzione (magistratura come potere dello Stato; parificazione del pubblico ministero al magistrato giudicante; sottrazione del magistrato ad ogni ingerenza dell'esecutivo; creazione di un organo di autogoverno della magistratura), non mancarono voci critiche verso l'autogoverno della magistratura (per il rischio della creazione di una «casta chiusa») e verso l'indipendenza del p.m. (che si voleva in qualche modo collegato all'esecutivo). Il testo costituzionale (artt. 101-113 Cost.) delinea un ordinamento giudiziario in cui l'affermazione delle garanzie di indipendenza del giudice (con la differenziazione fra magistrati solo in base alle funzioni) si affianca all'assegnazione delle identiche garanzie al p.m. ed in cui la composizione mista del Consiglio superiore della magistratura (Csm), se assicura l'autogoverno, non elimina ogni collegamento con gli altri poteri dello Stato.

Ma (come avvenuto anche in altri settori) è mancato, successivamente all'entrata in vigore della Costituzione, un organico intervento del legislatore volto a ridisciplinare l'ordinamento giudiziario secondo i nuovi principi costituzionali. Si è invece assistito ad una serie di provvedimenti parziali e settoriali (dalla legge n. 392 del 1951, che ha abolito i gradi gerarchici fra i giudici, alla legge n. 195 del 1958, che ha istituito il Csm, fino alle leggi n. 570 del 1966 e n. 831 del 1973, che hanno introdotto meccanismi di progressione automatica della carriera dei magistrati) che, pur avendo attuato aspetti del disegno costituzionale, non hanno sempre fornito un quadro coerente e sistematico. Invece hanno trovato organica sistemazione la giurisdizione amministrativa (legge n. 186 del 1982) e quella militare di pace (legge n. 180 del 1981).

A partire dalla seconda metà degli anni ottanta si comincia a registrare, nel nostro Paese, una tensione fra potere politico e magistratura (che trova espressione nel referendum sulla responsabilità civile dei magistrati i cui esiti portano alla legge n. 117 del 1988) e che trova il culmine nei primi anni novanta quando, in seguito ad indagini giudiziarie (svolte soprattutto dalla procura della Repubblica di Milano, ma anche da altre procure d'Italia), i vertici di quasi tutti i partiti politici vengono a trovarsi accusati di una serie di gravi reati (dal finanziamento illecito ai partiti politici alla corruzione e alla concussione). Da allora il dibattito politico registra una forte contrapposizione fra quanti invocano una profonda «riforma della giustizia» (che tocchi anche alcuni principi costituzionali) e quanti invece ritengono sufficiente un intervento di tipo legislativo che intervenga solo su alcuni aspetti dell'ordinamento giudiziario. Questo dibattito ha portato (oltre che alla riformulazione dell'art. 111 Cost.) all'approvazione di numerosi provvedimenti:

- della legge n. 150 del 2005 (dd.llgs. nn. 20 del 2006, 109 del 2006);
- e poi della legge n. 269 del 2006 (art. 4);
- e poi della legge n. 66 del 2007 (conv. in legge del d.l. n. 36 del 2007);
- e poi della legge n. 111 del 2007;
- ed infine dei dd.ll. nn. 194 e 195 del 2009.

L'attuale tensione fra politica e magistratura, se connotata da peculiari, contingenti caratteri, deve però essere intesa come la contemporanea manifestazione di un fenomeno tendenzialmente «naturale», rappresentato dalla inevitabile coesistenza di (e, a volte, contrapposizione fra) due distinti "poteri". La storia degli ordinamenti dimostra la tendenza del potere politico a cercare di sottomettere in varie forme il potere giudiziario al fine appunto di limitarne (se non annullarne) la valenza di controllo e di limitazione del potere politico, ma anche la tendenza del potere giudiziario di affermare un proprio ruolo anche in contrapposizione a quello politico.

Negli ordinamenti democratici il ruolo del potere giudiziario, le forme di indipendenza ed il rapporto dello stesso con il potere politico, oltre ai meccanismi di responsabilità dei giudici, diventano aspetti decisivi per qualificare la democraticità dell'ordinamento stesso. Ed i principi posti dal dettato costituzionale con riguardo all'indipendenza del singolo giudice e all'organizzazione del potere giudiziario tendono a dare risposta proprio a tale problematica.

La solenne affermazione, contenuta nell'art. 101 Cost., secondo cui i giudici sono soggetti «*soltanto alla legge*», racchiude in sé il principio dell'indipendenza del potere giudiziario, da intendersi quale indipendenza sia del singolo giudice che dell'intero ordinamento giudiziario. Questo principio, a sua volta, ha valore strumentale rispetto ai fini dell'obiettività e della legalità dell'amministrazione della giustizia. La Corte costituzionale ha specificato che l'indipendenza del singolo giudice trova esplicazione nelle forme della:

- *indipendenza personale*, che concerne sia la persona del giudice (operano in tal senso le regole deontologiche, ma anche la necessaria estraneità di chi riveste funzioni giudicanti dalla partecipazione a determinate organizzazioni o amministrazioni), sia la posizione dello stesso nel processo (ad es. assoluta estraneità alla *res iudicanda*);

– *indipendenza organizzativa interna*, che concerne la collocazione del giudice nell'organizzazione giudiziaria e che garantisce l'operato dello stesso nei confronti di uffici giudiziari sovraordinati;

– *indipendenza funzionale*, che concerne specificamente l'autonomia del giudice nell'esercizio della sua peculiare funzione di interpretazione e applicazione della legge.

Problematica appare invece la determinazione del contenuto del comma 1 dell'art. 101 Cost., secondo cui «*La giustizia è amministrata in nome del popolo*». Alcuni infatti ritengono che questa affermazione porrebbe il principio elettivo dei giudici, ma tale principio è negato dall'art. 106 Cost., che richiede il concorso per la nomina dei magistrati e che rimette alla legge ordinaria la possibilità di ammettere la nomina, anche elettiva, di magistrati onorari. Altri, collegando il comma 1 con il comma 2 dell'art. 101 Cost., ritengono che il collegamento del giudice con la sovranità popolare avvenga mediante la soggezione del giudice alla legge (che, in quanto atto del Parlamento – organo eletto direttamente dal corpo elettorale –, è ritenuta espressione diretta della volontà popolare).

Appare però preferibile una lettura dell'art. 101, comma 1, Cost. in diretta correlazione con l'art. 1 Cost., secondo cui la sovranità appartiene al popolo che la esercita «nelle forme e nei limiti» costituzionalmente previsti. Il collegamento fra queste due disposizioni costituzionali dimostra chiaramente che l'art. 101, comma 1, Cost. non pone affatto un principio di elettività del giudice né una forma di responsabilità politica dello stesso, ma che, pur collegando l'esercizio del potere giudiziario alla sovranità popolare (quale principio fondante dell'intero ordinamento ed unificante dell'esercizio di tutti i poteri pubblici), rende esplicito come le «forme» di esercizio della sovranità popolare (che incontra anche «limiti») non siano affatto sempre e soltanto quelle ricollegabili ad una onnipresente (ed onnipervasiva) maggioranza elettorale (o popolare).

Il principio, posto dal comma 2 dell'art. 101 Cost., secondo cui i **giudici sono soggetti solo alla legge**, assicura l'indipendenza di tutti i giudici, anche di quelli appartenenti alle giurisdizioni speciali, del p.m. e degli estranei che partecipano all'amministrazione della giustizia.

Ci si è inoltre interrogati se il riferimento solo ai «giudici», contenuto nell'art. 101, comma 2, Cost., tenda ad escludere la figura del p.m. (riguardo al quale dunque la Costituzione non porrebbe il vincolo della soggezione soltanto alla legge, consentendo pertanto la possibilità per il legislatore di introdurre forme di subordinazione del p.m. al potere politico) o se invece la garanzia di indipendenza vada riconosciuta anche al p.m. Una lettura coordinata degli artt. 107 e 112 Cost. conduce a ritenere costituzionalmente necessaria l'indipendenza anche del pubblico ministero. Infatti l'art. 107, ultimo comma, Cost. dispone che il p.m. gode delle «garanzie stabilite nei suoi riguardi dall'ordinamento giudiziario». Questa disposizione, se rimette al legislatore ordinario la disciplina delle garanzie del p.m., presuppone la (costituzionalmente necessaria) esistenza di «garanzie» per il p.m. cui riconosce (al pari dei giudici) quella della inamovibilità.

Inoltre l'art. 105 Cost. assegna a tutti i magistrati (e quindi anche al p.m.) la garanzia che tutti i provvedimenti loro riferiti debbono essere adottati dal Consiglio superiore della magistratura. Per tali ragioni non possono ritenersi accettabili tutte quelle ricostruzioni che tendono ad assegnare al p.m. e al magistrato giudicante una netta differenziazione in merito alle garanzie agli stessi costituzionalmente riconosciute e garantite. Il costituente ha ben chiara la distinzione dei ruoli e di funzioni esistenti fra giudice e p.m., ma, in ragione della peculiarità del ruolo del p.m., assegna a quest'ultimo un quadro di garanzie identico a quello del giudice. Ed infatti proprio il principio per cui **il p.m. ha l'obbligo di esercitare l'azione penale** (art. 112 Cost.) presuppone necessariamente il riconoscimento dell'indipendenza del p.m., giacché «l'obbligo» costituzionalmente imposto può configurarsi solo nei confronti di un soggetto che sia autonomo e non soggetto a direttive di altri perché altrimenti il soggetto titolare del potere di direttiva prevarrebbe sull'obbligo costituzionalmente imposto (Zagrebelsky).

Il pubblico ministero esercita l'azione penale e dunque attiva, attraverso l'esercizio dell'azione penale, la giurisdizione penale per l'accertamento di un reato e la condanna dell'autore. **Obbligatorietà dell'azione penale** significa che il p.m. è tenuto a intraprendere tale azione ogniqualvolta sia in presenza di una *notitia criminis*. La Costituzione intende così evitare che l'attivazione della giurisdizione penale sia condizionata da scelte arbitrarie, dovendo invece essere caratterizzata dall'imparzialità. Ed è a tale fine che la Costituzione garantisce l'indipendenza del p.m. (art. 108, comma 2, Cost.) e dispone che il p.m. gode delle garanzie stabilite nei suoi riguardi dalle norme sull'ordinamento giudiziario (art. 107, comma 4, Cost.). L'ufficio del p.m. (Procura della Repubblica) è collocato presso i tribunali, presso la Corte d'appello e presso la Corte di Cassazione.

L'*indipendenza della magistratura* costituisce un argomento classico del diritto costituzionale ed assume particolare pregnanza nell'ordinamento costituzionale italiano in ragione di quanto disposto dall'art. 104 Cost. secondo cui «*La magistratura costituisce un ordine autonomo e indipendente da ogni altro potere*». Innanzitutto va sottolineata l'ampiezza del sostantivo "magistratura" tramite il quale la Costituzione fa riferimento sia alla magistratura giudicante che a quella requirente, ponendo così il principio dell'indipendenza sia del giudice (e dunque dell'ordine giudiziario), sia del pubblico ministero (e cioè dell'ufficio pubblico chiamato a sostenere l'accusa nei procedimenti penali).

Il quadro delle disposizioni costituzionali relative alla indipendenza della magistratura ricomprende al proprio interno, oltre a quanto disposto dall'art. 104 Cost., anche le norme poste dal secondo comma dell'art. 101 Cost. (secondo cui «*i giudici sono soggetti soltanto alla legge*») e dall'art. 112 Cost., che pone il principio della obbligatorietà dell'azione penale (e dunque implicitamente postula l'indipendenza del pubblico ministero, giacché, se lo stesso fosse subordinato ad altri soggetti o poteri, il principio dell'obbligatorietà dell'azione penale verrebbe ad essere a sua volta subordinato a tale ordine gerarchico). Da questo insieme di disposizioni costituzionali bisogna trarre il portato del principio dell'indipendenza della magistratura intesa come indipendenza sia della magistratura nel suo insieme che del singolo giudice e del singolo pubblico ministero.

La Corte costituzionale ha specificato che l'indipendenza del singolo giudice trova esplicazione nelle seguenti forme:

1. *indipendenza personale*, che concerne sia la persona del giudice (in questo ambito trovano spazio le regole deontologiche, il principio della estraneità del giudice da determinate associazioni o organizzazioni, ecc.) sia la posizione dello stesso del processo. Infatti la posizione del giudice nel processo si caratterizza per la "terzietà" dello stesso da intendersi quale assoluta estraneità del giudice alla *res iudicanda*;
2. *indipendenza organizzativa interna*, che concerne la collocazione del singolo giudice nell'organizzazione giudiziaria e che garantisce l'operato dello stesso nei confronti di uffici giudiziari sovraordinati;
3. *indipendenza funzionale*, che concerne l'autonomia del giudice nell'esercizio della sua peculiare funzione di interpretazione e di applicazione della legge.

Per ciascuno di questi tre aspetti sono individuabili differenti *profili di responsabilità del giudice*.

Il *principio di indipendenza del giudice* costituisce un'espressione tipica della tradizione costituzionale europea, dei principi dello Stato di diritto e discende direttamente dal principio della separazione dei poteri. La visione diacronica delle connessioni storico-politiche ruotanti attorno al tema dell'indipendenza del singolo magistrato e della magistratura nel suo insieme dimostra che tale argomento si presenta caratterizzato da un'ampia ricchezza di questioni. Non si deve infatti dimenticare che il principio della separazione dei poteri è posto originariamente come forma di limitazione del potere autocratico dell'esecutivo e che tale principio si basa appunto su quel meccanismo che la cultura giuridica e politica anglosassone definisce dei *"checks and balances"* cioè dei "pesi e contrappesi", quale sistema di controlli incrociati fra i tre poteri fondamentali (legislativo, esecutivo e giudiziario) di ogni sistema politico. L'esigenza della indipendenza della magistratura discende dal riconoscimento della positiva funzione storicamente svolta dal principio della separazione dei poteri nello sviluppo dei sistemi politici democratici occidentali.

Ed in virtù del principio di legalità, il potere giudiziario può (anzi, deve) giudicare della legalità delle azioni dell'esecutivo: a questo fine è necessario che la legge stabilisca le condizioni ed i mezzi attraverso cui il potere giudiziario possa svolgere la propria funzione. E poi, passando dal principio di legalità *tout court* al principio di legalità costituzionale si è giunti al controllo giudiziario di costituzionalità della legge (in via diffusa negli Stati Uniti già all'inizio del secolo XIX, a partire dalla nota sentenza *Marbury vs. Madison*, ed in via accentrata negli ordinamenti costituzionali europei del secondo dopoguerra del secolo scorso, in cui il giudice costituzionale assume una peculiare configurazione ma dove i meccanismi giudiziari di accesso alla giudizio di costituzionalità si pongono appunto nella direzione del controllo giudiziale della costituzionalità della legge; v. *infra* cap. XI).

Il tema dell'indipendenza della magistratura è oggi molto dibattuto con riguardo sia al profilo (già affrontato) del rapporto fra potere politico e magistratura, sia al profilo della efficienza della giustizia (in ragione della eccessiva durata dei processi nel nostro Paese e dell'imponente arretrato giudiziario esistente quasi ad ogni livello di giudizio), sia con riguardo ai rischi di una deriva corporativa o addirittura "correntizia" della magistratura.

Al tempo stesso bisogna ribadire che la concreta e reale questione della efficienza della giustizia costituisce l'odierna espressione della perdurante (ed inevitabile) tensione fra magistratura e potere politico, tensione che attraversa storicamente tutti gli ordinamenti, ma che non può non determinare negli ordinamenti democratici la produzione di molteplici momenti di vivace dialettica se non proprio di scontro fra politica e magistratura. Infatti l'affermazione della indipendenza della magistratura finisce inevitabilmente per comportare momenti di tensione con il potere politico, che si manifestano sotto forme molteplici, con modalità differenti, ma alla base delle quali ritroviamo sempre, da un lato, l'insofferenza del potere politico verso forme di controllo e, dall'altro lato, forme di "intervento" della magistratura che mira a ribadire anche un proprio ruolo "politico" (in senso ampio, cioè "valoriale"). E così, ad esempio, possono citarsi (con riguardo agli ultimi decenni) gli episodi rappresentati dai giudizi della Corte costituzionale (in sede di conflitto tra poteri dello Stato) in cui la Corte è stata (ed è) chiamata a pronunciarsi con riguardo ai limiti dell'immunità parlamentare (*rectius*, delle modalità di utilizzo da parte di ciascuna Camera della prerogativa dell'immunità parlamentare). Ma, oltre alla ormai imponente giurisprudenza costituzionale relativa all'art. 68 Cost., si può ricordare anche la sent. n. 23 del 2011 relativa al cosiddetto "legittimo impedimento", in cui la Corte ha dichiarato incostituzionale la legge n. 51 del 2010 con riguardo alle previsioni che escludevano per il giudice la possibilità di valutare la consistenza in concreto dell'impedimento fatto valere dal Presidente del Consiglio dei ministri (v. *supra*, cap. VII).

Con riguardo al tema più generale della autonomia ed indipendenza della magistratura, bisogna aggiungere che proprio la giurisprudenza costituzionale, nell'interpretare il combinato disposto degli artt. 101 e 104 Cost. ha affermato (fin dagli anni sessanta) che se l'art. 101 Cost., enunciando il principio della indipendenza del singolo giudice, ha inteso indicare che il magistrato «*nell'esercizio della sua funzione non ha altro vincolo che quello della legge*», l'art. 104 Cost. invece «*intende porre il principio della indipendenza della organizzazione giudiziaria nel suo complesso, nel senso che l'ordine della magistratura non deve dipendere da altro potere e deve esso disporre per ciò che riguarda il suo stato*» (sent. n. 22 del 1959). E pertanto – sempre secondo la giurisprudenza costituzionale, come affermatasi in varie pronunce comprese tra la fine degli anni cinquanta e gli anni sessanta – gli artt. 101, 102, 104 e 111 Cost. garantiscono la libertà e l'indipendenza del giudice, nel senso di vincolare la sua attività alla legge (e solo alla legge), in modo che il giudice sia chiamato ad applicare la legge «*senza interferenze o interventi che possano incidere sulla formazione del suo libero convincimento*», ma – precisa la Corte – la Costituzione «*non esclude affatto la possibilità che il legislatore emani norme le quali, senza incidere su quei principi, valgano a regolare l'attività degli organi giurisdizionali, dettando disposizioni che il giudice è tenuto ad applicare nell'esercizio delle sue funzioni*».

All'interno di questo ambito di riflessioni la Corte costituzionale ha specificato che la magistratura «*non perde la sua autonomia solo perché la legge determina una modalità di esercizio dell'azione al fine di rispettare un interesse della amministrazione*» (sent. n. 8 del 1962). Questa affermazione, così netta, ha però assunto toni più articolati nella giurisprudenza costituzionale dei decenni successivi. E così nella sent. n. 142 del 1973 la Corte precisa che la portata del principio di cui all'art. 104, comma 1, Cost. non si esaurisce in una mera ripetizione del principio della indipendenza del giudice (di cui all'art. 101, comma 2, Cost.), giacché l'art. 104 Cost. afferma che l'ordine giudiziario, nel suo duplice aspetto di complesso di uffici e di *ordo personarum* si trova, in sé, ad essere garantito «*attraverso la menzione della sua autonomia, distinta sì dalla sua indipendenza ma* in stretta connessione con questa». Per la Corte dunque la Costituzione riserva ai magistrati ed alla magistratura una disciplina diversificata sia garantendo loro l'inamovibilità (nei sensi e alle condizioni di cui all'art. 107, comma 1, Cost.), sia sottraendoli ad ogni dipendenza da organi del potere esecutivo.

Indipendenza però non significa irresponsabilità. Proprio i principi su cui si fondano i moderni ordinamenti liberaldemocratici mal sopportano l'affermazione di zone di irresponsabilità e, con riguardo specifico al tema della indipendenza della magistratura, la Corte costituzionale (fin dalla sent. n. 2 del 1968) ha affermato che il ***principio di responsabilità*** posto dall'art. 28 Cost. (secondo cui «*i funzionari ed i dipendenti dello Stato e degli enti pubblici sono direttamente responsabili ... degli atti compiuti in violazione di diritti*») riguarda anche gli appartenenti all'ordine giudiziario giacché il principio dell'autonomia e dell'indipendenza della magistratura e del giudice non ha posto l'una e l'altro in una condizione di *legibus soluti*. E così nella sent. n. 385 del 1996 la Corte afferma che le disposizioni costituzionali di cui agli artt. 101, 102, 104 e 108 Cost. «*non consen-*

tono di ritenere assicurato al giudice uno status di assoluta irresponsabilità, pur quando si tratti di esercizio delle sue funzioni riconducibili alla più rigorosa e stretta nozione di giurisdizione» (nel caso di specie si discuteva del potere del giudice nella liquidazione del compenso dei periti e la Corte costituzionale ha riconosciuto costituzionalmente legittimo il controllo della Corte dei conti). A questo proposito può ricordarsi anche la sent. n. 18 del 1989, nella quale la Corte costituzionale ha affermato che il magistrato deve essere indipendente da poteri e da interessi estranei alla giurisdizione, ma che lo stesso "è soggetto alla legge" e, prima ancora, alla Costituzione che sancisce sì il principio di indipendenza (artt. 101, 104 e 108 Cost.), ma anche quello di responsabilità (art. 28 Cost.) «*al fine di assicurare che la posizione* super partes *del magistrato non sia mai disgiunta dal corretto esercizio della sua alta funzione*». E quindi deve riconoscersi la conciliabilità, in linea di principio, del principio dell'indipendenza della funzione giudiziaria con il principio di responsabilità (nelle sue diverse forme).

La garanzia dell'indipendenza della magistratura passa anche attraverso ulteriori principi costituzionali quale ad esempio la *riserva di legge in materia di ordinamento giudiziario* (art. 102 Cost.). A questo proposito la Corte costituzionale ha evidenziato (sent. n. 72 del 1991) che tale riserva di legge è posta a garanzia della indipendenza della magistratura, indipendenza che costituisce «*valore centrale per uno Stato di diritto*" e che è assicurata "dalle competenze del Consiglio superiore della magistratura».

La Corte costituzionale (sent. n. 44 del 1968) ha affermato che «*l'istituzione del Csm ha corrisposto all'intento di rendere effettivo, fornendola di apposita garanzia costituzionale, l'autonomia della magistratura*». Il Csm costituisce dunque una figura complessa: la Corte costituzionale ha escluso che esso rappresenti l'ordine giudiziario sottolineando le peculiarità di tale organo ed i suoi rapporti con la "magistratura".

L'espressione «***giurisdizione speciale***» indica tutte le giurisdizioni diverse da quella ordinaria. La Costituzione prevede:

– la ***giurisdizione amministrativa*** per la tutela, nei confronti degli atti della pubblica amministrazione, degli interessi legittimi ed eccezionalmente dei diritti soggettivi. I *giudici amministrativi* sono, in primo grado, il tribunale amministrativo regionale (Tar), (istituito in ogni Regione e che può essere eventualmente articolato in sezioni), e in secondo grado il Consiglio di Stato. Il giudice amministrativo ha il potere di annullare gli atti illegittimi della pubblica amministrazione;

– la *giurisdizione della **Corte dei conti***, nelle materie di contabilità pubblica e nelle altre specificate dalla legge. La Corte dei conti opera attraverso sezioni regionali (primo grado) e sezioni centrali (secondo grado);

– la ***giurisdizione militare*** (di pace) per i reati militari commessi da appartenenti alle Forze armate.

La VI disp. trans. e fin. Cost. assegna un termine di cinque anni dall'entrata in vigore della Costituzione, entro il quale si sarebbe dovuto procedere alla *revisione degli organi speciali di giurisdizione esistenti*, «salvo le giurisdizioni del Consiglio di Stato, della Corte dei conti e dei tribunali militari».

La Corte costituzionale ha negato il carattere perentorio del predetto termine, non potendosi ritenere che il Parlamento abbia perso (trascorso tale termine) il potere di attuare le prescrizioni costituzionali e pertanto, in ragione di tale disposizione costituzionale, continuano ad esistere nel nostro ordinamento diverse giurisdizioni speciali istituite da leggi anteriori alla Costituzione, di cui alcune già «revisionate» dal legislatore repubblicano ed altre invece che continuano ad essere disciplinate dalla normativa anteriore alla Costituzione (a volte rese aderenti alla Costituzione da pronunce del giudice costituzionale o da settoriali interventi legislativi). Ma, aldilà di questi casi, la Costituzione, in attuazione dell'affermazione del principio di unità della giurisdizione, pone il divieto di istituzione di «nuovi» giudici speciali o di giudici straordinari.

La Costituzione ha inoltre espressamente affermato l'esigenza che la legge assicuri l'«*indipendenza anche dei giudici speciali, nonché del p.m. presso di esse e degli estranei che partecipino all'amministrazione della giustizia*» (art. 108 Cost.).

In attuazione di questa disposizione costituzionale il legislatore (su sollecitazione anche della Corte costituzionale) ha progressivamente previsto, anche per le giurisdizioni speciali, organi collegiali modellati sull'esempio del Csm. E così sono stati istituiti il *Consiglio di presidenza della giurisdizione amministrativa* (legge n. 186 del 1982 e succ. modif.), il *Consiglio di presidenza della giustizia tributaria* (legge n. 545 del 1992), il *Consiglio della magistratura militare* (legge n. 561 del 1988), il *Consiglio di presidenza della Corte dei conti* (legge n. 117 del 1988).

La Costituzione inoltre pone il ***divieto di istituzione di giudici speciali***, cioè organi cui vengano assegnati poteri giudiziari ma che siano posti al di fuori dall'ordinamento giudiziario e della giurisdizione ordinaria. È invece possibile istituire *sezioni specializzate* presso i tribunali ordinari (art. 102 Cost.). Non ricadono nel divieto tutte quelle giurisdizioni speciali a cui si è accennato prima (giudici amministrativi, tribunali militari, Corte dei conti, ecc.), in quanto si tratta di giurisdizioni previste dalla stessa Costituzione e in larga parte preesistenti ad essa.

Secondo l'art. 25, comma 2, Cost., «*nessuno può essere distolto dal giudice naturale precostituito per legge*».

Si tratta di un fondamentale principio di garanzia: nessuno può essere giudicato da un giudice appositamente costituito dopo la commissione di un determinato fatto. Ma tale principio ha portata generale, sicché il legislatore deve previamente indicare i criteri per l'indicazione del giudice competente. La legge deve dunque stabilire in via preventiva i criteri astratti (es. di competenza territoriale, di valore, ecc.) impiegando i quali sia possibile predeterminare l'organo giudiziario competente a giudicare ogni questione.

La **nomina** a magistrato avviene per concorso. Le disposizioni vigenti non operano alcuna differenziazione significativa fra magistrati giudicanti e magistrati requirenti (che però non sono giudici giacché non svolgono funzione giudicante, ma – esercitando l'azione penale – sono una parte nel processo).

Secondo la Costituzione **la magistratura costituisce un «*ordine autonomo e indipendente da ogni altro potere*»**.

L'*autonomia* esplica i suoi effetti, sia all'interno dello stesso ordine giudiziario (per cui ciascun magistrato deve esercitare autonomamente le proprie funzioni, giacché i «magistrati si distinguono fra loro solo per diversità di funzioni») sia con riguardo ai rapporti con gli altri poteri pubblici, e cioè con riferimento a tutti quei condizionamenti che possono provenire da poteri diversi dal potere giudiziario (ad es. dal governo o, più in generale, dal potere politico). A tutela dell'autonomia e indipendenza del magistrato, la Costituzione pone il principio della *inamovibilità dei magistrati* in base al quale, senza il consenso del magistrato, questi non può essere trasferito in una sede diversa da quella che occupa e non può essere dispensato o sospeso dal servizio, né trasferito ad altre sedi o funzioni se non in seguito a provvedimento del Consiglio superiore della magistratura nei casi di incompatibilità previsti dall'ordinamento giudiziario.

La Costituzione espressamente richiede ***l'obbligo di motivazione per tutti i provvedimenti giurisdizionali***. Tale obbligo di motivazione è correlato all'affermazione (contenuta nell'art. 111 Cost.) del sindacato di legittimità della Cassazione contro le sentenze ed i provvedimenti concernenti la libertà personale, giacché è soprattutto nell'esame dell'*iter* logico ed argomentativo seguito dal giudice che si concentrerà il sindacato della Cassazione. Infine, per quanto riguarda le sentenze della stessa Cassazione, la motivazione viene a costituire strumento fondamentale della funzione (propria della Cassazione) di *nomofilachìa*, consistente nella rilevazione del vizio di violazione di legge (in cui sia incorso il giudice di grado inferiore) e che mira alla uniforme applicazione del diritto.

Quello della *motivazione dei provvedimenti giurisdizionali* costituisce un argomento che, negli ultimi anni, è stato affrontato con riguardo alla necessità di aumentare la "produttività" degli uffici giudiziari (oberati da un imponente arretrato). E così ricorrente è la proposta di eliminare la motivazione delle sentenze ritenendola una sorta di "perdita di tempo" ed ignorandone – o fingendo di ignorarne – la sostanziale funzione di garanzia, giacché è solo tramite l'analisi dell'*iter* logico-giuridico compiuto dal giudice che è possibile, da un lato, comprenderne i passaggi (anche per verificarne l'esattezza) e, dall'altro lato, non assegnare al giudice medesimo un arbitrario ed irresponsabile potere. Al tempo stesso si assiste ad una "riduzione" della motivazione delle sentenze dei vari gradi di giudizio sì che sempre più spesso è possibile doversi misurare con la lamentela relativa alla eccessiva stringatezza della motivazione che può giungere a configurare il vizio di "omissione di motivazione". A questo proposito il Consiglio di Stato (sez. III, sent. n. 2900 del 2015) ha affermato che anche l'eccessiva sinteticità o estrema laconicità della motivazione della sentenza non configura il vizio dell'assenza di motivazione (vizio che rende nulla la sentenza medesima) quando comunque esprime "la *ratio decidendi* che sorregge la decisione". La sinteticità non va dunque valutata in rapporto a *quantum* di spazio concretamente occupato dalla motivazione ma "nella proporzione tra la molteplicità e la complessità delle questioni di battute e l'ampiezza dell'atto che le veicola". Pertanto per riconoscere che una sentenza sia eccessivamente lacunosa occorre dimostrare che nello spazio (pagine o righe) utilizzato dal giudice non sia stato "detto tutto e solo quello che vi era da dire sul tema *decidendum*".

La Costituzione, se impone nei confronti delle sentenze dei giudici ordinari il ricorso in Cassazione (quanto meno per violazione di legge), non pone espressamente il *principio del doppio grado di giudizio* (la cui eventuale sussistenza costituzionale, per ogni tipologia di giudizio, è discussa in dottrina).

La *Corte di cassazione* (oltre a rappresentare il più alto grado di giudizio) si configura come «giudice di legittimità», cioè competente a conoscere le sole violazioni di legge compiute dagli organi giurisdizionali di grado inferiore (funzione di *nomofilachia* o nomofilattica: assicurare l'uniformità di interpretazione della legge).

La Cassazione inoltre risolve i conflitti di competenza insorti fra i giudici ordinari e fra giudice ordinario e giudice speciale. La Corte di cassazione si configura dunque come *organo di chiusura del sistema giudiziario*.

2. Il Consiglio superiore della magistratura ed il ruolo del ministro della giustizia

La Costituzione, oltre a stabilire l'indipendenza del singolo giudice, afferma che l'intera magistratura costituisce un ordine autonomo e indipendente da ogni altro potere, garantendo in tal modo l'indipendenza della magistratura nel suo complesso in quanto «potere dello Stato». E, proprio per assicurare l'*indipendenza* (c.d. *esterna*) della magistratura, il costituente ha previsto un ***organo di autogoverno della magistratura*** (il ***Consiglio superiore della magistratura***), che costituisce una assoluta novità per l'ordinamento italiano.

Il Consiglio superiore della magistratura è composto da:

– *tre membri di diritto*: il Presidente della Repubblica (che lo presiede), il primo presidente della Cassazione ed il Procuratore generale della Cassazione;

– *sedici magistrati eletti dai magistrati ordinari* (c.d. *membri togati*);

– *otto membri «laici»*, eletti dal Parlamento in seduta comune tra i professori universitari ordinari di materie giuridiche e tra gli avvocati che esercitano la professione da almeno quindici anni. L'elezione dei membri del Csm da parte del Parlamento in seduta comune avviene a scrutinio segreto ed è richiesta (nei primi due scrutini) la maggioranza dei tre quinti dell'assemblea e, dal terzo scrutinio, è sufficiente la maggioranza dei tre quinti dei votanti.

Se si escludono i tre membri di diritto, la Costituzione non stabilisce direttamente il numero dei componenti del Csm, ma si limita a stabilire il rapporto tra i «membri togati» ed i «membri laici» (rispettivamente due terzi ed un terzo). Anteriormente alla legge di riforma del 2002, i membri togati erano venti e quelli laici dieci (attualmente sedici e otto). Gli atti del Csm assumono la veste di decreto del Presidente della Repubblica e possono essere sottoposti al sindacato del giudice amministrativo. I provvedimenti disciplinari sono impugnabili davanti alle sezioni unite della Cassazione.

La durata quadriennale del Csm si computa dal giorno dell'insediamento. Il Csm scaduto continua ad operare finché non sia insediato quello nuovo la cui elezione deve avvenire entro tre mesi dalla scadenza del precedente.

In merito alle singole ***funzioni del Csm***, queste possono essere ricondotte a tre tipologie fondamentali:

– *funzioni amministrative*: sono quelle preponderanti e ricomprendono tutti gli atti del Csm concernenti l'organizzazione della giurisdizione (e cioè dalle funzioni relative all'organizzazione e al funzionamento interno dello stesso Csm alle funzioni concernenti lo status dei magistrati);

– *funzione giurisdizionale*: il Csm svolge questa funzione quando la Sezione disciplinare adotta provvedimenti disciplinari nei confronti dei magistrati;

– *funzioni paranormative*: con riguardo a tutte le decisioni con cui il Csm «interpreta» o integra le norme sull'ordinamento giudiziario.

I membri del Csm non sono punibili per le opinioni espresse e per i voti dati nell'esercizio delle loro funzioni e concernenti l'oggetto della discussione. Essi possono essere sospesi dalla carica solo se sottoposti a procedimento penale per delitto non colposo e sono sospesi di diritto nel caso in cui sia emesso contro di loro un ordine di cattura per qualsiasi reato o quando siano stati sottoposti a procedimento disciplinare e sospesi. Decadono inoltre di diritto dalla carica qualora riportino una sanzione disciplinare più grave di quella dell'ammonimento. La sospensione e la decadenza sono deliberate dallo stesso Csm.

Il Csm (che si è autodefinito «*vertice organizzativo del potere giudiziario*») è competente ad adottare tutti gli atti relativi allo *status* del magistrato e, in questa maniera, i relativi poteri sono stati sottratti al *ministro della giustizia* (che li deteneva in precedenza). Questa scelta del costituente discende dalla consapevolezza che l'indipendenza del singolo magistrato non può essere pienamente garantita se lo stesso viene inserito nell'organizzazione burocratica del ministero. Parimenti, le funzioni assegnate al Csm non sono state conferite alla Cassazione perché questa scelta avrebbe accentuato il ruolo di vertice (sia pure funzionale) assegnato alla Cassazione. Invece, la creazione di un organo esterno a qualsiasi altro potere (ed in particolare all'esecutivo) rafforza la funzione di garanzia d'indipendenza della magistratura allo stesso assegnata.

Ed in tal senso opera anche l'assegnazione della presidenza del Csm (per «simmetria costituzionale») al Presidente della Repubblica (al riguardo v. *supra*, cap. VII).

Il Consiglio superiore della magistratura garantisce l'autonomia e l'indipendenza della magistratura e adotta tutti i provvedimenti riguardanti la carriera e in generale lo status dei magistrati ordinari, ed in particolar modo le assegnazioni, i trasferimenti, le promozioni e i provvedimenti disciplinari. Questa scelta del costituente è volta a garantire l'indipendenza della magistratura anche evitando che il Governo possa, nell'esercizio dei poteri amministrativi relativi alla carriera ed allo *status* dei magistrati, condizionarne l'autonomia.

I provvedimenti adottati dal Csm (*in primis*, ma non solo, quelli relativi all'assegnazione di funzioni direttive) possono essere (e sono spesso) impugnati dinanzi al giudice amministrativo determinandosi così episodi di "scontro" tra Csm e Consiglio di Stato. In materia si sono pronunciate le sezioni unite della Cassazione (sent. n. 18240 del 2018), adita dal Csm che lamentava un eccesso di potere giurisdizionale da parte del Consiglio di Stato che aveva annullato atti relativi al concorso per la funzione direttiva di presidente di sezione della Cassazione ritenendo *contra legem* alcuni indicatori attitudinali (individuati dal Csm) per l'accesso alla carica.

Il Csm aveva proposto ricorso in Cassazione contro la sentenza del Consiglio di Stato (sent. n. 4220 del 2017) che aveva annullato l'art. 21, lett. *b*) della circolare Csm (n. P-11858-2015) del 28 luglio 2015 recante il "*Testo unico sulla dirigenza giudiziaria*», nella parte in cui includeva «la partecipazione alle Sezioni Unite" tra gli indicatori attitudinali specifici per l'ufficio con funzioni direttive giudicanti di legittimità di presidente di sezione della Corte di cassazione.

Secondo il Consiglio di Stato, se l'esperienza professionale della partecipazione alle Sezioni Unite ("in sé") può ritenersi legittimamente un indicatore specifico della attitudine direttiva del magistrato (poiché non estranea alle attività di *direzione, organizzazione* e *collaborazione* dalle quali deve desumersi tale attitudine, secondo quanto richiesto dall'art. 12, comma 11, d.lgs. n. 160 del 2006), eccessivo è il peso attribuito a tale requisito (l'art. 26 del medesimo Testo unico le attribuisce, al pari degli altri indicatori specifici indicati nell'art. 21, uno *speciale rilievo* nell'ambito di una valutazione svolta *in maniera complessiva e unitaria,* mentre gli indicatori attitudinali generali di cui agli artt. 7-13 concorrono quali *ulteriori elementi costitutivi* del giudizio stesso), ed il cui contenuto accentua l'effetto discriminatorio in danno dei magistrati della Procura generale (giacché la disposizione del T.U. finisce per essere preclusiva della considerazione, ai fini della attribuzione delle funzioni direttive di presidente di sezione della Corte di cassazione, della partecipazione dei magistrati della Procura generale alle udienze delle Sezioni Unite), in violazione delle disposizioni dell'art. 12, commi 11 e 12, del d.lgs. n. 160 del 2006 (che non distinguono tra magistrati della Corte di cassazione e magistrati di quella Procura generale), e ponendo una norma "intrinsecamente irragionevole" giacché non considera la peculiare partecipazione della Procura generale alla formazione del giudizio delle Sezioni Unite.

Secondo il Csm, la pronuncia del Consiglio di Stato avrebbe violato i c.d. *"limiti esterni della giurisdizione amministrativa"* in base a considerazioni di opportunità che attingono al "merito" delle scelte discrezionali riservate all'organo di governo autonomo della magistratura. In particolare, il Csm (dopo avere ribadito il proprio potere di emettere, in tema di ordinamento giudiziario, norme regolamentari di specificazione generale di fattispecie di legge) censura l'annullamento della disposizione dell'art. 21, lett. *b*) della circolare, deducendo: a) che non deriva dall'art. 26 T.U. alcuna forma di automatismo o di incondizionata preferenza a favore del magistrato che possa vantarli (giacché l'assegnazione di un "peso" a un singolo indicatore o criterio appartiene alla sfera del merito e della opportunità che è riservata alla valutazione discrezionale del Csm, insindacabile da parte del giudice amministrativo); b) che spetta al Csm l'apprezzamento del valore da assegnare alla esperienza della partecipazione dei rappresentanti della Procura Generale alle udienze delle Sezioni Unite; c) che la eventuale erroneità o contrarietà a legge della applicazione data nella specie dal Csm alla disposizione regolamentare non sarebbe comunque sufficiente a giustificare l'annullamento della disposizione stessa, dovendo il giudice amministrativo limitarsi ad annullare i soli atti applicativi.

Le Sezioni Unite della Cassazione rigettano il ricorso del Csm non senza aver prima ricordato che (secondo consolidata giurisprudenza delle medesime Sezioni Unite: cfr. sentt. n. 2582 del 2 febbraio 2018; n. 11986 del 15 maggio 2017; n. 11380 del 31 maggio 2016), l'eccesso di potere giurisdizionale, quale vizio delle sentenze del giudice amministrativo denunziabile con ricorso per cassazione (*ex* art. 111, comma 8, Cost.), «*è configurabile quando il giudice stesso, eccedendo i limiti del riscontro di legittimità del provvedimento impugnato e sconfinando nella sfera del merito, riservata alla pubblica amministrazione, compia una diretta e concreta valutazione della opportunità e della convenienza dell'atto, esprimendo, pur nel rispetto della formula di annullamento, la volontà di sostituirsi a quella della amministrazione, così esercitando una giurisdizione di merito in situazioni che avrebbero potuto dare ingresso soltanto ad una giurisdizione di legittimità. Si tratta dunque di una violazione dei limiti esterni della giurisdizione, e solo in quanto tale può essere eventualmente rilevata da queste sezioni unite a norma dell'art. 111, comma 8, Cost. e dell'art. 362, comma 1, c.p.c., non potendo esse estendere il proprio sindacato, senza violare la norma costituzionale, anche al modo in cui la giurisdizione è stata esercitata, cioè ad eventuali errori in iudicando o in procedendo che rientrano nei limiti interni della giurisdizione, la violazione dei quali resta estranea al sindacato di questa Corte*» *(cfr. tra molte: Cass., sez. un., sent. n. 24742 del 5 dicembre 2016, n. 7114 del 12 aprile 2016, n. 8993 del 17 aprile 2014).*

Con riguardo al caso di specie, la Cassazione prende atto che il giudice amministrativo di appello «*chiamato a giudicare anche della legittimità della previsione dell'indicatore specifico attitudinale di cui all'art. 21, lett. b), del T.U. per l'ufficio direttivo giudicante di legittimità di presidente di sezione della Corte di cassazione, ha essenzialmente ritenuto che tale indicatore ... produca ... l'effetto discriminatorio di precludere la considerazione, ai fini della nomina a presidente di sezione, della partecipazione dei magistrati della Procura Generale alle udienze delle Sezioni unite; e che tale effetto si ponga in contrasto con il disposto dell'art. 12, commi 11 e 12, d.lgs. n. 160 del 2006 (che non distingue a tali fini tra magistrati della Corte di cassazione e magistrati di quella procura generale), oltre che con il sistema generale dell'ordinamento giudiziario*». Il Consiglio di Stato «*ha quindi dedotto l'intervenuto superamento da parte del Csm dei confini che la giurisprudenza costituzionale ed amministrativa pongono all'esercizio della potestà "paranormativa" del Csm di specificazione generale di fattispecie di legge in tema di ordinamento giudiziario, con conseguente violazione anche della riserva prevista in materia dalla Costituzione (art. 108, comma 1)*».

Per la Cassazione, «*la interpretazione – o qualificazione dell'esatto contenuto e degli effetti – degli atti amministrativi impugnati, così come l'interpretazione della legge da applicare, costituiscono – tanto più quando, come nella specie, l'atto amministrativo impugnato ha ad oggetto la previsione dei criteri generali cui la pubblica amministrazione si atterrà nelle valutazioni concrete –* il proprium *della funzione giurisdizionale, non certo una attività riservata alla autorità amministrativa. E poiché come visto il nucleo fondante della decisione in esame pertiene per l'appunto a tali attività di interpretazione e qualificazione onde verificare la sussistenza o non della violazione di legge (al di là di alcune considerazioni di natura esplicativa), ne deriva di necessità la conclusione che nella specie il giudice amministrativo non ha violato i limiti esterni della sua giurisdizione, indipendentemente dal modo in cui questa è stata nella specie esercitata, che come ricordato si colloca nel distinto ambito dei limiti interni della giurisdizione, non essendo peraltro neppure evocata la ricorrenza di un caso di interpretazione abnorme o di radicale stravolgimento di norme*».

Quanto ai ***provvedimenti disciplinari*** nei confronti di magistrati, la titolarità dell'azione disciplinare spetta al ministro della giustizia e al procuratore generale presso la Cassazione. La «decisione», a seguito dell'avvio di un procedimento disciplinare, spetta all'apposita *Sezione disciplinare* istituita in seno al Csm e tale decisione viene poi sottoposta al *plenum* del Csm. L'iniziativa del procedimento disciplinare è rimessa al ministro della giustizia che ne avanza richiesta al procuratore generale della Cassazione che svolge in ogni caso le funzioni di p.m.

La sezione disciplinare è composta di sei membri effettivi (il vicepresidente del Csm, che presiede la sezione; un componente «laico», che presiede la sezione in caso di assenza del vicepresidente; quattro membri «togati») e di quattro supplenti. Il vicepresidente del Csm è componente di diritto, mentre gli altri componenti (effettivi e supplenti) sono eletti (a scrutinio segreto e a maggioranza dei due terzi dei componenti) dal Csm tra i propri membri. Il vicepresidente del Csm resta escluso dalla sezione disciplinare qualora il Presidente della Repubblica (in quanto presidente del Csm) si avvalga della facoltà di presiedere egli stesso tale sezione. Il dibattito, in sezione disciplinare, si svolge in pubblica udienza. La decisione adottata dalla sezione disciplinare (è richiesta la maggioranza dei voti: in caso di parità prevale la soluzione più favorevole all'incolpato) è un atto a rilevanza esterna, immediatamente esecutivo, che, diversamente da tutti gli altri provvedimenti del Csm, non richiede di essere adottato con decreto del Presidente della Repubblica o del ministro della giustizia, ed è impugnabile con ricorso alle sezioni unite della Cassazione (e la presentazione del ricorso ha effetto sospensivo del provvedimento impugnato).

La **responsabilità disciplinare del magistrato** opera in caso di violazione dei doveri connessi al corretto esercizio della funzione giurisdizionale: i magistrati ordinari rispondono di ogni comportamento che possa compromettere il prestigio dell'ordine giudiziario.

Nella sent. n. 170 del 2018 la Corte costituzionale ha ritenuto non in contrasto con la Costituzione la norma (art. 3, comma 1, lett. *h*), d.lgs. n. 109 del 2006) che prevede come illecito disciplinare l'iscrizione dei magistrati ai partiti politici, giacché, se ai magistrati debbono essere riconosciuti gli stessi diritti garantiti ad ogni altro cittadino, al tempo stesso bisogna parimenti riconoscere che le funzioni esercitate e la qualifica rivestita dal magistrato non sono indifferenti per l'ordinamento costituzionale e pertanto consentono l'individuazione di limiti giustificati sia dalla particolare qualità e delicatezza delle funzioni giudiziarie, sia dai principi costituzionali di indipendenza ed imparzialità costituzionalmente previsti (artt. 101, comma 2, 104, comma 1, 108, comma 2, Cost.). Per la Corte «*va preservato il significato dei principi di indipendenza e imparzialità, nonché della loro apparenza, quali requisiti essenziali che caratterizzano la figura del magistrato in ogni aspetto della sua vita pubblica*» e soprattutto considerando che la vigente normativa «*consente al magistrato di tornare alla giurisdizione, in caso di mancata elezione oppure al termine del mandato elettivo*» Per la Corte dunque, ***i magistrati, anche in aspettativa non possono iscriversi ad un partito politico perché ciò lede la loro imparzialità ed indipendenza***. Con la sent. n. 170 del 2018 la Corte costituzionale tocca un tema molto discusso nell'odierno dibattito politico-istituzionale e rappresentato appunto dall'ingresso dei magistrati in politica (aspetto specifico del più in generale problema del rapporto tra politica e giustizia). La questione di costituzionalità era stata sollevata dal Csm, chiamato a pronunciarsi nell'ambito di un procedimento disciplinare cui era sottoposto un magistrato che da oltre dieci anni aveva ricoperto importanti cariche elettive (sindaco di città metropolitana, presidente di regione) e cui era contestata l'iscrizione ad un partito politico. Per il Csm appariva contraddittoria la disciplina che, da un lato consente al magistrato l'assunzione di cariche politiche (elettive o no) e, dall'altro lato, vieta l'iscrizione al partito politico e la partecipazione alla vita interna dello stesso. Per la Corte costituzionale invece, la possibilità riconosciuta al magistrato di concorrere a cariche elettive (e di assumere cariche politiche) può convivere con il divieto di iscrizione al partito politico (che trova fondamento, oltre che nei principi di indipendenza e di imparzialità delle funzioni giudiziarie, anche nell'art. 98, comma 3, Cost., che demanda al legislatore la possibilità di stabilire "limitazioni al diritto di iscriversi ai partiti politici per i magistrati") giacché l'iscrizione del magistrato ad un partito politico induce il cittadino a dubitare della indipendenza ed imparzialità dello stesso.

Con riguardo all'*onere di motivazione dei provvedimenti giudiziari*, può citarsi la sentenza delle Sezioni unite della Cass. 6 settembre 2013, n. 20570 che (proprio con riguardo a provvedimento disciplinare a carico di un magistrato) ha affermato che anche laddove sia richiesta una motivazione sommaria o «succinta» (e cioè la non necessità di una motivazione diffusa, analitica, che si faccia carico di tutte le allegazioni e di tutte le risultanze processuali) è comunque necessaria una spiegazione «*che tuttavia quantomeno indichi, anche solo ... sommariamente, gli elementi essenziali sulla base dei quali il provvedimento è adottato, quand'anche* per relationem *se il caso lo consente. Dire sufficiente una motivazione sommaria non equivale, peraltro, ad affermare che la motivazione può completamente mancare. E una motivazione completamente manca quante volte chi legge non è posto in condizione di cogliere neppure la ragione di fondo che sorregge il provvedimento giurisdizionale, in quanto tale incompatibile con la mera espressione di un immotivato comando*».

L'istituzione del Csm, con l'assegnazione allo stesso delle ricordate competenze, mira a ridurre, se non ad eliminare, il peso dell'esecutivo nell'amministrazione della giustizia. Per questa ragione al *Ministro della giustizia* residuano solo funzioni amministrative quali:

– la cura dell'organizzazione e del funzionamento dei servizi relativi alla giustizia;

– l'esercizio dei poteri di sorveglianza ed ispettivi nei confronti degli uffici giudiziari e il potere di promuovere l'azione disciplinare davanti all'apposita sezione disciplinare del Csm;

– la partecipazione al procedimento di conferimento degli uffici direttivi (cioè degli incarichi di maggior rilievo nell'ordinamento giudiziario, come quelli di presidente di Tribunale e di Corte d'appello) il cui incarico è attribuito con deliberazione del Csm, sulla base di una proposta formulata di concerto fra un'apposita commissione del Csm ed il ministro (ed i rapporti tra il Csm ed il ministro devono ispirarsi al «*principio di leale collaborazione*» e il ministro deve comunque dare corso alla deliberazione consiliare, Corte cost., sent. n. 379 del 1992).

Con la legge 27 febbraio 2015, n. 18 sulla *disciplina della responsabilità civile dei magistrati*, sono state introdotte modifiche alla legge n. 117 del 1988 ("*Risarcimento dei danni cagionati nell'esercizio delle funzioni giudiziarie e responsabilità civile dei magistrati*") che si sono rese necessarie in seguito alla condanna dell'Italia da parte della Corte di Giustizia dell'Unione Europea (sent. 24 novembre 2011, C-379/10) che aveva provocato l'apertura di due procedure di contenzioso con la Commissione europea. Ed infatti l'art. 1 della legge n. 18 del 2015 afferma che la legge medesima «*introduce disposizioni volte a modificare le norme di cui alla legge 13 aprile 1988, n. 117, al fine di rendere effettiva la disciplina che regola la responsabilità civile dello Stato e dei magistrati, anche alla luce dell'appartenenza dell'Italia all'Unione europea*».

Secondo la legge n. 18 del 2015, fatti salvi i casi di dolo e colpa grave, «*nell'esercizio delle funzioni giudiziarie non può dar luogo a responsabilità l'attività di interpretazione di norme di diritto né quella di valutazione del fatto e delle prove*». Indi la legge stessa specifica che «*costituisce colpa grave la violazione manifesta della legge nonché del diritto dell'Unione europea, il travisamento del fatto o delle prove, ovvero l'affermazione di un fatto la cui esistenza è incontrastabilmente esclusa dagli atti del procedimento o la negazione di un fatto la cui esistenza risulta incontrastabilmente dagli atti del procedimento, ovvero l'emissione di un provvedimento cautelare personale o reale fuori dai casi consentiti dalla legge oppure senza motivazione*». Inoltre (fermo restando il giudizio di responsabilità contabile), «*ai fini della determinazione dei casi in cui sussiste la violazione manifesta della legge nonché del diritto dell'Unione europea si tiene conto, in particolare, del grado di chiarezza e precisione delle norme violate nonché dell'inescusabilità e della gravità dell'inosservanza. In caso di violazione manifesta del diritto dell'Unione europea si deve tener conto anche della mancata osservanza dell'obbligo di rinvio pregiudiziale, nonché del contrasto dell'atto o del provvedimento con l'interpretazione espressa dalla Corte di giustizia dell'Unione europea*».

La legge n. 18 del 2015 pone inoltre sul Presidente del Consiglio dei Ministri un obbligo di azione di rivalsa nei confronti del magistrato nel caso di diniego di giustizia, ovvero nei casi in cui la violazione manifesta della legge nonché del diritto dell'Unione europea ovvero il travisamento del fatto o delle prove sono stati determinati da dolo o negligenza inescusabile. La misura della rivalsa «*non può superare una somma pari alla metà di una annualità dello stipendio, al netto delle trattenute fiscali, percepito dal magistrato al tempo in cui l'azione di risarcimento è proposta, anche se dal fatto è derivato danno a più persone e queste hanno agito con distinte azioni di responsabilità. Tale limite non si applica al fatto commesso con dolo. L'esecuzione della rivalsa, quando viene effettuata mediante trattenuta sullo stipendio, non può comportare complessivamente il pagamento per rate mensili in misura superiore ad un terzo dello stipendio netto*».

3. Giurisdizione ordinaria e giurisdizioni speciali

La *funzione giurisdizionale* costituisce la funzione svolta dallo Stato e *diretta alla* «affermazione dell'ordinamento nel caso concreto» ed è una condizione di esistenza dell'ordinamento stesso (Satta). L'art. 102 Cost. (disponendo che «*La funzione giurisdizionale è esercitata da magistrati ordinari istituiti e regolati dalle norme sull'ordinamento giudiziario*») pone il ***principio dell'unità della giurisdizione*** da realizzare in capo alla magistratura ordinaria. Questo principio (parzialmente derogato dalla stessa Costituzione), e che discende da quelli di indipendenza del giudice, di certezza del diritto e di semplificazione dell'ordinamento giudiziario, ha come corollario il divieto di istituzione di giudici speciali e di giudici straordinari. La Costituzione infatti consente solo la possibilità di istituire, presso gli organi giudiziari ordinari, *sezioni specializzate* per determinate materie. Il criterio della specializzazione (con possibilità di ricorso a cittadini esperti estranei alla magistratura) e la previsione specifica di giudici speciali amministrativi e della possibilità di revisione dei giudici speciali anteriori alla Costituzione, rappresentano i limiti ed i temperamenti (costituzionalmente previsti) del principio dell'unità della giurisdizione, e che conducono ad affermare che *la Carta costituzionale ha previsto un sistema intermedio in cui il principio dell'unità della giurisdizione è limitato da alcune affermazioni dell'opposto principio del pluralismo giurisdizionale*.

La ***giurisdizione ordinaria*** ricomprende al proprio interno la *giurisdizione civile* (che regola le controversie concernenti i diritti soggettivi) e la *giurisdizione penale* (volta ad irrogare una pena a chi abbia violato norme – «penali», appunto – che tutelano valori ritenuti fondamentali dall'ordinamento).

I *giudici civili* sono: il giudice di pace e il tribunale (giudici di primo grado), la Corte d'appello (che è giudice solo di secondo grado) e la Cassazione. La ripartizione delle competenze fra i giudici di primo grado avviene in base alla materia di cui si discute o al valore della causa. Le decisioni del giudice di pace si possono impugnare in appello dinanzi al tribunale; le decisioni assunte dal tribunale in primo grado possono essere impugnate presso la Corte d'appello. Le decisioni dei giudici di secondo grado possono essere impugnate davanti alla Cassazione per motivi di legittimità e di esatta applicazione della legge.

Giudici penali sono il giudice di pace, il tribunale e la Corte d'assise (giudici di primo grado), mentre giudici di secondo grado sono la Corte d'appello e la Corte d'assise d'appello. L'individuazione del giudice competente avviene in base al reato contestato all'imputato. Le decisioni del giudice di pace si possono impugnare in appello dinanzi al tribunale; le decisioni assunte dal tribunale in primo grado possono essere impugnate presso la Corte d'appello, le decisioni della Corte d'assise possono essere impugnate dinanzi alla Corte d'assise d'appello. Le decisioni dei giudici di secondo grado possono essere impugnate davanti alla Cassazione per motivi di legittimità e di esatta applicazione della legge.

In merito alla ***giurisdizione amministrativa***, la Costituzione afferma che «*Contro gli atti della pubblica amministrazione è sempre ammessa la tutela giurisdizionale dei diritti e degli interessi legittimi dinanzi agli organi di giurisdizione ordinaria o amministrativa*» e che tale tutela giurisdizionale «*non può essere esclusa o limitata a particolari mezzi di impugnazione o per determinate categorie di atti*». Questa disposizione, se letta in correlazione con altri articoli costituzionali, che disciplinano sia la coesistenza delle altre giurisdizioni, sia aspetti strettamente inerenti la giurisdizione amministrativa, costituisce il fondamento costituzionale della giurisdizione amministrativa quale giudice della legittimità degli atti delle pubbliche amministrazioni a tutela degli interessi legittimi del singolo (mentre giudice dell'eventuale lesione dei diritti soggettivi è il giudice ordinario).

La previsione di una giustizia amministrativa, e cioè di uno speciale regime di protezione del singolo quando entra in rapporto con la pubblica amministrazione (regime distinto e diverso rispetto a quello della giurisdizione ordinaria) discende da ragioni storiche. A questo proposito le ricostruzioni dottrinali sono divise fra quanti ritengono che l'art. 113 Cost. rappresenti una netta «rottura» con l'ordinamento ottocentesco (in quanto apre ad un nuovo diritto amministrativo «paritario») e quanti invece ritengono che la Costituzione abbia soltanto cristallizzato la situazione preesistente.

Nell'ordinamento italiano post-unitario, la legge 20 marzo 1865, n. 2248, all. E), sull'abolizione dei tribunali del contenzioso amministrativo (legge ispirata sul modello belga della giurisdizione unica) assegnò al giudice ordinario la tutela del singolo nei confronti degli atti della pubblica amministrazione relativamente alle lesioni di «diritti civili o politici», limitando il potere del giudice alla conoscenza degli effetti dell'atto amministrativo, potendo dunque il giudice solo disapplicare l'atto amministrativo illegittimo, ma non annullarlo, rimanendo tale potere riservato (in ossequio al principio della separazione dei poteri) alla pubblica amministrazione. Per tutelare tutte quelle situazioni in cui il singolo, pur senza essere portatore di posizioni di diritto soggettivo, veniva a trovarsi in contrasto con l'azione amministrativa, venne istituita (con la c.d. "legge Crispi" n. 5992 del 1889) la IV sezione del Consiglio di Stato, avente il potere di annullare gli atti amministrativi viziati da «eccesso di potere, incompetenza e violazione di legge» e, in taluni tassativi casi, di decidere anche nel merito (c.d. giurisdizione speciale di merito, in seguito assegnata alla V sezione del consiglio di Stato dalla legge n. 62 del 1907 che introduce anche ipotesi di giurisdizione esclusiva del giudice amministrativo, chiamato così a giudicare sulla lesione anche di diritti soggettivi). Con legge del 1890 alle Giunte provinciali amministrative venne attribuito simile potere sugli atti amministrativi degli Enti locali.

A queste innovazioni legislative si aggiunse, nei primi decenni del ventesimo secolo, l'opera della dottrina cui si deve la costruzione della nozione di «interesse legittimo», quale interesse del singolo tutelato dalla legge solo in via incidentale e riflessa, quale conseguenza della tutela assegnata dalla legge ad un interesse generale con cui la posizione del singolo viene a trovarsi collegata (Ranelletti). Inoltre l'interesse legittimo viene ad essere distinto dal diritto soggettivo giacché, mentre quest'ultimo troverebbe fondamento in norme di relazione (disciplinanti i rapporti tra privati e pubblica amministrazione), il primo viene ad essere espressione di norme di azione (in quanto disciplinanti l'azione della pubblica amministrazione) (Guicciardi). E la distinzione fra diritto soggettivo e interesse legittimo viene a rappresentare il discrimine tra la giurisdizione ordinaria e quella amministrativa.

La Corte costituzionale (sent. n. 204 del 2004, ma v. anche sent. n. 191 del 2006 e giurisprudenza successiva) ha affermato che la Costituzione "ha riconosciuto al giudice amministrativo piena dignità di giudice ordinario per la tutela, nei confronti della pubblica amministrazione, delle situazioni soggettive non contemplate dal (modo in cui era stato inteso) l'art. 2 della legge del 1865". Pertanto la Corte ritiene in contrasto con la Costituzione «*l'adozione, da parte del legislatore ordinario del 1998-2000, di un'idea di giurisdizione esclusiva ancorata alla pura e semplice presenza, in un certo settore dell'ordinamento, di un rilevante pubblico interesse*», giacché l'art. 103, comma 1, Cost. «*non ha conferito al legislatore ordinario una assoluta ed incondizionata discrezionalità nell'attribuzione al giudice amministrativo di materie devolute alla sua giurisdizione esclusiva, ma gli ha conferito il potere di indicare "particolari materie" nelle quali "la tutela nei confronti della pubblica amministrazione" investe "anche"* diritti soggettivi*: un potere, quindi, del quale può dirsi, in negativo, che non è né assoluto né incondizionato, e del quale, in positivo, va detto che deve considerare la natura delle situazioni soggettive coinvolte, e non fondarsi esclusivamente sul dato, oggettivo, delle materie*» (sent. n. 204 del 2004). E proprio muovendo dalle considerazioni elaborate nella sent. n. 204 del 2004, la Corte (sent. n. 191 del 2006) ha in seguito affermato che «*laddove la legge … costruisce il risarcimento del danno, ai fini del riparto di giurisdizione tra giudice ordinario e giudice amministrativo, come strumento di tutela affermandone … il carattere "rimediale", essa non viola alcun precetto costituzionale e, anzi, costituisce attuazione del precetto dell'art. 24 Cost. laddove questo esige che la tutela giurisdizionale sia effettiva e sia resa in tempi ragionevoli*». E pertanto per la Corte costituzionale, ai fini del riparto di giurisdizione «*è irrilevante la circostanza che la pretesa risarcitoria abbia … o non abbia intrinseca natura di diritto soggettivo: avendo la legge, a questi* *fini, inequivocabilmente privilegiato la considerazione della situazione soggettiva incisa dall'illegittimo esercizio della funzione amministrativa, a questa Corte competeva (compete) solo di valutare se tale scelta del legislatore – di collegare, cioè, quanto all'attribuzione della giurisdizione, la tutela risarcitoria a quella della situazione soggettiva incisa dal provvedimento amministrativo illegittimo – confligga, o non, con norme costituzionali*» e questo è quello che, con la sent. n. 204 del 2004 la Corte costituzionale ha escluso.

Al vertice della giurisdizione amministrativa vi è il **Consiglio di Stato** (art. 100 Cost.) che è organo di consulenza giuridico-amministrativa del governo ed organo della giurisdizione della giustizia amministrativa. Esso si articola in sei sezioni: le prime tre svolgono funzioni consultive (del governo), mentre la quarta, la quinta e la sesta svolgono funzioni giurisdizionali e, con l'istituzione dei tribunali amministrativi regionali (Tar, legge n. 1034 del 1971), il Consiglio di Stato è divenuto giudice d'appello delle pronunce dei Tar, confermando la peculiare posizione costituzionale di organo di vertice della giurisdizione amministrativa. Esistono altresì l'*Adunanza generale* del Consiglio di Stato, composta da tutti i membri del Consiglio, e dotata di funzioni consultive, e l'*Adunanza plenaria* avente funzioni giurisdizionali e formata dal Presidente del Consiglio di Stato e da dodici magistrati del Consiglio di Stato.

Per quanto attiene la funzione consultiva, il Consiglio di Stato può fornire pareri facoltativi su richiesta di una pubblica amministrazione e pareri obbligatori. Quest'ultimi riguardano: a) i regolamenti del governo e dei ministri ed i testi unici; b) i ricorsi straordinari al Presidente della Repubblica; c) gli schemi generali di contratti-tipo, accordi e convenzioni predisposti da uno o più ministeri.

La ***Corte dei conti*** esercita numerose e complesse funzioni, alcune di natura giurisdizionale, altre riferibili al controllo generale di legittimità e altre ancora al controllo finanziario di legittimità.

Le *funzioni giurisdizionali* della Corte dei conti si svolgono nei *giudizi di responsabilità dei pubblici funzionari* (per il danno recato alle amministrazioni pubbliche statali, regionali e locali), nel *giudizio di conto* (concernente i conti presentati da coloro che hanno una funzione di maneggio di denaro, beni o valori di amministrazioni pubbliche), nei giudizi in materia di *pensioni (civili e militari)*. La funzione giurisdizionale è svolta dalle sezioni regionali (una per ogni Regione, con sede nel capoluogo, tranne che nel Trentino Alto Adige dove sono state istituite due sezioni, una a Trento e l'altra a Bolzano), e dalle sezioni centrali in funzione di giudice di appello.

Il *controllo generale preventivo di legittimità* concerne gli atti del governo (con alcune eccezioni) e si esercita tramite il *visto* di legittimità dell'atto e la conseguente *registrazione* dell'atto medesimo.

Il *controllo finanziario di legittimità* concerne gli atti del governo aventi ripercussione sul bilancio statale e mira a verificare che le spese non superino le somme stanziate e può essere preventivo (nei casi previsti dalla legge) e successivo, in questi casi è diretto a riesaminare la gestione finanziaria dello Stato e delle aziende autonome, ha carattere contabile e consiste nella verifica dei rendiconti trasmessi periodicamente alla Corte. Il controllo sul rendiconto generale dello Stato conduce ad una dichiarazione di regolarità (definita «parificazione») che unitamente ad una relazione informativa è inviata al Parlamento. La Corte dei conti controlla inoltre la gestione delle amministrazioni statali, regionali e degli Enti locali e, nei casi e nelle forme stabilite dalla legge, partecipa al *controllo sulla gestione finanziaria* degli enti cui lo Stato contribuisce in via ordinaria.

Per quanto riguarda le decisioni del Consiglio di Stato e della Corte dei conti, il ricorso in Cassazione è ammesso «*per i soli motivi inerenti la giurisdizione*» (art. 111, ultimo comma, Cost.). In Assemblea costituente è stato un emendamento di Costantino Mortati a far escludere il sindacato della Cassazione sulle sentenze dei giudici speciali anche per violazione di legge, in ragione del riconoscimento al giudice speciale di una specifica idoneità ad interpretare la legge regolatrice della materia (riconoscimento che è alla base dell'istituzione stessa di una giurisdizione speciale distinta da quella ordinaria). La previsione del ricorso in Cassazione per i soli motivi inerenti la giurisdizione conferma la prevalenza in Costituzione del principio di unità (su quello di pluralità) della giurisdizione ed assegna alla *Cassazione* il ruolo di «giudice della giurisdizione» e dunque di organo supremo e regolatore di tutto il settore giurisdizionale (Bartole).

La pluralità delle giurisdizioni pone il problema del rapporto fra le stesse. Al riguardo la Corte costituzionale (sent. n. 77 del 2007) e le Sezioni unite della Cassazione (sent. n. 4109 del 2007) si sono pronunciate, in merito al problema della *traslatio iudicii*, nel senso della «*trasmigrabilità della causa dal giudice ordinario al giudice speciale, e viceversa ... anche nel caso di sentenza del giudice di merito che abbia declinato la giurisdizione*». In realtà solo nella pronuncia della Cassazione si rinviene l'affermazione netta del predetto principio ritenuto desumibile in base ad una lettura costituzionalmente orientata del quadro normativo vigente. La Cassazione ha infatti dichiarato che «*in base ad una lettura costituzionalmente orientata della disciplina della materia ... sussistano le condizioni per potere affermare che è stato dato ingresso nell'ordinamento processuale al principio della* translatio iudicii *dal giudice ordinario al giudice speciale, e viceversa, in caso di pronuncia sulla giurisdizione*» (e a tal fine le Sezioni unite propongono una nuova interpretazione – «costituzionalmente orientata» – dell'art. 382 c.p.c.). Per le Sezioni unite deve consentirsi al processo «iniziato erroneamente davanti ad un giudice che non ha la giurisdizione indicata, di poter continuare davanti al giudice effettivamente dotato di giurisdizione, onde dar luogo ad una pronuncia di merito che conclude la controversia processuale, comunque iniziata, realizzando in modo più sollecito ed efficiente quel servizio di giustizia, costituzionalmente rilevante». E la Cassazione nega la necessità di una pronuncia della Corte costituzionale «potendosi a tale conclusione pervenire in sede interpretativa», giacché «*l'apparente antinomia della suddetta conclusione con la disposizione dell'art. 34, comma 1, della legge 6 dicembre 1971, n. 1034, laddove si prevede l'annullamento senza rinvio della decisione del tribunale amministrativo regionale da parte del Consiglio di Stato quando l'organo di secondo grado riconosca il difetto di giurisdizione del giudice di primo grado, si compone nel rilievo che il difetto di giurisdizione considerato dalla norma concerne anch'esso le sole ipotesi in cui non è configurabile una prosecuzione del processo né innanzi al giudice speciale, né innanzi al giudice ordinario, in parallelo alla disposizione dell'art. 382, comma 3, c.p.c.*».

La Corte costituzionale, con la sent. n. 77 del 2007, dichiarando l'incostituzionalità dell'art. 30, legge n. 1034 del 1971 «*nella parte in cui non prevede che gli effetti, sostanziali e processuali, prodotti dalla domanda proposta a giudice privo di giurisdizione, si conservino, a seguito di declinatoria di giurisdizione, nel processo proseguito davanti al giudice munito di giurisdizione*» smentisce la ricostruzione teorica avanzata dalla Cassazione. E la Corte costituzionale critica l'argomento posto a base della motivazione sviluppata dalla Cassazione nella sent. n. 4109 del 2007. Questa infatti muove dalla considerazione che mancherebbe nell'ordinamento «*un espresso divieto della* translatio iudicii *nei rapporti tra giudice ordinario e giudice speciale*». La Corte costituzionale invece afferma che «*si deve anzitutto escludere che – come le Sezioni unite affermano a "premessa indispensabile" del loro argomentare – manchi nell'ordinamento "un espresso divieto della* translatio iudicii *nei rapporti tra giudice ordinario e giudice speciale"*». E la Corte giunge alla declaratoria di incostituzionalità della norma censurata (art. 30, legge n. 1034 del 1971) nella parte in cui non prevede la conservazione degli effetti della domanda nel processo proseguito, a seguito di declinatoria di giurisdizione, davanti al giudice munito di giurisdizione. La pronuncia della Corte costituzionale – da un lato – nega l'esattezza dell'affermazione operata dalla Cassazione (secondo cui invece non esisterebbe nell'ordinamento «*un espresso divieto della* translatio iudicii *nei rapporti tra giudice ordinario e giudice speciale*») e – dall'altro lato – riconosce la necessità di una disciplina legislativa che «*dovrà dare attuazione al principio della conservazione degli effetti, sostanziali e processuali, prodotti dalla domanda proposta a giudice privo di giurisdizione nel giudizio ritualmente riattivato – a seguito di declinatoria di giurisdizione – davanti al giudice che ne è munito*». Quindi la Corte costituzionale riconosce valenza costituzionale ed immediata operatività al solo principio della conservazione degli effetti della domanda nel processo riassunto («laddove possibile») ed assegna al legislatore il compito intervenire per fornire nuova disciplina del meccanismo della riassunzione.

La sent. n. 77 del 2007, quale «additiva di principio», dichiara l'incostituzionalità di una disposizione «nella parte in cui» non prevede l'operatività di un principio che la Corte ritiene presente a livello costituzionale ed incostituzionalmente pretermesso dalla legislazione ordinaria (su questa tipologia di sentenza di accoglimento v. *infra*, cap. XI). Dalla metà degli anni novanta, sulla scorta di pronunce della stessa Corte costituzionale, dei giudici comuni e della Cassazione, la dottrina ha riconosciuto che la additiva di principio, pur contenendo un monito al legislatore per invitarlo ad adottare una nuova disciplina della materia, pone anche una norma immediatamente operativa che il giudice comune può senz'altro applicare per risolvere il caso concreto sottoposto al proprio giudizio. La sent. n. 77 del 2007, quale additiva di principio, pone sicuramente una «norma di principio» immediatamente operante e che è rappresentata dal principio posto nel dispositivo della sentenza medesima che dichiara «*l'illegittimità costituzionale dell'art. 30 della legge 6 dicembre 1971, n. 1034 (Istituzione dei tribunali amministrativi regionali), nella parte in cui non prevede che gli effetti, sostanziali e processuali, prodotti dalla domanda proposta a giudice privo di giurisdizione si conservino, a seguito di declinatoria di giurisdizione, nel processo proseguito davanti al giudice munito di giurisdizione*». A conferma può citarsi l'ultimo periodo della parte motiva della sentenza, secondo cui «*laddove possibile utilizzando gli strumenti ermeneutici (come nel caso oggetto del giudizio* a quo, *dopo la declinatoria di giurisdizione), i giudici ben potranno dare attuazione al principio della conservazione degli effetti della domanda nel processo riassunto*». Al tempo stesso l'additiva di principio (e, nella specie la sent. n. 77 del 2007) riconosce la necessità di un intervento del legislatore e l'applicazione diretta del principio enucleato dalla Corte medesima ad opera dei giudici solo «laddove possibile».

Infine bisogna inoltre sottolineare che la sent. n. 77 del 2007 si è pronunciata specificamente sull'art. 30 della legge n. 1034 del 1970 e dunque sul rapporto fra giudice amministrativo e giudice civile. È indubbio che il principio generale previsto dalla Corte costituzionale debba ritenersi operante nell'intero ordinamento ma non può non evidenziarsi che: 1. proprio con riguardo ai rapporti fra giudice amministrativo e giudice ordinario, la Corte costituzionale ritiene necessario un intervento del legislatore; 2. l'operatività del principio, sempre nei rapporti fra giudice amministrativo e giudice ordinario, è subordinata alla condizione «laddove possibile»; 3. nulla dice la Corte costituzionale in merito ai rapporti fra altre tipologie di giurisdizione (come il rapporto fra giurisdizione ordinaria e giurisdizione contabile) riguardo ai quali ancor più deve porsi l'accento sull'inciso «laddove possibile» contenuto nella pronuncia costituzionale.

Nota bibliografica

AA.VV., *Attualità e attuazione della Costituzione*, Bari-Roma, 1979; AA.VV., *Annuario 2004. Separazione dei poteri e funzione giurisdizionale*, a cura dell'AIC, Padova, 2005; S. Bartole, *Autonomia e indipendenza dell'ordine giudiziario*, Padova, 1964; Id., *Interpretazioni e trasformazioni della Costituzione repubblicana*, Bologna, 2004; F. Benvenuti, *Giudicato amministrativo*, in *Enc. dir.*, vol. XVIII, Milano, 1969; Id., *Giustizia amministrativa*, in *Enc. dir.*, vol. XVIII, Milano, 1969; G. Berti, *Art. 113*, in *Comm. Cost.*, a cura di Branca, Bologna-Roma, 1987; P. Calamandrei, *La Cassazione civile*, I, 1920 (ora in Id., *Opere*, vol. VI, Napoli, 1976); J. Chevallier, *L'élaboration historique du principe de séparation de la jurisdiction administrative et de l'administration active*, Paris, 1970; L.

CHIEFFI, *La magistratura*, Napoli, 1998; G.M. CHIODI, *La giustizia amministrativa nel pensiero politico di Silvio Spaventa*, Bari, 1969; A. D'ALOIA (a cura di), *L'autogoverno delle magistrature "non ordinarie" nel sistema costituzionale della giurisdizione*, Napoli, 1995; F. DAL CANTO-R. ROMBOLI (a cura di), *Contributo al dibattito sull'ordinamento giudiziario*, Torino, 2005; G. FERRI, *Il Consiglio superiore della magistratura e il suo presidente*, Padova, 1995; ID., *Magistratura e potere politico*, Padova, 2005; M.S. GIANNINI, *Discorso generale sulla giustizia amministrativa*, in *Riv. dir. proc.*, 1963, 522 ss.; C. GUARNIERI-P. PEDERZOLI, *La magistratura nelle democrazie contemporanee*, Roma-Bari, 2002; P. MADDALENA, *Unità e pluralità delle giurisdizioni: giudici ordinari e giudici speciali*, Milano, 1985; G. MONACO, *Pubblico ministero e obbligatorietà dell'azione penale*, Milano, 2003; M.R. MORELLI, *Commento artt. 101-113 Cost.*, in *Comm. breve Cost.*, a cura di V. Crisafulli, L. Paladin, Padova, 1990, 635 ss.; M. NIGRO, *Silvio Spaventa e la giustizia amministrativa come problema politico*, in *Riv. trim. dir. pubbl.*, 1970, 715 ss.; ID., *Silvio Spaventa e lo stato di diritto*, in *Foro it.*, 1989, V, 109 ss.; ID., *Giustizia amministrativa*, a cura di E. Cardi e A. Nigro, Bologna, 2002; L. PESOLE, *I giudici ordinari e gli altri poteri nella giurisprudenza sui conflitti*, Torino, 2002; F. PIRAS-M.S. GIANNINI, *Giurisdizione amministrativa e giurisdizione ordinaria nei confronti della p.a.*, in *Enc. dir.*, vol. XIX, Milano, 1970; G. PIZZETTI, *Il giudice nell'ordinamento complesso*, Milano, 2003; A. PIZZORUSSO (a cura di), *L'ordinamento giudiziario*, Bologna, 1974; ID., *L'organizzazione della giustizia in Italia*, Torino, 1990; F. RIGANO, *Costituzione e potere giudiziario*, Padova, 1982; C. SALAZAR, *La Magistratura*, Bari-Roma, 2002; A. SANDULLI, *Manuale di diritto amministrativo*, Napoli, 1982; S. SATTA, *Giurisdizione*, in *Enc. dir.*, vol. XIX, Milano, 1970; G. SILVESTRI, *Giustizia e giudici nel sistema costituzionale*, Torino, 1997; E. SPAGNA MUSSO, *Giudice*, in *Enc. dir.*, vol. XVIII, Milano, 1969; M. TARUFFO, *La motivazione della sentenza civile*, Padova, 1975; G. VERDE, *L'amministrazione della giustizia tra ministro e Consiglio superiore*, Padova, 1990; ID., *L'ordinamento giudiziario*, Milano, 2003; M. VIETTI, *L'ordinamento giudiziario*, Torino, 2003; M. VOLPI (a cura di), *La responsabilità dei magistrati*, Napoli, 2008; N. ZANON, *Pubblico ministero e Costituzione*, Padova, 1996; N. ZANON-F. BIONDI, *Diritto costituzionale dell'ordine giudiziario*, Milano, 2002.

Capitolo Undicesimo

LA CORTE COSTITUZIONALE

1. Introduzione. I modelli di giustizia costituzionale

La previsione di una giurisdizione costituzionale, cioè di un giudice competente a giudicare sulle controversie relative alla conformità alla Costituzione delle leggi e degli atti aventi forza di legge risponde all'esigenza di garantire la superiorità e la rigidità della Costituzione. I diversi *modelli di controllo di costituzionalità della legge* (e degli atti a questa equiparati) possono essere raggruppati in due grandi modelli: quello c.d. «*accentrato*» e quello c.d. «*diffuso*». Quest'ultimo ricorre quando ad ogni giudice è affidato il potere di controllare la conformità a Costituzione della legge che è chiamato ad applicare, e di disapplicarla nel caso la ritenga incostituzionale.

Esempio di sindacato diffuso è quello rappresentato dal modello vigente negli Stati Uniti d'America, ove il controllo di costituzionalità diffuso si è sviluppato in via giurisprudenziale (ed in assenza di un'espressa attribuzione costituzionale di tale potere ai giudici) a partire dalla sentenza del 1803, relativa alla causa *Marbury v. Madison*, con cui la Corte Suprema (allora presieduta dal *Chief Justice Marshall*) ha affermato il principio della sindacabilità da parte del giudice della legge da applicare: «*È affermazione troppo ovvia per essere contestata che o la Costituzione impedisce che le leggi contrastino con le sue prescrizioni, oppure il legislatore può modificare la Costituzione con una legge comune. Tra queste proposizioni alternative non c'è via di mezzo: o la Costituzione è la legge suprema immodificabile con i mezzi ordinari, oppure è allo stesso livello delle leggi ordinarie e, come queste, è modificabile ogniqualvolta piaccia al legislatore. Se è vera la prima parte dell'alternativa, allora, la legge contraria alla Costituzione non è una legge; se è vera la seconda, allora le Costituzioni scritte sono un assurdo tentativo di limitare un potere per sua natura illimitabile. Ma certamente tutti gli artefici della Costituzione hanno ritenuto di aver elaborato la legge fondamentale e suprema della nazione: di conseguenza, il principio valido in questo caso come in ogni altro regime a Costituzione scritta deve essere che un atto del potere legislativo contrastante con la Costituzione è nullo. In conclusione: se una legge contrasta con la Costituzione, il giudice si trova a dover scegliere tra l'applicazione della legge con conseguente disapplicazione della Co-*

stituzione e l'applicazione della Costituzione con conseguente disapplicazione della legge: evidentemente, solo la seconda strada è compatibile con i principi enunciati».

Nel sistema diffuso, la legge ritenuta incostituzionale viene soltanto disapplicata nell'ambito del singolo caso in oggetto. Il rischio dell'instaurazione di contrastanti indirizzi giurisprudenziali è evitato, negli Usa, dalla vigenza del principio dello *stare decisis*, secondo cui gli organi giudiziari inferiori sono vincolati dalle precedenti pronunce di quelli superiori.

Il ***sindacato di costituzionalità «accentrato»*** si caratterizza per l'assegnazione ad un solo organo della competenza a giudicare della conformità a costituzione degli atti legislativi. Questo modello tende a differenziarsi ulteriormente a seconda del «momento» di intervento del giudice costituzionale (*controllo preventivo* o *successivo* rispetto all'entrata in vigore della legge), delle modalità di accesso allo stesso («*diretto*» o «*indiretto*») e dell'efficacia delle decisioni di incostituzionalità della legge (abrogazione, annullamento, cessazione di efficacia *ex nunc* o *ex tunc*, ecc.). Queste differenti tipologie possono inoltre combinarsi differentemente tra loro producendo risultati molto diversi.

In Italia vige un sistema di controllo di costituzionalità della legge accentrato e successivo, definito «eclettico» (Crisafulli) giacché nelle modalità di accesso al giudizio di costituzionalità l'intervento del giudice comune connota ulteriormente il modello vigente nel nostro Paese (v. *infra*, par. 3).

Nel periodo compreso fra il 1948 e l'entrata in funzione (1956) della Corte costituzionale ha trovato applicazione il comma 2 della VII disp. trans. e fin. Cost. secondo cui «*Fino a quando non entri in funzione la Corte costituzionale, la decisione delle controversie indicate nell'art. 134 ha luogo nelle forme e nei limiti delle norme preesistenti all'entrata in vigore della Costituzione*». In tale periodo vi è dunque stata in Italia un'esperienza di sindacato diffuso che però (v. *supra*, cap. III) non ha dato esiti positivi dal punto di vista dell'attuazione dei valori costituzionali. Infatti già nel 1948 la Cassazione, elaborando la distinzione fra norme programmatiche e norme precettive ha rimesso completamente al legislatore l'attuazione della Costituzione, negando di fatto a questa immediata cogenza.

Anche in ragione degli esiti insoddisfacenti conseguiti in tale periodo, ha acquisito un significato simbolico la prima pronuncia della Corte costituzionale, la sent. n. 1 del 1956, cui si riconosce un valore «storico» perché in essa la Corte ha affermato alcuni principi che hanno prodotto importanti effetti negli sviluppi successivi della giurisprudenza costituzionale. La Corte costituzionale si trovava infatti a dover prendere posizione su una serie di questioni sorte immediatamente dopo l'entrata in vigore della Costituzione ed affrontate in vario modo dalla dottrina. Di tali questioni, le più significative erano le seguenti:

– quella relativa al potere della Corte costituzionale di giudicare della conformità a Costituzione di tutte le leggi, anche di quelle anteriori alla Costituzione medesima, o soltanto di quelle approvate dopo l'entrata in vigore della Carta repubblicana: l'accettazione di questa seconda tesi avrebbe comportato una forte restrizione della vigenza della Costituzione (e dei principi e valori ad essa propugnati), nonché del ruolo della stessa Corte costituzionale, mentre la prima soluzione avrebbe imposto l'immediata operatività della Costituzione nei confronti dell'intero panorama legislativo vigente;

– quella relativa alla distinzione, all'interno delle norme costituzionali, fra norme programmatiche e norme precettive;

– quella relativa al rapporto intercorrente fra la Costituzione repubblicana e le discipline legislative previgenti, se da ricostruire secondo un criterio cronologico (con conseguente effetto abrogativo delle norme previgenti in contrasto con la Costituzione) o secondo un criterio di validità/invalidità (con effetto di annullamento della norma incostituzionale); e con l'ulteriore considerazione che se l'effetto abrogativo può essere accertato da qualunque giudice, la dichiarazione di incostituzionalità è rimessa solo alla Corte costituzionale.

La Corte si trovava a giudicare della costituzionalità dell'art. 113 del T.U. di pubblica sicurezza che puniva penalmente la distribuzione di avvisi o stampati nella pubblica strada, o l'affissione di manifesti o giornali o l'uso di altoparlanti senza autorizzazione dell'autorità di pubblica sicurezza, per contrasto con l'art. 21 Cost., secondo cui «*tutti hanno diritto di manifestare liberamente il proprio pensiero con la parola, lo scritto ed ogni altro mezzo di diffusione*». L'Avvocatura dello Stato, in rappresentanza del Presidente del Consiglio, richiamando la distinzione (elaborata dalla Cassazione a partire dal 1948) fra norme precettive e norme programmatiche della Costituzione, sosteneva la tesi della inammissibilità del giudizio di costituzionalità, spettando alla competenza esclusiva del giudice ordinario la dichiarazione di incompatibilità (e dunque l'abrogazione) delle leggi anteriori alla Costituzione incompatibili con le norme precettive della stessa.

Nella sent. n. 1 del 1956, la Corte costituzionale innanzitutto respinge la stessa distinzione fra norme costituzionali precettive e norme costituzionali programmatiche, affermando la propria competenza esclusiva a giudicare sulle controversie relative alla legittimità costituzionale delle leggi e degli atti aventi forza di legge giacché «*La dichiarazione di illegittimità costituzionale di una legge non può essere fatta che dalla Corte costituzionale in conformità dell'art. 136 della stessa Costituzione*».

In ordine al problema della sottoponibilità a controllo di costituzionalità anche delle leggi anteriori alla Costituzione, essa afferma: «*L'assunto che il nuovo istituto della illegittimità costituzionale si riferisce solo alle leggi posteriori alla Costituzione e non anche a quelle anteriori, non può essere accolto, sia perché, dal dato testuale, tanto l'art. 134 Cost. quanto l'art. 1 della legge cost. 8 febbraio 1948, n. 1, parlano di questioni di legittimità costituzionale delle leggi, senza fare alcuna distinzione, sia perché, dal lato logico, è innegabile che il rapporto tra leggi ordinarie e leggi costituzionali e il grado che ad esse rispettivamente spetta nella gerarchia delle fonti non mutano affatto, siano le leggi ordinarie anteriori, siano posteriori a quelle costituzionali. Tanto nell'uno quanto nell'altro caso la legge costituzionale, per la sua intrinseca natura nel sistema di Costituzione rigida, deve prevalere sulla legge ordinaria*».

Con riguardo al problema del rapporto intercorrente tra dichiarazione di incostituzionalità e abrogazione, la Corte precisa: «*I due istituti giuridici della abrogazione e della illegittimità costituzionale delle leggi non sono identici tra loro, si muovono su piani diversi e con competenze diverse. Il campo della abrogazione inoltre è più ristretto, in confronto di quello della illegittimità costituzionale, e i requisiti richiesti perché si abbia abrogazione per incompatibilità secondo i principi generali sono assai più limitati di quelli che possano consentire la dichiarazione di illegittimità costituzionale di una legge*».

La Corte rigetta la questione relativa alla determinazione della natura – programmatica o precettiva – delle norme contenute nell'art. 21 Cost., giacché «*la nota distinzione fra norme precettive e norme programmatiche può essere bensì determinante per decidere della abrogazione o meno di una legge, ma non è decisiva nei giudizi di legittimità costituzionale potendo la illegittimità costituzionale di una legge derivare, in determinati casi, anche dalla sua non conciliabilità con norme che si dicono programmatiche, tanto più che in questa categoria sogliono essere comprese norme costituzionali di contenuto diverso*».

Secondo la Corte, è il «*contenuto concreto*» delle norme costituzionali e il rapporto delle stesse con la disposizione legislativa impugnata a dover essere presi «*direttamente in esame per accertare se vi sia contrasto dal quale derivi la illegittimità costituzionale di queste ultime disposizioni*».

Poste tali premesse, la Corte dichiara l'incostituzionalità della impugnata disposizione che «*col prescrivere l'autorizzazione, sembra far dipendere quasi da una concessione dell'Autorità di pubblica sicurezza il diritto che l'art. 21 Cost. conferisce a tutti, attribuendo alla detta Autorità poteri illimitati, tali cioè che, indipendentemente dal fine specifico di tutela di tranquillità e di prevenzione di reati, il concedere o il negare la autorizzazione può significare praticamente consentire o impedire caso per caso la manifestazione del pensiero*».

2. La Corte costituzionale: composizione e competenze

La Corte costituzionale è composta di quindici giudici, nominati per un terzo dal Parlamento in seduta comune, per un terzo dal Presidente della Repubblica e per un terzo dalle supreme magistrature ordinaria e amministrativa.

A quest'ultimo riguardo la legge n. 87 del 1953 ha assegnato ai magistrati della Cassazione il potere di eleggere tre giudici ed uno ciascuno al Consiglio di Stato e alla Corte dei conti.

Il Parlamento in seduta comune elegge i suoi membri a scrutinio segreto e con la maggioranza dei due terzi dei componenti dell'Assemblea; qualora nei primi tre scrutini non si raggiunga tale *quorum*, dal successivo scrutinio è sufficiente la maggioranza dei tre quinti dei componenti l'assemblea.

La nomina dei cinque giudici costituzionali da parte del Presidente della Repubblica (il cui decreto è controfirmato dal Presidente del Consiglio) è sempre stata ritenuta atto formalmente e sostanzialmente presidenziale (senza alcuna proposta governativa), in quanto rimesso al discrezionale apprezzamento del Capo dello Stato (v. *supra*, cap. VII).

Nel giudizio sulle accuse promosse contro il Presidente della Repubblica, la composizione della Corte costituzionale muta, giacché ai 15 giudici costituzionali ordinari vengono «aggregati» altri sedici giudici sorteggiati da una lista di 45 nominativi, lista formata ogni nove anni dal Parlamento in seduta comune i cui nominativi sono eletti con la stessa maggioranza richiesta per i giudici costituzionali ordinari tra i cittadini in possesso dei requisiti per la eleggibilità a senatori.

I giudici costituzionali durano in carica nove anni decorrenti dalla data del giuramento. Essi sono scelti tra i magistrati, anche a riposo, delle giurisdizioni superiori (ordinaria ed amministrative), fra i professori ordinari di università in materie giuridiche e fra gli avvocati con almeno vent'anni di esercizio. Il mandato di giudice costituzionale non è rinnovabile. Alla scadenza, il giudice cessa «dalla carica e dall'esercizio delle funzioni»: pertanto ai giudici costituzionali non si applica il regime della *prorogatio* (in forza della quale il titolare di un pubblico ufficio, benché scaduto, continua a svolgere le proprie funzioni sino a quando non sia sostituito). Il regime di *prorogatio* è previsto solo per i giudizi d'accusa, giacché i giudici ordinari e aggregati che costituiscono il collegio giudicante continuano a farne parte sino all'esaurimento del giudizio, anche se sia sopravvenuta la scadenza del mandato.

La carica di giudice costituzionale è incompatibile con quella di parlamentare o di consigliere regionale, con l'esercizio della professione forense e di qualunque attività professionale, commerciale e industriale e, più in generale, con qualsiasi altro ufficio o impiego pubblico o privato. Se magistrato o professore universitario, il giudice costituzionale è collocato fuori ruolo per tutto il periodo in cui dura in carica. Durante il mandato, il giudice costituzionale non può svolgere attività inerenti ad una associazione o partito politico.

Dal punto di vista delle garanzie, i giudici costituzionali non sono sindacabili, né possono essere perseguiti per le opinioni espresse ed i voti dati nell'esercizio delle loro funzioni e, finché durano in carica, godono della stessa immunità personale che la Costituzione accorda ai parlamentari. Essi inoltre non possono essere rimossi o sospesi dal loro ufficio se non previa decisione adottata dalla stessa Corte costituzionale a maggioranza dei due terzi e solo per sopravvenuta incapacità fisica o civile o per gravi mancanze nell'esercizio delle funzioni. Il giudice costituzionale decade dalla carica se non esercita per sei mesi le sue funzioni. Spetta alla stessa Corte costituzionale, che delibera a maggioranza assoluta, la convalida della nomina dei propri membri. La Corte gode di autonomia finanziaria e normativa, nonché della c.d. autodichìa (competenza esclusiva a giudicare i ricorsi in materia di impiego dei propri dipendenti).

Per il corretto funzionamento della Corte è necessaria la presenza di almeno undici giudici (nove per le deliberazioni non giurisdizionali) e le decisioni della Corte devono essere deliberate dai giudici presenti a tutte le udienze in cui si è svolto il giudizio.

La Corte elegge al proprio interno, a scrutinio segreto, il proprio presidente. È richiesta la maggioranza assoluta, ma al terzo scrutinio si procede al ballottaggio tra i due giudici più votati. Il presidente dura in carica tre anni (salvi i termini di scadenza dall'ufficio di giudice) ed è rieleggibile. Il ruolo del presidente (che rappresenta la Corte) è particolarmente importante svolgendo questi la funzione di «direzione» dei lavori della Corte, avendo il potere di organizzarne i lavori e di disciplinarne la discussione sia nel dibattimento che in Camera di consiglio. Nell'esercizio della funzione di direzione dei lavori il presidente deve nominare il giudice relatore per le diverse questioni e decide (sentito il giudice relatore) su quali questioni proporre la decisione direttamente in camera di consiglio perché «manifestamente inammissibili» o «manifestamente infondate». Il presidente (che ovviamente ha anche la direzione amministrativa degli uffici della Corte) fissa il ruolo delle udienze e delle adunanze in camera di consiglio, ha il potere di convocare la Corte e designa il giudice incaricato dell'istruzione della causa e di introdurla come relatore di fronte al collegio, nonché del giudice estensore della sentenza (cioè incaricato di redigere il progetto di motivazione della decisione, che dovrà poi essere approvato dalla Corte). Il voto del presidente (che esprime sempre per ultimo il proprio voto) è decisivo in caso di parità.

Anteriormente alla Costituzione repubblicana non esisteva nel nostro Paese un controllo di costituzionalità della legge. Un'esperienza di giustizia costituzionale antecedente la Corte costituzionale è rappresentata dalla *Alta Corte per la Regione Siciliana*, istituita dallo Statuto della Regione Siciliana (approvato con r.d.lgs. 15 maggio 1946, n. 455), composta di sei membri effettivi e due supplenti (eletti in parte uguale dal Parlamento e dall'Assemblea regionale siciliana) e chiamata a giudicare: a) sulla costituzionalità delle leggi della Regione Siciliana; b) sulla costituzionalità delle leggi e dei regolamenti statali, rispetto allo Statuto siciliano («*ed ai fini dell'efficacia dei medesimi entro la Regione*»); c) dei reati del Presidente della Regione e degli assessori regionali nell'esercizio delle loro funzioni, dietro accusa promossa nei loro confronti dall'Assemblea o dal Commissario dello Stato presso la Regione. I giudizi di costituzionalità davanti all'Alta Corte potevano essere promossi soltanto dal Commissario dello Stato e dal Presidente della Regione. L'Alta Corte ha espletato le sue funzioni fino al 1955: successivamente essa si è trovata nella impossibilità materiale di funzionare perché non più integrata nella sua composizione in ragione della volontà politica di non determinare la coesistenza dell'Alta Corte con la – nel frattempo istituita – Corte costituzionale. Con la sent. n. 38 del 1957 la Corte costituzionale ha dichiarato assorbite nella propria competenza quelle già spettanti all'Alta Corte (cfr. anche sentt. nn. 21 del 1959 e 31 del 1960) che formalmente rimaneva ad esistere solo come giudice speciale in sede penale per gli assessori regionali, finché con la sent. n. 6 del 1970 la Corte costituzionale ha dichiarato incompatibili con i principi fondamentali della Costituzione le disposizioni dello Statuto della Regione siciliana che consentivano l'esistenza di un foro speciale e privilegiato per gli assessori di una sola Regione.

La Corte costituzionale, le cui decisioni sono inappellabili e non possono essere oggetto di impugnazione alcuna, giudica:

1. sulla costituzionalità delle leggi e degli atti aventi forza di legge dello Stato e delle Regioni;
2. sui conflitti di attribuzione tra poteri dello Stato;
3. sui conflitti di attribuzione tra Stato e Regioni e tra Regioni;
4. sulla messa in stato di accusa del Presidente della Repubblica;
5. sulla ammissibilità delle richieste di referendum abrogativo (questa competenza è stata assegnata alla Corte costituzionale dall'art. 2, legge cost. n. 1 del 1953).

Anche per i **regolamenti della Corte costituzionale** non c'è un'esplicita previsione in Costituzione, che anzi pone una riserva di legge costituzionale per la disciplina della proposizione dei giudizi di legittimità costituzionale e della garanzie di indipendenza della Corte (art. 137, comma 1, Cost.), ed una riserva di legge ordinaria per la costituzione e il funzionamento di essa (art. 137, comma 2, Cost.). È proprio la legge ordinaria (art. 14, comma 1, legge n. 87 del 1953) a prevedere che la Corte possa «*disciplinare l'esercizio delle sue funzioni con regolamento approvato a maggioranza dei suoi componenti e pubblicato nella Gazzetta Ufficiale*», e che il regolamento possa stabilire «*norme integrative*» di procedura.

3. L'accesso al giudizio di costituzionalità: il giudizio in via incidentale

La Costituzione non disciplina le modalità di accesso al controllo di costituzionalità, ma rinvia tale compito ad una legge costituzionale, la quale (legge cost. n. 1 del 1948) ha introdotto due differenti ***modalità di instaurazione del giudizio di costituzionalità***: quello in via incidentale e quello in via principale (o in via di azione).

Il ***giudizio in via incidentale*** è così denominato perché la questione di costituzionalità sorge (o «cade») all'interno di un giudizio (che viene denominato giudizio principale o *a quo*) che si svolge dinanzi ad una autorità giurisdizionale. La questione di costituzionalità si presenta dunque come «incidente processuale», che comporta la sospensione del giudizio e la rimessione della questione alla Corte costituzionale. È dunque necessario che sia instaurato «*un giudizio dinanzi ad una autorità giurisdizionale*» e, all'interno di questi, è il giudice che, d'ufficio o su istanza di una delle parti, solleva con ordinanza (ordinanza di rimessione) la questione di costituzionalità dinanzi alla Corte. Pertanto è solo il giudice (c.d. *giudice a quo*) che può sollevare la questione di costituzionalità davanti alla Corte. In merito alla individuazione di quali soggetti possano ritenersi competenti a sollevare questione di legittimità costituzionale (c.d. nozione di giudice *a quo*), occorre ribadire che è necessario che si tratti di un «*giudice*» che «*nel corso di un giudizio*» abbia un dubbio di costituzionalità su una norma da applicare.

È pertanto necessario che la questione di costituzionalità sia sollevata da un «giudice» nello svolgimento di una funzione giurisdizionale (di qualsiasi natura: civile, penale, amministrativa, tributaria, ecc.). La giurisprudenza costituzionale, consapevole che un'accezione ristretta della nozione di «giudice *a quo*» potrebbe determinare una limitazione della stessa possibilità di accesso al giudizio di costituzionalità, ha optato per un'interpretazione estensiva di tale nozione. E così la qualità di giudice *a quo* è stata riconosciuta alla Corte dei conti (anche nel c.d. giudizio di parificazione del rendiconto generale dello Stato), alla sezione disciplinare del Consiglio superiore della magistratura, al Commissario agli usi civici, ai Consigli comunali e provinciali in sede di contenzioso elettorale e alle Commissioni tributarie, a forme di arbitrato. La legge n. 69 del 2009 (con norma di dubbia costituzionalità) ha introdotto la possibilità di sollevare questione di costituzionalità da parte del Consiglio di Stato in sede di ricorso straordinario al Capo dello Stato.

Nella giurisprudenza costituzionale è rinvenibile l'orientamento volto ad assegnare la qualificazione di «giudice» (ai fini della possibilità di sollevare questione di costituzionalità) ad ogni organo, anche non incardinato in un ordine giudiziario, che, in posizione di terzietà, risulti incaricato di decidere, nel contraddittorio fra gli interessati, sull'applicazione di una norma (Cerri).

Come detto, la questione di costituzionalità nel giudizio in via incidentale può essere sollevata da un "giudice" nell'ambito di un "giudizio" e da tempo dottrina e giurisprudenza sono concordi nell'escludere le autorità indipendenti dal novero della giurisdizione. Indubbiamente la giurisprudenza costituzionale ha un orientamento volto ad ampliare la nozione di giudice *a quo*, non limitando tale ruolo ai soli titolari degli organi di giurisdizione (ordinaria e speciale; v. Corte cost. sentt. nn. 78 del 1961; 114 del 1970; 12 del 1971; 26 del 1990; 52, 244 e 345 del 1995; 26 del 1990; 51 e 376 del 2001) e ricomprendendo anche quegli organi investiti di «*funzioni giudicanti per l'obiettiva applicazione della legge*» e «*all'uopo posti in posizione* super partes» (v. Corte cost., sentt. nn. 83 del 1966; 226 del 1976; 406 del 1989; 384 del 1991), anche in ragione della "esigenza di ammettere al sindacato di costituzionalità leggi che altrimenti, per le strettoie del giudizio in via incidentale, difficilmente potrebbero giungere al giudizio della Corte. Nel maggio 2018 l'Autorità garante della concorrenza ha sollevato questione di costituzionalità, sottolineando la propria posizione di indipendenza e di neutralità (discendente dalla procedura di nomina dei membri, dalla durata del mandato, dalla inamovibilità e dal regime di incompatibilità), che consentirebbe una «assimilabilità» della stessa «ai soggetti che svolgono funzioni giurisdizionali», e, dal punto di vista oggettivo, lo svolgimento da parte della medesima di "funzioni analoghe a quelle giurisdizionali", poiché «si limita, al pari di un giudice, ad applicare la legge al caso concreto». La Corte costituzionale con sent. n. 13 del 2019 ha dichiarato inammissibile la questione di costituzionalità, negando all'Autorità antitrust il potere di sollevare questione di costituzionalità in ragione del difetto del requisito della "terzietà". L'Autorità infatti è parte resistente nei processi amministrativi aventi ad oggetto l'impugnazione dei provvedimenti della medesima (provvedimenti «*sottoposti al vaglio del giudice amministrativo, al pari di qualsiasi altro provvedimento, e tra gli atti impugnabili ad opera dei terzi controinteressati, in base alle normali regole processuali in tema di interesse e legittimazione all'impugnazione, rientrano i provvedimenti di chiusura dell'istruttoria, anche detti negativi o assolutori*»); e, in forza dell'art. 21-*bis* della legge n. 287 del 1990 (introdotto dall'art. 35, comma 1, del d.l. 6 dicembre 2011, n. 201, conv. con modif. dalla legge n. 214 del 2011), ha assunto anche la posizione di parte processuale ricorrente per l'impugnazione davanti al giudice amministrativo degli atti di qualsiasi amministrazione pubblica che violino le norme a tutela della concorrenza e del mercato. Per la giurisprudenza costituzionale invece, il giudice «*non può essere considerato super partes quando appare portatore di uno degli interessi in conflitto dal momento che la censura investe proprio il provvedimento da lui emesso*» (sent. n. 128 del 1974) e «*uno dei dati che danno carattere giurisdizionale ad un organo è l'estraneità dell'interesse in ordine al quale esso dà la sua pronunzia*» (sent. n. 110 del 1967). E l'esperienza di questi decenni, la abbondante giurisprudenza (soprattutto amministrativa, ma anche ordinaria e costituzionale) e la oramai imponente riflessione dottrinale in materia indicano nell'*Antitrust* un soggetto amministrativo (sia pure caratterizzato da peculiari aspetti di neutralità ed indipendenza) e pertanto l'unica motivazione che potrebbe giustificarne il potere di sollevare questione di costituzionalità è quella legata alla considerazione per cui talune leggi verrebbero a essere escluse dal sindacato della Corte. Ma proprio il caso di specie dimostra il contrario (giacché in caso di applicazione della norma impugnata – relativa a potere disciplinare del consiglio notarile – il destinatario ben può rivolgersi all'autorità giudiziaria).

Una volta accertato quali soggetti possano sollevare la questione di costituzionalità, è necessario esaminare quali profili il giudice debba affrontare per poter rivolgersi alla Corte costituzionale. Il giudice infatti deve controllare che la questione sia:

1. rilevante; e
2. non manifestamente infondata.

La *rilevanza della questione* attiene all'applicabilità nel giudizio *a quo* della norma della cui costituzionalità si dubita. La questione di costituzionalità deve infatti vertere su una norma che trovi applicazione nel giudizio in corso. Rilevanza della questione di legittimità costituzionale vuol dire dunque che la questione di costituzionalità deve avere ad oggetto una norma (di diritto sostanziale o di diritto processuale) della quale debba farsi applicazione nel giudizio in corso. Si è discusso se la valutazione sulla rilevanza sia da intendere come una sommaria delibazione (cioè quale *astratta possibilità di applicazione* della legge nel giudizio *a quo*) o piuttosto come un approfondito giudizio sulla *necessità di applicazione* della norma. La Cassazione inizialmente aveva affermato la necessità di una valutazione approfondita della rilevanza della questione, ma in seguito l'orientamento generalmente formatosi ritiene sufficiente una mera delibazione allo stato degli atti. La rilevanza della questione di costituzionalità viene dunque a porsi quale *pregiudiziale processuale*, cioè come questione che il giudice deve affrontare ancor prima di entrare nel merito della causa.

Alla nozione di rilevanza quale applicabilità della norma nel giudizio *a quo* si è affiancata, nella giurisprudenza costituzionale e in dottrina, un'ulteriore nozione che intende la rilevanza come capacità della eventuale decisione di incostituzionalità di influire nel giudizio *a quo*. L'elaborazione da parte della giurisprudenza costituzionale di questa nozione di rilevanza è strettamente legata alla tendenza della Corte ad ampliare il proprio controllo sul giudizio di rilevanza della questione compiuto dal giudice *a quo*. Infatti, come si vedrà più avanti, la Corte costituzionale è chiamata a controllare la sussistenza dei requisiti della rilevanza e della non manifesta infondatezza della questione. Ed il controllo sulla rilevanza, concernendo questa l'applicabilità della norma nel giudizio *a quo*, può rivelarsi come un penetrante controllo della Corte costituzionale nei confronti del giudice *a quo*. Non può dimenticarsi che l'individuazione delle norme da applicare nel giudizio è compito proprio del giudice e pertanto il controllo della Corte costituzionale in punto di rilevanza (qualora eccessivamente approfondito) può venire a configurarsi come un penetrante controllo della Corte sull'operato proprio del giudice.

A titolo di esempio, fra i numerosi che possono trarsi dalla giurisprudenza costituzionale, può citarsi l'ordinanza della Corte n. 313 del 1998. In tale occasione il giudice *a quo* aveva sollevato questione di costituzionalità di una disposizione del Codice della strada (art. 223, comma 2) «*nella parte in cui prevede, indiscriminatamente, la possibilità di applicare la misura provvisoria della sospensione della patente di guida, nonostante l'improcedibilità dell'azione penale per difetto di querela da parte della persona offesa*». Nel caso di specie il giudice *a quo* si trovava a giudicare in sede di opposizione (ex legge n. 689 del 1981) a verbale di polizia; il ricorrente contestava la legittimità del verbale con cui era stato ritenuto responsabile d'aver contravvenuto alle norme del codice della strada, con contestuale irrogazione della sanzione pecuniaria e della segnalazione alla prefettura competente, da cui aveva ricevuto formale comunicazione dell'avvio del procedimento per l'applicazione della misura interdittiva alla guida ex art. 223 c.d.s., per effetto dell'intervenuto incidente stradale con lesioni. Nel caso di specie il ricorrente, in ragione della comunicazione dell'avvio di un procedimento per la sospensione della patente di guida, aveva proposto un'azione di accertamento tendente ad escludere la condotta illecita allo stesso contestata e dunque ad escludere la propria responsabilità nella determinazione del sinistro. Infatti, in caso di incidente stradale con danno alle persone, la norma in oggetto prevede l'applicabilità, con la sentenza di condanna penale, delle sanzioni amministrative pecuniarie e della sanzione amministrativa accessoria della sospensione della patente. Il comma 2 dell'art. 223 c.d.s. stabilisce altresì che il prefetto dispone la sospensione provvisoria della validità della patente di guida. Secondo il giudice *a quo* «*la previsione ex art. 223, comma 2, c.d.s. nelle ipotesi (statisticamente prevalenti) in cui il reato ipotizzato rientri tra quelli perseguibili a querela e questa non venga proposta, per rinunzia tacita o esplicita della persona che ha subito le lesioni, viene a concretizzare una situazione sanzionatoria non prevista dalla norma e, come tale, confliggente con i principi generali in tema di tassatività e riserva di legge in ordine a fattispecie punitive previste dall'ordinamento: ... incidendo negativamente sui diritti (e non sui soli interessi) dell'opponente. Non può, infatti, fondatamente negarsi la natura cautelare della misura della sospensione provvisoria della validità della patente, in pendenza del termine per instaurare il procedimento penale correlativo, posto che l'irrogazione della sanzione vera e propria consegue all'esito del giudizio penale sfavorevole all'imputato. ... La norma di cui all'art. 223 c.d.s., in definitiva, in quanto obbliga l'autorità amministrativa ad emanare il provvedimento interdittivo della guida, anche nell'ipotesi in cui il procedimento penale non possa aver luogo, stravolge la natura stessa della previsione normativa, rendendola irragionevole e contraria ai principi costituzionali volti al buon andamento della pubblica amministrazione, della legalità e della tassatività in materia sanzionatoria, del diritto alla libertà di circolazione e comprime il diritto alla difesa*».

La Corte costituzionale, dopo aver ricordato «*che il giudice* a quo *esplicitamente qualifica le domande proposte dai ricorrenti quali azioni di accertamento, tendenti in via preventiva ad evitare l'eventuale adozione di un futuro provvedimento prefettizio di sospensione della patente di guida*», sottolinea che, pur ammettendosi azioni di accertamento negativo nell'ambito di un procedimento tipicamente impugnatorio quale quello ex *lege* n. 689 del 1981, «*risulta palese dalla prospettazione come – rispetto allo specifico thema decidendum dei giudizi* a quibus, *concernente esclusivamente l'asserita assenza di responsabilità penale in relazione alle singole condotte dei ricorrenti – non possa comunque trovare applicazione la norma censurata, la quale afferisce soltanto alle procedure ed alle condizioni per l'adozione del provvedimento prefettizio di sospensione provvisoria della patente di guida, "nelle ipotesi di reato per le quali sono previste le sanzioni accessorie di cui all'art. 222, commi 2 e 3" ...; in conseguenza le questioni sono manifestamente inammissibili per l'evidente irrilevanza nel giudizio* a quo». Dunque la Corte (che, con la pronuncia di inammissibilità per irrilevanza della questione di costituzionalità, non affronta il merito della stessa) «bacchetta» il giudice *a quo* giacché nel relativo giudizio non trova applicazione la norma della cui costituzionalità si dubita. La valutazione sulla rilevanza diventa così uno strumento con cui la Corte «entra» nel giudizio *a quo* operando un, a volta penetrante, controllo sull'*iter* logico-giuridico percorso dal giudice sì da far temere una «invasione» della sfera interpretativa propria del giudice. A questo proposito bisogna aggiungere che la giurisprudenza costituzionale, fin dalle sue prime pronunce, ha posto il principio secondo cui l'ordinanza di rimessione deve contenere una «valutazione» (non essendo sufficiente «una mera affermazione») della rilevanza della questione di costituzionalità rispetto al giudizio di merito. Tale principio, che è stato utilizzato dalla Corte costituzionale soprattutto per censurare i casi di «palese arbitrarietà», ha dato vita ad una giurisprudenza costituzionale particolarmente rigorosa che richiede una motivazione «sufficiente», «non contraddittoria» e «congrua». E così la Corte ha dichiarato inammissibili le questioni motivate (in punto di rilevanza) *per relationem*, quelle solo teoriche o ipotetiche (giacché svincolate da ogni esigenza applicativa) o (in base al requisito della necessaria attualità della rilevanza) quelle cc.dd. «eventuali» o «premature» (potere non ancora esercitabile) o «tardive» (in quanto il giudice ha già consumato il suo potere o la norma impugnata è già stata irrimediabilmente applicata). In alcune occasioni la Corte costituzionale però ha dedotto la rilevanza della questione di costituzionalità (pur in assenza di qualsiasi espressa motivazione sul punto) dal contesto dell'ordinanza di rimessione con l'ausilio anche degli atti di causa.

Anche in dottrina il requisito della rilevanza ha fatto registrare una pluralità di ricostruzioni, sorrette da diverse interpretazioni dell'art. 1, legge cost. n. 1 del 1948 e dell'art. 23, legge n. 87 del 1953. La prevalente dottrina ricostruisce la rilevanza quale pregiudizialità processuale (Crisafulli) anche se si sono registrate tesi che, allo scopo di evitare «strozzature» che potrebbero impedire l'accesso di alcune leggi al controllo di costituzionalità, hanno proposto interpretazioni «ampie» della nozione di rilevanza, o quale «mera applicabilità» della legge (Modugno) o come questione comunque prospettata nel processo. Quest'ultima tesi, interpretando l'espressione «giudizio in corso», contenuta nell'art. 1, legge cost. n. 1 del 1948, come «indicazione puramente spaziale e temporale», assegna al giudice il potere di sollevare tutte le questioni di costituzionalità che comunque gli si prospettino «nel processo» (Pizzetti-Zagrebelsky). Tale opinione, rimasta peraltro isolata in dottrina (e successivamente non riproposta neppure dai proponenti), è comunque stata rigettata dalla giurisprudenza costituzionale. La rilevanza, intesa quale «rapporto di pregiudizialità costituzionale», costituisce la «matrice concreta» della questione di legittimità costituzionale (Zagrebelsky) che fornisce «un esempio di caso della vita» o «di vigenza, di applicazione delle norme impugnate» (Cerri).

Accertatane la rilevanza, il giudice *a quo* verifica che la questione di costituzionalità sia «non manifestamente infondata». Il ***controllo del giudice sulla non manifesta infondatezza della questione di costituzionalità*** non deve essere un controllo «in positivo» (teso cioè a riscontrare l'incostituzionalità della norma impugnata), ma meramente «*in negativo*», dovendo semplicemente verificare che la questione di costituzionalità non sia *prima facie* palesemente infondata. È dunque sufficiente la sussistenza di un mero dubbio affinché il giudice possa e debba sospendere il processo e rimettere la questione davanti alla Corte. Il giudice comune, se non può disapplicare la legge della cui costituzionalità dubita, nemmeno può applicarla, ma deve sospendere il giudizio (e dunque anche l'applicazione della legge) ed attendere il giudizio della Corte costituzionale. Questa valutazione, assegnata al giudice comune, sia pure di sola non manifesta infondatezza, ha introdotto nel nostro sistema di costituzionalità, che è un modello accentrato, elementi propri del sistema di sindacato diffuso, giacché al giudice comune spetta un primo (che può rivelarsi anche decisivo) giudizio sulla conformità a Costituzione della norma impugnata. Ed in effetti il giudizio sulla non manifesta infondatezza costituisce un momento di applicazione e di interpretazione da parte del giudice comune delle norme costituzionali (Crisafulli).

Il controllo della Corte sull'ordinanza di rimessione concerne anche il profilo della non manifesta infondatezza della questione e in particolare la Corte controlla la motivazione che il giudice fornisce in proposito (e così il giudice deve dichiarare di condividere il dubbio di costituzionalità non potendo prospettare questioni «ambivalenti» o mere questioni interpretative).

Il giudice, qualora ritenga che sussistano entrambi i requisiti della rilevanza e della non manifesta infondatezza della questione di costituzionalità, adotta una **ordinanza** (*ordinanza di rimessione*), con cui solleva la questione di costituzionalità davanti alla Corte (stabilendo così i confini del *thema decidendum* entro i quali si svolgerà il giudizio della Corte) e sospende il giudizio fino alla pronuncia della Corte costituzionale.

Nell'ordinanza di rimessione, come detto, il giudice deve motivare esplicitamente sulla sussistenza della rilevanza della questione di costituzionalità e sulla non manifesta infondatezza della stessa; con la stessa ordinanza il giudice sospende il giudizio e trasmette alla Corte gli atti del processo.

Tale ordinanza deve essere notificata (a cura della cancelleria del giudice *a quo*) alle parti del giudizio, al pubblico ministero (quando intervenuto) e al Presidente del Consiglio (se è impugnata una legge regionale, al Presidente della Regione), nonché comunicata ai Presidenti delle Camere (o del relativo Consiglio regionale se è impugnata una legge regionale). Compiute tali notifiche, l'ordinanza viene trasmessa, unitamente al fascicolo di causa, alla Corte costituzionale. Possono costituirsi nel giudizio costituzionale solo le parti già costituite nel giudizio *a quo*. Tale partecipazione è facoltativa essendo il processo costituzionale in via incidentale un giudizio «*a parti eventuali*», proprio perché la presenza delle stesse non incide sul proseguimento del processo costituzionale. La giurisprudenza costituzionale è sempre stata molto rigida nell'escludere l'ammissibilità di intervento di ulteriori soggetti.

Negli ultimi anni la Corte costituzionale ha ammesso la possibilità di intervento solo per quei soggetti che, pur assenti nel giudizio *a quo*, sono "parti necessarie" dello stesso.

Un peculiare ruolo riveste *l'intervento nel giudizio di costituzionalità del Presidente del Consiglio* (e del Presidente della Giunta Regionale) che, previsto espressamente dalla legge n. 87 del 1953 (art. 25, comma 3), ha ricevuto dalla dottrina differenti ricostruzioni. Riconosciuto che il Presidente del Consiglio interviene a difesa di «interessi oggettivi» con riguardo agli effetti generali della dichiarazione di incostituzionalità (per cui quello del Presidente del Consiglio non può configurarsi quale intervento in senso proprio) (Crisafulli), si è sostenuto che si tratterebbe di un intervento a difesa dell'indirizzo politico governativo o di intervento di mera opinione (Pierandrei) o anche intervento a difesa della «stabilità dell'ordinamento» (Cerri). Altri hanno individuato in questo istituto un interesse istituzionale alla «funzionalità» dell'ordinamento e questa lettura spiega la posizione prevalentemente negativa di tale intervento, ma anche la possibilità di ipotesi – concretamente verificatesi – di proposta (da parte dell'Avvocatura dello Stato, che processualmente rappresenta il Presidente del Consiglio dei ministri) anche di una interpretazione adeguatrice della disposizione impugnata volta a pervenire ad un risultato simile a quello della incostituzionalità oppure anche ad aderire alla richiesta di accoglimento (Cerri, Cerrone). L'intervento del Presidente del Consiglio non è necessario (ed infatti accade che l'Avvocatura dello Stato non si costituisca) e non è da solo sufficiente a far sì che vi sia udienza pubblica in caso di mancata costituzione delle parti: ed anche tale conclusione della giurisprudenza costituzionale conferma come l'intervento in questione non possa essere ritenuto espressione di un diritto di difesa *ex* art. 24 Cost. (Cerri).

Decorso il termine per la costituzione delle parti, il Presidente della Corte nomina il giudice relatore e fissa la data della discussione (udienza pubblica o camera di consiglio nel caso di manifesta infondatezza o nel caso in cui non si costituisca nessuna parte). La decisione in camera di consiglio può essere di accoglimento solo nell'ipotesi in cui si ricorra ad essa in ragione dell'assenza di parti costituite; altrimenti in camera di consiglio possono essere adottate solo decisioni di manifesta infondatezza o inammissibilità (per irrilevanza della questione, o per carenza di potere del giudice remittente, ecc.). È in tale sede che la Corte costituzionale controlla il contenuto dell'ordinanza di rimessione (sotto i profili della legittimazione dell'organo che solleva la questione, dei requisiti della rilevanza e della non manifesta infondatezza). In tutti gli altri casi è necessaria l'udienza pubblica.

4. (Segue) Il giudizio in via principale

L'accesso diretto (c.d. **giudizio in via d'azione o in via principale**) al giudizio di costituzionalità è consentito solo allo Stato, alle Regioni e alle Province autonome di Trento e Bolzano per impugnare l'uno le leggi delle altre e viceversa. Questo tipo di procedimento è denominato *in via principale* (o in via diretta) in quanto la questione di costituzionalità è proposta *direttamente* davanti alla Corte costituzionale da parte del soggetto (Stato o Regione o Provincia autonoma) interessato.

Dal 2001 (in seguito all'entrata in vigore della legge cost. n. 3 del 2001) Stato e Regioni si trovano in posizione di (quasi) «parità», potendo entrambi impugnare le reciproche leggi dopo la rispettiva promulgazione entro sessanta giorni (la «quasi parità» discende dalla diversità dei parametri la cui violazione può essere vicendevolmente fatta valere in sede di giudizio di costituzionalità). In precedenza l'impugnativa da parte dello Stato delle leggi regionali avveniva in via preventiva, essendo previsto, nell'iter di formazione della legge regionale, il visto del Commissario del governo quale passaggio necessario per la promulgazione della stessa. Il governo, quando riteneva che una legge approvata dal consiglio regionale eccedesse la competenza della Regione o si ponesse in contrasto con gli interessi nazionali o con quelli di altre Regioni, poteva «rinviarla» al consiglio regionale e, in caso di riapprovazione della stessa (a maggioranza assoluta) da parte del consiglio regionale, il governo poteva promuovere la questione di costituzionalità (oppure porre davanti alle Camere una questione di merito della legge per contrasto con l'interesse nazionale).

La riforma costituzionale del 2001 ha eliminato il visto del Commissario del governo e pertanto oggi la legge regionale è promulgata dal presidente della Regione senza alcun controllo preventivo da parte dello Stato, che può impugnare la legge regionale davanti alla Corte costituzionale, sollevando una questione di costituzionalità della legge regionale, entro sessanta giorni dalla pubblicazione della stessa. L'organo statale competente a presentare il ricorso è il Presidente del Consiglio previa delibera del Consiglio dei ministri (anche su proposta della Conferenza Stato-Città e autonomie locali) ed il ricorso deve essere notificato alla Regione entro sessanta giorni dalla pubblicazione della legge e deve essere depositato nella cancelleria della Corte costituzionale entro i dieci giorni successivi alla notifica.

Per la Regione, competente a promuovere la questione di costituzionalità (sempre nel termine di 60 giorni dalla promulgazione della legge o dell'atto avente forza di legge) è il presidente della Regione, previa deliberazione della Giunta regionale (anche su proposta del Consiglio delle autonomie locali).

Entro novanta giorni dal deposito del ricorso la Corte fissa l'udienza di discussione. La Corte, qualora ritenga che l'esecuzione dell'atto impugnato o di parti di esso possa comportare il rischio di un irreparabile pregiudizio dell'interesse pubblico o dell'ordinamento giuridico della Repubblica o per i diritti dei cittadini, può sospendere l'esecuzione dell'atto impugnato. In questo caso l'udienza pubblica è fissata entro i successivi trenta giorni e il dispositivo della sentenza deve essere depositato entro quindici giorni dall'udienza di discussione.

Dal punto di vista della conclusione, il giudizio in via d'azione non si differenzia, in via generale, da quello in via incidentale, dovendosi sottolineare che in caso di adozione da parte della Corte di una sentenza interpretativa di rigetto, alla Regione ricorrente rimane, in caso di adozione da parte dello Stato di provvedimenti amministrativi adottati secondo la interpretazione disattesa dalla Corte, lo strumento del conflitto di attribuzione fra Stato e Regione (v. *infra*).

Deve pertanto evidenziarsi che, se la riforma costituzionale del 2001 ha portato ad una parificazione fra Stato e Regioni in merito al momento di intervento dell'uno e delle altre (rendendolo sempre posteriore rispetto alla pubblicazione della legge impugnata), tale «parificazione» non opera in merito ai motivi di incostituzionalità che Stato e Regioni possono far valere dinanzi alla Corte. Infatti, se lo Stato può impugnare la legge regionale per qualsiasi profilo di incostituzionalità, la Regione può impugnare la legge statale solo per invasione della sfera di competenza regionale.

Il giudizio in via principale è *astratto*, giacché le leggi vengono impugnate indipendentemente dalla loro concreta applicazione, ed ha carattere *contenzioso*: è infatti un giudizio «disponibile», nel senso che le parti possono rinunziarvi (con conseguente estinzione del giudizio, che si estingue anche per cessazione della materia del contendere). Quello in via principale (a differenza di quello in via incidentale) è dunque un giudizio a parti necessarie.

5. L'oggetto del giudizio di costituzionalità

La Corte costituzionale giudica della costituzionalità delle «leggi» e degli «atti aventi forza di legge» dello Stato e delle Regioni. Sottoponibili al giudizio della Corte sono dunque la legge parlamentare, le leggi delle Regioni e quelle delle Province autonome di Trento e di Bolzano, nonché gli statuti regionali ordinari. Gli atti dello Stato «aventi forza di legge» sono tutti quegli atti ai quali la Costituzione, attribuendo agli stessi «forza» di legge, consente di innovare al diritto oggettivo modificando o derogando norme poste da fonti primarie (forza di legge dal lato attivo) e riconoscendo loro la capacità di resistere all'abrogazione posta da fonti diverse non dotate della medesima forza (forza di legge dal lato passivo). Pacifica è dunque la sottoponibilità al giudizio della Corte dei decreti-legge e dei decreti legislativi, nonché dei decreti del Presidente della Repubblica contenenti le norme di attuazione degli statuti speciali. Il novero degli atti di cui la Corte può giudicare la costituzionalità è chiuso, così come è chiusa la categoria degli atti con forza di legge. Sono esclusi dal giudizio di costituzionalità tutte le fonti di grado secondario (i regolamenti del governo, i regolamenti amministrativi, ecc.).

L'espressione (contenuta nell'art. 134 Cost.) «*atti aventi forza di legge dello Stato e delle Regioni*» ha portato la dottrina ad interrogarsi sull'ammissibilità, nel nostro ordinamento costituzionale, di atti delle Regioni «aventi forza di legge» (e cioè in particolare di decreti-legge e di decreti legislativi regionali). La dottrina prevalente e, soprattutto, la giurisprudenza costituzionale hanno escluso tale possibilità in base al principio per cui la Costituzione ha attribuito la potestà legislativa ai soli consigli regionali, mentre la previsione del decreto-legge e del decreto legislativo statali risultano quali eccezioni espressamente previste all'ordine costituzionale delle competenze (v. sentt. nn. 50 del 1959 e 32 del 1961).

La dottrina si è inoltre interrogata sulla possibilità di un *controllo di costituzionalità delle fonti di grado costituzionale* (leggi costituzionali o di revisione della Costituzione). Alla tesi volta ad escludere tale possibilità giacché la fonte di grado costituzionale, per sua natura si sottrarrebbe al controllo di costituzionalità, si contrappone una ricostruzione dottrinale che, configurando le leggi costituzionali come una particolare categoria di leggi formali, comunque subordinata (anche se entro limiti differenti) alla Costituzione, ammette tale possibilità, in primo luogo per i vizi formali (cioè, nel caso di inosservanza delle norme della Costituzione relative al procedimento di formazione della legge costituzionale) ed anche per alcuni limiti sostanziali alla stessa revisione, previsti esplicitamente (art. 139 Cost.) o implicitamente dalla stessa Costituzione. Quest'ordine di riflessione si lega con il tema dei limiti alla revisione della Costituzione (v. *supra*, cap. V) e con quello legato alla individuazione dell'organo competente ad intervenire, riguardo ai quali la Corte in un *obiter dictum* contenuto nell'ord. n. 1146 del 1988 ha affermato la propria competenza.

Un ampio dibattito ha prodotto la questione legata alla sottoponibilità al *controllo di costituzionalità dei regolamenti parlamentari*. Alle due contrapposte opinioni dottrinali, tendenti l'una ad escludere (in base alla teoria degli *interna corporis acta*), l'altra ad ammettere (riconoscendo ai regolamenti parlamentari la qualità di fonti primarie, in quanto direttamente subordinate alla Costituzione) tale controllo, la Corte costituzionale (che in precedenza si era espressa in maniera non definitiva: sentt. nn. 9 del 1959; 55 del 1964; 14 del 1965; 232 del 1975), pur rigettando la dottrina degli *interna corporis* (sent. n. 9 del 1959), ha infine dichiarato inammissibile la questione di legittimità costituzionale di quelle disposizioni dei regolamenti parlamentari (sia della Camera che del Senato) che prevedono la c.d. autodichìa, non potendosi riconoscere a tali regolamenti la qualità di atti aventi forza di legge ai sensi dell'art. 134 Cost. (sent. n. 154 del 1985).

La Corte, nella sent. n. 154 del 1985, riconosce che «*la riserva del potere di organizzazione delle Camere e di integrazione della disciplina del procedimento legislativo, in quanto istituisce fra gli uni e le altre un rapporto di distribuzione di competenza normativa, se non comporta la costituzionalizzazione dei regolamenti in parola e la loro parametricità, comporterebbe certamente la loro collocazione allo stesso livello delle leggi ordinarie, specie per la parte in cui vengono regolati i rapporti con i terzi e, più ancora, se si ritiene che la norma inespressa si lascia desumere dal sistema delle disposizioni di legge in tema di tutela giurisdizionale*». Inoltre la Corte rigetta la tesi secondo cui i regolamenti parlamentari non sarebbero atti dello Stato, bensì di un organo (un singolo ramo del Parlamento) e privi di forza di legge. Al tempo stesso la Corte ritiene che la soluzione al problema della sindacabilità dei regolamenti parlamentari in sede di controllo di costituzionalità vada individuata nell'art. 134 Cost. «*indagato alla stregua del sistema costituzionale*». Tale disposizione costituzionale segna in maniera rigorosa «*i precisi ed invalicabili confini della competenza del giudice delle leggi*» e pertanto i regolamenti parlamentari, in quanto non menzionati, potrebbero ritenersi ricompresi «*solo in via di interpretazione*». Ma una simile interpretazione, precisa la Corte, non solo non trova appiglio nel dato testuale, ma soprattutto «*urterebbe contro il sistema*» avendo la Costituzione «*collocato il Parlamento al centro del sistema, facendone l'istituto caratterizzante l'ordinamento. È nella logica di tale sistema che alle Camere spetti – e vada perciò riconosciuta – una indipendenza guarentigiata nei confronti di qualsiasi altro potere, cui pertanto deve ritenersi precluso ogni sindacato degli atti di autonomia normativa ex art. 64, comma 1, Cost. ... Il Parlamento, insomma, in quanto espressione immediata della sovranità popolare, è diretto partecipe di tale sovranità, ed i regolamenti in quanto svolgimento diretto della Costituzione, hanno una peculiarità e dimensione ... che ne impedisce la sindacabilità*». Secondo la Corte dunque è il peculiare ruolo del Parlamento a giustificare la sottrazione al controllo di costituzionalità dei regolamenti parlamentari quali «*atti di autonomia normativa*» dello stesso.

Con la sent. n. 120 del 2014, la Corte costituzionale ha nuovamente dichiarato inammissibile la questione di costituzionalità relativa a norma di regolamento parlamentare. La questione era stata sollevata dalle sezioni unite della Cassazione che lamentavano la lesione degli artt. 3, 24, 102, comma 2, 111, comma 1, 2 e 7, e 113, comma 1, Cost., ad opera dell'art. 12 del regolamento del Senato «*nella parte in cui attribuisce al Senato il potere di giudicare in via esclusiva e definitiva i ricorsi avverso gli atti e i provvedimenti adottati dall'amministrazione di quel ramo del Parlamento nei confronti dei propri dipendenti*». La Cassazione era chiamata a decidere sul ricorso proposto da un dipendente del Senato avverso la decisione resa, in grado di appello, dal Consiglio di garanzia del Senato, nell'ambito di un giudizio di ottemperanza relativo ad una causa di lavoro. La predetta disposizione del regolamento del Senato è stata sempre interpretata nel senso dell'attribuzione al Senato dell'autodichia, con conseguente esclusione del sindacato di qualsiasi giudice esterno in ordine alle controversie che attengono allo stato ed alla carriera giuridica ed economica dei dipendenti. Per la Cassazione «*l'autodichia sui propri dipendenti non costituisce una prerogativa necessaria a garantire l'indipendenza del Parlamento e non è affatto coessenziale alla natura costituzionale degli organi supremi*», mentre «*la Costituzione non tollera l'esclusione dalla tutela giurisdizionale di una categoria di cittadini e l'autonomia che spetta al Parlamento non comprende il potere di stabilire norme contrarie alla Costituzione*». Pertanto l'autodichia del Senato si pone in contrasto con l'art. 3 Cost. («*in quanto una categoria di cittadini viene esclusa dalla tutela giurisdizionale in ragione di un elemento – l'essere dipendenti del Senato – non significativo ai fini del trattamento differenziato*»), con l'art. 24 Cost. (secondo cui «*Tutti possono agire in giudizio per la tutela dei propri diritti*» e che, al comma 2, definisce la difesa «*diritto inviolabile*») e con l'art. 111 Cost. (per lesione del principio del giusto processo). La Corte costituzionale ribadisce che i regolamenti parlamentari «*non rientrano espressamente tra le fonti-atto indicate nell'art. 134, primo alinea, Cost. – vale a dire tra le "leggi" e "gli atti aventi forza di legge" – che possono costituire oggetto del sindacato di costituzionalità»*. La Corte non esclude la natura di fonti del diritto dei regolamenti parlamentari in quanto "*espressamente previsto*" nel «*sistema delle fonti delineato dalla stessa Costituzione ... come fonte dotata di una sfera di competenza riservata e distinta rispetto a quella della legge ordinaria e nella quale, pertanto, neppure questa è abilitata ad intervenire*». La Corte precisa che «*L'art. 134 Cost., indicando come sindacabili la legge e gli atti che, in quanto ad essa equiparati, possono regolare ciò che rientra nella competenza della stessa legge, non consente di includere tra gli stessi i regolamenti parlamentari. Risiede dunque in ciò, e non in motivazioni storiche o in risalenti tradizioni interpretative, la ragion d'essere attuale e di diritto positivo dell'insindacabilità degli stessi regolamenti in sede di giudizio di legittimità costituzionale*». E se «*la* ratio *dell'insindacabilità dei regolamenti parlamentari è costituita – sul piano sistematico – dalla garanzia di indipendenza delle Camere da ogni altro potere, ciò non comporta che essi siano, come nel lontano passato, fonti puramente interne. Essi sono fonti dell'ordinamento generale della Repubblica, produttive di norme sottoposte agli ordinari canoni interpretativi, alla luce dei principi e delle disposizioni costituzionali, che ne delimitano la sfera di competenza*». In questo quadro gli artt. 64 e 72 Cost. «*assolvono alla funzione di definire e, al tempo stesso, di delimitare «lo statuto di garanzia delle Assemblee parlamentari*» (sent. n. 379 del 1996). È dunque all'interno di questo statuto di garanzia che viene stabilito l'ambito di competenza riservato ai regolamenti parlamentari, avente ad oggetto l'organizzazione interna e, rispettivamente, la disciplina del procedimento legislativo per la parte non direttamente regolata dalla Costituzione. In questo ambito, le vicende e i rapporti che ineriscono alle funzioni primarie delle Camere sicuramente ricadono nella competenza dei regolamenti e l'interpretazione delle relative norme regolamentari e sub-regolamentari non può che essere affidata in via esclusiva alle Camere stesse (sent. n. 78 del 1984). Né la protezione dell'area di indipendenza e libertà parlamentare attiene soltanto all'autonomia normativa, ma si estende al momento applicativo delle stesse norme regolamentari «*e comporta, di necessità, la sottrazione a qualsiasi giurisdizione degli strumenti intesi a garantire il rispetto del diritto parlamentare*» (v. già sentt. n. 379 del 1996 e n. 129 del 1981). Svolte le predette affermazioni di principio la Corte costituzionale aggiunge che «*Se altrettanto valga per i rapporti di lavoro dei dipendenti e per i rapporti con i terzi, è questione controversa, che, in linea di principio, può dar luogo ad un conflitto fra i poteri; infatti, anche norme non sindacabili potrebbero essere fonti di atti lesivi di diritti costituzionalmente inviolabili e, d'altra parte, deve ritenersi sempre soggetto a verifica il fondamento costituzionale di un potere decisorio che limiti quello conferito dalla Costituzione ad altre autorità. L'indipendenza delle Camere non può infatti compromettere diritti fondamentali, né pregiudicare l'attuazione di principi inderogabili*». E la Corte ricorda che in altri ordinamenti costituzionali (Francia, Germania, Regno Unito e Spagna) «*l'autodichia sui rapporti di lavoro con i dipendenti e sui rapporti con i terzi non è più prevista*». Per la Corte «*Il rispetto dei diritti fondamentali, tra i quali il diritto di accesso alla giustizia (art. 24 Cost.), così come l'attuazione di principi inderogabili (art. 108 Cost.), sono assicurati dalla funzione di garanzia assegnata alla Corte costituzionale. La sede naturale in cui trovano soluzione le questioni relative alla delimitazione degli ambiti di competenza riservati è quella del conflitto fra i poteri dello Stato: "Il confine tra i due distinti valori (autonomia delle Camere, da un lato, e legalità-giurisdizione, dall'altro) è posto sotto la tutela di questa Corte, che può essere investita, in sede di conflitto di attribuzione, dal potere che si ritenga leso o menomato dall'attività dell'altro" (sent. n. 379 del 1996). In tale sede la Corte può ristabilire il confine – ove questo sia violato – tra i poteri legittimamente esercitati dalle Camere nella loro sfera di competenza e quelli che competono ad altri, così assicurando il rispetto dei limiti delle prerogative e del principio di legalità, che è alla base dello Stato di diritto*».

La Corte costituzionale inoltre ha sempre escluso la propria competenza a sindacare i **regolamenti comunitari** e, più in generale, le fonti dell'ordinamento europeo in ragione del rapporto di separazione esistente fra l'ordinamento italiano e quello europeo. I regolamenti comunitari non possono ritenersi ricompresi nel novero degli «atti dello Stato» (di cui fa menzione l'art. 134 Cost.); essi infatti provengono da organi non appartenenti allo Stato italiano ed appartenenti invece ad un ordinamento diverso e distinto. La Corte ha però riconosciuto (v. già sent. n. 183 del 1973) che non può nemmeno affermarsi «che l'intero settore dei rapporti fra diritto comunitario diritto interno sia sottratto alla competenza della Corte». Essa pertanto ha avvertito come «*la legge di esecuzione del Trattato possa andar soggetta al suo sindacato, in riferimento ai principi fondamentali del nostro ordinamento costituzionale e ai diritti inalienabili della persona umana*» (sent. n. 170 del 1984).

E già nella sent. n. 183 del 1973 la Corte aveva affermato che le limitazioni alla sovranità consentite dall'art. 11 Cost. concernono unicamente le finalità indicate nei trattati: «deve quindi escludersi che siffatte limitazioni, concretamente puntualizzate nel Trattato di Roma – sottoscritto da paesi i cui ordinamenti si ispirano ai principi dello strato di diritto e garantiscono le libertà essenziali dei cittadini – possano comunque comportare per gli organi della Cee un inammissibile potere di violare principi fondamentali del nostro ordinamento costituzionale o i diritti inalienabili della persona umana». In questi casi, afferma la Corte, «sarebbe sempre assicurata la garanzia del sindacato giurisdizionale della Corte costituzionale sulla perdurante compatibilità del Trattato con i predetti principi fondamentali» (v. *supra*, cap. IV).

6. Il parametro del giudizio di costituzionalità

L'art. 134 Cost. afferma esplicitamente che la Corte giudica sulla costituzionalità (cioè sulla conformità a Costituzione) delle leggi e degli atti aventi forza di legge. L'art. 28 della legge n. 87 del 1953 puntualizza che *il controllo della Corte costituzionale «esclude ogni valutazione di natura politica ed ogni sindacato sull'uso del potere discrezionale del Parlamento»*. Il giudizio della Corte dunque non può vertere sulla opportunità o utilità della legge (o dell'atto a questa equiparato), dovendo invece esaurirsi sulla conformità della stessa alla Costituzione (o a fonti comunque di grado costituzionale).

Il *parametro del giudizio* della Corte (cioè la norma in base alla quale la Corte svolge il proprio giudizio) deve sempre consistere in *norme formalmente costituzionali* ed infatti l'atto introduttivo del giudizio deve indicare, unitamente alle norme della cui costituzionalità si dubita, «le disposizioni della Costituzione o delle leggi costituzionali che si assumono violate». Il parametro del giudizio costituzionale pertanto è dato in primo luogo dalle disposizioni costituzionali e dalle leggi costituzionali.

Tuttavia, se il parametro «ultimo» del giudizio di costituzionalità è pur sempre una norma di grado costituzionale, questa può essere «integrata» da fonti di grado inferiore in quanto «richiamate» dalla stessa disposizione costituzionale. Infatti la stessa Costituzione prevede in diversi casi che leggi o atti con forza di legge siano vincolati al rispetto di norme poste non da fonte costituzionale, ma da fonti sub-costituzionali. A questo proposito si parla di «*norme interposte*», intendendosi con tale espressione quelle norme non costituzionali frapposte fra la norma di grado primario (oggetto del giudizio di costituzionalità) e la norma costituzionale (parametro) di cui concorrono ad integrare il contenuto e la cui violazione da parte delle fonti di grado primario comporta un'indiretta violazione di norme costituzionali.

L'espressione «norma interposta» si deve a Carlo Lavagna che, in un saggio del 1956, introduce tale concetto facendo riferimento al «gruppo di casi in cui la norma o il principio, pur essendo tratti da "testi" costituzionali, siano invocabili solo indirettamente, inserendosi, fra essi e le norme legislative che si ritengono viziate, altre norme, dotate di forza legislativa». Lavagna individua, quali norme interposte, le leggi delega, le leggi statali «cornice» (nei confronti delle leggi regionali in materie a competenza ripartita), le norme di diritto internazionale generalmente riconosciute (cui, ai sensi dell'art. 10 Cost., l'ordinamento italiano deve automaticamente conformarsi) e le norme contenute nei Patti Lateranensi. Critico nei confronti di tale teoria era Carlo Esposito, secondo il quale affermare che la violazione di norme interposte costituisce violazione della Costituzione «importerebbe dire che, poiché la Costituzione stabilisce in generale che i cittadini sono tenuti a rispettare la legge, ogni violazione di legge costituisca violazione della Costituzione» (questa impostazione è stata ripresa da Giocoli Nacci e da Zagrebelsky), ma è stato parimenti evidenziato che «il richiamo all'art. 54 Cost. appare però destinato più a distrarre l'attenzione dai motivi che militano a favore dell'accoglimento della teoria delle norme interposte che idoneo ad analizzarla ed a porla in discussione» giacché la Corte costituzionale «è giudice unico dei vizi delle leggi, non degli atti illeciti dei singoli», mentre il concetto di norma interposta è funzionale a «misurare l'estensione del giudizio sulle leggi» (Siclari).

Diversi sono i casi in cui la Corte costituzionale integra il parametro di costituzionalità mediante l'utilizzo di fonti non costituzionali. L'esempio quantitativamente più importante è senz'altro rappresentato dal giudizio di conformità del decreto legislativo a quanto disposto dalla relativa legge di delegazione, ed in cui il decreto legislativo viene sindacato per contrasto con l'art. 76 Cost. La Corte costituzionale fin dalla sent. n. 3 del 1957 ha dichiarato la propria competenza a giudicare dei contrasti fra decreto legislativo e relativa legge-delega (v. *supra*, cap. V, par. 9).

Già nella sent. n. 3 del 1957 la Corte costituzionale esplicitamente afferma che l'art. 76 Cost., «*fissando i limiti del potere normativo delegato, contiene una preclusione di attività legislativa, e la legge-delegata, ove incorra in un eccesso di delega, costituisce il mezzo con cui il precetto dell'art. 76 rimane violato. La incostituzionalità dell'eccesso di delega, traducendosi in una usurpazione del potere legislativo da parte del governo, è una conferma del principio che soltanto il Parlamento può fare le leggi*». E, riguardo all'obiezione secondo cui il contrasto tra legge-delega e decreto delegato si sottrarrebbe al controllo di costituzionalità per la mancanza del presupposto fondamentale (rappresentato dal contrasto diretto fra norma costituzionale e norma di grado legislativo) la Corte precisa: «*se di regola il rapporto di costituzionalità sorge tra un precetto costituzionale e una legge ordinaria, non è da escludere che, in piena aderenza al sistema, possa egualmente verificarsi una violazione di un precetto costituzionale, come per le leggi delegate, qualora nell'esercizio del potere normativo eccezionalmente attribuito al governo non siano osservati i limiti prescritti. Anche in siffatta ipotesi si verifica un caso di mancanza di potere normativo delegato, che non può sfuggire al sindacato di questa Corte*». E, più avanti, la Corte, in relazione alla possibilità di conferire al giudice ordinario tale controllo, aggiunge: «*non si può relativamente ai vizi dell'atto avente forza di legge ordinaria negare la particolare più efficace tutela disposta dalla Costituzione. Sarebbe in contrasto col principio organizzativo posto a base della formazione delle leggi negare per le leggi delegate, aventi anch'esse carattere generale e che pur possono essere mancanti di elementi essenziali, sia la tutela costituzionale predisposta per le leggi del potere legislativo, sia la possibilità di una decisione con efficacia erga omnes ... Consegue che il sindacato è devoluto sempre alla competenza della Corte costituzionale ...; soltanto le decisioni della Corte costituzionale possono assicurare, con la certezza del diritto, la piena tutela del diritto del cittadino alla costituzionalità delle leggi*».

La violazione indiretta della Costituzione e la necessità di assicurare l'unicità dell'organo competente a giudicare degli atti aventi forza di legge conducono dunque la Corte ad affermare la propria competenza a giudicare sul c.d. eccesso di delega. Ed in base a tali argomentazioni la Corte si è ritenuta competente a giudicare della conformità del decreto legislativo anche rispetto ai c.d. «limiti ulteriori» posti dalla legge-delega (quei limiti previsti nella legge di delegazione ed «ulteriori» rispetto a quelli «necessari» ai sensi dell'art. 76 Cost., v. *supra*, cap. V).

Altri esempi di norme interposte sono rappresentati dai principi posti dalla legge cornice statale nei confronti della legge regionale nelle materie a competenza ripartita (v. *infra*, cap. XII), o in relazione all'art. 10, comma 2, Cost. (secondo cui «*la condizione giuridica dello straniero è regolata dalla legge in conformità delle norme e dei trattati internazionali*»). Deve inoltre ritenersi possibile l'utilizzo, come norma interposta, dello statuto regionale nei confronti della legge regionale (ed in cui l'art. 123 Cost. opera come parametro costituzionale; v. *infra*, cap. XII).

La giurisprudenza costituzionale aveva assegnato ai regolamenti comunitari la qualità di norme interposte nei confronti di leggi statali successive con i medesimi contrastanti in quanto ritenute lesive dell'art. 11 Cost. Nella sent. n. 183 del 1973 la Corte ha affermato che il legislatore italiano, avendo accettato, a condizioni di parità con gli altri Stati, le «*limitazioni di sovranità*» previste nei Trattati comunitari, non poteva, pena la violazione dell'art. 11 Cost., adottare leggi che apportino deroghe o abrogazioni ai regolamenti comunitari. Pertanto la legge in contrasto con un precedente regolamento comunitario era incostituzionale per violazione dell'art. 11 Cost. e la competenza a pronunciarsi in merito spettava solo alla Corte costituzionale in ragione del controllo accentrato di costituzionalità vigente nel nostro Paese. Questa impostazione della giurisprudenza costituzionale determinò un contrasto con la Corte di giustizia delle Comunità europee secondo cui gli impegni assunti con la stipula dei Trattati non consentono che la rimozione delle norme di diritto interno contrastanti con il diritto comunitario avvenga secondo procedimenti interni all'ordinamento stesso, pena la compromissione della «*piena ed uniforme efficacia del diritto comunitario*». Con la sent. n. 170 del 1984 la Corte costituzionale, recependo tali indicazioni, ha riconosciuto ai giudici comuni la competenza a disapplicare le norme statali anche di grado primario contrastanti con regolamenti comunitari. Nella sent. n. 170 del 1984 la Corte, dopo aver riconfermato che l'ordinamento italiano e quello comunitario «*sono configurati come autonomi e distinti, ancorché coordinati, secondo la ripartizione di competenza stabilita dal Trattato*», specifica ... che «*la disciplina emanata mediante il regolamento della CEE è destinata ad operare, con caratteristica di immediatezza, così nella nostra sfera territoriale, come il quella di ogni altro Stato membro*» e pertanto l'ordinamento italiano «*si apre*» alla normazione comunitaria «*lasciando che le regole in cui essa si concreta vigano nel territorio italiano, quali sono scaturite dagli organi competenti a produrle*». Ed è in base a tali premesse che la Corte giustifica il proprio mutamento giurisprudenziale, specificando che «*il punto di vista*» dal quale bisogna affrontare la questione è appunto quello «*sotto il quale la fonte comunitaria è presa in considerazione nel nostro ordinamento*» e che è il punto di vista dell'ordinamento comunitario. L'individuazione da parte del giudice italiano della norma da applicare deve avvenire «*con esclusivo riferimento*» al sistema comunitario in quanto «*solo sistema che governa l'atto da applicare e di esso determina la capacità produttiva. Le confliggenti statuizioni della legge interna non possono costituire ostacolo al riconoscimento della "forza e valore" che il Trattato conferisce al regolamento comunitario, nel configurarlo come atto produttivo di regole immediatamente applicabili. ... Il regolamento comunitario va, dunque, sempre applicato, sia che segua, sia che preceda nel tempo le leggi ordinarie con esso incompatibili*».

La Corte costituzionale comunque non abbandona del tutto la possibilità di controllare la normativa comunitaria qualora in contrasto con i principi fondamentali dell'ordinamento costituzionale e i diritti inalienabili della persona umana. In tale caso però l'esame della Corte si appunterebbe sulla legge di esecuzione del Trattato nella parte in cui appunto consenta tale contrasto. Parimenti la Corte non esclude la possibilità di un controllo di costituzionalità della legge ordinaria quando la stessa si riveli incostituzionale «*in quanto diretta ad impedire o pregiudicare la perdurante osservanza del Trattato, in relazione al sistema o al nucleo essenziale dei suoi principi: situazione, questa, evidentemente diversa da quella che si verifica quando ricorre l'incompatibilità fra norme interne e singoli regolamenti comunitari. Nel caso che qui è previsto, la Corte sarebbe quindi chiamata ad accertare se il legislatore ordinario abbia ingiustificatamente rimosso alcu-*

ni dei limiti alla sovranità statuale, da esso medesimo posti, mediante la legge di esecuzione del Trattato, in diretto e puntuale adempimento dell'art. 11 Cost.».

A questo proposito bisogna ricordare la vicenda conclusasi con la sentenza della Corte cost. n. 115 del 2018, vicenda che molto ha impegnato la giurisprudenza (penale e costituzionale) e che si era aperta in seguito alla c.d. *"pronuncia Taricco"* (Corte di giustizia, Grande Sez., sent. 8 settembre 2015, causa C-105/14), con cui la Corte di giustizia aveva affermato l'obbligo per il giudice penale di disapplicare le norme sulla prescrizione dei reati nei *"significativi casi"* di frode grave in materia di Iva che ledono gli interessi finanziari dell'Unione. Con l'ord. n. 24 del 2017 la Corte costituzionale aveva posto alla Corte di Giustizia, in via pregiudiziale, tre quesiti conseguenti proprio a quanto statuito dalla Corte di giustizia nella sentenza Taricco, prospettando una soluzione volta ad escludere il conflitto tra la normativa europea e quella interna, ribadendo il primato del diritto europeo, ma affermando anche l'esistenza di un impedimento di ordine costituzionale all'applicazione della regola Taricco nell'ordinamento italiano (invocando l'identità costituzionale della Repubblica italiana). Con la sent. del 5 dicembre 2017, la Corte di giustizia (causa C-42/17, M.A.S. e MB) aveva riconosciuto non sussistente l'obbligo per i tribunali nazionali di disapplicare la legislazione nazionale sui termini di prescrizione sulla base della "regola Taricco", quando l'applicazione di tale regola comporti una violazione del principio di determinatezza dei reati e delle pene, a causa dell'incertezza sulla legge applicabile o dell'applicazione retroattiva di un quadro giuridico più rigido rispetto a quello vigente all'epoca della commissione del reato. Per il giudice europeo questo divieto deriva direttamente dal diritto dell'Unione (art. 49 Carta di Nizza) e non richiede alcun ulteriore controllo da parte delle autorità giudiziarie nazionali, mentre è rimesso a queste ultime il compito di verificare la compatibilità della "regola di Taricco" con il principio di certezza nel rispettivo diritto penale. Con la sent. n. 115 del 2018, la Corte ha ribadito il primato del diritto dell'Unione ma anche (in base alla c.d. teoria dei controlimiti) la intangibilità dei principi supremi dell'ordinamento nazionale e dei diritti inalienabili della persona (quale «*condizione perché il diritto dell'Unione possa essere applicato in Italia*»), specificando che il principio di legalità in materia penale, laddove pone i principi di determinatezza e di irretroattività della norma penale (art. 25, comma 2, Cost.) «*esprime un principio supremo dell'ordinamento, posto a presidio dei diritti inviolabili dell'individuo*». Conseguenzialmente nella sent. n. 115 del 2018 la Corte ha affermato che la "regola Taricco" deve essere ritenuta inapplicabile con riguardo ai fatti verificatisi prima dell'8 settembre 2015 e, indipendentemente dal momento in cui si sono verificati i fatti, i giudici non possono applicare tale "regola" perché contrasta con il principio di certezza della legge (*ex* art. 25, comma 2, Cost.).

All'interno di questo "dialogo" fra Corte costituzionale e Corte di giustizia va collocata anche la sent. n. 269 del 2017 in cui, in merito al complesso rapporto tra ordinamento interno e diritto europeo, la Corte costituzionale ha ribadito il principio per cui *la questione di compatibilità con il diritto dell'Unione europea costituisce un prius logico e giuridico rispetto alla questione di costituzionalità*. Pertanto, ove la legge interna collida con una norma dell'Unione europea, il giudice («*fallita qualsiasi ricomposizione del contrasto su base interpretativa, o, se del caso, attraverso rinvio pregiudiziale*») deve applicare direttamente la disposizione europea dotata di effetti diretti, mentre se una disposizione di diritto interno diverge da norma europea priva di effetti diretti, occorre sollevare una questione di costituzionalità (e senza delibare preventivamente i profili di incompatibilità con il diritto europeo giacché in questa ipotesi spetta alla Corte costituzionale giudicare sulla legge in riferimento ai parametri europei). La peculiarità della sent. n. 269 del 2017 è data dall'esplicito riconoscimento da parte della Corte costituzionale di una diretta applicabilità della Carta dei diritti fondamentali dell'Unione europea (facendo leva sull'art. 6, par. 1, TUE). La Corte riconosce alla Carta la qualità di norma dell'Unione «*dotata di caratteri peculiari in ragione del suo contenuto di impronta tipicamente costituzionale*» e prende atto che i «*principi e i diritti enunciati nella Carta intersecano in larga misura i principi e i diritti garantiti dalla Costituzione italiana*» con la possibile conseguenza della contemporanea violazione sia delle garanzie previste dalla Carta, sia di quelle contenute nella Costituzione repubblicana. Pertanto la "sopravvenienza" delle garanzie previste dalla Carta a quelle contenute nella Costituzione italiana può dar vita ad un *"concorso di rimedi giurisdizionali"* riguardo ai quali il diritto dell'Unione «non osta» al carattere prioritario del giudizio di costituzionalità, ferma rimanendo la libertà dei giudici ordinari di sottoporre alla Corte di giustizia qualsiasi questione pregiudiziale («*a loro giudizio necessaria*») o di adottare qualsiasi misura ritenuta necessaria per garantire la tutela giurisdizionale dei diritti conferiti dall'ordinamento europeo o anche di disapplicare la norma nazionale (anche quando abbia superato il vaglio di costituzionalità), «*ove, per altri profili, la ritengano contraria al diritto dell'Unione*».

La Corte individua dunque, con riferimento ai dubbi di costituzionalità di una norma che lede contemporaneamente diritti protetti dalla Costituzione italiana nonché dalla Carta dei diritti fondamentali dell'Unione europea, la coesistenza del canale di accesso al giudizio di costituzionalità e del rinvio pregiudiziale «*per le questioni di interpretazione o di invalidità del diritto dell'Unione*».

Anche riguardo ai *regolamenti parlamentari* si è discusso circa l'utilizzabilità degli stessi quali norme interposte, nel caso di approvazione di una legge in violazione di una norma del regolamento dell'una o dell'altra Camera (c.d. ***parametricità dei regolamenti parlamentari***), ma la Corte costituzionale con la sent. n. 9 del 1959 ha escluso tale possibilità (v. *supra*, cap. V, par. 13).

Oggetto del giudizio di costituzionalità era una legge tributaria (n. 168 del 1956) in quanto approvata in spregio dell'art. 40 del regolamento della Camera dei deputati, che prevedeva una riserva d'assemblea anche per l'approvazione di leggi in materia tributaria. La Corte riconosce che «*La censura di illegittimità costituzionale dell'intera legge 28 marzo 1956, n. 168, così proposta ..., involge la questione della competenza della Corte costituzionale a controllare la legittimità costituzionale di una legge per quanto concerne il procedimento della sua formazione*». Una volta riconosciuta la propria competenza a giudicare sul rispetto delle norme costituzionali relative al procedimento di formazione della legge, la Corte sottolinea la specificità del caso di specie, relativo alla inosservanza di una norma del regolamento della Camera e riguardo alla quale la Corte deve affermare se questo costituisca un vizio (di formazione della legge) costituzionalmente rilevante agli effetti del controllo di costituzionalità. A tal riguardo la Corte afferma: «*Mentre il giudizio se un disegno di legge rientra fra quelli per i quali l'ultimo comma dell'art. 72 Cost. esige la procedura normale di approvazione, escludendo quella decentrata, involge una questione di interpretazione di una norma della Costituzione che è di competenza della Corte costituzionale agli effetti del controllo della legittimità del procedimento di formazione di una legge, la determinazione, invece, del senso e della portata della disposizione dell'art. 40 del regolamento della Camera ... riguarda una norma, sull'interpretazione della quale, essendo stata posta dalla Camera nel suo regolamento esercitando la facoltà attribuita dall'art. 72 Cost., è da ritenersi decisivo l'apprezzamento della Camera. L'osservanza di quella disposizione eccettuativa è rimessa alla Camera stessa avuto anche riguardo alle disposizioni dell'art. 72, comma 3, Cost. e dell'art. 40 del regolamento della Camera, che prevedono sia la possibilità di opposizione al deferimento di un disegno di legge ad una Commissione in sede legislativa, sia la possibilità, su richiesta a determinate condizioni, che, fino al momento dell'approvazione definitiva, un disegno di legge già deferito ad una Commissione in sede legislativa sia obbligatoriamente rimesso alla Camera*». Secondo la Corte dunque il vizio della legge discendente dal mancato rispetto delle norme procedurali previste in Costituzione è senz'altro sottoponibile al controllo della Corte, ma la violazione di una norma di regolamento parlamentare è suscettibile di controllo in sede di giudizio di costituzionalità solo se la norma stessa sia meramente ripetitiva di una norma costituzionale, restando altrimenti rimessa alla Camera stessa l'interpretazione delle norme del proprio regolamento. Il controllo del rispetto della norma del regolamento parlamentare, comportando ovviamente l'interpretazione della stessa, non può essere oggetto del giudizio della Corte.

7. Gli strumenti decisori della Corte costituzionale

Il giudizio di costituzionalità può concludersi con una *sentenza* (che può essere di accoglimento o di rigetto) o con un'*ordinanza* (di inammissibilità – per irrilevanza, manifesta infondatezza, ecc. – o di restituzione degli atti al giudice *a quo*).

La Corte pronuncia con *ordinanza* **l'inammissibilità** della questione quando siano assenti i presupposti del giudizio di costituzionalità, e cioè:

– quando la questione sia stata sollevata da un organo non qualificabile come «giudice» o al di fuori di un procedimento qualificabile come «giudizio»;

– nei giudizi in via principale, quando vi sia un'irregolarità nelle delibere del Consiglio dei ministri o della Giunta regionale o non siano stati rispettati i termini di impugnazione;

– quando l'atto della cui costituzionalità si dubita non abbia forza di legge;

– quando manchi il requisito della rilevanza (o dell'interesse a ricorrere, nell'impugnazione diretta da parte della Regione);

– quando la questione sottoposta alla Corte comporti «una valutazione di natura politica» o un sindacato «sull'uso del potere discrezionale del Parlamento».

Inoltre l'ordinanza (di manifesta infondatezza) è adottata dalla Corte quando questa ritenga la questione di costituzionalità manifestamente infondata (ad es. quando la questione è già stata decisa nel senso della infondatezza e non emergano nuovi motivi per mutare orientamento, o concerne norme già dichiarate incostituzionali, ecc.).

La Costituzione disciplina solo la *sentenza di accoglimento* (art. 136 Cost.), cioè la pronuncia con cui la Corte dichiara l'incostituzionalità della legge, nulla disponendo riguardo alla *sentenza di rigetto* che è la sentenza con cui la Corte dichiara infondata la questione e che trova la propria disciplina nella legge n. 87 del 1953.

Lo strumentario decisionale a disposizione della Corte costituzionale si è arricchito, fin dai primi anni di attività della Corte, di ulteriori tipologie di pronunce riconducibili all'interno dell'ampio fenomeno delle *sentenze interpretative* (sia di rigetto che di accoglimento) volte appunto a svincolare la Corte da un rigido «ingabbiamento» e a fornirla di strumenti più duttili per rispondere alle (spesso complesse) questioni sottoposte al giudizio della medesima.

Con la *sentenza di rigetto* la Corte dichiara infondata la questione di costituzionalità.

Va innanzitutto sottolineata la differenza intercorrente fra il tenore del dispositivo della sentenza di rigetto e quello della pronuncia di accoglimento (con cui la Corte dichiara l'incostituzionalità della legge). I due dispositivi non sono fra loro speculari: con la pronuncia di rigetto la Corte non dichiara la «costituzionalità» della legge, ma soltanto l'infondatezza della questione di costituzionalità. A questa diversità di dispositivo corrisponde una differenza di effetti: la *sentenza di rigetto non crea giudicato* e pertanto la norma impugnata può essere nuovamente sottoposta al giudizio di costituzionalità (anche per i medesimi profili) e non è escluso che la Corte possa mutare il proprio orientamento. L'unica preclusione determinata dalla sentenza di rigetto concerne il giudizio *a quo* nel quale non potrà più essere sollevata un'identica questione. Nessuna preclusione subiscono invece gli altri giudici, né lo stesso giudice in altro processo. Qualora un altro giudice sollevi la stessa questione senza aggiungere argomentazioni nuove, la Corte, qualora non intenda mutare orientamento, pronuncia, con ordinanza deliberata in Camera di consiglio, la manifesta infondatezza della questione.

Nell'ampia fenomenologia delle pronunce interpretative (sia di accoglimento che di rigetto), le prime ad apparire sono state quelle di rigetto. Con la *sentenza interpretativa di rigetto* la Corte dichiara infondata la questione di costituzionalità traendo dalla disposizione impugnata una norma diversa da quella prospettata dal giudice *a quo*. La Corte interpreta dunque la disposizione impugnata diversamente dal giudice *a quo*. Molto si è discusso in dottrina in merito alla legittimità di tale potere interpretativo della Corte. A chi tendeva ad escluderlo, in base alla considerazione secondo cui la Corte non disporrebbe di un potere interpretativo della disposizione impugnata (dovendo dunque attenersi all'interpretazione prospettata dal giudice *a quo*), si è replicato sostenendo, da un lato, l'impossibilità di sopprimere la libertà interpretativa della stessa Corte costituzionale e, dall'altro, il paradosso pratico cui si giungerebbe (la dichiarazione di incostituzionalità, e dunque l'eliminazione dall'ordinamento, di una legge il cui unico «vizio» è quello di essere stata male o non adeguatamente interpretata) imponendo alla Corte una qualsiasi interpretazione (anche la più errata) proveniente dal giudice *a quo*.

Nell'ampio *genus* delle sentenze interpretative di rigetto si sono distinte le sentenze c.d. «*correttive*» da quelle c.d. «*di interpretazione adeguatrice*». Queste ultime sono così denominate perché l'interpretazione (da parte della Corte) della disposizione impugnata è basata su un'operazione ermeneutica nella quale la disposizione impugnata è «interpretata» alla luce di quanto disposto da fonti di grado costituzionale (*interpretazione costituzionalmente orientata*). Le sentenze «correttive» sono invece quelle nelle quali la Corte «corregge» l'interpretazione del giudice *a quo* e ne propone una differente, facendo leva esclusivamente su argomentazioni tratte dalla sola disciplina di grado primario.

Le sentenze interpretative di rigetto producono momenti di frizione fra Corte costituzionale e giudici comuni vertenti intorno alla libertà ermeneutica di ciascuno e al grado di vincolatività che l'interpretazione dell'una esercita sugli altri.

In merito al primo punto va segnalato che la giurisprudenza costituzionale, a partire dagli anni ottanta, si mostra attenta all'interpretazione fatta propria dalla prevalente giurisprudenza (e in particolare dalla Cassazione). In tali casi è il richiamo al c.d. *diritto vivente* (cioè al significato con cui la norma effettivamente «vive» nell'ordinamento) che porta la Corte a non discostarsi dagli orientamenti interpretativi della Cassazione, riconoscendo dunque a questa la funzione primaria di interpretazione della legge e cercando, per tale via, di trovare una posizione di equilibrio con la stessa. Inoltre questo strumento è utilizzato dalla Corte costituzionale anche per far valere l'interpretazione giurisprudenziale prevalente (e conforme a Costituzione) contro l'interpretazione difforme (e di dubbia costituzionalità) proposta dal singolo giudice *a quo*.

In merito al *grado di «vincolatività» delle sentenze interpretative di rigetto*, queste si presentano «*deboli*» giacché, essendo pronunce di rigetto, possono solo impedire al giudice *a quo* di riproporre l'identica questione. Bisogna però aggiungere che il giudice *a quo*, quando riceve dalla Corte la sentenza e gli atti della causa, deve riprendere il processo che aveva sospeso: non potrà insistere nella sua precedente interpretazione, né può sollevare una seconda volta la stessa questione, perché sarebbe inammissibile; pertanto deve adeguarsi all'interpretazione della Corte o elaborare un'ulteriore interpretazione della disposizione di legge. Alla tesi che esclude che dalle pronunce di rigetto possa derivare un vincolo per il giudice comune, si contrappone chi ritiene che negare l'esistenza di un qualche vincolo per il giudice significherebbe riconoscere che la pronuncia della Corte sia *inutiliter data* (Crisafulli). Ma sulla portata di tale vincolo si registra l'ulteriore divisione fra chi propone un *vincolo «in positivo»* (nel senso che il giudice comune è tenuto ad adeguarsi alla interpretazione prospettata dalla Corte) e chi propone un *vincolo «in negativo»* (secondo cui il giudice è sempre libero di interpretare la disposizione *de qua*, purché non nel senso disatteso dalla Corte).

L'esperienza concreta mostra che i giudici (Cassazione compresa) tendono, nella gran parte dei casi, ad adeguarsi alle interpretazioni prospettate dalla Corte costituzionale, pur non mancando episodi di "ribellione", in cui la Cassazione ha disatteso l'interpretazione proposta dalla Corte costituzionale preferendo seguire una differente opzione ermeneutica. La ***sentenza di accoglimento*** è quella con cui *la Corte dichiara l'incostituzionalità della norma impugnata*. Secondo l'art. 136 Cost. la legge dichiarata incostituzionale «*cessa di avere efficacia dal giorno successivo alla pubblicazione della decisione*». L'art. 30, comma 3, legge n. 87 del 1953 aggiunge che le norme dichiarate incostituzionali «*non possono avere applicazione*».

Secondo alcuni la sentenza di accoglimento avrebbe *valore costitutivo*, giacché solo con tale sentenza il contrasto tra legge e Costituzione viene accertato e la legge viene invalidata. Secondo altri la sentenza di accoglimento ha invece *valore di accertamento di un'incostituzionalità già esistente*. La contrapposizione fra le tesi che assegnano rispettivamente valore costitutivo o di accertamento alla sentenza di accoglimento concerne il ruolo che si intende riconoscere al giudizio di costituzionalità e dunque agli effetti della pronuncia di incostituzionalità. Se è indubbio che la Corte «accerta» una incostituzionalità già esistente, è altrettanto vero che gli effetti della pronuncia della Corte si producono solo in seguito alla stessa. Per questa ragione è infine prevalsa in dottrina la ricostruzione che assegna alla pronuncia di accoglimento la qualifica di *sentenza di accertamento costitutivo*.

Riconosciuta l'efficacia *erga omnes* della declaratoria di incostituzionalità, molto si è discusso circa gli ***effetti nel tempo*** di tale pronuncia, in particolare con riguardo ai rapporti sorti anteriormente alla sentenza della Corte. A questo proposito si distingue fra i rapporti ancora «*pendenti*» (cui si applica la pronuncia della Corte) e quelli oramai «*esauriti*», in quanto conclusi in maniera irretrattabile (sentenza passata in giudicato, maturazione dei termini di prescrizione o di decadenza, ecc.), che rimangono impermeabili alla declaratoria di incostituzionalità. L'effetto della sentenza di accoglimento è stato assimilato dalla dottrina prevalente a quello dell'annullamento (Crisafulli, Cerri).

Già nella sent. 16 settembre 1957, n. 3491 (che rappresenta la prima sentenza con cui la Cassazione si è pronunciata sugli effetti della dichiarazione di incostituzionalità), la I sezione della Cassazione afferma: «*non vi è dubbio che, a norma dell'art. 136 Cost. (e del correlativo art. 30 della legge ord. 11 marzo 1953, n. 87), le norme [dichiarate incostituzionali] hanno cessato di avere efficacia nello Stato dal giorno successivo a quello della pubblicazione della decisione (...) la disposizione dell'art. 136 Cost. (e quella, correlativa, dell'art. 30 della legge ord. 11 marzo 1953, n. 87) – in base a cui, nel caso in cui la Corte costituzionale dichiari la illegittimità costituzionale di una norma di legge o di atto avente forza di legge questa cessa di avere efficacia a partire dal giorno successivo a quello della pubblicazione della decisione –, va intesa nel senso che la pronuncia di incostituzionalità, mentre ... lascia salvi tutti gli effetti ormai irrevocabilmente prodottisi in modo definitivo, in base alla norma di legge dichiarata incostituzionale, spiega, invece, la propria efficacia sulle situazioni giuridiche non ancora esaurite, in quanto suscettibili di essere diversamente regolate per effetto della pronuncia stessa. Pertanto, la pronuncia di incostituzionalità di una legge rende questa inapplicabile a tutti i rapporti per i quali penda controversia giudiziale, sempre che gli stessi non siano, ormai, stati oggetto di pronuncia passata in cosa giudicata, con la conseguenza che, in ogni stato e grado del giudizio, ed anche d'ufficio, il giudice deve tener conto della intervenuta dichiarazione di illegittimità costituzionale della legge nel pronunciarsi sul rapporto sottoposto alla sua decisione*».

Nel caso di specie era stata dichiarata incostituzionale la norma che consentiva agli enti provinciali del turismo l'imposizione e l'accertamento di determinati contributi. La Corte, con la sent. n. 47 del 1957, aveva dichiarato l'incostituzionalità di tali disposizioni per contrasto con l'art. 23 Cost. nelle parti in cui disciplinano l'imposizione e l'accertamento di contributi da parte di soggetti diversi dagli enti pubblici. Nel caso di specie, l'ente del turismo di Vercelli richiedeva ad una ditta privata il versamento di un determinato contributo che trovava fondamento proprio nelle citate disposizioni. L'ente provinciale sosteneva che la dichiarazione di incostituzionalità non avrebbe dovuto trovare applicazione nel giudizio di specie, giacché il relativo rapporto giuridico (in questo caso contributivo) era sorto in base ad una norma allora legittima e che solo posteriormente era divenuta illegittima in virtù della pronuncia della Corte costituzionale. A tale tesi la Cassazione replica: «*Né si dica, trattandosi di rapporti legittimamente sorti in base alla norma, poi, dichiarata incostituzionale, fra le altre parti e nel tempo in cui la norma era ancora in vigore, che essi dovrebbero rimanere salvi, dal momento che la pronuncia di incostituzionalità toglie efficacia alla legge solo a partire dal giorno successivo a quello della pubblicazione della decisione relativa: infatti, se il giudice continuasse ad applicare la legge incostituzionale dopo la pronuncia di incostituzionalità che l'ha colpita, sia pure in riferimento ad un rapporto precedente sorto tra le altri pari, egli finirebbe per dare efficacia ultra-attiva alla norma di cui la Corte costituzionale ha, invece, dichiarata l'inefficacia ulteriore, per effetto della ritenuta illegittimità costituzionale di essa*». In seguito la Cassazione ha ulteriormente specificato che «*La dichiarazione di illegittimità costituzionale degli atti aventi forza di legge ... è ontologicamente diversa così dalla abrogazione come dallo* ius superveniens. *Essa si inquadra, piuttosto, nella categoria degli accertamenti costitutivi, in quanto accerta e dichiara, con efficacia* erga omnes, *l'invalidità della norma per un vizio (contrasto col precetto costituzionale) che è intrinseco ed originario e che risale all'entrata in vigore della norma, poi dichiarata incostituzionale, ovvero all'entrata in vigore della stessa Costituzione, secondo che si tratti di norma successiva o precedente a questa, con la conseguenza che quella dichiarazione ha efficacia limitatamente retroattiva, nel senso che i suoi effetti, assimilabili a quelli dell'annullamento, si producono* ex tunc, *anche rispetto a rapporti, atti o fatti anteriori, salvo che non si siano determinate situazioni giuridiche esaurite e, come tali, non più suscettibili di diverso regolamento che prescinda dalla norma estromessa dall'ordinamento giuridico perché costituzionalmente illegittima: il che può verificarsi, fra l'altro, per la preclusione nascente dal giudicato e per effetto di atti amministrativi non più impugnabili o per l'avvenuto decorso di termini di prescrizione e di decadenza*».

La Cassazione civile è rimasta sempre fedele a tale orientamento, mentre la Cassazione penale, per circa un ventennio – dagli anni sessanta agli anni ottanta – ha ritenuto efficace solo pro futuro la dichiarazione di incostituzionalità di norme processuali penali in ragione del timore degli effetti («retroattivi») della dichiarazione di incostituzionalità sui processi pendenti.

Come detto, l'effetto della sentenza di accoglimento è stato assimilato dalla dottrina prevalente a quello dell'annullamento. Chi scrive ritiene invece che *l'effetto proprio della dichiarazione di incostituzionalità sia la «cessazione di efficacia» della norma quale incapacità della norma dichiarata incostituzionale di essere ulteriormente utilizzata nell'ordinamento*.

Questa ricostruzione, aderente al dettato costituzionale, consente inoltre di assegnare fondamento costituzionale anche al fenomeno della retroattività della sentenza di accoglimento (*rectius*, alla capacità della pronuncia di incostituzionalità di travolgere anche i rapporti sorti anteriormente alle pronunce medesime) giacché la «cessazione di efficacia» concerne appunto la norma (dichiarata incostituzionale) e indifferente diventa il momento in cui il rapporto sia sorto. E così viene ad avere fondamento costituzionale anche la distinzione fra rapporti pendenti e rapporti esauriti, perché nei confronti dei c.d. "rapporti esauriti" la dichiarazione di incostituzionalità non trova applicazione giacché, in ragione di altre norme dell'ordinamento (quelle regolanti la prescrizione, la decadenza, il giudicato, ecc.), la norma dichiarata incostituzionale non trova più applicazione in quanto ha già prodotto definitivamente i propri effetti e pertanto il giudice non applica (e dunque non dà efficacia) alla norma dichiarata incostituzionale, ma ad altra norma che preclude l'applicazione delle prime.

Con l'espressione «*sentenze manipolative*» si indicano in dottrina tutte quelle sentenze di accoglimento che, anziché eliminare semplicemente la norma oggetto del giudizio, incidono in varia misura sulla «portata normativa» della stessa. La giurisprudenza costituzionale denomina tali ***sentenze «di accoglimento parziale»***, giacché tutte caratterizzate dalla inserzione, nel dispositivo di incostituzionalità, della formula «*nella parte in cui*» (riferibile sia alla disposizione che alla norma).

La riflessione dottrinale ha elaborato varie denominazioni che sottintendono ulteriori differenziazioni:

– *sentenze «di accoglimento parziale»* (*stricto sensu*), quelle tendenti ad eliminare una parte di una disposizione avente portata normativa complessa;

– *sentenze «additive»*, quelle tramite le quali la Corte dichiara incostituzionale la norma *nella parte in cui non* prevede qualcosa che invece dovrebbe – secondo il dettato costituzionale – essere presente;

– *sentenze «sostitutive»*, quelle che dichiarano l'incostituzionalità della norma nella parte in cui contiene una certa prescrizione «*anziché*» un'altra.

Le pronunce additive e sostitutive sono frequenti nella giurisprudenza costituzionale. Quale esempio di pronuncia «manipolativa» può citarsi la sent. n. 14 del 1994 con cui la Corte ha dichiarato l'incostituzionalità dell'art. 122 del d.p.r. 30 giugno 1965, n. 1124 (*"Testo unico delle disposizioni per l'assicurazione obbligatoria contro gli infortuni sul lavoro e le malattie professionali"*), «*nella parte in cui non prevede che l'Istituto assicuratore, nel caso di decesso del lavoratore, debba avvertire i superstiti della loro possibilità di proporre domanda per la rendita nel termine decadenziale di 90 giorni decorrenti dalla data della avvenuta comunicazione stessa*». La norma impugnata prevedeva che la domanda dei superstiti, per ottenere la rendita, dovesse essere proposta entro il termine decadenziale di 90 giorni dalla data della morte dell'infortunato sul lavoro. La Corte, dopo aver riconosciuto «non irragionevole» la previsione di detto termine di decadenza, giacché «*una materia come quella in esame conserva in parte la logica assicurativa risarcitoria, con conseguente bilanciamento dei rispettivi interessi (oltre che di quello generale alla certezza dei rapporti) dei due soggetti coinvolti; e cioè sia dell'ente erogatore ad un ordinato e sollecito svolgersi del procedimento mediante la rapida conoscenza delle persone legittimate ad una verifica del nesso eziologico e delle altre condizioni della pretesa, sia l'interesse dei superstiti alla notizia del decesso ed al tempestivo avvio della pratica di accertamento e liquidazione*», aggiunge: «*resta da esaminare se la misura del termine stesso sia logicamente congrua rispetto al diritto da esercitare. … Per rendere quindi anche la norma in questione coerente … ai principi costituzionali …, va dichiarata la illegittimità costituzionale dell'art. 122 nella parte in cui non prevede che l'Istituto assicuratore, in caso di decesso dell'assicurato, debba avvertire i superstiti della loro possibilità di proporre domanda per la rendita nel termine decadenziale di novanta giorni dalla data della comunicazione stessa*».

Quale esempio di sentenza sostitutiva può citarsi la sent. n. 214 del 1993, con cui la Corte ha dichiarato incostituzionale l'art. 24, comma 1, c.p.p. «*nella parte in cui prevede che il giudice di appello, quando pronuncia sentenza di annullamento per incompetenza per materia, ordini la restituzione degli atti al giudice (del dibattimento) di primo grado competente anziché al pubblico ministero presso quest'ultimo*». La norma impugnata, concernente l'annullamento in appello della sentenza di primo grado per errore sulla competenza per materia, è stata dalla Corte ritenuta incostituzionale giacché basata su un meccanismo lesivo del diritto di difesa, precludendo all'imputato la possibilità di richiedere l'instaurazione di un diverso rito (abbreviato), precedentemente impedito per errore (non dell'imputato, bensì) del pubblico ministero.

All'interno della categoria delle sentenze additive si è poi distinto fra «*additive di garanzia*» e «*additive di prestazione*», a seconda che la «addizione» operata dalla pronuncia costituzionale produca – a favore di determinati soggetti – un diritto di libertà oppure un diritto a contenuto patrimoniale il cui godimento risultava in precedenza incostituzionalmente escluso (ad es. il diritto ad un determinato trattamento pensionistico). Questa tipologia di pronunce manipolative ha posto all'attenzione sia della dottrina che delle forze politiche la problematica connessa al *«costo» delle sentenze della Corte costituzionale* qualora comportino nuovi o maggiori spese a carico dell'erario.

A questo riguardo si è affermato che tali pronunce finirebbero per porsi in contrasto con l'art. 81, comma 3, Cost. (secondo cui ogni legge che importi nuove o maggiori spese deve indicare i mezzi per farvi fronte) in quanto prive di copertura finanziaria (Nigro). A tale obiezione si è replicato che l'art. 81 Cost. è indirizzato al legislatore e che l'imperatività dei precetti costituzionali non consente alla Corte costituzionale di sottrarsi al proprio compito che è quello di giudicare della conformità a Costituzione delle norme di grado primario (non dimenticando inoltre che la Corte costituzionale è comunque priva di strumenti idonei per far fronte al problema delle eventuali conseguenze finanziarie delle proprie decisioni) (Mortati).

Il problema del «costo» e del peso sull'erario delle pronunce costituzionali è però un dato oggettivo che la stessa Corte ha spesso avvertito. E così se, da un lato, la giurisprudenza costituzionale si è rivelata meno propensa a ricorrere a sentenze che introducono nuove o maggiori spese a carico dell'erario (utilizzando piuttosto lo strumento della pronuncia di inammissibilità – o di infondatezza – per rispettare la sfera di discrezionalità del legislatore), dall'altro lato, senza rinunciare alla declaratoria di incostituzionalità, la Corte ha elaborato ulteriori tipologie di dispositivi di accoglimento quali le sentenze «datate» (o di incostituzionalità sopravvenuta) e le «additive di principio».

Le sentenze *di incostituzionalità sopravvenuta* (o «*datate*») sono pronunce di accoglimento caratterizzate dalla espressa indicazione, nel dispositivo, della data dalla quale decorre l'incostituzionalità (sentt. nn. 266 e 501 del 1988; 50 del 1989; 1 e 124 del 1991; 416 del 1992). La giurisprudenza costituzionale sembra orientata a ricostruire il fenomeno della «datazione» attraverso lo schema dell'incostituzionalità sopravvenuta (sent. n. 398 del 1989), secondo il quale una norma di legge, inizialmente conforme a Costituzione, diviene successivamente incostituzionale (e per questo l'incostituzionalità è «sopravvenuta») o per mutamento del parametro costituzionale o per mutamento del quadro normativo di riferimento.

Con la sent. n. 50 del 1989 la Corte ha dichiarato incostituzionale la norma che vietava la pubblicità delle udienze delle Commissioni tributarie «*a decorrere dal giorno successivo alla pubblicazione di questa sentenza nella Gazzetta Ufficiale della Repubblica, ferma restando la validità di tutti gli atti anteriormente compiuti*». Nella motivazione di tale pronuncia la Corte ricostruisce l'illegittimità costituzionale secondo lo schema dell'incostituzionalità sopravvenuta, facendo così salvi gli atti ed i provvedimenti compiuti anteriormente alla dichiarazione di incostituzionalità la quale «*opera esclusivamente per i procedimenti pendenti successivamente alla data prevista dall'art. 136, comma 1, Cost., ferme restando le attività compiute ed i provvedimenti emessi anteriormente a tale data*». Le argomentazioni utilizzate dalla Corte nella sent. n. 50 del 1989 riflettono la «scelta» dell'organo di giustizia costituzionale di limitare solo al futuro (eliminando i c.d. «effetti retroattivi») l'efficacia della dichiarazione di incostituzionalità, dettata (tale scelta) dal «fine pratico» di non provocare «irreparabili danni» all'attività delle Commissioni tributarie.

I dispositivi delle sentt. nn. 501 del 1988, 1 e 124 del 1991 sono caratterizzati invece dalla indicazione nel dispositivo della data a partire dalla quale decorre l'illegittimità costituzionale (o, se si preferisce, data fino alla quale possono retroagire gli effetti della dichiarazione di incostituzionalità).

La dottrina ha mosso numerose osservazioni nei confronti delle sentenze ad effetti retroattivi limitati o nulli, osservazioni che possono essere raggruppate in tre fondamentali obiezioni:

1. violazione delle norme di diritto positivo;
2. alterazione, attraverso l'eliminazione della retroattività, del meccanismo di incidentalità del giudizio costituzionale (con conseguente violazione dei principi costituzionali di eguaglianza e del diritto di agire in giudizio);
3. rischio, per questa via, di entrare in conflitto con i giudici comuni.

Proprio in merito a quest'ultimo problema, va ricordato che con riguardo alla sent. n. 501 del 1988 la Corte dei conti ha disatteso la delimitazione temporale posta dalla Corte costituzionale affermando che spettava alla Corte dei conti il compito di «*precisare gli effetti nel tempo, i contenuti ed i destinatari della disposta integrazione normativa*». Ed indubbiamente è al giudice comune che, avendo il compito di provvedere all'applicazione della legge nei casi concreti, spetta «l'ultima parola» sugli effetti delle sentenze di accoglimento.

Rilevante, se non decisiva, è l'obiezione secondo cui l'eliminazione o la limitazione degli effetti retroattivi delle sentenze di accoglimento si rivela contraria alla logica dell'incidentalità del giudizio di costituzionalità. È infatti contraddittoria l'emanazione di una sentenza di incostituzionalità che, benché di accoglimento, non venga poi ad avere alcun effetto nel giudizio *a quo* (giudizio nel quale la questione è sorta e che è rimasto sospeso in attesa della pronuncia della Corte). Pertanto, anche a voler riconoscere alla Corte una qualche possibilità di limitazione degli effetti retroattivi delle sentenze di accoglimento, tale limitazione non può mai assumere proporzioni tali da spezzare il «legame funzionale», che deve sempre intercorrere, tra la decisione della Corte e la difesa delle posizioni soggettive da cui l'incidente di costituzionalità ha preso avvio e di quelle altre che alle prime sono da assimilare in base al principio di eguaglianza.

Dalla somma delle varie obiezioni si ottiene l'argomento di fondo della dottrina contraria alle sentenze di incostituzionalità c.d. «datate»: la Corte non ha il potere di modulare l'efficacia temporale delle proprie decisioni e, quando agisce in tal senso, non solo si attribuisce un potere che non le spetta, ma rischia anche di produrre aberranti conseguenze. A questa obiezione si è replicato che in realtà la Corte non si è "attribuita" il potere di graduare nel tempo gli effetti delle sue decisioni, ma ha solo ritenuto che tale suo comportamento fosse doveroso, dal momento che tale graduazione discendeva direttamente dalla «convergenza» di elementi attinenti sia al parametro di giudizio che alle norme sindacate.

Negli ultimi anni la giurisprudenza costituzionale è tornata ad adottare sentenze di accoglimento ad effetti temporalmente delimitati.

E così se nella sent. n. 1 del 2014 la Corte ha espressamente dichiarato esauriti gli effetti della normativa elettorale dichiarata incostituzionale (v. *supra*, cap. VI), nella sentenza n. 10 del 2015 la Corte ha dichiarato l'incostituzionalità dell'art. 81, comma 16, 17 e 18, d.l. n. 112 del 2008, conv., con modif., dall'art. 1, comma

1, legge n. 133 del 2008, «*a decorrere dal giorno successivo alla pubblicazione di questa sentenza nella Gazzetta Ufficiale della Repubblica*», ed in motivazione ha spiegato che «*La cessazione degli effetti delle norme dichiarate illegittime dal solo giorno della pubblicazione della presente decisione nella Gazzetta Ufficiale ... risulta ... costituzionalmente necessaria allo scopo di contemperare tutti i principi e i diritti in gioco, in modo da impedire "alterazioni della disponibilità economica a svantaggio di alcuni contribuenti ed a vantaggio di altri [...] garantendo il rispetto dei principi di uguaglianza e di solidarietà, che, per il loro carattere fondante, occupano una posizione privilegiata nel bilanciamento con gli altri valori costituzionali" (sentenza n. 264 del 2012). Essa consente, inoltre, al legislatore di provvedere tempestivamente al fine di rispettare il vincolo costituzionale dell'equilibrio di bilancio, anche in senso dinamico (sentenze n. 40 del 2014, n. 266 del 2013, n. 250 del 2013, n. 213 del 2008, n. 384 del 1991 e n. 1 del 1966), e gli obblighi comunitari e internazionali connessi, ciò anche eventualmente rimediando ai rilevati vizi della disciplina tributaria in esame*».

Le pronunce con cui la Corte costituzionale modula gli effetti nel tempo delle proprie decisioni si presentano sempre caratterizzate da un elevato tasso di problematicità perché questo argomento (determinazione della efficacia nel tempo della dichiarazione di incostituzionalità) è, di per sé, ricco di molteplici aspetti legati alla natura della sentenza di accoglimento (dichiarativa, costitutiva, dispositiva, di accertamento costitutivo, ecc.), al rapporto intercorrente nei diversi ordinamenti fra giudizio di costituzionalità e giudizio a quo e, più in generale, al *quantum* di tutela che la giustizia costituzionale può (o deve) riuscire ad assicurare ai singoli con riguardo alle libertà ed ai diritti costituzionalmente riconosciuti.

In dottrina, con riguardo alla natura della sentenza di accoglimento, si sono registrate numerose posizioni: G. Azzariti (sr.) ritiene la sentenza di accoglimento "puramente dichiarativa" di una preesistente invalidità, mentre Calamandrei, dopo aver evidenziato come l'interrogativo volto a determinare se il sindacato di costituzionalità abbia carattere dichiarativo o costitutivo, possa tradursi nell'altro volto a stabilire se le leggi viziate da incostituzionalità siano nulle o annullabili, sottolineava la contraddizione fra il verbo "dichiara" (posto dall'art. 136 Cost.), che porterebbe a ritenere a natura dichiarativa della sentenza di accoglimento, e la previsione (posta sempre dall'art. 136 Cost.) della perdita di efficacia ex *nunc* della legge dichiarata incostituzionale (che invece conduce a ritenere che al tipo di pronuncia abbia efficacia costitutiva). Pierandrei ritiene la sentenza di accoglimento una pronuncia di "accertamento costitutivo" (*contra* Carnelutti, secondo il quale tali sentenze sono costitutive), mentre (qualche decennio dopo) Zagrebelsky parlerà di «accertamento ad effetti costitutivi» essendo la sentenza di accoglimento «strutturalmente ... una decisione di accertamento», specificando che «Non spetta invece alla Corte disporre alcunché in ordine alle conseguenze della dichiarazione di incostituzionalità. Gli effetti innovativi o costitutivi nell'ordinamento giuridico sono stabiliti una volta per tutte dall'art. 136 Cost. che fa discendere dall'accertamento dell'illegittimità costituzionale della legge la sua perdita di efficacia».

In questo ampio panorama, così denso di delicate e controverse questioni, bisogna ricordare che quello sulla costituzionalità della legge è un giudizio relativo alla validità (o invalidità) dell'atto normativo e pertanto si distingue strutturalmente dal fenomeno della successione delle norme nel tempo che invece è regolato dall'istituto della abrogazione.

L'art. 136 Cost. dispone che la legge dichiarata incostituzionale «*cessa di avere efficacia dal giorno successivo alla pubblicazione della decisione*». Si è già affermato (Politi) che la «cessazione di efficacia» di cui all'art. 136 Cost. comporta l'incapacità della disposizione dichiarata incostituzionale sia di produrre effetti per atti e fatti futuri, ma anche l'incapacità di continuare a disciplinare i rapporti già sorti nel periodo antecedente (ed i rapporti "esauriti" non vengono intaccati dalla dichiarazione di incostituzionalità proprio perché riguardo ad essi la norma ha già cessato – avendoli già prodotti – la produzione dei relativi effetti). In tale prospettiva deve riconoscersi alla sentenza di accoglimento un "effetto innovatore" giacché essa fa cessare l'efficacia di un atto che quindi in precedenza non poteva non esserne dotato. Pertanto appare non condivisibile l'autorevole critica secondo cui la proposta ricostruzione della "cessazione di efficacia" della disposizione legislativa come effetto proprio della dichiarazione di incostituzionalità finirebbe per «non affrontare il problema dogmatico dell'identificazione del tipo di vizio (nullità o annullabilità) che causa l'inefficacia della legge incostituzionale e che spiega il perché della sua non obbligatorietà e le connesse responsabilità in caso di applicazione» (Alessando Pace). Nella prospettata interpretazione dell'art. 136 Cost. (e dunque nella individuazione dell'effetto tipico della sentenza di accoglimento nella "cessazione di efficacia" della legge incostituzionale) viene posto l'accento sulla "efficacia della legge" (quale capacità di questa di produrre in maniera continua i propri effetti) che si trova dunque ad essere distinta dagli effetti via via prodotti dalla legge medesima (i quali costituiscono un quid che si esaurisce una volta prodotto): ciò che permane è la legge (e l'efficacia della stessa, cioè la capacità di continuare a produrre effetti) non gli effetti i quali si producono e rinnovano continuamente. È l'efficacia della legge a perdurare nel tempo non i singoli effetti che si consumano unitamente alla produzione dei medesimi. La sentenza di accoglimento, facendo venir meno la capacità della legge di riprodurre quel determinato effetto, determina l'impossibilità di utilizzare quella disposizione legislativa. È la tendenziale inesauribilità della legge a far sembrare che siano gli effetti a "durare" nel tempo, ma è la disciplina legislativa che, permanendo nel tempo, produce continuamente effetti del cui esaurimento non ci si accorge perché immediatamente rimpiazzati dal successivo effetto completamente identico al precedente. In tale prospettiva appare fuorviante la preoccupazione dogmatica relativa alla ricostruzione del vizio di incostituzionalità nei termini di nullità o di annullabilità. Infatti, da un lato può ricordarsi che lo stesso Crisafulli afferma che l'effetto della dichiarazione di incostituzionalità può essere ritenuto "assimilabile ad un effetto di "*annullamento*" (al quale ultimo è sempre inerente una sorta di retroattività, che si manifesta altresì, per solito, sotto forma di *effetto ripristinatorio* della situazione giuridica preesistente all'atto annullato)", e dunque tende a sottrarsi da tale dicotomia, e, dall'altro lato, che il riconoscimento della nullità della legge incostituzionale determina il venir meno di ogni efficacia della legge incostituzionale (nei confronti anche dei rapporti c.d. esauriti).

"Cessazione di efficacia" vuol dire che la norma dichiarata incostituzionale non è più capace di (e dunque non può più essere utilizzata per) regolare alcun rapporto giuridico, indipendentemente dal momento in cui il rapporto stesso sia sorto. Ma proprio il sostantivo "cessazione" indica anche che, fino al momento di adozione (o di pubblicazione) della sentenza di accoglimento, una "efficacia" vi è stata (tant'è che l'effetto della sentenza di accoglimento è appunto disporre la "cessazione", cioè l'interruzione di una efficacia che dunque fino a quel momento si è prodotta). E del resto è agevole evidenziare come la nostra Costituzione non parli di nullità (né di annullamento) della legge incostituzionale (ed è da aggiungere che le categorie della nullità e della annullabilità erano ben note ai costituenti – o quanto meno agli autorevoli giuristi membri dell'Assemblea costituente – i quali, qualora avessero voluto caratterizzare in tal senso la dichiarazione di incostituzionalità, ben avrebbero utilizzato tali formule), ma ricorre invece alla formula "cessazione di efficacia". Fino alla sentenza della Corte costituzionale, a volte anche per numerosi anni, la disposizione legislativa dichiarata incostituzionale è stata fonte di regolazione di numerosi rapporti. Pertanto deve riconoscersi che quella disposizione legislativa ha avuto efficacia ed infatti l'art. 136 Cost. parla di "cessazione di efficacia", di una efficacia dunque che fino a quel momento si era senz'altro prodotta. Tale espressione ("cessazione di efficacia") significa dunque che non importa il momento in cui il relativo rapporto sia sorto, ma che il giudice, così come ogni altro operatore giuridico nel momento è chiamato a risolvere una determinata questione non possa più applicare la disposizione dichiarata incostituzionale proprio perché questa è oramai priva di alcuna efficacia (cioè di capacità di produrre effetti).

Diversamente opinando, cioè applicando il principio secondo cui la soluzione ai problemi legati alla perdurante vigenza di norme dichiarate incostituzionali debba passare attraverso l'individuazione del momento di insorgenza del relativo rapporto (ad esempio, leggi anteriori alla costituzione o rapporti sorti anteriormente all'entrata in vigore della costituzione, momento antecedente al un determinato evento, ecc.), si giunge a riconoscere la perdurante efficacia della norma dichiarata incostituzionale anche dopo la stessa dichiarazione di incostituzionalità!

È dunque in base a tale schema che bisogna affrontare ed approfondire il tema dell'efficacia temporale della dichiarazione di incostituzionalità nonché la fenomenologia delle pronunce con cui la stessa Corte costituzionale decide di modulare l'efficacia nel tempo della dichiarazione di incostituzionalità. A questo proposito può ricordarsi la primissima contrapposizione registrata subito dopo la promulgazione della Carta costituzionale (e ben prima dell'entrata in funzione della Corte costituzionale), fra Piero Calamandrei e Carlo Esposito ove, all'affermazione di Calamandrei secondo cui la formulazione dell'art. 136 Cost. (laddove prevede la cessazione di efficacia della legge dal giorno successivo alla pubblicazione della sentenza di accoglimento) implicitamente riconoscerebbe la efficacia della legge incostituzionale fino al giorno della pubblicazione della sentenza di accoglimento (sicché la sentenza di accoglimento avrebbe effetti solo *pro futuro*), Carlo Esposito replicava ricordando proprio il carattere della incidentalità del giudizio di costituzionalità (e quanto previsto dalla legge costituzionale n. 1 del 1948) sicché l'efficacia solo *pro futuro* della dichiarazione di incostituzionalità avrebbe fatto sì che proprio il giudizio dal quale era sorta la questione di costituzionalità non avrebbe mai potuto beneficiare degli effetti della sentenza di accoglimento giacché in inevitabilmente antecedente alla sentenza medesima.

La Corte costituzionale, a partire dalla metà degli anni Ottanta del secolo scorso, si è fatta carico della responsabilità di elaborazione di dispositivi di incostituzionalità volti al limitare o a modulare l'efficacia temporale della dichiarazione di incostituzionalità tramite sentenze ad effetti solo *pro futuro* o sentenze ad effetti retroattivi limitati (Corte cost., sentt. nn. 266 e 501 del 1988, 50 del 1989, 1 e 124 del 1991, 416 del 1992). E così ad esempio la sent. n. 50 del 1989 (con cui la Corte ha dichiarato l'incostituzionalità della norma che escludeva la pubblicità delle udienze delle Commissioni tributarie «*a decorrere dal giorno successivo alla pubblicazione di questa sentenza nella Gazzetta Ufficiale della Repubblica, ferma restando la validità di tutti gli atti anteriormente compiuti*») era ad effetti esclusivamente *pro futuro*.

Quell'esperienza (così come quella relativa alla sent. n. 10 del 2015) dimostra che gli effetti della dichiarazione di incostituzionalità sono sempre strettamente legati alle caratteristiche e alla tipologia della norma dichiarata incostituzionale. Proprio con riguardo alla sent. n. 10 del 2015, va evidenziato l'accento che la Corte costituzionale pone sulla tipologia della disposizione dichiarata incostituzionale. Nella sentenza la Corte ricorda che la disposizione legislativa impugnata prevedeva che la tassa ivi prevista non dovesse essere scaricata sull'utente finale. La Corte costituzionale riconosce che non è in grado di controllare (per la struttura stessa della disposizione impugnata) se l'operato delle aziende petrolifere abbia determinato o meno l'effetto di scaricare il costo della tassa sull'utente finale. Pertanto, afferma la Corte, il riconoscimento di un'efficacia retroattiva della dichiarazione di incostituzionalità della disposizione legislativa che prevedeva il tributo in questione determinerebbe l'effetto per cui le imprese che hanno scaricato sull'utente finale il costo del tributo, si troverebbero a beneficiare due volte di un ingiusto vantaggio perché andrebbero ad ottenere il rimborso di un tributo in realtà pagato dall'utente finale. Pertanto l'efficacia retroattiva della dichiarazione di incostituzionalità farebbe beneficiare due volte tali imprese le quali, in prima battuta, non hanno pagato il tributo giacché lo hanno scaricato sul consumatore finale, ed in seconda battuta perché si assegnerebbe allo Stato (e dunque a tutti i contribuenti) l'onere di restituire alle imprese un tributo pagato dai consumatori.

Con l'ordinanza n. 140 del 2019 la Corte costituzionale era stata chiamata a pronunciarsi su questione identica a quella decisa con la sent. n. 10 del 2015 (in cui, come visto, le medesime disposizioni erano già state dichiarate incostituzionali «*a decorrere dal giorno successivo alla pubblicazione di questa sentenza nella Gazzetta Ufficiale della Repubblica*», avvenuta l'11 febbraio 2015). Ed è proprio la dichiarazione di incostituzionalità contenuta nella sent. n. 10 del 2015 a comportare la pronuncia di inammissibilità contenuta nell'ord. n. 140 del 2019, «*non già per carenza dell'oggetto – poiché la norma è stata espunta dall'ordinamento solo pro futuro –, ma perché ormai definitivamente decisa nei termini temporali prima ricordati, necessitati dall'esigenza di garantire la Costituzione "come un tutto unitario" e "contemperare tutti i principi e i diritti in gioco" (sent. n. 10 del 2015)*». Per la Corte, l'efficacia solo *pro futuro* della incostituzionalità dichiarata nella sent. n. 10 del 2015 comporta la perdurante vigenza – anche per il giudizio *a quo* – della disposizione in esame. La Corte addiviene ad una pronuncia di inammissibilità perché la norma è già stata dichiarata incostituzionale pur essendo "ancora" applicabile. E proprio questo è l'aspetto problematico: la Corte riconosce esplicitamente la ultrattività di una norma (già dichiarata) incostituzionale! L'aspetto centrale dell'ord. n. 140 del 2019 era rappresentato dal fatto che la Corte era chiamata a pronunciarsi sulla portata della clausola (effetti solo *pro futuro*) apposta nella sent. n. 10 del 2015 con riguardo ad una questione *sub iudice* da anni (e, più in generale, con riguardo a tutte le questioni "pendenti" riguardo alle quali i giudici di merito avevano dato risposte differenti). La Corte ribadisce quanto affermato nella sent. n. 10 del 2015 ed aggiunge il richiamo alla pronuncia con cui la Cassazione (Cass., sez. VI, sottosez. T, ord. 18 dicembre 2018, n. 32716) ha stabilito che il diritto al rimborso a favore di chi avesse corrisposto l'imposta è riconosciuto «*solo per il periodo successivo al 12 febbraio 2015*». La citazione, da parte dell'ord. n. 140 del 2019, della pronuncia della Cassazione è tutt'altro che marginale giacché il giudice di legittimità, da un lato, afferma l'inesistenza di un potere della Corte costituzionale di differire nel tempo gli effetti della dichiarazione di incostituzionalità, ma, dall'altro lato, prende atto dell'operato della giurisprudenza costituzionale che trova giustificazione nella ricerca di uno strumento necessario ad evitare il prodursi di effetti più incostituzionali di quelli che si vanno a rimuovere. Pertanto la Cassazione condivide l'operato della Corte costituzionale e ritiene ammissibile «*anche nel* ... *sistema italiano di giustizia costituzionale*» una regolazione degli effetti temporali della dichiarazione di incostituzionalità, anche se tale soluzione («*non* ... *inconciliabile con il rispetto del requisito della rilevanza, proprio del giudizio incidentale*») deve essere vagliata «*alla luce del principio di stretta proporzionalità*». La Cassazione riconosce l'auto-assegnazione da parte della Corte costituzionale di un potere (quello di limitazione dell'efficacia retroattiva della dichiarazione di incostituzionalità) non previsto dalla Costituzione ma che trova giustificazione nella necessità di tutelare altri valori costituzionali e da utilizzare "in misura strettamente proporzionale" (e dunque sempre previa congrua motivazione). Ad avviso di chi scrive non può negarsi un impegno nella motivazione della sent. n. 10 del 2015 (non altrettanto può dirsi con riguardo alla ord. n. 140 del 2019) con riguardo sia al profilo dei maggiori costi per le casse pubbliche, sia alla "tenuta del sistema", ma soprattutto con riguardo all'effetto di arricchimento che si sarebbe potuto produrre a vantaggio delle imprese più "astute" che avevano "scaricato" il costo dell'addizionale sull'utente finale. Infatti la disposizione legislativa impugnata prevedeva che la tassa addizionale non dovesse essere scaricata sull'utente finale. La Corte costituzionale riconosce che non è in grado di controllare se l'operato delle aziende petrolifere abbia determinato o meno l'effetto di scaricare il costo della tassa sull'utente finale. Ed infatti nella sent. n. 10 del 2015 si prende atto che il riconoscimento di un'efficacia retroattiva della dichiarazione di incostituzionalità avrebbe determinato un ingiusto vantaggio a favore delle imprese che avevano scaricato sui consumatori il costo del tributo, giacché le stesse avrebbero beneficiato del rimborso di un tributo in realtà pagato da altri. Di fronte a questa constatazione possono ricordarsi le parole di Sergio Panunzio secondo cui nella ricerca di pervenire ad una giustizia assoluta può apparire preferibile accontentarsi di un *quantum* accettabile di giustizia possibile. Da questo punto di vista, sia pure ribadendo la problematicità di una dichiarazione di incostituzionalità solo *pro futuro*, può riconoscersi la sussistenza di una adeguata motivazione della scelta di limitare l'efficacia retroattiva della dichiarazione di incostituzionalità. Al tempo stesso però deve ribadirsi l'eccezionalità di casi del genere, pena il rischio che il richiamo ad indefinite "esigenze di tenuta dell'ordinamento" finisca per diventare un *leit motiv* che giustifica agevolmente l'incostituzionalità *pro futuro* e diventi dunque uno schema argomentativo capace di giustificare limitazioni a diritti costituzionalmente tutelati. La modulazione dell'efficacia temporale della dichiarazione di incostituzionalità è operazione sempre problematica, sicché ogni pronuncia della Corte costituzionale (ma anche dei giudici comuni) volta a limitare la "retroattività" della dichiarazione di incostituzionalità va sottoposta ad uno stretto scrutinio non potendo quello della incostituzionalità sopravvenuta diventare un comodo schema da applicare con disinvoltura. Al tempo stesso appare opportuno interrogarsi sulle ragioni profonde (formali e sostanziali) che conducono il giudice (innanzitutto costituzionale, ma anche comune) ad optare per percorsi argomentativi che conducono ad una limitazione della efficacia della dichiarazione di incostituzionalità. Deve riconoscersi che ci si trova di fronte ad un quadro molto complesso, che non si esaurisce in questioni di processo costituzionale, ma che concerne il diritto costituzionale sostanziale essendo in discussione la tutela dei diritti costituzionali. Ed allora vanno ribaditi con forza almeno i seguenti principi: a) la necessità di adeguate motivazioni che consentano di conoscere le scelte valutative e di merito compiute dalla Corte costituzionale, affinché le stesse possano essere oggetto di aperto dibattito; b) l'affermazione che lo schema dell'incostituzionalità sopravvenuta non può diventare una sorta di *passe-partout* che possa giustificare qualunque operazione di limitazione dell'efficacia della dichiarazione di incostituzionalità; c) l'attenzione al profilo della tutela dei diritti (ed in particolare dei diritti dei soggetti "deboli").

A questo proposito deve ribadirsi che ogni pronuncia della Corte costituzionale (ma anche dei giudici comuni) volta a limitare la c.d. "retroattività" della dichiarazione di incostituzionalità va sottoposta ad uno stretto scrutinio giacché lo schema della incostituzionalità sopravvenuta (*rectius*, della modulazione temporale della efficacia della dichiarazione di incostituzionalità) non può diventare un comodo schema da applicare con disinvoltura. Al tempo stesso appare opportuno non adottare un atteggiamento di aprioristica chiusura verso tale fenomenologia di pronunce costituzionali, ma invece interrogarsi sulle ragioni profonde (formali e sostanziali) che conducono il giudice (innanzitutto costituzionale, ma anche comune) ad optare per percorsi argomentativi che conducono ad una limitazione della efficacia della dichiarazione di incostituzionalità.

E così anche con riguardo alla sent. n. 1 del 2014 (in cui la Corte costituzionale espressamente individua l'esaurimento del rapporto e l'efficacia solo *pro futuro* della dichiarazione di incostituzionalità) la Corte impegna parte della motivazione per dimostrare che l'operatività (l'efficacia) delle disposizioni legislative dichiarate incostituzionali si è esaurita nel momento di applicazione delle stesse (momento elettorale) sicché la dichiarazione di incostituzionalità produrrà effetti solo con riguardo al prossimo svolgimento delle elezioni politiche (fenomeno della individuazione, da parte della stessa Corte costituzionale, dell'esaurimento del rapporto).

I diversi orientamenti (dottrinali e giurisprudenziali) in tema di efficacia temporale delle sentenze di accoglimento si affermano fin dalla prima sentenza della Corte costituzionale ed alla base degli stessi si ritrovano le contrapposizioni (o le tensioni dialettiche) che periodicamente tornano e rinnovarsi fra differenti modalità di approccio al tema in questione. E sarà la Cassazione che a partire dalla seconda metà degli anni Cinquanta (e poi nei decenni successivi) lentamente tende ad orientarsi e poi si consolida nel noto indirizzo basato sulla inapplicabilità ulteriore della disposizione dichiarata incostituzionale con l'unico limite dei rapporti esauriti (e dunque con la conseguente distinzione fra rapporti pendenti e rapporti esauriti e con l'individuazione dei rapporti esauriti e così via). Ed infatti si deve alla giurisprudenza della Cassazione l'elaborazione della distinzione fra rapporti pendenti e rapporti esauriti e la determinazione della nozione di "rapporto esaurito" (oltre alle riflessioni sulla individuazione del momento di "esaurimento" del rapporto), così com'è stata la Cassazione ad affrontare le problematiche (e a dare le proprie risposte) relative agli effetti conseguenti alla dichiarazione di incostituzionalità di norme relative a termini di prescrizione oppure a disposizione meramente abrogatrici e così via.

Ed il primo momento di tensione fra Corte costituzionale e Cassazione si avrà in seguito all'orientamento adottato dalla Cassazione penale (a partire dalla metà degli anni Sessanta) relativo alla efficacia nel tempo della dichiarazione di incostituzionalità della disposizione legislativa che regolava l'istruttoria sommaria nel processo pretorile (Cass., sez. un. pen., 24 gennaio 1966, Tarantini, ma v. già Cass. pen., sez. un., 27 ottobre 1962, ove si afferma il principio della "non influenza", sulle sentenze già adottate dai giudici di merito, della declaratoria di incostituzionalità della norma concernente il potere del Procuratore della Repubblica di rimessione al pretore dei giudizi di competenza del tribunale) e sulla questione si è poi avuta anche una pronuncia della Corte costituzionale relativa proprio alla conformità dell'art. 30 legge n. 87 del 1953 all'art. 136 Cost. (Corte cost., sent. n. 127 del 1966; ed infine sent. n. 49 del 1970).

Sostanziale accordo vi è invece in dottrina sulla *teoria dell'incostituzionalità sopravvenuta*, che ricorre quando il contrasto della norma di legge con il precetto costituzionale sorga solo successivamente all'entrata in vigore della norma stessa. In tali casi gli effetti della declaratoria di illegittimità retroagiscono fino al momento nel quale è «sopravvenuta» l'incostituzionalità giacché se si estendessero anche al periodo precedente, andrebbero a colpire una norma allora legittima. La categoria dell'incostituzionalità sopravvenuta è stata generalmente condivisa in dottrina proprio perché tramite essa la Corte non si arroga nessun potere di modulazione degli effetti temporali delle proprie decisioni, ma si limita solo ad indicare (oltre all'*an*) il *quando* del contrasto fra norma di legge ordinaria e precetto costituzionale. Ma il riferimento al concetto di invalidità sopravvenuta non deve consentire alcuna discrezionalità al giudice delle leggi nell'individuazione del *dies* in cui sopravviene l'incostituzionalità giacché fondata su un sicuro ed indiscutibile riferimento temporale, rinvenibile nell'ordinamento positivo, al quale agganciare la decorrenza della dichiarazione di incostituzionalità (Elia).

Con la ***sentenza additiva di principio*** la Corte costituzionale dichiara l'incostituzionalità di una legge *"nella parte in cui non prevede l'operatività di un principio avente fondamento costituzionale"*. In questi casi la Corte individua il principio cui il legislatore dovrà attenersi nella nuova disciplina della materia e che nell'immediato deve essere utile al giudice per la soluzione del caso concreto sottoposto al suo giudizio.

Esempio di additiva di principio è la sent. n. 497 del 1988 con cui è stata dichiarata l'illegittimità costituzionale della norma che stabilisce nella misura fissa di £. 800 al giorno non suscettibile di adeguamento, l'indennità ordinaria di disoccupazione, «*per la parte in cui non prevede un meccanismo di adeguamento del valore monetario ivi indicato*». Nella pronuncia la Corte precisa che «*spetta al legislatore l'adeguamento dell'importo dell'indennità*»; altro esempio è rappresentato dalla sent. n. 243 del 1993, che ha dichiarato incostituzionali le disposizioni che escludevano il computo dell'indennità integrativa speciale nel calcolo dell'indennità di buonuscita dei dipendenti statali, nella parte in cui non prevedono, per i trattamenti di fine rapporto ivi considerati, «*meccanismi legislativi di computo dell'indennità integrativa speciale secondo i principi ed i tempi indicati in motivazione*».

Gli elementi peculiari della sentenza additiva "di principio" (v. ad es. sentt. n. 497 del 1988 e n. 295 del 1991) sono:

a) la dichiarazione di incostituzionalità della norma impugnata;

b) l'appello al legislatore affinché colmi la lacuna prodotta;

c) il riconoscimento che comunque spetta ai giudici l'individuazione della regola concreta per definire i giudizi, attuando il "principio costituzionale di diritto" individuato dalla Corte e da questa posto a base della dichiarazione dell'incostituzionalità.

Nella sent. n. 295 del 1991, in occasione della quale la Corte «rispondeva» ad un giudice che chiedeva appunto come dovesse comportarsi in attesa dell'intervento del legislatore, i giudici di Palazzo della Consulta sottolineano che «*la dichiarazione dell'illegittimità costituzionale di una omissione legislativa come è quella ravvisata nell'ipotesi di mancata previsione, da parte della norma di legge regolatrice di un diritto costituzionalmente garantito, di un meccanismo idoneo ad assicurare l'effettività di questo mentre lascia al legislatore, riconoscendone l'innegabile competenza, di introdurre e di disciplinare anche retroattivamente tale meccanismo in via di normazione astratta, somministra essa stessa un principio cui il giudice comune è abilitato a fare riferimento per porre frattanto rimedio all'omissione in via di individuazione della regola del caso concreto*». L'individuazione del «principio» (operata dalla Corte) viene così a coniugarsi con il rispetto della discrezionalità del legislatore e con l'attribuzione ai giudici del compito di determinare la regola concreta che assicuri la «effettività dei diritti costituzionali». L'assegnazione all'autorità giudiziaria del compito di attuazione del contenuto della additiva di principio però può comportare anche il rischio di un difetto di certezza e di uguaglianza nel seguito giudiziario (Zagrebelsky). E così emerge un aspetto importante legato alle additive di principio rappresentato proprio dal «seguito» di tali sentenze sia sul versante dei rapporti con i giudici comuni, sia su quello del successivo intervento legislativo.

Le additive di principio sono sentenze di accoglimento che fanno cessare l'efficacia della norma ritenuta incostituzionale e che forniscono contemporaneamente al giudice comune un «principio» cui questi possa far riferimento per individuare la norma da applicare al caso concreto. Questo esito, se apprezzabile per il rispetto manifestato nei confronti della libertà ermeneutica del giudice, determina però una «indeterminatezza» in merito agli esiti concreti del giudizio di costituzionalità.

La *fenomenologia delle sentenze manipolative* ha fatto sorgere diverse critiche nei confronti della Corte, accusata di *invasione della sfera del potere legislativo*, giacché in tal modo essa si attribuirebbe una potestà normativa che non le spetta.

A tale critica si è replicato con differenti argomentazioni.

E così si è affermato che la norma introdotta dalla pronuncia manipolativa non sarebbe frutto di una scelta discrezionale della Corte ma sarebbe il risultato di una «legislazione a rime obbligate» nel senso che la Corte «non crea, essa, liberamente ... la norma, ma si limita ad individuare quella – già implicita nel sistema, e magari addirittura ricavabile dalle stesse disposizioni costituzionali di cui ha fatto applicazione – mediante la quale riempire immediatamente la lacuna che altrimenti resterebbe aperta nella disciplina della materia» (Crisafulli). A questa argomentazione si è obiettato che se la norma è già implicita nel sistema spetta al giudice comune individuarla, per cui la Corte, con le sentenze additive, o introduce una norma in precedenza assente (ed invade così la competenza del legislatore) o fissa una norma già nel sistema (invadendo così la competenza del giudice comune) (Zagrebelsky). E l'additiva di principio sembra dare risposta al «dilemma» posto da Zagrebelsky.

Preferibile appare però la tesi (Mortati) che colloca il fenomeno delle pronunce manipolative all'interno del più ampio fenomeno della inesauribile creatività ermeneutica degli organi giudiziari. Nel caso della Corte costituzionale il fenomeno assume aspetti più rilevanti in ragione dell'oggetto (atto legislativo) del giudizio di costituzionalità. Tale riconoscimento impone naturalmente alla Corte una massima attenzione (*self-restraint*) nell'uso delle pronunce manipolative le quali però sono «entrate» nel sistema e spesso sono richieste proprio dal giudice *a quo*.

La giurisprudenza costituzionale è attenta a non esorbitare dai propri poteri evitando di emanare sentenze additive dettanti una disciplina in positivo in sostituzione del legislatore o comportanti scelte discrezionali. Ad esempio v. ord. n. 132 del 1988, secondo cui «*Una decisione additiva è consentita soltanto quando la soluzione adeguatrice non debba essere frutto di una valutazione discrezionale, ma consegua necessariamente al giudizio di legittimità sì che la Corte in realtà procede ad un'estensione logicamente necessitata e spesso implicita nella potenzialità interpretativa del contesto normativo in cui è inserita la disposizione impugnata. Quando invece si profili una pluralità di soluzioni, derivanti da varie possibili valutazioni, l'intervento della Corte non è ammissibile spettando la relativa scelta unicamente al legislatore*». La giurisprudenza costituzionale è costante nel pronunciare l'inammissibilità di questioni tendenti ad ottenere una decisione «additiva» quando l'addizione (prospettandosi una pluralità di soluzioni correttive) non venga dalla Corte ritenuta «costituzionalmente obbligata». Questo orientamento è pienamente rispondente alla c.d. dottrina delle «rime obbligate» (Crisafulli). Va però aggiunto che talvolta la Corte, per non invadere la sfera delle valutazioni riservate al legislatore, ha sacrificato l'altra indiscutibile esigenza dell'eliminazione della legge incostituzionale (v. *infra*).

La giurisprudenza costituzionale ha sempre escluso l'ammissibilità di *sentenze additive in materia penale*, dal momento che un'eventuale pronuncia di siffatto contenuto violerebbe il fondamentale ed inderogabile principio costituzionale (art. 25, comma 2, Cost.) di legalità dei reati e delle pene. E così sono dichiarate inammissibili tutte le questioni l'accoglimento delle quali determinerebbe, oltre che l'individuazione di nuovi reati e di nuove pene, anche solo un deterioramento, latamente inteso, delle condizioni del soggetto interessato. E la questione relativa alla sottoponibilità al giudizio di costituzionalità della legge penale di privilegio favorevole ha avuto un proprio riflesso anche all'interno del dibattito in materia di rilevanza, sostenendosi la «istituzionale irrilevanza» di tutte le questioni attinenti a categorie di norme la cui dichiarazione di incostituzionalità non determina comunque effetti sulla decisione del giudice *a quo*.

Al riguardo la Corte ha affermato che il requisito della rilevanza ricorre comunque ogniqualvolta il giudice penale si trovi a far applicazione di norme penali di favore, giacché dalla pronuncia costituzionale derivano sempre effetti «sistematici» nell'ordinamento, che spetta non alla Corte, ma ai giudici comuni (e, tra questi, anche al giudice *a quo*) trarre, anche perché non è possibile escludere *a priori* effetti anche nel processo *a quo*.

A titolo di esempio può citarsi la sent. n. 5 del 1994. In tale occasione il giudice *a quo* aveva sollevato questione di costituzionalità (in riferimento all'art. 3 Cost.) degli artt. 289 e 294 c.p.p., in quanto tali articoli, escludendo che il gip possa procedere all'interrogatorio dell'indagato nei cui confronti sia stata emessa la misura interdittiva della sospensione dall'esercizio di un pubblico ufficio o servizio, darebbero vita ad una ingiustificata disparità di trattamento tra l'indagato sottoposto a custodia cautelare o agli arresti domiciliari (che deve essere interrogato dal gip, rispettivamente non oltre 5 o 15 giorni dall'inizio dell'esecuzione della misura, e che riacquista la libertà nel caso di omissione dell'interrogatorio entro tale termine) e l'indagato sottoposto a misura interdittiva (per il quale l'interrogatorio del giudice non è previsto e che viene pertanto privato di uno strumento di difesa suscettibile di indurre il giudice ad una diversa valutazione e, conseguentemente, alla eventuale revoca della disposta misura). Al riguardo la Corte ha innanzitutto escluso una sostanziale identità tra la posizione della persona sottoposta a custodia cautelare e quella della persona assoggettata ad una misura interdittiva (identità presupposta invece dal giudice *a quo* che lamentava appunto l'esistenza di una arbitraria disparità di trattamento tra il destinatario della misura interdittiva e il soggetto in stato di custodia cautelare o sottoposto agli arresti domiciliari). La Corte riconosce però che la lamentata violazione del canone di eguaglianza è, dal giudice remittente, sostanzialmente collegata al profilo della adeguatezza ed effettività degli strumenti di difesa riconosciuti ai soggetti sottoposti alla misura interdittiva della sospensione dalla pubblica funzione. Pertanto l'ordinanza di rimessione (pur non facendo diretto riferimento all'art. 24 Cost.) fonderebbe le proprie argomentazioni sulla diversa configurazione assunta dal diritto di difesa (nella misura interdittiva della sospensione dall'esercizio di un pubblico ufficio rispetto a quelle coercitive della custodia cautelare e degli arresti domiciliari), ponendo dunque in dubbio la razionalità e la rispondenza della disciplina impugnata rispetto alle esigenze di una efficace difesa dell'indagato. Sotto questo profilo la Corte riconosce che nessuno strumento processuale consente alla persona sottoposta a misura interdittiva un contatto diretto con l'organo giurisdizionale che ha disposto la misura. Pertanto la Corte segnala «*l'esigenza di procedere ad un adeguamento delle garanzie processuali riconosciute in questo settore alla difesa, così da assicurare ai soggetti sottoposti a tali misure (anche sotto il profilo del diritto ad essere ascoltati senza dilazioni dal giudice che ha adottato la misura) un livello di tutela, se non identico quanto meno equiparabile a quello riservato alle persone sottoposte alla custodia cautelare e agli arresti domiciliari*». Al tempo stesso la Corte sottolinea come la realizzazione di tale esigenza non possa essere attuata mediante una sentenza additiva «*dal momento che l'adeguamento degli attuali strumenti di difesa comporta una scelta tra una pluralità di soluzioni possibili, che vengono ad investire i modi, le condizioni, i termini e gli effetti dello strumento da adottare ... Una scelta di questo tipo* – conclude la Corte – *attiene necessariamente alla sfera della politica legislativa, né può spettare altro che al legislatore, nell'esercizio della sua discrezionalità*».

L'esempio appena richiamato mostra un'ulteriore tipologia di pronunce costituzionali (c.d. *sentenza-monito*), nella quale la Corte, pur non giungendo ad adottare un dispositivo di accoglimento, in motivazione riconosce la non piena conformità ai principi costituzionali della norma impugnata ma, per una pluralità di ragioni (rispetto della discrezionalità del legislatore, richiesta di additiva in materia penale, temuti effetti dirompenti della dichiarazione di incostituzionalità, ecc.), opta per un dispositivo di rigetto (o di inammissibilità) esortando (anche in maniera pressante) il legislatore ad intervenire per «riordinare», in senso conforme a Costituzione, la materia. Purtroppo l'esperienza delle «*sentenze-monito*» non è confortante, giacché il legislatore non brilla per celerità nell'adempiere ai moniti provenienti dalla giurisprudenza costituzionale, destinati spesso a rimanere inascoltati. Con ulteriore effetto che spesso la Corte viene a trovarsi «ingabbiata» dalla scelta fatta in precedenza, perché, una volta riconosciuto che l'eliminazione della norma (pur incostituzionale) potrebbe determinare effetti dirompenti per l'intero ordinamento, nelle successive occasioni di giudizio la Corte, di fronte all'inerzia del legislatore, finisce spesso solo per ribadire quanto già affermato in precedenza (c.d. *sentenza di incostituzionalità accertata ma non dichiarata*, Pinardi).

Le sentenze costituzionali che introducono nuove o maggiori spese a carico del bilancio pubblico (c.d. «*additive di prestazione*») si sono poste all'attenzione della dottrina anche in ragione dell'attualità del tema legato alla sostenibilità del debito pubblico. L'interesse per tale aspetto è stato infatti accresciuto, oltre che dall'adozione, agli inizi degli anni novanta, da parte della Corte, di decisioni rilevanti sul piano dei «costi», dall'attualità all'interno del dibattito politico del problema del deficit pubblico, delle misure adottabili per ridurlo e, più in generale, del tema relativo alla allocazione delle risorse disponibili. E così, anche da questo angolo prospettico si è tornati a riflettere sulla possibilità di individuazione di limiti al potere «creativo» dell'organo di giustizia costituzionale che in realtà rappresenta l'ennesima riproposizione della *quaestio* relativa ai limiti del potere interpretativo degli organi giudiziari.

Secondo alcuni sarebbe da escludere la possibilità stessa, per la Corte costituzionale, di emettere sentenze che importino aggravi per la finanza pubblica, giacché l'inviolabilità dei limiti di spesa, in quanto principio generale dell'ordinamento, sarebbe vincolante anche nei confronti della Corte. L'ampliamento del numero dei beneficiari di un certo diritto patrimoniale, non accompagnato da un adeguamento del relativo stanziamento, renderebbe infatti incostituzionale la legge quale modificata dall'intervento giurisprudenziale. La «via maestra» sarebbe dunque quella di escludere la possibilità di emanare sentenze additive quando queste incidano sull'equilibrio finanziario (Nigro, Caianiello). Questa ricostruzione dottrinale non tiene conto del «notevole livello di effettività» ed incisività goduto dalle sentenze, anche «di spesa», della Corte con la «sostanziale implicita acquiescenza» del Governo e del Parlamento (Modugno). Di tale «effettività» sembrano invece maggiormente consapevoli quanti sostengono sia preferibile distinguere, fra le additive di prestazione, quelle discendenti direttamente dai precetti costituzionali (rappresentandone l'unico modo di attuazione) da quelle che invece (in tema di realizzazione del principio di eguaglianza) scelgono «uno» dei differenti modi idonei a ripristinare l'effettività del principio stesso. Secondo tale opinione vi sarebbero dunque spese alle quali lo Stato è comunque tenuto a provvedere (in quanto derivanti direttamente dalla Costituzione), mentre le sentenze additive emanate in attuazione del principio di eguaglianza, costituendo non la dichiarazione di un diritto riconosciuto direttamente dalla Costituzione, bensì l'espressione di una «parificazione» operata dalla Corte quale «supplente» del legislatore, non possono sottrarsi all'ambito di applicazione dell'art. 81 Cost. Pertanto il riconoscimento dell'esistenza di una diretta tutela, costituzionalmente garantita, di «interessi pretensivi dei cittadini di immediata realizzabilità» giustifica le decisioni del giudice costituzionale volte a garantire il rispetto della Costituzione. Viceversa, quando l'operato della Corte è fondato sul mancato rispetto del principio di eguaglianza, la violazione della norma costituzionale non sarebbe eliminabile in «un solo modo» e, pertanto, l'adozione dell'una o dell'altra soluzione sarebbe «non necessitata». In tali casi le eventuali maggiori spese non avrebbero la propria fonte nella Costituzione, dal momento che il principio costituzionale di eguaglianza sarebbe rispettato «tanto eguagliando al livello della spesa pubblica maggiore» (determinando quindi nuove o maggiori spese), «tanto eguagliando al livello della spesa pubblica minore» (determinando invece un «risparmio pubblico») (Sorace-Torricelli).

Le opinioni dottrinali che sostengono l'inammissibilità in generale di sentenze normative della Corte e, nello specifico, di «sentenze di spesa» per violazione dell'art. 81 Cost., dimenticano la fondamentale differenza esistente fra un atto legislativo ed un atto giurisdizionale, giacché «*produrre diritto mediante sen-*

tenze è comunque cosa assai diversa che produrlo mediante legge» (Elia). Inoltre le sentenze additive hanno lo scopo di rimediare ad una carenza, ritenuta costituzionalmente illegittima, di disciplina. Quindi, la Corte individua un «vuoto» che la pronuncia costituzionale è destinata a «colmare». Le sentenze additive sono caratterizzate dalla presenza di un solo profilo (che è) ricostruttivo, mentre è totalmente assente (benché la sentenza sia di incostituzionalità) il profilo ablatorio. Nelle additive infatti è assente l'annullamento «caducatorio» di una norma in positivo (che non c'è) e ricorre invece solo l'annullamento di una norma implicita di esclusione («rispetto a situazioni ritenute affini dal giudice *a quo*») della disciplina impugnata. Individuata la reale struttura delle sentenze additive appaiono chiare le ragioni che conducono a ritenere non accettabile la distinzione fra sentenze additive discendenti direttamente dai principi costituzionali e sentenze additive che estendono un beneficio invocando il principio di eguaglianza ai sensi dell'art. 3 Cost. La possibilità per la Corte di «scegliere» come ristabilire, nel caso singolo, il rispetto del principio di eguaglianza (cioè tramite la parificazione «verso l'alto» o piuttosto «verso il basso») è in realtà «puramente astratta» (Elia), giacché per i giudici costituzionali l'estensione si presenta come l'unica via capace di restaurare la piena osservanza del principio di legittimità costituzionale. Ed infatti la giurisprudenza costituzionale ritiene inammissibili le questioni, in cui la relativa scelta appartiene alla discrezionalità del potere legislativo.

Al riguardo v. ord. n. 65 del 1989 («*Alla Corte costituzionale è consentito emettere sentenze additive solo quando la decisione adeguatrice non debba essere frutto di una valutazione discrezionale, ma consegua necessariamente al giudizio di costituzionalità, sicché la Corte medesima debba procedere ad un'estensione logicamente necessitata*»); ord. n. 185 del 1989 («*Se la dedotta questione investe scelte discrezionali del legislatore va dichiarata inammissibile in quanto la sua risoluzione postula una scelta fra più soluzioni possibili, senza che ne sia ravvisabile una costituzionalmente obbligatoria*»); e così anche sent. n. 125 del 1988 («*Una decisione additiva è consentita soltanto quando la soluzione adeguatrice non debba essere frutto di una valutazione discrezionale, ma consegua necessariamente al giudizio di legittimità, sì che la Corte in realtà procede ad un'estensione logicamente necessitata e spesso implicita nella potenzialità interpretativa del contesto normativo in cui è inserita la disposizione impugnata. Quando invece si profili una pluralità di soluzioni, derivanti da varie possibili valutazioni, l'intervento della Corte non è ammissibile, spettando la relativa scelta unicamente al legislatore*»).

8. Il giudizio sui conflitti di attribuzione tra Stato e Regioni e tra Regioni

Il conflitto di attribuzioni tra Stato e Regioni e tra Regioni (c.d. *conflitto intersoggettivo*) è lo strumento a disposizione, vicendevolmente, dello Stato e delle Regioni per risolvere controversie insorte fra gli stessi e relative alla invasione o menomazione delle reciproche sfere di competenza assegnate dalla Costituzione (escluso quanto di competenza del giudizio di costituzionalità in via principale).

Questa competenza della Corte, quale «naturale complemento» del giudizio in via principale (Cerri), ricorre nelle controversie non inerenti una competenza (statale o regionale) di tipo legislativo, giacché in quest'ultimo caso la competenza della Corte costituzionale da attivare è rappresentata dal giudizio di costituzionalità mediante il giudizio in via principale.

I soggetti legittimati a rivolgersi alla Corte costituzionale sono, per lo Stato, il Presidente del Consiglio dei ministri (previa deliberazione del Consiglio dei ministri) e, per la Regione, il presidente della giunta (previa deliberazione della giunta).

Il conflitto di attribuzione prende l'avvio con un ricorso (dello Stato o della Regione) che deve essere notificato alla controparte (Presidente del Consiglio dei Ministri o della Giunta regionale) entro sessanta giorni dalla notificazione o pubblicazione o conoscenza dell'atto impugnato. Entro venti giorni dall'avvenuta notificazione il ricorso deve essere depositato nella cancelleria della Corte costituzionale.

Col ricorso può essere richiesta, quando sussistano «gravi ragioni», la sospensione degli effetti dell'atto impugnato.

Il ricorrente (Stato o Regione) deve dimostrare di aver subìto una lesione *attuale* (non solo potenziale) e *concreta* (non solo teorica) della propria competenza (*interesse a ricorrere*). Nel caso in cui l'interesse al ricorso venga meno (es., per revoca o annullamento dell'atto), la Corte dichiara «cessata materia del contendere».

Gli atti (dello Stato o della Regione) suscettibili di far sorgere un conflitto di attribuzione non sono solo quelli del governo o della giunta regionale, ma anche quelli che, pur non imputabili soggettivamente ad essi, siano ascrivibili all'ordinamento statale o a quello regionale (e quindi anche atti di enti istituiti dallo Stato o dalla Regione che esercitino funzioni statali o regionali).

Riguardo all'individuazione dell'«atto» (dello Stato o della Regione) invasivo della sfera di competenza costituzionalmente assegnata, si ritiene preferibile un approccio «in negativo», volto a ritenere giustiziabile in sede di conflitto qualunque tipo di atto (o di far valere una qualunque tipologia di competenza) purché non riferibile alla funzione legislativa (nel qual caso lo strumento da utilizzare è quello del giudizio di costituzionalità in via principale). Pertanto, una volta esclusa la possibilità di impugnare in tale sede gli atti legislativi (dello Stato o della Regione), essendo per essi previsto lo strumento del giudizio di costituzionalità, la Corte costituzionale ha riconosciuto a qualunque altro atto la relativa idoneità, purché capace di arrecare una lesione concreta e attuale ad una competenza costituzionalmente assegnata. L'atto di qualsiasi *organo* dello Stato o della Regione può provocare il conflitto. Idonei a provocare il conflitto possono essere atti sia *amministrativi* (anche di natura normativa, cioè regolamentare) che *giurisdizionali*. Pertanto sono idonei a determinare il conflitto i provvedimenti amministrativi, i regolamenti, gli atti amministrativi generali, gli atti di controllo, le pronunce giurisdizionali, l'atto di promulgazione di una legge regionale, ecc., purché produttivi di effetti lesivi di una competenza costituzionalmente garantita.

Oggetto del conflitto sono infatti «attribuzioni» costituzionali ritenute concretamente lese da un atto altrui. Il conflitto deve dunque esplicarsi «a livello costituzionale». E la Corte, che inizialmente aveva previsto la necessità di un atto per l'insorgenza del conflitto, ha successivamente ampliato le possibilità di utilizzo del ricorso ritenendolo ammissibile in tutti i casi in cui l'atto impugnato è idoneo a turbare le competenze del soggetto ricorrente. Ed anche un'omissione (quali, ad es., atti di diniego o di rigetto) può essere idonea a far sollevare un conflitto.

Il parametro del conflitto deve essere rappresentato da norme di livello costituzionale, anche se la Corte ha riconosciuto che tale parametro può essere integrato da norme di legge integrative e attuative di norme di grado costituzionale (e la Corte ha ritenuto che il parametro possa essere costituito anche da direttive comunitarie).

Inoltre la Corte ha ritenuto difendibili mediante il conflitto, oltre alle competenze strettamente "proprie" della Regione, anche quelle delegate con delega devolutiva o integrativa delle competenze costituzionalmente assegnate.

Le *attribuzioni* oggetto di controversia devono avere fondamento costituzionale, le quali però, oltre che esplicita previsione in Costituzione o in fonti di grado costituzionale, possono trovare ulteriore definizione anche in fonti di grado primario che, in attuazione della Costituzione, trasferiscono funzioni o comunque integrano le previsioni costituzionali.

Come detto, la giurisprudenza costituzionale inizialmente ha ricostruito il conflitto quale *vindicatio potestatis* (cioè quale rivendicazione di un proprio potere incostituzionalmente invaso dall'atto dell'altro soggetto), e pertanto era configurabile il solo vizio di invasione della sfera della altrui competenza. Successivamente la Corte ha ritenuto ammissibile il conflitto anche nei casi in cui il ricorrente lamenti una lesione di una propria competenza conseguente ad un illegittimo esercizio di una competenza appartenente all'ente nei confronti si ricorre (c.d. potere «altrui»). In questo caso «*la figura dei conflitti di attribuzione non si restringe alla sola ipotesi di contestazione circa l'appartenenza del medesimo potere, che ciascuno dei soggetti contendenti rivendichi per sé, ma si estende a comprendere ogni ipotesi in cui all'illegittimo esercizio del potere altrui consegua la menomazione di una sfera di attribuzioni costituzionalmente assegnate all'altro soggetto*» (sent. n. 110 del 1970).

La menomazione della *competenza* del soggetto ricorrente (Stato o Regione) può derivare sia dall'*invasione* della sfera di attribuzioni, sia dalla *menomazione* o *interferenza* delle attribuzioni del ricorrente conseguente all'illegittimo esercizio di un potere appartenente al soggetto nei cui confronti si ricorre. In questo caso il ricorrente non «rivendica» tale potere (che appartiene all'altro soggetto), ma lamenta una ***lesione di una propria competenza costituzionale conseguente all'illegittimo esercizio dell'altrui potere***.

La proponibilità del conflitto è legata al duplice requisito della titolarità delle competenze lese in capo al soggetto ricorrente (c.d. *legittimazione al ricorso*) e della effettiva lesione della competenza medesima (c.d. *interesse a ricorrere*). Tale interesse deve essere sussistente non solo al momento della proposizione del ricorso ma anche durante tutto il giudizio. Infatti, qualora l'interesse al ricorso venga meno, la Corte costituzionale dichiara «cessata la materia del contendere».

Nel giudizio la Corte non ha ritenuto ammissibile la presenza di soggetti diversi rispetto allo Stato e alla Regione.

A questo proposito è stato evidenziato che nei casi in cui la Regione impugna un atto giurisdizionale (che la Regione ritiene lesivo di proprie competenze legislative o amministrative) il conflitto viene a configurarsi piuttosto come un conflitto fra poteri (ed a questo proposito è stata sostenuta l'opportunità di rendere ammissibile in questi casi l'intervento in giudizio dell'organo statale che ha adottato l'atto impugnato). Proprio con riguardo al conflitto sorto nei confronti di atto giurisdizionale, la Corte ha nettamente escluso l'utilizzabilità di tale competenza come una sorta di ulteriore grado di giudizio.

Con la sentenza che decide sul conflitto, la Corte costituzionale dichiara a chi spetti la competenza contestata ed eventualmente annulla l'atto impugnato. La sentenza contiene dunque una statuizione sulla competenza ed una ulteriore statuizione (eventuale) di annullamento dell'atto impugnato (statuizione eventuale giacché presente solo nei casi in cui la Corte accoglie il ricorso e conseguenzialmente annulla l'atto impugnato dall'ente ricorrente). La statuizione sulla competenza ha efficacia *inter partes*, cioè vincola solo i soggetti che hanno partecipato al giudizio, mentre l'annullamento dell'atto ha efficacia *erga omnes*.

A titolo di esempio, può ricordarsi la sent. n. 259 del 2019, in cui la Corte costituzionale era chiamata a pronunciarsi sul ricorso avanzato dalla Regione Emilia-Romagna nei confronti del provvedimento con cui la Commissione disciplinare dell'Ordine dei medici di Bologna aveva radiato dall'Ordine dei medici (con sanzione disciplinare) l'assessore regionale alle politiche per la salute della Regione Emilia-Romagna per avere lo stesso proposto e contribuito ad approvare la delibera della Giunta regionale che ha previsto la non necessarietà del medico nel servizio di soccorso di autoambulanza. La Regione lamentava la lesione della propria autonomia amministrativa ("costituzionalmente garantita") menomata dal provvedimento adottato dall'Ordine dei medici nei confronti dell'assessore regionale alla salute, per aver questi proposto e votato una delibera di Giunta non condivisa dall'Ordine. Per la Regione, l'ordine dei medici (e dunque lo Stato) non ha il potere di sottoporre a giudizio disciplinare e censurare l'attività di indirizzo politico-amministrativo in materia di organizzazione sanitaria dell'assessore, membro della Giunta regionale. L'Ordine dei medici, dal suo canto, negava di aver leso attribuzioni regionali, sia per la perdurante vigenza della delibera regionale in questione, sia perché il "medico-assessore" era stato sanzionato solo in quanto "medico" e la sanzione disciplinare della radiazione incide esclusivamente sulla sfera individuale dell'interessato, con conseguente carenza di interesse a ricorrere della Regione e dunque carenza del "tono costituzionale" del conflitto. Da un lato, dunque, la Regione contestava la violazione della propria autonomia amministrativa e, dall'altro lato, l'Ordine dei medici replicava l'assenza di lesioni all'autonomia regionale in ragione del fatto che il provvedimento di radiazione operava solo nei confronti del medico (ed in quanto medico) poiché autore di violazioni del codice deontologico.

La Corte costituzionale, nella sent. n. 259 del 2019, ha seguito questo iter argomentativo: 1) individuazione dell'ordine dei medici quale "ente pubblico ad appartenenza necessaria" (chiamato a tutelare rilevanti interessi pubblici) e, per tale ragione, da ricomprendere fra le articolazioni dello Stato "in senso ordinamentale"; 2) riconoscimento della legittimità del potere disciplinare degli ordini professionali, ma anche delimitazione dello stesso con riguardo alle attività svolte nell'esercizio della professione o comunque connesse al "decoro della professione"; 3) illegittimità del provvedimento di radiazione avente a fondamento l'adozione di una delibera della Giunta regionale in quanto comportamento posto in essere dall'assessore nell'esercizio di funzioni pubbliche con conseguenziale lesione delle competenze regionali per adozione di atto in carenza di potere.

La Corte riconosce che fra le "funzioni di interesse pubblico" assegnate agli ordini delle professioni sanitarie (d.lgs. C.p.S. n. 233 del 1946, come modificato dall'art. 4 della legge n. 3 del 2018) vi è anche quella di vigilare «*sugli iscritti agli albi, ... irrogando sanzioni disciplinari*». E la Corte precisa che tale potere disciplinare «*serve ad assicurare il rispetto delle regole deontologiche che governano il corretto esercizio della professione*». Il potere sanzionatorio dell'ordine professionale va dunque collocato «*entro confini ben precisi*», giacché altrimenti «*potrebbe irragionevolmente invadere la sfera dei diritti dei singoli destinatari delle sanzioni*». Pertanto il legittimo esercizio del potere disciplinare richiede che lo stesso si esplichi con riguardo agli obblighi posti a carico degli iscritti «*dalla normativa nazionale e regionale vigente e dalle disposizioni contenute nei contratti e nelle convenzioni nazionali di lavoro*» (art. 1, comma 3, lett. l, cit.).

Per la Corte costituzionale «è sottratto al potere disciplinare dell'ordine il comportamento del medico riconducibile all'ambito dell'esercizio di mansioni o funzioni pubbliche e non riferibile ad attività svolte nell'interesse personale del professionista» (o comunque "all'attività professionale in genere"). Pertanto «*risulta evidente che, nel caso in esame, l'ordine dei medici ha agito in carenza di potere, poiché ha sottoposto a procedimento disciplinare e sanzionato un proprio iscritto per atti compiuti da quest'ultimo non nell'esercizio della professione di medico, ma nell'esercizio di una funzione pubblica, in qualità di assessore regionale. Tali atti, ascrivibili a un* munus *pubblico, non rientrano fra quelli sottoposti al potere sanzionatorio dell'ordine*». Per la Corte non vi è, nel caso di specie, un "cattivo utilizzo" del potere disciplinare, bensì una completa carenza di tale potere, giacché gli «*atti compiuti nell'esercizio di una funzione pubblica*» sono esclusi dal novero degli atti sottoponibili al potere sanzionatorio dell'ordine professionale. Conseguenzialmente, per la Corte, l'Ordine dei medici ha interferito illegittimamente con l'esercizio delle prerogative dell'assessore (tra le quali rientra la facoltà di proporre e di concorrere a formare e deliberare gli atti dell'organo collegiale di appartenenza) ed ha interferito con le attribuzioni costituzionali della Regione in materia di organizzazione sanitaria con conseguente menomazione delle stesse.

9. Il giudizio sui conflitti di attribuzione fra poteri dello Stato

Il giudizio sui conflitti di attribuzione fra poteri dello Stato (c.d. *conflitto interorganico*) consiste in una controversia in cui la Corte costituzionale è chiamata a giudicare sulla esistenza di una lesione di una competenza (o «attribuzione») costituzionale di un (organo di un) potere statale arrecata da un (organo di un) altro potere statale. In questa specifica competenza della Corte costituzionale «il rapporto fra momento storico-politico e dimensione giuridica della vita delle istituzioni raggiunge il punto di più elevata tensione» (Cerri). In questi casi infatti la Corte si trova a giudicare su contrasti «di vertice», oggetto, di frequente, di soluzioni frutto di prassi e di convenzioni costituzionali, ma in cui, nel caso del giudizio, devono essere giudicati secondo una «dimensione giuridica» che (come si è affermato più volte) non è affatto una «dimensione di certezza», essendo invece rimessa alle insopprimibili valutazioni dell'interprete.

Il primo problema da affrontare in proposito è quello relativo all'individuazione dei *soggetti competenti ad essere parti del conflitto* di attribuzione fra poteri dello Stato (e cioè competenti a sollevare conflitto e a resistere davanti alla Corte).

Secondo Crisafulli tali soggetti debbono essere «articolazioni dell'organizzazione autoritaria centralizzata che costituisce lo Stato-persona (o Stato-governo), alle quali viene in tal modo riconosciuta una soggettività parziale, almeno limitatamente al potere di proporre conflitto e di resistervi nel giudizio innanzi alla Corte». Parzialmente diversa l'impostazione di Zagrebelsky, secondo cui il conflitto si configura quale «controversia relativa alla delimitazione degli ambiti funzionali garantiti dalla Costituzione ai diversi "complessi organizzativi", titolari di funzioni omogenee, che costituiscono la forma di governo statale».

L'art. 37, comma 1, legge n. 87 del 1953 dispone che il conflitto deve sorgere fra «*organi competenti a dichiarare definitivamente la volontà dei poteri cui appartengono*» e «*per la determinazione della sfera di attribuzioni determinata per i vari poteri da norme costituzionali*».

Questa disposizione legislativa specifica che il conflitto:

a) deve sorgere fra organi;

a1) appartenenti a poteri diversi e

a2) competenti a dichiarare in via definitiva la volontà del potere cui appartengono;

b) è volto a individuare l'ambito di competenza (costituzionalmente fissato) dei vari poteri interessati.

Ed infatti la Corte costituzionale, al termine del giudizio, deve dichiarare quale sia il «*potere al quale spettano le attribuzioni in contestazione*».

L'approccio volto ad individuare all'interno dei tre tradizionali poteri (legislativo, esecutivo e giudiziario) gli organi di vertice degli stessi, si è subito rivelato inadeguato non solo perché nel nostro ordinamento il principio della separazione dei poteri «ha un valore solo tendenziale», ma soprattutto perché tale principio non riesce a rappresentare l'ampio panorama delle molteplici manifestazioni del supremo potere statale, le quali sono infatti suscettibili di configurarsi (da un punto di vista sia oggettivo che soggettivo) come altrettanti distinti «poteri» (Crisafulli). La Costituzione repubblicana non disegna un modello (per così dire) «geometrico» suddiviso secondo la classica tripartizione del principio della divisione dei poteri, ma pone un «quadro articolato di pesi e contrappesi» nel quale le varie funzioni statali non sono assegnate direttamente al corrispondente «potere» (come potrebbe avvenire seguendo l'ideale schema del principio della separazione dei poteri basato su una diretta corrispondenza fra poteri e funzioni). Nel nostro ordinamento infatti, accanto a poteri organizzati gerarchicamente (es. pubblica amministrazione), ne esistono altri che si esauriscono in un solo organo (*poteri-organo*: Presidente della Repubblica, Corte costituzionale), così come è possibile che organi, pur non essendo «di vertice», siano comunque idonei a far sorgere un conflitto di attribuzioni in quanto capaci di dichiarare definitivamente la volontà del potere cui appartengono (c.d. *organi-potere*) la cui concreta individuazione non può avvenire che «caso per caso», facendo riferimento alla struttura di ciascun potere e ai rapporti intercorrenti tra i diversi organi che lo compongono (Crisafulli).

Il numero degli organi competenti a dichiarare definitivamente la volontà del rispettivo potere è dunque ben più ampio di quello degli organi comunemente detti «supremi», in quanto strutturalmente collocati al vertice di un potere, essendo invece necessario individuare caso per caso, in ragione di quanto disposto dalle norme costituzionali e dall'ordinamento di ciascun potere, se uno specifico organo sia da considerare competente a dichiarare definitivamente la volontà del potere cui appartiene.

E così nell'ambito del potere giurisdizionale (ritenuto dalla Corte costituzionale potere «diffuso»), l'assenza di gerarchie in ragione della indipendenza di ciascun giudice (artt. 101 e 107 Cost.) conduce a ritenere ogni giudice capace di essere parte di conflitti di attribuzione fra poteri dello Stato.

Con la sent. n. 231 del 1975 la Corte costituzionale si è pronunciata in merito ad un conflitto sorto fra tribunale penale e commissione parlamentare di inchiesta antimafia, ritenendo entrambi tali soggetti capaci di essere parti di un conflitto fra poteri, giacché gli atti del tribunale hanno la capacità, ove non impugnati, di impegnare l'intero potere giudiziario e riconoscendo alla commissione parlamentare la funzione di tramite «necessario ed infungibile» di una competenza costituzionalmente assegnata alle Camere dalla Costituzione, e dunque impegnativa per l'intero potere. A partire da tale pronuncia si è affermata definitivamente la capacità di ogni giudice (nell'esercizio di una effettiva *potestas decidendi*) di essere soggetto del conflitto.

Tale capacità è stata poi riconosciuta alla Corte dei conti in sede di controllo (in ragione della competenza esclusiva riconosciutale direttamente dalla Costituzione), al pubblico ministero (nell'esercizio «infungibile» dei poteri di iniziativa in campo penale), al Presidente del Consiglio dei ministri (nell'esercizio di competenze specificamente attribuitegli dalla Costituzione o da norma strettamente attuativa), al ministro della giustizia per le competenze di livello costituzionale e ad ogni singolo ministro per il suo *ius ad officium*, al governo, a ciascuna Camera e al Parlamento, al Presidente della Repubblica e al Consiglio superiore della magistratura.

Con la sent. n. 69 del 1978, la Corte costituzionale ha riconosciuto ammissibile un conflitto di attribuzioni sollevato dal comitato promotore di un referendum abrogativo, inteso quale rappresentante degli elettori firmatari della richiesta di referendum. Secondo la Corte è dunque possibile che *«figure soggettive esterne rispetto allo Stato-apparato»* abbiano la titolarità di funzioni pubbliche *«concorrenti con quelle attribuite a poteri ed organi statali in senso stretto»*. Con tale pronuncia la Corte costituzionale ha dunque riconosciuto ad organi dello Stato-comunità (quali i promotori del referendum) la legittimazione a prendere parte al conflitto fra poteri.

Il soggetto ricorrente deve lamentare una violazione concreta ed attuale di una propria competenza di livello costituzionale, violazione compiuta da altro organo di diverso potere nell'esercizio di competenze di pari livello. È infatti necessario che il comportamento dell'organo contro cui si ricorre sia anch'esso espressione di un potere di livello costituzionale (c.d. *«tono costituzionale» del conflitto*).

Il giudizio della Corte avviene dunque secondo un parametro di grado costituzionale, che può essere integrato da norme di consuetudine costituzionale o da norme di legge attuative di disposizioni costituzionali.

La lesione della competenza fatta valere in giudizio può discendere dall'adozione di un atto (da parte del soggetto resistente nel conflitto), ma anche da un esercizio illegittimo di un proprio potere da cui scaturisce la lamentata invasione. Il giudizio non ha dunque necessariamente carattere impugnatorio, ma è necessaria che sia contestata una «attribuzione» (Cerri) o una «competenza».

Il conflitto può dunque consistere nella «rivendicazione» di un proprio potere illegittimamente utilizzato (o invaso) da un organo appartenente ad altro potere (*vindicatio potestatis*) o anche nella contestazione delle modalità di esercizio di un potere «altrui» (cioè spettante al soggetto contro cui si ricorre) da cui consegua una lesione all'esercizio di una competenza propria. Il conflitto può riguardare sia l'esistenza o la titolarità del potere che i modi di esercizio dello stesso. Nel primo caso il ricorrente rivendica un potere ritenuto proprio ed «usurpato» da un organo appartenente ad un altro potere statale; mentre nel secondo caso il ricorrente contesta il *modo* in cui un soggetto ha esercitato le rispettive attribuzioni giacché dall'illegittimo esercizio dei rispettivi poteri discende una lesione alle attribuzioni spettanti al ricorrente. Il conflitto dunque può sorgere non solo da un atto, ma anche da un semplice comportamento o da una omissione. Questo ampliamento delle possibilità di utilizzo dello strumento del conflitto incide sulla natura dello stesso, tant'è che sarebbe preferibile «recuperare il senso originario e più generico della parola "attribuzione", che include non solo competenze, ma anche "diritti e doveri" di carattere costituzionale» (Cerri).

Il soggetto che solleva conflitto di attribuzione deve far valere un «interesse» concreto ed attuale, leso o negato o comunque contestato dall'altro potere. Il requisito della *«attualità» della lesione* spiega perché non sia previsto alcun termine di decadenza per la proponibilità del ricorso.

Il *procedimento*, a carattere contenzioso, si apre con la presentazione alla Corte, da parte del soggetto che ritiene lesa una propria competenza, di un ricorso (che deve contenere l'esposizione sommaria delle ragioni del conflitto e l'indicazione delle norme costituzionali che regolano la materia) che è valutato dalla Corte, in camera di consiglio, al fine di stabilire in sede preliminare, l'ammissibilità del conflitto con riguardo alla sussistenza dei requisiti soggettivi ed oggettivi del conflitto.

È questa una fase che caratterizza il procedimento del conflitto fra poteri.

Si tratta di una valutazione sommaria che non esclude successive e più approfondite valutazioni sui medesimi aspetti. Questo *preventivo giudizio di ammissibilità* del conflitto, che si svolge in camera di consiglio, senza contraddittorio, si conclude con un'ordinanza con cui la Corte, qualora ritenga la sussistenza di un conflitto, dichiara ammissibile il ricorso e dispone la notifica agli organi interessati del ricorso e dell'ordinanza (viceversa la Corte dichiara inammissibile il conflitto).

Fin dalle primissime ordinanze adottate in tale sede, la Corte costituzionale ha sottolineato il carattere di «mera delibazione» di tale pronuncia. La Corte decide con *ordinanza* se il conflitto ha i presupposti soggettivi (cioè che si tratti di «poteri dello Stato») e oggettivi (che siano in discussione «attribuzioni costituzionali»). Si tratta di una semplice «delibazione», cioè di un giudizio sommario sulla sussistenza dei presupposti oggettivi e soggettivi relativi alla non manifesta inammissibilità del conflitto. Infatti può ben accadere che la Corte in seguito, entrando nel merito del giudizio, individui ragioni di inammissibilità non rilevate in questa prima fase. L'ordinanza della Corte può dichiarare l'inammissibilità del conflitto, oppure l'ammissibilità dello stesso: in questo secondo caso la Corte individua anche gli organi controinteressati nei confronti dei quali dispone che venga notificato il ricorso entro un determinato termine.

Compiute le notifiche indicate dalla stessa Corte nell'ordinanza di ammissibilità del conflitto, il ricorso deve essere depositato, entro 20 gg. dall'ultima notifica, nella cancelleria della Corte (entro il medesimo termine debbono costituirsi anche gli organi controinteressati). Tali termini sono previsti a pena di decadenza.

Durante il giudizio, se il ricorrente rinuncia al ricorso, e se la rinuncia è accettata dalle altre parti, la Corte dichiara «estinto il processo». Se le parti pongono in essere comportamenti o atti che lascino intendere il superamento del conflitto, la Corte può chiudere il giudizio dichiarando «cessata la materia del contendere».

La Corte costituzionale risolve il conflitto dichiarando con sentenza il potere cui spetta l'attribuzione in contestazione e, qualora sia stato emanato un atto viziato da incompetenza, lo annulla.

La decisione della Corte contiene *l'«accertamento» del potere cui spetti la contestata «attribuzione» o «competenza»* e può contenere anche un'eventuale statuizione di annullamento dell'atto impugnato. Le pronunce sui conflitti hanno effetto solo riguardo alle parti e al caso deciso, salvo che per l'eventuale annullamento di un atto, annullamento che invece vale *erga omnes*.

Con la sent. n. 289 del 1998 la Corte costituzionale ha giudicato sul conflitto di attribuzione fra poteri dello Stato promosso dal Tribunale di Bergamo nei confronti della delibera adottata dalla Camera dei deputati relativa all'insindacabilità (ai sensi dell'art. 68, comma 1, Cost.) delle opinioni espresse da un deputato ed oggetto di un giudizio civile. La Corte era «*chiamata a decidere se la Camera dei deputati ... abbia fatto un uso non corretto del potere ad essa spettante di decidere in ordine alla sussistenza dei presupposti di applicabilità dell'art. 68, comma 1, Cost., sotto il profilo del necessario collegamento delle opinioni espresse dal deputato con le funzioni parlamentari e, conseguentemente, se debba esser annullata la deliberazione di insindacabilità adottata*» dalla Camera medesima. Questa aveva approvato la proposta della Giunta per le autorizzazioni a procedere che concludeva per l'insindacabilità delle opinioni espresse dal parlamentare giacché le affermazioni del deputato «*traggono spunto dalla sua posizione di parlamentare e di leader locale*» del proprio partito apparendo evidente «*il collegamento tra gli apprezzamenti critici rivolti tanto nei confronti del Presidente della Repubblica quanto nei confronti della magistratura bergamasca e l'attività parlamentare svolta dal deputato*». La Corte costituzionale, riguardo al *profilo oggettivo del conflitto*, ritiene ammissibile la contestazione della menomazione della sfera di attribuzioni in conseguenza di un esercizio illegittimo del potere spettante alla Camera di dichiarare l'insindacabilità delle opinioni espresse dal parlamentare.

La Corte costituzionale era chiamata a verificare se vi fosse stato un corretto esercizio del potere della Camera di dichiarare l'insindacabilità del comportamento del parlamentare sotto i profili della sussistenza e della non arbitraria valutazione dei presupposti ai quali il comma 1 dell'art. 68 Cost. condiziona la prerogativa di insindacabilità, giacché quest'ultima non si estende a tutti i comportamenti del parlamentare, ma solo a quelli funzionali all'esercizio delle proprie attribuzioni. La Corte costituzionale ritiene che nella vicenda «non è dato ravvisare – alla luce della delibere di insindacabilità e della relazione della Giunta in essa richiamata, nonché dalle deduzioni svolte dalla difesa della Camera – un collegamento tra le espressioni contestate come diffamatorie al deputato e la sua attività parlamentare». L'esame compiuto dalla Corte costituzionale ha dunque ad oggetto la relazione della Giunta e la delibera di insindacabilità e, secondo la Corte, la palese mancanza di un nesso funzionale tra i comportamenti per il quali il deputato è chiamato a rispondere davanti al tribunale e l'esercizio – anteriore o successivo a tali comportamenti – della funzione parlamentare, rende la deliberazione di insindacabilità adottata dalla Camera dei deputati, nella parte in cui si riferisce al procedimento civile pendente davanti al tribunale ricorrente, lesiva delle attribuzioni di quest'ultimo. Tale delibera viene pertanto annullata dalla Corte costituzionale.

10. Il giudizio di ammissibilità del referendum abrogativo

L'art. 2, legge cost. n. 1 del 1953 ha attribuito alla Corte costituzionale il compito di giudicare sulla ammissibilità delle proposte di referendum abrogativo presentate ai sensi dell'art. 75 Cost.

Circa il procedimento referendario fino alla pronuncia dell'Ufficio centrale per il referendum, si rinvia al paragrafo dedicato al referendum nel capitolo sulle fonti (*supra*, cap. V, par. 12).

Il ***giudizio di ammissibilità del referendum abrogativo*** si apre con l'ordinanza dell'Ufficio centrale per il referendum (che deve essere emanata non oltre il 15 dicembre) che dichiara legittima l'iniziativa referendaria. Il Presidente della Corte costituzionale fissa (non oltre il successivo 20 gennaio) il giorno della riunione (in camera di consiglio) della Corte, la quale decide sull'ammissibilità con sentenza da pubblicarsi entro il 10 febbraio successivo. I (delegati dei) Consigli regionali, il comitato promotore e il Presidente del Consiglio possono presentare memorie e prendere parte alla discussione orale in camera di consiglio. La Corte esclude la possibilità di costituzione di ulteriori soggetti.

Nel dispositivo della sentenza la Corte si limita a dichiarare «*ammissibile*» o «*inammissibile*» la richiesta di referendum.

L'art. 75 Cost. elenca le *leggi* (tributarie e di bilancio, di autorizzazione alla ratifica dei trattati internazionali, di amnistia e di indulto) *non sottoponibili a referendum*.

La giurisprudenza costituzionale ha dato un'interpretazione estensiva di tale elencazione, ma prima ancora ha ritenuto che i limiti di ammissibilità del referendum abrogativo vadano tratti dall'intero impianto costituzionale. E se l'art. 75 Cost. pone limiti espliciti all'ammissibilità del referendum abrogativo, la Corte costituzionale ha affermato l'esistenza anche di limiti «impliciti» (anch'essi con fondamento costituzionale). E così la Corte ha precisato che non sono sottoponibili a referendum abrogativo: le disposizioni della Costituzione, le leggi costituzionali, le leggi a contenuto costituzionalmente vincolato e quelle costituzionalmente necessarie, nonché le leggi rinforzate e le leggi che contengono discipline di attuazione delle leggi non sottoponibili a referendum.

Inoltre, in ragione dei vincoli discendenti dal principio democratico, la Corte costituzionale ha individuato la necessità che il ***quesito referendario*** soddisfi i requisiti della «*chiarezza*» (come requisito di comprensibilità del quesito), della «*univocità*» (nel senso che l'esito referendario deve essere univoco, non potendo condurre a conclusioni ambigue o incerte) e della «*omogeneità*» (questo requisito attiene alla possibilità che il quesito abbia ad oggetto più disposizioni legislative purché tra loro omogenee).

Il giudizio di ammissibilità del referendum verte dunque, da un lato, sulla tipologia di legge oggetto del quesito referendario e, dall'altro lato, sulla struttura del quesito referendario.

L'ampia gamma di strumenti argomentativi registrati nella giurisprudenza costituzionale in tema di ammissibilità del referendum abrogativo rende non sempre prevedibili gli esiti del giudizio della Corte (esemplare la vicenda relativa alla ammissibilità delle leggi elettorali, v. *supra*, cap. VI, par. 3), con l'effetto di un coinvolgimento della Corte costituzionale nell'agone politico.

11. Il giudizio sui reati del Presidente della Repubblica

Secondo l'originaria formulazione dell'art. 134 Cost., la Corte costituzionale era competente a giudicare sulle accuse promosse contro il Presidente della Repubblica e i ministri. La legge cost. n. 1 del 1989 ha modificato tale articolo restringendo la competenza della Corte costituzionale a giudicare soltanto il Presidente della Repubblica, per i reati di cui all'art. 90 Cost. (alto tradimento e attentato alla Costituzione) in seguito alla messa in stato di accusa da parte del Parlamento in seduta comune.

Prima della riforma costituzionale del 1989 la Corte costituzionale in una sola occasione si è trovata a dover giudicare su reati ministeriali (corruzione nell'acquisto di aerei per le forze armate) (c.d. *caso Lockheed*). In tale occasione vennero al pettine rilevanti nodi teorici e pratici. Come rilevato da Cerri, il «sovradimensionamento» dell'istituto è divenuto palese in occasione del processo Lockheed, giacché si è rivelato dannoso l'effetto di rallentare (se non paralizzare) il lavoro ordinario della Corte, impegnandola in un procedimento che in definitiva riguardava un comune reato di corruzione, per il solo fatto che di questo reato erano imputati anche ministri. Ed il "sovradimensionamento" è dato già dalla necessità della convocazione del Parlamento in seduta comune e dell'atto di accusa parlamentare per vicende che non differiscono dai comuni reati contro l'amministrazione, nonché dei costi (anche temporali) di formazione della Corte costituzionale in composizione «integrata» e dei rilevanti problemi che questa procedura determina in relazione alle normali garanzie processuali (garanzie costituzionali o contenute in accordi internazionali dalla impugnabilità delle sentenze a specifici problemi concernenti la «giustiziabilità» delle misure coercitive sulla persona e sulle cose disposte nella fase parlamentare).

Proprio l'esperienza del *"processo Lockheed"* ha portato all'approvazione della legge cost. n. 1 del 1989 che (modificando i relativi articoli della Costituzione ed istituendo per i c.d. «reati ministeriali» un procedimento speciale nell'ambito della giurisdizione ordinaria) ha lasciato alla Corte costituzionale la competenza a giudicare sui soli reati presidenziali.

Il Presidente della Repubblica non è responsabile degli atti compiuti nell'esercizio delle proprie funzioni eccetto che per i reati di *alto tradimento* e di *attentato alla Costituzione*. Tali formule sono state interpretate in senso restrittivo, giacché non qualsiasi violazione della Costituzione può integrare le ipotesi criminose in questione, ma solo quei fatti anticostituzionali caratterizzati dal *dolo specifico* e volti a sovvertire l'ordine costituzionale.

Il primo problema che si pone al riguardo è quello relativo alla individuazione dei comportamenti capaci di concretizzare tali reati. Alla tesi che li ritiene indefinibili *a priori* per la loro ineliminabile valenza politico-istituzionale, si contrappone un orientamento che ritiene comunque necessario un ancoraggio legislativo per la determinazione degli stessi. E così si è fatto riferimento all'art. 283 c.p. (che punisce il delitto di attentato alla Costituzione come tentativo di «mutare la Costituzione dello Stato o la forma di governo con mezzi non consentiti dall'ordinamento costituzionale dello Stato») e all'art. 77 c.p. militare di pace (che qualifica come alto tradimento, se commessi da un militare, l'attentato alla Costituzione, alla integrità territoriale dello Stato, l'attentato e le offese al Presidente della Repubblica, e non pochi reati comuni). Ma il collegamento con i citati codici è stato criticato sia perché i reati di cui all'art. 90 Cost. sono reati «propri» del Presidente della Repubblica (per la cui determinazione non è corretto richiamare disposizioni legislative che fanno riferimento a reati «comuni», cioè che possono essere compiuti dalla generalità delle persone), sia perché le previsioni contenute in tali norme non esauriscono di certo le ipotesi in cui il normale funzionamento delle istituzioni può essere alterato (anche solo temporaneamente) o comunque messo in pericolo. Conseguenzialmente si sostiene la necessarietà di un'apposita disciplina legislativa.

La dottrina prevalente ritiene che la determinazione dei reati presidenziali vada operata mediante l'interpretazione di tutte le disposizioni della Costituzione: e così l'alto tradimento è qualsiasi violazione dolosa del dovere di fedeltà alla Repubblica, mentre l'attentato alla Costituzione riguarda qualsiasi atto intenzionalmente volto a mutare, alterare o impedire il funzionamento del sistema costituzionale.

Il Presidente della Repubblica è messo in stato d'accusa dal Parlamento in seduta comune. La deliberazione del Parlamento in seduta comune è preceduta da una attività di indagine svolta da un Comitato, costituito dai membri delle Giunte per le immunità del Senato e della Camera, che dispone di un termine di cinque mesi (prorogabile una sola volta di tre mesi) per acquisire e valutare il materiale probatorio relativo alla *notitia criminis*. Al termine dell'attività di indagine il Comitato può: a) ritenere palesemente infondata l'accusa e procedere all'archiviazione; b) presentare una relazione sulla messa in stato di accusa; c) dichiarare la propria incompetenza nel caso in cui il reato non rientri tra quelli previsti dall'art. 90 Cost. Sulle conclusioni presentate dal Comitato, il Parlamento in seduta comune procede alla votazione: il procedimento ha fine se nessuno presenta ordini del giorno favorevoli all'accusa; in caso contrario la messa in stato d'accusa deve essere approvata a *maggioranza assoluta* dei membri con l'indicazione degli addebiti e delle prove su cui si fonda l'accusa. In attesa del giudizio il Presidente della Repubblica può essere sospeso dalla carica, in via cautelare, con *ordinanza* della Corte costituzionale.

La competenza del Parlamento si estende nei confronti di tutti coloro che abbiano preso parte al fatto criminoso (c.d. imputati laici).

Deliberata la messa in stato di accusa, il Presidente della Repubblica è giudicato dalla Corte costituzionale in composizione integrata con ulteriori 16 membri (giudici «aggregati») estratti a sorte da un elenco di 45 cittadini aventi i requisiti per l'eleggibilità a senatore che il Parlamento in seduta comune compila ogni nove anni. L'elenco è costituito da 45 persone aventi i requisiti per l'eleggibilità a senatore ed è formato ogni nove anni, mediante elezione da parte del Parlamento in seduta comune, secondo le modalità stabilite per l'elezione dei giudici ordinari della Corte costituzionale. Con le stesse modalità il Parlamento provvede ad elezioni suppletive qualora l'elenco si riduca a meno di 36 persone. I «giudici aggregati» godono dello stesso status dei membri «ordinari» della Corte.

Deliberato l'atto di accusa, il Presidente della Corte costituzionale (o un giudice da lui delegato) raccoglie le fonti di prova prima di iniziare il dibattimento (nel quale si applicano le norme in vigore del codice di procedura penale). Il giudizio si conclude con sentenza non soggetta ad impugnazione. La pena non può essere superiore a quella massima stabilita dalle leggi vigenti. Possono inoltre essere irrogati ulteriori sanzioni amministrative e civili (per ulteriori considerazioni v. *supra*, capp. VI e VII).

Nota bibliografica

AA.VV., *La Corte costituzionale tra norma giuridica e realtà sociale*, a cura di N. Occhiocupo, Bologna, 1978; AA.VV., *Corte costituzionale e sviluppo della forma di governo in Italia*, a cura di P. Barile, E. Cheli e S. Grassi, Bologna, 1982; AA.VV., *Strumenti e tecniche di giudizio della Corte costituzionale*, Milano, 1988; AA.VV., *Effetti temporali delle sentenze della Corte costituzionale anche con riferimento alle esperienze straniere*, Milano, 1989; AA.VV., *Giudice a quo e promovimento del processo costituzionale*, Milano, 1990; AA.VV., *Le sentenze della Corte costituzionale e l'art. 81, ultimo comma, della Costituzione*, Milano, 1993; V. ANGIOLINI, *La manifesta infondatezza nei giudizi di costituzionalità*, Padova, 1988; R. BIN, *Diritti e argomenti*, Milano, 1992; ID., *L'ultima fortezza*, Milano, 1996; B. CARAVITA, *Corte giudice* a quo *e introduzione del giudizio sulle leggi*, Padova, 1985; A. CARIOLA, *Referendum abrogativo e giudizio costituzionale*, Milano, 1994; P. CARNEVALE, *Il referendum abrogativo e i limiti alla sua ammissibilità nella giurisprudenza costituzionale*, Padova, 1992; A. CERRI, *Sindacato di costituzionalità: I) Ord. it.*, in *Enc. giur. Treccani*, vol. XXVIII, Roma, 1992; ID., *Ragionevolezza delle leggi*, in *Enc. giur. Treccani*, Roma, 1994; ID., *Corso di giustizia costituzionale*, Milano, 1999; F. CERRONE, *Obiettivazione della questione di costituzionalità, rilevanza puntuale e rilevanza diffusa in un recente orientamento della giurisprudenza costituzionale*, in *Giur. cost.*, 1983, I, 2419 ss.; A.A. CERVATI, *Tipi di sentenze e tipi di motivazioni nel giudizio incidentale di costituzionalità delle leggi*, in *Strumenti e tecniche di giudizio della Corte costituzionale*, Milano, 1988; E. CHELI, *Il giudice delle leggi*, Bologna, 1996; V. CRISAFULLI, *Lezioni di diritto costituzionale*, II, 2, *La Corte costituzionale*, Padova, 1984; M. D'Amico, *Parti e processo nella giustizia costituzionale*, Torino, 1991; L. Elia, *Le sentenze additive e la più recente giurisprudenza della Corte costituzionale (ottobre 1981-luglio 1985)*, in *Scritti in onore di V. Crisafulli*, vol. I, Padova, 1985; C. Esposito, *La Costituzione italiana. Saggi*, Padova, 1954; C. Lavagna, *Problemi di giustizia costituzionale sotto il profilo della "manifesta infondatezza"*, Milano, 1957; M. Luciani, *Le decisioni processuali e la logica del giudizio costituzionale incidentale*, Padova, 1984; C. Mezzanotte, *Il giudizio sulle leggi*, Milano, 1979; Id., *Corte costituzionale e legittimazione politica*, Roma, 1984; F. Modugno, *L'invalidità della legge*, voll. I e II, Milano, 1970; Id., *Corte costituzionale e potere legislativo*, in *Corte costituzionale e sviluppo della forma di governo in Italia*, Bologna, 1982; C. Mortati, *Appunti per uno studio sui rimedi giurisdizionali contro i comportamenti omissivi del legislatore*, in *Foro it.*, 1971; V. Onida, *Pubblica amministrazione e costituzionalità delle leggi*, Milano, 1967; A. Pace, *Corte costituzionale e «altri» giudici tra «garantismo» e «sensibilità politica»*, in *Scritti in onore di V. Crisafulli*, vol. I, Padova, 1985; S. Panunzio, *I regolamenti della Corte costituzionale*, Milano, 1970; Id., *Incostituzionalità sopravvenuta, incostituzionalità progressiva ed effetti temporali delle sentenze della Corte costituzionale*, in *Le sentenze della Corte costituzionale e l'art. 81, ultimo comma, della Costituzione*, Milano, 1993; F. Pierandrei, *Corte costituzionale*, in *Enc. dir.*, vol. X, Milano, 1962; R. Pinardi, *La Corte, i giudici e il legislatore*, Padova, 1993; A. Pisaneschi, *I conflitti di attribuzione tra i poteri dello Stato. Presupposti e processo*, Milano, 1992; A. Pizzorusso, *Artt. 136-137 Cost.*, in *Garanzie costituzionali*, in *Comm. Cost.*, a cura di G. Branca, Bologna-Roma, 1981; F. Politi, *Gli effetti nel tempo delle sentenze di accoglimento della Corte costituzionale. Contributo ad una teoria dell'invalidità costituzionale della legge*, Padova, 1997; A.M. Sandulli, *Il giudizio sulle leggi*, Milano, 1967; M. Siclari, *Le norme interposte nel giudizio di costituzionalità*, Padova, 1992; G. Zagrebelsky, *La Corte costituzionale e il legislatore, in Corte costituzionale e sviluppo della forma di governo in Italia*, a cura di P. Barile, E. Cheli e S. Grassi, Bologna, 1982; Id., *La giustizia costituzionale*, Bologna, 1988.

Capitolo Dodicesimo

LE REGIONI E LE AUTONOMIE LOCALI

1. Ordinamento regionale e autonomie locali

L'ordinamento regionale costituisce una delle grandi novità della Costituzione del 1948, che riconosce fondamento costituzionale anche alle autonomie locali.

Il pilastro fondamentale su cui la Carta repubblicana edifica, in base al principio del pluralismo autonomistico, l'assetto delle autonomie politiche è rappresentato dall'art. 5 Cost. secondo cui *la Repubblica («una e indivisibile») «riconosce e promuove le autonomie locali» e «adegua i principi ed i metodi della sua legislazione alle esigenze dell'autonomia e del decentramento»*. Le Regioni costituiscono un'assoluta novità, istituita dal costituente per dare una risposta alle forti istanze autonomistiche – se non separatistiche – provenienti da alcune regioni, ma anche per rispondere all'esigenza di riconoscimento delle comunità intermedie e per una piena affermazione del principio democratico (che – secondo l'insegnamento di Capograssi – richiede una tendenziale coincidenza fra governanti e governati).

Il riconoscimento costituzionale degli Enti locali (Comuni e Province) assegna agli stessi (quantunque già esistenti già nell'epoca statutaria) fondamento costituzionale ed una sfera di autonomia costituzionalmente riconosciuta.

Il costituente fa riferimento ad una «architettura» dell'autonomia locale (strutturata in Comuni e Province) che è quella preesistente nel Regno d'Italia a sua volta ereditata dalla legislazione piemontese ed ispirata ai modelli di amministrazione locale elaborati durante la rivoluzione francese e rifiniti (con modifiche) durante il periodo napoleonico. In tale modello il comune è «ente necessario» dell'ordinamento, per cui l'intero territorio nazionale è diviso in comuni, aventi un ordinamento uniforme (c.d. *uniformità del regime municipale*) e che tendono ad identificarsi nelle singole comunità territoriali. La conseguente «parcellizzazione comunale» mette in risalto la peculiarità discendente dal principio dell'uniformità del regime municipale e rappresentata dall'applicazione della identica disciplina (salvo piccole differenziazioni) a realtà (Comuni) molto diverse le une dalle altre (ad es. per dimensioni territoriali, per numero di abitanti, per peculiarità geografiche, socio-economiche, ecc.). L'affermazione nel Regno d'Italia di tale modello, basato sul principio dell'uniformità giuridica (diversamente ad esempio dal modello austriaco fondato sul principio della differenziazione), corrisponde alla scelta di circoscrivere entro rigorosi limiti l'autonomia degli Enti locali (privi di potestà statutaria e titolari delle sole funzioni espressamente assegnate dalla legge), che vengono anche sottoposti a penetranti poteri di controllo da parte dello Stato.

Ma il costituente, pur richiamandosi al modello preesistente, assegna fondamento costituzionale alle autonomie locali, disponendo (previgente art. 114 Cost., oggi modificato dalla legge cost. n. 3 del 2001) che la «*Repubblica si riparte in Regioni, Province e Comuni*» e conferendo a Comuni e Province il ruolo di «*circoscrizioni di decentramento statale*» (previgente art. 129 Cost., oggi abrogato) ed infine assegnando a «legge generale della Repubblica» il compito di fissare i principi dell'autonomia locale e le funzioni di Comuni e Province (previgente art. 128 Cost. oggi abrogato).

Il costituente se, disciplinando Comuni e Province, fa riferimento a caratteri del modello preesistente, al tempo stesso infonde, in tale modello, una nuova linfa rappresentata dal *principio autonomistico* (art. 5 Cost.) che spinge ad assegnare nuovi ed ulteriori contenuti alle singole disposizioni relative alle autonomie locali. Comuni e Province vengono infatti a rivestire il ruolo costituzionalmente garantito di «enti esponenziali» delle rispettive comunità territoriali, dotati di un proprio indirizzo politico-amministrativo che si distingue da quello statale.

Per quanto riguarda l'*autonomia regionale*, l'accordo trovato in Assemblea costituente (e recepito nel testo costituzionale) assegna alle Regioni poteri ed autonomia inferiori rispetto a quelli previsti dal progetto originario che invece venne integralmente recepito nella parte relativa alle Regioni ad autonomia speciale (i cui statuti – per la Sicilia, Sardegna, Valle d'Aosta e Trentino Alto Adige – sono stati approvati nel 1948 con legge cost. nn. 2, 3, 4 e 5; per la Regione Friuli-Venezia Giulia bisognerà attendere la soluzione della questione internazionale legata alla determinazione del confine con la Jugoslavia e lo status della città di Trieste; e lo statuto di tale Regione sarà approvato con legge cost. n. 1 del 1963).

L'attuazione dell'ordinamento regionale ha risentito del generale «congelamento costituzionale» verificatosi subito dopo l'approvazione della Costituzione (v. *supra*, cap. III). E così le leggi necessarie per le elezioni regionali, per l'individuazione delle funzioni, degli uffici e del personale da trasferire alle Regioni e per la definizione dei rapporti fra Stato e Regioni si ebbero soltanto sul finire degli anni sessanta (legge n. 108 del 1968, Norme per l'elezione dei consigli regionali delle Regioni a statuto normale; legge n. 281 del 1969, provvedimenti finanziari per l'attuazione delle Regioni a statuto ordinario). Negli anni cinquanta era stata approvata la legge n. 62 del 1953 (c.d. legge Scelba) sull'organizzazione regionale (legge non richiesta dalla Costituzione, improntata ad una logica fortemente restrittiva dell'autonomia regionale ed in larga parte abrogata dagli statuti ordinari approvati agli inizi degli anni settanta). Dal 1948 al 1970 entrano in funzioni solo le Regioni a statuto speciale (le quattro il cui statuto era stato approvato nel 1948 e il Friuli-Venezia Giulia dal 1964) e le due Province autonome di Trento e Bolzano le cui competenze vengono ampliate sottraendole anche alla Regione Trentino-Alto Adige (legge cost. n. 1 del 1971).

L'attuazione dell'ordinamento regionale è dunque avvenuta perché le forze di governo (ed in particolare il partito di maggioranza relativa), anche di fronte alle pressanti istanze di rinnovamento proprie degli ultimi anni sessanta, hanno voluto manifestare un «segnale politico di buona volontà riformatrice in una direzione in cui erano interessate le forze di sinistra» ed anche perché tutte le forze politiche coglievano, nell'attuazione delle istituzioni regionali, l'aumento di occasioni di sistemazione e di carriera del personale politico (Bartole). E così anche l'ulteriore attuazione della riforma regionale (con i relativi trasferimenti di funzioni) è avvenuta progressivamente (prima con i d.p.r. nn. da 1 a 11 del 1975 e poi con il d.p.r. n. 616 del 1977) in quanto rimessa alle «contrattazioni» che la classe politica regionale riusciva a compiere con governo e Parlamento. L'affermazione nelle Regioni settentrionali di un nuovo movimento politico (la Lega Nord), che pone il federalismo quale argomento centrale delle proprie istanze politiche, spinge l'intero assetto politico a confrontarsi con tale richiesta e così, a partire dagli anni novanta, si registra un nuovo fermento riformistico che conduce all'approvazione del d.lgs. n. 112 del 1998, alle riforme costituzionali del 1999 e del 2001 e all'approvazione del testo unico degli Enti locali (d.lgs. n. 267 del 2000).

La Costituzione prevede due tipologie di Regioni: quelle ordinarie (per le quali la Costituzione medesima pone una disciplina comune che ne definisce i diversi tipi di potestà) e quelle a statuto speciale per ciascuna delle quali il rispettivo statuto (adottato con legge costituzionale) pone una disciplina specifica.

Il dettato costituzionale relativo all'ordinamento regionale ha ricevuto una prima, importante, modifica con la legge cost. n. 1 del 1999 (relativa alla potestà statutaria delle Regioni e all'elezione diretta del Presidente della Regione), che ha modificato gli artt. 121, 122, 123 e 126 Cost. In seguito, la legge cost. n. 3 del 2001 ha modificato gran parte del Titolo V della Parte II della Costituzione (intitolato «Le Regioni, le Province, i Comuni»).

La riforma del 2001 ha innanzitutto introdotto una nuova definizione di «Repubblica» (art. 114, comma 1, Cost.), giacché la precedente versione dell'art. 114 Cost. («La Repubblica si riparte in Regioni, Province e Comuni») è stata sostituita con un nuovo articolo composto di tre commi di cui il primo dichiara che «*La Repubblica è costituita dai Comuni, dalle Province, dalle città metropolitane, dalle Regioni e dallo Stato*» e dove lo Stato sembra posto sullo stesso livello degli altri enti territoriali, intesi tutti quali «elementi costitutivi» della Repubblica.

Questa affermazione è però ridimensionata già dal secondo comma dello stesso art. 114 Cost. che, solo con riguardo agli enti territoriali, afferma che Comuni, Province e Regioni «*sono enti autonomi con propri statuti, poteri e funzioni secondo i principi fissati dalla Costituzione*». Questa disposizione riconosce a Comuni, Province e città metropolitane (oltre che alle Regioni, cui però anche altri articoli della Costituzione assegnano ulteriori specifiche competenze) non solo autonomia statutaria (e quella degli Enti locali deve essere «in armonia» con la Costituzione, con i principi generali in materia di organizzazione pubblica e devono rispettare quanto stabilito dalla legge statale che pone la disciplina elettorale, degli organi di governo e delle funzioni fondamentali di Comuni, Province e città metropolitane), ma anche la titolarità di «poteri e funzioni proprie».

Allo statuto dell'Ente locale spetta stabilire (all'interno dei limiti sopra descritti) i principi di organizzazione e funzionamento dell'ente, le forme di controllo, anche sostitutivo, nonché le garanzie delle minoranze e le forme di partecipazione popolare.

Il comma 3 dell'art. 114 Cost. introduce uno *statuto speciale per la città di Roma* quale capitale della Repubblica e riserva alla legge statale la disciplina dell'ordinamento della stessa.

La peculiare formulazione del comma 1 dell'art. 114 Cost. (che elenca gli elementi costitutivi della Repubblica, fra cui lo Stato unitamente agli Enti locali e alla Regioni) e lo *status* particolare della Capitale hanno indotto alcuni ad affermare che la riforma costituzionale del 2001 si sarebbe collocata «ai limiti del federalismo».

Sembra però preferibile sostenere che la legge cost. n. 3 del 2001 (che non ha affatto introdotto nel nostro ordinamento un sistema di tipo federale) non sia nemmeno giunta ai predetti «limiti», ma abbia piuttosto introdotto in alcune, importanti, disposizioni (art. 114, comma 1 e 4; art. 117, comma 1 e 4) affermazioni o principi che «evocano» (o che sembrano evocare) istituti e formule proprie dei sistemi federali ma che non mutano la natura del nostro ordinamento che è (e resta) regionale e che piuttosto danno solo vita ad una disciplina costituzionale di non agevole interpretazione e che ha determinato un aumento della conflittualità costituzionale.

Anche l'art. 116 Cost. è stato interamente riscritto. La precedente versione (che si limitava ad affermare che alle cinque Regioni a statuto speciale «sono attribuite forme e condizioni particolari di autonomia, secondo statuti speciali adottati con leggi costituzionali») è stata sostituita da un'altra, più lunga e complessa, composta di tre commi, di cui il primo (oltre ad «arricchire» la denominazione della Valle d'Aosta e del Trentino-Alto Adige con l'aggiunta rispettivamente di «Vallée d'Aoste» e «Südtirol») prevede che tali Regioni «dispongono» di peculiare autonomia, mentre il comma 2 specifica che la Regione Trentino-Alto Adige/Südtirol «è costituita dalle Province autonome di Trento e di Bolzano».

L'ultimo comma dell'art. 116 Cost. introduce la possibilità di conferimento alle Regioni di «*ulteriori forme e condizioni particolari di autonomia*» nelle materie di legislazione concorrente e (fra le materie assegnate alla esclusiva legislazione statale) in quelle dell'istruzione, della tutela dell'ambiente e dei beni culturali e di organizzazione degli uffici del giudice di pace. È dunque possibile operare una modifica al riparto di competenze costituzionalmente fissato fra Stato e Regioni, mediante una legge statale, approvata a maggioranza assoluta dei componenti delle Camere, su iniziativa della Regione interessata (sentiti gli Enti locali) e sulla base di un'intesa fra lo Stato e la Regione interessata. È questa dunque che deve farsi parte attiva per acquisire il parere degli Enti locali e per stipulare con il governo la relativa intesa che è poi oggetto di approvazione da parte delle Camere con una fonte atipica quale la legge approvata a maggioranza assoluta. Oltre a quello delle materie, la Costituzione pone l'ulteriore limite del «rispetto dei principi dell'art. 119 Cost.» (che riguarda l'autonomia finanziaria «di entrata e di spesa» di Comuni, Province e Regioni).

Questa disposizione pone dunque la disciplina del procedimento che consente una differenziazione delle competenze fra le Regioni a statuto ordinario (o, meglio, che può consentire ad una singola regione di disporre di un'autonomia, su specifiche materie, maggiore rispetto a quella riconosciuta a tutte le altre). È agevole evidenziare che la condizione posta dalla stessa disposizione costituzionale (rispetto dell'art. 119 Cost., cioè dei vincoli finanziari) per il raggiungimento di tale differenziata autonomia, finisce per consentire l'utilizzabilità di tale strumento solo alle Regioni dotate di maggiori possibilità finanziarie (rivelando così la sua natura di strumento di espressione di un regionalismo competitivo e non cooperativo).

Sul finire della XVII legislatura (il 28 febbraio 2018) tre Regioni (Emilia Romagna, Lombardia e Veneto, queste ultime due anche mediante il ricorso a referendum consultivo) hanno assunto l'iniziativa di attivazione della procedura prevista dal terzo comma dell'art. 116 Cost., stipulando accordi preliminari con lo Stato.

Nel *"contratto di governo"* sottoscritto dai *leaders* delle due forze politiche (M5S e Lega) sostenitrici del primo governo Conte (giugno 2018-luglio 2019) si riconosceva «*l'attribuzione, per tutte le Regioni che motivatamente lo richiedano, di maggiore autonomia in attuazione dell'art. 116, terzo comma, della Costituzione, portando anche a rapida conclusione le trattative tra Governo e Regioni attualmente aperte*». E si aggiungeva che «*Il riconoscimento delle ulteriori competenze dovrà essere accompagnato dal trasferimento delle risorse necessarie per un autonomo esercizio delle stesse. Alla maggiore autonomia dovrà infatti accompagnarsi una maggiore responsabilità sul territorio, in termini di equo soddisfacimento dei servizi a garanzia dei propri cittadini e in termini di efficienza ed efficacia dell'azione svolta*». Nella seconda metà del 2018 e nei primi mesi del 2019 si apre dunque un ampio dibattito che (oltre ai profili politici e culturali, oggetto di vivaci scontri) porta: le tre regioni con accordo preliminare (Emilia-Romagna, Lombardia e Veneto) a presentare al Consiglio dei ministri del 14 febbraio 2019 (che "ne prende atto") bozze di intesa molto definite; ulteriori sette regioni (Campania, Liguria, Lazio, Marche, Piemonte, Toscana e Umbria) a conferire al Presidente della Regione l'incarico di chiedere al Governo l'avvio delle trattative per ottenere ulteriori forme e condizioni particolari di autonomia; tre regioni (Basilicata, Calabria, Puglia) ad assumere iniziative preliminari; due regioni (Abruzzo e Molise) all'approvazione di atti di indirizzo. Ma la contrapposizione fra le due forze politiche di maggioranza determina un'*impasse* nell'azione del governo e che porta anche alla discutibile decisione di "secretare" le bozze di intesa (di cui sono pubblicate solo le parti introduttive) sottoscritte il 16 maggio 2019 dal Presidente del Consiglio e dai presidenti delle regioni Emilia-Romagna, Lombardia e Veneto. Parallelamente si apre nel Paese un ampio dibattito in cui si denuncia (da parte dei detrattori del c.d. "regionalismo differenziato") la c.d. "secessione dei ricchi" o il rischio di "sgretolamento del Paese" oppure la necessità di riproporre al centro dell'agenda di governo la c.d. "questione meridionale"; dall'altra parte si lamenta un'assenza di una "cultura dell'autonomia" e si invoca la fine di un centralismo inefficiente e costoso. La dottrina costituzionalistica si interroga in particolare sulla utilizzabilità della procedura posta dall'art. 116, comma 3, Cost., per l'introduzione di un'ampia "differenziazione regionale".

L'avvento del secondo governo Conte (retto da un'alleanza fra M5S e PD) determina un mutamento di strategia perché, se da un lato si riafferma l'intenzione di riconoscere forme differenziate di autonomia alle Regioni che ne fanno richiesta, dall'altro lato il Ministro per gli affari regionali dichiara che la stipula delle singole intese può avvenire solo successivamente all'approvazione di una legge-quadro volta a porre i principi per l'attribuzione alle Regioni delle forme e condizioni di particolare autonomia (*id est*, di attuazione *ex* art. 116, comma 3, Cost.), nonché le modalità di definizione dei "livelli essenziali delle prestazioni" da garantire su tutto il territorio nazionale (ed i relativi costi *standard*), oltre a ribadire la vigenza del sistema di perequazione delle regioni a statuto ordinario, posto dalla legge n. 196 del 2009, dalla legge n. 42 del 2009 e dal d.lgs. n. 68 del 2011. La bozza del disegno di legge-quadro è stata elaborata dal Ministro per gli affari regionali e sottoposta all'attenzione delle Regioni, ma non ancora presentata in Parlamento.

La riforma del 2001 inoltre ha riscritto i criteri di ripartizione della potestà legislativa fra Stato e Regioni (art. 117 Cost.), ha delineato una nuova distribuzione delle funzioni amministrative fra Stato, Regioni ed Enti locali (art. 118 Cost.), ha ridefinito l'autonomia finanziaria delle Regioni e degli Enti locali (art. 119 Cost.) ed ha introdotto una nuova disciplina dei poteri sostitutivi dello Stato (art. 120 Cost.).

L'art. 10 della legge cost. n. 3 del 2001 estende anche alle Regioni a statuto speciale l'applicazione delle norme «per le parti in cui prevedono forme di autonomia più ampie rispetto a quelle già attribuite» sino all'adeguamento dei rispettivi statuti speciali. Questa disposizione mira a garantire che le Regioni a statuto speciale non vengano a trovarsi «scavalcate» (in termini di autonomia costituzionalmente riconosciuta) da quelle ordinarie giacché l'ampliamento di poteri riconosciuti a queste ultime dalla riforma costituzionale del 2001 (incidendo solo sul testo della Costituzione, ma non sugli Statuti speciali) poteva determinare il risultato per cui, in alcuni ambiti, le Regioni a statuto speciale si sarebbero potute venire a trovare in una posizione di autonomia inferiore rispetto a quella nel frattempo riconosciuta alle Regioni ordinarie.

La riforma del 2001 ha anche modificato la disciplina del giudizio di legittimità costituzionale in via principale (v. *supra*, cap. XI) giacché la nuova formulazione dell'art. 127 Cost. «parifica» la posizione di Stato e Regioni dal momento che l'impugnazione delle leggi regionali (a differenza di quanto avveniva in precedenza) è posteriore alla pubblicazione delle stesse.

Un'ulteriore novità contenuta nella riforma del 2001 è la scomparsa dell'interesse nazionale, che il previgente art. 117 Cost. (unitamente al previgente art. 127 Cost.) prevedeva come limite alla competenza legislativa regionale (oltre al limite c.d. «internazionale», che invece continua a sussistere).

2. La forma di governo regionale

La versione originaria del dettato costituzionale delineava una forma di governo regionale caratterizzata dal ruolo preminente del Consiglio regionale. La Costituzione del 1948 aveva introdotto un modellino di forma di governo regionale identico per tutte le Regioni a statuto ordinario e caratterizzato dall'assegnazione di potestà legislativa e regolamentare al consiglio regionale (eletto dal corpo elettorale) il quale eleggeva fra i propri componenti il presidente (che rappresenta la Regione, promulga la legge ed i regolamenti regionali, dirige le funzioni amministrative delegate dallo Stato alla Regione, conformandosi alle istruzioni del governo centrale) ed i membri della giunta (organo esecutivo della Regione). Il consiglio regionale svolgeva le funzioni non solo di *organo di indirizzo e di controllo politico* della Regione ma anche di adozione degli atti di alta amministrazione. Questa configurazione del consiglio regionale riduceva il ruolo della giunta, chiamata ad operare soprattutto come organo di elaborazione e di iniziativa degli atti di alta amministrazione, ed accresceva il ruolo delle commissioni consiliari (e dunque del consiglio) quale luogo di elaborazione delle soluzioni fra consiglio e giunta (i cui membri dovevano necessariamente essere scelti fra i membri del consiglio regionale). Se la Costituzione assegnava alla Regione la funzione di programmazione e indirizzo nei confronti degli enti locali, nella prassi le Regioni hanno operato spesso come ente di amministrazione puntuale (più che di programmazione) ed il consiglio regionale è diventato luogo (più che di indirizzo) di compartecipazione dell'amministrazione concreta.

Il quadro inizia a mutare nel 1995 con la riforma del sistema elettorale delle Regioni ordinarie (legge n. 43 del 1995, ancora vigente laddove la singola Regione non abbia adottato una propria legge elettorale), sistema elettorale basato su una formula di tipo proporzionale, con premio di maggioranza (alla lista o alla coalizione di liste che ottenga più voti a livello regionale) e soglia di sbarramento. Secondo tale sistema quattro quinti dei consiglieri erano eletti secondo criterio proporzionale (sulla base di liste provinciali concorrenti) ed il rimanente quinto dei consiglieri era attribuito a livello regionale ed assegnato (in tutto o in parte) alla lista (o alla coalizione) più votata come premio di maggioranza, giacché lo scopo della legge era quello di far conseguire alla lista maggioritaria almeno il 55% dei seggi del consiglio regionale.

La Costituzione del 1948 assegnava infatti alla legge statale il compito di stabilire il sistema di elezione, il numero ed i casi di ineleggibilità o di incompatibilità dei consiglieri regionali. La nuova legge elettorale (con l'introduzione di un sistema di tipo maggioritario volto alla designazione, da parte del corpo elettorale, del presidente della Regione), pur non cambiando quadro costituzionale (che continuava a prevedere la nomina del presidente della Regione e della giunta da parte del consiglio regionale), avvia un mutamento della forma di governo regionale che si completa con la legge cost. n. 1 del 1999, la quale rimette allo statuto di ciascuna Regione la determinazione della relativa forma di governo e dei principi fondamentali di organizzazione e funzionamento, disponendo che, finché lo statuto non disponga diversamente, il presidente della giunta (cui è assegnato il potere di nominare e revocare i membri della giunta) è eletto a suffragio universale e diretto unitamente al Consiglio regionale. Pertanto se lo statuto non introduce una differente normativa, la disciplina della forma di governo regionale (dettata dalla Costituzione) è basata su due organi eletti entrambi contemporaneamente dal corpo elettorale: il **consiglio regionale**, titolare della funzione legislativa e delle altre funzioni conferite dalla Costituzione e dalle leggi, ed il **presidente della Regione**.

I capilista delle liste regionali sono infatti candidati alla presidenza della giunta ed è eletto il candidato che abbia conseguito il maggior numero di voti validi. L'art. 5 della legge cost. n. 1 del 1999 specifica che il presidente della giunta fa parte del consiglio regionale e che è eletto alla carica di consigliere anche il primo dei non eletti fra i candidati alla carica di presidente. Entro dieci giorni dalla proclamazione il presidente neoeletto nomina i componenti della giunta, fra i quali un vicepresidente, e può successivamente revocarli. Scompare dunque la nomina della giunta da parte del consiglio regionale che può soltanto approvare, a maggioranza assoluta, nei confronti del presidente una mozione di sfiducia che deve essere motivata, presentata da almeno un quinto dei membri del consiglio e messa in discussione non prima di tre giorni dalla presentazione. Nel caso di approvazione della mozione di sfiducia, si procede entro tre mesi all'indizione di nuove elezioni del consiglio e del presidente della giunta. Si procede a nuove elezioni (del consiglio e del presidente della Regione) anche nel caso di dimissioni volontarie, impedimento permanente o morte del presidente.

La legge cost. n. 1 del 1999 ha dunque posto, con riguardo alla forma di governo regionale, ed in particolare con riguardo al rapporto intercorrente fra consiglio e presidente, il principio *simul stabunt simul cadent*, lasciando allo statuto regionale la possibilità di optare per una forma di governo diversa, ma con la precisazione che lo statuto può modificare solo (ai sensi dell'art. 122, ultimo comma, Cost.) l'elezione diretta del presidente (potendosi ad esempio ipotizzare un'elezione di quest'ultimo da parte del consiglio regionale). Ma qualora lo statuto opti per l'elezione diretta del presidente opera quanto disposto dall'art. 126, ultimo comma, Cost., secondo cui l'approvazione della mozione di sfiducia nei confronti del presidente della giunta, eletto a suffragio universale e diretto, nonché la rimozione, l'impedimento permanente, la morte o le dimissioni volontarie dello stesso comportano le dimissioni della giunta e lo scioglimento del consiglio ed i medesimi effetti conseguono alle dimissioni contestuali della maggioranza dei membri del consiglio.

Il consiglio regionale, indipendentemente dalla forma di governo prescelta dallo statuto, è sempre titolare del potere di esprimere la sfiducia (mediante mozione motivata con il rispetto dei requisiti sopra descritti) nei confronti del presidente della giunta. Gli effetti della sfiducia mutano a seconda della scelta operata dallo statuto: se questi ha optato per l'elezione diretta del presidente della Regione, le conseguenze sono già disciplinate dall'art. 126, ultimo comma, Cost. (e lo statuto regionale non può derogare a tale effetto: v. *infra* il caso dello statuto della Regione Calabria); se invece lo statuto ha optato per una differente forma di elezione del presidente della Regione, spetta allo statuto stesso disciplinare le conseguenze dell'approvazione della mozione di sfiducia.

La Corte costituzionale, con la sent. n. 2 del 2004, ha dichiarato l'incostituzionalità della disposizione dello statuto della Regione Calabria che prevedeva che il vicepresidente della giunta subentrasse al presidente in caso di dimissioni volontarie, incompatibilità sopravvenuta, rimozione, impedimento permanente o morte di quest'ultimo. A tal riguardo la Corte ricorda che «*gli statuti regionali non solo, come tutte le norme giuridiche del nostro ordinamento, devono rispettare puntualmente "ogni disposizione della Costituzione", ma devono anche rispettarne lo spirito, in nome della pure costituzionalmente necessaria "armonia con la Costituzione"*».

La nuova disciplina costituzionale affida alla legge regionale il compito di stabilire il sistema di elezione e i casi di ineleggibilità e incompatibilità del Presidente e degli altri componenti della Giunta regionale nonché dei consiglieri regionali, nei limiti dei principi fondamentali determinati con legge della Repubblica, la quale fissa altresì la durata degli organi elettivi.

La legge di attuazione (legge n. 165 del 2004), che ha disposto in cinque anni (decorrenti dalla data dell'elezione) la durata degli organi elettivi della Regione ed il limite del doppio mandato consecutivo per il presidente della Regione eletto a suffragio universale e diretto, ha posto i seguenti principi fondamentali (cui le leggi regionali devono adeguarsi):

a) sussistenza della causa di ineleggibilità nei casi in cui le funzioni svolte dal candidato possano condizionare direttamente la libertà di voto degli elettori o violare la parità di accesso alle cariche elettive rispetto ad altri candidati;

b) inefficacia delle cause di ineleggibilità qualora l'interessato cessi dalla relativa attività o funzione entro il termine fissato per la candidatura (o termine anteriore);

c) possibilità di differenziare la disciplina dei casi di ineleggibilità fra presidente della giunta e consigliere regionale.

La legge n. 165 del 2004 ha inoltre assegnato al consiglio regionale la competenza a decidere sulle cause di ineleggibilità dei consiglieri e del presidente della giunta (quando eletto a suffragio universale e diretto), «fatta salva la competenza dell'autorità giudiziaria a decidere sui relativi ricorsi».

Con decreto-legge n. 86 del 31 luglio 2020 (recante "*Disposizioni urgenti in materia di parità di genere nelle consultazioni elettorali delle regioni a statuto ordinario*"), conv. in legge 7 agosto 2020, n. 98, il Governo, «*a tutela dell'unità giuridica della Repubblica*», ha ritenuto necessario intervenire in via sostitutiva per «*garantire l'effettività del rispetto del principio di accesso alle cariche elettive in condizioni di eguaglianza ai sensi dell'art. 51, primo comma, Cost.*», in ragione di quanto disposto dalla Costituzione negli artt. 51, comma 1 (secondo cui «*Tutti i cittadini dell'uno o dell'altro sesso possono accedere agli uffici pubblici e alle cariche elettive in condizioni di eguaglianza, secondo i requisiti stabiliti dalla legge. A tale fine la Repubblica promuove con appositi provvedimenti le pari opportunità tra donne e uomini*») e 117, comma 7 (secondo cui «*Le leggi regionali rimuovono ogni ostacolo che impedisce la piena parità degli uomini e delle donne nella vita sociale, culturale ed economica e promuovono la parità di accesso tra donne e uomini alle cariche elettive*»). Il Governo rileva inoltre che ai sensi dell'art. 122, comma 1, Cost. «*Il sistema di elezione e i casi di ineleggibilità e di incompatibilità del Presidente e degli altri componenti della Giunta regionale nonché dei consiglieri regionali sono disciplinati con legge della Regione nei limiti dei principi fondamentali stabiliti con legge della Repubblica, che stabilisce anche la durata degli organi elettivi*» e che la legge n. 165 del 2004, che pone i principi fondamentali in materia, ha posto tra i principi fondamentali vincolanti per la funzione legislativa regionale in materia di sistemi elettorali il principio di promozione delle pari opportunità tra donne e uomini nell'accesso alle cariche elettive (giacché l'art. 4, comma 1, lett. c-*bis*, legge n. 165 del 2004, come modificato dall'art. 1, comma 1, legge n. 20 del 2016, declina i criteri di attuazione del principio di promozione di pari opportunità tra uomini e donne nell'accesso alle cariche elettive, prescrivendo meccanismi formali di garanzia di tale principio nella disciplina regolativa delle preferenze e delle candidature).

Alla luce di tali premesse il Governo ha ritenuto sussistenti le condizioni per l'attivazione del potere sostitutivo del governo ai sensi dell'art. 120 Cost. (secondo cui «*Il Governo può sostituirsi a organi delle Regioni, delle Città metropolitane, delle Province e dei Comuni nel caso di mancato rispetto di norme e trattati internazionali o della normativa comunitaria oppure di pericolo grave per l'incolumità e la sicurezza pubblica, ovvero quando lo richiedono la tutela dell'unità giuridica o dell'unità economica e in particolare la tutela dei livelli essenziali delle prestazioni concernenti i diritti civili e sociali, prescindendo dai confini territoriali dei governi locali*»). Ed in effetti già in data 23 luglio 2020, il Presidente del Consiglio notificava alla Regione Puglia "atto di formale diffida" in cui invitava la Regione ad «*adeguare, entro il 28 luglio 2020, le disposizioni della propria legge elettorale ai principi di promozione delle pari opportunità tra donne e uomini nell'accesso alle cariche elettive, di cui all'art. 4, co. 1, lett. c-bis), della legge 2 luglio 2004, n. 165, come modificato dall'art. 1, co. 1, della legge 15 febbraio 2016, n. 20*». Di fronte all'inerzia della Regione nell'adottare, nel termine indicato, le necessarie disposizioni di adeguamento della propria legislazione elettorale, «*ritenuto di dover intervenire con urgenza, in considerazione delle imminenti scadenze elettorali a tutela dell'unità giuridica della Repubblica*», il Consiglio dei ministri del 31 luglio 2020, dopo aver invitato il Presidente della Giunta regionale della Regione Puglia a partecipare alla riunione del Consiglio dei ministri (ex art. 8, comma 1, legge 5 giugno 2003, n. 131), su proposta del Presidente del Consiglio dei ministri, del Ministro per gli affari regionali e le autonomie e del Ministro per le pari opportunità, di concerto con il Ministro dell'interno, ha adottato il d.l. n. 86 del 2020 (rapidamente convertito in legge n. 98 del 2020 da parte del Parlamento) volto appunto a compiere un

«Intervento sostitutivo in materia di consultazioni elettorali regionali per l'anno 2020».

Il d.l. n. 86 del 2020 (art. 1, comma 1) esplica innanzitutto il principio secondo cui *«Il mancato recepimento nella legislazione regionale in materia di sistemi di elezione del Presidente e degli altri componenti della Giunta Regionale, nonché dei consigli regionali dei principi fondamentali posti dall'art. 4 della legge 2 luglio 2004, n. 165, come modificata dalla legge 15 febbraio 2016, n. 20, integra la fattispecie di mancato rispetto di norme di cui all'art. 120 della Costituzione e, contestualmente, costituisce presupposto per l'assunzione delle misure sostitutive ivi contemplate»*.

Indi il d.l. n. 86 del 2020 (art. 1, comma 2) dispone che *«Al fine di assicurare il pieno esercizio dei diritti politici e l'unità giuridica della Repubblica, nella Regione Puglia per le elezioni del consiglio regionale, in luogo delle vigenti disposizioni regionali in contrasto con i principi della legge n. 165 del 2004* e *salvo sopravvenuto autonomo adeguamento regionale ai predetti principi, si applicano le seguenti disposizioni:*

a) ciascun elettore può esprimere due voti di preferenza, di cui una riservata a un candidato di sesso diverso dall'altro, e le schede utilizzate per la votazione sono conseguentemente predisposte;

b) nel caso in cui siano espresse due preferenze per candidati del medesimo sesso, si procede all'annullamento della seconda preferenza».

Per il compimento degli *"adempimenti conseguenti"* per l'attuazione del decreto, lo stesso d.l. n. 86 del 2020 (art. 1, comma 3) nomina il Prefetto di Bari *"commissario straordinario"* cui è assegnato il compito di provvedere in merito *«ivi compresa la ricognizione delle disposizioni regionali incompatibili con il comma 2, fermo restando il rispetto del principio della concentrazione delle consultazioni elettorali»*. Con *"Provvedimento"* del 3 agosto 2020, il commissario straordinario, preso atto che *«dalla ricognizione effettuata è emerso che l'art. 7 della legge regionale 28 gennaio 2005 n. 2, recante "Norme per l'elezione del Consiglio regionale e del Presidente della Giunta regionale", risulta incompatibile con il d.l. n. 86/2020»*, dispone l'inapplicabilità della legge regionale 28 gennaio 2005 n. 2, nell'art. 7, commi 1, 3, 5, 6, 7 e 8, *«nelle parti in cui non prevede la possibilità di esprimere due voti di preferenza, di cui uno riservato a un candidato di sesso diverso»* ed indica la "formulazione" da ritenersi applicabile.

3. La potestà statutaria delle Regioni

Con la legge cost. n. 1 del 1999, la **potestà statutaria delle Regioni ordinarie** si è notevolmente ampliata sia dal punto di vista procedurale che da quello dei contenuti.

La versione originaria dell'art. 123 Cost. assegnava infatti allo statuto regionale la disciplina, «in armonia con la Costituzione e con le leggi della Repubblica»:

– dell'organizzazione interna della Regione;

– dell'esercizio del diritto di iniziativa e del referendum regionale su leggi e provvedimenti amministrativi della Regione;

– e della pubblicazione delle leggi e dei regolamenti regionali.

Il testo vigente dell'art. 123 Cost. riserva allo statuto regionale (oltre ai contenuti già menzionati) la disciplina della forma di governo regionale e dei principi fondamentali di organizzazione e di funzionamento.

Si è già visto (*supra*, par. 2) che la Costituzione continua a porre la disciplina fondamentale della forma di governo regionale, essendo assegnata allo statuto solo la scelta relativa alla elezione diretta o meno del presidente della Regione. Restano però ampi spazi alla potestà statutaria regionale in merito alla disciplina degli istituti di democrazia diretta, al coinvolgimento degli Enti locali, alla suddivisione della potestà regolamentare fra consiglio e giunta.

Lo statuto regionale è una fonte di grado primario che funge da limite sia per le leggi ordinarie dello Stato, che non possono invadere le materie ad esso riservate dalla Costituzione, sia per le leggi regionali rispetto alle quali lo statuto (pur rimanendo fonte di grado primario) ha una posizione di sovraordinazione gerarchica.

Per quanto concerne i singoli statuti speciali, la legge cost. n. 2 del 2001 prevede che la Regione speciale (o la Provincia autonoma) possa dotarsi di una propria «***legge statutaria***» (approvata a maggioranza assoluta e sottoponibile ad un referendum approvativo se lo richiede una frazione del corpo elettorale o dell'assemblea regionale) che ridisegni la forma di governo e il sistema elettorale. Tale «legge statutaria» deve essere «in armonia con la Costituzione» e con i principi generali dell'ordinamento giuridico della Repubblica e deve «osservare» la disciplina posta dallo statuto speciale in relazione agli organi della Regione. La legge cost. n. 2 del 2001 prevede che le modifiche degli statuti speciali (che, in quanto leggi costituzionali, richiedono l'iter di cui all'art. 138 Cost.) debbano essere sottoposte al parere dell'organo legislativo della Regione (qualora non sia la Regione stessa a prendere l'iniziativa) ed è eliminata la possibilità del referendum eventuale nazionale.

La legge cost. n. 1 del 1999 ha modificato anche il ***procedimento di formazione dello statuto regionale*** che, in precedenza era deliberato a maggioranza assoluta dal consiglio regionale ed approvato con legge statale, mentre attualmente *lo statuto è approvato a maggioranza assoluta dal consiglio regionale con due successive deliberazioni adottate con un intervallo non minore di due mesi*. Successivamente a tale approvazione lo statuto viene pubblicato (c.d. pubblicazione notiziale), ma non promulgato, giacché da tale pubblicazione decorre il termine di trenta giorni entro il quale il governo può promuovere la questione di costituzionalità dinanzi alla Corte costituzionale. Lo statuto è sottoposto a referendum qualora lo richieda, entro tre mesi dalla sua pubblicazione, un quinto dei membri del consiglio regionale o un cinquantesimo degli elettori della Regione. In caso di svolgimento del referendum, lo statuto potrà essere promulgato qualora venga approvato dalla maggioranza dei voti validi espressi (senza la previsione di alcun *quorum* di partecipazione per la validità del referendum stesso).

Dal punto di vista del contenuto, la potestà statutaria delle Regioni registra un'importante estensione giacché «*allo statuto è assegnato il compito di determinare la forma di governo ed i principi fondamentali di organizzazione e funzionamento della Regione*».

In tale scelta lo statuto non gode però di assoluta discrezionalità dovendo misurarsi con quanto disposto, da un lato, dall'art. 121 Cost., che continua a prevedere, quali organi necessari della Regione, il consiglio, la giunta ed il presidente di quest'ultima (con le relative funzioni) e, dall'altro lato, dall'art. 123, ultimo comma, Cost. che prevede per lo statuto il compito di disciplinare il Consiglio delle autonomie locali «*quale organo di consultazione fra la Regione e gli Enti locali*».

Inoltre, fino all'approvazione dei rispettivi statuti, l'art. 122 Cost. assegna al presidente, eletto a suffragio universale e diretto, la nomina (e la revoca) dei membri della giunta, mentre l'art. 126 Cost. prevede la possibilità per il consiglio di votare, a maggioranza assoluta, la sfiducia al presidente mediante l'approvazione di una mozione motivata, sottoscritta da almeno un quinto dei membri del consiglio e messa in votazione non prima di tre giorni dalla presentazione della stessa. Il venir meno del presidente eletto direttamente dal corpo elettorale (per voto di sfiducia, dimissioni volontarie, impedimento permanente, rimozione o morte dello stesso) determina le dimissioni della giunta e lo scioglimento del consiglio (e dunque il ritorno alle elezioni).

Tutte le regioni a statuto ordinario hanno approvato i nuovi statuti (ultima la Basilicata nel novembre 2016) di cui diversi sono stati impugnati, per vari motivi, dal governo dinanzi alla Corte costituzionale, la cui giurisprudenza in materia ha fornito importanti indicazioni circa le peculiarità della fonte "statuto regionale".

La Corte costituzionale con le sentt. nn. 372, 378 e 379 del 2004 si è pronunciata rispettivamente sugli statuti delle Regioni Toscana, Umbria ed Emilia-Romagna. Un profilo particolarmente interessante riguardo a tali statuti era rappresentato dalla previsione, in alcune disposizioni, di «nuovi diritti» riconosciuti a determinate categorie di soggetti. E così, ad esempio, l'art. 3, comma 6, dello statuto della Toscana stabilisce che «*la Regione promuove, nel rispetto dei principi costituzionali, l'estensione del diritto di voto agli immigrati*», mentre l'art. 4, comma 1, prevede che la Regione persegue «*il riconoscimento delle altre forme di convivenza*», nonché «*il rispetto dell'equilibrio ecologico, la tutela dell'ambiente e del patrimonio culturale, la conservazione della biodiversità, la promozione della cultura del rispetto degli animali*». Queste disposizioni erano state impugnate dal governo che lamentava l'invasione di materie di competenza dello Stato. La Corte costituzionale afferma che occorre «precisare la natura e la portata» di tali disposizioni. Secondo la Corte: «*tali proclamazioni di obiettivi e di impegni non possono certo essere assimilate alle c.d. norme programmatiche della Costituzione, alle quali, per il loro valore di principio, sono stati generalmente riconosciuti non solo un valore programmatico nei confronti della futura disciplina legislativa, ma soprattutto una funzione di integrazione e di interpretazione delle norme vigenti. Qui però non siamo in presenza di Carte costituzionali, ma solo di fonti regionali "a competenza riservata e specializzata", cioè di statuti di autonomia, i quali anche se costituzionalmente garantiti, debbono comunque "essere in armonia con i precetti ed i principi tutti ricavabili dalla Costituzione" (sent. n. 196 del 2003). Se dunque si accolgono le premesse già formulate sul carattere non prescrittivo e non vincolante delle enunciazioni statutarie di questo tipo, ne deriva che esse esplicano una funzione, per così dire, di natura culturale o anche politica, ma certo non normativa. Nel caso in esame enunciazioni siffatte si rinvengono nei diversi commi … degli artt. 3 e 4 che non comportano alcuna violazione, né alcuna rivendicazione di competenze costituzionalmente attribuite allo Stato e neppure fondano esercizio di poteri regionali. È quindi inammissibile il ricorso governativo avverso le impugnate proposizioni dei predetti articoli, per la loro carenza di idoneità lesiva*».

La Corte costituzionale ha dunque ritenuto inammissibile l'impugnativa statale in quanto tali disposizioni (definite mere «*enunciazioni statutarie*») sono prive di efficacia e dunque inidonee a ledere le competenze riservate allo Stato. Secondo la Corte tali disposizioni sarebbero dunque *tamquam non essent*. Tale impostazione non appare condivisibile perché la «cultura» è uno degli elementi costitutivi dello Stato costituzionale e perché la scienza del diritto costituzionale è una «scienza giuridica della cultura e dei testi costituzionali» (Häberle). Pertanto l'argomentazione basata sull'inefficacia di disposizioni statutarie in ragione della valenza meramente «culturale» delle stesse appare tutt'altro che convincente. Inoltre bisogna aggiungere che in questa maniera la Corte ha affermato che le disposizioni statutarie possono non avere alcuna efficacia, depotenziando così l'importanza della fonte "statuto regionale".

La Corte ha dichiarato incostituzionale (sent. n. 378 del 2003) lo statuto della Regione Umbria laddove poneva l'incompatibilità tra la carica di componente della giunta e quella di consigliere regionale e dove disponeva che al consigliere regionale nominato membro della giunta subentrasse il primo dei candidati non eletti nella stessa lista e che il subentrante restasse in carica per tutto il periodo in cui il consigliere manteneva la carica di assessore, per violazione dell'art. 122 Cost., che riserva alla legge regionale «*nei limiti dei principi fondamentali stabiliti con legge della Repubblica*», la determinazione delle norme relative ai casi di ineleggibilità e di incompatibilità dei consiglieri regionali «*senza che si possa distinguere* – precisa la Corte – *fra ipotesi di incompatibilità esterne ed interne all'organizzazione istituzionale della Regione. È vero che le scelte in tema di incompatibilità fra incarico di componente della Giunta regionale e di consigliere regionale possono essere originate da opzioni statutarie in tema di forma di governo della Regione, ma ... occorre rilevare che il riconoscimento nell'art. 123 Cost. del potere statutario in tema di forma di governo regionale è accompagnato dalla previsione dell'art. 122 Cost., e che quindi la disciplina dei particolari oggetti cui si riferisce l'art. 122 sfugge alle determinazioni lasciate all'autonomia statutaria*» (identica considerazione la Corte sviluppa nella sent. n. 379 del 2003, relativa allo statuto della Regione Emilia-Romagna). La Corte così ha affermato che l'art. 122 Cost., laddove assegna alla legge regionale la determinazione della disciplina dei casi di incompatibilità (nei limiti ivi descritti), non ricomprende la possibilità di introduzione di forme di incompatibilità non previste già dalla legge statale e che incidono sulla forma di governo regionale.

Nella nuova versione dell'art. 123 Cost. è inoltre richiesto che lo statuto sia solo «***in armonia con la Costituzione***» e non anche, come in precedenza, con le leggi della Repubblica. La dottrina si è interrogata sul significato da assegnare a tale espressione («*in armonia con la Costituzione*»), dividendosi fra chi ritiene che lo statuto debba conformarsi a tutte le norme ricavabili sul piano costituzionale (in ragione del rapporto gerarchico intercorrente fra fonte costituzionale e statuto) e quanti invece sostengono che l'espressione «in armonia con la Costituzione» stia ad indicare la possibilità per lo statuto regionale di distanziarsi da singole diposizioni costituzionali purché non sia «orientato contro la Costituzione».

Il contrasto dottrinale relativo all'interpretazione da assegnare a tale espressione si è dunque sviluppato in merito allo «spazio» da lasciare all'autonomia statutaria regionale, e cioè se ritenere tale locuzione («in armonia con la Costituzione») come la ripetizione del principio di subordinazione dello statuto alle fonti di grado costituzionale o se invece intenderla come possibilità, concessa allo statuto regionale, di derogare a singole disposizioni costituzionali purché lo statuto nel suo complesso non si ponga in contrasto con l'impianto dell'intera Costituzione.

La Corte costituzionale ha dato una lettura di tale locuzione volta a rinforzare ulteriormente la subordinazione dello statuto regionale alla Costituzione. Secondo la Corte infatti «*il riferimento all'armonia, lungi dal depotenziarla, rinsalda l'esigenza di puntuale rispetto di ogni disposizione della Costituzione, poiché mira non solo ad evitare il contrasto con le singole previsioni di questa, dal quale non può certo generarsi armonia, ma anche a scongiurare il pericolo che lo statuto, pur rispettoso della lettera della Costituzione, ne eluda lo spirito*» (sentt. n. 304 del 2002, nn. 196 e 313 del 2003, n. 2 del 2004).

Lo statuto regionale deve dunque essere in armonia con ogni precetto costituzionale e con tutti i principi ricavabili dalla Costituzione.

4. La potestà legislativa delle Regioni

L'autonomia legislativa delle Regioni costituisce il tratto saliente dell'ordinamento regionale creato dalla Costituzione del 1948, la quale, unitamente agli statuti speciali, delineava diverse tipologie di potestà legislativa regionale:

a) la *potestà primaria* (o *esclusiva*), assegnata alle Regioni a statuto speciale e alle Province autonome di Trento e di Bolzano e spettante sulle materie elencate nei rispettivi statuti; la disciplina di tali materie è assegnata in via esclusiva alla potestà legislativa della Regione (o della Provincia autonoma) la quale trova limiti, oltre che nelle norme di grado costituzionale, nei principi dell'ordinamento statale, negli obblighi internazionali e nelle norme fondamentali delle riforme economico-sociali;

b) la *potestà ripartita* (o *concorrente*), assegnata alle Regioni ordinarie dal previgente art. 117 Cost. (sulle materie ivi elencate) e consistente nella ripartizione della disciplina della materia fra legge statale, competente a porre i principi fondamentali della materia, e legge regionale competente a porre le norme di dettaglio (questa potestà legislativa spetta anche alle Regioni a statuto speciale nelle materie elencate dai rispettivi statuti);

c) la *potestà di integrazione* e di attuazione, che spetta ad alcune Regioni a statuto speciale e che consente l'adeguamento di disposizioni legislative statali;

d) la *potestà di delegazione* (o delegata) o di attuazione prevista dal comma 2 del previgente art. 117 Cost. secondo cui le leggi statali potevano demandare alla Regione «*il potere di emanare norme per la loro attuazione*».

L'art. 117 Cost., nella versione introdotta con la riforma costituzionale del 2001, ha innovato profondamente la ripartizione della potestà legislativa fra Stato e Regioni elencando:

a) le materie assegnate alla competenza legislativa esclusiva dello Stato (comma 2);

b) le materie assegnate alla potestà legislativa regionale concorrente (comma 3);

c) infine assegnando alle Regioni «*la potestà legislativa in riferimento ad ogni materia non espressamente riservata alla legislazione dello Stato*» (comma 4).

Prima ancora di tale ripartizione, il comma 1 dell'art. 117 Cost., affermando che «*la potestà legislativa è esercitata da Stato e Regioni*» nel rispetto dei vincoli derivanti dall'ordinamento europeo e dagli obblighi internazionali, attribuisce una posizione di tendenziale parità alla potestà legislativa di Stato e regioni.

Il rapporto fra legge statale e legge regionale viene così ad essere basato sul principio di competenza (v. *supra*, cap. V) e, proprio in base a tale principio, il comma 2 dell'art. 117 Cost. elenca le ***materie assegnate in via esclusiva alla potestà legislativa dello Stato***:

a) politica estera e rapporti internazionali dello Stato; rapporti dello Stato con l'Unione europea; diritto di asilo e condizione giuridica dei cittadini di Stati non appartenenti all'Unione europea;

b) immigrazione;

c) rapporti tra la Repubblica e le confessioni religiose;

d) difesa e Forze armate; sicurezza dello Stato; armi, munizioni ed esplosivi;

e) moneta, tutela del risparmio e mercati finanziari; tutela della concorrenza; sistema valutario; sistema tributario e contabile dello Stato; armonizzazione dei bilanci pubblici; perequazione delle risorse finanziarie;

f) organi dello Stato e relative leggi elettorali; referendum statali; elezione del Parlamento europeo;

g) ordinamento e organizzazione amministrativa dello Stato e degli enti pubblici nazionali;

h) ordine pubblico e sicurezza, ad esclusione della polizia amministrativa locale;

i) cittadinanza, stato civile e anagrafi;

l) giurisdizione e norme processuali; ordinamento civile e penale; giustizia amministrativa;

m) determinazione dei livelli essenziali delle prestazioni concernenti i diritti civili e sociali che devono essere garantiti su tutto il territorio nazionale;

n) norme generali sull'istruzione;

o) previdenza sociale;

p) legislazione elettorale, organi di governo e funzioni fondamentali di Comuni, Province e Città metropolitane;

q) dogane, protezione dei confini nazionali e profilassi internazionale;

r) pesi, misure e determinazione del tempo; coordinamento informativo statistico e informatico dei dati dell'amministrazione statale, regionale e locale; opere dell'ingegno;

s) tutela dell'ambiente, dell'ecosistema e dei beni culturali.

La semplice lettura di tale elencazione dimostra l'*eterogeneità delle molteplici materie* ivi ricomprese.

La dottrina ha tentato di raggruppare in diverse tipologie (potestà estera, sicurezza esterna e interna, governo dell'economia, organizzazione della Repubblica, funzione dello Stato sociale e tutela dell'ambiente e dei beni culturali). In realtà l'eterogeneità delle diverse materie non consente (se non con vistose forzature) di raggrupparle in maniera adeguata.

Il legislatore costituzionale aveva l'esigenza di elencare le diverse materie in ragione della scelta di far operare la clausola di residualità (v. *infra*) a vantaggio delle Regioni. Questa esigenza, mossa dal timore di lasciare alle Regioni un qualche ambito materiale particolarmente importante, ha condotto il legislatore costituzionale a riservare al legislatore statale non solo «materie in senso proprio» (cioè ambiti oggettivi chiaramente individuabili e definibili), ma anche «***ambiti trasversali di competenza***» (o «*materie trasversali*») non riferibili a «materie» nel senso letterale del termine, ma piuttosto a criteri di legittimazione dell'intervento statale (si pensi alla «tutela della concorrenza» o alla «determinazione dei livelli essenziali delle prestazioni concernenti i diritti civili e sociali» o anche alla «tutela dell'ambiente e dell'ecosistema»).

L'art. 117, comma 3, Cost. elenca le ***materie nelle quali alla Regione è assegnata potestà legislativa c.d. concorrente***, la quale si esplica nel rispetto dei principi fissati dalla legge statale (c.d. *legge cornice*). Anche in questo caso ci si trova di fronte ad un articolato ed eterogeneo elenco di materie. Infatti tale disposizione costituzionale afferma che:

«*Sono materie di legislazione concorrente quelle relative a: rapporti internazionali e con l'Unione europea delle Regioni; commercio con l'estero; tutela e sicurezza del lavoro; istruzione, salva l'autonomia delle istituzioni scolastiche e con esclusione della istruzione e della formazione professionale; professioni; ricerca scientifica e tecnologica e sostegno all'innovazione per i settori produttivi; tutela della salute; alimentazione; ordinamento sportivo; protezione civile; governo del territorio; porti e aeroporti civili; grandi reti di trasporto e di navigazione; ordinamento della comunicazione; produzione, trasporto e distribuzione nazionale dell'energia; previdenza complementare e integrativa; coordinamento della finanza pubblica e del sistema tributario; valorizzazione dei beni culturali e ambientali e promozione e organizzazione di attività culturali; casse di risparmio, casse rurali, aziende di credito a carattere regionale; enti di credito fondiario e agrario a carattere regionale. Nelle materie di legislazione concorrente spetta alle Regioni la potestà legislativa, salvo che per la determinazione dei principi fondamentali, riservata alla legislazione dello Stato*».

Già prima della riforma del 2001 la Corte costituzionale aveva affermato che l'eventuale assenza di una legge cornice non può precludere alla Regione di disporre della relativa potestà legislativa, dovendosi in tali casi dedurre i principi fondamentali della materia dalla legislazione vigente.

Anche dopo la riforma costituzionale del 2001 la Corte costituzionale ha espresso identica posizione specificando che «*la nuova formulazione dell'art. 117, comma 3, Cost., rispetto a quella previgente dell'art. 117, comma 1, esprime l'intento di una più netta distinzione fra la competenza regionale a legiferare in queste materie e la competenza statale, limitata dalla determinazione dei principi fondamentali della disciplina*», *ma non può ritenersi che* «*i principi possano trarsi solo da leggi statali nuove, espressamente rivolte a tale scopo. Specie nella fase di transizione dal vecchio al nuovo sistema di riparto delle competenze, la legislazione regionale concorrente dovrà svolgersi nel rispetto dei principi fondamentali comunque risultanti dalla legislazione statale già in vigore*» (sentt. nn. 282 del 2000, 162 del 2004).

La Corte costituzionale riconosce dunque che il mutamento globale del riparto delle competenze legislative operato dalla riforma costituzionale del 2001 deve condurre ad un ripensamento anche della propria giurisprudenza relativa alla possibilità di trarre i principi fondamentali della materia dalla legislazione vigente. Infatti la riduzione degli ambiti assegnati alla potestà legislativa statale alle sole materie riservate esclusivamente allo Stato rende più difficile quel percorso che conduceva a trarre comunque dalla legislazione statale (che in precedenza non incontrava alcun limite di materia) i principi fondamentali delle diverse materie. Ed infatti la Corte costituzionale giustifica la propria opzione interpretativa con una considerazione legata al momento contingente di passaggio dal vecchio al nuovo sistema, lasciando però presagire che in futuro la «netta distinzione» fra potestà legislativa statale e potestà legislativa regionale potrebbe condurre ad un esito di tipo diverso.

In attuazione di quanto disposto dall'art. 117 Cost., l'art. 1 della legge n. 131 del 2003 dispone che le norme statali vigenti nelle materie trasferite alla legislazione regionale continuano ad applicarsi fino alla data di entrata in vigore delle disposizioni regionali in materia, mentre nelle materie di legislazione concorrente, le Regioni esercitano la potestà legislativa nell'ambito dei principi fondamentali determinati dalla legge statale o, in difetto, quali desumibili dalle leggi statali vigenti. Di converso, le norme regionali vigenti nelle materie appartenenti alla legislazione esclusiva statale continuano ad applicarsi fino alla data di entrata in vigore delle disposizioni statali in materia.

Il comma 4 dell'art. 117 Cost. pone la c.d. ***clausola di residualità*** secondo cui le materie non espressamente assegnate alla potestà legislativa esclusiva statale o alla potestà legislativa regionale concorrente spettano alla potestà legislativa delle Regioni.

Questa disposizione costituisce per il nostro ordinamento una radicale innovazione che rovescia completamente il previgente assetto dei rapporti fra legge statale e legge regionale, giacché attualmente non è più necessario interrogarsi sul titolo di legittimazione costituzionale dell'intervento legislativo regionale, ma piuttosto «*sull'esistenza di riserve, esclusive o parziali, di competenza statale*» (Corte cost., sent. n. 282 del 2002). La giurisprudenza costituzionale si è mostrata finora molto attenta nell'interpretazione dell'art. 117, comma 4, Cost., ed ha affermato che se un oggetto non è «*immediatamente riferibile ad una delle materie elencate nei commi secondo e terzo dell'art. 117 Cost.*» non può automaticamente ritenersi che tale oggetto ricada nell'ambito di operatività dell'art. 117, comma 4, Cost. (sent. n. 303 del 2003).

Nella sent. n. 303 del 2003 la Corte costituzionale si trovava a giudicare su numerose questioni di costituzionalità aventi ad oggetto disposizioni della c.d. "legge obiettivo" (legge n. 443 del 2001, "*Delega al Governo in materia di infrastrutture ed insediamenti produttivi strategici ed altri interventi per il rilancio delle attività produttive*"), nonché dei connessi dd.lgs. nn. 190 e 198 del 2002 (adottati appunto in attuazione delle deleghe conferite nella menzionata legge). La Corte era chiamata ad individuare il contenuto delle norme costituzionali relative al riparto delle competenze legislative fra Stato e Regioni dopo la riforma operata dalla legge cost. n. 3 del 2001.

La Corte ricorda innanzitutto il contenuto della legge n. 443 del 2001, che pone il procedimento relativo alla individuazione, localizzazione e realizzazione degli insediamenti produttivi e delle infrastrutture (pubbliche e private) che, per il loro ruolo «strategico», vengono ritenuti di preminente interesse nazionale in quanto destinati a realizzare la modernizzazione e lo sviluppo del paese. L'individuazione delle suddette opere è rimessa al governo «*nel rispetto delle attribuzioni costituzionali delle Regioni*». Originariamente l'art. 1, legge n. 443 del 2001 disponeva che l'individuazione di tali opere da parte del governo avvenisse, sentita la Conferenza unificata (composta dalla Conferenza Stato-città ed autonomie locali e dalla Conferenza Stato-Regioni), sulla base di un programma «*formulato su proposta dei ministri competenti, sentite le Regioni interessate, ovvero su proposta delle Regioni, sentiti i ministri competenti*». Nella individuazione delle opere da inserire nel menzionato programma, il governo era tenuto a procedere «*secondo finalità di riequilibrio socio-economico fra le aree del territorio nazionale*» e ad indicare nella legge finanziaria «*le risorse necessarie, che integrano i finanziamenti pubblici, comunitari e privati, allo scopo disponibili*». La legge n. 166 del 2002 ha modificato la legge-obiettivo elevando il grado di coinvolgimento delle Regioni e delle Province autonome mediante l'espressa previsione della necessità dello strumento della intesa. Pertanto l'individuazione delle opere ritenute «strategiche» per l'interesse nazionale avviene, in seguito a tale legge, ad opera di un programma, predisposto dal ministro delle infrastrutture e dei trasporti «*d'intesa con i ministri competenti e le Regioni o Province autonome interessate*», e che viene inserito nel Documento di programmazione economico e finanziaria previo parere del comitato interministeriale per la programmazione economica e previa intesa con la Conferenza unificata. L'art. 13, comma 6, legge n. 166 del 2002 introduce però una procedura di approvazione dei progetti definitivi alternativa demandata ad un decreto del Presidente del Consiglio dei ministri previa deliberazione del Cipe integrato dai presidenti delle Regioni e delle Province autonome interessate, sentita la Conferenza unificata e previo parere delle competenti commissioni parlamentari.

La Corte costituzionale, nella sent. n. 303 del 2003, opera innanzitutto una delimitazione del proprio campo di intervento precisando che nel giudizio in questione essa deve solo accertare se il complesso iter procedimentale delineato dalla legge impugnata si riveli ex se lesivo delle attribuzioni regionali. E, più precisamente, la domanda da porsi riguarda l'ammissibilità di una legislazione nazionale volta a regolare l'esercizio di funzioni amministrative su materie su cui lo Stato vanta una potestà legislativa solo concorrente. La Corte ricorda che il nuovo art. 117 Cost. «*distribuisce le competenze legislative in base ad uno schema imperniato sulla enumerazione delle competenze statali*» e dunque opera un completo rovesciamento rispetto al sistema previgente di ripartizione delle competenze fra Stato e Regioni, basato invece sull'elencazione delle competenze regionali. La formulazione dell'art. 117, comma 4, Cost. non sembra lasciare molti spazi all'interprete laddove afferma che spetta alla potestà legislativa regionale ogni materia non espressamente citata nei commi precedenti. Ed è proprio su questa disposizione che facevano leva le Regioni ricorrenti sostenendo l'incostituzionalità delle impugnate norme. Ma di fronte a tale impostazione la Corte fonda la parte centrale della propria motivazione sul «meccanismo dinamico» contenuto nell'art. 118 Cost. Secondo la Corte l'affermazione costituzionale del principio di sussidiarietà per le funzioni amministrative «*finisce col rendere meno rigida … la stessa distribuzione delle competenze legislative*» in quanto il passaggio delle competenze amministrative da un livello di governo più basso ad uno più alto può arrivare fino a consentire l'ingresso dello Stato nell'esercizio delle funzioni amministrative. Conseguenzialmente il principio di legalità («*il quale impone che anche le funzioni assunte per sussidiarietà siano organizzate e regolate dalla legge*») conduce a ritenere necessaria una disciplina legislativa statale che regoli gli ambiti di intervento sopra delineati.

Secondo la Corte, il congiunto disposto degli artt. 117 e 118 Cost. introduce il «*principio dell'intesa*» discendente dalla peculiare funzione attribuita alla sussidiarietà. L'incorporazione in Costituzione del principio di sussidiarietà assegna a quest'ultimo una dimensione «dinamica» (e non solo «statica») che consente allo stesso di mostrarsi quale fattore di flessibilità dell'ordine delle competenze. L'intesa viene così a rivestire la funzione di strumento «procedimentale» che consente – in caso di necessità discendenti da «esigenze unitarie» – di ricondurre allo Stato la funzione legislativa anche in quelle materie assegnate dalla Costituzione alla potestà legislativa delle Regioni. È stato evidenziato che, così operando, la Corte, declinando in senso «dinamico e metodologico» il principio di sussidiarietà (oltre a presupporre il rispetto dell'art. 5 Cost.), determina una applicazione del principio dell'intesa anche nella dimensione del processo legislativo di attrazione allo Stato di funzioni amministrative. E, pertanto, viene costruito un «ruolo forte» del sistema delle Conferenze quale luogo deputato al raggiungimento delle necessarie intese fra i diversi livelli di governo (Dickmann).

In base a queste premesse la Corte, in merito alle singole questioni di costituzionalità sollevate dalle Regioni e dalle Province autonome ricorrenti, rigetta (nella sent. n. 303 del 2003) quasi tutte le questioni accogliendo solo quelle relativamente alle quali l'intervento statale necessita della previa intesa con le Regioni in Ragione appunto dell'assenza di una previa intesa con le Regioni. Secondo la Corte non ci si trova di fronte ad una lesione di competenza delle Regioni bensì di fronte ad un caso di applicazione dei principi di sussidiarietà e di adeguatezza: «*Predisporre un programma di infrastrutture pubbliche e private e di insediamenti produttivi è attività che non mette capo ad attribuzioni legislative esclusive dello Stato, ma che può coinvolgere anche potestà legislative concorrenti (governo del territorio, porti e aeroporti, grandi reti di trasporto, distribuzione nazionale dell'energia, ecc.)*». In tali casi il giudizio sulla legge statale deve necessariamente passare attraverso la valutazione dell'esistenza di una intesa fra lo Stato e le Regioni interessate alla quale sia subordinata l'operatività dell'opera.

La Corte costituzionale ha così riconosciuto l'esistenza di una potestà legislativa dello Stato concernente le funzioni amministrative statali, cui bisogna aggiungere ulteriori disposizioni costituzionali che assegnano allo Stato specifiche potestà legislative esclusive (dall'art. 114, comma 3, sulla disciplina dell'ordinamento di Roma capitale, all'art. 117, comma 5, sulla partecipazione delle Regioni alle procedure di formazione della volontà statale con riguardo agli atti comunitari ed internazionali; dall'art. 117, ultimo comma, relativo al c.d. potere estero delle Regioni, all'art. 119, commi 5 e 6, relativi alle risorse aggiuntive e al patrimonio delle autonomie territoriali; dall'art. 120, comma 2, sul potere sostitutivo dello Stato, all'art. 112, comma 1, sulla durata degli organi regionali, ecc.).

Bisogna inoltre ricordare che la potestà legislativa regionale soggiace ai limiti dell'unità ed indivisibilità della Repubblica (art. 5 Cost.), del territorio di riferimento, della copertura finanziaria e del rispetto del patto di stabilità, e del rispetto del proprio statuto.

Il ***procedimento di formazione della legge regionale*** è disciplinato solo in minima parte dalla Costituzione. Spetta allo statuto e al regolamento interno del consiglio regionale disciplinare gli ulteriori aspetti. Le fasi essenziali consistono in:

1. ***fase dell'iniziativa***: la disciplina dell'iniziativa legislativa regionale è interamente rimessa alla potestà statutaria regionale (art. 123 Cost.);

2. ***fase dell'approvazione***: la disciplina dell'*iter legis* è rimessa all'autonomia statutaria e di ciascun consiglio regionale; è generalmente previsto il ruolo delle commissioni consiliari in sede referente e sono anche previste le classiche tre «letture» in assemblea. La legge è approvata (articolo per articolo e nella sua interezza) a maggioranza relativa. Lo statuto regionale ed il regolamento del consiglio regionale disciplinano dettagliatamente il relativo procedimento cui può partecipare il consiglio delle autonomie;

3. ***fase della promulgazione*** (da parte del presidente della Regione) *e della* ***pubblicazione*** *sul Bollettino ufficiale della Regione*.

L'art. 117, comma 6, limita la potestà regolamentare statale alle sole materie sulle quali lo Stato gode di potestà legislativa esclusiva e riserva alle Regioni il ***potere regolamentare*** in tutte le altre materie, mentre ai comuni e alle province è riconosciuta potestà regolamentare in ordine alla disciplina dell'organizzazione e dello svolgimento delle funzioni loro attribuite.

5. Le funzioni amministrative delle Regioni e degli Enti locali

Secondo il previgente art. 118 Cost., la Regione disponeva di funzioni amministrative nelle materie in cui godeva di potestà legislativa (c.d. *principio del parallelismo*) «salvo quelle di interesse esclusivamente locale», che potevano essere attribuite dalla legge statale alle Province, ai Comuni o ad altri Enti locali.

La legge statale poteva inoltre delegare alla Regione l'esercizio di altre funzioni amministrative. Infatti l'art. 118 Cost. aggiungeva che la Regione «*esercita normalmente le sue funzioni amministrative delegandole alle Province, ai Comuni o ad altri Enti locali, o valendosi dei loro uffici*».

Completamente differente è il testo vigente dell'art. 118 Cost. che assegna le funzioni amministrative in prima istanza ai Comuni «*salvo che, per assicurarne l'esercizio unitario*» le stesse non vengano conferite agli enti progressivamente maggiori (Province, Regioni, Stato) «*sulla base dei principi di sussidiarietà, differenziazione ed adeguatezza*».

Questa disposizione pone dunque il ***principio di sussidiarietà «in senso verticale»*** quale *criterio di ripartizione del potere pubblico tra i diversi livelli territoriali di governo*.

Secondo tale principio, l'attribuzione del potere pubblico è fatta all'ente «più vicino al cittadino», ma con la previsione dell'affidamento della relativa competenza al livello via via superiore nel caso in cui il livello inferiore si riveli incapace di raggiungere gli obiettivi prefissati.

L'art. 118 Cost. riproduce il contenuto dell'identico principio posto dalla legge n. 59 del 1997 (c.d. legge Bassanini, modificata dalle successive leggi n. 127 del 1997 e n. 191 del 1998) e riguardo al quale è stato utilizzato il termine «*federalismo amministrativo*».

In realtà la generalità del principio posto dal comma 1 dell'art. 118 Cost. (secondo cui «*le funzioni amministrative sono attribuite ai Comuni*») trova un ridimensionamento già nel comma immediatamente successivo nel quale si afferma che Comuni, Province e Città metropolitane sono «*titolari di funzioni amministrative proprie e di quelle conferite dalla legge statale o regionale*». Ed in dottrina non è mancato chi ha evidenziato che quest'ultima disposizione non sia poi tanto distante dal previgente comma 3 dell'art. 118 Cost. che prevedeva che le Regioni esercitassero normalmente le proprie funzioni amministrative «delegandole alle Province, ai Comuni o ad altri Enti locali o valendosi dei loro uffici».

Inoltre l'art. 7 della legge n. 131 del 2003 dispone che lo Stato e le Regioni, secondo le rispettive competenze, provvedono a conferire le funzioni amministrative da loro esercitate, sulla base dei princìpi di sussidiarietà, differenziazione e adeguatezza, attribuendo a Province, Città metropolitane, Regioni e Stato soltanto quelle di cui occorra assicurare l'unitarietà di esercizio, per motivi di buon andamento, efficienza o efficacia dell'azione amministrativa ovvero per motivi funzionali o economici o per esigenze di programmazione o di omogeneità territoriale anche nei settori della promozione dello sviluppo economico e della gestione dei servizi. Tutte le altre funzioni amministrative non diversamente attribuite spettano ai comuni, che le esercitano in forma singola o associata.

Si è già detto in precedenza (par. 4) che il comma 6 dell'art. 117 Cost. assegna ai Comuni, alle Province e alle Città metropolitane potestà regolamentare per la disciplina dell'organizzazione e dello svolgimento delle funzioni amministrative loro assegnate. A questo proposito bisogna aggiungere che l'organizzazione degli Enti locali è disciplinata dai rispettivi regolamenti nel rispetto delle norme statutarie. La disciplina dell'organizzazione, dello svolgimento e della gestione delle funzioni dei Comuni, delle Province e delle città metropolitane è dunque riservata alla potestà regolamentare dell'ente locale, nell'ambito della legislazione dello Stato o della Regione, che ne assicura i requisiti minimi di uniformità, secondo le rispettive competenze.

L'ultimo comma dell'art. 118 Cost. dispone che lo Stato, le Regioni e gli Enti locali «*favoriscono l'autonoma iniziativa dei cittadini, singoli e associati, per lo svolgimento di attività di interesse generale, sulla base del principio di sussidiarietà*». Il principio cui fa riferimento quest'ultima disposizione è il c.d. «***principio di sussidiarietà orizzontale***», che attiene al rapporto tra «pubblico» e «privato» o meglio che individua il principio di legittimazione dell'intervento del potere pubblico in quanto «sussidiario» rispetto all'autonomia privata.

Secondo questa impostazione, il potere pubblico deve ritrarsi negli spazi relativi alle funzioni pubbliche fondamentali e lasciare libero gioco alle dinamiche che si sviluppano nei rapporti di natura privatistica. In questa visione del ruolo dello Stato, nella quale è agevole riscontrare radici sia del pensiero comunitario cattolico che di quello dell'individualismo liberale, gioca un ruolo importante (negli ultimi decenni) l'influenza del neoliberismo economico insofferente ai controlli e alle ingerenze del potere pubblico.

Si deve però evidenziare che la portata dell'art. 118, comma 4, Cost. si limita ad un impegno per tutti i soggetti pubblici territoriali a «favorire» l'autonoma iniziativa dei cittadini per lo svolgimento di attività di interesse generale.

6. I raccordi fra Stato e Regioni e il potere sostitutivo dello Stato

La Costituzione del 1948 prevedeva momenti di controllo (preventivo, ma non solo) dello Stato su attività regionali (e della Regione sugli atti degli Enti locali). La riforma costituzionale del 2001 ha eliminato ogni forma di controllo preventivo statale nei confronti di atti delle Regioni nonché di controllo della Regione su atti degli Enti locali. Il principio guida nei rapporti fra Stato e Regioni ed Enti locali è il ***principio di leale collaborazione***, individuato dalla Corte costituzionale (ben prima della riforma del 2001) come criterio guida di tutte le relazioni interistituzionali.

Dal punto di vista degli organismi preposti a svolgere una funzione di raccordo fra Stato e Regioni ed Enti locali bisogna citare la ***Commissione parlamentare per le questioni regionali*** e il c.d *sistema delle conferenze*.

La prima è competente ad intervenire nel caso in cui venga disposto (ai sensi dell'art. 126 Cost.), con decreto motivato del Presidente della Repubblica, lo scioglimento del consiglio regionale e la rimozione del presidente della Regione che abbiano compiuto atti contrari alla Costituzione o gravi violazioni di legge. Lo scioglimento e la rimozione possono essere disposti altresì per ragioni di sicurezza nazionale.

L'art. 11 della legge cost. n. 3 del 2001 ha previsto inoltre che i regolamenti parlamentari possono prevedere la partecipazione alla suddetta Commissione bicamerale di rappresentanti delle Regioni, delle Province autonome e degli Enti locali. E, nel caso in cui la Commissione parlamentare per le questioni regionali, integrata con la partecipazione dei rappresentanti delle Regioni e delle Province autonome e degli Enti locali, abbia espresso parere contrario (o parere favorevole condizionato all'introduzione di modificazioni specificamente formulate) nei confronti di un progetto di legge riguardante materie di competenza legislativa concorrente o relative all'autonomia finanziaria delle Regioni e degli Enti locali, l'approvazione di tali parti del progetto di legge può avvenire, qualora la commissione parlamentare in sede referente non vi si sia adeguata, solamente se l'assemblea delibera a maggioranza assoluta dei componenti.

Deve purtroppo evidenziarsi che i regolamenti parlamentari non hanno recepito tale strumento, la cui assenza determina una lacuna nel sistema. Pertanto attualmente tocca alle varie «*conferenze*» svolgere il ruolo di «*raccordo organico*» fra i diversi livelli territoriali di governo.

La ***Conferenza permanente per i rapporti tra lo Stato, le Regioni e le Province autonome*** è formata dai presidenti delle giunte regionali e delle Province autonome ed è presieduta dal presidente del Consiglio (o da ministro da lui delegato) ed ha la funzione di consentire la partecipazione delle Regioni a tutti i processi decisionali di interesse regionale, infraregionale ed interregionale (d.lgs. n. 281 del 1997). Tale conferenza è affiancata dalla ***Conferenza Stato, Città e autonomie locali*** (anch'essa presieduta dal Presidente del Consiglio, o da un ministro da lui delegato) che è formata da alcuni ministri e dai rappresentati degli Enti locali. Le due conferenze, per le materie ed i compiti di interesse comune, sono riunite insieme nella ***Conferenza unificata*** che esercita funzioni di raccordo e di consultazione nelle materie di interesse comune.

La prima *"Conferenza"* è sede di confronto tra il governo e le Regioni; la seconda tra governo ed Enti locali, e la terza tra governo, Regioni ed Enti locali.

Esse hanno lo scopo di consentire la partecipazione delle Regioni e degli Enti locali all'elaborazione del contenuto di alcuni atti del governo che incidano sugli interessi e le competenze delle Regioni e degli Enti locali. A tale fine è spesso previsto che determinati atti del governo (per esempio, il disegno di legge di bilancio o il disegno di legge di delegazione europea) debbano essere preceduti dal parere di una di tali Conferenze, parere che (sia pure obbligatorio ma non vincolante), dal punto di vista politico svolge un ruolo significativo soprattutto se le Regioni riescono ad esprimersi in modo unitario.

A questo proposito deve evidenziarsi che il positivo funzionamento di questo istituto è rimesso alla capacità degli attori politici di sviluppare delle «buone prassi istituzionali». Per la Corte costituzionale, le Conferenze sono «*una delle sedi più qualificate per realizzare la leale collaborazione*» (sent. n. 251 del 2016).

Sempre in merito ai raccordi fra Stato e Regioni, la legge n. 131 del 2003 (art. 10) dà nuova vita al commissario del governo presso la Regione denominandolo ***Rappresentante dello Stato per i rapporti con il sistema delle autonomie***. Infatti, in ogni Regione a statuto ordinario il prefetto del capoluogo di Regione svolge le funzioni di «*Rappresentante dello Stato per i rapporti con il sistema delle autonomie*». A tale organo è assegnato il compito di curare in sede regionale:

a) le attività dirette ad assicurare il rispetto del principio di leale collaborazione tra Stato e Regione, nonché il raccordo tra le istituzioni dello Stato presenti sul territorio, al fine di garantire la rispondenza dell'azione amministrativa all'interesse generale, il miglioramento della qualità dei servizi resi al cittadino e di favorire e rendere più agevole il rapporto con il sistema delle autonomie;

b) la tempestiva informazione alla Presidenza del Consiglio dei Ministri (Dipartimento per gli affari regionali) e ai ministeri interessati degli statuti regionali e delle leggi regionali, e degli atti amministrativi regionali, nonché il tempestivo invio dei medesimi atti all'ufficio dell'Avvocatura dello Stato avente sede nel capoluogo;

c) la promozione dell'attuazione delle intese e del coordinamento tra Stato e Regione previsti da leggi statali nelle materie indicate dall'art. 118, comma 3, Cost., nonché delle misure di coordinamento tra Stato e autonomie locali;

d) l'esecuzione dei provvedimenti del Consiglio dei Ministri costituenti esercizio del potere sostitutivo di cui all'art. 120, comma 2, Cost., avvalendosi degli uffici territoriali del governo e degli altri uffici statali aventi sede nel territorio regionale;

e) la verifica dell'interscambio di dati e informazioni rilevanti sull'attività statale, regionale e degli Enti locali, riferendone anche al Ministro per l'innovazione e le tecnologie;

f) l'indizione delle elezioni regionali e la determinazione dei seggi consiliari e l'assegnazione di essi alle singole circoscrizioni, nonché l'adozione dei provvedimenti connessi o conseguenti, fino alla data di entrata in vigore di diversa previsione contenuta negli statuti e nelle leggi regionali;

g) la raccolta delle notizie utili allo svolgimento delle funzioni degli organi statali, svolgendo la funzione di tramite per la reciproca informazione nei rapporti con le autorità regionali; la fornitura di dati e di elementi per la redazione della Relazione annuale sullo stato della pubblica amministrazione.

L'art. 120, comma 2, Cost., assegna al governo un ***potere sostitutivo*** nei confronti degli organi di tutti gli enti territoriali diversi dallo Stato, qualora ricorrano i presupposti previsti da tale disposizione costituzionale.

Il governo può sostituirsi a organi delle Regioni, delle città metropolitane, delle Province e dei Comuni nel caso di mancato rispetto di norme e trattati internazionali o della normativa europea oppure nel caso di pericolo grave per l'incolumità e la sicurezza pubblica, ovvero quando lo richiedano la tutela dell'unità giuridica o dell'unità economica e in particolare la tutela dei livelli essenziali delle prestazioni concernenti i diritti civili e sociali.

La Costituzione rimette alla legge statale il compito di definire le relative procedure le quali devono garantire che i poteri sostitutivi siano esercitati nel rispetto del principio di sussidiarietà e del principio di leale collaborazione. In attuazione di questa disposizione costituzionale, l'art. 8 della legge n. 131 del 2003 dispone che il Presidente del Consiglio, su proposta del ministro competente per materia, anche su iniziativa delle Regioni o degli Enti locali, assegni all'ente interessato un congruo termine per adottare i provvedimenti dovuti o necessari; decorso inutilmente tale termine, il Consiglio dei ministri, sentito l'organo interessato, su proposta del Ministro competente o del Presidente del Consiglio, adotta i provvedimenti necessari, anche normativi, ovvero nomina un apposito commissario. Alla riunione del Consiglio dei ministri partecipa il presidente della Regione interessata al provvedimento. Qualora l'esercizio dei poteri sostitutivi riguardi Comuni, Province o città metropolitane, la nomina del commissario deve tenere conto dei princìpi di sussidiarietà e di leale collaborazione ed il commissario adotta i rispettivi provvedimenti dopo aver sentito il consiglio delle autonomie locali (laddove tale organo sia stato istituito).

Nei casi di assoluta urgenza, qualora l'intervento sostitutivo non sia procrastinabile senza mettere in pericolo le finalità tutelate dall'art. 120 Cost., il Consiglio dei ministri, su proposta del ministro competente, anche su iniziativa delle Regioni o degli Enti locali, adotta i provvedimenti necessari, che sono immediatamente comunicati alla Conferenza Stato-Regioni o alla Conferenza Stato-città e autonomie locali, che possono chiederne il riesame.

La Corte costituzionale ha definito quello sostitutivo *ex* art. 120 Cost. un «*potere straordinario ed aggiuntivo*» giacché «*esso allude ad emergenze istituzionali di particolare gravità, che comportano rischi di compromissione relativi ad interessi essenziali della Repubblica*». Diverso da questo potere sostituivo «straordinario» (riservato allo Stato e previsto dall'art. 120, comma 2, Cost. e dall'art. 117, comma 5, Cost.) è il ***potere sostitutivo «ordinario»*** (o potere sostitutivo amministrativo o potere sussidiario) in base al quale l'ente territoriale maggiore può intervenire, a titolo sostitutivo, quando l'esigenza unitaria di una determinata funzione può essere garantita solo dall'attribuzione di un potere sostitutivo a livello maggiore. La Corte costituzionale ha precisato che tale potere sostitutivo è ammissibile solo nei casi previsti e disciplinati dalla legge, la quale deve indicare i presupposti sostanziali e procedurali che legittimano l'intervento sostitutivo e che deve sempre svolgersi in conformità al principio di leale collaborazione (e così deve essere garantita all'ente territoriale la possibilità di partecipare al relativo procedimento ed anche di evitare la sostituzione attraverso un autonomo adempimento).

7. L'attività internazionale delle Regioni

L'art. 4 del d.p.r. n. 616 del 1977 (come modificato dall'art. 8, comma 5, legge n. 59 del 1997) riconosceva alle Regioni la competenza a svolgere «*attività promozionali all'estero*» subordinandole alla previa intesa con il governo. Per le «*attività di mero rilievo internazionale*» (quali scambi di notizie, visite di cortesia, partecipazione a convegni) era invece richiesta una semplice comunicazione al governo.

L'ultimo comma dell'art. 117 Cost. dispone che la Regione, «*nei casi e con le forme*» disciplinati da legge statale, può nelle materie di propria competenza «*concludere accordi con Stati e intese con enti territoriali interni ad altro Stato*».

L'art. 6 della legge n. 131 del 2003 prevede che le Regioni, nelle materie di propria competenza legislativa, provvedono direttamente all'attuazione e all'esecuzione degli accordi internazionali ratificati, dandone preventiva comunicazione al ministero degli affari esteri ed alla Presidenza del Consiglio (Dipartimento per gli affari regionali), i quali, nei successivi trenta giorni, possono formulare criteri e osservazioni. Decorso tale termine le regioni possono sottoscrivere l'intesa.

Le Regioni possono dunque, nelle materie di propria competenza legislativa, concludere, con enti territoriali interni ad altro Stato, intese dirette a favorire il rispettivo sviluppo economico, sociale e culturale, nonché a realizzare attività di mero rilievo internazionale. Con tali atti, posti in essere a livello internazionale, le Regioni non possono esprimere valutazioni relative alla politica estera dello Stato, né possono assumere impegni dai quali derivino obblighi od oneri finanziari per lo Stato o che ledano gli interessi dello Stato, di altre Regioni o di Comuni o Province o città metropolitane.

Sempre nelle materie di propria competenza legislativa, le Regioni possono concludere con altri Stati accordi esecutivi ed applicativi di accordi internazionali regolarmente entrati in vigore, o accordi di natura tecnico-amministrativa, o accordi di natura programmatica finalizzati a favorire il rispettivo sviluppo economico, sociale e culturale, nel rispetto della Costituzione, dei vincoli derivanti dall'ordinamento comunitario, dagli obblighi internazionali e dalle linee e dagli indirizzi di politica estera italiana, nonché, nelle materie assegnate alla potestà legislativa concorrente, dei principi fondamentali dettati dalle leggi statali. I Comuni, le Province e le città metropolitane possono svolgere attività di mero rilievo internazionale nelle materie loro attribuite, secondo l'ordinamento vigente, comunicando alle Regioni competenti ed al governo ogni iniziativa.

In merito all'*attività internazionale delle Regioni* può citarsi la sentenza della Corte cost. n. 258 del 2004 concernente un conflitto fra Stato (da un lato) e Regione Veneto, Regione Friuli-Venezia Giulia e Provincia autonoma di Bolzano (dall'altro), in cui il governo riteneva lesivo delle competenze statali l'accordo di cooperazione transfrontaliera «Interreg III A, Italia-Austria» sottoscritto dalle predette Regioni e Provincia autonoma con i *Länder* della repubblica austriaca Tirolo, Carinzia e Salisburgo senza preventiva intesa con il governo. Questi, pur riconoscendo che nel caso di specie la Regione avesse dato attuazione a strumenti comunitari di cooperazione transfrontaliera con enti pubblici interni ad altro Stato membro dell'Unione europea, sosteneva che, non essendo stata emanata la legislazione statale di attuazione della legge cost. n. 3 del 2001, la stipula dell'accordo avrebbe dovuto conformarsi alle condizioni e alle formalità previste dalla legge n. 948 del 1984, il cui art. 5 prevede la previa intesa con il Governo ed il cui art. 3 impone la previa stipula da parte dello Stato di accordi bilaterali con lo Stato confinante con l'indicazione delle materie che possono formare oggetto dell'atto internazionale della Regione. La Corte rigetta le lamentele del governo ritenendo che l'atto impugnato, ponendosi a conclusione di un lungo iter comunitario, si pone quale atto «*strettamente correlato a (ed esecutivo di) precedenti atti normativi ed amministrativi regolati direttamente dal diritto comunitario*»; e neppure può ritenersi violato il principio di leale collaborazione, proprio perché l'intesa (afferma la Corte) «*doveva ritenersi acquisita nella successione degli atti precedenti*» costituenti il complesso programma comunitario di cooperazione transfrontaliera (di cui l'accordo firmato rappresenta l'ultimo passaggio istituzionale).

8. Enti locali: competenze e forma di governo

In precedenza (*supra*, par. 1), esaminando il contenuto dell'art. 114 Cost., si è visto come gli Enti locali (comuni, province e città metropolitane) abbiano un riconoscimento costituzionale già garantito dalla Costituzione del 1948 ed ampliato e rafforzato dalla legge cost. n. 3 del 2001.

Attualmente è il ***testo unico sull'ordinamento degli Enti locali*** (Tuel, approvato con d.lgs. n. 267 del 2000 ed oggetto di vari interventi legislativi successivi) a porre la disciplina legislativa di tali enti, e tale disciplina legislativa costituisce il limite inderogabile per la potestà normativa degli Enti locali medesimi.

Il Tuel definisce i "livelli di governo locale" ed oltre ai comuni, province e città metropolitane (che hanno fondamento costituzionale) prevede le comunità montane, le comunità isolane e le unioni di comuni.

L'art. 3 Tuel afferma che ***il Comune*** è l'ente locale che rappresenta la propria comunità, ne cura gli interessi e ne promuove lo sviluppo, mentre ***la Provincia*** è l'ente locale intermedio tra Comune e Regione, rappresenta la propria comunità, ne cura gli interessi, ne promuove e coordina lo sviluppo.

Comuni e Province hanno autonomia statutaria, normativa, organizzativa e amministrativa, nonché autonomia impositiva e finanziaria nei limiti di quanto disposto delle leggi di coordinamento della finanza pubblica.

La ***Città metropolitana*** è una figura nuova, istituita nelle zone comprendenti i comuni di Torino, Milano, Venezia, Genova, Bologna, Firenze, Roma, Bari, Napoli ed i comuni i cui insediamenti abbiano con una delle predette città rapporti di stretta integrazione territoriale in ordine alle attività economiche, ai servizi essenziali alla vita sociale, nonché alle relazioni culturali e alle caratteristiche territoriali. In tali aree (in precedenza denominate «*aree metropolitane*») la «*città metropolitana*» acquisisce le funzioni della Provincia ed assume un ordinamento differenziato determinato con proprio statuto.

Comuni e Province sono dotati di *autonomia statutaria e regolamentare*.

L'art. 114, comma 2, Cost. attribuisce rilevanza costituzionale allo statuto degli Enti locali, mentre l'art. 117, comma 6, Cost. riconosce a tali enti «potestà regolamentare in ordine alla disciplina dell'organizzazione e dello svolgimento delle funzioni loro attribuite».

Comuni, Province e Città metropolitane devono dunque dotarsi di un proprio ***statuto***, il quale stabilisce le norme fondamentali dell'organizzazione dell'ente e specifica le attribuzioni degli organi e le forme di garanzia e di partecipazione delle minoranze, i modi di esercizio della rappresentanza legale dell'ente, nonché le forme della partecipazione popolare, del decentramento, dell'accesso dei cittadini alle informazioni e ai procedimenti amministrativi e le forme di collaborazione tra comuni e Province. Lo statuto di Comuni e Province è approvato dal consiglio (comunale o provinciale) con maggioranze particolari (voto favorevole di due terzi dei consiglieri assegnati, in prima votazione; oppure in seguito con doppia votazione a maggioranza assoluta).

L'*autonomia normativa degli Enti locali* (che trova esplicitazione nella potestà statutaria e in quella regolamentare) trova dunque fondamento in Costituzione, ma è la legge a determinarne gli ambiti di competenze e le modalità di esercizio. La Costituzione attribuisce alla competenza esclusiva del legislatore statale la disciplina della legislazione elettorale degli Enti locali, degli «organi di governo» e delle loro «funzioni fondamentali». Spetta poi alla legge statale o a quella regionale, secondo le rispettive competenze, conferire agli Enti locali le altre funzioni (rispetto a quelle «fondamentali»), secondo i princìpi di *sussidiarietà, differenziazione* e *adeguatezza*.

Nel rispetto dei principi fissati dalla legge e dello statuto, il Comune e la Provincia adottano ***regolamenti*** (rispettivamente ***comunali o provinciali***) nelle materie di propria competenza ed in particolare per l'organizzazione e il funzionamento delle istituzioni e degli organismi di partecipazione, per il funzionamento degli organi e degli uffici e per l'esercizio delle funzioni. Il regolamento costituisce lo strumento normativo tipico dell'ente locale, mediante il quale questi provvede non soltanto all'organizzazione dell'ente medesimo (in attuazione e nel rispetto di quanto disposto dello statuto) ma anche a disciplinare le materie di competenza.

Inoltre bisogna ricordare che l'art. 118 Cost. (v. *supra*, par. 5), dopo avere affermato che le «funzioni amministrative sono attribuite ai Comuni», stabilisce che «*I Comuni, le Province e le Città metropolitane sono titolari di funzioni proprie oltre a quelle loro conferite con legge statale o regionale*». Lo Stato, però, conserva la «*potestà legislativa esclusiva*» per quanto riguarda la «*legislazione elettorale, organi di governo e funzioni fondamentali di Comuni, Province e Città metropolitane*».

Per quanto riguarda gli ***organi degli Enti locali***, il *sindaco* rappresenta il comune, sovrintende al funzionamento dei servizi e degli uffici comunali e all'esecuzione degli atti; nomina e revoca gli assessori, convoca e presiede la giunta e provvede alla nomina, designazione e revoca dei rappresentanti del Comune presso enti, aziende e istituzioni. Il *consiglio comunale* è l'organo di indirizzo e di controllo politico-amministrativo del Comune ed ha competenza limitata agli atti fondamentali elencati dall'art. 42 Tuel. La *giunta comunale* opera attraverso deliberazioni collegiali e collabora con il sindaco nell'amministrazione del Comune ed è competente ad adottare tutti gli atti di amministrazione non assegnati (dalla legge o dallo statuto) ad altri organi (consiglio o sindaco) ed adotta il regolamento sull'ordinamento degli uffici e dei servizi. La *forma di governo del Comune* (anch'essa disciplinata dal Tuel) si basa sull'elezione diretta del sindaco, mentre per l'elezione del consiglio, è prevista una combinazione di elementi del sistema maggioritario e di quello proporzionale, che si realizza secondo modalità diverse a seconda delle dimensioni (in termini del numero di abitanti) del Comune.

Nei Comuni fino a 15.000 abitanti, ogni candidato sindaco deve essere collegato ad una lista di candidati a consigliere comunale. L'elettore esprime un voto («congiunto») per il candidato sindaco e per la lista a esso collegata e può anche esprimere un voto di preferenza per uno dei candidati della lista. È eletto sindaco il candidato che ottenga il maggior numero di voti (maggioranza relativa). Il ballottaggio è previsto solo in caso di parità di voti. La lista collegata al candidato sindaco che risulti vincitore, ottiene i due terzi dei seggi del consiglio, mentre i seggi rimanenti sono ripartiti proporzionalmente tra le altre liste.

Nei Comuni con più di 15.000 abitanti, il candidato sindaco deve essere collegato ad una o più liste di candidati a consigliere comunale. L'elettore vota contemporaneamente per il candidato a sindaco e per una delle liste e può esprimere il voto anche per una lista diversa da quelle collegate al candidato sindaco per cui abbia votato (c.d. voto disgiunto). Nell'ambito della lista scelta l'elettore può anche esprimere una preferenza per uno dei candidati della lista. È eletto sindaco il candidato che abbia ottenuto la metà più uno dei voti validamente espressi; qualora nessun candidato raggiunga tale maggioranza si procede ad un secondo turno di ballottaggio tra i due candidati che abbiano ottenuto il maggior numero di voti. Al secondo turno (nel quale è eletto il candidato che ottiene il maggior numero di voti), i due candidati possono collegarsi ad altre liste oltre a quelle cui erano collegati al primo turno. La ripartizione dei seggi tra le liste avviene con formula proporzionale, ma, al fine di assicurare al sindaco eletto la disponibilità di una sicura maggioranza consiliare, è prevista l'attribuzione di un premio di maggioranza alla lista o alle liste collegate al candidato eletto sindaco.

Per quanto riguarda i raccordi tra la Regione e gli Enti locali, la Costituzione assegna ad uno specifico organo (*il* ***consiglio delle autonomie locali***), che deve essere disciplinato dallo statuto regionale, la funzione di *organo di consultazione fra Regione e Enti locali*.

Con la legge 7 aprile 2014, n. 56 ("*Disposizioni sulle città metropolitane, sulle province, sulle unioni e fusioni di comuni*"), adottata "in attesa della riforma del titolo V della parte seconda della Costituzione", sono state introdotte disposizioni in materia di province e di città metropolitane (ma anche di unioni e fusioni di comuni).

Le ***Città metropolitane*** (che sono costituite nel territorio delle province omonime di Torino, Milano, Venezia, Genova, Bologna, Firenze, Bari, Napoli e Reggio Calabria; particolare disciplina è prevista per la città metropolitana di Roma Capitale) sono definite "*enti territoriali di area vasta*" cui vengono assegnate le seguenti finalità istituzionali: cura dello sviluppo strategico del territorio metropolitano; promozione e gestione integrata dei servizi, delle infrastrutture e delle reti di comunicazione di interesse della città metropolitana; cura delle relazioni istituzionali afferenti al proprio livello, ivi comprese quelle con le città e le aree metropolitane europee. Il territorio della città metropolitana coincide con quello della provincia omonima. Sono ***organi della città metropolitana:***

a) il *sindaco metropolitano* (che rappresenta l'ente, convoca e presiede il consiglio metropolitano e la conferenza metropolitana, sovrintende al funzionamento dei servizi e degli uffici e all'esecuzione degli atti; esercita le altre funzioni attribuite dallo statuto);

b) il *consiglio metropolitano* (organo di indirizzo e controllo, propone alla conferenza lo statuto, approva regolamenti, piani e programmi; su proposta del sindaco metropolitano adotta gli schemi di bilancio da sottoporre al parere della conferenza metropolitana, a seguito del quale approva i bilanci dell'ente con i voti che rappresentino almeno un terzo dei comuni compresi nella città metropolitana e la maggioranza della popolazione residente);

c) la *conferenza metropolitana* (ha poteri propositivi e consultivi, nonché il potere di adottare lo statuto con i voti che rappresentino almeno un terzo dei comuni compresi nella città metropolitana e la maggioranza della popolazione residente).

Allo *statuto della Città metropolitana* è assegnato il compito di stabilire le norme fondamentali di organizzazione, ivi comprese le attribuzioni degli organi nonché l'articolazione delle rispettive competenze.

Inoltre lo statuto:

a) regola le modalità e gli strumenti di coordinamento dell'azione complessiva di governo del territorio metropolitano;

b) disciplina i rapporti tra i comuni e le loro unioni e la città metropolitana;

c) può prevedere la costituzione di zone omogenee, per specifiche funzioni;

d) regola le modalità in base alle quali i comuni non compresi nel territorio metropolitano possono istituire accordi con la città metropolitana.

A partire dal 1° gennaio 2015 le città metropolitane sono subentrate alle province omonime; il sindaco del comune capoluogo ha assunto le funzioni di sindaco metropolitano e la città metropolitana opera con il proprio statuto e i propri organi. Il sindaco metropolitano è di diritto il sindaco del comune capoluogo. Il *consiglio metropolitano*, che dura in carica cinque anni, è composto dal sindaco metropolitano e da un numero variabile di consiglieri (da 24 a 14 a seconda della popolazione residente). In caso di rinnovo del consiglio del comune capoluogo, si procede a nuove elezioni del consiglio metropolitano. Il consiglio metropolitano è eletto (con voto ponderato) dai sindaci e dai consiglieri comunali dei comuni della città metropolitana (cui spetta anche l'elettorato passivo: la cessazione dalla carica comunale comporta la decadenza da consigliere metropolitano). La conferenza metropolitana è composta dal sindaco metropolitano, che la convoca e la presiede, e dai sindaci dei comuni appartenenti alla città metropolitana.

Alla città metropolitana sono attribuite le funzioni fondamentali delle province e le seguenti funzioni fondamentali: a) adozione e aggiornamento annuale di un piano strategico triennale del territorio metropolitano, che costituisce atto di indirizzo per l'ente e per l'esercizio delle funzioni dei comuni e delle unioni di comuni compresi nel predetto territorio; b) pianificazione territoriale generale, ivi comprese le strutture di comunicazione, le reti di servizi e delle infrastrutture appartenenti alla competenza della comunità metropolitana, anche fissando vincoli e obiettivi all'attività e all'esercizio delle funzioni dei comuni compresi nel territorio metropolitano; c) strutturazione di sistemi coordinati di gestione dei servizi pubblici, organizzazione dei servizi pubblici di interesse generale di ambito metropolitano. D'intesa con i comuni interessati la città metropolitana può esercitare le funzioni di predisposizione dei documenti di gara, di stazione appaltante, di monitoraggio dei contratti di servizio e di organizzazione di concorsi e procedure selettive; d) mobilità e viabilità, anche assicurando la compatibilità e la coerenza della pianificazione urbanistica comunale nell'ambito metropolitano; e) promozione e coordinamento dello sviluppo economico e sociale; f) promozione e coordinamento dei sistemi di informatizzazione e di digitalizzazione in ambito metropolitano.

La ***città metropolitana di Roma capitale*** è disciplinata dalle norme relative alle città metropolitane, ma il relativo statuto è chiamato a garantire il migliore assetto delle funzioni che Roma è chiamata a svolgere quale sede degli organi costituzionali nonché delle rappresentanze diplomatiche degli Stati esteri presso la Repubblica italiana, presso lo Stato della città del Vaticano e presso le istituzioni internazionali.

Le ***province*** sono definite *"enti territoriali di area vasta"*.

Sono organi della provincia:

a) il *presidente della provincia* (rappresenta l'ente, convoca e presiede il consiglio provinciale e l'assemblea dei sindaci, sovrintende al funzionamento dei servizi e degli uffici e all'esecuzione degli atti; esercita le altre funzioni attribuite dallo statuto);

b) il *consiglio provinciale* (organo di indirizzo e controllo, propone all'assemblea lo statuto, approva regolamenti, piani, programmi; su proposta del presidente adotta gli schemi di bilancio da sottoporre al parere dell'assemblea dei sindaci a seguito del quale approva in via definitiva i bilanci dell'ente con i voti che rappresentino almeno un terzo dei comuni compresi nella provincia e la maggioranza della popolazione residente);

c) l'*assemblea dei sindaci* (costituita dai sindaci dei comuni appartenenti alla provincia ha poteri propositivi, consultivi e di controllo; adotta lo statuto proposto dal consiglio con i voti che rappresentino almeno un terzo dei comuni compresi nella provincia e la maggioranza della popolazione residente).

Il *presidente della provincia* (che dura in carica quattro anni) è eletto (fra i sindaci della provincia, il cui mandato scada non prima di diciotto mesi dalla data di svolgimento delle elezioni) dai sindaci e dai consiglieri dei comuni della provincia, con voto ponderato. Il presidente della provincia decade dalla carica in caso di cessazione dalla carica di sindaco.

Il *consiglio provinciale* è composto dal presidente della provincia e da un numero variabile di consiglieri (da sedici a dieci) a seconda della popolazione residente. Il consiglio provinciale, che dura in carica due anni, è eletto (con voto ponderato) dai sindaci e dai consiglieri comunali dei comuni della provincia (cui spetta anche l'elettorato passivo: la cessazione dalla carica comunale comporta la decadenza da consigliere provinciale).

Le province, quali enti con funzioni di area vasta, esercitano le seguenti *funzioni fondamentali*: a) pianificazione territoriale provinciale di coordinamento, nonché tutela e valorizzazione dell'ambiente; b) pianificazione dei servizi di trasporto in ambito provinciale, autorizzazione e controllo in materia di trasporto privato, in coerenza con la programmazione regionale, nonché costruzione e gestione delle strade provinciali e regolazione della circolazione stradale ad esse inerente; c) programmazione provinciale della rete scolastica, nel rispetto della programmazione regionale; d) raccolta ed elaborazione di dati, assistenza tecnico-amministrativa agli enti locali; e) gestione dell'edilizia scolastica; f) controllo dei fenomeni discriminatori in ambito occupazionale e promozione delle pari opportunità sul territorio provinciale. La provincia inoltre, d'intesa con i comuni, può esercitare le funzioni di predisposizione dei documenti di gara, di stazione appaltante, di monitoraggio dei contratti di servizio e di organizzazione di concorsi e procedure selettive.

Il voto negativo del referendum costituzionale del dicembre 2016 (che ha determinato il fallimento del progetto di revisione costituzionale che, fra le altre cose, eliminava le province quale ente costituzionalmente necessario) impone la necessità di adeguare il testo della legge n. 56 del 2014 alla vigente Costituzione.

9. Il federalismo fiscale

Con l'espressione ***federalismo fiscale*** si fa riferimento ad un sistema di finanza pubblica che riconosce anche ai livelli territoriali di governo minori autonomia di imposizione tributaria e di determinazione delle modalità di spesa delle risorse disponibili.

L'art. 119 Cost. riconosce e garantisce l'*autonomia finanziaria di Comuni, Province, Città metropolitane e Regioni sia sul versante delle entrate che su quello delle spese*. A Comuni, Province, Città metropolitane e Regioni è riconosciuta una autonomia finanziaria con tributi ed entrate proprie (in armonia con la Costituzione e secondo i principi di coordinamento della finanza pubblica e del sistema tributario) e con compartecipazioni al gettito di tributi statali riferibili al rispettivo territorio.

L'art. 117 Cost. affida alla potestà legislativa esclusiva statale la competenza a porre la disciplina relativa alla perequazione delle risorse finanziarie, mentre spetta alla potestà legislativa concorrente (e dunque allo Stato spetta introdurre solamente i principi fondamentali della materia, mentre la disciplina di dettaglio è di competenza delle Regioni) l'armonizzazione dei bilanci pubblici e il coordinamento della finanza pubblica e del sistema tributario.

È previsto un ***fondo perequativo***, senza vincoli di destinazione, operante a favore dei territori con minore capacità fiscale per abitante, ed avente la funzione di assegnare risorse aggiuntive agli enti territoriali economicamente più deboli.

Oltre al fondo perequativo, la Costituzione dispone che lo Stato, al fine di promuovere lo sviluppo economico, la coesione e la solidarietà sociale, ovvero per rimuovere gli squilibri economici e sociali, per favorire l'effettivo esercizio dei diritti della persona, o per provvedere a scopi diversi dal normale esercizio delle funzioni, destini ***risorse aggiuntive*** ed effettui interventi speciali in favore di determinati Comuni, Province, Città metropolitane e Regioni.

Infine l'ultimo comma dell'art. 119 Cost. prevede che Comuni, Province e Città metropolitane hanno un *proprio* ***patrimonio***, attribuito secondo i principi generali fissati con legge dello Stato, e possono ricorrere all'indebitamento solamente per finanziare spese di investimento.

In attuazione di tale disposizione costituzionale è stata approvata la legge 5 maggio 2009, n. 42 che conferisce al governo una delega legislativa (da attuare entro due anni), e che prevede che nel procedimento di formazione dei relativi decreti delegati intervenga anche una «*Commissione parlamentare bicamerale per l'attuazione del federalismo*» alla quale è assegnato il compito di esprimere parere sui vari decreti legislativi preparati dal governo.

È inoltre prevista l'istituzione:

a) di una «*Commissione tecnica paritetica per l'attuazione del federalismo fiscale*» (composta di rappresentanti dei diversi livelli istituzionali), incaricata, in un quadro di complessiva collaborazione e condivisione delle decisioni tra Stato, Regioni ed Enti locali, di raccogliere ed elaborare i dati in funzione della predisposizione dei decreti legislativi da parte del Governo;

b) e della «*Conferenza permanente per il coordinamento della finanza pubblica*», istituita nell'ambito della c.d. "Conferenza unificata" (v. *supra*) alla quale spetta la funzione, nell'attuazione del decreto delegato, di «cabina di regia», in quanto sede condivisa da tutti gli attori istituzionali coinvolti, ed avente funzioni di verifica del funzionamento del nuovo sistema e del corretto utilizzo del fondo perequativo.

La legge-delega n. 42 del 2009 prevede l'autonomia di entrata e di spesa di Comuni, Province, Città metropolitane e Regioni, con l'attribuzione a tali enti sia di tributi propri che di compartecipazione al gettito di tributi erariali riferibile al loro territorio. È inoltre prevista la possibile partecipazione ad un fondo perequativo statale, senza vincoli di destinazione, per i territori aventi minore capacità fiscale per abitante.

L'attuazione dell'art. 119 Cost. comporta il superamento del preesistente sistema di finanza regionale e locale basato sul meccanismo di trasferimento secondo il quale le risorse finanziarie di Regioni ed Enti locali non sono né stabilite né raccolte dagli enti (Regioni, Province, Comuni) che erogano i servizi, ma vengono a questi assegnate dallo Stato. È opinione diffusa che questa tipologia di sistema (c.d. di *finanza derivata*) diminuisca il tasso di responsabilizzazione degli amministratori e non renda effettivo il controllo dei cittadini sull'operato dei rispettivi amministratori.

Il sistema dei trasferimenti attualmente vigente in Italia opera concretamente sulla base del *criterio della spesa storica*, in assenza dunque della previsione di meccanismi premianti o comunque contenenti forme di incentivazione all'efficienza e al perseguimento di modalità operative volte ad una ottimale allocazione delle risorse. La legge-delega muove dalla considerazione che elementi imprescindibili per un corretto funzionamento del sistema debbano essere i principi della responsabilizzazione dei centri di spesa, della trasparenza dei meccanismi finanziari e della instaurazione di corrette modalità che assicurino un effettivo controllo democratico dei cittadini nei confronti delle scelte adottate dagli eletti e dagli amministratori pubblici.

I punti principali della legge-delega sul federalismo fiscale sono i seguenti:

a) *Attuazione del principio della autonomia impositiva*. È previsto il passaggio graduale dal sistema di finanza derivata, basata sul meccanismo della spesa storica, ad un sistema fondato sull'autonomia impositiva dell'ente locale e sul criterio dei costi standard (quali costi corrispondenti ad una media buona amministrazione). Essendo prevista un'effettiva autonomia di entrata e di spesa di Regioni ed Enti locali, le amministrazioni regionali e locali potranno determinare autonomamente i contenuti di propri tributi nella cornice e nei limiti fissati dalla legge statale. I tributi dovranno garantire flessibilità, manovrabilità e territorialità; le amministrazioni più efficienti, che si dimostrano capaci di contenere i costi a parità di servizi, potranno ridurre i propri tributi.

Per il finanziamento delle spese connesse ai livelli essenziali delle prestazioni (in particolare: sanità, istruzione, assistenza e trasporto pubblico locale) le Regioni disporranno:

– di tributi regionali da individuare in base al principio di correlazione tra il tipo di tributo ed il servizio erogato;

– di una aliquota o addizionale Irpef;

– della compartecipazione regionale all'Iva;

– di quote specifiche del fondo perequativo.

In via transitoria, le spese verranno finanziate anche con il gettito dell'Irap fino alla data della sostituzione di tale imposta con altri tributi. Per le altre tipologie di spesa le Regioni disporranno di tributi propri.

Per quanto riguarda i *Comuni*, questi disporranno di tributi propri derivanti da tributi già erariali. In particolare, per l'esercizio delle funzioni fondamentali ai Comuni è assegnata sia una compartecipazione all'Irpef che la possibilità di addizionali all'Irpef. Per i Comuni sarà possibile istituire anche tributi di scopo legati a specifiche problematiche, quali ad esempio i flussi turistici o la mobilità urbana. Anche le *Province* disporranno di tributi propri e di tributi di scopo; in particolare è previsto che le funzioni fondamentali delle Province vengano finanziate mediante una compartecipazione all'Irpef.

b) *Perequazione*. Nel quadro del superamento del criterio della spesa storica, si farà riferimento ai costi standard, assicurando però l'integrale perequazione per gli enti aventi minore capacità fiscale per abitante con riguardo alle spese riconducibili ai livelli essenziali (per quanto riguarda le Regioni) ed alle funzioni fondamentali (per gli Enti locali). Per quanto riguarda le Regioni, il fondo perequativo per i livelli essenziali delle prestazioni verrà alimentato da quote di compartecipazione all'Iva, mentre per le altre spese si ricorre all'addizionale regionale all'Irpef. La perequazione mira a ridurre le differenze discendenti dalle diverse capacità fiscali senza alternarne l'ordine e senza impedirne la modifica nel tempo secondo l'evoluzione del quadro economico. Le Regioni potranno ridefinire la perequazione degli Enti locali fissata dallo Stato, d'intesa con gli enti medesimi.

c) *Garanzie per gli Enti locali*. I tributi degli Enti locali saranno stabiliti dallo Stato o dalla Regione, in quanto titolari del potere legislativo, con garanzia di un significativo margine di flessibilità e nel rispetto dell'autonomia propria dell'ente locale. Gli Enti locali disporranno di compartecipazioni al gettito di tributi erariali e regionali, a garanzia della stabilità dell'ente.

d) *Città metropolitane e Roma capitale*. La legge-delega prevede specifiche disposizioni per le aree metropolitane, la cui autonomia di entrata e di spesa viene commisurata alla complessità delle più ampie funzioni. Con specifico decreto legislativo sarà disciplinata l'attribuzione di specifiche risorse alla città di Roma, in quanto capitale della Repubblica. A Roma inoltre viene attribuito un proprio patrimonio.

e) *Coordinamento dei diversi livelli di governo*. Dovrà essere garantita la trasparenza delle diverse capacità fiscali per abitante anteriormente e posteriormente agli interventi di perequazione, in modo da rendere evidenti i diversi flussi finanziari tra gli enti. È inoltre previsto che ciascuna Regione e ciascun ente locale debba concorrere all'osservanza e al rispetto del patto di stabilità con l'introduzione di un sistema che deve essere premiante nei confronti degli enti virtuosi e sanzionatorio nei confronti di quelli non virtuosi.

Secondo l'art. 119, comma 5, Cost., lo Stato è chiamato a destinare «*risorse aggiuntive*» e ad effettuare «*interventi speciali*» in favore di determinati Comuni, Province, Città metropolitane e Regioni allo scopo di promuovere lo sviluppo economico, la coesione e la solidarietà sociale, per rimuovere gli squilibri economici e sociali, per favorire l'effettivo esercizio dei diritti della persona, o per provvedere a scopi diversi dal normale esercizio delle loro funzioni. A questo scopo la legge-delega introduce una specifica disciplina per l'attribuzione di risorse aggiuntive ed interventi speciali in favore di determinati Enti locali e Regioni. Gli interventi sono finanziati con contributi speciali del bilancio dello Stato, con i finanziamenti dell'Unione europea e con i cofinanziamenti nazionali. È prevista anche la possibilità di *forme di fiscalità di sviluppo*.

Viene data inoltre attuazione al comma 6 dell'art. 119 Cost. (secondo il quale i Comuni, le Province, le Città metropolitane e le Regioni hanno un *proprio patrimonio* «*attribuito secondo i principi generali determinati dalla legge dello Stato*») sul trasferimento di beni dallo Stato al patrimonio delle Regioni ed Enti locali.

La legge-delega prevede la gradualità del passaggio dal vecchio sistema (basato sulla spesa storica) al nuovo sistema (fondato sul criterio dei costi standard) in modo da assicurare la sostenibilità del passaggio medesimo da parte di tutti i soggetti istituzionali e la congruità delle risorse a disposizione di ogni livello di governo. È previsto inoltre che l'attuazione della nuova disciplina debba avvenire in maniera compatibile con gli impegni finanziari assunti con il patto europeo di stabilità e crescita. Le maggiori risorse finanziarie che dovessero eventualmente rendersi disponibili a seguito della riduzione delle spese debbono essere utilizzate per una riduzione della pressione fiscale dei diversi livelli di governo. Inoltre è previsto il principio per cui il passaggio al nuovo sistema non possa produrre aggravi del carico fiscale nei confronti dei cittadini: alla maggiore autonomia impositiva di Regioni e degli Enti locali deve corrispondere una pari riduzione dell'imposizione statale. La pressione fiscale complessiva è infatti indirizzata verso una riduzione e ad ogni trasferimento di funzioni dallo Stato alle autonomie devono corrispondere trasferimenti di personale, in modo da evitare duplicazioni di funzioni o costi aggiuntivi.

Il primo decreto attuativo della legge n. 42 del 2009 è stato il d.lgs. 28 maggio 2010, n. 85, *"Attribuzione a Comuni, Province, Città metropolitane e Regioni di un proprio patrimonio"*, che individua i beni statali che possono essere attribuiti a titolo non oneroso a Comuni, Province, Città metropolitane e Regioni mediante decreti del Presidente del Consiglio dei Ministri. Il decreto legislativo (che attua il c.d. *federalismo demaniale*) dichiara fin dal primo articolo che «Gli enti territoriali cui sono attribuiti i beni sono tenuti a garantirne la massima valorizzazione funzionale». Il decreto legislativo determina dunque il procedimento ed i parametri («secondo criteri di territorialità, sussidiarietà, adeguatezza, semplificazione, capacità finanziaria, correlazione con competenze e funzioni, nonché valorizzazione ambientale») per l'attribuzione del patrimonio a Comuni, Province, Città metropolitane e Regioni. L'ente territoriale, a seguito del trasferimento, dispone del bene nell'interesse della collettività rappresentata ed è tenuto a favorire la massima valorizzazione funzionale del bene attribuito, a vantaggio (diretto o indiretto) della medesima collettività. Ciascun ente assicura l'informazione della collettività circa il processo di valorizzazione.

Alle Regioni sono trasferiti, unitamente alle relative pertinenze, i beni del demanio marittimo ed i beni del demanio idrico; alle Province sono trasferiti, unitamente alle relative pertinenze, i beni del demanio idrico limitatamente ai laghi chiusi privi di emissari di superficie che insistono sul territorio di una sola Provincia, e le miniere che non comprendono i giacimenti petroliferi e di gas e le relative pertinenze nonché i siti di stoccaggio di gas naturale e le relative pertinenze. I singoli beni sono individuati mediante l'inserimento in appositi elenchi (corredati da adeguati elementi informativi, relativi allo stato giuridico, alla consistenza, al valore del bene, alle entrate corrispondenti e ai relativi costi di gestione) contenuti in decreti del Presidente del Consiglio dei Ministri. Le Regioni e gli enti locali che intendono acquisire i beni contenuti negli elenchi presentano un'apposita domanda di attribuzione all'Agenzia del demanio. Qualora l'ente territoriale non utilizzi il bene nel rispetto delle finalità e dei tempi indicati, il Governo esercita il potere sostitutivo ai fini di assicurare la migliore utilizzazione del bene, anche attraverso il conferimento al patrimonio vincolato.

I beni per i quali non è presentata domanda confluiscono in un patrimonio vincolato affidato all'Agenzia del demanio o all'amministrazione che ne cura la gestione, che provvede alla valorizzazione e alienazione degli stessi beni, d'intesa con le Regioni e gli Enti locali interessati, sulla base di appositi accordi di programma o protocolli di intesa. Per i beni per i quali non si è proceduto alla stipula degli accordi di programma o dei protocolli d'intesa rientrano nella piena disponibilità dello Stato. I beni, trasferiti con tutte le pertinenze, accessori, oneri e pesi entrano a far parte del patrimonio disponibile dei Comuni, delle Province, delle Città metropolitane e delle Regioni, ad eccezione di quelli appartenenti al demanio marittimo, idrico e aeroportuale, che restano assoggettati al regime stabilito dal codice civile, nonché alla disciplina di tutela e salvaguardia dettata dal medesimo codice, dal codice della navigazione, dalle leggi regionali e statali e dalle norme comunitarie di settore, con particolare riguardo a quelle di tutela della concorrenza.

I beni trasferiti che entrano a far parte del patrimonio disponibile dei Comuni, delle Province, delle Città metropolitane e delle Regioni possono essere alienati solo previa valorizzazione attraverso le procedure per l'adozione delle varianti allo strumento urbanistico, e a seguito di attestazione di congruità rilasciata da parte dell'Agenzia del demanio o del territorio. Al fine di favorire la massima valorizzazione dei beni e promuovere la capacità finanziaria degli enti territoriali, i beni trasferiti agli enti territoriali possono essere conferiti ad uno o più fondi comuni di investimento immobiliare.

Sono state inoltre emanate (d.lgs. n. 216 del 2010) le *"Disposizioni in materia di determinazione dei costi e dei fabbisogni standard di Comuni, Città metropolitane e Province"* dirette appunto a disciplinare la determinazione del fabbisogno standard per Comuni e Province, al fine di assicurare un graduale e definitivo superamento nei loro riguardi del criterio della spesa storica. I fabbisogni standard vengono a costituire «*il riferimento cui rapportare progressivamente nella fase transitoria, e successivamente a regime, il finanziamento integrale della spesa relativa alle funzioni fondamentali e ai livelli essenziali delle prestazioni*».

Il decreto fissava nell'anno 2012 l'anno di avvio della fase transitoria (comportante il superamento del criterio della spesa storica) e prevedeva la seguente tempistica: a) nel 2011, la determinazione dei fabbisogni standard, che sarebbero dovuti entrare in vigore nel 2012, riguardo ad almeno un terzo delle funzioni fondamentali; b) nel 2012 determinazione dei fabbisogni standard, chiamati ad entrare in vigore nel 2013, riguardo ad almeno due terzi delle funzioni fondamentali; c) nel 2013 determinazione dei fabbisogni standard, chiamati ad entrare in vigore nel 2014, riguardo a tutte le funzioni fondamentali (con un processo di gradualità diretto a garantire l'entrata a regime nell'arco del triennio successivo).

Il decreto legislativo individua le seguenti funzioni fondamentali:

a) *per i Comuni*: 1. le funzioni generali di amministrazione, di gestione e di controllo, nella misura complessiva del 70 per cento delle spese come certificate dall'ultimo conto del bilancio disponibile alla data di entrata in vigore della legge 5 maggio 2009, n. 42; 2. le funzioni di polizia locale; 3. le funzioni di istruzione pubblica, ivi compresi i servizi per gli asili nido e quelli di assistenza scolastica e refezione, nonché l'edilizia scolastica; 4. le funzioni nel campo della viabilità e dei trasporti; 5. le funzioni riguardanti la gestione del territorio e dell'ambiente, fatta eccezione per il servizio di edilizia residenziale pubblica e locale e piani di edilizia nonché per il servizio idrico integrato; 6. le funzioni del settore sociale;

b) *per le Province*: 1. le funzioni generali di amministrazione, di gestione e di controllo, nella misura complessiva del 70 per cento delle spese come certificate dall'ultimo conto del bilancio disponibile alla data di entrata in vigore della legge 5 maggio 2009, n. 42; 2. le funzioni di istruzione pubblica, ivi compresa l'edilizia scolastica; 3. le funzioni nel campo dei trasporti; 4. le funzioni riguardanti la gestione del territorio; 5. le funzioni nel campo della tutela ambientale; 6. le funzioni nel campo dello sviluppo economico relative ai servizi del mercato del lavoro.

Il *fabbisogno standard*, per ciascuna funzione fondamentale, è determinato attraverso: a) l'identificazione delle informazioni e dei dati di natura strutturale e contabile necessari; b) l'individuazione dei modelli organizzativi e dei livelli quantitativi delle prestazioni, determinati sulla base di un sistema di indicatori in relazione a ciascuna funzione fondamentale e ai relativi servizi; c) l'analisi dei costi finalizzata alla individuazione di quelli più significativi e alla determinazione degli intervalli di normalità; d) l'individuazione di un modello di stima dei fabbisogni standard sulla base di criteri di rappresentatività attraverso la sperimentazione di diverse tecniche statistiche; e) la definizione di un sistema di indicatori significativi per valutare l'adeguatezza dei servizi e consentire agli enti locali di migliorarli. Inoltre «*al fine di garantire continuità ed efficacia al processo di efficientamento dei servizi locali, i fabbisogni standard vengono sottoposti a monitoraggio e rideterminati, non oltre il terzo anno successivo alla loro precedente adozione*», con le identiche modalità.

Nota bibliografica

L. Ammannati-T. Groppi (a cura di), *La potestà legislativa tra Stato e Regioni*, Milano, 2003; V. Angiolini, *Gli organi di governo della Regione*, Milano, 1983; V. Angiolini-L. Violini-N. Zanon (a cura di), *Le trasformazioni dello Stato regionale italiano*, Milano, 2002; A. Anzon, *I poteri delle Regioni dopo la riforma costituzionale*, Torino, 2002; Id., *I poteri delle Regioni nella transizione dal modello originario al nuovo assetto costituzionale*, Torino, 2003; G. Berti, *Art. 5*, in *Comm. Cost.*, a cura di G. Branca, Bologna-Roma, 1975; G. Berti-G.C. De Martin, *Le autonomie territoriali: dalla riforma amministrativa alla riforma costituzionale*, Milano, 2001; Id., *Il sistema amministrativo dopo la riforma del Titolo V della Costituzione*, Roma, 2002; M. BERTOLISSI (a cura di), *L'ordinamento degli Enti locali*, Bologna, 2002; E. BETTINELLI-F. RIGANO (a cura di), *La riforma del Titolo V della Costituzione e la giurisprudenza costituzionale*, Torino, 2004; R. BIN, *La funzione amministrativa nel nuovo Titolo V della Costituzione*, in *Le Regioni*, 2002, 2 ss.; B. CARAVITA, *La Costituzione dopo la riforma del Titolo V*, Torino, 2002; ID., *La legge quadro n. 165 del 2004 sulle elezioni regionali*, Milano, 2005; P. CARETTI, *Stato, Regioni, Enti locali tra innovazione e continuità*, Torino, 2003; M. CARLI, *Il limite dei principi fondamentali*, Torino, 1992; ID. (a cura di), *Il ruolo delle assemblee elettive. I. La nuova forma di governo delle Regioni*, Torino, 2001; M. CARLI-G. CARPANI-A. SINISCALCHI (a cura di), *I nuovi statuti delle Regioni ordinarie*, Bologna, 2006; P. CAVALERI-E. LAMARQUE (a cura di), *L'attuazione del nuovo Titolo V, parte seconda della Costituzione. Commento alla legge La Loggia*, Torino, 2004; A. D'ATENA, *Diritto regionale*, Torino, 2010; G.C. DE MARTIN, *L'amministrazione locale nel sistema delle autonomie*, Milano, 1984; G. DI PANGRAZIO-F. POLITI, *Lineamenti di diritto regionale e degli Enti locali*, Torino, 2008; C. ESPOSITO, *Autonomie locali e decentramento amministrativo nell'art. 5 della Costituzione*, in *La Costituzione italiana. Saggi*, Padova, 1954; G. FALCON (a cura di), *Stato, Regioni ed Enti locali nella legge 5 giugno 2003, n. 131*, Bologna, 2003; F. FENUCCI, *I regolamenti dell'autonomia locale*, Milano, 2005; G. FERRARI-G. PARODI, *La revisione costituzionale del Titolo V tra nuovo regionalismo e federalismo. Problemi applicativi e linee evolutive*, Padova, 2003; D. FLORENZANO, *L'autonomia regionale nella dimensione internazionale*, Padova, 2004; S. GAMBINO (a cura di), *Diritto regionale e degli Enti locali*, Milano, 2003; G. GRASSO, *Il conflitto di attribuzione tra le Regioni e il potere giudiziario*, Milano, 2001; A. LUCARELLI, *Percorsi del regionalismo italiano*, Milano, 2004; P. MABELLINI, *La legislazione regionale tra obblighi esterni e vincoli nazionali*, Milano, 2004; S. MANGIAMELI, *La riforma del regionalismo italiano*, Torino, 2002; T. MARTINES-A. RUGGERI-C. SALAZAR, *Lineamenti di diritto regionale*, Milano, 2002; L. MEZZETTI, *La Costituzione delle autonomie*, Napoli, 2004; A. MORRONE, *Il diritto regionale nella giurisprudenza e nelle fonti*, Padova, 2005; L. PALADIN, *Diritto regionale*, Padova, 1992; F. PINTO, *Il nuovo regionalismo nel sistema delle fonti*, Torino, 2004; A. PIRAINO, *La funzione normativa di Comuni, Province e città metropolitane nel nuovo sistema costituzionale*, Palermo, 2002; F. PIZZETTI, *Il nuovo ordinamento italiano fra riforme amministrative e riforme costituzionali*, Torino, 2002; G. ROLLA, *Diritto regionale e degli Enti locali*, Milano, 2002; E. ROSSI (a cura di), *Le fonti del diritto nei nuovi statuti regionali*, Padova, 2007; F. STADERINI, *Diritto degli Enti locali*, Padova, 2003; L. VANDELLI, *Il sistema delle autonomie locali*, Bologna, 2007; P. VIPIANA, *Il principio di sussidiarietà verticale*, Milano, 2002; N. ZANON-A. CONCARO (a cura di), *L'incerto federalismo*, Milano, 2005.

Capitolo Tredicesimo

LIBERTÀ E DIRITTI COSTITUZIONALI

1. I diritti inviolabili nella Costituzione italiana. La tutela della dignità umana

Nel linguaggio quotidiano le espressioni "libertà costituzionali", "diritti fondamentali", "diritti inviolabili", vengono spesso utilizzate come sinonimi. Il significato di ciascuna di tali formulazioni ha registrato nel tempo notevoli cambiamenti seguendo percorsi (culturali, giurisprudenziali, legislativi) molteplici.

Con riguardo alla Costituzione italiana, l'art. 2 Cost. afferma che «*La Repubblica riconosce e garantisce i diritti inviolabili dell'uomo, sia come singolo sia nelle formazioni sociali ove si svolge la sua personalità e richiede l'adempimento dei doveri inderogabili di solidarietà politica, economica e sociale*».

In precedenza (*supra*, cap. III) si è già evidenziato come questa disposizione ponga alcuni dei principi fondamentali della Costituzione repubblicana. Costantino Mortati individua nell'art. 2 Cost. la posizione del «principio personalista», secondo cui la Costituzione tutela la persona umana quale valore inviolabile. Per Barile nell'art. 2 Cost., in quanto denominatore comune di tutte le libertà, si ritrovano molteplici sfere di tutela tutte fondate sul riconoscimento della tutela e dello sviluppo della persona umana. Secondo Alessandro Pace l'art. 2 Cost. pone la centralità non della «persona umana» astrattamente considerata, ma dei «diritti umani», corrispondenti a specifiche situazioni soggettive (la pari dignità umana, la libertà personale, la libertà domiciliare, ecc.) le quali trovano nelle rispettive, singole disposizioni costituzionali il relativo contenuto. In tale visione, l'art. 2 Cost. viene dunque a rivestire il ruolo di «*tête de chapitre*» che pone l'architettura del rapporto intercorrente fra individuo e Stato, ma che rinvia, riguardo ai contenuti (cioè alle situazioni giuridiche effettivamente protette) alle successive disposizioni costituzionali. Ed infatti per Alessandro Pace l'art. 2 Cost., essendo una disposizione di principio (e non una «vera e propria regola costituzionale»), non pone alcuna «specifica disciplina» né dei diritti inviolabili, né dei doveri inderogabili.

Impostazione nettamente diversa è quella di chi (Barbera) ritiene che l'art. 2 Cost. non sia affatto una «norma di chiusura» (riassuntiva di tutti i diritti fondamentali tutelati espressamente nella Costituzione), ma piuttosto una «*norma di apertura*» ad altre libertà e ad altri valori personali non espressamente tutelati dal testo costituzionale e che dunque pone una «*clausola a fattispecie aperta*».

La collocazione in Costituzione di un ampio catalogo di diritti incide ovviamente sulla forma di Stato. Alle teorie statocentriche ottocentesche, secondo cui il fondamento dei diritti del singolo è da rintracciare in un'autolimitazione dello Stato (Jellinek), si contrappongono le ricostruzioni che assegnano alla libertà e ai diritti fondamentali un carattere di precedenza rispetto al momento statuale (in questo senso depone anche il verbo «riconoscere» utilizzato dall'art. 2 Cost.). Pace rigetta la tesi della giuridica anteriorità dei diritti dell'uomo nei confronti dello stesso ordinamento giuridico, giacché sarebbe «*solo per il tramite dell'ordinamento giuridico che i diritti dell'uomo acquisiscono una possibilità di tutela*». Questa obiezione sembra però confondere l'analisi dello strumento (o degli strumenti) di tutela con il fondamento della tutela stessa. Il richiamo ad un fondamento pre-statuale delle libertà e dei diritti fondamentali si ricollega ad importanti correnti di pensiero che hanno attraversato, riproponendosi con accenti e forme differenti, in epoche diverse, ma esprimendo sempre la chiara esigenza di tutela del singolo nei confronti delle strutture di potere. È indubbio che spetta all'ordinamento giuridico apprestare gli strumenti che assicurino l'effettività dei diritti, ma l'affermazione di una precedenza giuridica del riconoscimento degli stessi muta di significato l'intervento statuale (che diventa atto dovuto).

L'art. 2 Cost., nel riconoscere e garantire i diritti inviolabili dell'uomo (sia come «singolo» sia come membro di formazioni sociali ove si svolge la sua personalità), pone il superamento della concezione ottocentesca dei *diritti pubblici soggettivi* (i quali riguarderebbero unicamente i rapporti fra Stato e cittadini) giacché la Costituzione estende la relativa tutela anche nelle «formazioni sociali» e dunque anche nei rapporti interprivati. Le formazioni sociali cui fa riferimento l'art. 2 Cost. sono non solo quelle associative su base volontaria, ma anche le c.d. formazioni naturali (quali la famiglia).

La Corte costituzionale, che inizialmente aveva affermato che i diritti inviolabili dell'uomo sono solo quelli espressamente elencati in Costituzione, a partire dalle sentt. nn. 215 e 561 del 1987 ha condiviso l'impostazione secondo cui l'art. 2 Cost. costituisce una «*norma a fattispecie aperta*» intendendosi con tale espressione la capacità di tale disposizione costituzionale di riconoscere e tutelare valori e diritti che, benché non espressamente menzionati dalla Costituzione, vengano ad emergere nel tempo, in ragione dell'evoluzione della coscienza sociale (i c.d. «*nuovi diritti*»: a titolo di esempio possono citarsi il diritto alla riservatezza, il diritto all'immagine, all'obiezione di coscienza, ecc.). Ed in tal senso si è espressa anche la giurisprudenza della Cassazione. A questa tesi si è obiettato che i c.d. «nuovi diritti» possono invece essere ricondotti, mediante un'interpretazione estensiva, ai diritti già esplicitamente riconosciuti in Costituzione (Baldassarre) oppure si finirebbe per individuare «istituti di libertà, ancorati ad un diritto naturale estraneo all'esperienza giuridica contemporanea» con «connotati talmente labili e soggettivi da scomparire nella nebbia dell'incertezza del diritto» (Barile).

Fra i *«diritti inviolabili dell'uomo»* riconosciuti e garantiti dall'art. 2 Cost., la dottrina ricomprende i diritti della persona (o della personalità), quali il diritto alla vita e all'integrità psico-fisica, il diritto al nome, all'identità personale (ad es. con riguardo all'identità sessuale) e il diritto alla tutela del proprio onore quale espressione del rispetto della dignità umana.

Secondo alcuni la ***dignità umana*** non potrebbe essere ricompresa fra i diritti fondamentali giacché costituisce un valore basilare di difficile definizione (tant'è che alcuni l'hanno definita una «nozione intuitiva» più facile da percepire che da definire) e che si pone appunto quale base di tutte le libertà. Il principio del rispetto della dignità umana è dunque considerato un «valore centrale» attorno al quale e in base al quale costruire l'intero quadro dei diritti e delle libertà costituzionalmente riconosciuti e garantiti. Si è così sostenuto il «ruolo primario» della dignità umana nel sistema dei diritti fondamentali, inteso come il «principio costituzionale supremo» (Starck) o «il principio giuridico supremo» (Benda) o «il principio supremo indisponibile dell'ordinamento» (Hesse) o ritenuta come «promessa comune di riconoscimento reciproco» posta a fondamento dell'intero ordinamento (Hofmann). E, sempre all'interno di tale tendenza, si contrappongono una concezione della dignità umana intesa come «particolare qualità o proprietà che è concessa all'individuo dal suo creatore o dalla natura» (*Mitgifttheorie*, o «teoria della dote») contrapposta ad una concezione della stessa intesa come «prestazione della soggettività umana» (*Leistungstheorie*, o «teoria della prestazione»). Proprio nella dottrina tedesca ci si è interrogati se la dignità umana possa ritenersi un diritto fondamentale e così (anche richiamando quanto disposto dalla Costituzione di Weimar che all'art. 151, par. 1, disponeva che l'ordinamento economico deve essere orientato nel senso di assicurare una esistenza «degna» per tutti) si è sostenuto che l'art. 1, par. 1, *Grundgesetz* dispone il «diritto ad una esistenza degna della persona» (Bloch). Il dibattito dottrinale tedesco, ovviamente, ha al proprio centro la formulazione dell'art. 1, par. 1, *Grundgesetz* («*La dignità dell'uomo è intangibile. È dovere di ogni potere statale rispettarla e proteggerla*»), e da cui è stata tratta la «c.d. formula oggetto», secondo cui la dignità dell'uomo risulta violata ogniqualvolta l'essere umano concreto si trova ad essere svilito a puro mezzo, ad oggetto.

Anche all'interno di tale dibattito è stato evidenziato come la dignità umana finisca per differenziarsi in molteplici (e differenti) contenuti in ragione dei diversi presupposti teorici posti a base della stessa. Ed infatti il principio del rispetto della dignità umana, pur nel fondamento (generalmente riconosciuto) dell'affermazione del riconoscimento del valore della persona umana, continua, in ragione delle differenti basi ideologiche e culturali, a vedersi riconosciuto il valore di «principio supremo» unitamente però ad un'assenza di determinazione contenutistica del principio medesimo.

Nella visione contrattualistica, tipica dell'età moderna, l'affermazione dei vari diritti dell'individuo si è avuta progressivamente ed il principio del rispetto della dignità umana ha rappresentato il valore di base del principio di giustificazione del diritto di difesa dell'individuo dal potere e dall'autorità. Queste considerazioni conducono innanzitutto a rifiutare ogni impostazione dogmatica definitoria o ancorata a visioni positivistiche dei concetti di diritti e della stessa dignità umana: «In ciascun secolo e paese, i diritti dell'uomo acquistano un significato storicamente diverso ... E tuttavia posseggono un tratto comune: l'assicurazione giuridica e morale della dignità e libertà umane, nelle accezioni loro conferite via via dalla cultura». Oestreich mette bene in evidenza come i concetti di «dignità dell'uomo» e di «diritti dell'uomo» presuppongano l'esistenza di diritti connaturati all'essere umano in quanto partecipi della «essenza dell'uomo». Al tempo stesso viene però evidenziato come le correnti giusnaturalistiche non si identifichino affatto con i fondamenti del liberalismo europeo giacché la storia dei diritti dell'uomo va posta in stretto rapporto con le dottrine politiche della moderazione, del consenso e della separazione dei poteri (Ridola).

Inoltre, se il principio del rispetto della dignità umana si fonda sul riconoscimento dell'uguaglianza di tutti gli esseri umani, bisogna aggiungere che anche Jellinek sottolineava che «il retroterra» delle proclamazioni dei diritti dell'uomo e dell'elaborazione del moderno diritto di natura è rappresentato dai conflitti confessionali e religiosi che dominarono l'età moderna. E così emerge un elemento centrale nello studio del principio della dignità dell'uomo, rappresentato dal ruolo della religione. È generalmente riconosciuto che l'incontro fra la religione cristiana e la filosofia stoica abbia determinato («in ambito culturale») la produzione di un decisivo fattore, basilare per la formazione di una teoria dei diritti dell'uomo e del principio del rispetto della dignità umana.

Nell'età antica, alla dignità dell'uomo veniva riconosciuta piena realizzazione solo nel «cittadino» quale membro a pieno titolo della *polis* e solo nella dottrina stoica si rinviene la prima compiuta formulazione del riconoscimento del principio di eguaglianza fra gli uomini che, nel regno della ragione, sono tutti eguali perché partecipi della ragione universale (il *logos*) e dunque accomunati dalla stessa finalità etica. La dottrina stoica fu rielaborata dalla cultura romana e così per Cicerone (nel *De re publica*) è la *aequitas* (volto vivente della giustizia e fondamento della volontà comune) ad imporre il rispetto non solo di ogni persona fisica, ma anche delle aspirazioni affettive e spirituali di ogni individuo e nel *De officiis* (in cui si tratta della natura dell'uomo) si afferma che bisogna obbedire solo ai precetti giusti e utili.

Nella religione cristiana la dignità umana trova un proprio stabile fondamento: il concetto cristiano dell'uomo come *imago Dei* fornisce al principio di uguaglianza fra gli uomini (mai generalmente dichiarato nell'età antica) uno straordinario criterio giustificativo. E se è vero che (quanto meno nella letteratura patristica e nei teologi medievali) l'uguaglianza degli uomini di fronte a Dio non riesce a condurre alla piena affermazione del principio dell'uguaglianza come diritto universale dell'uomo, va parimenti ricordato che i Padri della Chiesa condannano esplicitamente la schiavitù, in quanto iniqua ed incompatibile con la natura umana (in ragione dell'ordine del creato), raccomandandone l'abolizione.

Con Pico della Mirandola, la cui *Oratio de hominis dignitate* costituisce uno dei massimi testi dell'umanesimo italiano, si registra una soggettivizzazione della dignità umana giacché in questo autore (nel cui pensiero si rinvengono aspetti di una vastissima dottrina dall'aristotelismo arabo e scolastico alla tradizione platonica, dalla mistica ebraica alla speculazione patristica) la celebre esaltazione della «dignità dell'uomo» si ricollega alla polemica antiastrologica e trova fondamento nella affermazione della radicale libertà e nella negazione della natura determinata dell'essere umano e la cui dignità è dunque conseguenza del libero arbitrio, inteso quale capacità di autodeterminare la propria esistenza, concessa da Dio all'essere umano.

Nelle teorie contrattualistiche del XVI e XVII secolo la dignità umana trova il proprio fondamento nella ragione umana (la *ratio*, sempre più distaccata dalla teologia e dall'etica) e nella autonomia morale della stessa (e con la scomparsa del fondamento cristiano). È in tale epoca che si afferma il principio del rispetto della dignità umana come criterio di giustificazione del principio di difesa dell'individuo dal potere e dall'autorità.

Nel pensiero socialista il principio del rispetto della dignità umana acquista l'ulteriore significato di criterio di giustificazione dell'intervento pubblico a favore delle classi meno abbienti. Tale affermazione, nelle vesti del principio di eguaglianza in senso sostanziale, si rinviene nelle costituzioni del secondo dopoguerra e nell'art. 1 della Dichiarazione universale dei diritti dell'uomo (secondo cui «Tutti gli esseri umani nascono liberi ed eguali in dignità e diritti»; nel Preambolo si legge inoltre che «fondamento della libertà, della giustizia e della pace nel mondo» è «il riconoscimento della dignità inerente a tutti i membri della famiglia umana»).

Il profilo di maggiore problematicità che oggi il richiamo al principio della dignità umana finisce per porre è però rappresentato da utilizzazioni dello stesso (non solo quale base dei diritti e delle libertà fondamentali, bensì) quale criterio di giustificazione di limiti alla possibilità di godimento di libertà e diritti. Infatti il richiamo alla dignità umana se, storicamente, collega la teoria dei diritti fondamentali con l'applicazione degli stessi, da ultimo ha talvolta finito per rivestire un «ruolo ambiguo» proprio sotto il profilo della sua funzione (oltre che di garanzia dei diritti) di criterio di giustificazione della limitazione di determinati diritti. Utilizzato in tal senso il principio di tutela della dignità umana finisce per aprire lo spazio a differenti opzioni interpretative con il rischio di una utilizzazione di tale principio come categoria valoriale volta a imporre modelli di comportamento e quale strumento di legittimazione di teorie limitative dei diritti. Questo rischio è sottolineato da Ridola che, proprio sulla scorta dell'evoluzione storica e storico-culturale della tutela dei diritti, richiama la valenza del "*principio-libertà*" (quale diritto di ciascuno di occupare il "proprio posto" – e dunque di realizzare il proprio progetto di vita - nella storia) quale criterio di orientamento di fronte alle sfide del presente.

La dignità umana, ad avviso di chi scrive, deve essere intesa quale *valore fondante di un ordinamento pluralistico, solidale e basato sul riconoscimento dell'altro*. Tale approccio preferisce muovere dalla considerazione della necessità di individuare modelli interpretativi che, seguendo il «filo conduttore della storia del costituzionalismo», operino nella duplice direzione di «garanzia delle differenziazione del tessuto sociale» e di «garanzia indirizzata a promuovere le condizioni per la compiuta realizzazione e per il pieno sviluppo di identità differenti» (Ridola). L'eterogeneo contenuto delle «costituzioni del pluralismo» e la complessità degli obiettivi e degli orientamenti di fondo su cui le stesse si basano conducono infatti a diffidare di spiegazioni teoriche monistiche.

Anticipando quanto sarà esposto più avanti (*infra*, par. 12) trattando i diritti sociali, deve affermarsi che il principio democratico trova nel riconoscimento e nel rispetto della dignità umana non solo la propria premessa e il proprio fondamento di valore ma assegna a tali diritti una (ulteriore) funzione teleologica giacché impone all'intero ordinamento giuridico (e ad ogni soggetto che dello stesso faccia parte) di porre in essere scelte che, consentendo la piena ed effettiva partecipazione di tutti alla vita politica, economica e sociale del Paese, finisce per adempiere pienamente al principio del rispetto della dignità umana.

L'«ancoraggio» del principio del rispetto della dignità umana ai diritti sociali può avvenire anche richiamando la formulazione («pari dignità sociale») utilizzata dall'art. 3 Cost. e collegando direttamente il rispetto della dignità umana con «pretese positive». E se il tema centrale del costituzionalismo del secondo dopoguerra è rappresentato proprio dalle tematiche relative alla eguaglianza sostanziale e alla rimozione degli squilibri sociali, bisogna parimenti concludere che «il lato più solido dell'intangibilità della dignità umana» viene ad essere individuato proprio nel collegamento di tale principio con la questione della libertà dal bisogno (Ridola). Naturalmente la «libertà dal bisogno» non esaurisce le esigenze di tutela della dignità umana, giacché il principio solidaristico deve fondersi con il fondamento pluralistico e con il principio del riconoscimento dell'altro, entrambi ricompresi nel principio della dignità dell'uomo (Esposito).

Il richiamo alla dignità umana è esplicitamente presente in diversi articoli della Costituzione repubblicana, ma secondo la dottrina prevalente e la giurisprudenza costituzionale l'art. 2 Cost., nel porre il «principio personalista» assegna valore fondamentale alla dignità della persona.

In Assemblea costituente la contrapposizione fra il pensiero cattolico e quello delle sinistre venne risolta nel compromesso rappresentato dall'ordine del giorno (presentato da Dossetti, v. *supra*, cap. III) che condusse all'attuale formulazione dell'art. 2 Cost., nel quale si afferma la «anteriorità» e la «precedenza» dei diritti rispetto allo Stato, ma anche la «dimensione sociale» degli stessi. E proprio la coesistenza di questi due aspetti costituisce un tratto peculiare dell'art. 2 Cost. il quale «comporta che il principio personalista mantenga, nel disegno costituzionale, un sicuro ancoraggio al presupposto di una "legittimazione esterna" dei diritti costituzionali, i quali non esprimono una "polarità isolata" dell'individuo ..., ma neppure si prestano a ricostruzioni ... che istituiscono un "sinallagma funzionale" fra diritti e vincolo comunitario del cittadino» (Ridola).

Nel testo dell'art. 2 Cost. confluiscono dunque numerosi motivi, tutti estremamente complessi, per la comprensione dei quali (e, più in generale, per lo studio dell'impianto dei diritti nella Costituzione italiana) è necessario utilizzare una «*cifra di lettura più comprensiva*». Pertanto, se non può escludersi una componente legata al giusnaturalismo, deve soprattutto essere sottolineato che la «dignità» cui fa riferimento l'art. 3 Cost. è la «*dignità sociale*» e dunque l'immagine dell'uomo posta sullo sfondo del quadro dei diritti costituzionalmente riconosciuti fa riferimento alle condizioni di vita concrete dell'individuo.

L'art. 2 Cost. dispone anche che la Repubblica «*richiede l'adempimento dei* ***doveri inderogabili*** *di solidarietà politica, economica e sociale*». Secondo una lettura mazziniana, questa disposizione costituzionale impone, da un punto di vista morale e politico (prima ancora che giuridico), a tutti i soggetti che partecipano al consorzio civile l'adempimento dei doveri che l'appartenenza al consorzio medesimo rende necessario. Il collegamento con il pensiero di Mazzini apre la strada ad un ulteriore significato dei doveri inderogabili previsti dall'art. 2 Cost.: «in una democrazia pluralista, come la nostra, il contemperamento, in concreto, del valore della libertà con quello dell'eguaglianza (che è la ragion d'essere della liberaldemocrazia) non potrà mai essere realizzato con intransigenza giuridica e con l'egoismo, ma solo a prezzo di rinunce reciproche. Che è appunto quanto i rivoluzionari francesi del 1789 avevano intravisto evocando la fraternità, come tramite tra la libertà e l'eguaglianza, e che i nostri costituenti probabilmente avvertirono richiamando gli italiani agli inderogabili doveri di solidarietà» (Pace). Si è parimenti affermato che i «doveri inderogabili» di cui all'art. 2 Cost. non sono altro che quelli espressamente posti dalla Costituzione (dovere tributario e di difesa della Patria) (v. *infra*, par. 17).

2. La libertà personale

L'art. 13 Cost. (che, al comma 1, proclama che «*La libertà personale è inviolabile*») riconosce *l'****inviolabilità della libertà personale***, senza però darne una definizione, anche se il comma 2 di tale disposizione stabilisce che «*non è ammessa nessuna forma di detenzione, ispezione, perquisizione personale, né qualsiasi altra restrizione delle libertà personale, se non per atto motivato dell'autorità giudiziaria e nei soli casi e modi stabiliti dalla legge*».

Pertanto deve ritenersi che tale libertà tutela il singolo da ogni forma di coercizione fisica, ma la dottrina, anche sulla scorta di quanto affermato dal comma 4 dell'art. 13 Cost., ritiene che nella tutela della libertà personale vada ricompresa anche la *libertà morale*, quale libertà di autodeterminazione dell'individuo. Infatti l'art. 13, comma 4, Cost., disponendo che è vietata ogni violenza fisica e morale sulle persone sottoposte a restrizioni di libertà, pone ovviamente il principio di autodeterminazione anche per chi non sia sottoposto ad alcuna restrizione. Nozione fisica e nozione morale della libertà personale si combinano variamente e la copertura delle garanzie di cui all'art. 13 Cost. viene assicurata, anche in ragione di un criterio quantitativo, quando le limitazioni non si risolvano in misure di lieve entità e non ledano la dignità dell'individuo (Cerri). Sono pertanto ritenute lesive della libertà personale (e dunque assoggettate alla disciplina di cui all'art. 13 Cost.) misure che incidono negativamente sulla dignità della persona pur non operando alcuna coercizione fisica (ad es. ammonizione).

L'art. 13 Cost. pone, a tutela della libertà personale, una "*doppia riserva*" in quanto prevede che i provvedimenti restrittivi della libertà personale possano essere adottati solo con atto motivato dell'autorità giudiziaria (*riserva di giurisdizione*) e nei soli casi e modi stabiliti dalla legge (*riserva di legge*). Il principio della riserva di giurisdizione trova la sua radice nell'*habeas corpus* (o *writ of habeas corpus*) che era l'ordine impartito dal giudice necessario per arrestare una persona (*Habeas corpus Act*, 1679) adottato al fine di evitare arresti arbitrari (per cui ancora oggi si afferma che la libertà personale è la libertà della persona fisica dagli arresti illegittimi). La necessità di motivazione dell'atto giurisdizionale risponde, oltre che ad un'esigenza intrinseca dell'atto medesimo, ad un'ulteriore norma costituzionale, posta dall'art. 111 Cost. secondo cui contro i provvedimenti giurisdizionali che incidono sulla libertà personale è sempre ammesso ricorso davanti alla Corte di cassazione. La motivazione dell'atto limitativo della libertà personale viene così a costituire il principale oggetto dell'esame che la Cassazione è chiamato a svolgere. Le *riserve di legge* poste dall'art. 13 Cost. sono riserve assolute, non essendo ammessa alcuna possibilità per le fonti di grado secondario di intervenire in materia (se non con norme di mera esecuzione).

La regola della necessità del previo provvedimento dell'autorità giudiziaria trova un affievolimento (con la posposizione del sempre necessario provvedimento giurisdizionale ad un momento successivo) nei soli casi eccezionali di necessità ed urgenza, che devono essere indicati tassativamente dalla legge, nei quali l'autorità di pubblica sicurezza può adottare provvedimenti provvisori che devono essere, entro 48 ore, comunicati all'autorità giudiziaria e da questa convalidati nelle 48 ore successive. Se non vengono convalidati, tali provvedimenti si intendono revocati e restano privi di ogni effetto. Pertanto la Costituzione, pur prevedendo la possibilità del c.d. ***fermo di polizia***, lo circonda di una serie di limiti molto stringenti rappresentati innanzitutto dalla necessaria previsione legislativa la quale deve innanzitutto individuare «tassativamente» i casi in cui la pubblica sicurezza può operare il fermo e, in secondo luogo, dalla previsione che tali casi devono essere circoscritti a quelli «eccezionali» e caratterizzati dalla necessità ed urgenza del provvedere (limitando così la discrezionalità del legislatore).

Il vigente codice di procedura penale distingue l'arresto in flagranza (che può essere obbligatorio o facoltativo a seconda della gravità del reato compiuto o della pericolosità del soggetto) e il fermo di indiziato di delitto. Lo stato di flagranza ricorre quando la persona viene colta nell'atto di commettere il reato o si dia alla fuga subito dopo la commissione del reato o sia sorpresa con cose o tracce dalle quali appaia che abbia appena commesso il reato. Il fermo, fuori dei casi di flagranza, può essere operato (dagli agenti e ufficiali di polizia giudiziaria) in caso di sussistenza di specifici elementi che fanno ritenere fondato il pericolo di fuga di chi sia «gravemente indiziato» di un delitto punito con la pena della reclusione non inferiore nel minimo a due anni. Dell'eseguito arresto o fermo deve essere data immediata notizia al pubblico ministero il quale, entro 48 ore, chiede al giudice la convalida dell'arresto (o del fermo) la quale deve avvenire entro 48 ore dal momento di esecuzione del provvedimento limitativo della libertà personale (pena l'inefficacia dell'arresto o del fermo). La disciplina posta dal codice di procedura penale è dunque più garantistica di quella posta dalla Costituzione che invece prevede che l'autorità di pubblica sicurezza deve comunicare entro 48 ore l'avvenuto fermo e l'autorità giudiziaria convalida l'arresto nelle successive 48 ore.

L'art. 13, comma 3, Cost. pone dunque una *riserva di legge rinforzata*, giacché pone principi di disciplina (relativi al contenuto che la legge deve avere) che vincolano fortemente innanzitutto lo stesso legislatore e, a seguire, l'autorità di polizia cui viene conferito un rilevante potere, limitativo della libertà dell'individuo, potere che pertanto è stato essere circoscritto dal costituente da un'importante serie di limiti e garanzie.

La previsione in Costituzione del fermo di polizia conferma che l'art. 13 Cost., nel disciplinare le forme di limitazione della libertà personale, faccia riferimento soprattutto (anche se non esclusivamente) alla «reazione» dell'ordinamento giuridico conseguente alla commissione di un fatto previsto come reato (depone in tal senso l'assegnazione alla legge del dovere di prevedere i «casi» – oltre che le «modalità» – in cui il giudice può adottare provvedimenti restrittivi della libertà personale).

Da questo punto di vista l'art. 13 Cost. si pone in stretta correlazione anche con gli artt. 25 e 27 Cost. Quest'ultima disposizione, oltre ad affermare che la responsabilità penale è personale, pone il divieto della pena di morte e specifica che le pene non possono consistere in trattamenti contrari al senso di umanità e devono tendere alla rieducazione del condannato, mentre l'art. 25 Cost. pone il principio di legalità dei reati e delle pene (giacché nessuno può essere punito se non in forza di una legge entrata in vigore prima del fatto commesso) e delle misure di sicurezza.

L'ultimo comma dell'art. 13 Cost. consente la *carcerazione preventiva* e rimette alla legge il compito di stabilirne i limiti massimi. L'istituto della carcerazione preventiva si pone tendenzialmente in contrasto con il principio posto dall'art. 27, comma 2, Cost., secondo cui l'imputato, fino alla condanna definitiva, non può essere considerato colpevole, ed è dunque ammissibile solo per oggettive e comprovate ragioni di sicurezza della collettività. Ed infatti il vigente codice di procedura penale ammette il ricorso alla carcerazione preventiva solo qualora esistano a carico della persona gravi indizi di colpevolezza ed inoltre vi sia, da parte dell'imputato, pericolo di inquinamento delle prove o di fuga o di reiterazione del delitto.

Nella sent. n. 219 del 2008 la Corte costituzionale ha dichiarato incostituzionale l'art. 314 c.p.p. «*nella parte in cui, nell'ipotesi di detenzione cautelare sofferta, condiziona in ogni caso il diritto all'equa riparazione al proscioglimento nel merito dalle imputazioni*». La Corte costituzionale era chiamata a pronunciarsi sulla costituzionalità della norma che escludeva la riparazione per ingiusta detenzione anche nel caso in cui l'interessato non fosse stato prosciolto nel merito. Nella sent. n. 219 del 2008 la Corte afferma che l'inviolabilità della libertà personale non costituisce una «vuota proclamazione della Carta», esprimendo invece una «*preminente forza dei principi costituzionali*», *tale da opporsi* «*ad una ricostruzione del sistema che si tradurrebbe in una lesione di essi*» (sent. n. 232 del 1998). Per la Corte, sia il legislatore, sia l'interprete devono orientare ("ciascuno nell'àmbito delle rispettive competenze") la propria attività "verso il riconoscimento del più efficace degli strumenti di tutela a disposizione per prevenire e, se ciò non sia possibile, per fornire ristoro alla lesione di tale diritto inviolabile", giacché la Carta costituzionale «*impone di impedire la costituzione di situazioni prive di tutela che possano pregiudicare l'attuazione*» del «*nucleo irriducibile*» dei diritti inviolabili (sentt. nn. 252 del 2001, 509 del 2000, 309 del 1999 e 267 del 1998). E se la riparazione patrimoniale («*venendo a monetizzare il sacrificio di una libertà inviolabile*») costituisce solo «*un pallido rimedio*» (dovendosi invece sempre preferire strumenti capaci di evitare o limitare il danno, ovvero di reintegrarlo in forma specifica), purtuttavia la tutela risarcitoria (o indennitaria) quando, di fatto, sia l'unica praticabile nell'ordinamento, non può non essere perseguita e ciò deve avvenire in maniera tale da «*garantire l'integrale riparazione del danno subito nei valori propri della persona, anche in riferimento all'art. 2 della Costituzione*» (sent. n. 233 del 2003). La compressione della libertà personale può derivare solo dalla necessità di perseguire, tramite tale strumento e nel rispetto della riserva di legge e di giurisdizione, finalità dotate di pari dignità costituzionale. La Corte evidenzia che l'istituto della riparazione per l'ingiusta detenzione (previsto dall'art. 314, comma 1, c.p.p.) disciplina l'ipotesi in cui il provvedimento cautelare (restrittivo della libertà personale) è sorto legittimamente, ma si è rivelato solo *ex post* "ingiusto", in ragione dell'assoluzione nel merito dell'imputato. In questi casi le "esigenze di tutela della collettività hanno imposto, e legittimato, una misura, il cui pregiudizio in capo all'imputato si è potuto apprezzare solo all'esito del processo penale". In tali casi, pur mancando le condizioni per il riconoscimento di una tutela risarcitoria, il rimedio alla "oggettiva lesione del diritto inviolabile" avviene mediante una "misura indennitaria", affidata, quanto alla fase di liquidazione, alla valutazione equitativa del giudice, chiamato ad individuare "caso per caso, il ristoro adeguato alla sofferenza incolpevolmente patita dall'individuo".

Poste tali affermazioni di carattere generale, la Corte affronta la questione relativa alla limitazione contenuta nell'art. 314 c.p.p. che condiziona la riparazione per ingiusta detenzione alla circostanza per cui l'imputato sia stato prosciolto nel merito. Per la Corte «*le guarentigie attorno alle quali si deve costituire il nucleo irriducibile dell'inviolabilità del diritto apparirebbero ben misero presidio, se esse fossero soddisfatte dalla mera osservanza della riserva di legge e della riserva di giurisdizione contenute nell'art. 13 Cost., senza accompagnarsi all'imposizione di un fine costituzionalmente tracciato che le giustifichi sostanzialmente, per la parte in cui esse si rendono strettamente e necessariamente strumentali al suo perseguimento. Tale elemento è il* proprium *dell'inviolabilità del diritto nei confronti del legislatore ordinario, la cui osservanza è affidata al controllo di costituzionalità*». La Corte ricorda inoltre che le finalità costituzionali proprie delle misure cautelari (che incidono sulla libertà personale nel corso del procedimento penale) risiedono «unicamente in vista della soddisfazione di esigenze di carattere cautelare o strettamente inerenti al processo» (sentt. nn. 64 del 1970 e 1 del 1980). Pertanto, i «*limiti che deve incontrare la durata della custodia cautelare, discendono direttamente dalla natura servente che la Costituzione assegna alla carcerazione preventiva rispetto al perseguimento delle finalità del processo, da un lato, e alle esigenze di tutela della collettività, dall'altro, tali da giustificare, nel bilanciamento tra interessi meritevoli di tutela, il temporaneo sacrificio della libertà personale di chi non è ancora stato giudicato colpevole in via definitiva*» (sent. n. 229 del 2005; sentt. n. 223 del 2006; nn. 292 e 232 del 1998; n. 15 del 1982; le ord. nn. 397 del 2000 e 269 del 1999). Pertanto, laddove la durata della custodia cautelare abbia ecceduto la pena successivamente irrogata in via definitiva è evidente che l'ordinamento ha imposto al singolo un sacrificio (direttamente incidente sulla libertà) che, per quanto giustificato alla luce delle prime, ne travalica il grado di responsabilità personale. L'istituto della riparazione per ingiusta detenzione ha dunque un fondamento solidaristico proprio perché la predisposizione di misure cautelari incidenti sulla libertà personale dell'individuo rispondono ad esigenze generali ed obiettive alle quali l'imputato si trova soggetto. Riconosciuto tale fondamento dell'istituto in esame, si impone l'estensione dello stesso alle ipotesi di detenzione cautelare sofferta in misura superiore alla pena irrogata o comunque a causa della mancata assoluzione nel merito. Secondo la Corte «*solo in apparenza la posizione di chi sia stato prosciolto nel merito dall'imputazione penale si distingue da quella di chi sia stato invece condannato (quanto, ovviamente, al solo giudizio circa l'ingiustizia della custodia cautelare che soverchi la pena inflitta). In entrambi i casi, l'imputato ha subito una restrizione del proprio diritto inviolabile. In entrambi i casi, pertanto, ricorre l'obbligo costituzionale di indennizzare il pregiudizio*». Per questa ragione vi è violazione del principio di eguaglianza giacché la legge, prevedendo una tutela solo per la prima ipotesi e non anche per la seconda, ha violato l'art. 3 Cost. L'art. 314 c.p.p. viene dunque dichiarato incostituzionale, nella parte in cui, nell'ipotesi di detenzione cautelare sofferta, condiziona in ogni caso il diritto all'equa riparazione al proscioglimento nel merito dalle imputazioni. La Corte aggiunge che ("naturalmente"), una volta sancito il diritto alla riparazione, la quantificazione dell'indennizzo è compito dal giudice ("nelle forme e secondo i criteri ... vigenti"), sottolineando inoltre che «*il carattere di concretezza proprio di siffatta valutazione implica che la distinzione tra prosciolto e condannato, irrilevante* *ai fini dell'*an debeatur, *alle condizioni appena esposte, torni a manifestarsi in sede di determinazione del* quantum debeatur». Infatti «*Per la parte in cui l'indennizzo si correla ad un ristoro del patimento morale subito dall'imputato, pare evidente, infatti, che il grado di sofferenza cui è esposto chi, innocente, subisca la detenzione sia in linea di principio amplificato rispetto alla condizione di chi, colpevole, sia ristretto per un periodo eccessivo rispetto alla pena. Spetterà, peraltro, ai giudici comuni valutare le peculiarità di ciascuna fattispecie loro sottoposta, al fine di adeguarvi l'indennizzo previsto dalla legge, alla luce della compromissione del fondamentale valore della persona umana*».

3. La libertà di domicilio

Come il comma 1 dell'art. 13 Cost. dichiara inviolabile la libertà personale senza aggiungere alcuna altra indicazione o specificazione, così anche il comma 1 dell'art. 14 Cost. dispone che *il domicilio è inviolabile*. La prima questione che si pone è dunque quella relativa alla individuazione della ***nozione di domicilio***.

Nel nostro ordinamento è possibile rinvenire alcune definizioni legislative di domicilio.

E così l'art. 43 cod. civ. dispone che il domicilio è il luogo in cui una persona «ha stabilito la sede principale dei suoi affari ed interessi» (mentre la residenza è il luogo in cui una persona ha la dimora abituale). Alla tesi secondo cui l'art. 14 Cost. farebbe riferimento alla nozione civilistica di domicilio si è sempre contrapposta una *nozione «costituzionale» di domicilio* secondo cui quest'ultimo va ritenuto quale «*proiezione spaziale della persona e come sfera di intimità che tutela la personalità e la libertà individuale*» (Filippetta). Ne discende uno stretto collegamento tra inviolabilità del domicilio e libertà personale (non a caso il comma 2 dell'art. 14 Cost. fa esplicito riferimento alle «*garanzie prescritte per la tutela della libertà personale*» quali garanzie estese anche alla libertà di domicilio). Pertanto la nozione di domicilio cui la Costituzione fa riferimento è non solo quella prevista dal codice penale (art. 614 c.p.) che punisce chiunque si introduca «nell'abitazione altrui o in un altro luogo di privata dimora», ma una nozione più ampia (ed autonoma sia da quella civilistica che da quella penalistica), quale «*luogo dell'intimità e della riservatezza*», in cui l'individuo detiene l'esercizio dello *jus admittendi* e dello *jus prohibendi* (o *excludendi*).

In questo senso opera il comma 2 dell'art. 14 Cost., secondo cui non possono eseguirsi ispezioni o perquisizioni o sequestri nel domicilio «*se non nei casi e modi stabiliti dalle leggi secondo le identiche garanzie prescritte dall'art. 13 Cost. per la tutela della libertà personale*» (riserva di legge, riserva di giurisdizione, obbligo di motivazione dei provvedimenti restrittivi della libertà di domicilio e loro ricorribilità in Cassazione).

Il rinvio alla disciplina della libertà personale estende alla libertà di domicilio anche le norme poste dal comma 3 dell'art. 13 Cost. e dunque, in casi eccezionali di necessità e urgenza, tassativamente indicati dalla legge, l'autorità di pubblica sicurezza può adottare *provvedimenti provvisori limitativi della libertà di domicilio*, provvedimenti soggetti al successivo giudizio dell'autorità giudiziaria entro in termini di cui all'art. 13 Cost. (e così, ad esempio, l'art. 41 Tulps consente agli ufficiali e agenti di polizia giudiziaria di procedere a perquisizione e sequestro nei casi in cui abbiano notizia della presenza di armi, munizioni o materie esplodenti, in un locale e la Corte costituzionale ha dato un'interpretazione adeguatrice di tale disposizione affermando che l'azione dell'autorità di polizia deve collegarsi a fatti obiettivamente certi e che tale autorità deve entro 48 ore chiedere all'autorità giudiziaria la convalida degli atti compiuti).

La nozione costituzionale di domicilio viene così a ricomprendere *qualunque luogo isolato dall'ambiente circostante, di cui il soggetto disponga legittimamente a titolo privato*. Rientrano pertanto in tale definizione, oltre all'abitazione, la camera d'albergo, la roulotte, l'automobile, la baracca, la tenda, la caverna, l'imbarcazione, il negozio, l'ufficio, lo stabilimento industriale, l'orto, il giardino, il fondo rustico, in tutti i casi in cui ciascuno di questi «luoghi» sia destinato anche (o soltanto) a soddisfare le predette esigenze di riservatezza e di intimità.

Titolare della libertà di domicilio è ogni individuo (cittadino o straniero), le persone giuridiche e le formazioni sociali tutelati dell'art. 2 Cost.

La nozione costituzionale di domicilio non assicura alla «privata dimora» (che, come visto, può ricomprendere anche il luogo di svolgimento di attività economiche) lo *status* di spazio sottratto a qualsiasi tipologia di controllo. Opera in tal senso il comma 3 dell'art. 14 Cost., secondo cui le ispezioni e gli accertamenti per motivi di sanità e di incolumità pubblica o a fini economici e fiscali «sono regolati da leggi speciali». Questo comma, che pone solo una riserva di legge (e non anche una riserva di giurisdizione) consente al legislatore di affidare direttamente all'autorità amministrativa competente la possibilità di svolgere, all'interno del domicilio del soggetto interessato, accertamenti o ispezioni (in assenza di qualunque provvedimento giudiziario), ma solo per i motivi (sanità e incolumità pubblica) e per le finalità (economiche e fiscali) espressamente previsti dalla Costituzione. Appare così evidente anche la differenza che intercorre fra le limitazioni alla libertà di domicilio disciplinate dal comma 2 dell'art. 14 Cost. (nell'espletamento delle quali la polizia giudiziaria agisce con poteri coercitivi e di indagine) e quelle previste dal comma 3 (nelle quali invece la legge può consentire all'autorità amministrativa procedente solo il potere di svolgere ispezioni «o accertamenti», che non possono dunque estendersi a forme coercitive di ricerca o di spossessamento di cose).

4. La libertà e la segretezza della corrispondenza

L'art. 15 Cost. garantisce l'*inviolabilità della libertà e della segretezza della corrispondenza e di ogni altra forma di comunicazione* la cui limitazione può avvenire «*soltanto per atto motivato dell'autorità giudiziaria con le garanzie stabilite dalla legge*».

Se la libertà di manifestazione del pensiero (tutelata dall'art. 21 Cost.) mira ad assicurare la comunicazione all'esterno del proprio pensiero, il principio costituzionale di libertà e segretezza della corrispondenza (e cioè di ogni forma di comunicazione privata) tutela la comunicazione con cui il singolo esprime il proprio pensiero rivolgendolo ad uno o più persone determinate, escludendo tutti gli altri e dunque all'interno di una sfera riservata. Si rientra invece nella disciplina della libertà di manifestazione del pensiero quando la comunicazione è indirizzata ad una collettività indistinta di persone.

La *segretezza* è dunque l'elemento che caratterizza la comunicazione garantita dall'art. 15 Cost. e che attiene ad uno dei bisogni insopprimibili dell'uomo che si è espresso nei secoli sotto forma di epistola (corrispondenza epistolare) per comprendere progressivamente, anche con l'affermazione di nuovi strumenti tecnologici, qualunque forma di comunicazione privata (mediante telefono, internet, ecc.).

La libertà e la segretezza assicurate dalla Costituzione concernono *tutte le forme di comunicazione privata*.

Se storicamente la tutela della segretezza della corrispondenza si è affermata nei confronti delle ingerenze del potere pubblico, oggi deve porsi l'accento sull'importanza di tale garanzia anche nei confronti dei soggetti privati.

La libertà e la segretezza della corrispondenza sono tutelate attraverso la duplice garanzia della *riserva di legge* e della *riserva di giurisdizione*.

Per le *intercettazioni*, è dunque necessaria l'autorizzazione al giudice. Le intercettazioni effettuate illecitamente non possono essere utilizzate nel processo, e la relativa documentazione deve essere distrutta (art. 271 c.p.p.). La Costituzione non prevede (a differenza della libertà personale e della libertà di domicilio) alcuna possibilità per l'autorità di pubblica sicurezza di adottare provvedimenti invasivi della segretezza della corrispondenza in assenza di provvedimento del giudice (neppure in via provvisoria e per casi di necessità e urgenza).

L'estensione della tutela garantita dall'art. 15 Cost. a qualsiasi forma di comunicazione privata fa ricomprendere in tale garanzia anche le conversazioni che possono essere compiute fra due o più individui, anche se questa forma di tutela viene ricompresa nel *diritto alla riservatezza* (o alla *privacy*) quale *diritto all'intimità della vita privata*, la quale non è espressamente tutelata da uno specifico articolo della Costituzione, ma è possibile ricavarne la tutela costituzionale dai principi posti a tutela, oltre che della libertà e segretezza della corrispondenza, della libertà personale, della libertà di domicilio, dal principio della pari dignità sociale e dall'art. 2 Cost.

Oggetto di questo diritto è la sfera intima della persona che va tutelata da intrusioni altrui volte a rendere pubblici aspetti che il singolo individuo intende invece mantenere coperti da riserbo (per il contrasto possibile con il diritto di cronaca v. *infra*, par. 9).

Il *bilanciamento fra diritto di cronaca e diritto alla privacy*, in particolare con riguardo alle notizie *on line* e al ruolo dei motori di ricerca, pone questioni delicatissime che impongono di distinguere fra le molteplici e diverse fattispecie. A questo proposito si parla di *diritto all'oblio* (*right to be forgotten*) quale diritto "ad essere dimenticati" (ad esempio con riguardo al diritto a che una semplice ricerca *on line* – spesso avviata con intenti differenti – non ponga in primo piano eventi accaduti numerosi anni prima ed oramai senza più alcun interesse pubblico).

La Corte di Giustizia dell'Unione europea (sent. 3 maggio 2014, *Google Spain SL, Google Inc. vs Agencia Española de Protección de Datos, Mario Costeja González*, causa C-131/12) era stata chiamata a pronunciarsi, in via pregiudiziale, in merito all'interpretazione della direttiva 95/46/CE, relativa alla tutela delle persone fisiche con riguardo al trattamento dei dati personali, nonché alla libera circolazione di tali dati (nonché dell'art. 8 della Carta dei diritti fondamentali) nell'ambito di una controversia che opponeva le società *Google Spain* e *Google Inc.* all'*Agencia Española de Protección de Datos* (AEPD)

(Agenzia di protezione dei dati) e al sig. Costeja González, in merito ad una decisione della predetta Agenzia che, accogliendo la denuncia depositata dal sig. Costeja González contro le due società, aveva ordinato a Google Inc. di adottare le misure necessarie per rimuovere dai propri indici alcuni dati personali riguardanti l'interessato e di impedire in futuro l'accesso a tali dati. Google aveva opposto un rifiutato rilevando che l'intervento imposto dall'AEPD potesse configurare un'indebita compromissione della libertà di espressione dei gestori di siti Internet. La Corte suprema spagnola, chiamata a pronunciarsi in merito alla legittimità del provvedimento dell'AEPD, poneva alla Corte di Giustizia le predette questioni pregiudiziali relative sia all'applicabilità della direttiva 95/46/CE sulla protezione dei dati personali a fornitori di servizi (come appunto Google), sia al c.d. "diritto all'oblio". Il sig. Costeja González nel 2010 aveva presentato reclamo dinanzi all'AEPD contro La Vanguardia Ediciones SL, che pubblica un quotidiano di larga diffusione («*La Vanguardia*»), nonché contro Google Spain e Google Inc., fondato sul fatto che, allorché un utente di Internet introduceva il nome del sig. Costeja González nel motore di ricerca del gruppo Google («Google Search»), otteneva dei link verso due pagine del quotidiano (del 19 gennaio e del 9 marzo 1998), sulle quali figurava un annuncio, menzionante il nome del sig. Costeja González, per una vendita all'asta di immobili connessa ad un pignoramento effettuato per la riscossione coattiva di crediti previdenziali. Il sig. Costeja González chiedeva, da un lato, che fosse ordinato a La Vanguardia di sopprimere o modificare le pagine suddette affinché i suoi dati personali non vi comparissero più, oppure di ricorrere a taluni strumenti forniti dai motori di ricerca per proteggere tali dati. Dall'altro lato, egli chiedeva che fosse ordinato a Google Spain o a Google Inc. di eliminare o di occultare i suoi dati personali, in modo che cessassero di comparire tra i risultati di ricerca e non figurassero più nei link di La Vanguardia. Il sig. Costeja González affermava in tale contesto che il pignoramento, che era stato effettuato nei suoi confronti, era stato interamente definito da svariati anni e che la menzione dello stesso era ormai priva di qualsiasi rilevanza. Con decisione del 30 luglio 2010, l'AEPD respingeva il reclamo nella parte in cui era diretto contro La Vanguardia (giacché la pubblicazione da parte di quest'ultima di tali informazioni era legalmente giustificata, avendo avuto luogo su ordine del Ministero del Lavoro e degli Affari sociali e con lo scopo di conferire il massimo di pubblicità alla vendita pubblica) ma lo accoglieva nella parte in cui era diretto contro Google Spain e Google Inc. ritenendo i gestori di motori di ricerca assoggettati alla normativa in materia di protezione dei dati (in quanto effettuano un trattamento di dati per il quale sono responsabili e agiscono quali intermediari della società dell'informazione). Inoltre l'AEPD riteneva di essere autorizzata ad ordinare la rimozione dei dati nonché il divieto di accesso a taluni dati da parte dei gestori di motori di ricerca, qualora la localizzazione e la diffusione degli stessi siano lesivi del diritto fondamentale alla protezione dei dati e della dignità delle persone (ivi compresa la volontà della persona interessata che tali dati non siano conosciuti da terzi). Secondo l'AEPD tale obbligo può incombere direttamente ai gestori di motori di ricerca, senza che sia necessario cancellare i dati o le informazioni dal sito web in cui questi compaiono, in particolare quando il mantenimento di tali informazioni nel sito in questione sia giustificato da una norma di legge. La Corte di Giustizia dichiara che la direttiva 95/46/CE (relativa alla tutela delle persone fisiche con riguardo al trattamento dei dati personali, nonché alla libera circolazione di tali dati) deve essere interpretata nel senso che: a) l'attività di un motore di ricerca (consistente nel trovare informazioni pubblicate o inserite da terzi su Internet, nell'indicizzarle in modo automatico, nel memorizzarle temporaneamente e, infine, nel metterle a disposizione degli utenti di Internet secondo un determinato ordine di preferenza) deve essere qualificata come «trattamento di dati personali» qualora tali informazioni contengano dati personali, e che il gestore del motore di ricerca deve essere considerato come il «responsabile» del relativo trattamento; b) il gestore di un motore di ricerca è obbligato a sopprimere, dall'elenco di risultati che appare a seguito di una ricerca effettuata a partire dal nome di una persona, dei link verso pagine web pubblicate da terzi e contenenti informazioni relative a questa persona, anche nel caso in cui tale nome o tali informazioni non vengano previamente o simultaneamente cancellati dalle pagine web di cui trattasi, e ciò eventualmente anche quando la loro pubblicazione su tali pagine web sia di per sé lecita. c) si deve verificare se l'interessato abbia diritto a che l'informazione riguardante la sua persona non venga più, allo stato attuale, collegata al suo nome da un elenco di risultati che appare a seguito di una ricerca effettuata a partire dal suo nome, senza per questo che la constatazione di un diritto siffatto presupponga che l'inclusione dell'informazione in questione in tale elenco arrechi un pregiudizio all'interessato. Dato che l'interessato può, sulla scorta dei suoi diritti fondamentali derivanti dagli artt. 7 e 8 della Carta, chiedere che l'informazione in questione non venga più messa a disposizione del grande pubblico in virtù della sua inclusione in un siffatto elenco di risultati, i diritti fondamentali di cui sopra prevalgono, in linea di principio, non soltanto sull'interesse economico del gestore del motore di ricerca, ma anche sull'interesse di tale pubblico ad accedere all'informazione suddetta in occasione di una ricerca concernente il nome del medesimo. Tuttavia, così non sarebbe qualora risultasse, per ragioni particolari, come il ruolo ricoperto da tale persona nella vita pubblica, che l'ingerenza nei suoi diritti fondamentali è giustificata dall'interesse preponderante del pubblico suddetto ad avere accesso, in virtù dell'inclusione summenzionata, all'informazione di cui trattasi. La Corte di Giustizia ha dunque sancito che ogni soggetto ha diritto alla de-indicizzazione dai motori di ricerca delle notizie che lo riguardano, qualora lesive della sua dignità, denigratorie, non più rilevanti per l'opinione pubblica. Pertanto chiunque può chiedere ai motori di ricerca di rimuovere specifici risultati che appaiono effettuando una ricerca con il proprio nome, qualora tali risultati siano relativi all'interessato e risultino obsoleti (ed un risultato può essere considerato obsoleto quando la tutela dei dati personali dell'interessato prevale rispetto all'interesse pubblico alla conoscenza della notizia cui tale risultato rimanda). A seguito di tale sentenza sono state redatte (novembre 2014) le linee guida dell'art. 29 Data Protection Working Party (*WP29*) ed è stato approvato il nuovo Regolamento Europeo in materia (GDPR, General Data Protection Regulation, reg. 2016/679), entrato in vigore nel 2018 (sostituendo la direttiva 95/46) e nel quale il "diritto alla cancellazione" (o "diritto all'oblio") è espressamente disciplinato (art. 17): qualora sussistano alcuni dei motivi ivi previsti, l'interessato ha il diritto di ottenere dal titolare del trattamento la cancellazione dei dati personali che lo riguardano e chi detiene e fa uso dei dati può non dare seguito alla richiesta di cancellazione qualora tale uso sia stato lecitamente fatto per l'esercizio del diritto alla libertà di espressione e di informazione o a fini di archiviazione nel pubblico interesse, di ricerca scientifica o storica o a fini statistici.

5. La libertà di circolazione e soggiorno

L'art. 16 Cost. assicura ad ogni cittadino la libertà di circolare e soggiornare liberamente sul territorio della Repubblica, salvo le limitazioni che la legge stabilisce in via generale per motivi di sanità e sicurezza. La Costituzione aggiunge che nessuna restrizione può essere determinata da ragioni politiche.

La libertà di circolazione e soggiorno mira ad assicurare al singolo la libertà di circolare liberamente sul territorio nazionale e di scegliere ove soggiornare. È importante innanzitutto individuare le *differenze intercorrenti fra la libertà personale e la libertà di circolazione e soggiorno*. L'espressa previsione in Costituzione di due distinte libertà, con diversità di discipline, mira a garantire sfere diverse della libertà del singolo.

Ed infatti, mentre per le limitazioni alla libertà personale l'art. 13 Cost. pone una riserva di giurisdizione (e dunque è necessario un provvedimento motivato dell'autorità giudiziaria), per le limitazioni della libertà di circolazione e soggiorno la Costituzione si limita a porre una riserva di legge, sia pure rinforzata, ma senza richiedere l'intervento del giudice, sicché i concreti provvedimenti limitativi della libertà di circolazione e soggiorno ben possono essere adottati dall'autorità amministrativa indicata dalla legge.

La riserva di legge posta dall'art. 16 Cost. è una riserva assoluta (per cui la fonte secondaria non può porre norme imitatrici di tale libertà) e rinforzata (in quanto pone un principio di disciplina vincolante per il legislatore) giacché le limitazioni (alla libertà di circolazione soggiorno) che la legge introduce devono esser poste «in via generale» e «per motivi di sanità e sicurezza» (oltre al fatto che tali limitazioni non possono mai essere poste per ragioni politiche).

L'espressione «*in via generale*» comporta che la legge non può porre provvedimenti *ad personam*, ma solo misure destinate ad intere categorie individuate in conformità a caratteristiche generali, mentre per «*sanità*» deve intendersi la «salute pubblica» (e non del singolo malato) e per «*sicurezza*» la «sicurezza pubblica» e cioè la sicurezza dei cittadini, quale garanzia dell'incolumità fisica delle persone (provvedimento tipico è il c.d. *cordone sanitario*, istituito per evitare il propagarsi di un'epidemia o per prevenire il contagio in zone dove si sono verificati gravi incidenti ambientali). La Corte costituzionale ha però affermato che la locuzione «in via generale» si ricollega al principio di eguaglianza e non comporta la necessità che i provvedimenti limitativi della libertà di circolazione siano disposti per categorie di cittadini e non per singoli e, con riguardo al termine «*sicurezza*» la Corte costituzionale ha dato allo stesso un'interpretazione estensiva in quanto indicante non la sola incolumità fisica delle persone, ma più in generale l'ordinato vivere civile.

A questo punto può forse apparire più chiara la distinzione fra la libertà di circolazione e soggiorno e la libertà personale.

Le forme di limitazione della libertà personale hanno un carattere coercitivo e degradante della dignità umana e conseguono ad un giudizio di disvalore (negativo) sull'operato del singolo. Viceversa le limitazioni della libertà di circolazione attengono a motivi oggettivi («di sanità o di sicurezza») e possono essere disposte dalla legge solo «in via generale» e dunque non conseguono ad un giudizio di disvalore del singolo (nel qual caso il relativo provvedimento deve essere ritenuto lesivo della libertà personale e dunque ammissibile solo se adottato dall'autorità giudiziaria nei casi e modi previsti dalla legge).

La Costituzione riconosce la libertà di circolazione e soggiorno ai soli cittadini, consentendo dunque una disciplina differenziata per gli stranieri, disciplina che dovrà sempre rispettare ulteriori principi costituzionali (dalla tutela della dignità dell'uomo alla libertà personale, ecc.) nonché il diritto di asilo e di quanto disposto dai trattati internazionali (art. 10 Cost.). Il legislatore può dunque prevedere (nei limiti indicati) restrizioni ulteriori per gli stranieri ai quali comunque, in assenza di espressa previsione legislativa, si applicano le garanzie previste dall'art. 16 Cost.

Il Trattato di Maastricht ha istituito la *cittadinanza europea* (assegnata ad ogni cittadino di ogni Stato membro e che si affianca alla cittadinanza dello Stato membro) che consente il diritto di circolare e soggiornare liberamente nel territorio degli Stati membri dell'Unione europea (fatte salve le limitazioni previste nel Trattato) nonché il diritto di stabilimento (cioè di svolgere attività lavorative, v. *supra* cap. IV).

Il comma 2 dell'art. 16 Cost. tutela anche la *libertà di espatrio*, cioè la libertà di uscire dal territorio della Repubblica e di rientrarvi salvo gli «*obblighi di legge*». Nella configurazione di tali obblighi il legislatore è vincolato alla tutela di altri interessi costituzionalmente protetti (ad es. obblighi di natura familiare, di carattere militare o di collaborazione con la giustizia, previsti dalla legge). L'obbligo di munirsi di documenti validi, quali la carta d'identità «valida per l'espatrio» o il passaporto si pone invece come mero onere nei confronti della libertà di espatrio, che si configura come autonomo diritto soggettivo, garantito da una riserva assoluta di legge (Filippetta). Ma ottenere il passaporto è un diritto soggettivo: l'autorità amministrativa lo deve concedere senza apprezzamenti discrezionali.

L'**emergenza COVID**, dichiarata con D.p.c.m. 31 gennaio 2020, ha portato (a partire dal d.l. n. 6 del 2020 e poi soprattutto, ma non solo, con il d.l. n. 19 del 2020) all'adozione di provvedimenti normativi di grado secondario (soprattutto D.p.c.m. e ordinanze di singoli ministri, ma anche di presidenti di regione, di assessori regionali e di sindaci) che hanno introdotto pesanti restrizioni alle libertà costituzionali del singolo (*in primis*, ma non solo, alla libertà di circolazione e soggiorno, alla libertà personale, alla libertà di riunione, di religione, alla libertà di iniziativa economica, al diritto al lavoro, al diritto all'istruzione, ecc.).

Dal punto di vista strettamente formale, tali provvedimenti amministrativi (v. *supra*, cap. V, par. 10) sono stati adottati avendo a fondamento norme di grado primario che autorizzavano tali poteri. In dottrina ci si è interrogati sia sulla legittimità costituzionale di un così ampio conferimento di potere normativo a fonti di grado secondario (soprattutto su materie coperte da riserva di legge), sia sulla necessità di un'interpretazione costituzionalmente orientata delle norme legislative in questione.

Il fondamento normativo di tali provvedimenti è stato inizialmente posto nel d.l. n. 6 del 2020 e poi nell'art. 1, comma 2, del d.l. n. 19 del 2020, che individua i seguenti àmbiti materiali sui quali atti secondari (Decreti del Presidente del Consiglio dei ministri) possono adottare misure restrittive per tutta la durata del periodo di emergenza:

a) limitazione della circolazione delle persone;

b) chiusura al pubblico di strade urbane, parchi, aree gioco, ville e giardini pubblici;

c) limitazioni o divieto di allontanamento e di ingresso in territori comunali, provinciali o regionali, nonché rispetto al territorio nazionale;

d) applicazione della misura della quarantena precauzionale ai soggetti che hanno avuto contatti stretti con casi confermati di malattia infettiva diffusiva o che rientrano da aree ubicate al di fuori del territorio italiano;

e) divieto assoluto di allontanarsi dalla propria abitazione o dimora per le persone sottoposte alla misura della quarantena perché risultate positive al virus;

f) limitazione o divieto delle riunioni o degli assembramenti in luoghi pubblici o aperti al pubblico;

g) limitazione o sospensione di manifestazioni o iniziative di qualsiasi natura, di eventi e di ogni altra forma di riunione in luogo pubblico o privato, anche di carattere culturale, ludico, sportivo, ricreativo e religioso;

h) sospensione delle cerimonie civili e religiose, limitazione dell'ingresso nei luoghi destinati al culto;

i) chiusura di cinema, teatri, sale concerto, sale da ballo, discoteche, sale giochi, sale scommesse e sale bingo, centri culturali, centri sociali e centri ricreativi o altri analoghi luoghi di aggregazione;

l) sospensione dei congressi, di ogni tipo di riunione o evento sociale e di ogni altra attività convegnistica o congressuale;

m) limitazione o sospensione di eventi e competizioni sportive di ogni ordine e disciplina in luoghi pubblici o privati, e chiusura temporanea di palestre, centri termali, sportivi, piscine, centri natatori e impianti sportivi;

n) limitazione o sospensione delle attività ludiche, ricreative, sportive e motorie svolte all'aperto o in luoghi aperti al pubblico;

o) possibilità di disporre o di affidare alle competenti autorità statali e regionali la limitazione, la riduzione, la sospensione o la soppressione di servizi di trasporto di persone e di merci, automobilistico, ferroviario, aereo, marittimo, nonché di trasporto pubblico locale;

p) sospensione dei servizi educativi per l'infanzia e delle attività didattiche delle scuole di ogni ordine e grado, nonché delle istituzioni di formazione superiore;

q) sospensione dei viaggi d'istruzione, delle visite guidate e delle uscite didattiche sia sul territorio nazionale sia all'estero;

r) limitazione o sospensione dei servizi di apertura al pubblico o chiusura dei musei e degli altri istituti e luoghi della cultura;

s) limitazione della presenza fisica dei dipendenti negli uffici delle amministrazioni pubbliche;

t) limitazione o sospensione delle procedure concorsuali e selettive finalizzate all'assunzione di personale;

u) limitazione o sospensione delle attività commerciali di vendita al dettaglio, a eccezione di quelle necessarie per assicurare la reperibilità dei generi agricoli, alimentari e di prima necessità da espletare con modalità idonee ad evitare assembramenti di persone;

v) limitazione o sospensione delle attività di somministrazione al pubblico di bevande e alimenti;

z) limitazione o sospensione di altre attività d'impresa o professionali, nonché di lavoro autonomo;

aa) limitazione allo svolgimento di fiere e mercati, a eccezione di quelli necessari per assicurare la reperibilità dei generi agricoli, alimentari e di prima necessità;

bb) specifici divieti o limitazioni per gli accompagnatori dei pazienti nelle sale di attesa dei dipartimenti emergenze e accettazione e dei pronto soccorso (DEA/PS);

cc) limitazione dell'accesso di parenti e visitatori a strutture di ospitalità e lungo degenza, residenze sanitarie assistite (RSA), hospice, strutture riabilitative e strutture residenziali per anziani, nonché agli istituti penitenziari ed istituti penitenziari per minorenni;

dd) obblighi di comunicazione al servizio sanitario nazionale nei confronti di coloro che sono transitati e hanno sostato in zone a rischio epidemiologico;

ee) adozione di misure di informazione e di prevenzione rispetto al rischio epidemiologico;

ff) predisposizione di modalità di lavoro agile, anche in deroga alla disciplina vigente;

gg) previsione che le attività consentite si svolgano previa assunzione da parte del titolare o del gestore di misure idonee a evitare assembramenti di persone.

Il d.l. n. 19/2020 specifica che tali misure possono essere adottate (con decreti del Presidente del Consiglio dei ministri) «*per periodi predeterminati*» («*ciascuno di durata non superiore a trenta giorni, reiterabili e modificabili … fino al termine dello stato di emergenza*»), «*su specifiche parti del territorio nazionale ovvero, occorrendo, sulla totalità di esso*» e «*secondo principi di adeguatezza e proporzionalità al rischio effettivamente presente*».

Come noto, tutte le limitazioni sopra elencate sono state poste in essere previa adozione di provvedimenti di natura secondaria, con grande limitazione di tutti i diritti di libertà.

Nel dibattito, non solo dottrinale, sviluppatosi in merito, tali limitazioni sono state o criticate – in quanto ritenute o eccessivamente limitative delle libertà costituzionali o perché adottate con provvedimenti di natura amministrativa (in violazione delle riserve di legge costituzionalmente previste) – o giustificate in quanto frutto del bilanciamento, operato dal competente potere pubblico (in virtù del relativo conferimento di potere da parte della citata normativa), fra la tutela del diritto alla salute (ivi comprendendovi anche il diritto alla vita e all'integrità fisica), e la tutela degli altri diritti ritenuti "recessivi" rispetto al primo. A questo proposito è stata posta la questione circa la ragionevolezza e proporzionalità delle misure adottate.

In merito al bilanciamento tra diritto alla salute (collettiva ed individuale) e gli altri diritti della persona, per alcuni «non è possibile stabilire a priori se il diritto alla salute, in sede individuale e collettiva, possa essere davvero ritenuto superiore rispetto alle altre libertà» (Celotto) anche se «il modello di quarantena e lockdown usato per prevenire la diffusione del coronavirus ha operato una scelta che ha letto l'interesse nazionale in chiave solidaristica».

È stato però autorevolmente evidenziato (Ridola) che la vicenda COVID, toccando «i principi fondamentali di una comunità politica», impone, nella valutazione dei provvedimenti adottati, un'analisi che non può limitarsi al timore per i «rischi di una regressione della tutela dei diritti e di possibili derive autoritarie». I tempi dell'emergenza sottopongono *"il firmamento dei diritti"* a tensioni e a "scelte tragiche", che esigono soluzioni "ragionevoli" che devono essere individuate «sempre nel solco dei valori fondamentali dell'ordinamento costituzionale». Ridola evidenzia che «In questi giorni … è in gioco il diritto alla vita, che … è il bene che condiziona tutti i diritti ed ogni possibile svolgimento della personalità. Qui non è in gioco l'interesse di singoli individui o di singoli operatori economici a poter continuare a svolgere, qui e ora, e senza restrizioni paralizzanti, le loro attività e ricavarne i vantaggi. Qui è in gioco la necessità di impegnarsi a fermare uno scenario che, in un futuro molto vicino, potrà recare un vulnus su larga scala e a lungo termine della dignità di ogni uomo, del benessere e della prosperità di tutti, … e soprattutto di quella dignità sociale evocata solennemente dal nostro art. 3. Diritto alla vita e dignità dell'uomo, questi sono i valori oggi in gioco, di fronte ai quali i consociati non sono "sottoposti" … ma protagonisti di un processo di attualizzazione quotidiana dei valori costituzionali, nel segno di quella responsabilità solidale della persona, racchiusa nell'art. 2». Ovviamente «Resta il profilo della gestione organizzativa delle emergenze. Un problema complesso, che però trascende di gran lunga la questione, tanto dibattuta in questi giorni, degli sbreghi della gerarchia delle fonti. Questioni di rapporti tra fonti che non possono essere affrontate secondo schemi astratti, ma valutate nel contesto e nella cornice degli assetti di governo». E se «la filiera, sperimentata in queste settimane, tra il decreto-legge ed i decreti ministeriali che ne discendono a cascata non è priva di aspetti problematici ... una solida democrazia liberale non è esposta al rischio di misure emergenziali provvisorie e proporzionate. Soffrirebbe in modo letale di fronte ad una deriva improvvida e irresponsabile verso una catastrofe umanitaria».

6. La libertà di riunione

Per *riunione* si intende la compresenza fisica e volontaria di più persone nello stesso luogo per uno scopo comune previo accordo tra i partecipanti o su invito dei promotori. È proprio la volontà di stare insieme per uno scopo comune, scopo che può avere la natura più varia: dagli incontri di tipo politico (comizi, dibattiti) a quelli culturali (convegni, congressi) o ludici (feste, spettacoli) o sportivi o religiosi (cerimonie, processioni) ecc. Sono da considerarsi «riunioni» anche i *cortei* quali riunioni itineranti. La riunione si distingue dall'*assembramento*, anch'esso caratterizzato dalla compresenza in uno stesso luogo di più persone, ma per caso e senza preavviso reciproco. L'assembramento è dunque una «labile, estemporanea, casuale raccolta di persone» (Barile).

La Costituzione, nel riconoscere la libertà di riunione, pone innanzitutto due limiti generali concernenti le modalità di svolgimento della riunione. Infatti le riunioni devono svolgersi *pacificamente e senza armi*. La riunione perde il carattere di «*pacificità*» nel caso del verificarsi di disordini e violenze contro persone e cose. In questo caso la riunione può essere sciolta dalla forza pubblica. Il fatto che solo qualcuno dei partecipanti sia armato non è di per sé causa di scioglimento della riunione, ma solo ragione di allontanamento del soggetto armato.

L'art. 17 Cost. prevede che la riunione sia soggetta al preavviso quando si tenga in luogo pubblico. La Costituzione dunque distingue, a seconda del luogo di svolgimento, le riunioni in:

– ***riunioni in luogo privato*** (o riunioni private): sono quelle che si svolgono appunto in luoghi privati e alle quali si può accedere solo con il consenso di chi detenga la disponibilità giuridica del luogo medesimo (in questa tipologia di riunione trovano applicazione anche le garanzie poste dalla libertà di domicilio e del diritto alla riservatezza);

– ***riunioni in luogo aperto al pubblico***, cioè in luoghi (es. cinema, teatro, stadio) in cui l'accesso del pubblico è soggetto a modalità determinate (pagamento del biglietto, invito, ecc.) da parte chi ne abbia la disponibilità; in questo caso la Costituzione espressamente afferma che non è richiesto alcun preavviso per lo svolgimento della riunione e la pubblica autorità può svolgere controlli (ad es. sulla sicurezza dell'edificio) che non attengono al contenuto della riunione ma solo a motivi di sicurezza;

– ***riunioni in luogo pubblico***, cioè in luoghi in cui ognuno può accedere e transitare liberamente (es. strade e piazze), per le quali l'art. 17 Cost. pone espressamente il dovere di un preavviso all'autorità di pubblica sicurezza.

Esclusivamente per le riunioni in luogo pubblico la Costituzione prevede l'obbligo per i promotori della riunione di dare *preavviso all'autorità di pubblica sicurezza*.

L'art. 18 del t.u. sulle leggi di pubblica sicurezza (Tulps) dispone che il *preavviso* deve essere presentato in forma scritta al questore almeno tre giorni prima della riunione, con indicazione del luogo, dell'ora e dell'oggetto della riunione e delle generalità dei designati a prendere la parola. La *ratio* del preavviso è di mettere le autorità in grado di adottare le misure necessarie a tutelare la sicurezza e l'incolumità pubblica, nonché di risolvere i problemi che la manifestazione può creare per la collettività (di chi non sia interessato alla riunione).

In merito alla natura giuridica del *preavviso* (che i promotori della riunione in luogo pubblico hanno il dovere di presentare, nei termini previsti, all'autorità di pubblica sicurezza), si ritiene che esso costituisca un obbligo per i promotori della riunione ma non un motivo di legittimità della riunione che pertanto non può essere sciolta per il solo fatto del mancato preavviso (Corte cost. sentt. nn. 10 del 1970 e 11 del 1979). Il preavviso non costituisce espressione di un regime autorizzatorio (cioè non può essere inteso come una richiesta di autorizzazione a svolgere la riunione in luogo pubblico perché, se così fosse, si dovrebbe concludere per la negazione dell'esistenza nel nostro ordinamento della libertà di riunione in luogo pubblico dal momento che il godimento di una libertà non può essere soggetto ad autorizzazione!), ma è un *onere* posto a carico dei promotori e che opera a vantaggio anche degli stessi giacché, consentendo alla pubblica sicurezza di svolgere la relativa funzione di vigilanza assicura la migliore riuscita anche alla riunione.

L'autorità di p.s. (questore) può vietare lo svolgimento della riunione, ma soltanto per «*comprovati motivi di sicurezza e incolumità pubblica*». Il provvedimento di divieto deve dunque essere caratterizzato da un'esauriente motivazione ed è impugnabile avanti al giudice amministrativo. La Costituzione limita la possibilità di divieto preventivo della riunione solo ai motivi di «sicurezza» e di «incolumità pubblica».

Lo scioglimento della riunione può essere effettuato dall'autorità di pubblica sicurezza solo nel caso in cui non si riesca ad assicurarne la pacificità e dunque grava sulla pubblica sicurezza, nel caso di episodi di violenza, l'allontanamento degli autori delle violenze dal luogo della riunione piuttosto che lo scioglimento ella riunione medesima.

Bisogna infine aggiungere che di fronte a comportamenti e provvedimenti della pubblica sicurezza limitativi della libertà di riunione, gli strumenti giurisdizionali previsti dall'ordinamento (ricorso giurisdizionale amministrativo nei confronti del provvedimento di divieto preventivo; giudizio penale per far valere eventuali abusi dei pubblici funzionari; azione civile per il risarcimento dei danni subiti) possono rivelarsi concretamente insufficienti giacché non consentono di ottenere *ad horas* la sospensione di un illegittimo provvedimento lesivo della libertà di riunione (Pace).

Nella sent. n. 90 del 1970 (relatore Costantino Mortati), la Corte dichiara incostituzionale l'art. 18, comma 3, Tulps, «*nella parte in cui non limita la previsione punitiva a coloro che prendono la parola essendo a conoscenza dell'omissione di preavviso*».

Nel caso di specie un signore era stato sottoposto a procedimento penale per avere preso la parola nel corso di una riunione per lo svolgimento della quale non era stato dato il previsto preavviso. Per la Corte l'art. 17 Cost., nel condizionare ad un semplice preavviso le riunioni in luogo pubblico «*ha inteso escludere ogni preventivo intervento autorizzativo da parte dell'autorità di pubblica sicurezza, ed invece imposto solo un onere a carico dei promotori*», sicché nessun illecito penale può addebitarsi a coloro che partecipino ad una riunione non preceduta da preavviso, dato che tale partecipazione si risolve nel concreto esercizio di un diritto costituzionalmente protetto. La Corte evidenzia inoltre che l'art. 18, comma 3, Tulps sanziona penalmente solo il comportamento dei contravventori all'obbligo del preavviso e non già quello degli intervenuti alla riunione (nei cui riguardi nessun addebito può essere formulato). E lo stesso art. 18, al comma 4, conferisce all'autorità di pubblica sicurezza la facoltà di impedire che le riunioni non precedute da preavviso abbiano luogo. Secondo la Corte tale articolo contraddice alla Costituzione allorché sanziona penalmente chi prenda la parola nelle riunioni predette: la libertà di riunione, afferma la Corte, è «*uno degli strumenti necessari per la soddisfazione di quell'interesse fondamentale dell'uomo vivente in società, di scambiare con gli altri le proprie conoscenze, opinioni, convinzioni: ed è perciò che la sua disciplina non può non esigere un coordinamento con quella che l'art. 21 detta per assicurare la libertà di manifestazione del pensiero. Ora appare evidente come contrasti con quest'ultima disposizione la sanzione penale irrogata contro coloro ai quali nessun altro addebito si fa all'infuori di quello di avere in una riunione preso la parola, cioè esercitata la facoltà corrispondente alla più propria ragione d'essere della riunione medesima*». In questo fondamentale passaggio, la Corte evidenzia la correlazione che intercorre fra la disciplina della libertà di riunione e quella relativa alla libertà di manifestazione del pensiero (v. *infra*, par. 9). La Corte distingue, all'interno del numero di coloro che prendono la parola in una riunione in luogo pubblico senza preavviso, fra chi sia a conoscenza dell'omissione del preavviso (giacché questi, assumendo una parte spiccatamente più attiva, lasciano presupporre un ruolo di – o un accordo con i – promotori) dai semplici intervenuti, che devono ritenersi mai punibili anche ove si dimostrasse la conoscenza da parte loro dell'irregolarità intervenuta. Pertanto la sanzione penale ex art. 18, comma 3, ultima parte, in tanto può ritenersi conforme a Costituzione in quanto si consideri elemento costitutivo del reato addebitabile a chi prende la parola nella consapevolezza dell'infrazione in cui siano incorsi i promotori.

Nella successiva sent. n. 11 del 1979 (relatore Virgilio Andrioli) la Corte costituzionale dichiara incostituzionale l'art. 18, comma 3 (secondo periodo), Tulps, nella parte in cui punisce penalmente coloro che prendono la parola in una riunione in luogo pubblico essendo a conoscenza della omissione di preavviso previsto nel primo comma.

Secondo il giudice *a quo*, l'incriminazione di coloro, i quali siano al corrente del mancato preavviso della riunione in luogo pubblico in cui hanno preso la parola, contrasterebbe con l'art. 21, comma 1, Cost. La differenziazione tra oratori e partecipi alla riunione che si limitano ad assistervi, deriverebbe proprio dalla manifestazione del proprio pensiero, che è tutelata dall'art. 21, comma 1, Cost. Né l'incriminazione degli oratori, consci del mancato preavviso, potrebbe trarsi da quei comprovati motivi di sicurezza o di incolumità pubblica, che, a sensi dell'art. 17, comma 3, Cost. impongono alle competenti autorità di vietare riunioni in luogo pubblico, perché (così già sent. n. 90 del 1970) una cosa è l'onere, gravante sui promotori, di dare preavviso della progettata riunione in luogo pubblico e altra cosa è la comprovata sussistenza di motivi di sicurezza o di pubblica incolumità che impongono – ne abbiano le autorità ricevuto preavviso oppure no – di vietarle.

In precedenti occasioni la Corte costituzionale si era espressa nel senso della infondatezza della questione di costituzionalità: con sent. n. 51 del 1975 aveva ritenuto infondata la questione di costituzionalità di tale norma, mentre nella sent. n. 90 del 1970 (come detto) era stata dichiarata l'incostituzionalità dell'art. 18, comma 3, Tulp laddove comminava pena contravvenzionale per coloro che prendono la parola in riunioni in luogo pubblico, non precedute da preavviso, mentre aveva ritenuto infondata la questione di costituzionalità della stessa norma riferita a chi in dette riunioni prenda la parola pur essendo conscio del mancato preavviso dichiarando dunque l'incostituzionalità dell'art. 18, comma

3, Tups solo nella parte in cui non limitava la previsione punitiva a coloro che prendono la parola essendo a conoscenza della omissione del preavviso.

Nel riesaminare la questione, la Corte dichiara l'incostituzionalità dell'art. 18, comma 3, Tulp anche nel caso in cui i destinatari siano coloro che abbiano preso la parola in riunioni in luogo pubblico pur essendo a conoscenza del mancato preavviso alle competenti autorità. La Corte infatti ritiene violato l'art. 3 Cost. giacché «*l'indiscussa disparità tra partecipi silenti e oratori*» viene utilizzata per affermare l'affinità tra promotori e oratori ponendo questi ultimi sullo stesso piano dei promotori che non hanno assolto al dovere del preventivo preavviso. Inoltre l'incriminazione dei soli oratori implica inoltre violazione del diritto di manifestare liberamente il proprio pensiero, garantito dall'art. 21, comma 1, Cost.

7. La libertà di associazione

Secondo l'art. 18 Cost. tutti i cittadini hanno diritto di associarsi liberamente, senza autorizzazione, «*per fini che non sono vietati ai singoli dalla legge penale*».

Associazione è qualunque formazione sociale avente un (anche minimo) nucleo di organizzazione e di tendenziale stabilità.

La Costituzione pone innanzitutto il principio della libertà di fondare un'associazione, di aderirvi, ma dispone e garantisce anche la libertà (negativa) di non associarsi (e di recedere da una associazione). Pertanto se è incostituzionale ogni norma che vieti una associazione è altrettanto incostituzionale la norma che obblighi ad iscriversi o a far parte di una determinata associazione.

Nel nostro ordinamento esistono *fenomeni di associazioni obbligatorie* (ordini professionali, consorzi obbligatori, federazioni sportive) nei confronti delle quali varie volte è stata sostenuta l'incostituzionalità per violazione della libertà negativa di associazione. La Corte costituzionale si è però pronunciata nel senso della non incostituzionalità delle associazioni obbligatorie imposte per legge quando le stesse si rivelino necessarie per il raggiungimento o la tutela di specifiche finalità pubbliche le quali giustificano appunto la limitazione alla libertà di non associarsi.

La Corte costituzionale, già con la sent. n. 69 del 1962 ha ritenuto ricompreso nell'ambito dell'art. 18 Cost. anche il c.d. ***aspetto negativo della libertà di associazione***, precisando però che la «libertà negativa» (diversamente dal diritto di associazione il quale non sopporta limiti, se non quelli derivanti dallo stesso art. 18 Cost.) è suscettibile di trovare limiti maggiori e non puntualmente segnati dalla Carta costituzionale; ciò perché l'ampiezza della libertà negativa di associazione va contemperata con l'esigenza di tutela di distinti e diversi diritti. Si discuteva in proposito della libertà del singolo associato di recedere dal rapporto, libertà che deve confrontarsi con la libertà degli altri membri dell'associazione di svolgere la loro attività nell'organizzazione associativa confidando nella relativa stabilità organizzativa che le forme statutarie, volontariamente accettate, assicurano.

Nel caso di specie era contestata la norma statutaria di un'associazione non riconosciuta («Associazione del commercio e del turismo della Provincia di Pordenone») che protraeva fino al 31 dicembre dell'anno successivo a quello del recesso gli obblighi relativi al rapporto associativo. A questo proposito deve ricordarsi che l'art. 24 cod. civ. dispone che l'associato può sempre recedere dall'associazione se non ha assunto l'obbligo di farne parte per un tempo determinato e la dichiarazione di recesso «*ha effetto con lo scadere dell'anno in corso, purché sia fatta almeno tre mesi prima*». Da ciò discende la necessità del coordinamento della libertà di dissociarsi con le concrete modalità operative stabilite nel patto associativo (sul quale fanno affidamento gli altri associati) ed inoltre con l'autonomia organizzativa del gruppo; coordinamento che non può giungere a sopprimere l'uno o l'altro diritto, ma può limitarne temporalmente l'esercizio secondo un criterio di razionalità nella comparazione delle rispettive ragioni.

Nell'associazione possono essere coinvolti altri diritti costituzionalmente garantiti ed assolutamente non comprimibili, la cui tutela, per la loro specifica natura, va assicurata immediatamente e che non sopportano un vincolo, ancorché volontariamente assunto, per il futuro.

Le associazioni su basi ideologica, politica o religiosa, nelle quali il dissenso dalla linea seguita dall'organizzazione comporta per il singolo dissenziente un problema di libertà di opinione, nel senso di imposizione di un vincolo alla manifestazione delle proprie opinioni e di autodeterminarsi in relazione ad esse, pone il problema del rispetto dei principi dettati dall'art. 21 Cost. e dall'art. 2 sui diritti inviolabili dell'uomo. La protrazione degli obblighi verso l'associazione, una volta che il dissenso si radichi, finisce per comprimere inevitabilmente una libertà che per sua natura non consente vincoli per il futuro. La libertà di opinione, di espressione e di autodeterminazione in tanto sussiste e può essere tutelata, in quanto l'espressione e la condotta conseguente vengano garantite nella loro contestualità e nell'immediatezza della loro esistenza. Un vincolo associativo perdurante malgrado il dissenso, e comportante obblighi verso gli altri associati in coerenza con principi ideologici o interpretazioni politiche non più condivise, viola la libertà del singolo, senza che ciò venga razionalmente richiesto dalla tutela di pari libertà di altri associati.

La Costituzione specifica che l'istituzione dell'associazione avviene «*senza autorizzazione*», sottraendo così la nascita di qualunque associazione alla valutazione preventiva e discrezionale di una pubblica autorità.

L'ampiezza della sfera assegnata alla libertà di associazione trova definitiva conferma nella previsione costituzionale che conferisce *piena libertà di fini all'associazione*, giacché gli unici fini che l'associazione non può perseguire sono quelli «*vietati al singolo dalla legge penale*».

A questo proposito, particolare attenzione bisogna porre all'espressione «*ai singoli*», giacché mediante tale formula la Costituzione esclude che la legge possa dichiarare illegittimo il mero fatto associativo. Il fine che l'associazione non può perseguire deve essere un fine vietato «ai singoli» dalla legge penale, e dunque un reato che il singolo può commettere anche individualmente e pertanto la Costituzione esclude la possibilità di punire penalmente il mero fatto associativo. Questo limite si traduce dunque in una garanzia della libertà di associazione, giacché pone il principio secondo cui non può essere vietato all'associazione ciò che è lecito per il singolo.

Con la sent. n. 243 del 2001 la Corte ha dichiarato l'incostituzionalità dell'art. 271 cod. pen. che prevedeva il reato di associazione antinazionale, diretta a «*distruggere o deprimere il sentimento nazionale inteso come coscienza dell'unità territoriale, sociale e politica dell'Italia*».

Ad avviso del giudice *a quo*, tale precetto violerebbe anzitutto l'art. 21 Cost., poiché l'unico limite posto dalla Costituzione alla libera manifestazione del pensiero, quello del buon costume, non avrebbe alcuna attinenza al "sentimento nazionale", vale a dire con il patriottismo, inteso come coscienza dell'unità territoriale, sociale e politica del Paese. Tale valore era stato già preso in considerazione dalla Corte costituzionale nella pronuncia n. 87 del 1966 che aveva dichiarato incostituzionale l'art. 272, comma 2, cod. pen., il quale puniva le condotte di propaganda «*per distruggere o deprimere il sentimento nazionale*».

La Corte costituzionale rileva che l'art. 271 cod. pen., punendo le condotte di promozione, costituzione, organizzazione e direzione delle associazioni che si propongono di svolgere o che svolgono attività dirette a distruggere o deprimere il sentimento nazionale, è, dal giudice *a quo*, ritenuto in contrasto con:

a) l'art. 21 Cost., in quanto l'unico limite posto dalla Costituzione alla libera manifestazione del pensiero, quello del buon costume, non avrebbe alcuna attinenza con il "sentimento nazionale", né potrebbe identificarsi con la morale o la coscienza etica;

b) l'art. 18 Cost., perché questo articolo pone un limite alla libertà associativa con riferimento soltanto a quelle segrete o che perseguono scopi politici mediante organizzazioni militari, sicché anche le associazioni che si propongono quale fine la depressione o la distruzione del sentimento nazionale sarebbero lecite purché non facciano ricorso, diretto o indiretto, alla violenza;

c) l'art. 2 Cost., atteso che tali associazioni costituirebbero formazioni sociali ove si svolge la personalità del singolo.

Per la Corte costituzionale, «*il codice penale del 1930 aveva posto alcune fattispecie associative in diretta correlazione con i reati di propaganda ed apologia sovversiva o antinazionale. Chiari appaiono i collegamenti tra il primo comma dell'art. 272 e il delitto riguardante le associazioni sovversive (art. 270), nonché tra il secondo comma della stessa disposizione e quello riguardante le associazioni antinazionali (art. 271), per l'identità delle espressioni usate nelle parallele figure delittuose*».

La Corte, con la sent. n. 87 del 1966, mentre aveva respinto il dubbio di costituzionalità relativo al primo comma dell'art. 272 cod. pen. (propaganda sovversiva), aveva dichiarato l'incostituzionalità del secondo comma (propaganda antinazionale), sulla base della considerazione che "il sentimento nazionale" costituisce soltanto un dato spirituale che, sorgendo e sviluppandosi nell'intimo della coscienza di ciascuno, fa parte esclusivamente del mondo del pensiero e delle idealità, sicché la relativa propaganda – non indirizzata a suscitare violente reazioni, né rivolta a vilipendere la nazione o a compromettere i doveri che il cittadino ha verso la Patria, od a menomare altri beni costituzionalmente garantiti – non poteva essere vietata senza che si profilasse il contrasto con la libertà di manifestazione del pensiero.

Nella sent. n. 243 del 2001 (relativa all'art. 271 cod. pen.) la Corte precisa che «*La questione non coinvolge il significato e la portata dei valori costituzionali della nazione e dell'unità nazionale (artt. 5, 9, 67, 87 e 98 Cost.), né le forme di tutela che vi si possono riferire, concernendo invece esclusivamente il dubbio sulla legittimità costituzionale dell'incriminazione della condotta sotto forma associativa, intesa a "distruggere o deprimere il sentimento nazionale"*». La Corte riconosce che le considerazioni che (nella sent. n. 87 del 1966) l'avevano portata a dichiarare l'incostituzionalità dell'art. 272, comma 2, cod. pen. (e cioè della fattispecie incriminatrice della propaganda antinazionale), «*forniscono sufficiente ragione per addivenire a pari conclusione*» anche con riguardo al reato di divieto delle associazioni per l'attività diretta al fine di «*distruggere o deprimere il sentimento nazionale*». Infatti, se non configura un illecito penale lo svolgimento da parte del singolo di un'opera di propaganda tesa a tale scopo (ove non trasmodi in violenza o in attività che violino altri beni costituzionalmente garantiti fino ad integrare altre figure criminose), non può costituire illecito neppure l'attività associativa volta a compiere ciò che è consentito al singolo individuo. A questo proposito la Corte ricorda che l'art. 18 Cost. riconosce – nei limiti posti dal secondo comma – la libertà di associazione per i fini che non siano «vietati ai singoli dalla legge penale», sicché «*la permanenza della norma censurata – essendo stata già espunta dall'ordinamento quella che considerava illecita la propaganda diretta all'identico fine perseguito perfino dalla totalità dei cittadini uti singuli – verrebbe ad incidere unicamente sulla libertà di associazione garantita dalla Costituzione*».

Nella sent. n. 193 del 1985, la Corte ha dichiarato l'incostituzionalità dell'art. 273 cod. pen. (ed in via conseguenziale anche degli artt. 274 cod. pen. e 211 r.d. 18 giugno 1931, n. 773, Tups) che subordinava la liceità delle associazioni internazionali ad autorizzazione governativa.

Un signore era imputato del delitto di cui all'art. 273 cod. pen. per avere costituito e diretto, senza autorizzazione del Governo, due associazioni di carattere internazionale (l'una denominata "Parlamento mondiale per la sicurezza e la pace", l'altra Sezione della "Confederation Europeenne de l'Ordre Judiciaire"). La Corte d'Assise sollevava questione di costituzionalità del citato articolo per contrasto con gli artt. 2 Cost. (che garantisce i diritti inviolabili dell'uomo, sia come singolo, sia nelle formazioni sociali ove si svolge la sua personalità) e 18 Cost. (che consente ai cittadini di associarsi liberamente, e senza alcuna autorizzazione, purché i fini dell'associazione non siano vietati ai singoli dalla legge penale, e non si tratti di scopi politici perseguiti mediante organizzazioni militari, oppure di associazioni segrete). Non sussistono, dunque, nella Carta fondamentale, secondo il giudice *a quo*, altri limiti alla libertà di associarsi. Fra l'altro, una tale limitazione, esclusa dall'art. 18, contrasta anche con l'art. 11 Cost. che prevede addirittura la promozione e il favore da parte dell'Italia delle organizzazioni internazionali rivolte ad assicurare la pace e la giustizia fra i popoli. Per la Corte costituzionale: «*Non può esservi dubbio sull'incompatibilità della disposizione di cui all'art. 273 cod. pen. rispetto al principio proclamato dall'art.*

18 Cost. L'illiceità, infatti, sancita dalla citata norma del codice penale non ha altra ragione se non appunto la carenza di quell'autorizzazione del Governo alla promozione, alla costituzione, all'organizzazione o alla direzione di associazioni, enti o istituti di carattere internazionale, o sezioni di essi, che l'art. 18 Cost. espressamente invece esclude».

Il comma 2 dell'art. 18 Cost. pone *limiti «speciali»* alla libertà di associazione, giacché (disponendo che «*Sono proibite le associazioni segrete e quelle che perseguono scopi politici mediante organizzazioni di carattere militare*») individua due tipologie di associazione (le associazioni segrete e quelle che perseguono scopi politici mediante organizzazione di carattere militare) vietate dalla Costituzione.

A questa disposizione deve inoltre aggiungersi il *divieto di riorganizzazione sotto qualsiasi forma del «disciolto partito fascista»*, disposto dalla XII disp. trans. e fin. della Costituzione.

La legge n. 17 del 1982 specifica che per *associazioni segrete* debbano intendersi quelle che, anche all'interno di associazioni palesi, occultando la loro esistenza ovvero tenendo segrete congiuntamente finalità e attività sociali ovvero rendendo sconosciuti, in tutto od in parte ed anche reciprocamente, i soci, svolgono attività diretta ad interferire sull'esercizio delle funzioni di organi costituzionali, di amministrazioni pubbliche o di servizi pubblici essenziali di interesse nazionale. L'appartenenza ad associazioni segrete è sanzionata penalmente e le stesse sono sciolte con un decreto del Presidente del Consiglio che ne ordina lo scioglimento e la confisca dei beni previa sentenza irrevocabile che accerti l'esistenza dell'associazione segreta.

Vietate sono anche le *associazioni che perseguono, anche indirettamente, scopi politici mediante organizzazioni di carattere militare*. Le due condizioni (il perseguimento anche in via indiretta da parte dell'associazione di uno scopo politico ed il carattere militare dell'organizzazione dell'associazione) devono entrambe verificarsi perché operi il divieto costituzionale. I due elementi infatti, assunti singolarmente, non sono affatto vietati dalla Costituzione. Ma è la congiunzione tra gli stessi a determinare una tipologia di associazione vietata dalla Costituzione, sia per l'esperienza storicamente registrata di «camicie nere» e di «partiti militarizzati», ma soprattutto perché la militarizzazione della politica costituisce l'antitesi del «metodo democratico» con cui le associazioni politiche sono chiamate a «determinare la politica nazionale» (art. 49 Cost.). Magistrali a tale proposito le parole di Mortati che evidenzia l'intento di «evitare che la lotta politica si giovi, anziché della pacifica discussione, dell'uso di mezzi violenti così da determinare un'atmosfera di intimidazione e di paura». Il divieto per le associazioni politiche di darsi un'organizzazione di tipo militare determina dunque il divieto, ad esempio, di inquadrare gli associati in «reparti» o «nuclei», di assegnarsi un ordinamento gerarchico interno analogo a quello militare (ad es. con l'adozione di gradi, divise o uniformi).

In merito al contenuto della XII disp. trans. e fin. Cost. (che vieta la riorganizzazione, sotto qualsiasi forma, del disciolto partito fascista), ci si è interrogati se oggetto del divieto sia il partito fascista storicamente determinato (Pnf) o qualunque partito (anche nuovo) ispirato però ai principi e ai valori del partito nazionale fascista. È prevalsa la prima tesi giacché ciò che la Costituzione vieta è la «ricostituzione» del «disciolto» partito fascista e cioè di quel determinato partito come storicamente apparso e sviluppatosi.

La Costituzione detta norme specifiche per alcuni tipi di associazione: le associazioni a carattere religioso (artt. 19 e 20 Cost., v. *infra*, par. 8), i sindacati (art. 39 Cost.) ed i partiti politici (art. 49 Cost.).

A quest'ultimo proposito, il legame esistente fra l'art. 18 e l'art. 49 Cost. è reso evidente dall'*incipit* di quest'ultimo che prevede il diritto dei cittadini di «*associarsi liberamente in partiti politici*». Pertanto ai partiti politici non può non applicarsi la disciplina (garanzie e limiti) che l'art. 18 Cost. pone in generale per qualunque fenomeno associativo. L'art. 49 Cost. assegna poi ai partiti politici il compito di «*concorrere con metodo democratico a determinare la politica nazionale*».

Molto si è discusso in dottrina sulla portata dell'espressione «*metodo democratico*». Sicuramente tale metodo («democratico») deve essere applicato nella competizione «*fra*» i partiti (come confessa il verbo «*concorrere*» che implicitamente pone anche il divieto del partito unico giacché, per assicurare una «*concorrenza*» è necessaria una pluralità di «*con-correnti*»), mentre è discussa l'applicabilità di tale principio anche all'interno del partito (con il conseguente problema della determinazione del soggetto competente ad intervenire): la centralità del ruolo dei partiti politici nel funzionamento della democrazia rappresentativa rende infatti estremamente «sensibile» ogni intervento legislativo sull'assetto o sulla disciplina degli stessi (i quali nel nostro ordinamento sono associazioni non riconosciute, sottoposte alle poche regole dettate per tali forme associative dal codice civile; al riguardo v. *supra*, cap. VI, par. 4).

8. La libertà di religione

Secondo l'art. 8 Cost.: «***tutte le confessioni religiose sono egualmente libere davanti alla legge***». Tale disposizione pone il *principio di eguaglianza tra le confessioni religiose* con conseguente divieto di discriminazione tra le stesse (v. *supra*, cap. II).

Il principio per cui ognuno ha il «*diritto di professare liberamente la propria fede religiosa*» (***libertà di culto***) tutela l'aspetto individuale della libertà religiosa, mentre l'art. 8 tutela l'aspetto istituzionale (la «confessione» religiosa). La Costituzione precisa che la libertà di culto può esprimersi in qualsiasi forma (individuale o associata) e si estende a tutte le attività ad essa collegate, dal proselitismo ai rituali, purché non siano contrari al buon costume.

Anche con riguardo a tale libertà, va evidenziato l'aspetto «negativo» della stessa concernente la libertà di non svolgere alcuna attività di culto (a questa libertà fanno appello coloro che contestano l'esposizione del crocifisso nelle aule scolastiche e negli edifici pubblici; v. *supra*, cap. II, par. 7).

E così la Corte costituzionale (sent. n. 117 del 1979) ha dichiarato l'incostituzionalità della formula del giuramento dei testimoni nella parte in cui imponeva al teste di assumere la responsabilità delle proprie affermazioni «davanti a Dio», giacché violava la libertà di coscienza degli atei. L'***obiezione di coscienza*** è il rifiuto da parte del singolo di compiere atti, prescritti dall'ordinamento, ma contrari alle proprie convinzioni. Lo stesso rifiuto di giurare è una forma di obiezione. Ma è lo stesso ordinamento a prevedere in alcuni casi il diritto di «obiezione».

L'unico limite che incontra la libertà di culto è il «*buon costume*», che per la giurisprudenza ordinaria è ravvisabile nel rispetto del pudore sessuale (v. *infra*, par. 9).

L'art. 20 Cost. dispone infine che il carattere ecclesiastico e il fine di religione o di culto di un'associazione o istituzione non possono essere causa di speciali limitazioni legislative, né di speciali gravami fiscali per la sua costituzione e ogni forma di attività. L'ente religioso (cattolico o di qualunque altra religione) non può dunque ricevere un trattamento legislativo deteriore rispetto a quello riservato dall'ordinamento giuridico a tutti gli altri enti.

L'Unione degli Atei e degli Agnostici Razionalisti (UAAR) aveva chiesto di avviare le trattative con il governo per la stipula di un'intesa ai sensi dell'art. 8, comma 3, Cost. Il Consiglio dei ministri (nel 2003), recependo il parere dell'Avvocatura dello Stato, decideva di non avviare le trattative ritenendo che la professione di ateismo non possa essere assimilata ad una confessione religiosa.

L'UAAR proponeva ricorso avanti al Tar Lazio che con sent. 31 dicembre 2008, n. 12539 (sez. I), dichiarava inammissibile il ricorso per difetto assoluto di giurisdizione, ritenendo che la determinazione impugnata abbia natura di atto politico «non giustiziabile» (ai sensi dell'art. 31 del r.d. n. 1054 del 1924, ora art. 7, comma 1, ultimo periodo, d.lgs. n. 104 del 2010).

Il Consiglio di Stato, sez. IV, con sent. n. 6083 del 2011, riformando la decisione di primo grado, affermava invece la giurisdizione del giudice amministrativo, ritenendo che la scelta relativa all'avvio delle trattative non abbia natura politica, ma presenti i tratti tipici della discrezionalità valutativa come ponderazione di interessi: da un lato, quello dell'associazione istante ad addivenire all'intesa, dall'altro, l'interesse pubblico alla selezione dei soggetti con cui avviare le trattative. Secondo il Consiglio di Stato, l'accertamento circa la riconduzione dell'organizzazione richiedente alla categoria delle "confessioni religiose" non sarebbe insindacabile, e quanto meno l'avvio delle trattative sarebbe obbligatorio qualora si pervenisse ad un giudizio di qualificabilità del soggetto istante come confessione religiosa, salva restando la facoltà del Governo di non stipulare l'intesa all'esito delle trattative ovvero di non tradurre in legge l'intesa medesima.

Avverso tale decisione, il Governo proponeva ricorso ai sensi dell'art. 111, ultimo comma, Cost., alle Sezioni unite della Cassazione, sostenendo che il rifiuto di avviare le trattative per la conclusione dell'intesa ex art. 8, comma 3, Cost. debba qualificarsi "atto politico", come tale insindacabile.

Le Sezioni unite (sent. n. 16305 del 2013) respingevano il ricorso, affermando che l'accertamento preliminare relativo alla qualificazione dell'istante come confessione religiosa costituisca esercizio di discrezionalità tecnica da parte dell'amministrazione, come tale sindacabile in sede giurisdizionale. Secondo la Cassazione la stipula dell'intesa è volta anche alla migliore realizzazione dei valori di eguaglianza tra confessioni religiose (ed infatti il primo comma dell'art. 8 Cost. garantisce l'eguaglianza delle confessioni religiose davanti alla legge ed il successivo terzo comma assegna all'intesa la regolazione dei rapporti tra lo Stato e le confessioni religiose) e pertanto l'attitudine di un culto a stipulare le intese con lo Stato non può essere rimessa all'assoluta discrezionalità del potere esecutivo, pena il sacrificio dell'eguale libertà tra confessioni religiose. Sul Governo ricade dunque l'obbligo di avviare le trattative ex art. 8 Cost. per il solo fatto che una qualsiasi associazione lo richieda.

Successivamente, il Tar Lazio (sez. I) con sent. 3 luglio 2014, n. 7068, respingeva nel merito il ricorso dell'UAAR, escludendo che la valutazione compiuta dal Governo in ordine al carattere non confessionale dell'UAAR sia «*manifestamente inattendibile o implausibile, risultando viceversa coerente con il significato che, nell'accezione comune, ha la religione*».

Il Governo, ritenendo che il rifiuto di avviare le trattative finalizzate alla stipula dell'intesa sia un atto politico, espressione della funzione di indirizzo politico che la Costituzione assegna al Governo in materia religiosa e, come tale, sottratto al sindacato giurisdizionale, sollevava comunque conflitto di attribuzione tra poteri nei confronti della predetta sentenza delle Sezioni Unite della Cassazione.

Secondo il Governo le intese, in quanto dirette all'approvazione di una legge, coinvolgerebbero la responsabilità politica del Governo, ma non la responsabilità dell'amministrazione e così come il Governo è libero di non dare seguito alla stipula dell'intesa omettendo di esercitare l'iniziativa per l'approvazione della legge prevista dall'art. 8, comma 3, Cost., a maggior ragione dovrebbe essere libero, nell'esercizio delle sue valutazioni politiche, di non avviare alcuna trattativa: il preteso "diritto" all'apertura delle trattative sarebbe in realtà un «*interesse di mero fatto non qualificato, privo di protezione giuridica*».

Secondo l'UAAR i parametri costituzionali invocati dal Governo (artt. 7, 8, 92 e 95 Cost.) non fonderebbero alcuna competenza costituzionale del Governo attinente alla decisione di stipulare l'intesa, mentre «il problema della impugnabilità degli atti relativi alle trattative per l'intesa ex art. 8, comma 3, Cost. va riguardato muovendo dalla verifica della sussistenza di una situazione giuridica soggettiva in capo alla confessione istante. L'art. 8, comma 3, Cost. non avrebbe soltanto il significato di negare allo Stato la possibilità di introdurre una disciplina unilaterale, ma avrebbe anche la funzione di dare riconoscimento alla pretesa di una confessione di concludere con lo Stato un'intesa, o almeno di avviare le trattative, allo scopo di conseguire una condizione di "eguale libertà" con le altre confessioni di analoga natura. Se il principio di laicità dello Stato ha, quali corollari, l'equidistanza e l'imparzialità verso tutte le confessioni, secondo l'UAAR gli organi statali sono tenuti a prendere in considerazione le richieste di intesa provenienti da soggetti legittimati, e a non discriminare le confessioni nell'accesso ai benefici connessi con la stipula di un'intesa. La qualificazione della pretesa di una confessione religiosa di negoziare un'intesa con lo Stato in termini di posizione soggettiva protetta sarebbe inoltre confermata dalla giurisprudenza della Corte europea dei diritti dell'uomo, la quale, in più occasioni, avrebbe riconosciuto come interesse tutelato dagli artt. 9, 11 e 14 della Convenzione Europea dei diritti dell'uomo, l'aspirazione della confessione religiosa a concludere accordi con lo Stato per accedere ad uno *status* più favorevole. La difesa dell'UAAR contesta infine che la decisione di non avviare le trattative partecipi della natura di atto politico proprio della legge di approvazione dell'intesa che rimane esterna al procedimento legislativo.

La Corte costituzionale (sent. n. 52 del 2016) così riassume le opposte tesi: «*da una parte, si ritiene che il diniego di avvio delle trattative, opposto dal Governo alla richiesta di un'associazione, non potrebbe essere oggetto di sindacato in sede giudiziaria, a pena della lesione della sfera di attribuzioni costituzionali dello stesso Governo, definite dagli artt. 8, comma 3, e 95 Cost.; dall'altra, si ritiene invece che tale sindacabilità dovrebbe essere affermata, poiché l'azionabilità della pretesa giuridica all'avvio delle trattative stesse sarebbe corollario dell'eguale libertà di cui godono, ai sensi dell'art. 8, comma 1, Cost., tutte le confessioni religiose, e servirebbe a impedire che un'assoluta discrezionalità governativa in materia dia luogo ad arbitrarie discriminazioni*». La Corte innanzitutto afferma che la soluzione del conflitto non possa prescindere da considerazioni concernenti la "natura" e il "significato", nel nostro ordinamento costituzionale, dell'intesa per la regolazione dei rapporti tra lo Stato e le confessioni religiose: «*Il significato della disposizione costituzionale consiste nell'estensione, alle confessioni non cattoliche, del "metodo della bilateralità", in vista dell'elaborazione della disciplina di ambiti collegati ai caratteri peculiari delle singole confessioni religiose (sent. n. 346 del 2002). Le intese sono perciò volte a riconoscere le esigenze specifiche di ciascuna delle confessioni religiose (sent. n. 235 del 1997), ovvero a concedere loro particolari vantaggi o eventualmente a imporre loro particolari limitazioni (sent. n. 59 del 1958), o … a dare rilevanza, nell'ordinamento, a specifici atti propri della confessione religiosa*». E la Costituzione ha inteso evitare «*l'introduzione unilaterale di una speciale e derogatoria regolazione dei rapporti tra lo Stato e la singola confessione religiosa, sul presupposto che la stessa unilateralità possa essere fonte di discriminazione*». Le intese inoltre «*non sono una condizione imposta dai pubblici poteri allo scopo di consentire alle confessioni religiose di usufruire della libertà di organizzazione e di azione, o di giovarsi dell'applicazione delle norme, loro destinate, nei diversi settori dell'ordinamento*» ed il legislatore «*non può operare discriminazioni tra confessioni religiose in base alla sola circostanza che esse abbiano o non abbiano regolato i loro rapporti con lo Stato tramite accordi o intese*». Per la Corte, nel nostro ordinamento («*caratterizzato dal principio di laicità e, quindi, di imparzialità ed equidistanza rispetto a ciascuna confessione religiosa*») «*non è in sé stessa la stipulazione dell'intesa a consentire la realizzazione dell'eguaglianza tra le confessioni: quest'ultima risulta invece complessivamente tutelata dagli artt. 3, 8, primo e secondo comma, e 19 Cost., ove è garantito il diritto di tutti di professare liberamente la propria fede religiosa, in forma individuale o associata, nonché dall'art. 20 Cost.»*. E pertanto «*non è corretto sostenere che l'art. 8, comma 3, Cost. sia disposizione procedurale meramente servente dei – e perciò indissolubilmente legata ai – primi due commi, e quindi alla realizzazione dei principi di eguaglianza e pluralismo in materia religiosa in essi sanciti. Il terzo comma, invece, ha l'autonomo significato di permettere l'estensione del "metodo bilaterale" alla materia dei rapporti tra Stato e confessioni non cattoliche, ove il riferimento a tale metodo evoca l'incontro della volontà delle due parti già sulla scelta di avviare le trattative*». La Corte esclude (per «*ragioni istituzionali e costituzionali*») la configurabilità di una pretesa giustiziabile all'avvio delle trattative (con conseguente sindacabilità, da parte dei giudici comuni, del diniego opposto dal Governo alla richiesta avanzata da un'associazione che alleghi il proprio carattere religioso) sia perché in contrasto con il metodo della bilateralità (immanente al comma 3 dell'art. 8 Cost.) sia perché «*un'autonoma pretesa giustiziabile all'avvio delle trattative non è configurabile proprio alla luce della non configurabilità di una pretesa soggettiva alla conclusione positiva di esse*». Secondo la Corte risulta «*contraddittorio negare l'azionabilità di un diritto all'intesa, quale risultato finale delle trattative, e al contempo affermare la giustiziabilità del diniego all'avvio delle stesse: giacché non si comprende a che scopo imporre l'illusoria apertura di trattative di cui non si assume garantita giudizialmente la conclusione*». La Corte inoltre evidenzia l'importanza politica per l'Esecutivo della decisione relativa alla individuazione dei soggetti da ammettere alle trattative e l'avvio delle medesime. Al Governo «*spetta una discrezionalità ampia, il cui unico limite è rintracciabile nei principi costituzionali, e che potrebbe indurlo a non concedere nemmeno quell'implicito effetto di "legittimazione" in fatto che l'associazione potrebbe ottenere dal solo avvio delle trattative. Scelte del genere ... non possono costituire oggetto di sindacato da parte del giudice*». La Corte ricorda inoltre la sent. n. 346 del 2002 in cui si afferma che il Governo «*non è vincolato oggi a norme specifiche per quanto riguarda l'obbligo, su richiesta della confessione, di negoziare e di stipulare l'intesa*». Negando l'avvio alle trattative, il Governo risponde di fronte al Parlamento «*con le modalità attraverso le quali la responsabilità politica dell'esecutivo è attivabile in una forma di governo parlamentare*». E «*alla luce di un ragionevole bilanciamento dei diversi interessi protetti degli artt. 8 e 95 Cost.*», la Corte esclude la configurabilità in capo ad un'associazione che ne faccia richiesta, allegando la propria natura di confessione religiosa una pretesa giustiziabile all'avvio delle trattative ex art. 8, comma 3, Cost., giacché rientra nella valutazione di opportunità del Consiglio dei ministri la decisione di avviare trattative con una determinata associazione, al fine di addivenire, in esito ad esse, alla elaborazione bilaterale di una speciale disciplina dei reciproci rapporti (e di tale decisione il Governo può essere chiamato a rispondere politicamente di fronte al Parlamento, ma non in sede giudiziaria).

9. La libertà di manifestazione del pensiero

L'art. 21 Cost. garantisce la ***libertà di manifestazione del pensiero***, cioè di esprimere e divulgare il proprio pensiero «*con la parola, lo scritto e ogni altro mezzo di diffusione*».

Gli odierni ordinamenti democratici si fondano sul riconoscimento che garantire la libera manifestazione del pensiero costituisce una premessa indispensabile per tutelare la democraticità dell'ordinamento medesimo e impedirne involuzioni autoritarie.

Le riflessioni che, in particolare nei secoli XVI e succ., si registrano a tutela della libertà di manifestazione del pensiero sono storicamente determinate ad affermare (e difendere) la libertà di manifestare pubblicamente la propria convinzione religiosa e, solo successivamente, il proprio pensiero. Nel secolo XX, con l'affermazione di molteplici e penetranti mezzi di comunicazione di massa, diventa centrale, nelle varie riflessioni sul tema, il tipo di «mezzo» utilizzato. E, non a caso, il costituente si pone il problema della disciplina della stampa anche con riguardo al profilo della pubblicità dei mezzi di finanziamento della stampa periodica. Questa attenzione del costituente concerne il più ampio *problema dei rapporti intercorrenti fra il funzionamento della democrazia e la disciplina dei mezzi di comunicazione di massa*.

La notevole mole di implicazioni che porta con sé ogni riflessione concernente la libertà di manifestazione del pensiero conferma che l'interpretazione dell'art. 21 Cost. dovrebbe avvenire con peculiare attenzione al contenuto dell'intera Carta costituzionale (Esposito). Ed infatti è nell'intera Costituzione che vanno individuati i limiti da porre al godimento di tale libertà.

Non è inutile ricordare che la primissima sentenza della Corte costituzionale (sent. n. 1 del 1956) riguardava proprio la violazione dell'art. 21 Cost. e relativo alla costituzionalità dell'art. 113 Tulps (r.d. 18 giugno 1931, n. 773) (relatore Gaetano Azzariti, avvocati Costantino Mortati, Massimo Severo Giannini, Vezio Crisafulli, Giuliano Vassalli, Achille Battaglia, Piero Calamandrei). Con tale pronuncia la Corte dichiara l'incostituzionalità delle norme contenute nei commi 1, 2, 3, 4, 6 e 7 dell'art. 113 Tulps (r.d. n. 773 del 1931). La questione di costituzionalità proveniva da numerosi (30!) procedimenti penali (alcuni in primo grado, altri in appello) che si svolgevano a carico di persone imputate di trasgressioni al precetto dell'art. 113 del TU delle leggi di p.s. per avere o distribuito avvisi o stampati nella pubblica strada, o affisso manifesti o giornali, ovvero usato altoparlanti per comunicazioni al pubblico, senza autorizzazione dell'autorità di pubblica sicurezza. Secondo i giudici *a quibus* l'autorizzazione prescritta contrasterebbe con l'art. 21 Cost., il quale dichiara che «*tutti hanno il diritto di manifestare liberamente il proprio pensiero con la parola, lo scritto ed ogni altro mezzo di diffusione*» (comma 1) e che «*la stampa non può essere soggetta ad autorizzazioni o censure*» (comma 2). Secondo la Corte, «*in via generale, la norma la quale attribuisce un diritto non esclude il regolamento dell'esercizio di esso. Una disciplina delle modalità di esercizio di un diritto, in modo che l'attività di un individuo rivolta al perseguimento dei propri fini si concili con il perseguimento dei fini degli altri, non sarebbe perciò da considerare di per sé violazione o negazione del diritto. E se pure si pensasse che dalla disciplina dell'esercizio può anche derivare indirettamente un certo limite al diritto stesso, bisognerebbe ricordare che il concetto di limite è insito nel concetto di diritto e che nell'ambito dell'ordinamento le varie sfere giuridiche devono di necessità limitarsi reciprocamente, perché possano coesistere nell'ordinata convivenza civile*". Pertanto "*è da escludere che con la enunciazione del diritto di libera manifestazione del pensiero la Costituzione abbia consentite attività le quali turbino la tranquillità pubblica, ovvero abbia sottratta alla polizia di sicurezza la funzione di prevenzione dei reati*». Quindi non si prospetterebbero dubbi di costituzionalità se l'art. 113 Tulps risultasse vincolato al fine di impedire fatti che siano costitutivi di reati o che, secondo ragionevoli previsioni, potrebbero provocarli, ma «*nessuna determinazione in tale senso vi è nel detto articolo, il quale, col prescrivere l'autorizzazione, sembra far dipendere quasi da una concessione dell'autorità di pubblica sicurezza il diritto, che l'art. 21 Cost. conferisce a tutti, attribuendo alla detta autorità poteri discrezionali illimitati, tali cioè che, indipendentemente dal fine specifico di tutela di tranquillità e di prevenzione di reati, il concedere o il negare l'autorizzazione può significare praticamente consentire o impedire caso per caso la manifestazione del pensiero*».

L'unico limite che esplicitamente l'art. 21 Cost. pone alla libertà di manifestazione del pensiero è il ***buon costume*** che dalla giurisprudenza prevalente viene inteso come rispetto del «pudore sessuale», e che dunque è legato all'evoluzione dei costumi. Il limite del buon costume (previsto anche per la libertà religiosa) non è applicabile alle opere d'arte e di scienza riguardo alle quali l'art. 33 Cost. non pone tale limite.

Ulteriori limiti alla libertà di manifestazione del pensiero discendono dai principi costituzionali che tutelano l'onore e il prestigio di ogni persona. E così la legge penale prevede varie forme di espressione del pensiero che integrano delitti contro l'onore, quali l'ingiuria e la diffamazione.

A questo proposito può citarsi la vicenda in cui due magistrati, sentendosi offesi nell'onore e nella reputazione da un articolo giornalistico (intitolato *"Un'ordinanza incredibile e scandalosa. Il vizio non è della legge, ma dei giudici"*) pubblicato su un noto quotidiano (nel quale veniva aspramente criticato un provvedimento giudiziario adottato dai predetti magistrati), citavano in giudizio dinanzi al tribunale civile l'autore dell'articolo e il direttore del quotidiano al fine di ottenere il risarcimento dei danni subiti. Il tribunale e la Corte d'appello rigettavano la domanda di risarcimento in quanto «*nell'articolo il diritto di cronaca era stato esercitato in modo veritiero*» e poiché «*si doveva considerare che la delicatezza della funzione del giudice non può essere invocata a schermo del controllo e della critica dell'opinione pubblica*». Secondo la Cassazione (Cass., sez. III, 27 aprile 1998, n. 4285) «*la critica, compresa quella che si traduce in scritti, si risolve in una interpretazione di fatti, di comportamenti e di opere dell'uomo che, per sua natura, è necessariamente soggettiva, cioè corrispondente al punto di vista di chi la manifesta. Naturalmente anche il diritto di critica, come ogni diritto, deve essere esercitato entro i limiti oggettivi fissati dalla logica concettuale e dall'ordinamento positivo. Nondimeno, da questo principio non si può trarre l'illazione che la critica sia sempre vietata quando può offendere la reputazione individuale ed occorre, quindi, andare alla ricerca di un bilanciamento dell'interesse individuale alla reputazione con l'interesse generale che non siano introdotte limitazioni alla libera formazione del pensiero costituzionalmente garantita. ... in un ordinamento democratico le persone che rivestono cariche pubbliche non sono al riparo della critica più di quanto non lo siano i provvedimenti da essi presi nell'esercizio delle loro funzioni*».

In tale caso si trovavano in contrasto il diritto all'onore e alla reputazione (che i magistrati criticati ritenevano leso) e il diritto alla libera espressione e divulgazione del proprio pensiero. Al riguardo la Cassazione, pur riconoscendo il diritto di cronaca, lo sottopone a tre limiti di legittimità: 1. utilità sociale dell'informazione (o interesse pubblico alla conoscenza del fatto oggetto della cronaca o alla rilevanza sociale o all'oggettivo interesse per l'opinione pubblica); 2. verità oggettiva o anche solo putativa (purché all'esito di un lavoro di ricerca adeguato) dei fatti esposti; 3. forma civile dell'esposizione dei fatti.

La libertà di manifestazione del pensiero comprende anche la ***libertà di informazione***, nei vari aspetti di informare il pubblico (cioè di *fornire informazioni*), di *informarsi* (cioè di raccogliere le informazioni) e di *essere informati* (cioè di essere destinatari delle informazioni da altri fornite).

Il pluralismo delle fonti di informazione costituisce un requisito essenziale per assicurare un'informazione plurale ed a questo fine opera la legislazione *antitrust* che disciplina i trasferimenti di proprietà delle imprese giornalistiche e radiotelevisive, avente anche lo scopo di evitare le concentrazioni e la formazione di «posizioni dominanti», imponendo la pubblicità dei bilanci delle imprese. La regolamentazione del settore delle comunicazioni è stata affidata ad un'autorità indipendente: l'Autorità per le garanzie nelle comunicazioni (v. *supra*, cap. IX).

Il ***regime della stampa***, disciplinato espressamente dall'art. 21 Cost., è caratterizzato dal *divieto di sottoporre ogni stampato a controlli di tipo preventivo* (quali le autorizzazioni o la censura), mentre è ammessa la forma di controllo successivo quale il *sequestro* (cioè un provvedimento di ritiro dello stampato successivo alla pubblicazione dello stesso). A questo proposito l'art. 21 Cost. pone, a tutela della libertà di stampa, la *doppia garanzia della riserva di legge e della riserva di giurisdizione*. Il sequestro può avvenire solo con provvedimento motivato dell'autorità giudiziaria adottato nel caso di delitti per i quali la legge sulla stampa espressamente lo autorizzi o nel caso di violazioni delle norme che la legge stessa prescriva per l'indicazione dei responsabili. La «legge sulla stampa» (legge n. 47 del 1948) prescrive una serie di indicazioni obbligatorie sugli stampati e, in particolare per i giornali e i periodici fra cui l'indicazione del direttore responsabile (che deve essere iscritto all'albo dei giornalisti) che risponde, unitamente all'autore dello scritto, dei reati commessi mediante il periodico.

Nel caso in cui vi sia assoluta urgenza e non sia possibile il tempestivo intervento dell'autorità giudiziaria, un ufficiale di polizia giudiziaria può provvedere al sequestro, con obbligo di comunicazione del provvedimento al giudice entro 24 ore e necessità di convalida, da parte dell'autorità giudiziaria, entro le successive 24 ore.

La riflessione sulla libertà di manifestazione del pensiero non può prescindere dalla *disciplina dei vari mezzi di comunicazione di massa* (stampa, radio, televisione, ecc.).

L'ultima riforma legislativa del settore radiotelevisivo è quella introdotta dalla legge n. 112 del 2004 che diluisce il sistema televisivo tradizionale in un «paniere» di mezzi di comunicazione (il Sic: sistema integrato di comunicazione) in cui rientrano gli strumenti più vari (stampa, quotidiana e periodica; editoria annuaristica ed elettronica anche per il tramite di internet; radio e televisione; cinema; pubblicità esterna; iniziative di comunicazione di prodotti e servizi; sponsorizzazioni).

10. Il diritto alla tutela giudiziaria

La Costituzione garantisce il *diritto di agire in giudizio per la tutela dei propri diritti e interessi legittimi* (art. 24 Cost.).

La tutela giurisdizionale di diritti e interessi legittimi è azionabile sia nei confronti di soggetti privati che nei confronti dello Stato e di altri enti pubblici (art. 113 Cost.) (v. *supra*, cap. X).

La garanzia del *diritto di difesa*, quale «diritto inviolabile in ogni stato e grado del procedimento» (art. 24 Cost.), unitamente al principio del giudice naturale precostituito per legge, esige che il processo si caratterizzi:

a) per il contraddittorio fra le parti, quale confronto dialettico paritario tra le parti processuali nello svolgimento di ogni fase processuale;

b) per l'imparzialità e la terzietà del giudice.

L'art. 111 Cost. (modificato dalla legge cost. n. 2 del 1999) dispone che la giurisdizione si attua «*mediante il giusto processo regolato dalla legge*» e che ogni processo deve svolgersi nel contraddittorio tra le parti, poste in condizioni di parità, e davanti a un giudice «terzo e imparziale» (v. *supra*, cap. X).

11. La tutela del diritto alla salute

L'art. 32 Cost. così recita: «*La Repubblica tutela la salute come fondamentale diritto dell'individuo e interesse della collettività, e garantisce cure gratuite agli indigenti*». Il secondo comma aggiunge che «*Nessuno può essere obbligato a un determinato trattamento sanitario se non per disposizione di legge. La legge non può in nessun caso violare i limiti imposti dal rispetto della persona umana*».

L'art. 32 Cost. assegna dunque alla Repubblica il compito di ***tutela della salute*** in quanto «*fondamentale diritto dell'individuo*» nonché «*interesse della collettività*», mettendo così subito in luce i due aspetti (o le due dimensioni: quella individuale e quella collettiva) sempre presenti in ogni riflessione relativa al diritto alla salute e che, intersecandosi, danno vita ad un ampio spettro di questioni sempre ricche di profili problematici.

Nella Costituzione italiana la tutela della salute trova un esplicito riconoscimento non solo nell'art. 32 Cost., ma anche negli artt. 38 (che riconosce il diritto dei lavoratori a «*che siano preveduti ed assicurati mezzi adeguati alle loro esigenze di vita in caso di infortunio, malattia, invalidità*», ecc.) e 117 (che nella versione originaria assegnava alla potestà legislativa regionale ripartita o concorrente anche la materia «*assistenza sanitaria e ospedaliera*» e che attualmente rimette alla potestà legislativa regionale ripartita il compito di disciplinare la materia «*tutela della salute*») della Carta.

La *Carta Europea dei diritti fondamentali* (Carta che con il Trattato di Lisbona si è vista riconoscere lo stesso "valore giuridico" dei Trattati), dopo che l'art. 1 ha proclamato "inviolabile" la dignità umana, all'art. 3 dispone che «*Ogni individuo ha diritto alla propria integrità fisica e psichica*», mentre il secondo comma precisa che devono essere rispettati ("nell'ambito della medicina e della biologia") il consenso libero e informato della persona interessata, il divieto delle pratiche eugenetiche, il divieto di fare del corpo umano e delle sue parti in quanto tali una fonte di lucro ed il divieto della clonazione riproduttiva degli esseri umani. L'art. 35 (rubricato "*Protezione della salute*") della Carta afferma che «*ogni individuo ha il diritto di accedere alla prevenzione sanitaria e di ottenere cure mediche alle condizioni stabilite dalle legislazioni e prassi nazionali. Nella definizione e nell'attuazione di tutte le politiche ed attività dell'Unione è garantito un livello elevato di protezione della salute umana*».

La legge n. 833 del 1978, istitutiva del Servizio Sanitario Nazionale (S.S.N.), all'art. 1 (dopo aver ricordato che «*La Repubblica tutela la salute come fondamentale diritto dell'individuo e interesse della collettività mediante il servizio sanitario nazionale*») dispone che la tutela della salute (fisica e psichica) deve avvenire «*nel rispetto della dignità e della libertà della persona umana*». Il S.S.N., al quale è appunto assegnata la funzione di strumento di attuazione del principio di tutela della salute dei cittadini, viene ad essere costituito «*dal complesso delle funzioni, delle strutture, dei servizi e delle attività*» destinati alla promozione, al mantenimento e al recupero della salute fisica e psichica di tutta la popolazione («*senza distinzione di condizioni individuali o sociali e secondo modalità che assicurino l'eguaglianza dei cittadini*»).

Con i d.lgs. nn. 502 del 1992 e 517 del 1993 viene introdotta (quella che sarà definita) la *"Riforma della riforma"*. Il d.lgs. n. 502 del 1992 (modificato l'anno successivo dal d.lgs. n. 517 del 1993), pur non intaccando il principio universalistico, apporta al S.S.N. numerose modifiche con riguardo ai profili organizzativi e gestionali. Viene introdotto il *principio della programmazione* da attuarsi mediante la distribuzione di competenze fra tre distinti livelli (statale, regionale e livello aziendale) con rafforzamento delle competenze regionali e trasformazione delle Usl (strutture operative dei comuni) in Asl (aziende organizzate per la produzione di beni e servizi) e costituzione delle aziende ospedaliere. Al governo statale è assegnata la funzione di programmare la politica sanitaria mediante la definizione del *Piano sani-*

tario nazionale: a tale documento è affidato il compito di indicare l'indirizzo del S.S.N., di individuare, unitamente ai relativi finanziamenti, gli obiettivi fondamentali di prevenzione cura e riabilitazione, nonché i livelli di assistenza da assicurare in condizioni di uniformità su tutto il territorio nazionale. Il Piano sanitario nazionale diventa così uno strumento di programmazione del governo. Le riforme degli anni Novanta rafforzano i poteri delle regioni cui viene assegnato il potere di definire gli ambiti territoriali delle aziende sanitarie locali, di individuare gli ospedali da trasformare in aziende ospedaliere, di determinare i criteri di finanziamento delle aziende sanitarie locali e di quelle ospedaliere, di disciplinare i rapporti tra le aziende sanitarie locali e le aziende ospedaliere e quelli tra le istituzioni sanitarie pubbliche e quelle private. Spetta inoltre alle Regioni verificare il raggiungimento dei risultati quantitativi e qualitativi fissati dai Piani sanitari regionali. Ed è inoltre dislocata sulle regioni anche la responsabilità dell'equilibrio finanziario del sistema: ricade infatti sulle regioni l'onere di coprire, con proprie entrate, le spese in eccesso conseguenti all'erogazione di livelli assistenziali superiori a quelli uniformi stabiliti dal Piano sanitario nazionale. Con il d.lgs. n. 229 del 1999 (c.d. riforma-ter) viene operata una "rivisitazione" complessiva del S.S.N., mediante l'individuazione degli ambiti di autonomia e dei livelli di responsabilità di ciascun soggetto istituzionale. È attribuito alle regioni l'esercizio della funzione di tutela della salute garantita attraverso le aziende sanitarie locali, le aziende ospedaliere e gli istituti di ricovero e cura a carattere scientifico (IRCSS). Il d.lgs. n. 229 del 1999, pur mantenendo inalterati i principi fondanti della legge n. 833 del 1978, mira ad una razionalizzazione dell'impianto organizzativo del S.S.N., chiamato, all'interno di un sistema che permane solidaristico, a rispondere ai principi di efficienza e di qualità. Se alle Regioni (la cui autonomia è rafforzata in particolare con riguardo alla gestione e all'organizzazione dei servizi di prevenzione cura e riabilitazione) è assegnato il compito di assicurare l'operatività del sistema, al S.S.N. è affidata la funzione di "raccordo e armonizzazione" dei servizi sanitari di livello regionale nonché di vigilare sul rispetto dei livelli essenziali di assistenza. Viene introdotto il principio dell'appropriatezza della prestazione per l'erogabilità dei servizi da parte del S.S.N. e dei S.S.R. e che si traduce nel grado di efficacia ed efficienza della prestazione stessa nel rispetto del principio di economicità. Sul finire degli anni Novanta, con riguardo al meccanismo di finanziamento del S.S.N., prende l'avvio, con la legge delega n. 133 del 1999, il c.d. federalismo fiscale in sanità.

L'art. 32 Cost. è stato oggetto di numerose decisioni della Corte costituzionale (chiamata a pronunciarsi su molteplici profili del diritto alla salute), la quale ha riconosciuto che la tutela della salute costituisce una *situazione giuridica soggettiva direttamente garantita dall'ordinamento ed immediatamente tutelabile*, pur ritenendo necessario l'intervento del legislatore per la predisposizione delle forme organizzative necessarie per la completa attuazione del principio costituzionale. La giurisprudenza costituzionale ha sempre dichiarato l'inammissibilità di misure (anche potenzialmente) capaci di comprimere il "nucleo irriducibile" del diritto alla salute in quanto àmbito inviolabile della dignità umana e tale affermazione a volte è stata accompagnata anche dalla precisazione che tale principio non cede (né può cedere) neppure di fronte alle esigenze di equilibrio delle risorse pubbliche (impedendo così l'affermazione in via di principio della possibilità di siffatto bilanciamento da parte del legislatore) (sentt. n. 267 del 1998, n. 309 del 1999 e n. 252 del 2001).

Il diritto alla salute va inteso come *diritto all'integrità psico-fisica della persona*. E questo costituisce il contenuto proprio del diritto alla salute, tutelato come diritto soggettivo direttamente azionabile *erga omnes* nei confronti di qualsiasi comportamento proveniente sia da un pubblico potere, sia da privati che leda o che possa mettere in pericolo l'integrità della salute (fisica o psichica) del singolo (*ex plurimis*, sentt. nn. 247 del 1974, 88 del 1979, 184 del 1986, 557 del 1987, 202 e 356 del 1991, 107 del 2012).

Per questa via la giurisprudenza ha affermato il diritto del singolo al risarcimento del "***danno biologico***" quale danno discendente dalla lesione del bene salute a prescindere da ogni conseguenza di ordine patrimoniale prodotta nella sfera giuridica del danneggiato (sent. n. 184 del 1986). Per la Corte dunque la tutela risarcitoria del diritto alla salute («*che il diritto vivente riconduce alla norma risultante dal combinato disposto degli artt. 32, primo comma, Cost. e 2043 cod. civ.*") concerne «*prioritariamente e indefettibilmente il danno biologico in sé considerato, rappresentato dalla stessa menomazione psicofisica, a prescindere dalle conseguenze che da essa possano o meno derivarne*» (a prescindere, cioè, dalla eventuale perdita o riduzione di reddito che ne sia conseguenza immediata e diretta). E per questa ragione la tutela della salute come diritto fondamentale del privato non consente la previsione di alcun limite alla risarcibilità del danno biologico per sé considerato (così sent. n. 184 del 1986; sent. n. 356 del 1991). Il risarcimento del danno biologico, discendendo dalla lesione del diritto alla salute (a sua volta fondato sul valore della persona umana), trova fondamento negli artt. 32 e 2 Cost. i quali rendono inammissibile ogni misura legislativa volta a limitare il risarcimento di danni alla salute psico-fisica in quanto danni che compromettono la capacità di esplicare «*attività realizzatrici della persona umana*» (Corte cost., sent. nn. 356 del 1991, 485 del 1991). Ed è all'interno del diritto all'integrità psico-fisica che si pone anche il profilo della tutela del «*diritto all'ambiente salubre*» (che trova fondamento negli artt. 2, 9 e 32 Cost.) quale «*salubrità dell'ambiente di vita e di lavoro*» come diritto del singolo a condizioni di vita, di ambiente e di lavoro che non pongano a rischio il bene fondamentale della salute (sent. n. 218 del 1994).

Con riguardo al diritto alla salute come ***libertà di scelta della cura*** (o libertà di scelta della "prestazione medica"), si ricomprende all'interno di tale formula la scelta del medico, della struttura sanitaria (pubblica o privata), del luogo di cura (nello Stato o anche all'estero) e del tipo di prestazione. In tale orizzonte finisce per porsi anche il profilo negativo del diritto alla salute come diritto al rifiuto delle cure. A questo proposito la giurisprudenza costituzionale ha ribadito sempre il principio della necessità di salvaguardare il diritto alla salute nel suo "contenuto essenziale", pur nell'esigenza di bilanciamento ("in concreto") fra la libertà del singolo e altri valori costituzionali.

Con riguardo alla *libertà di scelta del luogo di cura*, la giurisprudenza costituzionale ha negato il carattere assoluto di tale libertà, giacché la stessa non può non essere contemperata con l'esigenza di difesa di altri valori costituzionali (fra cui anche "un'efficiente ed efficace organizzazione del sistema sanitario") e con la disponibilità delle risorse finanziarie (Corte cost., sent. n. 236 del 2012; v. anche sentt. n. 19 del 2009 e n. 158 del 2007). Anche l'*assistenza indiretta* è stata riconosciuta dalla giurisprudenza costituzionale rientrante nel "contenuto essenziale" del diritto alla salute, sia pure collegato alle modalità organizzative del Servizio sanitario nazionale. E così la Corte ha riconosciuto che, nel caso in cui le condizioni di salute della persona bisognosa di prestazioni di cura rendano indifferibile il relativo trattamento, la scelta del paziente, anche con riguardo a forme di assistenza indiretta, va tutelata qualora le strutture del Servizio sanitario nazionale non siano in grado di assicurare un tempestivo intervento sanitario. In base a tale principio la Corte ha dichiarato incostituzionale una legge regionale che escludeva (senza possibilità di deroga) qualsiasi possibilità di rimborso in mancanza di previa autorizzazione, «*neppure qualora ricorrano particolari condizioni di indispensabilità, di gravità ed urgenza non altrimenti sopperibili*» (Corte cost., sent. n. 267 del 1998).

L'esigenza della tutela della salute ha portato inoltre la Corte a dichiarare incostituzionale la legge che limitava il diritto al rimborso per le spese sanitarie sostenute al di fuori del territorio nazionale solo a chi si trovasse all'estero "per motivi di lavoro o di studio". In tale occasione, oltre al profilo relativo alla violazione del principio di eguaglianza (giacché la relativa tutela era assicurata solo da chi si trovasse all'estero per motivi di lavoro o di studio e non per altre ragioni, in particolare «*in situazione di indigenza*»), la Corte si è trovata a doversi misurare con l'esigenza di bilanciamento tra libertà di cura e interessi pubblici posti a base dell'organizzazione del sistema sanitario. E di fronte alla legge che limitava tale rimborso ai casi di soggiorno all'estero «*per motivi di lavoro o di studio*», la Corte costituzionale ha riconosciuto tale diritto «*anche a chi versa in condizioni di indigenza*», pur rimettendo al legislatore la definizione del concetto d'indigenza, delle patologie per le quali sussiste il diritto alla cure gratuite, nonché delle misure necessarie a evitare che tale diritto «*non trasmodi in un diritto al rifiuto di cure in Italia e di scelta dello Stato nel quale farsi curare a spese della collettività*» (Corte cost., sent. n. 309 del 1999).

Altro aspetto relativo alla libertà di cura attiene (oltre che alla libertà del paziente) all'***autonomia della scienza medica*** (e dunque alla specificità del ruolo del medico) rispetto al potere pubblico (innanzitutto del legislatore ma anche della stessa Corte costituzionale).

La giurisprudenza costituzionale riconosce che il legislatore, quando interviene in ambito terapeutico, trova un limite, da un lato, nelle acquisizioni tecnico-scientifiche e, dall'altro, nella necessità di lasciare uno spazio sufficiente alle valutazioni e alla responsabilità del medico. Pertanto anche il controllo della discrezionalità legislativa si arricchisce di un ulteriore test di giudizio, qualificabile come test intorno alla "ragionevolezza scientifica" della disciplina positiva. Per la Corte la discrezionalità legislativa incontra un chiaro limite nelle «*acquisizioni scientifiche e sperimentali, che sono in continua evoluzione e sulle quali si fonda l'arte medica: sicché, in materia di pratica terapeutica, la regola di fondo deve essere la autonomia e la responsabilità del medico, che, con il consenso del paziente, opera le necessarie scelte professionali*» (Corte cost., sent. n. 151 del 2009).

Il diritto alla salute deve essere inteso anche come *libertà negativa* e cioè come ***diritto di rifiutare cure mediche***.

A questo proposito l'art. 32, comma 2, Cost. stabilisce che «*Nessuno può essere obbligato ad un determinato trattamento sanitario se non per disposizione di legge. La legge non può in nessun caso violare i limiti imposti dal rispetto della persona umana*». Questa disposizione costituzionale pone, quali istituti di garanzia del diritto del singolo a non essere sottoposto a trattamenti sanitari, una riserva alla legge (in base alla quale la disciplina dei trattamenti sanitari obbligatori – cioè dei casi in cui il singolo possa, anche contro la sua volontà, essere sottoposto ad un trattamento sanitario – deve essere posta dalla fonte di grado primario) ed il limite generale rappresentato dal principio del "rispetto della persona umana".

Il diritto del paziente al "***consenso informato***" discende dal combinato disposto degli artt. 2, 13 e 32 Cost. e costituisce la «*sintesi di due diritti fondamentali della persona: quello all'autodeterminazione e quello alla salute*». A questo proposito la Corte precisa che il diritto alle cure spettante ad ogni individuo coesiste con il diritto del singolo di ricevere le opportune informazioni relative alla natura e ai possibili sviluppi della malattia da cui è affetto e del percorso terapeutico proposto, nonché delle eventuali terapie alternative. Tali informazioni devono essere "le più esaurienti possibili" allo scopo di garantire la libera e consapevole scelta da parte del paziente (sent. n. 438 del 2008).

Con riguardo ai ***trattamenti sanitari obbligatori***, spesso la Corte è stata chiamata a pronunciarsi in merito alle discipline che regolano la vaccinazione obbligatoria in particolare con riguardo al diritto all'indennizzo in caso di danni collegati alle vaccinazioni medesime. E così la legge che dispone la obbligatorietà della vaccinazione antipoliomelitica per i bambini entro il primo anno di età è stata dichiarata incostituzionale nella parte in cui non prevedeva un sistema di indennizzo per gli incidenti conseguenti a tale vaccinazione (Corte cost., sent. n. 307 del 1990). Secondo la Corte, dall'art. 32 Cost. si desume che «*un trattamento sanitario può essere imposto solo nella previsione che esso non incida negativamente sullo stato di salute di colui che vi è assoggettato*» (fatta esclusione «*per quelle sole conseguenze, che, per la loro temporaneità e scarsa entità, appaiano normali di ogni intervento sanitario*», e che proprio in quanto tali possono ritenersi tollerabili). Pertanto la tutela della salute come interesse della collettività non può ritenersi da sola sufficiente a giustificare la misura sanitaria nel caso di «*ulteriore danno alla salute del soggetto sottoposto al trattamento obbligatorio*», giacché, «*in nome ... della solidarietà verso gli altri*», ciascuno può essere obbligato ad un trattamento sanitario, anche se questo importi un rischio specifico, ma tale principio «*non postula il sacrificio della salute di ciascuno per la tutela della salute degli altri*». Nessuna delle due dimensioni (quella individuale e quella collettiva) del bene salute può essere assunta in maniera assoluta, dovendo invece entrambe essere relativizzate «*un corretto bilanciamento fra le due suindicate dimensioni del valore della salute ... implica il riconoscimento ... di una protezione ulteriore a favore del soggetto passivo del trattamento*», nel caso in cui si verifichi il rischio paventato. In quest'ultimo caso bisogna riconoscere il diritto del singolo ad «*un equo ristoro*» da parte dello Stato del danno patito. Ed a quest'ultima ipotesi va parificata anche quella consistente nel danno riportato da persone che, prestando assistenza a persona sottoposta a trattamento sanitario obbligatorio, vengano a contrarre da quest'ultima una malattia.

La Corte costituzionale (parificando le due situazioni, che pur partono da discipline legislative differenti) ha riconosciuto il diritto all'indennizzo (da parte dello Stato) in caso di danni conseguenti a vaccinazioni anche non obbligatorie ma solo "raccomandate" dal potere pubblico (nel caso di specie, contro il morbillo, la rosolia e la parotite). A questo proposito la Corte ha individuato il fondamento del diritto all'indennizzo (legislativamente previsto per le sole vaccinazioni obbligatorie) nell'interesse collettivo alla salute (cui si rivela strumentale l'obbligatorietà del trattamento) sicché il diritto all'indennizzo viene a porsi quale espressione dell'obbligo generale di solidarietà nei confronti del soggetto che, in conseguenza del trattamento obbligatorio, subisca un danno. In caso di vaccinazioni "raccomandate" (ad esempio mediante "diffuse e reiterate campagne di comunicazione a favore della pratica di vaccinazioni") la Corte ritiene "naturale" l'affermazione di «un generale clima di "affidamento" nei confronti proprio di quanto "raccomandato"»: conseguenzialmente anche la scelta adesiva dei singoli risulta obiettivamente indirizzata alla salvaguardia "anche dell'interesse collettivo". È la collettività a beneficiare della scelta del singolo di sottoporsi alla vaccinazione e pertanto la collettività deve farsi carico degli eventuali effetti dannosi (sent. n. 107 del 2012). In forza dell'inderogabile dovere di solidarietà, il ristoro indennitario «*dovuto per il semplice fatto obiettivo e incolpevole dell'aver subito un pregiudizio non evitabile, in un'occasione dalla quale la collettività nel suo complesso trae un beneficio*» (sent. n. 118 del 1996). Anzi, tale ristoro diviene, a queste condizioni, costituzionalmente necessario: questa Corte ha ripetutamente affermato simile principio, con riguardo al danno incolpevole patito da chi, per esigenze di tutela della collettività, sia stato assoggettato a vaccinazione obbligatoria e, imprevedibilmente, ne abbia riportato un danno alla salute (sentt. n. 118 del 1996, n. 258 del 1994 e n. 307 del 1990).

Nell'analisi della portata del secondo comma dell'art. 32 Cost., la Corte richiama l'attenzione sul principio generale posto dal primo comma che, indicando le due dimensioni (individuale e collettiva) della salute, mira a garantire la tutela sia del singolo, sia dell'interesse collettivo alla salute dei consociati. Il diritto alla salute, se comprende anche «*il dovere dell'individuo di non ledere né porre a rischio ... la salute altrui*» richiede che «*le simmetriche posizioni dei singoli si contemperano ulteriormente con gli interessi essenziali della comunità, che possono richiedere la sottoposizione della persona a trattamenti sanitari obbligatori, posti in essere anche nell'interesse della persona stessa, o prevedere la soggezione di essa ad oneri particolari*» (sentt. nn. 218 del 1994 e 399 del 1996).

Sempre con riguardo ai trattamenti sanitari obbligatori, la giurisprudenza costituzionale ha affermato che detti trattamenti possono essere imposti solo dalla necessità di salvaguardare contemporaneamente la salute individuale e la salute collettiva, nel senso che «*l'eventuale conflitto tra la libertà individuale e l'interesse della salute collettiva può essere risolto a favore di quest'ultimo solo nei casi in cui la sua tutela non contrasti ma coincida con la tutela della salute individuale*» (sentt. nn. 307 del 1990, 132 del 1992 e 218 del 1994). Pertanto il trattamento sanitario obbligatorio, pur essendo ritenuto compatibile con la disposizione costituzionale, deve essere diretto a preservare (o a migliorare) lo stato di salute sia del soggetto destinatario del trattamento che della collettività giacché è l'interesse di quest'ultima a giustificare la compressione della autodeterminazione del singolo (sent. n. 258 del 1994). E così, con riguardo alla misura coercitiva del ricovero in ospedale psichiatrico giudiziario, la Corte chiarisce che «*le esigenze di tutela della collettività non potrebbero mai giustificare misure tali da recare danno, anziché vantaggio, alla salute del paziente*» (sent. n. 253 del 2003).

Il limite della salvaguardia della *"dignità della persona"* assume particolare pregnanza proprio con riguardo alla legittimità dei trattamenti sanitari obbligatori nell'espletamento dei quali vanno tutelati anche gli ulteriori aspetti del diritto alla salute (ad esempio il diritto alla riservatezza sul proprio stato di salute, nonché il mantenimento della vita lavorativa e di relazione compatibile con tale stato) (sent. n. 218 del 1994). A questo proposito l'art. 33, legge n. 833 del 1978, in attuazione di tale principio, pone, quale regola generale per il ricorso ai trattamenti sanitari obbligatori, il rispetto della dignità della persona e dei diritti civili e politici del paziente (di cui è espressione il diritto del paziente – "per quanto possibile" – alla libera scelta del medico e del luogo di cura) e la necessità di porre in essere iniziative rivolte ad assicurare il consenso e la partecipazione da parte del soggetto obbligato.

Negli anni Novanta, con l'esigenza del contenimento della spesa pubblica, si è assistito ad una riduzione progressiva da parte del legislatore dell'area di assoluta gratuità delle cure che vengono progressivamente condizionate alla ***compartecipazione del beneficiario alla spesa pubblica***. Ed anche la giurisprudenza costituzionale, pur ribadendo che il diritto a ottenere trattamenti sanitari è garantito ad ogni individuo, ha "modulato" tale principio precisando che tale diritto è comunque condizionato dalle scelte operate dal legislatore a sua volta chiamato ad un bilanciamento con altri interessi costituzionalmente protetti, nonché vincolato da *"limiti oggettivi"* rappresentati dalla disponibilità di risorse organizzative e finanziarie (sent. n. 455 del 1998). La «*determinazione degli strumenti, dei tempi e dei modi di attuazione*» della tutela della salute, in quanto diritto a prestazioni positive, non può non spettare che al legislatore che deve necessariamente porre in essere un'attività di bilanciamento fra i valori costituzionali in gioco, tenendo conto che la fruizione delle prestazioni sanitarie non può non avvenire in base alle risorse esistenti. Ma questa constatazione non può mai giungere a far ritenere che la tutela assicurata dalla Costituzione possa essere degradata ad una tutela «*puramente legislativa*» (sent. n. 304 del 1994).

La Corte costituzionale dunque, pur riconoscendo la necessità per il legislatore di tenere conto delle risorse finanziarie disponibili, individua l'esistenza di un "limite invalicabile" per la garanzia del diritto alla salute (limite che nemmeno rigide esigenze di contenimento dei costi possono superare). Pertanto le esigenze di equilibrio della finanza pubblica non possono giungere a «*comprimere il nucleo essenziale del diritto alla salute connesso all'inviolabile dignità della persona umana*» giacché in tale caso «*ci si troverebbe di fronte a un esercizio macroscopicamente irragionevole della discrezionalità legislativa*» (sent. n. 304 del 1994). Ed in più occasioni la Corte ha ribadito l'esistenza di un limite invalicabile, rappresentato dal concetto di "dignità umana", quale "nucleo irriducibile del diritto alla salute". Ed è il richiamo alla tutela della dignità umana a giustificare la garanzia del diritto alle prestazioni sanitarie che risultino "indifferibili ed urgenti" allo straniero, anche qualora irregolarmente presente nel territorio dello Stato", dichiarando così incostituzionali le disposizioni che subordinavano l'erogazione della prestazione sanitaria al regolare soggiorno in Italia (sentt. nn. 306 del 2008 e 11 del 2009).

Si può dunque constatare che nella giurisprudenza costituzionale, da un lato, il limite inderogabile della dignità umana, quale nucleo essenziale del diritto alla salute, funge da principio invalicabile per la garanzia dei trattamenti sanitari, dall'altro lato si riconosce la necessità che nel bilanciamento operato dal legislatore, quest'ultimo debba tener conto delle risorse economiche a disposizione (sent. nn. 203 del 2008, 187 del 2012). A quest'ultimo proposito può citarsi la giurisprudenza costituzionale che ha ritenuto di per sé non incompatibile con la Costituzione la compartecipazione degli utenti del S.S.N. al costo delle prestazioni sanitarie, giacché la relativa disciplina legislativa persegue il ragionevole duplice scopo (entrambi forniti di base costituzionale) di contenimento della spesa sanitaria e di garanzia a tutti i cittadini ("a parità di condizioni") delle prestazioni rientranti nei livelli essenziali di assistenza. Si giunge così a parlare del ***diritto alla salute quale diritto "finanziariamente condizionato"***, in quanto chiamato a misurarsi necessariamente con le risorse finanziarie effettivamente (ed annualmente) disponibili. La crisi economico-finanziaria degli ultimi anni, inoltre, ha indirizzato sempre più il legislatore verso scelte di contenimento e di razionalizzazione della spesa sanitaria. La domanda da porsi riguarda dunque la capacità della vigente normativa di salvaguardare i cc.dd. livelli essenziali delle prestazioni dei diritti civili e sociali che, ai sensi dell'art. 117, comma 2, lett. *m*), Cost., devono sempre essere garantiti a tutti i consociati. In tal prospettiva particolare significato assumono le Regioni, alle quali è affidato un ruolo importante nella gestione delle prestazioni sanitarie.

Con riguardo alla tutela della salute numerose sono le sfide che l'esperienza quotidiana pone all'attenzione dello studioso: da quelle relative alla bioetica a quelle relative ai rapporti fra medicina tradizionale e medicine alternative, da quelle concernenti aspetti organizzativi e istituzionali (ivi compresi i profili attinenti alla professione medica e alle scelte di cura degli ammalati o alla appropriatezza dei diversi livelli territoriali per la programmazione delle attività sanitarie) fino ai problemi relativi alla sostenibilità dei costi del sistema sanitario. Non a caso le decisioni relative alla politica sanitaria occupano una posizione centrale nel contemporaneo dibattito politico-culturale.

12. La libertà della ricerca scientifica, dell'arte e dell'insegnamento

In merito all'istruzione, gli artt. 33 e 34 Cost. pongono, oltre alla libertà di insegnamento e di scelta della scuola, il diritto all'istruzione inferiore (gratuita e obbligatoria) e, per i meritevoli, il diritto all'istruzione superiore.

L'art. 33 Cost. afferma innanzitutto la ***libertà dell'arte e della scienza***, confermando la libertà di espressione del pensiero (riconosciuta e tutelata dall'art. 21 Cost.) ed ampliandola ulteriormente non prevedendo alcun limite (nemmeno quello del buon costume). Tale disposizione costituzionale proclama anche la libertà di insegnamento (quale forma di trasmissione del sapere), dell'arte e della scienza.

L'art. 34 Cost. pone il ***principio di eguaglianza nell'accesso alla scuola*** e ***il diritto all'istruzione***. Tale disposizione stabilisce che «*la scuola è aperta a tutti*» e pone sullo Stato il compito di assicurare l'effettività dell'accesso all'istruzione. Da questo principio discendono il *principio di gratuità dell'istruzione obbligatoria*, nonché la necessità di instaurazione di un sistema che assicuri il ***diritto allo studio*** («*i capaci e i meritevoli, anche se privi di mezzi, hanno diritto di raggiungere i gradi più alti degli studi*»).

La Corte costituzionale (sent. n. 7 del 1967) ha affermato che i principi generali della obbligatorietà e gratuità dell'istruzione inferiore hanno carattere precettivo pur necessitando di norme di attuazione. Purtroppo la Corte ha ritenuto estraneo al concetto di istruzione gratuita la fornitura di libri e di materiale di cancelleria (sent. n. 7 del 1967) o la copertura delle spese di trasporto (sent. n. 106 del 1968).

I commi successivi dell'art. 33 Cost. regolano la ***libertà della scuola***, imperniata sul *principio del pluralismo scolastico*. Accanto alla scuola pubblica, la cui istituzione è – per tutti gli ordini e gradi – un obbligo per lo Stato (sul quale incombe l'obbligo di adottare «norme generali» sull'istruzione), è sancita la libertà delle scuole private giacché, afferma la Costituzione, «*enti e privati hanno il diritto di istituire scuole ed istituti di educazione, senza oneri per lo Stato*».

Alle scuole private è garantita la «parità» con la scuola pubblica quanto ai titoli rilasciati, ma la Costituzione ha previsto che la legge statale, che deve fissare i diritti e gli obblighi delle scuole non statali che chiedono la «parità», debba parimenti assicurare da un lato la «piena libertà» della scuola privata e, dall'altro lato, un trattamento scolastico agli alunni che frequentino tali scuole «equipollente» a quello degli alunni di scuole statali. Le scuole private infatti possono ispirarsi ad un proprio programma educativo (ideologico o confessionale), potendo scegliere insegnanti (e studenti) secondo la rispondenza degli stessi ai canoni del proprio orientamento.

L'ultimo comma dell'art. 33 Cost. riconosce ***l'autonomia degli istituti di alta cultura, delle accademie e delle università***. L'*autonomia universitaria* è stata attuata con la legge n. 168 del 1989, con la quale si è riconosciuta l'autonomia didattico-scientifica, organizzativa, finanziaria e contabile delle università e degli enti di ricerca, affidando al Ministero dell'università e della ricerca scientifica il compito di vigilanza e di coordinamento del sistema universitario.

Il ***diritto allo studio*** rappresenta uno degli strumenti più importanti per l'affermazione del pieno sviluppo della persona umana. Ed infatti i costituenti nel diritto allo studio e alla formazione scolastica vedevano un formidabile strumento di perseguimento di quella "eguaglianza sostanziale" affermata nell'art. 3, comma 2, della Costituzione.

L'art. 34 Cost., dopo aver proclamato (al comma 1) che la scuola «*è aperta a tutti*», dispone l'obbligatorietà e gratuità della «*istruzione inferiore*» (che deve essere impartita «*per almeno otto anni*») e riconosce il diritto dei «*capaci e meritevoli*» di raggiungere «*i gradi più alti degli studi*» (anche se privi di mezzi). A questo fine l'ultimo comma dell'art. 34 specifica che la Repubblica «*rende effettivo questo diritto con borse di studio, assegni alle famiglie ed altre provvidenze, che devono essere attribuite per concorso*».

Se l'art. 34 Cost. proclama il diritto allo studio, l'art. 33 Cost. concerne la ***libertà di insegnamento***. In realtà l'incipit dell'art. 33 Cost. riconosce innanzitutto la libertà dell'arte e della scienza («*L'arte e la scienza sono libere*») e poi anche dell'insegnamento delle stesse («*e libero ne è l'insegnamento*»).

Il secondo comma dell'art. 33 Cost. si pone in diretta correlazione con il secondo comma dell'art. 34 Cost., giacché se quest'ultimo fa riferimento alla nozione di "istruzione inferiore", il primo assegna alla Repubblica il compito di porre "le norme generali sull'istruzione" e di istituire "scuole statali per tutti gli ordini e gradi". È rimesso dunque al legislatore ordinario il compito di disciplinare l'assetto e le modalità di funzionamento della scuola pubblica, ma anche il quadro generale dell'istruzione nel nostro Paese. Ed in merito alla *disciplina delle scuole private* (con riguardo alle quali ampio fu il dibattito in Assemblea Costituente), il terzo comma dell'art. 33 Cost. dispone il diritto («*senza oneri per lo Stato*») di «*enti e privati*» di istituire «*scuole ed istituti di educazione*», mentre il successivo quarto comma assegna alle legge statale il compito, da un lato, di determinare «*i diritti e gli obblighi*» delle scuole private che intendano chiedere la parità e, dall'altro lato, di «*assicurare ad esse piena libertà e ai loro alunni un trattamento scolastico equipollente a quello degli alunni di scuole statali*».

La Costituzione prevede dunque un sistema di diritti, di doveri e di libertà nei confronti di vari soggetti (sia pubblici che privati) chiamati a – o che intendano – operare nel sistema della formazione e dell'istruzione, sistema che non è riservato al soggetto pubblico, ma che è invece aperto – con garanzie e limiti – anche ad enti e soggetti privati.

Bisogna infine aggiungere che se la Costituzione del 1948 assegnava alle Regioni competenza legislativa concorrente (e dunque anche competenza amministrativa) solo in materia di "formazione professionale", con la riforma costituzionale *ex* legge costituzionale n. 3 del 2001 spetta allo Stato, ai sensi di quanto disposto dall'art. 117, comma 2, lett. *n*), Cost., potestà legislativa esclusiva con riguardo alle "norme generali sull'istruzione", mentre alla potestà legislativa regionale concorrente spetta disciplinare la materia della "istruzione, salva l'autonomia delle istituzioni scolastiche".

Gli artt. 33 e 34 Cost. prevedono dunque:
- la libertà dell'arte e della scienza (art. 33, comma 1, Cost.);
- la libertà di insegnamento (art. 33, comma 1, Cost.);
- la presenza di scuole statali per tutti i tipi, ordini e gradi di istruzione (art. 33, comma 2, Cost.);
- il libero accesso all'istruzione scolastica, senza alcuna discriminazione (art. 34, comma 1, Cost.);

– l'obbligatorietà e gratuità dell'istruzione dell'obbligo (art. 34, comma 2, Cost.);

– il riconoscimento del diritto allo studio anche a quanti privi di mezzi, purché capaci e meritevoli mediante borse di studio, assegni ed altre provvidenze da attribuirsi per concorso (art. 34, comma 3, Cost.);

– l'ammissione, per esami, ai vari gradi dell'istruzione scolastica e dell'abilitazione professionale (art. 33, comma 5, Cost.);

– la libera istituzione di scuole da parte di enti o privati (art. 33, comma 3, Cost.);

– la parificazione delle scuole private a quelle statali, quanto agli effetti legali e al riconoscimento professionale del titolo di studio (art. 33, comma 4, Cost.).

La garanzia della libertà di insegnamento all'interno della scuola (e cioè all'interno di percorsi formativi aventi come destinatari dei minori la cui personalità è in corso di formazione) impone la previsione di ulteriori garanzie volte alla tutela di tale peculiare categoria di soggetti (l'art. 31 Cost. afferma la protezione, da parte della Repubblica, dell'infanzia e della gioventù).

In attuazione di tale esigenza, l'art. 1, d.lgs. 16 aprile 1994, n. 297 ("*Testo unico delle disposizioni legislative vigenti in materia di istruzione valido per le scuole di ogni ordine e grado*"), dispone che l'esercizio della libertà di insegnamento è diretto a promuovere, attraverso un confronto aperto di posizioni culturali, la piena formazione della personalità degli alunni e che tale azione di promozione è attuata nel rispetto della coscienza morale e civile degli alunni e nel rispetto delle norme costituzionali e degli ordinamenti della scuola (artt. 1 e 2, d.lgs. n. 297 del 1994). E l'espressione «*rispetto della coscienza morale e civile degli alunni*», non può non essere interpretata alla luce di quanto disposto dall'art. 2 Cost., sicché deve riconoscersi che la libertà di insegnamento è funzionale alla piena affermazione di una sfera di libertà e di diritti dei discenti (diritto all'apprendimento, alla continuità dell'azione educativa e alla diversità).

In Assemblea Costituente la formula in cui si proclama la libertà dell'arte e della scienza fu considerata valida garanzia della «*libertà di manifestazione concettuale e, al tempo stesso, della effettiva libertà della manifestazione organizzativa e strumentale dell'insegnamento*». Tale affermazione (condivisa dalla Corte costituzionale, v. già sent. n. 16 del 1980) conduce la dottrina ad individuare due distinti concetti: quello relativo alla *libertà nell'insegnamento* (facente riferimento al profilo metodologico e contenutistico e che può essere ricompreso nel concetto di *autonomia didattica*) e quello relativo alla *libertà dell'insegnamento* (facente invece riferimento all'ambito organizzativo e strutturale).

Seguendo tale indirizzo l'art. 1, d.lgs. n. 297 del 1994 dispone che «*la libertà d'insegnamento è intesa come autonomia didattica e come libera espressione culturale del docente ... ed è diretta a promuovere, attraverso un confronto aperto di posizioni culturali, la piena formazione della personalità degli alunni*». L'insegnamento può essere impartito in qualsiasi luogo, anche isolatamente, sia a giovani che ad adulti, né è necessario che i destinatari dell'insegnamento siano in rapporto di subordinazione rispetto al docente. Problematico si rivela anche il profilo relativo alla delimitazione dell'area di garanzia della libertà di insegnamento (caratterizzata dalla esposizione di argomenti attuata con metodo scientifico) da quella (alla prima estranea) relativa all'espressione di convinzioni personali (che rientra invece nella sfera tutelata dall'art. 21 Cost.). A questo proposito deve essere sottolineata la distinzione intercorrente fra l'ambito tutelato dall'art. 33, comma 1, Cost. (che riguarda appunto la libertà di insegnamento dell'arte e della scienza) e l'ambito tutelato dall'art. 21 Cost. (che disciplina invece il più ampio – e generico – ambito della libertà di manifestazione del pensiero).

Una delle questioni da sempre maggiormente discusse nella storia del nostro Paese è rappresentata da quella relativa al *rapporto tra scuola pubblica e scuola privata* (o, se si preferisce, fra istruzione pubblica ed istruzione privata). Il principio della libertà di insegnamento, *ex* art. 33, comma 1, Cost., comporta il riconoscimento di una «*libertà della scuola*», che trova piena esplicazione in particolare nel secondo e terzo comma dell'art. 33 Cost. (che rispettivamente pongono, da un lato, il compito della Repubblica di dettare le «*norme generali sull'istruzione*» e di istituzione di scuole statali «*per tutti gli ordini e gradi*» e, dall'altro lato, il principio per cui l'istruzione non è riservata soltanto allo Stato giacché «*enti e privati hanno il diritto di istituire scuole ed istituti di educazione senza oneri per lo Stato*»). La Costituzione esclude dunque la possibilità di un monopolio statale dell'istruzione ed invece prevede un sistema dell'istruzione volutamente caratterizzato da una marcata impronta di libertà anche nelle forme organizzative e nei contenuti.

Con riguardo alla possibilità di equiparare gli studi compiuti in istituti di istruzione privati a quelli compiuti presso scuole statali, l'art. 33, comma 4, Cost. dispone che la parità con le scuole statali è accordata, alle scuole che la richiedono, in base a legge dello Stato che fissi "i diritti e gli obblighi" di esse. L'impianto pluralistico della Costituzione garantisce l'esistenza di un sistema aperto e plurale volto a garantire il diritto di iscrizione alle scuole (e alle università) ispirate ai più diversi orientamenti di pensiero, ma al tempo stesso si pone un problema di correlazione con la libertà di insegnamento del docente che presta la propria attività all'interno della scuola privata ove, per obbligo contrattuale, il docente si impegna (esplicitamente o implicitamente) ad orientare l'insegnamento in conformità all'indirizzo ideologico della direzione della scuola (la Corte costituzionale, con sent. n. 195 del 1972, ha riconosciuto conforme a Costituzione il potere dell'Università di verificare la conformità dell'indirizzo ideologico o religioso del docente all'indirizzo proprio e, in caso di contrasto, di interrompere il rapporto di lavoro con il docente).

La formulazione «*senza oneri per lo Stato*» posta dall'art. 33, comma 3, Cost., è stata oggetto di un vivace dibattito dottrinale. All'opinione volta ad escludere ogni forma di intervento pubblico si sono contrapposte ricostruzioni secondo le quali il dettato costituzionale non escluderebbe qualunque forma di intervento dello Stato a favore di istituti privati in ragione di un sostegno al pluralismo della cultura o in luoghi in cui non esistono (o non sono sufficienti) le scuole statali. Il dibattito relativo all'ammissibilità di forme di sostegno finanziario da parte dello Stato a vantaggio delle scuole private si caratterizza per la molteplicità delle prospettive e delle argomentazioni. La formulazione posta dall'art. 33, comma 3, Cost. è stata oggetto di diverse interpretazioni, ritenendo alcuni che il divieto di oneri finanziari statali si limiterebbe al solo momento della "istituzione" della scuola privata, mentre per altri tale divieto precluderebbe ogni forma di sostegno finanziario pubblico a vantaggio di scuole private. Fin dall'avvio dell'epoca repubblicana, la legislazione ha sempre riconosciuto forme di sovvenzioni (di molteplice tipologia) alle scuole private, da ultimo giustificate dalla Corte costituzionale mettendo l'accento sulla libertà di scelta della scuola da parte dell'alunno (e della di lui famiglia), nonché, all'interno del contemporaneo ripensamento del rapporto fra pubblico e privato, sul principio di sussidiarietà (anche in ambito scolastico: v., ad esempio, la legge n. 62 del 2000, contenente le norme sulla parità scolastica e le disposizioni sul diritto allo studio). E la Costituzione pone anche un altro importante principio a tutela del pluralismo scolastico, rappresentato dal principio per cui le scuole private e i loro alunni hanno diritto a un trattamento scolastico equipollente a quello degli alunni delle scuole statali.

Il **diritto allo studio** rappresenta uno degli strumenti più importanti per rimuovere gli ostacoli di ordine economico e sociale che impediscono il pieno sviluppo della persona umana. Evidente è dunque il nesso di reciprocità esistente fra diritto allo studio e principio di uguaglianza fra i cittadini.

Si discute in dottrina (anche in ragione di quanto emerge da una analisi terminologica dell'art. 34 Cost.) in merito alla differenza fra *diritto all'istruzione* e *diritto allo studio*. La dottrina è divisa fra quanti ritengono sostanzialmente equivalenti le due espressioni (salvo poi ulteriormente suddividersi fra quanti preferiscono la prima o la seconda) e quanti invece attribuiscono un significato proprio a ciascuno di essi (Mazziotti di Celso), intendendo per «diritto all'istruzione» quello all'istruzione inferiore (diritto che spetta dunque a tutti gli alunni della scuola dell'obbligo) ed assegnando invece all'espressione «*diritto allo studio*» il significato di diritto a raggiungere i gradi più elevati degli studi, diritto da riconoscersi non indistintamente a tutti gli studenti, ma solo a quanti abbiano specifici requisiti (capacità, merito, reddito insufficiente). A questo proposito si utilizza anche l'espressione "diritto all'istruzione superiore". La distinzione fra "diritto all'istruzione" e "diritto allo studio" troverebbe la propria giustificazione proprio nell'art. 34 Cost. che, nel comma 2, disciplina il diritto all'istruzione, mentre il diritto allo studio troverebbe fondamento nel comma successivo. Gli autori che invece ritengono equivalenti le due espressioni tornano a suddividersi in merito alla preferenza da accordare ad una delle due. Se parte della dottrina preferisce la prima espressione (in quanto più precisa rispetto alla indefinita locuzione «diritto allo studio»), altri ritengono preferibile utilizzare invece la formula «diritto allo studio» in quanto mette meglio in luce la fondamentale funzione dell'istruzione in un ordinamento pluralistico che non si esaurisce nella mera trasmissione di conoscenze culturali, ma che invece deve consistere in un basilare momento di garanzia della promozione e dello sviluppo della personalità dello studente (Meloncelli).

L'*incipit* dell'art. 34 Cost. («*La scuola è aperta a tutti*») è stato oggetto di ampia discussione sia in Assemblea costituente che in dottrina, ma non può non riconoscersi che tale formulazione costituisce volutamente una novità di grande rilievo che poi si è riflessa nella legislazione ordinaria. I costituenti hanno voluto proclamare che l'istruzione non fosse più privilegio di pochi per diventare diritto di tutti: in tale formulazione infatti deve ravvisarsi l'esistenza di un chiaro principio di non discriminazione ed il divieto di configurare l'istruzione come appannaggio delle sole classi agiate.

La proclamazione per cui "la scuola è aperta a tutti", solleva non poche (né semplici) questioni interpretative a cominciare dalla individuazione della nozione di "scuola" (e cioè se debba essere riferita solo al primo grado della scuola in generale o al primo gradino di ogni corso di studi). La dottrina si è ulteriormente frazionata fra quanti leggono in tale formula semplicemente un diritto all'iscrizione scolastica e quanti invece ritengono ricompresa in tale formulazione anche il diritto ad un'istruzione adeguata, necessaria alla formazione della personalità e all'assolvimento dei compiti sociali.

Chiaro appare il collegamento fra il primo e il secondo comma (secondo cui l'istruzione inferiore, impartita per almeno otto anni, è obbligatoria e gratuita) dell'art. 34 Cost. (ove l'imposizione dell'obbligo scolastico marcia unitamente alla garanzia della non onerosità dello stesso). L'affermazione della obbligatorietà dell'istruzione impone di riconoscere che la Costituzione, oltre al diritto all'istruzione inferiore pone anche (a capo dell'identico soggetto: l'alunno) un vero e proprio obbligo o dovere di istruzione. Per l'adempimento di tale dovere (ma, prima ancora, per il godimento del proclamato diritto) è necessario che il soggetto pubblico predisponga le strutture (edifici, palestre, laboratori, aule, banchi, lavagne, ecc.) e l'organizzazione (docenti, personale amministrativo, ecc.) che rendano effettivo il diritto all'istruzione. È dunque necessario un intervento innanzitutto del legislatore che disciplini i singoli settori dell'ordinamento scolastico (con le relative coperture finanziarie) e poi un'azione dell'amministrazione scolastica conforme ai dettati costituzionali.

Con riguardo alla "*gratuità*", Mortati evidenziava che tale accezione non può ritenersi soddisfatta mediante il riconoscimento del solo esonero dal pagamento di tasse di iscrizione a scuola, ricomprendendo invece anche la messa a disposizione degli alunni dei mezzi necessari per consentire loro di adempiere all'obbligo scolastico. La gratuità non si estende all'istruzione di grado superiore, riguardo alla quale la stessa Costituzione prevede forme di sostegno per i "capaci e meritevoli". La Costituzione infatti distingue fra la scuola obbligatoria (garantita a tutti) ed i gradi più alti degli studi (ove l'assistenza statale è riservata ad i capaci e meritevoli privi di mezzi).

In merito alle ***discipline legislative riguardanti la scuola*** registrate in Italia dall'unificazione, può ricordarsi che con la *legge Casati* (approvata il 13 novembre 1859 e dunque quale legge del Regno di Sardegna e poi estesa al Regno d'Italia) si poneva a carico dello Stato la responsabilità dell'azione educativa del popolo e si dava luogo ad una prima affermazione del principio dell'obbligatorietà e gratuità dell'istruzione elementare. Tale legge non affrontava però adeguatamente il problema dell'analfabetismo (quasi 80% della popolazione) in ragione dell'assenza di sanzioni in caso di mancato rispetto dell'obbligo della frequenza e dell'affidamento ai comuni – spesso privi di disponibilità finanziarie – dell'obbligo di istituire le scuole. E così Francesco De Sanctis (in un celebre intervento in Parlamento) nel 1874 osservò: «*L'istruzione elementare è innanzitutto una questione di interesse pubblico come l'Amministrazione della giustizia, come la guerra, come la marina, come tutti i servizi pubblici; è qualche cosa che non interessa la famiglia solamente, ma interessa tutti. Ond'è che in questo concetto l'azione dello Stato diviene principale, e l'azione dei Comuni e della famiglia diviene sussidiaria*». Si giunge così all'approvazione della *legge Coppino* (15 luglio 1877) che assegna fondi ai comuni per l'istituzione delle scuole ed impone ai genitori di inviare i figli a scuola fino all'età di 9 anni (pur continuando a mancare le sanzioni in caso di inadempienza). Ma anche tale legge non raggiunge i risultati auspicati in termini di alfabetizzazione, risultati non raggiunti neppure dalla *legge Orlando* (8 luglio 1904) che estende l'obbligo scolastico al dodicesimo anno di età ed elargisce fondi ai comuni con modesti bilanci. Cresce però l'idea che spetti non ai comuni ma allo Stato il dovere di provvedere all'istruzione dei cittadini. E così con la *legge Credaro* (4 giugno 1911, n. 407) inizia a trovare una prima concretizzazione dell'idea di affidare allo Stato il compito dell'istruzione. Nel bilancio dello Stato vengono previsti stanziamenti per l'apertura di nuove scuole, per l'edilizia scolastica, per l'assistenza ai meno abbienti e per migliorare la retribuzione degli insegnanti; inoltre si avvia il passaggio allo Stato delle funzioni dei comuni in materia di gestione delle scuole.

Con la c.d. *riforma Gentile* (legge 31 dicembre 1923, n. 3126) viene ridisegnato l'intero assetto scolastico. I punti principali di tale riforma, che si sostanzia in una pluralità di fonti (poi raccolte nel Testo Unico, r.d. 5 febbraio 1928, n. 577, e nel relativo regolamento di esecuzione r.d. 26 aprile 1928, n. 1297) concernenti le scuole di ogni ordine e grado sono: l'estensione dell'obbligo scolastico fino al quattordicesimo anno di età con un corso elementare della durata di cinque anni e con un corso di avviamento professionale della durata di tre anni per coloro che non accedono alla scuola media; la disciplina di tutti i tipi di istituzioni scolastiche (statali, private, parificate, ecc.) nelle quali svolgere l'obbligo scolastico e la creazione dell'istituto magistrale per la preparazione dei maestri elementari; l'istituzione di rigidi controlli per la inadempienza dell'obbligo scolastico e l'insegnamento obbligatorio della religione cattolica. La riforma Gentile si caratterizza per una concezione aristocratica della cultura e dell'educazione (soltanto ai diplomati del liceo classico è consentita l'iscrizione a qualunque Facoltà universitaria) e alle classi meno abbienti è riservata l'*educazione del lavoro*, ritenuta una degli obiettivi primari del processo educativo, e svolta attraverso la scuola di avviamento professionale (legge 22 aprile 1932, n. 490) e le scuole dell'ordine tecnico.

L'avvento della Costituzione repubblicana non muta, almeno inizialmente, il preesistente quadro legislativo. La prima riforma legislativa in materia, che esplicitamente mira ad attuare il principio costituzionale dell'obbligatorietà e gratuità dell'istruzione impartita per almeno otto anni (ovvero dal sesto al quattordicesimo anno d'età) è quella introdotta dalla legge 31 dicembre 1962, n. 1859, istitutiva della *scuola media unica* e che dispone che «*l'istruzione obbligatoria successiva a quella elementare è impartita gratuitamente nella scuola media, che ha la durata di tre anni ed è scuola secondaria di primo grado*». Con la legge 18 marzo 1968, n. 444, è istituita la *scuola materna statale* che gratuitamente accoglie i bambini nell'età prescolastica dai tre ai sei anni e si propone fini di educazione e di sviluppo della personalità infantile, di assistenza e di preparazione alla scuola dell'obbligo. La legge 24 settembre 1971, n. 820 istituisce la scuola "a tempo pieno", riduce a 25 il numero massimo di alunni per classe ed avvia la sperimentazione di attività integrative. La legge 30 luglio 1973, n. 477, delega il Governo ad emanare norme sul riordinamento dell'organizzazione della scuola e sullo stato giuridico del personale. I decreti delegati del 1974 (nn. 416, 417, 418, 419, 420 poi confluiti nel *Testo unico delle leggi sulla scuola*, d.lgs. n. 297 del 1994) contengono norme riguardanti i molteplici aspetti dell'ambito scolastico: dallo stato giuridico del personale scolastico (sia statale che non) alla istituzione di organi collegiali delle scuole di ogni ordine e grado. Con la legge n. 517 del 1977 vengono disciplinate le modalità di ammissione anche degli alunni con disabilità.

La legge 5 giugno 1990, n. 148, avvia la riforma dell'ordinamento della scuola elementare con la previsione di forme di raccordo con la scuola materna e con la scuola media. Il d.lgs. 16 aprile 1994, n. 297 ("*Testo Unico delle disposizioni legislative vigenti relative alle scuole di ogni ordine e grado*»), raccoglie tutte le norme relative all'ordinamento dell'amministrazione scolastica centrale e periferica (anche se il t.u. non esaurisce tutta la disciplina dovendosi tenere presenti anche altre fonti normative: dalle disposizioni in materia contrattuale alla disciplina del pubblico impiego; dalle disposizioni di grado secondario – decreti ministeriali, regolamenti, ecc. – non presenti nel t.u., che ricomprende solo disposizioni di grado primario, alle norme intervenute posteriormente in materia).

La legge 15 marzo 1997, n. 59 (c.d. legge Bassanini), nel quadro di una più ampia riforma della Pubblica Amministrazione afferma il principio autonomistico delle istituzioni scolastiche nel più ampio contesto della riorganizzazione dell'intero sistema formativo. Con la legge 10 dicembre 1997, n. 425 (e con il successivo regolamento di attuazione, d.p.r. 23 luglio 1998, n. 323), è stato riformato l'esame di maturità, articolato su tre prove scritte (di cui una a carattere multidisciplinare) ed una prova orale, con sistema di valutazione in centesimi e con un ulteriore parametro valutativo rappresentato dal *credito scolastico*. La legge 20 gennaio 1999, n. 9, ha elevato l'obbligo di istruzione da otto a dieci anni fino ad estendersi al diciottesimo anno di età (c.d. obbligo formativo) con un corso di studi a conclusione del quale gli studenti possono acquisire un diploma di scuola secondaria superiore o una qualifica professionale.

Da ultimo l'art. 1, legge n. 107 del 2015 ("*Riforma del sistema nazionale di istruzione e formazione e delega per il riordino delle disposizioni legislative vigenti*") dispone di voler dare "piena attuazione" all'autonomia delle istituzioni scolastiche al fine di "affermare il ruolo centrale della scuola nella società della conoscenza e innalzare i livelli di istruzione e le competenze degli studenti", anche allo scopo di "contrastare le diseguaglianze socio-culturali e territoriali, per prevenire e recuperare l'abbandono e la dispersione scolastica" e "per realizzare una scuola aperta, quale laboratorio permanente di ricerca, sperimentazione e innovazione didattica, di partecipazione e di educazione alla cittadinanza attiva, per garantire il diritto allo studio, le pari opportunità di successo formativo e di istruzione permanente dei cittadini". Per il raggiungimento di tali fini, la nuova legge (nota con la denominazione di "*Buona Scuola*") dispone che l'organizzazione delle istituzioni scolastiche deve essere orientata "alla massima flessibilità, diversificazione, efficienza ed efficacia del servizio scolastico" e "al coordinamento con il contesto territoriale". Strumento centrale diventa la "programmazione triennale dell'offerta formativa" (che ogni istituzione scolastica deve effettuare) attuata mediante forme di flessibilità dell'autonomia didattica e organizzativa. E proprio per dare piena attuazione al principio di autonomia, è istituito per ogni istituzione scolastica "l'organico dell'autonomia" che è "funzionale alle esigenze didattiche, organizzative e progettuali ... come emergenti dal piano triennale dell'offerta formativa". Con riguardo agli obiettivi formativi fra i numerosi indicati come prioritari vanno segnalati: la valorizzazione delle competenze linguistiche (con particolare riferimento all'italiano nonché alla lingua inglese e ad altre lingue dell'Unione europea); il potenziamento delle competenze matematico-logiche e scientifiche; il potenziamento delle competenze nella pratica e nella cultura musicali, nell'arte e nella storia dell'arte, nel cinema, nelle tecniche e nei media di produzione e di diffusione delle immagini e dei suoni; lo sviluppo delle competenze in materia di cittadinanza attiva e democratica attraverso la valorizzazione dell'educazione interculturale e alla pace e della cura dei beni comuni e della consapevolezza dei diritti e dei doveri; la prevenzione e il contrasto della dispersione scolastica, di ogni forma di discriminazione e del bullismo; la valorizzazione della scuola intesa come comunità attiva, aperta al territorio e in grado di sviluppare e aumentare l'interazione con le famiglie e con la comunità locale; l'apertura pomeridiana delle scuole e riduzione del numero di alunni e di studenti per classe. Ma, con riguardo a tale legge, è necessario attendere l'adozione dei decreti legislativi per svolgere adeguate analisi e per confrontarne il contenuto con i principi costituzionali.

13. I diritti sociali

Con l'espressione ***diritti sociali*** si fa riferimento ai diritti dei cittadini a ricevere determinate «prestazioni» dagli apparati pubblici. A tal riguardo si parla di «*Stato sociale*» (*Welfare State*). L'espressione «diritti sociali» è di difficile definizione in quanto (come del resto ogni altro istituto giuridico) risente fortemente delle ragioni storiche che ne hanno determinato la nascita e lo sviluppo e dei contrasti che ne hanno accompagnato l'affermazione. Secondo Calamandrei la funzione dei diritti sociali «è essenzialmente quella di garantire ad ognuno, a integrazione delle libertà politiche, quel minimo di "giustizia sociale" ossia di benessere economico, che appare indispensabile a liberare i non abbienti dalla schiavitù del bisogno, e a metterli in condizione di potersi avvalere, anche di fatto, di quelle libertà politiche che di diritto sono proclamate come uguali per tutti». La dottrina si è divisa fra quanti contrappongono nettamente i diritti sociali ai diritti di libertà e quanti invece tendono a ricomprendere sia gli uni che gli altri all'interno dei diritti fondamentali.

Secondo alcuni i «diritti sociali» espressi in Costituzione costituiscono programmi la cui attuazione è rinviata alla futura disciplina legislativa. Secondo questa impostazione i diritti sociali, richiedendo un obbligo positivo («di fare») da parte dello Stato, necessitano di un intervento del legislatore in assenza del quale la relativa norma costituzionale non riesce ad assicurare l'effettività della prestazione prevista (Pace). In tal senso si esprimeva anche Calamandrei, secondo cui «Quando si pone nelle costituzioni, tra i diritti sociali, il diritto al lavoro o il diritto all'istr*uzione gratuita fino alle università per i meritevoli non abbienti, è chiaro che in questo modo si pongono per lo Stato formidabili compiti che non possono essere adempiuti coll'inerzia e coll'astensione. E il vero problema politico, allora, non è quello di riuscire ad inserire nella Costituzione la enunciazione di questi diritti, ma è quello di predisporre i mezzi pratici per soddisfarli e per evitare che essi rimangano come vuota formula teorica scritta sulla carta, ma non traducibile nella realtà*».

Chi scrive non condivide questa impostazione giacché anche i diritti di libertà necessitano di un'attuazione legislativa e dei necessari strumenti organizzativi affinché sia garantita la loro effettività.

L'ampio catalogo di diritti sociali contenuto nella Costituzione italiana rappresenta un elemento di caratterizzazione della stessa, la quale assicura immediata tutela, costituzionalmente garantita, alle situazioni giuridiche soggettive in essa elencati. Il «profilo individuale» di tali diritti rende immediatamente tutelabili gli stessi e depotenzia l'argomentazione relativa alla necessaria *interpositio legislatoris*. Gli ambiti espressamente tutelati dalle norme costituzionali sono quelli relativi al lavoro, alla salute, all'assistenza, all'istruzione e alla tutela della famiglia.

Riguardo al *lavoro*, l'art. 4 Cost. pone il ***diritto al lavoro***, il cui contenuto oscilla, nelle interpretazioni dottrinali, fra il diritto ad avere un posto di lavoro (interpretazione rigettata dalla giurisprudenza costituzionale) e un contenuto complesso, progressivamente definito dalla giurisprudenza, che, da un lato, comprende il valore costituzionale (vincolante tutti i pubblici poteri) di attuazione di una politica economica volta a massimizzare l'occupazione e, dall'altro lato, comprende situazioni giuridiche soggettive immediatamente tutelabili quali la libertà di scelta dell'attività lavorativa, la libertà di accesso al lavoro (e dunque, ad esempio il divieto di vincoli di tipo corporativo), il diritto alle mansioni, il diritto a non esser arbitrariamente licenziati, ecc.

Secondo Mortati l'art. 4 Cost. si colloca in una posizione «intermedia», fra alcune disposizioni costituzionali più generali, che rispetto allo stesso svolgono una «funzione di presupposto» (e cioè gli artt. 1, 2 e 3 Cost.), e le altre disposizioni costituzionali che più specificamente riguardano il diritto al lavoro (a partire dall'art. 35 Cost. che pone la tutela «oggettiva» del lavoro) e che vanno considerate appunto «integrative» di tale diritto, in quanto prevedono norme regolanti le condizioni nelle quali debba svolgersi il lavoro e «tracciano gli orientamenti indicativi delle vie da percorrere per rendere in tutti effettivo il godimento del lavoro». Pertanto l'art. 4 Cost. determina su tutti i pubblici poteri l'obbligo di porre in essere scelte politiche rivolte alla crescita dei posti di lavoro e a consentirne l'accesso a tutti i cittadini idonei, a facilitare l'incontro fra la domanda e l'offerta di lavoro, ad assicurare – entro determinati limiti – la garanzia del posto di lavoro.

Diretta esplicazione dell'art. 4 Cost. è l'art. 35 Cost., secondo cui «*La Repubblica tutela il lavoro in tutte le sue forme ed applicazioni*». Per la Corte costituzionale da tale disposizione non possono però trarsi «*immediati criteri di risoluzione di specifici problemi*» attinenti ai rapporti di lavoro.

L'art. 36 Cost. pone numerose norme a *tutela del lavoratore*: dal diritto ad una retribuzione proporzionata alla quantità e qualità del lavoro prestato e sufficiente ad assicurare una vita «libera e dignitosa» al lavoratore e alla famiglia dello stesso (comma 1) al diritto al riposo (commi 2 e 3) e alle ferie retribuite (comma 3). La giurisprudenza riconosce tali diritti come diritti soggettivi perfetti, inviolabili, irrinunciabili e inalienabili in quanto propri della persona umana come lavoratore. La Corte costituzionale ha precisato che il concetto di retribuzione «*non può essere inteso quale mero corrispettivo del lavoro, ma compenso del lavoro proporzionale alla sua quantità e qualità e, insieme, mezzo normalmente esclusivo per sopperire alle necessità vitali del lavoratore e dei suoi familiari, che deve essere sufficiente ad assicurare a costoro un'esistenza libera e dignitosa. Per realizzare tale funzione della retribuzione, il legislatore può provvedere non solo mediante strumenti previdenziali e di sicurezza sociale, ma anche imponendo determinate prestazioni all'imprenditore*» (sent. n. 559 del 1987). La Corte costituzionale, la giurisprudenza comune e la dottrina ritengono l'art. 36 Cost. norma immediatamente precettiva.

La Costituzione riconosce espressamente alla *donna lavoratrice* «*gli stessi diritti*» e «*le stesse retribuzioni*» spettanti al lavoratore, ribadendo che le condizioni di lavoro della donna devono consentire a questa «*l'adempimento della sua essenziale funzione familiare*» nonché «*assicurare alla madre e al bambino una speciale adeguata protezione*» (art. 37 Cost.). In tale articolo viene inoltre prevista specifica tutela anche per i minori (parità di trattamento nel lavoro e specifiche situazioni di tutela: limite minimo di età e tutela del lavoro degli stessi con «norme speciali»). L'art. 37 Cost. va letto unitamente agli artt. 4, 35 e 36 Cost. per quanto riguarda il diritto al lavoro delle donne e dei minori; va invece «distinto», al proprio interno per quanto riguarda la tutela della donna e la tutela del minore giacché le due tutele rispondono a esigenze e principi differenti. La tutela della donna lavoratrice va collocata, da un lato, all'interno del più ampio quadro della parità fra uomo e donna e, dall'altro lato, con riguardo alla tutela della famiglia; mentre la tutela del minore risponde invece all'esigenza di assicurare una adeguata formazione culturale e professionale, unitamente alla cura dello sviluppo fisico, dello stesso.

La giurisprudenza ritiene diritti soggettivi direttamente azionabili e tutelabili giudizialmente il diritto all'assistenza e il diritto alla previdenza (art. 38, comma 1 e 2, Cost.), il diritto degli inabili e dei minorati all'educazione e all'avviamento professionale (art. 38, comma 3, Cost.).

Riguardo alla salute l'art. 32 Cost. ne dichiara la tutela quale «fondamentale diritto dell'individuo e interesse della collettività» e la giurisprudenza ritiene che tale diritto (immediatamente tutelabile) ricomprenda, oltre al diritto a trattamenti sanitari (di cui la Costituzione prevede la gratuità per gli indigenti), anche il diritto ad un ambiente salubre. La Corte costituzionale ha riconosciuto l'esistenza di una situazione giuridica soggettiva (la tutela della salute) direttamente garantita e tutelabile, pur ritenendo necessario l'intervento del legislatore per la predisposizione delle forme organizzative necessarie per la completa attuazione del principio costituzionale. È legge di attuazione costituzionale la legge n. 833 del 1978, istitutiva del Servizio Sanitario Nazionale, che è dalla legge medesima definito quale «complesso delle funzioni, delle strutture, dei servizi e delle attività destinati alla promozione, al mantenimento e al recupero della salute fisica e psichica di tutta la popolazione senza distinzione di condizioni individuali o sociali e secondo modalità che assicurino l'eguaglianza dei cittadini nei confronti del servizio».

In merito alla questione della immediata azionabilità dei diritti sociali affermati in Costituzione, deve riconoscersi che essi sono tutti immediatamente azionabili. I diritti sociali infatti sono diritti inviolabili della persona. In tal senso si è espressa più volte la Corte costituzionale con riguardo sia al diritto alla salute (sentt. nn. 992 e 1011 del 1988), al diritto all'abitazione (sentt. nn. 217 e 404 del 1988, 19 del 1994) al diritto al lavoro (sent. n. 108 del 1994). Il problema della necessaria *interpositio legislatoris* non va sottovalutato in quanto il giudice non può supplire ad una inerzia del legislatore nei confronti della necessaria organizzazione di personale, servizi e beni (ma tale considerazione vale anche per il diritto di agire in giudizio e per la tutela del diritto di proprietà) ma al tempo stesso non preclude a priori la possibilità di pronunce giurisprudenziali che impongano atti e comportamenti alla pubblica amministrazione. L'immediata precettività delle norme costituzionali consente l'adozione di pronunce giurisprudenziali volte ad assicurare la tutela di singole posizioni soggettive pur in assenza di provvedimenti legislativi, ma proprio l'esperienza della giurisprudenza costituzionale (ma anche amministrativa e ordinaria) ha evidenziato alcuni profili problematici discendenti da pronunce «normative», connessi sia al «costo» delle sentenze che all'incidenza delle stesse sul tessuto normativo. Ma queste ultime considerazioni (da tenere presenti ma da non sopravvalutare) dimostrano piuttosto l'importanza dell'intervento (e del ruolo) del legislatore nell'attuazione di qualunque norma costituzionale. La *interpositio legislatoris* (cioè la predisposizione di strumenti, uffici e personale) si rivela necessaria per l'attuazione di ogni norma costituzionale (basti pensare alla mancanza di un numero adeguato non solo di giudici, ma anche di ufficiali giudiziari, necessari per le notifiche e, ad es., per i pignoramenti, presso un tribunale per rendere particolarmente difficile se non impossibile la tutela dei propri diritti). Ma l'aspetto, pur importante, relativo alle modalità e alle misure dell'intervento del legislatore, non può giungere a far negare l'operatività del precetto costituzionale.

La tutela dei diritti comporta sempre costi anche elevati: «I diritti non possono essere protetti o riconosciuti senza sostegno e finanziamento pubblico, e ciò vale tanto per i diritti classici quanto per i diritti più recenti ... Tutti i diritti impongono alle finanze pubbliche oneri economicamente quantificabili, sia i diritti sociali sia il diritto di proprietà; la tutela della libertà negoziale comporta costi pubblici non meno della tutela del diritto all'assistenza sanitaria; il diritto alla libera manifestazione del pensiero non meno del diritto ad un'abitazione decente» (Holmes-Sunstein). Ma la consapevolezza del «***costo dei diritti***» deve soltanto servire a spazzare via tralatizie ed errate dicotomie o l'esistenza di presunti limiti all'operato del potere giudiziario, della amministrazione e della Corte costituzionale: «la semplice intuizione che la tutela dei diritti abbia un costo apre la strada per il riconoscimento dell'inevitabilità dello Stato e delle numerose cose buone che esso fa, molte delle quali sono date spesso per scontate al punto che, all'osservatore distratto, non sembrano avere nulla a che fare con lo Stato. L'attenzione al tema del costo per la collettività della tutela dei diritti del singolo può mettere in luce vecchie questioni, come ad esempio quella della più appropriata dimensione dello Stato regolatore-assistenziale e quella del rapporto tra stato contemporaneo e diritti di libertà classici. Le politiche pubbliche non dovrebbero essere decise sulla base di una presunta contrapposizione tra libertà e fisco, perché se l'una e l'altra fossero davvero in contrasto, tutte le nostre libertà fondamentali sarebbero a rischio» (Holmes-Sunstein). La tutela e la garanzia di un diritto comporta sempre l'intervento dello Stato e dunque comporta sempre una allocazione (e dunque una distribuzione e una assegnazione) di risorse.

I diritti sociali, quale espressione della democrazia pluralistica, trovano il proprio fondamento nel principio di tutela della dignità dell'uomo: essi sono dunque diritti costituzionali inviolabili, coperti dal raggio di tutela dell'art. 2 Cost. Il fondamento dei diritti sociali pertanto non è circoscritto al solo principio di eguaglianza sostanziale, ma è esteso anche al nucleo dei valori costituenti il contenuto normativo della dignità umana e dunque al principio dei diritti inviolabili della persona umana, nonché al principio di uguaglianza formale (Baldassarre). È il principio della dignità dell'uomo a rappresentare il valore di base (e non lo scopo da raggiungere) dell'ordinamento democratico-pluralistico. E la tutela dei diritti sociali, rendendo ciascun individuo pienamente «partecipe» della vita economica, politica e sociale del Paese, porta a pieno compimento il principio democratico. E se gli artt. 2 e 3 Cost. costituiscono il fondamento dello Stato democratico-pluralista, i diritti sociali vengono a rivestire il ruolo di «componente essenziale dei valori fondamentali della democrazia» e costituiscono una componente decisiva della «trama costituzionale intessuta di pluralismo politico e sociale» (Baldassarre).

Secondo Baldassarre, l'art. 3, comma 2, Cost. esprime «una delle più lucide definizioni del principio di eguaglianza in una democrazia pluralistica» in quanto «in coerenza con l'ideale della democrazia come metodo (o pluralista) non contiene alcun modello sostanziale di giustizia distributiva» ma «si limita a presupporre la possibilità che il gioco spontaneo delle forze sociali possa creare sproporzioni nella distribuzione dei poteri e delle risorse sociali e che, per contrastare tale eventualità che può ostacolare gli obiettivi fondamentali dell'autorealizzazione personale (libertà positiva) e dell'eguaglianza, autorizza i poteri pubblici a intervenire in funzione correttiva e riformatrice». I diritti inviolabili possono dunque essere distinti in «originari», che rappresentano condizioni logicamente necessarie per la democrazia, e «derivati», che costituiscono invece condizioni positivamente necessarie per la democrazia. Mentre l'assenza dei primi determina l'impossibilità di esistenza dello stesso sistema democratico, il grado di attuazione dei secondi costituisce criterio di qualificazione della democrazia: «Si tratta di diritti che possono definirsi anch'essi inviolabili in base all'art. 2 Cost., seppure in senso diverso da quello appena considerato: in tal caso non si tratta di diritti originari, cioè riconosciuti all'uomo o al cittadino in questa generale qualificazione, ma di diritti speciali o derivati, cioè normalmente conseguenti o connessi al possesso di più particolari *status* o posizioni (genitori, figli, docenti, status professionali, proprietari di beni, lavoratori dipendenti, ecc.), che in ogni caso la Costituzione valuta come determinanti ai fini della particolare qualificazione pluralistica della nostra democrazia» (Baldassarre). Dei diritti sociali riconosciuti in Costituzione alcuni ricadono nel primo gruppo ed altri nel secondo; e questo spiega perché, pur riconoscendone la natura di diritti costituzionali inviolabili, alcuni diritti possano rimanere, anche per lunghi periodi, inattuati: la democrazia, pur risentendone in termini qualitativi, non ne viene a subire un vulnus radicale. Ma tale distinzione non va «assolutizzata» giacché tutti tali diritti possono ritenersi coessenziali ad una democrazia pluralistica, fondata sul valore della dignità dell'uomo e che voglia, allo scopo di garantire e rendere effettivo il principio democratico, assicurare a tutti i cittadini (oltre alla partecipazione alla vita economica, politica e sociale del paese) una piena consapevolezza di tale partecipazione e del proprio ruolo in un ordinamento pluralistico e democratico. Ed allora emerge chiaramente come tale distinzione, che serve a «qualificare» i diritti costituzionali, non sia basata su una differenza strutturale degli stessi, ma solo sul rapporto fra essi e il principio democratico.

E, secondo l'insegnamento di Rudolf Smend, le istituzioni dello Stato di diritto debbono riempirsi di contenuti sostanziali al fine di consolidare la portata del principio democratico. Per Smend infatti i diritti fondamentali «proclamano un determinato sistema di valori, un sistema culturale, destinato a essere il senso della vita statale costituita dalla costituzione». Pertanto, in merito ai diritti sociali, proprio in quanto tipologia di diritti costituzionali tutelati alla pari di tutti gli altri diritti previsti in Costituzione, la domanda da porsi non è tanto quella «protetti o non protetti?» ma piuttosto il quesito «protetti fino a che punto?». Questo interrogativo riapre la discussione intorno alle garanzie costituzionali dei diritti e alla determinazione del contenuto essenziale degli stessi (Ridola).

L'approccio preferibile appare quello orientato a determinare il contenuto del diritto costituzionale attraverso il bilanciamento fra i valori costituzionali in gioco. Secondo l'insegnamento haeberliano il bilanciamento è un'operazione dinamica e interattiva che, fondandosi sulla funzione unificante della costituzione nelle democrazie pluralistiche, si collega direttamente al paradigma smendiano della costituzione come processo dinamico di integrazione del pluralismo sociale. E l'idea della costituzione come norma e compito sembra ben adeguarsi alla prospettata concezione dei diritti sociali, ritenuti immediatamente precettivi e fondanti diritti del singolo (e dunque «norma»), ma avente anche la funzione di assicurare il pieno compimento del principio democratico mediante la garanzia della tutela della dignità dell'uomo (e dunque «compito»). Alla base di tale ricostruzione è chiaramente ravvisabile una teoria multidimensionale dei diritti fondamentali, attenta al significato delle procedure partecipative.

Alla base di tale costruzione si rinviene il principio basilare della dignità dell'uomo (*Menschenwürde*) non quale singolo chiuso nella propria sfera individuale, bensì quale individuo in correlazione con altri individui, e dunque con attenzione anche al profilo della responsabilità dell'individuo. Häberle «ravvisa nella dimensione comunicativa della sfera pubblica il luogo nel quale si confrontano proceduralmente le ambivalenze e vengono dischiuse le virtualità innovative delle costituzioni della democrazia pluralistica» (Ridola).

I diritti sociali rivestono dunque il duplice ruolo di strumento sia di attuazione che di possibile ulteriore perfezionamento del principio democratico, in quanto consentono l'effettiva partecipazione di ciascun individuo alla vita politica ed economica del paese, tutelando in tal modo il substrato di valore della democrazia stessa rappresentato dalla pari dignità di ciascun uomo (Häberle). I diritti sociali non sono la negazione (di tutto o parte) dello stato di diritto ma piuttosto una delle risposte elaborate all'interno dello stesso stato di diritto a specifiche problematiche, politiche e sociali, del XIX secolo e nel rispetto degli elementi formali dello stato di diritto e che costituiscono gli elementi distintivi e caratterizzanti dello stesso, quali il principio di legalità, il principio della separazione dei poteri, il concetto di legge, il principio dell'indipendenza dei giudici e la garanzia dei diritti fondamentali. Nessuno degli elementi essenziali dello stato di diritto viene negato dall'affermazione dei diritti sociali i quali tendono piuttosto ad esaltare il ruolo della legge (in relazione sia alla fase organizzativa che di specifica attuazione degli stessi) nonché il ruolo del giudice. Nelle costituzioni contemporanee i diritti sociali sono diritti che tutelano ogni individuo che si trovi nelle previste situazioni allo scopo di assicurargli una vita «dignitosa» e la piena partecipazione alla vita (sociale ed economica e dunque) politica del Paese. È la progressiva affermazione del principio democratico, e dunque l'esigenza di una tutela completa del singolo, a riempire le forme dello stato di diritto di contenuti sostanziali legati in ultima analisi al valore della persona umana (tutela della dignità dell'uomo) e dunque al principio sostanziale della stessa democrazia.

Alla base della tensione tra libertà e partecipazione (e dunque fra Stato di diritto e Stato sociale) viene spesso citata la distinzione fra «libertà positiva» e «libertà negativa» come elaborata da Isaiah Berlin, ma, oltre al fatto che tutti i diritti includono un profilo positivo, va aggiunto che tale operazione appare una (errata) semplificazione del pensiero di Berlin secondo cui la libertà «negativa» è un bene non in sé ma quale elemento del più ampio concetto di libertà positiva, semplificazione facilmente strumentalizzabile allo scopo di giustificare la contrapposizione (ritenuta da Forsthoff «tensione inconciliabile») tra lo «Stato di diritto liberale» e lo «Stato sociale». In altra opera Berlin ha altresì spiegato che «Libertà e uguaglianza sono tra gli scopi primari perseguiti dagli esseri umani per secoli; ma libertà totale per i lupi significa morte per gli agnelli; una totale libertà dei potenti, dei capaci, non è compatibile col diritto che anche i deboli e i meno capaci hanno a una vita decente. ... L'uguaglianza può esigere la limitazione della libertà di coloro che vorrebbero dominare. Senza un minimo di libertà ogni scelta è esclusa e perciò non c'è possibilità di restare umani ... ma può essere necessario mettere limiti alla libertà per fare spazio al benessere sociale, per sfamare gli affamati, per vestire gli ignudi, per dare un alloggio ai senza tetto, per consentire agli altri di essere liberi, per non ostacolare la giustizia e l'equità».

L'impostazione teorica che contrappone i diritti sociali allo stato liberale discende da una duplice errata idea di fondo: la prima ritiene che l'intervento dello Stato si concretizzi sempre in una limitazione della libertà dei singoli; la seconda che lo Stato liberale sia caratterizzato dalla assenza di una funzione sociale. Entrambe tali supposizioni sono errate: l'intervento dello Stato è necessario anche per tutelare i singoli da invasioni dei rispettivi ambiti; lo Stato liberale è tutt'altro che distaccato dalla società civile tant'è che espressamente prevede che ogni funzione debba svolgersi conformemente al principio di legalità e in attuazione del fondamentale principio di uguaglianza. Inoltre la soppressione delle libertà finisce sempre per determinare un «affievolimento degli stessi diritti sociali, i quali degradano al livello di interessi più o meno efficacemente protetti» (Mazziotti). I diritti sociali dunque presuppongono i «classici» diritti di libertà (tant'è che il venir meno di questi comporta automaticamente l'affievolimento dei primi) e si pongono (non in contrapposizione, bensì) quale «completamento» delle tradizionali libertà in quanto rendono effettiva la «liberazione» dell'individuo, garantendo il rispetto della dignità di ogni uomo e il pieno godimento delle proclamate libertà. La contrapposizione fra diritti di libertà e diritti sociali è dunque erronea anche perché finisce per far smarrire la reciproca implicazione esistente fra tali categorie. «La garanzia dei diritti di libertà è condizione perché le prestazioni sociali dello Stato possano essere oggetto di diritti individuali; la garanzia dei diritti sociali è condizione per il buon funzionamento della democrazia, quindi per un effettivo godimento delle libertà civili e politiche» (Mazziotti).

Il concetto dei diritti sociali discende direttamente dalla funzione sociale che si intenda assegnare allo Stato contemporaneo (Mazziotti). E in un sistema economico-finanziario che accelera in maniera più che proporzionale le possibilità di guadagno e di profitti da parte dei detentori di capitali, condannando inevitabilmente ad una posizione di perdurante subalternità quanti si trovino in condizioni disagiate, il ruolo del soggetto pubblico appare proprio quello di una funzione di «perequazione» e di «redistribuzione», pena la perdita del proprio senso di valore.

Nelle costituzioni occidentali il riconoscimento dei diritti ha lo scopo di fornire ai singoli un contenuto concreto alle rispettiva libertà sì da consentire una uguaglianza sostanziale fra tutti i cittadini nella ulteriore consapevolezza che solo mediante tale circuito sia possibile l'effettiva realizzazione del principio democratico quale effettiva partecipazione di tutti alla vita democratica e sociale del Paese. Al tempo stesso non può negarsi l'esistenza di un ulteriore profilo di giustificazione che ritiene i diritti (anche quelli sociali) espressione del contratto sociale. E secondo tale paradigma, anche qualora si volesse sostenere che il primo compito dello Stato sia quello di tutelare la proprietà privata (e con il minimo ricorso possibile a strumenti di coercizione) non sarebbe difficile individuare la giustificazione dei diritti sociali proprio nell'esigenza di difesa della proprietà privata, grazie alla domanda «come si può legittimare la ricchezza agli occhi di chi è povero»? Tale legittimazione può infatti avvenire solo mediante il riconoscimento ad una istruzione gratuita, all'esistenza di valide *chances* di ingresso nel mercato del lavoro e ad un'ampia diffusione sia della proprietà privata che di forme di distribuzione delle risorse collettive (Holmes-Sunstein). Secondo questa impostazione sia i diritti sociali, sia la tutela della proprietà privata sono espressione del patto sociale il quale finirebbe per mettere in crisi la propria validità qualora consentisse che i soggetti più deboli della collettività debbano vivere al di sotto della soglia di sussistenza. Pertanto, se in passato i diritti sociali sono spesso stati analizzati in antitesi con i diritti di libertà, oggi è necessario svincolarsi da tale dicotomia e a tale scopo può rivelarsi più utile distinguere i problemi discendenti dalla difficoltà oggettiva della concreta garanzia dei diritti sociali (la copertura finanziaria) dai problemi relativi alla natura giuridica degli stessi. Ma questo aspetto non differenzia affatto i diritti sociali da altri diritti costituzionali in quanto per il godimento di ciascuno di essi non può prescindersi dalla concreta realtà della organizzazione dello Stato. Qualunque diritto esiste nella misura in cui lo Stato predisponga e renda funzionante un'adeguata organizzazione dei poteri pubblici: l'intervento positivo da parte dello Stato e, più in generale, della pubblica amministrazione è necessario per rendere effettivo l'esercizio e il godimento di qualsiasi diritto.

La progressiva affermazione legislativa dei diritti sociali è in realtà dipesa dalla «risposta di modernizzazione» fornita dai vecchi Stati liberali ai fenomeni dell'industrialismo e della democratizzazione dei processi decisionali. I diritti sociali svolgono il ruolo di componente decisiva del processo di democratizzazione. I diritti sociali perseguono l'affermazione di una sostanziale uguaglianza al fine di rendere effettivo da parte di ogni individuo il godimento delle proclamate libertà sul presupposto della necessità di tutelare la dignità dell'uomo che solo affrancato dai primari bisogni può godere appieno della libertà e dunque partecipare alla vita sociale e politica con piena affermazione in tal modo anche del principio democratico, che viene ulteriormente ad arricchirsi perché quanto più ogni cittadino partecipa alla vita sociale, tanto più il principio democratico potrà ritenersi soddisfatto ed adempiuto.

Nell'ordinamento italiano odierno la riflessione sui diritti sociali deve inoltre misurarsi con la ripartizione delle funzioni fra Stato, Regioni ed Enti locali. Infatti l'art. 117, comma 2, lett. *m*), Cost. riserva alla potestà legislativa esclusiva statale la «determinazione dei livelli essenziali delle prestazioni concernenti i diritti civili e sociali che devono essere garantiti su tutto il territorio nazionale» ma il successivo comma 3 pone fra le materie di potestà legislativa ripartita, la tutela e la sicurezza del lavoro, l'istruzione, la tutela della salute, la previdenza complementare e integrativa; infine deve ricordarsi che se il comma 4 dell'art. 117 Cost. prevede che il criterio di residualità opera a favore delle Regioni, l'art. 118, comma 1, Cost. relativamente al riparto delle funzioni amministrative, assegna queste ai Comuni salva l'applicazione del principio di sussidiarietà (v. legge n. 328 del 2000).

Inoltre va menzionata l'influenza esercitata dall'ordinamento europeo (dalle Carte sociali del 1961 e del 1989 alla Carta sociale europea del 1996, alla Carta di Nizza) ove la netta prevalenza assegnata in precedenza alla costituzione economica (e dunque al mercato) sta iniziando a cedere il passo al riconoscimento dell'esistenza di un nucleo di valori e di diritti sociali, anche se dalle linee di fondo dell'agenda sociale europea emergono indicazioni contraddittorie in quanto contenenti contemporaneamente obiettivi politici neo-liberisti e strategie neo-corporativiste.

E di fronte ai problemi del costo dei diritti sociali le soluzioni da adottare vanno ricercate non in semplicistici «tagli alla spesa», bensì nella elaborazione di nuovi modelli di *welfare* che tengano conto delle nuove frontiere delle conquiste scientifiche, che (ad esempio) in materia sanitaria facciano leva sulla prevenzione, e del coinvolgimento di più livelli territoriali di governo e dei privati purché ciò non rappresenti una mera operazione di disimpegno da parte del potere pubblico. La storia insegna infatti che i problemi di ordine sociale se non affrontati adeguatamente finiscono sempre per conquistarsi la ribalta dell'agenda politica.

I diritti sociali infatti non solo non deresponsabilizzano gli individui (la storia e l'analisi comparata dimostrano che i paesi in cui i diritti non sono riconosciuti si caratterizzano per una maggiore irresponsabilità sia individuale che collettiva) ma piuttosto, presupponendo che lo Stato intervenga a indirizzare i comportamenti individuali a fini sociali aprono ad una «cultura dei diritti» che è anche una «cultura della responsabilità e quindi del dovere». I diritti hanno la funzione di strumenti di una strategia di inclusione all'interno di un assetto costituzionale pluralistico e di una società aperta e comunicativa.

14. La tutela delle organizzazioni sindacali e il diritto di sciopero

L'art. 39 Cost. non ha ancora avuto attuazione, salvo il comma 1 che sancisce la ***libertà di organizzazione sindacale*** (libertà rientrante nel più ampio *genus* della libertà di associazione).

La Costituzione prefigura un modello di organizzazione sindacale in cui ai sindacati aventi un ordinamento interno di tipo democratico, viene riconosciuto lo *status* di sindacati «registrati», con l'assegnazione della personalità giuridica e del potere di stipulare contratti collettivi di lavoro con «efficacia obbligatoria», per tutti gli appartenenti alla categoria alla quale il contratto si riferisce. Questa disposizione costituzionale non ha avuto attuazione anche per volontà degli stessi sindacati, timorosi di un controllo pubblico che potrebbe ridurre la loro autonomia. Attualmente i sindacati sono associazioni non riconosciute di diritto privato, e i contratti che essi stipulano non sono fonti dell'ordinamento generale, ma hanno valore vincolante solo per i soggetti (le associazioni sindacali) che lo hanno stipulato e per gli iscritti ai medesimi. La giurisprudenza però fa riferimento al contratto collettivo nazionale per dare concretezza al disposto dell'art. 36 Cost. secondo cui il lavoratore ha diritto ad una retribuzione «proporzionata alla quantità e qualità del suo lavoro e in ogni caso sufficiente ad assicurare a sé e alla famiglia un'esistenza libera e dignitosa».

Lo ***sciopero*** è l'astensione collettiva dal lavoro. Lo sciopero tutelato dall'art. 40 Cost. è solo quello che i lavoratori dipendenti attuano per interessi, anche non economici, di categoria. La Costituzione non disciplina la *serrata* (interruzione unilaterale del rapporto di lavoro posto in essere dai datori di lavoro), la quale, pur non vietata dalla legge, non ha copertura costituzionale.

L'art. 40 Cost. rinvia alle leggi la regolazione e i limiti del diritto di sciopero. Ma anche questa disposizione non è stata attuata, perché non si è mai approvata una disciplina generale del diritto di sciopero: è stata approvata solo la disciplina del diritto di sciopero nei servizi pubblici essenziali (legge n. 146 del 1990), che mira ad assicurare sia il diritto di sciopero che la garanzia delle prestazioni indispensabili.

La Corte costituzionale nella sent. n. 180 del 2018 ha dichiarato incostituzionale l'art. 2-*bis* della legge n. 146 del 1990, "nella parte in cui consente che il codice di autoregolamentazione delle astensioni dalle udienze degli avvocati – adottato in data 4 aprile 2007 dall'Organismo Unitario dell'Avvocatura (OUA) e da altre associazioni categoriali (UCPI, ANF, AIGA, UNCC), valutato idoneo dalla Commissione di garanzia per lo sciopero nei servizi pubblici essenziali con delibera n. 07/749 del 13 dicembre 2007 e pubblicato nella Gazzetta Ufficiale della Repubblica n. 3 del 2008 – nel regolare, all'art. 4, comma 1, lett. *b*), l'astensione degli avvocati nei procedimenti e nei processi in relazione ai quali l'imputato si trovi in stato di custodia cautelare, interferisca con la disciplina della libertà personale dell'imputato". L'art. 2-*bis* della legge n. 146 del 1990 è dunque dichiarato incostituzionale perché consente al codice di autoregolamentazione delle astensioni dalle udienze degli avvocati, nel regolare l'astensione, di interferire con la disciplina della libertà personale. La norma di legge è dunque incostituzionale laddove consente al codice di autoregolamentazione di prevedere l'astensione degli avvocati dalle udienze nei processi con imputati detenuti. Questa norma viola l'art. 13 Cost. che assegna soltanto al legislatore il potere di intervenire in una materia che incide sulla libertà personale e di stabilire la durata della custodia cautelare. La Corte costituzionale, nella sent. n. 171 del 1996, aveva riconosciuto la natura di "vero e proprio diritto di libertà" allo sciopero degli avvocati, quale «*manifestazione incisiva della dinamica associativa volta alla tutela di questa forma di lavoro autonomo*». Nella sent. n. 180 del 2018, la Corte aggiunge che «*È necessario, però, un bilanciamento con altri valori costituzionali meritevoli di tutela, tenendo conto che il secondo comma, lett. a), dell'art. 1, della legge 146 del 1990 indica fra i servizi pubblici essenziali "l'amministrazione della giustizia, con particolare riferimento ai provvedimenti restrittivi della libertà personale ed a quelli cautelari ed urgenti nonché ai processi penali con imputati in stato di detenzione". Nel bilanciamento tra questi valori e il diritto del difensore di aderire all'astensione collettiva, i primi hanno una "forza prevalente"*». Con la sent. n. 171 del 1996, la Corte aveva dichiarato l'incostituzionalità dell'art. 2, commi 1 e 5, della legge n. 146 del 1990, «*nella parte in cui non prevedeva, nel caso dell'astensione collettiva dall'attività defensionale degli avvocati e dei procuratori legali, l'obbligo d'un congruo preavviso e di un ragionevole limite temporale dell'astensione e, altresì, nella parte in cui non prevedeva gli strumenti idonei a individuare e assicurare le prestazioni essenziali durante l'astensione stessa, nonché le procedure e le misure conseguenziali nell'ipotesi di inosservanza*». La Corte ricorda che

«A seguito di questa pronuncia di incostituzionalità il legislatore avrebbe dovuto introdurre "misure idonee ad evitare che vengano compromessi i beni primari della convivenza civile che non tollera la paralisi della funzione giurisdizionale e, quindi, esige prescrizioni volte ad assicurare, durante l'astensione dell'attività giudiziaria, le prestazioni indispensabili"». Il legislatore è intervenuto solo anni dopo (con la legge n. 83 del 2000), inserendo nella legge n. 146 del 1990 l'art. 2-*bis*. In questa occasione il legislatore, anziché porre la disciplina delle fattispecie che richiedono l'effettuazione di «prestazioni indispensabili», prevede *«il coinvolgimento delle associazioni di categoria mediante il richiamo del "codice di autoregolamentazione" in un'ottica ... di assetto partecipativo degli strumenti di composizione del conflitto, insito nella proclamazione dell'astensione collettiva di categoria».* Il risultato che si ottiene è che *«la disciplina di fonte legale è quindi destinata a saldarsi con quella eteroprodotta dal codice di autoregolamentazione. In questa diversa ottica si ha che la norma primaria (art. 2-bis) si limita a definire il perimetro di riferimento: riconosce il diritto (sindacale) di "astensione collettiva dalle prestazioni, a fini di protesta o di rivendicazione di categoria" e fissa, al contempo, il principio del necessario "contemperamento con i diritti della persona costituzionalmente tutelati", ma poi coinvolge gli stessi destinatari di questo bilanciamento richiedendo l'adozione, da parte "delle associazioni o degli organismi di rappresentanza delle categorie interessate", di "codici di autoregolamentazione"».* Pertanto *«il codice di autoregolamentazione, ove ritenuto "idoneo" dalla Commissione di garanzia, costituisce una vera e propria normativa subprimaria e non già solo un atto di autonomia privata delle associazioni categoriali che raggruppano gli avvocati nell'esercizio del diritto di associarsi (art. 18 Cost.). ... Nella fattispecie in esame è la stessa disposizione censurata (art. 2-bis della legge n. 146 del 1990) ad assegnare alla Commissione di garanzia, quale autorità amministrativa indipendente, il potere di verificare la "idoneità" dei codici di autoregolamentazione per le categorie previste dalla stessa disposizione (lavoratori autonomi, professionisti o piccoli imprenditori) e, in caso di ritenuta inidoneità del codice categoriale ovvero di mancata presentazione dello stesso da parte della categoria interessata, di deliberare la "provvisoria regolamentazione". Tale valutazione di idoneità del codice di autoregolamentazione dell'astensione collettiva dalle prestazioni di una determinata categoria (nella specie, quella forense), sussume al livello di normazione subprimaria questo codice che altrimenti rimarrebbe un tipico atto di autonomia privata (quale, ad esempio, si ritiene che sia il codice deontologico forense: Corte di cassazione, sezioni unite civili, sentenza 25 giugno 2013, n. 15873). Si ha allora che, costituendo il codice di autoregolamentazione, qualificato idoneo dalla Commissione di garanzia, una normazione subprimaria valida erga omnes, il giudice è tenuto ad applicarne le disposizioni in quanto conformi alla legge (art. 101, comma 2, Cost.) ed è nei confronti della legge ... che è rivolta la questione di legittimità costituzionale. Costituisce, quindi, regola di diritto quella che il Tribunale rimettente è chiamato ad applicare per stabilire se la richiesta di rinvio del difensore, che dichiari di aderire all'astensione collettiva, sia legittima, o no. Da una parte, l'art. 2-bis della legge n. 146 del 1990 prevede che, in caso di astensione collettiva dalle prestazioni, a fini di protesta o di rivendicazione di categoria, da parte di lavoratori autonomi, professionisti o piccoli imprenditori, vanno rispettate le misure dirette a consentire l'erogazione delle prestazioni indispensabili per assicurare la funzionalità dei servizi pubblici essenziali, quale l'amministrazione della giustizia "con particolare riferimento ai provvedimenti restrittivi della libertà personale ed a quelli cautelari ed urgenti, nonché ai processi penali con imputati in stato di detenzione". Dall'altra parte, l'art. 4, comma 1, lett. b), del codice di autoregolamentazione prescrive che l'astensione non è consentita nella materia penale in riferimento ai "procedimenti e nei processi in relazione ai quali l'imputato si trovi in stato di custodia cautelare o di detenzione, ove l'imputato chieda espressamente, analogamente a quanto previsto dall'art. 420-ter, comma 5 (introdotto dalla legge n. 479 del 1999) c.p.p., che si proceda malgrado l'astensione del difensore". In tal caso, il difensore di fiducia o d'ufficio non può legittimamente astenersi ed ha l'obbligo di assicurare la propria prestazione professionale».* La Corte aggiunge che *«La disposizione del codice di autoregolamentazione (art. 4, comma 1, lettera b) richiama in particolare l'art. 420-ter, comma 5, c.p.p. che stabilisce che il giudice provvede a norma del comma 1, rinviando ad una nuova udienza, nel caso di assenza del difensore, quando risulta che l'assenza stessa è dovuta ad assoluta impossibilità di comparire per legittimo impedimento, con conseguente sospensione dei termini di durata massima della custodia cautelare ai sensi dell'art. 304 c.p.p., salvo che l'imputato chieda che si proceda in assenza del difensore impedito. Espressamente, quindi, la disposizione del codice di autoregolamentazione mira ad introdurre – ed introduce – una fattispecie analoga e parallela a quella legale che, dando rilievo all'assenso dell'imputato, incide parimenti sul prolungamento, o no, dei termini di durata massima*

della custodia cautelare, e finisce per toccare proprio la disciplina legale di tali termini. Mentre lo stesso art. 4, comma 1, alla lett. a), si limita a prevedere che l'astensione del difensore non è consentita in una serie di ipotesi relative, tra l'altro, alle misure cautelari, e quindi anche ai procedimenti ed ai processi aventi ad oggetto proprio la stessa custodia cautelare, rimanendo regolati per legge i termini della sua durata massima e la loro sospensione o proroga, invece, nell'ipotesi della lett. b), concernente i procedimenti e i processi in relazione ai quali l'imputato si trovi in stato di custodia cautelare o di detenzione, non si limita a fare il contemperamento tra diritto del difensore di aderire all'astensione collettiva e i diritti della persona costituzionalmente tutelati, ma introduce una regolamentazione dell'assenso dell'imputato sottoposto a custodia cautelare che ha una diretta ricaduta sul suo stato di libertà». Pertanto «è decisiva la prescrizione della riserva di legge, di carattere assoluto, che pone l'art. 13, comma 5, Cost.: è la legge che stabilisce i limiti massimi della carcerazione preventiva, oggi custodia cautelare (sent. n. 293 del 2013). La libertà personale ... è presidiata da un'ampia riserva di legge che riguarda innanzi tutto i casi ed i modi in cui è ammessa la detenzione con atto motivato dell'autorità giudiziaria (art. 13, comma 2, Cost.) o con provvedimento provvisorio dell'autorità di pubblica sicurezza (art. 13, comma 3, Cost.), e concerne poi, in particolare, i limiti massimi della custodia cautelare (art. 13, comma 5, Cost.). La tutela della libertà personale, che si realizza attraverso i limiti massimi di custodia cautelare, che l'art. 13, comma 5, Cost. demanda alla legge di stabilire, è "un valore unitario e indivisibile, che non può subire deroghe o eccezioni riferite a particolari e contingenti vicende processuali" (sent. n. 299 del 2005)». Ed «i "limiti che deve incontrare la durata della custodia cautelare, discendono direttamente dalla natura servente che la Costituzione assegna alla carcerazione preventiva rispetto al perseguimento delle finalità del processo, da un lato, e alle esigenze di tutela della collettività, dall'altro, tali da giustificare, nel bilanciamento tra interessi meritevoli di tutela, il temporaneo sacrificio della libertà personale di chi non è ancora stato giudicato colpevole in via definitiva" (sent. n. 219 del 2008 e n. 229 del 2005)». E «la riserva di legge di cui all'art. 13, quinto comma, Cost. è strettamente funzionale a disegnare lo statuto di tutela della libertà personale, collocato a livello di normazione primaria. È solo la legge che deve assicurare il minor sacrificio della libertà personale", giacché "con l'art. 13, comma 5, la Costituzione ha voluto evitare che il sacrificio della libertà determinato dalla custodia cautelare "sia interamente subordinato alle vicende del procedimento; ed ha, pertanto, voluto che, con la legislazione ordinaria, si determinassero i limiti temporali massimi della carcerazione preventiva, al di là dei quali verrebbe compromesso il bene della libertà personale, che ...] costituisce una delle basi della convivenza civile"». Pertanto «la disposizione censurata viola la riserva di legge posta dall'art. 13, comma 5, Cost. nella parte in cui consente al codice di autoregolamentazione di interferire nella disciplina nella libertà personale; interferenza consistente nella previsione che l'imputato sottoposto a custodia cautelare possa richiedere, o no, in forma espressa, di procedere malgrado l'astensione del suo difensore, con l'effetto di determinare, o no, la sospensione, e quindi il prolungamento, dei termini massimi (di fase) di custodia cautelare». La Corte precisa che «Ciò, però, non comporta ... la disapplicazione della norma subprimaria ad opera del giudice comune e quindi anche del Tribunale rimettente. ... La regola sulle "prestazioni indispensabili" da assicurare in caso di procedimento o processo nei confronti di imputato detenuto in custodia cautelare, regola che finisce per interferire nella disciplina della libertà personale, è posta dalla disposizione subprimaria (art. 4, comma 1, lett. b), citato), che si muove nel perimetro tracciato dalla norma primaria, fonte della sua legittimazione. Ma, nella parte in cui la norma primaria ha consentito ciò, è essa stessa in contrasto con l'art. 13, comma 5, Cost. che prescrive che la legge stabilisce i limiti massimi della custodia cautelare». Pertanto «l'art. 2-bis della legge n. 146 del 1990 è costituzionalmente illegittimo proprio perché consente – nel senso che non preclude – al codice di autoregolamentazione di andare ad incidere sulla disciplina legale dei limiti di restrizione della libertà personale, prevedendo una facoltà dell'imputato – quella di richiedere, o no, che si proceda malgrado la dichiarazione di astensione del suo difensore che abbia aderito all'astensione collettiva – con diretta ricaduta sui termini di durata della custodia cautelare».

15. I diritti costituzionali relativi alla sfera economica

Gli artt. da 41 a 47 Cost. concernono la proprietà e l'attività economica e così, da parte di alcuni, si dice che essi pongono le norme relative alla «*Costituzione economica*», ma naturalmente non deve dimenticarsi che tali articoli vanno letti insieme all'intera Costituzione e dunque non dimenticando quanto affermato dai principi fondamentali (dal diritto al lavoro al principio di eguaglianza alla tutela della dignità umana) e da tutti gli articoli in materia di libertà.

Le norme costituzionali relative alla proprietà e alle attività economiche sono anch'esse il risultato di un incontro fra gli indirizzi ideologici (pensiero cattolico, marxismo e pensiero liberale) presenti in Assemblea costituente ed in cui la «dottrina sociale» dell'area più avanzata della Democrazia cristiana rappresentò spesso il punto di incontro fra le opposte soluzioni liberista e marxista.

L'art. 42 Cost. esordisce affermando che «***la proprietà è pubblica o privata***», prevedendo così entrambe le forme di proprietà e ponendole tendenzialmente sullo stesso piano. Alla proprietà privata, pur riconosciuta e garantita, non viene però assegnato lo *status* di diritto fondamentale (come avveniva nelle costituzioni ottocentesche). È rimesso alla legge determinare i modi di acquisto della proprietà, nonché i modi di godimento e i limiti «*allo scopo di assicurarne la funzione sociale e di renderla accessibile a tutti*».

In dottrina ci si è molto interrogati sulla nozione di «***funzione sociale*» della proprietà** come «elemento interno» del diritto di proprietà (c.d. concezione soggettiva) o come «concezione oggettiva» in quanto riferita al bene oggetto del diritto di proprietà che, per l'utilità o valore che possiede, può esser sottoposto a limitazioni amministrative. Entrambe le tesi però concordano nel riconoscere che nell'ordinamento costituzionale la proprietà non può essere intesa nel senso tradizionale come diritto di godere e disporre delle cose in modo pieno ed esclusivo.

La proprietà privata può essere espropriata, nei casi previsti dalla legge, per motivi di interesse generale e dietro indennizzo. La giurisprudenza costituzionale, dopo avere affermato che l'indennizzo non può avere un valore puramente simbolico o irrisorio, ma che deve costituire per il proprietario un «serio ristoro», ha da ultimo sposato l'orientamento seguito dalla Corte europea dei diritti dell'uomo che sostiene la necessità di un «ragionevole legame» tra l'indennità di esproprio e il valore venale del bene (sentt. nn. 348 e 349 del 2007).

L'art. 41 Cost. sancisce che l'***iniziativa economica privata* è libera** e dispone che la stessa *non può svolgersi «in contrasto con l'utilità sociale o in modo da recare danno alla sicurezza, alla libertà, alla dignità umana»* (comma 2) ed aggiunge che «La legge determina i programmi ed i controlli opportuni perché l'attività economica pubblica e privata, possa essere indirizzata e coordinata a fini sociali» (comma 3).

La lettura dell'intero art. 41 Cost. dimostra che il costituente ha inteso instaurare un sistema economico misto nel quale, oltre ad essere assicurata la libertà dell'iniziativa economica privata, è però prevista la coesistenza, a fianco dell'attività economica privata, anche di quella pubblica ed entrambe trovano limite nella necessità del rispetto sia della dignità umana che dell'utilità sociale.

Se l'art. 41 Cost. si limita a prevedere l'attività economica pubblica, l'art. 43 Cost. assegna alla legge («*a fini di utilità generale*») la possibilità di riservare originariamente o di trasferire, mediante espropriazione e salvo indennizzo, allo Stato, ad enti pubblici o a comunità di lavoratori o di utenti determinate imprese o categorie di imprese, che si riferiscano a servizi pubblici essenziali o a fonti di energia o a situazioni di monopolio che abbiano carattere di preminente interesse generale. Questa disposizione costituzionale consente (ma non impone) l'instaurazione di un monopolio legale pubblico, e dunque l'esclusione dell'iniziativa economica privata in determinati settori (servizi pubblici essenziali o fonti di energia) o che già si trovino in condizioni di mercato di monopolio, settori che però devono avere «preminente interesse generale» (ed è questa condizione a giustificare la sottrazione degli stessi all'iniziativa economica privata).

L'art. 43 Cost. consente l'assegnazione del monopolio anche a «comunità di lavoratori o di utenti» (c.d. monopolio «sociale») e cioè a entità organizzative non pubbliche, ma differenti da quelle disciplinate dalle norme relative alle società aventi scopo di lucro. Evidente è il collegamento con l'art. 45 Cost. che riconosce la funzione sociale della cooperazione «a carattere di mutualità e senza fini di speculazione privata», rimettendo alla legge il compito di favorirne l'incremento e di assicurarne il carattere e le finalità.

In merito all'instaurazione di monopoli pubblici, l'art. 43 Cost. è stato applicato due volte (con l'Eni, titolare in via esclusiva dell'attività di ricerca e coltivazione degli idrocarburi in determinate aree, legge n. 6 del 1957; e con l'Enel, titolare in via esclusiva della produzione e del commercio dell'energia elettrica con espropriazione delle imprese preesistenti, legge n. 1643 del 1962), ma con il progressivo instaurarsi del mercato unico europeo si è affermata la tendenza alla «privatizzazione» (v. *infra*) in conseguenza dell'affermazione della prevalenza del principio di libera concorrenza.

L'art. 41 Cost. pone *limiti negativi* (la legge può porre limiti all'attività economica privata affinché questa non si svolga in contrasto con l'utilità sociale o non arrechi danno alla sicurezza, alla libertà e alla dignità umana) e *limiti positivi* (laddove consente alla legge di «determinare i programmi e i controlli opportuni perché l'attività economica venga indirizzata e coordinata a fini sociali»). I limiti previsti dal comma 2 dell'art. 41 Cost. concernono dunque «divieti» posti all'iniziativa economica privata, mentre quelli posti dal comma 3 consistono in vincoli in positivo mediante i quali è possibile porre le linee secondo le quali deve svolgersi l'attività economica. Si giunge così alla questione relativa all'individuazione dei limiti dell'intervento pubblico nei confronti dell'attività economica privata.

Ma l'interpretazione di tutti gli articoli costituzionali relativi al settore economico ha registrato un deciso orientamento nel senso dell'affermazione del principio della libera concorrenza in ragione della progressiva affermazione dell'ordinamento comunitario (oggi ordinamento europeo). Infatti l'obiettivo della realizzazione del mercato unico europeo, nel quale assicurare la libera circolazione delle merci, delle persone, dei servizi e dei capitali, non può avvenire che tramite il libero ed eguale dispiegarsi delle iniziative economiche nello spazio europeo. L'ordinamento europeo prevede e accetta interventi pubblici (sia degli Stati membri che della stessa Unione europea) nell'economia e pone anche limiti all'attività economica privata (ad es. a tutela dell'ambiente), ma sempre all'interno di un quadro volto ad assicurare l'effettività del principio di libera concorrenza. Ed infatti, proprio in attuazione della normativa comunitaria, è stata istituita nel nostro ordinamento, con la legge n. 287 del 1990, l'Autorità garante della concorrenza e del mercato (c.d. Autorità *antitrust*), composta da un presidente e quattro membri nominati dal presidente della Camera e dal presidente del Senato d'intesa fra loro, ed avente compiti di regolazione del mercato e di tutela del principio della libera concorrenza (e dunque con poteri sanzionatori nei confronti delle intese restrittive della libera concorrenza o di fenomeni di abuso di posizione dominante o di concentrazioni pregiudizievoli della concorrenza).

Sempre con riguardo all'attività economica, la Costituzione detta specifiche norme con riguardo all'agricoltura (art. 44 Cost.) e al governo del credito e della moneta (art. 47 Cost.).

Con riguardo all'***agricoltura*** è rimesso alla legge il compito di imporre «obblighi o vincoli alla proprietà terriera privata», fissando limiti all'estensione della stessa (secondo le Regioni e le zone agrarie), promuovendo ed imponendo la bonifica delle terre e la trasformazione del latifondo «*al fine di conseguire il razionale sfruttamento del suolo e di stabilire equi rapporti sociali*». Questa disposizione costituzionale concerne la questione, molto avvertita in epoca costituente, della *riforma agraria* (che venne realizzata, per alcune parti del territorio nazionale, con leggi gli anni cinquanta). Con l'intervento della Comunità europea e della Pac (Politica agricola comune) il sostegno all'agricoltura si è indirizzato in un complesso di interventi volto ad assicurare l'ammodernamento delle aziende, la cessazione delle attività marginali e l'incremento dell'estensione delle superfici agrarie occupate da aziende moderne ed efficienti.

Per quanto riguarda il ***governo del credito***, l'art. 47 Cost. dispone che *la Repubblica «incoraggia e tutela il risparmio in tutte le sue forme; disciplina, coordina e controlla l'esercizio del credito»*. L'attività creditizia, quale attività economica, va ricompresa nella disciplina di cui all'art. 41 Cost. cui però bisogna aggiungere, in ragione della peculiare valenza dell'attività creditizia, un maggiore ruolo di controllo dello Stato. Nel nostro ordinamento le relative funzioni di vigilanza sono svolte dalla Banca d'Italia la quale, a sua volta, è oggi ricompresa nel Sistema delle banche centrali europee (Sebc) che vede al vertice la Bce (Banca centrale europea).

16. I diritti politici

Con l'espressione «***diritti politici***» si fa riferimento a quei diritti che consentono ai cittadini di partecipare alla formazione degli organi costituzionali, delle decisioni pubbliche e più in generale alla vita politica ed attraverso i quali si realizza il principio della sovranità popolare. Tali diritti sono elencati negli artt. 48-51 Cost.: l'elettorato attivo e passivo per l'elezione delle assemblee rappresentative a tutti i livelli di governo (Stato, Regione, Provincia, Comune), la partecipazione ai vari tipi di referendum, la libertà di organizzazione in partiti politici, il diritto di petizione, il diritto di accedere agli uffici pubblici (art. 51 Cost.).

L'art. 48 Cost. assegna il ***diritto di voto*** a tutti i cittadini (uomini e donne) che abbiano raggiunto la maggiore età. La Costituzione, secondo una visione tipica delle democrazie rappresentative europee, collega il diritto di voto al possesso della cittadinanza e al raggiungimento della maggiore età (che non è fissata in Costituzione, ma la cui determinazione è rimessa alla legge). Si afferma così il principio di *universalità* del voto, nel senso che tale diritto spetta a tutti i cittadini indipendentemente dal sesso, dalle condizioni di censo o di alfabetismo, ecc. (in attuazione di tale principio la legge assicura il diritto di voto anche dei detenuti, dei malati e degli infermi).

La Costituzione afferma inoltre che il voto è «*personale ed eguale, libero e segreto*». Il principio della *personalità* del voto impedisce la possibilità del voto per procura (fatta eccezione dei casi in cui il terzo sia indispensabile: ad es. per coadiuvare i non vedenti, ove però chi coadiuva l'elettore deve solo riportare sulla scheda il volere del medesimo). Il principio di *eguaglianza* del voto impedisce l'ammissibilità di voti aventi «peso» diverso. I principi della *libertà* e della *segretezza* del voto attengono alla garanzia dell'autodeterminazione del singolo che, nell'elaborare la propria scelta elettorale, non deve subire costrizione alcuna (e la segretezza del voto è funzionale ad assicurarne la libertà).

L'art. 48 Cost. afferma inoltre che l'esercizio del diritto di voto è «*dovere civico*». In Assemblea costituente molto si è discusso in merito a tale formula, in ragione della contrapposizione fra la tesi che riteneva che anche il non ricorso alle urne sia espressione di una volontà politica e chi invece voleva evidenziare l'importanza della partecipazione del cittadino alla fase elettorale (potendo anche votare scheda bianca). La legislazione vigente riconosce il diritto all'astensione ed infatti non prevede alcuna forma di sanzione per chi non si presenti a votare.

La *capacità elettorale* si distingue in «*attiva*» (capacità di votare) e in «*passiva*» (capacità di essere eletti). La capacità elettorale attiva presuppone, come visto, il possesso della cittadinanza e della maggiore età. La capacità elettorale passiva muta a seconda degli organi nei quali si intende essere eletti. Il diritto di voto può essere limitato per incapacità civile, per effetto di sentenza penale irrevocabile o nei casi di indegnità morale previsti dalla legge.

L'interdizione dai pubblici uffici, che comprende tra l'altro la perdita dell'elettorato attivo e passivo e di ogni incarico pubblico, è una «pena accessoria» che accompagna le condanne più gravi: può essere *perpetua* (per condanne non inferiori a 5 anni) o *temporanea* (per condanne non inferiori a tre anni: art. 28 c.p.; particolari ipotesi sono previste da leggi speciali per reati di sfruttamento della prostituzione, di evasione fiscale, ecc.). Inoltre una sospensione dei diritti politici è prevista per i falliti e i sottoposti a misure di prevenzione, a libertà vigilata, ecc.

Con la legge cost. n. 1 del 2000 è stato aggiunto un comma all'art. 48 Cost. con l'istituzione di una «circoscrizione estero» per l'elezione delle Camere e volto a garantire e a rendere effettivo l'esercizio del diritto di voto dei cittadini residenti all'estero.

L'art. 51 Cost. pone il principio per cui «*tutti i cittadini dell'uno e dell'altro sesso possono accedere agli uffici pubblici e alle cariche elettive in condizioni di eguaglianza*» ed è compito della Repubblica promuovere «*con appositi provvedimenti*» le ***pari opportunità tra donne e uomini*** (quest'ultimo periodo è stato aggiunto al comma 1 dell'art. 51 Cost. con la legge cost. n. 1 del 2003).

17. I doveri costituzionali

L'art. 2 Cost., oltre a riconoscere i diritti inviolabili dell'uomo, afferma che la Repubblica richiede l'adempimento dei ***doveri inderogabili di solidarietà politica, economica e sociale***.

Gli artt. 52, 53 e 54 Cost. elencano i doveri costituzionali inderogabili consistenti nel dovere di difesa della Patria (art. 52 Cost.), nel dovere di concorrere alle spese pubbliche in ragione delle proprie capacità contributive (art. 53 Cost.) e nel dovere di fedeltà alla Repubblica (art. 54).

L'art. 52 Cost. definisce «sacro» il *dovere del cittadino di difendere la Patria* e rimette alla legge la disciplina del servizio militare obbligatorio, garantendo comunque la posizione di lavoro del cittadino e l'esercizio dei diritti politici. La Corte costituzionale (sent. n. 218 del 2004) ha riconosciuto anche al servizio civile la qualità di modalità operativa di svolgimento del dovere di difesa della Patria.

L'art. 53 Cost., oltre ad affermare che «*tutti sono tenuti a concorrere alle spese pubbliche in ragione della rispettiva capacità contributiva*», impone che il sistema tributario sia informato a criteri di progressività.

L'art. 54 Cost. stabilisce infine che «*tutti i cittadini hanno il dovere di essere fedeli alla Repubblica e di osservarne la Costituzione e le leggi*». In dottrina si è molto discusso sulla portata di questa disposizione costituzionale e così da un lato si sono registrate tesi che finiscono per negare un'autonomia del dovere di fedeltà, dissolvendo la fedeltà nell'obbedienza alla Costituzione e alle leggi, e, dall'altro lato, tesi che hanno assegnato al dovere di fedeltà il significato di adesione ai valori di fondo del sistema repubblicano, ma quest'ultima tesi deve misurarsi con il riconoscimento costituzionale della libertà di coscienza.

La tematica dei doveri costituzionali occupa un ruolo centrale nell'impianto della Costituzione repubblicana, come appare evidente dalla stessa formulazione dell'art. 2 Cost. che pone contestualmente sia il riconoscimento e la garanzia dei diritti inviolabili dell'uomo sia la richiesta dei doveri inderogabili di solidarietà politica, economica e sociale. È stato evidenziato in dottrina che l'insieme dei principi che danno sostanza ai "doveri inderogabili di solidarietà" determinano l'apertura dell'ordinamento giuridico "a fondamentali istanze di carattere etico" (ed espressione della «volontà del costituente di richiedere ... l'assolvimento di tutti quei doveri che l'appartenenza ad una società richiede sul piano, prima ancora che giuridico, morale e politico», E. Rossi). Il principio solidarista occupa dunque una posizione centrale nella trama costituzionale dell'ordinamento giuridico, collegandosi strettamente con il principio personalista (G. Lombardi). Anche la Corte costituzionale ha affermato che quello di solidarietà costituisce il principio «*per il quale la persona è chiamata ad agire non per calcolo utilitaristico o per imposizione di un'autorità, ma per libera e spontanea espressione della profonda socialità che caratterizza la persona stessa. Si tratta di un principio che, comportando l'originaria connotazione dell'uomo* uti socius, *è posto dalla Costituzione tra i valori fondanti dell'ordinamento giuridico, tanto da essere solennemente riconosciuto e garantito, insieme ai diritti inviolabili dell'uomo, dall'art. 2 della Carta costituzionale come base della convivenza sociale normativamente prefigurata dal Costituente*» (sent. n. 75 del 1992).

L'art. 2 Cost. individua tre diverse "declinazioni" della solidarietà: politica, economica e sociale.

Il richiamo alla *solidarietà sociale* pone una stretta correlazione tra l'art. 2 e il principio di eguaglianza sostanziale proclamato dall'art. 3, comma 2, Cost., che pone sui pubblici poteri l'onere di rimuovere gli ostacoli «*di ordine economico e sociale*». Ed anche da questo punto di vista riemerge la ricchezza del disegno costituzionale, giacché vengono così ad essere confermate la stretta correlazione intercorrente tra il principio di eguaglianza sostanziale (art. 3, comma 2, Cost.), la tutela della persona umana e la necessaria integrazione della persona nella vita dello Stato e della comunità sociale. Parte della dottrina ritiene sussistente una "sostanziale differenza" tra i doveri inderogabili di solidarietà politica (che costituiscono forme di esercizio della sovranità popolare e presuppongono una comunanza di valori e di principi politici, la cui stessa esistenza consente la piena partecipazione democratica) e quelli di solidarietà economica e sociale (funzionali all'esistenza e allo sviluppo della solidarietà politica). Fra i doveri di solidarietà sociale vanno ricompresi anche il dovere di lavoro (art. 4, comma 2, Cost.), il dovere di istruzione (art. 34 Cost.) ed il diritto-dovere dei genitori di educare la prole (art. 30 Cost.). L'istruzione riveste, nell'impianto della Carta repubblicana, un ruolo fondamentale quale espressione dell'interesse dell'ordinamento alla diffusione dell'istruzione in tutta la società civile, nella consapevolezza della centralità dell'istruzione nella formazione di un cittadino consapevolmente partecipe della vita democratica: l'istruzione è uno strumento indispensabile per la promozione delle condizioni culturali necessarie affinché si diffonda nella società l'adesione ai principi dell'etica repubblicana (Morelli).

Con riguardo ai *doveri di solidarietà politica* (dovere civico di voto; il sacro dovere di difesa della patria; i doveri di fedeltà alla Repubblica e di osservanza della costituzione delle leggi; il dovere di adempiere le funzioni pubbliche con discipline d'onore, prestando giuramento nei casi stabiliti dalla legge), la Costituzione definisce il *voto* (oltre che come diritto) come un «dovere civico» (art. 48, comma 2, Cost.). Molto si è dibattuto in Assemblea costituente in merito alla portata di tale disposizione, distinguendosi i relatori fra chi sottolineava il valore morale di tale disposizione e chi invece richiedeva una specifica sanzione. Attualmente la legge n. 277 del 1993 prevede che non può esservi sanzione di alcun genere per chi non vota, ma deve ribadirsi che l'art. 48 Cost. è espressione del valore della partecipazione alla vita politica come momento di responsabilità del singolo, nella consapevolezza che non vi può essere democrazia senza partecipazione (sia pure nelle più diverse forme) alla vita politica. Il *dovere di difesa della Patria* (art. 52, comma 1, Cost.) è qualificato come «sacro» (caratterizzandolo dunque per una forte connotazione etica). Ampio è il dibattito in dottrina circa la nozione di «Patria» (ritenuta «concetto composito e aperto», comprendente elementi reali ed ideali). Per la Corte costituzionale, l'affermazione ("di altissimo significato morale e giuridico") contenuta nella Carta «*comporta che per tutti i cittadini, senza esclusioni, la difesa della Patria – che è condizione prima della conservazione della comunità nazionale – rappresenta un dovere collocato al di sopra di tutti gli altri, e che nessuna legge potrebbe fare venir meno. Si tratta di un dovere, il quale, proprio perché "sacro" (e quindi di ordine eminentemente morale), si collega intimamente e indissolubilmente alla appartenenza alla comunità nazionale identificata nella Repubblica italiana (e perciò alla cittadinanza). Così inteso esso trascende e supera lo stesso dovere del servizio militare*» (sent. n. 53 del 1967). Il servizio militare infatti (posto dall'art. 52, comma 2, Cost., come obbligatorio «*nei limiti e modi stabiliti dalla legge*») costituisce «*una specificazione non esclusiva del dovere di difesa della Patria*», avente una propria «*autonomia concettuale e istituzionale rispetto al dovere patriottico contemplato dal primo comma dell'art. 52*» (sent. n. 53 del 1967; v. anche sent. n. 164 del 1985). L'adempimento del «sacro» dovere di difesa della Patria non si esaurisce dunque nel servizio militare (ed infatti già con la legge n. 772 del 1972, poi sostituita dalla legge n. 230 del 1998, era stata introdotto il servizio civile, alternativo al servizio militare, per gli obiettori di coscienza; la legge n. 64 del 2001 ha in seguito introdotto un servizio civile volontario, non più alternativo al servizio militare, mentre, con legge n. 331 del 2000 e con il d.lgs. n. 66 del 2010 è stata disposta la sospensione dell'obbligo di leva). Con riguardo al *dovere di fedeltà alla Repubblica*, la dottrina oscilla fra la tesi che assegna a tale dovere una valenza solo etica (negandone la natura giuridica e collocando la relativa prescrizione nella dimensione dei precetti etici o politici, Galante) e chi afferma la necessità di riconoscere carattere giuridico anche a tale disposizione costituzionale. E così per Carlo Esposito il dovere di fedeltà alla Repubblica si concretizza nell'obbligo per il cittadino di agire «come membro e parte della Repubblica pur quando leggi e giudici ed esecutori non siano in grado di farne valere coercitivamente la volontà» (per Morelli invece il dovere di fedeltà consiste nell'imperativo, gravante su ogni cittadino, di contribuire alla salvaguardia della continuità dell'ordinamento costituzionale nell'identità dei suoi principi supremi).

Con riguardo ai doveri di *solidarietà economica* (e dunque al dovere tributario), bisogna innanzitutto rimarcare il forte valore etico di tale dovere e la sua centrale collocazione nell'ampia trama dei principi costituzionali. Con riguardo al primo aspetto (valore etico), va innanzitutto sottolineata la inammissibilità di affermazioni (di politici, responsabili di cariche pubbliche, ecc.) che tendono a giustificare l'evasione fiscale giacché tali atteggiamenti indeboliscono (e comunque dimostrano di non comprendere appieno) il valore etico del dovere tributario. Con riguardo al secondo aspetto, va sottolineato il collegamento con il principio di eguaglianza sostanziale (art. 3 Cost.) e più in generale con l'affermazione e la tutela dello Stato sociale (nella consapevolezza che la crescita dei livelli di diseguaglianza indebolisce la democrazia). L'art. 53 pone il dovere di «*concorrere alle spese pubbliche*» in ragione della propria capacità contributiva e secondo criteri di progressività. In dottrina è ampiamente riconosciuto il forte collegamento che lega l'art. 53 Cost. con il principio di eguaglianza sostanziale posto dal comma 2 dell'art. 3 Cost. (e quindi alla garanzia dei diritti sociali) e la Corte costituzionale (sent. n. 51 del 1992) ha affermato che «*alla luce dei principi costituzionali ... l'evasione fiscale costituisce in ogni caso una "ipotesi di particolare gravità", per il semplice fatto che rappresenta, in ciascuna delle sue manifestazioni, la rottura del vincolo di lealtà minimale che lega fra loro i cittadini e comporta, quindi, la violazione di uno dei 'doveri inderogabili di solidarietà', sui quali, ai sensi dell'art. 2 della Costituzione, si fonda una convivenza civile ordinata ai valori di libertà individuale e di giustizia sociale*».

Nota bibliografica

AA.VV., *Garanzie costituzionali e diritti fondamentali*, a cura di L. Lanfranchi, Roma, 1997; AA.VV., *Il dovere di solidarietà*, Milano, 2005; AA.VV., *I doveri costituzionali: la prospettiva del giudice delle leggi*, a cura di R. Balduzzi, M. Cavino, E. Grosso, J. Luther, Torino, 2007; G. AMATO, *Individuo e autorità nella disciplina della libertà personale*, Milano, 1967; ID., *Libertà (dir. cost.)*, in *Enc. dir.*, vol. XXIV, Milano, 1974, 274 ss.; C. AMIRANTE, *La dignità dell'uomo nella legge fondamentale di Bonn e nella Costituzione italiana*, Milano, 1970; ID., *Diritti fondamentali e sistema costituzionale nella R.F.T.*, Roma-Cosenza, 1980; ID., *Costituzionalismo e Costituzione nel nuovo contesto europeo*, Torino, 2003; V. ANGIOLINI, *Riserva di giurisdizione e libertà costituzionali*, Padova, 1992; ID., *Il diritto degli individui*, Torino, 2005; ID., *Sulla rotta dei diritti*, Torino, 2016; L. ANTONINI, *Dovere tributario, interesse fiscale e diritti costituzionali*, Milano, 1996; A. BALDASSARRE, *Diritti della persona e valori costituzionali*, Torino, 1997; V. BALDINI, *La concretizzazione dei diritti fondamentali*, Napoli, 2015; ID. (a cura di), *Cos'è un diritto fondamentale?*, Napoli, 2016; A. BARBERA, *Art. 2*, in *Comm. Cost.*, a cura di G. Branca, Bologna-Roma, 1975; P. BARILE, *Diritti dell'uomo e libertà fondamentali*, Bologna, 1984; U. BECK, *I rischi della libertà. L'individuo nell'epoca della globalizzazione*, Bologna, 2000; I. BERLIN, *Due concetti di libertà*, Milano, 1989; ID., *Il legno storto dell'umanità. Capitoli della storia delle idee*, a cura di H. Hardy, Milano, 1994; E. BETTI, *Dovere giuridico (cenni storici e teoria generale)*, in *Enc. dir.*, vol. XIV, Milano, 1965, 53 ss.; A. BEVERE-A. CERRI, *Il diritto di informazione e i diritti della persona*, Milano, 2006; N. BOBBIO, *L'età dei diritti*, Torino, 1997; J.M. BUCHANAN, *Stato, mercato e libertà*, Bologna, 1989; P. CALAMANDREI, *L'avvenire dei diritti di libertà*, in *Opere giuridiche*, III, Napoli, 1968, 200; P. CARETTI, *I diritti fondamentali*, Torino, 2005; M. CARTABIA (a cura di), *I diritti in azione*, Bologna, 2007; A. CERRI, *Eguaglianza giuridica ed egualitarismo*, L'Aquila, 1982; ID., *Doveri pubblici*, in *Enc. giur. Treccani*, vol. XII, Roma, 1989; ID., *Fedeltà (dovere di)*, in *Enc. giur. Treccani*, vol. XIV, Roma, 1989; A.A. CERVATI, *Per uno studio comparativo del diritto co-*

stituzionale, Torino, 2009; V. Crisafulli, *Indivudo e società nella Costituzione italiana*, in *Dir. lav.*, 1954, 73 ss.; C. Esposito, *La Costituzione italiana. Saggi*, Padova, 1954; Id., *La libertà di manifestazione del pensiero*, Milano, 1958; G. Galante, *Fedeltà alla Repubblica e libertà di coscienza*, in R. Nania-P. Ridola, *I diritti costituzionali*, vol. I, Torino, 2001; P.F. Grossi, *Introduzione ad uno studio sui diritti inviolabili nella Costituzione italiana*, Padova, 1972; Id., *I diritti di libertà ad uso di lezioni*, Torino, 1991; E. Gurvitch, *La dichiarazione dei diritti sociali*, Milano, 1949; P. Häberle, *Le libertà fondamentali nello Stato costituzionale*, Roma, 1993; Id., *Lo Stato costituzionale*, Roma, 2005; S. Holmes-Cass. R. Sunstein, *Il costo dei diritti*, Bologna, 2000; G. Jellinek, *Sistema dei diritti pubblici soggettivi* (1892), Milano, 1912; G. Lombardi, *Contributo allo studio dei doveri costituzionali*, Milano, 1967; Id., *Fedeltà (dir. cost.)*, in *Enc. dir.*, vol. XVII, Milano, 1968; M. Luciani, *Sui diritti sociali*, in *Dem. dir.*, 1995, 545 ss.; M. Manetti, *Art. 21*, in *Comm. Cost.*, a cura di G. Branca e A. Pizzorusso, Bologna-Roma, 2004; N. Matteucci, *Organizzazione del potere e libertà*, Torino, 1976; M. Mazziotti, *Diritti sociali*, in *Enc. dir.*, vol. XII, Milano, 1964, 801 ss.; F. Modugno, *I nuovi diritti nella giurisprudenza costituzionale*, Torino, 1995; A. Morelli, *I principi costituzionali relativi ai doveri inderogabili di solidarietà*, in L. Ventura-A. Morelli (a cura di), *Principi costituzionali*, Milano, 2015; C. Mortati, *Art. 1*, in *Comm. Cost.*, a cura di G. Branca, Bologna-Roma, 1975; R. Nania, *La libertà individuale nell'esperienza costituzionale italiana*, Torino, 1989; Id., *Sciopero e sistema costituzionale*, Torino, 1995; R. Nania-P. Ridola, *Diritti costituzionali*, Torino, 2006; N. Occhiocupo, *Liberazione e promozione umana nella Costituzione*, Milano, 1988; A. Pace, *Art. 18*, in *Comm. Cost.*, a cura di G. Branca, Bologna-Roma, 1978; Id., *Problematica delle libertà costituzionali. Parte generale*, Padova, 2003; S.P. Panunzio, *I diritti fondamentali e le Corti in Europa*, Napoli, 2005; F. Polacchini, *La libertà di espressione artistica. Limiti giuridici e politically correct*, Bologna, 2018; Id., *Doveri costituzionali e principio di solidarietà*, Bologna, 2016; F. Politi, *Libertà costituzionali e diritti fondamentali. Casi e materiali. Un itinerario giurisprudenziale*, Torino, 2016; Id., *Diritti sociali e dignità umana nella Costituzione repubblicana*, II ed., Torino, 2018; S. Prisco, *Solidarietà. Profili evolutivi di un valore costituzionale, I Premesse storico-sistematiche*, Napoli, 2000; J. Rawls, *Liberalismo politico*, Milano, 1994; P. Ridola, *Partiti politici*, in *Enc. dir.*, Milano, 1984; Id., *Democrazia pluralistica e libertà associative*, Milano, 1987; Id., *Libertà di associazione*, in *Enc. giur. Treccani*, Roma, 1988; Id., *Introduzione*, in P. Häberle, *Le libertà fondamentali nello Stato costituzionale*, Roma, 1993; Id., *Diritti di libertà e costituzionalismo*, Torino, 1999; Id., *Diritti di libertà e mercato nella "Costituzione europea"*, in A.I.C., *Annuario*, Padova, 2000; Id., *Diritti fondamentali. Un'introduzione*, Torino, 2006; Id., *Diritto comparato e diritto costituzionale europeo*, Torino, 2010; Id., *Il principio libertà nello Stato costituzionale. I diritti fondamentali in prospettiva storico-comparativa*, Torino, 2018; Id., *Esperienza costituzioni storia. Pagine di storia costituzionale*, Napoli, 2019; F. Rimoli, *La libertà dell'arte nell'ordinamento italiano*, Padova, 1992; Id., *Pluralismo e valori costituzionali. I paradossi dell'integrazione democratica*, Torino, 1999; Id., *Democrazia pluralismo laicità. Di alcune sfide del nuovo secolo*, Napoli, 2013; G.A. Ritter, *Storia dello Stato sociale*, Roma-Bari, 1996; E. Ruffini, *Diritti di libertà*, Torino, 1926; R. Smend, *Costituzione e diritto costituzionale*, Milano, 1988; L. Ventura, *La fedeltà alla Repubblica*, Milano, 1984; G. Zagrebelsky, *Diritto mite*, Torino, 1992; A. Vespaziani, *Interpretazioni del bilanciamento dei diritti fondamentali*, Padova, 2002; Id., *Diritti fondamentali europei*, Torino, 2009.

Finito di stampare nel mese di settembre 2020
nella Stampatre s.r.l. di Torino
Via Bologna, 220